"十二五"國家重點圖書出版規劃項目
哈佛燕京圖書館書目叢刊第十五種

沈津 主編

美國哈佛大學
哈佛燕京圖書館藏
中文善本書志

Annotated Catalogue of the Chinese Rare Books
in the Harvard-Yenching Library,
Harvard University, U.S.A.

· 2 ·

史部

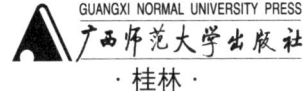

三皇本紀

補史記　小司馬氏撰并注

小司馬氏云太史公作史記古今君臣宜應上自開闢下迄當代以為一家而太史始述黃帝以來為本紀亦以中間遠古質略不錄故因以五帝為首而三皇之事闕而不備故依皇甫謐帝王代紀徐整三五曆記以作三皇本紀雖復淺近聊補闕云

太皞庖犧氏風姓代燧人氏繼天而王母曰華胥履大人迹於雷澤而生庖犧於成紀蛇身人首有聖德仰則觀象於天俯則觀法於地旁觀鳥獸之文與地之宜近取諸身遠取諸物始畫八

《史記》一百三十卷　漢司馬遷撰　劉宋裴駰集解　唐司馬貞索隱　張守節正義
明嘉靖十三年(1534)秦藩朱惟焯刻二十九年(1550)重修本　清馮登府跋

 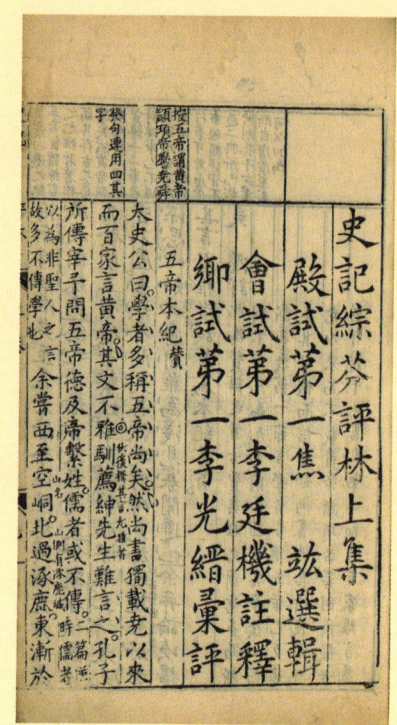

《史記綜芬評林》三卷　明焦竑輯　李廷機釋　明萬曆建興書軒魏畏所刻本

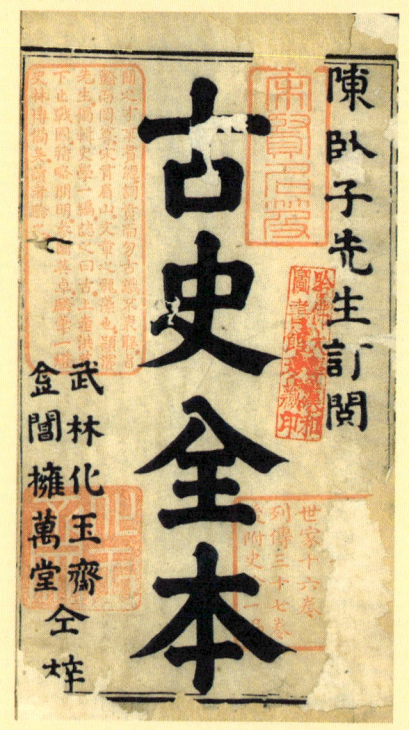 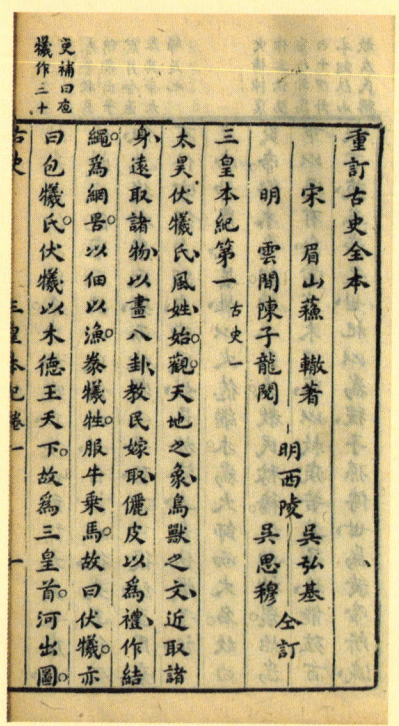

《重訂古史全本》六十卷　宋蘇轍撰　《史拾載補》不分卷《遺聞》四卷《廣覽》七卷《衆斷》五卷
明吳弘基輯　明武林化玉齋、金閶擁萬堂刻本

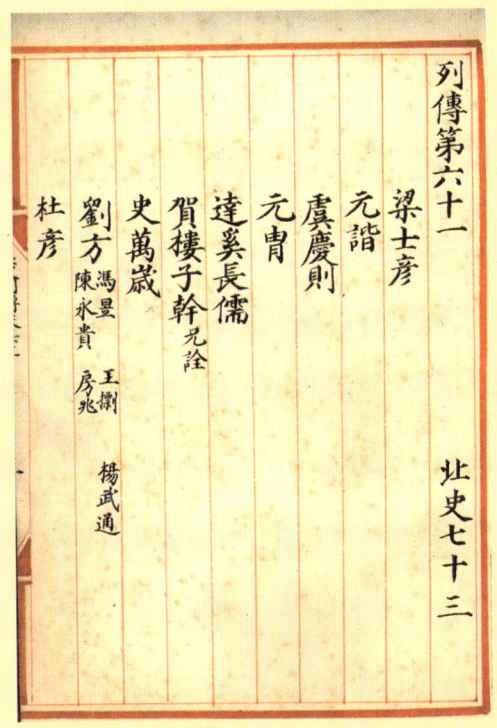

《北史》一百卷　唐李延壽撰　明內府寫本

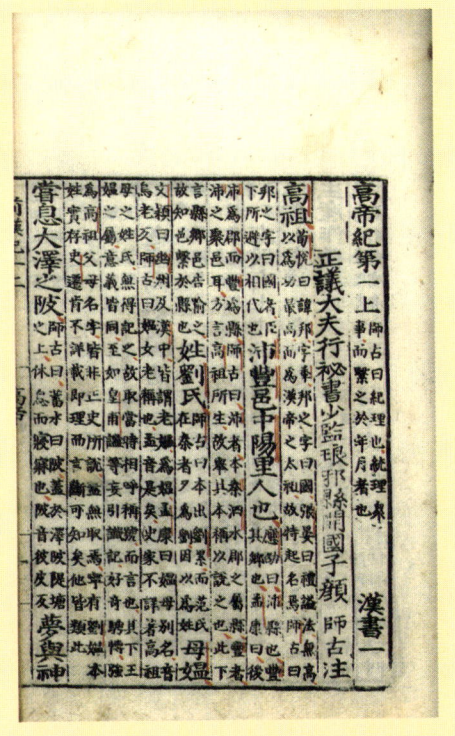
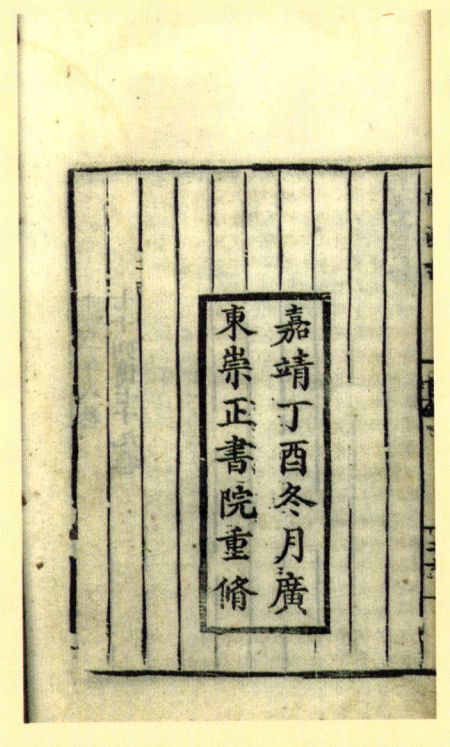

《漢書》一百卷　漢班固撰　唐顏師古注　明刻嘉靖十六年(1537)廣東崇正書院重修本

《漢書》一百卷　漢班固撰　唐顏師古注　明崇禎十五年(1642)毛氏汲古閣刻本

 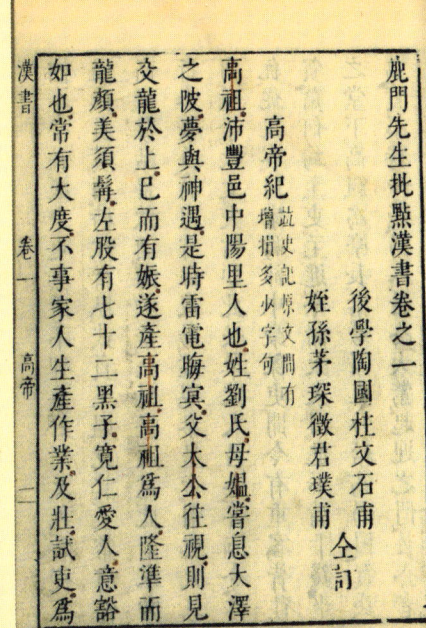

《鹿門先生批點漢書》九十三卷　明茅坤批點　明崇禎八年(1635)茅琛徵刻本

 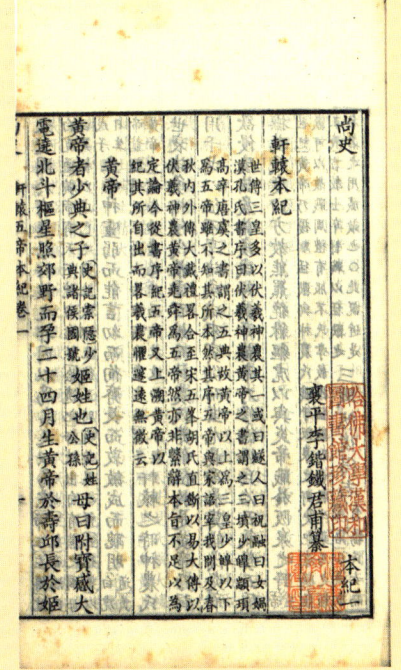

《尚史》七十卷首一卷末一卷　清李鍇撰　清乾隆三十八年(1773)陶易刻本

《晉書》一百三十卷　唐房玄齡等撰　何超音義
明萬曆六年(1578)周若年、丁孟嘉刻本

《元史》二百十卷目錄二卷　明宋濂等撰
明洪武三年(1370)內府刻嘉靖萬曆天啟南京國子監遞修本

《明史藁》三百十卷目錄三卷　清王鴻緒撰
清雍正敬慎堂刻本

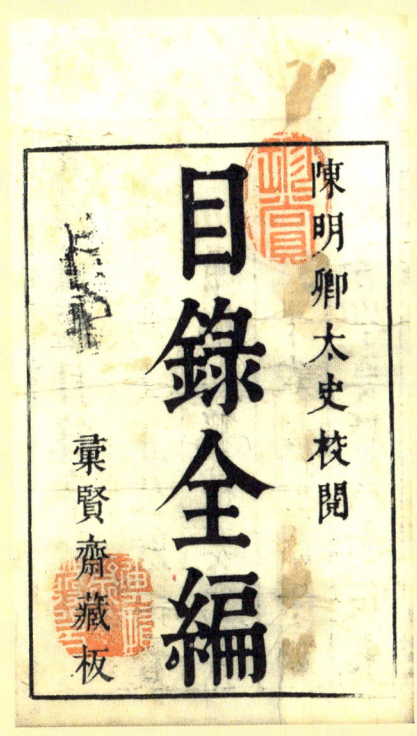

《資治通鑑目錄》三十卷　宋司馬光撰　明崇禎二年(1629)陳仁錫刻本

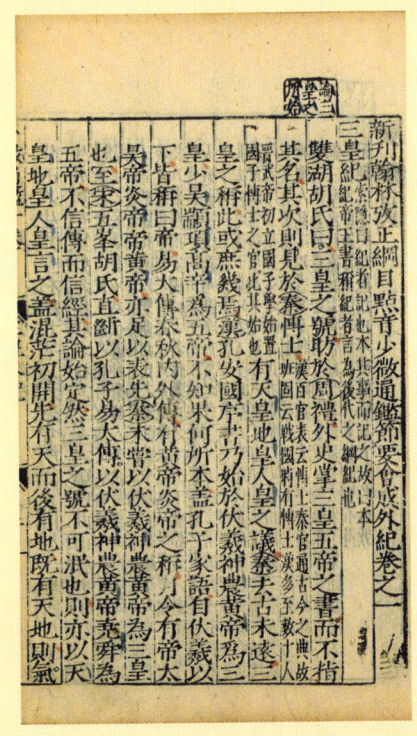
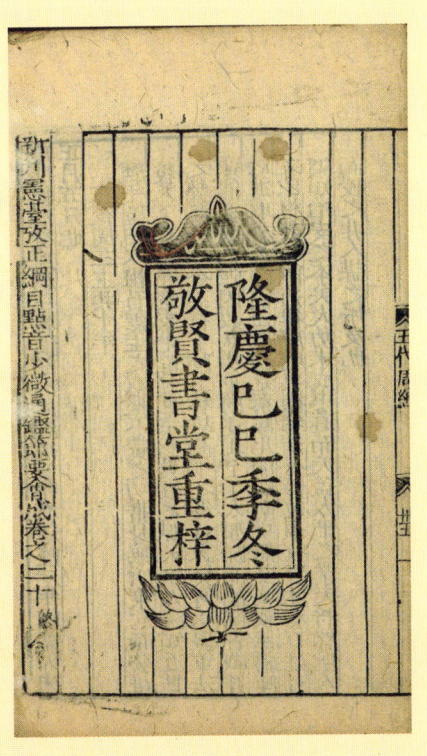

《新刊翰林考正綱目點音少微通鑑節要會成》二十卷《外紀》二卷
宋江贄撰　明唐順之刪定　明隆慶三年(1569)余氏敬賢書堂刻本

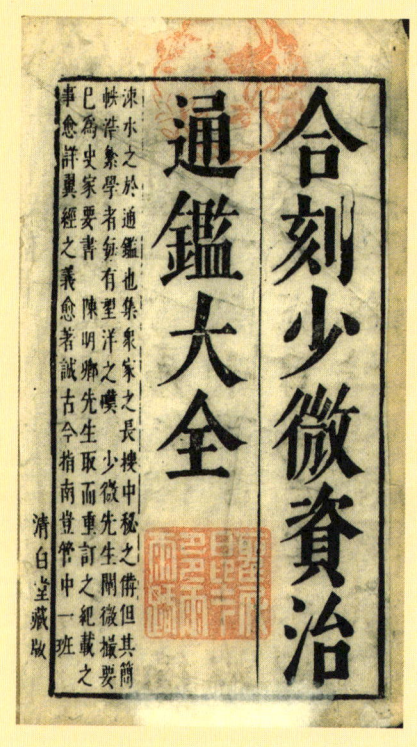 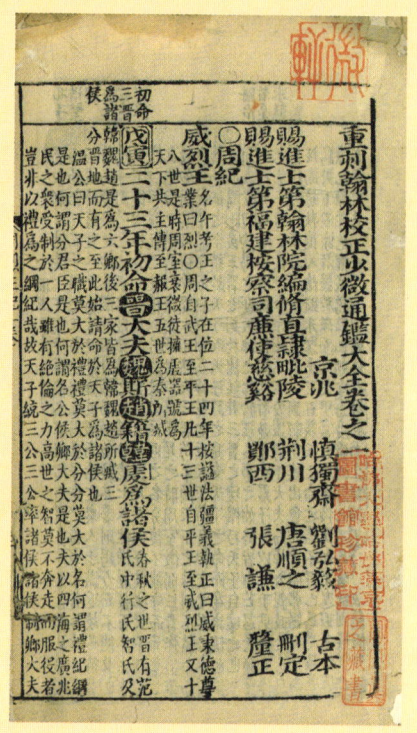

《重刻翰林校正少微通鑑大全》二十卷首二卷　宋江贄撰　明唐順之刪定
明崇禎三年(1630)楊璧卿清白堂刻本

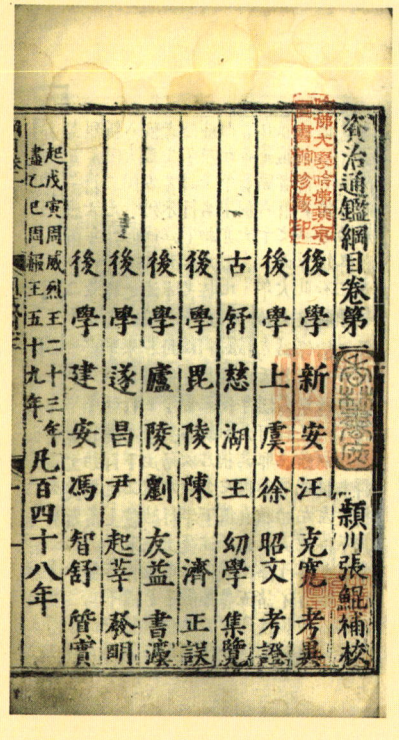 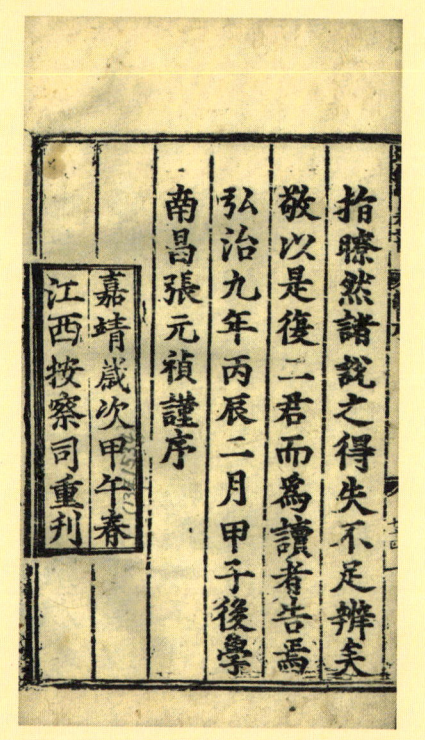

《資治通鑑綱目》五十九卷首一卷　宋朱熹撰
明嘉靖十三年(1534)江西按察司刻十四年(1535)張鯤補刻本

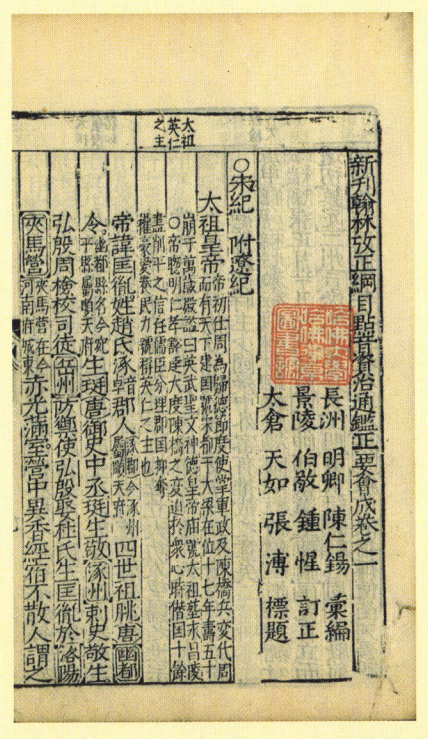
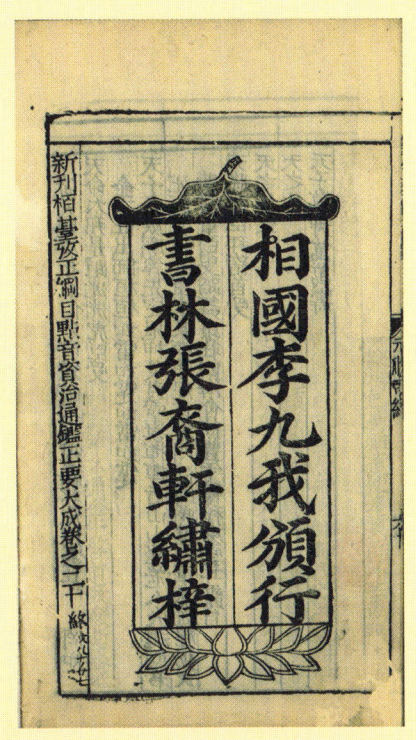

《新刊翰林考正綱目點音資治通鑑正要會成》二十卷
題明陳仁錫彙編　明書林張裔軒刻本

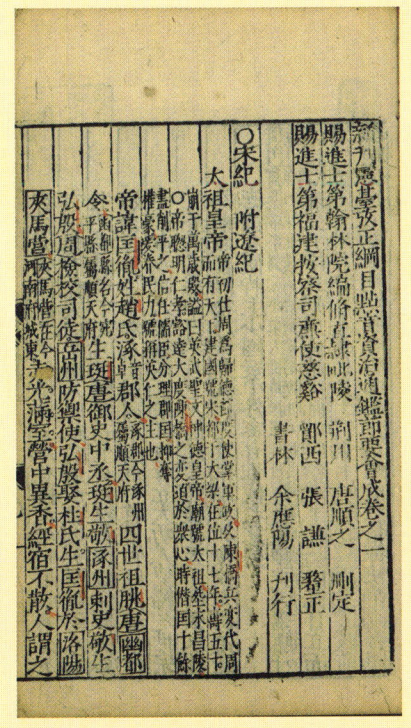
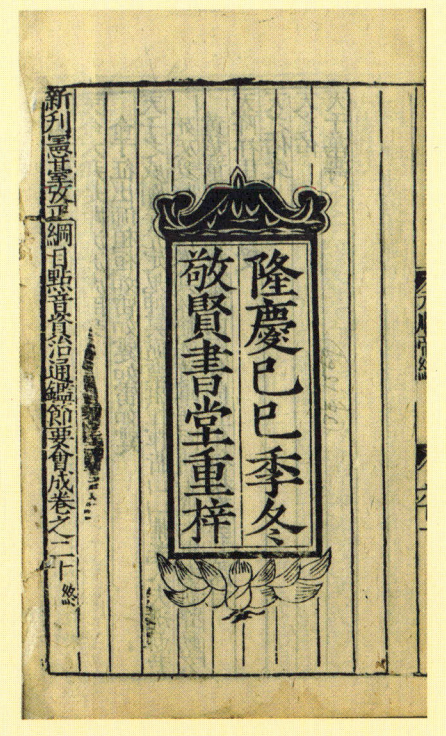

《新刊憲臺考正綱目點音資治通鑑節要會成》二十卷　明唐順之刪定
張謙釐正　明隆慶三年(1569)敬賢書堂刻本

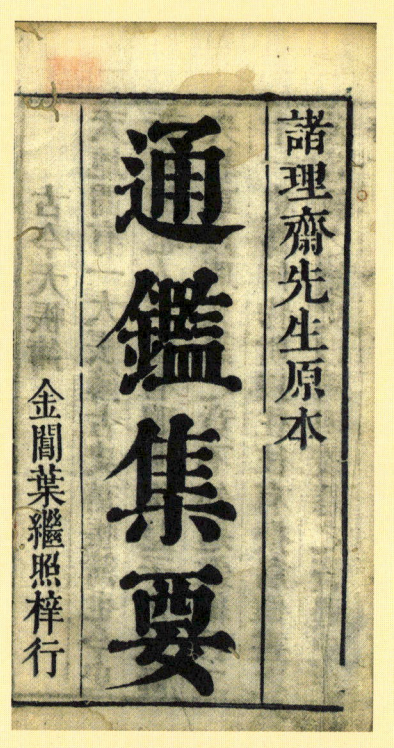
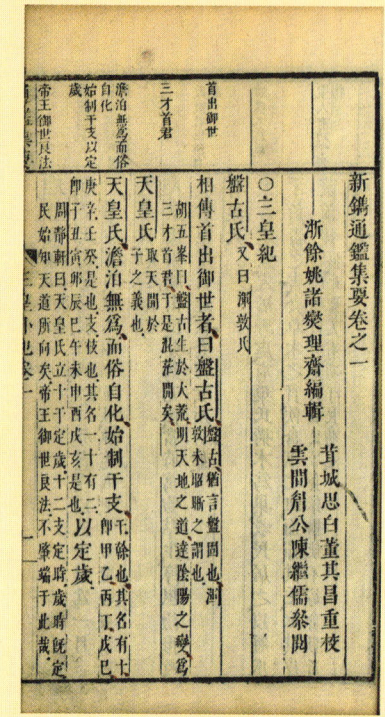

《新鐫通鑑集要》十卷　明諸燮輯　明崇禎金閶葉繼照刻本

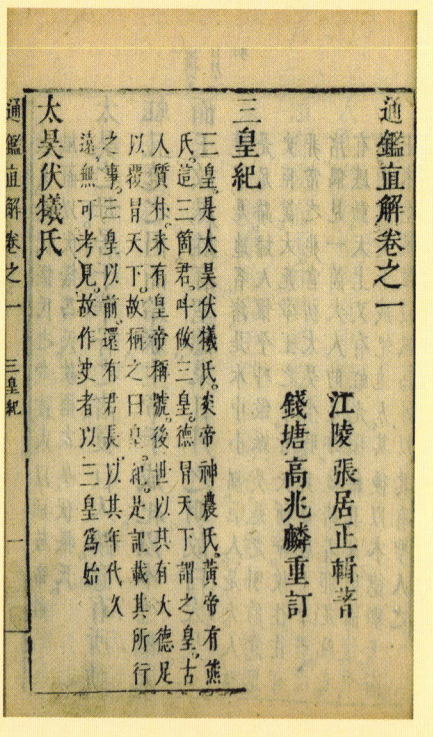

《通鑑直解》二十八卷　明張居正撰　高兆麟重訂　明崇禎陳長卿刻本

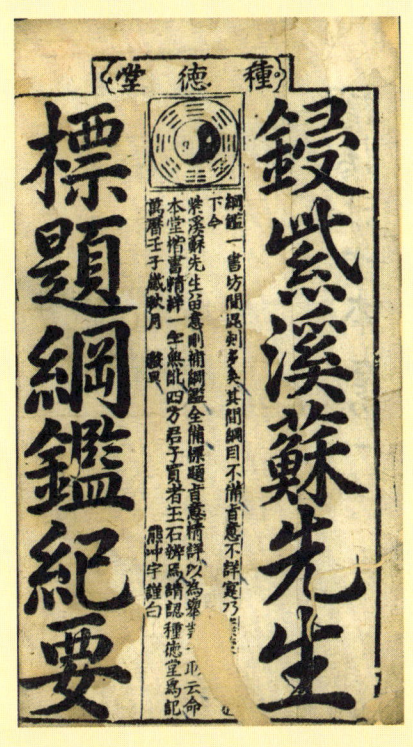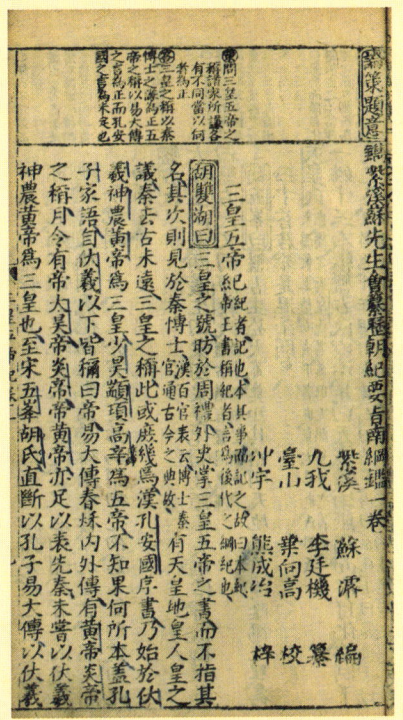

《鐫紫溪蘇先生會纂歷朝紀要旨南綱鑑》二十卷首一卷　明蘇濬輯
明萬曆四十年(1612)熊沖宇種德堂刻本

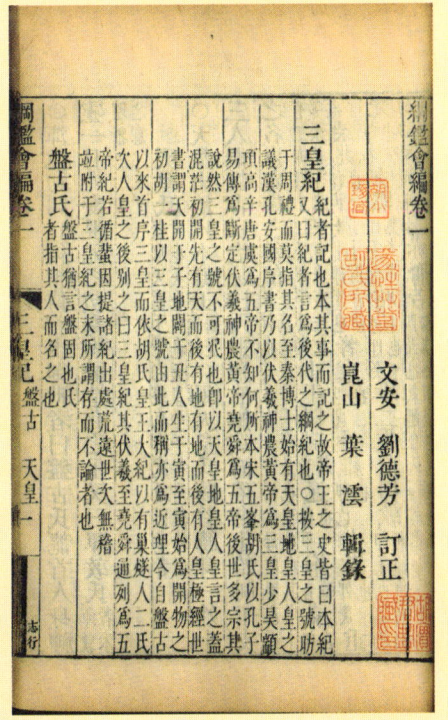

《綱鑑會編》九十八卷《歷代郡國考略》三卷《歷代統系表略》三卷《歷代官制考略》二卷
清葉澐撰　清康熙刻本

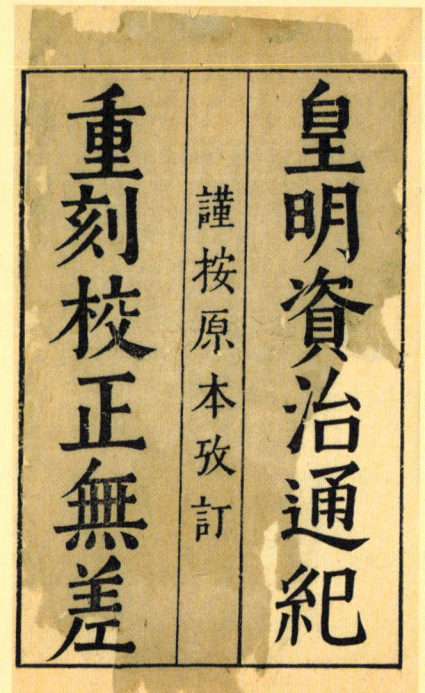

《天運紹統》不分卷附《皇明帝后紀略》二卷 明朱權、戚元佐編 明抄本

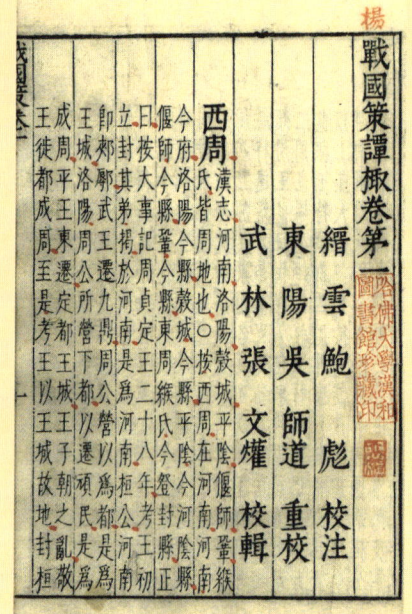

《戰國策譚棷》十卷 宋鮑彪校注 元吳師道重校 明張文爟校輯 附錄一卷 明張文爟輯 明萬曆刻本

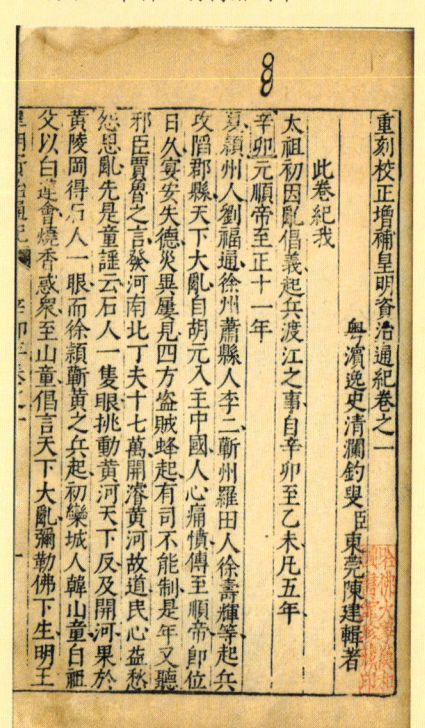

《重刻校正增補皇明資治通紀》十卷 明陳建撰 明刻本

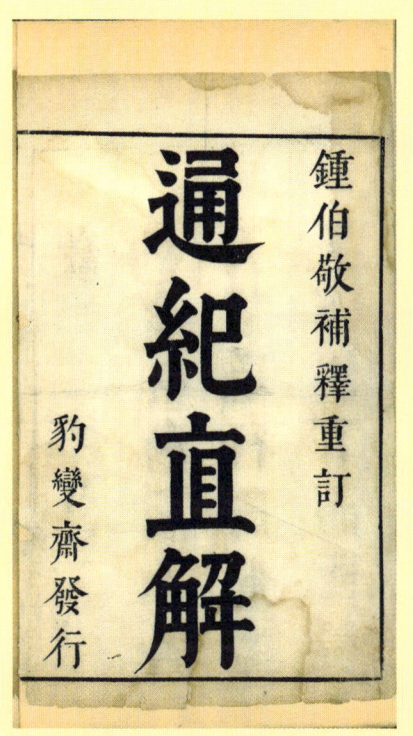
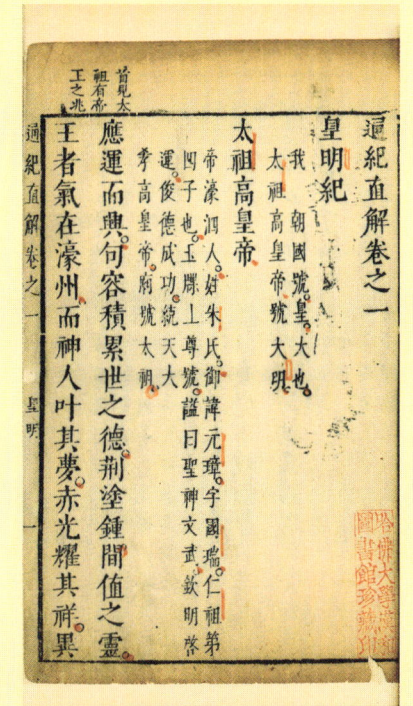

《通紀直解》十四卷續二卷　明張嘉和撰　明崇禎豹變齋刻清初增刻本

《兩朝從信錄》三十五卷　明沈國元撰　明崇禎沈氏大來堂刻本

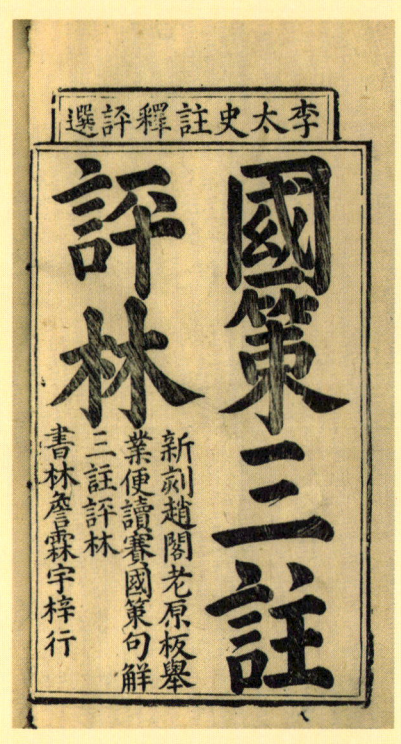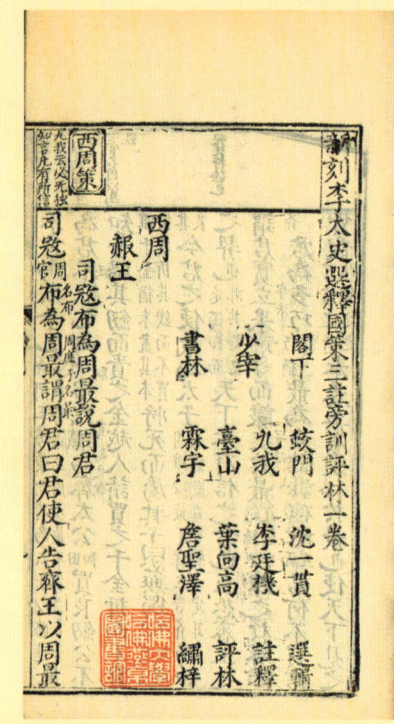

《新刻李太史選釋國策三注旁訓評林》四卷　明沈一貫輯
李廷機釋　葉向高評林　明書林詹霖宇刻本

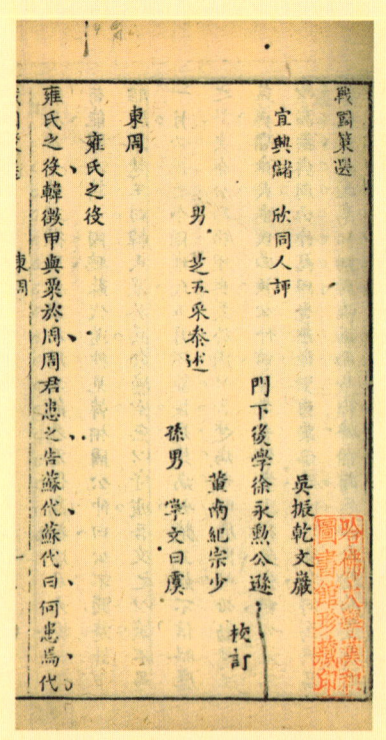

《戰國策選》不分卷　清儲欣選評　清乾隆十年(1745)受祉堂刻本

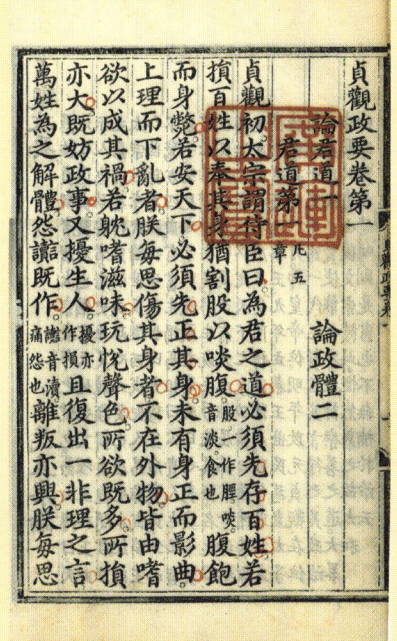

《貞觀政要》十卷　唐吴兢撰　元戈直集論
明成化元年(1465)内府刻本

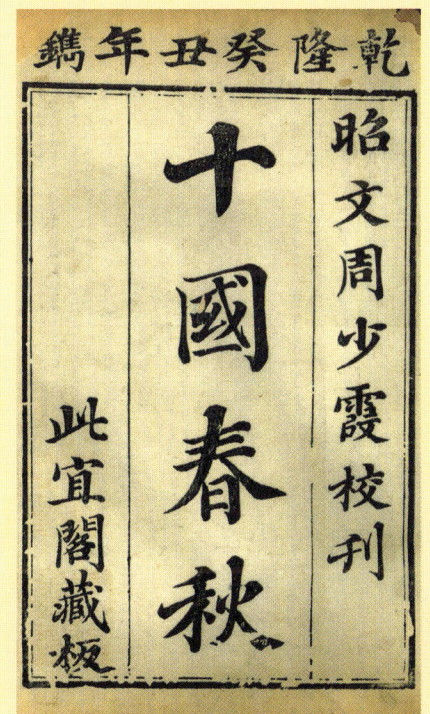

《十國春秋》一百十四卷　清吴任臣撰　附《拾遺》一卷《備考》一卷
清周昂撰　清乾隆五十八年(1793)周昂刻本

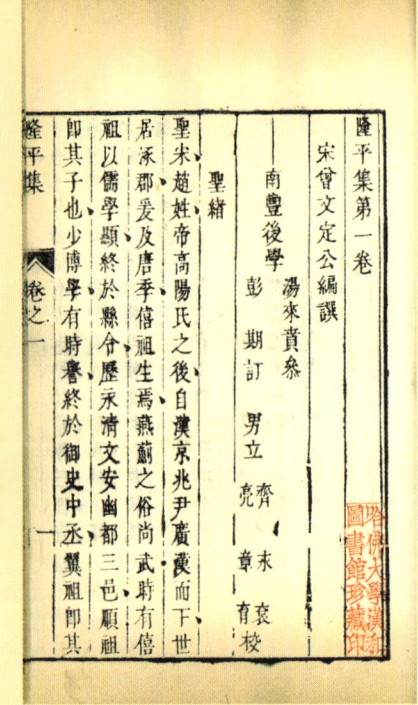

《隆平集》二十卷　宋曾鞏撰　清康熙四十年(1701)彭期七業堂刻本

《三朝要典》二十四卷《原始》一卷
明顧秉謙、徐紹吉等纂修　明天啟刻本

《欽明大獄錄》二卷　明張璁輯　明抄本　清汪宗沂跋

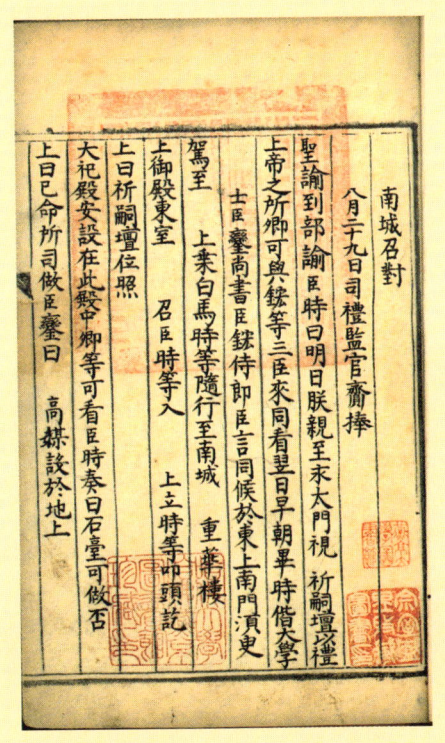

《南城召對》一卷　明李時撰
明抄本

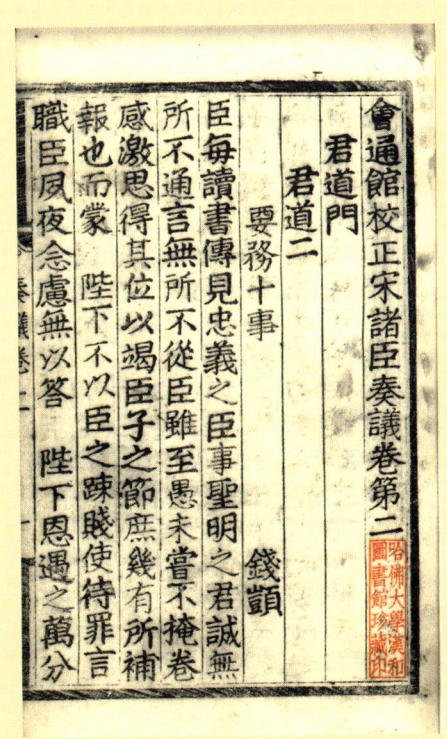

《會通館校正宋諸臣奏議》一百五十卷
宋趙汝愚輯　明弘治三年（1490）華燧
會通館銅活字印本

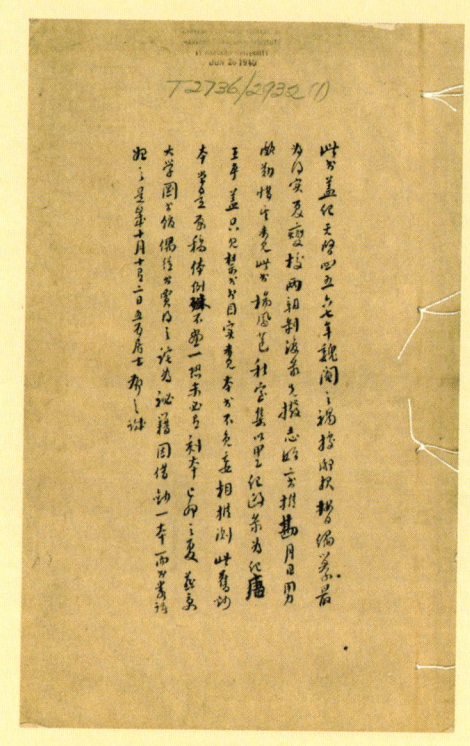

《甲乙記政錄》二卷《續丙記政錄》一卷《續丁記政錄》一卷　明徐肇台撰　明抄本

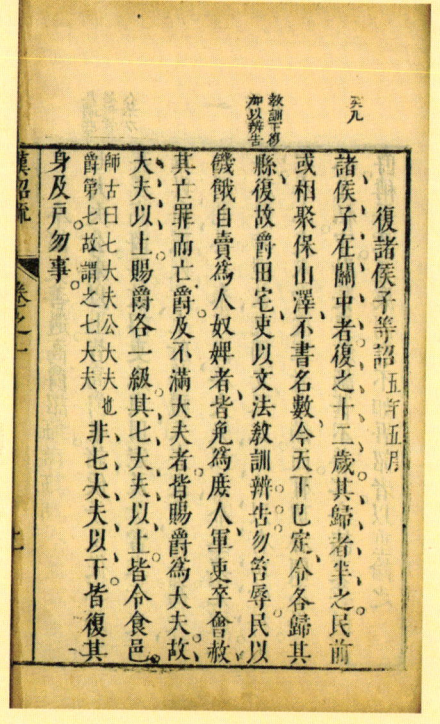

《漢詔疏》六卷　明陳衎選評　明天啓刻本

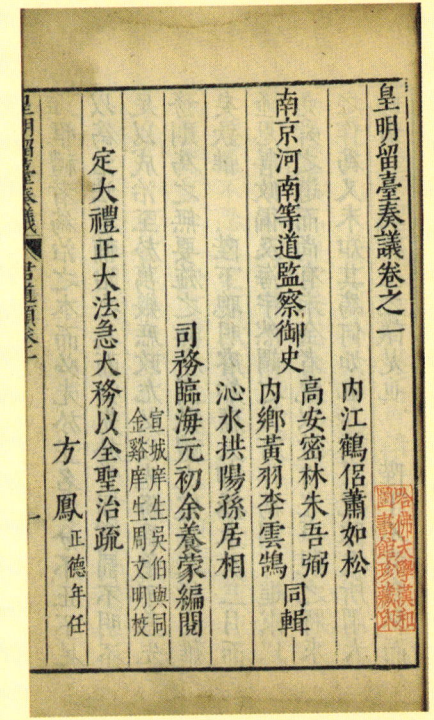

《皇明名臣經濟錄》五十三卷 明黃訓輯 明嘉靖三十年(1551)汪雲程刻本

《皇明留臺奏議》二十卷 明朱吾弼、李雲鵠等輯 明萬曆三十五年(1607)刻本

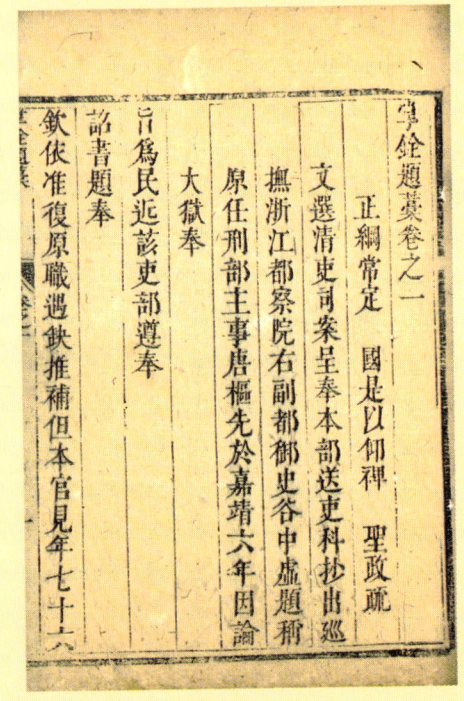

《掌銓題藁》三十四卷 明高拱撰 清康熙二十六年(1687)高有閑刻
《高文襄公集》乾隆十六年(1751)高玉生補刻本

《明楊繼盛奏疏草稿》 明楊繼盛撰 明嘉靖三十一年(1552)手稿本

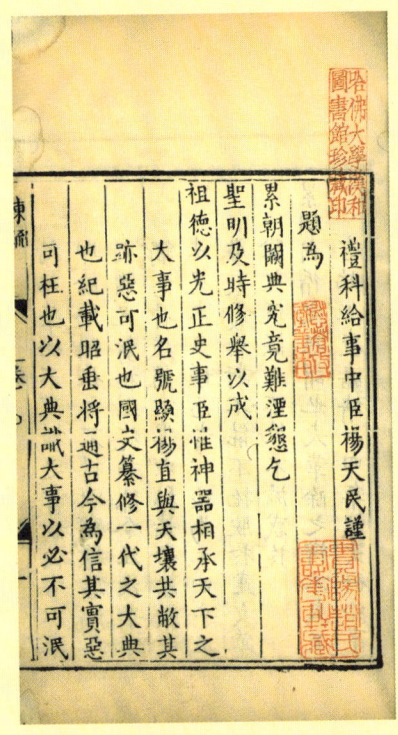

《楊全肯諫草》四卷　明楊天民撰
明天啓元年(1621)刻本

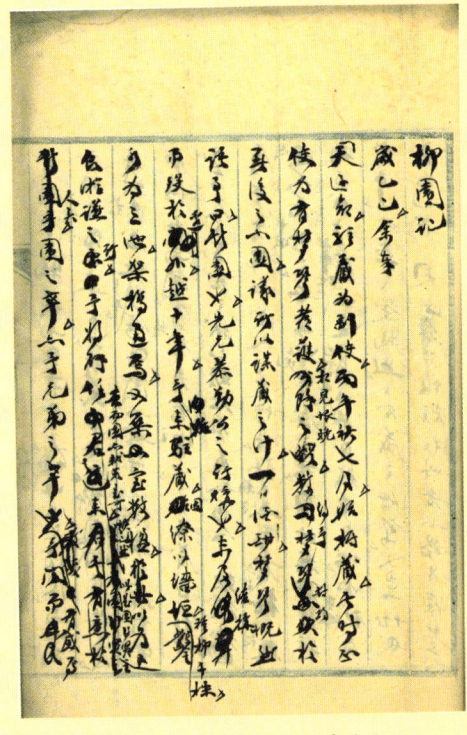

《聯豫文稿》不分卷附《藏事奏摺》
清聯豫撰　手稿本

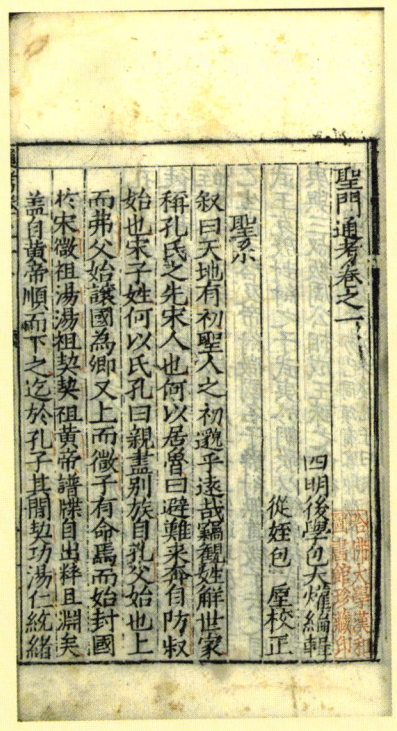

《聖門通考》十二卷《年譜》二卷
明包大爟撰　明萬曆十五年
(1587)書林清心堂刻本

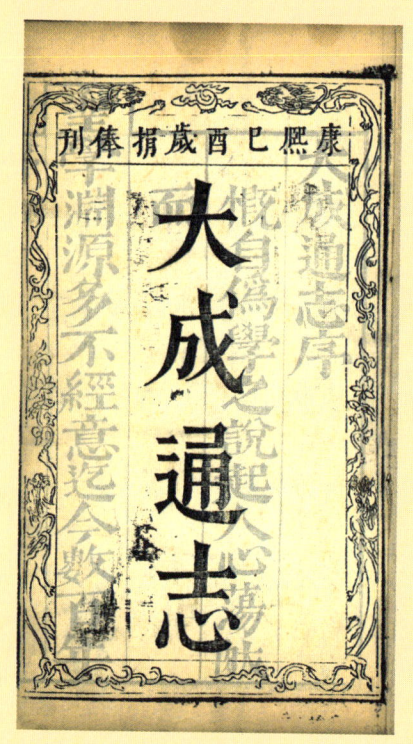

《聖門志》六卷　明呂元善撰　明天啓刻本

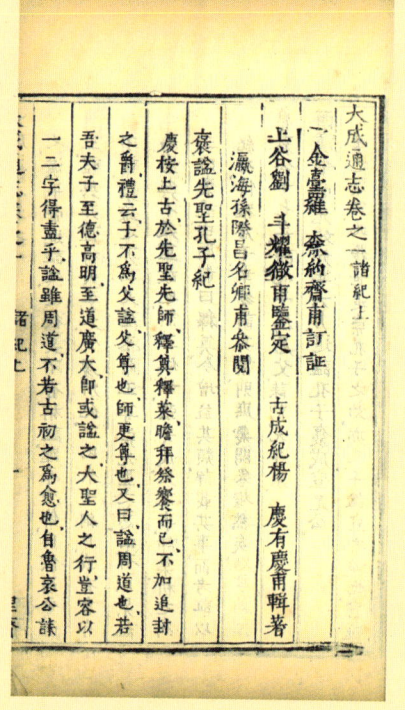

《大成通志》十八卷首二卷　清楊慶輯　清康熙八年(1669)楊氏理齋刻康熙雍正間補刻後印本

 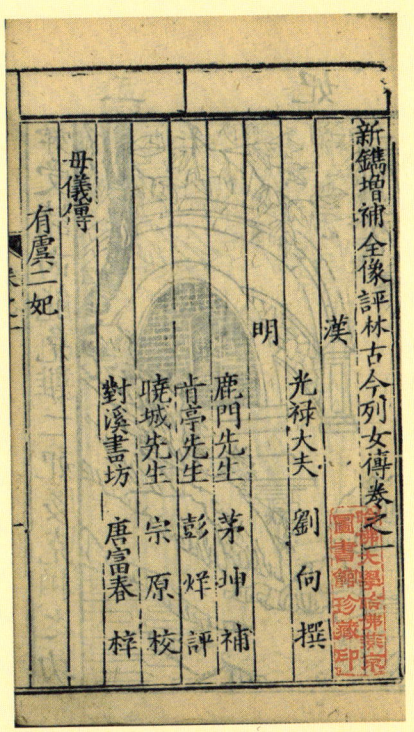

《新鐫增補全像評林古今列女傳》八卷　漢劉向撰　明茅坤補　明彭烊評
明萬曆十九年(1591)余文台三台館刻本

 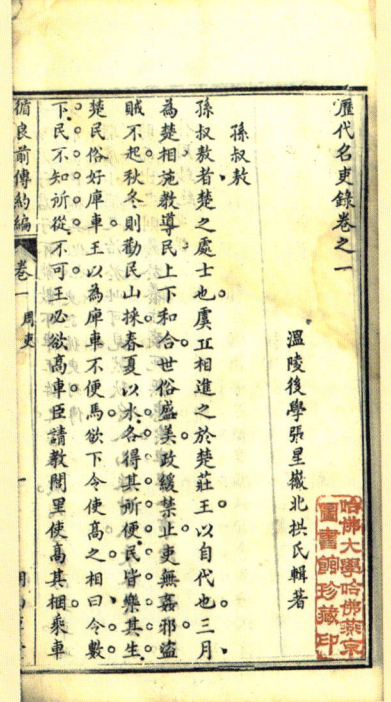

《歷代名吏錄》四卷　清張星徹撰　清雍正十一年(1733)湖山草堂刻本

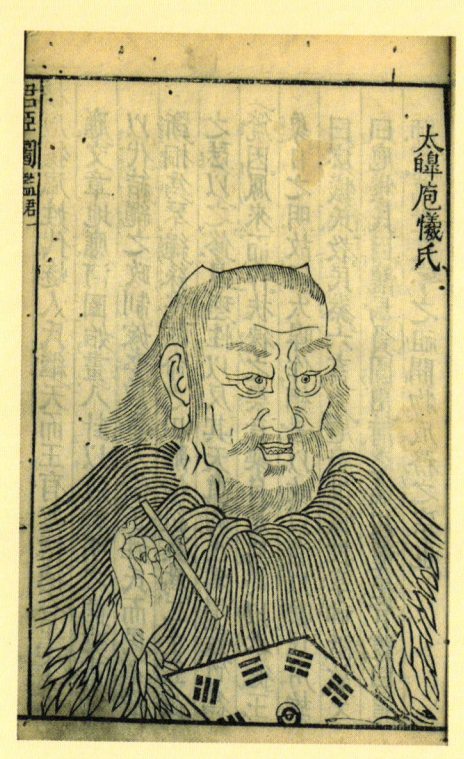

按庖犧風姓代燧人氏繼天而王有聖德德合上下天應文章地應河圖始畫八卦以通神明之德造書契以代結繩之政制嫁娶以重人倫正姓氏而民不瀆新桐爲琴繩絲爲茲命之田離徵組桑爲二十五絃之瑟以之修身理性以反其天真灼土爲壎斲竹爲籥因鳳來而作扶徠之樂音自是興焉以未徳王象曰之明故曰太皡作網罟以畋以漁以贍民用故曰宓犧氏教民蓑六畜充庖厨供犧牲享神祇故曰庖犧氏因龍馬負圖出河之瑞以龍紀官號曰龍師實萬世文字之祖開物成務之宗也

《古先君臣圖鑑》不分卷　明刻本

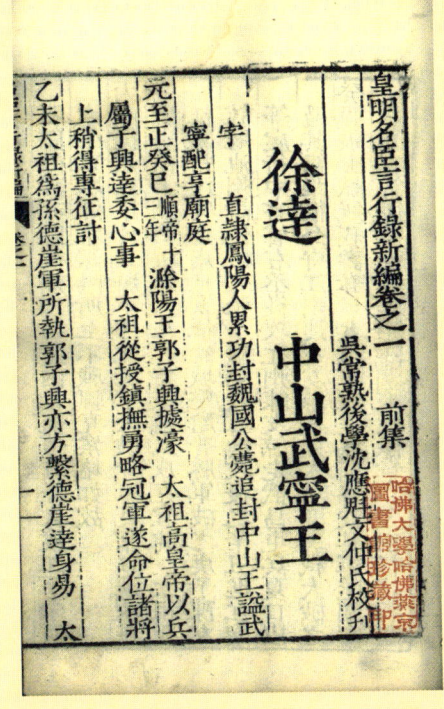

《皇明名臣言行錄新編》三十四卷　明沈應魁輯
明嘉靖三十二年(1553)自刻本

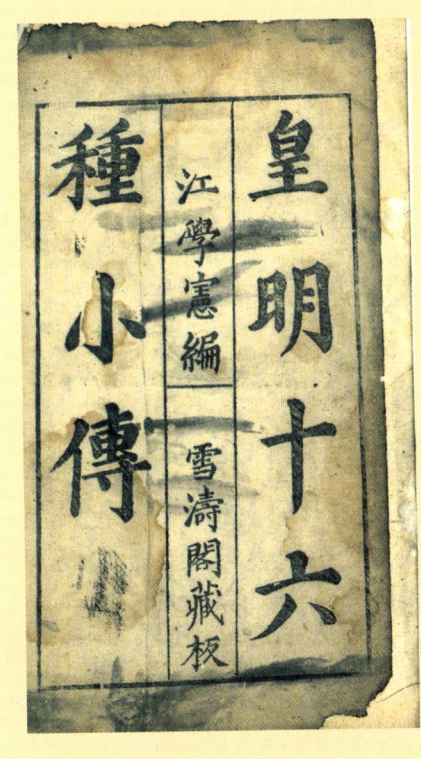
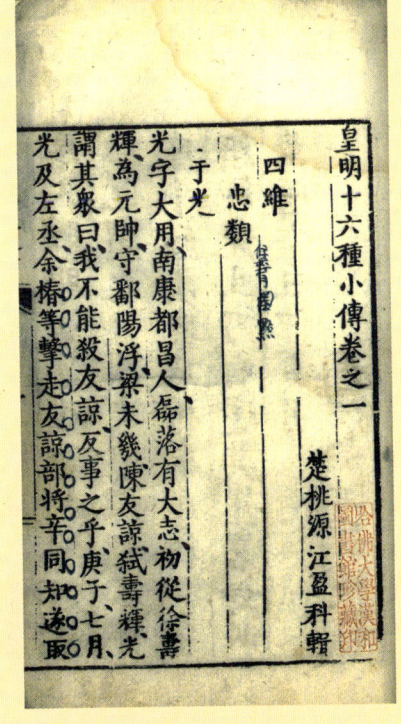

《皇明十六種小傳》四卷　明江盈科輯　明萬曆二十九年(1601)刻本

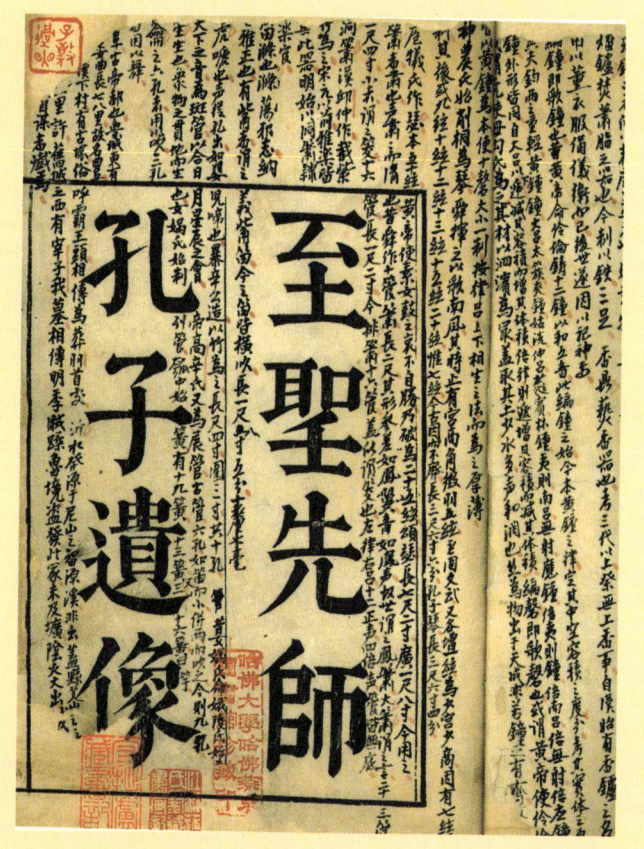

《聖蹟全圖》不分卷　清初刻本

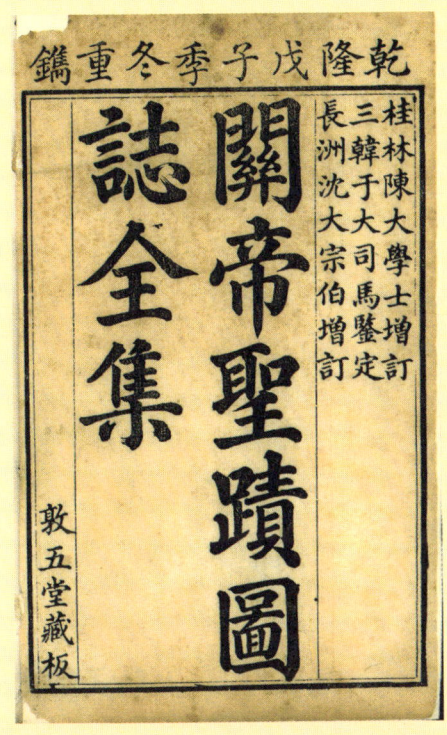
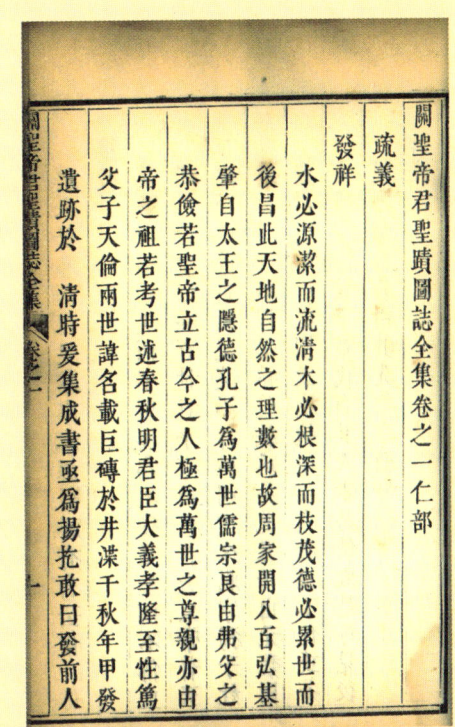

《關聖帝君聖蹟圖志全集》五卷　清盧湛輯　清乾隆三十三年至三十四年（1768—1769）王翰、高應爵刻本

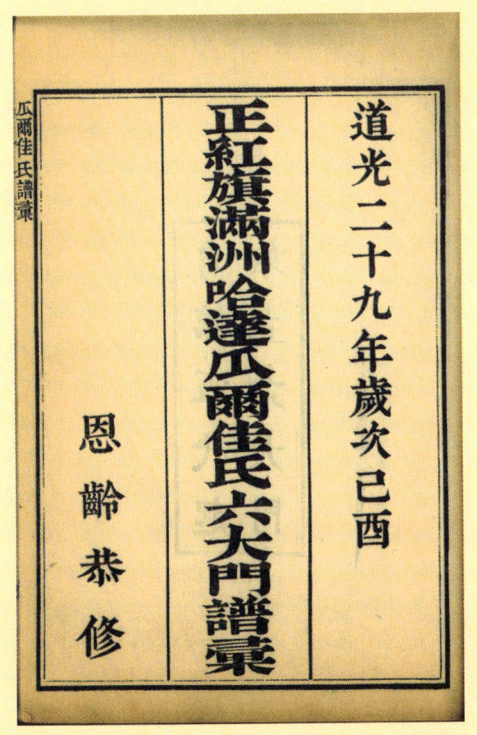
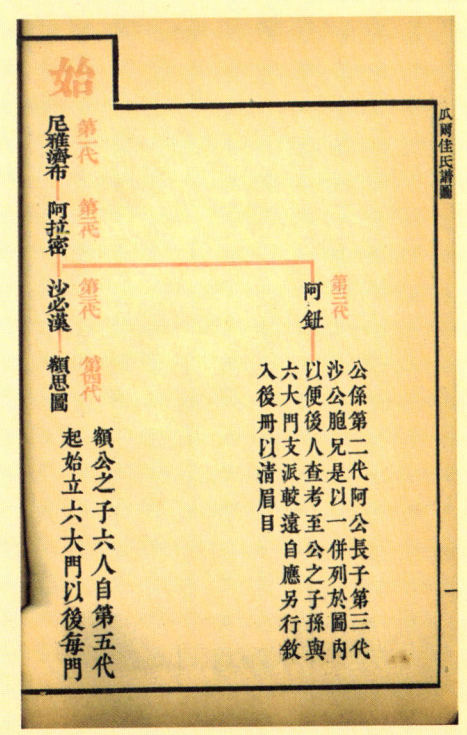

《正紅旗滿洲哈達瓜爾佳氏家譜》不分卷　清恩齡纂　清道光二十九年（1849）刻本

《清宗室敬徵日記》不分卷　清敬徵撰　手稿本

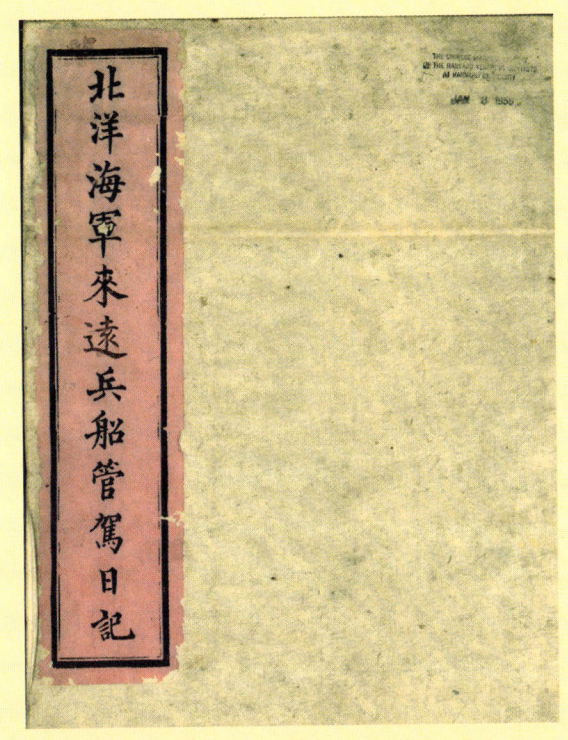

《北洋海軍來遠兵船管駕日記》不分卷　稿本

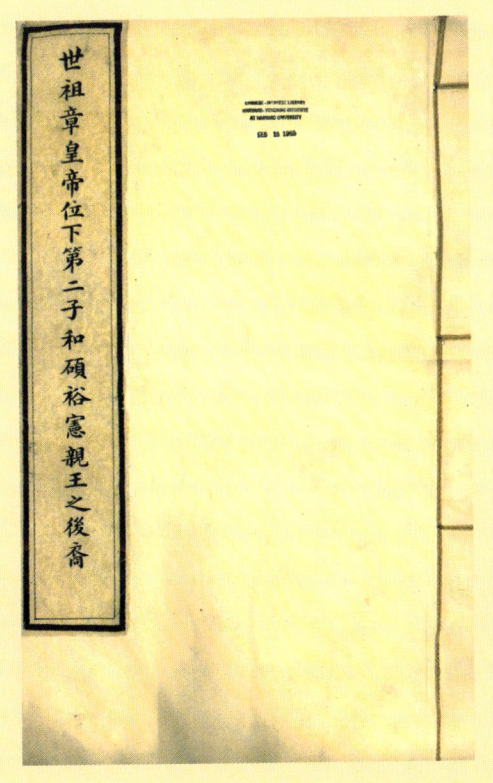
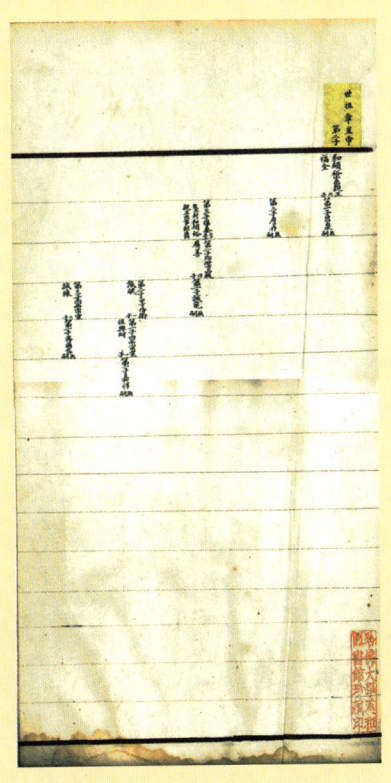

《玉牒宗室》不分卷　清末寫本

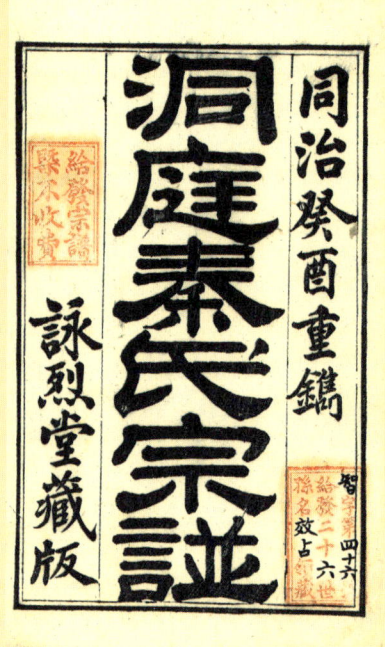
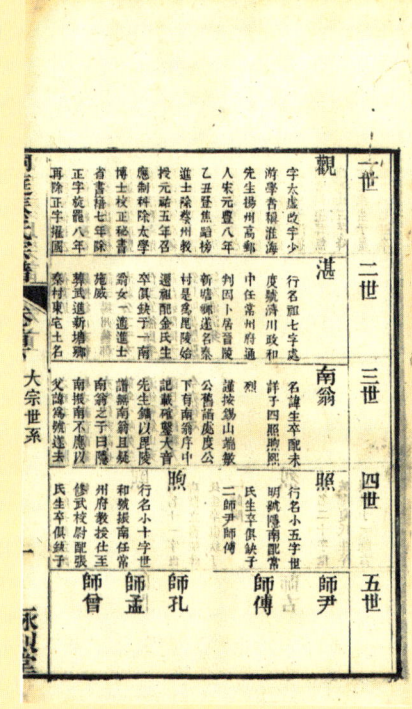

《洞庭秦氏宗譜》五卷首三卷末一卷　清秦錦等纂　清同治十二年(1873)詠烈堂刻本

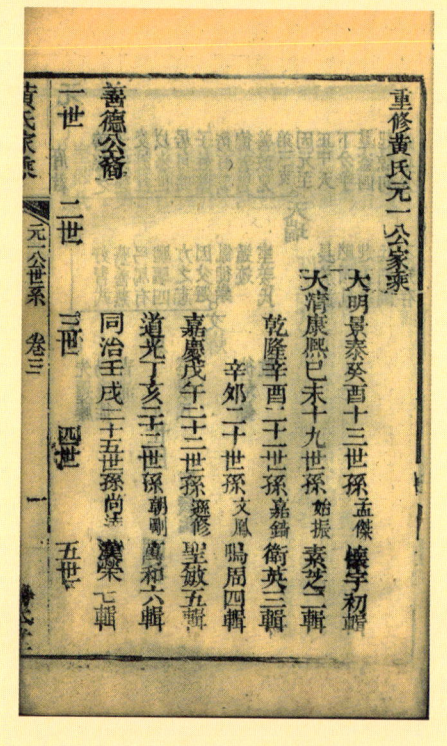

《黄氏家乘》二十二卷　清黄漢榮等纂　清同治九年(1870)黄氏務本堂刻本

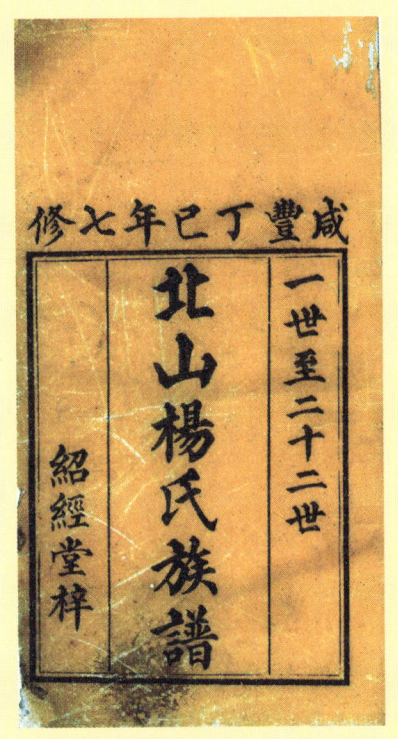
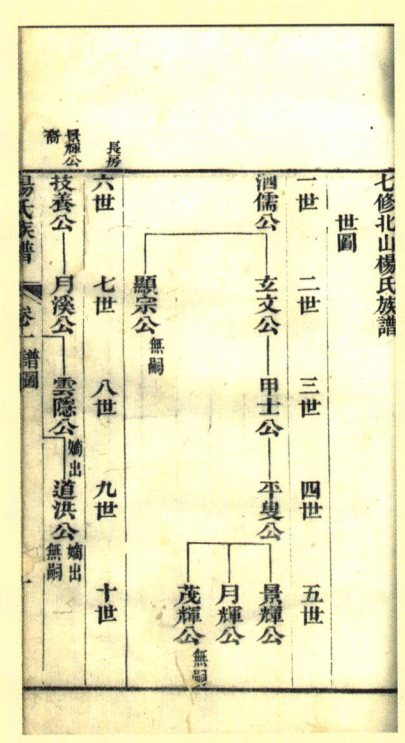

《北山楊氏族譜》十卷首一卷　清楊紹榮等纂修　清咸豐七年(1857)刻本

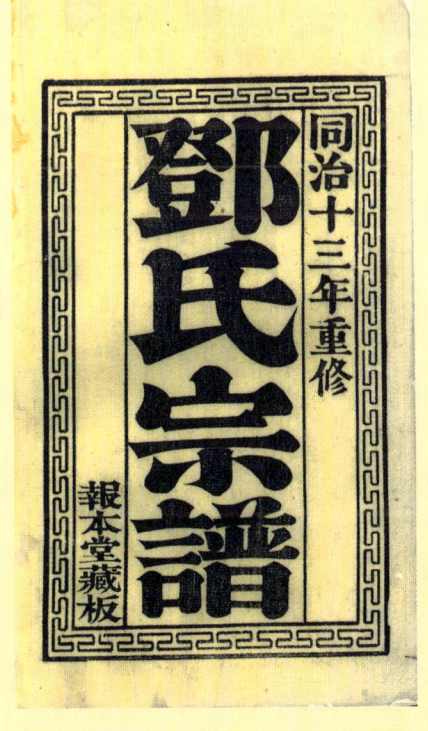

《無錫鄧氏宗譜》二十卷　清鄧源昌等纂修　清同治十三年(1874)報本堂木活字印本

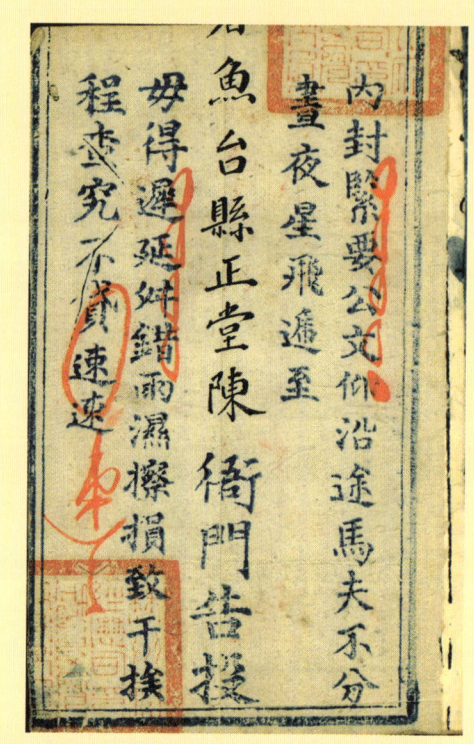

《大清職官遷除全書》不分卷　清乾隆二十二年(1757)寶名堂刻本

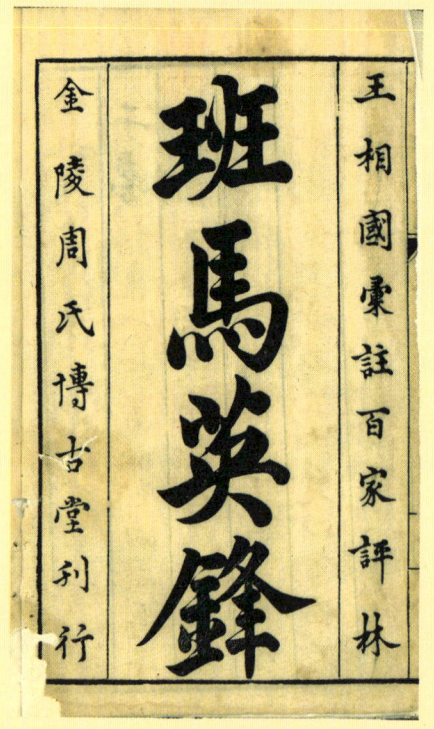

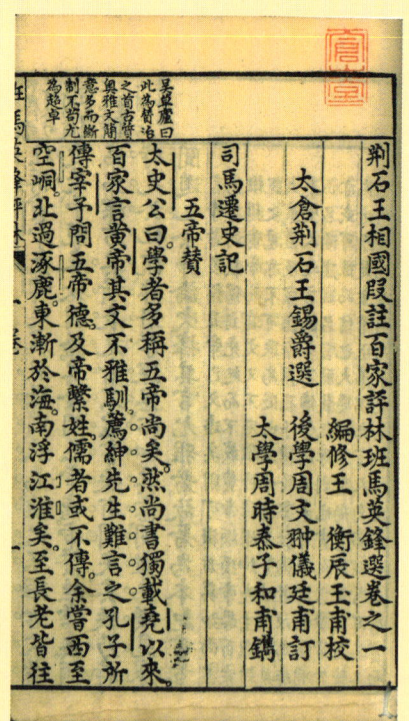

《荊石王相國段注百家評林班馬英鋒選》十卷　明王錫爵選
明萬曆二十九年(1601)金陵周時泰博古堂刻本

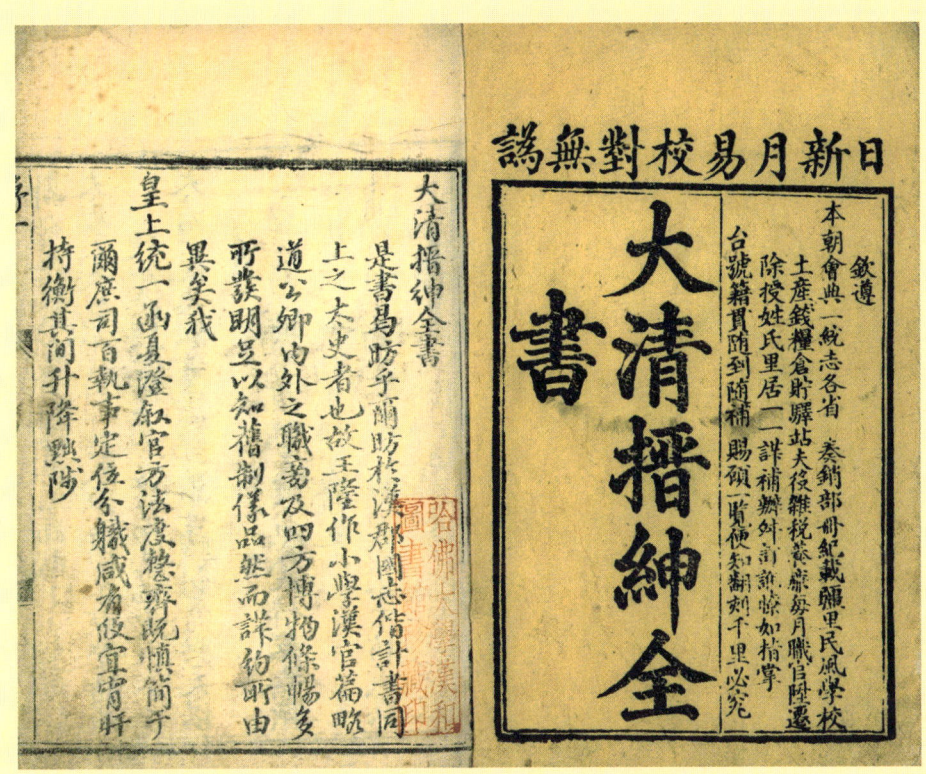

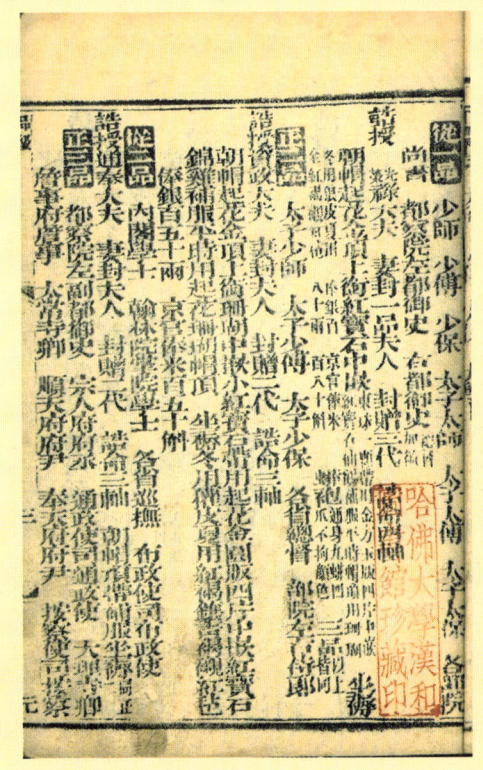

清代《搢紳錄》一百三十種　清乾隆至宣統刻本

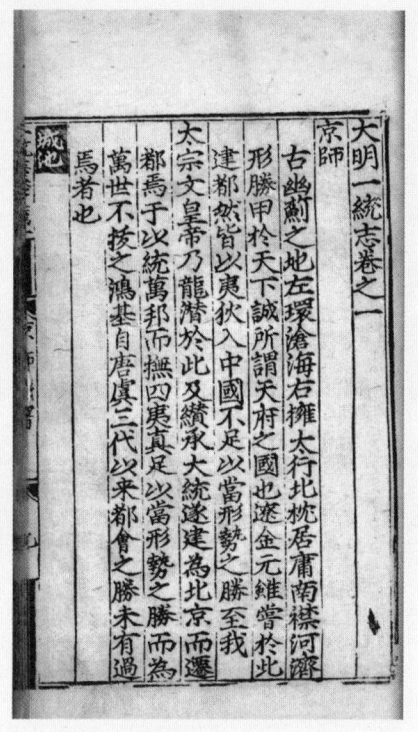
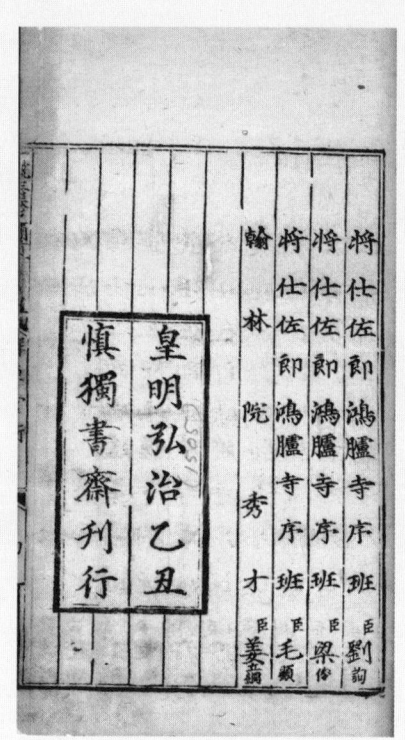

《大明一統志》九十卷　明李賢、萬安等纂修　明弘治十八年(1505)慎獨書齋刻本

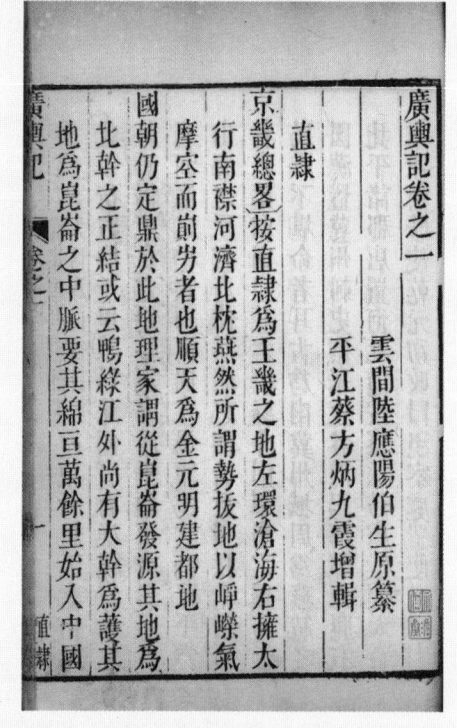

《廣輿記》二十四卷　明陸應陽撰　清蔡方炳增輯　清康熙四十六年(1707)刻本

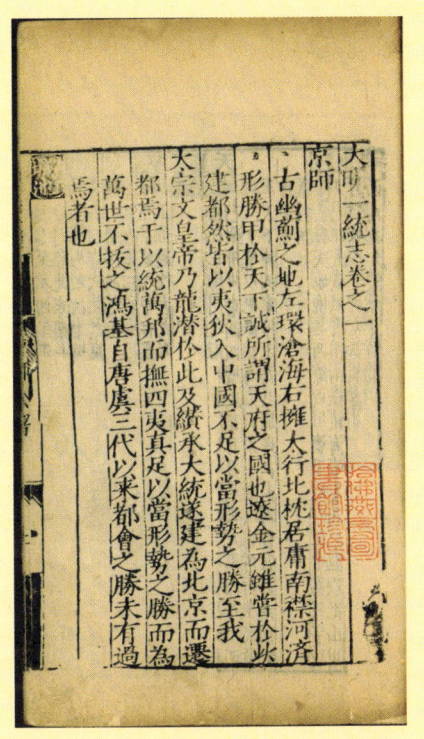 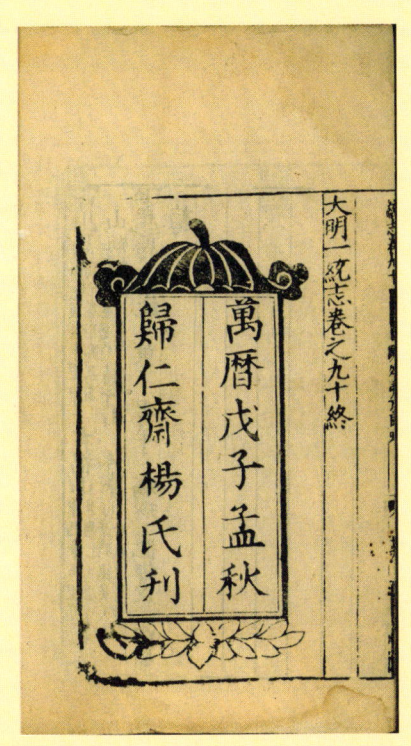

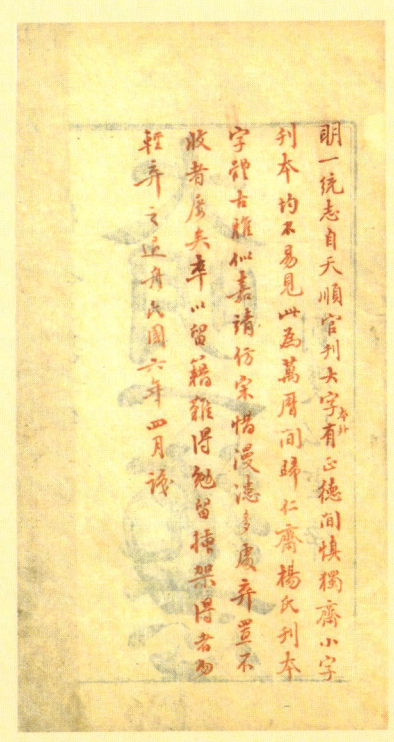

《大明一統志》九十卷　明李賢、萬安等纂修　明嘉靖三十八年(1559)
楊氏歸仁齋刻萬曆十六年(1588)重修本

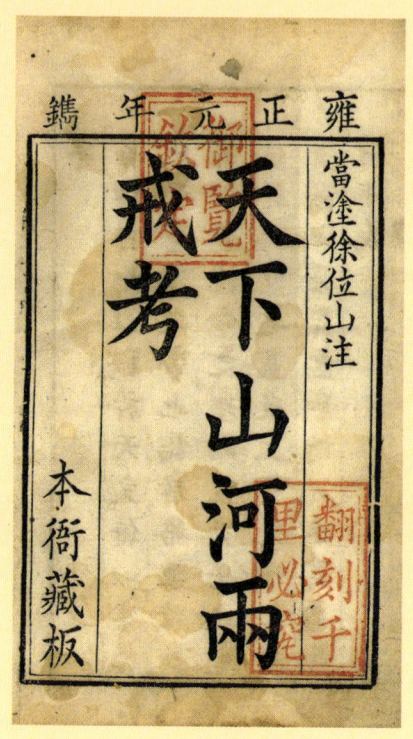

《天下山河兩戒考》十四卷　清徐文靖撰　清雍正元年(1723)刻本

《黔苗圖說》一卷　清彩繪本

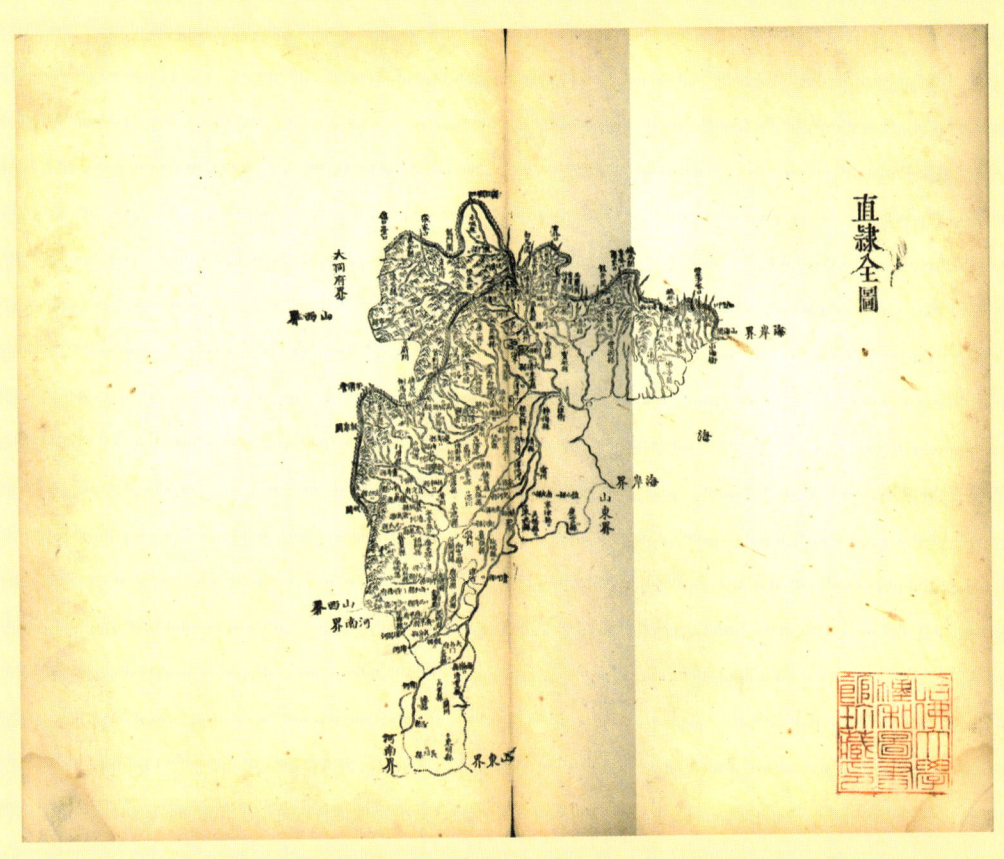

《内府分省分府圖》不分卷　清康熙刻本　民國夏孫桐跋

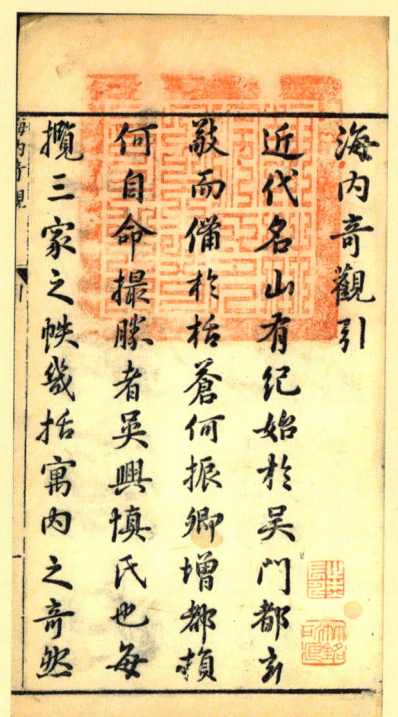

《新鐫海內奇觀》十卷　明楊爾曾撰　明萬曆三十七年(1609)夷白堂刻本

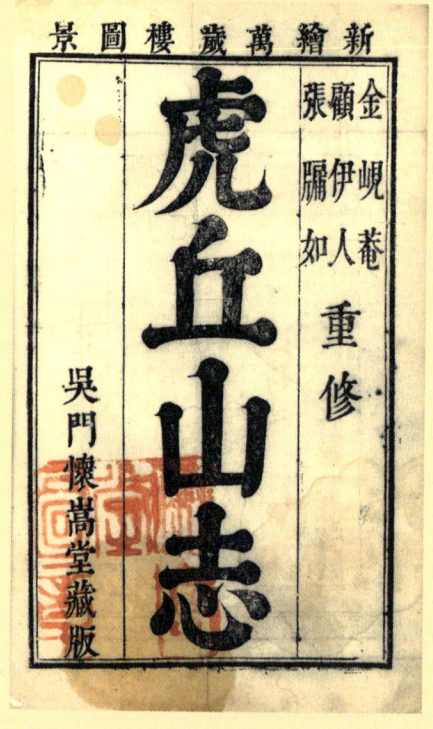

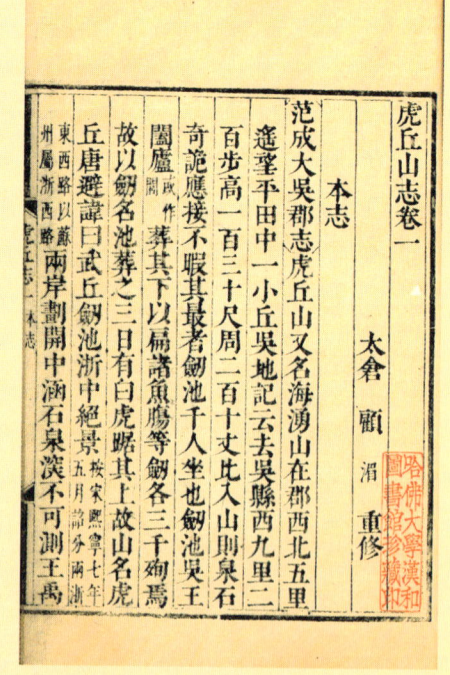

《虎丘山志》十卷首一卷　清顧湄撰　清康熙張氏懷嵩堂刻重訂本

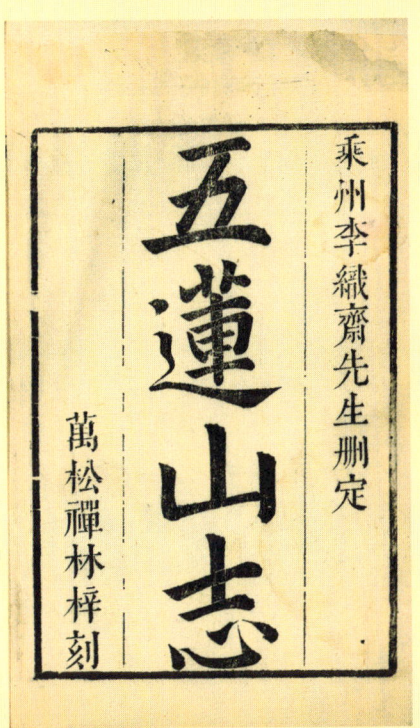
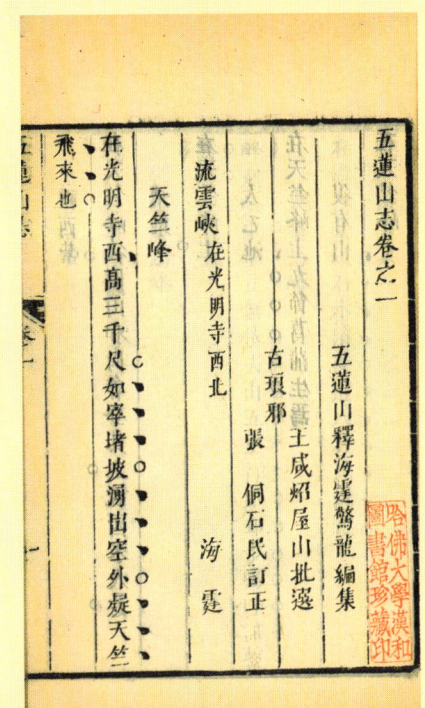

《五莲山志》五卷　清释海连辑　清康熙万松禅林刻乾隆增刻本

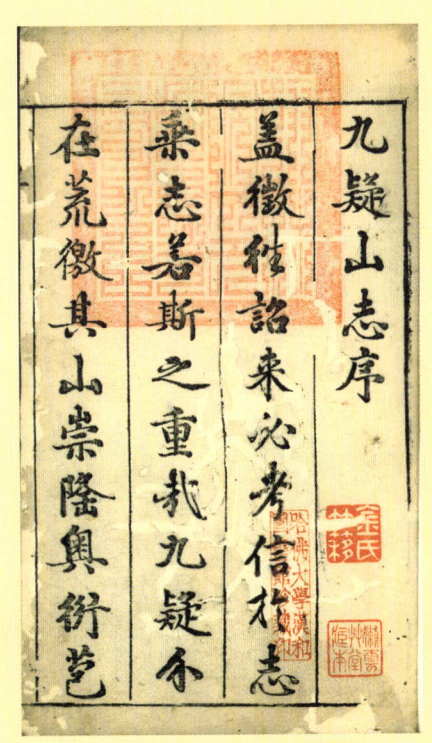
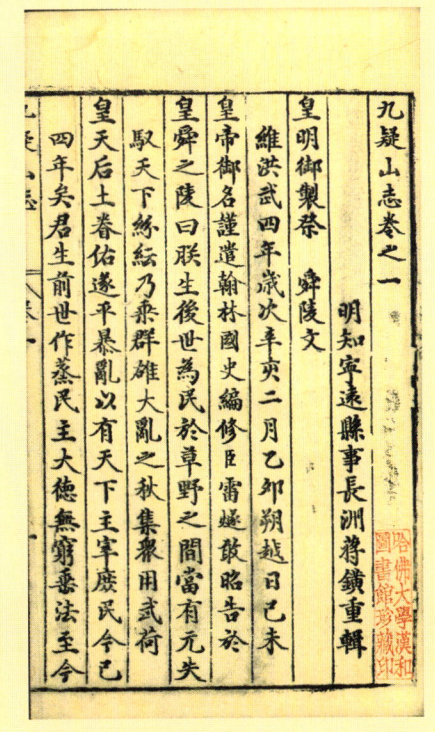

《九疑山志》九卷　明蒋鐄、俞向葵辑　明崇祯刻本

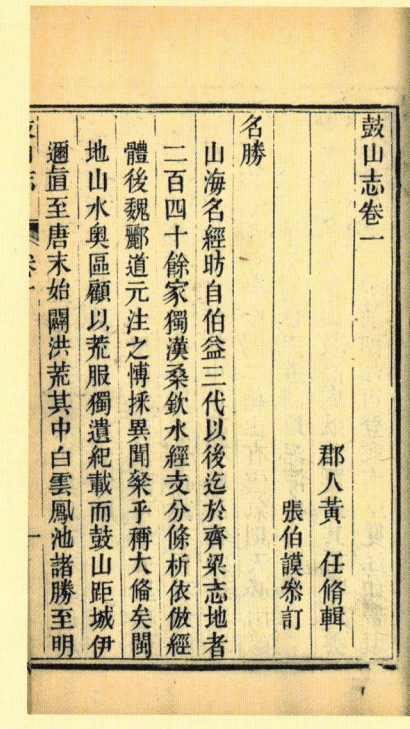

《鼓山志》十四卷　清黄任撰　清乾隆刻光绪二年(1876)補刻本

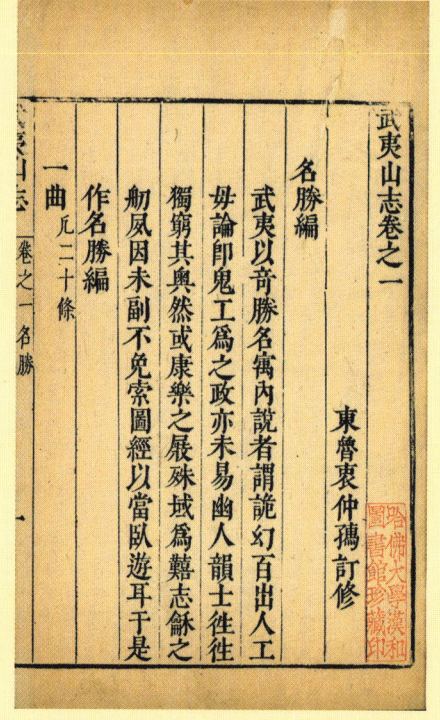

《武夷山志》十九卷　明衷仲孺撰　明崇禎十六年(1643)刻本

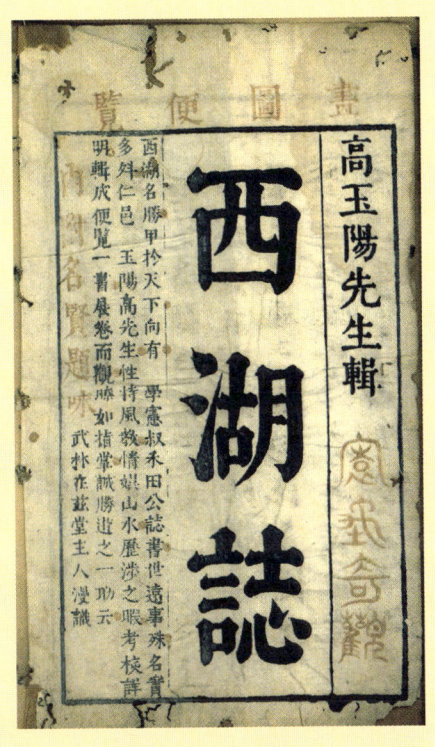
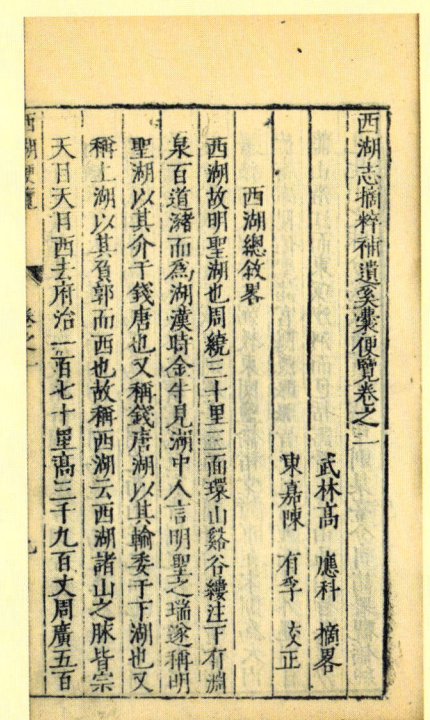

《西湖志摘粹補遺奚囊便覽》十二卷　明高應科撰　明萬曆二十九年（1601）刻本

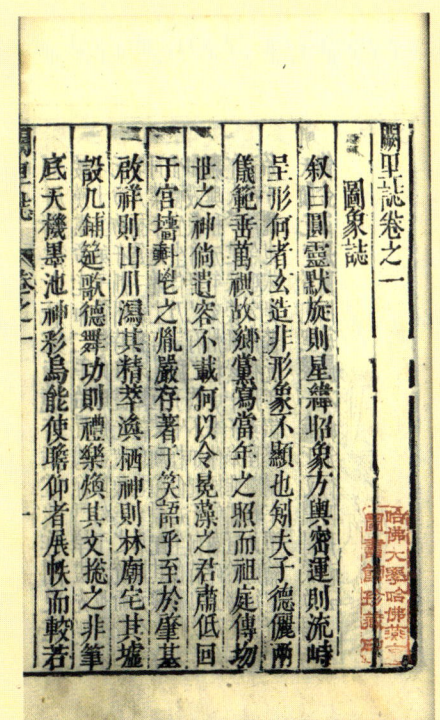
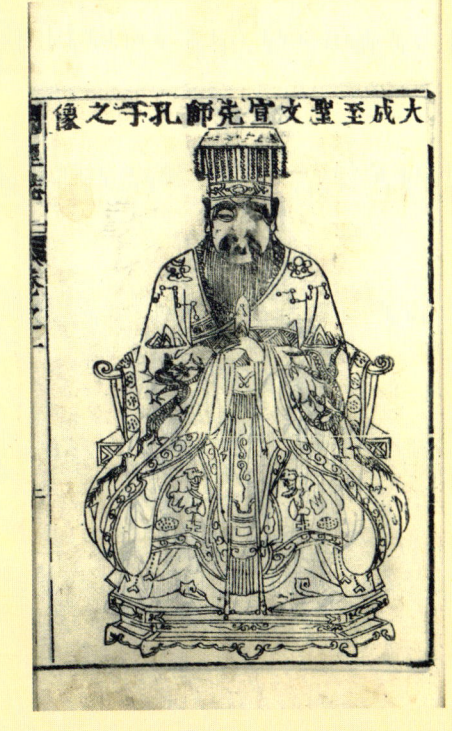

《闕里志》二十四卷　明陳鎬撰　孔胤植重輯　明崇禎間刻清雍正增修印本

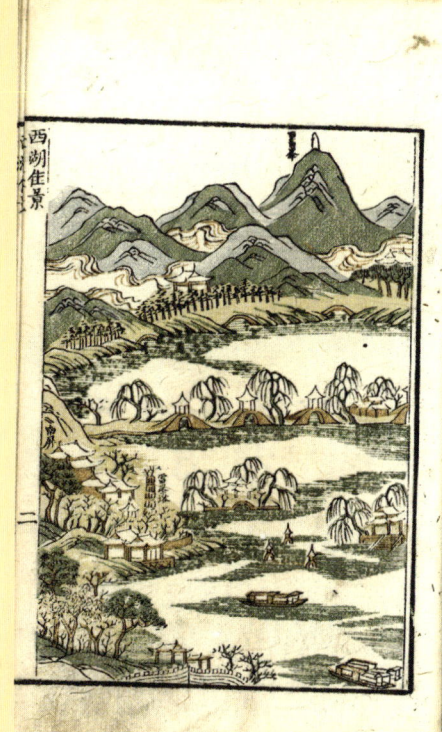

《西湖佳景》一卷　清題湖上扶搖子輯　清乾隆刻套印本

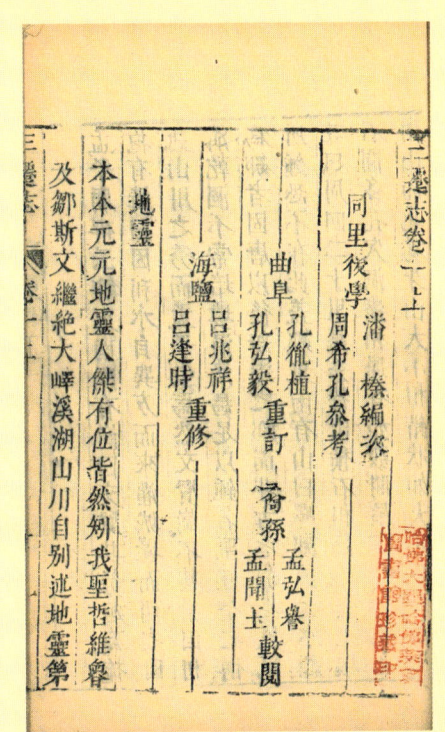

《三迁志》五卷　明吕元善撰　吕兆祥、吕逢时续　明刻清印本

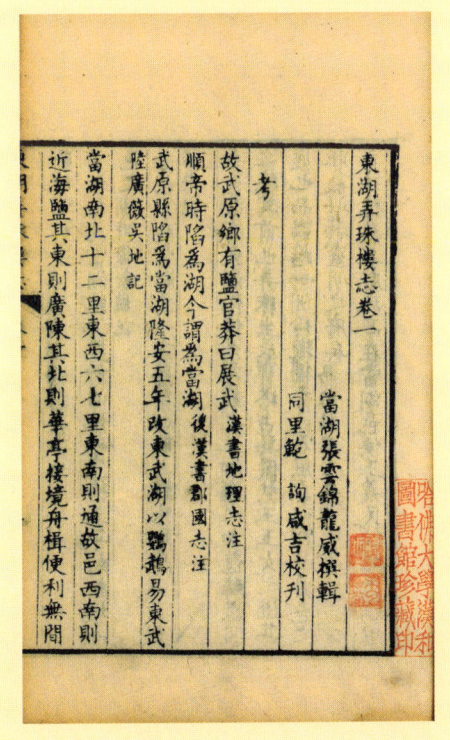

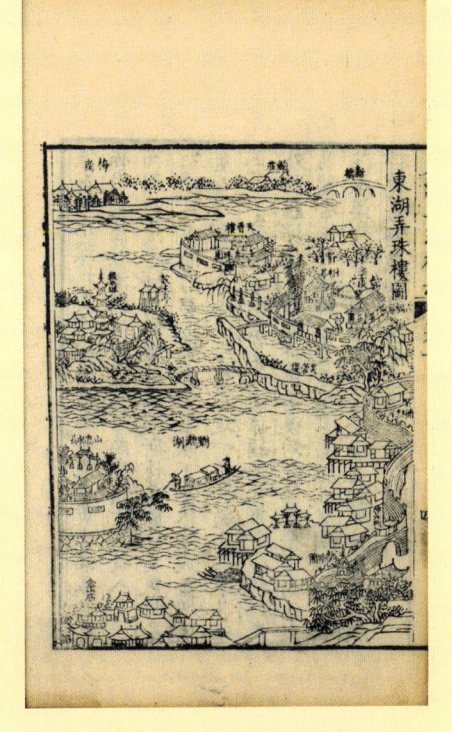

《东湖弄珠楼志》六卷附《红兰阁词》三卷　清张云锦撰　清乾隆鲍诇、王瑛刻本

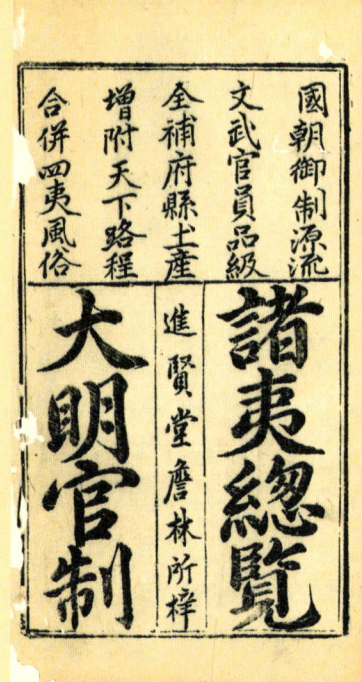 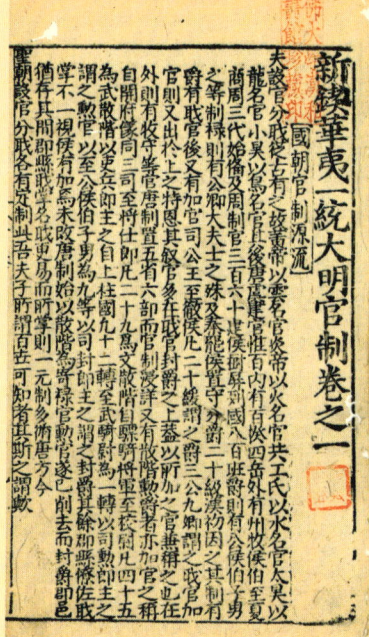

《新鍥華夷一統大明官制》四卷　明進賢堂詹林所刻本

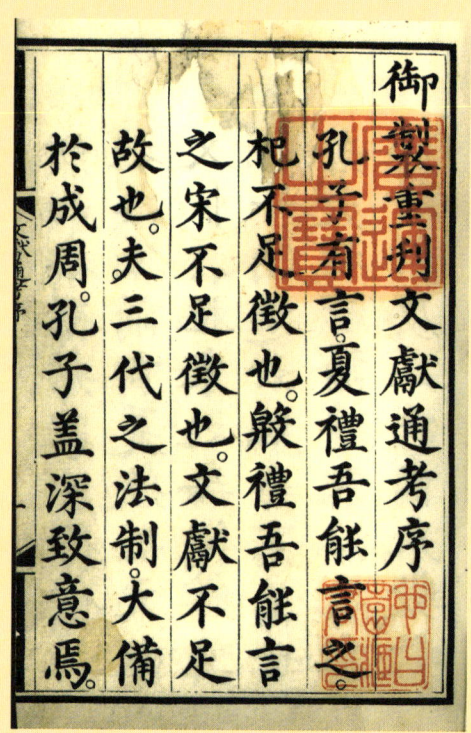 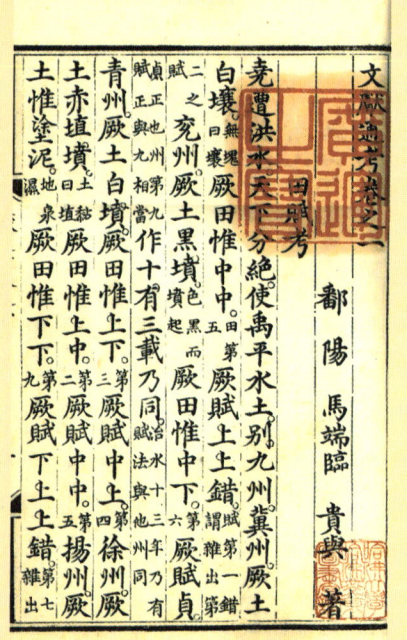

《文獻通考》三百四十八卷　元馬端臨撰　明嘉靖三年（1524）司禮監刻本

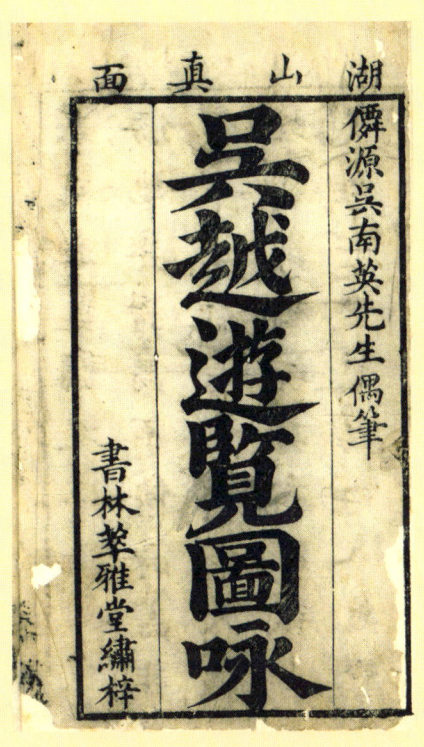

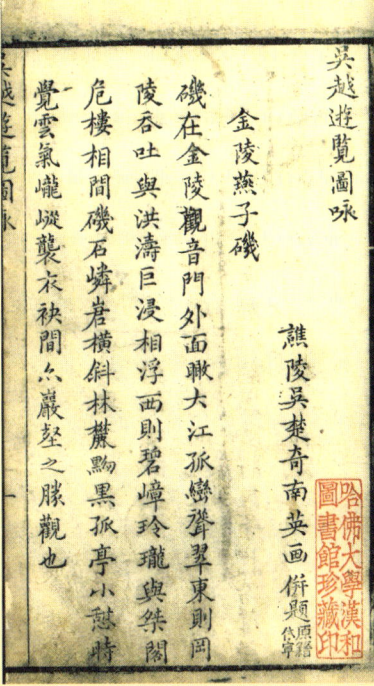

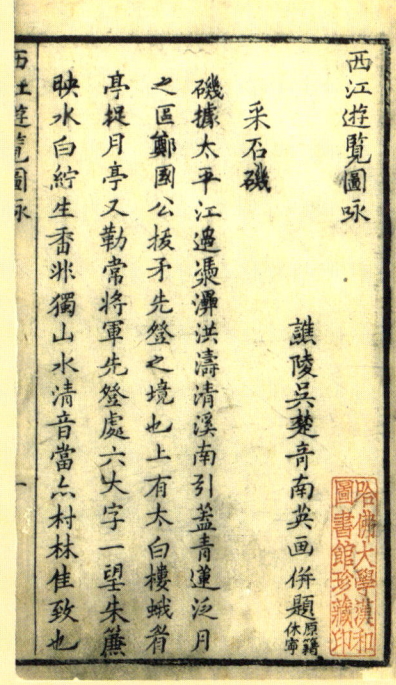

《吳越游覽圖詠》一卷《西江游覽圖詠》一卷　清吳楚奇繪並題　清康熙刻本

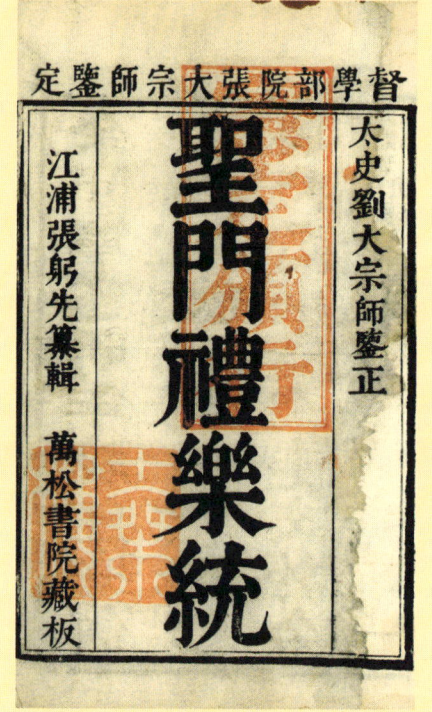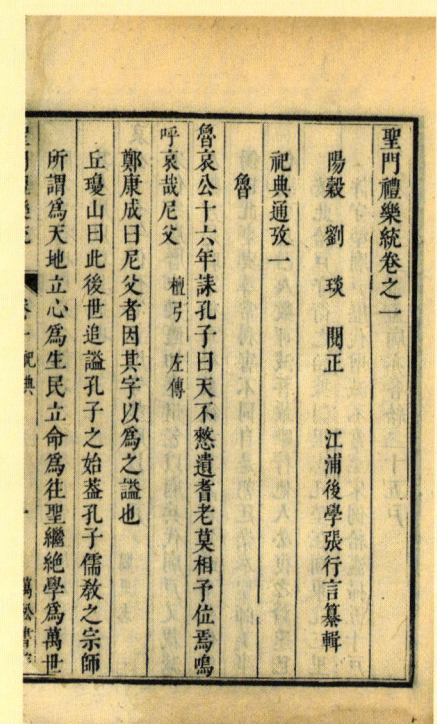

《聖門禮樂統》二十四卷　清張行言撰　清康熙四十一年(1702)萬松書院刻本

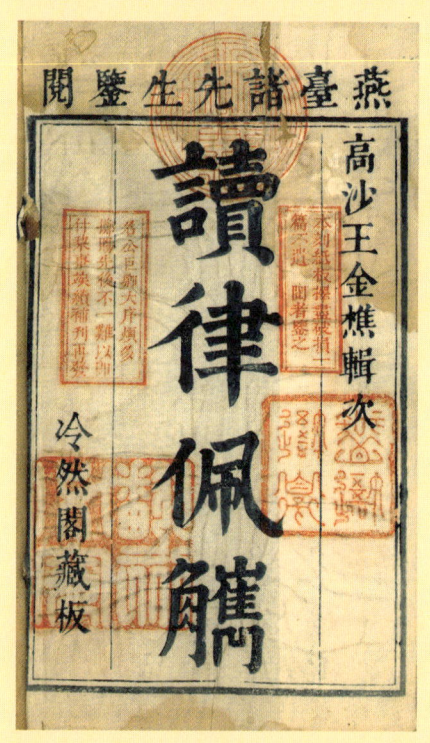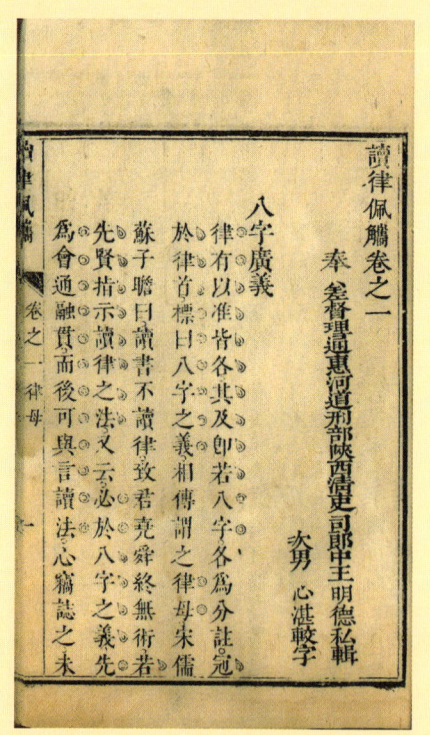

《讀律佩觿》八卷附《讀律八法》一卷　清王明德撰　清康熙十五年(1676)王氏冷然閣刻本

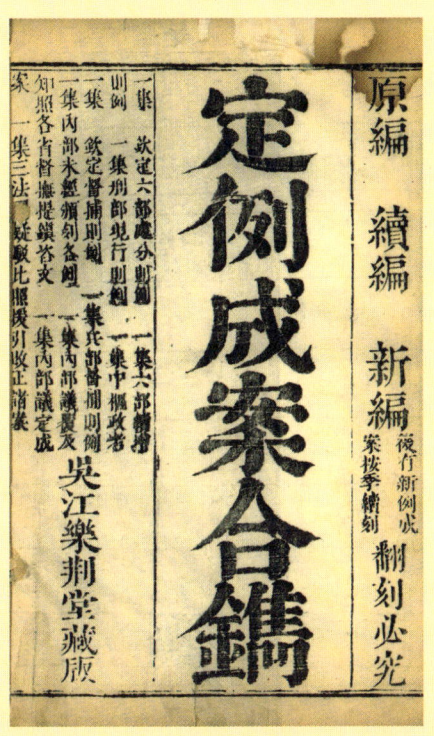

《定例成案合鐫》三十卷《續增》不分卷　清孫綸輯　清康熙雍正間吳江樂荊堂刻本

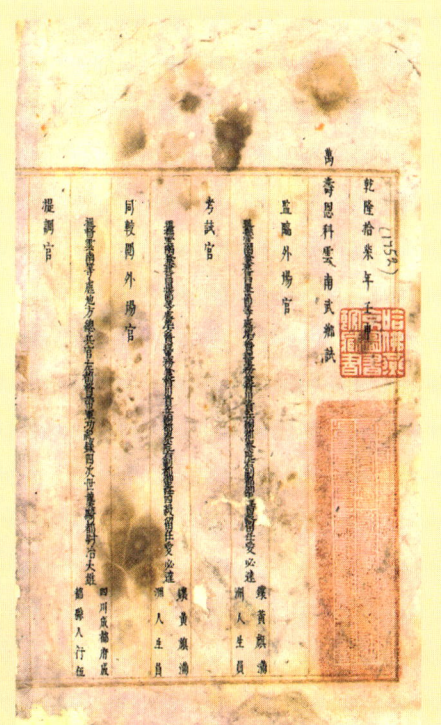

《乾隆壬申萬壽恩科雲南武鄉試題名錄》一卷　清乾隆十七年（1752）寫本

《八千卷樓藏書志》不分卷　清丁丙撰　清光緒抄本

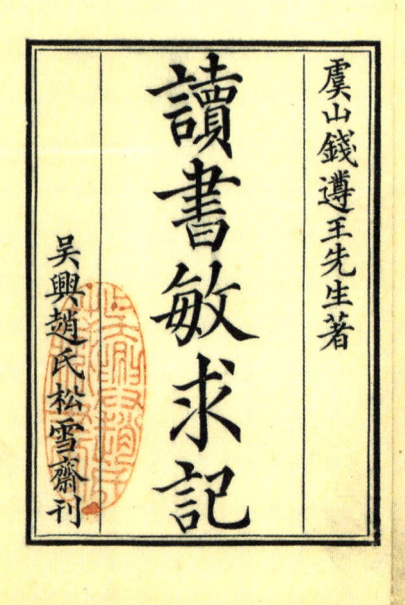
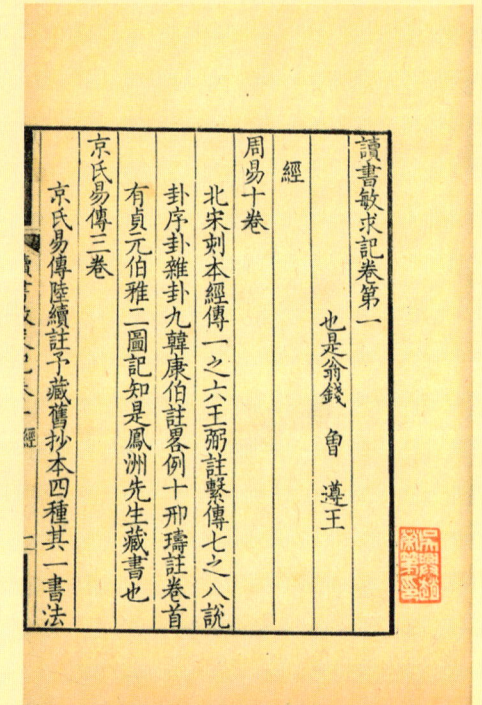

《讀書敏求記》四卷　清錢曾撰　清雍正四年(1726)吳興趙氏松雪齋刻本

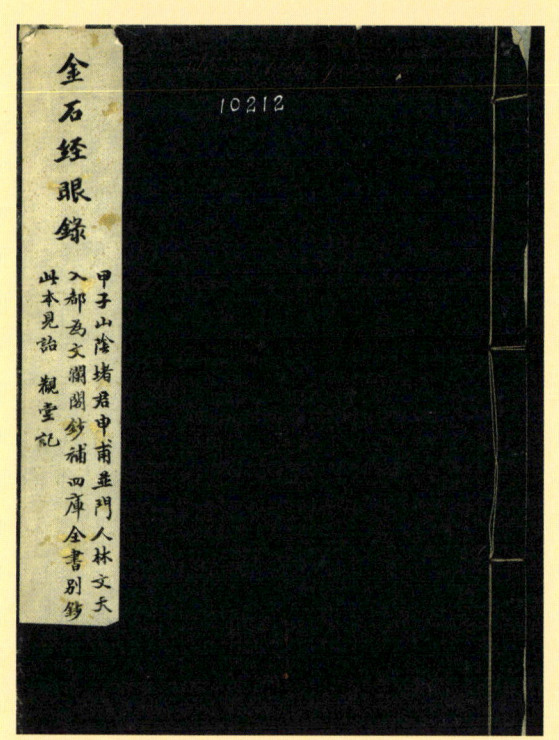
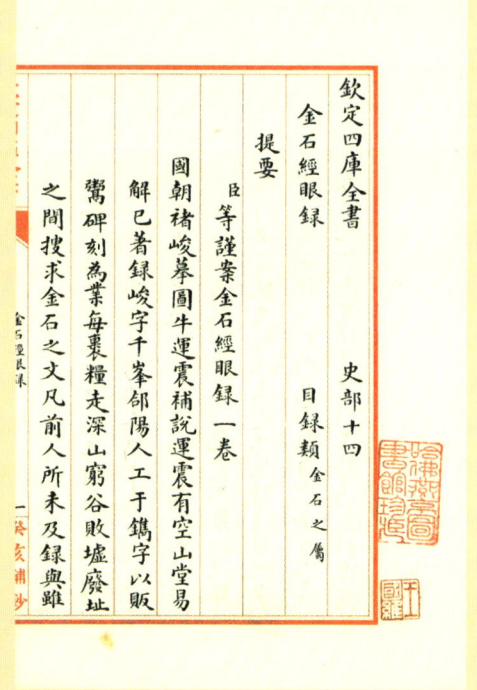

《金石經眼錄》一卷　清褚峻摹圖　清牛運震補說　民國十三年(1924)蘇廣明抄本　王國維題記

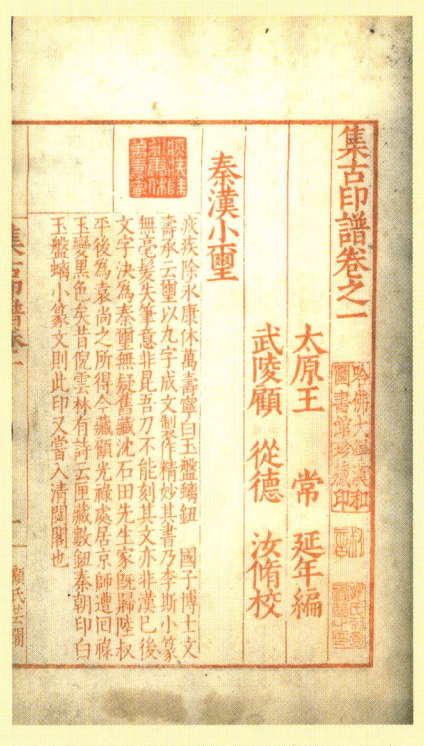

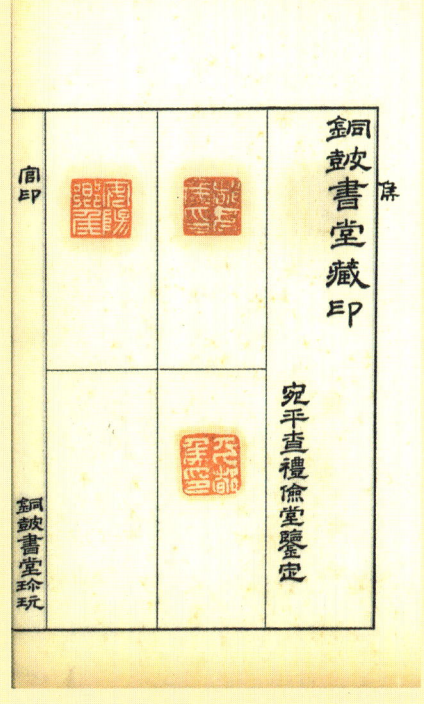

《集古印譜》六卷　明王常編　明萬曆三年(1575)顧氏芸閣刻朱印本

《銅鼓書堂藏印》不分卷　清查禮輯　清嘉慶四年(1799)查氏銅鼓書堂刻鈐印本

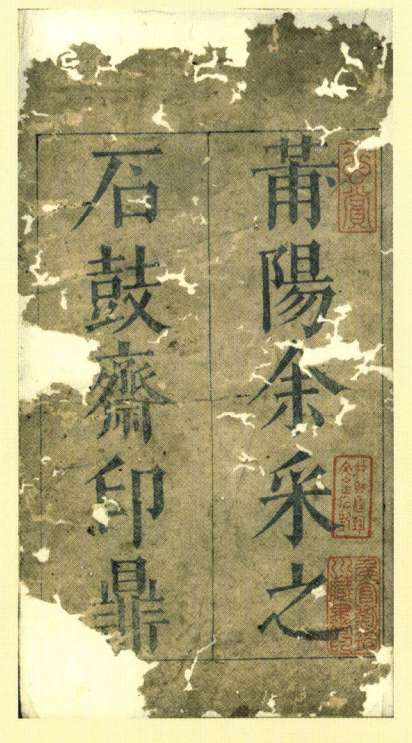

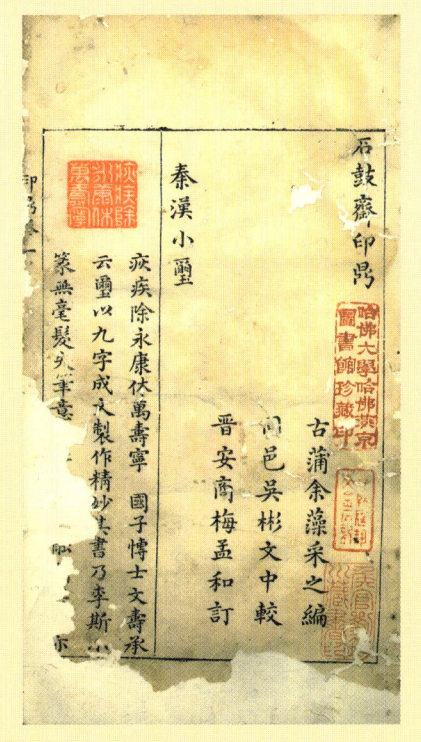

《石鼓齋印鼎》九卷　明余藻輯　明崇禎元年(1628)刻鈐印本

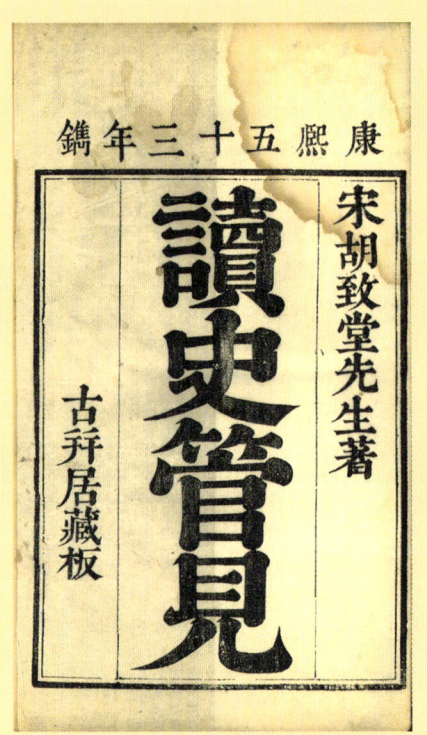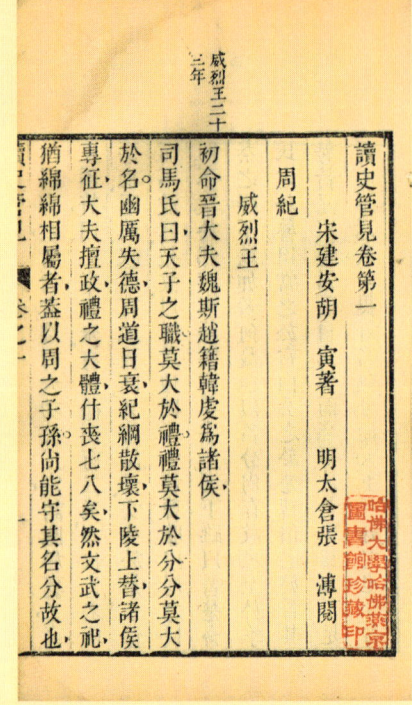

《讀史管見》三十卷目錄二卷　宋胡寅撰　清康熙五十三年(1714)張溥刻本

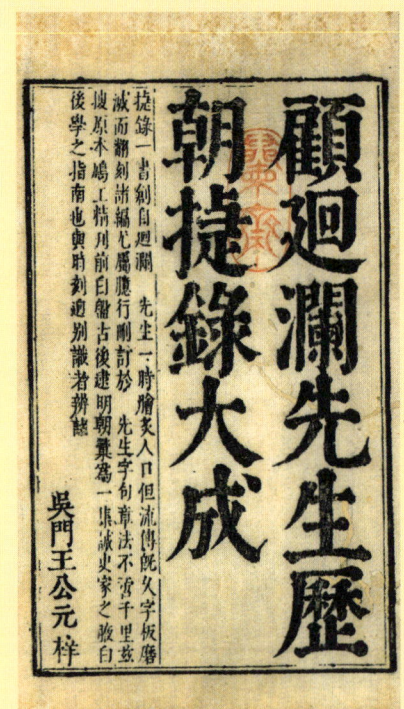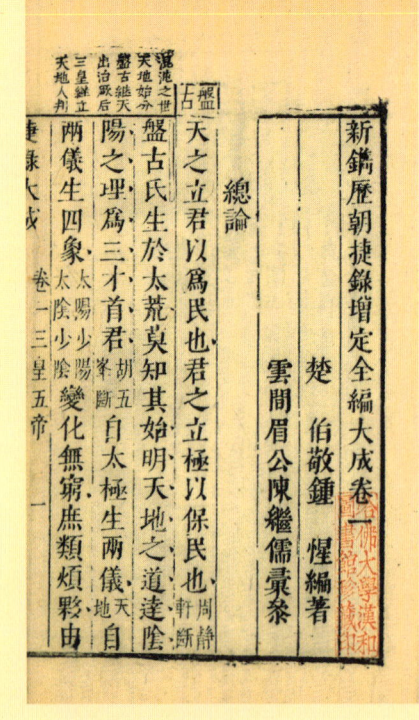

《新鐫歷朝捷錄增定全編大成》四卷　明顧充撰　鍾惺增定　明崇禎吳門王公元刻本

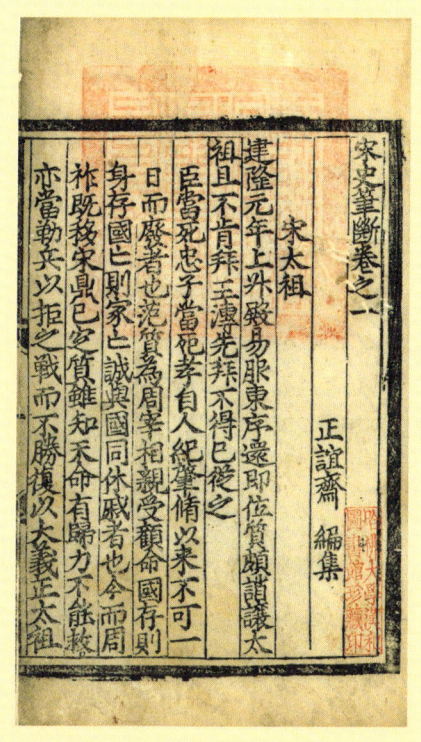

《宋史筆斷》十二卷　題正誼齋編集　明刻本

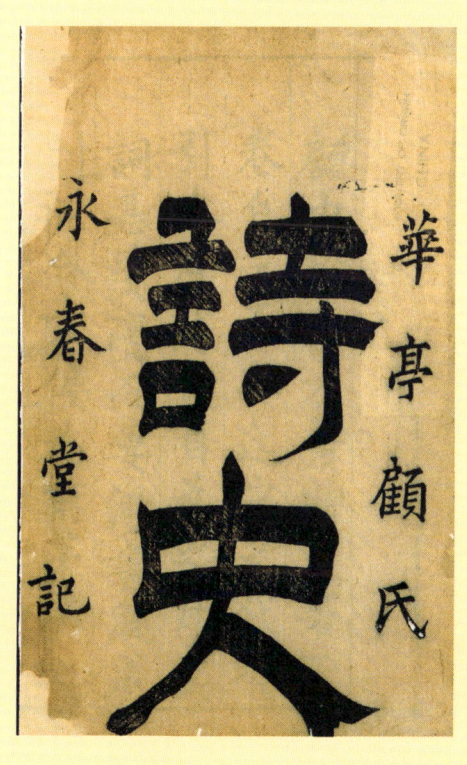
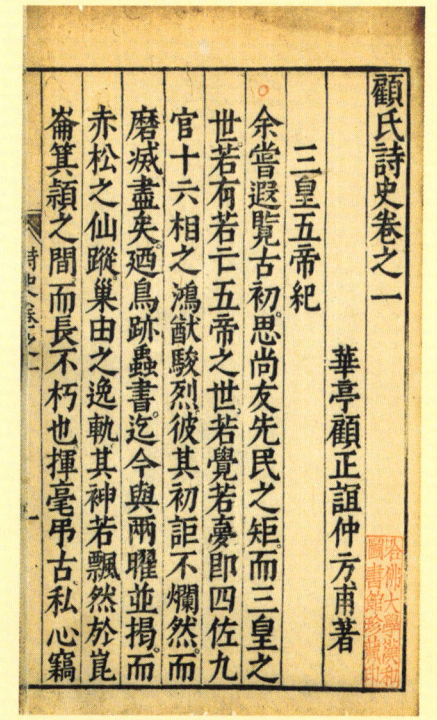

《顧氏詩史》十五卷　明顧正誼撰　明萬曆二十八年（1600）顧正誼刻本

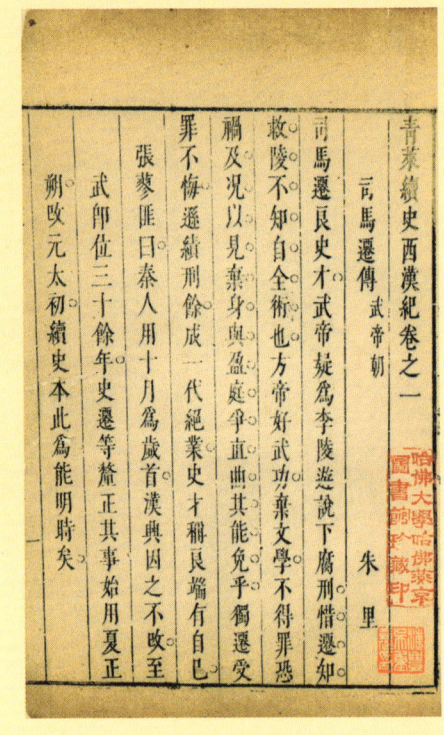

《青萊續史》十八卷　清朱里撰　清順治十二年(1655)魯人龍刻本

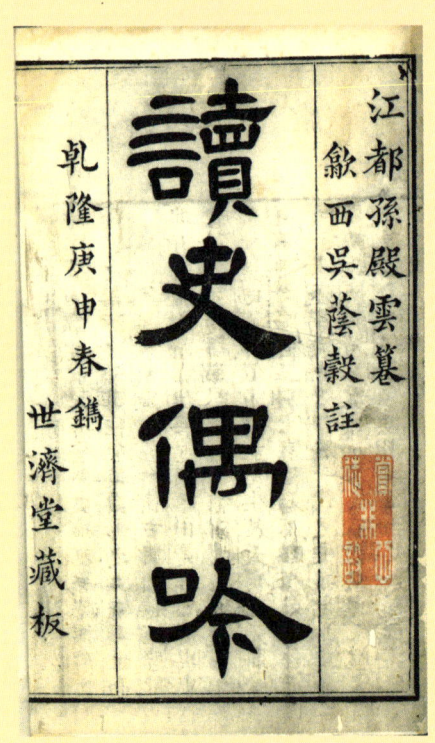
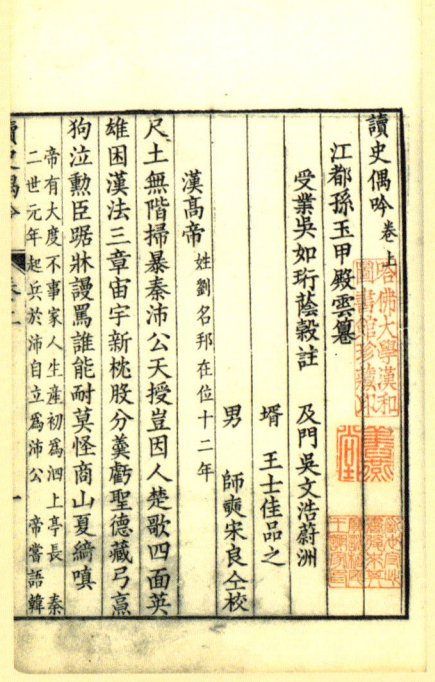

《讀史偶吟》二卷　清孫玉甲撰　清乾隆五年(1740)刻本

史部

0381　明崇禎刻清順治補輯印本十七史　　　　　　　　　　T2455/17

《十七史》一千五百七十四卷，明毛晉編；附《弘簡録》二百五十四卷，明邵經邦撰；《續弘簡録》四十二卷，明邵遠平撰。明崇禎元年(1628)至十七年(1644)毛氏汲古閣刻清順治補輯印本。四百册。半頁十二行二十五字，左右雙邊，白口，單魚尾。框高21.7釐米，寬15釐米。前有順治十三年(1656)毛晉《重鐫十三經十七史緣起》。

此十七史，計：《史記》一百三十卷，漢司馬遷撰，劉宋裴駰集解，明崇禎十四年刻。《漢書》一百卷，漢班固撰，唐顏師古注，明崇禎十五年刻。《後漢書》九十卷，劉宋范曄撰，唐李賢注，《志》三十卷，梁劉昭注，明崇禎十六年刻。《三國志》六十五卷，晉陳壽撰，劉宋裴松之注，明崇禎十七年刻。《晉書》一百三十卷，唐房玄齡等撰，明崇禎元年刻。《宋書》一百卷，梁沈約撰，明崇禎七年刻。《南齊書》五十九卷，梁蕭子顯撰，明崇禎十年刻。《梁書》五十六卷，唐姚思廉撰，明崇禎六年刻。《陳書》三十六卷，唐姚思廉撰，明崇禎四年刻。《魏書》一百十四卷，北齊魏收撰，明崇禎九年刻。《北齊書》五十卷，唐李百藥撰，明崇禎十一年刻。《周書》五十卷，唐令狐德棻等撰，明崇禎五年刻。《隋書》八十五卷，唐魏徵等撰，明崇禎八年刻。《南史》八十卷，唐李延壽撰，明崇禎十三年刻。《北史》一百卷，唐李延壽撰，明崇禎十二年刻。《唐書》二百二十五卷，宋歐陽修、宋祁等撰，明崇禎二年刻。《五代史》七十四卷，宋歐陽修撰，徐無黨注，明崇禎三年刻。

毛晉《緣起》云："毛晉草莽之臣，檮昧之質，何敢從事於經史二大部。今斯剞劂告成，或有獎我爲功臣者，或有罪我爲僭分者，因自述重鐫始末，藏之家塾，示我子孫之能讀我書者。天啓丁卯，初入南闈，設妄想祈一夢。少選，夢登明遠樓，中蟠一龍，口吐雙珠，各隱隱籀文，唯頂光中一山字皎皎露出。仰見兩楹，分懸紅牌，金書'十三經'、'十七史'六字，遂寐。三場復夢，夢無異，竊心異之。鎩羽之後，此夢時時往來胸中。是年，余居城南市，除夕，夢歸湖南載德堂，柱頭亦懸'十三經'、'十七史'二牌，煥然一新，紅光出户。元旦拜母，備告三夢如一之奇。母忻然曰：夢神不過教子讀盡經史耳，須亟還湖南舊廬，掩關謝客，雖窮通有命，庶不失爲醇儒。遂舉曆選吉，忽憬然大悟曰：太歲戊辰，崇禎改元，龍即辰也；珠頂露山，即崇字也。奇驗至此，遂誓願自今伊始，每歲訂正經史各一部，壽之梨棗。及築笥方輿，同人聞風而起，議連天下文社，列十三人任經部，十七人任史部，更有欲益四人，并合二十一部者，築舍紛紛，卒無定局，余唯閉户自課已耳。且幸天假奇緣，身無疾病，家無外侮，密邇自娛，十三年如一日。迨至庚辰除夕，十三部板斬新插架，賴鉅公淵匠，不惜玄晏，流布寰宇。不意辛巳、壬午兩歲災祲，資斧告竭，亟棄負郭田三百畝以充之。甲申春仲，史亦裒然成帙矣。豈料兵興寇發，危如累卵，分貯板籍於湖邊嵩畔茆庵草舍中，水火魚鼠，十傷二三，呼天號地，莫可誰何。猶幸數年以迄，邨居稍寧，扶病引雛，收其放失，補其遺亡，一十七部連床架屋，仍復舊觀，然較之全經，其費倍蓰，奚止十年之田而不償也。回首丁卯至今三十年，卷帙從衡，丹黄紛雜，夏不知暑，冬不知寒，晝不知出户，夜不知掩扉，迄今頭顱如雪，目睛如霧，尚矻矻不休者，惟懼負吾母讀盡之一言也，而今而後，可無憾矣。竊笑棘闈假寐，猶夫牧人一夢耳。何崇禎之改元，十三年之安堵，十七年之改步，如鏡鏡相照，不爽秋毫耶？至如獎我罪我，不過夢中説夢，余又豈願人人與我同夢耶？順治丙申年丙申月丙申日丙申時題於七星橋西之汲古閣中。"

按，毛晉生於萬曆二十七年，此書刻竣爲順治十三年，三年後，晉卒，享年六十有一。晉卒後,《十七史》板片歸於蘇州掃葉山房。

《中國古籍善本書目》著録。中國國家圖書館、上海圖書館等二十館,臺北"國家圖書館",及日本内閣文庫、東京大學東洋文化研究所、静嘉堂文庫、京都大學人文科學研究所亦有入藏,但不收附録。此書附録二種爲清刻本。

鈐印有"吉祥"、"嘉父"、"上下千古"、"樂是樂此學,學是學此樂"。

0382　明萬曆刻本二十一史
T2455/21

《二十一史》二千五百六十七卷。明萬曆二十三年(1595)至三十四年(1606)北京國子監刻本。六百零一册。半頁十行二十一字,左右雙邊,白口,單魚尾,書口上刻"萬曆×××年刊"。框高22.7釐米,寬14.5釐米。前有崇禎六年(1633)吴士元《進書表》。

此二十一史,計:《史記》一百三十卷,漢司馬遷撰,劉宋裴駰集解,唐司馬貞索隱,張守節正義;《史記補》一卷,唐司馬貞撰并注,明萬曆二十六年(1598)校刻。《前漢書》一百卷,漢班固撰,唐顔師古注,宋宋祁補注,明萬曆二十五年劉應秋、方從哲校刻。《後漢書》九十卷,劉宋范曄撰,唐李賢注;《志》三十卷,晉司馬彪撰,梁劉昭注,明萬曆二十四年李廷機、方從哲校刻。《三國志》六十五卷,晉陳壽撰,劉宋裴松之注,明萬曆二十八年敖文禎、蕭雲舉校刻。《晉書》一百三十卷,唐房玄齡等撰;《音義》三卷,唐何超撰,明萬曆二十四年方從哲等校刻。《宋書》一百卷,梁沈約撰,明萬曆二十六年方從哲、黄汝良校刻。《南齊書》五十九卷,梁蕭子顯撰,明萬曆三十三年蕭雲舉、李騰芳校刻。《梁書》五十六卷,唐姚思廉撰,明萬曆三十三年蕭雲舉、李騰芳校刻。《陳書》三十一卷,唐姚思廉撰,明萬曆三十三年李騰芳校刻。《魏書》一百十四卷,北齊魏收撰,明萬曆二十四年李廷機、方從哲校刻。《北齊書》五十卷,唐李百藥撰,明萬曆三十四年李騰芳校刻。《周書》五十卷,唐令狐德棻等撰,明萬曆三十二年蕭雲舉、李騰芳校刻。《隋書》八十五卷,唐魏徵等撰,明萬曆二十六年劉應秋、楊道賓校刻。《南史》八十卷,唐李延壽撰,明萬曆三十一年楊道賓、蕭雲舉校刻。《北史》一百卷,唐李延壽撰,明萬曆二十六年方從哲、黄汝良校刻。《唐書》二百二十五卷,宋歐陽修等撰;《唐書釋音》二十五卷,宋董衝撰,明萬曆二十三年蕭良有、葉向高校刻。《五代史》七十四卷,宋歐陽修撰,徐無黨注,明萬曆二十八年敖文禎、黄汝良校刻。《宋史》四百九十六卷《目録》三卷,元脱脱等撰,明萬曆二十七年方從哲、黄汝良校刻。《遼史》一百十六卷,元脱脱等撰,明萬曆三十四年沈㴶校刻。《金史》一百三十五卷,元脱脱等撰,明萬曆三十四年李騰芳校刻。《元史》二百十卷《目録》二卷,明宋濂等撰,明萬曆三十年蕭雲舉、周如砥校刻。

爲學不可不讀史,尤不可不讀正史。正史彙刻之本存於今者,有明末毛氏汲古閣刻《十七史》,明南監本、北監本之《二十一史》,清代乾隆年間則有武英殿刻《二十四史》。嘉靖初,朝廷命將南京國子監中十七史舊板考對修補,并取廣東《宋史》板付監,《遼史》、《金史》無板者求善本翻刻,明初所刻《元史》不足之部則補刻足之,此即爲南監本,其板至清嘉慶間焚毁。

此本爲北監本,乃萬曆間依南監本重刻,板式一律,然校勘未精,訛舛彌甚,且多不知妄改,昔人早有定評。唯《三國志》校勘甚精,勝於南監本,乾隆間殿板《二十四史》之前二十一史即以北監本爲底本。

此本《三國志》、《梁書》、《魏書》、《宋史》、《遼史》、《金史》六種配明南監本。

《中國古籍善本書目》著録。上海圖書館、浙江圖書館等十館,及日本東京大學東洋文化研究所、內閣文庫(有清康熙遞修本)、京都大學人文科學研究所亦有入藏。

鈐印有"解元趙無聲"、"杜煥晦"、"趙韓讀父書"。按,趙無聲即趙維寰,有《趙無聲先生選刻快史拾遺》十二卷(明崇禎刻本)及《雪廬讀史快編》六十卷(明天啓刻本)。

0383　明天順刻本史記　　　　　　　　　　　　　　　　　　T2511/1273

《史記》一百三十卷,漢司馬遷撰,劉宋裴駰集解,唐司馬貞索隱。明天順游明刻本。存三十册。半頁十四行二十五字,四周雙邊,細黑口,雙魚尾。框高20釐米,寬13.8釐米。前有裴駰序,開元二十四年(736)張守節序,司馬貞序;張守節撰《史記正義論例》、《謚法解》。

此爲游明本。張守節序、司馬貞序及張守節撰《謚法解》之第一行下皆有"豐城游明大昇校正新增"十字。按,游明,字大昇。豐城人。景泰二年進士。天順七年官福建司按察僉事,提督學校,待諸生有恩義,尤以廉著稱。進副使,仍提督學校。旋卒,八郡諸生皆爲位於僧寺而哭之。存卷五至一百三十。

《四庫全書總目》入史部正史類。《中國古籍善本書目》著録。中國國家圖書館、上海圖書館、杭州大學圖書館、臺北"國家圖書館",及日本内閣文庫亦有入藏。

鈐印有"小汀文庫",日人印也。

0384　明嘉靖刻重修本史記　　　　　　　　　　　　　　　　T2511/1273B

《史記》一百三十卷,漢司馬遷撰,劉宋裴駰集解,唐司馬貞索隱,張守節正義。明嘉靖十三年(1534)秦藩朱惟焯刻二十九年(1550)重修本。六十册。清馮登府跋。半頁十行十八字,小字二十三字,左右雙邊,白口,單魚尾。框高20.7釐米,寬12.8釐米。前有嘉靖十三年黄臣《重刻史記後序》。

《史記》版本繁多,僅唐張守節正義,明刻即有十餘種不同版本。明嘉靖十三年秦藩朱惟焯刻本,《中國古籍善本書目》著録。遼寧省圖書館、中國科學院圖書館有全帙。此爲明嘉靖十三年秦藩朱惟焯刻二十九年重修本,中國國家圖書館、上海圖書館等十二館,臺北"國家圖書館"亦有入藏。

惟焯,昭王秉欟子。封定王。嘉靖十四年嗣。有賢行。嘗獻金助太廟工,益歲禄二百石,賜玉帶襲衣。二十三年薨。見《明史》卷一一六本傳。黃臣序云:"秦府殿下重刻《史記》於鑒抑軒,令爲之跋。"

馮登府跋云:"《史記》,影宋乾道本有三種,皆嘉靖時刻。王本板心有刻書人名字,若、宅、言、敖、云、章、莫、高,每葉一字;永日、六淮,每葉兩字;王良智、六宗華,每葉三字之類;亦間有無字者。柯本盡無之。秦藩本每册以千字文爲次,自天字至往字止,凡二十字。王本《周本紀》二十七頁脱索隱一條、正義一條,柯本兩條皆有。《秦本紀》三十一頁脱索隱一條、正義五條,王本皆有。其頁字數皆與通卷不同,訛字亦多,屢刻之跡顯然。若以兩本互補,則皆成善本矣。秦藩本皆不缺,於此爲勝。"登府,字柳東,號雲伯,又號勺園。嘉興人。嘉慶二十五年進士。官寧波府教授。工詩,兼喜倚聲,尤熟掌故。中年游閩,修《鹽法志》、《福建通志》,名震海嶠。有《石經閣文集》等。

是書佚去嘉靖庚戌秦藩允中道人序、嘉靖甲午秦藩鑒抑道人序。"三皇本紀"及"五帝本紀"第一頁皆有斷板。

是書曾藏盛宣懷處,有"愚齋圖書館藏"書籤可證。

0385　明嘉靖刻本史記題評　　　　　　　T2511/1273.41

《史記題評》一百三十卷《補史記》一卷,明楊慎、李元陽輯。明嘉靖十六年(1537)胡有恒、胡瑞刻本。三十冊。半頁九行二十字,左右雙邊,白口,單魚尾,書口下有刻工。框高17.9釐米,寬12.3釐米。題"明李元陽輯訂;高世魁校正"。前有司馬貞序并後序,裴駰序,開元二十四年(736)張守節序;《史記正義論例》;《謚法解》;《列國分野》;題評諸儒名氏。

是書集諸家評語於書眉,故曰題評。各卷作者題名有題"明楊慎、李元陽輯訂",如卷九,也有不題輯校名氏者。莫友芝《宋元舊本書經眼錄》"書衣筆識"於此本云:"嘉靖十六年丁酉太和李元陽中谿按閩所刻",當誤。又云:"升庵謫戍太和,惟中谿爲至交。此本蓋即升庵輯本,因增益以付雕,故題云爾。明人好尚評論,是書刻有評者,蓋昉於此。後凌稚隆爲《評林》,則又因此增益。"

卷一三〇末有"嘉靖十六年丁酉福州府知府胡有恒、同知胡瑞敦雕"一行。胡有恒,字貞甫。山陽人。嘉靖二年進士。爲政勤敏練達,官終廣西布政使。萬曆間巡撫龐尚鵬以有恒與葉溥、歐陽鐸、汪文盛并祀曰福郡四賢守。胡瑞,新喻人。舉人。嘉靖間任福州同知。持身廉謹,疾惡甚嚴,常不見其喜容,世目之爲胡悶。後官終長史。傳皆見《(同治)福建通志》卷一三一《明宦績》。

刻工有文暉、天禄、王十、施元友、朱順生、謝元林、許活、黃文、余農、江盛、吳天育、江長深、余海、羅六、葉壽、石六、吳元生、江茂、陳珪、葉文輝、官福郎、周道員、陳友、余員、余本立、江田、江達、張田、詹弟、周四、石伯勝、余成廣、葉再友、葉再生、王景英、劉俊等。

《四庫全書總目》未收。《中國古籍善本書目》著錄,中國國家圖書館、上海圖書館等十四館有全帙。美國普林斯頓大學葛思德東方圖書館、國會圖書館,日本內閣文庫、東京大學東洋文化研究所、京都大學人文科學研究所亦有入藏,但多誤作"胡有恒、胡瑞敦刻本"。

鈐印有"允恭氏"。

0386　明萬曆自刻本史記評林　　　　　　T2511/1273.34

《史記評林》一百三十卷《補史記》一卷,明凌稚隆輯。明萬曆二年(1574)至四年(1576)自刻本。四十二冊。半頁十行十九字,上欄二十四行七字,左右雙邊,白口,單魚尾,書口下有刻工。框高24.7釐米,寬14.3釐米。題"吳興凌稚隆輯校"。前有萬曆四年(1576)茅坤序;司馬貞、張守節、裴駰舊序;張守節撰《論例》、《謚法解》、《列國分野》;《世系圖》、《地理圖》;凌稚隆撰《凡例》十八則;《史記評林》姓氏;引用書目。《凡例》後有凌稚隆識語。

凌稚隆,字以棟,號磊泉,烏程人。父約言,以史學著。博覽群書,蹇修自好,雌黃鉛槧,未嘗一日去手。《烏程縣志》卷一四有傳。

是書《凡例》有云:"太史公《史記》批評,古今已刻者惟倪文節《史漢異同》、楊升庵《史記題評》、唐荊川《史記批選》、柯希齋《史記考要》。其抄錄流傳者,何燕泉、王槐野、董潯陽、茅鹿門數家。若楊鐵崖、王守溪、陳石亭、茅見滄、田豫陽、歸震川數十家,則又蒐羅而出之,悉選錄入。

兹刻更閱百氏之書，如《史通》、《史要》、《史鉞》、《史義》、《唐宋確論》、《史綱辨疑》……凡有發明《史記》者，各視本文，標揭其上，間有總論一篇，大旨者錄於篇之首尾，事提其要，文鈎其玄。"據《凡例》，此本曾以宋本及明嘉靖四年汪諒刻本字字詳對，間有不合者，又以別之善本參之，反覆讎校而成。

茅坤序云："予鄉凌君際叔氏，少隨其父尚書郎藻泉公讀諸家之評，輒自喜，稍稍日鐫而夕次之，不特舊所刻《索隱》、《正義》，與韋昭、裴駰、服虔、杜預、王肅、賈逵、徐廣輩所注而已也，國朝宋文憲而下名儒、碩卿、騷人、處士，苟其一言一字之似迂疎荒繆若予者，無不蒐羅而摽引之。甚且以太史公所本者《左氏》、《國語》、《戰國策》及吳越、楚漢、呂不韋《春秋》也，而載之未詳者，君並詳之。後太史公而《越絕》、《說苑》、《新序》、《論衡》與夫《韓詩外傳》、《風俗》《白虎》二通之書所可參互者，君又撮而系之。下之唐宋諸賢之文，與《地理指掌圖》等書，苟其可以相折衷處，君皆為之髮櫛而緄貫焉，可謂勤矣。猶之採南山之藥，而牛溲馬渤、敗鼓破鼓，君無不以貯之篋而入之肆，以需異日倉公、扁鵲者之按而求也。雖然，耳之所得而嘗，世之學士所得手指而口畫之者，君且能不遺，已而耳之所不得而嘗，非獨世之學士所不得而指且畫，雖太史公之自爲至，而自不能言其所至以授之人人者，君得無聞秦青之曲而猶有餘憾者乎！刻既成，題之曰評林。"

凌稚隆自識云："隆自弱冠讀先大夫《史記抄》，旦且夕焉，而恨其未備也。嘗博蒐群籍，凡發明馬史者輒標識於別額，積草青箱，非一日矣。乃伯兄稚哲、友人金子魯來自國門，獲所錄諸名家批評總總焉，私竊艷之，而雲間張玄超持所纂發微者造余廬而印証也。已復負笈大方，益羅史家所珍秘者彙之，而裒然成帙矣。則為嗜古者相假貸，無寧居焉。古歙汪氏、維揚張氏咸稱好事，遂各捐貲付梓。肇於萬曆甲戌，訖於今丙子冬，編摩歲月，形勞神悴，聊以償疇昔之志。若其見聞阻狹，掛一漏萬，則以俟多識君子。金子魯名學曾，張玄超名之象，先大夫諱約言，伯兄名迪知，併書以志本始云。"

此本卷一第一頁書口下刊"長洲顧檟寫；同邑沈玄易刊"，寫工又有錢世傑、徐普。按，三人皆為長洲人，顧檟曾參與寫有《漢書評林》一百卷（亦凌稚隆輯）、《孔子家語》十卷、《管子》二十四卷、《醫學綱目》四十卷。錢世傑曾參與寫有《醫學綱目》四十卷、《咸賓錄》八卷、《國朝名世類苑》四十六卷、《楚辭》十七卷、《山谷老人刀筆》二十卷、《龍江集》十四卷、《新刻三徑閒題》二卷。徐普寫有《太白原藁》十三卷、《周叔夜先生集》十一卷。

刻工有：倪世榮、嚴春、錢英、徐光祖、徐文台、劉守、陶仲、章華、陸本、世清、趙應其、錢世英、沈玄易、章右之、傅机、楊順之、鄧欽、戴文、林文、徐二、徐子、徐軒、余六、洪平、吳文泮、劉子春、劉禮、謝安、溫志、孫承愛、余世芳、徐朝、章樊之、汝修、林汝昂、趙其、沈龍、何仲仁、顧本仁、鄭玄、顧成。

此本應有王世貞序，今佚。

《四庫全書總目》未收。《中國古籍善本書目》著錄。上海圖書館、南京圖書館等六十餘館，臺北"國家圖書館"，及美國普林斯頓大學葛思德東方圖書館、日本內閣文庫、尊經閣文庫亦有入藏。

鈐印有"蔣忠恕堂"、"甄峰王氏珍藏"。

0387　明萬曆刻本史記綜芬評林　　T2511/1273.203

《史記綜芬評林》三卷，明焦竑輯，李廷機釋。明萬曆建興書軒魏畏所刻本。三冊。半頁十一行二十字,上欄二十二行六字,四周單邊,白口,雙魚尾。框高19.9釐米,寬12.1釐米。題"殿試第一焦竑選輯;會試第一李廷機注釋;鄉試第一李光縉彙評"。前有湯賓尹序。

是書選《史記》中之重要篇章,彙歷代名家如譙周、劉知幾、朱熹、吳澄、楊慎、何孟春、王世貞、茅坤等數十家之評語於其上,爲讀《史記》者參考用書。

湯賓尹序云:"今學宮閭舍,罔不治太史公者矣,然籍而成一代言者,未易爲也。是故袞重而不逮遠,編繁而不逮目。九我氏有慮焉,而弱侯衷一亦以是起家,故相爲之摹章摘略,經緯而綜其芬。"

扉頁刊"鍥大魁堂闡意註釋史記綜芬。建興書軒魏長所梓行"。卷下末有荷蓋蓮花牌記,刊"萬曆季夏穀旦建興書軒刊行"。是本書口上刻"史記　　評林"四字,中間空開二字,檢下卷末頁書口刊有"史記萃寶評林"六字。

《四庫全書總目》未收。《中國古籍善本書目》未著錄。日本內閣文庫亦有入藏。

鈐印有"半榻琴書"、"遠湖"、"秦鈗鋇"等。

0388　明萬曆刻本古史　　　　T2511/4954

《古史》六十卷,宋蘇轍撰。明萬曆衛承芳江西刻本。十册。半頁十行二十一字,左右雙邊,白口,單魚尾,書口下有刻工。框高22.8釐米,寬14.6釐米。前有萬曆三十九年(1611)劉曰寧序,萬曆三十九年焦竑序。末有紹聖二年(1095)蘇轍後序。

蘇轍,字子由。眉山人。與軾同登進士科,又同策制舉,以直言置下等。授商州軍事推官,後官尚書右丞、門下侍郎。與父洵、兄軾合稱"三蘇",亦爲"唐宋八大家"之一。

是書乃依據《史記》,參以先秦古籍改修而成。上起伏羲、神農,下迄秦始皇,并補作叔向、子產等傳。其中《白起列傳》所引《戰國策》,後人據以補今本《戰國策》之缺。計本紀七、世家十六、列傳三十七,自謂追錄聖賢之遺意,以明示來世。至於得失成敗之際,亦備論其故。

蘇轍後序云:"九年三月,始以罪黜守臨汝,不數月,復降守富春,行至彭澤,復以少府監分司南京,而居高安,往來之間,凡十有一年。太守柳君平,年老更事,憐予遠來,其吏民亦知予疇昔之無害也,相與安之。於城東南陬得民居十數間,葺而居之,逾月而定。借書於州學,不足者求之諸生,以續古史之缺。明年三月而成,凡六十卷,蓋予十年所欲成就者俛仰而得。上古三代之遺意,太史公之所不喻者,於此而明;戰國君臣得失成敗之迹,太史公之所脫遺者,於此而足,非間廢有所不暇者也。"

劉曰寧序云:"都御史衛公,博文尚友,治以清净淡泊爲宗,刻《古史》以傳。"焦竑序亦云:"大中丞衛公,出填豫章,拊循之暇,得是編而好之,檄所司校梓以傳。""其書得中丞而始盛行於天下,中丞之於斯道,所謂實允蹈之者也。"此所云衛公,爲衛承芳。承芳,字君大,號淇竹。四川達州人。隆慶二年進士。聰慧嗜學,善屬文,工草書,尤長詩律。勵勵中外,一以清白自矢。萬曆中累官溫州知府,進浙江副使,山東參政,後遷南京光祿卿,擢右副都御史,巡撫江西,嚴絕餽遺。卒於官。贈太子太保,謚清敏。《明史》及《達縣志》卷一五有傳。

卷一第一頁書口下刊"李森寫,郭一德刻";卷八第一頁書口下刊"喻鎧寫,鄒邦化刻"。按,李森亦爲刻工,曾參與刻有《性理大全書》七十卷;喻鎧爲江西豫章人,又曾寫有《水經注箋》四十卷。刻工有:鄒元、鄒達、鄒邦達、鄒天朝、鄒元弼、劉機、邦畿、郭一德、姜全、鄒邦化、姜良、陳錦、陳鋮、萬國相、熊元泉。

《四庫全書總目》入史部別史類。《中國古籍善本書目》著録明刻本,或即此本。北京大學、中國科學院圖書館等七館,臺北"國家圖書館"亦有入藏。

鈐印有"名曰祖修"、"郝氏敬堂"、"支氏亨齋收藏"。

0389 明刻本重訂古史全本   T2511/4954B

《重訂古史全本》六十卷,宋蘇轍撰;《史拾載補》不分卷《遺聞》四卷《廣覽》七卷《衆斷》五卷,明吳弘基輯。明武林化玉齋、金閶擁萬堂刻本。十四册。半頁八行二十字,四周單邊,白口,無魚尾,書眉刻評。框高 18.6 釐米,寬 11.8 釐米。題"宋眉山蘇轍著;明雲間陳子龍閲;明西陵吳弘基、吳思穆全訂"。前有蘇轍自序,萬曆四十年(1612)孫如游序,萬曆四十年焦竑序。

孫如游序云:"乃全書不行于世,或曰南雍藏有舊本,予署雍事,索之籍中不得。太史澹園焦先生富於書,求得其鈔本,悉先生手自讎校,遂繕寫命梓。"焦竑序云:"宮諭鑑湖孫公,攝南雍事,文教大興。知雍有《古史》舊本,殘缺日甚,乃取而校梓之,以示多士。"查焦氏於萬曆三十九年曾應江西巡撫衛承芳之請,爲其刻《古史》作序,逾年復序此本,然序中竟未提及衛刻一字。又孫、焦二序所云刊刻之事也有矛盾,孫云借得焦氏讎校之本付之梓,焦却云孫氏以國子監藏本爲底本校梓,如此兩説,頗難判其實也。

是書後又有《史拾》四種,據《史拾》總目前之郎璧金序云:"同盟栢持,明周事理,道適殊塗,文發難顯之情,智通難知之德。雅不慭良史才,悁悒特深,毅然振興古學,昨年芟《路史》而鼎新之。人知宋儒之有功史業,兹更手輯《史拾》一編,博采諸家,參之特見,未備者備之,待闡者闡之,亶石鐫之琳圭,蘭臺之璜璧矣。亦復旅攈稊收,凡天經地志,昆蝡草卉之事,彙纂成書,綴之簡裔,使服古之家,一覽而衷有瑩鑑,亦《古史》緒也。"

扉頁刊"古史全本。陳卧子先生訂閲。武林化玉齋、金閶擁萬堂全梓"。又鈐有"宋賢名笈"、"化玉齋"、"本紀七卷世家十六卷列傳三十七卷後附史拾一編"、"聞之才不貫經,詞貴而勿古;識不衷聖,旨艷而罔尊。宋有眉山,文章之龍藻也。潁濱先生獨輯史學一編,誌之曰古,上極洪荒,下止戰國,稽略開明,參斷英卓,麟筆‧燈,史林博備矣,讀者驗之"。

《中國古籍善本書目》著録明刻本,上海圖書館、南京圖書館等八館入藏,疑即此本。

鈐印有"竹栖"、"惟有蘇齋"、"蘇峰過眼"。

館藏有複本一部,十九册。《史拾》有扉頁,刊"史拾一編。賦秋山房彙纂。西陵吳御六鐫印"。鈐印有"藏書鑒"、"冷香蕙林南豐"、"備前河本氏藏書記"。

0390 元刻元明遞修本通志   T2511/8243

《通志》二百卷,宋鄭樵撰。元大德三山郡庠刻元明遞修本。存三百十二册。半頁九行二十一字,左右雙邊,白口,雙魚尾,書口上刻字數,下間有刻工。框高 29.6 釐米,寬 19.9 釐米。前有鄭樵序。

鄭樵,字漁仲。莆田人。居夾漈山,學者稱夾漈先生。遊名山大川,搜奇訪古,遇藏書家,必借留讀盡乃去。博學多識,好爲考證之學。官至樞密院編修。

是書體例仿《通史》,分帝紀、皇后列傳、年譜、諸略、列傳等目。起自三皇,終於隋代。二十略爲氏族、六書、七音、天文、地理、都邑、禮、謚、器服、樂、職官、選舉、刑法、食貨、藝文、校讎、圖譜、金石、災祥、草木昆蟲等，乃全書精華所在。其中氏族、六書、七音、都邑、草木昆蟲五略，舊史所無，爲鄭氏獨創。與唐杜佑《通典》、元馬端臨《文獻通考》并稱"三通"。

此爲三山郡庠刻元明遞修本。漢紀卷五下書口有"至大二年士安"。目録第十一頁後頁、第十二頁前頁、漢紀卷五上第三十九頁等皆爲明代遞補之頁。三山者，福州之別稱也。郡庠者，科舉時代稱府學爲郡庠。此本缺去卷一二六至一二九。

刻工有劉九、王英玉、君仲、伯先、陳若虛、陳必遇、俞丙十、陳丁六、竟官、魏子敬、連君禮、陳祐甫、余復亨、吳德、熊已、張奉、施公賜、胡生、江住、士安、子琇、陳士安、陳五乙、王仁甫、范壬九、子美、克仁、黄午、忠甫、平叔、朱銓孫、太初、克莊、全忠、范子需、史經、丁容、君美、姚栾、吳方午、江六、呂慈、呂二、呂文正、黄德、詹復亨、蔡君甫、陳十才、善樂、陳照、蔡牧、葉元起、介夫、丁鎮道、施八、許二、官椿、吳正乙、姚鶯、劉元叟、朱乙、馮昌、虞乙、呂公慈、葉辛六、吳欽、黄章、高德明、陳太、曾崇甫、和父、徐德潤、友山、賴元甫、張叔彜、王智夫、童世禄、童蒙、妳奴、陳仲山、何鳴臬、王君粹、江士堅、應于通、徐明、陳和孫、嚴子敏、盧福、阮付才、盧岩、劉子周、劉記、魏德夫、江復亨、詹仲輝、鮑陳、黄壽、黄順、江福、黄福、劉韶、江伯壽、虞留、章進寶、翁留、傅安定、正卿、葉世禄、范明、付四、陳子禾、季夫、余子真、呂佛、付員、潘矮、范雪、文龍、陳子和、黄崇、君惠、范禾甫、姚達、施文意、余壽、陳順、葉崇、黄旺、付長等。

元大德三山郡庠刻本，據臺北"國家圖書館"善本書目，該館有一全帙。上海圖書館存一百九十九卷(缺卷二十六)。中國國家圖書館有元修本。重慶市圖書館有元明遞修明弘治公文紙印本。上海圖書館、中國國家圖書館、南京圖書館等十七館所藏有元明遞修本(全帙)。美國普林斯頓大學葛思德東方圖書館有元至治二年福州路三山郡庠刊明成化間印本，版心上端有"成化十年吏部重刊"。日本内閣文庫也有元至治二年福州三山郡學刻本。尊經閣文庫有元刻本。東京大學東洋文化研究所有元至治二年刊萬曆、崇禎中補修刊本。

《四庫全書總目》入史部別史類。《中國古籍善本書目》著録。

鈐印有"楊氏家藏書畫私印"、"谷廷珍印"。又有王士禛印，僞。

館藏另有殘本三册，存卷七、卷七三、卷一三二。

0391　明内府寫本北史

T2590/4414

《北史》一百卷，唐李延壽撰。明内府寫本。一册。半頁十行二十字，四周雙邊，紅口，雙魚尾。朱絲欄。框高25.8釐米，寬18釐米。

李延壽，字遐齡，世居相州，祖籍隴西。貞觀中累補太子典膳丞、崇文館學士，轉御史台主簿兼直國史，遷符璽郎。參與修纂《晉書》、《隋書》，又撰《太宗政典》，高宗觀之，咨美直筆，賜帛褒之。追述父李大師志，歷時十六年，作《南北史》一百八十卷。事蹟附載《新唐書·令狐德棻傳》。

延壽表進其書，計本紀十二卷、列傳八十八卷。起北魏道武帝登國元年，終隋恭帝義寧二年，記述北朝魏、北齊、周、隋四朝，共二百三十三年歷史。宋人贊其書删煩補闕，爲近世佳史。

《四庫全書總目》著録《南史》、《北史》二書，云："延壽既與修《隋書》十志，又世居北土，見聞較近。參覈同異，於《北史》用力獨深。故敘事詳密，首尾典贍。如載元韶之姦利，彭樂之勇敢，郭琬、沓龍超諸人之節義，皆具見特筆。出酈道元於《酷吏》，附陸法和於《藝術》，離合編次，亦深有别裁。視《南史》之多仍舊本者，迥如兩手。惟其以姓爲類，分卷無法。""南、北史雖曰二書，實通爲一家之著述。""徵北朝之故實者,終以是書爲依據。故雖八書具列,而二史仍並行焉。"

是書僅存一册,爲卷七三至七四,即列傳第六十一至六十二。

不避清諱,明黄色雲鳳紋綾面,開本廣大。原爲包背裝,後人改爲綫裝。每頁紙面皆以臘研光,着墨更佳,墨如點漆。欄綫以朱墨手工打製,朱色濃重。字蹟清朗挺拔,法度謹嚴。裝幀、字體均近同《永樂大典》,或抄成於嘉靖年間亦未可知。

《北史》歷代版本衆多,中國國家圖書館藏宋刻本一部,存二十七卷;中國國家圖書館、南京圖書館、臺北"國家圖書館"、臺北"故宫博物院"藏有元大德信州路儒學刻本;另有明初刻本、南北監本、崇禎十二年毛氏汲古閣刻本;清乾隆間武英殿刻本、《四庫全書》本、《四庫薈要》本、同治間金陵書局本;民國間商務印書館百衲本《二十四史》本等。此明代内府寫本傳世無多,雖殘存一册,亦殊可寶也。

0392　明刻本五代史　　　　　　　　　　　　　T2640/7872.42

《五代史》七十四卷,宋歐陽修撰,徐無黨注,明楊慎評。明刻本。十册。半頁九行二十字,左右雙邊,白口,單魚尾,書眉上刻評。框高19.7釐米,寬13.6釐米。目録頁題"宋廬陵歐陽修撰;徐無黨注;明成都楊慎評;桐鄉鍾名臣訂"。前有陳師錫序。

歐陽修,字永叔,號醉翁、六一居士。江西吉水人。天聖進士。爲著名文學家、史學家,"唐宋八大家"之一。曾任樞密副使、參知政事。謚文忠。

此即《新五代史》,爲私撰,當時未上於朝。修殁後,始詔取其書付國子監開雕,至今列爲正史,爲區别薛居正之《舊五代史》,故稱《新五代史》。計分《本紀》十二卷、《列傳》四十五卷、《考》三卷、《世家》十卷、《十國世家年譜》一卷、《四夷附録》三卷。大致史例遵《史通》,無志表,僅有《司天考》、《職方考》。筆法仿《春秋》,故義例謹嚴,專事褒貶。敘述祖《史記》,故文章高簡,然事實則不甚經意,故諸家攻駁者甚多。

《四庫全書總目》入史部正史類。《中國古籍善本書目》著録。上海圖書館、江西省圖書館等八館,及日本東京大學東洋文化研究所亦有入藏。

0393　明崇禎刻清順治康熙補修本函史　　　　　　T2511/1218

《函史》上編八十一卷下編二十一卷,明鄧元錫撰。明崇禎刻清順治、康熙補修本。八十六册。半頁十行二十一字,四周單邊,白口,單魚尾。框高20.8釐米,寬14.1釐米。題"明旴郡鄧元錫纂"。上編前有許世昌重刻序,張朝璘重刻序,熊人霖重刻序,清順治十四年(1657)楊日升序,陳起龍序,涂國鼎序,鄧澄序,黄端伯序,過周謀重刻序,清康熙二十年(1681)鄧紹弘等三修序,明萬曆元年(1573)上編自序;過周屏等《較讀函史十測》、《較刻函史考證》;過周屏輯鄧元錫尺牘二十一則。下編前有明隆慶五年(1571)下編自序。

鄧元錫,字汝極,號潛谷,江西南城人。南城縣明清皆爲江西建昌府治,今屬江西省撫州市。以地處旴江下游,南城又有旴郡之稱。元錫年十七即行社倉法以惠鄉人,早年從游邑人羅汝芳,又學於吉安諸先達。嘉靖三十四年舉於鄉,復從鄒守益、劉邦采諸儒論學。居家著述逾三十年,萬曆中以翰林待詔徵,未至而卒。事蹟具《明史·儒林傳》。著述有《五經繹》、《三禮編繹》、《潛學稿》等。

全書分爲上、下兩編。上編凡八十一卷，爲紀傳體，起於上古，訖於元代。下編凡二十一卷，分纂《天官書》、《方域志》、《人官考》、《時令記》、《曆數考》、《災祥考》、《土田志》、《賦役書》、《漕河志》、《封建志》、《任官考》、《學校志》、《經籍記》、《禮儀志》、《樂律考》、《財賄考》、《刑法志》、《兵制考》、《邊防書》、《戎狄志》、《異教考》等二十一門。

《函史》爲有明一代通史要籍，體制仿鄭樵《通志》，主旨在證"天人古今之統"。元錫稱："近世學術專於求心，視宋學似稍近裏，而於聖學本天之旨則已遠矣。"明言《函史》一編"非直爲史，於天人古今之統庶幾哉"。萬曆以往，撰通史者多有鑒於《函史》。

《四庫全書總目》入史部別史類存目，爲江西巡撫採進本。《總目》論其體、詬其病，謂《函史》"蓋仿鄭樵《通志》而作，上編即其《紀傳》，下編即其《二十略》也。然樵之《紀傳》病於因，故體例各隨舊史，不能畫一。其《二十略》病於創，故多誇大不根之論。元錫是編則又《紀傳》病於太創，諸《志》病於太因"，殊多貶詞；而"其所敘述，亦僅類書策略之陳言，毫無所發明考訂，與所作《五經繹》，均無可取也"云云，無非指摘。

《函史》凡五刻：曰念初堂本，曰京本，曰再摹本，曰南豐本，曰三摹本，而以三摹本稱善。

念初堂本，家初摹活字印本。《函史》下編先行脫稿，鄉前輩王材即捐百金以助梓行，故念初堂本僅以下編行世。今中國國家圖書館有藏本，半頁十行二十一字，白口，四周雙邊，卷末有"念初堂命工鋟刻"牌記。按，念初堂爲王材齋室名，材號椎川，江西新城人，嘉靖二十年進士，官至太常寺卿，掌國子監祭酒事。

京本，明萬曆許孚遠等刊於南京，爲許孚遠、張檟、王一言官留都時請梓。半頁十行二十一字，白口，左右雙邊，鐫"秣陵王其玉校"、"金陵徐智督刊"。上編八十二卷，分卷較念初堂本益出一卷。是本流播最廣，傳本也較他本爲多。孚遠字孟中，號敬菴，浙江德清人。嘉靖四十一年進士，萬曆間曾知建昌府。卒謚恭簡。其學宗陽明，所著《續麟正史》亦通史體。

再摹本，家再摹活字印本。元錫《答敬菴公祖》稱："家前摹本已罄，再摹本復成，視前摹刪潤十之四五，視南郡本亦十二三。"是本參用同郡張長卿修訂稿，再經作者更定。今未見著錄。

南豐本，明萬曆、崇禎間南豐曾懋爵活字印本。此本出於萬曆京本之後、崇禎七年重修本之前。重修本鄧應瑞序云："今先徵君沒四十餘年矣，而家中之定本始出，何也？因前此南豐有摹行者，誤取京本之上編、初本之下編混而流傳，而先徵君之苦心所爲，日改月削者，竟不白於世矣。因就先徵君手筆詳加簡校，棄家捐產，鳩工繕梓，以公海內，匪敢爲射利計也。"是本上編八十一卷下編二十二卷，各卷之首題"盱眙鄧元錫纂著"、"盱眙後學曾懋爵校"（或作"南豐後學曾懋爵校"）。今清華大學圖書館、陝西師範大學圖書館有藏。懋爵崇禎間又刊有《南豐先生元豐類藁》。

三摹本，即家刻重修本，出元錫晚年定本，崇禎七年由元錫曾孫應瑞、應琚、應璐梓於家祠。半頁十行二十一字，白口，四周單邊。是本校勘精審，《較刻函史考證》列出所據以修訂者"五證"，即證之"初本"、"京本"、"再摹本"、"存覽本"（元錫手訂本）、"君大本"（元錫授弟子鄧京本）。元錫於《函史》多有更訂，茲本附刻元錫當年尺牘有關於《函史》者二十一則，其末則《答許敬菴公祖別摺》爲殉前一日所書，又重修本上編《惠帝本紀》與前刻迥異者，得之元錫易簀前手授弟子鄧京。是刻板藏家祠，順治二、三年清兵侵江南，藏板稍有亡失，曾孫應琚哀輯散佚，謀爲補刻。康熙十三年三藩兵變，板片又復遺失，因有玄孫紹弘等康熙補修本。至乾隆間，是板仍迭有補修。蓋順、康、乾三朝皆有補板印行之役，所謂"缺者復補，壞者復修"。三摹本既出自元錫更定稿，而後又不復有重修之舉，是本所以稱善在此。

康熙間補修板避清聖祖玄燁諱。

《中國古籍善本書目》入史部紀傳類，著録多種版本：明念初堂活字印本，下編二十一卷，中國國家圖書館收藏；明活字印本，上編八十一卷下編二十二卷，清華大學圖書館有藏；明萬曆刻本，上編八十二卷下編二十一卷，首都圖書館等十七館入藏；明崇禎七年鄧應瑞刻本，上編八十一卷下編二十一卷，中央民族大學圖書館等七館收藏；明崇禎七年鄧應瑞刻清順治重修本，上編八十一卷下編二十一卷，首都師範大學圖書館等八館收藏。

0394　明萬曆刻本藏書　　　　　　　　　　　　　　　　　　T2511/4448

《藏書》六十八卷，明李贄撰。明萬曆二十七年(1599)焦竑金陵刻本。十六册。半頁九行二十字，白口，四周單邊，單魚尾。框高 23.7 釐米，寬 14.5 釐米。前有萬曆二十七年焦竑序，萬曆二十七年劉東星序，梅國楨序，萬曆二十七年祝世禄序，耿定力序，萬曆二十七年方時化後序。

是書以"此書但可自怡，不可示人"，故名。分世紀八卷、列傳六十卷，載戰國至元亡時歷史人物約八百人。紀傳之前各有總論，并附評語，多刺激之語。列傳分大臣、名臣、儒臣等八類，取材於歷代正史及《通鑑》。以敢於對"以孔子之是非爲是非"等傳統史觀提出異議，對歷史人物之評價與傳統之説多有不同。明清兩代曾列爲禁書，《禁書總目》、《違礙書目》、《清代禁書知見録》著録。

《四庫全書總目》入史部別史類存目。《總目》云："贄書皆狂悖乖謬，非聖無法，惟此書排擊孔子，別立褒貶，凡千古相傳之善惡，無不顛倒易位，尤爲罪不容誅。其書可毁，其名亦不足以污簡牘，特以贄大言欺世，同時若焦竑諸人幾推之以爲聖人，至今鄉曲陋儒震其虚名，猶有尊信不疑者，如置之不論，恐好異者轉矜創獲，貽害人心，故特存其目，以深暴其罪焉。"

焦竑序云："書三種，一《藏書》、一《焚書》、一《説書》。《焚書》、《説書》刻於亭州，今爲《藏書》，刻於金陵，凡六十八卷。"

是書除此本外，又有明刻剜改印本、明天啓元年刻本(陳仁錫評)、明萬曆刻本(沈汝楫，金嘉謨重訂)、明汪修能刻本。此本雖作明萬曆二十七年焦竑刻本，然板刻也有其複雜之一面。昔曾見有題此版本者之書十餘部，相比之下竟有四種不同板刻，實難以區別孰爲原刻、孰爲翻刻。《中國古籍善本書目》著録之焦竑刻本，有上海圖書館、南京圖書館等三十六館入藏，然其中也確有不同板刻而無法區分者。臺北"國家圖書館"，及美國普林斯頓大學葛思德東方圖書館、日本内閣文庫、東京大學東洋文化研究所、京都大學人文科學研究所亦有入藏。

0395　明天啓刻本續藏書　　　　　　　　　　　　　　　　　　T2720/4448

《續藏書》二十七卷，明李贄撰，陳仁錫評。明天啓三年(1623)刻本。十六册。半頁十行二十二字，四周單邊，白口，單魚尾，書眉上刻評。框高 22.3 釐米，寬 14.1 釐米。題"温陵李載贄輯著；古吴陳仁錫明卿評正"。前有李維楨序。據王重民《中國善本書提要》，此書又有陳仁錫序、焦竑序，但此本佚去。

是書載自明初至萬曆前王侯將相、郡邑名臣、庶人方外等四百餘人。取材多據當代人物傳記及文集，據事直書，無所避諱，於研究明史頗有裨益。

李維楨序云："今所行《續藏書》，則自明興及慶曆諸臣列傳也。其目有功臣，有名臣。功臣有開國,有靖難;名臣有開國,有遜國,有靖難,有內閣,有勳封,有經濟,有清正,有理學,有忠節,有孝義,有文學,有郡縣,蓋王、侯、將、相、士、庶人、方外、緇黃、傭僕、妾妓無不載矣。名臣或有功而功臣不必有名,抑或以功封而不書,或於傳附見其名,或名兩見而從其所重,或没未久而得傳,或負俗之議而爲分明之。秉權衡,破拘攣,微顯闡幽,標新領異,與《藏書》略同。"

《違礙書目》、《清代禁書知見錄》著錄。《中國古籍善本書目》著錄。中國國家圖書館、浙江圖書館等二十七館,及美國國會圖書館亦有入藏。按,是書又有明萬曆三十九年王若屏刻本(九行二十字)、明萬曆刻本(柴應槐、錢萬國重訂,十行二十二字)、明汪修能刻本(十一行二十六字)。

鈐印有"李印貞吉"、"無疆氏"。

0396　明嘉靖重修本漢書　　　　　　　　　　　　　T2550/1166

《漢書》一百卷,漢班固撰,唐顏師古注。明刻嘉靖十六年(1537)廣東崇正書院重修本。四十册。半頁十行二十二字,四周單邊,白口,無魚尾。框高 19.3 釐米,寬 13.6 釐米。題"正議大夫行秘書少監琅邪縣開國子顏師古注"。前有顏師古《敘例》。

查崇正書院在廣東南海。據明嘉靖刻本《田叔禾集》及清道光《南海縣志》引明黃佐纂修《廣東通志》,知其原在藥洲,所謂西湖故址,其後遷至都府街西察院故基。《(乾隆)南海縣志》載,遷址在萬曆年間。明晁氏《寶文堂書目》有廣東刻《兩漢書》,殆即此本。莫伯驥《五十萬卷樓群書跋文·史一》云:"此書刻於嘉靖十六年,蓋自明以來今九曜坊等處皆刻書之聚矣。據田集所列叔禾著述,如藥洲先生詩文集、學約、試約、講章等書,均謂板存崇正,可知當時雕槧必多,今已不見,唯《兩漢書》有崇正本流傳。"按,崇正書院又刻有《周易傳義》、《四書集注》等。

此本目錄後及《列傳》卷七〇末有牌記,刊"嘉靖丁酉冬月廣東崇正書院重脩"。《列傳》卷四二次行題"漢班固譔;唐顏師古注;明歐陽鐸刊;田汝成重校"。

《四庫全書總目》入史部正史類。《中國古籍善本書目》著錄,中國國家圖書館、上海圖書館等十五館亦有入藏。

日人圈點。

鈐印有"瑶華洞藏書"。

0397　明崇禎汲古閣刻本漢書　　　　　　　　　　　T2550/1166C

《漢書》一百卷,漢班固撰,唐顏師古注。明崇禎十五年(1642)毛氏汲古閣刻本。十九册。清張惠言圈點並跋,清陳槼、民國楊復跋。半頁十二行二十五字,左右雙邊,白口,單魚尾,書口中間刻"汲古閣"或"毛氏正本"。框高 21.9 釐米,寬 15 釐米。題"正議大夫行秘書少監琅玡縣開國子顏師古注"。

張惠言,字皋文。武進人。嘉慶四年進士,官翰林院編修。於《易》專治漢虞翻説,於《禮》主鄭玄説。擅長古文,與惲敬同爲陽湖派之首。又工詞,爲常州詞派之開創者。又有《説文諧聲譜》、《茗柯詩文集》等。其跋云:"余以乾隆甲寅點閲此書,未幾南還,書留京師。越嘉慶庚申,于役陪京,乃卒業焉。其本紀、列傳自第一至第三十八,前所點也,用朱黃别異。其表、志、列傳三十九以下,後所點,無黃筆,體例亦不能劃一也。"甲寅爲乾隆五十九年,庚申爲嘉慶五年。惠言生於乾隆二十六年，卒於嘉慶七年，是書之圈點，當在三十三歲至四十歲之間。

陳榘，號衡山。貴陽人。曾隨黎庶昌出訪日本，以詩文見長，有《靈峰草堂集》等。其跋云："張皋文先生評點《前漢書》七十卷，舊爲桐城蕭氏所藏，轉贈遵義節使黎蒓齋先生。余從先生使日本，屢於架中抽閱，歸國時，先生持以贈別，省先滇南，携以自隨。妹倩周伯汸同客於滇，借臨評點，七月七日歸之，命工重裝。光緒辛卯秋，衡山記於雲南郡署之注孟簃。"

楊復，字見心。杭州人。1903年至1908年曾任浙江圖書館監理（即館長）。其家藏書始自楊父文瑩，楊復在1921年以後的幾年收書量最爲可觀，但不久就因收書過多，經濟支出頗大，欠債累累，最後只好售書還債。1929年第一次售書給清華大學圖書館，至杭州淪陷後，所藏圖書基本流失殆盡。其藏書，如浙江省各府、廳、州、縣志書，非但名目可稱無遺而版本咸備，金石之書亦復如是，至於詩文集部，尤以浙江先哲著述爲多，而清代別集亦復不少。其豐華堂藏書五千七百二十種今藏清華大學圖書館。跋云："此書爲武進張皋文先生評點，丹黃並下，迄今已垂百三十年，經桐城蕭敬孚氏穆插架有素，轉貽遵義黎蒓齋氏庶昌之拙尊園，再轉貴陽陳衡山氏榘之景文閣。宣統紀元，友人爲余物色得之豐樂橋書肆，從此豐華堂藏弃又增一善本矣。溯厥流傳，淵源有自，書齋薪火，不絕如絲，書此志幸。己巳三月，豐華老人自記於太玄洞天之數點梅花之室。"

檢《中國古籍善本書目》，知上海復旦大學圖書館亦藏有張惠言圈點并跋《漢書》，版本同此本，或當時惠言圈點兩本耶？此書原藏蕭穆處，穆字敬孚，桐城人。諸生。善古文，精考據，曾入曾國藩幕。中年寓居上海，購求并手鈔海內名家著作，藏書處爲文徵閣。有《敬孚類稿》行世。

鈐印有"蕭穆之印"、"敬孚"、"桐城蕭氏藏書"。又有"貴陽陳榘"、"衡山收藏"、"衡山秘籍"、"景文閣"、"注孟簃"、"陳榘印"；"楊復"、"豐華堂鸒脵書"、"豐華堂書庫寶藏印"。

0398　明崇禎刻本前漢書　　　　　　　　　　　　　　T2550/1166M

《前漢書》一百卷，漢班固撰，唐顏師古注，明陳仁錫評。明崇禎刻本。三十一冊。半頁十行二十字，左右雙邊，白口，單魚尾，書眉上刻評。框高21.5釐米，寬13.9釐米。題"漢蘭臺令史班固撰；明史官長洲陳仁錫評"。前有崇禎五年（1632）陳仁錫序；字例；夏璋撰《凡例》十則；顏師古舊序。

是書爲陳仁錫所評。夏璋之《凡例》云："明卿先生胸中有萬卷書，下筆無一點塵，獨於《史記》、《漢書》，猶杜征南有《左傳》癖焉。掇巍科，讀書中秘，舟枕相隨，帳中之秘，篋中之藏，無非《史》、《漢》者，蓋不啻數番商議焉，故曰重評，言非一次評也。"

卷一至三配鈔本。

《中國古籍善本書目》著錄，上海圖書館、浙江圖書館等十一館亦有入藏。

鈐印有"積善堂"、"北越天神高橋庫中圖書之記"。

0399　明萬曆刻本漢書評林　　　　　　　　　　　　　　T2550/3427

《漢書評林》一百卷，明凌稚隆輯。明萬曆九年（1581）凌稚隆刻本。三十冊。半頁十行二十字，左右雙邊，白口，單魚尾，書眉上刻評。框高23.8釐米，寬14釐米。題"吳興後學凌稚隆輯校"。前有王世貞序、王宗沐序、陳文燭序、萬曆九年茅坤序、何洛文序；《凡例》十一則；顏師古《敘例》；字例；引用書目；姓氏；總評；世系圖等。

是書之輯乃在《史記評林》之後二年而成，其例則仿前書而博蒐諸家之說，并參以己意。王世貞序云："自《史記評林》成，而學士大夫好其書者，麋集於以棟之門，以棟益自喜，以《史記》之例例班史，蓋又二年所，而班史之《評林》亦成。"

陳文燭序云："吴興凌以棟，博學善藏書，承其先大夫季默與其兄工部郎稚哲之訓，作《史記評林》。復取評《漢書》者而彙次之，探逸興於酉陽，訪遺編於汲郡，外史所掌，廣内所司，罔不讎校，無論往代，即有明且數十年，稱馬班全書。"

稚隆於是書頗費心力，自云於字、於句讀、於批評研校數十過，且目不交睫，手不停札，積三年而工竣。其《凡例》云："《漢書》自宋本以來，世所梓多譌舛不足據，僅德、靖間重校監本差勝，今梓一準宋本，而以監本參訂之，反覆讎校，點畫不謬。"

《四庫全書總目》未收。《中國古籍善本書目》著録此書。按，凌氏原刻本傳世頗多，中國國家圖書館、上海圖書館等五十館皆有入藏。此本已有剜板，當爲剜板重印之本，上海圖書館也有收藏。此書又有明書林余彰德刻本、明雲林積秀堂刻本。

此本有刻工：戴文、陶英。

鈐印有"惜紅軒主人印"、"字雲客號楚華又號紗如別號浮鶴過客"。

0400 明崇禎刻本鹿門先生批點漢書　　　　T2550/1166.4

《鹿門先生批點漢書》九十三卷，明茅坤批點。明崇禎八年(1635)茅琛徵刻本。三十二册。半頁九行十九字，四周單邊，白口，無魚尾。框高 21 釐米，寬 14 釐米。題"後學陶國柱文石甫、姪孫茅琛徵君璞甫仝訂"。前有崇禎八年茅瑞徵序，萬曆十七年(1589)茅坤序；《凡例》七則。

是編爲茅坤宦游南省時手删而纂之者，顏師古注等皆節删不録，故其旨在簡少而便省覽。

茅瑞徵序云："余從祖鹿門公，博綜墳典，而尤得趣《史》、《漢》。自負作文一派逸氣，遠接司馬子長，嘗出《史鈔》問世，大爲秋林傳誦。晚而復出所評《漢書》，公諸海内，推爲雙璧。歲久，版刻浸涣，公曾孫兆海重梓《史鈔》，盛行於時，余弟琛徵因併鍥《漢鈔》……從祖鹿門公，既取精史遷，問鼎文苑，深得龍門之髓，而於《漢書》潛心批閲，每拈出商榷，多有先獲我心者。吾宗自公開山，子姓彬彬，即不敢望古史氏之流風，而家習觚翰，頗能染指寸臠，以世其學。今《史》、《漢》兩鈔，各以善本并存天壤，自是快事。"此處所云《史鈔》，即坤所批評《史記鈔》一百四卷。

此本有扉頁，刊"漢書。歸安茅鹿門先生箋釋、箋註、評林定本。本衙藏板"。並鈐有"寶翰樓藏書記"。

《四庫全書總目》僅收坤之《史記鈔》，而不及此書。《中國古籍善本書目》著録。天津圖書館、山東省圖書館等九館，及日本内閣文庫亦有入藏。據著録，在此崇禎本之前，又有《漢書鈔》行世，爲明萬曆十七年自刻本。

0401 明刻本班馬異同　　　　T2515/2163

《班馬異同》三十五卷，宋倪思撰，劉辰翁評。明刻本。八册。半頁九行二十字，四周單邊，白口,單魚尾,書眉上刻評。框高20.5釐米,寬13.5釐米。題"宋倪思編,劉辰翁評"。前有永樂二十年(1422)楊士奇跋。

倪思,字正甫。歸安人。乾道二年進士,中博學弘詞科。光宗時累官禮部侍郎,寶文閣學士。諡文節。《宋史》有傳。

是編大旨以《漢書》多因《史記》之舊而增損其文,乃考其字句異同,以參觀得失。其例以《史記》本文大書,凡《史記》無而《漢書》所加者,則以細字書之;《史記》有而《漢書》所刪者,則以墨筆勒字旁。或《漢書》移其先後者,則注曰《漢書》上連某文,下連某文;或《漢書》移入別篇者,則注曰《漢書》見某傳。二書互勘,長短較然,於史學頗爲有功。始於項籍,終於司馬季主。

《四庫全書總目》入史部正史類。《中國古籍善本書目》著錄,上海圖書館、南京圖書館等三十五館亦有入藏。臺北"國家圖書館"有晚明刻本,美國普林斯頓大學葛思德東方圖書館有明末刻本,當和此本同板。按,此書又有明嘉靖十六年李元陽刻本、明天啓四年聞啓祥刻本。

0402　明萬曆刻本史漢方駕　　　　　　　　　　T2511.15/0447

《史漢方駕》三十五卷,明許相卿撰。明萬曆十三年(1585)徐禾刻本。六冊。半頁九行二十字,左右雙邊,白口,單魚尾,書口下有刻工及字數,書眉上刻評。框高22.9釐米,寬13.1釐米。題"浙海許相卿台仲甫撰輯;徐禾仲年甫校鋟"。前有永樂二十年(1422)楊士奇序;嘉靖三年(1524)雲邨老人識語;《凡例引》。

許相卿,字台仲,一字伯台,號雲邨,一號九杞。海寧人。正德十二年進士。官至兵科給事中。事蹟具《明史》本傳。

史漢者,《史記》、《漢書》也;方駕者,兩車並行也。是書取宋倪思《班馬異同》稍爲釐訂,改題此名。倪書偶有遺者,相卿也有補綴所缺。其先後次第,改從司馬貞《索隱》,而稍更其序,然所益不及百分之一。

《凡例引》云:"許聞造曰,《文獻通考》云,《班馬異同》三十五卷,撰自倪思。夫班仍馬舊,中多删改,務趨簡嚴,而删或遺其事實,改或失其本意,著《異同》而辨優劣,思之用心,蓋其勤哉。迺思以標識巨細,分別同異,家大人以爲不便疾讀,撰爲此書,義取並駕,旨若列眉。斯家大人所自謂奇絕者乎?"是書條理井然,較倪思《班馬異同》爲勝。

《凡例引》中有"萬曆乙酉歲爰副剞劂"句。刻工有英仕、汝、黃、王、子、羅、昂、少、中等。

《四庫全書總目》入史部正史類存目。《中國古籍善本書目》著錄。上海圖書館、浙江圖書館等二十一館,臺北"國家圖書館",及日本內閣文庫亦有入藏。

0403　明天啓刻本後漢書　　　　　　　　　　T2555/4165.72

《後漢書》九十卷,劉宋范曄撰,唐李賢注,明陳仁錫評;《志》三十卷,晉司馬彪撰,梁劉昭注,明陳仁錫評。明天啓七年(1627)雲林積秀堂刻本。三十冊。半頁九行二十字,四周單邊,白口,無魚尾,書眉上刻評。框高21.5釐米,寬14.4釐米。目錄頁題"宋順陽范曄撰;唐章懷太子李賢注;明長洲陳仁錫評;桐鄉錢汝追訂"。前有傅冠序,天啓六年(1626)陳仁錫序;又舊序三篇;《凡例》九則。

是書計《本紀》十卷,《志》三十卷,《列傳》八十卷。據《隋書·經籍志》載,東漢一代之史書,有官修之《東觀漢記》、三國吳謝承《後漢書》、晉薛瑩《後漢紀》、晉司馬彪《續漢書》等。范曄以諸家多未善,乃以《東觀漢記》爲藍本,兼摘取諸家,自撰此書。後曄因獲罪而死,志未寫成。北宋乾興初,孫奭建議校勘《後漢書》,以劉昭注司馬彪《續漢書》之志併入曄書。此書史實豐富,文筆精練流暢,雖因襲《史記》、《漢書》體例,但獨創黨錮、獨行、逸民、列女等類傳,爲以後紀傳體史書所沿用。

此爲陳仁錫評本。陳又評有《史記》。傅冠序云:"予年友於石渠讀秘之暇,尤獨欣賞,評釋加勤,可謂再嗣劉昭之成,益詮章懷之盛,詎非曠代知己?王元馭有云,婉縟能整,良史之遺。知言哉,得明卿氏而益彰矣。"

《凡例》末則云:"是書浩瀚,校者倦終。是刻批閱精詳,繕寫楷則,鐫鍥工緻,且細加訂校,勘對無訛,補前人稽考之未悉,翻昔賢評斷之未定,魚魯亥豕,貳負臺駘,一皆明切,閱者字字可信,無庸疑異。"

扉頁刊"後漢書。陳明卿先生輯校。雲林積秀堂梓行"。按,雲林積秀堂又刻有《漢書評林》。

《四庫全書總目》入史部正史類。《中國古籍善本書目》著錄是書,作"明天啓七年刻本",上海圖書館、遼寧省圖書館等二十館入藏。

0404　明萬曆刻本范氏後漢書批評

T2555/4165.3

《范氏後漢書批評》一百卷,明顧起元撰。明萬曆四十七年(1619)刻本。二十一冊。日人平重吉跋。半頁九行十九字,四周單邊,白口,單魚尾。框高 22 釐米,寬 13.8 釐米。題"江寧顧起元閱"。前有萬曆四十七年顧起元自序;《凡例》四則。

顧起元,字太初,號隣初。江寧人。萬曆二十六年進士。由編修累官吏部左侍郎。清修自尚,望重朝野。學問淵博,凡古今成敗、人物賢否,以至諸曹掌故,無不留心,口陳指畫,歷歷如睹,接引後學,孜孜不倦。卒諡文莊。《(康熙)江寧府志》卷二二《人物》有傳。

是編卷一至一二爲《帝紀》、《皇后紀》,卷一三至一〇〇爲《列傳》。其志因非爲范曄所撰,故略去不錄。

自序云:"余批評時時及之,每因諷詠,以自娛快。友人沈不疑,博雅士也,見而絕好,以爲能窺作者之旨,請板行以公炙者,余秘之不得,遂舉而授焉。"

平重吉跋云:"本朝三代實錄(清和、陽成、光孝三代,管公所撰)曰,承和十年,春澄善繩於大學講范曄《後漢書》,其後此書之傳承絕,而本書得見於朝鮮,以可爲奇跡矣。本書之版,係明萬曆四十七年,則本朝元和五年也。抑皇國流布《後漢書》,德川之初,鵜飼真昌據元大德本施訓發行於京都。宋真宗元年,《後漢書》刊行。大正十四年春,里啓記。"

《四庫全書總目》僅收起元《金陵古金石考》等書而不及此。《中國古籍善本書目》著錄。上海圖書館、吉林省圖書館等七館,臺北"國家圖書館",及日本內閣文庫亦有入藏。

鈐印有"里啓道人"、"平重吉印"、"姜法"、"晉山世家"、"尚論古人"。

0405　清乾隆刻本尚史

T2520/4486B

《尚史》七十卷首一卷末一卷,清李鍇撰。清乾隆三十八年(1773)陶易刻本。二十八冊。

史　部

半頁十行二十四字,左右雙邊,白口,無魚尾。框高 18.6 釐米,寬 12.8 釐米。題"襄平李鍇鐵君甫纂"。前有乾隆三十八年彭元瑞序,同年陶易序,乾隆十年(1745)自序;《凡例》十七則。

李鍇,字鐵君,號眉山,又號廌青山人。司寇蒲陽公季子,大學士索額圖壻。其先居瑯琊,後遷遼,遂世爲遼東人,自署"襄平李鍇"。襄平,漢遼東襄平縣,治所在今遼寧省遼陽市老城區。鍇不樂仕進,中年歸休,閉户著述,築室廌峰,因自號廌青山人。乾隆元年試博學鴻詞科未遇。十五年以老病辭經學科特科。鍇擅經學,有詩名,著述有《睫巢集》、《原易》、《春秋通義》等。《碑傳集補》有傳。按,是本《李眉山傳》稱,鍇"歲丙寅,年六十有一",丙寅爲乾隆十一年,則其生年爲康熙二十五年。鍇卒於乾隆二十年,見《滿族大辭典》。

全書八十餘萬言,上起黄帝,下訖秦世,輯爲《世系圖》一卷,《本紀》五卷,《世家》十二卷,《列傳》三十八卷,《年表》四卷,《志》十卷,《序集》一卷。《世系圖》編爲卷之首,《序集》爲卷之末。正文篇目如次:

"本紀"卷一《軒轅五帝本紀》,卷二《夏本紀》,卷三《商本紀》,卷四至五《周本紀》(《秦本紀》附)。

"世家"卷一《魯世家》,卷二《晉世家》,卷三《齊世家》,卷四《衛世家》,卷五《宋世家》,卷六《鄭世家》,卷七《楚世家》,卷八《吴越陳蔡世家》,卷九《曹滕杞薛世家》,卷一〇《許莒邾小邾世家》,卷一一《燕韓魏趙田齊世家》,卷一二《秦世家》。

"列傳"卷一《黄帝夏商諸臣傳》,卷二至五《周諸臣傳》,卷六至八《魯諸臣傳》,卷九至一〇《齊諸臣傳》,卷一一至一六《晉諸臣傳》,卷一七《宋諸臣傳》,卷一八《衛諸臣傳》,卷一九至二〇《鄭諸臣傳》,卷二一至二三《楚諸臣傳》,卷二四《陳蔡曹莒邾諸臣傳》,卷二五《吴越諸臣傳》,卷二六《燕諸臣傳》,卷二七《韓諸臣傳》,卷二八《魏諸臣傳》,卷二九《趙諸臣傳》,卷三〇《田諸臣傳》,卷三一至三二《秦諸臣傳》,卷三三《孔子列傳》,卷三四至三五《孔子弟子并門人列傳》(盆成適後爲《孟子列傳》,孟子弟子附),卷三六《諸子列傳》,卷三七至三八《説客傳》。

"表"卷一《軒轅以下至周世表》,卷二《周同姓諸侯年表》,卷三《周異姓諸侯年表》,卷四《戰國年表》。

"志"卷一《天文志》(附《赤道北圖》等天文圖十二幅),卷二《五行志》,卷三《地理志》(分上、下,其上附《上古地圖》等地理圖七幅),卷四《禮志》,卷五《樂志》,卷六《律吕志》(分上、下,其下附《十二律隔八相生圖》等律吕圖七種),卷七《兵志》(附《積卒陳圖》等二十四種兵圖),卷八《刑志》,卷九《田賦志》(附《鄭氏旁加法》等井田圖二種),卷一〇《族志》(起黄帝,訖慶氏)。

自序云:"是編本諸經,采諸傳,徵諸雜乘,會萃成文。旨在參人定言,叢時求制,有述無作,期於傳信而已。"

《四庫全書總目》入史部别史類存目,著録一百七卷,爲兵部侍郎紀昀家藏本。《總目》曰:"康熙中,鄒平馬驌作《繹史》,采摭百家雜説,上起鴻荒,下迄秦代,仿袁樞紀事本末之體,各立標題,以類編次,凡所徵引,悉録原文。雖若不相屬,而實有端緒。鍇是編以驌書爲稿本,而離析其文,爲之翦裁連絡,改爲紀傳之體……蓋體例準諸《史記》,而排纂之法則仿《路史》而小變之。"又曰:"此書一用舊文,翦裁排比,使事蹟聯屬,語意貫通,體如詩家之集句,於歷代史家特爲創格,較熔鑄衆説爲尤難。"

彭元瑞序也曰:"群經皆古聖人之事,諸子百家去古未遠,各有撰述,取而薈之,次成一家之作,而非一家之文。"

《尚史》始纂於雍正八年,卒業於乾隆十年,凡閲十六載,至十三年具録成帙。《尚史》完稿後,鍇以貧無力付梓,藏之經年。至乾隆三十八年,遺稿方由陶易捐俸梓之,即世稱"悦道樓刊本"。陶易序云："山人倏辭世去，書已纂成，未付剞劂，存吾師醴谷先生處。今出守淮陰，得其副本而讀之⋯⋯此編尤群書之綱要，不可以無傳，爰捐俸梓之，以公諸世。"陶易捐貲，而《尚史》始得刻印傳世，故今日知李鍇《尚史》者，不可不知陶易其人。

陶易，字經初，號悔軒，山東威海（一說文登）人。生於康熙五十三年，卒於乾隆四十三年。易自幼家境貧寒，後爲官能體察民情。乾隆九年取優貢生，肄業國子監，十七年中舉。十九年即以知縣職派往湖南試用，歷任桃源、瀏陽、益陽、衡陽等縣知縣。二十八年代理衡陽知府，在任六年，修城浚河，興利除弊，及離任，民爲其立"去思碑"。三十四年調任江蘇淮安知府，任上淮關監督署被盜，乾隆帝嚴飭兩江總督、江蘇巡撫查辦，易惟恐民衆遭冤，以身家性命擔保，極力阻止。三十九年升任廣東惠潮嘉道，保舉留守江安督糧道。四十一年升任江蘇布政使。四十三年夏，東台縣人蔡某向布政使衙門告發同鄉、已故舉人徐述夔所著有抨擊朝廷之言，易以此案必株連無辜，未予審理，因而獲罪，判押送北京，革職論斬。易接旨遞解赴京之日，百姓夾路相送，哭聲數里不絕。以途中病發，卒於京，年六十四。著述有《惜陰詩草》、《游雍隨筆》、《平定雜詩》、《平志備采》等。其捐俸刊《尚史》爲淮安知府任上事。

《尚史》傳本有二：七十卷本、一百七卷本。

七十卷本有首一卷末一卷，乾隆三十八年陶易刊，即是本，爲初刻。扉頁題"乾隆癸巳新鎸。悦道樓藏版"。"癸巳"，爲三十八年，故皆作"乾隆三十八年悦道樓刻本"。

七十卷本又有嘉慶十年重刊本，亦題"悦道樓藏版"，《西諦書目》、日本《國立國會圖書館漢籍目錄》、《東京大學東洋文化研究所漢籍分類目錄》等著錄。又有嘉慶十九年晚香草堂刻本，《增訂四庫簡明目錄標注》著錄，日本國立國會圖書館有藏本。又有民國十四年奉天省立教養工廠排印本，見日本《東京大學東洋文化研究所漢籍分類目錄》。

一百七卷本未見。其著錄始出《四庫全書總目》，題紀昀家藏本。再見於丁日昌《持靜齋書目》，著錄爲刊本。周中孚《鄭堂讀書記》曰，《尚史》"《四庫全書》著錄作一百七卷，蓋又有所分析也"。《總目》詳記卷帙，爲《世系圖》一卷，《本紀》六卷，《世家》十五卷，《列傳》五十八卷，《系傳》六卷，《表》六卷，《志》十四卷，《序傳》一卷，凡一百七卷。按，七十卷本以《世系圖》一卷爲卷首，以《序傳》一卷爲卷末，故一百七卷本實較七十卷本益出三十五卷，爲《本紀》一卷、《世家》二卷、《列傳》二十卷、《系傳》六卷、《年表》二卷、《志》四卷。

七十卷本與一百七卷本，相繼於乾隆三十八年至四十八年間傳出，其行世之先後未明究竟，且一百七卷本之版本待考。陶易序稱，剞劂事竣，值《四庫全書》開修，即以是刻呈館備選："刻既竣，值朝命徵訪海內遺籍，敬上之册府，以備《四庫全書》之輯。"時當尚無別本。蓋乾隆四十三年陶易得罪朝廷，《四庫》館臣必不敢用其進呈本，以別無他本，或自七十卷本析出若干，《四庫全書》本出而方有刊本單行，亦未可知。

扉頁鎸"尚史。廌青山人纂。乾隆癸巳新鎸。悦道樓藏版"。

《中國古籍善本書目（徵求意見稿）》入史部紀傳類，北京師範大學圖書館、上海圖書館等十四館收藏。然《中國古籍善本書目》未收。《中國人民大學圖書館古籍善本書目》、《湖南省古籍善本書目》、《四川大學圖書館古籍善本書目》、《北京大學圖書館藏古籍善本書目》、美國《普林斯頓大學葛思德東方圖書館中文舊籍目錄》、日本《京都大學人文科學研究所漢籍分類目錄》等書目著錄，臺北"中央研究院"史語所傅斯年圖書館亦有收藏。清耿文光《萬卷精華樓藏書記》等作乾隆十年刻本，誤，或取自序"始雍正庚戌，訖乾隆乙丑"之説，"乙丑"爲乾隆十年。

鈐印有"經經緯史"、"漢麃齋藏書"、"陽湖陶氏涉園所有書籍之記"。

0406　明萬曆監刻本三國志

T2560/7954

《三國志》六十五卷，晉陳壽撰，劉宋裴松之注。明萬曆二十四年(1596)南京國子監刻本。十二册。半頁十二行二十三字，左右雙邊，白口，單魚尾，書口上刻"萬曆二十四年刊"，書口下有刻工及字數。框高21.6釐米，寬14.1釐米。前有萬曆二十四年馮夢禎及黃汝良序。目録後刊"大明萬曆二十四年南京國子監鏤板，祭酒馮夢禎、司業黃汝良校正"。後又列監丞、博士、助教等人名。

陳壽，字承祚。安漢人。少好學，師事譙周。在蜀漢爲觀閣令史，因不願屈事宦官黃皓，多次遭譴黜。入晉後，歷任著作郎、治書侍御史。事蹟具《晉書》本傳。

此書爲晉滅吳後，壽集三國時官私著作而成，與《史記》、《漢書》、《後漢書》合稱四史。分魏、蜀、吳三志，分別記載三國之歷史，但僅有紀、傳，無表及志。

裴松之所作注，引書二百三十餘種，篇幅超出原書數倍。然壽爲良史之才，尤深明蜀漢掌故，因而記蜀事較詳。劉勰嘗贊論是書曰："魏代之雄，紀傳互出，《陽秋》、《魏略》之屬，《江表》、《吳録》之類，或激抗難徵，或疏闊寡要，惟陳壽《三國志》，文質辨洽，荀、張比之於遷、固，非妄譽也。"

書爲馮夢禎校讎後再爲刊刻。馮序云："南雍書庫具二十一史，而《國志》板最爲刓缺。嘉靖十年以後，續補幾十之七，魯魚帝虎，又不勝其譌也。余既視事，首謀新之，隨行有宋本《魏志》，原缺吳、蜀，乃參監本，手自校讎，隨付剞劂。始春迄夏，五月畢工，費凡三百緡。借本資校者，余同年進士四川參議張君後甲、監生吳養澤，佐校者監生劉世教、布衣陸景成……則與有監督經營之勞者得附書云。"

刻工有黃林、黃禮、黃明、黃韶、黃一林、萬中、萬思、萬里、萬玉、王朋、王順、王加、王應龍、鄧士、鄧志、鄧忠、鄧禮、付明、付立、付榮、吳賓、吳應春、吳應陽、吳廷、葛錦、葛董、姜伯、姜言立、張禄、張元、張珍、陳見、陳奇、戴式、戴序、朱本、朱賓、戴應聘、郭仕、李淮、明舉、楊守、沈科、施光、焦芳、趙本、羅良、謝昌、童鑾、井文、何華、陳章、裴魁、胡以仁等。

《四庫全書總目》入史部正史類。《中國古籍善本書目》著録。此實爲萬曆間南京國子監刻《二十一史》本。

鈐印有"慈雲山人"、"尚輔"、"李氏光佐"。

0407　清乾隆刻本三國志

T2560/7954B

《三國志》六十五卷，晉陳壽撰，劉宋裴松之注。清乾隆四年(1739)武英殿刻《二十四史》本。十四册。清闕名録錢□□批校。半頁十行二十一字，左右雙邊，白口，單魚尾。框高22釐米，寬14.5釐米。書口上鎸"乾隆四年校刊"。題"晉著作郎巴西中正安漢陳壽撰；宋太中大夫國子博士聞喜裴松之注"。前有劉宋元嘉六年(429)裴松之《進書表》。是本尾殘，止《吳志》卷二〇，缺《吳志》二十卷之考證、考證跋語、校刊職名。

陳壽，見明萬曆南京國子監刻本《三國志》。

裴松之，字世期，南朝宋河東聞喜(今山西聞喜縣)人，生於東晉咸安二年，卒於南朝宋元嘉二十八年。祖父裴昧光禄大夫。晉孝武帝太元十六年任殿中將軍。義熙初任員外散騎侍郎、吳興故鄣縣令等職，升調回朝廷改任尚書祠部郎。及入宋，任中書侍郎。宋文帝以陳壽《三國志》記事過簡，命松之爲作補注。繼又奉詔續撰國史，未成而卒。子裴駰，孫裴子野，稱"史學三裴"。事蹟具《宋書》、《南史》本傳。

是書撰述始末、體例等詳明萬曆南京國子監刻本《三國志》。

卷一至三〇爲《魏志》，凡三十卷；卷三一至四五爲《蜀志》，凡十五卷；卷四六至六五爲《吳志》，凡二十卷。每卷末有該卷之考證，清李龍官等撰。

茲本書眉有闕名朱筆過錄錢氏批語，多以"錢按"、"錢云"起首，書甚工。按，清代批校《三國志》較著者，有錢陸燦、錢孫保二人，疑闕名所過錄或二者其一。茲錄末則注語(《吳志》卷二〇第十七頁下末四行"青瑣是憑"之注)，俟之他日考覈："錢按'憑'、'依'字，古作'馮'，本讀如'蓬'，後轉爲符風切。此文'青瑣是憑'之'憑'，與'庸'、'隆'、'中'、'風'爲韻。馮翊之'馮'，唐人亦入東韻。"

武英殿刻《二十四史》本爲最初之二十四史彙刻，始刊於乾隆四年，直至四十九年方竣工。其中《明史》、《舊五代史》二史爲初刻，《前漢書》、《後漢書》、《三國志》、《晉書》、《隋書》等五史出宋元舊槧，其餘諸史多采自明南、北監本。《清代內府刻書目錄解題》載，《史記》卷前有乾隆十二年高宗御製序，又有乾隆十一年弘晝等校刻《二十一史》告竣進呈表，以及弘晝、鄂爾泰等校刊諸臣職名。

殿版《二十四史》爲欽定正史，刊出後迭經翻刻影印，有道光十六年重刊本、同治八年重刊本、光緒十年上海同文書局影印本、光緒十四年上海蜚英館石印本、光緒十四年上海圖書集成書局排印本、光緒十八年武林竹簡齋石印本、光緒二十九年五洲同文書局石印本、民國五年上海涵芬樓影印本等，廣爲流布，於近代史學影響尤深。

是本雖用宋元舊刊，以底本不盡稱善，屢見脫字闕疑。張元濟曾用南宋寧宗時刊本相與讎勘。凡《考證》謂應作某字，寧宗刊本正作某字；《考證》謂某疑作某，寧宗刊本正作某；《考證》謂疑脫某字，寧宗刊本正有某字。《考證》"又有改正明監本之誤字"、其所"引據《太平御覽》、《冊府元龜》、《資治通鑑》互異之字"，與寧宗刊本"適相合"。以上詳見《涉園序跋集錄》"三國志"條。張氏有曰："惟是殿本校刻雖號精審，而天祿琳琅之珍秘，內閣大庫之叢殘，史部美不勝收，當日均未及蒐討。"此中肯之言，殆殿本所附《考證》雖稱嚴謹有據，不掩底本失選之陋。

《四庫全書總目》史部正史類著錄"內府刊本"。《中國古籍善本書目》史部紀傳類彙編著錄武英殿刻《二十四史》，中國國家圖書館等十二館入藏，其中十館爲全帙；紀傳類斷代別錄殿本《三國志》一部，爲清孫爾准校、沈衍純校並跋本，藏浙江嘉興市圖書館。

鈐印有"愚齋圖書館藏"、"許乃普印"、"許氏滇翁所藏"。按，"愚齋"爲盛宣懷齋名，其藏書身後多歸華東師範大學圖書館。許乃普，字季鴻，一字經崖，號滇生，清錢塘人。嘉慶進士，官至吏部尚書、太子太保。卒諡文恪。有《堪喜齋集》。

0408　明崇禎刻本三國志纂　　　　　　　　　　T2560/1382

《三國志纂》八卷，明張毓睿撰。明崇禎刻本。八冊。半頁九行二十字，四周單邊，白口，單魚尾，書口上刻"史瑜"。框高 19.9 釐米，寬 13.1 釐米。題"明錢塘張毓睿聖初論次；固陵曹振龍木上、甌嘉金彩元素參評"。前有陳天定序，崇禎十六年(1643)吳太冲序，王谷序，曹振龍序，王元毓序，崇禎十六年張毓睿序并識語。末有王元毓後序，崇禎八年(1635)張毓睿後序；崇禎十五年(1642)張毓睿自述;又張氏讀史四則;《纂例》八則。目錄前爲傳論。

張毓睿,字聖初。錢塘人。

是編成於崇禎癸未。於陳壽《三國志》中,擇其事蹟較著者,條分件繫,綴以評語。自漢獻帝初平元年,迄建安二十五年,分國未定,仍稱季漢。自魏黃初元年,迄咸熙元年,三國並建,則稱三國。凡《晉書》中事屬魏朝者,亦採入以補其缺,既非紀傳,又非編年,了無倫緒。

陳天定序云:"余友張聖初,尚友千古,懸斷寸心,大有慨於史籍之支蔓,刪訂折衷,否臧臧否。彙取澤乎理奧、關切政紀、有裨世風者若干卷,詳而不蔚,辨而有體,庶乎史以翼經,懸諸國門,當無有能增損者。"張毓睿自序云:"裴松之傳綜異聞,文陳氏之質,生其光色,雖爲煩雜,實多名言。論史者欲刪削簡鍊,以成完璧。余慚不敏,然竊有志,嘗居恒尚論,有一時之事功,有千秋之大業。一時事功,國志是已,千秋大業,必足以法令傳後者,始可紀載。三國一時鼎立,智能才力,各騁其奇,迫之而能應,動之而愈出,故百年間豐功偉議,跨兩漢而絜七雄,豈五季衰亂之世所能比擬哉?愚故採而錄之,俾識時務之俊傑考而鏡焉。"

《四庫全書總目》作《三國史瑜》,入史部史鈔類存目。《中國古籍善本書目》未著錄。

鈐印有"楊晉印信"、"中昭長壽"。

0409　明崇禎刻本左記

T2526.1/0444

《左記》十二卷,明章大吉撰,章爲之注。明崇禎五年(1632)刻本。十二册。半頁十行二十字,四周單邊,白口,無魚尾。框高19.7釐米,寬12.9釐米。題"山陰章大吉惠伯父纂;男貞之發父、達之成父訂;爲之倬父注"。前有崇禎五年徐復陽序,章大吉自序。

大吉,字惠伯,號修吾。山陰人。徐復陽序云:"章子好學,善屬文,受知朱文懿公。長安莫知有章氏。"

章氏自序云:"左氏編年,太史公記傳,此千古史之準。余媿元凱,而亦有《左氏》癖,自少至老不厭。第列國雜敘,經傳互刊,觀覽不便。僭截《左氏》文,就《史記》體,合而名之曰《左記》。事以國麗,文以事聯,雖割裂之皋無所逃,而實不敢筆削一字,燦然成文便觀焉。雖然,列世系,則一姓梗概備矣;要始終,則當局功鹵辨矣。前兆或同後驗,古算或勝今籌,災祥可按,狐鼠足懲。余三復之,不容緘口,謾憑臆見,論列於簡末,幸同志者鑒宥之。"徐復陽序云:"山陰章子,以《左氏》文就《史記》體,觀者便焉。伊季子倬甫攜稿維揚,躅轂付厥氏。"

《四庫全書總目》及《中國古籍善本書目》皆未著錄。臺北"國家圖書館"亦有入藏。

是本卷七第三十三頁、卷一二末頁佚去。

鈐印有"海豐吴氏家藏"、"石蓮閣"。蓋原藏清吴重熹家。

0410　明末刻本季漢書

T2560/0471

《季漢書》六十卷《正論》一卷《答問》一卷,明謝陛撰。明末鍾人傑刻本。十二册。半頁九行二十字,四周單邊,白口,單魚尾,書眉上刻評。框高21.4釐米,寬14.2釐米。題"歙謝陛撰;錢塘鍾人傑教"。前有鍾人傑序,葉向高序,王圖序,李維楨序,謝陛自序;《凡例》四十四則。

謝陛,字少連。歙縣人。博綜典籍,尤精史學。《(乾隆)歙縣志》卷一二有傳。

是書記三國歷史,尊蜀漢劉備爲正統,以吴魏爲世家,以董卓、袁紹等爲載記,以漢臣爲內傳,吳魏之臣爲外傳,凡更事數姓和依附董、袁等人者,列入雜傳。

鍾人傑序云:"新安謝少連氏,淹通好古,於歷世之史,靡所不窺。扼腕壽《志》,閱有年所,於是尊昭烈爲正統,夷魏吳爲世家,他如諸臣屬蜀者稱內,屬魏吳者稱外……亟梓固偕厥志,且始終漢世一代之史云。"謝陛自序云:"余髮覆顱,即躭緟史,一閱及此,不勝拊膺。猶然愛其文章,而且亮其遭際,故隱忍終篇,而更不嫌屢展卷也。竊不自量,乃即其書而宰割之,綜其實事,削其誣辭,易其名稱,彌其脱落。斷自孝獻皇帝起,直繼以昭烈皇帝、後皇帝。尊漢三朝爲帝紀,以漢室諸臣爲內傳;魏吳二國爲世家,以魏吳諸臣爲外傳;别袁、吕諸雄爲載記,以田、陳諸人爲襍傳。仍訂定裴松之注參傳其中,題之曰《季漢書》,蓋十餘年於兹,易草者數矣。"

其正論五條,答問二十二條,《凡例》四十四則,乃揭是書之宗旨,亦可見陛發憤著書,窮年矻矻之一斑。

《四庫全書總目》入史部别史類存目,然作五十六卷。《中國古籍善本書目》著録。中國國家圖書館、上海圖書館等十六館,臺北"國家圖書館",及美國普林斯頓大學葛思德東方圖書館、日本東京大學東洋文化研究所亦有入藏。按,是書又有臧懋循訂本,萬曆間所刻。

鈐印有"龍池山樵"、"固始張氏鏡菡榭印"。

0411　宋刻元明遞修本晉書　　T2571/3202C

《晉書》一百三十卷,唐房玄齡等撰;《音義》三卷,唐何超撰。宋刻元明遞修本。存七十册。半頁十行十九字,左右雙邊,白口,雙魚尾,有耳題,書口上刻字數,書口下間有刻工。框高20.7釐米,寬12.9釐米。題"唐太宗文皇帝御撰"。

是書爲房玄齡等奉敕撰。太宗貞觀十八年,因時有《晉書》二十餘種,而皆未盡善,乃命房玄齡、褚遂良等重撰,且自撰四論,故卷首題"御撰",不列史臣之名。書成,衆家皆廢。內分帝紀十卷、志二十卷、列傳七十卷、載記三十卷。因其成書較晚,距史實發生年代已遠,故可暢所欲言。史料頗富,然雜採小説,多清淡之文,用駢體行文,且成於衆手,可謂優劣兼具。是書每卷末附《音義》。

此本桓、玄、慎、勗字俱缺末筆。凡明代遞修之頁皆爲黑口。缺去帝紀十卷,又志卷一至四。

刻工有夫、東、樂、余、成、寶、才等。

《四庫全書總目》入史部正史類。《中國古籍善本書目》著録。中國國家圖書館有宋刻本全帙,南京圖書館藏宋刻本有配明鈔,兩種皆十四行。中國國家圖書館又有宋嘉泰四年至開禧元年秋浦郡齋刻本(存六十四卷),爲九行十六字。

按,此本疑與上海圖書館、浙江圖書館藏元刻明修本,臺北"國家圖書館"藏宋刊元明修補十行本同。又日本內閣文庫、静嘉堂文庫所藏不知與此同否。

金鑲玉裝。

鈐印有"秦嘉樹"、"穉眉"。

0412　明萬曆刻本晉書　　T2571/3202D

《晉書》一百三十卷,唐房玄齡等撰,何超音義。明萬曆六年(1578)周若年、丁孟嘉刻本。

八十册。半頁九行十六字,左右雙邊,白口,雙魚尾。框高21.6釐米,寬17.6釐米。末有萬曆六年(1578)闕名後序。

後序云:"《晉書》者,唐太宗文皇帝召群臣房玄齡等所撰爲也。迄今尚未有序,而刻本又多殘缺,余友周若年氏依宋秘閣本重刻,乞大理卿王元美爲序,書成而若年死,丁進士孟嘉購得之……"

按,《晉書》宋刻,今傳世者約有數種,一爲宋嘉泰四年至開禧元年秋浦郡齋刻本(九行十六字),一爲十四行二十七字本,一爲十四行二十五字本,一爲十行十九字本。此本當據秋浦郡齋本重刻,宋諱殷、朗、慎、徵、貞、桓、恒、敦等字皆缺末筆。

《四庫全書總目》入史部正史類。《中國古籍善本書目》著錄。中國國家圖書館、天津圖書館等八館,及日本東京大學東洋文化研究所、京都大學人文科學研究所亦有入藏。臺北"國家圖書館"有殘本,存九十四卷。又是書另有明萬曆二十四年王亮臣重修本。

鈐印有"盧印香亭"、"斌威將軍"。

0413 清乾隆刻本晉書

T2571/3202E

《晉書》一百三十卷,唐房玄齡等撰。《音義》三卷,唐何超撰。清乾隆四年(1739)武英殿刻《二十四史》本。三十册。半頁十行二十一字,左右雙邊,白口,單魚尾。書口上鐫"乾隆四年校刊"。框高22.5釐米,寬14.5釐米。題"唐太宗文皇帝御撰"。《音義》題"唐東京何超纂"。《音義》前有唐天寶六年(747)楊齊宣序;何超跋。末有孫人龍撰《晉書考證》跋語;校刊《晉書》職名。

是本每卷之末,多有館臣所撰考證。《晉書考證》跋語云:"《晉書》一百三十卷,晁公武謂歷代之史,惟此最爲叢冗。至於取沈約誕誣之說,雜採詭異謬妄之言,尤不可不辨。而鄭樵謂古者修書,如班馬之徒自成一家,至唐始用衆手,各隨其學術所長。所以晉之有志,獨善於古今,是則此書之瑕瑜,固有不相掩者。編修臣李龍官奉敕校勘,凡監本舛訛,或從他本。及何論音義,有可據者,從而釐正之。臣孫人龍復與同事諸臣詳審參訂,錄爲考證,各附卷末。"

或有稱殿版《晉書》出宋元舊槧,然據《考證》跋語所稱"凡監本舛訛,或從他本",殆以宋槧殘缺,而用監本;監本有舛訛,則從他本。

張氏《涉園序跋集錄》"晉書"一文稱:"武英殿本是史《考證》多引宋本參訂,故僞奪視他史爲少。"又曰,曾取盧文弨所校《帝紀》,分別與百衲本所用宋刊小字本《晉書》、殿版《晉書》相勘,二本"則仍有軒輊之別"。末羅列殿版舛誤者數十條。以《帝紀》視全書,則僞訛、脫衍文之夥,可以想見。

校刊《晉書》職名載陳浩、陸宗楷、孫人龍、王祖庚、王積光等五人。

《四庫全書總目》入史部正史類,著錄內府刊本,即是本。

《中國古籍善本書目》史部紀傳類彙編著錄武英殿刻《二十四史》,中國國家圖書館等十二館入藏,其中十館爲全帙,而紀傳類斷代則未著錄。

鈐印有"愚齋圖書館藏"。

0414 元大德饒州路儒學刻本隋書

T2605/2124C

《隋書》八十五卷,唐魏徵等撰。元大德饒州路儒學刻本。存一册。半頁十行二十二字,四周雙邊或左右雙邊不等,綫黑口,三魚尾,書口上方刻字數,書口下間有刻工。框高21.8釐米,寬15.9釐米。

此存卷三一之第二至二十二頁,又第二十三頁半頁。刻工有之、洪、張、子、呈。

原爲蝴蝶裝,今已散開。

《四庫全書總目》入史部正史類。《中國古籍善本書目》著録此書,但爲正德十年重修本(中國國家圖書館、南京圖書館藏),正德、嘉靖間遞修本(中國國家圖書館、上海圖書館等十二館藏),正德、嘉靖、萬曆遞修本(華中師範大學圖書館藏)。此雖殘存一册,但爲元刻元印。

0415　清乾隆刻本隋書　　T2605/2124

《隋書》八十五卷,唐魏徵等奉敕撰。清乾隆四年(1739)武英殿刻《二十四史》本。二十四册。半頁十行二十一字,左右雙邊,白口,單魚尾。書口上鐫"乾隆四年校刊"。框高22.5釐米,寬14.5釐米。題"唐特進臣魏徵上"。前有目録,題"唐太尉揚州都督監修國史上柱國趙國公臣長孫無忌等撰"。末有北宋仁宗天聖二年(1024)隋書宋本原跋;張映斗撰《隋書考證》跋語;校刊隋書職名。

是書撰者分題魏徵、長孫無忌。《四庫全書總目》稱:"是此書每卷所題撰人姓名,在宋代已不能畫一。至天聖中重刊,始定以領修者爲主,分題徵及無忌也。"宋本原跋述纂修始末甚詳。

卷一至五爲帝紀,凡五卷;卷六至三五爲志,凡三十卷;卷三六至八五爲列傳,凡五十卷。卷末多有考證,爲館臣所撰。

論述《隋書》者,必及其十《志》。《考證》跋語有云:"考《隋書》十《志》,向稱《五代史志》,有單行本,今已不可得見。"《四庫全書總目》則以十《志》"其實別行"正其説曰:"其十《志》最爲後人所推,而或疑其失於限斷。考《史通·古今正史》篇,稱太宗以梁、陳及齊、周、隋氏并未有書,乃命學士分修,仍以秘書監魏徵總知其務。始以貞觀三年創造,至十八年方就,合爲五代紀傳,并目録凡二百五十二卷。書成,下於史閣。惟有十《志》,斷爲三十卷,尋擬續奏,未有其文。太宗崩後,刊勒始成,其篇第編入《隋書》,其實別行。俗呼爲'五代史志'云云,是當時梁、陳、齊、周、隋五代史本連爲一書,十《志》即爲五史而作,故亦通括五代,其編入《隋書》,特以隋於五史居末,非專屬隋也。後人五史各行,十《志》遂專稱《隋志》,實非其舊。乃議其兼載前代,是全不核始末矣。"

初,是本奉敕以某宋本校刻,因其殘缺,而改用監本。既用監本,又稱以南監本爲備校者,蓋殿本《隋書》之校刻底本爲北監本。參校本中,足本尚有汲古閣本;殘本有奉敕校刻用宋本,又舊本兩種。語見《考證跋語》:"右《隋書》八十五卷,奉敕校刻者宋本殘缺,乃以監本爲底本。此外完書備校者,有南監本、汲古閣本,他本殘缺亦可參校者,宋本外有兩舊本。"《涉園序跋集録·隋書》一文稱:"殿本是書,據宋刻校勘,故詑脱視他史爲少。然校刊官張映斗識語謂,'宋本殘缺,乃以監本爲底本',故有時不免爲監本所誤。"似僅宋本殘缺處方用監本,所枚舉殿本《晉書》舛誤之例,皆係襲監本之謬所致。

校刊隋書職名載陳浩、萬承蒼、齊召南、陸宗楷、孫人龍、張映斗、郭世燦等七人。

《四庫全書總目》入史部正史類,著録内府刊本,即是本。

《中國古籍善本書目》史部紀傳類彙編著録武英殿刻《二十四史》,中國國家圖書館等十二館入藏,其中十館爲全帙;紀傳類斷代未著録殿本《隋書》。

史 部

此本有書籤,鈐"愚齋圖書館藏"。

0416　明末刻本南唐書　　T2659/7283

《南唐書》三十卷,宋馬令撰。明末刻本。三册。半頁九行二十字,四周單邊,白口,單魚尾。框高19.7釐米,寬13.5釐米。題"宋馬令編;明陳繼儒訂"。前有崇寧四年(1105)馬令序,馬令又序。

馬令,北宋末宜興人。

是書分二十餘目,門類頗繁,取材多用詩話小説,内容失於蕪雜。除馬令本外,又有胡恢撰本,然今不傳。今通行本有陸游撰十八卷本,乃陸氏以前人著作未臻完善,故重加排纂,敘事亦較馬令本簡潔。

《四庫全書總目》入史部載記類。《中國古籍善本書目》未收此本。查《北京圖書館古籍善本書目》,有明讀書坊刻本,行款同此本,疑爲同板。三十卷本今存最早者爲明初刻本,次爲明嘉靖二十九年顧汝達刻本。

0417　明崇禎汲古閣刻陸放翁全集本南唐書　　T2659/7134

《南唐書》十八卷,宋陸游撰;《音釋》一卷,元戚光撰。明崇禎毛氏汲古閣刻《陸放翁全集》本。六册。半頁八行十八字,左右雙邊,白口,無魚尾,書口下刻"汲古閣"。框高18.5釐米,寬13.6釐米。題"宋陸游務觀"。前有趙世延序。末有毛晉識語。

陸游,字務觀,號放翁。山陰人。爲南宋大詩人。生當北宋滅亡之際,紹興中應禮部試,爲秦檜所黜。孝宗即位,賜進士出身。曾任鎮江、隆興、夔州通判。乾道八年,入四川宣撫使王炎幕府,投身軍旅,官至寶章閣待制。

是書乃陸游以馬令撰《南唐書》未能盡善而重加編撰者,成於淳熙十一年以前。凡本紀三卷,記三主事;列傳十五卷,記宋齊邱等一百十八人生平。敘事簡賅,於馬書多所增補,并加考訂。

趙世延序云:"宋承五季,周統目爲僭僞,故其國亡而史録散佚不彰。然則馬元康、胡恢等迭有所述,今復罕見。至山陰陸游著成此書,最號有法,傳者亦寡,後世有能秉《春秋》直筆,究明綱目統緒之旨者,或有所考而辯之。"毛晉識語云:"是書凡馬令、胡恢、陸游三本,先輩云,馬、胡詮次,識力相似,而陸獨遒邁,得史遷家法。今馬本盛行,胡本不傳,放翁書一十八卷,僅見於鹽官胡孝轅《秘册彙函》中,又半燼於武林之火。庚午夏仲,購其焚餘板一百有奇,斷蝕不能讀,因簡家藏鈔本,訂正附梓於全集逸稿之末。"

《四庫全書總目》入史部載記類。《中國古籍善本書目》不收《陸放翁全集》零本,而收名家批校之本。又此書明代又有天啓三年鮑山刻本。

鈐印有"長興朱承傑聘父圖書"。

0418　明嘉靖刻本宋史新編　　T2665/4227

《宋史新編》二百卷,明柯維騏撰。明嘉靖刻本。六十四册。半頁十行二十一字,四周單邊，白口，無魚尾，書口下間有刻工。框高18.7釐米，寬12.6釐米。題"明南京户部主事莆田柯維騏編"。前有嘉靖三十四年(1555)黄佐序。末有嘉靖三十六年(1557)康大和後序；《凡例》十五則。

柯維騏，字奇純。莆田人。嘉靖二年進士。授南京户部主事，未赴而引疾歸，專心讀書，門人四百餘。事蹟具《明史·文苑傳》。

是書乃維騏家居三十載而成。明沈德符《敝帚軒賸語》稱其作是書時，至於發憤自宫，以專思慮，可謂精勤之至。凡成本紀十四卷、志四十卷、表四卷、列傳一百四十二卷，糾謬補遺，亦頗有所考訂。黄佐序云："今吾友莆田柯子維騏，以癸未進士筮仕户曹，輒謝病歸，蓋未始一日居乎其位也。養高林壑，覃思博考，乃能會通三史，以宋爲正，删其繁猥，釐其錯亂，復參諸家紀載可傳信者，補其闕遺，歷二十寒暑，始克成書，合二百卷。而三百二十年行事，粲然悉備，名之曰《宋史新編》，示不沿舊也。本紀則正大綱而存孤危，志表則略細務而舉要領，列傳則崇勳德而誅亂賊，先道學而後吏治，遼、金與夏皆列外國傳，等諸四裔焉，於是《春秋》大義始昭著於萬世。"

卷末有附録，爲嘉靖三十一年鄭應旂作頌一篇。

刻工有葉再興、生、江二、旺、余進、葉壽、余立等，而大部分刻工皆被剜去。

末有題識："康熙戊寅歲清和月，古吴程氏騁懷書齋藏覽。"

《四庫全書總目》入史部别史類存目。《中國古籍善本書目》著録。按，此書嘉靖間刻有兩本，一作明嘉靖刻本，中國國家圖書館、南京圖書館等二十館入藏；一作明嘉靖四十三年刻本，上海圖書館、南京圖書館等五館入藏。此本疑與國圖本同板。

鈐印有"受將"、"雲瑞堂珍藏印"、"子孫保之"。

0419　明洪武内府刻嘉靖萬曆天啓遞修本元史　T2700/3933

《元史》二百十卷《目録》二卷，明宋濂等撰。明洪武三年(1370)内府刻，嘉靖、萬曆、天啓南京國子監遞修本。三十六册。半頁十行二十字，四周雙邊，黑口，雙魚尾。框高25.5釐米，寬16.2釐米。題"翰林學士亞中大夫知制誥兼修國史臣宋濂、翰林待制承直郎兼國史院編修官臣王禕等奉勅修"。前有洪武二年(1369)李善長《進元史表》；《凡例》五則。《目録》後有洪武二年宋濂記。

宋濂，字景濂，號潛溪。浦江人。曾受業於吴萊、柳貫、黄溍。元至正中薦授翰林院編修，以親老辭不赴，隱東明山著書，歷十餘年。明初以書幣徵，除江南儒學提舉，命授太子經，官至翰林學士承旨知制誥，深得太祖寵信。後因長孫慎涉胡惟庸案，全家謫茂州，中途卒於夔州。正統中追謚文憲。

是書記元代史事，計本紀四十七卷，志五十八卷，表八卷，列傳九十七卷。洪武二年，得《元十三朝實録》，乃命修《元史》，以宋濂及王禕爲總裁，二月開局天寧寺，八月書成，惟順帝一朝，無實録可據，遂命歐陽佑等往北平採順帝遺事，洪武三年七月全書告成。由於成書時間過急，未能廣泛收集資料，爲世人所病。然其依據《經世大典》，尚稱完整。《四庫全書總目》於是書敘述較詳，可參考。

此本爲嘉靖九年、十年，萬曆二十六年、三十七年、四十四年，天啓三年遞修，凡遞修之頁書口上端皆標明年代。又此本重修刻字事皆由南京國子監祭酒黄儒炳、司業葉燦等十四人負責，共新刻字三十八萬五千九百七十三個。

《四庫全書總目》入史部正史類。《中國古籍善本書目》著錄明洪武三年内府刻本、明洪武三年内府刻嘉靖九年十年南京國子監遞修本、明洪武三年内府刻嘉靖萬曆南京國子監遞修本,然此天啓南京國子監遞修本則不見大陸各館收藏。日本京都大學人文科學研究所藏本遞修至清康熙三十九年。

鈐印有"島原秘藏"、"對藏觀樓"。

0420　清乾隆刻本元史類編　T2700/1231

《元史類編》四十二卷,清邵遠平撰。清乾隆六十年(1795)席世臣掃葉山房刻《宋遼金元别史》五種本。二十册。半頁十二行二十五字,左右雙邊,白口,單魚尾。書口上鐫"元史類編"、下鐫"掃葉山房"。框高21.4釐米,寬14.5釐米。卷端題"仁和邵遠平戒山學,南沙席世臣郢客氏校刊"。前有乾隆六十年席世臣序;康熙三十八年(1699)進書表;《凡例》十五則。

邵遠平,原名吴遠,字吕璜,號戒山,浙江仁和(今杭州)人。康熙三年進士,授户部主事,累官光禄寺少卿。十八年舉博學宏詞,授翰林院侍讀,以詹事府少詹事致仕。尋歸,杜門謝客,息影湖莊。清聖祖南巡,賜御書"蓬觀"二字,因自號蓬觀子。著述又有《史學辨誤》、《戒三文存》、《戒庵詩集》等。

《元史類編》是對《元史》之改編與修訂。明洪武二年二月,宋濂等奉敕開修《元史》,八月便告竣。以成書過速,不免草率,而多有遺佚舛訛。永樂間,成祖即命解縉改修,縉因撰《元史正誤》。又有朱右《元史拾遺》、許浩《元史闡微》等,皆明人對《元史》之訂正補修。清季學者於《元史》也多有改編修訂,《元史類編》而外,尚有魏源《元史新編》、洪鈞《元史譯文證補》、曾廉《元書》、屠寄《蒙兀兒史記》等。

遠平撰《元史類編》,以宋濂《元史》爲本,其自述改編要旨曰:"《元史》本文,既不分類,又不依時,先後倒置,不得其解。今特窮波討源,如理棼絲,務求有緒。"席世臣序稱:"嘗考明修《元史》,刻期告竣,故多牴牾複沓,戒山芟其繁蕪,理其棼亂,皆有法度可觀,而其增補之功尤爲完備。"全書之體例,則沿用其高祖經邦《弘簡録》成式。《凡例》明言:"是編義取續録,發凡起例,祖法昭然。"書成於康熙三十二年秋,三十八年春始刻竣,適逢清聖祖幸浙,即以是編進呈。經邦字仲德,明正德十六年進士,授工部主事,進員外郎,改刑部。以上疏論劾張璁,謫戍鎮海衛,嘉靖三十七年卒於戍所。又有《弘藝録》等行於世。經邦嘗取唐、宋諸史,删爲《弘簡録》一編,刊於嘉靖間。以《弘簡録》惟闕《元史》,遠平撰《元史類編》續而成之,故又稱《續弘簡録》。

卷一世紀(爲太祖、太宗、定宗、憲宗),卷二至三天王世祖皇帝,卷四成宗皇帝,卷五武宗皇帝,卷六仁宗皇帝,卷七英宗皇帝,卷八泰定皇帝,卷九文宗皇帝,卷一〇順帝,卷一一至一六宰輔,卷一七至二〇功臣,卷二〇至二一侍從,卷二三至二四臺諫,卷二五直諫附載,卷二六至二八庶官,卷二九皇后、公主,卷三〇系屬,卷三一至三四儒學,卷三五至三六文翰,卷三七至四〇旌德,卷四一雜行,卷四二附載。於《功臣》又分開國、歸降、平宋、平諸域四目;於《庶官》又分文臣、循吏、武職三目;於《旌德》又分忠節、孝議、列女三目。首載《海運考》(是本佚一至三頁)、《朔漠圖狁式銓》、《海運圖考》各一篇。

席序詳述《元史類編》體制因革,謂是書"'本紀'增'詔令','列傳'增'奏疏',一代典章,燦然畢具。他若'儒林'有補,崇經術也;'文苑'有補,尚藝文也;'忠義'有補,重名教也。列宋季之降將,而前事可稽;附明初之群雄,而後事無闕。'海運'爲元時創舉,則特志之;收西域、大理爲元代鴻功,則詳之。至其識見之最卓者,則臺諫之外,更列宣諫;儒學之中,不分道學。權衡至當,獨具匠心。此又厥祖體例所未及者也"。

是書題名,康熙進呈本爲《續弘簡録元史類編》,與《弘簡録》合帙刊行本直作《續弘簡録》。乾隆間,席世臣方以"元史類編"爲名,采入其所編《宋遼金元別史》。

是書傳本,有清康熙三十八年邵氏自刊本,爲初刻,《瞿氏補書堂寄藏書目録》、《中國科學院圖書館藏中文古籍善本書目》、《普林斯頓大學葛思德東方圖書館中文舊籍目録》等書目著録。又有康熙間與《弘簡録》合帙刊本,亦邵氏自刻,中國國家圖書館、中國科學院圖書館、中國人民大學圖書館、臺灣大學圖書館、東海大學圖書館等皆有入藏。乾隆六十年席世臣掃葉山房刻《宋遼金元別史》五種本,即是本。《宋遼金元別史》一名《四朝別史》,席氏稱,《元史類編》"舊與《弘簡録》並行,今重梓之,以爲別史之殿云"。《中國叢書綜録》著録中國國家圖書館、南京圖書館、上海圖書館等八館藏有全帙。《中國古籍善本書目》史部紀傳類斷代目下僅收清劉佳批校並跋,清劉履芬抄補並跋本,中國國家圖書館藏。又見於《中國科學院圖書館藏中文古籍善本書目》、日本《內閣文庫漢籍分類目録》、日本《國立國會圖書館漢籍目録》、《東京大學東洋文化研究所漢籍分類目録》、《京都大學人文科學研究所漢籍分類目録》、臺北《"國立臺灣大學"普通本綫裝書目》等書目。

避清高宗弘曆諱,"弘簡録"作"宏簡録"。

《四庫全書總目》未收。

0421　清雍正刻本明史藁　T2720/1132

《明史藁》三百十卷目録三卷,清王鴻緒撰。清雍正敬慎堂刻本。八十冊。半頁十一行二十三字,左右雙邊,白口,單魚尾。書口中鐫"橫雲山人集史藁",書口下鐫"敬慎堂","慎"字闕末筆,避清世宗諱。框高 20 釐米,寬 13.9 釐米。題"光禄大夫經筵講官明史總裁户部尚書加七級臣王鴻緒奉敕編撰"。前有康熙三十六年(1697)清聖祖敕諭(朱印);雍正元年(1723)王鴻緒進呈《明史藁》奏疏;康熙五十三年(1714)王鴻緒進呈《明史列傳全藁》奏疏。

王鴻緒,原名度心,字季友,號儼齋,江蘇松江府華亭縣人。生於順治二年,卒於雍正元年。年十七補博士弟子員,康熙十一年舉順天鄉試,十二年舉進士,授編修,是年奏請更名鴻緒。先後奉旨充任纂修《明史》、《平定三逆方略》、《欽定詩經傳說彙纂》、《省方盛典》總裁官,而尤致力於《明史》編纂。歷任日講官、起居注官、翰林院檢討、翰林院侍講、內閣學士兼禮部侍郎、户部右侍郎,以都察院左都御史致仕。鴻緒擅史才,通醫術,著述又有《制義存稿》、《王鴻緒外科》、《賜金園集》、《橫雲山人集》等。《清代碑傳全集》有傳。

是稿有《本紀》十九卷、《志》七十七卷、《表》九卷、《列傳》二百五卷,凡三百十卷。

《本紀》第一至三太祖,第四建文帝,第五成祖,第六仁宗,第七宣宗,第八英宗,第九景帝,第十英宗後紀,第十一憲宗,第十二孝宗,第十三武宗,第十四世宗,第十五穆宗,第十六神宗、光宗,第十七熹宗,第十八至十九莊烈帝。

《志》第一至三天文,第四至六五行,第七至十七曆,第十八至二十二地理,第二十三至二十八河渠,第二十九至四十二禮,第四十三至四十五樂,第四十六儀衛,第四十七至五十輿服,第五十一至五十三選舉,第五十四至五十八職官,第五十九至六十四食貨,第六十五至七十兵,第七十一至七十三刑法，第七十四至七十七藝文。

《表》第一至五諸王世表，第六至七宰輔年表，第八至九七卿年表。

《列傳》第一至二后妃，第三至六諸王，第七公主，第八至一百五十六起韓林兒，止高勛，第一百五十七循吏，第一百五十八至一百六十儒林，第一百六十一至一百六十四文苑，第一百六十五至一百七十二忠義，第一百七十三孝義，第一百七十四隱逸，第一百七十五列女，第一百七十六方伎，第一百七十七外戚，第一百七十八至一百七十九宦官，第一百八十佞倖，第一百八十一至一百八十二奸臣，第一百八十三流賊，第一百八十四湖廣土司，第一百八十五至一百八十六四川土司，第一百八十七至一百八十九雲南土司，第一百九十貴州土司，第一百九十一至一百九十三廣西土司，第一百九十四至二百一外國，第二百二至二百五西域。

《明史藁》編纂始康熙十七年，至雍正元年四月告竣，六月繕寫進呈御覽。是年八月鴻緒卒。雍正間以鴻緒進呈本《明史藁》刊行於世。鴻緒以曾任修列傳，因先成《明史列傳藁》二百八卷目録三卷，康熙五十三年進呈，隨即自行付梓行世，即康熙敬慎堂刻本。按，《明史藁》與《明史列傳藁》均由敬慎堂相繼刊出，《中國古籍版刻辭典》載，"敬慎堂"爲鴻緒室名，故《明史列傳藁》、《明史藁》皆爲自刊本。

乾隆四年內府所刊《明史》三百三十二卷，即以鴻緒《明史藁》爲初稿增益而成。張廷玉等《明史》進書表稱，鴻緒《明史藁》"用爲初稿"："仰惟聖祖仁皇帝搜圖書於金石，羅耆俊於山林，創事編摩，寬其歲月。我世宗憲皇帝重申公慎之旨，載詳討論之功。臣等於時奉敕充總裁官，率同纂修諸臣開館排緝，聚官私之紀載，核新舊之見聞，籤帙雖多，牴牾互見，惟舊臣王鴻緒之《史稿》，經名人三十載之用心，進在彤闈，頒來密閣，首尾略具，事實頗詳。"又云："在昔《漢書》取裁於馬遷，《唐書》起本於劉昫，苟是非之不謬，詎因襲之爲嫌。爰即成編，用爲初稿。"

按，鴻緒《明史列傳藁》、《明史藁》皆以徐元文於康熙間進呈四百十六卷本《明史稿》，以及萬斯同撰《明史列傳稿》等爲初稿，然其進呈《明史藁》奏疏、進呈《明史列傳全藁》奏疏於此皆未及隻字。進呈《明史藁》奏疏曰："伏念臣昔年曾奉先帝敕書纂修《明史》一事，至龍飛雍正元年四月告竣，敬繕寫進呈，敬陳始末。自康熙十七年先帝召試天下宏博之士，選授翰林，分纂《明史》，數載未成。蒙先帝特命，臣湯斌、臣徐乾學、臣鴻緒同充總裁官，偕先總裁臣葉方藹、臣張玉書互相編摩，漸成數十卷。及臣回籍，特蒙先帝恩召，重領史局。時大學士臣王熙、臣張玉書爲監修，尚書臣陳廷敬、臣張英、左都御史臣鴻緒爲總裁，復荷頒賜坐名敕書，專其責任。臣英以內廷無暇，臣玉書以先爲總裁任修志書，臣廷敬任修本紀，臣任修列傳。既大學士臣熊賜履續爲監修，賜履隨獨進史本，於明事缺而不全，未奉先帝裁定。而諸臣各有閣部職掌，臣亦續奉命入直南書房兼歷工戶二部事務，然於史事不敢輒廢。迨四十八年春奉旨以原官解任回籍，遂發列傳稿細加刪潤，於五十三年進呈先帝，蒙俞旨宣付史館。隨於五十四年春特召來京，修《御纂詩經》告竣，又蒙先帝點充《省方盛典》總裁。今書業編成多卷，俟公閱後啓奏外，惟《明史》止存臣一人，而本紀、志、表俱未有成稿，臣夙夜纂輯，彙成全史，以仰副先帝之明命。計自簡任總裁，閱歷四十二年，或筆削乎舊文，或補綴其未備，或就正於明季之老儒，或咨訪於當代之博雅。要以恪遵敕旨、務出至公，不敢無據而作。今合訂紀、志、表、傳共三百零十卷，謹録呈御覽。"

萬斯同撰《明史》之稿本、抄本，《明史紀傳》之抄本，《明史列傳稿》之抄本等，今同與《明史》並傳。

是本中國科學院圖書館、中國人民大學圖書館、四川大學圖書館、湖南圖書館、香港中文大學圖書館，以及臺灣師範大學、東海大學、臺灣大學、日本內閣文庫、日本國立國會圖書館、東京大學東洋文化研究所、京都大學人文科學研究所等均有入藏。《中國古籍善本書目》著録清姚椿批並録清杭世駿批本,上海圖書館收藏。又有清同治十年刻本、日本嘉永六年(1853)序翻刻敬慎堂本等。

《四庫全書總目》未收。

0422　清乾隆刻本明史　　　　　　　　　　　　　　　　T2720/1311

《明史》三百三十二卷目録四卷,清張廷玉等奉敕撰。清乾隆四年(1739)武英殿刻本。一百十二册。半頁十行二十一字,左右雙邊,白口,單魚尾。框高22.8釐米,寬14.6釐米。題"總裁官總理事務經筵講官少保兼太子太保保和殿大學士兼管吏部户部尚書事加六級張廷玉等奉敕修"。前有乾隆四年張廷玉進書表;同年開列在事諸臣職名。有闕名朱筆句讀。

張廷玉,字衡臣,號研齋,安徽桐城人。大學士英次子。康熙十一年生,乾隆二十年卒。康熙三十九年進士,選庶吉士,授檢討。五十九年授刑部右侍郎。六十一年世宗即位,擢禮部尚書。雍正元年七月充明史總裁官,十月充國史館總裁。四年授文淵閣大學士仍兼户部翰林院事。五年晉文華殿大學士,以大學士致仕。及卒,清高宗承清世宗遺詔,以廷玉配享太廟,謚文和公。《清代碑傳全集》有傳。

《明史》爲清朝所修遜國史志,清高宗欽定《二十四史》之殿。其正文篇幅在二十四《史》中僅次於《宋史》,而其纂修時間之久、參與人員之衆,則遠過歷代諸史。清代學者趙翼曾將之與明代所修宋、遼、金、元四《史》加以比較,於《廿二史札記》中稱:"近代諸史,自歐陽公《五代史》外,《遼史》簡略,《宋史》繁蕪,《元史》草率,惟《金史》行文雅潔,敘事簡括,稍爲可觀,然未有如《明史》之完善者。"

是編上起朱元璋洪武元年,下訖朱由檢崇禎十七年,記有明一代二百七十七年歷史。有《本紀》二十四卷、《志》七十五卷、《表》十三卷、《列傳》二百二十卷,凡三百三十二卷。《四庫全書總目》稱,其中表之"七卿",列傳之"閹黨"、"流賊"、"土司",爲"創新例者",皆前史所不設。

《明史》編修,歷康熙、雍正、乾隆三朝,逾六十年。康熙十七年,清聖祖試博學鴻儒一百四十三人於體仁閣,取上等二十人,二等三十人,次年始詔修明史,召五十人入館。《明史》在康熙朝完成兩部初稿。有總裁官徐元文,得萬斯同協助,撰定四百十六卷本《明史稿》,康熙間進呈,即今傳爲萬斯同撰者。又有總纂官王鴻緒,將徐元文所進呈四百十六卷本《明史稿》加以删訂,成三百十卷本《明史稿》,雍正元年進呈。是年,史局重開,張廷玉等爲《明史》總裁官。廷玉爰取王鴻緒所呈三百十卷《明史稿》爲本,加以增損,成三百三十二卷《明史》,交武英殿雕版,乾隆四年刊成,是年七月二十五日隨表進呈。

"乾隆四年七月二十五日奉旨開列在事諸臣職名"載:監理允禄,總裁張廷玉等九人;纂修孫嘉淦等二十五人;提調覺羅吴拜等八人;收掌佟世德等十三人;繕寫韓彦曾等四十二人;校對陳大受等三十七人;監造雅爾岱等九人。此"在事諸臣職名"爲《明史》刊刻告成、隨表進呈之日所開,不復俱載前朝歷次入館參與者,故不足以爲據。

乾隆四十年清高宗諭旨,以《明史》"内於元時人、地名,對音訛舛,譯字鄙俚",特命館臣據遼、金、元三《史》之例查覈考訂。並諭令"著將《明史》一併查改,以昭傳信"。四十二年清高宗再度頒旨稱,本紀爲全史綱領,命英廉、劉墉等將《明史本紀》逐一考覈添修,重刊頒行。當年武英殿刊出改訂本《明史本紀》二十四卷,世罕見之,故宫博物院圖書館、武漢圖書館有藏本。研究者稱,《明史本紀》之改修主要爲增補或改寫史事,以及修改讚語。此外,改修並不限於《明史本紀》,《明史列傳》也有大量改訂,包括增附《考證》、修改讚語等。遲至乾隆五十四年,修改本《明史》方經勘定,謄寫入《四庫全書》。

綜上,《明史》傳本有兩種:其一殿版《明史》,爲初刊本;其二《四庫全書》本《明史》,爲改定本,清人所謂"新定之本"。殿版《明史》曾由同文書局、五洲同文書局、竹簡齋、涵芬樓先後影印,收入《圖書集成》、《四部備要》等。《四庫全書》本《明史》則陸續收入《摛藻堂四庫全書薈要》、五省官書局刊《二十四史》、商務印書館影印《百衲本二十四史》、《二十五史》等。殿本《明史》一經刊行,官府、坊間競相翻刻,遂成通行本,其流行遠過其後之改定本。

《中國古籍善本書目》未著錄。《北京大學圖書館藏古籍善本書目》、《中國人民大學圖書館古籍善本書目》、日本《內閣文庫漢籍分類目錄》、日本《國立國會圖書館漢籍目錄》、臺北《"國立故宮博物院"普通舊籍目錄》著錄。另《中國古籍善本書目》史部紀傳類著錄《明史》清抄本三種,一題"敕修明史三百三十二卷目錄四卷",署"張廷玉撰",存九卷,山西省文物局收藏;一題"不分卷",存列傳,天一閣博物館收藏,此本即萬斯同撰《明史》稿本,爲迄今唯一見存之萬氏《明史》手稿,民國間河南人周維屏散出,蕭山藏書家朱鼎煦購得,1979年隨朱氏別宥齋藏書一併捐入天一閣;一題"卷數不確",僅存列傳,藏南京圖書館。

鈐印有"玉蘭山房"。

0423　明崇禎福建刻本名山藏　　　　　　　　　T2720/2223

《名山藏》一百九卷,明何喬遠撰。明崇禎沈猶龍等福建刻本。三十八册。半頁十行二十字,四周單邊,白口,單魚尾。框高21.7釐米,寬14.1釐米。題"臣何喬遠恭輯"。前有李建泰序,王邵序。

何喬遠,字穉孝,號匪莪。晉江人。萬曆十四年進士。崇禎間累官南京工部右侍郎,立朝持正敢言,博覽好著書。

是書存《典謨記》二十九卷、《坤則記》三卷、《開聖記》二卷、《繼體記》一卷、《分藩記》五卷、《勳封記》二卷、《天因記》一卷、《天竟記》二卷。以上卷數相連,爲卷一至四五。以下卷數不相連,書口之卷數均作墨釘:《臣林記》二十六卷、《臣林外記》一卷、《俘賢記》一卷、《高道記》一卷、《方技記》一卷、《方外記》二卷、《藝妙記》一卷、《貨殖記》一卷、《宦者記》一卷、《宦者雜記》一卷、《臣林雜記》四卷、《本士記》一卷、《本行記》二卷、《列女記》二卷、《王享記》五卷、《兵制記》一卷、《馬政記》一卷、《茶馬記》一卷、《刑法記》一卷、《錢法記》一卷、《鹽法記》一卷、《河漕記》一卷、《漕運記》一卷。缺《輿地記》二卷、《關梁記》一卷、《儒林記》二卷、《文苑記》一卷。又有《典禮記》、《樂舞記》未刻。此存一百零三卷。

《明史·藝文志》載是書僅作三十七卷,《千頃堂書目》著錄者爲一百卷。

李建泰序云:"余師大司空何匪莪先生,資詣絕倫,質文相副,誠三代以上人。歷官最久,則隨地赴功,著作日充,而立言合度,仕耻躁途,家無私廬……上取列聖之典謨,旁及六曹九鎮、臣僕士女,殊方群藝之有補益者,分事別類,細大必稽,爲記三十有七,於是師劬矣。余得從次君悌索而讀之。讀典謨諸記,可紹衣祖考;讀天因諸記,可寅畏上帝;讀禮樂諸記,可陶淑性情;讀刑法諸記,可明慎出入;讀河漕諸記,可協國而安民;讀兵馬茶鹽諸記,可興利而蠲害;讀臣林諸記,可進君子;讀雜林諸記,可退小人;讀列女、高士諸記,可揚幽貞而獎廉静;讀方外、貨技諸記,可抑淫巧而服要荒。"

《禁書總目》、《違礙書目》、《清代禁書知見錄》皆著錄。《禁燬書目·補遺一》云:"查《名山藏》,明何喬遠撰。喬遠名列《天鑒錄》,乃天啓中閹黨,其人本不足道。其書乃明代野史,亦多摭拾舊文,不足以備考證。內王享記第五卷內,有悖犯之處,應請銷燬。"

按,此本有"較刻名山藏姓氏",列"巡撫福建右僉都御史華亭沈猶龍、巡按福建監察御史曲周路振飛、福建右布政使吳縣申紹芳、分巡興泉道右參政峽江曾櫻"等八人同梓。又李建泰序有云:"而大中丞則雲間沈公,直指使則曲周路公,悉同心齊德,一道生風,知是書足不朽,相與捐俸而剞劂之。"1971年臺灣成文出版社有影印本面世。

《中國古籍善本書目》著錄明崇禎刻本。上海圖書館、浙江圖書館、臺北"國家圖書館"等十八館有全帙,美國普林斯頓大學葛思德東方圖書館、日本內閣文庫、尊經閣文庫、東京大學東洋文化研究所、京都大學人文科學研究所亦有入藏。

鈐印有"扉青讀過"。

0424　清嘉慶刻本竹書紀年集證　　T2521/3122D

《竹書紀年集證》五十卷首一卷,清陳逢衡撰。清嘉慶十八年(1813)刻本。八冊。顧廷龍題識。半頁九行二十二字,四周雙邊,白口,單魚尾。框高18.1釐米,寬12.4釐米。題"江都陳逢衡學"。前有《凡例》十六則。

陳逢衡,字履長,一字穆堂,江蘇江都人。諸生。喜治經,閑爲詩歌,音節高邁。平居著書,矻矻獨造,力避恒蹊。道光初年詔舉賢良方正之士,有司欲以逢衡膺其選,力避不就。逢衡富藏書,有瓠室,與邑馬氏玲瓏山館並稱。後家道中落,藏書亦多散佚。著述有《逸周書補注》、《穆天子傳注補正》、《讀騷樓詩》、《隋書經籍志疏證》、《山海經纂説》等。《清代碑傳集補》有傳。是書稱,嘉慶九年逢衡年二十七,據此推算,其生年在乾隆四十三年,於道光二十八年卒,終年七十一。

《竹書紀年》爲戰國時魏國史書,後世以其體屬編年而稱《紀年》,又以其書於竹簡而稱《竹書》,統稱《竹書紀年》。《竹書紀年》爲孔子刪定四書五經前之文獻,所記與經史多異,而與甲骨、金文多相符。原書早佚,今傳《竹書紀年》存兩卷,明季已流行,稱"今本";清代學者輯錄古書中《竹書紀年》引文,編爲《竹書紀年》輯本,則稱"古本"。逢衡前有孫之騄、徐文清、張宗泰、洪頤煊,後有朱右曾、王國維,其所撰《竹書紀年集証》,亦卓爾成"古本"《竹書紀年》之一家。

是編始撰於嘉慶九年九月,十七年冬十月定稿。《凡例》敘編纂緣起云:"《四庫書目提要》謂,今世所傳之本,非汲冢原書。蓋以諸書所引互有不同,并有今《紀年》所不載者,知其脫失已久,非復原本之舊矣。然其事實顯然與經史印合,故特細爲詮釋。"殆逢衡不以今本有僞而廢《竹書紀年》,起而彙集衆說,細作詮釋,乃至"始以群書訂《紀年》之訛,繼且以《紀年》證群書之誤"。

作者稱:"《紀年》古無善本。見《漢魏叢書》中者爲張遂辰本,見天一閣者爲范欽訂本,見《五經翼》者爲蔡文範校本,見《古今逸史》者爲吳琯校本,見《秘書廿一種》者爲汪士漢校本,是皆照坊行刊刻,訛誤相承,絕無補正者也。""《紀年》自晉荀勗、束皙、梁沈約校注後,歷陳、隋、唐、宋以下,惟朱子據以考惠成之年。及明代,惟胡應麟、楊慎二家略爲考證。清代崇尚實學,力專考據,《紀年》始大行於世。"

是書遍采清人治《竹書紀年》著作,有仁和孫之騄《考訂竹書》四卷、當塗徐文清《竹書統箋》

十二卷、宜興任啓運《竹書證傳》，又有作者獲讀之甘泉鄭環《竹書考證》未刊手稿、近時刊本甘泉張宗泰《校補紀年》二卷、鄞州陳詩《紀年集注》二卷、涇川趙紹祖《校補紀年》二卷、京江韓怡《紀年辨正》四卷、臨海洪頤煊《竹書紀年》校本二卷數種，皆一時之傑作。

卷一至四八爲正文，始於黃帝、帝摯，迄於慎靚王、隱王。卷四九至五〇爲《補遺》，附《璅語》、《師春》、《繳書》等三篇。《補遺》二卷所錄，皆見於他書援引，而今本《竹書紀年》不錄者，計一百二十則。首一卷《凡例》、《敘略》、《集說》。作者以其考覈多隨事駁正，不能遍舉，而特擇其尤者冠諸篇首，《敘略》所載七十七則，爲作者所得之精髓。《集說》所彙，爲"古今名賢詳述考辨、議論精當"者，計十五家，依次爲杜預、《晉書》、荀勗、劉知幾、《隋書經籍考》、黃伯思、楊慎、胡應麟、顧炎武、方以智、閻若璩、馮景、王鳴盛、錢大昕、梁玉繩，末均有作者案語。

《續修四庫全書總目提要(稿本)》史部編年類著錄，有云："讀史知要，非徒考據家言。逢衡是書考其年代世次，徵事頗詳，而申辯盤庚定遷之故，總論前後治水之方，亦有知人論世之意焉。"

扉頁鐫"竹書紀年集證。嘉慶癸酉春鐫。裛露軒藏板"。按，"癸酉"爲嘉慶十八年。

有墨筆題識："此書係湘鄉陳毅舊藏，書衣題字尚其手筆。毅即著《魏書官氏志疏證》者。"諦審墨蹟，是爲顧廷龍先生手識。陳毅，湖北蘄春人，素治蒙古地理，藏書富地理類，尤多秘本。

《中國古籍善本書目》著錄"竹書紀年集成四十五卷集說一卷"，稿本，中國國家圖書館藏。

是本以扉頁鐫"裛露軒藏板"，也作裛露軒刻本。《增訂四庫簡明目錄標注》、《杭州大學圖書館綫裝書總目》、《京都大學人文科學研究所漢籍分類目錄》、《"國立臺灣大學"普通本綫裝書目》、《"中央研究院"歷史語言研究所普通本綫裝書目》、《"國立臺灣師範大學"普通本綫裝書目》著錄本同。

鈐印有"湘鄉陳毅鑒藏"、"陳毅"、"詒重"。

0425　明崇禎刻本資治通鑑目錄　　　　　　　　　　　T2512/1279.2C

《資治通鑑目錄》三十卷，宋司馬光撰。明崇禎二年(1629)陳仁錫刻本。二十四册。半頁八行十九字，四周單邊，白口，單魚尾，書眉上刻評。框高21.3釐米，寬14.2釐米。題"宋翰林學士朝散大夫右諫議大夫知制誥兼侍講同提舉萬壽觀公事兼判集賢院上護軍河內郡開國侯食邑一千三百戶賜紫金魚袋臣司馬光奉勅編集"。前有崇禎二年陳仁錫序。

是書雖以"目錄"爲名，實爲讀《通鑑》之綱領。其以歲陽歲名列於上，而各標《通鑑》卷數於下，又以劉羲叟《長曆》氣朔閏月及列史所載七政之變著於上方，復取書中精要之語散於其間，次第釐然，頗具條理。《四庫全書總目》云："蓋《通鑑》一書，包括宏富，而篇帙浩繁，光恐讀者倦於披尋，故於編纂之時，提綱挈要，併成斯編，使相輔而行，端緒易於循覽。其體全仿年表，用《史記》、《漢書》舊例，其標明卷數，使知某事在某年，某年在某卷。"

陳仁錫序云："首以目錄，冀欲垂之永久，俾讎校完密，繕刻精好。"

扉頁刊"目錄全編。陳明卿太史校閱。彙賢齋藏板"。鈐有"珍賞"、"彙賢齋發兌"。目錄序之第一頁書口下刻有寫工和刻工名，甚模糊，不可辨。

《四庫全書總目》入史部編年類。《中國古籍善本書目》著錄。上海圖書館、浙江圖書館等十四館，臺北"國家圖書館"，及日本內閣文庫、靜嘉堂文庫亦有入藏。

0426　明天啓刻本通鑑釋文辯誤　　　　　　　T2512/1279.47B

《通鑑釋文辯誤》十二卷,元胡三省撰。明天啓五年(1625)陳仁錫刻本。四册。半頁十行二十字,四周單邊,白口,單魚尾。框高 21.5 釐米,寬 14.3 釐米。題"天台胡三省輯著;長洲陳仁錫訂校"。前有至元二十四年(1287)胡三省序。

胡三省,字身之,號梅磵。天台人。宋寶祐進士。賈似道辟從軍蕪湖,仕至朝奉郎。宋亡,隱居不仕。

自宋司馬光《資治通鑑》問世,後之人即有辯誤、釋文、通釋等專著,宋、元二代較著者有宋史炤《資治通鑑釋文》三十卷、宋王應麟《通鑑地理通釋》十四卷等。此胡三省《釋文辯誤》,乃因史炤之《釋文》中多淺陋之語,甚至不考《通鑑》而妄説,并有不得其句者,也有不得其字者,故爲舉其誤、辯其非而歸於是。

陳仁錫刻有《資治通鑑》二百九十四卷,此《釋文辯誤》十二卷作爲全書之附録也一併刊刻。《中國古籍善本書目》著録。上海圖書館、天津圖書館等二十餘館,臺北"國家圖書館"(缺卷一一、一二),及美國普林斯頓大學葛思德東方圖書館、日本内閣文庫、東京大學東洋文化研究所、静嘉堂文庫、尊經閣文庫亦有入藏。

0427　明萬曆刻本通鑑釋文辯誤　　　　　　　T2512/1279.47

《通鑑釋文辯誤》十二卷,元胡三省撰。明萬曆二十年(1592)吴勉學刻本。六册。半頁十行二十字,左右雙邊,白口,單魚尾。框高 21.4 釐米,寬 13.7 釐米。題"天台胡三省考訂;新安吴勉學校正"。

吴勉學,字師古,一字肖愚。安徽歙縣人。好藏書刻書。此《釋文辯誤》爲吴氏刻《資治通鑑》二百九十四卷後之附刻。

鈐印有"嚴印啓豐"。

0428　明宣德刻本少微家塾點校附音通鑑節要　　　　　　　T2512/1279.314

《少微家塾點校附音通鑑節要》五十卷,宋江贄撰;《新編纂注資治通鑑外紀增義》五卷,宋劉恕撰;《讀通鑑法》一卷《資治通鑑總要通論》一卷《釋例》一卷。明宣德三年(1428)劉文壽刻本。清蔡叔子題識。二十四册。半頁十四行二十一字,四周雙邊,黑口,雙魚尾。框高 16.2 釐米,寬 11.3 釐米。題"眉山史炤音釋;鄱陽王逢輯義;京兆劉剡增校"。《外紀增義》題"鄱陽松塢王逢訂正;後學京兆劉剡纂輯"。前有嘉熙元年(1237)江鎔序。

江贄,字叔圭。崇安人。初游上庠,與龔深之以學《易》著名。後隱居,徵召不赴。政和中,太史奏少微星見,因詔舉遺逸,命下,三聘不起,賜號少微先生。

劉恕,字道原,筠州人。少穎悟,未冠舉進士。歷官秘書丞,篤好史學。司馬光編《資治通鑑》,遇紛錯難治者,輒以委恕。後以親老告歸。

《四庫全書總目》入史部編年類存目,所據底本爲明正德中司禮監刻本。《總目》云:"是書取司馬光《資治通鑑》,刪存大要,然首尾賅貫,究不及原書。"

江鎔序云:"《通鑑》一書,易紀傳而爲編年,上下數千百載,興亡治亂瞭然在目,誠史學之綱領也。然編帙甚繁,未易周覽,後之君子固嘗節其繁而取其要矣。其間詳者猶失之泛,略者又失之疎,學者病焉。少微先生江氏家塾有《通鑑節要》,詳略適宜。於兩漢、隋、唐則精華畢備,於六朝、五代則首末俱存,點抹以舉其綱,標題以撮其要,識者寶之。其後建寧公默游晦庵先生門,嘗以此書質之,先生深加賞嘆。自是士友爭相傳録,益增重焉。今南山主人淵力學清修,有光前烈,復取此書附益而潤色之,增入諸史表志序贊,參以名公議論,音注簡嚴明白,得失曉然以爲庭下訓。客有過之曰,善則善矣,與其襲珍以私於家,孰若鋟梓以公於世?主人笑曰,少微先生養高林泉,名動京闕,皇帝三使人聘之,終不能移其囂囂樂道之志,凡著書立言,亦惟自明其心,非欲求知於人也,先世有書,唯恐人知,余得其書,顧乃恐人不知耶?客固請,予嘉其言,以贊其請。主人曰,諾。於是乎書。"

是書釋例後有著雍涒灘中夏甲戌門人京兆劉剡識語。著雍涒灘爲戊申,乃明宣德三年。剡識語有云:"一日,予從姪文壽以宗公秘書省丞道原公《外紀全書》拜而言曰:'嘗聞書每稱三皇五帝,而是書始於黃帝,餘皆闕之。今少微《通鑑》所採《外紀》尤更簡略,舊板累經謄刻,不能無訛舛矣;又自周考王以上諸王元年不書甲子,年數互有參差,倘得吾叔考而補其未備,以示兒輩,誠一快事。'其言適與予意所合,遂以前所筆者撮其大要,而參之以《外紀》之全書……文壽見而喜曰'是吾志也',固請梓行。"

末有蔡叔子(埜汙散人)題識:"此元代真本也,甲寅暮春以重(直)購得之武林林氏。埜汙散人志於小蘧廬。"

《中國古籍善本書目》著録此書,但無此版本。又臺北"國家圖書館"藏有《節要》,但不寫卷數,僅存二十九卷(原藏北平圖書館者)。日人阿部隆一《中國訪書志》(增訂本)述及哈佛大學燕京研究所有元刻本,即此本。日本内閣文庫有《節要》五十卷,疑同此本。

鈐印有"華殿塵平王堦洛"、"王印懿榮"。

0429　明嘉靖刻本新刊憲臺考正宋元通鑑全編

T2662/3138

《新刊憲臺考正宋元通鑑全編》二十一卷,明嘉靖三十五年(1556)吉澄刻本。十二册。半頁十二行二十四字,四周單邊,白口,單魚尾,書口下有刻工。框高21釐米,寬14.4釐米。題"巡按福建監察御史開州吉澄校正"。

此書爲明嘉靖三十五年吉澄刻《新刊憲臺考正少微通鑑》二十卷《外紀》二卷之後部分。《中國古籍善本書目》著録有全帙,藏南京圖書館、浙江圖書館等四館。題"憲臺考正"者,蓋因校正刊行者吉澄官巡按福建監察御史之故。此本紙張潔白,天頭地脚極開闊。

刻工有劉五、劉庶、劉壽、劉福、劉昊、陳伯材、陳好、陳仲奇、陳郎、陳三、陳天福、陳仲行、陳進友、陳成貴、虞高、虞茂、虞惠、虞應、虞清、羅周、羅六、羅福四、張明、張任、張旺、張錢、張兵、張三、張五、張文豪、張沃興、余章、余八、余元、余啓、余立、余稿、余良、余還、余文吉、余進生、余良傑、余鐵保、黃四、黃賢、黃子賢、蔡仕昻、蔡彥謨、葉六、葉恩、葉文輝、葉八、蔣添友、蔣仲深、蔣友、李清、李岩、朱五、江毛答、鄒七、章威、福祥、福員、重釗、長老、天壽、文祐、再員、石定立、王妳緣、毛智、陸毛、陸琦、乃青、北斗、仕安、文郎、吳茂森、葉文勝、葉勝、范文欽、范洪、范員、鄭康、張文世、張文力、張福興、張妳明、施清、施德清、吳長明、余伕賜、蔡成曜、蔡長成、蔡仕賢。

0430　明隆慶刻本新刊翰林考正綱目點音少微通鑑節要會成

T2512/1279.314C

《新刊翰林考正綱目點音少微通鑑節要會成》二十卷《外紀》二卷,宋江贄撰,明唐順之刪定。明隆慶三年(1569)余氏敬賢書堂刻本。七册。半頁十二行二十六字,四周雙邊,白口,雙魚尾。框高18.5釐米,寬12.5釐米。前有隆慶三年余氏敬賢堂序。

余序云:"《通鑑》一書,易紀傳而爲編年,上下數千百載興亡治亂瞭然在目,誠史學之綱領也。然編帙甚繁,未易周覽。於是少微先生乃有節要之集,傳行久矣。然傳之既久,訛之不終無也。本堂因得翰林考正古本,補其斷之缺,而改其字之誤,若夫釋義補注,則取其簡明捷徑,其斷論則一遵古本增入,可謂至精至備矣。書成,因書以識其端。"

卷二〇末有荷蓋蓮花牌記,刊"隆慶巳(己)巳季冬敬賢書堂重梓"。按,余氏敬賢書堂曾刻有《新刊纂圖大字群書類要事林廣記》、《醫經大旨》等。

卷一第一頁爲日人鈔配。

《中國古籍善本書目》未著録。

鈐印有"平安堀氏時習齋藏"、"岡田真之藏書"。

0431　明崇禎刻本重刻翰林校正少微通鑑大全

T2512/1279.314B

《重刻翰林校正少微通鑑大全》二十卷首二卷,宋江贄撰,明唐順之刪定。明崇禎三年(1630)楊璧卿清白堂刻本。八册。半頁十一行二十七字,四周單邊,白口,單魚尾。框高21.9釐米,寬12.4釐米。題"京兆慎獨齋劉弘毅古本;賜進士第翰林院編修直隸毗陵荊川唐順之刪定;賜進士第福建按察司廉使慈谿鄧西張謙鰲正"。前有崇禎三年楊璧卿序。

首二卷爲三皇紀、五帝紀、夏紀、商紀、周紀,卷一周紀,卷二列國紀、後秦紀,卷三至九漢紀、東漢紀,卷一〇後漢紀,卷一一晉紀,卷一二宋紀、齊紀、梁紀、陳紀、隋紀,卷一三至一九唐紀,卷二〇後梁紀、後唐紀、後晉紀、後漢紀、後周紀。

扉頁刊"合刻少微資治通鑑大全。涑水之於通鑑也,集衆家之長,搜中秘之備,但其簡帙浩繁,學者每有望洋之嘆。少微先生闡微撮要,已爲史家要書,陳明卿先生取而重訂之,紀載之事愈詳,翼經之義愈著,誠古今指南,豈管中一班。清白堂藏版"。鈐印有"聖代即今多雨露"。

《中國古籍善本書目》著録明書林楊璧卿刻本,當即此本。上海圖書館、北京大學圖書館等四館,及日本內閣文庫亦有入藏。

楊璧卿序,文字同明隆慶三年余氏敬賢書堂刻本之余序,或爲楊本據余本重刻。

鈐印有"微軒"、"岡田真之藏書"。

0432　明嘉靖刻張鯤補刻本資治通鑑綱目

T2512/2543B

《資治通鑑綱目》五十九卷首一卷,宋朱熹撰。明嘉靖十三年(1534)江西按察司刻嘉靖十四年(1535)張鯤補刻本。六十册。半頁九行二十字,四周雙邊,白口,雙魚尾。框高21.5釐米,寬14.1釐米。題"後學新安汪克寬考異;後學上虞徐昭文考證;古舒慈湖王幼學集覽;後學毘陵陳濟正誤;後學廬陵劉友益書法;後學遂昌尹起莘發明;後學建安馮智舒質實"。前有乾道八年(1172)朱熹序,弘治九年(1496)張元禎序。

首一卷爲通鑑凡例目録、《凡例》、汪克寬《考異序》并考異、徐昭文《考證序》、王幼學《集覽序例》、陳濟《集覽正誤序》、揭俁斯《書法序》、劉友益《書法凡例》、尹起莘《發明序》、賀善《書法後序》、李方子《綱目後序》、綱目總録。

朱熹序云:"先正温國司馬文正公受詔編集《資治通鑑》,既成,又撮其精要之語,别爲《目録》三十卷,并上之。晚病本書太詳,《目録》太簡,更著《舉要曆》八十卷,以適厥中,而未成也。紹興初,故侍讀南陽胡文定公始復因公遺槀脩成《舉要補遺》若干卷,則其文愈約而事愈備矣。然往者得於其家而伏讀之,猶竊自病記識之弗彊,不能有以領其要而及其詳也。故嘗過不自料,輒與同志因兩公四書,别爲義例,增損櫽括,以就此編。蓋表歲以首年,而因年以著統,大書以提要,而分注以備言,使夫歲年之久近,國統之離合,事辭之詳略,議論之同異,通貫曉析,如指諸掌,名曰《資治通鑑綱目》,凡若干卷。藏之巾笥,姑以私便檢閱,自備遺忘而已。"

是書最早有宋刻本、元刻本數種,明代所刻亦有十餘種。此爲明嘉靖十三年江西按察司據明弘治九年江西提學黄仲昭、汪舜民刻本重刻。後序有牌記,刊"嘉靖歲次甲午春江西按察司重刊"。張元禎後序有云:"今江西提學黄僉憲仲昭以其不便於披閱,乃併録於是書各條之下,且具列其序述之意於首,俾讀者一覽可知其大凡。同寅汪僉憲舜民善之,於是相與校讎,刻之以惠學者。"

《四庫全書總目》未收。《中國古籍善本書目》著録。原本僅南京圖書館一部,此雖爲嘉靖十三年江西按察司所刻,然有補刻,凡補刻者字體和原本不同,書口下多有刻工,有熊樂、李松、張時曉、嚴春、付華生、鄒科、熊秀七、楚四、施永興、曾春、熊一清、余一、國七、翟禹昌、守奇、熊啓八、晏吴六、劉吉、熊秀、鄒國賓等人。卷一第一頁第一行下有"潁川張鯤補校"。上海圖書館、北京大學圖書館有補刻本。又原刻之頁有刻工余賢、余鳳。

鈐印有"北越天神高橋庫中圖書之記"、"斷雲仙史"。

0433　清順治刻雍正補刻本資治通鑑綱目發明　　T2512/2543.14

《資治通鑑綱目發明》五十九卷,宋尹起莘撰。清順治八年(1651)鍾天錫等刻雍正十一年(1733)補刻本。六册。半頁八行十八字,四周單邊,白口,單魚尾。框高22.3釐米,寬14.6釐米。書口下鐫字數。題"遂昌布衣臣尹起莘上進"。前有尹起莘舊序;朱家瓚跋,順治八年(1651)包萬有撰《書刻尹堯庵先生〈資治通鑑綱目發明〉後》;包萬有撰《祭尹起莘墓文》;孔時儀撰《尹起莘像贊》;重梓姓氏。

尹起莘,字耕道,號堯庵,遂昌人。學問該博,隱居不仕。擅七言絶句,有詩集《靖逸小集》。著述又有《四朝聞見録》等。

"發明"者,彰著《資治通鑑綱目》之書法旨意。尹起莘序曰:"夫先正書法有正例,有變例。正例則始終興廢、災祥、沿革及號令、征伐、殺生、除拜之類,義固可見;若其變例,則善可爲法,惡可爲戒,皆特筆書之。如張良在秦,而書曰'韓人';陶潛在宋,而書曰'晉處士'……竊謂《綱目》之作,其有補於世教,殆亦有得於《春秋》之旨,皆所以遏人欲於横流,存天理於既泯,是烏可不講究而發揚之哉。今兹所述,止欲發明書法指意,使之顯著而已。"

是書編例見於尹序,作者稱:"其間亦有先儒已嘗議論者,則不復述;或雖已有議論而指意不同者，則自以己意附見；又有雖當發明而先後義例相類如一者，亦不重舉。"

崇禎間，包萬有借得明內府本《資治通鑑綱目發明》，訂訛補殘，命寫工用宋字仍其行款繕寫成帙，以貧不能開雕。迄順治八年，值處州開修府志，由博士鍾天錫率諸生集資付諸梓。

重梓姓氏列湯鉉以下五十四人，末鐫"督理俞日瑞；順治辛卯菊月協成；十八世奉祀孫之斌謹梓"。尹起莘舊序末亦鐫"督理俞日瑞泰盛捐資；十八世奉祀孫之斌謹梓"。按，順治辛卯爲八年。

是本各卷末鐫有"後學包萬有似之繕寫"一行，乃包萬有出資延致寫工繕寫。包萬有，字似之，明遺民，其後跋署"辛卯冬方外畸人贗庵佚老"。

《續修四庫全書總目提要(稿本)》著録雍正刻同治十三年補刻本，並稱清初刊本板存學宮，年久散佚，雍正時又重刊之，嘉慶、同治間兩次補板。又記同治補刻本卷首有尹氏自序、光緒二年俞樾序，卷末有順治辛卯包萬有序。

是書乃雍正八年至十一年間，包廷璉等及尹氏後裔捐資補梓。廷璉，包萬有曾孫。

《中國古籍善本書目》著録明刻本數種：明洪武二十一年建安書市刻本，半頁十二行二十字，四周雙邊，黑口，存十三卷，中國國家圖書館藏；明初刻本，半頁十二行二十字，四周雙邊，細黑口，存七卷，哈爾濱市圖書館收藏；明內府刻本，半頁八行十八字，四周雙邊，黑口，中國國家圖書館、浙江圖書館等二十五館入藏。

按，包萬有稱，繕寫底本爲永樂間內府刊本，記其開本、紙張、字體甚詳："每本上有'表章經史之寶'璽印，《資治通鑑綱目》及《發明》、《書(法)》、《考異》、《集覽》、《考證》與《集覽正誤》等俱全。大本，綿紙，字依《洪武正韻》，蓋永樂中所刻之書。"包跋又稱，繕寫時"稍小其字，每行每字悉依原本"。殆包氏所據以繕寫本，即《中國古籍善本書目》著録之"明內府刻本"。

扉頁鐫"綱目發明。宋尹堯庵先生著。雍正癸丑重梓。遂昌樂育堂藏版"。"癸丑"，爲雍正十一年。

《四庫全書總目》不收。《中國古籍善本書目》入史部編年類。

0434　清康熙刻本御批資治通鑑綱目全書　T2512/2543A

《御批資治通鑑綱目全書》一百九卷，清宋犖等奉敕編，清聖祖玄燁批。清康熙四十六年(1707)內府刻本。五十册。半頁十一行二十二字，四周雙邊，下黑口，雙魚尾。框高18.7釐米，寬12.9釐米。各卷末鐫"吏部尚書加二級臣宋犖謹奉敕校刊"。前有康熙四十六年正月十七日清聖祖撰《御製資治通鑑綱目全書叙》，卷末有同日撰《御製資治通鑑綱目全書後叙》。

是書所收凡四種，依次爲：《資治通鑑綱目前編》、《資治通鑑綱目前編外紀》、《資治通鑑綱目》、《續資治通鑑綱目》。

《資治通鑑綱目前編》十八卷《舉要》三卷，宋金履祥撰。紀事由周威烈王二十三年上溯至唐堯。原名《通鑑前編》，以《通鑑綱目》合刊本有以是書爲冠者而改今名。

《資治通鑑綱目前編外紀》一卷，明陳桱撰。是編爲《通鑑續編》二十四卷之卷一，紀事由唐堯上溯至盤古三皇五帝，以補金履祥《通鑑綱目前編》所未備。

《資治通鑑綱目》五十九卷首一卷，宋朱熹撰。首一卷爲朱熹撰序例、總目錄、《凡例》、倪士毅撰凡例序、凡例目錄、《凡例》、王柏撰凡例後語、宋文天佑凡例識語、朱熹撰手書、李方子撰後序、宋尹起莘撰發明序、賀善撰書法序、宋揭傒斯撰書法序、元劉友益撰書法凡例、劉棨撰書法凡例後跋、元汪克寬撰考異凡例序、考異凡例、元王幼學撰集覽序例、元徐昭文考證序、明陳濟撰集覽正誤序、楊士奇集覽正誤序、明馮智舒撰質實序、黃仲昭撰合注後序、編集諸儒姓氏。紀事起周威烈王二十三年，迄於五代周世宗顯德六年。

《續資治通鑑綱目》二十七卷，明商輅等撰。前有明成化十二年明憲宗朱見深御製序；《凡例》八則；目錄。紀事上承《資治通鑑綱目》，起宋太祖建隆元年，止元順帝至正二十七年。

清聖祖御製序云："千百年來，微言大義，昭揭天壤，必以尼山筆削爲斷，所從來尚矣。粵有龍門而降，累朝國乘，體製略同。涑水司馬氏易分類爲合編，蓋猶左氏法也。紫陽朱子特起而振舉之，綱以提要，目以備詳。自時厥後，有前編，有外紀，有大紀續編，以及考證、集覽、發明、質實之類。諸家論著，不一而足，要皆商確折衷、互相參訂。明儒陳仁錫裒集而剗刷之，不可謂非先哲之功臣也。"有御批凡百餘條。

清聖祖嘗於康熙二十六年敕譯滿文《資治通鑑綱目》五十九卷、《通鑑綱目前編》十八卷、《通鑑綱目續編》二十七卷，繼而於康熙三十年爲合刊此三種《通鑑綱目》本撰序。御製序云："朕於萬幾餘暇，殫志六經。日夕起居，於《綱目》一書，立内修書處，令之翻譯呈閱，朕親爲斷定。雖省方所至，亦必取以隨之。兹三載餘，全書告竣。"《續修四庫全書總目提要（稿本）》稱，"陳仁錫裒輯三書爲一"，"三書"即《資治通鑑綱目》、《通鑑綱目前編》、《通鑑綱目續編》。又稱，"陳仁錫以此二書分別附於朱子《綱目》之前後，遂成今式"，"二書"即《通鑑綱目前編》、《通鑑綱目續編》，"今式"即全書本所收四種《通鑑綱目》本及其編排次序。滿文《通鑑綱目》合刊本之刊佈，早於是《通鑑綱目》全書本十六年，滿文本尚無御批，也不稱"全書"。由此略知，《御批資治通鑑綱目全書》之規模與編排程式皆參之陳仁錫輯本。御製序所謂"明儒陳仁錫裒集而剗刷之，不可謂非先哲之功臣也"云云，蓋緣於此。

是書《清代内府刻書目錄解題》著錄爲清康熙四十六年至四十九年揚州詩局刻本。揚州詩局亦清内府刻書機構。

《四庫全書總目》不收。《中國古籍善本書目》史部編年類著錄，故宮博物院圖書館、四川省圖書館等十家收藏。亦見於《普林斯頓大學葛思德東方圖書館中文舊籍目錄》、日本《内閣文庫漢籍分類目錄》等書目。

0435　清乾隆刻本通鑑綱目釋地糾謬補注　T2512/2943.1

《通鑑綱目釋地糾謬》六卷《補注》六卷，清張庚撰。清乾隆刻本。四册。半頁十行二十一字，四周單邊，黑口，單魚尾。框高18.3釐米，寬12.7釐米。題"秀水張庚浦山著；錢塘杭世駿堇圃參訂"。前有乾隆十五年（1750）自序，末有張雲錦跋。是本佚《糾謬》卷四至六、《補注》卷一至三。

張庚，字浦山，號瓜田逸史，晚亦號彌伽居士，浙江秀水（今嘉興）人。布衣。家素貧，少孤，及長，不樂爲科舉業，性耽詩畫。年二十七始授徒吳江，研究注疏《史》、《漢》及唐宋大家之集。後入江西志局，歷游魯、燕、梁、楚。乾隆元年，由翰林院檢討、湖北學政蔣蔚薦舉，試丙辰科，罷歸，復佐蔚校士於蜀地。著述有《五經臆》、《畫徵錄》、《畫徵續錄》、《蜀南紀行略》、《短檠瑣記》、

《強恕齋詩文集》、《瓜田詞》等。生平事蹟具見《鶴徵後錄》等。

"釋地",地名之古今釋;"糾謬",以胡三省《通鑑注》、顧祖禹《讀史方輿紀要》以及《輿圖》等,糾正《通鑑綱目集覽》、《通鑑綱目質實》之謬。

自序述編纂緣起云:"《通鑑綱目》分注所引之文,其間古語、方言以及句法之難明者,誠不可無注,而於地名爲要,地名而有關軍事爲尤要……今觀王幼學之《集覽》、馮智舒之《質實》,謬誤不少。蓋《綱目》本《通鑑》而爲之也,《通鑑》則有胡身之注,頗精當,《集覽》、《質實》捨之,每於地名不加詳考,宜其謬矣。庚嘗病之,思一糾正,以奔走衣食未暇也。乾隆戊辰,中表弟沈觀察艮思出示所著《綱目尚論編》,亦以《集覽》、《質實》之謬,囑庚改注。乃取胡身之注,校定得其半。崑山顧祖禹《讀史方輿紀要》一書,考證尤詳確,遂主之。再證以《輿圖》,瞭然明矣……窮兩載之晝夜以成。時觀察已解任,恐無能與《尚論》同梓,因別成'糾謬'、'補注'兩種,俾讀《綱目》者按事校之,則與考亭分注之深意,庶幾無晦。"

是書編例亦見於自序:"或大書與分注有傳訛者,仍按史改正;或史文誤者,則就文理酌改;有圖所未及者,則據事勢情形以定;至其所未詳者,一一補之;惟封爵之地多掛空名,似無關係,有不補也;又雍正、乾隆間所改所分郡邑尚未盡詳,則恭俟一通志頒行改正。"所注今地名殆止於康熙朝,時《大清一統志》尚未頒行。

《四庫全書總目》曰,是書"用力頗爲勤摯,然《集覽》、《質實》之荒陋,本不足與辨。今既與之辨矣,則宜原原本本,詳引諸書,使沿革分合,言言有據,庶幾以有證之文,破無根之論。而所糾所補,乃皆不著出典,則終不能箝其口也"。

是本無扉頁。《糾謬》卷一至三之卷末依次鐫"受業臨桂胡德琳校字"、"受業襄城萬圃校字"、"受業考城梁日源校字"。《補注》卷四至六之卷末依次鐫"受業睢州蔣萬綱校字"、"受業同里朱振咸校字"、"受業婿同里徐載校字",某校字後均下接"男時敏覆校"五字。

《中國古籍善本書目》不著錄。杭州大學圖書館、湖北省圖書館、中國人民大學圖書館等有收藏,作"清乾隆十八年強恕齋刻本"。《中國人民大學圖書館古籍善本書目》記扉頁鐫"強恕齋藏版"。"強恕齋"爲張庚齋名,庚有《強恕齋詩文集》,是本自序末署"乾隆庚午冬十月既望修水張庚浦山氏謹書於強恕齋"。北京大學圖書館藏本無《補注》六卷,作"清乾隆濟美堂刻本"。《中國科學院圖書館藏中文古籍善本書目》叢部自著類著錄張庚《強恕齋三種》二十卷,作"清匯印本",其中《通鑑綱目釋地糾謬》六卷《補注》六卷著錄爲"清乾隆十八年符大紀刻本"。並記以備考。

《四庫全書總目》入史部編年類存目。

0436　明嘉靖刻本資治通鑑綱目集説　T2512/2543.5

《資治通鑑綱目集説》五十九卷《前編》二卷,明扶安輯,晏宏校補。明嘉靖晏宏刻本。六十册。半頁十行二十一字,四周雙邊,白口,三魚尾,書眉上刻注。框高25.3釐米,寬16.7釐米。前有乾道八年(1172)朱熹序;朱子《與訥齋趙氏師淵論綱目手書》;至正三年(1343)汪克寬《考異序》;至正十九年(1359)徐昭文《考證序》;泰定元年(1324)王幼學《集覽敘例》;永樂二十年(1422)陳濟《正誤序》;成化元年(1465)馮智舒《質實序》;尹起莘《發明序》;天曆二年(1329)揭傒斯《書法序》;歷代先賢姓氏;晏宏識語;凡例目錄;《凡例》、總目錄;嘉靖十八年(1529)劉璣序。

扶安,字世寧,別號靜安。馬平人。生於景泰甲戌,卒於嘉靖乙酉,年七十二。賜葬祭祠,額曰昭義。

晏宏,字約之,號束齋。明世宗時宦官。嘉靖間鎮守陝西。考《明史·職官志》,内監爲鎮守者,始於洪熙,徧於正統,凡各省無不有之,至嘉靖八年後始革。

劉璣序云:"《通鑑綱目》,朱子本司馬溫公《資治通鑑》而修,是書則又今鎮守陝西束齋晏先生以音注、謚法、正統、地理《綱目》所未載者,則集胡三省、呂東萊、少微《通鑑》、《大明一統志》、丘瓊臺《世史正綱》諸家之説合而爲一者也。其書法雖本《綱目》,然中間亦有應書主而書帝,應書死而書卒,悉考正之。且集覽、質實、正誤多在逐段之末,則移之各句之下,及字有難識或一字數音而義各不同者,則徧考諸《洪武正韻》、《玉篇》、《五音集韻》、《篇海》、《韻府》諸書,若唐詩《詠史》、胡曾《百將傳》、《中州集》,凡關風化諸詩,則亦標諸簡端,以便後學觀覽或詠歎之,因而知所勸戒也。稿雖其師馬平扶先生手自立,然實託諸先生以成之也。先生自閒居至起用鎮守以來,凡閱二十餘寒暑,稿不知其幾謄,歲月可謂久矣,搜輯可謂勤矣,其用心亦可謂堅矣。今扶公已捐館,束齋以先生義雖師生,恩猶父子,不忍泯没,竟終其事,凡刊木之工食,皆斂廩之餘資,一切不取於公。"

《四庫全書總目》未收。《中國古籍善本書目》著録。上海圖書館、南京圖書館、臺北"國家圖書館"等十五館亦有入藏。

日人裝幀。

鈐印有"伊達伯觀瀾閣圖書印"。

0437　明萬曆刻本皇王大紀　　T2512/4233

《皇王大紀》八十卷,宋胡宏撰。明萬曆三十九年(1611)陳邦瞻刻本。三十册。半頁十行二十字,四周雙邊,白口,單魚尾,書口下有刻工。框高 21.7 釐米,寬 14 釐米。前有萬曆三十九年陳邦瞻序,紹興十一年(1141)胡宏序。

胡宏,字仁仲,號五峰。崇安人。胡安國之季子。以蔭補承務郎。嘗上書忤秦檜,久不調,檜死始召用,辭疾不赴。傳附《宋史·儒林傳·胡安國》後。

是書成於紹興辛酉。紹定間,嘗宣取入秘閣。所述上起盤古,下訖周末。前二卷皆粗存名號事蹟,帝堯以後,始用《皇極經世》編年,博採經傳,而附以論斷。陳邦瞻序云:"於是胡子復推廣先志,爲《皇王大紀》一書,上遡三皇,下逮五季,次六經而還其舊,總百家而黜其誕,蓋合道與事而無二,統經與史而爲一而成書者也。"陳序又云是書宋代止有漕治一刻,近時傳之益少,其入閩始得之,諸生馬歘爲之重校。

刻工有張照、張元、李九、張祐、游成、楊龍、葉國、葉榮、葉純、張山、周龍、魏生、周三、王六、吳良、周科、江富、王朝宰、范德、朱賓、陳達、李宇、曾魁、陳文、文清、蔡立、陳凌雲、陳青雲。

《四庫全書總目》入史部編年類。《中國古籍善本書目》著録。上海圖書館、南京圖書館、北京大學圖書館、臺北"國家圖書館",及日本静嘉堂文庫、尊經閣文庫亦有入藏。

鈐印有"孫印星衍"、"孫伯淵"、"東方督漕使者"、"孫忠愍侯祠堂藏書記"、"丁未一甲進士"、"泰峰"、"曾在上海郁泰峰家"、"元甫家藏"、"湘鄉李希聖藏書之章"、"湘鄉陳毅鑒藏"。星衍,號伯淵。陽湖人。乾隆五十二年進士。授編修,官至山東督糧道。著述頗多。泰峰,即郁松年,上海人。道光二十五年恩貢生。藏書甚多精本。希聖,字亦元。湖南長沙人。光緒十八年進士。官刑部主事,後充京師大學堂提調。有《雁影齋題跋》。

0438　明刻本新刊翰林考正綱目點音資治通鑑正要會成　T2662/3138.7

《新刊翰林考正綱目點音資治通鑑正要會成》二十卷,題明陳仁錫彙編。明書林張裔軒刻本。七冊。半頁十二行二十六字,四周單邊,白口,單魚尾,書眉上刻評。框高20.4釐米,寬12.6釐米。題"長洲明卿陳仁錫彙編;景陵伯敬鍾惺訂正;太倉天如張溥標題"。前有陳仁錫序;《凡例》九則。

扉頁刊"宋元通鑑大成。玉堂標題。張裔軒梓"。末有荷蓋蓮花牌記,刊"相國李九我頒行,書林張裔軒繡梓"。

此書原爲《新刊翰林考正綱目點音資治通鑑節要會成》,此本卷一"節要"易爲"正要"。"正"字剜改添補之痕蹟亦可得見。《中國古籍善本書目》著録有明嘉靖三十四年敬賢書堂刻本、萬曆十六年張氏新賢堂刻本,題"明唐順之刪定;張謙釐正"。此本當據前二本或別本翻刻,而將作者等皆改換之,此等手法亦坊賈謀財之故伎也。該書內容幾和《新刻九我李太史校正古本歷史大方通鑑》完全相同,唯此本卷一九至寧宗皇帝(文宗紀)止,卷二〇爲元順宗,後附劉基撰《瑞麥頌并序》及《附平西蜀頌并序》,而《大方通鑑》卷二〇至寧宗皇帝止。

鈐印有"高平隆長"、"喜"、"宛户昌藏書記"。皆日人印。

0439　明隆慶刻本新刊憲臺考正綱目點音資治通鑑節要會成　T2662/3138.06

《新刊憲臺考正綱目點音資治通鑑節要會成》二十卷,明唐順之刪定,張謙釐正。明隆慶三年(1569)敬賢書堂刻本。七冊。半頁十二行二十六字,四周單邊,白口,雙魚尾,書眉上刻評。框高18.8釐米,寬12.5釐米。題"賜進士第翰林院編修直隸毗陵荊川唐順之刪定;賜進士第福建按察司廉使慈谿鄧西張謙釐正;書林余應陽刊行"。《凡例》九則。

此書與《新刊翰林考正綱目點音資治通鑑正要會成》內容相同。末有荷蓋蓮花牌記,刊"隆慶巳(己)巳季冬敬賢書堂重梓"。

《四庫全書總目》未收。《中國古籍善本書目》未著録。

鈐印有"岡田真之藏書"、"平安堀氏時習齋藏",皆日人印。

0440　明天啓刻本宋元通鑑　T2662/4440

《宋元通鑑》一百五十七卷,明薛應旂撰,陳仁錫評。明天啓六年(1626)陳仁錫刻本。三十冊。半頁十行二十字,四周單邊,白口,單魚尾,書眉上刻評。框高21.3釐米,寬14.3釐米。題"明賜進士前中憲大夫浙江按察司提學副使兩京吏禮郎中武進薛應旂編集;長洲陳仁錫評閱"。前有天啓六年陳仁錫序,嘉靖四十五年(1566)薛應旂序;《凡例》十五則。

是編爲續宋司馬光《資治通鑑》而作。據《四庫全書總目》,此書大抵以商輅等《通鑑綱目續編》爲藍本,而稍摭他書附益之。於宋元二史,未嘗參考其表志,故於元豐之更官制,至元之定賦法,一切制度,語多闕略。於本紀、列傳,亦未條貫,凡一人兩傳、一事互見者,異同詳略,無所考證,往往文繁而事複。所記元代之事,尤爲疏漏。惟所載道學諸人,頗能採據諸家文集,多出於正史之外。然雜列制誥、贈言、寄札、祭文,鋪敘連篇,有同家牒,律以史法,於例殊乖。至於引用說部,以補正史之闕者,又不辨虛實,徒求新異。

應旂撰作此書,費十九年之力。其先時奔走仕途,每携宋、遼、金、元四史以行,然簿書碌碌,不能有所作。及視學浙中,校士之暇,雖嘗編次,亦未能專功。嘉靖三十五年,自鄜延放歸,居閒無事,得以研精竭慮,熟覆四史。并於宋元名人文籍、家記、野史,抉摘幽隱,究悉顛末,日夜手書,五六年間,積草綴稿,堆几盈篋。後書史謄出,乃又爲之刪潤,如是者又四五年,乃始就稿。其序有云:"故旂於是編,凡有關於身心性命之微、禮樂刑政之大、姦良邪正之辨、治亂安危之機、災祥休咎之徵,可以爲法、可以爲戒者,皆直書備錄,其義自見,君臣士庶,咸可鑒觀,隨其所居,各求盡分,匪直可以資治而已。"

清代學者對此書評價不高,錢大昕譏其年月率不可信。朱彝尊《静志居詩話》更譏其孤陋寡聞,如王偁、李燾、楊仲良、徐夢莘、劉時舉等諸家之書多未寓目,并遼、金二史亦削而不書。

序之第一頁書口下有"古吳金麟書,陳天禎刊"。

《四庫全書總目》入史部編年類存目。《中國古籍善本書目》著錄。天津圖書館、遼寧省圖書館等五十六館,臺北"國家圖書館",及日本內閣文庫、静嘉堂文庫、京都大學人文科學研究所亦有入藏。此書又有明嘉靖四十五年自刻本。

0441　明末刻本宋元資治通鑑　　T2662/1133

《宋元資治通鑑》六十四卷,明王宗沐撰,路進校輯。明末刻本。三十冊。半頁十行二十字,四周單邊,白口,單魚尾。框高 19.6 釐米,寬 13 釐米。題"皇明中奉大夫都察院右副都御史臨海王宗沐編;陽羡路進修期較輯"。前有《義例》九則。

王宗沐,字新甫。臨海人。嘉靖二十三年進士。授刑部主事,擢江西提學副使。修白鹿洞書院,引諸生講習其中。三遷山西布政使,拜右副都御史,總督漕運,進刑部左侍郎,以京察拾遺罷歸。卒諡襄裕。事蹟具《明史》本傳。

是書以編年爲體。其《義例》云:"先《資治通鑑》體製,年經事緯,其間尊君抑臣,崇王賤霸,內夏外夷,大旨皆溫公所自定,故今《續編》悉遵用之,不敢有改焉。竊謂《通鑑》之書,編次年月,則盛衰沿革易於考證;簡緝全史,則卷帙稍省易於供攜。自宋受命,始於建隆庚申,迄於祥興己卯,共三百二十年。元一天下,始於至元庚辰,迄於至正丁未,共八十八年。合遼、金、夏三姓,其興亡治亂有足紀者,不應獨缺。是以輒忘固陋,編而次之,功始於嘉靖乙卯,成於隆慶丁卯,以備全史之要略云。"

按,是書字體似萬曆間所刻,然查路進,爲江蘇宜興人,崇禎元年進士,初守金華,多善政,民立石頌德。後晉督七省漕儲,巡視河道,兼山東左布政,明亡,遂隱居不出。傳見《重刊宜興縣舊志》卷八《治績》。據此,是書之刻,應在崇禎間。

王宗沐此書又有明吳勉學刻本(十行二十字,小黑口,左右雙邊)、明吳中珩刻本及另一種明末刻本。

《四庫全書總目》收有宗沐《海運詳考》,而不及此書。《中國古籍善本書目》著錄。上海圖書館、山西省圖書館等十一館,臺灣大學圖書館,及日本內閣文庫亦有入藏。

0442　明崇禎刻本新鐫通鑑集要

T2512/0698

《新鐫通鑑集要》十卷,明諸燮輯。明崇禎金閶葉繼照刻本。十冊。半頁十一行二十二字,四周單邊,白口,單魚尾,書眉上刻評注。框高20.7釐米,寬11.7釐米。題"浙餘姚諸燮理齋編輯;葺城思白董其昌重校;雲間眉公陳繼儒參閱"。前有陳繼儒序,譚潛序。

諸燮,字子相。餘姚人。少卓穎,負奇氣,工舉子業,與同邑張元齊名。嘉靖十四年進士。除兵部主事,守山海關,以簡忼忤巡撫,謫茶陵州同知。不赴任,歸,僑居錢塘。後移潮州府通判、邵武同知。深於經學,恥立門戶,脫略自喜,不耐羈縛,恒布素行街市中,若無名秩者。《(乾隆)餘姚志》卷二七有傳。

譚潛序云:"予弟淮因子姪輩謂:理齋諸先生《通鑑集要》,節去繁文,以致其約,備存統紀,以昭其合。事實缺略者,間注以增之;題目正大者,標題以繫之。簡而明,要而不漏,數千年治亂安危興廢存亡,歷歷如指諸掌,誠讀史之門戶,稽古之鑒蹄也。近因字寖訛,而題尤未備,故欲增其題校,其子捐貲而鋟之,以廣其傳。"是書始於三皇五帝,止於元代,亦爲通鑑之讀本。

按,燮輯《通鑑集要》一書流傳頗廣,自明嘉靖至明末,計有《新編通鑑集要》二十八卷(明嘉靖二十八年刻本)、《重刊通鑑集要》二十八卷(明嘉靖四十三年刻本)、《新刊通鑑集要》二十八卷(明萬曆三年書林唐龍泉刻本)、《新鐫通鑑集要》十卷(明末書林龔太初刻本、明書林何敬塘刻本以及此本)等十種。

此本扉頁刊"通鑑集要,諸理齋先生原本,金閶葉繼照梓行"。

《四庫全書總目》未收。《中國古籍善本書目》著錄。山東省圖書館、濟南市圖書館亦有入藏。

鈐印有"晚翠亭藏書記"。

0443　明崇禎刻本通鑑直解

T2512/1279.13

《通鑑直解》二十八卷,明張居正撰,高兆麟重訂。明崇禎陳長卿刻本。十二冊。半頁八行十八字,四周單邊,白口,無魚尾,書眉上刻評。框高20.7釐米,寬13.8釐米。題"江陵張居正輯著;錢塘高兆麟重訂"。前有崇禎四年(1631)高兆麟序,天啓元年(1621)鍾惺序;萬曆元年(1573)張居正《進講章疏》。

張居正,字叔大,別號太岳。湖北江陵人。嘉靖二十六年進士。隆慶元年入閣,穆宗死,與宦官馮保合謀,逐高拱,代爲首輔。萬曆初年,神宗年幼,國事由居正主持,前後當國十年。飭吏治,整邊備,綜核名實,信賞必罰,海內稱治。卒諡文忠。

此書乃居正爲元輔大臣時,侍經筵講讀,勸帝惟義理必時習而後能悅,學問必溫故而後知新。又將所進講章重複較閱,編成《大學》一本、《虞書》一本、《通鑑》四本,裝潢進呈,希望皇帝時加溫習,庶舊聞不至遺忘,新知日益開豁。起三皇五帝,止元順帝,通俗易讀,逐段皆有發明。

高兆麟序云:"戊辰之冬,於都門雜書坊中見《通鑑直解》二十五卷,係舊板,即當日進呈之原刻也。語句尋常,著釋精簡,盡洗宋儒習套,讀之甚暢,不忍釋手。有過我而見之者,無不稱快,惜無多本可以分好,囑余重梓。余惟先生此書,刪削較正,逐段發明,取其有關政治

350

如明君賢臣可爲後世楷模,節義綱常可爲後人取法者,無不悉載而詳論之,真可爲萬世永鑑者矣……余是以復梓而與《四書直解》並行,以爲我朝一代之書也。"按,高序並未寫及二十八卷之事。

是書徑題《通鑑直解》者有二十五卷、二十八卷兩種。前者有明萬曆刻本、明崇禎四年高兆麟刻本;後者有明末豹變齋刻本(鍾惺訂本)及此本。

是本扉頁刊"通鑑直解,張泰嶽經筵進講、紀,古吳陳長卿梓"。鈐有"德聚堂藏板"。陳長卿又刻有《古今醫統大全》一百卷、《劉氏鴻書》一百零八卷、《文心雕龍》十卷、《新刻魏仲雪先生批點西廂記》二卷等,其刻書時間應在明萬曆至崇禎間。

《四庫全書總目》未收。《續修四庫全書總目提要(稿本)》著録二十五卷本。《中國古籍善本書目》著録明崇禎四年陳長卿刻本,實即此本。遼寧省圖書館、清華大學圖書館等十二館亦有入藏。

鈐印被挖。

0444　明崇禎刻本通鑑全史彙編歷朝傳統録

T2516/7249

《通鑑全史彙編歷朝傳統録》八卷,明劉蓁撰。明崇禎十五年(1642)程維培刻本。八冊。半頁九行二十字,左右雙邊,白口,單魚尾。框高20.3釐米,寬13.6釐米。題"吳郡劉蓁履公纂輯;長洲徐燨禧綏祉鑒閱;休寧程維培載翼較訂"。前有崇禎十五年吳偉業序,崇禎十五年徐燨禧序,崇禎十五年劉蓁序,程維培序;《凡例》八則。

劉蓁,字履公。蘇州人。

是編乃取史書條分派別,上起三皇五帝,下迄明熹宗悊皇帝(天啓)。寫於崇禎十年,次年即告完成。亦史鑑之通俗讀物也。

劉氏自序云:"余自戊寅春,年未總角,受業於綏祉徐夫子,凡課習之暇,必討論得失之林,講求治忽之繇。夫子爲之手畫口陳,余殆不甚省,即省矣,而浹旬累月之後,或記其大略,或遺其八九,豈《通鑑》、《史》、《漢》諸書若是其不易讀耶?抑得其要領而後可尋源而竟委耶?因思古今之得失治忽,莫不繫於得統之一人,統或不詳,則考其人不必服其人之心,論其世不必知其世之故,無怪乎説而不省,省而不記,讀史而有望洋之嘆已。迺上自盤古,下迄宋元以至國朝,於天家禪代,易姓改元,皆悉爲詳録,至如南北鼎峙,群雄割據,亦各著其始末,另爲編輯。而歷朝之大事,并載其一二,庶幾考其人而論其世,不至茫乎不知其畔岸已耳。録成一帙,藏諸篋中久矣。適同學有窺者,謂是録也,甚有當於讀史者之心,索余稿欲付諸剞劂。噫!余以寡見渺聞之人,而敢以著書立言自任哉?辭不獲已,余更請於徐夫子。其有掛漏者,我夫子參考同異而筆;其有繁蕪者,我夫子刪削字句而正之。乃以是録質之同學,遂交口謂余曰,子其付諸剞劂,真有當於讀史者之心矣。然則《傳統録》者,本諸《通鑑》、《綱目》、《史》、《漢》諸書,而補輯删潤,則又爲我師與我友之功,余敢竊師友之功以爲己力哉?"

是書爲劉蓁之甥程維培所刻,程序有"取家藏史冊,與仲弟方平斟酌較讎,付之梓"之語。

《四庫全書總目》未收。《中國古籍善本書目》著録。北京大學圖書館、華東師範大學圖書館等五館,及美國普林斯頓大學葛思德東方圖書館、日本內閣文庫亦有入藏。

鈐印有"世讀堂藏書記昌運炘增琳鍾悦"。

館藏有複本一部,四冊。鈐印有"長尾氏藏書印"。

0445　明嘉靖刻本世史正綱　　　　　　　　T2512/7136

《世史正綱》三十二卷，明丘濬撰。明嘉靖四十二年(1563)孫應鰲刻本。十六册。半頁十行十八字，四周雙邊，黑口，雙魚尾。框高 18.4 釐米，寬 12 釐米。前有嘉靖四十二年孫應鰲序，成化十七年(1481)丘濬序。末有弘治元年(1488)費誾後序。

丘濬，字仲深。瓊山人。景泰五年進士。孝宗時累官文淵閣大學士，參預機務。嘗以寬大啓上心，顧性褊隘，議論好矯激，廉介持正。性嗜學，熟於國家典故，晚年右目失明，猶披覽不輟。卒謚文莊。

是書本明方孝孺《釋統》之意，專明正統，起秦始皇二十六年，訖明洪武元年，以著世變事始之所由，於各條下隨事而附論之。王士禎《池北偶談》稱其議論嚴正；陶輔《桑榆漫志》稱其義嚴理到，深得麟經之旨；胡應麟《史學佔畢》更謂其《春秋》之後有朱氏，而《綱目》之後有丘氏。然《四庫全書總目》則云其立說多偏駁不經，率臆妄作，爲史家未有之變例，可謂荒誕。

費誾後序云："先生在翰林時已屬筆，及來太學，始脫稿。每以示誾，且言其所以著書託始之義，因與監丞莆中林大猷謀刻之梓，以永其傳。既而林君以憂去，而西蜀汪洋繼之。方將具板鳩工，而先生陞秩尚書，掌詹事府，入爲國史副總裁。誾因請於先生曰，先生在太學踰十年，多所著述，其所著《大學衍義補》，聖天子已詔書坊板行天下矣，請留《世史正綱》於太學爲板本，以傳天下後世，先生曰諾哉。遂請其稿刻之梓。"按，是書今存有明弘治三年刻本，此本或爲據弘治本重刻。孫序云："是書凡三十二卷，鋟成，藏於秦之學臺，與明正學者共之。"

《四庫全書總目》入史部編年類存目。《中國古籍善本書目》著錄。上海圖書館、南京圖書館等七館，臺北"國家圖書館"，及美國國會圖書館亦有入藏。

鈐印有"王印弘嘉"、"弘嘉私印"、"王質"、"正賴古人書"、"悔堂藏弄"、"不譚禪"、"隣華"、"草堂"、"信古齋"。

0446　明崇禎刻清初重修本重刻詳訂世史類編　　　　　　　　T2512/1142

《重刻詳訂世史類編》六十一卷首一卷，明李純卿草創，謝遷補遺，王守仁覆詳，王世貞會纂，李槃增修。明崇禎刻清初重修本。三十六册。半頁十二行二十六字，四周單邊，白口，單魚尾，書眉上刻評注。框高 23.2 釐米，寬 14 釐米。題"臨淄李純卿草創；木齋謝遷補遺；陽明王守仁覆詳；鳳洲王世貞會纂；大蘭李槃增修；鐵庵文安之是正；妙凝蔣方馨閱訂"。前有崇禎元年(1628)文安之序，曹于汴序；周之錦後跋；朱京後題語；馮夢禎序，天啓七年(1627)葉從文序。

是書首一卷爲綱鑑新意、尊卑定論、宋儒志事論、昭代正法、潘氏總論、姓氏源流、三皇五帝三王十一代皇帝相承圖、歷代帝王傳授改正舊圖、宋朝十三世十八主圖、歷朝統紀年號目錄。卷一爲歷朝統紀年號，自卷二三皇五帝至卷六一明紀三王止。此《類編》爲童蒙讀物。周之錦後跋云："乃搜二十一史、兩《綱目》，徧採京省官鋟、見行通紀、憲章典則、《大政紀》諸書會爲世史編、聖紀編，俱稱便蒙，以授二三子，使爲真實舉業中正有用之學，而不爲談空談玄餖飣奇詭之學。"

又是書紀事已至順治八年。今所見李槃增修之本又有《新刻世史類編》四十五卷(明萬曆三十四年書林余彰德刻本、明書林晏少溪刻本、明書林張起鵬刻本三種)。

《四庫全書總目》未收。《中國古籍善本書目》著錄明崇禎疏秀齋刻清初重修本,爲四十五卷首一卷,故宫博物院圖書館、吉林大學圖書館、日本内閣文庫入藏。此本爲六十一卷,較它本多出明代部分。

0447 明嘉靖刻本諸史會編大全　　　　　　　　　　　　　T2512/8193

《諸史會編大全》一百十二卷,明金爃撰。明嘉靖四年(1525)金壇縣刻本。一百册。半頁九行二十二字,四周單邊,下黑口,三魚尾,間有刻工。框高22.3釐米,寬15.1釐米。題"東吳後學金爃編集"。無序跋。有《凡例》。

金爃,字懋光。嘉定人。爲人樸魯無威儀,長於史學,嘗仕象山訓導。

是書記事起太古盤古氏,終洪武元年,以編年爲次。《凡例》分統系、歲年、名號、即位、改元、尊立、崩葬、篡賊、廢徙、祭祀、行幸、恩澤、□□(字佚去)、封拜、征伐、廢黜、罷免、災祥、人事。

書口下有"縣丞蕭鉞助刊"、"縣丞尹正助刊"、"縣丞魯邦本助刊"、"吏目張欽助刊"、"主簿杜璉助刊"。卷七七末刻"嘉靖肆年歲次乙酉仲春望日直隸鎮江府金壇縣刊"一行。

此本刻工有王今、唐其、唐思、章鳳、章言、章欽、吳名、徐敖、葉堂、袁電、景富、唐天德等。

《四庫全書總目》未收。《中國古籍善本書目》著錄,作明嘉靖四年金壇縣刻本,今從之。北京大學圖書館、華東師範大學圖書館等六館,及美國普林斯頓大學葛思德東方圖書館、日本内閣文庫、尊經閣文庫亦有入藏。

0448 明萬曆刻本新刻九我李太史校正古本歷史大方通鑑　　T2662.2/7540

《新刻九我李太史校正古本歷史大方通鑑》二十一卷,明李廷機輯。明萬曆三十二年(1604)閩建邑書林余氏刻本。八册。半頁十一行二十四字,四周雙邊,白口,單魚尾,書眉上刻注。框高23.3釐米,寬14釐米。題"吏部左侍郎李廷機校正;内閣大學士申時行仝校;閩建邑書林余氏刊行"。《凡例》九則。目録後有"宋朝歷代圖"。

是書提綱節要,一遵明陳涇《通鑑續編》、宋李燾《續資治通鑑長編》、宋劉時舉《續資治通鑑》等書,并參録宋、金、遼史,始於宋太祖,止於元文宗。

《四庫全書總目》未收。《中國古籍善本書目》著録,然爲四十一卷首一卷,明萬曆三十二年書林余氏刻本,行款同此本。是書卷二一末刻有牌記"萬曆甲辰孟春書林余氏仝梓"。又此書第八册溢出一九、二〇兩卷。卷一九爲《唐紀》(穆宗、文宗、武宗、宣宗、懿宗、僖宗、昭宗、昭宣皇帝),卷二〇爲《五代紀》(後梁、後唐、後晉、後漢、後周)。疑此二卷應爲四十一卷本所有,然不知何故混入於此。坊賈不僅托名於李廷機等人,且變换卷數,炫人耳目。今可知者,如美國國會圖書館有《新刻九我李太史編纂古本歷史大方綱鑑》三十九卷、普林斯頓大學葛思德東方圖書館有《新刻校正古本歷史大方通鑑》二十一卷,復旦大學圖書館又有《新刻校正古本歷史大方通鑑》四十一卷等。

是書曾藏日本甘露文庫。鈐印有"岡田眞之藏書"。

0449　明萬曆刻本鐫紫溪蘇先生會纂歷朝紀要旨南綱鑑　T2512/4936

《鐫紫溪蘇先生會纂歷朝紀要旨南綱鑑》二十卷首一卷,明蘇濬輯。明萬曆四十年(1612)熊沖宇種德堂刻本。十册。半頁十三行二十六字,四周單邊,白口,單魚尾。框高22釐米,寬12.9釐米。題"紫溪蘇濬編;九我李廷機纂;臺山葉向高校;沖宇熊成冶梓"。前有序,缺末頁。

蘇濬,字君禹,號紫溪。福建晉江人。萬曆五年進士。授南京刑部主事,改工部,董慈寧宫事。尋改禮部,出爲浙江提學僉事,所得皆雋材。後爲廣西按察副使轉參政,擢貴州按察使,以病歸。未幾卒。《福建通志》卷二百四有傳。

是書始三皇五帝,訖元順帝,爲明代士子習史之讀本。此雖題蘇濬編、李廷機纂、葉向高校,實皆書估托名,爲射利之伎也。

扉頁刊"鍥紫溪蘇先生標題綱鑑紀要。種德堂。綱鑑一書,坊間混刻多矣,其間綱目不備,旨意不詳,實乃□□□□□下。今紫溪蘇先生留意删補《綱鑑》,全備標題,旨意精詳,以爲舉業一助云。命本堂楷書精梓,一字無訛,四方君子買者,玉石辨焉,請認種德堂爲記。萬曆壬子歲秋月穀旦熊沖宇謹白"。沖宇,字成冶。建陽人。刻書甚多,今可見者約十餘種,如《新刻湯學士校正按鑑演義全傳通俗三國志傳》二十卷、《雅尚齋遵生八牋》二十卷等。

《四庫全書總目》及《中國古籍善本書目》皆未著録。

日人圈點。

鈐印有"丸山藏書"、"文友會社",日人印也。

0450　明萬曆刻本鼎鍥葉太史彙纂玉堂鑑綱　T2512/4920

《鼎鍥葉太史彙纂玉堂鑑綱》七十二卷,明葉向高撰。明萬曆三十年(1602)書林熊體忠刻本。五十四册。半頁十二行二十五字,四周單邊,白口,單魚尾。框高23.3釐米,寬15.2釐米。題"宋京兆劉恕外紀;蘭谿金履祥前編;皇明福唐葉向高彙纂;閩中李京訂義;建陽劉朝箴精校;書林熊體忠繡梓"。前有萬曆三十年柯梃序;劉朝箴撰《凡例》;先儒名公姓氏;目録;歷代國號圖并歌;《總論》。

其《凡例》有云:"此集首三皇五帝者,法兩儀也;繼以夏商周之正統者,法三光也;又繼以漢晉唐宋而續三代之統者,法四時也。更端書作史姓名者二十有四,法二十四氣也。卷分爲七十有二者,法七十二侯也。至於列國南北朝五代僭竊割裂之君,其年號皆分注之。"

卷二至五題"麻沙植雲所繡梓",卷六、卷八至九題"麻沙劉朝箴校梓",卷七二末刊"建陽麻沙植雲所會梓"。熊體忠,字雲濱。建安縣人。又刻有《玉堂校正傅如崗陳先生二經精解全編》九卷、《地理參贊玄機僊婆集》十三卷等。

《四庫全書總目》未收。《中國古籍善本書目》著録。浙江圖書館、湖南圖書館等十館亦有入藏。葉氏此書,又有明萬曆書林熊成冶種德堂刻本、明梅墅石渠閣刻本。美國普林斯頓大學葛思德東方圖書館有明萬曆間金陵世德堂刻本。

史　部

0451　明萬曆刻本鼎鍥趙田了凡袁先生編纂古本歷史大方綱鑑補　T2512/4348

《鼎鍥趙田了凡袁先生編纂古本歷史大方綱鑑補》三十九卷首一卷,明袁黃撰。明萬曆三十八年(1610)余氏雙峰堂刻本。二十册。半頁十二行二十八字,四周雙邊,白口,單魚尾。框高 23.1 釐米,寬 14 釐米。題"宋京兆劉恕外紀；蘭谿金履祥前編；明趙田袁黃編纂；潭陽余象斗刊行"。前有萬曆三十八年(1610)韓敬序,萬曆三十四年(1606)袁黃序。

袁黃,字坤儀,一字了凡。吴江人。萬曆十四年進士。知寶坻縣,有善政,擢兵部主事。日本侵朝鮮,佐經略宋應昌軍往征,多所策畫,中察典免歸。黃博學尚奇,凡河洛、象緯、律吕、水利、戎政,旁及句股、堪輿、星命之學,莫不究涉。

韓敬序云:"袁師了凡,嘗取《史》、《漢》之異者,爲之定本矣。兹復爲《綱鑑補》,彙其編年,次其事績(蹟),詞因舊文,條分綱鑑,詳之乎爲後學羽翼也。師之言曰,射策興於漢,而實行始衰；制義興於宋,而實用始缺。迄今制科塗虚爲實,餙僞爲真,一陳之後,豺狗視之,非直刻舟繡虎已也。今天下名盛而實衰者,經義是也；名有而實無者,史學是也。江河日下,勢將安極,吾師憂焉,爲之述古史,徵往事,寄思深而廻世遠矣……書歷三年後成,而老師亦以是年絶筆,痛哉！閩建余君文台,慷慨豪俠,行義好施,夙與師有通盟誼,其二三伯仲郎俱以文學名。而長君君及,屢試輙冠,翩翩閩中祭酒,束裝千里,來購是書。適師大歸矣,大孝若思君,不忍讀其書,屬余訂而授之梓。"

據王重民《中國善本書提要》云,此書袁黃、韓敬俱是托名,此刻又全據李廷機(也托名)本翻刻,所不同者,第一、二卷史文分標"編"、"紀"、"經",第二卷以後則分標"綱"、"目"、"鑑"耳。又云余象斗自萬曆二十八年至三十八年,十年之間,三刻是書,三次更换名目,無非欺騙讀者,冀多銷售耳。

卷三九末有荷蓋蓮花牌記,刊"萬曆庚戌仲冬雙峰堂余氏梓行"。

《四庫全書總目》未收。《中國古籍善本書目》著録。浙江圖書館、北京大學圖書館等五館,及日本内閣文庫亦有入藏。本館又有日本寬文三年(1663)野田莊右衛門刻本、明治河内屋源七郎刻本二種。

鈐印有"八條圖書之印"、"華山藏書之印"、"生生堂圖書記"、"夜雨"、"夜雨亭藏書"。皆日人印。

館藏有複本一部,十四册。書眉上佚名録元胡三省注。

0452　明弘治刻本歷代世譜　T2458/7240

《歷代世譜》十卷。明弘治十六年(1503)巡按山東監察御史陳璘濟南刻本。四册。明雨山子題識。半頁十行二十字,四周雙邊,黑口,雙魚尾。框高 21.2 釐米,寬 14 釐米。前有弘治十六年陳璘序。末有弘治十六年陳鎬後序。

是書作者不可考,當爲元末明初人。其書卷一《三皇世譜》,卷二《戰國諸侯王譜》,卷三《前漢世譜》,卷四《三國世譜》,卷五《西晉世譜》,卷六《南朝世譜》,卷七《唐譜》,卷八《五代世譜》,卷九《前宋世譜》、《南宋世譜》、《遼世譜》、《金世譜》,卷一〇《元朝世譜》。

陳璘序云:"頃巡齊魯,所至進諸生,程其所業,其間有志於博古者亦多,然或鄉窮地僻,不無東坡難於見書之嘆。間以語諸袁僉憲大倫，因得其所藏《歷代世譜》一册，不書撰人，而於前元諸君，皆有尊稱，意出元末國初儒者手筆，不可考已。其義例先以世系，附以史斷，較諸數家撮要之作獨爲簡明，足便初學。乃出廩粟所餘，鳩工鋟棗，以與學者共焉。"陳鎬序云，此書"梓行於濟南"。

按，陳璘，字邦瑞。山西陽曲人。弘治六年進士。除太常博士，選監察御史，巡居庸諸關，再按山東，修闕里孔廟，後官至右布政轉左布政，擢都御史巡撫湖廣。《陽曲縣志》卷一二《人物》有傳。

末有雨山子題識："紀易姓御世者，近得黃內翰《曆數》并此，此又便初學待問也。收之以遺子孫學考古者。嘉靖乙未冬十有一月雨山子記。"按，"雨山"疑來天球。天球，字伯韶，號雨山。蕭山人。弘治三年進士。

《四庫全書總目》未收。《中國古籍善本書目》著錄。中國國家圖書館、福建省圖書館、臺北"國家圖書館"亦有入藏。

鈐印有"夏雲峰讀書處"。

0453　明嘉靖刻本人代紀要　　　　　　　　　T2512/3805

《人代紀要》三十卷《考證》十卷，明顧應祥撰。明嘉靖三十七年(1558)黃扆刻本。十二册。半頁十行二十二字，四周單邊，白口，單魚尾。框高19.8釐米，寬13.7釐米。題"明吳興顧應祥編集；大埔黃扆校刊；江陰湯明善、庠生倪佩同校"。前有嘉靖三十七年顧應祥自序。

顧應祥，字惟賢，號箬溪。長興人。弘治十八年進士。授饒州府推官，歷廣東僉事，累遷刑部尚書，奏定律例。時嚴嵩專政橫甚，應祥以耆舊自處，嵩不悅，以原官改南京，尋致仕歸。年八十三卒。

是書以編年紀事，雖無事必書其年，蓋合《甲子會紀》、《大事紀》而一之，然繁簡失倫，多未盡當。其中無年可編者，亦往往隨意科配。應祥序云："應祥幼好讀史，而苦於浩瀚，嘗效《皇極經世》，起自唐堯甲辰，畫爲編年圖，專紀人代，以便觀覽，既而病其太簡，未及改也。乃今謝事家居，閉門杜客，每嘆餘生無幾，不敢惕玩，復取前書重複增定。秦漢以前則證之於子由《古史》，秦漢以後則證之於二十一史、《通鑑纂要》、《世史正綱》、諸家雜史僞史，至於稗官小說、釋老之書，咸取而參訂之，大率以紀人代爲主。故於人君之創業、繼統、篡弑之事，必求其實而詳書之，雖僭僞之主，夷狄之君，亦必具其顛末。而政事之有關於治亂興亡之大者，則檃栝其語，而明白書之，使善者知其爲善，惡者知其爲惡，篡弑者知其爲篡弑，中國知其爲中國，夷狄知其爲夷狄。窮鄉下邑之士無書可考者，一覽而得其概矣。"

序之第一頁書口下有刻工名溫厚。據王重民《中國善本書提要》，是本應有嘉靖三十七年湯明善序，今佚。

《四庫全書總目》入史部編年類存目。《中國古籍善本書目》著錄。上海圖書館、臺北"國家圖書館"亦有入藏。另中國國家圖書館、南京圖書館等六館，及美國國會圖書館僅有《紀要》；北京故宮博物院僅入藏《考證》。

鈐印有"文武科第世家"、"彭宗因印"、"焦麓"、"畢涵"、"蒗民"、"汪昉私印"、"自立齋主珍藏"、"楚北微員吳普之印"。

0454　明陳仁錫刻本甲子會紀

T2512/4400

《甲子會紀》五卷,明薛應旂編,明陳仁錫評。明陳仁錫刻本。四冊。半頁八行十八字,四周單邊,白口,單魚尾。框高21.5釐米,寬14.3釐米。題"明賜進士前中憲大夫浙江按察司提學副使兩京吏禮郎中武進薛應旂編集;史官長洲陳仁錫評閱"。前有嘉靖三十八年(1559)許穀序。

是書前四卷以六十甲子紀年,上自黃帝八年,下至嘉靖四十二年,爲七十二甲子。每年之下,略紀大事,以備檢閱。第五卷則取邵子以元經會之語,略論洪荒以來,而以邵子《觀化詩》附之。

許穀序云:"薛子本豪傑之士,夙禀异資,於書無所不讀。中年歸卧山中,俯仰玄黃,錯綜今古,謂黃帝以上,世既遼廓,事亦茫渺,遵仲尼之訓不以立論。乃博觀諸儒異同之説,而折衷於《皇極經世》一書……薛子此編,總列甲子,則天運既昭而遠有可稽;下注人事,則物類畢彰而近有足證。即往古以驗斯今,由一世以觀萬世,其損益治亂之迹既可具知,而循環迭運之機、起敝亨屯之妙又有不待言而顯者,是蓋不悖於孔孟之旨,而實輔《皇極經世書》以行。"

薛氏此書又有明嘉靖三十七年玄津草堂刻本。此本實爲陳仁錫刻《資治通鑑》後之附刻。

《四庫全書總目》入史部編年類存目。《中國古籍善本書目》著錄。上海圖書館、天津圖書館等四十三館,臺北"國家圖書館",及日本内閣文庫、東京大學東洋文化研究所、尊經閣文庫亦有入藏。

鈐印有"修本堂"、"綜章閣"、"陳印天麐"、"丹書"。

0455　明萬曆刻本考信編

T2520/4163

《考信編》七卷,明杜思撰。明萬曆七年(1579)刻本。六冊。半頁十行二十字,四周單邊,白口,單魚尾,書口下間有刻工。框高20.1釐米,寬15.3釐米。題"四明後學杜思編"。前有萬曆七年(1579)蔡文範序。

杜思,字子睿,號武川。鄞縣人。嘉靖三十五年進士。授營繕司主事,督造五鳳樓,工成,賜金綺。轉都水司郎中,督南河。嘉靖四十一年出知青州,興學愛士。隆慶間擢副使,備兵鄖黃,兵政修舉,後補南寧知府,遷福建都轉運使。萬曆八年罷歸。《鄞縣志》卷三六有傳。

考信者,查考真實也。《禮記·禮運》:"此六君子者,未有不謹於禮者也,以著其義,以考其信。"《史記·伯夷列傳》:"夫學者載籍極博,猶考信六藝;《詩》、《書》雖缺,然虞夏之文可知也。"

是書皆載上古之事,卷一《原始考》,起盤古氏,止燧人氏。卷二至七《讀墳考》,起庖犧氏,止於帝魁。編年紀月,記動記言,全作策書之體。

蔡文範序云:"今武川杜君,少以經術爲東越大師,歷守青州、南寧二郡,俱以高第聞。而獨覃思大古,鋭然以蒐整遺放、銓述夷粹爲事。上自攝提,迄於皇帝,作考信一編。於是結繩跡鳥之政,冗居棟宇之俗,燦然星布。而一切《外紀》、《路史》、百家恢詭之説,悉棄不用,蓋非徒以誇多識、資漁獵而已。顧名山雖藏,假閱難周,於是中丞楚侗耿公見其書,嘆曰:是可以正人心矣。而侍御濙敖公亦曰:良工心獨苦如此,可弗傳?咸亟命布之梓,屬同寅盧君、陳君共襄厥事。刻既成,命不肖序諸首簡。"

刻工有秀、魏四。

《四庫全書總目》入史部編年類存目。《中國古籍善本書目》著錄。故宮博物館、日本內閣文庫亦有入藏。

鈐印有"幼梅藏書"、"圖澤馬氏藏書記"。

0456　明萬曆刻本列國史補　　　　　T2528/2166

《列國史補》十八卷,明魏顯國撰。明萬曆刻本。八冊。半頁十二行二十五字,四周單邊,白口,單魚尾,書眉上刻評。框高 21.8 釐米,寬 14.5 釐米。題"豫章後學魏顯國輯著;男一鵬、一鶴詮次"。前有萬曆二十年(1592)王衡序。

魏顯國,字汝忠。南昌人。隆慶元年舉人。曾任教諭。

是書始吳世家,終田齊世家。王衡序云:"豫章魏華容氏意惜之,既以其全力爲全史,又爲《列國史補》,大概以《左氏》、《國語》、《國策》爲本,而旁證之《公羊》、《穀梁》、杜氏《年譜》諸書,同則偏舉之,異則錯舉而衷擇之,事疑證以情,情疑證以理,務求至當而後已。人謂華容上下三千年事,如數一二,以彼淹通茂明,使執三寸弱翰,錄起居注,討郡國書而次第之,所讚述當有過人者。"

顯國又有《歷代史書大全》五百九卷、《儒林全傳》二十卷等。《四庫全書總目》未收此書,僅有顯國《歷代相國傳》。《中國古籍善本書目》著錄,北京大學圖書館、浙江圖書館亦有入藏。

序之前半頁佚去。

鈐印有"柯印逢時"。

0457　清順治刻本皇王史訂　　　　　T2512/1279.54

《皇王史訂》四卷,清李學孔撰。清順治刻本。四冊。半頁八行二十字,四周單邊,白口,單魚尾。框高 20.1 釐米,寬 13 釐米。書口上鐫評注。題"古洮李學孔瞻黃甫著;南蘭胡宗虞鹿游甫、古燕桑開運雨嵐甫訂"。前有闕名序(尾殘),順治十八年(1661)胡宗虞序,順治十七年(1660)桑開運序,順治十五年(1658)張體誠序,順治十一年(1654)自序;《史訂條例則》;《史訂臆說摘要》十三則;《讀史法》三則;《歷代建都紀》;目錄。

李學孔,字瞻黃,渭州(今甘肅隴西)人。順治中嘗官大寧衛斷事。

是編卷一《三皇紀》,卷二《五帝紀》,卷三至四《三王紀》。

自序曰,自舞勺之年喜讀史,嘗病《外紀》之義類未確,頭緒難清,欲訂正之而未遑也。至順治癸巳(十年)冬,備員上谷,斷事既乏錢穀之司,又無民社之寄,局閑席冷,積月無事,因取《外紀》訂正之。上自盤古,下迄周幽,刪繁補闕,剖疑闢謬;正其倫紀,疏其條理;其文則史,其義則予。自序又謂,東遷而後有《麟經》在,《麟經》之後有《通鑑綱目》在,則無庸復爲贅訂,而是編將於世道人心不無少補。

自序末署"順治甲午桂月上丁古洮李學孔譔於斷事司之退思堂",蓋學孔是書纂於大寧衛斷事任上,"順治甲午"爲十一年。有同僚稱,學孔公餘手不釋卷,以三古事蹟渺無的據,因取群書參互考訂。

《四庫全書總目》編年類存目著録，爲陝西巡撫採進本。《總目》云："是編以劉恕《外紀》義類未確，端緒難明，因訂正其文。上自盤古氏，下訖周幽王。東遷而後，春秋既作，則不復録焉。大抵摭拾羅泌《路史》之説，加以臆斷耳。"

扉頁鐫"皇王史訂。李瞻黄先生著。思補堂藏板"。

是書罕見傳本，《中國古籍善本書目》史部編年類著録，西安市文物管理委員會藏。

0458　清康熙刻本綱鑑會編　　　　　　　　　　T2512/4933

《綱鑑會編》九十八卷《歷代統系表略》三卷《歷代官制考略》二卷《歷代郡國考略》三卷，清葉澐撰。清康熙刻本。二十四册。半頁十一行二十三字，左右雙邊，下黑口，單魚尾。框高20.1釐米，寬14.3釐米。書口下鐫刻工及字數。題"文安劉德芳訂正；崑山葉澐輯"。前有康熙四十一年(1702)徐秉義序，康熙四十二年(1703)宋犖序，康熙三十八年(1699)劉德芳序；《凡例》十四則；《歷代郡國考略》自序，《歷代統系表略》自序，《歷代官制考略》自序。有闕名朱筆批評。

葉澐，字蕃久，號松川，江蘇崑山人。監生。少濡染家學，及長，入北雍，遍歷燕、晉、兩楚、齊、魯、趙、魏之墟。凡輿圖扼塞、風土人物，莫不鉤稽默識。於朝章國故、古今典憲尤爲綜貫。

"綱鑑會編"者，會合宋司馬光《資治通鑑》、朱熹《通鑑綱目》爲一編。作者稱："是編以朱子《綱目》大書爲綱，而以分書爲目。目者，詳載綱中所書之事也。而又曰鑑者，鑑亦與目同。目取於朱氏，鑑取於司馬氏，兩書會合而成，此是編之所由名也。"此編所取，《資治通鑑》、《通鑑綱目》而外，又有明陳檉《資治通鑑綱目前編外紀》、明南軒《通鑑綱目前編》，以及宋元二代之續編，皆删節而成帙。原本有遺缺者，則參録二十一《史》補入。紀事上起盤古，下逮有元。

卷一《三皇紀》、《五帝紀》，卷二《夏紀》、《商紀》，卷三《周紀》，卷四至九《東周紀》，卷一〇《秦紀》，卷一一至一七《漢紀》，卷一八至二四《後漢紀》，卷二五至二六《蜀漢紀》，卷二七至二八《晉紀》，卷二九至三四《東晉紀》，卷三五至三七《宋紀附後魏》，卷三八至三九《齊紀附後魏》，卷四〇至四二《梁紀附後魏》，卷四三又附《東魏北齊後周》，卷四四至四五《陳紀附北齊後周》，卷四六至四八《隋紀》，卷四九至六六《唐紀》，卷六七《後梁紀附十國》，卷六八至六九《後唐紀附十國》，卷七〇《後晉紀附十國》，卷七一《後漢紀附十國》，卷七二《後周紀附十國》，卷七三至八三《宋紀》，卷八四至九四《南宋紀》，卷九五至九八《元紀》。

是編堪稱《通鑑》、《綱目》删節本之佳者。徐秉義序曰，是書有"三善"，簡而該、詳而核、裁而潔，萃馬、朱之精華。徐序述其編纂緣由曰："明季人以舉子不能盡讀《通鑑》全文，又仿少微體删而纂之。一纂再纂，而割裂掛漏，斷續不諧，紕謬者不少矣。觀察文安劉公嘆俗本之舛陋，憫史學之就荒，倩我邑葉君蕃久重輯之。"按，"少微體"指宋江贄《少微通鑑節要》，是書取司馬光《資治通鑑》，删而存其大要，明正德中刊行。

劉德芳序則云，是書有兩便，一便於學者，一便於不學者。而海内之士，學、不學兩者盡之矣。序稱："《通鑑》全書具在，兹爲節文，然而年經月緯，各具條貫。由一事之梗概，而索其首尾；由一時之大節，而求其平生。以全史爲笥，以是編爲鑰，因鑰啟笥，則所藏粲然，開緘即獲，此學者之便也。馬、朱二書，卷帙繁重，初學之士，望如煙海，且寒士亦不易即致，苟能通是編，則累朝之興廢，政治之得失，人才之臧否，古今經制之源流，雖曰具體而微，亦已隱括粗備，談之於口，出之於手，未嘗不肆，應沛如縱，不讀全書，亦居然博雅矣，此不學者之便也。"

是書爲劉德芳所刊。徐秉義序謂，顧察文安劉公"政事之暇，究心墳典，助刊是編，以資後學"。宋犖序也稱："文安劉觀察與爲莫逆交，資之剞劂以行世，是編之得以流播海內，而傳示來茲者。"

《續修四庫全書總目提要(稿本)》著錄康熙三十八年刻本，曰彼本"復以所著《歷代統系表略》列卷首"，"徐秉義、宋犖爲之序"。按，徐秉義序撰於康熙四十一年，宋犖序撰於康熙四十二年，作康熙三十八年刻本或以劉德芳序爲刻年。《中國科學院圖書館藏中文古籍善本書目》著錄《綱鑑會編》九十八卷《歷代統系表略》三卷，康熙三十八年刻本，皆未及《歷代官制考略》、《歷代郡國考略》。是本扉頁題"新增讀史三略"，或爲增刻後印本。

扉頁鐫"綱鑑會編。新增讀史三略。崑山葉松川先生輯。貴德里南陽藏板"。

《四庫全書總目》、《中國古籍善本書目》皆不收。中國科學院圖書館、中國社科院近代史研究所、上海圖書館、湖北省圖書館等均有入藏。

鈐印有"蒙泉"、"□源之印"、"寶研堂"、"船山"、"王澍印"、"胡小琢藏"、"滄葦"、"淮陰居士"、"梅江阿三"、"遂性草堂胡氏所藏"、"胡寶君監藏印"、"李國賓印"、"小琢"，其中"蒙泉"、"船山"、"王澍印"、"滄葦"四印疑僞。

0459　清康熙刻本御定歷代紀事年表　T2458/3213

《御定歷代紀事年表》一百卷《三元甲子編年》一卷，清龔士炯撰，清王之樞等奉敕續修。清康熙五十四年(1715)內府刻本。六十四冊。圖表不計行款，四周雙邊，白口，無魚尾。框高21.7釐米，寬12.8釐米。前有康熙五十四年清聖祖玄燁御製序；《凡例》十則；纂修職名；康熙五十一年(1712)王之樞等進書表；目錄。

龔士炯，康熙朝儒生。生平事蹟無考。

王之樞，字雲麓，號恒麓，又號雪巖，直隸定州(今河北定縣)人。生於康熙八年，幼敏異，年十七，舉康熙二十四年進士，授庶吉士。二十七年充會試同考官，四十年以侍讀督學雲南。五十四年以內閣學士兼吏部侍郎充會試總裁。五十六年出撫湖南，以裁賦額被議致仕。雍正十一年卒，年六十五。《續碑傳集》有傳。

是書上起陶唐帝堯元年，下迄元順帝至正二十八年，計三千七百二十五年。其中隋以前爲龔士炯所編《歷代年表》，隋以後由王之樞等奉敕續修。御製序云："歷代之史具矣，而表多缺焉。康熙四十四年春，朕南巡吳，會有儒生龔士炯進其所編《歷代年表》若干卷，起陶唐，而終於隋。朕惜其用心之勤而業未竟也，乃命侍郎周清原、內閣學士王之樞續之，訖於元至正之末，凡一百卷。"

康熙五十年正月奉旨開載纂修等官職名有：纂修官二人，內閣學士兼吏部侍郎王之樞、工部右侍郎周清原；協纂人員周嘉楨；校勘官蔡升元等十五人；校刊官馬豫。按，初清聖祖命工部侍郎周清源任纂修官，以清源歿，復詔內閣學士王之樞充纂修官，清源子嘉禎佐之。

《凡例》稱，年表紀歷代之事，以朱熹《通鑑綱目》、南軒《綱目前編》、商輅《續通鑑綱目》爲主，復參之司馬光《資治通鑑》、金履祥《通鑑前編》、薛應旂《宋元通鑑》及二十一史。又稱："年表始唐虞，訖宋元。代殊事異，表亦隨時變式、隨式變例，各有取義。《凡例》中不能逐代詳列，今於每卷之首間附表例説，以發明其義。"

《四庫全書總目》史部別史類著錄，題作"欽定歷代紀事年表"，《總目》曰："其表以年爲經，以國爲緯,惟以正統居第一格,爲全書之通例。"復贊曰:"是書網羅歷代,總括始終。記錄無遺而義例至密;剪裁得體而書法至明。誠韓愈所稱'紀事必提其要',歐陽修所稱《春秋》之文,簡而有法'者也。"

是本御製序首頁有剜補。

《中國古籍善本書目》不收。中國國家圖書館、上海圖書館等十四館均有入藏。

0460　清乾隆刻本史鑾　　　　　　　　　　　　　　　　　T2458/0449

《史鑾》不分卷附《改元考》一卷,清施何牧撰。清乾隆刻本。四冊。半頁六行二十一字,四周雙邊,白口,單魚尾,雙截版。框高18釐米,寬12.7釐米。前有自序;謝有煇識語。

施何牧,原名鳴崗,一作鳴璜,字贊虞,號覺庵,又號一山、一山老人,室名"兩間書屋"。崇明人。康熙十七年舉人,康熙二十七年進士。歷任内閣中書、吏部考功司主事、貴州鄉試副考官。工詩,所作從容洗煉,風裁峻整,沈德潛稱揚其"守正履道"。著有《韻雅》,《四庫全書總目》入經部小學類存目;另有《梅陸詩芨》、《一山詩選》、《一山藏稿》等。《(乾隆)崇明縣志》卷一五、《(乾隆)長洲縣志》卷二六、《國朝詩人徵略》卷一五、《國朝耆獻類徵初編》卷一四二有傳。

鑾爲帶飾小鏡,隨行處可鑒,取爲書名,蓋表自謙之意也。此書以《資治通鑑》爲據,參之經傳正史,撮鈔成書,而以表區分記之。上起春秋,下至明末,一循世系而録,實爲帝王年表。表首爲朝代,次爲列帝,又次爲記事,其群雄僭國,亦附志各朝之末。凡一代之歷年,建都之所在,以及年號、嫡庶、后妃、勳戚、宦官,撠拾補綴,靡不採書,展卷瞭然。而於忠奸進退,尤爲致意,足爲讀史門徑。至於推究列朝興亡之故,間加議論,雖多有陳言常談,亦用符著書之本旨。

是書又名《鑑鑾》、《一山老人史鑾》。自序題"一山氏時年八十有一",有學者據上海圖書館藏《施氏宗譜》考證,何牧卒於雍正戊申(六年),壽八十三歲,則此書編撰於雍正四年。序後有謝有煇識語,謝爲長洲諸生。識云:"不吝自謙,正爲後學現身說法;命名曰鑾,亦自謙也。然足以囊括古今興衰治亂,靡不畢照矣。"

《續修四庫全書總目提要(稿本)》收入,著録爲清康熙刻本,誤矣。未辨撰者名姓,稱其詳不可考,並云:"案史跡浩繁,年代久遠,而作者欲以區區一表而囊括之,則遺漏舛錯,實所不免。即就排比世系論之,多未能盡合史實,如秦後列秦末,新莽後列莽末,已嫌累贅,而最爲謬誤者,於東晉下列十六國及南朝、北朝,於唐下列藩鎮及十國與後五代是也。再就記事言之,亦詳略去取未能畫一,如群雄割據,則起滅之年,最有關係,乃或記或否,已自亂其例,既於隋末列李淵之稱唐王,而於元末不列朱元璋之起事,尤爲紛歧。附《改元考》,乃取大一統之義,以非一統者不載。如三國有後漢與魏而無吳,東晉後有南朝而無北朝,又遼金亦不記。自謂後漢依《綱目》,魏依《通鑑》,故存之。然則拘墟如如,難與言史矣。"

避"弘"、"曆"諱,不避嘉慶以後諸諱,刊刻當在乾隆年間。

有扉頁,刊"史鑾"二字。

《中國古籍善本書目》未收,然《中國古籍善本書目(徵求意見稿)》著録上海圖書館藏有清初刻本一部,疑同此乾隆本。北京大學圖書館、中國科學院圖書館亦藏此本。1999年全國圖書館文獻縮微複製中心出版《中國公共圖書館古籍文獻珍本彙刊》之《天津圖書館孤本秘籍叢書》,以清初刻本爲底本影印,收入史部第8冊,實亦此乾隆刻本。諸家著錄均爲《一山老人史礊》不分卷附《改元考》一卷《名臣略》一卷,館藏此本無《名臣略》一卷。

0461　清康熙刻本兩漢記　　　　　　　　　　　　　　　　　　　T2545/1181

《兩漢記》六十卷,清蔣國祚、蔣國祥編;附《兩漢紀字句異同考》一卷,蔣國祚撰。清康熙三十五年(1696)刻本。十二冊。半頁十一行二十一字,左右雙邊,黑口,單魚尾。框高18釐米,寬13.4釐米。《前漢紀》三十卷題"漢祕書監侍中荀悅撰;襄平蔣國祚、蔣國祥同校"。《後漢紀》三十卷題"晉東陽太守袁宏撰;襄平蔣國祚、蔣國祥同校"。前有康熙三十五年蔣毓英序,康熙五十年(1711)郎廷極序,康熙三十五年宋犖序,康熙三十五年邵長蘅序,康熙三十五年毛奇齡序,蔣國祚《兩漢紀字句異同考》序;《後漢書》荀悅本傳,《晉書》袁宏本傳(是本荀、袁二《傳》有錯頁)。卷末有蔣景祁跋;宋紹興十二年(1142)王銍舊序。

蔣國祚,字一臣,毓英子,浙江諸暨人,籍奉天錦州,漢軍鑲藍旗人。自署"襄平蔣國祚",考襄平爲漢遼東襄平縣,治所在今遼寧遼陽市老城區。

是書爲荀悅《前漢紀》、袁宏《後漢紀》之合編。蔣國祚《兩漢紀字句異同考》序稱,《兩漢紀》自宋以降,五百餘年間凡五刻,宋祥符中鏤板於錢塘,再刻於紹興年間,明何大復刻《前漢紀》,嘉靖間吳郡黃姬水重刻兩《紀》,又有萬曆二十六年南京國子監鏤板。其"因取諸本互校,重授開雕。訛者正之,疑者缺之,并臚列其字句異同若干條於卷末"。

蔣毓英《重刻前後漢紀序》云,東漢以下訖宋元,各有一代之史,其體皆宗紀傳,而荀、袁二氏之兩《漢紀》,行世既鮮,舊版脫誤,"遂令國祚與及門士山陰許君尚質旁蒐別本,點正句讀",復"記所同異若干餘條,請正於大中丞宋公(犖),謬爲許可,命付開雕,以廣二書之傳"。

是本爲蔣氏家刻。毓英字集公,浙江諸暨人,籍奉天錦州,國祚、國祥父。由官生知泉州府,康熙二十三年任臺灣縣知府,二十八年陞江西按察使,祀名宦。

郎廷極序云:"蔣氏板後歸於年中丞家,予復得之年氏。"序署康熙辛卯夏月,"辛卯"爲五十年。是本爲後印。

毛奇齡序記國祚、國祥昆弟校刊《兩漢記》所用本,有嘉靖黃姬水本、宋版《前紀》、明南監本《後紀》:"其所讎校,則初購善本於吳門宋開府署,得明嘉靖間姬水黃氏所勒。續得宋版《前紀》於項侍郎宅,又續得明南監本《後紀》於吳宮允宅。互相參對,補其漏,而更其譌,疑即闕之,不妄填一字。起自乙亥(三十四年)冬十一月,訖於丙子(三十五年)夏六月……凡八閱月工竣。"

《四庫全書總目·漢紀》云:"是書考李燾所跋,自天聖中已無善本。明黃姬水所刊亦間有舛訛。康熙中襄平蔣國祚、蔣國祥與袁宏《後漢紀》合刻,后附《兩漢紀字句異同考》一卷,今用以參校,較舊本稍完善焉。"

是本有扉頁,右題缺損,中題"兩漢紀",左題"振鷺堂藏板"。

書口下鐫刻工姓名:邓臣、士玉、穎涵、齊□、子重、子珍、子佩、邓文、甘明、劉三吉、三吉、志遠、世明、公佩、邓卿、洪甫、玉禾、大生、文式、邓倫采、子、王元、文、欽明。

《中國古籍善本書目》不收。故宮博物院圖書館、湖南圖書館等十五館均有入藏,作"康熙三十五年蔣氏三樂堂刻本"。日本内閣文庫、京都大學人文科學研究所等也有收藏。此本於光緒三年由蔣子蘇補刻重印,扉頁鐫"光緒丁丑盰南三餘書屋補刊",《中國人民大學圖書館古籍善本書目》著錄。《兩漢紀字句異同考》一卷,《中國古籍善本書目》著錄清陳氏東塾抄本。

此本之前，《兩漢紀》傳本尚有明嘉靖黃姬水本、明萬曆南京國子監本；此本以後，又有清光緒陳璞本、清光緒鈕永建本等。黃姬水本刊於明嘉靖二十七年，《中國古籍善本書目》史部編年類著錄。《雙鑒樓善本書目》、《寒瘦山房鬻存善本書目》、《明代版本圖錄初編》皆作明嘉靖二十七年吳郡黃姬水翻宋刊本，《明代版本圖錄初編》卷六《前漢紀》條云："此爲黃姬水所刊《兩漢紀》之一種，其源出於宋槧也。"南京國子監本刻於明萬曆二十六年，《中國古籍善本書目》著錄。

陳璞本附《校記》二卷，光緒二年嶺南學海堂刊。陳氏以康熙間蔣氏校刻本"猶滋譌脫"，"復合諸本校之，而益臻詳密"。鈕永建"取陳本再事校勘，糾發謬滯，補所未備"，而撰前、後《漢紀校釋》稿六卷。語見《續修四庫全書總目提要（稿本）》。

鈐印有"恬退齋"、"種氏家藏"。

0462　明萬曆刻秘册彙函本大唐創業起居注　T2621/3147

《大唐創業起居注》三卷，唐温大雅撰。明萬曆沈士龍、胡震亨刻《秘册彙函》本。一册。半頁九行十八字，左右雙邊，白口，單魚尾。框高 18.8 釐米，寬 13.4 釐米。題"唐陝東道大行臺工部尚書上柱國樂平郡開國公臣温大雅撰；明毛晉、胡震亨同校"。末有毛晉識語并沈士龍、胡震亨跋。

温大雅，字彥弘。太原祁人。隋時曾任東宮學士。入唐後，官禮部尚書，封黎國公。李淵自太原起兵反隋，其爲大將軍府記室參軍，參預機要，掌管文書。事蹟具兩《唐書》本傳。

是編乃大雅以其親身經歷及所見所聞，於武德間撰成，敘唐王朝建立經過。上卷記李淵起兵至發引四十八日事；中卷記淵自太原進兵攻克長安一百二十六日事；下卷記淵攝政至即帝位一百八十三日事。如實記載當時史實，較《通鑒》及新、舊《唐書》爲可信。其中記事異於諸史處，多可資考證。

《四庫全書總目》入史部編年類。《中國古籍善本書目》著錄此書之名人批校或名家鈔本，而此叢書零種則不予收入。

鈐印有"辛因氏閒來亭藏書記"。

0463　明抄本天運紹統　TNC2458/2941

《天運紹統》不分卷附《皇明帝后紀略》二卷，明朱權、戚元佐編。明抄本。五册。半頁十三行二十四字，《皇明帝后紀略》八行二十二字，四周雙邊，黑口，雙魚尾。烏絲欄。框高 24.1 釐米，寬 15.9 釐米。題"涵虛子臞仙編"。前有永樂四年（1406）涵虛子序。

朱權，太祖第十六子，洪武二十四年封寧王，二十六年就藩大寧，永樂初改封南昌。靖難之役，隨軍爲草檄，後恃功驕恣，晚年托志翀舉。日與文人雅士相往還，自號臞仙、涵虛子、丹丘先生。權好古博學，詩文史籍、諸子百家無所不通，並及釋老、卜筮、修煉等，編著極豐，著雜劇、曲譜、《茶譜》等數十種，有《寧藩書目》，見於《四庫全書總目》目錄類存目。又好宏獎風流，群書有秘本，莫不刊佈之。卒謚獻，世稱寧獻王。《明史》有傳。

戚元佐，字希仲，號中岳，浙江嘉興人。嘉靖四十一年進士，仕至尚寶司卿，長於詩文。有《宗藩議》、《檇李往哲列傳》等。

"天運"者，自然之氣數；"紹統"者，統緒也。此書之名，當爲天命統緒之意，即歷代人君譜系之專書。自三皇五帝,迄元代諸帝,各依其朝代,先譜世系,次紀傳授與年號,較之前代諸儒所論者爲詳。

朱權自序云:"歷代相承其譜系,皆有可考,而其世次編年,又多不同,有以兄弟而爲子姪者,有以伯叔之祖而世次行列先後者,在五帝之前者,自秦火之後失其真考久矣。雖載諸史籍者,各朝儒生所編年譜不一,又不可得其真。予於是書,究聖圖錄,用心有年,莫得聖祥。洪武丙子,於御府偶得秘書所藏《歷代帝王譜圖》,校之與聖諸儒所錄,其年代世次多不同,其譜系世次自秦至元有之,自伏羲至周亦無譜系,於是纂成圖錄,編成世次,乃自古之所未有,集之成書,可爲秘典矣,庶不失其天運之統緒也。"

又此書末册爲《皇明帝后紀略》,題"奉政大夫禮部儀制清吏司郎中臣戚元佐謹編;奉直大夫禮部儀制清吏司署郎中事員外郎鄭汝璧恭校"。前有《皇明帝系圖》,起於朱元璋高祖德祖玄皇帝,至第十四代潞王止。其中"今上"者,神宗萬曆皇帝也。紀事止隆慶六年。又附"皇明帝后忌辰日期",記一年中自正月至十二月各帝后誕辰日。鄭汝璧,字邦章,號昆岩、愚公,浙江縉雲人。隆慶二年進士。仕至山東巡撫,萬曆三十三年任兵部右侍郎兼僉都御史。著述頗豐,有《五經旁訓》、《功臣封爵考》、《同姓諸王表》、《大明律例解》等。

此明抄本乃據明永樂四年寧藩刻本傳抄。王重民《中國善本書提要》著録有明永樂刻本,一册,藏北平圖書館,抗戰期間北平圖書館寄存美國國會圖書館善本古籍之一。1965年歸還至臺北"中央圖書館",此永樂本今存臺北"故宮博物院"。王氏並云,所見之永樂本蠹蝕殘缺頗多。此抄本首尾俱全,楷書精寫,帝系皆以朱筆書之,並多出《皇明帝后紀略》二卷,可補永樂刻本之闕失。又查《明史·藝文志》,朱權有《漢唐秘史》、《通鑑博論》等十餘種,而《天運紹統》未及著録。《中國古籍善本書目》未收。《中國古籍善本書目(徵求意見稿)》著録明天啓元年梁鼎賢刻本,浙江圖書館收藏;又有明抄本,重慶市圖書館收藏。

鈐印有"謝氏珍藏"、"北平謝氏藏書印"、"鄂氏順安珍藏"。北平謝氏,名寶樹,清嘉、道間人,詳鄭偉章《文獻家通考》卷九。鄂順安,道光間曾相繼出任河南、湖北、山西巡撫。

0464　明萬曆刻本昭代典則

T4686/4896

《昭代典則》二十八卷,明黃光昇撰。明萬曆二十八年(1600)周曰校萬卷樓刻本。存三十五册。半頁十一行二十二字,四周單邊,白口,單魚尾。框高21.5釐米,寬13釐米。題"賜進士太子少保刑部尚書晉江黃光昇編輯;吳郡陸翀之校閱;金陵周曰校刊行"。前有萬曆二十八年祝世祿序。

黃光昇,字明舉,號葵峯。晉江人。嘉靖八年進士。累拜兵部侍郎,總制楚、蜀、黔三省,遷南京刑部尚書,尋罷歸。萬曆十四年卒。謚恭肅。

是書起元至正十二年明太祖起兵,至穆宗六年止。編年紀事,每條皆提綱列目。其前四卷,自至正十二年迄洪武建元以前,以明紀年,而元事則隨年附見。此本缺去卷一。

祝世祿序云:"閩中恭肅黃公,起端簡之後,故有史材,從容朝儀,得以展採錯事,無周南流滯之感。以其暇日,倫鳩百氏,編次日月,祖左氏而禰司馬,撰述成一家言,命曰《昭代典則》,則其用心良勤且篤矣。吾鄉周氏見而悦焉,屬之剞劂。"

按,周曰校,字應賢,號對峰。金陵人。萬卷樓,其肆也。刻書甚多,今所存者,當在三十種左右。

史　部

《四庫全書總目》入史部編年類存目。《中國古籍善本書目》著錄。中國國家圖書館、上海圖書館等十八館，臺北"國家圖書館"（三部，其一爲原藏北平館者），及美國國會圖書館、日本尊經閣文庫、京都大學人文科學研究所亦有入藏。

0465　明刻本憲章錄　　　　　　　　　　　　　　　　　T2720/4400

《憲章錄》四十六卷，明薛應旂撰。明刻本。十四册。半頁十四行二十四字，四周單邊，白口，單魚尾。框高 21.3 釐米，寬 14.5 釐米。題"賜進士中憲大夫陝西按察司副使奉詔致仕前提督浙江學校臣薛應旂編述"。前有萬曆元年(1573)薛應旂自序；萬曆二年(1574)陸光宅跋。

憲章者，典章制度也，亦用爲效法之意。《禮記‧中庸》："仲尼祖述堯舜，憲章文武。"《論語‧八佾》："郁郁乎文哉，吾從周。"是爲本書書名之取意。是書所載，上起洪武元年，下迄正德十六年，用編年之體，蓋以續所作《宋元通鑑》。《四庫》館臣謂其"採摭雜書，頗失甄別"。

薛應旂序云："故自鼓篋以致入仕，凡我昭代之成憲典章，或紀載於館閣，或傳報於邸舍，見輒手錄，歷有歲年，幾於充棟，妄意當可爲之際，或可以備參考……邇來見《通紀》倣編年而蕪鄙，《吾學編》效紀傳而斷落。遂不辭衰憊，盡出舊所錄者，摘什一於千百，彙爲斯編，與經世者共之。題曰《憲章錄》者，竊附於從周之義也。"

是書爲應旂弟子陸光宅所刻，陸跋云："吾師武進薛先生，恭集我祖宗列聖寶訓、實錄，次第編年，凡纂輯支蔓者，悉爲裁約，其有事關體要、逸在諸儒臣別撰者，亦量爲採入。書成，題曰《憲章錄》，蓋以成憲典章，萬世所當遵守，且追宗夫子憲章文武之意，以寓從周之義也，見於自序者備矣。將圖鋟梓，而力稍不逮。張中丞、施郡守各助一金，僅足購木。先生節供省費，漸次圖之，因循二年，尚未訖工。今年春，宅下第，歸自京師，過先生山居謁焉。先生年七十有五，癯癯老矣，平生著作，垂成而未脱稿者多謝去矣，唯於此書，語次猶及之，宅重有感焉，遂不分其已未即工，盡攜以歸，謀諸同志，博集梓人，日夜校刻，四越月而工告成，庶不負先生編述之初心。"

是本卷三九分上、下。《四庫全書總目》入史部編年類存目。《中國古籍善本書目》著錄有四十六卷本兩種。一作明萬曆二年陸光宅刻本（十行二十字，四周單邊，白口，書口下有刻工），南京圖書館、浙江圖書館等十二館入藏；一作明刻本（行款同此本），藏北京大學圖書館、吉林大學圖書館。此外又有四十七卷本，爲明萬曆刻本（十行二十字，四周單邊，白口，書口下有刻工），藏上海圖書館、陝西省圖書館等十館。此本有陸光宅跋，所云刻書之事甚詳，然今未見南京圖書館藏本，如兩本相比，當可得出孰先孰後。今版本項著錄從《中國古籍善本書目》。

0466　明刻本重刻校正增補皇明資治通紀　　　　　　　T2720/7914

《重刻校正增補皇明資治通紀》十卷，明陳建撰。明刻本。十册。半頁十二行二十五字，四周單邊，白口，單魚尾。框高 22.2 釐米，寬 14.1 釐米。題"粵濱逸史清瀾釣叟臣東莞陳建輯著"。前有嘉靖三十四年(1555)陳建序；《凡例》七則，採據書目。

陳建，字廷肇，號清瀾。東莞人。嘉靖舉人。知信陽縣，以母老辭歸。專精著述，尤邃於理學。當正、嘉之際，王守仁致良知之學盈滿天下，建著《學蔀通辨》以闢之。

是書始於明太祖高皇帝辛卯（至正十一年），訖明正德十六年。其《凡例》云："倣《資治通鑑》而作，凡群書所載，必有資於治者方採錄之。細故繁文，無資於治者弗錄。"此書應有《續紀》

三卷,今佚。

扉頁刊"皇明資治通紀。重刻校正無差。謹按原本攷訂"。從字體看,此本刊刻應在嘉靖間,當早於本館所藏另兩種《皇明資治通紀》。此重刻校正增補十卷本,明代又有十四行三十字本,藏南京圖書館。

《中國古籍善本書目》著錄。清華大學圖書館、陝西郃陽縣文化館有全帙。

0467　明萬曆刻本皇明資治通紀　　　　　　　　　　T2720/7914.C

《皇明資治通紀》十四卷,明陳建撰;《皇明續記》三卷,明卜大有撰。明萬曆刻本。二十冊。半頁十行二十一字,四周單邊,白口,單魚尾,書口下刻字數。框高20.3釐米,寬13.9釐米。題"臣東莞陳建輯著;秀水卜世昌校正"。前有陳建序。《續記》題"秀水卜大有纂述;卜六典校正"。

是書始太祖高皇帝紀,訖正德十六年。《續記》始嘉靖元年,訖隆慶六年。

《中國古籍善本書目》著錄。除《通紀》十四卷、《續記》三卷外,又有《皇明通紀述遺》十二卷,爲明卜世昌撰,明萬曆刻本。全帙僅湖北省圖書館入藏。此本亦佚去《述遺》。

鈐印有"丘齋"、"仲寬"、"鄭聯宗印"。

0468　明刻本皇明資治通紀　　　　　　　　　　　　T2720/7914.B

《皇明資治通紀》三十卷,明陳建撰,岳元聲訂。明刻本。三十冊。明張名振批點。半頁十行二十二字,四周單邊,白口,單魚尾,書口下間有刻工及字數。框高22.4釐米,寬14釐米。題"東莞臣陳建輯著;檇李臣岳元聲訂合;庠生沈國元校正"。前有陳建序;《凡例》五則。

是書始太祖高皇帝紀,訖穆宗莊皇帝隆慶六年。

陳建序云:"臣建往爲《皇明啓運錄》,述我太祖高皇帝俊德成功,始終次第之詳矣。宮端泰泉黃先生見之,諗又曰,昔漢中葉,有司馬遷《史記》,有班固《漢書》,有荀悅《漢紀》,宋中葉有李燾《長編》,皆蒐載當時累朝致治之蹟,以昭示天下,我朝自太祖開基,聖子神孫重光繼照,垂二百禩矣,而未有紀者,子纂述是志,盍併圖之,以成昭代不刊之典也。建初辭焉,愧乏三長,何敢僭踰及此。然竊自念素性有癖焉,自少壯時,癖好博覽多識,解組歸山林,日每繙閱我朝制書洎邇來諸名公所撰次諸書,凡數十餘種,積於胸中,久之不能自制,乃時時拈筆書之,取其有資於治可通爲鑑者,編年次之,參互考訂,正其舛疑,又久之不覺盈帙……繼自永樂,下迨正德,凡八朝一百二十四年之事,無非所謂持盈守成也,則今《通紀》具焉。紀成就梓,非敢自謂昭代成史,乃爲後之秉史筆君子屬稿云爾。《啓運錄》舊已梓完,難於再編改刻,然二之又不是,故今併冠以《通紀》之名,而版刻姑仍舊,合前後共爲一書云。"

此本目錄頁題"鐫岳石帆先生訂合皇明資治統紀"。按,岳元聲,字之初,號石帆。嘉興人。萬曆十一年進士。知旌德縣,以強項稱。遷國子監丞,諫止選良家女入宮,進工部郎中。爭三王並封,又極論關白之亂,與政府忤,削籍歸。天啓初,起歷太僕卿,晉南兵部侍郎,劾魏忠賢不法事,罷歸。岳氏於此書"稍刪潤其事,因其年月而編入之,覽者庶幾稱便焉"。"政事之得失,言行之芳穢,經久論定,每多自隱而之彰,力欲獲全,亦可拾遺而補漏義"。

《清代禁燬書目‧補遺二》、《清代禁書知見錄》著錄。

卷一第一頁書口下刊"吳門姚可達書"。刻工有何王、李、玄、郭、龔、盧、張、許、偉、德、行、甫、濮、上、大、蔣、昝。

是書爲明張名振批點。卷三〇末有張名振手書:"予以接濟秦藩,泊師金山,遙拜孝陵成賦。"云:"十年横海一孤臣,佳氣鍾山望未真,鶉首義旗方出楚,燕雲羽檄已通閩。王師枹鼓心肝噎,父老壺漿涕淚新,松栢載陵兵縞素,會看大纛禡龍津。總督定西侯張名振題。"按,名振,字侯服。江寧人。少倜爽有大略,壯游京師,東廠太監曹化淳延爲上客。閹人中,惟化淳以王安門下,故與東林親,名振亦遂得與復社諸人通聲息。崇禎十六年,授台州石浦游擊。後魯王監國駐紹興,加名振爲富平將軍。錢塘師潰,扈魯王入閩,封定西伯,進封侯。名振卒於順治十二年十一月二十八日,遺言令以所部歸張煌言,悉以後事付之。煌言爲葬於蘆花嶴。清李聿求《魯之春秋》卷二一有傳。又全祖望《鮚埼亭文集》中有《明故太師定西侯張公墓碑》。卷三〇末名振手書所言,乃爲順治十年,名振與張煌言以軍入長江,獲金允彦磔之,遥祭舟山死事諸臣,扎營崇明,直抵金、焦,遥望石頭城,拜祭孝陵事。

金鑲玉裝。

《中國古籍善本書目》著録。中國國家圖書館、上海圖書館等十八館,臺北"國家圖書館"亦有入藏。

鈐印有"劉恕私印"、"寒碧莊章"、"花步寒碧莊印"、"曾在東山劉□常處"、"蓉峰"、"彭城伯子"、"空翠閣藏書印"、"傳經堂印"、"傳經後人"、"傳經堂鑒藏"。劉恕,字行之,號蓉峰,又號寒碧主人,花步散人,清吳縣人,室名寒碧莊、屐研齋。以上諸印多爲其藏書印。

0469　明末刻本新鍥李卓吾先生增補批點皇明正續合併通紀統宗

T2720/7914.4

《新鍥李卓吾先生增補批點皇明正續合併通紀統宗》十二卷首一卷附録一卷,明陳建撰,袁黄、卜大有補輯,李贄批點。明末刻本。六册。半頁十二行二十八字,四周單邊,白口,單魚尾,書眉上刻批。框高23.7釐米,寬14.4釐米。題"粤濱逸史清瀾釣叟臣東莞陳建輯著"。前有嘉靖三十四年(1555)陳建序。

首一卷爲《我明聖君嗣統源流》、《大明世統徽號》、《洪武朝封功臣》等。附録一卷爲《録我朝會元三及第人氏總考》。

是書始太祖高皇帝紀,終穆宗隆慶六年。李贄所批皆見於書眉。卷一一題"浙歸田逸叟臣袁黄補著"、卷一二題"浙秀水卜大有纂補"。

《違礙書目》著録。

《中國古籍善本書目》著録。北京師範大學圖書館、中國社會科學院文學研究所亦有入藏,但皆爲殘本。臺北"國家圖書館"有全帙。

鈐印有"佐佐藏書"、"讀耕齋之家藏"。

0470　明崇禎刻本皇明通紀集要

T2720/7914D

《皇明通紀集要》六十卷,明陳建撰,江旭奇補訂。明崇禎刻本。二十四册。半頁十行二十字,左右雙邊,白口,單魚尾,書眉上刻評。框高19.5釐米,寬13.3釐米。題"東莞陳建輯;太學江旭奇訂"。前有江旭奇序;《凡例》七則。

是書始太祖高皇帝紀,止於熹宗天啓七年八月。

江旭奇序云:"臣因是而有感於今之學士大夫矣,咸思誦古而不知法今,考之經傳,無不萬言立對,及時事小有所嘗,輒茫無所措,此無他,耗心於帖括陳言,而於祖宗之家法近事,未之深究耳。臣自叨轉以來,需次閒居,感聖恩難報,因將國朝通紀諸書潛心參閱,謹採其有資治道者集成一編,以補《孝經》之用。"

《凡例》有云:"然編年敘事、義理詳明,當以陳建《通紀》爲得體。第草創之初,不無蕪漏,今爲廣採諸家而合訂之,汰有餘、補未備,或者繁簡爲庶幾耳。""《通紀》自洪武起,至正德止,今復採諸家,以嘉隆至天啓五朝續焉,庶成全紀,以便觀覽。"

《違礙書目》、《清代禁書知見錄》著錄。

《中國古籍善本書目》著錄。中國國家圖書館、上海圖書館、中國科學院上海圖書館亦有入藏。按,此書又有一刻,行款同此本,然爲四周單邊,亦作明崇禎刻本。

0471　明崇禎刻本皇明法傳録嘉隆紀續紀三朝法傳全録　T2732/0234

《皇明法傳録嘉隆紀》六卷《續紀三朝法傳全録》十六卷,明高汝栻輯。明崇禎刻本。十八册。半頁十行二十一字,左右雙邊,白口,單魚尾,書眉上刻評。框高20.3釐米,寬13.8釐米。題"西湖高汝栻輯;南州喻士鐔參;高鼎焯、士臨校"。《續紀》題"聖湖高汝栻輯;同郡吴思穆閱;西湖蔣御龍參;張錫胤、高鼎熺正"。前有崇禎九年(1636)高汝栻序。《續紀》前有崇禎九年高汝栻序。

高汝栻,無考。

是書始世宗肅皇帝嘉靖元年,至穆宗莊皇帝隆慶六年止。續紀三朝者,始神宗顯皇帝萬曆元年,至熹宗哲皇帝天啓五年止。

高汝栻序云:"陳東莞輯《皇明通紀》,上自太祖,下迄武宗,覽者以其編年敘事文順理明,遂推爲本朝典故權輿。然繁簡之間,長故未免鶴頸,短亦或爲鳬足也。予取典則、統宗、史料諸書,增其不足,删其腐冗,則所以揚詡聖明、舖張盛治者,真可法而可傳矣。嘉、隆之盛,東莞無紀,補之者爲卜爲支。然世宗有天下四十五年,議大禮,定大制,驅倭逐虜,進賢拔侫,真足爲聖子神孫之令範。""不佞白首青衿,寒膚嗛腹,不諳朝章,更不識諱忌,祇以祖父三世仰沐君恩,幸有遺史,則耳目所睹記,家庭所講求,統彙之,差擇之,凡從前睹記未悉者,稍爲考訂而筆削。"

《三朝》高序云:"第見三朝以來,甲乙是非,靡有定論,更無他紀以識其實……栻是以旁搜家乘野史,以資漁獵,并參互而考訂焉。不但神祖朝征倭、征播、征哱、梃擊、妖書、楚宗諸大事,光、熹二廟發内帑、釋纍囚、軫念邊關、速捷寧錦,鼎大工諸大事記之必悉;忠臣念國本而忘其身家,義士叱權奸而寒其肝膽,豪傑甘九死而取義舍生,靡不羅網以點綴雍熙之春。至兵農、錢穀、士馬登耗之數,司徒、司空、太僕會計盈縮之額,水利、屯田,乃渠海運、北虜島夷、奴酋番域,處置之宜,苟可集衆腋以爲裘。"

《清代各省禁書彙考》著錄。《兩浙著述考》未收是書。按,此二種乃附於《皇明通紀法傳全傳》二十八卷之後。《中國古籍善本書目》著錄。中國國家圖書館、上海圖書館、臺北"國家圖書館"等八館有全帙。

《三朝》之卷一四至一六配清鈔本。

史部

鈐印有"蕉窗"、"浙東湯氏曰藝宦藏"、"見即買有必借窘必賣高閣勤曬國粹公器勿污壞"。

0472　明末刻本皇明從信錄　T2720/7910

《皇明從信錄》四十卷,明陳建撰,沈國元訂補。明末刻本。二十冊。半頁十行二十二字,四周單邊,白口,單魚尾,書眉上刻評。框高21.7釐米,寬14釐米。題"東莞陳建輯;秀水沈國元訂"。前有陳建《皇明通紀前編序》;沈國元撰引並總例。

陳建有《皇明通紀》,自洪武、永樂至弘治、正德,又有《續紀》,則記嘉靖、隆慶兩朝。沈氏合併兩書,並補撰至萬曆四十八年止,題曰《從信錄》。

《浙江省查辦奏繳應毀書目》、《違礙書目》、《清代禁書知見錄》著錄。

按,此書有兩種不同版本,《中國古籍善本書目》著錄,皆作明末刻本,行款皆同,前者計中國國家圖書館、上海圖書館等二十九館,後者僅南京圖書館入藏。疑國圖、上圖等館所藏定有同南圖者。哈佛此書兩種不同版本皆有。此本卷一第三頁眉端作"世亂多忠",另本作"甚亂多忠";第六頁眉端有"盛矣"、"議是",而另本僅有"盛矣"而無"議是"。此本應是原刻。

0473　明末翻刻本皇明從信錄　T2720/7910C2

《皇明從信錄》四十卷,明陳建撰,沈國元訂補。明末翻刻本。十四冊。半頁十行二十二字,四周單邊,白口,單魚尾,書眉上刻評。框高21.5釐米,寬14釐米。題"東莞陳建輯;秀水沈國元訂"。前有陳建序;沈國元撰總例。

此本行款悉同前本,字體亦極似,如將二本細細勘核,則可看出不同處。此應是據前本所翻刻者。

鈐印有"逢原堂"。

0474　明崇禎刻清初增刻本通紀直解　T2720/1342

《通紀直解》十四卷續二卷,明張嘉和撰。明崇禎豹變齋刻清初增刻本。十冊。半頁八行十八字,四周單邊,白口,無魚尾,書眉上刻評。框高21釐米,寬13.7釐米。前有張嘉和序;《凡例》四則。

是書始於明太祖,訖崇禎甲申。卷一至一四爲正編,至天啓止,事實按年編載。卷一五、一六爲續編,記崇禎朝諸臣事蹟。書前爲本紀,名臣之傳附後,傳頗詳悉。其題"直解"者,蓋編年與列傳各有正文,亦各有注解也。其《凡例》云,敘事貴簡而核,貴核而嚴,貴嚴而直,蓋亦爲作者撰此書之本旨。

張嘉和序云:"則我朝《實錄》、《通紀》等書,尤宜有直解,以續《通鑑》,故於太祖高皇帝暨諸宗則紀之如何創業垂統,如何繼體守文,於公卿大夫則傳之或論道經邦,或戡亂偃武,或承流宣化,或靖節成仁。史臣所記,事跡所垂,每朝不啻百卷,而約之數卷,凡紀傳欲其簡要,釋解欲其洞達。故其爲傳紀也,甄別去取,奇而正、嚴而恕、疎而覈、朴而藻。其爲釋解也,敷衍正史,詳而約、博而勁、明而切、直而紓。非第暢發其旨,正供取法備監戒,我朝典故,橫口所説,縱筆所書,如開拳見掌,是一是二,讀之未有不豁然以醒、躍然以興者。誠取是以導青宮之儲貳,開顓蒙之初啓,俟事理貫通之後,究之精粗一致,深淺一源,以紀傳爲鴻綱,注解爲條目,爲世道也,爲世法也,爲世則也,蓋有望不厭者矣。謂《直解》爲益紀傳之未逮可,謂《直解》爲實錄之纂要亦可。"

此書有扉頁,刊"通紀直解。鍾伯敬補釋重訂。豹變齋發行"。按,豹變齋爲明末書肆,曾有《明詩選》十二卷首一卷、《韓柳全集》一百零四卷等刻。

《違礙書目》、《清代禁書知見錄》著錄。

《中國古籍善本書目》著錄。南京圖書館、遼寧省圖書館等二十三館,及日本內閣文庫亦有入藏。

闕名圈點。

按,此書原刻十四卷本傳世不多,僅上海圖書館、浙江圖書館入藏。

0475　明萬曆刻本皇明嘉隆兩朝聞見紀　T2732/3148

《皇明嘉隆兩朝聞見紀》十二卷,明沈越撰。明萬曆二十七年(1599)沈朝陽等刻本。十二冊。半頁十二行二十七字,四周雙邊,白口,單魚尾。框高23.1釐米,寬14.2釐米。題"賜進士出身奉詔進階朝列大夫致仕前山東道監察御史侍經筵官江東臣沈越記錄;伯子臣朝陽編次;季子秋陽、乾陽參校"。前有萬曆二十七年沈朝陽序。末有萬曆二十七年沈秋陽跋。

沈越,字韓峰,又字中甫。嘉靖十一年進士。歷官羅田、平江知縣,擢山東道御史,巡撫江西,執法峻整,後忤嚴嵩,罷歸。《重刊江寧府志》卷三八有傳。

是書取世、穆兩朝政績,彙次成書。起正德十六年世宗即位,止於隆慶六年。爲沈越解組歸鄉後所作,後又爲沈朝陽續增之。

沈朝陽序云:"紀之自東莞陳建始,而以蕪穢見黜。嗣是刻傳於世者,薛憲副應旂則有《憲章錄》,王司寇世貞則有《國朝紀要》。若鄭端簡公曉之《吾學編》,例從遷、固諸史,乃《大政》一記,僅提綱領而未詳節目。高長史岱之《皇明鴻猷紀》,體依《通鑑紀事本末》,各詳一事,而不記歲年。然率皆起高廟,迄武廟止,而世、穆二廟概未有錄焉。世載既久,耳目易湮。先大夫志存經史,學勤博洽,自嘉靖乙酉領應天鄉薦,壬辰成進士。出作股肱,入司耳目,任怨任勞,清苦自茹,鵠立烏臺,已幾九載。而直道難容,時宰欲殺,旋而外補,旋而歸休,優游林壑復二十餘年。身受國家之恩,官叨柱下之史,目擊兩朝盛際,凡有聽覩,靡不記錄,未獲成書,賫志而歿。朝生也晚,僅讀父書,而不得探金匱石室之藏及百司掌故之府,每欲編次,無從考信。客歲大比,始於書肆見光州吳司訓瑞登《兩朝憲章錄》、洧川范守己《肅皇大紀》,於是以先大夫之記錄,取徵於二書,又本二書之紀載,旁採於他牒,參互訂證,錄而藏之篋中,蓋將以需異日國史之出,爲考正計耳……夫馬遷傳談之史,劉歆校向之書,朝非其人也,而竊有志焉,以故輒忘僭妄,竭力編摩,自暑迄寒,踰歲強半,勒成一編,仍題曰《兩朝聞見紀》。"

是書佚去朱之蕃序并萬曆二十七年沈乾陽跋。

《四庫全書總目》入史部編年類存目。《中國古籍善本書目》著錄。中國國家圖書館、上海圖書館等七館,臺北"國家圖書館",及日本內閣文庫、靜嘉堂文庫、尊經閣文庫亦有入藏。

0476　明萬曆刻本世穆兩朝編年信史　T2732/4442

《世穆兩朝編年信史》六卷,明支大綸撰。明萬曆二十四年(1596)刻本。十二冊。半頁九行十八字,四周單邊,白口,單魚尾。框高 18.8 釐米,寬 12.2 釐米。題"甲戌進士臣支大綸纂修;沈紹曾、支如玉校"。前有萬曆二十四年支大綸自序,項德楨序。

支大綸,字心易,號華平。嘉善人。萬曆二年進士。由南昌府教授,擢泉州府推官,謫江西布政司理問,終奉新縣知縣。

是編爲《皇明永陵編年信史》四卷、《皇明昭陵編年信史》二卷。書成於萬曆二十四年,所載永陵史爲嘉靖元年至四十五年,昭陵史爲隆慶元年至六年。

大綸序云:"臣大綸生髮未燥,猥習句讀,遶膝耳提,趨庭面命,口誦臆記,逾弱至壯。迨馳驅南北,厠跡冠珮,尚思得一當以罄涓埃,尋舊學以酬知遇。而術疎數奇,志與時左,首忤權相,再中讒喙。素璧點於青蠅,雄翮摧於飛弋,偉算逝而辭懷,退思集而盈抱,惜聚沫之莽華,閔世業之就蕪,乃搜獼故帙,結佩遺音……草凡再易,歲亦屢更矣。丙申秋杪,《永陵》脫稿,觀察項德楨見而謬賞,謂世廟德澤,亘古獨永,《通紀》諸書,概未皇及,士流企慕,悵焉如饑,亟畀梓人,以揚丕烈。既而《昭陵》就緒,因并鋟之。"

《四庫全書總目》入史部編年類存目。《中國古籍善本書目》著錄。南京圖書館、北京大學圖書館等四館,及日本尊經閣文庫有全帙。臺北"國家圖書館"所藏(原藏北平館者)缺《皇明昭陵信史》。

鈐印有"半澤文庫"(方)、"半澤文庫"(長)、"東尾堂圖書印"、"天保甲午"、"仙臺府學圖書"。"天保甲午"爲日本天保五年,當清道光十四年,是此書至遲在道光間已流入日本。

0477　明崇禎刻本兩朝從信錄　　T2735/3161

《兩朝從信錄》三十五卷,明沈國元撰。明崇禎沈氏大來堂刻本。三十二冊。半頁十行二十二字,四周單邊,白口,單魚尾,書眉上刻評,書口下間刻年月。框高 21.9 釐米,寬 13.9 釐米。題"秀水沈國元述"。前有陳懿典序;沈國元述意。

沈國元,秀水人。諸生。

是書記泰昌、天啓兩朝事,起於庚申,訖於丁卯。以年月爲綱,以事實爲緯,多取材於邸抄,述而不作,故曰從信。

陳懿典序云:"草澤所聞朝家故實,一憑邸抄,而省直流傳詳略已異,其它遺散益復無紀,苟網羅或闕,即薈萃不光,其難一也。取材欲博,而義例欲簡,多棄則梗枏亦斷溝中,賅存則瓦礫何當席上,三長所重,識莫先焉,其難二也。朝廷是非得失之林,甲可乙否,朝佞暮賢,自匪持平折衷,何緜顓若晝一,其難三也。而以語於兩朝,則更有難焉者,隱、桓則彰,定、哀則微。自孔氏著書,不無避忌。而今之載列,多屬生存,即勇於筆而健於舌,其能皆直達無婉轉乎?此數年內,良未易有成書。沈生國元,乃能殫見洽聞,芟繁舉要,博採獨斷,爲《兩朝從信錄》四十卷。"

此爲禁書,《軍機處奏准全燬書目》、《應繳違礙書籍各種名目》、《清代禁書知見錄》著錄。《清代禁燬書目·補遺一》:"專紀泰昌、天啓兩朝事蹟,草野傳聞,事皆失實,且中多犯悖之語,應請銷燬。"

扉頁刊"兩朝通紀從信錄。錄稱從信,書名已兆於唐封;紀著勸懲,動筆輒攖乎時忌。快聖作之甚奇,故茲編之飛走。今者更錄兩朝,備諸事實,削諱忌而徵是非,敘典章而述功罪,閱者鑒諸。大來堂識"。鈐有"昭代鴻猷"、"大來堂"。按,大來堂乃沈氏堂名,曾刻有沈國元之《二十一史論贊》三十六卷,并《二十一史文鈔》五十八卷。

《中國古籍善本書目》著錄明崇禎刻本。上海圖書館、南京圖書館等十八館、臺北"國家圖書館",及日本內閣文庫、尊經閣文庫、京都大學人文科學研究所亦有入藏。

鈐印有"曹秉章印"、"理齋"、"玉研堂"。

0478　清乾隆刻本明紀全載　　　　　T2720.2/2915.2

《明紀全載》十六卷,清朱璘撰。清乾隆刻本。八册。半頁十一行二十五字,左右雙邊,白口,單魚尾。框高22.8釐米,寬13.9釐米。無題著者。是本首殘,康熙三十五年張英序佚,起目錄(所題"明紀全載目次"六字係後書)。

朱璘,字青巖,江蘇常熟人。累官河南南陽、開封府知府。

是書原爲作者所撰《綱鑑輯略》之篇末。時朝廷已開修明史,然久未纂成,作者因慮明季事將湮没,起而網羅故實,編次成十六卷,題"明紀全載",附《綱鑑輯略》之末,編爲卷四○至五五。康熙間杭州蔣載之別行刊出,其卷數仍依《綱鑑輯略》本,標作四○至五五,後來刊本方改爲一至十六卷。是書後易名《明紀輯略》,亦一至十六卷,篇目略有更動。乾隆間列爲違礙書,尋經覆勘,尚無違礙之語,乃弛其禁。

是編始於太祖高皇帝洪武元年,終於懷宗端皇帝崇禎十七年。卷一至二《太祖高皇帝》,卷三《建文帝》,卷四《成祖文皇帝》,卷五《仁宗昭皇帝》、《宣宗章皇帝》,卷六《英宗睿皇帝》、《景皇帝》,卷七《憲宗純皇帝》、《孝宗敬皇帝》,卷八《武宗毅皇帝》、《世宗肅皇帝》,卷九《世宗肅皇帝》、《穆宗莊皇帝》,卷一○至一二《神宗顯皇帝》,卷一三《神宗顯皇帝》、《光宗貞皇帝》,卷一四《熹宗哲皇帝》,卷一五至一六《懷宗端皇帝》,卷一六末附《明末前後死節諸臣》。按,清世祖追謚明毅宗朱由檢爲端皇帝,廟號懷宗。

館藏有《重鐫朱青巖先生擬編明紀輯略》十六卷。首有康熙三十五年張英序,稱作者"能删定古人之史,復能自出論定,纂修一代之史"。此序原爲《明紀全載》而作,因轉引如次:"古人著書立説,自成一家言。至於國史,則公天下之是非,必俟久而論定。故一代興,則纂修前代之史。自司馬氏作《通鑑》、紫陽氏作《綱目》,一部十七史,羅列硯席間。惟明季二百七十餘年,期間政治得失、人品邪正,時或見於他説,但其擇之不精、語之不詳,使考古之士不能無一代闕略之憾。余友青巖朱君,先世與婺源同派,其尊人凝齋公講學東山,發明紫陽之旨,家學淵源,有自來矣。青巖守南陽,首葺書院,延師教郡人子弟,從游者數百人。爲選刻古今人文字遍給諸生,復手定《綱鑑輯略》一書,追蹤《綱目》,芟繁就簡,學者稱便。又慮明季以來事多埋没,爰廣搜文獻,記載詳核,顏曰'明紀全載',附諸篇末。問序於余,余再四批閲,其擇之也精,其語也詳。舉二百七十年之政治人品,瞭然在目,直足以繼十七史之遺。夫召、杜守南陽,能興水利農政,後惟杜征南修其業,然未聞召、杜能删定古人之史,復能自出論定,纂修一代之史,使郡人家絃而户誦。青巖不獨良史才矣。"張英時任經筵日講官、禮部尚書兼管翰林院詹事府事,爲康熙、雍正、乾隆三朝重臣。

扉頁鐫"釐正新鐫明紀全載。□□裘厚齋定本。□□□藏板"。金鑲玉裝。既"釐正新鐫",當爲乾隆間弛禁後之改訂重刊本。

北京大學圖書館著錄"通鑑全載□□卷",存卷四○至五五,作"清康熙三十五年蔣載之刻本"。蓋初行別本,所標卷數尚未改易。

中國科學院圖書館、復旦大學圖書館等七館收藏"《明紀全載》十六卷",作"清康熙刻本"或

史　部

"清康熙三十五年刻本"。

中國人民大學圖書館、東北師範大學圖書館、雲南省圖書館等著録《明紀輯略》十六卷,題"重鐫朱青巖先生擬編明紀輯略",清康熙刻本。

《中國古籍善本書目》不收。

0479　清康熙刻本重鐫朱青巖先生擬編明紀輯略　　T2720.2/2915

《重鐫朱青巖先生擬編明紀輯略》十六卷,清朱璘撰。清康熙刻本。十六册。半頁十行二十字,四周單邊,白口,單魚尾。框高23.5釐米,寬14.2釐米。書眉鐫評語。前有康熙三十五年(1696)張英序;目録。

朱璘,字青巖,見清乾隆刻本《明紀全載》。

是書起於太祖高皇帝洪武元年,迄於莊烈帝崇禎十七年。卷一至二《太祖高皇帝》,卷三《建文帝》,卷四《成祖文皇帝》、《仁宗昭皇帝》、《宣宗章皇帝》,卷五《英宗睿皇帝》、《景皇帝》,卷六《憲宗純皇帝》、《孝宗敬皇帝》,卷七《武宗毅皇帝》、《世宗肅皇帝》,卷八《世宗肅皇帝》、《穆宗莊皇帝》,卷九至一一《神宗顯皇帝》,卷一二《神宗顯皇帝》、《光宗貞皇帝》,卷一三《熹宗哲皇帝》,卷一四《熹哲宗皇帝》、《莊烈帝》,卷一五《莊烈帝》,卷一六附福王、唐王(末附南方臣民以不薙髮死者)、桂王。

《明紀輯略》原名《明紀全載》,爲作者所撰《綱鑑輯略》之篇末,皆十六卷,然篇目略有出入。乾隆間列爲違礙書,尋經覆勘,尚無違礙之語,乃弛其禁。

是本尾殘,止於卷一六第五十三頁下。刊年未詳。中國人民大學圖書館、東北師範大學圖書館、雲南省圖書館等著録,題"重鐫朱青巖先生擬編明紀輯略",清康熙刻本。《中國善本書總目》不收。

館藏複本一部,亦尾殘,止卷一六之五十二頁下。

0480　明抄本大明英宗睿皇帝實録　　T2726.2/1923

《大明英宗睿皇帝實録》三百六十一卷,明陳文、彭時等纂。明抄本。十一册。半頁十行二十字,四周雙邊,白口,無魚尾。藍絲欄,毛裝。框高20.4釐米,寬13.7釐米。

陳文、彭時,均成化朝翰林院學士,陳爲禮部尚書,彭爲兵部尚書。《明史》皆有傳。

是書以年月日繫事,行文平實簡略,爲編年體國史。僅存十一册,均記正統七年事,起自正月,迄於十一月,每月一卷。存卷八八後九頁、卷八九、卷九〇前十八頁、卷九一前十頁、卷九二至九五、卷九六後十一頁、卷九七、卷九八前十一頁,計十一卷。各卷之不全,似書賈有意拆分所致。字體圓潤工整。

明清兩朝有相當完善之《實録》修纂制度,後嗣君主組織諸臣爲前代君主纂修,以内閣首輔爲總裁,凡帝王言論起居、朝政大事、禮儀典章、奏疏誥令、軍事行動、經濟事務,一一備載,記一朝之治亂興衰,以爲後世政治鑒戒。《明實録》前後共十三朝。天順八年正月,英宗皇帝去世,其子憲宗繼位,七個月後,憲宗詔令修纂《英宗實録》,以會昌侯孫繼宗爲監修,陳文、彭時任總裁,柯潛等七十餘人參加纂修、校正、謄録。成化三年八月修成,歷時三年。《實録》前有進表、修纂官名、凡例、目録。附景泰帝事蹟,附録凡八十七卷,總計三百六十一卷。

朝廷所藏《明實錄》有藏於皇史宬之正本、藏於內閣之副本、據舊正本覆抄之大本和萬曆時所抄專供御覽之乾清宮小本,惜清乾隆時諸本焚毀殆盡,現存均私人傳抄及清初明史館所抄者,較爲完整有原國立北平圖書館藏明紅格抄本,曾經盧氏抱經樓、劉氏嘉業堂遞藏之明抄本,現藏臺北"中央研究院"史語所傅斯年圖書館之廣方言館明、清合抄本。

《明史·藝文志》、《續修四庫全書總目提要(稿本)》等著錄。

《中國古籍善本書目》著錄有五部明抄本《英宗實錄》,均爲殘本,所存卷數各自不同,分藏於中國國家圖書館、天津圖書館、南京圖書館、湖南省社科院圖書館、中央民族大學圖書館。另查臺北"國家圖書館"、臺北"故宮博物院"及"中央研究院"史語所傅斯年圖書館也藏有多部明抄本。臺北"國家圖書館"所藏爲明翰林院抄本,其中《英宗實錄》雖僅存卷一三至一七、卷一八七至一九〇、卷二七四至二七九,凡十五卷,然係萬曆年間翰林院所抄,尤當珍視。美國普林斯頓大學葛思德東方圖書館亦有收藏。

卷九二首鈐有"臣如皋李猶龍謹記"。李猶龍,字元德,號海嶽,江蘇如皋人。明末藏書家,搆層樓十數楹,所積書盡貯其中。又嗜名人墨蹟,疊案盈床,晨夕坐卧其間。《(嘉慶)如皋縣志》卷一七《文苑》有傳。

0481　清乾隆刻本皇清開國方略　　T2750/3203

《皇清開國方略》三十二卷首一卷,清阿桂等奉敕撰。清乾隆五十一年(1786)武英殿刻本。十六册。半頁八行二十一字,四周雙邊,白口,單魚尾。框高28釐米,寬19.5釐米。"奉旨開載諸臣職名"題"阿桂、梁國治、和坤彙閲"。前有乾隆五十一年清高宗弘曆序;弘曆與阿桂諸臣合撰《皇清開國方略書成聯句》;乾隆五十一年阿桂等進書表;開載諸臣職名;目錄。末有阿桂、梁國治、和坤跋。

阿桂,字廣廷,號雲崖。正白旗滿州人,姓章佳氏。乾隆舉人,二十年授參贊大臣。平定準噶爾後駐守伊犁,歷官伊犁將軍、兵部尚書、吏部尚書、武英殿大學士兼軍機大臣。卒贈太保,謚文成。《清代碑傳全集》有傳。

"方略"或稱"紀略",歷代王朝記載重大戰役用兵始末之編,用以頒佈天下、頌揚朝廷武功。方略多於戰事奏凱之後,由廷臣選輯諭旨、批答、奏章等,按年月日編排始末而成。方略之編纂不始於清,而以清季爲最著。康熙二十一年設方略館,編纂《欽定平定三逆方略》,紀平定吳三桂、尚之信、耿精忠三藩王逆亂之事,是爲有清一代纂修方略之始。康熙四十七年《平定朔漠方略》編定後,方略館亦撤去。乾隆十三年,應軍機大臣張廷玉等奏請,方略館重開,屬軍機處下,直至清季末年。清代方略要者,《皇清開國方略》而外,有康熙二十一年勒德洪、明珠等編纂《平定三逆方略》,康熙四十七年温達等編纂《平定朔漠方略》,乾隆十三年來保等編纂《平定金川方略》,乾隆三十七年傅恒等編纂《平定準噶爾方略》,乾隆四十六年阿桂等編纂《平定兩金川方略》等。

是編紀清朝開國歷史,清高宗敕撰。弘曆序云:"兹《開國方略》之著,不重於繼明定中原,而重在自俄朵里以至赫圖阿拉,因十三甲,篳路藍縷,得盛京而定王業。"俄朵里,清祖先所居之地;赫圖阿拉,在今遼寧新賓縣,明萬曆十一年努爾哈赤以遺甲十三副起兵,萬曆四十四年於赫圖阿拉登汗位,建號金,建元天命。

編者稱,此書據太祖、太宗、世祖三朝實錄輯錄而成。記事始於天命紀元前癸未年(明萬曆

史　部

十一年)努爾哈赤起兵,迄於清順治元年甲申十月福臨遷都北京即位。卷首冠以"發祥世紀",紀努爾哈赤前史。卷一至八《太祖高皇帝》(努爾哈赤),卷九至三一《太宗文皇帝》(皇太極),卷三二《世祖章皇帝》(福臨)。

其編纂始於乾隆三十九年,越十三年而告成,於五十一年進呈御覽,製序開雕。《皇清開國方略書成聯句》弘曆注云:"乾隆三十九年,予念祖宗功德熾盛,開創艱難……雖事具實録而尊藏史戒,莫由仰睹,乃命輯《開國方略》一書,俾子孫臣庶感仰謨烈。越十三年告成,謹製序刊布。"

是書於開雕之前已編入《四庫全書》。《四庫全書總目》稱是書"乾隆三十八年奉敕撰",《增訂四庫簡明目録標注》、《江蘇省立國學圖書館圖書總目》、《中國叢書綜録》等因之,亦作"乾隆三十八年敕撰"。《東京大學東洋文化研究所漢籍分類目録》、《京都大學人文科學研究所漢籍分類目録》、《北京師範大學圖書館中文古籍書目》作"清乾隆五十一年敕撰",則以進書之年爲敕撰年。

是書以欽定而傳本頗富,首都圖書館、福建省圖書館等二十五館入藏,《香港中文大學圖書館古籍善本書録》、臺北"國立臺灣大學"普通本綫裝書目、臺北"國立故宫博物院"普通舊籍目録、日本《内閣文庫漢籍分類目録》、《東京大學東洋文化研究所漢籍分類目録》、《京都大學人文科學研究所漢籍分類目録》、《普林斯頓大學葛思德東方圖書館中文舊籍目録》等書目皆著録。

殿本之外,《四庫全書》本今存者文淵、文溯、文津、文瀾諸閣本(文瀾閣原寫本存七卷),臺北"國立故宫博物院"普通舊籍目録著録之清乾隆間内府朱絲欄寫本,及清乾隆間寫本,未知是否散出之閣本;北京大學圖書館、山西省祁縣圖書館、湖南圖書館、中山大學圖書館等藏有抄本。

《四庫全書總目》入史部編年類。《中國古籍善本書目》未收。

0482　明萬曆刻本通鑑紀事本末　　T2513/4341D

《通鑑紀事本末》四十二卷,宋袁樞撰。明萬曆二年(1574)李栻刻本。四十二册。半頁十二行二十八字,白口,左右雙邊,單魚尾。框高24.1釐米,寬16.3釐米。前有淳熙元年(1174)楊萬里序,寶祐五年(1257)趙與籌序,延祐六年(1319)陳良弼序,萬曆二年李栻序。

袁樞,字機仲。建安人。宋孝宗隆興元年進士。除太學録,外補嚴州教授。後爲太府丞,分修國史,累遷國子監祭酒。寧宗朝知江陵府,民德之。然爲臺臣劾罷,奉祠家居,著書以終。事蹟具《宋史》本傳。

是書因《資治通鑑》之文,總括爲二百三十九事,始於三家分晉,終於世宗征淮南。每事按年代順序,抄録成篇,起訖瞭然,頗便閱讀,爲第一部紀事本末體著作。

袁氏此書成於乾道九年(1173),兩年後(宋淳熙二年)刻於嚴陵郡庠,此刻今傳僅中國國家圖書館、上海圖書館有全帙,他館所藏皆爲殘本。如將臺北"國家圖書館"所藏(原北平館者)加上大陸各館所存殘卷仍不能併成整部。另有宋寶祐五年趙與籌刻本及趙刻元延祐六年嘉禾學宫重修本,流傳亦罕。然趙刻之元明遞修本則較多,大陸所存在二十部左右。明代除此李栻刻本外,又有萬曆三十四年黄吉士一刻。

李栻序云:"予少喜讀史,每因事變,輒考其治亂,以究當時作爲之如何。顧自太史公述作之後,代各一史,君各一紀,人各一傳,苦於浩繁而難周。司馬公《通鑑》會其要矣,然年以事繫,事以年析,苦於遼隔而難悉。袁子此書,雖不出乎《通鑑》所紀,然比事而提其要,即近而舉乎遠,不待反覆他卷,而其一時事勢事幾事理、治亂之本,了然具在目中……學者得是書而讀之,於古今治亂之道思過半矣。顧在宋嚴陵一刻,已病其本小而多訛,節齋再刻,又幾於久閟而中泯。我朝南京太學舊刻,蓋節齋本也,簡袠重大,摹印爲艱,故其傳不廣,而歲久漫漶殘缺,摹印者亦且厭之矣。予恐其久而遂泯也,購得舊本,復加校正,因酌損其板而重刻焉,以與海内同好者共之,其於治道未必無補云。"按,栻字孟敬。江西豐城人。嘉靖四十四年進士。任魏縣知縣,擢河南道御史。後以巡按湖廣,忤張居正,外遷浙江按察司副使。有《困學纂言》。《南昌府志》卷五三有傳。

目録頁第二行刻"宋建安袁樞編,明巡按湖廣監察御史豐城李栻校刊"一行。

《四庫全書總目》入史部紀事本末類。《中國古籍善本書目》著録。中國國家圖書館、上海圖書館等十八館,臺北"國家圖書館",及美國普林斯頓大學葛思德東方圖書館、日本内閣文庫亦有入藏。

佚名圈點。日人裝幀。

鈐印有"静觀亭圖書"、"蓼倉文庫"。

0483 清康熙刻本通鑑本末紀要 T2513/4341.49

《通鑑本末紀要》八十一卷首三卷,清蔡毓榮輯,清林子卿注。清康熙刻本。四十四册。半頁十行二十二字,左右雙邊,白口,單魚尾。框高 21.3 釐米,寬 14.4 釐米。題"錦川蔡毓榮仁庵甫編輯;華亭林子卿安國氏注"。前有康熙二十四年(1685)王熙序,康熙二十三年(1684)李霨序,康熙八年(1669)蔡士英序,康熙二十三年自序,康熙二十四年魯超後序;自跋;《凡例》八則;目録。其中自序至卷首之上配抄本。

蔡毓榮,字仁庵,初籍遼寧錦州,漢軍正白旗人。父士英。順治間補刑部理事官,平三藩之役爲綏遠將軍,率兵定雲貴,遂爲雲貴總督。轉倉場總督、户部右侍郎。坐事革職,遣戍黑龍江,後赦還。卒於康熙三十八年。《清史稿》卷二五六有傳。

此編是對袁樞《通鑑紀事本末》之考訂。王熙序稱,《資治通鑑綱目》、《通鑑紀事本末》皆後《資治通鑑》而作,《通鑑紀事本末》變其體而概沿其事,《資治通鑑綱目》詳其大而或略其細,世未有能兼收二書之長而裁節之、以自成一家者。讀毓榮自序,則知其斟酌二書,補救四闕,其事與文雖取諸司馬光《資治通鑑》、袁樞《通鑑紀事本末》,其義則折衷朱熹《資治通鑑綱目》。

自序曰,《通鑑紀事本末》有"四闕":"予雅愛此書,洞若觀火,而惜其未盡者有四:涑水以曹魏爲宗,上承漢統,終不若紫陽《綱目》,大義明正。是書一遵司馬之舊,未有更定,一也;所紀本末而外,猶有事關勸戒者,以無所附麗,略而不存,二也;前、後五代以及唐季藩鎮,事故紛繁,端緒交錯,袁氏以體屬紀事,不欲以分國分地,揉雜其文,固不失作者之義,而讀者朱紫炫然,莫適條貫,三也;天台胡氏爲《通鑑音注》,典雅詳確,《綱目》亦有《發明》、《質實》諸本,而是書考訂闕然,四也。"

是編紀事起於三皇五帝,止於元末。卷首之上、中爲《歷代統系》,卷首之下爲《歷代國郡》。

《凡例》稱,是書編例詳於紀事而略於文章,詳於分裂而略於一統,詳於魏晉以後而略於秦漢以前。

編輯始於康熙三年,訖於康熙八年,爲時六年。注釋參校則遲至康熙二十三年始告竣。自序云:"於是竊取數端,詳爲參輯,仍節繁就簡,約其卷帙,始於甲辰(康熙三年),迄於己酉(康熙八年),爲書八十一卷,爲目三百有奇。屬吾友雲間林子安國考證輿地氏里,及有費搜討者,舉而注之,予門人梁谿嵇子爾遐復爲參校,於今始竟,蓋爲時二十年矣。"按,毓榮康熙初授侍郎,歷刑、吏二部,九年始授四川、湖廣總督,駐荊州,編輯之役在其刑、吏二部侍郎任上。二十二年,毓榮以"妒功誣奏"削五級,及二十五年,授總督倉場侍郎。是書自序撰於康熙二十三年,在部議削五級之後、授總督倉場侍郎之前。

此書未見著錄他本。中國人民大學圖書館、浙江圖書館等十館有收藏。

《四庫全書總目》、《中國古籍善本書目》皆不收。

0484 清乾隆刻本紀元本末   T2513/7215

《紀元本末》十六卷,清陶及申撰。清乾隆十七年(1752)陶綸刻本。四冊。半頁九行二十字,左右雙邊,白口,單魚尾。框高18.6釐米,寬12.3釐米。題"會稽陶及申式南氏輯;孫綸晉三氏訂"。前有許尚質序,雍正元年(1723)自序;目錄。末有朱無名跋,乾隆十七年陶綸跋。

陶及申,字式南,號筠厂,浙江會稽人。性恬澹,訓行孝友。著述有《筠厂筆獵》、《筠厂別錄》、《四書博徵》、《字學類正》、《古今贗書考》、《外國志》等。

陶綸述《紀元本末》所由名曰:"孔子因魯史作《春秋》,凡王朝列國、理亂興廢靡不備。太史公作《史記》,未見《左傳》,而紀事遂多牴牾。立千百歲後,彙集前事,非博採群書,何所考證。然家自爲書,見聞與傳聞互異,而又豕亥混淆,剝剜沿誤,非推究本末,更何以信今而傳後?此余祖《紀元本末》所由名也。"

作者自序稱,其取舊所輯者,參之《圖餘紀元》、《廉書紀年》二書,詳加訂正而成是編:"余覽史乘,手輯成帙有年矣。甲子(康熙二十三年)秋,偶得劉北漁先生《圖餘紀元》;越明年春,又得王潛岳先生《廉書紀年》。《圖餘》自序,頗云精審,而缺訛尚居十之三四,又不載及四裔,而旁撼他事,未免顧彼而失此。《廉書》可謂博采矣,而於正史反有一、二遺誤,又分'正統'、'偏霸'、'篡叛'三等,而以劉宋朱梁等入'正統',北魏、遼、金等入'偏霸',義亦未安。用取舊所輯者,參之二書,詳加訂正,且更廣其義類焉。"

卷一前錄,卷二兩漢,卷三三國,卷四兩晉,卷五十七國,卷六南朝,卷七北朝,卷八隋,卷九唐,卷一〇五代,卷一一八國,卷一二宋,卷一三三敵,卷一四元,卷一五明,卷一六清。"八國"爲前蜀、南漢、吳、南唐、閩、後蜀、北漢、吳越,"三敵"爲遼、西夏、金。其編例,正統者書"廟號"、書"皇帝"、書"壽"、"陵",以別於"偏霸諸國"者。"若夫立不以正,傳不及世,焱然而起滅者",皆入"草竊"與"外國",各附本朝之後。

陶綸跋記刊事云:"壬申秋,長姪璇來謁,甚歡,既而請曰,藏書朽蠹,經重錄而確訛孔多,宜訂之。綸惕然曰,手訂之書未久,乃爾更閱數世,又將若何。遂重加考訂,而先以《紀元》付梓焉。""壬申",爲乾隆十七年。

扉頁鐫"紀元本末。筠厂集。乾隆壬申歲鐫。三錫堂藏版"。

是書罕見著錄。收入陶介亭編《陶氏賢奕書樓叢書》,中國國家圖書館入藏,清陶氏賢奕書樓抄本。

《四庫全書總目》、《中國古籍善本書目》皆不收。

0485　明萬曆刻本皇明鴻猷錄　　　　　　　　　　T2720/0227

《皇明鴻猷錄》十六卷，明高岱撰。明萬曆八年(1580)張守朴刻本。八册。半頁十行二十字，四周單邊，白口，單魚尾，書口下有刻工。框高20釐米，寬14.8釐米。題"京山高岱編輯；縉雲鄭文茂、門人劉侃校正"。前有萬曆元年(1573)曾省吾序，嘉靖三十六年(1557)高岱自序，萬曆四年(1576)羅瑶序。末有劉紹恤後序。

高岱，字伯宗，別號鹿坡居士，京山人。嘉靖二十九年進士，官刑部郎中，官至景王府長史。又有《樵論》、《楚漢餘談》、《西曹集》。《(光緒)京山縣志》卷一一有傳。

岱善屬文，此書乃官刑部時所作，仿紀事本末之體，所錄凡六十事，每事標四字爲題，前敘後論，始《龍飛淮甸》，終《追戮仇鸞》，皆事之關於用兵者。岱自序云："余官西曹時，吏務希簡，性復寡交游，更不喜飲酒，長日索居無事也。日欲取讀古書，乃宦邸苦乏書，時時從所知借讀，不多得。顧自思曰，孔子不說夏殷之禮，而願學宗周，遵時也，豈有身通仕籍而不知時政者乎？則取國朝往牒縱觀之，其歷代實錄藏諸石渠天禄者，秘不可得見，惟是諸先臣之紀述、傳志暨諸書疏案牘，無不參質考訂，後稍稍得要領。於是我太祖之開創丕基、我成祖之肅清內難，下及歷代之誅戮權姦、剪除盜賊、討伐蠻夷，隱括二百年間，得其可紀者凡六十餘事，皆國家之重務，經略之偉績也。第撰述非一人手，文辭不盡雅馴，或間見錯出，事始末不備。其載在刑書者，又皆法家語，學士大夫不便覽觀也。乃以暇日，稍論次，屬事比離，薙荒飾陋，勒成一家之言，命胥史錄而爲帙。"

此本乃據萬曆四年羅瑶刻本重刻。先是羅瑶刻於蜀，羅與高岱同爲嘉靖二十九年進士。曾省吾序云："頃余入蜀，而巴陵羅國華與高子同年至厚，遂謀梓於藩司。"又羅瑶序云："伯宗在部幾十年，著《鴻猷錄》，皆列國家大政，自天造以至嘉靖，可備史官大書特書者。余謀梓於蜀，曾司馬三甫序而傳焉。"

劉紹恤後序述及此本爲無錫知縣張守朴重刻，云："高伯宗所爲《鴻猷錄》，往年刻諸蜀中，今大司空曾公開府於蜀，業序之，詳哉其言之也。歲頃，曾公以御史大夫來秣陵，出是錄與薦紳先生之經世者覽觀焉，若將曰，明習國家掌故，此其大都，即序所謂賢者能識其大者也。侍御林君，既就業，嘅焉歎曰，江左豈不誠文獻地哉！士博雅自喜，伯宗書誠得當於述作，何可令江左士不知有伯宗！仍取而付之剞劂，命錫山張令董其役。"按，後序中之"林君"，當爲林應訓，福建懷安人，隆慶五年進士。"錫山張令"，爲張守朴，四川郫縣人，萬曆五年進士。萬曆五年至十年，其在無錫縣爲知縣。

王重民《中國善本書提要》著錄此本，云"明萬曆間重刻本"，"岱輯是書，在嘉靖三十六年官刑部主事時，萬曆元年曾省吾始刻於蜀，後八年林應訓翻刻於蘇，此即蘇州翻刻本也。"按，王說有誤，應爲萬曆四年羅瑶始刻於蜀，後四年張守朴翻刻於錫山，故無蘇州翻刻本也。王氏所見爲美國國會圖書館所藏，有萬曆八年林應訓跋，哈佛本佚去。

今據上海古籍出版社《皇明鴻猷錄》(標點本)林應訓跋云："大司空確庵曾先生撫蜀時，命壽諸梓……遂謀蘇刻以珍之。尋行，錫山令張子守朴董其役，不再月而刻成。"據此跋，可證此本乃爲張守朴於萬曆八年據羅瑶本重刻。

《清代禁書知見錄》云："此書取列朝故實，依袁樞《紀事本末》之例，分類詮次，凡爲目六十。始於洪武，迄嘉靖而止，敘述詳明，尚無違礙，應請毋庸銷毀，惟前數卷間有議論偏謬之處，仍應删節抽毀。"又見於《違礙書目》。

刻工有曹祐、方仕、何序、何茲、何道、何成、何經、何淮、何戈、胡玉、陳春、王成、戴孝。

《四庫全書總目》入史部紀事本末類存目。《中國古籍善本書目》著録明萬曆八年羅瑤刻本，疑誤。中國國家圖書館、北京大學圖書館等四館及日本内閣文庫亦有入藏。臺北"國家圖書館"所藏作明萬曆元年蜀中刻本，亦誤。據著録，又有明嘉靖四十四年高思誠刻本、明萬曆七年顧氏奇字齋刻本、明萬曆四十七年李徵儀、王同鼎刻本。

0486　清康熙刻本交山平寇本末　　　　　　　　　T3059/1476

《交山平寇本末》三卷，清夏駰撰，清陸慶臻評。清康熙十一年(1672)刻本。三册。半頁九行二十字，左右雙邊，白口，單魚尾。框高 19.1 釐米，寬 13.4 釐米。題"雲間陸慶臻集生評"。前有陸慶臻序，潘耒序，康熙十一年夏駰自序。

夏駰，字宛來，浙江桐鄉人。少負奇氣，岸然不可一世。長爲諸生，試輒冠軍，以明經選補教職，未就，非其好也。其學自六經左史，下及諸子百家、方言地志，無所不覽。詩若文，雄拔如其人。好論史，古今事瞭如指掌，尤喜談兵。晚年客游秦晉，名益重，詩文價益高，以金帛酬者甚衆。性豪蕩曠達，立身行事以古人自期，年六十餘，卒於家。《國朝耆獻類徵初編》卷四二六有傳。

交山者，山西太原交城縣之北境山也，是書記交城知縣趙吉士剿賊事。交山故爲盜藪，康熙七年，吉士往涖事，以計次第擒之，閲四年而盡平。駰時客吉士幕中，因紀其本末。上溯盜起之由，中述定計之豫，終陳制勝之略。其間以賊制賊，以間用間，情狀萬端，非身參籌畫、洞悉機宜者不能爲。且其敘事簡而覈，贍而百體，人地必詳，月日必確。末附《喜聞交山蕩平四律》。陸慶臻評點之句，皆以小字注於旁。

夏駰自序云："吾生於東南，承先大夫之後，幼習制科之業，然與星占形勝及古今攻取籌略之書尤津津焉。顧鄉之人或且笑之，遂乃放游中原、西北、京塞之間者七八年，閲人多矣。然皆非性所合，獨至晉陽，從趙天羽使君游最久，蓋其人儒者而非世之所謂儒者也。其任交城，行事類與人異，至平山寇始末方略尤周。吾每讀陳湯、班超列傳，輒踴躍神工，二子功信奇偉，然非得孟堅、蔚宗輩敘而傳焉，後之人何從而知之？吾自戊申春游晉，去來無定，辛亥復至，卒與使君平寇事相終始，見之詳，察之詳。喜其事而能紀之詳皆無如吾者，吾不紀焉，且將遺憾夫後之人。"

此本扉頁，刻"交山平寇本末。雲間陸集生評。康熙壬子年梓。擁青閣藏板"。按，《中國古籍版刻辭典》未收"擁青閣"。

《四庫全書總目》入雜史類存目。《中國古籍善本書目》紀事本末類著録清康熙十一年擁青閣刻本，藏浙江圖書館、北京大學圖書館、清華大學圖書館三館。按，是書又有清初刻本，藏中國社會科學院歷史研究所圖書館，多出詩一卷書牘一卷。《四庫全書存目叢書》史部第 56 册收有此書，底本爲復旦大學圖書館藏清康熙刻邵以發評本，爲半頁十一行二十字，前有邵以發序，書眉上刻邵評，增出詩一卷書牘一卷。

鈐印有"思詒齋所鑑藏"。

0487　清乾隆刻本欽定廓爾喀紀略　　　　　　　　T2820/0162

《欽定廓爾喀紀略》五十四卷首四卷，清高宗弘曆敕撰。清乾隆六十年(1795)武英殿刻本。

三十二册。半頁七行二十字，四周雙邊，白口，單魚尾。框高22.2釐米，寬16.2釐米。卷端無題。

是編紀乾隆五十六年秋至五十七年夏平定廓爾喀入侵後藏事。紀事始乾隆五十六年八月，終五十九年六月。

正文五十四卷，爲廷臣輯録諭旨、批答、奏章等，編排用兵始末而成。起乾隆五十六年八月二十二日駐藏辦事大臣保泰雅滿泰奏文，止五十九年六月十五日和琳等奏文。

卷首一至三清高宗御製詩，御製詩以注文記事。卷首四御製文，有《十全記》、《喇嘛說》、《兵部奏凱旋兵丁至京由驛各歸本地營伍紀事》、《平定廓爾喀十五功臣圖贊》等篇。

再次平定廓爾喀入侵後藏之役，爲乾隆朝歷次重大兵事之殿，《十全記》曰："十功者，平準噶爾爲二、定回部爲一、掃金川爲二、靖臺灣爲一、降緬甸安南各一、即今二次受廓爾喀降，合爲十。"

廓爾喀與後藏爲鄰，首府陽布。廓爾喀於乾隆五十三年、五十五年兩次侵擾後藏邊界，兩次均以受降終結。乾隆五十六年八月，廓爾喀入侵後藏，洗劫班禪駐錫地扎什倫布寺，清朝廷隨即調兵入藏。清高宗命福康安爲將軍、海蘭察爲參贊。福康安、海蘭察統率清軍於次年七月將廓爾喀人全部逐出西藏，進而師臨其都陽布。廓爾喀王遂遣使納款，繳所掠後藏財物，呈進象馬樂工。高宗特旨受降，清軍於九月班師回朝。廓爾喀懔遵約束，每五年遣噶箕人等赴京，恭進表貢以爲常。清魏源據《廓爾喀紀略》與《巴勒布紀略》爲藍本，撰《征廓爾喀記》一卷。

按，乾隆朝內府所刊征討方略，皆爲敕撰，其奉敕領銜總纂者多爲征役將軍。平定廓爾喀一役，以福康安爲將軍，此《紀略》則無進書表及纂修職名。《欽定廓爾喀紀略》之前，又有《欽定平定臺灣紀略》，亦無進書表及纂修職名，因作清高宗敕撰。

此書乾隆五十九年已寫定，是年十月十四清高宗命軍機大臣傳福康安諭有"朕披閱《廓爾喀紀略》"語。陶湘《清代殿板書目》作"乾隆六十年刻本"，《清代內府刻書目錄解題》從之。

《中國古籍善本書目》入史部紀事本末類，亦著録清乾隆六十年武英殿刻本，中國國家圖書館、上海圖書館等九館收藏。

0488　清內府寫本聖駕親征噶爾旦方略　　T2785/5438

《聖駕親征噶爾旦方略》一卷，清聖祖玄燁撰，清敖福合譯。清內府寫本。一册。半頁十一行二十一字，四周雙邊，紅口，雙魚尾。無欄線，有暗格。框高25釐米，寬17.3釐米。板框、書口皆以朱墨手繪，甚工。無序跋。

清聖祖玄燁，見《御製避暑山莊詩》。

敖福合，康熙三十一年任杭州織造。《清史稿》無傳。《浙江通志》卷一二一《職官》"織造府"下有其任職年。

康熙初年，游牧於天山北麓的厄魯特蒙古準噶爾部首領噶爾丹勢力強大，兼併天山南北，自立爲汗，並不斷驅兵攻掠喀爾喀蒙古，踞土謝圖、車臣、扎薩克圖三汗領地。喀爾喀哲布尊丹巴率部投奔清廷，三汗亦向康熙帝乞援。康熙令噶爾丹罷兵，而其一意逞行，並與沙俄勾結。康熙遂統八旗勁旅，於康熙二十九年、三十五年、三十六年三次出塞親征，馳騁於大漠草原，與其數次鏖戰，迫使噶爾丹於內外交困中飲藥自盡（一說暴病身亡）。康熙敕命大學士溫達等編纂《親征平定朔漠方略》，書成四十八卷，有康熙四十七年内府刊本，乾隆時收入《四庫全書》史部紀事本末類。卷首有《聖祖仁皇帝御製親征朔漠紀略》一篇，爲聖祖玄燁自記康熙三十五年第二次親征情形，此即哈佛本《聖駕親征噶爾旦方略》，名雖異而書同，惟文字與刻本、《四庫全書》本皆不盡相同，蓋敖福合將滿文轉譯爲漢文之初稿。《親征平定朔漠方略》前有編纂職名，列總裁、滿漢文纂修、收掌、翻譯、滿漢文謄録七十四人，然敖福合不見載其中。記事起於二月三十日，止於五月初二日。噶爾旦，即噶爾丹。

康熙二十九年八月烏蘭布通大捷後，噶爾丹退回漠北，喘息甫定，即卷土重來。康熙三十四年，侵擾日益頻繁，喀爾喀克魯倫河、土拉地區時被劫掠。康熙三十五年二月，康熙帝再率大軍親征噶爾丹，出中路，至克魯倫河。五月十三日昭莫多一戰大獲全勝，噶爾丹率數十騎突圍遠遁，向喀爾喀西部流竄。此《親征噶爾旦方略》記康熙帝決心親征、分路行進、一路與官兵同甘共苦之事甚詳。《四庫全書總目》稱《親征平定朔漠方略》"據事直書，語無增飾"，而此本翻譯、抄寫遠早於刻本，更無矯飾，尤當重視。

清代自康熙朝開始，每逢重大軍事行動結束後，都下詔纂修方略，輯爲專書，光緒朝《大清會典》稱："每次軍功告蕆及遇有政事之大者，奉旨纂輯成書，紀其始末，或曰方略，或曰紀略。"方略館初始爲臨時開設，書修畢即撤館，乾隆年間成爲内廷常開修書館，屬軍機處掌管，總裁由軍機大臣兼充，下設提調滿漢各二人，收掌滿漢各二人，纂修滿三人，漢六人。除漢纂修一人由翰林院咨送外，皆由軍機章京兼充。官修方略雖以頌揚王朝武功爲主，但確爲清朝重大軍事活動之記録，並兼涉邊疆及民族事務，頗具史料價值。

此本開本廣大，天地極寬，黄綾封面，裝幀鄭重。卷末有"杭州織造郎中加一級臣敖福合恭譯敬刊"一行。"弘"、"寧"不諱。據載，官修方略經皇帝審定發下後，由方略館遵改並繕寫裝潢爲定本，再進呈御覽，並另抄一份送武英殿刊刻刷印。此本蓋方略館精抄呈覽之本也。

《中國古籍善本書目》著録中央民族大學圖書館藏清抄本一部。另查，中國國家圖書館亦收藏一部，二册，著録爲清末朱絲欄抄本。臺北"中央研究院"史語所傅斯年圖書館亦藏一部，一册，著録爲"庫鈔本"。

0489　清乾隆刻本欽定平定臺灣紀略　T2816/3203

《欽定平定臺灣紀略》六十五卷首五卷，清高宗弘曆敕撰。清乾隆五十三年(1788)武英殿刻本。三十六册。半頁七行二十字，四周雙邊，白口，單魚尾。框高22.6釐米，寬16.1釐米。卷端無題。

是書無領銜總纂，亦無進書表。御製文《勦滅臺灣逆賊生擒林爽文紀事語》代序，是篇末云："凡軍旅事，必當有方略之書。書成，即以此語冠首篇，亦不更爲之序矣。"

正文六十五卷，爲廷臣輯録諭旨、批答、奏章等，編排始末而成。起乾隆五十一年十二月二十七閩浙總督常青奏文，止乾隆五十二年十二月初八閩撫徐嗣曾、奎林奏文。

卷首一至三爲清高宗御製詩，御製詩以注文記事，記事始乾隆五十二年初，迄五十三年七月。御製詩三《事定》篇注曰："福康安於上年八月初間在山莊始奉命前往，兹於七月十六日回山莊凱宴，計期尚未及一年。"卷首之四御製文，有《勦滅臺灣逆賊生擒林爽文紀事語》、《福康安奏報生擒莊大田紀事語》、《御製平定臺灣告成熱河文廟碑》等三篇。卷首之五爲御製贊，題"平定臺灣二十功臣像贊"。

是編紀乾隆五十一年至五十三年平定臺灣林爽文、莊大田舉兵事。林爽文,福建省漳州府平和縣人,乾隆三十八年隨父母遷居臺灣彰化縣大理杙莊務農。四十九年加入天地會,爲彰化地區天地會重要首領之一。時臺灣吏治腐敗,天地會除貪反清,勢漸壯大。五十一年七月,朝廷下令解散天地會。臺灣知府孫景燧搜捕天地會會員,濫殺無辜。十一月爽文率天地會衆人於大理杙起兵。莊大田,福建省漳州府平和縣人,乾隆間隨父渡海至臺灣府彰化縣,後遷居鳳山縣篤加港,爲鳳山天地會領袖。聞爽文起兵,大田即率鳳山天地會響應。清廷先後派提督黃仕簡、任承恩,以及閩浙總督常青、陝甘總督福康安率官軍渡臺鎮壓。福康安於乾隆五十二年十一月抵達臺灣後,接連收復失地,同時分化起義軍,旋於次年正月初五生擒爽文。爽文被押解至京,三月初十受斬刑。大田重傷被俘,就地處以斬刑。

《四庫全書總目》入史部紀事本末類。《中國古籍善本書目》著録,首都圖書館、上海圖書館等六館收藏;又清内府抄本,存十卷,吉林大學圖書館藏本;清乾隆内府抄本,故宫博物院圖書館收藏。此外,中國科學院圖書館、臺北"故宫博物院"等亦有入藏。

0490 清乾隆刻本平定兩金川方略　　　　　　　　　　T2814/1318

《平定兩金川方略》一百三十六卷首八卷《紀略》一卷《藝文》八卷,清阿桂等奉敕撰。清乾隆武英殿刻本。六十四册。半頁七行二十字,四周雙邊,黑口,雙魚尾。框高23.5釐米,寬15.7釐米。前有阿桂等進書表;總裁提調收掌纂修諸臣職名。

阿桂,見《皇清開國方略》。

是書紀乾隆三十一年至四十一年西征大、小金川索諾木、僧格桑戰役事。紀事起乾隆二十年六月,止乾隆四十四年十一月。卷首《天章》八卷,爲清高宗弘曆御製詩文,起《平定兩金川告成太學碑文》,止《平定兩金川五十功臣像贊》,末有于敏中、梁國治跋。《紀略》一卷,爲方略正文書成之後,撮其大要而成。阿桂云:"(皇帝)復以兩金川者定之地,皆所身歷,命與臣福隆安、臣梁國治編纂方略。書成,復撮其大要,臚具顛末,以爲《紀略》。"《藝文》八卷,爲諸臣詩文,起于敏中《平定兩金川鐃歌十六章》。纂修職名"總裁"載舒赫德、阿桂、于敏中、福隆安、梁國治,又有提調官、收掌、滿漢總纂、滿漢纂修、協修、校對官、繙譯官若干。

兩金川並指大、小金川,地指四川西北部、大渡河流域藏民定居區,方圓數百餘里,山高水深,地少人稀,氣候嚴寒而多雨雪,出產僅有青稞蕎麥。明朝册封小金川土司爲金川寺演化禪師,隸屬雜谷安撫司,清初承明制,仍頒授印信。雍正元年,清廷另立大金川土司爲金川安撫司。乾隆十二年大金川土司官莎羅奔以兵攻革布希紮、明正兩土司,四川巡撫紀山派兵彈壓,反爲所敗。清高宗調雲貴總督張廣泗爲四川總督、大學士納親督師,再次進剿,疲師兩載,勢而無功。高宗殺張廣泗,賜納親死。次年,改用傅恒、岳鍾琪,終以莎羅奔乞降而事遂平息。

是編所記,爲二次出兵討兩金川之役。以大金川土司索諾木(莎羅奔姪孫)復反,三十一年朝廷派四川總督阿勒泰聯九土司兵攻大金川,小金川土司僧格桑(澤旺子)隨之亦反。三十六年,阿勒泰兵阻打箭爐不進,高宗改以大學士温福督師、尚書桂林代阿勒泰總督職。温福率軍連奪關隘,次年入小金川,旋轉攻大金川。三十八年温福戰敗卒,全師大潰。高宗復命阿桂爲定西將軍,增調精兵,再進剿大小金川。阿桂先克小金川,又歷時一年,始逼近大金川勒烏圍。索諾木殺僧格桑求降,不允。四十年勒烏圍破,索諾木逃至剌耳崖,次年出降。是役前後歷時十年,最終平定大小金川。

高宗兩次出兵大小金川,"用帑銀至七千萬",前後折四大臣,士兵死傷數萬。金川之亂平息後,朝廷於金川地區廢除土司,改置州縣,設美諾、阿爾古二廳,隸四川省。川西北各地土司,也相繼改隸州縣。美諾廳後改爲懋功縣。

《四庫全書總目》將平定兩金川之役與平定準噶爾之役並論,有云:"蓋自三古以來,中國之兵力未有能至其地者。惟我皇上睿算精詳,天聲震疊,始開辟化外之草昧。是以語其道里,視河源萬里爲近;考其疆界,視天山兩道爲狹;計其生齒,不能敵三十六國之一。而頌聖武者仍覺與乙亥西征擴地二萬餘里先後同軌,豈非以涉歷之遠,至伊犁而極;山川之險,至兩金川而極。均爲克千古之所不能克哉。"乾隆間趙翼《皇朝武功紀盛自序》亦有"金川地雖小,而山險路阻,攻討倍苦,功績亦倍奇"之説。

是書纂修始於乾隆四十一年,時在兩金川之役告捷後。《紀略》曰:"乾隆四十有一年,歲在丙申春二月,兩金川平……皇帝俞廷臣請,敕臣阿桂、臣福隆安、臣梁國治編纂方略。臣等謹率同纂修諸臣,編年繫月,成書若干卷,依次進呈。"《四庫全書總目》題"乾隆四十六年大學士阿桂等恭撰奏進",則全書進呈在乾隆四十六年。

是本爲內府所刊,無確切刊印年。有著録乾隆刻,若《增訂四庫簡明目録標注》之《續録》作"乾隆間武英殿聚珍板本";《清代內府刻書目録解題》著録清乾隆武英殿刻本,其解題曰:"陶湘《清代殿板書目》著録此書爲'乾隆四十六年阿桂等奉敕纂,嘉慶五年(1800)刻'。然書中'顒'、'琰'不諱,應爲乾隆刻本,時間在乾隆四十六年以後。"又著録有嘉慶刻,若陶湘《清代殿板書目》、《中國古籍善本書目》等均作嘉慶五年刻本,《中國科學院圖書館藏中文古籍善本書目》作嘉慶刻本。《四庫全書總目》未詳所著録本爲"內府刊本"或"進呈本"。

《中國古籍善本書目》著録,故宫博物院圖書館、上海圖書館、遼寧省圖書館收藏。中國科學院圖書館、臺北"故宫博物院"等也有收藏。又著録《平定兩金川方略》一百三十六卷首八卷《紀略》一卷,清阿桂等纂稿本,存九十三卷,故宫博物院圖書館藏。臺北"故宫博物院"又藏有清內府刊滿文本。

《四庫全書總目》、《中國古籍善本書目》均入史部紀事本末類。

鈐印有"皖南張師亮筱漁氏校書於篤素堂"。

0491　清康熙刻本三藩紀事本末　　T2763/4279

《三藩紀事本末》四卷,清楊陸榮撰。清康熙五十六年(1717)刻本。四册。半頁九行二十字,左右雙邊,白口,單魚尾。框高18.6釐米,寬13.2釐米。題"青浦楊陸榮采南氏編"。前有康熙五十六年自序;《凡例》五則;目録。有闕名句讀圈點。

楊陸榮,字采南,號潭西,江蘇青浦人,康熙間諸生。著述有《易互》六卷、《五代史志疑》四卷、《遼金正史綱目》三十卷、《殷頑録》六卷、《潭西詩集》二十一卷、《楊潭西先生遺書》六種四十一卷等。

此書紀南明弘光、隆武、永曆三朝史。清朝廷視南明諸王爲明藩王,作者從之,因題是書曰"三藩紀事本末"。由於保存了大量明末史料,是書乾隆間被列爲禁毀書。《凡例》稱:"是編雖雜採《劫灰録》、《浮海》、《甲子》、《江人事》、《江難》、《也是》、《遺聞》、《編年》、《遂志》等書,然一以王大司農奉旨分編之史傳爲正,故與野史所載,微有異同。"按,"王大司農奉旨分編之史傳"

即王鴻緒所撰《明史列傳藁》,康熙五十三年進呈,有康熙敬慎堂刊本。

全書四卷,計二十二篇。各卷篇名如次:卷一《三藩僭號》、《四鎮》、《兩案》、《馬阮之奸》,卷二《王師平南浙》、《王師平閩》、《金王收江右》、《李成棟收粵東》、《魯藩據浙東》、《益藩擾湖東附傳揭》,卷三《楊劉萬殉贛》、《金王之亂》、《南征》、《何騰蛟殉楚》、《瞿式耜殉粵》、《孫李搆隙》、《孫李奔北》,卷四《永明入緬》、《檄緬取王》、《蜀亂》、《鄭成功之亂》、《雜亂》。

是編悉遵清朝正朔。周中孚《鄭堂讀書記》謂:"是書記南明史事,於清代頗多頌諛之辭,全謝山深非其書。"全祖望《答陸聚緱編修論〈三藩紀事〉帖子》有云:"《三藩紀事本末》盡屬不經之語,其中人地之譌,時日之舛,不能更僕數也。"

《四庫全書總目》入紀事本末類存目,著録浙江巡撫採進本。《總目》曰:"其凡例自云搜羅未廣,頗有疏漏。又間有傳聞異辭者。如《明史·文苑傳》載艾南英以病死,而此載其自縊殉節,亦僅據其耳目所及,未一一詳核也。"

扉頁鐫"三藩紀事本末。康熙丁酉春鐫。本衙藏板"。"康熙丁酉"爲五十六年。

《中國古籍善本書目》不收。《中國人民大學圖書館古籍善本書目》、《北京師範大學圖書館中文古籍書目》、《香港中文大學圖書館古籍善本書録》等著録。另《普林斯頓大學葛思德東方圖書館中文舊籍目録》著録清康熙末年(1717)青浦楊氏原刊本。《北京大學圖書館藏古籍善本書目》著録清康熙五十六年刻補板後印本。《中國科學院圖書館藏中文古籍善本書目》著録清雍正刻本。臺北《"國家圖書館"善本書志初稿》著録朝鮮抄本。

《三藩紀事本末》先後收入《借月山房彙鈔》、《澤古齋重鈔》、《指海》、《式古居彙鈔》、《叢書集成初編》等,流播廣泛。

0492 清乾隆刻本皇朝武功紀盛 T2743/4318

《皇朝武功紀盛》四卷,清趙翼撰。清乾隆五十七年(1792)刻本。二册。陳坦批注圈點。半頁十一行二十一字,左右雙邊,白口,單魚尾。框高17.9釐米,寬13.1釐米。題"陽湖趙翼雲崧"。前有乾隆五十七年自序,乾隆五十七年盧文弨序。

趙翼,字雲崧,一字耘松,號甌北,陽湖(今江蘇常州)人。少孤貧,有奇才。乾隆十五年舉順天鄉試,選授內閣中書,入直軍機處。二十六年進士。三十一年由翰林編修授廣西鎮安知府,有惠政。歷任廣州鹽司、貴西兵備道等職。著述十餘種,尤以《甌北全集》、《陔餘叢考》、《廿二史劄記》等爲著。生於雍正五年,卒於嘉慶十九年,年八十八。《清代碑傳全集》有傳。

清代自康熙朝始,凡重大戰役,奏捷之後,由廷臣撰《方略》以紀用兵始末。乾隆朝"十大戰事",至五十七年已近尾聲。趙翼以康熙、乾隆兩朝六次重要戰役,按朝廷頒佈之《方略》,"節繁撮要,各撰述略一篇",彙爲此編。其撰寫得力者有三:一、作者曾親歷乾隆朝平定準噶爾、緬甸、兩金川和臺灣等數役;二、作者夙具史才,能以史家眼光綜觀戰事;三、諸《方略》雖陸續由內府刊出,仍難以獲讀,而《四庫全書》頒至文匯閣時,作者適掌教揚州,得以縱覽閣本《方略》。

凡四卷。卷一《平定三逆述略》,卷二《平定準噶爾前編述略》、《平定準噶爾正編述略》,卷三《平定緬甸述略》,卷四《平定兩金川述略》、《平定臺灣述略》、《平定廓爾喀述略》。

是書體例,每篇《述略》之前,引《四庫全書》文匯閣本《皇清開國方略》。文匯、文宗兩閣於清咸豐十一年太平天國戰爭間閣圮書毀,迄今未見二閣閣本爐餘故物。此書各篇所引《方略》雖爲節錄,而別具版本價值。

趙翼序云:"欽惟我國家武功之盛,度越千古,然勒勳紀績,藏在册府,天下無由盡知。幸皇上頒發《四庫全書》於江浙之文匯、文宗、文瀾三閣,内有前數件方略,共四百六十四卷,備載用兵始末,俾留心掌故之士,皆得叩閣而伏讀之。第卷帙繁多,詣閣來者,一時難於遍閱。臣幸與文匯裝訂之役,敬謹尋繹於聖祖之平三逆、平朔漠,既得推究原委,而我皇上平準夷回部時,臣正直軍機,繕寫諭旨,鈔錄奏摺,一切皆得與知。其後從征緬甸,又身在行間,已而將軍臣溫福、阿桂自滇赴蜀,討兩金川,道經臣貴西官舍論兵事,夜分乃別。黔蜀接壤,軍中聲息,旦夕得聞。臺灣之役,臣又爲督臣李侍堯延入幕府,首尾一年餘,始終其事。故於此數次用兵見聞較切。征緬時曾即軍中,粗有記述,餘未及隨時載筆也。歸田後,擬一一追敘,而閱時已久,年月件繁記憶,不無稍訛。今得《方略》,以證前事,益覺歷歷如繪。用不揣冒昧,節繁撮要,各爲述略一篇,總名曰'皇朝武功紀盛'。"

扉頁鐫"皇朝武功紀盛。湛貽堂藏板"。

是本卷末記藏地習俗等,語起"余君又爲余言",至"此亦余君所親歷,故並記之",計二十八行,蓋其哲嗣所記,附刻於末。則是本或爲後印。

館藏另一刻本,行款同是本,然四周單邊。框高18.1釐米,寬13.3釐米。扉頁所題也同是本。盧序在先,趙翼自序在後。字體較是本爲工,如卷末"頃刻凍死"之"頃"字,是本筆畫舛訛,幾不能辨。又其卷一第十八頁十七行"王至克魯倫河"、卷三第八頁二行"王亦有全師連出之旨"、卷四第一頁十八行"王以黔督張廣泗征苗有功"等,皆稱"王"(是本則作"上"),當刊於乾隆六十年以後。檢《增訂四庫簡明目録標注·續録》云:"單刊有大、小二本"。

是書收入乾隆、嘉慶間所刻《甌北全集》。光緒之後,又收入多種叢書,如《藝海珠塵》、《讀畫齋叢書》、《叢書集成初編》、《近代中國史料叢刊》等。

《中國古籍善本書目》不收。《北京大學圖書館藏古籍善本書目》、《湖南省古籍善本書目》、《香港中文大學圖書館古籍善本書録》、臺北《"國立中央圖書館"普通本綫裝書目》、《私立東海大學普通本綫裝書目》、日本《國立國會圖書館漢籍目録》、《東京大學東洋文化研究所漢籍分類目録》、《京都大學人文科學研究所漢籍分類目録》等著録。又有抄本兩種,分別爲北京大學圖書館、湖南圖書館所藏。

鈐有"臣陳坦印"朱文方印。

0493　清道光刻本逸周書　T2524/1161D

《逸周書》二十二卷首一卷末一卷,晉孔晁注,清陳逢衡補注。清道光五年(1825)刻本。八册。半頁九行二十二字,左右雙邊,黑口,雙魚尾。框高17.8釐米,寬12.4釐米。題"晉孔晁注;江都陳逢衡補注"。前有道光五年陳逢衡自序,元至正十四年(1354)黄玢舊序,明姜士昌序,乾隆五十一年(1786)謝墉並識語,康熙八年(1669)汪士漢序,明嘉靖元年(1669)楊慎序,道光五年顧廣圻序。末一卷後有道光五年陳逢衡題識。

陳逢衡,見清嘉慶刻本《竹書紀年集證》。

《逸周書》爲傳世先秦史籍,本名"周書",班固《漢書·藝文志》稱"周史記",許慎以其出《尚書·周書》之外,而於《説文解字》始稱"逸周書",隋唐以後亦稱"汲冢周書"。其内容多爲周代君主之誥命、誓言、典章制度及史事等,各篇形成時間,最早者可至周初,晚者也在漢初。原書早佚,今本凡十卷,正文七十篇,比班固所記少一篇,其編次大體按時代先後,歷記周文王、周武王、周公、成王、康王、穆王、厲王及景王時事。《逸周書》保存了孔子刪定四書五經前之文獻,其記載與《尚書》、《史記》等史書相異,而與卜辭、吉金文相合。晉孔晁曾爲《逸周書》做注,今存四十二篇,逢衡因取時人盧文弨抱經堂校本爲藍本,而間取他本參訂之,以補孔疏。

逢衡自序云:"古籍之存於今也,若滅若没,岌岌於千鈞一髮矣。學者不能悉心研究,但知拾取浮言,習爲排斥之説,是豈與古爲仇哉,抑亦囿於衆而不克自拔也。夫以孔壁古文之炳於唐疏、頒於學官,尚不見容斯世,矧其在七十一篇之聲沉響絶者乎?吾爲此懼,爰取晉孔氏所注周書補之,雖學殖蕪陋,無所發明,概依盧學士校刊本爲之彌縫而斟酌,以求合焉。"

正文二十二卷,計七十篇,俱以"解"名其篇。卷一《度訓解》、《命訓解》,卷二《常訓解》、《文酌解》、《糴匡解》,卷三《武稱解》、《允文解》、《大武解》、《大明武解》、《小明武解》,卷四《大匡解》、《程典解》、《程寤解》、《秦陰解》、《九政解》、《劉法解》、《文開解》、《保開解》、《八繁解》,卷五《酆保解》、《大開解》、《小開解》、《文儆解》,卷六《文傳解》、《柔武解》、《大開武解》、《小開武解》,卷七《寶典解》、《酆謀解》、《寤儆解》、《武順解》、《武穆解》,卷八《和寤解》、《武寤解》、《克殷解》,卷九《大匡解》、《文政解》、《大聚解》,卷一〇《世俘解》、《箕子解》、《耆德解》,卷一一《商誓解》、《度邑解》、《武儆解》、《五權解》、《成開解》,卷一二《作雒解》、《皇門解》、《大戒解》,卷一三《周月解》、《時訓解》、《月令解》,卷一四《謚法解》,卷一五《明堂解》、《嘗麥解》,卷一六《本典解》、《官人解》,卷一七《王會解》,卷一八《祭公解》、《史記解》,卷一九《職方解》,卷二〇《芮良夫解》、《王子晉解》、《王佩解》,卷二一《殷祝解》、《周祝解》、《武紀解》,卷二二《銓法解》、《器服解》、《周書序》。逢衡所加詮釋,均標以"補注"二字,旁徵博引,考辨也稱詳確。

首一卷爲《敘略》、《集説》。《敘略》計十八則,其中十一則爲作者考證所得之要者,餘爲編例,於《逸周書》之題名、選本、補遺等均有説明。《集説》集十七家之説,計三十一則。十七家依次爲《漢書藝文志》、劉知幾《史通》、晁公武《讀書志》、洪邁《容齋隨筆》、李燾、陳振孫、丁黼、劉克莊、王應麟《困學紀聞》、黃震、方孝孺、周洪謨、郭棐、胡應麟、劉大謨、臧琳《經義雜記》、閻若璩。

末一卷爲《補遺》、《諸書誤引》、《附録》。末有識語:"昔胡君應麟有注《竹書紀年》、《逸周書》、《穆天子傳》之願,見所著《筆叢》。予於嘉慶癸酉刊《紀年》,今《周書》又卒業,惟《穆天子傳》尚未暇考覈,未知他日能成此志否。道光五年小暑日衡又識。"

顧廣圻序云:"夫《逸周書》晉孔晁解,疏陋無足觀。近世餘姚盧學士文弨雖集合衆家,校正刊行,然間一尋覽,但覺尚多棘口瞢心,譬猶蠶叢魚鳧,與康莊相錯,每至窘步,輒復掩卷。君獨不避艱難,鉤深致遠,字梳句櫛,旁徵博引,詳哉言之。凡孔解所無,盧校之欠,期於全得其通,則將讀是書舍君之注曷由哉!"

清季始盛行爲《逸周書》作考注、補正,逢衡撰補注而外,較著者尚有丁宗洛《逸周書管箋》、朱右曾《周書集訓校釋》、潘振《周書解義》、唐大沛《逸周書分編句釋》、王念孫《讀逸周書雜志》、俞樾《周書平議》、孫詒讓《周書補》、劉師培《周書補正》、陳漢章《周書後案》等。

《逸周書》傳本有元刻一種,明刻及清初刻本多種:

題《汲冢周書》者,有元至正十四年嘉興路儒學刻本,半頁十行二十字,細黑口,左右雙邊,中國國家圖書館藏;元至正十四年嘉興路儒學刻明修補印本,半頁十行二十字,上細黑口、下粗黑口,四周雙邊,上海圖書館藏;明嘉靖二十二年章檗刻本,半頁九行二十字,白口,左右雙邊,北京大學圖書館、重慶市圖書館等五館收藏;明姜士昌刻本,半頁九行二十字,白口,左右雙邊,福建省莆田縣圖書館藏;明嘉靖二十六年刻本,半頁十行二十二字,細黑口,左右單邊,上海圖書館藏;明刻本,半頁十行二十四字,白口,左右雙邊,東北師範大學圖書館藏;又明刻本,十行二十字,白口,四周雙邊,上海圖書館藏;清康熙刻本,復旦大學圖書館藏。

題《逸周書》者,有明嘉靖刻本,半頁十行二十二字,白口,四周單邊,福建省圖書館藏;明刻本,九行二十字,白口,左右雙邊,河南省圖書館藏。

此外,又有名家批校題跋本多種。是書先後收入多種叢刻彙編,若明吳琯刻《古今逸史》、明萬曆二十二年趙氏刻《三代遺書》、明萬曆四十六年曾熙丙刻《漢魏叢書鈔》、明吳琯刻《增定古今逸史》、明刻《秘書九種》、明刻《合諸家真評先秦十五種》、清乾隆五十一年盧文弨刻《抱經堂叢書》等。

《增訂四庫簡明目錄標注》、《續修四庫全書總目提要(稿本)》、《鄭堂讀書記》、《杭州大學圖書館綫裝書總目》、臺北《"中央研究院"歷史語言研究所普通本綫裝書目》、日本《京都大學人文科學研究所漢籍分類目錄》等著錄。《續修四庫全書總目提要(稿本)》作"逸周書補注二十三卷末一卷",然文中已有"敘略、集說別爲卷首"之語。

《中國古籍善本書目》不收是本,著錄《逸周書補注》二十四卷存七卷,清抄本,南開大學圖書館所藏。按,此抄本題二十四卷,或以首末各一卷計入故。

又稿本一種,見秦更年《嬰闇題跋》(1959年上海油印本),題"逸周書補注"七卷,"殘稿本"。

此本有扉頁,刻"逸周書補注。道光乙酉年刊。修梅山館藏版。錫山浦承恩題"。"乙酉",爲道光五年。"修梅山館",又見於逢衡《竹書紀年集證》,其《凡例》末署"嘉慶十有八年癸酉春二月江都陳逢衡識於修梅山館",蓋逢衡齋名。

《四庫全書總目》入史部別史類,著錄內府藏十卷本。《中國古籍善本書目》入史部雜史類。

鈐印有"吳興湯氏珍藏"、"善本書"、"莫棠之印"、"獨山莫氏考藏經籍記"、"莫繩孫印"、"獨山莫氏藏書"。

0494　明萬曆刻套印本國語

T2526/7202

《國語》九卷,明閔齊伋裁注。明萬曆四十七年(1619)閔齊伋刻朱墨套印本。五冊。半頁九行十九字,四周單邊,白口,無魚尾,書眉上刻評注。框高21.2釐米,寬14釐米。前有韋昭序,末有萬曆四十七年閔齊伋跋。

原書二十一卷,據此本目錄後識語,"按《漢志》及隋、唐《經籍志》,或爲二十卷,或二十一卷,雖多割裂,於義無取也。春秋獨晉主盟爲久,事文繁多,今定自武公至懷公爲晉上卷,自文公至晉末爲晉下卷,而周及列國每爲一卷。"

此爲閔氏裁注之本。裁注者,乃謂約簡韋昭之注也。齊伋跋云:"注《國語》者,漢有鄭衆、賈逵,魏有王肅,吳有虞翻、唐固、韋昭,晉有孔晁,歷世久,多有散佚,其以全書傳者,獨韋氏《解》耳。弘嗣因鄭、賈之精確,採虞、唐之博贍,輯而成書,患不在寡,若之汰之,或者有所未盡與?夫晙精愾以了義,當不厭詳;期指點而會心,宜寧其要。竊不自量,輒爲裁注如右。"

《四庫全書總目》收有二十一卷本,入史部雜史類。《中國古籍善本書目》及臺北《"國立中央圖書館"善本書目》著録,有萬曆四十七年閔齊伋刻本及萬曆四十七年閔齊伋刻三色套印本。此本爲朱墨兩色套印。

0495　明萬曆刻本戰國策　　　　　　　　　　　　　　　　T2527/0202B

《戰國策》十卷,宋鮑彪校注,元吳師道重校。明萬曆九年(1581)張一鯤刻本。八册。半頁九行二十字,左右雙邊,白口,單魚尾,書眉上刻評。框高21釐米,寬13.9釐米。題"縉雲鮑彪校注;東陽吳師道重校"。前有萬曆九年張一鯤序,劉向舊序,曾鞏舊序,鮑彪舊序,吳師道舊序,陳祖仁舊序,嘉靖元年(1522)王廷相序,萬曆五年(1577)王篆《張陸二先生批評戰國策抄序》。末有李文叔後序,王覺後序,姚宏後序,姚寬後序;吳師道跋;《凡例》八則。

鮑彪,字文虎,縉雲人。官尚書郎。

吳師道,字正傳。蘭谿人。至治元年進士。仕至國子博士,後授禮部郎中。

張一鯤序云:"舊本注多不備,而備者又以板刻年久,磨滅脱誤,至不可觀。頃與豫章郭相奎氏、莆陽林朝介氏、吉陽王元甫氏,悉取諸家本參考讎校至十數過,標張、陸二先生批評於上方,而篇中亦稍裁其冗複,説具校例中,庶乎開卷明析,刻成,書其端云爾。"按,一鯤,字鵬化。四川武勝人。隆慶五年進士。官南京江西道監察御史。見聞博洽,著述甚夥,然今多不存。序所云張、陸二先生,指張居正、陸深。

此書版本頗複雜,僅明代所刻吳師道重校本即有十五種版本以上,非目驗則難以區分也。

刻工爲付。

《四庫全書總目》入史部雜史類。《中國古籍善本書目》著録。中國國家圖書館、上海圖書館等二十八館,臺北"國家圖書館"亦有入藏。

日人裝幀。

鈐印有"蒼谷"。

0496　明萬曆刻本戰國策譚棷　　　　　　　　　　　　　　T2527/0202.13

《戰國策譚棷》十卷,宋鮑彪校注,元吳師道重校,明張文爌校輯;附録一卷,明張文爌輯。明萬曆刻本。十册。半頁九行十八字,左右雙邊,白口,無魚尾,書眉上刻評。框高21.4釐米,寬13.8釐米。題"縉雲鮑彪校注;東陽吳師道重校;武林張文爌校輯"。前有王世貞序,萬曆十五年(1587)闕名序,張瀚序,劉向舊序,紹興十七年(1147)曾鞏舊序,紹興十七年(1147)鮑彪舊序,紹興十六年(1146)姚宏序,紹興三十年(1160)姚寬序,泰定二年(1325)吳師道序;戰國并國朝地理圖;《凡例》十二則;姓氏一百十八人。

張文爌,字維昇。仁和人。

棷者,聚草也。譚棷即爲談藪,喻言談豐博。是編用吳師道補正鮑彪之本,增入《李斯上逐客書》、《楚無弱弓對》、《中山無饗士》三章。注中之國名、人名以及所補之言,多採諸家之評。

闕名序云:"仁和張維昇氏,治鉛槧之業者累世矣,於它書自謂鷄肋,而獨此策不減杜征南,即必證之古而反之心,有一字不安不已也。蓋書成而諸揚挖之精者皆傳之,名之曰《戰國策譚棷》……洒集今昔最善爲譚者蘘而成棷,以備是家之闕,以立一家之言,兹譚棷之所由著也。"張瀚序亦云:"文爌效法先人,勉承遺意,乃不憚煩勞,校讎數四,復搆諸名家譚評及史籍有相發明互見者，悉採摘之，謄録成帙。"

刻工爲陶信、陶英。

《四庫全書總目》入史部雜史類存目。《中國古籍善本書目》著録。中國國家圖書館、上海圖書館等三十館，臺北"國家圖書館"，及美國國會圖書館、日本内閣文庫、東京大學東洋文化研究所亦有入藏。

0497　明萬曆刻套印本戰國策　T2527/7402

《戰國策》十二卷，明閔齊伋裁注；元本《目録》一卷。明萬曆四十七年(1619)閔齊伋刻三色套印本。八册。半頁九行十九字，四周單邊，白口，無魚尾，書眉上刻評。框高20.9釐米，寬14.6釐米。前有劉向序；萬曆四十七年閔齊伋跋，萬曆四十八年(泰昌元年，1620)閔齊伋跋。

閔齊伋跋云："前後注《國策》者多矣，執拗聚訟，往往半之，贅語膚見，亦復不少。五分其注，得解者居一爾。是編大約取高者十三而强，取鮑者十四而弱，從吳者十之二，諸家入編者不過十之一。高，東漢高誘也；鮑，宋鮑彪也；吳，元吳師道也。其或旨有未疏，義或未安，間以蠡測而爲貂續者，百不得一焉。"

此套印本，有十一卷卷末皆刊"皇明萬曆己未仲秋烏程閔齊伋遇五父裁注"，僅一卷後刊"烏程閔齊伋遇五父裁注"。按，閔氏刻套印本，大多集中於萬曆末年至天啓初年，自萬曆四十七年至天啓元年，計三年之時間，刻有《春秋公羊傳》十二卷、《史記鈔》九十一卷、《東坡文選》二十卷等近十種。

《中國古籍善本書目》著録。中國國家圖書館、上海圖書館等三十二館，臺北"國家圖書館"，及日本内閣文庫、静嘉堂文庫、尊經閣文庫亦有入藏。又此書最初有閔氏刻本，此本當在原刻基礎上予以加工套印。

0498　明刻本新刻李太史選釋國策三注旁訓評林　T2527/3115

《新刻李太史選釋國策三注旁訓評林》四卷，明沈一貫輯，李廷機釋，葉向高評林。明書林詹霖宇刻本。二册。半頁九行二十字，四周雙邊，白口，單魚尾，書眉上刻評。框高21釐米，寬12.3釐米。題"閣下蛟門沈一貫選輯；少宰九我李廷機注釋；臺山葉向高評林；書林霖宇詹聖澤繡梓"。前有王衡序。

沈一貫，字肩吾，號龍江，浙江鄞縣人。隆慶二年進士，選庶吉士，授檢討，充日講官，遷左中允。萬曆二十二年以禮部尚書兼東閣大學士，尋進太子太保、户部尚書、武英殿大學士。一貫輔政十三年，當國者四年，後被劾罷官，家居十年而卒。贈太傅，謚文恭。《(乾隆)鄞縣志》卷一六《人物》有傳。

王衡序云："蛟門沈先生選其切舉業者十存四五，若注釋，若旁訓，則有九我李先生，而旨言字義明矣。若額上批評，則有臺山葉先生，而一篇大意了然於胸中矣。"

扉頁刊"國策三註評林。李太史註釋評選。新刻趙閣老原板舉業便讀、賽國策句解、三註評林。書林詹霖宇梓行"。按，詹聖澤，字霖宇，號勉齋。福建芝城人。其坊肆刻書今存於世者約十種以上，如《新刻李太史釋注史記三注評林》六卷、《新鍥施會元精選旁訓皇明鴻烈解》十卷、《新鍥會元湯先生批評南明文選》四卷等。

《四庫全書總目》及《中國古籍善本書目》皆未著錄。日本内閣文庫亦有入藏。

日人裝幀。

鈐印有"竹裏館文庫"。

館藏有複本一部,二册。

0499　清康熙刻本戰國策去毒　　　　　　　　　　　　　　　T2527/0202.77

《戰國策去毒》二卷,清陸隴其選評。清康熙刻本。二册。清闕名校。半頁九行二十字,左右雙邊,白口,單魚尾。書眉鎸評語。框高18.3釐米,寬13.3釐米。題"當湖陸稼書評定;受業後學席前席漢廷、趙慎徽斾公、張維昫和叔、汪昌廷台三較訂"。目錄題"當湖陸稼書先生評選"。前有曾鞏舊序;《東西二周考》;《戰國策去毒編年》;目錄(題"三魚堂國策去毒目錄");康熙三十一年(1692)陸隴其題識。

陸隴其,初名龍其,字稼書,浙江平湖人,唐宰相陸贄之後。康熙九年進士。歷官嘉定、靈壽知縣,有惠政。三十年行捐納事例,隴其疏請罷捐免保舉,以清仕途,因是府怨,引疾歸。三十一年卒,年六十三。雍正二年詔從祀孔廟,乾隆元年予謚清獻。其學崇程朱,以居敬窮理爲要,力闢王守仁爲禪學。著述有《松陽講義》、《古人尚書考》、《讀書志疑》、《讀禮志疑》、《三魚堂文集》、《陸子全書》等。事蹟見《清史稿》卷二七一,又見《重修浙江通志稿》。

隴其識語有云:"右《戰國策》一書,大抵皆縱橫家言也。其文章之奇,足以悦人耳目,而其機變之巧,足以壞人心術。子弟識見未定而讀之,其不爲漸染者鮮矣。當時惟孟子一人卓然於波流之中,直以爲是妾婦之道,而大丈夫之所不爲。蓋其視秦儀輩,不啻如厚味之中有大毒焉,惟恐學者陷溺其中而不能出也。今之讀《戰國策》者多矣,亦曾以孟子之道權衡之乎?余懼其毒之中於人也,故取今文士所共讀者,指示其得失,使學者知其所以異於孟子者,庶幾嚌其味而不中其毒也。"故是書以"去毒"爲名。

是編分爲上下二卷,卷上十六篇,卷下二十五篇,總四十一篇。每篇末低一字爲隴其評語。是書體例,以《通鑑》編年爲序。隴其識曰:"此書原本各繫於其國,讀者輒迷其先後,今一以《通鑑》編年爲次。"所撰《戰國策編年》,起魯敬王三十九年,迄秦始皇二十六年。

《四庫全書總目》入史部雜史類存目,著錄江蘇周厚堉家藏本。《總目》云:"其持論甚正。然百家諸子,各自爲書,原不能盡繩以儒理。既以縱橫爲術,又安怪其但言縱橫。況自漢以來,孔孟之道大明。如《戰國策》之類,不過史家或考其事蹟,詞人或取其文章,是以至今猶存,原無人奉爲典型,懸以立教,與釋氏之近理亂真,異學之援儒入墨,必須辨別者,截然不同。是固不必懲羹而吹齏也。"

周中孚《鄭堂讀書記》稱:"在《國策》選本中,此爲精選第一爾。"

是書有康熙刻本、同治九年六安求我齋刻本、光緒十六年宗培等刻《陸子全書》諸本行世。

康熙刻本,即哈佛此本。是本無扉頁、牌記,其確切刊年未詳。隴其識語末署"康熙壬申秋抄當湖陸隴其書於虞山道中",按,"壬申"爲康熙三十一年,則三十一年已成書,是年隴其館於常熟席氏,歲暮還家而卒。此書刊於隴其殁後,識語後題"男宸征直方編次",然視卷端所題,殆又經隴其門人校訂。審其字體紙張,當刻於康熙間。

《中國古籍善本書目(徵求意見稿)》著錄清康熙刻本,山東省圖書館藏。《中國人民大學圖書館古籍善本書目》著錄清康熙間家刻本。《四庫全書存目叢書》收入,底本爲清康熙三十三年三魚堂刻本，上海圖書館藏。另《湖南省古籍善本書目》著録康熙三十三年三魚堂刻本，日本《內閣文庫漢籍分類目録》著録清康熙三三刊(三魚堂)，日本《東京大學東洋文化研究所漢籍分類目録》著録康熙三十三年刊本三魚堂藏板。

同治九年六安求我齋刻本，見於《杭州大學圖書館綫裝書總目》、《北京師範大學圖書館中文古籍書目》等。

《陸子全書》本，《中國叢書綜録》、日本《東京大學東洋文化研究所漢籍分類目録》、日本《京都大學人文科學研究所漢籍分類目録》等均有著録。

0500　清雍正刻本戰國策　　　　　　　　　　　　　　　　　　T2527/0202.1

《戰國策》十八卷，清張星徽評點。清雍正塞翁亭刻本。八册。半頁九行二十五字，無欄，四周雙邊，白口，單魚尾。書口上鐫"天下要書"、下鐫"塞翁亭"。框高20.1釐米，寬12.1釐米。題"溫陵張星徽北拱評點"。前有雍正五年(1727)自序；參校姓氏；《歷朝名公評論〈戰國策〉》；張星徽撰《卮言》二十五則並跋。

張星徽，字北拱，號居亭，福建泉州人。自署"溫陵張北拱"，泉州古稱溫陵，以其地少寒，故名。一作福建永城人。清雍正進士。好學慕古，著述有《孝經集解》、《春秋四傳管窺》、《歷代名吏録》、《天下要書》、《先儒精義會通》、《湖山稿評選》等。

《戰國策》傳爲西漢"中書餘卷"，以"錯亂相糅"，劉向哀合諸國之記，刪并重復排比成秩。《戰國策》校注本主要有兩種：三十三卷本，爲漢高誘注本、宋姚宏續高誘注并校本；十卷本，爲宋鮑彪校注本、元吳師道補正鮑彪校注本。兩種校注本今皆有宋槧傳世。

兹編用吳師道補正鮑彪本，并用《史記》改本。《卮言》云："鮑序次列國諸王，此編亦從之"，"間有從吳《注》改定"。又云："兹編爲舉業計，本非翻刻原板，即照《史記》改本……"

十八卷之篇目，卷一至二《周策》，卷三至五《秦策》，卷六至八《齊策》，卷九至一〇《楚策》，卷一一至一三《趙策》，卷一四至一五《魏策》，卷一六《韓策》，卷一七《燕策》，卷一八《宋國策》、《衛國策》、《中山國策》。

參校姓氏載郭應元等十三人。

《歷朝名公評論〈戰國策〉》録劉向、劉勰、曾鞏、朱熹、吳師道、陳祖仁、馬叔吉、楊慎、李夢陽、王世貞、茅坤、張一鯤、沈律、俞長城、儲欣等十五家言。

此評點本成書於雍正五年。《戰國策》選注本爲清初舉子業通行讀本，坊刻多節本，又不事校訂，星徽因參覈諸家同異而成此本。自序云："是書自劉子政校正而後，再訂於曾南豐，注家則有高誘、鮑彪、吳師道，評家則唐荆川、茅鹿門而外，又指不勝屈。諸公用意若是，其勤者得非如袁悅齋以還都所稱'天下要唯此書'者耶。"自序又云"近坊本摘録頗多掛漏，學者以不得見全書爲恨"，因"不揣固陋，攜撮諸家同異而參覈之，字比句櫛，裒爲全集"。作者以袁氏所言，而稱是書爲"天下要書"，凡幾易其稿。

是書體例見於《卮言》："古文評注，例用雙行細書。兹編爲欲便舉業，不使間斷本文，故區區一得，只用單行直書，附於本文之旁"，原注"唯擇其切要者，與先輩旁批並列，而各著姓氏焉"，"是書評家甚夥，然半屬煩冗無當，此獨存其新而穩、真而切者"。

星徽跋云："是《戰國策》，孩童而嗜之，評注有年，凡幾經易稿，以次就緒，節衣縮食，竭厥付梓。"由此可知，是本蓋星徽以一己之力鋟板。書口下鐫"塞翁亭"，"塞翁亭"無考，或爲星徽齋名。又本書《歷朝名公評論〈戰國策〉》錄儲欣評論，儲欣爲星徽同時人，其《戰國策》選評本完稿於雍正三年，館藏另有乾隆十年刻儲欣評《戰國策選》，扉頁題"乾隆乙丑新鐫"。

　　清張星徽評《戰國策》，諸家書目多不見著錄。《四庫全書總目》著錄《戰國策》姚宏、鮑彪、吳師道校注本三種。《中國古籍善本書目》又增錄明人評本，有陳仁錫、鍾惺、陸樹聲等數家，然不收清人評注本。是本首都圖書館、北京師範大學圖書館、吉林大學圖書館、西南大學圖書館等有藏。

　　扉頁鐫"國策評林天下要書。溫陵張北拱評點。聚賢堂藏板"。

0501　清乾隆刻本戰國策選　　　　　　　　　　　　　　T2527/0202.2

　　《戰國策選》不分卷，清儲欣選評。清乾隆十年(1745)受祉堂刻本。一册。清闕名批注。半頁八行二十五字，左右雙邊，白口，無魚尾。框高19.2釐米，寬10.4釐米。題"宜興儲欣同人評；男芝五采參述；門下後學徐永勳公遜、吳振乾文巖、董南紀宗少、孫男掌文曰虞校訂"。前有乾隆十年儲在文序；乾隆十年徐永勳、吳振乾、董南紀撰《例言》五則。

　　儲欣，字同人，號在陸，江蘇宜興人。康熙二十九年舉人。性篤學，嗜經籍，弱冠即萃里中。於維揚闢在陸草堂，以授業爲生，經其教授者多掇巍科，以制藝名於時。年六十始舉鄉試。古文有唐宋家法，文體清真閎邃。嘗與邑人蔣景祁合著《春秋指掌》，著述又有《儲批四書集注》、《左傳選》、《史記選》、《唐宋八大家類選》、《在陸草堂集》等。《(嘉慶)增修宜興縣志》卷八《文苑》有傳。

　　儲在文序云："從祖在陸先生嘗語在文曰：'余於《左氏傳》嘗盡心焉，凡歷五十餘年，反復玩味，始窺其崖略。《戰國策》則少時愛其文，輒點次手錄，釐爲數卷，今覆視之，猶自喜其無大紕繆。'蓋先生之論《左》、《國》大指如此。在文年十一二，即見先生《戰國策》抄本，受而讀之。其後齒愈三十，與同學汪子牧庭同侍先生數年，始得內、外《傳》手訂全文，蓋其晚年定本也。"按，在文字禮執，康熙四十八年進士，儲欣受業從孫。是序署"受業從孫在文"。《中國人名大辭典》作欣從子，誤。

　　作者自注評選《國策》年月，謂起於甲辰(雍正二年)九月，至乙巳(雍正三年)六月校定。選本以明閔齊伋裁注《戰國策》十二卷本爲底本。《例言》云，龍門作戰國人別傳，多採取《國策》成言，而字句間不無增減，及後日選家反以龍門爲依據，遂失本來面目。惟烏程閔氏一書校訂極嚴。是《選》遵之。按，雍正間張星徽評點《戰國策》，即參用《史記》改本。

　　是本不分卷，依閔齊伋本分國序次，爲東周、西周、秦、齊、楚、趙、魏、韓、燕、宋、衛、中山。清刊《古文七種》題是書爲十二卷。各篇用第一句弁於首，以存舊本遺意，始東周"雍氏之役"，止中山"中山君饗都士大夫"。

　　是書刻於儲欣歿後。在文乾隆十年序云："會徐君公遜皆其友吳君文巖、董君宗少謀刊《在陸草堂遺選》，既出《史記》、《漢書》文二種，從叔五采又以《左》、《國》選本授付剞劂，而囑在文識其緣起。"在文序又稱"今所刊者，三書選本也"，"三書"爲《史記》、《左傳》、《戰國策》。《史記選》亦乾隆十年受祉堂刊本，《左傳選》又有嘉慶受祉堂重刊本。《漢書選》未見著錄。是本及《左傳選》既由欣子芝授付剞劂，蓋家刻遺編。

　　《例言》曰："先生幼習麟經，故於《左氏內外傳》嗜好尤篤。然觀其遺本，往往丹黃並下，評點議論，多所異同。目今分校唐宋八大家，未暇訂正，俟唐宋文訖工後，即當次第開雕，以公同好。”《唐宋八大家類選》十四卷,乾隆十年受祉堂刊本,遼寧省圖書館等有藏。

是本爲初刻。《湖南省古籍善本書目》著錄乾隆三十八年同文堂刻本。《四庫全書總目》、《中國古籍善本書目》皆不收。

扉頁鐫"戰國策選。宜興儲同人先生評。翻刻必究。乾隆乙丑新鐫。受祉堂藏板",並鈐有"策經義而成文"朱文橢圓印、"古講堂藏書"白文方印。按,"乙丑"爲乾隆十年。

鈐印又有"今關達也藏印",日人藏印。

0502　清康熙刻本秦蜀兼籌　　　　　　　　　　T4662.81/6235

《秦蜀兼籌》二卷附《贈言》,清鄂海撰。清康熙寬恕堂刻本。八册。半頁十行二十字,左右雙邊,白口,單魚尾。框高16.2釐米,寬11.2釐米。書口下刻"寬恕堂"。題"川陝總督白山鄂公著;陝西糧鹽道祖允焜校訂;邠州知州徐容、長安縣知縣馮景夏編次"。前有王雲錦序及像贊。《贈言》末有祖允焜、徐容、馮景夏合撰跋。

鄂海,溫都氏,滿洲鑲白旗人。自筆帖式授内閣中書,歷宗人府郎中,兼佐領。康熙三十六年,聖祖親征噶爾丹,命鄂海先赴寧夏儲備牲畜,會陝西按察使缺,特簡鄂海任之。旋遷布政使,擢陝西巡撫。四十九年,授湖廣總督。五十二年,移督川陝。雍正元年致仕歸,尋卒。《清史稿》有傳。

川、陝沿西北之邊,清代自準噶爾亂,籌餉籌糧,允爲重鎮。其地自明季以來,迭遭兵燹,元氣斲傷,清初以來,最稱多事,治此地者,或補苴一時,或粉飾罔上,對當地無益。鄂海乃聖祖頗爲倚重之封疆大吏,就任川陝總督以來,實心任事,察吏安民,不憚繁瑣,深受兵民愛戴,調任三楚時,"西之人如赤子之失慈父母焉"。

是書爲鄂海由湖廣總督調任川陝以後,居官公牘見於實施而擇要錄存者,因總制川陝,故以"秦蜀兼籌"名。始自康熙五十二年,止於康熙五十五年。上卷爲章奏三,下卷爲文告三。《贈言》分序、記、詩三體,乃友好僚屬稱頌之作。

王雲錦序云:"一切章奏文移,罔弗從肺肝中流出,於此見公之忠誠惠愛,靡所不至,而所以上結主知,俯洽民情者,誠非苟焉而已也。歲久成帙,釐爲上下二卷。"

祖允焜等人跋云:"(鄂海)下車以來,利無不興,弊無不革,迄於今又已三年矣。蓋其蒞秦益久,愛民益切,則其致治益精熟而周詳。舉凡章奏文告,悉心維之而手劃之,歲久成帙,恭請卒讀,不下十五萬言……茲集也,源源委委,灑灑洋洋,以裁成輔相之功達、以韓、柳、歐、蘇之筆,不可與宣公奏疏並傳不朽哉! 天下後世凡有致君澤民之志者,讀公之書,以是則而是傚,則公之嘉謨碩畫愈久愈大,壽諸棗梨以傳諸無窮,蓋亦子瞻校正之微意也。"北宋元祐間,蘇子瞻校正《陸宣公奏疏》,繕寫進呈,欲哲宗反復熟讀,以發聖性而成治功,則是書爲鄂海屬下諸吏效仿子瞻故事而編刊者。

《四庫全書總目》未收。《續修四庫全書總目提要(稿本)》收入史部雜史類,云:"是亦留心康、雍之際史事者所當知者也。其書面貌雖若政書,而以其專就川陝一地立言,讀之可以詳其始末,故歸之雜史,較爲允當焉。"

有扉頁,刻"秦蜀兼籌。寬恕堂藏"。查《中國古籍版刻辭典》,未收"寬恕堂"。此本寫刻精良,開化紙刷印,書品甚好。

是書稀傳,不見他館著錄。

0503　明成化內府刻本貞觀政要　　　　　　　　　　　　　T4683/2301

《貞觀政要》十卷,唐吳兢撰,元戈直集論。明成化元年(1465)內府刻本。六冊。半頁十行二十字,四周單邊,黑口,雙魚尾。框高 26.8 釐米,寬 18.2 釐米。前有成化元年御製序;吳澄題辭;至順四年(1333)郭思貞序,戈直序,吳兢序。目錄後有"集論諸儒姓氏"。

吳兢,浚儀人。少厲志,貫知經史,後詔直史館,修國史,累遷起居郎。明皇時屢陳得失,帝頗納之。兢敘事簡核,號良史。

是書十卷四十篇,分類編輯唐太宗與魏徵、房玄齡、杜如晦等大臣問答、大臣諫議及所上勸諫奏疏,并政治上之設施,用備觀戒。元代戈直又採錄柳芳、歐陽修、司馬光等二十二人議論,附注於下,是爲集論。

此書之編蓋出吳兢耄年之筆,故不能盡免滲漏。然太宗爲一代令辟,其良法善政,嘉言懿行,臚具是編,洵足以資法鑒。前代經筵進講,每多及之。故宋《中興書目》稱歷代寶傳,至今無闕。則是書之有裨治道,亦可概見。

御製序云:"朕惟三代而後,治功莫盛於唐,而唐三百年間,尤莫若貞觀之盛。誠以太宗克己勵精圖治於其上,而群臣如魏徵輩感其知遇之隆,相與獻可替否以輔治於下,君明臣良,其獨盛也宜矣。厥後史臣吳兢採其故實,編類爲十卷,名曰《貞觀政要》。有元儒士臨川戈直復加考訂注釋,附載諸儒論説以暢其義,而當時大儒吳澄又爲之題辭,以爲世不可無,其信然也。朕萬幾之暇,鋭情經史,偶及是編,喜其君有任賢納諫之美,臣有輔君進諫之忠,其論治亂興亡、利害得失,明白切要,可爲鑒戒,朕甚嘉尚焉。顧傳刻歲久,字多訛謬,因命儒臣重訂正之,刻梓以永其傳。"

《四庫全書總目》入史部雜史類。《中國古籍善本書目》著錄。中國國家圖書館、上海圖書館等二十六館,臺北"國家圖書館"(五部)亦有入藏。

是書今存又有明洪武三年王氏勤有堂刻本、明洪武二十三年范氏遵正堂刻本、明成化十二年崇府刻本、明刻本四種。

鈐印有"廣運之寶"。

0504　清康熙刻本貞觀政要　　　　　　　　　　　　　　T4683/2301B

《貞觀政要》十卷,唐吳兢撰,元戈直集論。清康熙大易閣刻本。六冊。半頁十行二十字,四周雙邊,黑口,雙魚尾。書口下刻"大易閣"。框高 26.4 釐米,寬 17.8 釐米。題"戈直集論;朱載震校閲"。前有明成化元年(1465)八月御製序;吳澄撰《貞觀政要集論題辭》;元至順四年(1333)郭思貞序,戈直序,吳兢自序。目錄後有《集論諸儒姓氏》。

吳兢,見明成化內府刻本《貞觀政要》。

朱載震,字悔人,湖北潛江人。康熙選貢,歷正黃旗教習,官四川石泉知縣。其父朱士尊亦貢士,家藏萬卷,載震幼承家學,博極群書,曾入京從王士禛學詩。著有《和山堂集》、《濯纓集》、《東浦詩鈔》、《京華集》等,並纂《(康熙)潛江縣志》。《國朝詩別裁集》有傳。

《四庫全書總目》稱,此書可具見唐太宗時良法善政,故歷代寶傳。按,是書版本衆多,中國、日本、韓國均有刊刻。《增訂四庫簡明目錄標注》著錄有宋小字本、元刊本、明洪武初南京國子監刻本、洪武三年潤州王氏勤有堂刻本等。另有席氏掃葉山房刻本、日本文政元年刻本、文政六年刻本等。《中國古籍善本書目》著錄有明洪武二十三年范氏遵正堂刻本、成化十二年崇府刻本等。此外，傳世尚有日本古寫本殘卷、朝鮮刻本。民國時期《四部叢刊》、《四部備要》也都收入此書，現代亦有多種整理本行世。館藏尚有明成化元年內府刻本。

《貞觀政要》之整理本有兩大系統，一是元代臨川戈直編注《貞觀政要集論》本，戈氏據古本校勘，增加注釋，並輯錄唐宋儒臣柳芳、宋祁、歐陽修、司馬光等二十二家評說附於章末，並加按語。此本現存最早爲明代成化元年內府刻本，流傳頗廣，通稱"集論本"或"戈本"。二是清乾嘉時蘇州席世臣校訂本，簡稱"席本"，然席氏只是據戈本作了些文字訂誤，兩本實差別不大。戈本往往移易篇章，刊刻亦多衍脫，是書爲朱載震據戈本校閱訂正而成。

有扉頁。刊"貞觀政要"。"玄"字避諱，而"禛"、"貞"、"弘"諸字不避，當是刻於清康熙年間。書品寬大，從用紙觀之，似刷印較晚，爲後印本。"大易閣"，《中國古籍版刻辭典》未收。《書目答問》記其爲"朱載震刻大字本"。

《中國古籍善本書目》未收。然《中國古籍善本書目（徵求意見稿）》著錄清康熙十八年徐惺大易閣刻本，故宮博物院圖書館、北京市文物局、上海圖書館、湖南圖書館、中山大學圖書館等九館有藏。據查中國國家圖書館、北京大學圖書館等亦藏有此康熙大易閣刻本。日本《東京大學東洋文化研究所漢籍分類目錄》著錄有"明大易閣刊本"及"清朱載震校，清朱氏大易閣據成化刊本重刊本"，未詳何據。

0505　清乾隆刻本十國春秋　　　　　　　　　　　　　　　　T2650/2627

《十國春秋》一百十四卷，清吳任臣撰。附《拾遺》一卷《備考》一卷，清周昂撰。清乾隆五十八年（1793）周昂刻本。十六册。半頁十行二十一字，左右雙邊，白口，單魚尾。框高21釐米，寬13.3釐米。題"仁和吳任臣志伊氏撰"。前有康熙十一年（1672）魏禧序，康熙八年（1669）吳任臣自序，周昂拾遺備考序；康熙十六年（1677）吳農祥題辭；乾隆五十三年（1788）周昂跋；吳任臣撰《凡例》十則；目錄。

吳任臣，字志伊，仁和（浙江杭州）人。其先莆田人，從父至杭，遂補仁和學弟子員。康熙十八年召試博學鴻詞，授翰林院檢討，與修《明史》。學博而思精，擅經學，兼史學詞章之學，旁涉樂律奇壬之術。著述有《周禮大義》、《禮通》、《字彙補》、《山海經廣注》等。卒年在康熙二十八年前後。《（民國）杭州府志》卷一四五《文苑二》有傳。

周昂，字少霞，江蘇常熟人。自署"海虞周昂"，海虞，常熟古稱。清乾隆、嘉慶間人。屢試不中，以拔貢生任宣城司訓。交游有藝人，撰傳奇《據梧軒玉環緣》、《西江瑞傳奇》，有《此宜閣增訂金批西廂》。著述又有《經義雜著》、《古韻通葉略例》、《小學卮言》、《元季伏莽志》、《支塘小志》等。

此編凡《吳》十四卷，《南唐》二十卷，《前蜀》十三卷，《後蜀》十卷，《南漢》九卷，《楚》十卷，《吳越》十三卷，《閩》十卷，《荆南》四卷，《北漢》五卷，《十國紀元表》一卷，《十國世系表》一卷，《十國地理表》二卷，《十國藩鎮表》一卷，《十國百官表》一卷。總百十四卷。又《拾遺》一卷，《備考》一卷，附刻於末。

任臣序略云，古史於正統爲特詳，至偏霸，則人物事實恒略而不備，若歐陽修撰《五代史》，附十國世家於末，其敘事頗多遺漏，又於十國事時有未覈，致使讀史者有所不足。因仿魏崔彥鷟（鴻）撰《十六國春秋》，以補《晉書》僅列劉石、慕容等於載記之例，取十國人物事實而章著之，網羅典籍，爰勒一書，名曰"十國春秋"。有本紀二十、世家二十二、列傳千二百八十二。人以國分，事以類屬。又爲紀元、世系、地理、藩鎮、百官五表，總一百一十四卷。而十國君臣之得失，政治之盛衰，傳世長短之數，國勢順逆之形，固可以概見而得其要領矣。

《四庫全書總目》入史部載記類，浙江孫仰曾家藏一百十四卷本。《總目》謂"其諸傳本文之下，自爲之注，載別史之可存者，蓋用蕭大圜《淮海亂離志》、楊衒之《洛陽伽藍記》、宋孝王《關東風俗傳》、王邵《齊紀》之例"，復稱是書"於舊説虛誣，多所辨證"、"五表考訂尤精，可稱淹貫"。

周昂拾遺備考序云："吳氏《十國春秋》援據該覈，良史家也，其旁搜博引，洵無遺義矣。然瀏覽載籍，間有可牽引附會者，隨筆劄記，約得三百條有奇，總以'拾遺'名之。其中彼此不無互異，其或端委未明者，別名爲'備考'，并詩詞與賦附焉，宋明人之考證亦附焉。"

是書有一百十四卷本，附刻《拾遺》、《備考》本，增刻《拾遺備考補》本。

一百十四卷本，康熙十六年杭州彙賢齋刻本，爲初刊。《四庫全書總目》著録即是本。《十國春秋》成書於康熙八年，見任臣自序，"書成，聊著纂述之大指如此"。至十一年魏禧撰序，尚未付梓。魏禧序曰，是書"關系古今尤大，惜無有能授之梓人、以傳於世者"。又五年，至康熙十六年，始得曹溶、嚴沆、嵇宗孟、徐乾學等人捐貲剞劂，由彙賢齋刊出。吳農祥題辭曰："家志伊成《十國春秋》一書，幸有曹秋嶽、劉山臞、嵇淑子、嚴顥亭、柱峰顧且庵、徐健庵、果亭立齋許酉山、牛潛子、梁冶湄諸先生，同學則柯子翰周、諸子駿男，其及門則姚子贊師、周子雨三捐貲剞劂，卑懸國門。而宋氏昆季任其半，以竣厥事。"《增訂四庫簡明目録標注》著録康熙十七年彙賢齋刊本，《普林斯頓大學葛思德東方圖書館中文舊籍目録》著録康熙十六年彙賢齋原刻本。《中國古籍善本書目》入史部雜史類，著録康熙彙賢齋刻本，清段又襄批點本，天津圖書館藏。按，彙賢齋爲杭州書坊，所見杭州彙賢齋刻本者，有中國國家圖書館藏《六書準》，作"康熙間杭州彙賢齋刻本"，又有復旦大學圖書館藏《歷朝經濟考》，作"明崇禎武林彙賢齋刻本"。任臣，仁和人，是書初刊於杭州。

附刻《拾遺》、《備考》本，乾隆五十八年周昂據彙賢齋本再刻於常熟。即是本。以扉頁題"此宜閣藏板"，又有作"此宜閣刻本"。任臣殁後，海虞周昂重刊彙賢堂本《十國春秋》，附刻所撰《拾遺》一卷《備考》一卷。周昂跋云："吳氏《十國春秋》博採諸史，成一家言，其體裁雅近李延壽《南史》，余最心愛之，漁獵時輒丹黄其佳處。惜外間印本甚少，嘗欲重鋟，以廣其傳。鹿鹿一生，恨未果也。疾亟，以剞劂之役囑家人，蓋重文藝，輕死生，書淫結習，固衆人所爲憫笑者。朝聞夕死，後之同好，幸鑒予衷焉。"兹跋題於乾隆五十三年，閱五年始鋟諸板。《中國科學院圖書館藏中文古籍善本書目》、《中國人民大學圖書館古籍善本書目》、《四川大學圖書館古籍善本書目》、臺北《"國立中央圖書館"普通本綫裝書目》、《"國立臺灣大學"普通本綫裝書目》、日本《國立國會圖書館漢籍目録》、《東京大學東洋文化研究所漢籍分類目録》、《京都大學人文科學研究所漢籍分類目録》等均有著録。另《北京師範大學圖書館中文古籍書目》著録乾隆五十三年海虞顧氏小石山房刻本，臺北《"國立故宮博物院"普通舊籍目録》著録乾隆五十三年海虞戴氏漱石山房刻本。按，作"乾隆五十三年刻本"，或因周昂是年跋語"以剞劂之役囑家人"，而"海虞顧氏小石山房刻本"、"海虞戴氏漱石山房刻本"等，疑板片輾轉常熟鄉里，爲藏板者所印行。

增刻《拾遺備考補》本，乾隆五十八年周昂刻嘉慶四年增刻印本。是本香港中文大學圖書館、日本國立國會圖書館、東京大學東洋文化研究所等均有收藏。《香港中文大學圖書館古籍善本書録》引嘉慶四年周昂跋，今移録如次："余校刊吳氏《十國春秋》，附刻《拾遺》、《備考》二卷,鋟板發十方後,復補錄數條,亦未印行。年末採摭舊聞,則記載沿有闕。""《拾遺備考補》一卷"之著錄見於日本《國立國會圖書館漢籍目錄》。是本又於光緒十二年由海虞陳氏補板重印。

扉頁鐫"十國春秋。昭文周少霞校刊。乾隆癸丑年鐫。此宜閣藏板"。按,"癸丑"爲乾隆五十八年。又按,"昭文"原蘇州府所轄,清雍正二年以蘇州府人口、賦稅繁多,故分出其東部,設立昭文縣。民國元年撤昭文縣,併入常熟縣。

鈐有"芷晴考藏"、"大興劉更生藏書印"、"劉越木"諸印。

0506　明萬曆刻本隆平集　　T2665/8615

《隆平集》二十卷,宋曾鞏撰。明萬曆曾宜等刻本。八册。清人寶珣題識。半頁十行二十字,左右雙邊,白口,單魚尾。框高 17.9 釐米,寬 13.2 釐米。題"南豐曾鞏集;裔孫宜校刊"。前有萬曆二十六年(1598)曾思孔序;曾鞏自敘略記;紹興十二年(1142)趙伯衛序。

曾鞏,字子固。江西南豐人。嘉祐二年進士。少警敏,援筆成文。調太平州司法參軍,召爲集賢校理,出知福、明諸州,所在多奇蹟。神宗時官至中書舍人,曾爲王安石所推許。卒後追謚文定,學者稱"南豐先生"。事蹟具《宋史》本傳。

是書記太祖至英宗五朝之事,分目二十有六,體似會要。又立傳二百八十四,各以其官爲類。曾思孔序云:"于時簡在神宗,有曾某,史學見稱士類之許,俾典五朝史事,先生則網羅舊聞,貫穿時政,撰次以進,詔付史館。書所載事大體重,内亟夏,外裔夷,累葉荃宰厝注之徽猷,食貨、兵農、户口、選舉之沿革,其他國故廷謨,纍纍乎若列眉而指掌焉。""集二十卷,先人藏篋中,積有歲年,紙敝墨盡,不敢概視人。頃廣德令公寧(譚瑞鯉)雅興起斯文,表章遺書,語次因及,侯欣然取讀,欲梓之邑齋。會查溪宗庠敏才行道彥祚等,先生裔也,方刻先生全集,丐敘于侯,侯命併成之。"

《四庫全書總目》入史部別史類。《總目》疑此書非鞏所撰,根據在晁公武《讀書志》摘其記《太平御覽》、《總類》爲兩書之誤。又云記載簡略瑣碎,頗不合史法。又考鞏本傳及曾肇作鞏之行狀、韓維撰鞏神道碑等皆不載此集,以爲"其出於依托,殆無疑義"。按,余嘉錫先生於此書考證頗詳,其見解不同於《四庫》館臣,且評價亦高。其《四庫提要辨證》謂:"有宋一代正史、别史,筆力之高,莫過於此,即其剪裁洗伐之功,已非王偁、脱脱輩所能幾及,此豈後人所能偽作者哉。"并指出《總目》"遽據之以斷此書之偽,可謂信所不必信,疑所不當疑矣"。

此本卷一題"裔孫宜校刊",卷二題"裔孫宜朵衡思問辛應祖盛二秀二華一校刊",卷三、四、六題"裔孫桐祉昂萱鎮輝採住才道行思儀彥校刊",卷五、一〇、一一、一二題"裔孫祉昂等校刊",卷七至九題"裔孫國珍登龍校刊",卷一三至一五題"裔孫敏賢校刊",卷一六、一七題"裔孫敏才國祚祥祉禎禮校刊",卷一八題"裔孫敏才國祚校正刊",卷一九、二〇題"裔孫敏道國成華鈞校刊"。

《中國古籍善本書目》著錄兩種明刻本,一爲"明董氏萬卷堂刻本"(上海圖書館、北京大學圖書館等五館藏),一爲明曾敏賢等刻本(中國國家圖書館藏)。清刻本一種,爲清康熙四十年彭期七業堂刻本;又清活字本。此本趙伯衛序後刊有"董氏萬卷堂本"篆文書牌,趙序首頁書口下有刻工,刊"書林范二刊"。又有刻工京、希、文、大等。按,此本疑與《中國古籍善本書目》著錄之兩種明刻本同板,中國國家圖書館取卷中"裔孫敏賢校刊"爲依據,上海圖書館取趙序後之篆文書牌爲憑藉,或皆各取所需也。

目錄頁有寶珣題識:"庚申秋得於京師,東山寶珣志。"寶珣,字東山,滿洲鑲黃旗人。清道光二十一年進士,官兵部右侍郎、內閣學士等。著有《味經書屋詩存》。庚申,當爲咸豐十年。

鈐印有"長白敷槎氏董齋昌齡圖書印"、"棟亭曹氏藏書"、"東閶珍藏"、"竹銘"、"竹銘藏書之印"、"竹銘所藏"、"世杰之印"、"世杰印信長壽"。

0507　清康熙刻本隆平集　　　　　　　　　　　T2665/8615B

《隆平集》二十卷,宋曾鞏撰。清康熙四十年(1701)彭期七業堂刻本。六册。半頁九行二十字,左右雙邊,白口,單魚尾。書口上鐫"隆平集"。書眉鐫評注。框高20.2釐米,寬12.3釐米。題"宋曾文定公編譔;南豐後學湯來賁、彭期參訂;男立齊、(立)永、(立)袞、(立)亮、(立)章、(立)育校";卷二題"六安楊友敬希洛、張亮乾熙載重校;南豐後學彭期訂"。前有宋紹興十二年(1142)趙伯衞舊序,清康熙四十年彭期序;彭期撰《凡例》五則;目錄。

曾鞏,見明萬曆曾宜等刻本《隆平集》。

是書二十卷三十六目。卷一《聖緒》、《符應》、《都城》、《官名》、《官司》、《館閣》《文籍》附、《郡縣》、《學舍》、《寺觀》、《宮掖》;卷二《行幸》、《取士》、《招隱逸》、《鄒貢獻》、《慎名器》、《革弊》、《節儉》、《宰執》;卷三《祠祭》《封爵》附、《刑罰》、《燕樂》、《愛民》《方藥》附、《典故》、《河渠》、《戶口》、《雜錄》;卷四至五《宰臣》;卷六至八《參知政事》;卷九至一一《樞密》;卷一二《王後》、《僞國》;卷一三至一四《侍從》;卷一五《儒學行義》;卷一六至一九《武臣》;卷二〇《彝狄》、《妖寇》。按,《四庫全書總目》謂"是書紀宋太祖至英宗五朝之事,凡分目二十有六","二十有六"當爲"三十有六"之誤。

《四庫全書總目》入史部別史類,著錄兩江總督採進本。《總目》云:"鞏在史館,首尾僅五月,不容遽撰此本以進。其出於依托,殆無疑義。"彭期則力辯是書出曾鞏,序曰:"蓋公成名於仁宗之嘉祐,而任英宗《實錄》檢討官,至神宗時尚典史事,其在五朝耳目最近,故淄國之序以謂'當時號爲審訂',頒付史館,則非稗官野史之流所可異者。晁氏譏其紀事多誤,又或疑非先生之書,不知何所據而云然也。"

是本以明萬曆江西南豐刻本爲校刊底本。《凡例》云:"是集梓於前明萬曆間,脫落譌舛,意莫能通,讀不可句。"知底本刊於明萬曆間。彭期序云,"惜此書傳布頗少,恐漸湮没,雖吾豐舊本,亦訛脱不可讀,友人劉子二至始爲點次,余與湯子敦實,又屢加讎校,頗殫心力",則此萬曆本出江西南豐。按,明代江西南豐曾氏後裔所刊《隆平集》,今見於書目有"江西南豐曾敏賢等刻本",《中國古籍善本書目》著錄清方鶚校並跋本,中國國家圖書館藏;又"明萬曆曾宜等刻本",哈佛本《志》所載。後者刊年斷爲明萬曆,與彭期所記合。

是本得明萬卷堂本參校補缺。《凡例》云,"舊刻止存一部,未見他本。其第三卷'祠祭'條內落第二葉,今從楊君希洛所寄本補刻",又云"神宗時王安石事,今於本卷內注明削去,亦從萬卷堂善本續補"。殆"楊君希洛所寄本",即"萬卷堂本"。"萬卷堂本",《中國古籍善本書目》作"明董氏萬卷堂刻本",北京大學圖書館、中國科學院圖書館、中國社會科學院文學研究所、上海圖書館、南京博物院等入藏。

《中國古籍善本書目》入史部雜史類,著錄清寶珣跋本,江蘇徐州市圖書館所藏。《中國科學院圖書館藏中文古籍善本書目》、《中國人民大學圖書館古籍善本書目》、《"國立臺灣大學"普通本綫裝書目》、臺北《"中央研究院"歷史語言研究所普通本綫裝書目》、日本《內閣文庫漢籍分類目錄》、《東京大學東洋文化研究所漢籍分類目錄》、《京都大學人文科學研究所漢籍分類目錄》等均有著錄。

按，是本之後，《隆平集》又有康熙四十七年與《曾文定公全集》合印本，見於《"國立臺灣大學"普通本綫裝書目》，題"曾文定公全集二十卷首一卷末一卷附《隆平集》二十卷"（原《書目》"集"前脱"全"字），作"清康熙年間南豐彭期重刊本"。彭期於康熙三十二年先刻《曾文定公全集》二十卷首一卷末一卷，再於康熙四十年刻《隆平集》二十卷，兩本行款、版式同，皆九行二十字，白口，左右雙邊，單魚尾。康熙四十七年，彭期合印《曾文定公全集》與《隆平集》，其中《曾文定公全集》增刻七篇，《隆平集》亦有所校訂。臺灣大學藏本《曾文定公全集》卷末有康熙丁丑（三十六年）戴晟《跋新刻曾南豐先生集》，云"因録未刻七篇，送毅齋先生補刊集中"，跋後接彭期識語，則稱"稽古如戴君者，其不易覯也"。《隆平集》卷二〇末有康熙四十七年南豐後學曾鴻麟跋，謂"今毅齋先生潛心古學，既編定其文集，後取茲集而校讎焉"。《隆平集》康熙間已罕見善本，彭期校刊是書，"舊刻止存一部，未見他本"，而此本"脱落譌舛，意莫能通，讀不可句。或一字作數日思，或一句從諸書校，僅得其半"，故"其校訂最確者姑置勿論，餘仍小注以質之高明。内有一二難解者姑置闕疑"，是合印本或對"難解者"有所校訂。又彭期《校刻隆平集序》曰："惜此書傳布頗少，恐漸湮没，雖吾豐舊本，亦訛脱不可讀……但愧抱殘守缺，眇見寡聞，疑義尚多，不敢臆定。今付梓，以附公文集之後。以見公之前集得於經學者既粹，而此集得於史學者尤深，出經入史，兼擅其長，又何才學識之兼備哉！"以先後刊出之《曾文定公全集》、《隆平集》合印於一集，蓋亦期之初衷。

扉頁鐫"宋曾文定公隆平集。七業堂校。康熙辛巳年新鐫"。按，"辛巳"爲康熙四十年。

0508　明刻本吾學編　　　　　　　　　　　　T2720/8261

《吾學編》六十九卷，明鄭曉撰。明刻本。二十四册。半頁十二行二十四字，四周單邊，白口，單魚尾。框高20.1釐米，寬13.6釐米。題"臣海鹽鄭曉"。前有隆慶元年（1567）雷禮序；鄭履淳序略；總目；鄭履準跋。

鄭曉，字窒甫。海鹽人。通經術，習國家典故，時望蔚然。嘉靖二年進士。授職方主事，日披故牘，盡知天下阨塞士馬虚實强弱之屬。尚書金獻民屬撰《九邊圖志》，人爭傳寫之。以兵部侍郎總督漕運，禦倭有功，官至兵部尚書。爲嚴嵩所惡，落職歸。卒諡端簡。

是書始於明洪武，終於嘉靖、隆慶之際，體裁簡明。計《大政記》十卷，《遜國記》一卷，《同姓諸王表》二卷、《傳》三卷（附異姓三王及孔氏世家），《異姓諸侯表》一卷《傳》二卷，《直文淵閣諸臣表》一卷，《兩京典詮表》一卷，《名臣記》三十卷，《遜國臣記》八卷，《天文述》一卷，《地理述》二卷，《三禮述》二卷，《百官述》二卷，《四夷考》二卷，《北虜考》一卷。

雷禮序云："太子少保澹泉鄭端簡公，崛起鹽官，以博洽伏宇内，心切識之。及徼天幸，與公同在銓司，每政暇，彼此輒以所撰述相質，見公所編吾學總目敘，自戊申年太祖混一區夏，握符御極，改元洪武，歷永樂、洪熙、宣德、正統、景泰、天順、成化、弘治、正德，凡關係大政者，倣朱子《綱目》，以歲係月，各爲一記。建文四年，雖革除殘缺，亦搜集遺文，拆爲遜國記。至於同姓諸王，分封列藩，及開國靖難，禦胡剿寇，并戚畹佞幸，列爵三等者，各爲表傳，别功罪爲萬世勸懲。又表内閣以崇政本，表太宰以重銓衡，紀文武名臣以垂景範，紀遜國諸臣以獎忠義，述天文地理以嚴修省、辨經略，述三禮百官以秩祀典、别職掌，考四夷北虜以通正朔、飭邊備，俱原本始、核事情，於予心若相契者。時全書未成，期日後彼此考訂，以竟初志。及公任大司寇南歸，予猶久掌邦土，無緣質公於鹽官故里。迺公忽先予逝，囑子履淳、履準、履洵以成書付梓。"

《軍機處奏准抽燬書目》云："查此書係明鄭曉撰。曉長於史學，此書乃述明九朝事蹟，略倣正史之體，分記、表、述、考，凡十四篇，六十九卷，當時頗稱其簡當。其所載皆在嘉靖以前，尚無干礙，惟《四夷考》內《女真傳》一篇有誣罔失實之處，其餘紀載，間有偏謬，俱應刪節抽毀外，其全書應請毋庸銷毀。"《違礙書目》、《清代禁書知見錄》著錄。

《中國古籍善本書目》著錄。中國國家圖書館、南京圖書館等九館，及美國國會圖書館亦有入藏。按，此書又有明隆慶元年鄭履淳刻本、明萬曆二十七年鄭心材刻本。

鈐印有"趙印麐駒"、"趙天石"、"馬印敘倫"、"天馬山房藏書印"。

0509　明萬曆刻本弇山堂別集　　　　　T2720/1142

《弇山堂別集》一百卷，明王世貞撰。明萬曆十八年（1590）金陵刻本。三十六冊。半頁十行二十字，四周單邊，白口，單魚尾。框高19.5釐米，寬12.8釐米。題"吳郡王世貞元美著"。前有王世貞序，萬曆十八年陳文燭序。

王世貞，字元美，號鳳洲，又號弇州山人。太倉人。嘉靖二十六年進士。官至南京刑部尚書。與李攀龍同爲"後七子"首領。主張文必秦漢，詩必盛唐，倡導復古摹擬。事蹟具《明史‧文苑傳》。

世貞所著詩文有《弇山堂集》，故此稱別集。是書因明成祖修改《太祖實錄》，於太祖、建文朝誣妄不實之處甚多，民間野史劇增，是非同異莫辨，故有此作。書載明代典故，分《盛事述》五卷，《異典述》十卷，《奇事述》四卷，《史乘考誤》十一卷，《表》三十四卷，《考》三十六卷。所載史料，頗爲詳洽，所記太祖、建文兩朝秘事及宦官事蹟，可補明代實錄之缺，雖頗涉詼諧，然大體可信。《四庫》館臣亦云，世貞承世家文獻，熟悉朝章，復能博覽群書，多識前言往行。

王世貞序云："《弇山堂別集》者何？王子所自纂也。名之別集者何？內之無當於經術政體，即雕蟲之技亦弗與焉，故曰別集也。王子弱冠登朝，即好訪問朝家故典與閥閱琬琰之詳，蓋三十年一日矣。晚而從故相徐公所得，盡窺金匱石室之藏，亦欲藉薜蘿之日，一從事於龍門、蘭臺遺響，庶幾昭代之盛不至忞忞爾。甫欲命管而病妨之，既而自惟材力綿淺，一不稱也；所睹章奏竿尺，賦頌之類鮮足衷者，二不稱也；是非小有不當，流禍後世，三不稱也。而是時倡道者謂王子，毋受役於筆研以鑿性靈。自是絶意不復作其他，有所聞見，偶書之赫蹏，以數罋貯藏。尋得間出之，編次成帙，凡一百卷。携來金陵署中，乃好事者見而異之，固請付剞劂。"

有刻工，爲蔡朝光。

是書末有牌記，刊"大明萬曆庚寅孟冬穀旦金陵鐫行"。

《清代禁書知見錄》著錄。

《四庫全書總目》入史部雜史類。《中國古籍善本書目》著錄。上海圖書館、浙江圖書館等二十二館，臺北"國家圖書館"，及美國國會圖書館、普林斯頓大學葛思德東方圖書館、日本內閣文庫、靜嘉堂文庫、尊經閣文庫亦有入藏。

據著錄，又有明萬曆十八年翁良瑜雨金堂刻本。

0510　明刻鹽邑志林本前令鄭壺陽靖海紀略　　　　　T3070/3571

《前令鄭壺陽靖海紀略》一卷，明鄭茂撰。明刻《鹽邑志林》本。與張方洲《奉使錄》合冊。

半頁十行十九字,左右雙邊,白口,單魚尾,書口上刻"鹽邑志林",書口下有"靖海紀略"。框高20.2釐米,寬14.4釐米。題"黃岡後學樊維城彙編;後學姚士麟、鄭端胤、劉祖鐘訂閱"。第一頁第一行下題"鹽邑志林第十九"。

鄭茂,字士元。莆田人。嘉靖三十二年進士。除海鹽知縣,禦倭數有功,擢兵科給事中。萬曆初累遷河南按察使。又有《悶園詩集》。

是書載嘉靖三十三年夏四月,鄭茂率軍民抗倭之事。《叢書集成》初編、《景印元明善本叢書十種》、《中國内亂外禍歷史叢書》第十六輯亦收有此書。

0511　明萬曆刻本皇明典故紀聞　　　　T2720/8921

《皇明典故紀聞》十八卷,明余繼登輯。明萬曆刻本。六冊。半頁九行十八字,左右雙邊,上綫黑口,下白口,無魚尾,書口下有刻工。框高21.6釐米,寬14.2釐米。題"交河余繼登緝;臨朐馮琦訂;新城王象乾校"。前有馮琦序。

余繼登,字世用,號雲衢。交河人。萬曆五年進士。歷禮部侍郎,攝部事。請罷一切誅求開採之害民者,又請躬祀郊廟,册立元子,停礦稅、中官,皆不省。鬱鬱成疾,連章乞休,不許。卒諡文恪。

是書始於明太祖,訖於隆慶。馮琦序云:"余以爲與其取諸名臣奏牘,不如徵列聖之典謨也。於是世用視諸故府,紀所見聞,久而成帙,屬余更定,摘爲十八卷。凡關國家大政大本則書,非大事而於世爲急則書,非大非急而爲異聞見則書,非異而事所從起則書。中丞王公取以付梓人,刻未竟,而世用卒。"

《違礙書目》、《清代禁書知見録》著録。

刻工有方學、彭應舉、林桂、林文桂、徐有倫、趙文希、陳忠士、李堯、尚希聖。

《中國古籍善本書目》著録。南京圖書館、中國人民大學圖書館、故宮博物院亦有入藏。此書又有明萬曆王象乾刻本、明萬曆二十九年唐氏世德堂刻本、明萬曆周曰校刻本。

鈐印有"真州吴氏有福讀書堂藏書"。清吴引孫,儀徵人,室名"有福讀書堂"。

0512　明萬曆刻本皇祖四大法　　　　T2721.7/2244

《皇祖四大法》十二卷,明何棟如輯。明萬曆四十二年(1614)何氏刻本。十四冊。半頁十行二十二字,左右雙邊,白口,單魚尾。框高20.4釐米,寬13.4釐米。題"江東臣何棟如謹輯;荆溪臣潘孔璧、三阿臣陳克仕同校"。前有羅朝國序,萬曆四十二年顧起元序,史孟麟序,潘孔璧序。末有萬曆四十二年王納諫跋。

何棟如,字子極。無錫人。萬曆二十六年進士。居官守正,爲稅監陳奉所害下獄,削籍歸。天啓間累官太僕少卿,充軍前贊畫,志鋭而才疏。後又下詔獄,坐贓戍滁陽。崇禎初復官致仕。事蹟附見《明史·馮應京傳》。

是編乃棟如自襄陽推官下獄釋歸時所輯。四大法爲心法、治法、祀法、兵法。《四庫全書總目》云:"皆於寶訓實録中所擇其有關政體者,分條類載,蓋本宋濂《聖政記》而擴充之。然配隸多未切合,詳略亦往往失中,不足以資檢核也。"

史孟麟序云:"司李筮仕襄陽,稅璫之在楚者方虎而翼,爲撓其鋭,不少假借,天子赫然震怒,逮繫詔獄。拘幽三載,與馮應京氏講論圄圉,夜分不輟,志切憂時,求經世之實用,謂治大法莫善於皇祖,而以憲章之責爲己任。已而,上憐其冤,得放歸。因莊閱實錄,緝其心法、治法、祀法、兵法鐫之,以行於世。"

《四庫全書總目》入史部雜史類存目。《中國古籍善本書目》著錄。浙江圖書館、中山圖書館、北京大學圖書館、北京師範大學圖書館、臺北"國家圖書館",及日本內閣文庫、尊經閣文庫亦有入藏。

鈐印有"宣城梅膺祚藏書印"、"英氏珍藏"、"丁榮祖印"。

0513　明崇禎刻本皇明大政記　　　T2720/2961

《皇明大政記》三十六卷,明朱國禎撰。明崇禎刻本。十八冊。半頁十行二十一字,左右雙邊,白口,單魚尾。框高21.6釐米,寬14.1釐米。題"少師建極殿大學士臣朱國禎謹輯"。前有葉向高《皇明史概序》,朱國禎序;崇禎五年(1632)引。

朱國禎,字文寧,烏程人。萬曆十七年進士。天啓初拜禮部尚書,兼文淵閣大學士。魏忠賢竊國柄,國禎佐葉向高多所調護,及向高、韓爌相繼罷去,國禎爲首輔,累加太子太保,爲逆黨李蕃所劾,遂引疾去。卒諡文肅。

是編始洪武元年,終隆慶六年。《四庫》館臣云其編年記載,繁簡多有未當,殊乏史裁。

葉向高序云:"公快口直腸,不顧忌諱,乃退居隱約,無他嗜好,穆然若思,窅然若忘,意必有凝精着力處,而莫窺其際。乙丙間,同官留都,一日闖其書齋,則所積皆朝家典故與志傳之類,中多塗抹點竄,如芟草存株,拂塵見鏡……乃出其篇目與稿之十三以示。曰大政,表提綱挈領之義;曰大訓,明聖學聖政之傳;曰大因,著承先啓後之概;曰大志,分門別類存體要;曰大事,徹首徹尾無遁情。斯稱極備。始繼之以列傳,曰開國,曰遜國,曰歷朝,曰類,外,二百六十年人物燦然臚列,總曰史概。"

《違礙書目》、《清代禁書知見錄》著錄,云崇禎五年尋溪朱氏刻。按,此書序及引皆抄配,乃《皇明史概》五種(另四種爲《皇明大訓記》十六卷、《皇明大事記》五十卷、《皇明開國臣傳》十三卷、《皇明遜國臣傳》五卷首一卷,本館亦有入藏)之一。

《四庫全書總目》入史部編年類存目。《中國古籍善本書目》著錄《皇明史概》一百二十一卷。上海圖書館、南京圖書館等九館,臺北"國家圖書館"、臺北"中央研究院"史語所,及日本內閣文庫皆藏有全帙。《皇明大政記》則美國國會圖書館、普林斯頓大學葛思德東方圖書館、日本內閣文庫、尊經閣文庫亦有入藏。

0514　明崇禎刻本皇明大訓記　　　T2720/2962

《皇明大訓記》十六卷,明朱國禎撰。明崇禎刻本。十二冊。半頁十行二十一字,左右雙邊,白口,單魚尾,書口下刻字數。框高21.3釐米,寬14.2釐米。題"臣朱國禎輯"。

訓者,教誨也,法則也。此書列太祖、建文、永樂、洪熙、宣德皇帝之訓諭,卷一爲太祖御製文十八篇,卷二至十六始太祖起兵後五年,即丙申三月,訖宣德九年。

《清代禁書知見錄》著錄,云"崇禎五年尋溪朱氏刊"。

是書爲《皇明史概》五種之一。本館藏有全帙。

美國國會圖書館、普林斯頓大學葛思德東方圖書館、日本內閣文庫、尊經閣文庫亦有入藏。

0515　明崇禎刻本皇明大事記　　　　　　　　　　　　　　T2720/2963

《皇明大事記》五十卷，明朱國禎撰。明崇禎刻本。四十冊。半頁十行二十一字，左右雙邊，白口，單魚尾。框高21.7釐米，寬14.2釐米。題"少師建極殿大學士臣朱國禎謹輯"。

是書紀明代之大事，如平定、祀典、樂章、學校、封建、封賞、選舉、召對、邊防等，卷一爲淮右起義、江南定鼎，卷二始韓林兒，卷五〇黔孽止。

《禁書總目》、《違礙書目》、《清代禁書知見錄》著錄。《清代禁書知見錄》云"崇禎五年尋溪朱氏刊。卷四十三、四十五、四十八等處原闕"。是本卷二二缺第十八頁。有扉頁，刊"大事記"三字，爲朱色。

此爲《皇明史概》五種之一。本館藏有全帙。

美國國會圖書館、日本東京大學東洋文化研究所(殘本)亦有入藏。

0516　明萬曆刻本建文朝野彙編　　　　　　　　　　　　　T2722/7624

《建文朝野彙編》二十卷，明屠叔方撰。明萬曆刻本。六冊。半頁九行十八字，左右雙邊，白口，單魚尾。框高21.6釐米，寬14.4釐米。題"原任廣東道監察御史秀水屠叔方纂"。前有陳繼儒序，萬曆二十六年(1598)屠叔方自序。末有姚士粦跋(抄配)。

屠叔方，字宗直，號瞻山。平湖人。萬曆五年進士。授江西鄱陽知縣，後陞監察御史，在臺頗著直聲，爲忌者所擠，外轉山東副使，遂拂衣歸。

是書卷一至六《遜國編年》，卷七至一八《報國列傳》，卷一九《建文傳疑》，卷二〇《建文定論》。

《四庫》館臣云蓋雜採野史傳聞之説，裒合成編，大抵沿襲訛傳，不爲信史。

屠叔方自序云："近者詔修正史，言臣亦以建文爲請，皇上許復年號，并綴其事於洪武之末，噓枯吹生，繼志述事，一舉而帝王之仁孝備矣。叔方跧伏田野，無所報稱，因櫽括建文君臣遺事，以竟初志。凡朝政，日繫月，月繫歲，令次第可考，曰遜國編年。臣義絶者削不書，死與去者則書之，而宮闈亦附焉，曰報國列傳。聞見相沿，而是非真訛復相半者，曰建文傳疑。列聖之詔旨與諸臣之章疏，業已鑿鑿見諸施行，而事始大著白矣，曰建文定論。以上雖出鄙臆，而不敢增損一字、進減一辭，總名之曰《建文朝野彙編》。""愚以是不揣拙鈍，不憚綴瑣，凡國家之掌故，郡縣之記牒，以及山經地志、崖鐫塚刻之屬，或檢一事而反覆他篇，或覈一人而流連竟帙，或重複以證其蹟之同，或互見以求其理之近。如是者三年，而此書始成。"

是本每卷之末皆刻有"嘉善曹承宗寫"一行。

《四庫全書總目》入史部雜史類存目。《中國古籍善本書目》著錄，中國國家圖書館、上海圖書館等二十三館亦有入藏。又有行款同此本然不同版及九行十八字、四周單邊之明刻本二種。

鈐印有"江西汪石琴家藏本"、"莫氏讀未見書齋珍藏"。

0517　明萬曆刻本建文書法儗　　　　　　　　　　　　　　T2722/2962

《建文書法儗前編》一卷《正編》二卷《附編》二卷，明朱鷺撰。明萬曆刻本。四冊。半頁七行十七字,四周單邊,白口,單魚尾,書口下刻字數。框高22.8釐米,寬15釐米。題"東吳荒史氏臣朱鷺原名家棟"。前有校閱姓氏;欽叔陽序;萬曆三十二年(1604)朱鷺序并識語;總目;徵考書目;述盛德十條;述公議六條;十六議;建文皇帝年表;建文諸忠臣譜。

朱鷺,初名家棟,字白民,自號西空老人。吳人。寫竹法文梅兩家,韻致灑落。工古文詞,博學閎覽,尤邃於《易》,性至孝。崇禎五年卒。

是書作於萬曆二十三年,詔復革除年號之時,蓋欲上之於朝,以補國史,故稱曰儗。《前編》一卷,紀惠帝初生至爲太孫時事。《正編》二卷,紀惠帝在位四年事,體例全仿朱子《通鑑綱目》。《附編》二卷則雜錄明人之論述。其徵引之書達六十四種。

《清代禁書知見錄》著錄。《四庫全書總目》入史部雜史類存目。《中國古籍善本書目》著錄,中國國家圖書館、上海圖書館等十館亦有入藏。是書又有明萬曆刻天啟元年增刻本、明萬曆刻本(十行二十字)。

鈐印有"方印巘"、"謙山氏"、"可邨"、"番禺馮恩江所藏"。

0518　明萬曆刻本世廟識餘錄　　　　　　　　　　　T2732/2970

《世廟識餘錄》二十六卷,明徐學謨輯。明萬曆三十六年(1608)徐元嘏刻本。八冊。半頁十行二十一字,左右雙邊,白口,無魚尾,書口下刻字數。框高20釐米,寬13.4釐米。題"資政大夫太子少保禮部尚書臣徐學謨謹輯"。前有徐學謨序;萬曆三十六年徐元嘏跋。

徐學謨,初名學詩,字叔明。嘉定人。嘉靖二十九年進士。先爲職方主事,後陞禮部祠察司,爲郎十年,稱六曹之選,出爲荊州守,遷副都御史,撫治鄖陽,官至禮部尚書。《(康熙)嘉定縣志》卷一五有傳。

是書乃學謨歸田後所作,記嘉靖一代之事,因其熟悉典故,故於世宗實錄多所駁正。學謨自序云:"臣爲郎實當嘉靖中,猥備侍祠之役,每從丙夜後,隨尚書奏對西內,故聞上起居頗悉。而通籍以前,則因故老口授尤多採撫,輒加劄記,匪屬傳疑。癸未歸田,始彙而成集,視諸國史,存考鏡,題曰《世廟識餘錄》。"

元嘏跋云:"元嘏幼逮事大父先宗伯公,公時致政家居,翛然將與造物者遊,而至揚搉舊章,談說遺事,往往咨嗟歎息而不能已。蓋公雖晚晉大寮,顧生平志節坎壈,似謂得志而實不然。其所輯《世廟識餘錄》二十六卷,皆綜所覩記,參以筆削,非獨仰窺一代神聖謨烈之盛,與夫忠臣孝子之跡,皆於是乎考鏡。而公綜練之識,正大之氣,齟齬於世而不盡用者,亦庶幾概見而不泯,然則烏可以其子孫之釋昧使之遏軼而不傳也。嘏方成童,宗伯捐賓客,未幾,先府君繼殞。後十餘年,叔父方欲授梓,又不幸早世。踰年,元嘏乃手覆校讎,黽勉卒工,藏之於家。"

是本初印。卷二六末刊"孫男元嘏謹校梓"。卷二二缺第十一頁。

《四庫全書總目》入史部雜史類存目。《中國古籍善本書目》著錄。上海圖書館、南京圖書館、北京大學圖書館、大連市圖書館、臺北"國家圖書館",及美國國會圖書館、日本內閣文庫亦有入藏。按,是書又有明徐兆稷活字印本,頗罕見,僅中國國家圖書館入藏。又有明萬曆四十二年周本正刻本,傳世無多。

鈐印有"計默之印"、"希深"。

0519　明天啓刻本三朝要典

T4686/3820

《三朝要典》二十四卷《原始》一卷，明顧秉謙、徐紹吉等纂修。明天啓刻本。十二册。半頁八行十八字，四周雙邊，黑口，雙魚尾。框高 27.5 釐米，寬 17.4 釐米。前有天啓六年(1626)御製序，聖諭，聖旨；《凡例》六則；天啓六年《進書表》；纂修職名。末有顧秉謙後序，馮銓後序。

顧秉謙，崑山人。萬曆二十三年進士。授編修，天啓中仕至禮部尚書。以諂附魏忠賢，入參機務。既而同黨傾軋，不自安，乞歸。崇禎初入逆案，論徒，贖爲民。

徐紹吉，四川保寧人。萬曆二十三年進士。曾任户部左侍郎。

是書爲《梃擊》八卷、《紅丸》八卷、《移宫》八卷。倣《明倫大典》編年，以年繫月，以月繫日。梃擊始於萬曆乙卯五月，紅丸始於泰昌庚申八月，移宫始於是年九月，迄於天啓丙寅三月。凡諸臣奏議、朝廷詔諭，俱以次錄之，而後加以史臣之論斷。先爲要典原始，以三案由於争國本，故首載册立始末，而終載丙寅三月工部侍郎崔呈秀《三案本末》一疏。

其《三朝要典》名之由來，乃見於御製序，云："我皇考光宗貞皇帝，體先志而舒雲雨之澤，純孝丕彰，迨龍馭之上賓，肆沖人其纘緒，名正言順，猗忖曷庸。不意群姦巧於構疑也，疑梃擊，則託護東宫者進矣；疑紅丸，則援不嘗藥者進矣；疑移宫，則造爲垂簾者進矣。總三案之姦兇，皆一堂之衣鉢……又以事歷三朝，或多掛漏，特降手諭，俾史臣倣《明倫大典》故事，將前後明旨章奏編輯成書。其總裁、副總裁及纂修等各官，俱朕慎簡。自茲歲丙寅春正月開館纂修，迄今編成，爰定其名爲《三朝要典》，以其專爲三朝慈孝作也，斯編行且頒天下矣。"

三案皆爲顧秉謙等附閹諸臣趨承魏忠賢意旨，掊擊當時東林人士楊漣、魏大中等而設。雖名爲官纂，實皆魏忠賢所嗾使，於是三案之獄遂成。崇禎初，魏逆被誅，優卹死難諸臣，倪元璐首請毁此書，旋被禁毁。

《禁書總目》、《應繳違礙書籍各種名目》、《清代禁書知見録》著録。《清代禁燬書目補遺》云："查《三朝要典》，係明天啓六年大學士顧秉謙等編纂，述梃擊、紅丸、移宫三案始末，附以論斷。其書名爲勅修，實一時閹黨借以羅織正士，獻媚客魏，中間顛倒是非，天良滅絶，本應燬棄，又有狂悖之處，應請銷燬。"

《中國古籍善本書目》著録，南京圖書館、大連市圖書館、中國科學院圖書館亦有此本。按，是書又有明天啓刻本二種，一爲八行十八字白口本，一爲九行十八字白口本。

0520　明崇禎刻本頌天臚筆

T2737.7/8162

《頌天臚筆》二十四卷，明金日升輯。明崇禎刻本。二十二册。半頁九行十八字，四周單邊，白口，單魚尾。框高 20.7 釐米，寬 13.4 釐米。題"東吳野臣金日升謹輯"。前有崇禎二年(1629)朱鷺序；《凡例》十則。

金日升，吳人。

是書作於崇禎元年以後，適當魏黨崩潰之時，故記被害諸臣之事，并彙録當時詔諭贈卹諸典策，分聖諭、聖旨、召對、贈蔭、簡卹、起用、啓事、戮瑉、抑黨、訟冤等目。卷二〇後爲附紀，爲朝野紀聞(天啓間事)、詔獄慘言(天啓乙丑楊左六君子事)、緹騎述(丙寅七君子事)、戮番案(揚州劉太守事)、開讀傳信(蘇州)、天變邸鈔(北京)、二士(汪文言、朱祖文)、五人(顔佩韋、馬傑、沈揚、楊彥如、周文元)、闡錄(浙江、湖廣、江西、福建)、祠額、阻封事略、冒爵辨真、五瑞、五奇、襃忠卹典、誅逆爰書。

朱鷺序云："獨聞今天子英年御宇，不期月而勝殘撥亂，養民進賢，覺逆奄時盲風怪霧之世界，一轉而爲光天，祇有鼓腹踢距，愧無能名。乃同里草莽臣金日升，則挾所編《頌天臚筆》若干卷相印矣。日升貧而好遊學，不仕而時品邸鈔，年來見聖作物覩，每搯案歡呼，於改元初政及諭旨召對，纂述咸得精要。復裹糧重趼，奔走於楚越齊魯風節之墟，遍弔蒙難名賢，訪其胤嗣，綴其遺草，各舉當日情事，抒寫成傳。又於環召諸公舊疏及臺省啓事，凡忠言讜論，一一彙錄，復謀梨棗傳之。其埋頭搦管，眠食靡遑，甚或鬻衣貸粟以資剞劂，至鄰俗竊笑而終不顧，真大奇，亦大苦心矣。"

《軍機處奏准全燬書目》、《應繳違礙書籍各種名目》、《清代禁書知見錄》著錄。《清代禁燬書目‧補遺一》："查《頌天臚筆》，明金日升撰，係專紀明莊烈帝即位後事蹟，其書作於崇禎己巳，全取邸鈔編次而成，凌雜冗亂，無資考證，其字句悖犯處不一而足，應請銷燬。"

卷一一第二十五頁至二十八頁、卷一二第四十四頁佚去。

《中國古籍善本書目》著錄。中國國家圖書館、上海圖書館等十館，臺北"國家圖書館"，及日本尊經閣文庫、內閣文庫亦有入藏。

0521 明萬曆刻本鄖事紀略　　　　　　　　　　　　T2732.7/1151

《鄖事紀略》一卷，明王禹聲輯；《附錄》一卷，明萬振孫輯。明萬曆刻本。一冊。半頁十行二十字，四周單邊，白口，單魚尾。框高 20.7 釐米，寬 13.6 釐米。總論題"洞庭山樵王禹聲編"。前有洪文衡序。

王禹聲，字遵考，號聞溪。吳縣人。萬曆十七年進士。歷知承天府，雅素好學，爲王鏊曾孫。與中官忤，罷歸。

是書述萬曆二十六、二十七年湖北大都鄖中之變經過，其時朝廷遣宦官至各地徵稅，後激起民變。分鄖變總論、初變揭院道、再變揭院道、招諭諸生、招諭百姓、明倫堂示、復陳稅監書、復杜備監書、地方異變揭、直陳激變始末揭、致諸生書、再致諸生、丙午又致諸生書、諸生誣陷緣由。其《附錄》一卷爲"承天士民激變緣由"。

臺北"國家圖書館"亦有入藏。

此本疑明萬曆三十六年王永熙刻《震澤先生四種》之一。

0522 明抄本欽明大獄錄　　　　　　　　　　　　TNC2732/1324

《欽明大獄錄》二卷，明張璁輯。明抄本。清汪宗沂跋。二冊。半頁十行二十字。藍格。前有嘉靖六年(1527)賜張璁等敕諭；張璁等謝表。

張璁，字秉用，後賜名孚敬，字茂泰，浙江永嘉人。正德十六年進士。明世宗議追崇生父興獻王，張璁迎合帝意，力折廷臣，歷官少師華蓋殿大學士。爲人剛明果敢，持身自廉，然性狠愎，報復相尋。卒諡文忠。治學貫通古今，尤精三《禮》，有《張文忠公集》十九卷、《奏對稿》十二卷、《諭對錄》三十四卷，收入《四庫全書總目》附存目錄。其事蹟俱見《明史》本傳。

張璁以議禮被遇，甚爲世所詬病，然世宗始終眷禮不衰。嘉靖五年七月至六年九月，張璁、桂萼等人利用嘉靖帝朱厚熜之昏瞶專斷,借李福達案打擊異己,製造一起重大冤案,史稱"大獄"。山西人張寅通曉煉術,與支持議禮之武定侯郭勛相交,官府疑其即爲參與謀反之白蓮教徒李福達,有大臣借此彈劾郭勛。世宗命桂萼攝刑部事,張璁攝都察院事,方獻夫攝大理寺事,重審此案。張璁等盡反其獄,并打擊異己,株連四十餘人,張寅獲釋,告發者被處死。後來事實證明,張寅確是李福達,然而此案直到隆慶初年才予平反。清人趙翼《廿二史札記》嘗云:"李福達之獄,翻案改坐,大小官黜革問罪者至四十餘人,爲嘉靖年間一大事。"嘉靖六年九月,世宗悉從張、桂所言,輯録該案前後獄詞及敕諭、批答,編成《欽明大獄録》一書,頒示天下。此書除頌揚嘉靖帝朱厚熜之"英斷"外,其餘爲羅織馬録、顔頤壽等人"罪狀",並炫耀張、桂等人特别上疏陳情之事。

汪宗沂跋云:"同學儀徵劉恭甫家多儲書,以癸酉秋得《欽明大獄録》二卷於金陵市上,定爲明人鈔本,因以見示。予聞斯録初刊時,以張永嘉請廣頒遍佈,今刻本已久消亡矣。往者,梁茝林中丞曾訪永嘉故書於温州而未得,僅得其目,中有《欽明大獄録》,與今所得卷數正合,然則是書殆永嘉家藏故物也。夫永嘉雖以大禮驟進,而其入閣適緣大獄,則其鈔副於家,冀彰光榮,亦固其所及。夫勢焰既息,故帙猶存,竟與黨碑、社録同資口實,得毋自悔,其爲君子謀之太密耶?《録》中獲罪諸公,力治妖賊,皆執法吏也,予獨深惜。夫刑部主事歸安唐樞《開釋六疑》一疏,證據明確,雖皋陶不能易,不幸而壞於勛貴之斡旋,又不幸而激於言官之攻訐,坐致牽連削籍,正議不伸。然當日主持斯獄者,能庇同類、仇舉朝而卒不敢存唐疏於《大獄録》中,豈羞惡之良尚未全泯耶?抑亦以是非明白,無可回護而特從删削也。予謂恭甫:'盍補鈔唐疏於斯録之後,一若永嘉之儲以相待者,今乃得補其遺漏也。'恭甫笑以爲知言。同治甲戌秋月,歙汪宗沂謹跋。""甲戌",爲同治十三年。宗沂,字仲伊,一字咏村,號韜廬,歙縣西溪人。從儀徵劉文淇治漢,從桐城方宗誠治宋,再拜翁同龢爲師。光緒六年進士,授山西知縣。曾入李鴻章幕,後主講敬敷、中江、紫陽等書院,著述甚豐。劉恭甫,即劉壽曾,毓崧子,一字芝雲,江蘇儀徵人。同治、光緒中兩中副榜,校書金陵書局,文章大雅,治經有家法。祖文淇爲《左傳舊注疏證》,兩世未成書,壽曾續纂至襄公四年而卒。又有《春秋五十凡例表》、《傳雅堂集》、《南史校義集平》等。孫詒讓撰有《劉恭甫墓表》,載《籀膏述林》卷九。

卷末依次有《唐樞論妖賊李福達疏》三頁,從《明史·唐樞傳》中録出,據汪跋知爲劉恭甫補抄;抄自《張文忠集》、《千頃堂書目》、《萬曆野獲編》、《明史》之《刑法志》、《馬録傳》、《唐樞傳》等有關此獄記載六頁;繆氏藕香簃所抄《張寅冤獄》四頁。以上俱附訂於原書之後。

《張文忠公集·奏疏三》云:"臣隨將臣等捧到敕諭四道及先後會問招藁節,奉欽依發落事理繕寫成書,上下二卷,刊印共一千七百部,其名曰'欽明大獄録'。夫大獄一榜,固足以示刑罰之公,要之先後招詞之參考,情理曲直之攸歸,則惟此録爲詳備耳。兹謹進呈御覽,其餘欲候命下,分送在京各衙門大小官員,各給一部,仍發仰各該巡按轉行都、布、按三司,如式翻刊,分佈所屬衙門,一體頒給,俾中外臣工咸知聖明欽恤之仁,共擴懷德勸忠之念。"又查《明史》卷二○六《馬録傳》後有"遂編《欽明大獄録》頒示天下,時嘉靖六年九月壬午也",據此,是書除印一千七百部外,又有内外各衙門翻刻,然世間傳本絶少,僅見羅振常《天一閣藏書經眼録》中有載:"明嘉靖刊本,白口,雙框,大字,綿紙印",而不見各館收藏。此明抄本殆爲詳盡記録大獄之罕覯秘籍,足與《明史》相參證。

兩冊封面均有近人題記,爲同一人筆蹟。第一冊爲:"明張永嘉藏之原本,後歸劉恭甫所藏,復爲繆氏藝風堂所得,以巨價易之於古書流通處者。内附數葉即繆氏手鈔。癸亥繆氏藏書全數出售,乃由富晉齋王氏作緣,歸於寒齋。"第二册爲:"明鈔本大獄録,兩卷兩本,金輪閣藏。""癸亥",爲民國十二年。"金輪閣"爲"雲輪閣"之誤,繆荃孫藏書跋見於《藝風藏書續記》卷二。

《明史·藝文志》、《天一閣書目》、《千頃堂書目》皆有著録。《續修四庫全書總目提要(稿本)》、《中國古籍善本書目》未收。《四庫未收書輯刊》第15册收入,底本爲中國科學院圖書館藏五石齋抄本。

鈐印有"仲穆居京師時所得書"、"陶毅印"、"錢印應明"、"唐華館"、"浣紅樓夫婦讀書記"、"友年所見"、"海昌陳琰"、"拾遺補闕"、"古書流通處""陳立炎"等。後五方印俱陳立炎所有,20世紀20年代,陳氏於上海開設"古書流通處",收購盧氏抱經樓、繆氏藝風堂等藏書,並印行多種叢書,爲江南規模最大之古舊書店。

0523 明抄本南城召對   TNC2732/4464

《南城召對》一卷,明李時撰。一册。明抄本。半頁十行二十三字。黑格。無序跋。

李時,字宗易,號松溪,任邱人。弘治十五年進士,授翰林院編修,升侍講。世宗初擢任户部右侍郎,尋改禮部。入朝爲相,加封太子太師,官至華蓋殿大學士。時素寬平,既入相,益鎮以安静。其恒本忠厚,廷論咸以爲賢。帝亦愛其恭順,以時爲忠,賜銀章曰"忠敏安慎"。卒謚文康。事蹟具見《明史》。

是編乃世宗嘉靖皇帝親祀祈嗣壇,大學士李時、翟鑾、尚書汪鋐、侍郎夏言等侍於南城御殿,召見論郊廟禮制,兼及用人、賑災之事。李時因之輯録世宗與諸臣問答之詞爲一書,故稱"召對"。

《明史·藝文志》著録,作"《南城召對録》一卷",李時另有《文華盛記》一卷。《四庫全書總目》收入史部雜史類存目,云:"史稱時恒召對便殿,接膝咨詢,雖無大匡救,而議論多本於厚,於是編亦略見一斑云。"

此爲四庫進呈本,即《總目》所云"浙江范懋柱家天一閣藏本",封面有"乾隆三十八年十一月浙江巡撫三寶送到范懋柱家藏南城召對壹部計書壹本"朱色木記。卷一首頁上端鈐有"翰林院印"滿漢文大方印。查《四庫採進書目》,是書爲浙江省第五次范懋柱家呈送之書。

此書流傳罕見,《中國古籍善本書目》及臺灣、日本各書目均不見著録,清代也未見刊行。雖僅十頁,洵足寶也。《四庫全書存目叢書》史部第46册收入,底本爲北京大學圖書館藏民國間燕京大學圖書館鈔本,燕大鈔本所據底本即哈佛此本。

鈐印有"宗室盛昱收藏圖書印"。盛昱,字伯羲,别署意園。肅武親王裔孫,隸鑲白旗滿洲,清宗室。光緒三年進士,國子監祭酒。考訂經史及中外輿地皆精覈過人,尤練習本朝故事。精鑒賞,有鬱華閣藏書,宋元古槧、名賢抄校琳琅溢架,民國初年散出,其歸完顏景賢、傅增湘者甚夥。

0524 明抄本甲乙記政録續丙記政録   T2736/2932

《甲乙記政録》二卷《續丙記政録》一卷《續丁記政録》一卷,明徐肇台撰。明抄本。四册。今人鄧之誠跋。半頁十行十六字,四周單邊,白口,無魚尾。朱絲欄。框高22.4釐米,寬14.6釐米。題"工部都水清吏司郎中陞雲南府知府未任奉恩詔致仕臣徐肇台據邸報編次"。

徐肇台,里貫、生平不詳。

是編起於天啓四年甲子九月二十五日,至七年丁辰八月二十三日明熹宗薨止,依時間爲次,據當時邸報抄出,本揭聖旨,月日俱全。所彙輯者,皆魏忠賢亂政時,對廷臣所上奏章之批紅,旨在排擠異己,彰著其罪名,以爲鍛煉成獄之具。"甲乙"、"丙"、"丁"者,代指天啓四至七年也。世傳馮銓降清爲相時,盡毀天啓四年以後事,致清修《明史》時,遍檢閣中章奏無存,而此編專詳此數年間事,正足以彌其缺失。

封面有鄧之誠題識,謂:"此書蓋紀天啓四、五、六、七年魏閹之禍,據《邸報》按日編纂,最爲得實。夏燮校《兩朝剥復錄》、《先撥志始》二書,推勘月日,用力頗勤,惜其未見此書。楊鳳苞《秋室集》以《甲乙紀政錄》爲記唐王事,蓋只見《禁書書目》,實未見本書,不免妄相推測。此舊鈔本當是原稿,體例殊不劃一,恐未必有刻本。己卯之夏,燕京大學圖書館偶從書賈得之,詑爲秘籍,因借鈔一本,而書數語歸之。是歲十月十有二日,五石居士鄧之誠。"之誠,字文如,號明齋,又號五石齋。江蘇江寧人。早年曾參加反袁護法運動,1921至1930年間,先後任教於北京大學、北平師範大學、北平女子文理學院、輔仁大學。1930年秋起,專任燕京大學歷史系教授。1952年後任北京大學歷史系教授,1960年去世。著作有《中華二千年史》、《骨董瑣記全編》、《清詩紀事初編》等。按,"己卯"爲民國二十八年。

此爲清代禁書,見於《禁書總目》。姚覲元《清代禁燬書目·補遺》云:"肇台爲趙南星劾罷,故於魏忠賢亂政之時,作此書以報復,且以媚璫。其跋稱,忠賢時公道大明,實爲病狂喪心。其中指斥語尤多,應請銷燬。"

謝國楨《晚明史籍考》著錄,云:"《明熹宗實錄》多被閹黨馮銓所竊毀,此猶可見兩黨門户之爭及內監肆虐之蹟也。傳鈔本《天啓逸史》,亦即是書。"《續修四庫全書總目提要(稿本)》著錄,稱是書見東林與閹黨肉搏之始至東林被一網打盡最是全面,並云"所紀楊左追贓,許顯純爲之上請,歸刑部治罪,得旨申斥,則顯純亦嘗顧及清議,聖旨中屢斥及沈一貫之黨,及湯賓尹不准起用,則閹黨亦與浙崑不合,皆不見於他書,其爲有裨史事,更不待論矣"。

第一册書皮內襯紙有書"右具稟帖,崇禎元年七月",第四册書皮襯紙書"崇禎元年捌月日"字樣,爲廢棄之明末公文紙。正文以紅格竹紙抄寫。

是書有明崇禎間刻本,除《甲乙》、《丙》、《丁》諸錄外,尚有《新政》一卷,爲崇禎帝即位後,鏟除閹黨,銷毀《三朝會典》,對於廷臣及各省官吏參劾魏閹章奏之批旨。刻本止於天啓七年八月二十八日,較此明抄本略晚。

《中國古籍善本書目》著錄明崇禎刻本,中國國家圖書館有藏。書目文獻出版社《北京圖書館古籍珍本叢刊》第9册,巴蜀書社《中國野史集成續編》第21册,《四庫禁燬書叢刊》史部第6册,《續修四庫全書》第438册,均以此爲底本影印出版。另有《記政錄》不分卷,明抄本,中國國家圖書館收藏。

0525　清初刻本明朝小史　　　　　　　　　　　　T2720.7/6623

《明朝小史》十八卷,明吕毖撰。清初刻本。有抄配。六册。半頁八行二十字,四周單邊,白口,無魚尾。框高19.3釐米,寬10.9釐米。題"蘆城赤隱吕毖輯著"。是本首殘,起目錄;又尾殘,止卷一八第十二頁下。

吕毖,字貞九,江蘇太倉人,明諸生。明亡之後,於無錫爲道士。

此書卷一至二《洪武紀》，卷三《建文紀》，卷四《永樂紀》，卷五《洪熙紀》，卷六《宣德紀》，卷七《正統紀》，卷八《景泰紀》，卷九《成化紀》，卷一〇《弘治紀》，卷一一《正德紀》，卷一二《嘉靖紀》，卷一三《隆慶紀》，卷一四《萬曆紀》，卷一五《泰昌紀》，卷一六《天啓紀》，卷一七《崇禎紀》，卷一八《弘光紀》。

愍明遺民，所記勝朝故實，多民間傳聞。如《洪武紀》下之"土地移廟"篇云："帝生於盱眙縣靈跡鄉土地廟。生時夜有神光燭天，明日廟忽移置東路百餘家。今其地方丈許不生草。"

謝國楨《增訂晚明史籍考》卷一著錄《玄覽堂叢書》本，考證頗詳，按語云："是書分洪武、永樂以迄天啓、崇禎、弘光等紀，記各朝遺事，標立題目，以事繫題，如土地移廟、紅羅幛、鏟頭會等篇，近於小說，多有不經之語；然記明太祖之'中原傳檄'爲明史所不載。《崇禎紀》之各府州錢糧、諸番國風土，及《弘光紀》史可法南中復書（復燕京多爾袞書）與蔣良驥《東華錄》所載之文，頗有不同，凡此諸事，足供考史之資。著者史識不高，頗少剪裁，但據傳聞，然亦存當日史事，讀者分別觀之可也。至是書當著於清順治初年，文網未密，忌諱尚少，猶保存明朝體制也。"

刊事未詳，以"玄"字不避清聖祖諱，作清初刻本。

乾隆間，大量明代史籍遭銷毀，是書亦列爲禁毀，見於《清代禁燬書知見錄》，故少見傳本。南京圖書館、浙江圖書館、福建師範大學圖書館收藏。原燕京大學圖書館曾於1930年傳抄是本，今《北京大學圖書館藏古籍善本書目》著錄。

《四庫全書總目》、《中國古籍善本書目》皆不收。

0526　清乾隆刻本豫變紀略　T2737/8203

《豫變紀略》八卷首一卷，清鄭廉撰。清乾隆八年(1743)彭家屏刻本。清體乾批注。八册。半頁十一行二十二字，四周雙邊，白口，單魚尾。框高20.4釐米，寬13.5釐米。

鄭廉，字介夫，一字石廊，號柳下野人，河南商邱人。年十九入郡學，晚受知於湯斌。斌撫蘇時，欲聘之，往而未果。

是編紀明末二十年間豫州之變。豫州，今河南。敍事始明天啓六年，訖順治二年。《凡例》云："是書始於丙寅'黃河清'、'鳳凰見'，而訖於乙酉之秋'大有麥禾'，凡二十年。"

首卷有乾隆八年彭家屏題辭；闕名序，又闕名序，自序一，自序二，自序三，自序四；目錄；松巢子後序；乾隆八年彭倚華跋；鄭廉撰《凡例》六則。

卷一年表，卷二天啓六年至崇禎十一年，卷三崇禎十二年至十三年，卷四崇禎十四年，卷五崇禎十五年正月至六月，卷六崇禎十五年七月至十二月，卷七崇禎十六年至崇禎十七年三月、順治元年，卷八順治二年。末附《紀事本末辨譌》、《明季遺聞辨譌》、《白愚濕襟錄摘語》、《燕都志變》、《虎口餘生記》、《塘報稿》。

謝國楨《增訂晚明史籍考》按："是書記河南農民起義事，起天啓六年，記河經之災異，至順治二年清豫王多鐸入汴止。附白愚濕襟摘語，聾道人燕都志變。作者以目擊事變，較耳食者爲詳，故爲是書。至云李巖並無其人，盛譽清兵不置，其所記多非實錄。且李巖之父精白，潁川人而非杞人；蓋作者身曾參與農民軍之役，欲爲已出脫者也。"又《續修四庫全書總目提要（稿本）》云，此書"其辨御史李振聲死事甚烈，並非縱逆；督師丁啓睿，回籍聽勘，未嘗下獄；歸德府殉難推官乃王世繡"，於楊嗣昌事亦多有敍述。

彭家屏題辭云："明末闖賊之禍，流毒海內，而於吾中州尤慘酷，父老相傳，至今慘悸。鄉先生鄭石廊幼陷賊中,間關得脱,其於時事皆所目擊,鐍閉棘籬,追維紀事,於諸書不無鉏鋙,要之歸於實録。敝笥淹久,半飽脈望,兹爲輯而梓之,以垂永久。"

彭家屏,字樂君,河南夏邑人。康熙進士,授刑部主事,累遷郎中。乾隆初,歷任直隸清河道、江西、雲南、江蘇布政使。以病歸原籍。乾隆二十二年高宗南巡,家屏奏言夏邑等地災情,地方官知情不報,自巡撫圖爾炳阿以下皆坐罪。旋因私藏明季野史是書及《潞河紀聞》等致禍,並以所撰族譜《大彭統記》中萬曆年號皆直書,不避清高宗御名而獲罪,令獄中自盡,身後籍家,財物没官。《清史稿》有傳。

《豫變紀略》爲清代禁書。《清代禁燬書目·補遺》載:"《豫變紀略》,前明河南鄭廉著。内有'宏光元年正位金陵'等句,及龔道人《燕都志變》等,詩句違礙。"《清代禁書知見録》著録。

金鑲玉裝。扉頁鐫"豫變紀略。中州鄭石廊先生著。彭衙藏板"。避清世宗胤禛諱。

是本傳世甚稀。遼寧省圖書館、安徽省博物館有入藏。《中國古籍善本書目》入史部雜史類,著録清淡寧軒抄本,王思範校並跋,與清邊大綬撰《虎口餘生記》一卷、清徐應芬撰《燕都志變》一卷合抄。北京大學圖書館藏清鄉嬛華館抄本(有徐鹿苑眉批及節庵學人題語),臺北"中央研究院"史語所傅斯年圖書館亦收藏一抄本。是書又有《三怡堂叢書》本。

鈐印有"慎德堂"朱文無邊欄長方印。

0527　清康熙刻本平閩紀　　T2783/4258

《平閩紀》十三卷,清楊捷撰。清康熙二十二年(1683)自刻道光重印本。十六册。半頁九行二十二字,四周單邊,白口,單魚尾。框高20.6釐米,寬14.3釐米。題"三韓楊捷元凱著;男懋緒令鴻、懋紹漁山、懋綸今掌纂"。前有康熙二十三年(1684)馮溥序,康熙二十二年王熙序,康熙二十三年(1684)梁清標序,康熙二十三年沈荃序,康熙二十三年張玉書序,王廣心序,葉映榴後序,康熙二十二年自序。末有康熙二十二年許纘曾後序,陸振芬,康熙二十三年楊瑄後序;宋志梁跋,道光十年(1830)包世臣。首殘,馮溥序、王熙序、梁清標序、沈荃序、張玉書序、王廣心序、葉映榴後序、自序等民國二十九年(1940)石星五補抄。包世臣跋末五行佚去其半,鉛筆抄配(視邊欄有剜割痕,或書賈所爲,以隱去"道光十年六月十二日"數字)。

楊捷,字元凱,奉天義州人。鑲黃旗漢軍。其先世居揚州寶應縣崇儉鄉,以軍功授後屯衛指揮使者,遂爲義州人。曾祖諱子隆,祖諱應元,皆襲世職。父諱國棟,以軍功歷陞義州城守參將加副總兵。義州圍急,自經死。曾祖以下皆贈少保加公官,妣皆贈夫人。捷之叔父、兄並用邊將,先後死戰事,稱名臣。捷於明末歸洪文襄,爲偏將。清開國初,擢山西撫標游擊,歷宣大督標中軍副將、九江總兵官加右都督,以平嶺南功進左都督,提督江西,官至昭武將軍、江南提督。生於明萬曆四十五年,卒於清康熙二十九年,年七十四。《清代碑傳全集》卷一四有清張玉書撰墓志銘。

是書紀平定嶺南鄭成功部事。康熙十七年,楊捷奉旨征剿鄭成功,是編爲康熙十七年至康熙十九年三年間之奏疏、箋啓、咨文、牌檄、告示,由捷子懋緒、懋紹、懋綸彙輯編纂而成。卷一至三奏疏,卷四箋啓,卷五至九咨文,卷一〇至十一牌檄,卷一二至一三告示。起康熙十七年六月初九日《驚聞寵命等事疏》,止康熙十九年十二月二十八日《給示泉州府》。

《四庫全書總目》入雜史類存目,著録直隸總督採進本。

《續修四庫全書總目提要(稿本)》云:"是書彙輯平閩及鄭氏所據金門廈門等處奏議、告諭,並述其奪洛陽橋、解泉州圍、克海澄乘勝取金門廈門各戰績,更及於善後之佈置等。之前、後序文跋語,較原書幾倍,如馮溥、王熙、梁清標、沈荃、張玉書、王廣心、葉映榴、許纘曾等人,半皆當時赫赫有聲者。實一歌功誦德之書也。"按,所謂之前、後序跋"較原書幾倍",恐非事實(是本十六冊,其前序、後跋各一冊)。

《平閩紀》於康熙二十二年鋟諸板,語見楊捷是年自序:"兒曹纂三年于役之鄙議,請授剞劂,固陋不敢當。又以經營圖度或足備平海之芻蕘,勉從其請,付諸梓。爰爲敍。"道光十年包世臣跋云:"公之五世孫亮季子從予游,出示《平閩紀》十三卷,兼愛之懷,藹如若揭……公既平閩賊,回鎮江南,遂蒙賜藉揚州衛,子孫建節樹施者數世。今雖陵替,而季子慷慨有志,與習史事,能讀公書,公之明德遠矣,其昌後必深。季子勉之矣。道光十年六月十二日安吳後學包世臣撰。"《平閩紀》自康熙二十二年付梓,至道光十年,已近百五十年。是書楊捷自刊,歷五世而板尚存,道光重印之役蓋捷之五世孫亮所爲。

是本扉頁佚去。

《中國古籍善本書目》不收。中國國家圖書館收藏兩部,作"清康熙二十二年世澤堂刻本";北京大學圖書館、南京圖書館等十三館亦有收藏,有作"清康熙二十二年世澤堂自刻本",間或有道光重印本。按,《續修四庫全書總目提要(稿本)》著錄康熙十八年刻本,誤,《增訂晚明史籍考》或亦援引於是。

0528　清抄本甲申日紀　　　　　　　　　　　　　　　TNC2738/4432

《甲申日紀》十卷,清李清撰。清抄本。十冊。半頁八行十七字。無框格。

李清,字映碧,一字心水,晚號天一居士,揚州興化人。明崇禎四年進士,歷任刑科、吏科、工科給事中,南明弘光時官至大理寺左丞。弘光亡後,隐松江,屢徵不就,杜門著述。《皇明遺民傳》云:"是時先朝賢公卿皆凋落,而清獨老且壽,海內以鉅人夕德而推重。"著作甚豐,有《三垣筆記》、《澹寧齋史論》、《南唐書合訂》、《南北史合注》等。《清史稿》列之於《遺逸》傳首,《(咸豐)重修興化縣志》卷八有傳。

清任弘光朝大理寺左丞時,逐日記載國家大事及文武諸臣言行,訂爲是書。分金、木、水、火、土五集,每集上、下二卷。起自崇禎十七年甲申四月福王至淮安府,迄於乙酉七月唐王即位福州,改元隆武,隆武二年五月帝遇害於燕京。記弘光一代史事最爲詳備,所錄皆清耳聞目睹,或據福王諭旨、臣下奏章、各處軍報等檔案。明室傾覆,改朝換代,前代史料旋即散失,南明檔案多因此書而保存。持論平允,紀載覈而不誣,褒貶公而不謬,爲南明稗史中最上乘者。此書又名《南渡錄》。

《清史稿》載李清"編次《南渡錄》等書,藏於家"。康熙三十一年,清子楠將密藏於家之《三垣筆記》、《南渡錄》二書稿敬獻朝廷。聖祖第二次南巡,李楠趕至宿遷接駕,聖祖飛舸召登御舟,慰勉有加,親書"多識畜德"匾彰之。然高宗大興文字獄,李清之書多列於《禁毁書目》,乾隆五十二年三月十九日上諭稱:"李清係明季職官,當明宗社淪没,不能捐軀殉節,在本朝食毛踐土已閱多年,乃敢妄逞臆説,任意比擬,設其人尚在,必當立正刑誅,用彰憲典。今其身幸逃顯戮,其所著書悖妄之處自應搜查銷毁,以杜邪説而正人心。"故是書向無刻本,只存幾部抄本,鮮爲流傳。

謝國楨《增訂晚明史籍考》著錄,按語稱,所見鈔本有三,一爲吳興徐森玉先生舊物,云"鈔本極舊,惟間有删節",即此哈佛本;二爲涵芬樓藏本;三爲揚州測海樓吴氏藏《野史》二十一種四卷本,今藏中國國家圖書館。謝氏感慨明季野史輾轉傳抄,各有是非,嘆曰:"安得合此三本,成一善本,亦盛事也!"《續修四庫全書總目提要(稿本)》中,該書提要亦謝氏所撰,曰:"如能用夏燮校刻《先撥志始》之例,合此三本,較其異同,則李氏之書,或可稍復舊觀矣。"

是書避"玄"、"弘",不避"寧"諱,抄寫當在乾、嘉年間。函套題簽爲徐鴻寶所書:"甲申日紀,一名南渡録,李清映碧撰,舊抄本,寒梧山莊藏書。"徐鴻寶,字森玉,浙江吴興人。清末舉人。曾任北京大學圖書館館長、國立北平圖書館采訪部主任、東方文化事業委員會圖書部主任、故宫博物院古物館館長,解放後任上海博物館館長,於版本目録及金石之學造詣極高。

《中國古籍善本書目》著録兩部清抄本,一爲八卷附録一卷本,浙江圖書館藏;一爲八卷本,有清李文田跋,中國國家圖書館藏。浙圖藏本經清人傅以禮校並跋,避明帝諸諱,稱清兵爲"北兵",或徑稱"虜"、"奴",此本有今人點校本,浙江古籍出版社 1988 年出版,爲《明末清初史料選刊》之一種。《續修四庫全書》收入第 443 册,底本爲傅以禮校本。此外,揚州師範學院古籍整理研究室黄俶成多年潛心考索、校點《南渡録》,1997 年江蘇古籍出版社將其收入《南明史料》一書中。該書附有《南渡録》現存十二種抄本。以諸本與哈佛本相戡,卷數雖異,文字大體相同,惟哈佛本"土集下"最末《附録》、《襄陽三義列傳》、《李節婦傳》三篇爲諸本所無。

鈐印有"孔繼涵印"、"國子監祭酒盛昱印信"、"吴興徐鴻寶藏書之印"、"曾歸鴻寶"、"寒梧山莊"。

0529　明天啓刻本漢詔疏　　T4661.2/7922

《漢詔疏》六卷,明陳衎選評。明天啓刻本。三册。半頁九行十九字,四周單邊,白口,單魚尾,書眉上刻評。框高 19.3 釐米,寬 13.9 釐米。題"明閩中陳衎選評"。前有天啓元年(1621)譚元春序。

陳衎,字磐生。閩人。萬曆末爲國學生。自其父以上,俱有集傳閩中。衎少受學於董應舉,長與徐𤊹、徐𤉩相切劘,爲人慷慨自負,天文讖緯、《黄庭内景》之書靡不研究,又好談邊事利害及將相大略。窮老氣不少衰,嘗自撰墓志。傳見《(民國)福建通志》卷三九《文苑傳》。

是書選漢高帝、惠帝、文帝、景帝、武帝、昭帝、宣帝、元帝、成帝、哀帝之詔,又選韓信、張蒼、尉佗、馮唐、賈誼、晁錯等八十三人之疏,并施之以評。

扉頁刊"陳磐生評選漢詔疏",又鈐"忠賢世家"。刻工有柯星。

《四庫全書總目》未收。《中國古籍善本書目》著録。天津圖書館、復旦大學圖書館、臺北"國家圖書館",及日本内閣文庫、尊經閣文庫、東京大學東洋文化研究所亦有入藏。

鈐印有"無堂所藏"、"後凋館藏書"、"雷山藏書"、"勸修寺"、"迂堂藏書"。

0530　明崇禎刻本皇明詔制　　T4661.7/1123

《皇明詔制》十卷,明孔貞運輯。明崇禎刻本。十册。清趙烈文題識。半頁九行二十字,四周單邊,白口,單魚尾,每卷第一頁書口下刻"儒士胡正言督刻"。框高 21.2 釐米,寬 13.6 釐米。前有崇禎七年(1634)孔貞運序。序後刊"通議大夫南京禮部右侍郎臣孔貞運編輯;司務廳司務臣薛邦獻、儀制清吏司主事臣劉光震、祠祭清吏司郎中臣趙之驊、主事臣孫必顯、主客清吏司郎中臣黃學元、精繕清吏司郎中臣曾應瑞較閱;儒士胡正言督刻"。

孔貞運,字開仲。江蘇句容人。爲孔子六十三代孫。萬曆四十七年進士。殿試第二人,授編修。天啓中充經筵展書官,纂修兩朝實錄。莊烈帝嗣位,貞運進講《皇明寶訓》。崇禎元年擢國子監祭酒,尋進少詹,仍管監事。後以艱歸,服闋,起南京禮部侍郎,遷吏部左侍郎,并入內閣。因事引歸。甲申聞闖變,痛苦不能止。卒年六十九。謚文忠。崇祀鄉賢祠。《明史》卷二五三、《(乾隆)句容縣志》卷九《忠節》皆有傳。

是編收洪武至崇禎諸帝之詔,始太祖《傳示中原檄》,止崇禎八年《聖諭詔》,計二百四十七詔。孔貞運序云:"我國家稽古考文,諭百官曰詔、曰誥、曰制、曰敕、曰冊、曰諭、曰書,皆審署其體,循事而用,昭大制也。而其誕揚休命,敷告萬邦,以昭一代之章程,垂萬年之成憲,則無如詔。恭惟高皇帝應天受命,制作一新;文皇帝丕承治統,謨烈重光。列聖相傳,與時斟酌,深仁濊澤,淪浹肌膚,密緯纖綸,綱維群象,迄今二百八十餘年,昌明宏遠,直配天壤,與天球河圖同其鎮重。臣備員史局時,簪筆纂述,得劾編摩,茲者待罪南禮,伏覩故府歷朝詔制在焉。是憲是章,懼有散軼,於是恭爲編輯,錄成方冊。"

題"儒士胡正言",當爲刻《十竹齋箋譜》、《十竹齋書畫譜》者。

《外省移咨應燬各種書目》、《清代禁書知見錄》著錄。

趙烈文題識云:"同治甲戌都中購歸,十本一夾。天放樓記。"烈文,字惠甫,號能靜居士。陽湖人,僑居常熟。曾官易州知州,中歲解組歸,歷參曾國藩、曾國荃幕。有《能靜居日記》等。甲戌爲同治十三年。

《中國古籍善本書目》著錄。南京圖書館、日本內閣文庫、尊經閣文庫亦有入藏。中國科學院圖書館有殘本。

鈐印有"天放樓"、"陽湖趙烈文字惠父號能靜僑於海虞築天放樓收庋文翰之記"、"躍龍之印"。

0531 清乾隆刻本大清太祖高皇帝聖訓　　　T4661.80/3430

《大清太祖高皇帝聖訓》四卷。清乾隆四年(1739)武英殿刻本。一冊。半頁九行十八字,四周雙邊,白口,單魚尾。框高 24.4 釐米,寬 16.3 釐米。前有康熙二十五年(1686)御製序,乾隆四年御製序。

"聖訓"者,帝王之訓諭、詔令也。元耶律楚材《和平陽三仲祥韻》云:"洪恩浹四海,聖訓宜書紳。"清昭槤《嘯亭雜錄·太宗讀〈金史〉》云:"諄諄數千言,詳載聖訓。"卷一敬天、聖孝、神武、智略、寬仁;卷二論治道、訓諸王、訓群臣;卷三經國、任大臣、用人、求直言、興文治、崇教化、勤修省、節儉、慎刑、恤下;卷四輯人心、通下情、明法令、鑒古、賞功、昭信、誡逸樂、謹嗜好。

明清以來,歷朝帝王皆有聖訓,唯明代稱爲"寶訓"、"祖訓"。康熙御製序云:"高皇帝靈承休命,誕受多方,經綸於天造草昧之年,締構於王業艱難之日。除殘伐暴,度越漢唐,順天應人,絜隆湯武。所以茂弘風教,宣暢聲靈,振舉綱維,恢張疆宇者,勒諸蘭臺之上,布在方策之中,駿烈鴻猷,粲然明備矣。若其擴詞爲典,播告成經,建邦立國之模,戰勝攻取之略,化民成俗之務,用人行政之方,靡不道合樞機,理取體要,有非臣鄰所能悉睹,黎獻所能盡傳者。不有成書,何以彰聖謨而答光訓乎?朕紹庭繼緒,志切觀揚,因命儒臣分類編輯,爲目二十六,爲條九十有二,總爲寶訓四卷。"

此本乃乾隆帝頒令刊刻,乾隆御製序云:"我聖祖嘗命儒臣編輯《聖訓》四卷,類聚條分,燦然明備。朕紹膺統緒,追契徽猷,口誦心惟,匪伊朝夕仰見義蘊之淵閎,典章之畫一,庶政之周詳,直與帝典、周官同其廣大。顧金匱石室之藏,廷臣無由得見,是用敬加剞劂,宣示萬方,俾我子孫臣庶,率而循之。"

故宮博物院圖書館有清康熙十二年內府抄本。又臺北"故宮博物院"有清康熙間內府朱絲欄寫本,並有乾隆四年刊滿文本。此本卷一第一行作"大清太祖承天廣運聖德神功肇紀立極仁孝睿武端毅欽安弘文定業高皇帝聖訓",書口上方作"太祖高皇帝聖訓"。今書名乃據《中國古籍善本書目》。

《四庫全書總目》入史部詔令奏議類。《中國古籍善本書目》著錄,故宮博物院圖書館、遼寧省圖書館、避暑山莊博物館等五館入藏。又臺北"故宮博物院"也有入藏。清光緒年間,總理各國事務衙門有排印本《歷朝聖訓》五百五十二卷,其第一種即爲此《太祖高皇帝聖訓》。1965年,臺北文海出版社《大清十朝聖訓》收入此冊。

0532　清乾隆刻本大清太宗文皇帝聖訓　　T4661.80/3430

《大清太宗文皇帝聖訓》六卷。清乾隆四年(1739)武英殿刻本。二冊。半頁九行十八字,四周雙邊,白口,單魚尾。框高24.4釐米,寬16.3釐米。前有康熙二十六年(1687)御製序,乾隆四年御製序。

卷一論治道、訓諸王;卷二訓群臣;卷三謙德、寬仁、智略;卷四求賢、求言、輯人心、恤民、勸農、興文教;卷五訓將、勵將士、懷遠人、訓諸藩;卷六恤降、招降、恤舊勞、敦睦、節儉、謹嗜好、禁異端。

康熙御製序云:"至於命令誥誡,誕播弘詞,皆義切訓行,理歸體要,洪纖畢舉,本末咸周。而其大指之所存,則首在於愛養生民,旁求俊乂,敕幾凝命,惇典明倫,大哉王言,誠治平之極則也。我皇考世祖章皇帝,嘗命纂修,未竟厥緒,朕嗣膺曆服,念切纘承,爰命儒臣詳加編輯,計一百一十一條,分二十三類,定爲《聖訓》六卷。"

此本乃乾隆帝頒令刊刻,乾隆御製序云:"順治中,嘗因記注舊文,纂修《聖訓》一書,未竟厥緒。聖祖仁皇帝特命儒臣詳加編輯,事以類分,凡二十有三;言以條舉,凡一百一十有一,彙爲六卷,體要著明。朕在宮中,蒙皇考恩勤教育,定省之時,備聞祖訓。嗣膺大統,志切纘承,晨夕披陳尋繹,仰見心符道要,語中機宜,旨蘊閎深,函蓋天地,文辭昭晰,彪炳日星,垂裕後昆,永昭法守。用是勒爲成書,敬授剞劂,頒示中外。"

故宮博物院圖書館有清康熙十二年內府抄本。臺北"故宮博物院"有清康熙間內府朱絲欄寫本,並有乾隆四年武英殿刊滿文本。此本卷一第一行作"大清太宗應天興國弘德彰武寬溫仁聖睿孝敬敏昭定隆道顯功文皇帝聖訓",書口上方作"太宗文皇帝聖訓"。今書名乃據《中國古籍善本書目》。

《四庫全書總目》入史部詔令奏議類。《中國古籍善本書目》著錄,故宮博物院圖書館、遼寧省圖書館、避暑山莊博物館等六館入藏。又臺北"故宮博物院"也有入藏。清光緒年間,總理各國事務衙門有排印本《歷朝聖訓》五百五十二卷,其第二種即爲此《太宗文皇帝聖訓》。1965年,臺北文海出版社《大清十朝聖訓》收入此冊。

0533　清乾隆刻本大清世祖章皇帝聖訓　　T4661.80/3430

《大清世祖章皇帝聖訓》六卷。清乾隆四年(1739)武英殿刻本。一册。半頁九行十八字，四周雙邊，白口，單魚尾。框高 24.4 釐米，寬 16.3 釐米。前有康熙二十六年(1687)御製序，乾隆四年御製序。

卷一論治道、敬天、聖孝、聖學、謙德、節儉、儆戒；卷二敦睦、諭群臣、求言、納諫、任官；卷三考績、選舉、誡飭臣下；卷四理財、恤民、賑濟、重祀典、禮前代、哀忠節；卷五興文教、諭將帥、招降、諭外藩、仁政、體群情；卷六安民、慎刑、懲貪佞、除弊、宥過。

康熙御製序云："蓋自我太祖高皇帝肇造鴻基，太宗文皇帝式廓駿業，而我皇考心傳合一，丕顯丕承，弘闡經猷，布爲政教，所以即事成謨，遇物爲誥，包羅典册，釐别章程，美善畢臻，鉅細咸備，堯咨舜儆，何以加兹。朕祇承遺緒，惕厲靡寧，瞻方策之常新，儴羹牆之如睹，因命儒臣分類編纂，朕復詳加披繹，計一百一十三條，統爲《聖訓》六卷。寶諸金匱，拱若球圖，俾後嗣子孫知我皇考之貽謀。"

此本乃乾隆帝頒令刊刻，乾隆御製序云："我聖祖仁皇帝躬承先訓，命儒臣分類編輯，計一百一十有三條，彙成《聖訓》六卷，以傳久遠。我皇考念切紹衣，宫庭宵旰，追述先猷。朕從温清之時，聞知維謹，嗣膺大統，志在覲揚，朝夕披陳，具見開國經綸，超越前古，詒謀燕翼，垂裕無窮，是用敬爲剞劂，昭示臣民，俾海隅出日之遠，咸睹光華，寶之如圖球，信之如蓍蔡。"

故宫博物院圖書館有清乾隆四年内府抄本。臺北"故宫博物院"有清康熙間内府朱絲欄寫本，並有乾隆四年武英殿刊滿文本。此本卷一第一行作"大清世祖體天隆運定統建極英睿欽文顯武大德弘功至仁純孝章皇帝聖訓"，書口上方作"世祖章皇帝聖訓"。今書名乃據《中國古籍善本書目》。

《四庫全書總目》入史部詔令奏議類。《中國古籍善本書目》著録，故宫博物院圖書館、遼寧省圖書館、避暑山莊博物館等五館入藏。又臺北"故宫博物院"也有入藏。清光緒年間，總理各國事務衙門有排印本《歷朝聖訓》五百五十二卷，其第三種即爲此《太宗文皇帝聖訓》。1965年，臺北文海出版社《大清十朝聖訓》收入此册。

0534　清雍正刻本上諭内閣　　T4661.82/1311

《上諭内閣》一百五十九卷，清世宗胤禛撰，清允禄等輯，清弘晝等續輯。清雍正九年(1731)内府刻乾隆六年(1741)增修本。三十册。半頁十一行二十一字，四周雙邊，白口，單魚尾。框高 20.9 釐米，寬 14.1 釐米。前有雍正七年(1729)允祥等上奏，雍正七年朱軾等上奏；胤禛上諭。末有雍正九年編次校刊諸臣允禄、允禮、馬爾賽等八人名銜(在雍正七年十二月後)；乾隆六年編次校刊諸臣弘晝、鄂爾泰、張廷玉等十三人名銜。

兩漢、唐代詔令，具載史册，若《唐大詔令集》等。頒刻上諭，明代即已有之。洪武七年，帝命宋濂等分類編輯所行善政，著爲《寶訓》五卷，頒示天下。後有善政，史官隨類增入，凡十五卷。又洪武十九年，頒行《御製大誥》三卷，其目的"朕出斯令，乃臣民之至寶，頒布天下，務必户户有之"。

此本所載上諭自康熙六十一年十一月始，至雍正十三年八月止。時雍正帝應廷臣之請，命和碩莊親王等繕錄上諭,於雍正九年告成,所載上諭自康熙六十一年十一月始,至雍正七年止。乾隆帝即位,再命和碩和親王弘晝等續編,始雍正八年,至十三年止,於乾隆六年完竣,乃爲全書。每月別爲起訖,不標卷數。原本未題書名,《四庫全書總目》云:"今恭繹諭旨,由内閣宣示者居多,謹題曰上諭内閣,以别於《上諭八旗》諸編焉。"有關内閣之作業,《總目》也有敘述:"伏考國家舊制,始置内三院,後乃改置内閣,以出納綸音,恭逢列聖膺圖,乾綱獨握。自增用奏摺以後,皆ထ居紫極,親御丹毫,在廷之臣,一詞莫贊,即硃批諭旨是也。其題本由内閣票擬者,遇事涉兩岐,輒恭繕雙簽以請,無敢擅專。至於訓誥特頒,則指授内直諸臣於禁廷具草,有纖微未達聖意者,必御筆塗乙添注,亦罔敢以私意參其間。鑒定之後,降付内閣,宣布中外而已,更無由如前代宰輔假批答以竊威福者。此一百五十九卷,名爲臣工所繕錄,實與御札手敕無以異。"

允祥等上奏云:皇上"綸言諄摯,詔諭周詳,無一事不曲折指授,無一人不親切提撕,澄敘官方,整飭士習,崇舉孝興廉之典,申務農力本之規,杜抗糧健訟之風,嚴竊盜爭鬭之禁,以及倉儲水利、軍伍保甲諸大政,皆洞悉情形,引申開導。天下臣民,莫不警醒覺悟,感發奮興,聞風者洗心滌慮,自悔前非;懷德者敬信奉行,愈深鼓舞。是皇上之睿訓宏猷,實萬世之金科玉律也。""自雍正元年至今七年,皇上訓諭數百萬言,精微廣大,無不備舉,實與二典三謨比美後先,允宜彙輯刊頒,使遠近臣民家喻户曉,昭萬年之法守,立萬姓之章程。伏祈皇上俯允所請。"

胤禛上諭云:"惟是歷年諭旨,或因一省而發,或因一事而發,有司等照例宣示於該管之處,其別省遠地豈能一一周知,且傳寫悉經書吏之手,字句之間往往錯訛遺漏。夫欲使薄海之廣,臣民之衆,遵道遵路,易俗移風,必使天下之人備聞朕訓,深知朕心,庶幾感發奮興,以爲進德修業之助。今王大臣等既稱上諭刊布有裨益於人心吏治者,著照所請行。"

是書有翻刻本,正文前第七頁胤禛上諭有斷版。框高20.1釐米,寬14.2釐米。字體較原本略小,無如内府刻本之整齊畫一、精工刊刻,紙張也無金粟之色。

《四庫全書總目》入史部詔令奏議類。《中國科學院圖書館藏中文古籍善本書目》著錄。故宫博物院圖書館、遼寧省圖書館、日本内閣文庫也有入藏。《中國古籍善本書目》有《雍正上諭》不分卷,作"清雍正刻本",乃雍正十三年上諭,五册。又臺北"故宫博物院"藏有《上諭》不分卷,作"清雍正間武英殿刊朱印本",七册,存雍正二年三册、三年一册、七年三册。又《上諭》不分卷,作"清雍正間武英殿刊本",一册,存雍正五年七月至九月。又《上諭》不分卷,作"清雍正間武英殿刊朱印本",十三册,存雍正元年至三年、五年至七年、九年、十一年。又《上諭》不分卷,作"清乾隆六年武英殿刊本",三十四册。

鈐印有"景頤齋陳氏藏書"、"啓濂"。

0535　清雍正刻本上諭八旗　T4661.82/2133

《上諭八旗》十三卷,清世宗胤禛撰,清允禄等輯。清雍正内府刻本。十册。半頁十一行二十一字,四周雙邊,白口,單魚尾。框高20.5釐米,寬14.1釐米。前有雍正九年(1731)允禄、允禮《進書表》。

《進書表》云:"於彤廷面遵懿訓,或下十行之丹詔,手捧宸章,或命讜論敷陳而疇咨博採,或因憲章偶軼而涣號重申,凡兹敦本礪俗之良模,悉協開國經邦之舊典,允宜編爲令甲,宣示各旗,口頌心維,共闡明倫之聖訓;耳濡目染,咸欽立政之天心。或曰大哉王言,萬邦是式,矧兹密邇内府文誥宜頒,爰命擇吉選員,即行開館編次,年經月緯,謹據事以成書,例著例明,亦分條以紀要，政先旗務。煥兵農禮樂之章程，令播禁城，合官屬弁丁而懲勸，則是彝是訓，誦皇極之敷言，永昭一代太平之治。遵道遵路，仰聖人之錫福，長發萬年，有道之祥矣。臣等職叨藩列，道幸見知，敢云元凱之儔，親承帝德，竊附皋夔之侶，颺拜聖謨，授簡濡毫，欽承固本寧邦之至意，陳書捧策，快睹化隆俗美之休風。所編次自雍正元年至五年，《上諭八旗》清文一函、漢文一函；《上諭旗務議覆》、《諭行旗務奏議》清漢文各二函，共計三十冊，謹隨表恭進以聞。"

　　由是可知，當時此書分爲三集，自康熙六十一年十一月十七日以後所奉諭旨，凡涉及八旗政務者，曰《上諭八旗》；其前錄諭旨，而附載八旗大臣所議於後者，曰《上諭旗務議覆》；其前錄八旗大臣所奏，而恭錄諭旨於後者，曰《諭行旗務奏議》。此《上諭八旗》，始康熙六十一年，至雍正十三年止。

　　《四庫全書總目》入史部詔令奏議類。《清代內府刻書目錄解題》著錄。故宮博物院圖書館、遼寧省圖書館也有入藏。中國科學院圖書館存卷一至五、卷八至一〇、卷一二至一三。臺北"故宮博物院"藏有是書三種，一作"清雍正九年武英殿刻本"，存康熙六十一年、雍正元年至五年；一作"清雍正九年至乾隆六年武英殿遞刻本"，存康熙六十一年、雍正元年、雍正四至六年、雍正八年。一作"清雍正九年至乾隆六年武英殿刻本"。

0536　清雍正刻本諭行旗務奏議　　　　　　T4662.82/2133.2

　　《諭行旗務奏議》十三卷，清世宗胤禛撰，清允祿等輯。清雍正內府刻本。十三冊。半頁十二行二十一字，四周雙邊，白口，單魚尾。框高20.9釐米，寬14釐米。卷末刻"奉旨編次校刊諸臣名銜"，爲和碩莊親王允祿、和碩果親王允禮等十二人。

　　內容從雍正元年至十三年，無卷次，每年頁碼各自起訖。

　　《四庫全書總目》入史部詔令奏議類。《清代內府刻書目錄解題》著錄。故宮博物院圖書館、遼寧省圖書館、中國科學院圖書館也有入藏。臺北"故宮博物院"有兩部，一作"清雍正九年武英殿刻本"，不分卷，五冊，存雍正元年至五年；一作"清雍正九年至乾隆六年武英殿刻本"，不分卷，十三冊。

0537　清雍正刻本大義覺迷錄　　　　　　　T4661.82/3243

　　《大義覺迷錄》四卷，清世宗胤禛撰。清雍正內府刻本。四冊。半頁八行十七字，四周雙邊，白口，單魚尾。框高20釐米，寬13.9釐米。黃紙本。卷端無書名，版心上刻"大義覺迷錄"。無序跋。

　　雍正六年秋，湖南永興文人曾靜遣弟子張熙向陝西總督岳鐘琪投書策反，指斥雍正帝篡位及失德，岳鐘琪即上奏朝廷。曾靜在被訊問中供稱，其"華夷之分大於君臣之倫"思想，出自呂留良《呂晚村文集》等，並與呂之門生嚴鴻逵交往密切，遂使兩樁文字獄連結肇興。雍正七年，世宗敕令將此案全部諭旨、審訊、供辭等輯爲一書刊行，名爲《大義覺迷錄》，以使人人"覺迷"。

　　是書包括雍正帝上諭、奉旨問訊曾靜口供十三條、奉旨問訊曾靜口供二十四條、杭奕祿等訊問曾靜供詞五條、諸王大臣奏請、內閣九卿奏本等。末附曾靜之認罪書《歸仁說》。全書以大字刻旨問之語，以雙行小字刻曾靜、張熙供詞。

雍正上諭稱，刊刻此書是不得不爲之："朕思秉彝好德，人心所同，天下億萬臣民，共具天良，自切尊君親上之念，無庸再爲宣諭。但憫邪昏亂之小人，如吕留良等胸懷悖逆者，普天之下不可言止此數賊也，用頒此旨，若日稍有存此心者，當問天捫心，各發天良，詳細自思之。朕之詳悉剖示者，非好辯也……此古今時勢之不得不然者。""天下後世，自有公論，著將吕留良、嚴鴻逵、曾靜等悖逆之言及朕諭旨，一一刊刻通行，頒布天下各府州縣遠鄉僻壤，俾讀書士子及鄉曲小民共知之，並令各貯一册於學宫之中，使將來後學新進之士，人人觀覽知悉。""倘有未見此書，未聞朕旨者，經朕隨時察出，定將該省學政及該縣教官從重治罪"，"要使遠近寡識之士子不至溺於邪説。"

此案於雍正十年告結，雍正帝一反對吕留良案之嚴苛懲處，釋放曾靜、張熙等人，令其攜帶此書到各地現身説法，並降諭"朕之子孫將來亦不得以其詆毁朕躬而追求殺戮"。然乾隆帝即位當年，即降旨將曾靜、張熙鎖拿，凌遲處死，並宣佈《大義覺迷録》爲禁書，停止刊刻及頒發，已刊發者收繳銷毁，私藏者治罪。是故有清一代，此書終無其他版本。

《清代禁燬書目》著録，入違礙書目。孫殿起《清代禁書知見録》云："記吕留良、嚴鴻逵、曾靜、阿其那、塞思黑、允䄉、允䄊、大阿哥、二阿哥、年羹堯、鄂倫岱等案事。"

《清代内府刻書目録解題》著録此本爲"清雍正八年内府刻本"。《中國古籍善本書目》未收。是版因雍正帝諭旨"頒布天下各府州縣遠鄉僻壤"而存世較多，見諸多家公藏目録，如《北京師範大學圖書館古籍善本書目》、《清華大學圖書館藏善本書目》、《湖南省古籍善本書目》等。此内府刻本並被影印收入多種叢書，如臺灣文海出版社《近代中國史料叢刊》第三十六輯、《故宫珍本叢刊》第59種、《四庫禁燬書叢刊》史部第22册等。除雍正内府刻本外，還有民國間香港書局鉛印本。

鈐印有"玉研堂"、"曹印秉章"、"理齋"。曹秉章，號理齋，民國間學者，曾參與撰寫《清儒學案》。

0538　清乾隆刻本三朝聖訓　　T1685.6/2133

《三朝聖訓》不分卷，清乾隆四十年(1775)江西吉安府知府盧崧刻本。二册。半頁十一行二十二字，左右雙邊，白口，單魚尾。框高20.6釐米，寬14.3釐米。題"江西吉安府知府臣盧崧敬刊"。末有乾隆四十年盧崧跋。

是書首冠《世祖章皇帝欽頒卧碑》，爲順治帝訓戒生員八條。次爲《聖祖仁皇帝上諭十六條》，爲康熙皇帝訓諭，共十六條。次爲《世宗憲皇帝聖諭廣訓》，爲雍正帝訓解上諭十六條。前有雍正二年序。因集順、康、雍三帝訓示，故稱"三朝聖訓"。另附刻《世宗憲皇帝聖諭廣訓直解》，以通俗白話逐條訓釋《上諭十六條》及《聖諭廣訓》。

《上諭十六條》頒佈於康熙九年，包括：敦孝弟以重人倫，篤宗族以昭雍睦，和鄉黨以息争訟，重農桑以足衣食，尚節儉以惜財用，隆學校以端士習，黜異端以崇正學，講法律以警愚頑，明禮讓以厚風俗，務本業以定民志，訓子弟以禁非爲，息誣告以全善良，戒匿逃以免株連，完錢糧以省催科，聯保甲以弭盜賊，解讎忿以重身命。其時康熙帝初攬全權，頒此十六條訓誡士民百姓，以示尚德緩刑、化民成俗之意。

雍正二年，雍正皇帝又將康熙帝《上諭十六條》逐條推衍闡釋，撰成《聖諭廣訓》。其序云："朕纘承大統，臨御兆人，以聖祖之心爲心，以聖祖之政爲政。夙夜毖勉，率由舊章。惟恐小民遵信奉行久而或怠,用申誥誡,以示提撕,謹將《上諭十六條》尋繹至義,推衍其文,共得萬言,名曰《聖諭廣訓》。旁徵遠引,往復周詳,意取顯明,語多直樸,無非奉先志以啓後人,使群黎百姓家喻而户曉也。"《聖諭廣訓》清代傳刻甚多,《四庫全書總目》子部儒家類著録,云:"迄今朔望宣讀,士民肅聽,人人易知易從,而皓首不能罄其蘊。"

《上諭十六條》及《聖諭廣訓》頒佈後,地方官府、軍隊皆需定期講習,形成固定制度,所謂"朔望宣讀",務使士民百姓家喻户曉,人皆遵守,因而出現衆多圍繞《上諭十六條》及《聖諭廣訓》的講解詮釋之作,大多以白話文進行通俗的講解,以便普通百姓理解遵循。據《聖諭廣訓:集解與研究》(周振鶴撰集,顧美華點校,上海書店出版社 2006 年版)一書所列,即有十餘種,其中通行的如王又樸《聖諭廣訓衍》及佚名《聖諭廣訓直解》等。本書附刻之《世宗憲皇帝聖諭廣訓直解》即白話訓解之一種,作者名氏不詳。

盧崧跋云:"恭惟《聖祖仁皇帝上諭十六條》、《世祖憲皇帝聖諭廣訓》、《直解》,諄諄訓諭,剴切詳明。凡士民兵丁果能實力遵行,自必比户可封,化成至治。顧朔望宣講未能徧及,而抄謄亦多訛錯,今特敬謹捐刊,恭奉《世祖章皇帝欽頒卧碑》冠首,彙刻爲《三朝聖訓》,遍發各廩生一本,其有祠堂者各發一本,各都鄉約一本。每逢朔望,凡衣冠及老成人均可以時講解,互相傳頌,務期家喻户曉,俾士爲修士,民爲端民,兵爲馴卒,共臻淳厖之治焉。"盧氏任職江西吉安府知府,亦需朔望組織講習《上諭十六條》及《聖諭廣訓》,因刻此書,將三朝皇帝聖訓及講解之作彙刻一本,以便士民誦讀學習。

《續修四庫全書總目提要(稿本)》、《販書偶記》及《續編》等未著録,《中國古籍善本書目》未收。《北京大學圖書館藏古籍善本書目》史部政書類、《東京大學東洋文化研究所漢籍分類目録》史部詔令奏議類著録。

0539　明永樂刻本歷代名臣奏議　T4664/4224A

《歷代名臣奏議》三百五十卷,明黄淮、楊士奇等輯。明永樂內府刻本。三百二十册。半頁十二行二十六字,四周單邊,黑口,雙魚尾。框高 25.4 釐米,寬 15.5 釐米。

是書乃黄淮、楊士奇等奉敕編,自商周以迄宋元,共分六十四門。計卷一至五《君德》,卷六至九《聖學》,卷一〇至一二《孝親》,卷一三《敬天》,卷一四至二二《郊廟》,卷二三至六八《治道》,卷六九至七〇《法祖》,卷七一至七三《儲嗣》,卷七四至七五《內治》,卷七六至七七《宗室》,卷七八至一〇一《經國》,卷一〇二《守成》,卷一〇三《都邑》,卷一〇四《封建》,卷一〇五至一〇九《仁民》,卷一一〇至一一一《務農》,卷一一二《田制》,卷一一三至一一五《學校》,卷一一六至一一七《風俗》,卷一一八至一二八《禮樂》,卷一二九至一五二《用人》,卷一五三《求賢》,卷一五四至一五八《知人》,卷一五九至一六二《建官》,卷一六三至一七〇《選舉》,卷一七一至一七二《考課》,卷一七三至一八六《去邪》,卷一八七至一八九《賞罰》,卷一九〇《勤政》,卷一九一至一九二《節儉》,卷一九三至一九五《戒佚欲》,卷一九六《慎微》,卷一九七至一九八《謹名器》,卷一九九至二〇〇《求言》,卷二〇一至二〇七《聽言》,卷二〇八至二一四《法令》,卷二一五至二一七《慎刑》,卷二一八《赦宥》,卷二一九至二二四《兵制》,卷二二五《宿衛》,卷二二六至二三五《征伐》,卷二三六至二四一《任將》,卷二四二《馬政》,卷二四三至二四八《荒政》,卷二四九至二五三《水利》,卷二五四至二五九《賦役》,卷二六〇《屯田》,卷二六一《漕運》,卷二六二至二七三《理財》,卷二七四《崇儒》,卷二七五《經籍圖識》,卷二七六至二七七《國史》,卷二七八至二八〇

《律曆》,卷二八一至二八二《謚號》,卷二八三至二八四《褒贈》,卷二八五至二八六《禮臣下》,卷二八七《巡幸》,卷二八八至二八九《外戚》,卷二九〇《寵倖》,卷二九一至二九三《近習》,卷二九四《封禪》,卷二九五至三一四《災祥》,卷三一五至三一六《營繕》,卷三一七至三一九《弭盜》,卷三二〇至三三九《禦邊》,卷三四〇至三五〇《夷狄》。

是書所録宋人奏議,占全書十之七八,乃其精華所在。據王曾瑜先生研究,此書保存了不少宋人已佚亡之奏議,如辛棄疾、張浚等人。又如指揮採石之戰的虞允文,其有《虞雍公奏議》二十二卷,計二百二十七篇,已佚亡,然此本則保留了不少。又此書中的北宋諸臣奏議與《國朝諸臣奏議》亦互有異同。此外,對於影印的《四庫全書》中宋人文集來説,此書所收奏議都未經清人篡改,仍存其真,同時也不乏和其他版本相核能起拾遺補闕作用者。

明黄虞稷《千頃堂書目》卷三〇表奏類第一種即爲此書,有云:"初帝諭翰林儒臣黄淮、楊士奇等採古名臣如張良對漢高、鄧禹對光武、諸葛亮對昭烈,及董、賈、劉向、谷永、陸贄奏疏之類,彙集以便觀覽。永樂十四年十二月書成進覽,帝嘉之,命刊印賜皇太子、皇太孫及諸大臣。"

按,《崇雅堂叢書》本《魯文恪公集》(魯鐸撰)卷一〇有《賜百官名臣奏議贊略》云:"明明我皇,萬邦之君,示我周行,古有謨訓。爰集奏議,率古名臣,由師尚父,至趙天麟。梨棗成書,凡若干卷,聿考前脩,相觀爲善。責難陳善,人臣之職,導之使言,其可緘默。開卷正襟,莫非我師,百官君子,庶幾勉之。"

是書當年僅印數百部,藏板禁中,外間很少流傳,故崇禎間太倉張溥節録之本序云:"然《奏議》雖詔頒學宫,世無其板,余小子生長三十年未嘗一見,詢之郡縣學官掌故,有愕不知爲何書者。"可見當時難得之一斑。

《四庫全書總目》入史部詔令奏議類。《總目》云:"當時書成刊印僅數百本,頒諸學宫,而藏版禁中,世頗希有……此本爲永樂時頒行,原書猶稱完善,雖義例蕪雜,而採摭賅備,固亦古今奏議之淵海也。"

《中國古籍善本書目》著録。中國國家圖書館、上海圖書館等十六館,臺北"國家圖書館"(四部,其一爲原藏北平館者),及日本静嘉堂文庫、内閣文庫亦有入藏。

鈐印有"五橋珍藏"、"慈谿馮氏醉經閣圖籍"。

0540　明崇禎刻清修補印本歷代名臣奏議　　T4664/4244B

《歷代名臣奏議》三百五十卷,明黄淮、楊士奇等輯,明張溥删正。明崇禎刻清補板印本。八十册。半頁九行十八字,左右雙邊,白口,單魚尾,書眉上刻評。框高20.3釐米,寬13.5釐米。題"子永錫,孫玉衡、玉璇重較"。前有崇禎八年(1635)陳明卿序。

是本爲張溥所刻。序亦爲張氏所撰,序後鈐"天如"印可證。此改題陳仁錫(明卿)撰,當爲得板者重印時篡改。

張序云:"詔翰林儒臣黄公淮、楊公士奇等,採古直言,彙録成書,賜名《歷代名臣奏議》,於是昌言畢張,贊治資化,足與《通鑑》、《通考》二書比烈矣。然《奏議》雖詔頒學宫,世無其板,余小子生長三十年未嘗一見,詢之郡縣學官掌故,有愕不知爲何書者。辛未,游京師,始獲寓目,心好讀之,徧購不能得,歸訪之藏書家,多云無有。久之,同社友人出一本相示,字間摩脱難識,最後得太原藏本相讎正,乃竟讀……率依原卷,標指詳略,踰二年成刻。"此爲節録之本,卷目皆依内府刻本之舊,所不同者,内府本有《慎刑》一門,張本無。

《四庫全書總目》云:"溥所去取,頗乏鑒裁,至唐宋以後之文,盡遭割裂,幾於續鳧斷鶴,全失其真。"

此本有扉頁,刊"歷代名臣奏議。陳明卿先生鑒定。聚英堂藏版"。

《中國古籍善本書目》著録明崇禎刻本,上海圖書館、故宫博物院圖書館等八館入藏。又有明崇禎東觀閣刻本,四川省圖書館、天津圖書館等二十一館入藏。臺北《"國立中央圖書館"善本書目》作明崇禎八年刻本,卷數著録爲三百十九卷,爲殘本。美國國會圖書館作明崇禎刻本。普林斯頓大學葛思德東方圖書館所藏作明崇禎八年刻本,實爲東觀閣所刻,因書口下端鐫"東觀閣"。另有一殘本,存二百七十三卷,扉頁鈐"寶翰樓藏板",又鐫題識云"金閶沈寧宇發兑"。日本東京大學東洋文化研究所有明刻本兩部(其一有"聚英堂藏板"字樣,同哈佛燕京本)。京都大學人文科學研究所藏本,一作明崇禎八年太倉張氏刻本,一作明崇禎八年序文德堂刻本。内閣文庫藏本,則一作明刻本,一作明崇禎八年東觀閣刻本。哈佛燕京此本爲清補板印本,唯不知以上各館所藏有無補板。

又日本文久三年(1863)長門藩曾據張溥本重刻。

0541　明萬曆刻本古奏議　　T4664/4830

《古奏議》不分卷,明黄汝亨輯。明萬曆二十九年(1601)吳德聚刻本。八册。半頁十行二十字,左右雙邊,白口,單魚尾,書眉上刻評。框高 20.5 釐米,寬 14.2 釐米。題"江夏黄汝亨貞父甫評選"。前有萬曆二十九年黄汝亨自序,萬曆二十九年吴之鯨序。

黄汝亨,字貞父。仁和人。萬曆二十六年進士。授進賢知縣。邑多浮賦,汝亨上書臺司力争之,寬徵催,又爲建倉。後遷南京工部主事,再陞南京禮部郎中,尋遷江西提學僉事。又進浙江布政參議,備兵湖西,踰年以祝釐便道還浙,遂謝病不復出,結廬南屏小蓬萊,以著作自娱。《(康熙)仁和縣志》卷一八《文苑》有傳。

是書輯古人奏議,自戰國迄於唐宋,計一百十篇,每篇繫以評論。黄氏自序云:"余故於几案間,摘其諧衆易曉者若干篇,自《國策》暨八大家而止,其言非精微莫喻,中人既可資以應世,不至耗精敝神於無用,而其持論有術士,有博文,通道者暢其枚、揚其波,亦無妨乎不朽之業……是編也,余在靈鷲山偶拈以示二三子之從游者,非敢出爲世傳。友生吴德聚嗜古好文,業已板而刻之。"吴之鯨序亦云:"余友黄貞父,才情超邁,而能沉之以博識,其於史二十一家,靡所不讀,間有揚推,爲帳中之秘,未欲示人。兹選特靈鷲課二三子者耳。而吴君德聚,業付之梓。甚矣,吴君之嗜貞父也。"

《四庫全書總目》入史部詔令奏議類存目。《中國古籍善本書目》著録。南京圖書館、安徽省圖書館等八館,臺北"國家圖書館",及美國國會圖書館、普林斯頓大學葛思德東方圖書館、日本内閣文庫亦有入藏。

此本序第一頁佚去。

0542　明嘉靖刻本秦漢書疏　　T4664.2/5351

《秦漢書疏》十八卷。明嘉靖三十七年(1558)吴國倫刻本。十六册。半頁十行二十字,四周單邊,白口,單魚尾。框高 20.7 釐米,寬 14.4 釐米。題"明武昌吴國倫校"。前有嘉靖三十七年聶豹序。

是書計《秦書疏》三卷、《西漢書疏》六卷、《東漢書疏》九卷。共四百零七疏。

聶豹序云："惟是秦漢書疏去古未遠,三代之遺風猶在。敷陳理要,功利生民,裨贊世教,究治亂之原,而不詭乎帝王之道。直而不激,婉而弗迂,曲而中,簡而該,博而要,使聽之無怒,循之寡失,自六經四書而下,謂文之古不在兹乎！監察徐君獲是本於三泉林監察之所傳,讀而説之,謂是傳宜廣,以不負博我之教……監察憲古弘化,清治黜穢,奏對有體,稱名御史是也。嘗訂是編於前巡撫馬中丞,亦謂監察宜刻……校刻爲南康推吴國倫。申監察命以速予言,則吉安守黄國卿。刻板藏洞學,使士之遊學於洞者獲縱觀焉,率監察意也。監察姓徐,名紳,字思行,號五台,以名進士起家建德,奉命按江右。"按,徐紳爲嘉靖二十年進士。序中所云"洞學"者,當爲白鹿洞書院。

此本爲吴國倫所刻。國倫,字明卿,興國人,嘉靖二十九年進士,擢兵科給事中。因楊繼盛死,倡衆賻送,忤嚴嵩,被謫南康推官。此書之刻,當在其南康任内。

《四庫全書總目》未收。《中國古籍善本書目》著録。中國國家圖書館、上海圖書館等九館,臺北"國家圖書館",及日本尊經閣文庫、美國普林斯頓大學葛思德東方圖書館亦有入藏。

鈐印有"慎思明辨"。

0543　明萬曆刻本西漢書疏東漢書疏　　　　T4664.2/4417

《西漢書疏》六卷《東漢書疏》七卷,明李珰輯。明萬曆潘京南刻本。四册。半頁十行十九字,左右雙邊,白口,單魚尾。框高 18.8 釐米,寬 13.8 釐米。題"明豐城李珰輯"。前有萬曆九年(1581)李珰序。

李珰,字邦和。江西豐城人。萬曆五年進士。授歙縣知縣,再補成安,以卓異擢廣西道御史,陞福建僉事。後奉表入都,疏劾大學士申時行十罪,語侵王錫爵,帝覽疏大怒,著削職。甫二月,時行亦罷。珰才堪大用,居家三十年,於縣利弊,知無不言,令往往叩廬商請。光宗詔起用,會崩不果。《(道光)豐城縣志》卷一三《仕績》有傳。

《西漢書疏》,始高帝(韓信《上皇帝尊號疏》),止平帝(鄧惲《上書諫王莽歸漢神器》),計一百二十八疏。《東漢書疏》,始光武(諸將《勸光武即尊位》),止後主(習隆《乞立諸葛亮廟表》),計二百十一疏。

是本乃據《秦漢書疏》十八卷(有明嘉靖三十七年吴國倫刻本)及明周瑾輯《兩漢書疏》十六卷(有明弘治十四年刻嘉靖十四年張鯤重修刻本)少加删補而成。李珰序有云："周緝雲、吴武昌二公嘗刻以流布海内,顧中多面對語,與書疏不類,間亦有一二未補入者。余承乏古歙,暇取而讀之,少加删補。歙治太學潘生京南,博雅好古,因命校刊,以成一代言,無非廣周、吴二公之志也。"

佚名朱筆圈點并批。

《四庫全書總目》未收。《中國古籍善本書目》著録。蘇州大學圖書館亦入藏一部。

鈐印有"芝川圖書"。

0544　明弘治銅活字印本會通館校正宋諸臣奏議　　　　T4664.5/4836

《會通館校正宋諸臣奏議》一百五十卷,宋趙汝愚輯。明弘治三年(1490)華燧會通館銅活字印本。存一百十四册。半頁九行十七字,四周雙邊,黑口,單魚尾。框高 24.1 釐米,寬 15.5 釐米。題"龍圖閣直學士開國伯趙汝愚輯"。前有弘治三年華燧序,淳祐十年(1250)史季温序,趙希瀞序;淳熙十三年(1186)劄子;趙汝愚序。

趙汝愚,字子直。餘干人。早有大志,擢進士第一。除秘書省正字,尋以集英殿修撰帥福建。紹熙初,召爲吏部尚書,除知樞密院事,進右丞相。謫寧遠軍副使,至衡州,爲守臣錢鍪所窘,暴卒。後追謚忠定。

是書起自建隆,終於靖康,歷九君,所選皆爭言之有益於國家者。華燧序云:"書行既久,板就湮訛。吾邑大夫榮侯憂失其傳,欲重鋟梓而重民費,乃俾燧會通館活字銅板印正,以廣其傳。始燧之爲是板也,以私便手録之煩,今以公行天下,使山林澤藪之間,亦得披覽全文。開明心目,觀感而興起,吾侯之舉也。且是書之板,初成於宋淳熙庚戌,再成於淳祐庚戌,今又值皇明弘治庚戌,是豈偶然哉?"

華燧,字文輝,號會通。少于經史多有涉獵,中歲好校閱異同,輒爲辯證,手録成帙。明華渚撰《勾吳華氏本書》卷三〇有《華燧傳》,云"既乃範銅板錫字,凡奇書艱得者,悉訂正以行,曰吾能會而通之矣"。邵寶《容春堂集·會通君傳》云:"既而爲銅字板以繼之,曰吾能會而通矣,乃名其所曰會通館……君有田若干頃,稱本富,後以刻書故,家少落,而君漠如也。"

此本乃今所知最早之金屬活字印本。按,此爲 1942 年間,董康售與本館者。據鄭振鐸等人致蔣復璁函(1942 年 7 月 25 日)云:"董某售會通館本《諸臣奏議》於燕京,竟得價五百以上,誠駭人聽聞之事也。"

華氏會通館所印活字本約十五種,大部分尚存。是本有大小活字兩種,小字本爲《會通館印正宋諸臣奏議》,中國國家圖書館、臺北"國家圖書館"有全帙入藏。大字本爲《會通館校正宋諸臣奏議》,上海圖書館存二十一卷,臺北"國家圖書館"存二十三卷,又天津圖書館、中國社會科學院文學研究所所藏皆殘帙,四館相加僅存六十二卷,不及此本之半。

此本缺目録、卷一、卷八至一〇,爲初印之本,錯字俱挖去,并有貼補,或以筆填入,或以活字鈐補。每隔數卷之末尾,鈐有"校完"紅色木記,顯爲初印後專人校對之本。

鈐印有"今是堂收藏書籍之印"、"黃葉村莊"、"陳仲國章氏"、"笑讀古人書",均甚舊。又有"當湖胡篆江珍藏"、"課華庵"、"毗陵董康審定"、"董康暨侍姬玉奴珍藏書籍記"等印。按,"黃葉村莊"爲吳之振印。之振字孟舉,號橙齋,一號黃葉村農。浙江石門人。康熙時貢生。官中書科中書,藏書多秘本。

0545　明嘉靖刻本皇明名臣經濟録

T4664.7/4802

《皇明名臣經濟録》五十三卷,明黃訓輯。明嘉靖三十年(1551)汪雲程刻本。二十四册。半頁十行十九字,四周單邊,白口,無魚尾,書口下間刻字數及刻工。框高 16.5 釐米,寬 11.8 釐米。題"新安黃訓集;新安汪雲程校"。前有嘉靖三十年汪雲程序。

黃訓,歙人。《(乾隆)歙縣志》卷一二《文苑》云:黃訓,字學古。成化中進士。初授嘉興令,以政著召至京,當道擬擢給諫,其從者索賂,訓拒之。擬授知州,後授郎署。所著有《黃潭文集》、《讀書一得》、《大學衍義膚見》、《皇明經濟録》諸書。查《明清進士題名碑録》,訓爲嘉靖八年進士。

是書輯洪武至嘉靖九朝名臣經世之言,中缺建文一朝,以革除諱之也。卷一《開國》,卷二至一一《保治》,卷一二至一五《内閣》,卷一六至一九《吏部》,卷二〇至二四《户部》,卷二五至三一《禮部》,卷三二至四四《兵部》,卷四五至四七《刑部》,卷四八至五二《工部》,卷五三《都察院》、《通政司》、《大理寺》。每門各有子目:開國、保治二門,以時代爲序;吏、禮、兵、工四部,各以所屬四司分四類;户部分圖志、田土、賦役、給賜、黄册、屯田、婚姻、糧運、禄俸、鹽法、茶法、課程、賑恤十三類;刑部分律例、論奏、題奏、雜論四類。以二部諸司,皆以省分,無專掌一事者故也。

汪雲程序云:"我國家握歷凝圖,纂華臨宇,越百八十年於兹矣。碩儒應運,襄熙皡而矢嘉謨,無慮數千餘論焉,言逖而湮,疏繁而不克统於一也。維明憲副黄君訓,羅遺索故,銓品徽章,爰萃成卷,以《經濟録》題焉。録竣,且不能奉帙楓宸,附章中秘,以廣其籍,則是書終幽而莫振矣。程以爲兹書之所紀也,飾治之典也,逸其籍,匪以翼熙朝之烈而導群工之軌也……是録也,建休圖,布國體,密而不疎,辨而不詭,則明先碩擅其能;工編摩,繕故實,環絡羣章,勒成鴻典,則黄君訓肇其績;至於讎校剗訛,銓敘有秩,俾壽於梓,程亦與有微勤焉。"

是本序,卷一至二,卷五第二十三至二十四頁,卷六第一至二頁,卷七第十七至十八頁,卷八第十三至十四頁,卷一四第三十三至三十四頁,卷一六第二十七至二十八頁、第三十二頁,卷一七第四十一頁、第四十三至四十五頁,卷一九第五至六頁,卷二〇第一至二頁,卷二二第十一頁,卷二三第四十九頁,卷二六第十五至十六頁,卷二七第十五至十六頁,卷三五第二十九頁,卷三八第一至二頁抄配。

刻工有瑄、沛、錫、琇、瑛、黄鍾、黄鎡、黄銓。黄姓者,皆爲新安虬川刻工。

《四庫全書總目》入史部詔令奏議類。《中國古籍善本書目》著録。中國國家圖書館、上海圖書館、南京圖書館、浙江圖書館、臺北"國家圖書館"(原藏北平館者),及美國國會圖書館、日本静嘉堂文庫、内閣文庫、東京大學東洋文化研究所(殘本)亦有入藏。

0546　明嘉靖刻本皇明名臣經濟録　　T4662.7/7942

《皇明名臣經濟録》十八卷,明陳九德輯。明嘉靖二十八年(1549)羅鴻刻本。十册。半頁十行二十字,左右雙邊,白口,單魚尾,書口下有刻工。框高 19.7 釐米,寬 13.6 釐米。題"監察御史欒城陳九德删次"、"翰林編修常熟嚴訥校正"。前有嘉靖二十八年饒天民序。

陳九德,號遜齋。河北欒城人。嘉靖二十年進士。授行人,擢御史,條陳時事,言皆讜切。上嘉納,稱爲真御史。後以不合時宜告歸,日與親舊飲酒談詩文,絶口朝政。《(道光)欒城縣志》卷七有傳。

是書集宋濂、丘濬、解縉、王恕、邵寶、李東陽、王守仁、何喬新、羅倫、吳寬等明代名臣有關政治、經濟等奏疏、奏狀彙爲一編,卷一《開國》,卷二至五《保治》,卷六《内閣》,卷七《吏部》,卷八至九《户部》,卷一〇至一三《禮部》,卷一四至一七《兵部》,卷一八《刑部》、《工部》。

饒天民序云:"知言者取國初迄正德末諸名臣所建白著述,凡言而可行,行而可久,及紀實而可鑒戒者,咸編輯成書,故以《經濟録》名。欒城遜齋陳君,得寫本於京師,按吳攜以行,乃屬養齋太史正其紕繆,令常熟令羅鴻壽諸梓,以廣其傳。"按,羅鴻,字延獸,南海人,嘉靖二十六年進士。其任常熟令,時在嘉靖二十七年至三十年,此當爲其任内所刻。

《清代禁書知見録》著録,云:"書内以開國、保治及内閣六部各衙門列爲十目,取奏疏事蹟之有資治道者分係其下,自明初迄正德末而止。中間惟宋濂諭中原檄及他文内詞意偏謬者應行删燬外,其餘尚無干礙,應請毋庸全燬。"

刻工有袁電、何祥、唐林、忠甫等。

《中國古籍善本書目》著錄。山東省圖書館、湖南圖書館等八館,臺北"國家圖書館"(原藏北平館者),及美國國會圖書館、日本尊經閣文庫、內閣文庫、東京大學東洋文化研究所亦有入藏。

鈐印有"大田朱氏獻璞堂藏書"。

0547　明刻本皇明疏議輯略　　　　　　　　　　　　　　T4664.7/1332

《皇明疏議輯略》三十七卷,明張瀚輯。明王汝訓、萬世德刻本。十二冊。半頁十行二十二字,四周雙邊,白口,無魚尾,書口下有刻工。框高19.1釐米,寬14.5釐米。目錄頁題"吏部尚書前大名府知府仁和張瀚纂輯;大名府知府永嘉王叔杲、推官吳興顧爾行重校;元城縣知縣東郡王汝訓、雲中萬世德重刊"。前有嘉靖三十一年(1552)楊選序,嘉靖三十年(1551)晁瑮序。

張瀚,字子文。仁和人。嘉靖十四年進士。博學好文,歷大明知府,累擢右副都御史,萬曆初擢吏部尚書。張居正謀奪情,中旨令瀚諭留,瀚持不可。居正怒,嗾言官劾罷之。卒諡恭懿。

是編卷一至四《君道》,卷五《聖學》,卷六至七《脩省》,卷八《釐正》,卷九《納諫》,卷一〇《史職》,卷一一《銓選》、《考課》,卷一二《財計》,卷一三《賦役》,卷一四《征榷》,卷一五《漕運》,卷一六《荒政》,卷一七《禮儀》、《律曆》,卷一八《陵廟》,卷一九《祀典》,卷二〇《制科》,卷二一《學校》,卷二二《武備》,卷二三《征伐》,卷二四至二五《撫治》,卷二六《馬政》,卷二七至三一《禦邊》,卷三二《議獄》,卷三三《屯田》,卷三四《河渠》,卷三五《營繕》,卷三六《風紀》。其例略倣《宋名臣奏議》。此書之編,乃張瀚官大名知府時,督學御史阮鶚以世所行《名臣經濟錄》、《名臣奏議》二書頗涉猥雜,因屬瀚別加刪補而成。

晁瑮序云:"《疏議輯略》,其初爲《名臣經濟錄》,前職方郎中徽山黃君採《國朝名臣奏議》及諸司故牘而成。儒先私議及文集有關政理者亦多取之,學士大夫爭相傳寫,第其書成於草創,中間去取,頗涉猥雜。陳逐齋侍御,近以其本刻於吳,雖稍加刪定,然前弊亦未盡刊。北畿督學侍御囧(音殷)峯阮公,飭典惇教之暇,出以授予大名太守元洲張公曰,是書乃我朝一代治體攸係,然二本並有遺恨,子盍爲我圖之。元洲唯唯,退乃開局於元城書院,招延二三宿儒,採擷會萃,刈蕪刪繁,視舊本所簡斥者十之五,所增補者十之三,究之雖不能無遺,然以耳目所及,顧已十獲其五六矣。黃本舊以九卿分門,此則發凡立例,稍倣《宋名臣奏議》,總之以三十門,附之以三百餘目,彙分旷列,共爲三十七卷。凡天人之孚應、邪正之區分、夷夏之安攘、刑賞之懲勸、利害之行罷,以及軍民財用之統要、禮樂刑政之綱目,靡不該載。而我國家二百年間政化風俗、國勢人情,略可考見,誠百工之昭鑒,一代之要典也。參稽互校,抉隱搜逸,雖二三宿儒之功,乃其提綱挈要,櫛去導存,多出元洲之所裁定。而檢括家籍,以增益其所未備,予亦不敢謂無毫末之助焉。"瑮字君石,號春陵。開州人。嘉靖辛丑進士。喜聚書,有《寶文堂書目》傳世。故序云"檢括家籍",亦有助於此書之成。

是本目錄第十九頁、卷一尾頁、卷一九第二十七頁、卷二七第二十七頁、卷三二第二十八頁佚去。刻工有孫士金、劉文登、劉文孝、魁、萬、朗、福、石、杜等。

《四庫全書總目》入史部詔令奏議類存目。《中國古籍善本書目》著錄。中國科學院圖書館、河北保定市圖書館等六館,及美國國會圖書館亦有入藏。

按，是書原本爲嘉靖三十八年大名府刻本，此爲重刻本。

鈐印有"壽餘秘玩"。

0548　明萬曆刻本皇明奏疏類鈔　　T4664.7/31

《皇明奏疏類鈔》六十一卷，明汪少泉輯。明萬曆刻本。四十册。半頁十行二十字，左右雙邊，白口，單魚尾，書口下有刻工。框高 20.2 釐米，寬 14.3 釐米。前有萬曆十年（1582）吕藿序。

是編卷一至七《君道類》，卷八《聖學類》、《法祖類》，卷九《儲貳類》、《宗藩類》，卷一〇《宫閫類》、《巡遊類》、《命令類》，卷一一《命令類》、《差遣類》，卷一二《好尚類》，卷一三至一八《修省類》，卷一九《弭違類》，卷二〇《弭違類》、《時政類》，卷二一《時政類》，卷二二《時政類》、《貢獻類》，卷二三《釐弊類》，卷二四《釐弊類》、《國是類》，卷二五《國是類》，卷二六《風紀類》，卷二七《舉劾類》，卷二八至二九《援直類》，卷三〇《優禮類》、《議禮類》，卷三一至三二《議禮類》，卷三三至三四《爵諡類》，卷三五《風俗類》，卷三六《忠孝類》，卷三七至三八《財計類》，卷三九《民隱類》，卷四〇《荒政類》、《輿圖類》、《江防類》，卷四一至四五《邊事類》，卷四六至四八《征討類》，卷四九至五一《武備類》，卷五二至五三《河渠類》、《漕運類》，卷五四《通商類》，卷五五《茶馬類》、《曆律類》，卷五六至五七《刑獄類》，卷五八《枉抑類》、《近倖類》，卷五九《近倖類》，卷六〇至六一《權奸類》。

吕藿序云："先是陪都御史大夫汪公，雅有家學，又斌斌博物君子，乃取國朝奏疏，日肶篋而手其最者，得若干章，爲卷凡六十，自君道聖學而下，各以其類鱗次之。一日，以授林、張兩侍御，兩侍御既卒業，交相語曰，前事之不忘，後事者之師也。此何但獨知之契，盍托諸剞劂，以與爲人臣者公焉。"

《清代禁書知見錄》著録，題"明汪少泉編輯，明萬曆十六年刊"。

此本有寫工劉通、葉才。刻工有温志明、吴山秀、王惟見、易鎰、張世明、陳計先、郭奇、裴龍、吴元、陳景元、葛其、黄幹、徐廷賀、卞榧、吴廷元、陳尚武、武光漢、楊道、楊道萱、戴谷、朱本、劉受、孫承愛、劉應科、陳先、郭叩、李淮、陶文清、張希賢、楊繼善、李宗文、易文、徐賓、徐儶、孫世傑、劉仕、黄明、鄧欽、郭才、郭文、葉才、黄文、有爲、劉光、徐軒、李仁、楊禮、端約、劉見、戴序、張瑚、端禮、毛有倫、張文、毛詩付、戴辛、史科、劉科、吴科、戴文、黄武、景貴、陶潮、龔見。

《中國古籍善本書目》著録明孫維城、方萬山等重輯本，爲明萬曆十六年所刻，上海圖書館、浙江圖書館、福建省圖書館、蘇州市圖書館、臺北"國家圖書館"有全帙，惟不知與此同板否。又日本内閣文庫有明萬曆十六年序刻本。

0549　明萬曆刻本皇明疏鈔　　T4664.8/1922

《皇明疏鈔》七十卷，明孫旬輯。明萬曆十二年（1584）刻本。三十六册。半頁十一行二十字，四周單邊，白口，單魚尾，書口下有刻工。框高 19 釐米，寬 13.9 釐米。目録頁題"巡按浙江監察御史東萊孫旬彙輯；兩浙都轉運鹽使司運使新都游應乾、杭州府知府吴郡張振之、同知豫章喻均同校"。前有萬曆十二年孫旬序，萬曆十二年蕭廩序。

孫旬，字若穆，號滸西。山東萊陽人。少負儁才，萬曆二年進士。初授行人，擢陝西道御史。時張居正爲相，權傾中外，旬獨亢直不附。奉命巡鹽浙江，再按江西，官止巡撫、僉都御史。《（康熙）萊陽縣志》卷八《人物》有傳。

是書分君道、聖學、法祖、儲貳、宮闈、宗藩、好尚、巡幸、玩賞、貢獻、差遣、命令、爵賞、倅省、弼違、釐正、國是、時政、援直、禮臣、用人、財用、賦役、征榷、漕運、輿圖、禮儀、外戚、近幸、權姦、曆律、學校、風俗、武備、邊防、征討、彌盜、江防、馬政、屯田、刑獄、河渠、風紀、忠節等類，凡二千六百七十五篇。

蕭虞序云："余少時業好觀國家故事，比通籍，備員輦轂，爲行人。諏諮之暇，時從史館中秘諸郎閱所藏書，并臺省所下章奏，有當於心者，輒手爲鈔錄，納之篋中，自謂稍稍見虎一毛……頃奉命權甃吳越，而是篋也載輜車中相隨以往。已事而竣，而代者業復報遷，余優游坐食，無他營。於是畢取篋中諸鈔彙次之，間哀諸名家所嘗編輯者以廣吾所未備，藻質具存，法異兼採，蓋自國初迄嘉、隆間，總之凡若干篇，題曰《皇明疏鈔》，授梓以傳。"據蕭序，是書當爲其所輯。然孫句序却云："臺察東萊孫公按吳越者三閱年，自公多暇，出其手鈔皇明諸疏覆爲校讎，刻於浙之甃臺。"孫序自云"東萊孫公"，則不當。序或爲他人所撰，或次序有所顛置焉。

《應繳違礙書籍各種名目》、《清代禁書知見錄》著錄。

刻工有湯文、孫良璧、陶承敫、湯文燈、夏尚賓、徐安、俞唐、王雲、陳四、張彩、孟成、王正、周乾、夏大賓、袁文清、郁朝、孟壽山、周槐、王左、孫良仁、孫良、孫仁、徐承惠、任正、潘望、盛仁、蔡會、蔡心、楊恩、蔡存心、洪才、陳文、沃壁、陶艾成、孫科、趙承、蔣署、陶汝成、趙承祖、王貴、李召章、周憲、王朝鳴、王朝明、王時、張明、沈曾、趙其、史洪、孫達、王科、王鳳、葉升、夏尚容、王遠、王統、許亨、楊禾、周梁、周龍、俞亨、徐隍、徐尚周、陶孝、丁洪、來大本、趙方、沈林、林純、賈文選、蔡學、蔡雲、魏中興、蔡福、宋英、許大七、阮成、阮元、陳瑞、朱猇、王陽、孫遬、郁尚文、楊奇萱、俞京、周修、陳韋、馮慶、俞兆亨、汪春、魏中立、張道九、周邦明、芮秀、吳義、張美、夏子雲、周雷、方相、郁得夫、趙汝登。又是書寫工有沈東藩、張珣、王賢、俞光祖、倪坤、沈一震、鄭時濟、姚申、姚舜民、丁經。

卷末刊"杭州府儒學教授王大康，錢塘縣儒學教諭李琛，生員俞承宗、朱履、劉鍱、凌登第、許次紓同校"。

《中國古籍善本書目》著錄。首都圖書館、北京大學圖書館、安徽省博物館、臺北"國家圖書館"，及美國國會圖書館、日本內閣文庫、尊經閣文庫、東京大學東洋文化研究所亦有入藏。

0550　明萬曆刻本皇明留臺奏議　　　　T4664.7/2911

《皇明留臺奏議》二十卷，明朱吾弼、李雲鵠等輯。明萬曆三十五年(1607)刻本。十冊。半頁九行二十字，四周單邊，白口，單魚尾。框高 22.6 釐米，寬 14.5 釐米。題"南京河南等道監察御史高安密林朱吾弼、內鄉黃羽李雲鵠、內江鶴侶蕭如松、沁水拱陽孫居相同輯；司務臨海元初佘養蒙編閱；宣城庠生吳伯輿、金谿庠生周文明同校"。前有萬曆三十三年(1605)朱吾弼序，萬曆三十三年李雲鵠序，萬曆三十三年孫居相序，萬曆三十五年蕭如松序。

朱吾弼，字諧卿，高安人。萬曆十七年進士，官南京御史，有直聲。時禮部侍郎郭正域以楚事繁，吾弼抗章申理，忤旨，遂移疾去。召爲大理右丞，齊楚浙三黨用事，吾弼復辭疾歸。熹宗立，召還，累遷南京太僕寺卿，爲御史吳裕中劾罷。

李雲鵠，字黃羽，內鄉人。萬曆二十年進士，官南京御史。

是編爲卷一《君道類》十四疏，卷二《修省類》十八疏，卷三《好尚類》五疏，卷四《儲貳類》三疏，卷五《弼違類》七疏，卷六《釐正類》十二疏，卷七《臣職類》四疏，卷八《國紀類》十疏，卷九《時政類》十四疏，卷一〇《用人類》十二疏，卷一一《援直類》十八疏，卷一二《民隱類》十疏，卷一三《財儲類》十二疏，卷一四《礦稅類》十四疏，卷一五《兵防類》十五疏，卷一六《漕河類》七疏，卷一七《爵祀類》六疏，卷一八《舉劾類》十四疏，卷一九《近倖類》四疏，卷二〇《權姦類》十三疏。取正德、嘉靖、隆慶、萬曆間南京御史所上奏疏選編而成，内朱吾弼、李雲鵠、蕭如松、孫居相所撰爲多。留臺者，留都也。晉宋間，謂朝廷禁省爲臺，稱禁城爲臺城。齊、梁、元魏也相沿稱都城爲臺。

朱吾弼序云："留臺係天子喉舌，陪京屬贊畫焉。其封奏未有專刻，若無以勵敢言者，於是内江蕭公、内鄉李公、沁水孫公，偕不佞輯而梓焉。"李雲鵠序云："同臺二三兄弟，因延宣城吳生伯與，悉搜洪、永以來掌故、所藏諸臣章疏，裒而梓之，題曰《留臺奏議》。然而逸存相半，間亦稍加删次，於以載往哲之嘉猷，作方來之明鑑，故曰前事之不忘，後事之師也。"

蕭如松序云："《留臺奏議》，凡二十卷，其類自君道而下，爲目二十有一；其人自方君鳳而下，後先在事者九十有七，然皆在正、嘉、隆、萬之際，蓋前此已佚不可考矣。同臺侍御高安朱公、太原孫公、内鄉李公，悲存者之復佚如故也，乃稽舊牘，參與見，擇其可傳，付之剞劂，俾後之君子得有所考見焉，甚盛心也。先是，不佞待罪臺中，欲爲此書而未就，暨滿九載，上計京師，謬承貳卿寺以南，則書成而朱公亦移告去矣。孫公、李公屬不佞有詞於簡端。不佞則惟古者御史臺之職稱雄峻尚矣，至國朝而加重，執法殿中，直指郡國，於事靡所不得問，而又靡所不得言，蓋以風紀之地而兼諫諍之職，其重且要若此……而我成祖文皇帝嘗命儒臣盡搜古今名臣奏議類而爲書，以垂萬世，則是書之傳，三公之志固可知也。惟不佞居臺最久，所論皆瑣屑，無補於時，三公亦過取而録之，則信乎貂續之誚不能免矣。"

《四庫全書總目》入史部詔令奏議類存目。《中國古籍善本書目》著録，南京圖書館、蘇州市圖書館、大連市圖書館、臺北"國家圖書館"有全帙。美國國會圖書館所藏，作者項之後又有"宣城廩生吳伯與編校，金谿庠生周文明督梓"，當和此本不同板也。又他本亦不知與此同板否？按，民國二十三年北平字紙簍社有《皇明留臺奏議兵防類》一卷，爲排印本。

0551　清康熙刻本朱簡齋公奏議　　T4662.7/2581

《朱簡齋公奏議》二卷首《年譜》一卷附《遺蹟集録》一卷《行實》一卷，明朱鑑撰，明朱得章等編。清康熙五十二年(1713)溫陵朱氏重刻本，《年譜》、附録爲清雍正九年(1731)朱氏家刻本。五册。半頁九行十八字，四周雙邊，白口，單魚尾。書口上刻"朱簡齋奏議"。框高19.5釐米，寬12.7釐米。前有萬曆十五年(1587)吳文華序，萬曆十六年(1588)吳善序，蔡夢説序，林喬相序。末有萬曆十五年朱鑑六世孫朱天應跋，康熙五十二年朱鑑九世孫朱承祖、朱志淳跋。《年譜》半頁八行二十二字，四周雙邊，白口，單魚尾。書口上刻"朱簡齋年譜"。框高21.6釐米，寬12.6釐米。《遺蹟集録》半頁十行二十二字，四周雙邊，白口，單魚尾。書口上刻"朱簡齋遺蹟集録"，魚尾下刻分類及所採文獻出處。框高21.7釐米，寬12.8釐米。《行實》半頁九行十八字，四周雙邊，白口，單魚尾。書口上刻"朱簡齋行實"。框高19.5釐米，寬13.2釐米。

朱鑑，明洪武二十三年生，卒於成化十三年。字用明，號簡齋，福建晉江人。永樂十五年舉鄉試，授湖北蒲圻教諭。宣德三年，升監察御史，巡按湖廣。正統五年復按廣東。七年，用薦擢山西左參政。正統十四年"土木之變",勒兵勤王,擢升山西布政使,尋轉都察院右副都御史,巡撫山西。時瓦剌窺伺塞下,鑑主持軍政事務,鞏固邊關,外飭戎備,内撫災民,頗得上意。景帝易儲,鑑貽大學士陳循書,言不可,今上當避位以全大義。英宗復位,鑑詣闕上表賀,帝大加撫慰。家居二十餘年卒,壽八十八。撰有《出巡録》、《願學稿》、《孝感傳》等。《明史》有傳。

吳文華序云:"兹奏議則其生平靖獻之可覆鏡者也。"所收有章疏二十篇,附章疏略七篇,出巡録十四篇。

朱承祖、朱志淳跋云:"《奏議》合《出巡録》原編十卷,年代久遠,版籍無存。萬曆間祖伯比部公僅於《天順實録》、《名臣傳》中得奏議二十篇,並於坊刻中得粤人傳誦《出巡録》數篇,集成二卷。歷今百有餘載,二卷之版十壞其八,搜求族人篋中幸存舊籍,亟就原本重梓,仍於他籍得奏議略七篇,因並附梓。""夫十卷存二,使公平昔敷奏弗獲盡傳,深足為憾。然即此數篇之存,其請立儲、禦寇,則正綱常、衛社稷也;其開賢路、設武科,則培人才、興盛典也;其請積穀、辨疑獄,則裕國計、重民命也。他如撫安軍民,固境實邊,無非經久利便之圖,是公忠君憂民之忱,亦大概可覩矣。"

《簡齋朱公年譜》,為朱鑑胞侄朱璠據鑑自述所撰。前有何喬遠序,佚去第一頁;後為謝璉、朱鐸等人所作朱簡齋像贊;《凡例》四則。後有萬曆元年朱鑑六世孫朱于誥跋,雍正九年十世孫朱得章、朱元友跋。雍正九年跋云:"《年譜》藏於家,何喬遠修《閩書》、《名山藏》時閲之,以為可公諸於世,遂刊行,後版籍無存,於是重梓。"

《遺蹟集録》,為朱鑑十世孫朱得章、朱元友蒐輯朱鑑"著於史策,見於他説"之文而彙為一編者。前有雍正九年楊振綱序,後有雍正九年朱得章、朱元友跋。採輯《誥命》、《天順實録》、《綱鑑易知録》、《典故記聞》、《福建通志》、《郡志忠臣傳》、《行狀》、《墓誌銘》等。此本缺第十七頁。

《朱簡齋行實》,附《朱簡齋行實集録》、《朱簡齋世系》,朱鑑玄孫朱安期撰。後有嘉靖三十七年朱安期跋、次孫國有跋。此本缺第四十一至四十四頁及《世系》第一頁。

是書彙編諸版而成,版式不一,版心多有挖去頁碼重新順次者。避"玄"、"貞"諸諱。

明崇禎間華亭陳氏平露堂刻《皇明經世文編》卷三五,收入有《朱簡齋先生奏議》,然僅有《請減屯軍子粒禁革姦弊疏》、《請開設京衛武學疏》、《請補軍民册籍疏》、《撫安軍民疏》、《隄防達賊懲勸善惡疏》、《請罷歸併州縣疏略》、《請趨吉避凶疏》、《陳言邊務疏略》》八篇,遠不及此二卷本全也。

《四庫全書總目》、《續修四庫全書總目提要(稿本)》未收。《中國古籍善本書目》未收。是書流傳頗罕,海内無藏,除此本外,僅知臺北"國家圖書館"藏有同版,見《"國立中央圖書館"善本書目》及臺北《"國家圖書館"善本書志初稿》。

0552　明嘉靖刻本諫垣奏草

T4662.7/2133

《諫垣奏草》四卷,明毛憲撰。明嘉靖十七年(1538)刻本。二册。半頁十行二十字,左右雙邊,白口,單魚尾。框高21.2釐米,寬14.3釐米。目録頁題"曾孫武平令毛應啓、郡庠生毛應慶訂;元孫延平教授毛念恃、福建提學毛協恭、廣東按察司毛毓祥、刑科給事中毛羽皇全較"。前有嘉靖十七年彭簪序。

毛憲,字式之。武進人。正德六年進士。官給事中。時内侍擅權,國事日非,憲疏大臣怙勢爲姦利者數人,內外肅然。武宗儲嗣未建,舉朝諱不敢發,憲疏請不報,謝病歸。敦行誼,矜名節,學者稱"古庵先生"。

是書首爲御試策。卷一《刑科》,凡五疏;卷二至三《兵科》,凡十七疏;卷四《禮科》,凡九疏。

彭簪序云:"古庵毛先生既没,其子太學生詮等,以其在諫垣時奏草若干篇,類次而刻之……凡所言治道、國計、邊務、民隱、功罪、邪正之分辨,錢穀、甲兵之料理,無不剴切明白,中時弊而繫世維,可謂知無不言、言無不盡者矣。中間建儲之議、辭賞之疏,尤可見其忠君愛國不容已之實心,守正匡時不可移之素志,非勉強掇拾以塞言責而已也。夫舉世所不能言而言之者,必具天下之大識;舉世所不敢言而言之者,必負天下之大勇。先生博學養偉,然大江之南、海内人士深想聞風采,宜其卓卓炳炳,於言路如是也,惜乎其不能盡用。至於再乞病一乞休,而先生之事亦畢矣。"

諫垣者,諫官官署也。憲前後在諫垣八年,所上凡三十一疏。其又有《古庵毛先生文集》十卷,《毘陵正學編》一卷,未收奏疏,此當早於文集而別行者也。是本封面有原籤,題"毛古庵諫草"。

《四庫全書總目》入史部詔令奏議類存目。《中國古籍善本書目》著録。清華大學圖書館亦藏一部。

0553　明嘉靖刻本桂洲奏議　　　　T4662.7/1406

《桂洲奏議》二十卷,明夏言撰。明嘉靖二十年(1541)田汝成刻本。十册。半頁十二行二十字,左右雙邊,白口,單魚尾。框高19.7釐米,寬15.5釐米。前有嘉靖二十年田汝成序。

夏言,字公謹,號桂洲。貴溪人。正德十二年進士。世宗時爲給事中,以强直開敏結主知,去諫官未浹歲而拜六卿,遂參機務,居首輔。後爲嚴嵩所構,卒坐棄市。隆慶初,追復原官,諡文愍。事蹟具《明史》本傳。

此集卷一至八《諫垣集》,卷九至二〇《南宮集》。共三百有七篇。

田汝成序云:"小子曩備下寮,徒參屬草之班,曾靡起予之助。而公居謙推美,獎藉獨優,連歷兩曹,久塵法從,一違蘭署,頻播炎荒。頃以觀賀之行謁公政府,公撫然迎,謂曰:'珥筆臨文,往往拊髀於吾子也,耿予心曲,託子宣之。'遂出示鉅編,屬令校閱。汝成展誦隔歲,緝勒始完。"

是本闕序文第二頁,卷一六第二十七頁、第三十頁、三十二頁,卷一七第四十四頁。又此本應有《外集》二卷,《桂洲集》四卷,但皆闕。重慶市圖書館、臺北"國家圖書館"(原藏北平館者)有全帙。北京大學圖書館、南京圖書館爲殘本。

《四庫全書總目》入史部詔令奏議類存目,爲二十一卷本。《中國古籍善本書目》著録。又有《桂洲先生奏議》二十卷《外集》一卷(明忠體書院刻本,重慶市圖書館入藏);《桂洲奏議》十二卷《續集》二卷(明嘉靖二十五年刻本,清華大學圖書館、日本内閣文庫有全帙,天津圖書館爲殘本)。

0554　清康熙刻乾隆補刻本掌銓題藁　　　　T4662.7/0258

《掌銓題藁》三十四卷,明高拱撰。清康熙二十六年(1687)高有聞刻《高文襄公集》乾隆十六年(1751)高玉生補刻本。十二冊。半頁九行十八字,四周雙邊,白口,單魚尾。框高 19.1 釐米,寬 14.3 釐米。前有明隆慶六年(1572)自序。末有乾隆十六年高玉生跋。

高拱,生於明正德七年,卒於萬曆六年。字肅卿,號中玄,河南新鄭人。嘉靖二十年進士,選庶吉士。逾年,授翰林編修。三十一年八月爲裕王(即穆宗朱載垕)侍講,侍裕邸九年,累遷侍講學士,拜太常寺卿,掌國子監祭酒。四十一年進禮部尚書。四十五年以徐階薦,拜文淵閣大學士。始與徐階親善,及驟貴,頗與階意左。穆宗即位後,以帝舊臣,數與首輔徐階相抗,頗爲衆論所訾。拱亦不自安,遂乞歸。隆慶三年冬,復召爲大學士,累進上柱國、中極殿大學士。拱熟練政體,有經世之才,居首輔時,性直而傲,輕視百僚,然因帝眷不衰,與張居正、高儀三人並爲顧命大臣。神宗時,爲張居正、中官馮保誣其專權,解職歸。後數年以抑鬱卒。萬曆三十年,經朝議,神宗下詔爲之昭雪,贈太師,謚文襄。拱學問廣博,著述甚富,有《春秋正旨》一卷、《問辨錄》十卷、《日進直講》五卷、《伏戎紀事》一卷、《靖夷紀事》一卷、《綏廣紀事》一卷、《防邊紀事》一卷、《南宮奏牘》二卷、《綸扉内外稿》二卷、《掌銓題藁》十四卷、《獻枕集》二卷、《本語》六卷、《病榻遺言》二卷、《高文襄公集》四十四卷、《玉堂公草》十卷、《外制集》一卷、《政府書答》四卷,均入《四庫全書總目》并行於世。《明史》有傳。

拱於隆慶三年復召入内閣,兼掌吏部事凡二年,是編皆其疏稿也。有《調元設官》九疏、《考察申飭》十六疏、《薦舉論劾》二十疏、《加恩起用》二十四疏、《裁革添補》二十五疏、《條陳急務》八疏、《舉劾違例》十疏、《老臣乞休》三十三疏、《談論憲臣》二十二疏、《參處部省》十七疏、《參究辦理》十九疏、《參罰有司》三十四疏、《蔭敘賢裔》十疏、《世勳襲職》三疏,計二百五十疏。自序言:"每舉事必思國體所在,求可即一訓百者,務爲君父正紀綱,明憲度,進忠直,黜欺邪,革虛浮,覈真實,蓋意之所注頗深,恐人不喻吾意,故須自爲耳。積稿頗多,乃擇其事理重大暨自所興革議處者"刊之,故名"掌銓題稿"。

拱主持吏部期間,選賢任能,改革吏治,勇於任事。從選官入手,要求吏部全面考查各級官員政績,並詳細記錄,以爲用人檔案,志爵里姓氏,月要而歲會之。每年累計 80 餘冊。強調選官毋庸論資排輩,但係賢能,一例升取。《四庫全書總目》云:"倉卒舉用,無不得人,蓋其才固有足取者矣。"

高拱第六代孫高玉生跋云:"文襄公在明隆、萬間豐功偉績,列於《明史》,人所共知。至其文彩經濟之詳,具載全集中。"拱之曾孫高有聞"竭力捐貲剞劂成書,約計其册不下萬頁",歷數十年後,板章殘缺,玉生雖赤貧,仍竭力補綴以全先人寶守之意云。

有扉頁,刻"掌銓題稿。康熙丁卯重刻。遵依原本。籠春堂藏板"。《中國古籍版刻辭典》收入"籠春堂"。序後有"康熙歲次丁卯三月上巳曾孫有聞重刊"一行,《中國善本書提要》著録北京大學圖書館所藏《掌銓題藁》,序後亦有此行文字,但提要云:"字蹟與全書不同,蓋爲刷印時所增刻,然有人因此定爲清刻本則誤矣。"王重民先生定此書爲"明刻清印本"。審哈佛本此行字蹟與全書同,扉頁、諸序對版刻時間交待清晰,王先生所見或爲另一版本。

《四庫全書總目》入史部詔令奏議類存目,爲安徽巡撫採進十四卷本。分卷不同,内容略少於此三十四卷本,計二百四十六疏。

三十四卷本《掌銓題藁》有明隆慶原刊本,《中國古籍善本書目》著録中國社會科學院歷史研究所藏有全帙,東北師範大學圖書館藏有殘本。另臺北《"國家圖書館"善本書志初稿》著録。

明萬曆刻《高文襄公集》中,收入《掌銓題藁》十四卷,除此種外,另有《外制集》一卷、《綸扉稿》二卷、《獻枕集》二卷、《政府書答》二卷、《南宮奏牘》二卷、《防邊紀事》一卷、《伏戎紀事》一卷、《綏廣紀事》一卷、《程士集》二卷、《本語》三卷、《春秋正旨》一卷、《問辨錄》五卷、《日進直講》五卷、《病榻遺言》二卷。總計十五種四十四卷，中國國家圖書館、臺北"國家圖書館"等多家收藏。《四庫全書存目叢書》集部第108冊收入，底本爲明萬曆刻本。清康熙間，高有聞籠春堂翻刻《高文襄公集》，增至十七種九十三卷，擇三十四卷本《掌銓題藁》收入其中，中國國家圖書館、中國科學院圖書館、清華大學圖書館、臺北"中央研究院"史語所傅斯年圖書館等藏有全帙，北京大學圖書館藏有殘本。

0555　明萬曆刻本譚襄敏公奏議　　　　　　　　T4662.7/0422B

《譚襄敏公奏議》十卷，明譚綸撰。明萬曆二十八年（1600）顧所有刻本。八冊。半頁九行二十字，四周單邊，白口，單魚尾。框高21.3釐米，寬14釐米。題"知宜黃縣事後學武原顧所有纂修"。前有曾同亨序，顧所有序；《凡例》七則；像及顧所有撰《像讚》。後有李希哲跋，鄒啓元跋，黃濯纓跋。

譚綸，字子理，別號二華先生，江西宜黃人。嘉靖二十三年進士。初任台州知府，練鄉兵禦倭，數戰數捷。嘉靖四十二年，改官福建巡撫，率總兵俞大猷、浙江副總兵戚繼光等平定境內倭寇。四十四年，任陝西巡撫，未到任而改四川，討平民亂。進兵部右侍郎兼右僉都御史，總督兩廣軍務兼巡撫廣西。隆慶元年，進左侍郎兼右僉都御史，總督薊、遼、保定軍務。與戚繼光築長城三千敵臺，起居庸至山海，控守要害。神宗即位，起兵部尚書，加太子太保。萬曆五年，卒於官，諡襄敏。綸沉毅知兵，朝廷頗爲倚重，遇警輒調，居官無淹歲。終始兵事垂三十年，積首功二萬一千五百，嘗戰酣刃血漬腕，累沃乃脱。與繼光共事齊名，稱譚戚。《明史》有傳。其墓尚存家鄉，氣勢雄偉。

是書乃綸歷年爲官所上疏草，綸手自删定，分爲三集：《撫閩稿》，嘉靖四十二年巡撫福建時所上也；《撫蜀稿》，嘉靖四十四年巡撫陝西、轉調四川時所上也；《薊遼稿》，隆慶元年至四年總督薊遼時所上也。藏副於家，萬曆二十七年，宜黃知縣顧所有念其一代名臣，忠謀石畫，載在國史，因思表彰先賢亦守史之職，从其冢嗣錦衣家得諸稿，囑孝廉鄒啓元、李希哲及文學黃濯纓重加敘次，訂其訛謬，三集之外，復加《陳情謝恩》、《條奏邊務》諸疏，計一百四十件，十六餘萬言，捐俸鋟梓以傳。

曾同亨序云："顧所有，字謙叔，海鹽人。在事六年，政通人和，百廢具興，所嘉惠邑人者，其事非一，然無過是舉者。鄒、李、黃三君，同里人，有學識，經歲編校，劉君橋梓暨黃君，鄉閭表率，與公世姻，尊崇功德，助資督鋟。從事皆勞，亦足覘其景行之志云。"

李希哲後序云："嘉禾顧潁泉公試令於茲，標表人倫之宗，搜網天球之異，懼公遺疏安世亡書，召諸生讎校，而余得以編摩義例卷目。"

鄒啓元後序云："公雖勤勞國家，居常好讀書，爲文尤究心道家言，至於字學，亦罔不精妙入格。所存有奏稿若干，尺牘稿若干，公捐館時止刻奏稿十卷，於原稿中尤有未盡選入者，與尺牘稿具存公令子錦衣君，有待而刻。顧侯來，令吾宜勞心民事，諸所注厝率稟於先哲，以公固海內人豪，且有造於淛中居多，欲搜其遺文附之剞劂，以識尚友之志，屬余爲之編次。"

黃濯纓後序云："悉索公藏稿手銓次之。又從社中召三生，若鄒、李二孝廉與濯纓者，闢館授粲，越丙夜校讎，錯綜以時，區分以地，蓋三生少侍公教，而濯纓於邑乘中，傳公最詳也。"

《四庫全書總目》入史部詔令奏議類，並云："計其功名，不在王守仁下，而儒者顧艷稱守仁，則以守仁聚徒講學,羽翼者衆也。今特録是集,以見其謀畫之大略,庶不没其實焉。"

此爲後印本,有補板遞修痕蹟。萬曆刻本書口下方原鐫有刻工名"和"、"宗"、"士"、"山"、"釗"等,被鏟挖殆盡,只餘一處。從用紙及挖板避"玄"諱觀之,刷印當在清康、雍間。

《中國古籍善本書目》著録,中國國家圖書館、清華大學圖書館、湖南圖書館等六家有藏。清華大學圖書館所藏爲四庫底本,即《四庫全書總目》所云之兩江總督採進本。封面有進書木記,首頁鈐"翰林院印"滿漢文大印,並有館臣墨筆批注,或書於頁眉或黏以浮簽,如"諸序俱可不寫"、"聖恩聖旨等語俱刪去聖字"、"接前寫,不必另頁,體例悉照前"等。書中還有大量勾抹塗改之處,有些爲避清帝諱而改,如"皇上玄威"改爲"皇上神威",更多的則是對"寇"、"虜"、"賊"、"丑"、"達子"、"胡"等污蔑性稱呼之修潤,如卷一"臣惟蠢兒倭奴突如内犯,襲我郡衛,辱我冠賞"中,"倭奴"改爲"倭酋","襲我郡衛"改爲"擾我耕嫁"。卷三"使被髪左衽之夷頓明冠履之分"改爲"使雕題鑿齒之人共識瞻依之慕";卷六"取群凶於深穴"改爲"捍强鋒而蹋險",等等。有些禁忌、悖逆、違礙文字甚至被整段刪去,上下聯綴後文意面目全非。較之《四庫全書》本,此明萬曆刻本足資正本清源之用。

《譚襄敏公奏議》尚有清嘉慶二十四年木活字印本,清人鄒用昌等續修,附有《遺集》三卷及首、末各一卷。

鈐印有"真州吳氏有福讀書堂藏書",知曾藏揚州吳氏測海樓。

0556　手稿本明楊繼盛奏疏草稿

T4662.7/4225

《明楊繼盛奏疏草稿》,明楊繼盛撰。明嘉靖三十一年(1552)手稿本。計十四頁,裝裱爲一册。半頁九行,藍格。框高 16.1 釐米,寬 23.4 釐米。題"兵部武選司清吏司署員外郎事主事臣楊繼盛謹奏"。遇"皇上"、"國家"、"國"、"朝廷"、"高祖"、"祖宗"、"旨"、"聖"等敬字換行另起,並擡高一格。稿上塗抹修潤處甚多。

楊繼盛,字仲芳,號椒山,河北容城人。幼年家貧,七歲喪母。卒業國子監,嘉靖二十六年進士。授南京吏部主事,遷兵部車駕司員外,因劾大將軍仇鸞誤國,被貶狄道典吏。仇鸞事敗後,世宗重用之,初任諸城知縣,調南京户部主事,刑部員外郎,兵部武選員外郎。爲劾權相嚴嵩十大罪狀,下獄受酷刑,棄市而死。隆慶初,恤前朝直諫諸臣,以繼盛爲首,贈太常寺少卿,謚忠愍。繼盛生於正德十一年,卒於嘉靖三十四年十月,年四十。《明史》有傳。

嘉靖三十一年,繼盛復被起用,一歲中四次升遷,更思精忠報國。他以嚴嵩專權害國,"其天下之第一大賊也",抵任甫一月,即起草奏疏彈劾嚴嵩,列十罪五奸,全文言辭激烈,痛切之情,躍然紙上。這篇奏疏題作《請誅賊臣疏》,流傳甚廣,《明史》本傳節略此疏,僅 1 600 餘字;明清兩代所刻楊集諸本皆有收録,並被《皇明經世文編》、《容城三賢文集》、《正誼堂全書》、《四庫全書》、《畿輔叢書》、《叢書集成初編》等總集、叢書收入。《四庫全書》本及清刊楊集將疏中"胡"、"虜"等字篡改爲"外患"、"邊境"等,或加墨圈。

此本即繼盛彈劾嚴嵩之疏議底稿,行書蒼勁渾樸。楊繼盛手書真蹟並不多見,據知海内外現存者,有河北省博物館收藏《楊繼盛行書諫草》、《自書年譜》、《行書梅軒詩》三件;鎮江博物館收藏楊繼盛被貶狄道時所寫詩文《記開煤山稿》等四篇及臨《雲麾碑》卷;美國翁萬戈先生收藏《楊忠愍公獄中書》手蹟,作於嘉靖三十二年元旦。另有少量碑刻尚可見其筆墨。經與他本影印件比對,哈佛所藏確係楊繼盛手書真蹟。

收入《楊忠愍公集》中的奏疏,當爲楊繼盛上奏朝廷的定本。楊集刊刻最早爲明隆慶三年刻本,上距楊繼盛被斬僅十四年,以此本與哈佛手稿比對,兩者頗有出入。集本計5 200餘字,稿本計4 800餘字;集本題作"爲感謝天恩捨身圖報乞賜聖斷早誅奸險巧佞專權賊臣以清朝政以絕虜患事",稿本作"爲乞賜聖斷早黜奸險巧佞僭竊賊臣以應天變以收大權以清朝政以消虜患事";集本作"夫以孤直罪臣",稿本作"夫以狂妄罪臣";集本作"皇上聖恩薄罰",稿本作"皇上作主寬宥";集本作"故臣請誅賊嵩",稿本作"故臣討嵩";集本作"嵩之惡貫盈,神人共憤",稿本無"神人共憤"四字;集本"嵩之奸佞,又善爲撫飾",稿本作"又能肆遮飾";稿本有大段上天假日食之變以警朝政的內容,集本無;集本末有"皇上或問二王,令其面陳嵩惡",稿本無,等等。稿本文末天頭處有"臣內不與嵩戴天,外不與胡虜共戴天"十五字,爲集本所無,讀來尤覺蕩氣回腸。

有學者從奏疏内容上以隆慶本與哈佛本比對,確認此手稿"是他彈劾嚴嵩奏疏的初稿,作於嘉靖三十一年十一月十六日至十二月十六日之間,在淮安至北京途中"(詳見陳智超、沈津合撰《楊繼盛奏稿的確認》一文,《古籍整理出版情況簡報》2000年第7期)。

以河北省博物館所藏《行書諫草》(《中國古代書畫圖目》第八卷)與此本相比較,河北本上圈改過的文字,大多與哈佛本一致;勾塗掉的文字,哈佛本不存。由此可知,河北本應是早於哈佛本的楊疏底稿,內容上也更異於文集本。清人陶元藻《泊鷗山房集》中有《楊忠愍公集跋》一文,曰:"余於甲子歲(乾隆九年,1744)過公故里,見公家藏遺札並劾嚴疏稿,計改易凡一百數十字,有即於字上蓋以墨筆者,有點竄旁注者,細玩之,似三易其稿而成,作者用心良苦矣。"奏稿確經楊繼盛多次改易,陶氏此言不虛。有關楊疏草稿墨蹟頻見於清人詩文集,如畢沅《靈岩山人詩集·敬題楊忠愍公二疏手稿卷後》、石韞玉《獨學廬初稿·觀明楊椒山先生諫馬市及劾嚴嵩二疏遺稿》、曾國藩《題楊忠愍公二疏手草》、左宗棠《恪靖侯盾鼻餘瀋·題楊忠愍公劾嚴嵩墨蹟奏稿後》等。

末頁左下有鈐印一方,殘存一半,爲白文"侯印"二字。日人裝幀。館藏記錄此本入藏時間爲1961年10月11日,其他關於此稿來源之記錄均無。從無觀者題記及鈐章等特徵看,比較河北本之首尾朱墨燦然,題者衆多,哈佛此本流出中土之年代應甚早。此手稿既是名臣忠烈遺澤,又爲奏疏初稿,浩氣丹心外,尤具重大史料價值,洵足寶也。

0557　明刻清印本海防奏疏撫畿奏疏計部奏疏　　　　T4662.7/3105

《海防奏疏》二卷《撫畿奏疏》十卷《計部奏疏》四卷,明汪應蛟撰。明刻清印本。六冊。半頁九行二十字,四周雙邊,白口,單魚尾。框高21釐米,寬13.4釐米。前有萬曆三十二年(1604)顧起元序,畢懋良序。

汪應蛟,字潛夫。婺源人。萬曆二年進士。授南京兵部主事,累遷至南京戶部尚書。天啓初改北部。爲人亮貞有守,視國如家。致仕後,卒於家。

是編爲海防奏疏二、撫畿奏疏三十一、計部奏疏二十六,俱可見應蛟忠貞愛國之心。應蛟自束髮登朝,計五十餘年,老成謀國,計出萬全,所爲奏疏多有關天下大計者,且疏暢明白,閱之可洞悉事變原由。

畢懋良序云:"公自筮仕以迄宦成,所披瀝亡慮數什佰牘,率多散軼不載,今所板行者,僅僅五十有七牘耳。余悉得而竟讀之,海防二、撫畿三十有一、計部二十有四,纏纏數十餘萬言。類皆挈領提要，深切著明……如我公諸牘，條分盧柝，不翅列眉指掌，其圖方略，策防禦，則不下趙充國、馬援；撫流亡，陳災異，則不下劉向、長孺；拮据儲糧，酌佐嬴虛，則又不下蕭何、寇恂。於中議調發、籌便宜、程功能、課殿最，纍纍不盡欲言。"

《四庫全書總目》未收。《中國古籍善本書目》著録明刻本，中國國家圖書館、杭州市圖書館有全帙，北京大學圖書館有殘本。按，應蛟之《海防奏疏》二卷、《撫畿奏疏》十卷，有明萬曆三十二年鄭三俊刻本，浙江圖書館有全帙。查臺北"國立中央圖書館"善本書目，有《汪清簡公奏疏》十四卷（計部疏四卷、撫津疏十卷），明天啓間刻本，乃原藏北平館者。

0558　明天啓刻本楊全甫諫草　　　　　　　　　　　　　T5424/4217

《楊全甫諫草》四卷，明楊天民撰。明天啓元年(1621)刻本。四册。半頁九行十六字，四周單邊，白口，雙魚尾。框高18.6釐米，寬13.2釐米。前有天啓元年(1621)許維新序。

楊天民，字全甫，又字覺斯。山西太平人。萬曆十七年進士，歷知朝城、諸城縣，廉惠宜民，有異政。擢禮科給事中，敢於言事，建儲之疏至十二上，卒以謫死。《(雍正)太平縣志》卷六有傳。

此爲全甫於任内所上奏疏，始萬曆二十三年，至二十九年止。卷一八疏，卷二十疏，卷三十疏，卷四六疏。附廷議《東兵留撤議》、《朝鮮國王請易嗣》、《贈官誥命》、《諭祭文》。

許維新序云："楊全甫先生既拜給諫，遇事輒言，遇人不敢言若礦税之類，尤力言之，當時所最難言，無如建儲業，謫削罪甚若而人矣。先生抗章言之力，疏凡十二上，時宰而下咸爲危之，而上折其議，率留中，最後語戇甚，上不能平，手批其章百餘語，語至畜之，南謫瘴鄉，凡三易地，而後報可，蓋憤甚。猶以語真情至，得不至重典耳。先生遂無□不禄，鄉人憐之，爲梓其疏，凡若干卷。"

天啓二年《贈官誥命》云："原任禮科右給事中，降貴州黎平府永從縣典史楊天民，浩氣雄文，元心峻節，明廷升俊，壯縣分符，首嘉治行之高，特擢糾繩之地。而爾矯然特立，知無不言，編年存一代之闕文，制科洗邇時之陋習，格邊吏冒功之賞，窮宵壬言利之誅，羽翼抱其苦心，批瀝矢其危論，一鳴叱伏，萬里投荒，方賜環之有期，而蓋棺之已定。幽魂可憫，寵命宜光，兹用贈爾爲光禄寺少卿，錫之誥命。"

《千頃堂書目》、《四庫全書總目》未收。《欽定續文獻通考·經籍考》作《全甫諫草》十四卷。《中國古籍善本書目》著録。中國國家圖書館、天津圖書館，及美國國會圖書館亦有入藏。蘇州市文物管理委員會所藏爲殘帙。

鈐印有"貴陽趙氏壽華軒藏"、"慰蒼收藏善本"。

0559　明天啓刻本撫津疏草　　　　　　　　　　　　　T4662.7/6526

《撫津疏草》四卷，明畢自嚴撰。明天啓刻本。八册。半頁九行十九字，四周單邊，白口，單魚尾。框高21.8釐米，寬13.9釐米。題"欽差巡撫天津等處地方備兵防海贊理征東軍務兼管糧餉都察院右僉都御史畢自嚴題奏"。前有李邦華序；天啓元年(1621)勅諭。

畢自嚴，字景曾。淄川人。萬曆二十年進士。授松江推官。年少有吏才，累官至太僕卿。天啓初，遼陽覆，廷議設天津巡撫，專飭海防，改自嚴右僉都御史以往。置水軍，繕戰艦，備戎器,在事數年,綜核撙節,公私賴之。轉南户部尚書,以忤魏忠賢引疾歸。崇禎初起户部尚書,晉太子太保,致仕卒。

是編乃畢嚴任天津巡撫期間奏疏,凡五十六疏。其時畢嚴除巡撫天津等處備兵防海兼理糧餉事務外,又奉諭統轄天津道府屬州縣營衛,並沿海武清、寶坻、灤州、樂亭及附隸衛所,凡一切海防軍務並地方官評、兵馬、盜賊、保甲、城守事宜,俱聽便宜行事。明代設天津巡撫始於天啓元年,其時,後金攻陷遼陽,明廷震動,故有此設。

畢嚴於天啓元年五月初三日到天津任,據李邦華序:"公至,立規模,定章程,闢戎伍,繕餘艎……時備兵范董劉公佐之,壁壘井井,屹然京東雄鎮。"

此爲禁書,《清代禁書知見録》著録。《中國古籍善本書目》著録。遼寧省圖書館、山東省圖書館、大連市圖書館、清華大學圖書館、臺北"國家圖書館"(兩部,其一爲原北平館藏者),及美國國會圖書館亦有入藏。

按,畢自嚴又有《督餉疏草》五卷(天啓刻本)、《餉撫疏草》七卷(天啓刻本)、《留憲疏草》一卷(天啓刻本)、《留計疏草》二卷(天啓刻本)、《度支奏議》一百十九卷(崇禎刻本)、《抽簪贅言》一卷(崇禎刻本)、《回話奏疏》一卷(崇禎刻本),皆極難得,中國國家圖書館入藏。

0560　明崇禎刻本周忠毅公奏議　　T4662.7/7231

《周忠毅公奏議》四卷,明周宗建撰;《行實》一卷,明周廷祚撰。明崇禎熊開元刻本。八册。半頁九行二十字,左右雙邊,白口,單魚尾。框高21.4釐米,寬14.1釐米。題"楚後學熊開元較;男廷祚訂"。前有熊開元序,劉弘化序。

周宗建,字季侯,别號來玉。蘇州吳江人。萬曆四十一年進士。授武康令,有異政,尋以卓異徵拜監察御史。天啓初,魏忠賢、客氏亂政,宗建首疏劾之。明年,璫勢益熾,宗建復三疏彈劾。忠賢矯旨削籍,誣以贓罪,下獄死。崇禎初,謚忠毅。《明史》有傳。

是編計疏四十六、揭四、附議二。其卷二皆爲劾魏忠賢等,計六疏。後又有何如寵撰墓誌銘,董其昌撰神道碑,錢謙益撰神道碑銘,倪元璐、文震孟、陳盟撰傳。

熊開元序云:"當二正之季,閹氛煽毒一時。批鱗投鼠,白簡飛六月之霜,驅鱷馴烏,赤手挽九淵之日者,蓋亦後先賁望於策也。支撐媧石,盪泆蚩霧,於節義豈少賴焉。雖然,國家之受閹孽也,當二正年間,猶南牙北門,勢若冰炭,以故其時君子或直以抉,或婉以披,如永於瑾,反用其倖矣,卒未有如熹廟時逆瑾之燄烈者。王聖宋娥,宫闈瑾也;斜封口勅,綸閣瑾也。析圭分茅,稱周頌召,竪碣建祠,則自朝廷以及天下皆瑾也。隨之升霄,逆之墜淵,而忠毅先生埋輪伏蒲,橫榷其鋒,身爲虀粉,酷矣奇矣!開元幸承乏松陵,獲造乎先生之鄉,而瞻謁高風,搜其生平補牘,并其一時方略嘉猷而莊讀之。有嚴若鉞者焉,有赤若肝者焉,有白若雪者焉,有觀若火者焉,有揭若日者焉,是蓋我祖宗培養之人,以詒之後。而先生亦旋遭遇聖明,忠顯良遂。鮫室之淚成珠,共珍日月;匣中之血化碧,轉蔚青霞。而後乃今,國運正以暫晦而益見其昌,則先生之奏議具在,其光色未之少蝕,且以資今日之經濟……爰付之梓。"按,熊開元,字魚山。嘉魚人。天啓五年進士。由吳江令行取給事中。坐事貶,後復起,任大學士,旋棄家爲僧,隱居以終。

是本卷三第十頁、第三十九頁佚去。金鑲玉裝。

《應繳違礙書籍各種名目》、《清代禁書知見録》著録。《四庫全書總目》僅收宗建《論語商》。《中國古籍善本書目》著録。中國國家圖書館、上海圖書館等八館,臺北"國家圖書館"(原藏北平館者),及美國國會圖書館亦有入藏。

是書爲清姚瑩等收入《乾坤正氣集》。

0561　清康熙刻本于山奏牘　　　T4662.8/1450

《于山奏牘》七卷附《詩詞合選》一卷,清于成龍撰,清李中素編。清康熙二十二年(1683)三韓劉鼎刻本。四册。半頁九行二十二字,左右雙邊,白口,單魚尾。框高19.3釐米,寬13.7釐米。題"晉西河于成龍溟父著"。前有康熙二十二年李中素序,鄭先慶序。後有康熙二十二年劉鼎跋。

于成龍,字北溟,號于山,山西永寧人。明崇禎十二年舉副員。清順治十八年出仕,歷任羅城知縣、合州知州、武昌知州、黃州知府、湖廣下江陸道道員、福建按察使、福建布政使、直隸巡撫和兩江總督,加兵部尚書、大學士等職。屢平劇寇,整飭綱紀,移風易俗,三次被舉"卓異"。好微行,以察知民間疾苦,屬吏賢與不肖。卒時,僚吏入視,惟笥中綈袍一襲、床頭鹽豉數器而已。民罷市聚哭,家繪像祀之。生於明萬曆四十五年,卒於清康熙二十三年,謚"清端",贈太子太保。康熙帝諭稱于成龍"實天下廉吏第一",並親撰碑文。于成龍任職直隸和兩江期間,曾組織編纂《畿輔通志》四十六卷、《江西通志》五十四卷、《江南通志》七十六卷。《清史稿》有傳。

李中素,字子鵠,號鵠山,湖北麻城人。康熙二十六年任嶽麓書院山長。後任湘鄉教諭,以卓異擢閩縣。康熙三十四年調臺灣。善聽訟,遇有冤獄,必竭力申救,而頑梗者則繩之。嘗攝府學篆,教諸生以孝弟,次及文藝。工詩、書、畫,有三絶之譽。中素康熙二年生人,卒於康熙六十一年。《(乾隆)湖南通志》有傳。

是書爲于成龍自任羅城令以來,直至總制兩江總督之奏疏稿及詳文、牌示,並一時同官往來書牘,計一百八十篇。内容涉及地方施政各個方面,如澄清地方吏治、弭盜、慎刑、推行"撫"字催科、疏鹽行、除災耗、清雜派、興義學以及安撫徭、壯百姓等。《奏牘》後附詩五十一首、詩餘八首,制義一首,合爲一卷,目録、版心均標作第八卷。

成龍著述、奏稿等先由其門人輯成此《于山奏牘》七卷附録一卷本行世,後有其孫于準輯成《于清端公政書》八卷行世,是因此而增損之本。另有《撫直奏稿》不分卷,清康熙二十六年刻本。

李序云:"君臣相得,今古維難,而公獨遭際聖明若此,不有編述,懼不足以傳久遠。因發所攜圖書,得公自令羅城以來諸奏牘詩文稿……乃次第諸稿,片楮只字,皆公親筆細書。歲久黴蠹霑蝕,半就脱落,彙其可識者爲若干卷。"

劉跋云:"乃得公門下士李君子鵠編次公歷來著作,再拜而伏讀之……公之功業,如日方升,丕炳天壤;則公之文章,當與星日爭光,山嶽比壽。然慮在官在民無由盡見公之行事與立言也,於是敬授之梓,播之宇内,以風厲有位,移易風俗,天下後世服公之決機如神,措安磐石者,惟本一誠養之素而出之裕也,生平事業豪傑自知之,韓、范、司馬諸公類如是乎?讀是書而咸知所奮勵以自盡其爲人臣子之職,則是書之有神於世,奚可量也夫。"刻是書時,李中素、劉鼎俱爲成龍門下屬吏。

《四庫全書總目》入史部詔令奏議類存目,並云:"此編蓋猶其初稿,至於詩詞本非所長,制藝一首尤不入格,亦不如《政書》之刊除潔淨也。"

《中國古籍善本書目》不收此本,收入清康熙二十六年刻本《撫直奏稿》,僅中國國家圖書館有藏。據查,此本中國國家圖書館藏有三部,其中一部爲鄭振鐸舊藏,《西諦書目》著錄;北京大學圖書館藏有兩部,它如上海圖書館、天津圖書館、清華大學圖書館、臺北"中央研究院"史語所傅斯年圖書館、臺灣大學圖書館等俱有收藏。《四庫全書存目叢書》史部第67冊收入,底本爲天津圖書館藏本。

0562　清康熙刻本于清端公政書　　　　　　　　　　　　T4662.8/1450B

《于清端公政書》八卷《外集》一卷,清于成龍撰,清蔡方炳、諸匡鼎編。清康熙四十六年(1707)于準刻本。九冊。半頁八行二十字,四周單邊,白口,單魚尾。框高18.1釐米,寬12.8釐米。題"後學平江蔡方炳、西陵諸匡鼎編次;家孫于準敬錄"。前有康熙二十二年李中素原序及劉鼎原跋;吳琠《于清端公像贊》。後有康熙四十六年陳奕禧跋,蔡方炳跋,于準跋。

于成龍,見《于山奏稿》。

于準,字萊公,于成龍之孫。能承繼家風,康熙時受祖父蔭得授山東臨清知州,又調江蘇巡撫,因清正有操守被舉卓異,任刑部員外郎、户部郎中、江南驛鹽道,又升爲浙江按察使、四川布政使。康熙四十三年升爲貴州巡撫,後官江蘇巡撫。準將其祖著述輯成《于清端公政書》和《先儒正修錄》、《齊治錄》行世。

蔡方炳,字九霞,號息關,別號息關學者,江蘇長洲人。明季諸生。入清,韜晦窮居,所至不過金陵、姑蘇,而賢名遠近。康熙十八年舉博學鴻儒,托病不與試。性嗜學,於理學、典故等多所纂輯。工詩文,兼善行草。嘗繪《著書圖》,一時名流如朱彝尊輩,題詠殆遍。著有《恥存齋集》二十卷、《廣治平略》正續四十四卷、《增訂廣輿記》二十四卷、《憤肋編》二卷、《銓政記》一卷、《馬政志》一卷、《歷代茶榷志》一卷、《長洲縣志》二十二卷,與撰《江南通志》等。事蹟見《清史列傳·文苑傳》、《清詩紀事》等。

諸匡鼎,字虎男,浙江錢塘人,諸九鼎之弟。生卒年及生平均不詳,約清順治年間在世。工詩,所作沿"西泠十子"派,圓美有餘而深厚不足。著有《橘苑詩鈔》十一卷,總題作《説詩堂集》,《四庫全書總目》著錄。

是書將李中素編《于山奏牘》重新次第,增補附錄而成。卷一至七皆成龍歷仕所紀,卷一《羅城書》,令羅城時稿也;卷二《合州書》,知合州時稿也;卷三《武昌書》,同知黄州署武昌府時稿也;卷四《黄州書》,知黄州府時稿也;卷五《八閩書》,歷任福建監司時稿也;卷六《畿輔書》,巡撫直隸時稿也;卷七《兩江書》,總督兩江時稿也。任監司以前,皆申詳、條議、札檄、誡諭之作;任巡撫以後,始列奏疏。卷八《吟詠書》,爲于氏所作各體詩,並以文六首附於後。《外集》一卷,輯陳廷敬、毛際可、熊賜履所撰《傳略》、《墓志銘》、《祠碑》等。

陳奕禧跋曰:"丙戌春,大中丞公移節江蘇,禧亦因家兄出撫迴避,來居吳下。思黔板不精,欲啓中丞公重雕,而搜羅遺佚,增補缺失,剞劂功早已竣矣,禧以門下故吏與校讐之末。"

蔡方炳跋稱,早年與纂《江南通志》時,于成龍授命其發凡起例,正舛訂誤,並謂諸司曰"一局中,惟蔡生肯認真",方炳感知遇之恩,校讎此書。

于準跋稱,因不滿李中素編、劉鼎刻《于山奏牘》之"不全不備",督撫吳下時,復遍從清端舊治搜其遺牒,訪諸故家,稍得備所未備。"吳門蔡子方炳昔曾列先清端之門,因委以校讎之役。武陵諸子匡鼎適至,遂與同事,裒爲《政書》。而旁及於吟詠、於古文,凡先人遺筆不敢或棄。至於聖天子所眷注褒獎者首列之,彰榮寵也。諸當事所諮諏籌畫者附列之,志知遇也。"

《四庫全書總目》入集部別集類，並云："成龍以清節著名，而自起家令牧，至兩膺節鉞，安民緝盜諸政績，亦皆綽有成算。其經濟頗有足傳。今觀是書，其平生規畫，猶可見其本末也。"

此本寫刻精良。莫友芝《郘亭知見傳本書目》云："國朝于成龍撰。康熙廿二年清端撫蘇，三韓劉鼎刊本，黃州李中素編。康熙四十三年甲申，孫準撫貴州，刊本不佳。康熙丁亥，其孫準撫江蘇，屬蔡方炳重編，最備，即今行八卷本。前載御賜文、詩、聯、匾七件及遺象，曰首編，末附碑志等。"此本佚去卷首朱印御製碑文等，僅餘遺像及像贊。

《于清端公政書》尚有乾隆年間于大梃增刻本，增續集一卷；清人金岳輯、乾隆二十八年刻《于清端公政書輯要》二卷本。

《中國古籍善本書目》不收。據查中國國家圖書館、北京大學圖書館、臺北"國家圖書館"、臺北"故宮博物院"、美國普林斯頓大學葛思德東方圖書館等多家收藏。臺北文海出版社《近代中國史料叢刊續編》第三十三輯據此本影印。

0563　明刻本朝野申捄疏　　　　　　　　　　T4664.7/7292

《朝野申捄疏》六卷。明刻本。六冊。半頁八行十八字，左右雙邊，白口，單魚尾，書口下有刻工及字數。框高20.6釐米，寬13.9釐米。

是書乃萬曆四十三年至四十七年間，朝野諸臣、百姓爲救劉光復事所上奏疏。

劉光復，字敦甫，號貞一，晚號見初。安徽青陽人。早著文譽，萬曆二十六年進士。授浙江諸暨知縣，擢河南道監察御史，巡按山西，素著風采。《(光緒)青陽縣志》卷五有傳。

《明史》卷二一本紀載，萬曆四十三年"夏五月己酉，薊州男子張差持梃入慈慶宮，擊傷守門內侍，下獄。丁巳，刑部提牢主事王之寀揭言張差獄情，梃擊之案自是起。己巳，嚴皇城門禁。癸酉，召見廷臣於慈寧宮。御史劉光復下獄。甲戌，張差伏誅"。又據《明神宗實錄》卷五三二，"御史劉光復，在慈寧宮聖母几筵前，高聲狂吠，震驚神位，命錦衣衛挐送刑部，從重擬罪具奏"。

劉光復獲罪朝廷，起因梃擊案。《明通鑑》卷七五所記較前爲詳："癸酉，上御慈寧宮，召閣臣方從哲、吳道南及文武諸臣入見……初，從哲等進見時，御史劉光復跪班後，大言曰：皇上極慈愛，太子甚仁孝，其意固將順也。上不甚悉，問爲誰，中使以御史劉光復對。光復又前跪，大言申奏。上謂：地近皇太后几筵，大言非敬，且越班進對，失人臣禮。命中使縛下，下刑部重擬罪，方從哲及廷臣力救，不允。宗人中尉充鈵、駙馬王昺疏救光復，以詞激，充鈵幽禁，昺褫冠帶閑住。方梃擊事起，光復亦請'速下部院根究情實，務期元惡伏辜，以安慰皇太子，以解通國之惑'。又言'致辟行刑，一獄吏任耳。似不必言官詫之爲奇貨，居之爲元功也'。蓋爲陸大受、王之寀等而發云。"

光復所上之疏，載《(光緒)青陽縣志》卷五。其被逮後，各方救疏甚多，最早者爲萬曆四十三年六月，直至萬曆四十七年十二月止。萬曆四十七年正月，上有"釋歸恩旨"，云："朕以御史劉光復在於聖母几筵前高聲狂吠，震驚聖母靈位，大不敬，無人臣禮，故寘之於法。前聖母祔廟之後，朕欲放此畜，因各官黨救瀆擾，以致監禁有年。朕追思聖母御世，好生慈仁之德，釋劉光復饒死，發去本家爲民當差，永不敘用。"七月，神宗逝。光宗朱常洛即位，改元泰昌。八月，吏部即有疏上，請起用劉光復爲光禄寺丞。然劉光復未及赴官而卒。

卷一第一頁至第九頁佚去。刻工有中、張、劉、高、梁、心等。

是書不見著錄。

鈐印有"陳乃乾讀"。

0564　清雍正刻本總制宣化録　　　　　　　T4662.8/6408

《總制宣化録》四卷,清田文鏡撰。清雍正自刻本。十二册。半頁九行二十一字,左右雙邊,白口,單魚尾。框高19.5釐米,寬13.9釐米。題"河東總督臣田文鏡敬梓"。前有雍正九年(1731)嵇曾筠序。

田文鏡,字抑光,漢軍正黄旗人。康熙二十二年由監生任福建長樂縣丞,累遷至内閣侍讀學士。雍正元年,因直言無隱告山西荒歉,署山西布政使。二年,調任河南布政使,署理河南巡撫之職,此後八年均在河南供職,直至去世。文鏡從未考取功名,然固有吏才,在河南推行攤丁入畝,以嚴厲刻深為治,政績卓著,深得雍正帝眷遇,雖迭經參劾,卻始終未被罷免。雍正五年,世宗擢文鏡為河南總督。六年,再授河東總督,節制河南、山東二省,並加兵部尚書銜。在河東任上推行苛政,搜求盤剥,匿災不報,致百姓流離失所。後以老病辭官,雍正十一年卒,謚端肅。《清史稿》有傳。

嵇序云:"公今者上疏乞假,奉命入覲京師,將行,復輯其章奏及條教諸稿,裒為三集,付剞劂氏而仍問序於余。""三集"者,《撫豫宣化録》、《總制宣化録》及繼刊之《總督河南山東宣化録》也。

《四庫全書》收入文鏡之《撫豫宣化録》,為其任河南巡撫前三年中起草之奏摺文書,起自雍正二年七月,迄於五年九月。前有河南布政使費金吾等人會請刊刻詳文一道,及文鏡批詞,可知《撫豫宣化録》之刊刻,乃應屬吏之請而編,雍正帝頒諭刊行,以宣布德化,並詔百官仿效。

是書為《撫豫宣化録》續編之作,收録田氏自雍正五年起至辭官,在河南總督任上所有政務文書,版式及編排亦與前書一致,分奏疏、條奏、文移及告示各一卷,每卷前各有目録。

文鏡任職河南期間,清釐積牘,剔除宿弊,推行改革,吏治為之一新。嚴禁濫捕濫革,嚴禁民衆鬥毆賭博,嚴禁官府將税銀加於百姓身上,嚴禁私鑄、偷漏税銀,嚴禁捕投誣良以安民生,選拔精壯之丁為伍。治理河道,疏浚河汛。充實倉儲,清釐國賦。以上政務,是書記述詳且實焉,頗有與史傳互為補正者。

是書佚去嵇序第一頁前半面。據他館藏本知《總督兩河宣化録》、《總督河南山東宣化録》前有扉頁,刊"本衙藏板",此本佚失。

《中國古籍善本書目》著録為"《總督兩河宣化録》四卷《總督河南山東宣化録》四卷,清雍正自刻本",遼寧省圖書館收藏。據查中國國家圖書館、遼寧省圖書館、中國科學院圖書館、山東師範大學圖書館、臺灣大學圖書館均藏有清雍正刻本《撫豫宣化録》。《總制宣化録》較《撫豫宣化録》等流傳更為稀少,不見他館著録。2005年,全國圖書館文獻縮微複製中心據中國國家圖書館藏清雍正刻本《撫豫宣化録》及此《總制宣化録》影印出版。

0565　清乾隆刻本孫文定公奏疏　　　　　　　T4662.8/1943

《孫文定公奏疏》十二卷,清孫嘉淦撰,清孫鑄編。清乾隆孫氏敦和堂刻本。十二册。半頁九行十八字,四周雙邊,白口,單魚尾,書口下刻"敦和堂",每遇敬則另行提高一至三格。框高20.4釐米,寬13.6釐米。卷一至一〇題"嫡孫孫鑄校對",卷一一題"嫡孫孫鑄敬刊",卷一二題"嫡孫孫鑄重刊"。無序跋。

孫嘉淦,字錫公,號懿齋,山西興縣人。康熙五十二年舉進士,改庶吉士,授檢討。因忠言抗辯擢國子監祭酒,雍正十二年改任河東鹽政。高宗即位後,嘉淦被召入京師,授吏部侍郎,又遷都察院左都御史、直隸總督。管理京畿期間,弛酒禁,平冤訟,疏河道,政績卓著。此後任湖廣總督、福建總督、左副都御史、工部尚書、翰林院掌院學士。居官恒以八約自戒,曰:"事君篤而不顯,與人恭而不驕,勢避其所爭,功藏於無名,事止於能去,言刪其無用,以守獨避人,以清費廉收。"在雍、乾兩朝有直聲,雖剛直疏狂,卻屢受重用。精通理學,曾以孔孟之道爲綱上疏。著有《春秋義》、《周易述義》、《詩經補注》、《近思錄輯要》、《成均講義》、《南華通》、《南游記》諸書。生於康熙二十二年,乾隆十八年卒,諡文定。《清史稿》有傳。

是書爲孫氏後人輯其奏疏所成。卷一至二爲京任奏疏,卷三爲任河東鹽政時奏疏,卷四至九爲任直隸總督時奏疏,卷一〇爲任湖廣總督時奏疏。所刊奏疏體例,一律不書年月,就原疏有載補官及奉旨寄知查詢年月者爲之詮注,但亦有年份先後倒置者,如卷九《收買回空米疏》、《採買麥石疏》皆在乾隆四年,而後即接六年八月《調補湖督疏》;卷八《敬抒愚忱疏》有乾隆七年二月十三日奉到内閣封寄安寧之摺,則已在任湖廣總督後,不當在直隸卷内。如此甚夥,蓋刊刻時已不能見公牘,致多舛誤。卷一一司成課程,爲制義二十六章。卷一二行述及墓表,行述爲嘉淦子孝愉、孫鑄等編述,墓表爲陳世倌撰。

嘉淦奏疏,多切中時弊,言辭痛切。如《三習一弊疏》,以爲"耳習於所聞,則喜諛而惡直;目習於所見,則喜柔而惡剛;心習於所是,則喜從而惡違。三習既成,乃生一弊,喜小人而厭君子"。此疏有裨君德,深得乾隆帝嘉許,被予宣示。

《四庫全書總目》未收。《續修四庫全書總目提要(稿本)》云:"(淦)於治水綏邊,胥有特識,洵不愧一代名臣。使裕陵晚季,滿漢大臣多有如孫氏者,懇款諫誨,當可抗邪匪盜寇之禍,不至漸就衰微。是書誠乙部可珍之編也。""按是書正楷刻本,而訛字正多,如卷五《口外開鹹書》,此鹹當作鬷,又即鹼,訛鬷爲鹹,並不可解。"

"敦和堂",《中國古籍版刻辭典》不載。

《中國古籍善本書目》未收。《販書偶記》著錄有"乾隆間精刊"。據查中國科學院圖書館、遼寧省圖書館、湖南省社會科學院圖書館有藏。臺北文海出版社《近代中國史料叢刊》第541種即據此本影印,《四庫未收書輯刊》第22冊亦收入此本。

0566　稿本先福奏摺底稿　　T4664.84/5322

《先福奏摺底稿》不分卷,清先福撰。稿本。五冊。半頁六行二十字,四周雙邊,白口,單魚尾。紅格,框高18.4釐米,寬10釐米。

先福,字芝圃,那木都魯氏,正白旗滿洲。乾隆二十八年,由翻譯生員考取工部庫使。三十九年,升筆帖式。五十一年,升戶部員外郎。五十四年,授湖北黄州知府。嘉慶二年,授陝西按察使,尋調四川按察使。五年,再遷河南布政使。八年,調江西布政使。十年,因議外省捐納事降二級留任。十三年,調廣東布政使。十四年,擢江西巡撫,因清釐倉庫、訟獄營伍事得旨嘉免,旋坐秋審失出,連降三級留任。十九年,遷陝甘總督。二十一年,因對屬下虧短庫銀徇匿不究而革職,再由受賄發配伊犁效力。二十四年,賞三等侍衛,充塔爾巴哈台參贊大臣。道光元年卒。《國朝耆獻類徵初編》有傳。

此爲先福上奏朝廷之奏摺底稿,一摺抄成一册,共計五份奏摺並附夾片一份。其中兩册未題具奏時間爲嘉慶十六年(1811)九月十八日及二十六日,所奏内容亦在嘉慶十六年間,事皆江西省轄治境内。原稿未著上奏者或纂輯者姓氏,通檢全稿,凡自稱處或空二格,或示以〇〇,然行文中常有"經〇〇會同藩司袁秉直、臬司何銑親加審理"、"督同兩司"、"經〇〇飭提至省,委員確審"等語句,能督同布政使司、按察使司者,其口吻當出自一省之長;轉述諭旨時有"著交巡撫"、"此案前經江西巡撫〇〇參奏",則上奏者,必爲嘉慶十六年在任之江西巡撫先福無疑。

所奏之事,一關於廣東埠商杜泰豐串通江西興國、會昌、長寧等縣鹽商影射營私,並輾轉栽誣興國縣知縣錢樘勒索受賄一案;一關於贛南匪民結爲添弟會,占山釀命,糾衆報復,官府平剿,拿獲多名首領之事;一關於積年在逃結會首犯蕭爛腳等人潛匿饒州府,被追拿擒獲,共六十七名,解省審辦之事;一關於贛縣生員劉開雲抗欠錢糧兵米、並控該縣浮收勒折一案;一關於萬安縣監生高步昇等包攬漕米,挐交不遂,搶取征册,差役查問時拒捕傷人一案。考之史書,以上諸事皆不見載。

稿中記述添弟會、三點會(皆天地會之枝蔓)史事甚詳,如記廣東興寧人李魁升結拜入會事。李魁升與福建上杭人陳紀傳、藍老四素識,陳紀傳等人均在龍泉大汾墟開店生理,嘉慶十六年三月,福建龍泉人盧三至境内結會傳徒,陳拜盧三爲師。李魁升見陳紀傳交友甚廣,以爲拜其爲師,可免外人欺侮,領紅布花帖還可傳徒騙錢,遂於四月二十七日拜陳紀傳爲師。先送錢三千文與陳,陳買備香燭,設立從前傳會之萬提喜即洪二和尚牌位,用米桶插五色紙旗,中插紅紙旗一面,並用布搭橋,令李闖過。陳口誦"有忠有義橋下過,無忠無義劍下亡"俚語,並用刀宰雞,取血滴酒同飲。陳交付李紅布花帖,以作傳徒之據,傳授"開口不離本,出手不離三"並三八二十一口訣,髪辮從左圈轉,以便同會人關照,有事相幫,隨後散去。此外記添弟會首領李矮子、蕭爛腳等人行實,雖極盡誣蔑之辭,然亦生動可讀,堪爲清中期民間秘密結社研究之史料。

扉頁左上端押蓋"奏稿"朱色長方小木記,中間另鈐"嘉慶 年 月 日具奏 一摺嘉慶 年 月 日奉硃批 欽此"朱色長方木記。並有墨筆批示,如"各犯口案應再逐細核對,毋出舛誤"、"委員印係照辦,當須再行删簡"、"逐一敘明,以便將來另咨核議也"等,署滿文名姓。奏稿爲多名書吏所擬,内中有大量批改,字蹟潦草,與扉頁所書出自同一人之手,此批語當爲先福親筆也。中國第一歷史檔案館所藏《宫中檔》尚有部分先福任職江西巡撫時所上奏摺,不詳其中是否有此五份奏摺,或可與此底稿比對。

鈐印有"爲人謀而不忠乎"。

0567　清抄本嵩年奏檔

T4662.8/2220

《嵩年奏檔》不分卷,清嵩年撰。清抄本。二十六册。半頁六行,字數不一,無行格。開本窄小,每册高24.2釐米,寬11.4釐米。封面黄綾書簽題作"奏檔",下署干支年及在何任上。

嵩年,漢姓張,内務府漢軍鑲黄旗人。乾隆五十四年,由内務府筆帖式委署主事。五十九年升員外郎,嘉慶三年充正白旗佐領,九年監督江南織造。十四年四月,授熱河副總管,八月命巡視長蘆鹽政。十七年,賞四品頂戴,升熱河總管,兼署熱河道事務。二十一年,復命巡視長蘆鹽政。二十二年三月,因天津增設水師,命監督礮臺營建工程。八月,仍留鹽政任。二十四年,再補熱河副總管。二十五年,轉正總管。道光元年,授内務府大臣。二年,授馬蘭鎮總兵兼管内務府大臣,辦理萬年吉地工程,因裕陵琉璃門銅帽釘被竊,以疏忽失職降爲主事。道光八年卒於任上。傳見《國朝耆獻類徵初編》卷三一四。

是書爲嵩年充任江寧織造、熱河總管及兩任長蘆鹽政期間全部奏摺抄件，起自清嘉慶九年九月初五日抵江寧城，止於嘉慶二十三年八月二十四日由天津返回京城。全部抄件端楷精抄，裝幀劃一，嚴整有序，非成於一人，當由嵩年門下衆書吏所謄抄繕寫，以備存案，抄寫時間在嘉慶二十三年後。

一至四册爲甲子至戊辰年（嘉慶九至十三年，1804—1808），江寧織造任內；五至十册爲己巳至辛未年（嘉慶十四至十六年，1809—1811），長蘆鹽政任內；十一至二十册爲壬申至丙子年（嘉慶十七至二十一年，1812—1816），熱河總管任內；二十一至二十六册爲丙子至戊寅年（嘉慶二十一至二十三年，1816—1818），長蘆鹽政任內。每奏首行天頭處以小字記奏摺形制，有"黃面黃裏"、"白摺"、"白片"、"清單"、"夾片"、"黃殼面白摺"、"黃面紅裏摺"等，有些奏摺首行上以紅簽題發出時間，如"乙丑年正月拜發"；下題"奴才嵩年跪"；與他人合奏之摺則署官銜於前。每奏後並抄上諭及硃批。

嵩年爲官雖無殊績，然實心實力，勤謹恭順，辦理工程、鹽務、河道等絕無草率偷減情形，雖屢有部議，卻屢得嘉慶帝回護，加恩寬免。如嵩年甫抵長蘆鹽政之任，即輕聽商人慫恿，率爲乞恩展緩交稅，朝廷不准，並交嵩年於內務府議處，帝僅以參劾措詞過當、有失協恭之道斥之。嵩年任長蘆鹽政時查緝私鹽，督辦認真，緝獲私鹽犯十二起。在熱河總管任上，加築加高避暑山莊周圍苑牆，工程鞏固所用錢糧四萬六千有餘，朝廷以其頗節省而褒獎，賞三品頂戴。嵩年曾考查多年積累之成案，及有關山莊園林之品式規章、例條法度，輯爲《熱河園庭現行則例》十二卷，以爲後世成例，有所遵循，嗣其後就任熱河總管者，如烏明阿、松桂等人雖屢有增訂，大抵以嵩年所著爲藍本，可與此《奏檔》互爲參看。

此書記錄嵩年十四年任上種種應辦事件，纖微細末，凡有益於公者無不備載。然《奏檔》所奏，事無巨細，乃至每隔幾日必上之《恭請聖安摺》亦囊括其中，並非全有研究價值。

0568　稿本漕糧漕運奏稟

T4664.85/3939

《漕糧漕運奏稟》不分卷，清潘鐸撰。稿本。六册。半頁六行二十字，前四册爲四周單邊，白口，無魚尾，紅格，框高16.2釐米，寬8.2釐米。後二册爲四周雙邊，白口，單魚尾，紅格，框高17.6釐米，寬9.4釐米。

潘鐸，字木君，江蘇江寧人。道光十二年進士，選庶吉士，旋改兵部主事，充軍機章京，遷御史。二十年，出爲荆州知府，擢江西督糧道。歷廣東鹽運使、四川按察使、山西布政使。二十八年，擢河南巡撫。咸豐元年，坐所薦陳州知府黃慶安犯贓，降二級調用，復授山西按察使。二年，改湖南布政使。太平軍進軍兩湖，奉命署理湖北巡撫。九年，因戊午科場案中失察子弟犯法，降一級調用。十一年，署雲貴總督。同治二年，爲降清之回民起義軍首領馬榮部下刺殺身亡。朝廷詔嘉鐸"萬里赴滇，不避艱險，見危授命，大節懍然"。依總督陣亡例賜恤，贈太子太保，予騎都尉兼雲騎尉世職，入祀雲南昭忠祠，諡忠毅。《清史稿》有傳。

第一至四册，未署奏者名姓，然其中一摺有"竊臣前由四川臬司陞任山西藩司，於道光二十五年正月祇覲天顏，渥邀訓誨周詳，下忱莫名欽感。二十八年八月恩擢任河南巡撫，奉旨即速前赴新任，毋庸來京請訓"，查奏者爲道光二十八年在任之河南巡撫潘鐸，觀其他各摺，亦其人所奏。此四册皆潘鐸在河南巡撫任上有關本省漕糧、漕運、治河、賑災方面奏稟，間有調補人事、刑名訴訟內容,時在清道光二十八至二十九年間。

共計十九摺:《恭報省城及各屬獲霑雪澤並十一月糧價情形摺》、《籲懇恩准入都陛見以伸積悃摺》、《揀員請升沿河要缺知州以裨地方摺》、《籌議豫省漕糧仍照舊單辦理免改折色摺》、《紳民捐資助賑懇恩獎勵以昭激勵摺》、《原參疎防搶案之知縣限內案犯全獲請旨賞還頂戴摺》、《恭報雨雪並正月分糧價情形摺》、《現任要缺知縣人地未宜酌請繁簡對調以重地方摺》、《豫省各屬交代遵照新定章程開單具奏摺》、《恭報起程前赴南鎮查閱營伍日期摺》、《敬陳賈魯河今昔情形並籌議賠修舊河閒段改道以復朱鎮舊規摺》、《查明京控咨交各案已未審結緣由摺》、《試用通判拏獲命盜重犯照例請旨送部摺》、《遵旨撥發添辦備防磚石料垜銀兩摺》、《恭報雨雪並二月分糧價情形摺》、《遴員調補要缺知縣摺》、《勘明本年被水並歷年被災歉收各州縣原緩舊欠錢漕及其中被水稍重沙壓河佔之祥符等九縣內各村地畝應徵本年新賦懇恩分別展緩以抒民力摺》、《恭報九月分雨水糧價情形摺》、《豫省收捐監生銀兩截至道光二十八年八月底止動存各數摺》。

道光二十七年,河南被旱成災。二十八年八月丁巳,河南巡撫鄂順安褫職,以潘鐸代之。奏稟中潘鐸自稱:"自抵任以來,夙興夜寐,事事力求整頓","理煩治亂,寬猛互濟,方能收整飭地方之效。"爲賑濟旱災,開捐輸,設局辦理,儘管豫省迭被災歉,本籍紳民捐資助賑仍屬踴躍,李亮采等二十四人情殷桑梓,赴局呈捐一萬七百二十四兩。潘鐸議"漕糧酌改折色"言:"戶部有南漕折價交河南等省採買之議,是他省且須在河南採買。若將本省額徵之米分別改徵折色,於政體兩歧,於倉儲有損無益。河南歷年辦運踴躍,一經改徵,轉滋流弊,循舊章爲便。"豫省境內淮河重要支流賈魯河流經祥符朱仙鎮,爲商賈舟楫所集。自黃河決於中牟,賈魯河淤塞,責工具賠浚,久未復。潘鐸親往勘驗,察鎮街南北河道淤墊最甚,議大浚,議率屬捐銀五萬兩興辦,辦柴稭埽工。奏摺後抄錄硃批,若硃批文字較多,則以雙行小字抄寫。各奏大多如所請行。可與《清史稿》本傳及《河渠志》相與參看。

第五至六冊,每摺下題"署理山西巡撫布政使臣潘鐸跪",抄錄潘鐸任山西布政使司時有關錢糧奏摺四份:《恭報雪澤糧價情形摺》、《爲丁憂知州虧端庫項米豆參後病故審明定擬摺》、《查明山西省道光二十年以前民欠銀穀數目恭繕清單懇恩豁免摺》、《酌請借糶倉穀並懇暫緩採買以裕民食摺》。只抄錄奏摺內容,未添綴硃批。

是書蓋由潘鐸僚屬抄撮綴拾,編之以類。封面有紅紙書籤,題"道光漕糧漕運奏稟"。

0569　稿本錢糧奏摺　　　　T4664.85/3989

《錢糧奏摺》不分卷,清潘鐸撰。稿本。四冊。半頁六行二十字,小字雙行同,四周單邊,白口,無魚尾。紅格,框高16.2釐米,寬8.2釐米。

潘鐸,見《漕糧漕運奏稟》。

此亦潘鐸屬下僚吏抄錄,編之以類,每册首頁題"錢糧奏摺"。所鈔皆潘鐸在河南巡撫任上有關錢糧奏稟,間有調補人事、剿辦捻軍、刑名訴訟、整頓吏治內容,時在清道光二十八年至二十九年間。

計二十四份奏摺:《恭報十月分雨水糧價情形摺》、《豫省收捐監生銀兩截止道光二十八年九月底止動存各數摺》、《採買糧食接濟江南災民起運數目日期並暫緩贖續買緣由摺》、《試用知府獲盜多名循例具奏摺》、《陳州府知府于尚齡詳報患病懇請解仕調理摺》、《恭報漕船開行出境各日期摺》、《遵旨查議豫漕情形無庸更易章程摺》、《特參疎防搶案之知縣請旨摘去頂戴勒限嚴緝摺》、《押解秋審發回擬斬永遠監禁犯人中途疎脱審明定擬具奏摺》、《查明本年被淹各州縣來春毋庸接濟摺》、《清查倉庫再行懇恩展限以昭蠲寔摺》、《豫省應追直隸事故各員未完旗租銀兩遵照部咨按季摺》兩份、《拏獲拒斃差勇大夥捻匪多名提省審辦先行摺》、《要缺知縣需員懇恩俯准調補以裨地方摺》三份、《查閱南陽、河北兩鎮暨歸德、考城營伍情形摺》、《恭報雨水糧價情形摺》、《查明徵收新舊錢糧漕項加價等款已未完銀數循例具奏摺》、《京控命案審明虛誣堅不成招按律定擬摺》、《遵旨嚴審定擬武舉趙祥雲案摺》、《豫省徵收道光二十七年漕項銀兩循例開列清單摺》、《盤查司道各庫摺》。

　　道光二十八年冬，因江南被水遭災，朝廷撥帑賑撫，江南民間向食稻米，於是招商赴產米各省採買。河南一省即採買粟米麥等二萬九千石，潘鐸念"民食所關，多一粟即有一粟之益"，抓緊調署船運，趕在冬至黃河凍阻前盡行運糧完畢。是年冬天，河南穀賤，徵新漕二十一萬六千八百餘石、帶徵漕糧八萬三千七百餘石以實京倉。潘鐸悉心籌劃辦理，撥用軍船三百六十一隻，仍不敷裝運，又僱覓民船濟運。《清史稿》論鐸"負端人之望"、"受事於岌岌之日，守正不阿，盡瘁完節"，奏摺中可窺見一斑。

　　封面有紅紙書籤，題"道光錢糧奏摺"。

0570　稿本倉米奏稟

T4664.85/398

　　《倉米奏稟》不分卷，清潘鐸撰。稿本。四册。半頁六行二十字，四周單邊，白口，無魚尾。紅格，框高16.2釐米，寬8.2釐米。毛裝。

　　潘鐸，見稿本《漕糧漕運奏稟》。

　　此亦潘鐸屬下僚吏抄錄，雖題爲"倉米奏稟"，實則道光二十八年十二月至咸豐元年八月潘鐸所上奏稟清單，每奏僅錄標題、奉到日期，後附批覆內容。咸豐元年，潘鐸坐所薦陳州知府黃慶安犯贓，降二級調用，此其轉授山西按察使之前，尚在河南巡撫任上，故所奏皆有關河南各縣錢糧、漕運、民訟、吏治、剿捻、調防、賑濟、捐納等事。

　　末册有"恭繳咸豐元年正月起至閏八年正奉到硃批奏摺六十九件，夾片二十五件"一行。檢點道光二十八年十二月至道光三十年十二月，奉到硃批奏摺爲一百九十四件，夾片六十八件，合計四年間，潘鐸所上奏摺二百六十三件，夾片九十三件。

　　封面有紅紙書籤，題"道光倉米奏稟"。雖以"元"、"亨"、"利"、"貞"標示册序，實則次序倒乙，四册依時間先後應爲"元"、"貞"、"利"、"亨"。反觀《漕糧漕運奏稟》、《錢糧奏摺》二部，皆內容駁雜，與書籤所示並非完全一致，書籤字蹟拙劣，與紅格抄本之工整流暢大相徑庭，書籤蓋爲書賈所題。

0571　清抄本袁端敏公奏稿

T4664.85/4361

　　《袁端敏公奏稿》不分卷，清袁甲三撰。清抄本。一册。半頁六行二十字，四周雙邊，白口，單魚尾。紅格，版心下鐫"彩玉齋"。框高19釐米，寬10.2釐米。封面題"袁端敏公奏稿"，書名據此。

　　袁甲三，字午橋，河南項城人。道光十五年進士。二十三年，由禮部主事入直，歷任軍機章京、江南道監察御史、兵科給事中，直至欽差大臣、漕運總督。因率軍剿捻屢立戰功，倍受朝廷嘉獎,賞戴花翎,穿黄馬褂。甲三爲袁世凱之叔祖。袁氏一門世代簪纓,自袁甲三始。同治二年卒,謚端敏。《清史稿》有傳。後人輯其奏議、函牘成《端敏公集》二十四卷,收於《項城袁氏家集》,有清宣統三年清芬閣排印本。

是書抄輯袁氏奏議,有咸豐二年六月二十九日《奏定郡王載銓舞弊營私摺》、《參刑部侍郎書元片》、《申明奏參載銓、書元並非挾私妄訐片》;七月初一日《遵旨據實覆奏載銓廣收門生摺》、《遵旨據實明白回奏摺》、《瀝陳愚忱片》;十年八月二十七日《奏請專任親信知兵大臣定謀與英法決戰摺》;九月二十四日《奏請率兵入衛摺》;十月二十七日《奏請整頓軍事摺》、《諫止遷都摺》、《奏借夷剿賊有害無利摺》;十二月初二日《敬請回鑾摺》、《再駁借夷剿賊片》;同治元年六月初一日《陳請開缺簡員接辦摺》;七月初一日《再請開缺回籍摺》;八月二十八日《敬陳管見摺》、《再陳勝保貪淫無狀片》,計十七份。其中有些奏摺或夾片前無上奏時間,可據宣統本《端敏公集》奏議部分標明。較之《端敏公奏議》,是書多出咸豐二年七月初一日《遵旨據實明白回奏摺》、《瀝陳愚忱片》及同治元年八月二十八日《再陳勝保貪淫無狀片》三份;咸豐十年後之每份奏議後皆有硃批,多爲宣統本所無。如《奏請整頓軍事摺》,硃批"精訓練、儲將才二條,著行營王大臣妥議具奏";《再駁借夷剿賊片》,硃批"所慮實爲深遠,然縱夷滅寇固無把握,若拒之太峻,亦無法阻止。該大臣所見,尚可酌量採擇,著抄録原片並硃批,由五百里寄與恭親王等閲看"。

袁甲三曾連續參劾直隸總督訥爾經額、廣西巡撫鄭祖琛、江西巡撫陳阡、湖北巡撫龔裕等煊赫權貴,以敢言直諫令朝野矚目。咸豐二年又列款奏劾定郡王載銓賣弄權勢,擅作威福,及刑部侍郎書元貪鄙險詐,諂事載銓。文集失收之《遵旨據實明白回奏摺》、《瀝陳愚忱片》二摺,將劾奏諸事所見於何時何地、所聞於何人何時,一一呈明,以示確有實據。此事後經詔詰,事皆得實,載銓坐罰王俸,奪領侍衛大臣兼官,書元及尚書恒春降調,甲三遂以直聲震中外。

咸豐十年,袁甲三回京,任太僕寺卿本職。十月,英法聯軍進攻京津,他主張武力抗擊,並奏請統兵勤王。奏摺中稱:洋人入境,名爲就撫,實則包藏禍心,借夷剿賊更是不可爲。文集失收之《再陳勝保貪淫無狀片》,長兩千言,力陳與勝保歷次共事以來,勝保驕縱乖張、荒謬跋扈諸舉,恐其僨事辱國,貽誤大局,"欲緘默而不敢也"。清廷命袁甲三署理漕運總督,復代勝保接署欽差大臣,督辦皖省軍務。是書頗可補文集之未載也。

封面鈐印有"紉秋癸卯□□"。

0572　清抄本防夷奏議　　　　　　　　　　　　T4664.8/7550

《防夷奏議》不分卷,佚名輯。清抄本。原兩册,合訂爲一册。半頁十二行字數不一,無行格。封面題作"防夷奏議",書名據此。第二册封面"防夷奏議"後小字書"褾件附"。

是書所抄輯者,均爲清道光二十年(1840)至二十三年(1843)間江蘇、浙江、山東、廣東四省軍政要員關於防範英軍入侵事務之奏摺。此"夷"專指挾堅船利炮渡海東來之"英夷"。上奏者爲兩江總督伊里布及其後任璧昌、山東巡撫托渾布、欽差大臣裕謙、浙江巡撫烏爾恭額及後任劉韻珂、廣東總督祁貢、杭州將軍者英、揚威將軍奕經等人,摺中備陳海防剿夷事宜。

道光二十年,林則徐在虎門銷煙,英人藉口發動第一次鴉片戰爭。英軍攻廣州不進,移兵北上攻打天津,威脅北京。道光帝驚悚,派琦善與英人和談。英人堅持除廣州外,另在江、浙、閩開埠,重開貿易。道光帝怒,諭令停止和談,調湘、川、黔諸省兵援廣州,準備一戰。浙江巡撫劉韻珂、江蘇巡撫裕謙、閩浙總督顏伯燾等人紛紛上奏言兵,於是"諭旨飭令如有夷船駛入內洋,度量炮力能及,即行奮力轟擊"(五月十八日劉韻珂奏《現在夷船情形》),"或可誘之登陸,聚而殲之"(托渾布《奏爲酌調各營官兵駐守沿海要隘以備剿攻摺》),對滋犯英艦痛加剿洗。道光二十一年二月,伊里布以兵砲未集,藉詞緩攻,致敵船遁去,朝廷下詔免去其欽差大臣,任命主戰最力的江蘇巡撫裕謙接任,專辦攻剿事宜。"洋面靜謐,防範森嚴",沿海軍民齊心抗敵,嚴陣以待,奏摺中對此多有體現。

在沿海戰事初起時,朝廷上下只言剿不言撫,只言勝不言敗,"英夷無非小醜跳梁,一旦整我軍旅,不難掃除一空",似乎英夷不堪一擊。實英夷火炮洋槍,裝備先進,一交戰則清兵潰不成軍,此時這些軍政大臣在上奏中依然對朝廷虛與委蛇,粉飾太平,大談鎮海籌防,疏報擊沉敵船多少,擒獲英夷多少。後廈門、寧波、定海、鎮海、吳淞、上海、寶山、鎮江等地連續失守,定海總兵葛雲飛、壽春總兵王錫朋、處州總兵鄭國鴻相繼戰死,欽差大臣裕謙兵敗自殺。劉韻珂摺中對三鎮失守、總兵陣亡事有詳細記述,頗可見此役之慘烈。道光二十二年春,揚威將軍奕經援浙,復被挫敗,劉韻珂疏陳浙事危急。八月,英軍兵臨南京城下。二十九日,清政府被迫與英國簽訂了被稱爲中國近代史開篇第一個不平等條約之《中英南京條約》。

第二冊所附爲軍機大臣穆彰阿奏《籌議海疆善後事宜》、《查量州境海口水勢深淺數目》、《禁諭乘英夷滋事擾害居民告示》、《托撫軍開示防堵機宜籌議海口防守夷船章程》、道光二十一年四月二十四日廣東總督祁𡎴奏《嚴定粵東駛赴直隸天津等處商船水手米石及附搭客人名數章程》諸篇。

全書並無次序,時間先後倒乙,字亦欠工整,似爲好學者拾得卷簿隨意抄錄之本。然書中所輯或可補史傳之不載,對近代史研究亦足備參考。

0573　清抄本川匪奏稟　　　　　　　　　　T4664.85/275

《川匪奏稟》不分卷。清抄本。二冊。半頁八行二十四字,無框格。封面題"川匪奏稟",書名據此。

是書未題纂輯者姓氏。所抄皆清道光二十五年四川青蓮教爲朝廷創獲後,四川、湖北、陝西等地官吏上報朝廷之奏咨稟稿。起自二月二十八日,迄於十月十三日,計二十六份。上奏者皆地方軍政大員,有四川總督寶興、陝西巡撫李星沅、湖廣總督裕泰、湖北巡撫趙炳言、山東巡撫崇恩、江蘇巡撫陳鑾、湖南巡撫陸費瑔、江西巡撫吳文鎔、陝甘總督富呢揚阿及繼任鄧廷楨、浙江巡撫梁寶常、廣西巡撫周天爵諸人。

青蓮教是清代四川傳佈較廣的民間秘密宗教組織。嘉慶年間白蓮教起義失敗後,楊守一等於道光五年在四川新都倡立青蓮教,繼續宗教活動,吃齋扶乩,立壇立教,從習者衆。又分派"五德"、"十行"至各省傳道,至道光中期,青蓮教在川、鄂、贛、粵、閩、陝、甘、滇、黔、蘇、湘等省已有統一組織,其教主爲范乘書(主江南)、朱中立(又名朱牛八,主兩湖)、郭建文(後更名劉儀順,主川黔)三人。四川青蓮教在中江、三台、蓬溪、涪州等州縣發展了很多信徒,並密謀舉事。清廷多次飭令川督寶興嚴密查拿,致使許多青蓮教組織遭到破壞,教徒被殺戮。道光二十四年,青蓮教案發,青蓮教在湖北漢陽之總壇被破獲,逃散出去的教領又被各省派兵緝拿。道光二十五年,周位掄、夏長春等在陝西被擒獲處死,從此青蓮教活動趨於沉寂。

所抄奏摺中有多份拏獲青蓮教徒之供詞,有張蔚澤、陳依精、吳懷琦、鄧依沅、王一清、周位掄、朱幗玉、夏長春、毛智源、陳禮同、徐致儉、任明江等人,皆訊明大概供情後所奏。供述如何習教傳徒,傳授運氣功夫等非常詳細,並多有關於青蓮教首領范秉書、李一原(或稱李一沅)之事蹟。正是由於教徒被捕後供出他人線索,從而引發對青蓮教的大肆搜捕,使教內地位最高的十個首領,即彭依法、陳依精、安依成、范依果等"十依"或死或逃,青蓮教組織遭到嚴重打擊。

是書無刻本,亦不見他館著錄,甚爲稀傳,其中頗多可澄清青蓮教源流、史實之材料,抄錄一二如下。

陝西巡撫李星沅奏報:因陝省地方界連甘肅、川楚,外來奸匪每易潛蹤,遂諭飭地方文武各官隨時嚴密查拏,見省城內有新來四川游民,形蹟可疑,即令營兵改裝,星夜緝拿。拿到教犯蕭剛、謝泳等十二名,經嚴訊,又據供詞,緝獲張利貞等十人。在道光二十五年八月二十八日山東巡撫崇恩奏摺中,開列有咨請各省合力緝拿之四川各犯名單,抄錄習教人犯年貌、籍貫、住址、追隨何人習教等,共有王正品等五十四人。

拿獲陝西青蓮教夏長春等人,供出朱中立爲總教主,供詞稱:"道光二十三年,小的們先後拜從李一原即李依微爲師,入教後李一原拿出《靈犀玉機璇》並《斗母宫普度規條》二本,囑各抄錄閱看,説是由湖北壇上同彭依法等請無生老母乩訓抄錄帶來,内有判,云將來天下有水火大刼,應以朱中立爲總教主,普度衆人。現在朱中立已經入教,取號化無,係湖南人,在湖北武昌洗馬池地方設壇扶乩,因其姓朱,同教人都叫爲八牛,彭依法們亦在湖北漢陽府孟家巷立壇,他時常前去的話,後來李一原打發小的們來甘傳教,即蒙訪獲。"

頁眉處有紅紙粘簽,書"未見硃批"、"西撫部院李"、"内係屬徒家"等字。"寧"字不諱。審其紙墨,抄寫年代當在清同、光年間。

0574 稿本青海奏疏   T4664.88/1322

《青海奏疏》不分卷,清豫師撰。謄清稿本。十二册。半頁七行十四字,四周雙邊,單魚尾。朱絲欄,版心印"青海奏疏",封面書籤亦印"青海奏疏"。框高22.7釐米,寬16.5釐米。前有李鴻藻序,豫師自序。

豫師,字錫之,内務府漢軍。咸豐二年進士,補授内閣中書,升内閣侍讀。同治九年正月由甘肅蘭州道升任西寧辦事大臣,至光緒四年十月卸任,歷任西寧辦事大臣達八年之久。後因目疾加劇准回旗調理,署之烏魯木齊都統。以講學爲徐桐所傾服,方太后議廢帝,立端王載漪子溥儁爲大阿哥,桐主之甚力,實皆豫師本謀也。後失明,罷官,爲八旗名宿。性敦謹,博洽多聞,撰有《周易研幾》一卷、《險異錄圖説合覽》及《漢學商兑贅言》四卷附識一卷。《清史稿》有傳。

有清一代,青海地區未經設立省治,僅爲府制,屬甘肅省,並派西寧辦事大臣管理行政、各部會盟及茶馬互市諸事宜。此書係豫師八年西寧辦事大臣任上參與平定西寧回民起義之有關奏疏彙編。起自同治九年二月十八日《恭摺叩謝天恩上諭豫師著賞給副都統銜作爲西寧辦事大臣馳驛前往摺》,至光緒四年十月十九日《爲途次目疾加劇不能辦公懇請天恩開卸回旗調理摺》及批覆爲止。

李鴻藻序云:"錫之既受命,内和諸將,外懾叛回,每一疏至,經畫悉中窾要,使萬里之虜瞭然如在目中……以疾乞歸里……暇則策杖郊坰,耽寂守肅,田父野老無知其嘗爲邊將久居軍中者。每諮以西事,輒歸美湘軍,笑曰'吾不知兵',直以意突耳。無已,請以在官奏議志所職可乎?……今錫軍之薄西寧也,朝疏夕答,事不中制,卒以成功,後世考同治中興之績,雖凱事以江南爲最烈，然西寧爲海藏咽喉，跨湟流，逾雪嶺，裹餱飲酪，深入不毛腹地千餘里，非上下同心，將帥輯睦，曷臻此夫！"

豫師自序云："咸豐初元，粵匪洪秀全之倡亂也，苗匪、捻匪、啯匪繼之，中原大擾，流毒至慘，駭人心目，然猶未若甘肅回匪之變爲最烈……至糧餉軍實艱窘猶其餘事，予前十年或督軍或辦糈務，所歷狀曾著《險異錄》以志其事，見者謂驚魂動魄之作，頗爲快覩。逮是役，刻無暇晷，未獲載記，殊歉然也。爰撿先後奏疏集錄成册，異日覽之，亦差足見一斑云。錫叟自序。"

鴉片戰爭後，清廷政治紛亂，各地起義頻仍，回民起於雲南，繼而西北各地各舉義旗，與清軍抗衡達二十餘年。太平軍敗後，江南戰事稍歇，同治六年，左宗棠率湘軍入陝，圍剿回部起義。回民頭目馬尕三占據西寧，原西寧辦事大臣玉通顢頇無能，以安撫手段求取苟安而不得，憂忿致死，回民士紳馬桂源自領爲西寧知府，其兄馬本源爲西寧鎮遊擊。同治九年初，豫師繼任，籌餉練兵以輔助左宗棠，《奏疏》即始於此時。同治十一年八月，左宗棠部劉錦棠率軍抵達蘭州，與回部交戰數十回，每戰則彌山塞谷，攻城掠地，進逼西寧。此時馬桂源兄弟欲用計假迎清軍，但城內漢民乘回民出城之時，緊急關閉城門，堅拒回民再入城。馬氏兄弟不得已只好退往大通，西寧再度回歸清廷統治。同治十二年元月，清軍攻克大通，馬桂源兄弟逃往巴燕戎格，不敵而降，旋被解往蘭州正法，西寧遂告平定。《奏疏》對西北戰事之激烈、生靈慘遭塗炭、各役用兵經過、失地收復、籌集軍餉之難等均有詳備記述。

此書端楷謄抄，極爲工整。所記史事，可補《平定關隴紀略》、《秦隴回務紀略》等書所未及，亦可與《左文襄公奏疏》相參閱，青海一地之八年史事，可略具始末矣。

1981年，青海人民出版社出版吳豐培先生編《豫師青海奏稿》，據其前言："昔年得見舊抄本《青海奏稿》十二卷，不著撰人。細審內容，知爲清同治間西寧辦事大臣豫師之奏稿，前後完備，極可珍視，曾錄副以存。"因原稿誤文、脫文甚多，吳氏據可考者爲之釐正，增補脫文，並以《清實錄》及《光緒東華錄》校訂。吳氏并稱，該書"惟《派員募勇先禦外匪疏通道路摺》及《貴德野番拒捕取兵剿辦完案摺》二文內缺多行，遍檢他書，未能增補，注明原缺，以存舊貌"，哈佛此本完整無缺，訛誤殊少，吳氏所錄副者蓋自此稿本轉抄者，未若此本之珍重也。

0575　清抄本江寧將軍都興阿髮亂陣中奏稿　T4662.88/4277

《江寧將軍都興阿髮亂陣中奏稿》，清都興阿撰。清抄本。八册。紅格，半頁六行二十字，框高21.5釐米，寬11.9釐米。書口下印"四寶齋"或"德興齋"。函套題簽"江寧將軍都興阿髮亂陣中奏稿"。署"督辦江北軍務荊州將軍都"，"江寧將軍幫辦軍務黄彬繕摺"。

都興阿，字直夫，郭布羅氏，滿洲正白旗人。咸豐三年，從僧格林沁赴天津剿太平軍，破之於杜家嘴，因功擢頭等侍衛。五年，攻克連鎮，擒太平軍首領林鳳祥，加副都統銜，尋授京口副都統。六年，以馬隊協湖北巡撫胡林翼圍剿漢陽太平軍，擢江寧將軍。後馳援襄陽，解其圍；復武昌、漢陽，乘勝克黄州、興國諸城，朝廷賜號霍欽巴圖魯。八年，會克九江，復黄安、麻城。克石牌後授荊州將軍。十年，命駐揚州督辦江北軍務，解圍鎮江。同治三年，江寧合圍，江北無警，調西安將軍，督辦甘肅軍務，署陝甘總督，剿寧夏回部起義。五年，調爲盛京將軍，移剿奉天。七年，西捻軍張總愚部攻畿輔，李鴻章、左宗棠率兵圍剿，數月未定，召都興阿入京，管理神機營，授欽差大臣，列名在李、左二人上。視師天津，蕩平捻軍。光緒元年，卒於官，贈太子太保，諡清愨。《清史稿》有傳。

都興阿一生戰功卓著，率兵鎮壓太平軍、捻軍、回部起義軍，屢受朝廷褒獎，爲咸同時期重要將領。是書爲都興阿在江寧將軍任上給朝廷奏稿之抄存副本，起自清咸豐十一年七月十一日，止於同治三年正月初九日，皆有關於太平軍作戰情形，縷析具陳，故名"髮亂陣中奏稿"。清制，全國設將軍13人，爲駐防八旗最高長官，初爲正一品，乾隆三十三年改爲從一品，分別駐守盛京、吉林、江寧、荆州、福州、成都、西安、寧夏等地。

咸豐十年，清兵江南大營再度潰敗，太平天國軍威大振，總兵力達到百萬，聲勢甚至超過天京事變以前，令清政府舉朝惶恐。上命都興阿率馬隊援江北，統領江寧水陸兩師，以曾國藩總督兩江。十一年，都興阿率部下總兵吴全美、王萬清等船隊與沿江太平軍作戰，屢毀太平軍堡壘，破其戰船並解鎮江之圍。咸豐十一年十月十五日，江寧將軍巴棟阿在鎮江病故，都興阿調補江寧將軍，仍駐揚州，督江北軍，文武悉聽調度。令副都統海全等破後石橋太平軍，太平軍二三千人由常州進逼鎮江，總兵黃彬統水師擊敗之。都興阿馳抵天長城下，平太平軍壘卡，太平軍首領龔長春遁走，沿途被清兵截殺殆盡。黃彬等在小河口與太平軍船隊大戰，尋會合江南提督李世忠收降六合、天長二城。同治元年，太平軍再攻揚州，都興阿親督諸軍連擊，水陸增援，解曾國荃大營之圍。二年，都興阿於水路遏止太平軍船隊，焚太平軍戰船，與李起高會，收復江陰。

以上戰事，書中均有詳細記載，從中尚可了解咸豐十一年至同治二年近一年半時間，清軍與太平軍在南京城外之長江以北一帶攻防、對抗情況，以及雙方作戰之慘烈。奏稿中亦常見清廷經年内憂外患、糧餉乏匱之窘境，有些記載爲他書所不載。然奏牘亦多虛言粉飾，頗有向朝廷冒功之嫌。

北京大學圖書館藏有都興阿稿本《會稿》一册，作於清同治四年。2006年7月，全國圖書館文獻縮微複製中心據南京圖書館藏清抄本《都興阿奏稿》不分卷影印出版。書前"影印説明"稱，原書五函五十六册，起自同治元年十一月二十二日，迄於同治十三年十月二十八日，共百數十疏。經比對，哈佛所藏《髮亂陣中奏稿》與此南圖抄本規制、用紙完全一樣，筆蹟亦同出一人之手。哈佛本前四册之咸豐十一年七月十一日至同治元年十一月十七日奏疏爲南圖抄本無，後四册同治元年十一月二十二日至同治三年正月初九日兩者相同，可知當年必是抄寫了至少兩份。"説明"稱此書"是一部研究清後期史、近代史、太平天國史、捻軍史、近代軍事史、陝甘和東北地方史以及近代許多著名歷史人物的必讀之書。此爲清抄稿本，從未流傳，爲這些研究領域提供了第一手鮮活史料。"哈佛多出的四册奏疏值得重視。

0576　清咸豐抄本捐務題稿

T4582.26/3315

《捐務題稿》附《捐務鹽務告示章程》，清黃贊湯輯。清咸豐抄本。二册。半頁九行二十五字，四周單邊，白口，單魚尾。紅格。一册封面題"捐務題稿"，版心下鐫"鳳儀齋"，框高18.1釐米，寬11.4釐米；另一册封面題"捐務鹽務告示章程"，版心下鐫"羽儀齋"，框高18.8釐米，寬11.3釐米。書名據封面及内容題。

黃贊湯，字莘農，江西廬陵人。道光十三年進士，授編修。二十一年，充國史館總裁。二十九年，任福建學政。咸豐三年，擢刑部右侍郎。七年，授通政使。九年，擢河東河道總督。同治元年，調補廣東巡撫。所任皆稱得士，有治聲。室名"繩其武齋"。《續碑傳集》、《清代河臣傳》皆有傳，另見館藏稿本《繩其武齋自纂年譜》。

此二册與《鹽務奏稿附鹽運各督撫部堂咨文》二册,皆刑部右侍郎黄贊湯奉命在江西督辦捐輸、鹽務時所上題奏、公牘。《捐務題稿》輯題本六件,《捐務鹽務告示章程》輯黄贊湯與江西知府朱孫詒、江西布政使陸元烺、協理江西鹽餉事務南昌府史致諤、湖北督糧道萬啓琛等人會銜告示十八件,及《浙局章程》、《西局章程》、《續定浙西兩局章程》、《道府酌擬緝私章程》四件。時在咸豐四年至六年間。

咸豐四年六月二十五日,朝廷准曾國藩奏,特派員在江西、湖北、浙江等地督辦捐輸、鹽務,以爲籌集曾國藩部攻剿太平軍所用軍餉。黄贊湯奉命在江西樟樹鎮設江西勸捐總局,勸諭富紳出錢助餉,按各例捐官章程折成實收,依資填發執照。每至兩萬兩,"堪以提撥",即解送發往軍營,以濟急需。朝廷仍下旨要求黄"源源解至大營以資接濟",是故《捐務題稿》多有關起解軍餉事宜,如領銀裝鞘、繞行出境、限期解赴等,極爲詳細。

題本爲明清時一種奏章。明制凡兵刑錢糧、地方民務等大小公事皆用題本,由官員用印具題,送通政司轉交內閣入奏。私事則用奏本,不准用印。清初沿襲題本與奏摺制,官員奏摺可直達宫門陳奏,送通政司轉達內閣的題本漸成例行公事。光緒二十八年廢止題本,專用奏摺。

題本中稱,咸豐年間江西省"解嚴善後經費"半賴捐輸,官員一方面加緊督辦,詳定章程,令地方士紳踴躍捐納,一方面表白"國家藏富於民,豈肯過事征求,惟自粵逆犯順,於今五年,蹂躪地方五千餘里,糜費帑項數千餘萬",江西一省自咸豐四年十二月十八日起,至五年四月十三日止,即解過捐餉銀三十五萬六千二百三十八兩四錢八分七厘,制錢四萬九百八十五串,又動撥米價銀一萬二千兩,由此亦可見清季戰亂頻仍、勞民傷財之劇。

是書與館藏《鹽務奏稿》、《豫東公牘》近同,蓋爲黄贊湯屬門下書吏分類抄輯而成。

《捐務題稿》封面鈐印有"會辦江西捐輸事務處刑部右侍郎關防",《捐務鹽務告示章程》封面鈐印有"欽差總理西楚兩岸鹽餉事務處刑部右侍郎關防"。

《中國古籍善本書目》著錄南京圖書館藏有黄贊湯稿本《河南守城保案奏稿》一卷。

0577　清咸豐抄本鹽務奏稿

T4664.86/3557

《鹽務奏稿》附《鹽運各督撫部堂咨文》,清黄贊湯輯。清咸豐間抄本。二册。半頁九行二十五字,四周雙邊,白口,單魚尾。紅格,版心下鐫"羽儀齋"。框高18.8釐米,寬11.4釐米。第一册封面題"鹽務奏稿",第二册封面題"鹽運各督撫部堂來咨",書名據封面及內容題。

黄贊湯,見清咸豐抄本《捐務題稿》。

咸豐三年,兵部侍郎曾國藩因母喪回湖南湘鄉守制,并奉命幫同湖南巡撫張亮基督辦湖南團練,以圍剿太平軍。湘軍水陸軍兵一萬數千人,統兵出剿,需餉愈殷,每月約需兩萬兩,而上游運道中斷,致餉項缺乏。咸豐五年四月初一日,曾國藩奏請借浙場存鹽三萬兩,運抵江西、湖北兩省銷售以充軍用,所謂"以課抵餉"。事關軍需緊要,朝廷准奏後,於咸豐五年五月,任命刑部右侍郎黄贊湯與丁憂在浙之前任浙江學政、禮部左侍郎萬青藜共同總理督辦鹽運事務,並署鹽法道史致諤、候補道萬啓琛協理江西省鹽運,署鹽法道裕麟、候補知府黄廷瓚協理湖北省鹽運。

是書未題輯者,用紙與館藏稿本《豫東公牘》相同,由內容而知,當爲黄贊湯屬門下書吏抄輯所成。所鈔公牘、奏稿、咨文,共計二十三篇,皆有關此次督銷浙鹽抵餉一事,時在咸豐五年四月至六年元月間。奏、咨者有曾國藩、黄贊湯、萬青藜、浙江巡撫何桂清、江西巡撫陳啓邁與其繼任者文俊等,前後銜接,事體完整。

咸豐三年,擢黃贊湯爲刑部右侍郎。咸豐四年一月,派至本籍江西,督辦江省捐輸事宜。設總局於省城,會同巡撫陳啓邁督勸,得四五十萬兩之多,官紳交孚,物望允協。曾國藩以爲黃、萬二人才優心細,辦事妥實,且位望較崇,夙懷忠悃,如能派任此事,既有益於籌餉,又無損於鹽務。後贊湯奉旨,親往江西臨江府樟樹鎮設局,悉心經畫,百般協調,以勸捐之法,令地方紳富湊助成本,倡首領運,順利辦成此事。

封面鈐印有"欽差總理西楚兩岸鹽餉事務處刑部右侍郎關防"。在咸豐五年九月黃、萬合上奏稿之末,有"總理餉鹽,一切來往公文應用關防,由臣等刊刻鈐用,以昭信守,合併聲明"一句,所言即此關防。

0578　清抄本李鴻章劉含芳辦理旅順海防往來電稿　T4664.88/4302

《李鴻章劉含芳辦理旅順海防往來電稿》一卷。清抄本。一册。半頁六行二十字,四周雙邊,白口,單魚尾。紅格,框高 16.6 釐米,寬 9.6 釐米。扉頁題"購辦魚雷來往電稿",書名據内容題。

是書所抄爲北洋大臣李鴻章與直隸候補道員劉含芳關於辦理旅順海防事宜往來電報稿。計一百一十八通,起於清光緒十二年十一月十六日,止於光緒十五年十一月初五日,依時爲序,每通電報下小字注明收發時間。後附"院電房往來",抄録光緒十三年劉含芳與部院電報房往來電稿八通。有些電報係劉含芳偕直隸按察使周馥、北洋海軍營務處候選道馬復恒或北洋水師提督丁汝昌聯名所發。因係電報稿,故文字簡省,人名、地名均以一字代之,如署"鴻"、"芳"、"馥"等。

劉含芳,字薌林,安徽貴池人。同治初,李鴻章率師東征,從克蘇州,司運糧械。再隨征捻,積功授二品銜直隸候補道員。李督直隸,命含芳治軍械於天津。李鴻章拓建北洋軍備,皆以含芳董其役。光緒七年,至旅順籌辦海防。十四年,署津海關道。十六年,旅順海防工程竣工。十七年,朝廷議授甘肅安肅道,經李鴻章奏請,暫留旅順繼續辦理海防,未去赴任。十八年,調補山東登萊青兵備道,監督東海關。二十年,遼東兵事起,含芳堅守煙台,鼓舞士氣。和議後,見瘁心力營構十餘年之威海、旅順、大連險塞盡毁,憤慨流涕,以疾乞歸。二十四年,卒,贈内閣學士,國史館立傳。《清史稿》有傳。

光緒七年,李鴻章爲集中管理北洋所購魚雷艇並訓練魚雷官兵,特派直隸候補道劉含芳赴山東威海衛創辦魚雷營。不久,含芳奉調至正在興建中的旅順海軍基地,籌辦防務、督辦船塢并兼司水陸軍械,魚雷營亦移至旅順口,仍由含芳總辦。光緒九年,由總辦北洋海防營務袁保齡提名,含芳任旅順港務工程局會辦。任内鋭意經營軍港工程,設屯防營、修船塢、築炮臺、建庫廠、守機器,開辦水雷、魚雷學堂等。光緒十二年,袁保齡病重,李鴻章命劉主持旅順港塢工程局。含芳駐旅順前後十一年,興辦海防,功績卓著。吴汝綸所撰《墓誌銘》云:"李公興立海軍於旅順大連灣、威海,築炮壘、武庫、船澳;設學堂造士、通電線、製造彈丸,凡所經畫,資公之力爲多。""在旅順,海陸諸將,恃公爲菁龜,凡有緩急,必先咨度而後從事。初,旅順、威海皆荒島,公營構十年,至是迄立爲重鎮。"(《桐城吴先生文集》)劉含芳治事精敏,電報稿中於此多有體現。

每年自正月起另頁抄録,題"院署來往電"、"中堂來往電",其下或注"光緒某年正月立",是書蓋由劉含芳屬下書吏抄輯而成。

檢核吳汝綸所編《李文忠公全集》（臺灣文海出版社1962年版）之"電稿"四十卷,其中僅收錄"光緒十五年三月十七日劉道含芳來電"、"光緒十五年三月十七日覆旅順劉道"兩通,餘皆未見收入。是書有關晚清旅順海防研究,又不見於現已整理出版之李鴻章集,值得重視。

0579　抄本劉式訓奏議函電稿　　　　　T4662.88/7240

《劉式訓奏議函電稿》,劉式訓撰。抄本。二十九冊。半頁八行字數不一。藍格稿紙,版心上印"翰墨緣",下印"陳一鶚"。每冊封面墨書所抄奏疏或函電之起迄時間。第一至三冊爲《奏》,起自光緒三十一年(1905)八月,止於宣統三年(1911)九月;第四至八冊爲《發電》,起自光緒三十一年八月,止於民國五年(1916)十二月;第九至十五冊爲《收電》,起自光緒三十一年八月,止於民國四年(1915)十二月;第十六至二十九冊爲《函》,起自光緒三十一年八月,止於宣統三年九月。

劉式訓,字箏笙,號紫篴,江蘇南匯人。光緒五年,入江南製造廠學校習法文。十六年,保送京師同文館,先後派往巴黎、彼得格勒、柏林等地之中國公使館任學習通譯。二十六年義和團事件後,隨李鴻章赴多國修好。三十一年,任出使法、日、葡國大臣,娶法女爲妻。民國二年,升任駐法公使、駐德及葡萄牙代公使。中華民國成立後,分別於1913年1月至8月、1916年至1917年3月、1920至1922年三度出任外交部次長,期間於1914至1916年出任駐巴西及秘魯公使。並曾任交通部唐山工業專門學校校長、大總統顧問、外交委員會副會長、海牙常設仲裁法院仲裁員等職。編譯有《法國政教考略》四卷。

光緒三十一年八月初六日,劉式訓被授出使法、日、葡國大臣,是書即其出使期間上奏朝廷奏摺、收發外務部電報及與北京外務部、商部之信函抄副備存者。內中頗多近代外交史料,如呈遞國書之禮、致賀法國總統即位、覲辭法國舊任總統、派設武隨、限制商船懸掛洋旗等。劉式訓在光緒三十一年十月十六日奏摺中言:"查法蘭西爲歐陸強邦,自叩關互市以來,展據越南,逼鄰滇粵,承護教士,易啓猜嫌。近復築路通航,經營罔懈,又值裁釐修約,因應宜籌。彼日、葡亦夙擅雄名,久敦友誼,舉凡審機觀變,修好睦鄰,在在皆使臣之職。"自命只有竭誠經理,方不負朝廷重望。

奏稿中有一篇光緒三十二年七月二十七日所上《統籌亞洲大勢疏》最有見地:"自輪船鐵路興而交通利便,環球萬國儼若戶庭。中國互市以來,立約之國凡十有九,通使者十有六,誠千古未有之局也。顧同洲諸邦,除日本、朝鮮外,惟土耳其、波斯、暹羅既未通好亦未立約,非諸國之甘於離群也,良由亟於內顧彼此,未遑計議及遠耳。夫土耳其地跨三洲,夙稱強盛,雖因種族宗教之紛雜,迭遭外患,然民風尚武,兵備整飭足與俄、奧抗衡;彼波斯處英、俄勢力爭競之間,因應得宜,克自樹立,近復仿行憲政,發奮自強,觀其勵精圖治之殷,實足爲亞西雄國;若夫暹羅,雖壤地偏小,而務農興學,銳意富強,駸駸有勃興之象,計華民之旅居其地者數十萬人,不乏富商巨賈。近英、法、日諸國利其貨財,各相羅致,爭爲保護,藉廣權勢,誤僑民等係中國子民,亟應遣使駐扎,或派設領事自爲保護,以全國體。以上三國,皆同洲文物之邦,漸復強盛於歐亞大局,及我國際前途大有關係。而暹羅密邇南陲,僑民衆多,尤爲切要。"因此劉式訓建議清廷與土耳其、波斯、暹羅立約通好,以樹遠交而廣聯絡。

發電、收電稿共十二冊,每條於頁眉處詳細注明日期,下抄發往何處何人及電文內容,間有英文或法文電稿,每條發電稿末署"訓某日"。光緒三十三年七月,劉式訓接外務部密電,調查巴黎出版的宣揚革命的《新世紀》報,劉式訓乃因循守舊之人,對清廷甚爲忠貞,迅速查明後即回電北京,稱此報確係"亂黨私托法報館出名代印,散佈邪説,煽惑人心,情殊可惡"。外務部電令劉立即面見法國外交部長,下令取締《新世紀》報并逮捕引渡該報主編。然法國外交部長畢恭以法國爲言論自由國度而婉拒。電稿中記此事來往始末甚詳。

清末民初,各列强咄咄逼人,常有藉口防亂派兵占領中國邊疆之舉,劉式訓"默察屬地黨政,見野心逐逐,有要挾修改界約之意",在電報稿中一再諄諄告知外務部,務必請滇、越督撫嚴飭文武,約束兵民,預籌防維,首在使彼無可托辭逞强。光緒三十四年,爲葡萄牙在澳門疏浚河道事,劉式訓赴里斯本交涉勘界,對葡國代表"一再辯駁,舌敝唇焦"。清宣統二年,葡軍以剿匪名義殺害澳門路環島村民,慘案發生後,中國官民無比憤慨,紛紛要求朝廷廢除光緒十三年簽訂中葡《和好通商條約》並收回澳門。清廷派駐法大使劉式訓赴里斯本,再次提出劃界談判要求,而劉式訓甚不積極,答復外務部電:"現該國(葡萄牙)國際地位較前生色,能否照大部四月所交辦法磋商就範,尚無把握",又説"我此時收回澳門,按諸歷史公法,時勢均萬辦不到",而此時國內反清風潮風起雲涌,清政府風雨飄搖,無暇旁顧,致使收回澳門事不了了之。述及諸國對中國革命黨態度,"目前各國政見,除自護外,似主張袖手觀變,日本叵測可慮,遵隨時密探電聞。"

函稿共十四册,均爲公函,每函下署日期,另有標明"黎字第某號"者,從第壹號至第一百二十號,蓋爲劉式訓巴黎任上所書。致函對象甚廣,除大量致北京外務部及商部、陸軍部侍郎、郎中、丞參、參議等人外,尚有端方、袁世凱、慶親王、商約大臣吕鏡宇、考察政治大臣載澤、四川總督錫良、兩廣總督岑春煊、京師大學堂首任總監督張亨嘉等。頗可補正《清季外交史料》、《清宣統朝外交史料》諸書之内容。

0580　清光緒抄本西藏奏稿

T4662.88/1435

《西藏奏稿》不分卷,清升泰撰。清光緒抄本。一册。封面題"奏稿　十四年至十五年　西藏邊事農工商實事奏稿",即光緒十四年至十五年(1888—1889)。半頁八行,字數不一,無行格。書名爲據内容自擬。

升泰,字竹珊,卓特氏,蒙古正黄旗人。入貲爲員外郎,銓户部。出知山西汾州府,有政聲。歷浙江按察使、雲南布政使。光緒七年,賞副都統銜,充伊犁參贊大臣,尋授内閣學士。八年,署烏魯木齊都統,與俄羅斯定阿爾泰山邊界。十三年,改充駐藏幫辦大臣。十六年,以升泰爲駐藏全權大臣,與印督定約八款。光緒十八年,卒於仁進崗。《清史稿》有傳。

歷史上,錫金(古稱哲孟雄)較長時間是中國西藏的附屬地。十九世紀六十年代,英國勢力深入到毗鄰西藏之布魯克巴(今不丹)、廓爾喀(今尼泊爾)及哲孟雄等地,並伺機向西藏擴張。西藏地方當局爲防止英人入侵,設卡於隆吐。光緒十四年,英人挑釁,藏軍奮起還擊,爲印軍所敗。升泰前任駐藏辦事大臣文碩支持藏人抗英,與朝廷旨意相違,朝廷遂改派升泰代之,令藏人撤卡。升泰一方面百計壓制藏人,數次諭止藏人出兵,一方面與英、印議和,談判罷兵定界。第一次談判因爭執不下而中斷。光緒十五年,清廷派中國海關總税務司英人赫德之弟赫政爲升泰翻譯兼助手,繼續與英、印談判。英人爲防止其對手沙俄在西藏問題上有可乘之機,亟望盡早結束談判,遂於光緒十六年三月十七日與升泰在加爾各答正式簽訂條約,劃分藏地與哲孟雄邊界，哲境歸英國保護，此即所謂《中英會議藏印條約》，自此哲孟雄完全脫離中國，詳見《清史稿·邦交志》。

是書爲升泰任駐藏幫辦大臣時所上奏摺之抄件，蓋由其僚屬謄抄以備存底，始自清光緒十四年，止於十五年，每摺末屬"某年某月某日前大臣升奏"。計有：光緒十四年八月初五日《傳諭第穆呼圖克圖妥辦藏印交涉事件並到藏以後查明藏哲界址開導情形摺》，八月十八日《開導藏番現已具奉停戰奴才並馳赴藏哲邊境督飭撤兵妥辦交涉事件摺》，九月初八日《藏番具結停戰忽又私犯敵營以致全行敗潰摺》，十月十五日《赴邊辦理印藏交涉事件由藏起程日期摺》，十一月十七日《由藏到邊日期並沿途邊隘情形摺》，十一月二十三日《於仁進崗營次已將到邊日期奏報片》，十一月二十九日及十二月初九日兩次所擬與英印談判協定七款草案和密片，十二月初九日《連日會議邊界情形摺》，十二月二十八日《折回仁進崗竭力設法將藏番之兵陸續迅籌議撤摺》，《會議邊事藏番仍多梗頑奴才由納蕩對邦折回仁進崗開導藏番摺》，光緒十五年正月二十四日《邊界大雪連旬各山封阻藏印會議需時並察看邊事密陳籌辦情形摺》，二月二十九日《藏番如期撤兵逐日分起歸牧赫政現已到邊並現在藏印情形摺》及《需調員幫同經理商務片》，三月二十日《邊界春雪稍融赫政先赴印營並飭令藏番辦理邊界通商亦有端倪專俟印使約期定議摺》，四月二十日《藏番遵辦通商前事已允咱利山外現經奴才飭令在於藏屬之亞東地方亦據出具遵結摺》，五月十四日《藏印邊事赫政覆函片》，六月二十九日密摺二並片二，八月十二日《請由川調取委員大挑知縣劉韓文試用通判王延齡二員來藏差遣片》，八月二十六日《印兵漸次撤退英官會議羈延察看番情未可久待摺》並片三，九月初十日《藏印交涉一案辦理有年每遇漢番會議商上辦事僧俗片》，九月二十九日《邊事緊急據實縷陳情形摺》，十月二十八日《藏印邊事片》，《奉旨嘉獎感悚彌冰謝恩摺》。總計十七份奏摺，十一份夾片。

以上諸奏，記載翔實，均有關於光緒十四年西藏抗英戰爭和《藏印條約》簽訂史事。升泰自稱"自到藏任，留心察看邊事，有不得不縷析明言者"，故頗有裨於清季印藏邊務研究，並可增補校正《清史稿》所載。如《清史稿》記光緒十五年春，藏兵撤退，英人久不訂約。升泰上疏謂："聞藏人言：'與有仇之英議和，不若與無仇之俄通好。'"是書《印兵漸次撤退英官會議羈延察看番情未可久待摺》記藏人言曰："倘再刁難我等，與其同有仇之英國議和，莫若與無仇之俄人通好，俄人前次來藏，我等備禮勸阻，俄人立即退去，頗講情理，今英人謀奪我地，偶爾戰勝遂如此欺凌，衆情實有不甘"等語。升泰自言，辦理藏印邊務者，"必須通達大體而又熟悉藏番情性，方能於事有濟"，而他本人實則懦弱無能，唯朝廷懷柔政策是瞻，屢次壓制西藏僧俗抗英活動，從其奏疏中亦可窺見一斑。

是書可補1994年中國藏學出版社出版、吳豐培先生所編《清代藏事奏牘》之《升泰駐藏奏稿》。《北京大學圖書館藏古籍善本書目》著錄有"駐藏全權大臣升泰稿，光緒十六年至十七年，稿本，一冊"，時間正與此本銜接，合之，則升泰駐藏五年任內事幾近全矣。另清光緒間有鉛印本《升恭勤公藏印邊務錄》二卷，上卷爲奏議，下卷爲與稅務司英人赫政及他處往來函電，可爲參看。

0581　手稿本聯豫文稿　　　　　　　　　　　　　T4664.88/1455

《聯豫文稿》不分卷附《藏事奏摺》，清聯豫撰。手稿本。一冊。《文稿》部分前兩頁爲藍絲欄寫本，以後爲綠絲欄寫本，附爲紫絲欄抄本。藍絲欄紙半頁九行，字數不一，框高23釐米，寬

15.3釐米;綠絲欄與紫絲欄紙版式相同,均半頁十行,字數不一,框高21.3釐米,寬17.3釐米。此本無書名,今據內容題之。

聯豫,字建侯,滿洲正黃旗人,原姓王。初爲監生,駐防浙江,曾隨薛福成出使歐洲。清光緒三十一年(1905)三月於四川雅州府知府任上,賞給副都統銜,派爲駐藏幫辦大臣。十月補授駐藏大臣。駐藏六年,推行新政,興革良多。宣統三年,內地革命大作,豫自任元帥,組織勤王軍,定期回川。兵變,先被川軍所囚,復被藏軍所困。民國元年六月出藏,借道印度返京。事蹟詳見1979年西藏人民出版社出版、吳豐培主編《聯豫駐藏奏稿》前之《聯豫小傳》。

豫爲晚清最後一任駐藏大臣,據《辛壬春秋·西藏篇》云:"聯豫爲軍機大臣那桐之戚,爲人小有才,不知大體。"另據丁實存《駐藏大臣考》云:"其人實無開濟之才,其所辦理事項,如練兵、通商、興學、設警、創辦電線諸項,多爲張蔭棠、趙爾豐之主張而創設。聯豫踵成其事,而其才力又不足以干濟之,故多無成就。"

是稿爲聯豫駐藏期間部分文稿,計六篇:《張毓棠藏事述要序》,首題"戊申二月作",作於光緒三十四年;《柳園記》,文末"時光緒丁未春三月也,建侯氏撰並書",作於光緒三十三年;《西藏施醫館記》;《張慎庵爐藏道里新表序》,文末題"光緒龍飛三十有二年秋九月既望愚弟聯豫建侯氏拜書於西藏使署之德有鄰堂",作於光緒三十二年;《齊浙生今日西藏情形論跋》;《祭亡妾許孺人文》。文稿上多圈删、塗抹等修改痕蹟。

《聯豫駐藏奏稿》前有聯豫手稿二幀,與之核對,是本確爲聯豫親筆手稿。吳豐培先生跋曰:"四十年前,余得其奏稿於燕京大學圖書館,爲紅格抄本,僅存其中三卷,而首尾佚缺,補綴無由,極以爲憾。庚辛之際,蒙古恩華先生編《八旗藝文編目》,不以竊陋,以稿見示,囑加審核。因得遍閱其所藏滿人著作,而聯豫之半部殘稿適在其中,亟借録副,並與燕大藏本互勘,先後銜接,竟成完璧,多年渴求,一旦得全,其喜可知,因加整理。"此整理本三卷奏稿後附《聯豫文稿》,佚收哈佛稿本中《齊浙生今日西藏情形論跋》、《祭亡妾許孺人文》二文;所收《藏事述要序》四文均無撰著時間,哈佛稿本上塗改增删文字正與整理本同,可知吳氏所見燕大或恩華收藏者當爲謄清稿本,未若哈佛稿本之近原貌也。燕大藏本即今《北京大學圖書館藏古籍善本書目》著録之"《樂真齋奏稿》二冊,精抄本",實爲聯豫手稿。中國國家圖書館藏有清宣統間朱絲欄抄本《樂真齋奏稿》,二冊,書衣題作"聯建侯奏稿",未知是否即另半部聯豫殘稿?聯豫無傳記可考,事蹟散見於《有泰日記》、《宣統政紀》、《駐藏大臣考》等書,哈佛稿本中《祭亡妾許孺人文》一篇亦頗可補其生平傳略。

附爲抄録鳳全、桂霖、錫良、有泰等川藏要員奏摺,筆蹟與豫迥異,似爲兩名門下僚屬所抄,眉批及校勘爲聯豫所爲。諸奏依次爲:光緒三十一年三月十九日駐藏大臣鳳全《行抵巴塘勘辦屯墾摺》;成都將軍四川總督錫良《查明鳳大臣等死事情形摺》;桂霖《遵旨募勇摺》;四川總督錫良《遵議川邊屯墾商礦摺》;駐藏大臣有泰《川藏交界情形及印藏近事摺》。奏摺涉及光緒三十一年駐藏大臣鳳全在巴塘強行改革而被藏民槍殺及中英藏印邊界史事。

是稿關乎清季內政外交,或未刊行,當爲研藏史者所欣聞樂見也。

0582　清光緒抄本梁誠書啓簿及函電文牘　　T4662.88/3905

《梁誠書啓簿及函電文牘》不分卷,梁誠撰。清光緒二十九年(1903)至三十三年(1907)抄本。十冊。

三册爲《書啓簿》，藍布書衣，十至十二行不等，字數不一，無行格。封面書簽題作"書啓簿"，下書"欽差出使美墨秘古國大臣　光緒×年×月×日起，錄至光緒×年×月×日止"。第一册題簽佚失，抄錄書啓始自光緒二十九年四月十二日，止於光緒三十年十一月初一日；第二册題簽作"光緒三十年十二月初四日起，錄至三十二年十二月初六日止"；第三册題簽作"三十二年十二月十七日起"，起於光緒三十二年十二月十七日，止於三月十九日，其後半册爲空白頁。

兩册爲《賀節書啓簿》，裝幀同《書啓簿》，藍布書衣，封面書簽題作"賀節書啓簿"，下書"欽差出使美墨秘古國大臣"，一册旁書"光緒三十年分"，一册書"光緒三十二年冬間起"，兩册均抄至十數頁止。

一册爲《致外務部丞參公函》，朱絲欄，半頁十行，字數不一。框高 17.8 釐米，寬 14.7 釐米，版心下印"九華堂"。前有目錄兩頁，自光緒二十九年三月二十五日"美字第一號"，抄至光緒二十九年十二月二十五日"美字第二十六號"止。兩册爲《外務部信稿簿》，朱絲欄，半頁十行，字數不一，版心下印"朵雲軒"。一册封面題作"其四　光緒三十二年正月起"，抄錄始自光緒三十二年正月初十日"美字第九十六號"，止於光緒三十二年十二月二十六日"美字第一百三十一號"；一册封面題作"其五　光緒三十三年正月起"，抄錄始自光緒三十三年正月初八日"美字第一百三十二號"，止於光緒三十三年五月十九日"美字第一百四十三號"。此三册實爲《致外務部丞參公函》之第一、四、五册。

兩册爲《收回粵漢函電文牘》上、下，亦朵雲軒紙。

梁誠，原名丕旭，字震東，廣東番禺人。光緒元年，誠未滿十二歲即考取第四批留美學童。光緒七年，尚未畢業便被一起召回國。初於總理衙門做事，不久隨張蔭桓公使赴美，後任使館參贊。任滿回國後，兩次跟隨中國特使赴英、美兩國。光緒二十九年至三十四年間，以三品卿銜出使美國、墨西哥、秘魯、古巴四國。宣統元年，隨海軍考察團出洋考察。宣統二年，出任駐德公使。民國後，自德國交卸返鄉。1918 年 2 月 10 日逝世於香港。香港中文大學羅香林著有《梁誠的出使美國》一書。梁誠一生，長於外交，忠於職守，在中美關係與發展教育上貢獻尤著。最爲人稱道者有三：一是經過反復交涉，爭回清廷庚子賠款超額部分用於教育，建立清華留美預備學校；二是不負國家重托，爭回粵漢鐵路築路權益；三是出使美國期間，多次爭取在美華人利益，保護華工等。

梁誠雖未撰寫過與外交、教育有關之專著，也未有文集編印刊行，然而他處理外交事務的往來函件、文牘、電稿等卻被抄錄整理成册，由其後人妥善保存，此十册即其部分。《書啓簿》，抄錄梁誠致袁世凱、陳賡虞、孫慕韓、楊蘂卿、陳儀熙、潘珮如、吳景祺等人以及致駐法、比、英等國公使的函件。致函對象上至公卿重吏，下至僚屬友朋，乃至如巴拿馬商人陳拔卿等人，牽涉事項廣泛，間或可與下述公函相參看也。《賀節書啓簿》，抄錄致慶親王、軍機大臣榮祿、鹿傳霖、徐世昌、貝勒載濤、貝勒溥倫等人賀節信函，均是往來應酬文字。

《致外務部丞參公函》，是梁誠出任美墨秘古四國欽差大臣時，對清廷外務部丞參報告或商討有關事項的信件。丞參者，左右丞及參事也。全部公函應爲光緒二十九年三月第一號至光緒三十三年五月交卸時止，每年一册。羅香林自香港梁誠之子世華家借到參閱的只有光緒三十一年一册，署"其叄"，自"美字第六十一號"至"美字又九十五號"止。另有光緒三十三年正月至五月的"美字第一百三十二號"至"美字第一百四十三號"一薄册，爲 1962 年梁誠門人潘康盛向梁誠長子世瑞家藏借得傳抄者。此"一薄册"即"其五"，哈佛所藏者爲其原件也。是書入藏哈佛在1968年10月31日，是否即自梁世瑞家流出，亦未可知矣。這些函稿每件皆注明號數與發出日期，而沒有摘由，非細究内文，無由説明報告或商討事項。"其一"大要以商討關於與美、墨等國加税、設郵局、阻止奸商承允煙務之信件爲多；"其四"大要以商討華人入境諸事及在華開埠通商之信件爲多；"其五"大略關於向美交涉如何將超額庚子賠款退回中國之信件爲多，其次關於齊梅爾孟洋行在哈爾濱誘招華工赴墨西哥如何交涉保護之信件；又次關於三藩市中日學童被限制與美童異校、日方如何交涉之信件。

梁誠赴美上任時，恰遇粤漢鐵路收回自築風潮。庚子後，中國以爲築鐵路可富國强民，列强乘機插手，1898年美國合興公司取得粤漢鐵路建築權後，直至1903年只修築自廣州至三水支綫49公里，粤漢鐵路經湖南至湖北，鄂、湘、粤三省爲保路權不至旁落洋人手中，展開收回運動。清廷命梁誠與美國交涉，時任湖廣總督的張之洞與梁誠密電往來，終因梁氏應對有方，以六百七十五萬美元將粤漢鐵路贖回自辦，原約作廢。《收回粤漢函電文牘》爲梁誠出使美國時期向美交涉此事的專案文件，全部是爲此事致電、致函盛宣懷、張之洞、岑春煊以及外務部、商部等商討如何收回粤漢鐵路之函稿。羅香林於梁世華家中所見兩册即1962年以哈佛本爲底本轉録者，然核對羅氏所列目録，遠遠少於哈佛本内容，兹將兩册具體款目細述於下：

第一册，首録《梁大臣致盛大臣函》八件，《梁大臣致湖廣張香帥函》一件，《梁大臣致張、盛宫保加牋》一件，《梁大臣致商部丞參函》一件，光緒三十一年《梁大臣致張宫保函》三件，《梁大臣致張香帥、岑雲帥（春煊）、瞿尚書（鴻禨）函》一件，《梁大臣致商部丞參、瞿尚書函》一件，《梁大臣致張宫保加牋》一件，《梁大臣致張宫保函》一件；次録《梁大臣與張宫保、盛宫保、外務部、軍機處等往來電》一百二十三件；再次録《梁大臣、福士達致摩根律司函》，《福士達與合興公司訂立售讓草約》，《梁大臣與合興公司訂立售讓正約》，各項收據八件，《梁大臣咨張宫保文牘》八件，《旅美學生湖南紳士致梁大臣函》兩件，《梁大臣復旅美學生湖南紳士函》兩件；第二册，首録《張宫保致梁大臣電》一件，《梁大臣咨張宫保》一件，《張宫保咨梁大臣》一件，《奏遵旨收回粤漢鐵路照繳美國合興公司售讓合同進呈並瀝陳籌辦情形摺》並附議定合同漢文譯本，《張宫保咨梁大臣》兩件並録奏稿及片稿，次録《鄂湘粤會奏三省會議粤漢鐵路修路公共條款十四條豫議路成後條款四條摺》，《張宫保咨復梁大臣》兩件，《張宫保咨梁大臣》一件，《張宫保致梁大臣電》一件，《梁大臣咨張宫保》兩件，《造送經辦收回粤漢鐵路收支存放款目清册》，《張宫保咨復梁大臣》三件，《梁大臣咨張宫保》三件並附清册，《附外務部丞參》一件。以上均是關於向美交涉贖回粤漢鐵路各項權益的原始文件，每件下記有日期，完整再現了這一重要歷史事件的全部過程。

《收回粤漢函電文牘》後附旅美學生致梁大臣函，曰："不勝額手爲中國慶，爲使憲賀。查粤漢路約中吾國所失權利甚多，隱患莫測，不僅關乎三省之安危，抑全國利害之所繫也，是以中外士夫群起力争，廢約自辦之説遍騰，閭巷上下一心，百折不回，然非得老於交涉、熟諳外情如我使憲者主持其事，則辦理未有如是之妥善。事機屢變，卒能收回已失利權，達我目的，吾知三省父老青年有不有口皆碑，頌使憲之功不置哉！"湖南紳士致函曰："感公毅力苦心，堅持勿懈，用能操縱自我，轉危爲安，斯固三省紳民馨香以祝之者，其感激豈有涯矣！"由此可略窺贖回粤漢鐵路之重大意義，亦足見是書所具之重要史料價值。

0583　明萬曆刻本聖門通考　　　　　　　　　　　　T2261.1/2149

《聖門通考》十二卷《年譜》二卷，明包大爟撰。明萬曆十五年（1587）書林清心堂刻本。六册。半頁十行二十一字,左右雙邊,白口,單魚尾。框高19.9釐米,寬13.7釐米。題"四明後學包大爟編輯;從姪包垕校正"。前有萬曆八年(1580)馮時雨序,萬曆五年(1577)包大爟序。末有萬曆九年(1581)包垕跋;《引》十三則;《凡例》十一則(後割去半頁)。

包大爟,四明人。嘉靖三十八年進士。隆慶間任兗州通判,與知府朱泰創修郡志。旋爲應天治中,歷官工部郎中。《(光緒)鄞縣志》卷三四《人物》有傳。

是書記聖門群弟子之門人,取道脈流傳,廣聖門遺澤,以不忘聖賢源本。卷一《年譜考》,卷二《聖系考》,卷三《聖蹟考》,卷四《顏系考》,卷五《顏子考》,卷六《曾系考》,卷七《曾子考》,卷八《子思子考》,卷九《孟系考》,卷一〇《孟子考》,卷一一《十哲考》,卷一二《弟子考》。其孔子聖蹟上表年,下序事,先後次第俱折衷經典,彙集衆論,考訂歲月,釐正舛錯。孔子十歲以前事,議論皆在後時,其書并有細書附記之。又四配十哲諸賢,自古未詮次年譜,此書考訂經史,以確有年月可傳信者,次爲先後表年書之;年月不可盡信者,或五年或十年總書之;無年月可稽者,另別爲遺言、遺事附於後。又先儒議論有功聖門者,皆細書本文之下,可供參考。孔子以詩書禮樂教弟子有三千人,其中身通六藝者爲七十二人,七十二弟子之外,游於聖人之門者更衆,其來不拒,其去不追,故是書又有所考定之。

馮時雨序云:"少東包先生,以比部郎出倅山以東,憑軾鄒魯,歷覽洙泗,覘闕里之遺書,慨真詮之未即,嘗一考之而未就。嗣官留曹,益用肆力,旁稽逖采,釐賡訂訛,閱廿年而書始成,名曰《聖門通考》。"包大爟序云:"爟以比部出倅東魯,思聖賢之鄉,志獨缺焉。嘗一纂之,而多脫誤,暨署留曹,乃博觀《家語》、《春秋内外傳》、《世本》、《戰國策》、《大小戴記》、《韓詩》、《説苑》、《新序》、《僉載》等書,參考《皇極經世》、《綱目》、《外紀》、《大事紀》及《通鑑前編》,折衷經典,考訂歲月暨群弟子姓行,表年於上,敘事於下,正以《論》、《孟》、《春秋》,附先賢論贊,凡若干卷,名曰《聖門通考》。"

包垕跋云:"《聖門通考》十二卷,余從叔比部郎少東公所編輯者也。少東公幼與先考弦堂公同校,討論經典,毅然砥礪古道,已而伯仲蜚英,相期用世。顧少東公履方任質,不俯仰於時,是以仕而弗獲攝柄,淹延二十禩,蓄縮而歸。慨然歎曰,通塞,命也,時不我用,吾何以見世哉?於是綴學素文,編年考記,起靈王,訖戰國,上下三百餘年。宗孔子,述群賢,暨鄒孟諸弟子,訛者斷其義,佚者表其微。其事核,其辭略,羽翼聖真,闡揚儒術,洋洋鄒魯之遺聲,蓋其詳哉!"

是本卷七至八題"四明後學包大爟編輯;姪包垕校正;書林清心堂梓"。

《四庫全書總目》未收。《中國古籍善本書目》著録。中國國家圖書館所藏有《續考》三卷,明包垕撰。臺北"國家圖書館"及日本内閣文庫、尊經閣文庫所藏與此同。

鈐印有"陳印文遜"、"枝人氏"。

0584　明萬曆刻本聖門人物志　　T2261.1/0210

《聖門人物志》十二卷,明郭子章撰。明萬曆福建刻本。四册。半頁九行二十二字,四周雙邊,白口,單魚尾,書口下有刻工。框高22.3釐米,寬15釐米。題"後學泰和郭子章編輯;廬陵劉孟雷、東越陳性學、豐城徐即登仝校"。前有萬曆二十一年(1593)郭子章序,馮琦序,萬曆二十四年(1596)徐即登序,萬曆二十三年(1595)查允元序;萬曆二十二年(1594)刻書公移;《凡例》九則。

郭子章,字相奎,號青螺,自號蠙衣生,泰和人。隆慶五年進士。授建寧府推官,又爲潮州知府,皆有異政。督學四川,文習丕變,歷浙江參政、山西按察使,陞湖廣、福建布政使。以副都御史巡撫貴州,以功加太子少保、兵部尚書。子章天才卓越,於書無所不讀,著述甚富,又有《阿育王山志》等。《(道光)泰和縣志》卷二一有傳。

聖門者,謂進入聖道之門,也謂孔子之門下,泛指傳孔子之道者。漢班固《幽通賦》:"遊聖門而靡救兮,雖覆醢其何補?"宋俞文豹《吹劍錄》:"惟我朝諸公爲義理之學,髣彿聖門氣象爾。"是書爲子章官晉陽時所輯,凡游於聖門與私淑而得從祀廟廡者,各爲之小傳,并附以贊論。卷一《孔子世家》,卷二《四配》,卷三至四《十哲》,卷五至六《先賢》,卷七至一〇先儒,卷一一《啓聖祠》,卷一二《會典祀儀》。計一百十八人。其孔子世家與孔子門人傳,以司馬遷《史記》爲主,《史記》略者,旁引諸書。又先賢、先儒從祀次第及啓聖公從祀,俱依《大明會典》。另先賢姓氏舊多錯誤,尤以複姓作單姓者爲多,如壤駟稱壤、子石稱作石子之類,是書多予釐正。至於會典祀儀,爲文廟所重,故附載於後,於考禮者亦有所鏡。

子章任職山西時,甄別廉貪,辨明冤抑,尤留意風教,禁侈靡,汰浮食,抑强宗,懲横暴,悍卒驕弁,皆祇畏斂跡,一路肅清。據《(雍正)山西通志》卷八六《名宦》記載,是書乃"刊頒諸生,以示觀摩"。按,是書之作,乃始於山西巡撫魏允貞。子章序云:南樂魏中丞公語子章曰,多識往行,德乃大畜,誦詩讀書,尚友千古。彼躋躋翔翔殿廡者,不知其人,可乎?君志之,爲諸生赤志。子章曰,太史公故有《仲尼弟子列傳》。公曰,亡多語,曾遺一貫,宰誤作亂,孟與荀、鄒同傳,未可訓也。子章曰,薛武進公近有《四書人物考》。公曰,弟子不載《語》、《孟》者,亡可考也。子章退而稽之《春秋》、《史記》,參之闕里譜牒,上自宣尼及門諸賢,下聚漢唐宋元明從祀諸儒,次及我朝幸學、釋奠諸儀,共十二卷,書成,上之掌故,公卒業之,題曰《聖門人物志》,屬太原守趙君,付之剞劂。

據此序,此書先有山西太原守趙彥刻本。此書有刻書公移,乃欽差提督雁門等關兼巡撫山西地方都察院右僉都御史魏允貞爲此書之推廣,令山西各府刻之以傳。公移云:"爲聖門從祀先賢先儒,諸生往往有不悉其姓氏,況於履歷行實。孟子曰,以友天下之善士爲未足,又尚論古之人,是將何以尚而友之。欲責令學官,採緝成書,以爲誦法者之助。今據按察司郭按察使送到尺昔所輯《聖門人物志》,考據精詳,刪削簡要,留心聖學如此,其於國憲民風,即舉而措之耳。本院再四披閱,深所嘆服,思宜頒布學宫,以廣資問學。爲此,仰本府官吏,照牌事理,即將發去《聖門人物志》一部,督令學官再加校閱考正,該府選擇善書人役,謄寫刊刻,應用紙價工食,於商稅餘課内動支。刷印肆拾部送院撫,屬各府州縣差人印刷,分給各學,仍將用過銀數册報查考,須至牌者。"由此可見,是書當時在山西流傳頗廣。

此爲福建所刻。徐即登序云:"相奎氏始刻《志》於晉中,兹携入閩,後刻之閩,其以道南一派唯閩學爲獨盛乎?而有望乎後人之承之也。"

此本刻工有周龍、劉智、劉金、魏泗、張慶、嚴演、劉威、葉松、張二、葉榮、劉青雲、張紀、鄭明、鄭椿、吳士貴、劉邦、劉禎。

《四庫全書總目》入史部傳記類存目。《中國古籍善本書目》著録明萬曆二十一年趙彥刻本,中國國家圖書館、上海圖書館等四館入藏。又有明萬曆葉天民刻本(十行二十三字),中國國家圖書館、大連市圖書館等三館入藏。美國國會圖書館所藏應爲趙彥刻本。臺北"國家圖書館"所藏,作明萬曆二十三年太原府刻本。日本尊經閣文庫有明萬曆刻本。

鈐印有"六合徐氏孫麒珍藏書畫印"、"孫麒氏使東所得"。又有"峯間藏書",日人所鈐。

0585　明天啓刻本聖門志　　　　　　　　　T1786.2/6618

《聖門志》六卷,明吕元善撰。明天啓刻本。八册。半頁十行十九字,左右雙邊,白口,單魚尾。框高20.2釐米,寬14.2釐米。題"海鹽吕元善纂輯;上海杜士全、江寧顧起鳳參考;兄吕元美編次;男吕兆祥訂閱"。前有萬曆四十一年(1613)趙焕序,萬曆四十一年顔胤祚序,天啓四年(1624)樊維城序,天啓四年胡震亨序。

吕元善,字季可,號冠洋。浙江海鹽人。以太學高第,歷山東藩司理官,著政聲,嘗修東省通志,後以襄賑勞劇卒官。《(乾隆)海鹽縣圖經》卷一三有傳。

是編考聖門所傳,自四氏七十二子,漢、唐、宋諸儒宗系、祠祀、林墓等,無不考據明確,最於聖學源脈有裨,東省人皆重之。卷一《聖賢表傳》(孔子年表、謚號、廟宇、書院、林墓、四配列傳、十哲列傳、先賢列傳),卷二《從祀列傳》(歷朝先儒、啓聖祠、孔廟改祀、孔廟罷祀、孔廟擬祀、孟廟擬配、孟廟擬祀、曾廟、孟廟、分省姓氏),卷三《四氏封典》(孔氏姓譜、顔氏姓譜、曾氏姓譜、北宗博士、南宗博士、孟氏姓譜、曲阜知縣、四氏學録、尼山學録、洙泗學録、孔庭族長、林廟舉事、歷朝甲科、歷朝鄉科、國朝歲貢、國朝監生、孔氏聞達、顔氏聞達、曾氏聞達、孟氏聞達、孔子流裔),卷四《禮樂》(祀典、章服、祭期、禮器、樂器、樂章),卷五《聖賢遺蹟》(地里、山、水、城、堂、亭、臺、閣、樓、館、宫、室、祠、書院、墓、樹、廟、林),卷六《二氏世系》(東野氏、仲氏)。

趙焕序云:"吕君,鹽官名家子,端遠贍洽,意欲結撰,適參東省志,與筆會,乃原本闕充通志,兼搜四氏諸賢譜系暨外方記乘雜纂,門萃條輯,都爲六卷。一之卷爲聖門表傳,尊統宗也;二之卷爲從祀列傳,衍道脈也;三之卷爲四氏封典,昭恩數也;四之卷爲禮樂,隆明禋也;五之卷爲古蹟,地以人重也;六之卷爲周公東野、仲子路二氏世系。"

此本之刻,應在樊維城刻《鹽邑志林》本之後,元善書成未梓,其子兆祥重加校訂而獻之樊氏者。胡震亨序云:"季可令嗣兆祥,字聖符。博學工文章,與余善。季可歿數年,聖符出其稿示余,因獻之邑侯,刻《鹽邑志林》中,廣其傳聞。"

樊維城序云:"吕公雅博好古,位不配才,爲藩幕於東魯,人既俊爽,官復清閑,訪諸復聖公之嗣博士,勒成此書。百世而下,其與夫横腰之帶,繫肘之印,滿籯之金,孰爲多也。令子吕上舍受而藏之,密友胡刺史見而賞之,余叨宰邑,得觀異書,因爲梓而行之。"按,《鹽邑志林》本,題"黄岡樊維城彙編;海鹽吕元善纂輯;姚士麟、胡震亨訂閱;男吕兆祥參考"。

是本有扉頁,刊"鹽官吕冠洋纂輯聖門志。闕里藏板,翻刻千里必究。一卷聖賢表傳,二卷從祀列傳,三卷四氏封典,四卷聖廟禮樂,五卷聖賢遺蹟,六卷聖賢世系"。卷六缺去尾頁。卷一分上、中、下;卷二、卷三各分上、下。

《四庫全書總目》入史部傳記類存目。《中國古籍善本書目》著録有《鹽邑志林》本。臺北"中央研究院"史語所有《聖門志》天啓刻本,日本内閣文庫有明天啓五年序刻本,不知與此同板否?

0586　明崇禎刻本聖門志　　　　　　　　　T1786.2/6618B

《聖門志》六卷《附録》一卷,明吕元善撰。明崇禎刻本。八册。半頁十行十九字,左右雙邊,白口,單魚尾。框高19.6釐米,寬14.2釐米。題"海鹽吕元善纂輯;上海杜士全、江寧顧起鳳參考;兄吕元美、姪吕瀁編次;男吕兆祥、孫吕逢時訂閱"。前有崇禎二年(1629)孔胤植序,天啓四年(1624)樊維城序,崇禎元年(1628)馮明玠序,天啓四年顧起元序,天啓五年(1625)賀萬祚序,項夢原序,萬曆四十一年(1613)趙焕序,萬曆四十一年顔胤祚序,天啓四年胡震亨序,天啓七年(1627)吕瀁序。

此本卷一至三均分上中下,和民國年間商務印書館影印之《鹽邑志林》後附《聖門志》同板。商務本《聖門志》存卷一至五,第六卷佚去,此則全。

孔胤植序云:"《聖門志》者,蓋有出千古之獨見真識之吕藩理季可之所彙撰也。書成於丁巳,吾鄉趙太宰先爲之序,方欲授梓,而己未忽棄其官。更有至孝能成父書之太學聖符,於癸亥歲,書爲邑令樊紫蓋歎異,刻之《鹽邑志林》,賀孝延、項希憲兩督學各爲之序。詰歲甲子,秣陵顧太史索見賞,重爲增科目閣臣一欵,刻之南都,顧、朱兩太史各有序。又明年戊辰,聖符來過闕里,更成《陋巷》、《三遷》、《卞里》、《東野》諸志,以褒表聖賢。余即載與俱行入賀,道爲成我《聖蹟圖》一卷,最爲精勝,且謀重修《闕里》一志,爲盡出家藏珍秘,俾之纂輯。忽謂《聖門》前刻,尚屬兩置,今更三鋟,必永藏聖府。言未竟而繡棗在前矣,更有馮侍御序。余乃大爲駭嘆曰,晚近英儒學俊,説聖説賢,小關利害,蹶焉掉臂者皆是也。而聖符孝成父書,使書曲《志林》一刻而傳四方可也,意未已也,必欲傳之名都,則再刻始之白下,至於山東亦可也,意未已也,必欲貯之公府,不惜三梓傳之。"據此序,《聖門志》當有三刻。

其《附録》一卷,爲錢士完撰《重修山東通志敘》、耿庭柏撰《重修山東通志後序》、岳元聲撰《吕兩公傳》、孔胤植撰《吕公墓志銘》、孔貞叢撰《吕季可先生墓表》、崇禎二年關七道、又請祭名宦劄、公移等。又賀萬祚撰《吕公行狀》、《海鹽縣志》載《參藩吕公贊》及《吕季可傳》。

《四庫全書總目》入史部傳記類存目。《中國古籍善本書目》著録明崇禎二年刻本,上海圖書館、四川省圖書館、江西省博物館,及美國國會圖書館、日本內閣文庫亦有入藏。

鈐印有"日知館圖書"、"弘毅義塾印"、"孝經樓"、"橋"、"逮□先生遺愛"。

0587　清康熙刻本大成通志　　　　　　　　　　　　　　　T1786/4204

《大成通志》十八卷首二卷,清楊慶輯。清康熙八年(1669)楊氏理齋刻康熙、雍正間補刻後印本。二十册。半頁九行二十四字,四周雙邊,白口,無魚尾。有圖。書口下刻"理齋"。框高21釐米,寬13.4釐米。題"金臺羅森約齋甫訂證;上谷劉斗耀微甫鑑定;古成紀楊慶有慶甫輯著;瀛海孫際昌名卿甫參閲"。前有康熙八年劉斗序,康熙八年羅森序,康熙八年孫際昌序,康熙六年(1667)徐明弼序,康熙九年(1670)程憲序,康熙七年(1668)許重華序,康熙八年白輝序,康熙五年(1666)林輝章序,胡獻瑶序,康熙八年戴時顯序,許玜序,康熙八年顧其言序,康熙八年陳禮祉序,康熙十年(1671)郭毓秀序,康熙八年楊純臣序,康熙六年謝賢序,康熙八年高璇序,康熙七年孟家棟序,王予望序,任經邦序,楊恒序,康熙八年郭弘業序,康熙八年楊逢春序,康熙十一年(1672)華善序,康熙五十八年(1719)覺羅逢泰序;鑒衡校讎名氏;康熙己酉大臺捐助刊刻名氏;康熙八年楊慶輯著《大成通志》始末次言;《大成通志》釋略;《發凡》三十六條。

楊慶,字有慶,又字憲伯,號潛齋,又號理齋,甘肅隴西人。中年著書,屏去舉業,凡制度典章,下至名物,莫不探索原委。年九十三,無疾而終。著有《四書講義》、《蒙訓》、《史略》、《佐同録》、《古韻葉音》等。《(乾隆)隴西縣志》卷八有傳。

是書集孔門事蹟及文廟禮樂,總十三篇十八卷。卷一至二《諸紀》,卷三至四《禮疏》,卷五《律疏》,卷六至七《樂疏》,卷八《歌舞疏》,卷九《學校集略》,卷十《先聖年表》,卷一〇至一二《先聖世家》,卷一三至一四《啓聖列傳》、《先賢列傳》,卷一五至一六《先儒列傳》,卷一七《理齋説要》,卷一八《理齋節要》。其中《理齋説要》、《理齋節要》爲楊氏撰著之作,前後各有序跋。

楊氏"輯著次言"述此書編纂之旨,云:"慶嘗走諸郡邑,謁孔子廟,見殿庭木主,每多憾焉。迨臨奠獻,見禮樂諸器、歌奏諸人,不無非儀非度,抱憾愈深,況聲容歌舞之不作者比比然也。由是志文廟之禮樂爲禮疏、律疏、樂疏、歌舞疏,而採歷來帝王襃崇祀饗諸制與孔子堂第器用之遺跡紀於首,以學校集略爲禮樂之歸,總數篇於前,而輯孔子年表、世家、諸賢諸儒列傳於後,以《理齋説要》、《節要》收之。附有議解辯論諸説於各卷中,得名曰《大成通志》。"

是書康熙八年由劉斗等捐資助刻,康熙五十八年楊慶之子楊會貞續刻其父著作,並將此刻修補殘損、增補序文,康熙五十八年覺羅逢泰序可證。卷一三前又有雍正元年上諭,知此本補刻刷印已在雍正元年後矣。

有扉頁,刻"大成通志。康熙己酉歲捐俸刊"。

《四庫全書總目》史部傳記類存目著錄,云:"撦拾歷代制度,不盡關於孔庭。其年表、世家、列傳,大抵掇拾舊文。第十七卷爲理齋説要,第十八卷爲理齋節要,乃慶講學之書,而綴於聖賢之後,總名曰《大成通志》,似亦未安也。"

《中國古籍善本書目》著錄,上海辭書出版社圖書館、陝西韓城縣文化館、寧夏回族自治區圖書館、福建師範大學圖書館四家藏。《四庫全書存目叢書》史部第121冊據福建師範大學圖書館本影印,其本卷一三前亦有雍正十三年上諭,序文則僅存楊純臣、高璇、孟家棟、王予望、任經邦、楊恒六篇,他篇闕如。

館藏又有複本一部,二十一册。

0588 清乾隆刻本尊聞録

T1042/8621

《尊聞録》八卷,清曾受一撰。清乾隆四十年(1775)刻本。八册。半頁十行二十字,四周雙邊,白口,單魚尾。框高19.9釐米,寬13.8釐米。題"大宗伯漳浦蔡葛山先生鑑定;東安後學曾受一正萬參述;男思謙搞之、思誠仲實、思謐寧之仝校"。前有乾隆三十八年(1773)蔡新序;乾隆三十五年(1770)顧汝修跋,乾隆三十六年(1771)卜寧一跋;乾隆三十五年曾受一《自敘》;《附論》八條。末有《尊聞録後語》;乾隆三十八年蔡新《蔡葛山先生貽書》一通。

曾受一,字正萬,號靜庵,廣東東安人。雍正十三年拔貢,乾隆三年舉人。乾隆二十五年,揀發四川,歷署珙縣、江津、開縣、綦江、閬中、廣安等州縣,所至有政聲。江津爲建曾夫子祠,其所嘗蒞事州縣民衆過祠者皆瞻拜伏謁。好讀朱子書,研性命之旨數十年。著有《四書解義》、《學古録》、《易説》、《春秋解義》等。卒年七十七。《清史列傳》卷六七、《碑傳集》卷一〇五、《國朝耆獻類徵初編》卷二三三有傳。

是書録孔子以下歷代名儒傳記,所録皆歷代從祀賢儒及雖未從祀而學行可觀者。卷一爲孔子、顔子、曾子、子思子、孟子;卷二爲周子、大程子、二程子、朱子;卷三爲孔門諸弟子;卷四爲伏生、孔安國、王通、韓愈等漢唐諸儒;卷五、卷六爲張載、邵雍等兩宋諸儒;卷七爲元明諸儒;卷八取公明儀等俟論定者。其文字大多採録《史記》、《漢書》、《唐書》、《宋史》、《明史》等史書傳記,傳後附有曾氏按語,亦有曾氏擬傳者,皆一一標出。書眉刻有評語。

蔡新序云:"尊聞錄者,東安曾君正萬之所纂緝也。曾君自少讀書,慨然有求道之志,乃考洙泗以來淵源授受,下迨宋元明,諸儒之俎豆學宫與未經從祀而獲聞斯道之傳者,皆博採史傳,手自抄錄。又病《史記》世家列傳率多踈謬,蘇氏《古史》亦無當高深,於是約語孟之旨,參之《家語》經傳所載,衷以己意,正其紕繆,補其闕略,釐其序次。定見知聞知之統,屏俗學雜學之陋,嚴陽儒陰釋、近理亂真之防,使道教之昭垂,粹然一出於正。"

曾氏《自敘》云:"受自束髮入家塾,釋菜先師,讀其遺書,私淑有志……每悼史遷敘孔子世家及門列傳,無當於聖賢之精旨,並考本朝釐定從祀諸賢儒,錄其本傳,酌加增刪,補其遺缺。其克嗣統者幾人,得支脈者幾人,造道孰淺孰深,講學孰偏孰正,折衷前哲,附以鄙見,略爲論次,庶幾淵源弗昧,不至迷謬終身。至歷代未經從祀而學行可觀者,亦分別附錄,以俟後之採擇論定焉。"

此本有扉頁,刻"尊聞錄。漳浦蔡葛山先生鑑定。東安曾受一正萬氏參述。乾隆四十年新鐫"。扉頁後一頁鐫長方形木記,曰"本坊精選新舊足册好板書籍,倘有殘篇短缺,認明興賢堂書舖唐少村無誤"。

此書《續修四庫全書總目提要(稿本)》、《清史稿藝文志拾遺》未著錄。《續修四庫全書》未收,《中國古籍善本書目》未收。《東北地區古籍綫裝書聯合目錄》史部傳記類著錄此本,遼寧大學圖書館收藏。另中國國家圖書館、北京大學圖書館亦有收藏。

鈐印有"下毛石井氏藏書印"。

0589　明萬曆刻本新鐫增補全像評林古今列女傳

T2261.5/7222

《新鐫增補全像評林古今列女傳》八卷,漢劉向撰,明茅坤補,明彭烊評。明萬曆十九年(1591)余文台三台館刻本。三册。有圖。半頁十行二十字,左右雙邊,白口,單魚尾,書眉上刻評。框高20.8釐米,寬12.4釐米。題"漢光禄大夫劉向撰;明鹿門先生茅坤補;肯亭先生彭烊評;曉城先生宗原校;對溪書坊唐富春梓"。

是書分母儀、賢明、仁智、貞順、節義、辯通六類,列古代婦女事蹟一百零四則,每則皆有贊語,并有圖相配,圖不精。此書旨在宣揚封建禮教,并屢經後人改易,卷目亦有不同,它本又有嬖孽一類,此本無。

此本卷二至八第一頁刻有"對溪書坊唐富春梓,文台書林余象斗重"。扉頁上刻圖,下刻"全像古今烈女誌傳。三台館刊行"。卷八末有荷蓋蓮座牌記,刊"萬曆辛卯歲秋月余文台重梓"。按,三台館爲余世瞻之書肆,世瞻字文台,號三台山人。建安縣人。三台館刻書甚多,今所存者約十餘種。此本當爲余氏三台館據南京唐富春對溪書坊刻本重刻。

《四庫全書總目》入史部傳記類,作《古列女傳》。《中國古籍善本書目》著錄。中國國家圖書館有明對溪書坊唐富春刻本。

鈐印有"峩鶿湖軒"。

0590　明刻本古先君臣圖鑑

T2258/4217

《古先君臣圖鑑》不分卷。明刻本。三册。半頁十行二十一字,四周單邊,白口,無魚尾。

框高 24.1 釐米,寬 16 釐米。無序跋。

是書分君類、臣類,每人皆先列圖像,後附小傳并古贊。君類計四十三人,始三皇五帝,止元世祖,附項羽、李煜、王審知。臣類計一百人,始倉頡、后稷,止姚樞、劉静修。

以名人而繪圖像之風氣,由來已久,楚國宗廟之壁畫上即有人物圖像。晉傅咸《卞和畫像賦》:"既銘勒於鐘鼎,又圖像於丹青。"清曾國藩《聖哲畫像記》:"昔在漢氏,若武梁祠、魯靈光殿,皆圖畫偉人事蹟。"據載,清代宮中南薰殿藏有繪本多軸。按,古時凡寫像者,須通曉相法,蓋人之面貌部位,與夫五岳四瀆各名不侔,自有相對照處,而四時氣色亦異。

此種圖鑑,多有"明鏡可以察形,往古所以知今"之意,以圖刊之,可以廣示遠近。此本刀法以及綫條頗爲流暢,人物之圖像亦神采栩栩,筆力工緻而不流於板澀。諦視紙張、字體,此本當刻於萬曆間,較明弘治刻本《歷代古人像贊》爲精。

《四庫全書總目》未收。《中國古籍善本書目》著録。中國國家圖書館、故宮博物院亦有入藏。據著録,又有《重刻古先君臣圖鑑》不分卷(明萬曆十二年益藩刻本)。

鈐印有"無畏菴"、"要齋珍藏"、"峯巒特秀",俱日人印。又有"江都薄氏鑒藏書畫記"。

0591　明萬曆刻本歷代相臣傳　　　　　　　　　　　　T2259.4/2166

《歷代相臣傳》一百六十八卷,明魏顯國撰。明萬曆三十四年(1606)鄧以誥等刻本。十二册。半頁十行二十字,四周單邊,白口,單魚尾,書眉上刻評,書口下刻相臣名。框高 21.8 釐米,寬 14 釐米。題"豫章外史魏顯國纂述;伯子一鵬編次;冢孫維藩考證;同郡後學胡以良校正;張啓焯、鄧履吉全訂"。

魏顯國,字汝忠。南昌人。隆慶元年舉人。又有《儒林全傳》、《歷代守令傳》、《元相臣傳》。

是書敘歷代丞相,大抵全抄史傳原文,無所褒貶,亦無考正。《四庫全書總目》云:是書"舛譌既甚,挂漏尤多,至於各史宰相列傳,或採或置,茫無義例,更未免疏脫矣"。

此本僅存《唐相臣傳》(卷一至四二)、《五季梁唐相臣傳》(殘存卷一)。

《四庫全書總目》入史部傳記類存目。《中國古籍善本書目》著録。杭州大學圖書館、臺北"國家圖書館"有全帙。日本尊經閣文庫亦有入藏,未注明卷數。上海圖書館、天津圖書館、湖南圖書館,及日本内閣文庫所藏皆爲殘本。

鈐印有"熙徵私印"。

0592　明萬曆刻本二俠傳　　　　　　　　　　　　　　T2258/2908

《二俠傳》二十卷,明徐廣輯。明萬曆刻本。八册。半頁八行二十字,四周單邊,白口,無魚尾。框高 21.1 釐米,寬 12.8 釐米。題"明柘浦徐廣廣居甫輯;明平昌黃國士允符甫校"。《凡例》十二則。

徐廣,無考。

俠者,扶弱抑强,見義勇爲者之謂。是書分《男俠傳》(卷一至一二)、《女俠傳》(卷一三至二〇),凡俠義之人,皆予録之。自周至宋、元,傳男俠七十人,女俠一百八人,男核其詳,女收其略。其女俠傳,乃搜捐生就義、殺身成仁者,以見婦人可爲丈夫之意。

《凡例》有云:"俠者,抱有盡之身,成儒者無窮之業。文需廊廟,武濟邊陲,大儒不可無俠心,真儒不可無俠骨,俠豈片言隻語所能衡哉!"

《四庫全書總目》未收。《中國古籍善本書目》著錄。北京首都圖書館及日本內閣文庫、尊經閣文庫亦有入藏。美國普林斯頓大學葛思德東方圖書館有殘本八卷,但未標出佚去卷數。

鈐印有"雲煙家藏書記子孫永保",日人印也。

館藏有複本,五冊,殘存卷三至二〇。

0593　明萬曆刻本鹽梅志　　　　　　　　　T2261.4/4445

《鹽梅志》二十卷,明李茂春撰。明萬曆三十七年(1609)刻本。八冊。半頁九行二十字,四周單邊,白口,無魚尾。框高22釐米,寬14.6釐米。題"河南李茂春纂"。前有萬曆三十七年葉向高序,萬曆三十六年(1608)李維楨序,萬曆三十七年張邦紀序,萬曆三十七年王三才序。

李茂春,字蔚元,號槐墅。河南杞縣人。萬曆十一年進士。授扶風知縣,擢刑、戶二部員外郎,中出爲陝西僉憲,備兵雁門。涖任日修邊垣二百里,節省銀五萬兩,悉疏報,上勑擢參政,賜金六十兩。致仕歸,以壽終。《(乾隆)杞縣志》卷一四《人物志》有傳。

是編採取歷代賢相嘉言善行,錄成一編,始於皐陶,終於范純仁,凡六十六人。按,鹽梅,鹹鹽、酸梅也,鹽梅爲調味之品,用以喻佐治國政。《書·說命下》:"若作和羹,爾唯鹽梅。"此爲殷高宗命傅說爲相之辭。後之詩文常以"鹽梅"指宰相或職權相當於宰相之人。

李維楨序云:"李蔚元公,自爲諸生時,有宰物之情,取古相天下者,輯其嘉言善行,於唐虞得六人,於商周得五人,於漢得十九人,於晉得二人,於唐得二十人,於宋得十四人,而命之曰《鹽梅志》,凡二十卷。三代而上,紀載缺略,故不嫌寡;三代而下,紀載既詳,而其時勢與今不甚相遠,於法監爲便,故不嫌多。其名《鹽梅》,則本之《説命》,而以齊晏子所論和同之説發明之,蓋覃心數十年已。備兵雁門,邊烽靜謐,緩帶雅歌之暇,更加銓次行之。"

張邦紀序云:"先生家學源淵,穹窿蘊厚,所從來矣。幼稱穎異,壯嗜玄晏。所藏書史圖籍,二酉未足喻富。而喜交海內賢豪,麗澤益深,玄覽彌勝,瑶篇瓊什所至,膾炙時流。生平著作,未易枚舉,《鹽梅志》究心數載,廼付剞劂,殆寄以酬志。"

是本格式異於一般圖書,除天頭地脚寬闊外,框欄之內,又別畫界欄,界欄上方刻評。刻工有"新安徐輝刊"。

《四庫全書總目》入史部傳記類存目。《中國古籍善本書目》著錄。上海圖書館、浙江圖書館、故宮博物院,及日本內閣文庫亦有入藏。

0594　明萬曆刻本歷代象賢錄　　　　　　　　T2261/0234

《歷代象賢錄》二十卷,明郭良翰輯。明萬曆刻本。四冊。半頁九行二十字,四周單邊,白口,無魚尾,書口下有刻工。框高20.3釐米,寬13.5釐米。題"莆中郭良翰輯;會稽陶履中、瑯琊王若之訂"。前有萬曆三十五年(1607)陳經邦序,郭良翰自序;《凡例》十九則;刻《象賢錄》諸通家姓氏。

郭良翰,字道憲。莆田人。力學績文,天性孝友,以父尚書應聘蔭授都察院照磨。後陞太僕寺丞,嗣出守黎平,賑貧建學。致政歸,築萬卷堂,著述甚富。事見《(乾隆)興化府莆田縣志》卷一四《選舉》。又卷三三《藝文》載良翰撰有《周禮古本注解》六卷、《忠義彙編》三十二卷、《問奇類林》六十五卷、《皇明諡紀彙編》及此書，又輯有《孫武子會解》四卷。

象賢，《書·微子之命》云："殷王元子，惟稽古，崇德象賢。"謂子孫能象先賢。後用作稱美父子事業相承之套語。是書輯漢至宋任子之賢者而傳之，分十類，爲名臣、道學、儒林、忠義、宦業、循吏、戰功、孝友、文苑、隱逸。共三百零九人。另有附錄，爲《皇明任子考》，乃王世貞所撰《任子官位大於所由》、《任子清華之秩》二文。

陳經邦序云："郭君道憲，嗜學工文，翩翩世之佳公子也。廼作《象賢錄》，以稽往詔來。其代始於漢而終於宋，其品始於名臣而終於隱逸，其人始於汲長孺而終於趙必漣。上下二千年間，載籍極博，條分彙列，道憲之用心亦勤矣。"郭良翰自序云："是編也，歷代諸君子具在，道德功業、理學文章、忠臣孝子、廟廊巖穴之品，於何不有，以造聖門，未必非四科之彥，而參於穆氏三不朽之林也。"

是本刻工有王子蟾、三茂、仁唐、西伍、岩招、岩恭、岩國、岩宇、岩斗、岩華、岩仁、岩太、岩山、岩才、岩沈、岩子、岩榮、岩文、岩唐、岩泉。卷一第十八、十九頁、卷九第三十七、三十八頁佚去。

《四庫全書總目》未收。《中國古籍善本書目》著錄。北京首都圖書館、清華大學圖書館，及美國國會圖書館、日本內閣文庫、尊經閣文庫亦有入藏。

0595　明萬曆刻本鏡古錄

T2258/2101

《鏡古錄》八卷，明毛調元撰。明萬曆四十四年（1616）紫陽書院刻本。八冊。半頁九行二十字，四周單邊，白口，單魚尾。框高21釐米，寬13.2釐米。題"楚麻城文素毛調元著；男孟長毛生輝校"。前有鮑應鰲序，郭士望序，梅之煥序。

毛調元，字文素。湖北麻城人。萬曆三十一年舉人。曾官知縣。見《（民國）麻城縣志》卷八《選舉》。

是書彙錄歷代帝王及名臣、名將、儒林等言行，以爲治國、習藝之借鑒。卷一至卷二列帝紀、開創、守成、中興、昏主、閏統、僭據、霸主、梟雄、逆賊、巨賊、太子、宗室、賢后、孽后、外戚、賢閹、權閹、裔夷、五胡、裔夷臣，卷三至四爲名臣，卷五爲名將，卷六爲循吏、酷吏、平允吏、理財、剛直、諫諍、醇謹、清介、奸佞、嬖倖，卷七爲儒林、詞林、經術、高隱、退隱，卷八爲仙術、方士、釋教、任俠、任放、游說、滑稽、刺客、孝子、義門、技藝。

鮑應鰲序云："楚黃毛文素先生，以三楚才士，久次公車，隨牒來歙，坐皋比之席，握鑄士之器，揮塵樹義，表端而氣和。諸士無不人人矜奮，咸曰吾師乎！吾師乎！鼓舞於先生春風中者翕如也。一日過余，出所爲《鏡古錄》讀之，其書自羲、軒迄昭代，人品事蹟悉臚列其梗概焉。標心於萬古之上，而送懷於千載之下，正如傳神寫照者不必毛髮膚理一一具備，而覽者已得其人於阿堵中……令虛心稽古，妍嫫好醜一一如鏡現形，誰肯以嫫與醜自甘耶？古人有言曰，人無鑑於水，惟鑑於民。余亦曰，人無鏡於形，而鏡於古。毛先生以此自鏡，又以此鏡當世，則異日用爲朝家千秋金鏡，茲集又毛先生先資之言矣。"

是本鮑應鰲序後刻"萬曆丙辰歲冬月紫陽書院刊行"。刻工黃應魁，歙人也。按，紫陽書院，在歙縣紫陽山，爲明知府張芹所建，調元在歙，當爲紫陽書院之教席。

《四庫全書總目》未收。《中國古籍善本書目》著錄。甘肅省圖書館、山東省圖書館等六館，及美國普林斯頓大學葛思德東方圖書館、日本內閣文庫、尊經閣文庫亦有入藏。

館藏有複本一部，四冊。卷四闕第二十七頁。

0596　明萬曆刻本聖學宗傳

T1035/7231

《聖學宗傳》十八卷，明周汝登撰。明萬曆三十三年(1605)王世韜等刻本。八冊。半頁九行十八字，四周單邊，白口，單魚尾，書口下有刻工及字數。框高20.4釐米，寬13.9釐米。題"東越周汝登編測；陶望齡訂正；王繼晃、王繼燁、王繼炳參閱"。前有陶望齡序，萬曆三十四年(1606)鄒元標序，萬曆三十四年余懋孳序。

周汝登，字繼元，號海門。嵊縣人。萬曆五年進士。讀書過目不忘，年十四而孤，十八爲諸生。二十四歲師山陰王龍谿，示以文成之學，輒領悟。中進士後授工部屯田主事，督稅蕪湖。陞南京兵部車駕司主事，轉驗封司郎中，再陞廣東按察僉事、雲南參議、南京尚寶司卿，署京兆篆。年八十三，詔起工部尚書，未任卒。學者稱"海門先生"。其爲政，以教化爲先，不事刑罰，故所至有慈祥清白名，通籍五十年，林居三十餘年，不蓄財，不治第，不營產。《(同治)嵊縣志》卷一三有傳。

聖學者，聖人之學也，學之有宗，如人之有祖。蓋是書乃以"祖之血脈在吾身，聖之精神在吾心"爲旨，採先儒語類禪者以入，始伏羲，止明代王棟、羅汝芳，計八十九人。

鄒元標序云："予友紹興周子，早志真宗，學有本原，慮前聖以一脈相傳，恐後之人不曉斯義，乃遡自羲、軒及我明諸儒先有關斯學者，名曰《聖學宗傳》。蓋其意曰帝之與王、聖之與賢、隱之與顯、微之與彰，雖異位而人同，人同而此心同。此心同，通之千百萬世無弗同。獨奈何不求者？既委至寶於草莽，而求之者又橫以意見，意見穿鑿，是取至寶而付之烈焰，又不如隱於草莽之爲完璞也。其意良苦矣。"余懋孳序云："儒之立言，如醫之立方，症愈變，方愈多，傳亦愈雜。得國手而揀擇之，握其至要，以葆元氣，不尤便於生人哉！宗傳之書，乃簡易方也。"

此書刻於萬曆三十三年，陶望齡序云："是編成於萬曆乙巳冬十月，殺青壽梓，王子世韜晜弟實肩其費，功亦偉云。"刻工爲山陰馬忠。

《四庫全書總目》入史部傳記類存目。《中國古籍善本書目》著錄。上海圖書館、浙江圖書館等十五館，臺北"國家圖書館"亦有入藏。按，是書又有明萬曆三十三年刻本，九行二十字，南京圖書館有藏。臺北"國家圖書館"又有明萬曆三十四年方如騏等刻本。美國普林斯頓大學葛思德東方圖書館所藏，有"門人方如麒、王業浩校刻"，作明萬曆三十三年刻本。日本內閣文庫、京都大學人文科學研究所有明萬曆三十四年刻本，則不知同何本。

0597　明萬曆刻本歷朝忠義彙編

T2261.3/0234

《歷朝忠義彙編》二十二卷，明郭良翰輯。明萬曆三十九年(1611)刻本。十二冊。半頁九行二十字，四周單邊，白口，無魚尾。框高21釐米，寬13.7釐米。題"明莆中郭良翰道憲編輯；繁陽黃吉士叔相、新安金忠士元卿、新都畢懋康孟侯訂正；廬陵彭惟成元性、會稽商周祚明兼全訂"。前有萬曆三十八年(1610)孫承宗序，萬曆三十八年黃吉士序，萬曆三十九年錢桓序，萬曆三十九年劉廷元序，萬曆三十八年郭良翰自序；《凡例》十一則。

是編稱歷朝，乃自上古始，止萬曆。分八類：其精忠殉國、成仁取義者，錄伯夷、叔齊而下，計一千四百十八人；直諫不避、捐糜杖獄者，錄東里、箕文、龍逢、比干而下，計三百二十四人；誓志恢復、雪恥除兇者，錄申包胥、張良、諸葛亮而下，計九人；不污貳命、晦跡全名者，錄商容、凰沙蟄而下,計一百三十三人;奉使不屈、靖節本朝者,錄解揚、蘇武而下,計五十六人;殉難取節、立志皎然者,錄召忽、先軫而下,計二十八人;義各爲主、足備閏統者,錄元字羅、帖木兒而下,計五人;忠婦殉義、繫國綱常者,錄周宣姜、齊賢妃而下,計一百九人。總共二千零八十二人。

古代忠義之人,精貫日月,氣柱古今,一段烱烱晶光,自是不可磨滅。是編作者,殫力窮年,蒐括充汗,總以《二十一史》爲傳信,而衡之《綱目》、《通鑑》,參之《一統志》、《通志》,以及稗官野乘,與諸世譜功載,綜其軼事,合而爲之。

郭良翰自序云:"翰幼讀孔孟書,習祖父訓,每至殺身成仁、舍生取義之章,未嘗不忼慨悲歌,眥裂髮指,幾聞其語,而見其人。及睹張敬夫所謂平居無犯顏敢諫之忠,臨事必無仗節死難之義,則又爽然自失矣。乃不揣紕謬,殫寒暑晝夜之力,裒歷代忠義諸鉅公,纂厥軼事,薈爲一編。肇自上古,迄於宋元,列其皎皎較著,凡若而類,類若而人,而又續以我國家累葉之所培養,而食忠義之報其最,凡若而輩,輩若而人,各以類次,令千載而下,未論一腔熱血欲灑無地者讀之翻然勃然。"

是書有刻工,題"吉水黃仕刻"。

《四庫全書總目》未收。《中國古籍善本書目》著錄。天津圖書館、故宮博物院亦有入藏。

鈐印有"安樂堂藏書記"、"明善堂覽書畫印記"、"梅花草堂"、"陳鳴鑣"、"馭蒼"。

0598　明萬曆刻本逸民史

T2258/7922

《逸民史》二十二卷,明陳繼儒撰。明萬曆刻本。二十冊。半頁九行十八字,左右雙邊,白口,單魚尾。框高20.2釐米,寬13.4釐米。題"華亭陳繼儒輯;新安吳懷謙校"。前有萬曆三十一年(1603)王衡序。目錄頁末題"嘉興殷仲春、高金聲、王淑民、郁嘉慶、華亭陳緒儒、陳夢蓮、瑯琊王瑞轂、釋秋潭、蓮儒、慧解同校"。

逸民者,指避世隱居之人,亦作佚民。是書雜採自周至元史傳郡志所載隱逸之士,計四百三十人。卷二一至二二爲《元史隱逸補》(前有萬曆二十六年陳繼儒序),因以元史隱逸不詳,搜取志銘之類,得三十五人。

王衡序云:"故仲醇之志逸民也,寧詳無簡,寧仍故文,勿參以筆削,其取諸全史本傳者若干卷,旁採諸郡邑志者若干卷,傷《元史》傳隱逸勿詳也,作隱逸補又若干卷,而山林倫物之美,至是始覩大全。"

卷二配清抄本。

《四庫全書總目》入史部傳記類存目。《中國古籍善本書目》著錄。中國國家圖書館、上海圖書館等十一館,臺北"國家圖書館"(三部),及日本內閣文庫、京都大學人文科學研究所亦有入藏。

0599　清雍正刻本歷代名吏錄

T2258/1362

《歷代名吏錄》四卷,清張星徽撰。清雍正十一年(1733)湖山草堂刻本。四冊。無欄,半頁九行二十四字,四周雙邊,白口,單魚尾。框高20.4釐米,寬12釐米。書口上鐫"循良前傳約編",下鐫"湖山草堂"。題"溫陵後學張星徽北拱氏輯著"。前有雍正九年(1731)自序;《條例》六則。各卷前有目錄。末有自跋,雍正十年(1732)張先蹟跋。

張星徽,見清雍正刻本《戰國策》。

是書義取金履祥《通鑑前編》，"先《通鑑》而補闕略"，所錄正史之外，子書、文集、雜著亦偶有採入。所取唯有關史治者，撮著其要，而不及其他履歷行事，以便記誦，顏之曰"約編"，即書口所鐫"循良前傳約編"。

卷一周秦十一人、西漢二十人、東漢五十六人；卷二東漢二十八人、三國十三人、兩晉十七人、宋十人、南齊十二人、梁十五人；卷三陳二人、元魏二十四人、北齊十三人、後周二十人、隋十六人、唐二十五人、五代三人；卷四宋四十九人、遼二人、金二人、元八人、明十五人。每人姓名之下，列其吏治事蹟，附綴星徽尾評，末署"北拱"二字。所援引諸傳皆注明出處，有《史記·循史列傳》、《韓詩外傳》、《孔子家語》、《新書》、《文獻通考》、《資治通鑑綱目》、《漢書·循史傳》、《後漢書》、《東觀記》、《後漢書·循史傳》、《南史·循史傳》、《北齊書·循史傳》、《隋書·循史傳》、《弘簡錄》、《唐書·循史傳》、《涑水記聞》、《東軒筆錄》、《宋史》、《遼史》、《金史》、《元史》、《明紀編年》、《通鑑紀事本末》、《綱鑑易知錄》、《小山類稿》、《姓氏譜纂》等。

星徽序云："自昔有天下者，宰執臺諫、侍從諸臣外，首重牧守令長之選。蓋以刺史典藩方岳，專城萬里，系一道之休戚，關國家之治亂。至於守令，地勢親民，其所施設，下即受之。昫濡之，立蘇息焉；刻剝之，立焦枯焉。故刺史守令能其人，則民蒙惠利，而國家有金甌磐石之固；不能其人，則民受毒害，而國成土崩瓦解之形。漢、唐、宋享祚數百，而及其末流，政以賄成，官由私樹，泯泯棼棼，不可救藥者率由乎此。"序、跋皆未及刊事。

扉頁鐫"歷代名吏錄。溫陵張北拱輯著。雍正癸丑夏鐫。湖山草堂藏版"。按，"癸丑"爲雍正十一年。"湖山草堂"無考。

是書傳本罕見，《四庫全書總目》不收。《中國古籍善本書目》入史部傳記類，泉州市圖書館藏，殆作者故里所存。按，星徽福建泉州人，其自署"溫陵張北拱"，"溫陵"即泉州古稱。

0600　清乾隆刻本古今長者錄　T2258/1232

《古今長者錄》八卷，明黃文炤撰，明彭士望評。附《筆疇》一卷，明王達撰；《讀書簡要》一卷，題蔣永撰。清乾隆八年(1743)曾洲刻本。二册。無欄，半頁九行二十字，四周單邊，白口，單魚尾。框高19釐米，寬13.5釐米。天頭鐫評語。題"秣陵丁蓮侶明登先生原本；樹廬彭士望躬庵先生評閱；西園曾洲瀛一校刻"。前有乾隆八年曾洲序，羅鄂州原序，黃文炤序；總目。《筆疇》有洪武二十二年(1389)王達序，釋元賢序；總目。《讀書簡要》有蔣永序。

黃文炤，又作黃文照，字麗甫，一字季毅，泉州府同安縣新圩鎮金柄村(今屬廈門市翔安區)人，寓居泉州郡治，一作晉江人。萬曆中諸生，專性命之學，潛心力行，日以談道爲事。終生不仕，時人稱"黄布衣"。晚年又以易學著。隱居泉州清源山南台院，致志著書立説。清兵入關，隆武帝授爲國子監學正，堅辭不就，帝賜"天恩存問"匾額。乙酉清兵南下，年九十歸隱故里輪山之北。又數年而卒。臨終，囑人將其棺置三秀山雪山岩房梁，以示"生不戴清朝天，死亦不履清朝地"，逾二百年，咸豐初始下葬同安。著述有《道南一脈》、《孝經》、《仁詮》、《太極圖解》、《理學經緯》、《約言問答》、《琴莊》、《九日山志》等。

彭士望，本姓危，字躬庵，又字達生，江西南昌人。十六歲補縣學生。崇禎十二年，父臨終囑其師從黃道周。及道周以進諫獲罪思宗下獄，士望四處奔走，竭力營救。入清，與魏禧、魏際瑞、魏禮昆弟及林時益、李騰蛟、邱維屏、彭任、曾燦等九人，躬耕相食，論道講學於甯都易堂，世稱"易堂九子"。著述有《手評通鑑》、《春秋五傳》、《恥躬堂詩文集》等。

曾洲序曰：“乾隆壬戌(七年)冬，族叔駢緘授予《古今長者錄》一册，云得於市肆中，乃易堂彭躬庵先生評閱者，卷首有鄂州先生原敘，而書不傳。此編則温陵黄文炤先生所補輯，秣陵丁明登先生訂刻之，輯、刻歲月俱無可考閲。閲其書，約而要，簡而詳，前賢言行燦若列眉，展卷玩味，深愜予懷。夫殘苛非居心之道，忠厚乃涉世之基……爰付剞劂，并《筆疇》、《讀書簡要》二册彙成一帙，以公同好。”

丁明登，字劍虹，江蘇江浦縣人。萬曆間歸依雲棲蓮池大師，遂號蓮侣。萬曆四十四年進士，曾任泉州推官，後遷職治衢州。卒於乙酉冬。明登結交文炤，出資刊行文炤所輯《古今長者錄》，或爲其泉州推官任上事。丁刻《古今長者錄》刊年至遲在清順治二年冬之前。

是編八卷，録三代以迄明季古今長者二百五十九人事，起周公旦，止張江陵。末附別品六人。

所附《筆疇》四十三則，《讀書簡要》十二則。

《四庫全書總目》入子部雜家類存目，著録兩江總督採進本。《總目》云：“明黄文炤撰。文炤字季彀，晉江人，萬曆中諸生。是編輯周、秦以迄明代忠厚長者之事，大抵皆取其一節，故人品不甚別擇。末附別品六則，則似薄而實厚者。其導俗之心甚善，書則不免蕪雜也。”

扉頁鎸“古今長者錄。彭躬菴先生評點。乾隆八年鎸。附筆疇讀書簡要。西園藏版”。

《中國古籍善本書目》入史部傳記類，著録明天啓刻本，河北大學圖書館、南京圖書館收藏，題“明丁明登撰”。是本未見，不知據何題丁明登撰。

羅鄂州原序云：“竊惟長者之名不顯於前世，獨詳於戰國、秦漢之間，起於世道衰微，時論迫隘，相與角長短、較險易，各務近其所欲，而推遠其所惡，無復忠厚純固之氣象……有爲人長之道，故命之曰‘長者’，故擴取前世所爲若此者，總之爲若干卷，命曰‘古今長者錄’。”

黄文炤序云：“予生也晚，每思舉一二遺事，直效古者，示民不偷之意，而未得發端語。一日從友人處讀羅應庵集，中載鄂州先生《思復長者風》書，則古人實獲我心久矣。幸序言具存，全録於此。愚讀是序，雍然真長者言也。欲求其書，則應庵云書已不傳矣，爲之遠想慨然。因再理前語，徵文考獻，得三代以降古今長者，凡若干人，名之曰‘補思復長者風’，取束晳補亡之意。”即取束晳作《補亡詩》以續經之意。

鄂州原序云，其“命曰‘古今長者録’”，然文炤序謂其所見羅鄂州書名“思復長者風”，其補輯本因以“補思復長者風”爲名。曾洲序稱，其族叔所授爲《古今長者録》一册”，是本卷端亦題“秣陵丁蓮侣明登先生原本”，或明登於訂刻之際依鄂州序改爲原題，也未可知。

0601　清康熙刻本安危注

T2258/2321

《安危注》四卷，明吳甡撰。清康熙吳元復刻本。八册。半頁九行二十字，四周雙邊，白口，單魚尾。框高19.4釐米，寬12.9釐米。題“明禮部尚書兼東閣大學士吳甡專愚氏論輯”。前有喬可聘序，李清序；目録。末有吳元復二跋。

吳甡，字鹿友，號專愚，晚號柴庵，江蘇興化人。萬曆四十一年進士，官至宰輔。天啓二年授御史，因忤魏忠賢削籍。崇禎帝即位，甡復職。十三年冬，再用爲兵部左侍郎，協理戎政。十五年，帝遴選内閣，甡得選，擢爲禮部尚書兼東閣大學士，入閣爲相。十六年遣戍雲南，十七年歸里隱居，康熙九年卒，年八十二。著述有《柴庵疏集》、《憶記》、《寐言》、《柴庵詩文集》等。事蹟具《明史》本傳。

是書纂述，乃甡受命於紀亭陳先生，甡子元復云："昔嘉春紀亭陳先生命先君曰，《安危注》乃當今要事，予病，不及作，子其爲我成之。"其名"安危注"，取漢陸賈言"天下安，注意相；天下危，注意將"語，意軍、國所任將、相者，一身而繫天下安危治亂。甡因擇漢、晉、唐、宋四代將相治亂安危者，彙爲一帙。其所撰終論曰："開代創業，當主少國疑之際，宜如忠哲之留侯；國步中衰，值一綫僅存之日，當法鞠躬盡瘁之諸葛；至時勢已去，天命莫回，必師從容就義之信國。"李清序云，專愚氏亦爲相，亦爲將，不幸受命於傾覆之日，廟堂之不具，何言政事。此其所以不得施用，而發憤欷息於是書者。

是編錄兩漢、晉、唐、宋四代任居將相者事，計八十四人（其中三人附）。卷一漢二十五人：張良、蕭何、韓信、曹參、陳平、周勃、周亞夫、衛青（附霍去病）、霍光、張安世、魏相、丙吉、趙充國、王嘉、鄧禹、寇恂、馮異、耿弇、吳漢、馬援、袁安、楊震、虞詡、諸葛亮；卷二附晉七人：羊祜、馬隆、王導、祖逖、劉琨、陶侃、謝安；卷三唐二十三人：房玄齡（附杜如晦）、李靖、狄仁傑、郭震、張仁願、張柬之、姚崇、宋璟、張九齡、郭子儀、李光弼、張巡、李泌、楊綰、陸贄、李晟、李抱真、杜黃裳、裴度、李愬、李絳、李德裕；卷四宋二十八人：趙普、曹彬、呂蒙正、張齊賢、呂端、李沆、寇準、王旦、曹瑋、王曾、范仲淹、富弼、韓琦、文彥博、狄青、種世衡、司馬光、李綱、宗澤、趙鼎、岳飛、韓世忠、吳玠（附璘）、劉錡、虞允文、孟珙、文天祥。每傳作者皆予評論，低一格題"專愚氏曰"。

此書爲吳甡罷相歸里之後所撰。喬可聘序曰："廟易之後，歸隱潭溪，閉門杜足，獨吾輩一二故戚時相往還。然每語及當日情事，則髮上衝冠，因不禁感嘆陸生之言，而作《安危注》一書。上自留侯，終於信國。留侯始終爲韓，信國不忘報宋，蓋惓惓之意有如此。"

是書成於清初，由其第五子元復於康熙間刊出。書稿曾失而復得，事見於元復跋："復憶總角時，侍先君潭上。見先君子著書，每搁管必泣。復時懵然不省人事，先君子亦不明言著書之旨。書成，獨手自藏於笥。後家被劫盜，先君子亦遂見背。伯兄北海自都歸，檢是書而不得，大痛。復時始知先君子有《安危注》一書。然書既失，已無可奈何，唯終身懷手澤之思而已。外舅李公夢與從外來，忽持是書歸。復詢之，乃得之蕪城市。復驚且喜，受而跽讀之，因并見李、喬兩前輩手序，乃恍然於先君子昔日著書涕泣之由。嗚呼！先君子之深情苦志，天固不忍没之。而是書經濟之學有稗於天下萬世，其精英正氣自不肯沉埋塵土間也。因偕大姪澤宗共相抄集，急梓公之於世，以當蓼莪之志痛云。"

是編著於崇禎十七年吳甡歸里隱居之後，其索序之日必已入清，喬可聘、李清二序皆不署新朝年號，元復二跋也復如此。跋有"今先君即世五十年"語，以甡卒於康熙九年推算，則《安危注》刊於康熙五十九年前後。

扉頁鐫"安危注"。

《四庫全書總目》史部傳記類存目著錄。《中國古籍善本書目》不收。中國人民大學圖書館、中山大學圖書館等八館有收藏。日本《國立國會圖書館漢籍目錄》、美國《普林斯頓大學葛思德東方圖書館中文舊籍目錄》著錄。

0602　清乾隆刻本晚笑堂畫傳明太祖功臣圖　　T2258/2372

《晚笑堂畫傳》四卷《明太祖功臣圖》一卷，清上官周繪并撰。清乾隆八年（1743）上官惠刻本。六册。無欄，半頁十一行二十二字，左右雙邊，白口，單魚尾。框高22.9釐米，寬14.9釐米。無題。前有乾隆八年楊于位序,乾隆八年上官周自序。末有乾隆八年劉杞跋。

上官周,字文佐,號竹莊,福建長汀人。以丹青擅名於時,善畫山水、人物,開創閩派畫風,有《羅浮山圖》、《珠江掛帆圖》、《台閣風聲圖》等精品傳世。著述有《晚笑堂詩集》等。乾隆八年自序署"時年七十九",則上官周約生於康熙四年。

畫傳兩種,皆人物畫譜,即繡像。凡一百二十人,人各一譜。其中《晚笑堂畫傳》七十六人,《明太祖功臣圖》四十四人。

《晚笑堂畫傳》所繪歷代人物,依次有劉邦、項羽、虞姬、張良、韓信、緹縈、東方朔、司馬遷、蘇武、班婕妤、嚴光、班固、姜詩妻、龐德公、班昭、諸葛亮、謝安、王羲之、顧虎頭、遠公、陶淵明、蘇蕙、王勃、楊炯、盧照鄰、駱賓王、孟浩然、王維、李白、杜甫、劉長卿、劉禹錫、李賀、元稹、白居易、杜牧、李商隱、溫庭筠、韓愈、柳宗元、歐陽修、蘇洵、蘇軾、蘇轍、曾鞏、王安石、狄仁傑、張九齡、司馬承禎、張巡、顏杲卿、顏真卿、郭子儀、狄青、蔡襄、司馬光、劉安世、黃廷堅、李綱、岳飛、文信公、于謙、王守仁、楊繼盛、周敦頤、程顥、程頤、張載、邵雍、楊時、羅從彥、李侗、朱熹、張栻、陸九淵、真德秀。

《明太祖功臣圖》依次有馬太后、徐達、常遇春、李文忠、鄧愈、湯和、沐英、李善長、傅友德、劉基、郭英、張中、胡大海、宋濂、廖永忠、冷謙、陸仲亨、馮勝、丁普郎、陶安、丁德興、吳良、周顛、俞通海、葉琛、花雲有後、韓成、馮國用、周德興、王褘、薛顯、張德勝、蔡遷、章溢、耿再成、康茂才、郭子興、孫炎、趙得勝、韓宣可、吳復、華雲龍、濮真、郭德成。

每幅繡像之左,皆有小傳。劉杞跋稱,每人各撮其本傳之略,於圖之左方,以付梨棗。

上官周序曰:"余少時工寫人物,常摹仿有明一代開國勳臣,凡四十四人,藏弆篋衍者久之。無何歲月侵尋,耄期將及,星家推算咸以余當就木,由是息影邱園,杜門卻掃,因得瀏覽史籍。沿自周秦以下,遇一古人有契於心,輒不禁欣慕之、想像之,心摹而手追之,積日累月,脫稿者又七十六人,合之得百二十人焉……統而觀之,勝國勳戚而外,自兩漢以逮前明,其中王侯將相、忠孝節義、詩人文人、書家畫家、黃冠緇衣之徒,無不犁然具舉,而巾幗亦得附見於其間。"

是畫傳兩種由周之孫惠出資雕板。上官周序曰:"日者天復假吾以年,攜卷入粵,小孫惠不欲沒老人之微勤,請付剞劂,以詔來茲。余出所藏而授之。"刻工皆名手,見於楊于位序:"今先生年七十九,重游粵嶠,訪得名手,乃擇其尤者百輩,鍥之於板,以示後世。"

扉頁鐫"晚笑堂竹莊畫傳"。

是本自序末黏一籤條,上有乾隆二年上官周墨筆題識"丁巳上元前一日閩中上官周寫"一行,下鈐"上官周印"白文方印、"竹莊"朱文方印。按,周號竹莊,"丁巳"為乾隆二年。

中國科學院圖書館、安徽省圖書館等二十四館入藏。有題作《晚笑堂竹莊畫傳》者,蓋取扉頁所鐫。美國《普林斯頓大學葛思德東方圖書館中文舊籍目錄》、日本《內閣文庫漢籍分類目錄》、日本《國立國會圖書館漢籍目錄》等著錄。

《四庫全書總目》、《中國古籍善本書目》皆不收。

鈐有"□齋"、"長生安樂"、"胡幼鶴記"、"蘇秉心印"、"眉山"諸印。

0603　清乾隆刻本歷代名賢齒譜　　T2258/6233

《歷代名賢齒譜》九卷,清易宗涒輯。清乾隆刻本。存五卷,卷一至五。十冊。無欄,半頁十四行二十八字,左右雙邊,黑口,雙魚尾。框高19.3釐米,寬12.9釐米。題"湘鄉易宗涒公申輯;多羅慎郡王鑒定;男易祖愉、祖謙、祖本、柬校字"。前有慎郡王序,雍正三年(1725)朱綱序,仲之琮序,康熙五十五年(1716)自序,康熙五十五年陳鵬年序,雍正三年沈世屏序;《凡例》十則;撰修姓氏;目錄。是本首殘。慎郡王序首頁、卷一末頁、卷二首頁又第五十六頁又末頁、卷五首頁抄配。

易宗涒,字公申,湖南湘鄉人。年九歲爲諸生。國子生。生有至性,居母喪,廬墓三年。少好學,博極群書。乾隆元年舉博學鴻詞。遂於經術,年逾九十卒。著述有《半霞樓詩文集》、《歷代名媛齒譜》、《性理精言》、《四書譯注》、《五經辨疑》、《歲月譜》、《干支譜》、《男女姓氏譜》、《孝感傳》、《岸亭偶談》等。《清史列傳》卷七一有傳。

作者以類書如林,無不詳盡,獨缺年齒一項,罕有專書,因倣古人年譜之例,撰爲齒譜,自一歲以至百餘歲,盡錄歷代古人可稱道者。《凡例》、目錄、撰修姓氏、慎郡王序等皆題"齒譜",卷端題《歷代名賢齒譜》。

卷一祥徵、初生、一歲至七歲,卷二八歲之十三歲,卷三十四歲至十九歲、十餘歲,卷四二十歲至二十九歲、二十餘歲,卷五三十一歲至四十九歲、四十餘歲,卷六五十歲至六十九歲、六十餘歲,卷七七十歲至七十九歲、七十餘歲,卷八八十歲至八十九歲、八十餘歲,卷九九十歲至九十九歲、九十餘歲、一百歲、一百餘歲、一百十歲至二百歲、數百歲至千歲。

是編所錄,以二十二史爲正,次則《一統志》及各省府縣志,兼採諸雜史、諸子百家類,若《路史》、《拾遺記》、《淮南子》、《國語》、《新論》、《列子》、《世說新語》、《月令廣義》、《酉陽雜俎》、《雲笈七籤》、《論衡》、《萬姓統譜》、《洞冥記》、《山堂肆考》、《搜神記》、《萬花谷》、《華陽國志》、《群芳譜》、《傳燈錄》、《西湖志》、《武林梵志》、《弘簡錄》、《元史類編》、《列朝詩集小傳》、《皇明紀略》、《元和姓纂》、《事文類聚》、《博物志》、《十國春秋》、《明朝小史》、《東都事略》、《類書纂要》、《鶴林玉露》等。所採皆爲節錄,末注出處。有宗涒評語。

此譜始輯於康熙四十一年,成書於康熙四十四年。迄雍正十三年慎郡王爲序,作者始"敢刻以問世"。語見《凡例》:"此書始於康熙壬午,成於乙酉,書成八十萬言,錄以自便,藏之照袋。康熙丙申在都,陳恪勤公深爲許可。雍正乙卯,多羅慎郡王奏允本府教習呈請鑒定,蒙賜序文,故敢刻以問世。"是本康熙五十五年自序末鎸"丙辰召試"朱文方印,"丙辰"爲乾隆元年,是年宗涒偕兄宗瀛召試博學鴻詞,以故《歷代名賢齒譜》之竣刻,當在乾隆元年宗涒舉博學鴻詞以後。

多羅慎郡王,清聖祖二十一子允禧,原名胤禧,字謙齋,號紫瓊、紫瓊道人。雍正八年封貝子,同年晉貝勒,清高宗繼位尚未改元,即封爲多羅慎郡王,時宗涒館其府邸教習。乾隆二十三年卒,年四十八,謚靖。

慎郡王序曰:"公申先生楚南名宿,博恰沉浸於四部之書,著述滿家,此可津梁後學,乃不爲然藜之祿之劉更生,而爲火下細書之沈麟士,則命之奇也,而學足傳已。其所著《齒譜》,自一歲以至百歲,皆古人卓卓可稱道者,因事以稽歲,因歲以貫事,取裁精,考據確矣。閱是書者,勿徒取爲祝嘏之詞,資其雅切,徵事數典,侈其譚柄也。且夫古今人未始不相及也,古之人忠孝節義、勳業文章,各章章如是,彼歷某歲已然,今吾歲幾何矣,能乎哉,不能乎哉,應愧且奮,睇古爲梯,是亦砭惰自強之一助也。"

宗涒又輯有《賢媛齒譜》四卷,以資金故嗣刻。乾隆間有《歷代名賢齒譜》、《歷代名媛齒譜》合刊本。

上海圖書館、內蒙古大學圖書館等有藏,題"齒譜九卷",作"清雍正三年賜書堂刻本"。

《四庫全書總目》、《中國古籍善本書目》皆不收。

鈐有"積石山房圖籍"、"味道之印"、"心藏氏"、"照顏書屋"、"開卷有益"、"積石山房珍藏秘籍"、"一二居士珍藏"諸印。

0604　明刻本新刊名臣碑傳琬琰之集　　　　T2259.5/4141

《新刊名臣碑傳琬琰之集上集》二十七卷《中集》五十五卷《下集》二十五卷,宋杜大珪輯。明刻本。存三十册。半頁十五行二十五字,左右雙邊,白口,雙魚尾。框高19.2釐米,寬13.3釐米。目録頁題"眉州進士杜大珪編"。前有紹熙五年(1194)序。

杜大珪,眉州人。進士。仕履不可考,約光宗時人。

是書所收,上起建隆,下訖紹興,多採自諸家别集及實録國史。《上集》爲神道碑之類,《中集》爲志銘行狀,《下集》爲别傳。一代名臣事實略具於斯。

清曹元忠《箋經室所見宋元書題跋》云:"其書隨得隨編,不拘時代,亦不拘體製,誠如《四庫》館臣之言。至館臣又謂其無所刪竄,亦無所去取,似未盡然。按《中集》,《蜀公范鎮司馬文正公光墓誌銘》……大珪注云,以上墓誌全文,悉取蘇文忠公所撰《司馬公行狀》,故不復載。"其他如朱熹撰《張忠獻公浚行狀》,注云:《張忠獻公行狀》,其全文僅四萬言,工程急迫,未能全刊,故稍刪節。又《下集》取曾鞏《隆平集》,於北宋名臣建碑已遺佚者,不得已乃取《隆平集》補之,加以注明。

此本諱字不嚴,有避有不避。如構、桓字避,惇、敦字不避。刻工有何、可、王、立等。缺去上集卷一至五。

是書世傳以爲宋本。余歷年所見有天一閣、浙江圖書館、南京圖書館、上海圖書館藏本。上海圖書館藏有三部,爲宋刻元明遞修本,一部爲白紙本,兩部爲黄紙本。相較之下,白紙本似比黄紙本刷印爲早。

金鑲玉裝。眉端以上之紙,多被割裂,而配以它紙,書賈所作也。

《四庫全書總目》入史部傳記類。《中國古籍善本書目》著録。天一閣及華東師範大學圖書館所藏爲宋刻全帙。中國國家圖書館、遼寧省圖書館所藏爲殘帙。浙江圖書館所藏雖爲宋刻全帙(《四庫》底本,有清俞樾題款,爲該館鎮庫之寶,三十年代初以三千元購入,舊爲孫氏壽松堂所藏),但有配補明抄本。上海博物館藏本存八十三卷(有曹元忠跋)。宋刻元明遞修本,除上圖外,中國國家圖書館、四川省圖書館、湖南圖書館皆有入藏。南京圖書館爲殘本。臺灣藏三部,題宋建刻本,爲臺北"國家圖書館"兩部(一存五十六卷;一存四十四卷,原北平館者)、故宫博物院一部(存五十四卷,原沈氏研易樓舊物)。日本静嘉堂文庫有宋刻本(有抄配)。

0605　清順治刻本五朝宋名臣言行録　　　　T2259.5/2943B

《五朝宋名臣言行録前集》十卷《後集》十四卷,宋朱熹輯;《續集》八卷《别集》二十六卷《外集》十七卷,宋李幼武輯。清順治十八年(1661)林雲銘刻本。二十册。半頁十一行二十二字,四周單邊,白口,單魚尾。框高19.9釐米,寬14.4釐米。《前集》目録題"宋新安晦庵朱熹纂集;太平老圃李衡校訂;明後學安福張鼇山、縉雲鄭汝璧校梓;後學閩縣林雲銘重鋟;文公裔孫朱烈授梓"。《前集》前有朱熹原序,順治十八年(1661)林雲銘序;總目。

朱熹,見清康熙刻本《周易本義》。

李幼武,字士英,江西廬陵人。

是本總目題"重鎸宋名臣言行録",依次列有:《前集》計十卷開國名臣,《後集》計十四卷經濟名臣,《別集》上計十三卷、下計十三卷中興名臣,《續集》計八卷忠節名臣,《外集》計十八卷道學名臣,《外集》附見《伊洛淵源》。按,《外集》所題"計十八卷",實爲"十七"之誤。

朱熹序曰:"予讀近代文集及記事之書,觀其所載國朝名臣言行之蹟,多有補於世教者。然以其散出而無統也,既莫究其始終表裏之全,而又汩於虛浮怪誕之説,予常病之。於是掇取其要,聚爲此書,以便記覽。尚恨書籍不備,多所遺闕,嗣有所得,當續書之。"

《四庫全書總目》史部傳記類著録,其曰:"編中所録,如趙普之陰險,王安石之堅僻,吕惠卿之奸詐,與韓、范諸人並列,莫詳其旨。"又曰:"考吕祖謙《東萊集》,有《與汪尚書書》,曰'近建寧刻一書,名《五朝名臣言行録》,云是朱元晦所編。其間當考訂處頗多。近亦往問元晦,未報。不知曾過目否'。《晦庵集》中亦有《與祖謙書》,曰'《名臣言行録》一書,亦當時草草爲之,其間自知尚多謬誤,編次亦無法,初不成文字。因看得爲訂正,示及爲幸'云云。則是書瑕瑜互見,朱子原自不諱,講學家堅持門户,一字一句,尊若《春秋》,恐轉非朱子之意矣。"

朱熹先後集北宋名臣嘉言懿行,編爲《五朝名臣言行録》十卷、《三朝名臣言行録》十四卷。五朝爲太祖、太宗、真宗、仁宗、英宗,凡五十五人,附三人;三朝爲神宗、哲宗、徽宗,凡四十二人,附二人。今有宋淳熙間刊本《五朝名臣言行録》十卷《三朝名臣言行録》十四卷。按,淳熙元年朱熹四十五歲,《名臣言行録》又爲繼《資治通鑑綱目》而作,《五朝名臣言行録》、《三朝名臣言行録》之初刊,當均在淳熙年間。合刊本又稱《八朝名臣言行録》、《朱子名臣言行録》等。

南宋理宗間,李幼武仿朱子體例,編《皇朝名臣言行録》八卷,録北宋末凡二十九人;《四朝名臣言行録》二十六卷,録南宋中興四朝凡六十五人;《皇朝道學名臣言行録》十七卷,凡三十八人,附六人。皆有明初刻本傳世。

後人合編朱熹、李幼武《名臣言行録》五種,方成今觀。其總題多爲"五朝名臣言行録",明萬曆黄吉士等刻本與哈佛此本題"五朝宋名臣言行録",明崇禎張采、宋學顯等刻本題"宋朱晦先生名臣言行録",《四庫全書總目》題"名臣言行録"。各集則皆失其原題,僅稱"前集"、"後集"、"續集"、"别集"、"外集"。《中國古籍善本書目》史部傳記類著録合編本,凡五刻:元刻本,明正德十三年建陽書肆刻本,明萬曆三十五年黄吉士等刻本,明張鰲山刻本,明崇禎十一年張采、宋學顯等刻本。

是本即據明張鰲山本重刊。順治間,林雲銘爲徽州府推官,其於任上應朱子裔孫烈之請而刊是集。雲銘重刻序云:"余不敏,叨理新都,實邇先生籍里。高山景行,烏能已於嚮往,敬從其裔孫烈之請,先爲付梓。"序署"時順治辛丑歲孟冬朔後六日賜進士出身文林郎江南徽州府推官三山後學林雲銘謹序並書"。

《中國古籍善本書目》不收。

鈐印有"静虚書屋"朱文方印。

0606　清乾隆刻本宋十賢傳　　T2259.5/7942

《宋十賢傳》二卷,清陳世倌撰。清乾隆八年(1743)刻本。四册。半頁十行二十字,左右雙邊,黑口,單魚尾。框高19.2釐米,寬12.9釐米。書口下鎸"上"、"下"。目録題"後學海寧陳世倌編"。前有乾隆八年自序；目録。

陳世倌，字秉之，號蓮宇，本姓高，世隸汴籍，始遷祖東園公，爲海寧縣陳氏贅婿，子承母姓，遂世姓陳。十五歲補縣學生，康熙四十一年舉順天鄉試，四十二年成進士，授翰林院庶吉士，四十五年散館改編修。雍正元年擢侍讀學士，二年擢內閣學士，尋爲山東巡撫。乾隆元年爲副憲，三年調户部左侍郎，四年擢都察院左都御史，五年晉工部尚書，六年爲文淵閣大學士兼工部尚書。十六年兼管禮部事，十七年、十九年充會試正總裁官。著述有《養正初訓》、《閨範類編》、《吕新吾先生呻吟語》、《仁愛叢說》、《訓士學古錄》等。生於康熙十九年，卒於乾隆二十三年，年七十九。謚文勤。《清代碑傳全集》卷二六有傳。

"十賢"即所謂宋五子、五臣。五子：周子元公（敦頤）、程子純公（顥）、程子正公（頤）、張子明公（載）、朱子文公（熹）；五臣：韓忠獻公（琦）、范文正公（仲淹）、富文忠公（弼）、文忠烈公（彦博）、司馬文正公（光）。

是本目錄僅載篇目，不標卷數，以書口下所鎸"上"、"下"爲二卷。是本范文正公篇置於文忠烈公篇後。

是書爲世倌教習庶吉士所編印教材。自序略曰，余觀宋時，諸儒肇興，名相迭出。而存堯舜君民之志，學術風規之醇，正未有如宋之五子、五臣者也。余學殖荒落，奉命與少司空松如先生並教習庶吉士。夫國家既立太學，以育群材，而又設兹館，以爲儲相之地。則陶冶成就之責，余二人實任之。今既以詩賦颺諸君子應修之業，而尤以斯道與天下爲已任者望之諸君子，因取宋五子、五臣傳付之梓人，人授一編，殆猶弈者之有譜，陶者之有範也。諸君子奉此，以是則是傚立身，則先去其自私自利之心，服官則亟絶其患得患失之念，由是潛心經史，日進於高明光大之域。

扉頁鎸"宋十賢傳。海寧陳蓮宇編"。乾隆八年自序有"因取宋五子、五臣傳付之梓人"語，是書當刊於作序之年。

《四庫全書總目》不收。《中國古籍善本書目》史部傳記類著錄，作"不分卷"，清華大學圖書館收藏。

0607　明天啟刻本蘇米志林

T9150/2116

《蘇米志林》三卷，明毛晉輯。明天啟間毛氏緑君亭刻本。三册。半頁八行十八字，四周單邊，白口，無魚尾。書口下有"緑君亭"。框高20.4釐米，寬13.3釐米。題"明東吴毛鳳苞子晉輯"。後有毛晉跋。

是書掇蘇軾瑣言碎事集中所遺者，編爲二卷。又以米芾軼聞編爲一卷。

此本有扉頁，刊"蘇米志林。琴川毛氏原本。文粹堂藏板"。此當爲後印之本。

《四庫全書總目》入史部傳記類。《中國古籍善本書目》著錄。中國國家圖書館、浙江圖書館、臺北"國家圖書館"等三十四館亦有入藏。

館藏有複本一部，三册。鈐有"延安李心源印"。

0608　明嘉靖刻本新刊皇明名臣言行錄

T2259.7/4203

《新刊皇明名臣言行錄》四卷，明楊廉輯，明徐咸續輯。明嘉靖二十年（1541）魏有本刻本。

八册。半頁十行二十字,左右雙邊,白口,單魚尾。框高 19.9 釐米,寬 13.6 釐米。前有嘉靖二十年魏有本序,嘉靖十年(1531)徐咸序,弘治十一年(1498)楊廉序。末有嘉靖十年鄭曉跋,嘉靖十一年(1532)徐咸跋,嘉靖十一年崔鼎跋。序後有引用書目。

楊廉,字方震。豐城人。早承家學,以文行稱。成化二十三年進士。正德時累官南京禮部侍郎,嘉靖初遷尚書。卒謚文恪。廉與羅欽順善,爲居敬窮理之學,文必根六經,自禮樂、錢穀至星曆算數,具識其本末。學者稱"月湖先生"。

是書始魏國公中山徐武寧王達,止敬齋胡先生居仁。卷一二十五人,卷二三十人,卷三二十四人,卷四二十三人。目錄第一頁題"豐城楊廉纂集",卷三目錄頁題"後學海鹽徐咸纂集;後學海鹽鄭曉校正;後學濠梁崔鼎梓行"。

集一朝名臣言行而彙爲錄者,始於宋代朱熹,後李幼武有《名臣續錄》、《別錄》、《皇朝道學名臣外錄》等。逮元之元好問有《金君臣言行錄》、蘇伯衡有《元名臣事略》。明代天順成化間彭韶撰《皇明名臣錄贊》。楊廉以彭氏所撰收人太狹,未嘗兼取博採,於是纂集是書。楊廉序曰:"輒於暇日,繙閱國朝諸家文集,與夫記事之書,於凡諸公之言行,一以竊取朱子之法類而聚之……彭本贊論謹嚴,悉以採入,原所收三十一人,今增至五十五人云。"後徐咸以近代名臣固未有錄之者,又通加搜訪,共得四十八人(實四十七人)。此爲魏有本所刻,所據底本當爲崔鼎刻本,然崔刻今已不存。

魏有本序云:"使留都,謁宗伯月湖楊公,公以手編《皇朝名臣言行錄》二卷授之。嗣於同年集齊丘大理得《近代名臣言行錄》二卷,則海鹽東濱徐子所集也。間嘗披閱服誦,仰止不暇,中間翊扶景運,贊輔太平,黼黻文章,闡明道學,定難拯危,安邊攘寇,忠鯁節義,炳炳焉,凛凛焉!直與皋、夔、伊、吕、龍逢諸賢頡頏輝映,何古今人之不相及哉!又就而考之,國勢安危,政體沿革,與夫祖宗列聖涵養培植之厚,因可概見矣,故今萃合爲一,付藩司執事者梓而傳焉。"按,有本字伯深,餘姚人。正德十六年進士。授行人,轉御史,巡撫河南。遷南大理寺卿、刑部右侍郎,進右都御史,督漕儲議。後引疾歸,卒贈南京工部尚書。《(乾隆)餘姚志》卷二六《列傳》有傳。

金鑲玉裝。

《中國古籍善本書目》著錄。中國國家圖書館、南京圖書館等五館,臺北"國家圖書館",及日本尊經閣文庫亦有入藏。

0609 明嘉靖刻本皇明名臣言行錄   T2259.7/2950

《皇明名臣言行錄》十四卷,明徐咸撰。明嘉靖三十二年(1553)王宗沐刻本。五册。半頁十二行二十三字,四周單邊,黑口,雙魚尾。框高 19.1 釐米,寬 14 釐米。前有弘治十一年(1498)楊廉序,嘉靖十年(1531)徐咸序。末有嘉靖十年鄭曉跋,嘉靖十一年(1532)徐咸跋。

徐咸,字子正。海鹽人。正德六年進士,知沔陽州,歷襄陽知府。居官寬簡持大體,性孝友。《(乾隆)海鹽縣圖經》卷一三有傳。

是書卷一至一二爲一百人,始徐達、劉基,止陳真晟、胡居仁。卷一三爲王宗沐據海鹽本增補,始郭英、王禕,止傅珪、羅欽順,計四十三人。總共一百四十三人。明代彭韶曾仿朱熹《宋名臣言行錄》撰《國朝名臣贊錄》,然所收太狹。後楊廉慮其未備,遂輯成《皇明名臣言行錄》四卷。此則徐咸再爲增補者。徐序云:"我皇明名臣昉於莆田彭公鳳儀《錄贊》,後泰和尹公正言有《通錄》，楊公方震有《言行錄》，莆田林公從學有《補贊》，述作多矣，而近代名臣固未有錄之者。咸不自揆，通加搜訪，共得四十八人，亦爲《言行錄》，是皆我英、憲、孝、武四朝之所培植者，雖其事功所就，不無大小之差，然志行風節、才猷學識、充養磨礪、卓爾不群，皆足爲士君子立身立朝之法程也。載籍既寡，識見復庸，僭妄漏畧之罪，知不可逭，錄未盡者，尚有俟於續考云。"

此本天頭地脚極開闊。目錄後刻有"廣西臬臺舊刻本朝名臣言行錄，自徐武寧王而下，凡一百人。至嘉靖癸丑六月，宗沐得海鹽本，復益以郭威襄公而下四十三人，蓋始具備，使觀者得詳考焉。臨海後學王宗沐識"。

《四庫全書總目》所收爲前集十二卷後集十二卷，入史部傳記類存目。《中國古籍善本書目》僅著錄《近代名臣言行錄》十卷(明嘉靖十一年刻本、明萬曆十六年張程刻本)、《皇明名臣言行錄》前集十二卷後集十二卷(明嘉靖二十八年施漸刻本)續集八卷(明嘉靖三十九年侯東萊、何思刻本)。此本則罕見其傳，臺北"國家圖書館"亦有入藏，爲原藏北平館者。

鈐印有"真州吳氏有福讀書堂藏書"。

0610　明嘉靖刻本殿閣詞林記　　T2259.7/0234

《殿閣詞林記》二十二卷，明廖道南撰。明嘉靖刻本。八册。半頁十行二十字，左右雙邊，綫黑口，無魚尾。框高19.8釐米，寬14.2釐米。題"皇明賜進士南京國子監祭酒黃佐、翰林院侍講學士廖道南同編"。

廖道南，字鳴吾，蒲圻人。正德十六年進士。官至翰林院侍講學士。修大禮書，直經筵。歸田後，爲世宗作《楚紀》六十卷。

殿閣，宋代大學士皆帶殿閣銜，以崇其資望。明清兩代，大學士爲内閣長官，仍以殿閣名入銜。如明之中極殿、建極殿、文華殿、武英殿、文淵閣、東閣等。詞林，翰林或翰林院之别稱。宋王應麟《玉海·聖文五·康定賜翰林飛白書》："至和元年九月，王洙爲學士，仁宗嘗以塗金龍水牋爲飛白'詞林'二字賜之。"

《四庫全書總目》入史部傳記類。《總目》云："道南自正德辛巳改庶吉士，由編修歷官侍講學士，在詞垣最久，嫻習掌故。因集詞林、殿閣、宫坊、臺省諸臣舊事，分類記載，以成是編。其例，凡仕至華蓋、武英諸殿者曰殿學，文淵、東閣者曰閣學，兼六館者曰館學，晉詹事者曰宫學，屬春坊者曰坊學，屬宏文者亦曰館學，典成均者曰雝學，陞本院者曰卿學，有節義者曰贈學，擅書翰者曰藝學，終始本院者曰院學。大概仿列傳之例，悉載其官階恩遇，而事實亦附見焉。"

《中國古籍善本書目》著錄。中國國家圖書館、南京圖書館等六館，臺北"國家圖書館"(二部，其一爲原藏北平館者)亦有入藏。

《湖北先正遺書》史部收有此書。

是書殘存卷三至四、卷六至一二。書賈割裂首行書名，并鈐有"王印士禎"、"阮亭"、"蕘圃"、"善本"、"汪印士鐘"、"子晉汲古"、"小玲瓏山館珍藏圖記"等僞印。又僞撰葉德輝跋於後。

0611　明萬曆刻本國朝列卿記　　T2259.7/1631

《國朝列卿記》一百六十五卷，明雷禮輯。明萬曆徐鑒刻本。六十册。半頁十行二十五字，四周雙邊，白口，單魚尾，書口下有刻工。框高22.5釐米，寬15釐米。題"柱國少傅兼太子太傅工部尚書豐城雷禮纂輯;提督應安等府學校監察御史同邑徐鑒校梓"。前有顧起元序,徐鑒序,雷禮自序;《凡例》八則。

雷禮,字必進,號古和。豐城人。嘉靖十一年進士。授興化推官,讞獄多奇中。以卓異擢吏部主事,歷考功郎中。後謫大名府通判,累陞浙江提學副使,稱得士浙中,頌為文宗第一,遷太僕太常少卿、順天府尹。詔加太子太保,歷階少傅、晉太傅柱國、賜蟒龍服。隆慶初,乞休不允,後致仕歸。性嗜學,涉獵群書,尤明習朝典,卒年七十七。《(道光)豐城縣志》卷一二《仕績》有傳。

是書列明代職官姓名,起自洪武初年,迄於嘉靖末年,自內閣部院,以至府司寺監長官,外而總督巡撫,皆以拜罷年月為次,上標人名,而各著其出生里籍於下為年表。又於年表之後,附載其居官事蹟為行實。年表但以次題名,不用旁行斜上之例。行實略仿各史列傳,而又不詳具始末,止書其事之大者而已。惟卷八至一三為內閣行實,頗為詳備,論斷亦多持公道。卷內有記隆慶、萬曆初年之事者,係其子淡、瀛及孫條補之。

雷禮序云:"予叨祿於朝,思景前修,以盡職守。因查自國初啓運至嘉靖四十五年終,凡文臣歷任中書省、御史臺及殿閣部院、府司寺監各堂上官,并各處總督巡撫,循世系錄為年表,俾居其官者,鑒已往之得失,知所以勸懲焉。"

顧起元序云:"豐城司空雷公,在肅皇帝朝,與海鹽鄭公同以練習掌故,著聲一代,垂意典述。既總本朝因革用舍之大政,次而為記;又取開國以來中書省、輔臣、六曹諸司以下其人與事,論而列之。取材於志錄,稽世於譜牒,日月披尋,排纘成集,系牽繩貫,比事屬詞,正纂而外,旁及群書,凡有所關,悉從採掇,其或事無可考,亦具存其姓名,名曰《國朝列卿紀》。於是漸鴻振鷺,依日月而近星辰者,履歷犖然如與身遇。煌煌哉!真昭代之鉅觀也。隆慶而後,公謝政家居,所紀第書名目,以俟後之君子,而公亦尋逝矣。顧編摹雖究,釐校未終,就中一人一事迭見,則重複宜刪;傳信傳疑兩存,則冗蔓宜汰。以至魯魚帝虎之字,訛舛宜糾;疊床架屋之書,參伍宜備。侍御徐公,公同邑人也,視學南畿,志先景行,念此紀僅有鈔本,未普流傳,圖所以表章之者。乃刪汰正補,反復校梓行之,自是雷公之盛事,得侍御公而愈彰"。

按,徐鑒,字觀甫。豐城人。萬曆二十九年進士。授桐城知縣,後勑南直、應安等府學政,尋陞太僕寺卿,致仕。崇禎初,以部推詔起用,辭疾不出。又著有《禮經講雋》等。《(道光)豐城縣志》卷一三《仕績》有傳。

是本卷六至八、卷四二至四三、卷五九至六二、卷七〇至八九、卷一五七至一五九配抄本。

刻工有陳忠、王貴、陶仲仁、張一鳳、劉汝恩、周祥、劉大、商祐、高儒、周德、王錦、陶紹、石全、陳禎、張卞、鄧文談、鄧召林、鄧召佩、鄧召景、田文、傅元、丁文、孫夆、杜喬、朱榮、毛士遠、杜加貴、高梁、甘文、劉仕任、薛洪、張樽、張文言、梁華、胡守志、陳貞、蕭奉、高尚武、陶見、謝科。寫工有陶仲禮、陶仲信、章弼、祁文、李惟守、王都、陳忠。

《四庫全書總目》入史部傳記類存目。《中國古籍善本書目》著錄。中共中央黨校圖書館、山東省圖書館、河南省圖書館、臺北"國家圖書館"(二部,其一原藏北平館者),及美國國會圖書館、日本內閣文庫、尊經閣文庫、京都大學人文科學研究所亦有入藏。

0612 明嘉靖自刻本皇明名臣言行錄新編　　　　T2259.7/3102

《皇明名臣言行錄新編》三十四卷,明沈應魁輯。明嘉靖三十二年(1553)自刻本。八冊。半頁十行二十四字,四周單邊,白口,單魚尾。框高20.5釐米,寬13.4釐米。題"吳常熟後學沈應魁文仲氏校刊"。前有嘉靖三十二年沈應魁自序。

沈應魁，字子文，號沖玄。常熟人。嘉靖二十九年進士。授南京禮部郎。倭犯海上，上言制倭六策，帝甚嘉之。遷廣西按察司僉事，忤上官，歸，優游以老。《(康熙)常熟縣志》卷一八《邑人》有傳。

是編始中山武寧王徐達，止吏部郎中薛蕙。分前集（卷一至一〇）五十四人，中集（卷一一至一七）三十一人，後集（卷一八至二六）三十五人，外集（卷二七至三四）四十七人，共一百六十七人。

應魁自序云："國朝彥俊雲興，二祖六宗之所葆植，祥星喬嶽之所炳靈，或以節行標，或以勳業顯，或以理學稱，或以忠烈著，或以文章鳴，濟濟乎！皇皇乎！即九官十亂四科諸賢，莫得而讓也。二百年來，諸所紀載，如彭公韶之《錄贊》、尹公直之《通錄》、楊公廉之《理學錄》、林公塾之《補贊》、徐公咸之《近代錄》、袁公袞之《獻實》，嘻其備乎！然史罕實錄，大都取信於志、傳、碑文、家乘、野記之書云爾已矣。余自弱冠攻文，羹墻往哲，疑殆良多，仰思一校讎之，未暇也。乃承乏間曹，討論是習，時從耆老先達相與質難厥義，多所發明，稍爲蒐輯補逸，芟繁舉要，稽厥年代，詳厥履歷，因文潤色，以便覽觀。僉同者總爲三集，而各異者亦存之，別爲外集，以備載筆者考焉。舊錄之外，無增入焉……殺青甫就，圖廣厥傳，經年俸入，悉畀梓人。而端溪王公，蒞政省堂，遂亦捐俸助之，方駕前修，嘉惠後學，甚盛心也。鐫諸家篋，用昭景行，如曰續編，尚俟來哲。"

《四庫全書總目》未收。《中國古籍善本書目》著錄。南京圖書館、山東省圖書館等五館，臺北"中央研究院"史語所，及日本內閣文庫、尊經閣文庫亦有入藏。

鈐印有"尾張淺井氏記"、"滕直之印"、"字若尾"，皆日人印也。

0613　明崇禎刻本皇明開國臣傳　　　T2259.7/2964

《皇明開國臣傳》十三卷，明朱國禎撰。明崇禎刻本。十二冊。半頁十行二十一字，左右雙邊，白口，單魚尾。框高21釐米，寬14.2釐米。題"臣朱國禎輯"。

是書爲《皇明史概》五種之一。本館藏有全帙。前十一卷所錄二百九十九人，始徐達、常遇春，止潘原明、李伯昇。卷一二爲孝子列傳，計二十三人。卷一三爲義士、遺民等十七人。

有扉頁，刊"開國臣傳"。

美國國會圖書館、普林斯頓大學葛思德東方圖書館、日本內閣文庫、靜嘉堂文庫、尊經閣文庫等亦有入藏。

鈐印有"鄂氏順安珍藏"。

0614　明崇禎刻本皇明遜國臣傳　　　T2259.7/2964.2

《皇明遜國臣傳》五卷首一卷，明朱國禎撰。明崇禎刻本。二冊。半頁十行二十一字，左右雙邊，白口，單魚尾。框高21.6釐米，寬14.3釐米。題"少師大學士湖上朱國禎輯"。

遜國者，讓國也。明建文四年六月，燕王朱棣兵入京師，宮中火起，建文帝不知所終。民間傳說其由地道出亡。其後滇、黔、巴蜀、閩皆傳帝爲僧事，世遂以帝爲遜國。

是書爲《皇明史概》五種之一。本館藏有全帙。首一卷爲徐輝祖、常昇。卷一至五，所錄凡一百六十餘人。

史　部

有扉頁，刊"遜國臣傳"。

美國普林斯頓大學葛思德東方圖書館、日本内閣文庫、静嘉堂文庫、尊經閣文庫等亦有入藏。

0615　明崇禎刻本皇明輔世編　　　　T2259.7/0642

《皇明輔世編》六卷，明唐鶴徵撰。明崇禎十五年(1642)陳睿謨刻本。十二册。半頁十行二十五字，四周單邊，白口，無魚尾，書眉上刻評。框高18.7釐米，寬13.5釐米。題"明太常毘陵唐鶴徵編纂；門人同邑陳睿謨評梓"。前有崇禎十五年陳睿謨序。

唐鶴徵，字凝庵。武進人。隆慶五年進士。歷官太常卿，以博學聞，嘗疏劾瑁殿屬丞，得旨嚴治，人忌之，遂病免。

是書取明代諸臣，次其行事，起洪武初李善長、劉基，訖嘉靖中曾銑、胡宗憲，凡四十二人。陳睿謨序云："顧事久言湮，博士家尋繹所至，類多拂拭藻典，罕能垂情經濟。以故將相司牧，各有前賢芳躅，可遵可法，而漶漫於塞煙冷霧者不少，滅没於剿説雷同者更多。馴致僻遠者無以輔其志，而進之中正；而葸庸者無以輔其力，而作之貞毅……余秉鉞沅疆，羽書旁午，每當戎務孔亟，介馬疾馳，兵餉兩匱之時，輒取《名臣傳略》，倣其行事，多得變通之法。歲月漸久，歷事漸深，屢鞏桐封，四芟苞蘖，得以仰報璽書者，其規益不外是矣。間嘗抄青有得，多與吾師凝庵唐先生《輔世編》合者，因綜其成稿，翼以己意，勒成一書，授兒子咨稷，使旴夕習之。"

《清代禁燬書目·補遺二》著録。又《清代禁書知見録》云："書内翁萬達傳，語多觸礙，應抽除。"是本有缺頁，爲卷二第十九頁、第一一八至一一九頁，卷四第一至四頁、第一〇四頁，卷六第八十六頁。

《四庫全書總目》入史部傳記類。《中國古籍善本書目》著録。中國國家圖書館、上海圖書館、南京圖書館、北京大學圖書館、臺北"國家圖書館"（兩部）、臺北"中央研究院"史語所，及日本尊經閣文庫亦有入藏。

鈐印有"阮亭"、"李印文藻"、"南澗居士"、"仙坪珍藏"。

0616　明萬曆刻本皇明十六種小傳　　　　T2259.7/3112

《皇明十六種小傳》四卷，明江盈科輯。明萬曆二十九年(1601)刻本。四册。半頁九行十八字，四周單邊，白口，單魚尾。框高20.6釐米，寬13.6釐米。題"楚桃源江盈科輯"。前有萬曆二十九年鄧原岳序，萬曆二十九年江盈科序。

江盈科，字進之，號淥蘿山人。湖廣桃源人。萬曆二十年進士。少甘貧。授長洲令，遷吏部考功主事，數上書陳時政。改大理寺正，陞户曹，主試蜀中，擢提學僉事。《(道光)桃源縣志》卷一二有傳。

是書輯録明代軼事，大抵委巷之談。卷一《四維》，分忠類十九則，孝類六則，廉類八則，節類十一則，女節類九則；卷二《四常》，分慈類四則，明類八則，寬類六則，慎類七則；卷三《四奇》，分隱類六則，怪類五則，機類二十九則，俠類十二則；卷四《四兇》，分姦類十則，諂類五則，貪類二則，酷類三則。

鄧原岳序云："吾友江進之，雅以論著顯居，嘗慕説古喆，纏纏不休，暇則採國史之奇事可爲法戒者,大率仿《世説》之意,葺爲十六傳而梓之。謂不佞曰,秘不易傳也,冗不易竟也。是編也,辟之戎行,夫非所謂選鋒也乎哉!"

江盈科自序云:"十六傳者,不佞因閱國乘,摘出二百餘年新異事,凡十六種,各綴緝其語而爲之傳。彙爲四門,有曰四維者,忠孝廉節是也;曰四常者,慈明寬慎是也;曰四奇者,隱怪機俠是也;曰四兇者,姦諂貪酷是也。四門之中,其目十六,十六種之中,種或十餘人,或三四人,總計凡若干人。或因一事紀一人,或就一人摘一事,大都事不能概當人,人不能概當代,要於挺拔突兀,不經聞見,使人讀之,能有所聳動而感發焉。"

是本有扉頁,刊"皇明十六種小傳。江學憲編。雪濤閣藏板"。

《四庫全書總目》入史部傳記類存目。《中國古籍善本書目》著錄。上海圖書館亦有入藏。

0617 明崇禎刻本皇明表忠紀　　　　　　　　　　　　　　　T2259.7/8542

《皇明表忠紀》十卷,明錢士升撰;附錄一卷。明崇禎刻本。四册。半頁九行十九字,左右雙邊,白口,單魚尾。框高 20.1 釐米,寬 13.8 釐米。題"禮部尚書兼東閣大學士臣錢士升論次"。前有崇禎十七年(1644)謚詔;崇禎六年(1633)錢士升序;《凡例》八則。

錢士升,字抑之,號御冷,晚號塞庵。嘉善人。萬曆四十四年進士。授翰林修撰。魏大中、趙南星被難,並爲營護。崇禎中累官禮部尚書,兼東閣大學士,參預機務。後乞休,明亡後七年卒。

是書名表忠,乃表建文死難諸臣,卷一《二親臣傳》,卷二《殉難列傳》,卷三《死義列傳》,卷四《死事列傳》,卷五《死戰列傳》,卷六《從亡列傳》,卷七《隱遯列傳》,卷八《後死列傳》,卷九《三不忠傳》。卷一至九共收二百四十三人。卷一〇正譌十七則。附錄一卷爲碑記二篇,一南京户部侍郎汪宗伊撰《應天府奉詔建表忠祠碑銘》(萬曆四年),一錢士升撰《重修表忠祠碑記》(崇禎五年)。

錢士升序云:"士升備官留禮,瞻拜祠下,業與徐少司空良彦、詹大京兆士龍謀所以繕堂廡、廣俎豆者,而又念諸忠取義成仁,各有本末,散在載記,不無異同。綜其大者,如《遜國臣記》,簡而多漏;《朝野彙編》,博而寡裁;《忠節録》核矣,而取義未精;《拊膝録》詳矣,而魯魚或誤。因搜輯諸家,參以逸事,商榷義例,論次列傳,凡九卷,先親臣、次殉難、次死事、次死戰、次從亡、次隱遯、次後死,以三不忠終焉。"

金鑲玉裝。

《四庫全書總目》入史部傳記類存目。《中國古籍善本書目》著録。中國國家圖書館、臺北"國家圖書館",及日本尊經閣文庫亦有入藏。按,是書又有明崇禎胡氏十竹齋刻本,有首一卷,八行十八字,四周單邊,白口,中國國家圖書館、湖北省圖書館入藏;明崇禎刻本,亦有首一卷,爲九行十九字,四周單邊,上海圖書館、浙江圖書館等四館入藏。

鈐印有"紫瀾"、"郎錦驌章"、"瑞芝書屋"。

0618 清康熙刻本明名臣言行録　　　　　　　　　　　　　　T2259.7/2972

《明名臣言行録》九十五卷,清徐開任輯。清康熙刻本。二十册。半頁十行二十一字,左右雙邊,黑口,單魚尾。框高 19.9 釐米,寬 13.3 釐米。題"崑山後學徐開任季重編輯"。前有彭士望序,黄宗羲序,康熙二十年(1681)自序;《凡例》十七則;目録(缺卷三八第七、八、九人,卷三九至四六)。卷三配抄本。

徐開任,字季重,號愚谷,江蘇崑山人。明諸生。入清,杜門著述歷數十年,從子徐乾學、徐元文位皆通顯,貽書惟勖,以砥礪名節。與吳門徐枋、同里朱用純並爲鄉邦所推重。論詩上溯風騷。著述有《易經通論》、《禮經》、《愚谷詩藁》等。

彭士望序曰:"季重家世通顯,多藏書,備當代之文獻。且高尚不仕,銳志纂述,其用力於此者,亦既專且久矣。其於昭代諸書,旁及家乘傳志,凡有裨於言行者采之,無所不備。累年損益,乃成是書。而於甲申殉難之名臣,遐陬僻邑,廣爲搜羅,尤極敬慎,足爲信史。"士望字躬庵,師從黃道周,致力於古文辭,晚年尤講求實用之學。

黃宗羲序云:"明之爲治,未嘗遜於漢、唐,則明之人物,其不遜於漢、唐明矣。其不及三代之英者,君亢臣卑,動以法制,束縛其手足,蓋有才而不能盡也,徐子亦嘗尚論其故乎?近時僞書流行,聊舉一二:如甲申之死難,則雜以俘戮;逆閹之難,則雜以腼死;楊嗣昌喪師誤國,《籲天錄》頌其功勞;洪承疇結怨秦人,《綏寇紀》張其撻伐;高官美諡,子姓私加;野抄地志,纖兒信筆。此《錄》出,庶幾收廓清之功矣。"

是編始自明代開國,迄於晚明南朝末年,所錄計七百十三人,起於徐達,止於徐汧。附八人。全編大體依時代序次,其中如節行、經濟、理學、忠烈、循良、文學等,以其"濟濟皇皇,爲世所景仰者"故,仍按類編排。

據《凡例》云,是編取舍,止論品行,不論官爵,如品行卓有可觀,即一命小吏,窮鄉布衣,皆在所錄。又云,古今鮮完人,《錄》中諸公,品節未必盡純,第舉其長而略其短;人物止辨淄澠,不爭洛蜀。

開任謂,所採明人志傳,多藉其姪乾學昆季襄助:"近代名公志傳,山川阻修,頗難搜輯,賴姪健庵、果亭、立齋兄弟,史館搆求抄錄惠我,顧貲有未逮,更解囊捐助。"

扉頁鐫"明名臣言行錄。徐愚谷先生編輯。采山堂藏板"。

《中國科學院圖書館藏中文古籍善本書目》著錄清康熙注山徐氏刻采山堂印本。福建省圖書館也有收藏,著錄爲清康熙崑山徐氏刻本。又見於日本《內閣文庫漢籍分類目錄》等書目。

《四庫全書總目》、《中國古籍善本書目》皆不收。

鈐印有"完山"、"李廷瀼印"、"曉之"、"秀野草堂顧氏藏書印"等。

0619　清康熙刻本雒閩源流錄

T1025/1314

《雒閩源流錄》十八卷,清張夏撰。清康熙二十一年(1682)黃昌衢彝敘堂刻二十四年(1685)補刻本。十二冊。半頁十行二十一字,四周雙邊,白口,單魚尾。書口下刻"彝敘堂"。框高19.5釐米,寬13.6釐米。題"無錫張夏纂;門人婺源黃昌衢、昌儼校"。前有康熙二十一年彭瓏序,康熙二十一年黃聲諧序;康熙二十一年張夏自序;康熙二十一年黃昌衢《校刻雒閩源流錄題後》;《凡例》二十二則。卷一八前有康熙二十四年張夏識語。

張夏,字秋紹,江蘇無錫人。隱居菰川之上,孝友力學。初從馬世奇受經,後入東林書院,從高世泰學。其爲學先經後史,博覽強記。世泰沒,其子弟相與推夏主講席。湯斌撫江蘇,至東林,與夏論學,深韙之,延至蘇州學宮,爲諸生講《孝經》、小學,遂有《孝經解義》、《小學瀹注》。另有《楊文靖年譜》二卷。卒年八十餘。《清史稿》卷四八〇《儒林一》、《碑傳集》卷一二八有傳。

是書彙纂有明一代諸儒學行梗概,分別門戶。書中將諸儒分爲三品,最上爲"正宗",其次爲"羽翼",又其次爲"儒林"。其卷一至一三列方孝孺、曹端、薛瑄、陳真晟、胡居仁、章懋、蔡清、邵寶、羅欽順、魏校、呂柟、顧憲成、錢一本、高攀龍、馮從吾、金鉉等"正宗"十六人,錢唐、許存仁等"羽翼"三十九人,其他"儒林"一百九十二人,並合傳附傳共二百五十餘人,大體依時序先後編排。卷一四至一七則另分江門一卷、姚江三卷,列"羽翼"八人,"儒林"九十五人,並合傳附傳共一百十餘人。卷一八爲"補遺",共錄朱善等二十八人。

《凡例》云:"今夏僭不自量,私纂故明一代諸儒學行梗概,遡統程朱,故題曰《雒閩源流錄》,蓋爲程朱後人作也。""採集諸儒自洪武初年起至崇禎末年止,間有一二稍遲歲月而以志節終者,於篇末特存之。""先後依歷朝時序,並略照科目年分,或有以師生授受連書之者,不至年世懸絕。惟陳王兩家之學,恐混列無辨,另分江門一卷、姚江三卷,編次於後。""是錄始於壬子春,成於辛酉冬。""壬子"爲康熙十一年,"辛酉"爲康熙二十年。

是書由張夏弟子黃昌衢刻梓行世,黃氏校刻題後云:"今觀錄中以雒閩爲宗主,而標儒宗以示準的,次時代以鏡盛衰,分支派以定正閏,俾後學一覽廓然……衢不敏,竊謂是錄關係道脈,不可不公諸同志,爰率諸弟捐橐授之梓。"

是書有初刻,成於康熙二十一年,共十七卷。其後張氏續有增補,因又加補刻。館藏此本即康熙二十四年增補本,增入卷一八,列朱善等二十八人。此本卷一八題下標小字"補遺一",張夏識語云:"是錄以康熙壬戌刻於京江館次,深自病其掛漏……於是取向所已見而姑闕與向所未見而遲至者,選錄共得二十八人,題曰補遺,其次序一遵時代而學脈附辨其中焉。"末署"乙丑四月既望張夏識"。其後於康熙二十七年,張氏續有所得,又增刻爲十九卷本。今《四庫全書存目叢書》、《續修四庫全書》影印者即十九卷本。其本卷一至一七與館藏十八卷本同,卷一八、一九則爲後刻,收錄了朱善等五十八人,較十八卷本增加三十人,所增諸儒次序亦重加編排。又傳文亦稍有增改,如朱善傳文,十九卷本較十八卷本即有所增益。十九卷本卷一八前亦有張夏識語,文字較十八卷本稍加變動,如"選錄共得五十八人,題曰補編,分爲二卷",末署"戊辰清和既望"。"戊辰"即康熙二十七年。卷一八下題小字亦改爲"補編一"。由此可知,黃氏此刻,分別有十七卷本、十八卷本、十九卷本,康熙二十一年刻成十七卷本,康熙二十四年補刻爲十八卷本,康熙二十七年補刻爲十九卷本。此三種印本今皆有傳本存世。

此本有扉頁,刻"雒閩源流錄。張菰川先生手授。彜敘堂藏板"。"玄"字避帝諱。

《四庫全書總目》史部傳記類存目著錄十九卷本,云:"是書取有明一代講學之儒,分別其門户,成於康熙壬戌。大旨闡雒閩之緒,而力闢新會餘姚之說……夏此書以程朱之派爲主,而於陸氏之派,亦節取所長,以示不存門户之見,用意較爲深密。"

《中國古籍善本書目》著錄,有十七卷、十八卷、十九卷之別,皆作清康熙二十一年黃昌衢彜敘堂刻本。其中十七卷本僅北京大學圖書館有藏,十八卷本南京圖書館、安徽省圖書館、福建省圖書館三家有藏,十九卷本則有中國國家圖書館、清華大學圖書館、復旦大學圖書館入藏。另日本《東京大學東洋文化研究所漢籍分類目錄》子部儒家類著錄十八卷本。《四庫全書存目叢書》史部第123冊據中國科學院圖書館所藏十九卷本影印,《續修四庫全書》第536冊據復旦大學圖書館藏十九卷本影印。

0620　清乾隆刻本擬明代人物志　　　　T2259.7/7254

《擬明代人物志》十卷,清劉青芝撰。清乾隆刻本。四冊。半頁十行二十字,左右雙邊,黑口,單魚尾。框高18.4釐米,寬13.4釐米。題"襄城劉青芝芳草擬;溧陽史鐵厓、永濟崔君玉兩夫子鑒"。目錄末頁佚,缺鹿善繼、史可法、金聲三傳目。前有乾隆十七年(1752)桑調元序一,桑調元序二,張本序,桑調元序三,乾隆十一年(1746)劉青芝自序;沈青崖詩《訪芳草先生即席賦贈》;張庚詩《過襄城劉庶常芳草先生四首》等;陳世倌、張庚、沈廷芳撰《擬明代人物志》評;常紹撰讀《擬明代人物志》四則;目錄。

劉青芝,字芳草,號實夫,晚號江村山人,河南襄城人。青蓮弟。雍正五年進士,官翰林院庶吉士。少負奇才,年十六補博士弟子員,名噪兩河南北。康熙四十四年舉於鄉,尋試不第,遂居家侍親,十七年不復赴試。及成進士,選入詞館,時年已五十餘,隨即引疾歸,閉門著書近三十年。著述有《江村山人稿》、《尚書辨疑》、《學詩闕疑》、《周禮質疑》、《史記紀疑》、《史漢異同是非》、《古氾城志》、《續錦機》、《江村隨筆》等。《國朝耆獻類徵初編》卷一二三有傳。

是編有明人傳記五十種,計五十六人。卷一《劉基傳》、《葉琛傳》、《章溢傳》、《楊維貞傳》、《王冕傳》、《方孝孺傳》,卷二《鐵鉉景清傳》、《于謙傳》、《章懋傳》、《劉健傳》,卷三《李東陽傳》、《王恕傳》、《楊慎傳》、《王守仁傳》,卷四《唐順之傳》、《李攀龍傳》、《王世貞傳》、《盧柟傳》、《歸有光傳》、《徐渭傳》,卷五《沈束傳》、《沈鍊傳》、《楊繼盛傳》、《海瑞傳》、《郭正域傳》、《江東之傳》,卷六《李夢陽何景明傳》、《康海傳》、《劉一燝傳》、《高攀龍傳》、《繆昌期傳》、《周順昌傳》,卷七《楊漣左光斗魏大中周朝瑞袁化中顧大章傳》、《周宗建傳》、《黃尊素傳》、《李應昇傳》,卷八《孫承宗傳》、《錢龍錫傳》、《章正宸傳》,卷九《黃道周傳》、《姜埰傳》、《徐世淳傳》、《汪喬年傳》、《劉文炳傳》、《鞏永圖傳》,卷一〇《呂維祺傳》、《李邦華傳》、《鹿善繼傳》、《史可法傳》、《金聲傳》。

史稱青芝為文離奇變化,不名一體,尤長傳記,多史法。自序云:"明代人物,何減東漢,心竊嚮往久矣。嘗欲略為撰述,以識景仰之私。而前人紀載頗夥,因取吾家所有書可以參考異同者,採掇筆削,為志十卷。不嫌踵故,不避創造,惟冀略有生氣,以存其人之真面目,不至如昔人所云'統緒失宗、義脈不流'而已。傳後諸論,聊學議古,敢云有識,然自是吾文傑思也。"

扉頁鐫"擬明代人物志"。

是書傳本罕見,《四庫全書總目》不收。《中國古籍善本書目》史部傳記類著錄乾隆十八年刻本,上海圖書館藏。

鈐印有"管子"白文方印、"徑北草堂"朱文方印、"有田不歸如江水"朱文長方印。

0621 清康熙刻本遜國神會錄　　　　T2722/4843

《遜國神會錄》二卷,明黃士良撰,清楊思本評。清康熙刻本。四冊。半頁九行二十字,無欄綫,左右雙邊,白口,單魚尾。書眉鐫評語。框高17.8釐米,寬12.1釐米。題"新安黃士良纂;旴郡楊思本評"。前有目錄。末有康熙十四年(1675)蔣瑤芝跋。

黃士良,字元寔,安徽新安人。

楊思本,一作忍本,字因之,號十學,江西新城縣桃溪人。少有文才,及長,補為郡庠生。以詩名,其詩收入《皇清百名家詩》。王士禎《漁洋詩話》云:"今日善學才調集者,無如江東宗元鼎定九、建昌楊思本因之、太原趙瑾懿侯。"世稱"才子之文"。以諸生終。所著《榴館初函集》、《筆史》,《四庫全書總目》入存目。

是書計十一目。卷上六目:《表忠聖諭》、《表忠紀序言》、《二親臣傳》、《殉難列傳》、《死義列傳》、《死事列傳》;卷下五目:《死戰列傳》、《從亡列傳》、《隱遯列傳》、《後死列傳》(原目誤作

"死後")、《三不忠傳》。每目皆有作者序,《死戰列傳》、《從亡列傳》、《三不忠傳》末有楊思本識語。

各目所錄,依次臚列如次。《二親臣傳》:徐輝祖、梅殷;《殉難列傳》:方孝孺、魏澤、余學夔、齊泰、黃子澄、楊任、鐵鉉、練子寧、卓敬、耿清、劉固、胡閏、張仲禮、高翔、鄒瑾、郭任、戴德彝、張昺、湯宗;《死義列傳》:黃觀、黃鉞、陳性善、王良、曾鳳韶、王叔英、王艮、周是修、高巍、劉璟、方法、儲福、柳一景、張安、張安國、樓璉、林右;《死事列傳》:姚善、周繼瑜、張彥方、王彬;《死戰列傳》:耿炳文、馬宣、余琪、宋忠、楊松、甯忠、鄧戩、瞿能、楊本;《從亡列傳》:程濟、葉希賢、楊應能、廖平、吳成學、馮漼、黃直、王之臣、蔡運、梁田玉、郭良、梁中節、梁良用、宋和、郭節、梁良玉、王資、牛景先、劉伸、金焦、趙天泰、鄭洽、程亨、徐貞、史仲彬、史弘、王昇、王鉞、何洲、周恕、吳亮;《隱遯列傳》:韓郁、豐寅初、東海遺臣、洞庭居士、陳周、劉亨、高賢寧、龔翊、趙清;《後死列傳》:盛庸、平安;《三不忠傳》:李景隆、茹瑺、陳瑛。

蔣瑤芝跋云:"黃公元寔慷慨血性人也,太翁先生以國學生仗義殉節,其行述具在,爲千古不朽忠孝之淵源遠矣。以奇緣得《遜國神會錄》一書,思欲授梓,因寄余山館一看,篝燈深夜,展讀雒誦,凡殉難、死義、死事、死戰、從亡、隱遯以及後死者,總無愧於'忠'之一字……草野志士汲汲表忠,黃公汲汲於先人之表忠,氣類相感,先後同心,且目睹甲申、乙酉之變,念前烈義節凜然,宜其珍重。此書也,余讀竟再拜,奉書而歸之黃公。"

《續修四庫全書總目提要(稿本)》云,是書"即竊錢士升《表忠記》而易其名,其表忠聖諭,即錢《記》首卷之綸音;表忠紀序言,即士升原序,而删其後半。外分目全同錢《記》,惟錢《記》有正譌及附錄,此則缺之。錢《記》作十卷,此併爲二,各類中,或目具而傳不同,或傳全缺而僅存一贊。增於錢《記》者,每段有楊思本評,亦欠精切。題曰'神會',亦不知是何取義。按錢《記》刊於崇禎癸酉(六年),下距乙卯(康熙十四年)纔四十餘年,竟敢公然竄人所作而授之梓,又删其所不當删,以視郭象盜莊,殆有甚焉,殆極妄庸人所爲也"。

蔣瑤芝題跋署"乙卯",查"乙卯"並爲康熙十四年、雍正十三年、乾隆六十年,以"玄"缺末筆避諱,"禛"、"曆"皆不諱,是本當刊於康熙間。

金鑲玉裝。按,此本應有方中履序,今佚去。

《四庫全書總目》不收。《中國古籍善本書目》入史部傳記類,中國國家圖書館、復旦大學圖書館收藏。臺北"國家圖書館"也有入藏,著錄爲清康熙間新安黃氏家刊本,扉頁鐫"遜國神會錄。黃君弼先生定。慈安室藏板"。此書又有傳抄本,見於《販書偶記續編》。近人蔣元卿《皖人書錄》也有記載。

0622　清康熙刻本東林列傳

T2258/5949

《東林列傳》二十四卷末二卷,清陳鼎撰。清康熙五十年(1711)刻本。八册。闕名朱筆批注。半頁九行二十字,左右雙邊,白口,單魚尾。框高17.1釐米,寬12.9釐米。題"江陰陳鼎定九輯;門人沈霽載陽、蔡世英偉人仝校"。前有陳鼎自序;天啓五年(1625)頒《東林黨人榜》;《凡例》十一則;目錄。《凡例》末闕名過錄黃宗羲《東林學案引》。

陳鼎,字定九,江蘇江陰人。著述有《留溪外傳》、《愚我齋詩集》、《滇游記》、《黔游記》、《荔枝譜》、《蛇譜》、《竹譜》、《滇黔土司婚禮記》等。

陳鼎序略云,前朝梁溪諸君子講學東林,垂五十年,天下靡然從之,皆尚氣節、重名義。及國亡，帝后殉社稷，公卿百職，以及士庶人、百工技藝、婦人女子，皆知捐軀效節，殺身成仁，講學之功效，在五十餘年之後。余懼史之失傳也，乃囊筆奔走海内，舟車所通，足蹟皆至，計二十餘年，廉訪死難、死事、忠臣、義士，得四千六百餘人，節婦烈女在外，摭其事實，作《忠烈傳》六十餘卷。稿成，欲上之史館，攜詣京師，寓崇文門，夜爲偷兒肱去，僅存《姓名録》五卷，蓋目録也。慨於國亡之後，學者竟以東林爲禍窟，緘口結舌，不敢道焉。或有耆老齒及者，後生小子輒摇首頓足，其畏也，若洪水猛獸決逸而來，逃死不暇。局勢之變，乃至於此，余也深爲太息。因窮愁羈旅中，編《東林列傳》二十四卷。嗚呼！前朝待士之隆越三代，其得士之報，亦越三代矣。然非東林諸君子講明聖學，闡發義理，激揚廉恥，烏能視國如家、視君如父、趨義如流、視死如歸、踵相接而肩相摩耶？嗚呼！非講學之成效歟？有何可畏哉？然是《傳》，《忠烈》中五十之一耳，若觀殉難諸賢《姓名録》，則知有明忠烈之盛，軼漢晉而超唐宋遠矣。嗚呼！學之不可不講也。

此編總一百八十三人，附二十人。《凡例》稱，宋政和間，楊時與諸賢在無錫城東弓河東林書院講學，故首列楊時及其從游者六人。明正德、嘉靖間，邵寶於城南別建東林書院，祀楊時及諸賢於内，與門人華雲等講學於中，故次列邵寶，因其爲東林發軔之賢。萬曆中，顧憲成昆季與同里高攀龍，於弓河故址再興東林書院，四方學者始集，故是《傳》起於萬曆，所録止於崇禎。兹《傳》皆本於七《録》、《東林黨人榜》、《熹宗實録》，七《録》即《天鑒》、《雷平》、《同志》、《薙稗》、《點將》、《蠅蚋》、《蝗蝻》。

卷一（宋七人）楊時、羅從彥、喻樗、尤袤、李祥、蔣重珍、胡珵；卷二（明三人，附二人）邵寶、顧憲成附弟允成、高攀龍附華允誠；卷三（明八人，附九人）楊漣、左光斗附汪文言、周朝瑞、袁化中、魏大中、周順昌附朱祖文、陸宣、五人（顏佩韋、楊念如、馬傑、沈揚、周文元）、顧大章附弟大韶、徐如珂；卷四（明十一人）繆昌期、李應昇、周宗建、黃尊素、萬燝、劉鐸、丁乾學、吳裕中、吳懷賢、周起元、夏之令；卷五（明五人）石有恒、張振德、王槩、鹿善繼、盧象昇；卷六（明三人）孫承宗、呂維祺、汪喬年；卷七（明八人，附三人）賀逢聖、焦源溥附兄源清、胡守恒、許文歧、衛景瑗附族子楨固、瀷文；卷八（明四人）范景文、倪元璐、金鉉、馬世奇；卷九（明十九人，附一人）李邦華、凌義渠、汪偉、王家彥、吳麟徵、孟兆祥附子章明、劉理順、吳甘來、王章、許直、成德、趙譔、陳良謨、陳純德、俞志虞、彭琯、顧鉉、周鳳翔、申佳胤；卷一〇（明十五人）施邦曜、金毓峒、張羅彥、張羅俊、尹洗、邵宗元、賀仲軾、沈雲祚、周鑣、雷縯祚、史可法、吳爾壎、龔廷祥、徐汧、袁繼咸；卷一一（明九人）劉宗周、祁彪佳、陸培、王道焜、張國維、詹兆恒、陳龍正、黃淳耀、徐石麒；卷一二（明九人）黃道周、顧錫疇、陳潛夫、楊廷樞、祝淵、林垐、方逢年、吳鍾巒、曾櫻；卷一三（明六人）鄒元標、趙南星、馮從吾、王紀、沈思孝、吳弘濟；卷一四（明八人）孫鑨、江東之、宋燾、湯兆京、章嘉禎、崔景榮、劉憲寵、江秉謙；卷一五（明三人）郭正域、孫丕揚、馮琦；卷一六（明七人，附二人）王圖、李三才、陳于廷附子貞達、貞慧、汪應蛟、倪元珙、陳幼學、姜志禮；卷一七（明三人）葉向高、韓爌、翁正春；卷一八（明六人）劉一燝、周嘉謨、劉鴻訓、錢龍錫、姜逢元、練國事；卷一九（明八人）楊時喬、鄒維璉、孫瑋、李繼貞、張三謨、毛士龍、李守俊、蔣允儀；卷二〇（明七人，附二人）侯恪、金士衡、馬孟禎、姜習孔、梅之焕、侯震暘附子峒曾、岐曾、易應昌；卷二一（明十人）孫慎行、于孔兼、薛敷教、安希范、劉元珍、錢一本、李復陽、周孔教、歐陽東鳳、潘永圖；卷二二（明十一人）丁元薦、汪康謠、林宰、史孟麟、葉茂才、許世卿、吳桂森、張大受、賀時泰、陳仁錫、方有度；卷二三（明七人）文震孟、姚希孟、許士柔、成勇、呂大器、金光宸、金九陛；卷二四（明六人，附一人）馮元飇、黃宗昌、劉同升、章正宸、喬可聘、華允謀附弟允誼。其中卷一至一二所傳皆捐軀殉難者。末二卷爲熹宗本紀。

《四庫全書總目》入史部傳記類，著録浙江巡撫採進本。《總目》曰："此書倣龔頤正《元祐黨籍傳》之例,於諸人之姓名履貫無不本末燦然,俾讀者論世知人,得以辨別賢奸,而深思其薰蕕雜廁之所以然。前事不忘,後事之師,亦千古炯鑒矣。"

扉頁鐫"東林列傳。江陰陳定九輯。康熙辛卯新鐫。鐵肩書屋藏板"。

《中國古籍善本書目》入史部傳記類總傳,著錄清康熙刻本並傅以禮批注本,清康熙刻本並蔣鳳藻、周星詒批注並跋本,中國國家圖書館收藏;黑龍江省圖書館、南京圖書館等三十三館入藏,或作"清康熙五十年鐵肩書屋刻本"、"清康熙五十年售山山壽堂刻本"。另見於日本《內閣文庫漢籍分類目錄》等書目。

0623　清康熙刻本續表忠記　　　　　　　　T2259.7/4844

《續表忠記》八卷,清趙吉士、盧宜撰。清康熙刻本。四冊。半頁九行二十字,四周單邊,白口,單魚尾。框高18.9釐米,寬13.7釐米。書口下鐫傳主姓名。題"漸岸恒夫趙吉士纂編;四明公弼盧宜彙輯"。前有康熙三十四年(1695)毛奇齡序,汪灝序;目錄。

趙吉士,字天羽、一字恒夫,號漸岸,又號寄園,原籍安徽休寧,入籍杭州。清順治八年舉人。康熙七年授山西太原府交城知縣。提倡植柳,鑿龍門渠,溉田十四萬頃。後爲戶部山西主事,補河南司、四川司主事。十四年遷奉直大夫。二十年奉使征揚州關鈔,兼督通州中南倉。又入會典館,奉纂鹽、漕二書。二十三年授朝議大夫。撰有《徽州府志》、《交城縣志》、《寄園寄所寄》、《萬青閣集》等。

盧宜,字公弼,號函赤,浙江寧波人。康熙五年舉人,官鎮遠知縣。能書畫,以善墨蘭著名。

《四庫全書總目》入史部傳記類存目,著錄副都御史黃登賢家藏本。《總目》曰:"是書記明萬曆以後忠義之士。以明錢士升有《表忠記》,記遜國諸臣,故此以續爲名。所載凡一百二十三人。然前所載皆死魏忠賢之禍者,後所載皆明末殉節者,而參雜以葉向高、顧憲成、趙南星、鄒元標、馮從吾諸《傳》,體例不純。蓋其時去明未遠,猶存標榜之風。不知諸人致命遂志,取義成仁,其事自足千古,正不必牽附東林而後足以爲重也。"按,《表忠記》全名《皇明表忠記》,十卷,有明崇禎刻本。

毛奇齡序曰:"公翁盧夫子秉性忠孝,又忼慷多氣節,是以通籍未幾,急流勇退,乃以杜門之頃,有懷先烈,舉生平所聞見,加以頻年游宦往來道途所考索,輯前朝忠藎,表其事而記述之,合若干卷。以忠孝之性而重之,以馬班之筆,宜其文之必傳也。"

是編有傳凡一百二十二篇,其中合傳四十篇,有兩人或多人合傳,也有某地、某州、某縣或數州、數縣諸忠合傳。《四庫全書總目》謂"所載凡一百二十三人",殆有所失察。

卷一顧憲成傳,趙南星傳,鄒元標傳,馮從吾傳,杜松、劉鋌合傳,潘宗顏傳,張銓、何廷魁、崔儒秀合傳,高邦佐傳,張振德傳,王三善傳,朱燮元傳;卷二熊廷弼傳,葉向高傳,劉一燝傳,韓爌傳,楊漣傳,左光斗傳,魏大中傳,周朝瑞、袁化中合傳,顧大章傳,吳裕中、吳懷賢合傳,萬璟傳、丁乾學、夏嘉遇、劉鐸合傳,何士晉傳,方震孺傳,魏學洢傳;卷三高攀龍傳,周順昌傳,周宗建傳,周起元傳,繆昌期傳,黃尊素傳,李應昇傳,滿桂傳,劉之綸傳,張可大傳,徐從治傳,朱萬年傳,張瑶傳,洪雲蒸傳,澤遼二州和平二縣諸忠合傳,陸夢龍傳,費彥芳傳,陝西八忠合傳,何承光傳;卷四曹文詔、曹文燿、曹變蛟合傳,李中正、馬足輕合傳,穎州諸忠合傳,劉廷傳、劉廷石合傳,張大同、殷淵合傳,萬元亨傳,馬如蛟、黎弘業合傳,鹿善繼傳,王燾、徐世淳合傳,援皖諸忠合傳,孫承宗傳,盧象昇傳,張令、秦良玉合傳,阮之鈿傳,郝景春合傳,商城諸忠合傳,傅梅傳;卷五吕維祺傳,洛陽諸忠合傳,汝州諸忠合傳,李貞佐、顧王家合傳,南陽諸忠合傳,張克儉、鄭日廣合傳,周士樸傳,商丘四忠合傳,阮漢聞傳,傅宗龍傳,汪喬年傳,顔孕紹傳,蕭漢傳,王漢傳,蔡道憲傳,李振珽傳,劉熙祚、劉永祚、劉綿祚合傳;卷六賀逢聖傳,武昌諸忠合傳,趙興基、鄭元綬合傳,高名衡傳,孫傅庭傳,陝西西安諸忠合傳,西安縉紳焦、南二氏合傳,王徵傳,陝西三邊諸忠合傳,劉振之傳,太原諸忠合傳,蔡懋德、衛景瑗、朱之馮、徐標合傳,周遇吉傳;卷七范景文傳,成德傳,金鉉傳,馬世奇傳,王章傳,汪偉傳,許直傳,倪元璐傳,凌義渠傳,施邦曜傳,周鳳翔傳,陳良謨傳,吳麟徵傳,劉理順傳,孟兆祥、節章明合傳,王家彥傳;卷八李邦華傳,吳甘來傳,申佳孕、陳純德合傳,劉文炳、鞏永固傳,金毓峒傳,何復、邵宗元合傳,張氏五忠合傳,劉會昌傳,王與胤傳,許琰傳,陳士奇傳,劉之勃、劉士斗合傳,兩川死節文武官紳合傳,成都諸忠合傳,張繼孟傳,高斗樞傳。

《中國古籍善本書目》史部傳記類總傳著録,凡三刻,其中清康熙三十七年寄園刻本兩種:《續表忠記》八卷,即是本,中央民族大學圖書館、浙江圖書館等十一館入藏;與二集八卷合刊本,題同,版式亦同,中國國家圖書館藏。又《二續表忠記》八卷單行本,題清盧宜撰,康熙鴻逵堂刊,復旦大學圖書館藏。

扉頁鐫"續表忠記。寄園藏板",原鈐"盧宜私印"白文方印、"公弼"朱文方印、"二集嗣出"朱文無邊欄長方印。

鈐印有"秀水張蓉鏡字闇伯號甸承印"、"固始張氏鑑藏金石圖書之印"、"任城孫氏家藏"(封面)等。

0624　抄本崑山續人物傳　　　　T2260.28/2127.4

《崑山續人物傳》七卷,清葉均禧撰。抄本。六册。半頁十行二十二字,無框格。前有清康熙五十六年(1717)楊無咎序,康熙五十八年(1719)龔纓序。

葉均禧,字履成,一字慮澄,號石農,江蘇崑山人。康熙四十七年中順天鄉試。博學嗜古,尤精於《易》。與當時研《易》者潛心商榷,往來京師、兩浙間,凡藏書之家暨通經宿老,無不反覆質疑辨難,最後師事郡城楊無咎。所著《易圖説》五卷,積三十餘年,七易稿而成。另有《易軒詩文鈔》等。《(光緒)崑新兩縣續修合志》卷二六《儒林》有傳。

是書卷端雖題爲"崑山人物傳",實則續明張大復撰《崑山人物傳》而作。計明萬曆、崇禎至清康熙間崑山人物一百六十七人,或考之史志,或徵之傳聞,其中多有與均禧往來相交者。每人傳後,尚有均禧所作之"論",題爲"論曰",低一格述之。體例雖本張傳,然標舉綱目不若張傳清晰,未分節行、名宦、孝友諸類。《崑新兩縣續修合志》稱其"又輯《國朝以來崑山人物傳》,詳審無私濫,事蹟之散佚者,實重賴之。"知此書又名《國朝以來崑山人物傳》。

崑山,南朝梁時置邑,山川秀麗,素甲於吳。幅員廣大,倍於七邑。唐宋以來,地雖漸削,人物不讓於昔。崑山之人物志類著作,計有明張大復《皇明崑山人物傳》十卷,起洪武至萬曆,凡三百餘人,其間父子祖孫以類附傳,略如史體,後有官於是土者十五人附之,名曰《崑山名宦傳》一卷,亦作《玉峰名宦傳》;明方鵬《崑山人物志》十卷,論次崑山先哲一百五十八人,分名賢、節行、文學、列女、藝能、游寓諸門;另有朱應鯤《崑山人物傳》十卷《雜志》一卷、葉濚《崑山人物續考》、唐德咸《崑山人物志》、龔埏《崑山人物記略》十二卷、潘道根《崑山名家詩人小傳》六卷等。

楊序云:"玉峯葉子慮澄,於文所著有《崑山人物傳》,介朱之慎幾而請益於余。余接其人,恂恂然謙退而不敢自足;讀其書,縷縷焉詳審而未嘗輕信。文采具矣,心術純矣,以是而作焉,世道人心之幸而非玉峯一邑之光也。"

龔序云:"崑山葉石農先生,慮其邑志之久虛也,網羅本朝賢哲,作爲《續人物傳》七卷","謂於賢者,備紀其事功,間及奏議;於隱者,述其篇章;高人、畸士,留意二氏者禪語、真訣,亦附入焉,而勝朝故老又皆在所不遺,殆纂詳矣。至於節婦、才女及先生家乘則尚闕如,蓋一以明慎重,一以杜偏私也。""己亥素秋,余方臥病漳干,尹思將薄游崑山,會先生再書督序,因力疾揮數言附寄。"

不避"玄"、"弘"、"淳"諸諱,有少量朱筆校改。以用紙觀之,似爲清末民初所抄。

《(光緒)崑新兩縣續修合志》卷五○"著述目下"著録。《續修四庫全書總目提要(稿本)》未收,亦不見於《販書偶記》等目録。

是書似無刻本,抄本流傳亦罕。《中國古籍善本書目》著録有清抄本一部,南京圖書館藏,書名略異,爲《崑山人物小傳》七卷。

0625　清乾隆刻本宮閨小名録　T2261.5/4122

《宮閨小名録》五卷,清尤侗輯;《後録》一卷,清余懷輯。清乾隆刻本。四册。半頁八行十六字,四周雙邊,白口,單魚尾。框高12.8釐米,寬9.2釐米。題"長洲尤侗展成纂;曾孫周徹雨田校訂",卷六題"宮閨小名後録","浦陽余懷輯;長洲尤周徹雨田校訂"。前有鄭方坤序,余懷序,尤侗序;乾隆四十九年(1784)尤周徹撰《凡例》九則;目録。卷六(後録)前有尤侗後序;目録。

尤侗,字同人,一字展成,號悔庵,又號艮齋,晚自號西堂老人,長洲(今江蘇蘇州)人。明諸生。清順治三年副榜貢生,九年授永平推官,在任三年,辭歸。康熙十八年舉博學鴻儒,授翰林院檢討參與修《明史》,分撰列傳三百餘篇、《藝文志》五卷,二十二年告老歸。四十二年康熙南巡,晉侍講。侗才情敏捷,能詞及駢文,文名早著,撰著甚富。所撰傳奇、雜劇編爲《西堂曲腋》,有詩文集《鶴棲堂文集》、《西堂全集》。

余懷,字澹心,一字無懷,號曼翁,別號鬘持老人,福建莆田人,寓居金陵(今南京)。懷生明季,無科名,終老布衣,以遺民自居。工於詩,才情豔逸,與杜濬、白夢鼐齊名,時稱"余杜白"。晚年流寓吳門。著述甚富,有《味外軒文稿》、《研山堂集》、《板橋雜記》、《茶史》、《平生蕭瑟詩》、《三吳游覽志》、《楓江酒泉詩》、《秋雪詞》、《玉琴齋詞》等。

是書補陸龜蒙《小名録》、洪遂《侍兒小名録》、王銍《侍兒小名録拾遺》、溫豫《侍兒小名録補録》、張邦幾《侍兒小名録續録》諸編之遺,始自東漢,迄於明末,女子凡有名、字可録者,無不備載,以類編排。卷一后妃、公主、外戚、宮婢、乳保,卷二節女、列女、孝女、貞女、才女,卷三妾、婢、歌姬,卷四妓女,卷五外國、寇、盜、賊、土官,附寇盜妻妾、仙、鬼、劍俠、尼姑、道士。卷一、二、五皆有補遺。卷六(後録)后妃、公主、外戚、宮婢、乳保、節女、列女、孝女、貞女、淑女、才女、妾、婢、妓、外國、寇、盜、仙、鬼、俠、道士、尼姑,皆以補前五卷所未及。

尤侗序曰:"唐陸龜蒙有《小名録》,宋洪遂、王鍾、溫豫、張邦幾有《侍兒小名録》,而所載寥寥無幾,又多載神官,而正史反遺焉。予自少時涉獵群書,摭拾及此,偶從篋衍搜得,不忍廢棄,復爲補綴存之。"

《四庫全書總目》入子部類書類存目,著録《宮閨小名録》四卷《後録》一卷,浙江巡撫採進本。《總目》稱其"搜采頗勤",復舉是編之疏漏訛誤至詳。《增訂四庫簡明目錄標注》著錄《宮閨小名錄》四卷《後錄》一卷,即《四庫全書總目》存目本。

是本未見著錄。余懷序及尤侗二序皆不署作年,兩人皆卒於康熙。是本題"曾孫周徹雨田校訂",《例言》未及刊事,末署"乾隆四十九年歲次甲辰冬朔日長洲尤周徹雨田識",因姑擬作乾隆刻本。尤侗後序有"因稍節略其辭,梓以爲殿"語,概指其本集《西堂全集》本。《西堂全集》本《宮閨小名錄》五卷,康熙間刊,十行二十一字,下細黑口,四周單邊,清華大學圖書館、青海省圖書館等五館收藏。

《中國古籍善本書目》不收。

0626 清雍正刻本金華徵獻略   T2260.29/8145.1

《金華徵獻略》二十卷,清王崇炳撰。清雍正十年(1732)金律刻本。十八册。無欄綫,半頁十行二十字,左右雙邊,白口,雙魚尾。框高18.5釐米,寬12.8釐米。題"鶴潭王崇炳虎文氏撰錄;門人黃廷元殿選較訂;東湖金律孔時編梓"。前有康熙五十九年(1720)汪□序,雍正十一年(1733)諸錦序,雍正十年趙元祚序,雍正十年黃廷元序;王崇炳撰《引例》五則;目錄。尾殘,卷末數頁有抄配。

王崇炳,字虎文,號鶴潭,浙江東陽人。年二十爲廩生,累試不中,以貢生終。自修道德學問,以弘揚婺州理學爲己任。撰《吕東萊先生本傳》,復搜集、校刊婺學先哲著作多種,有《四先生書》、《吕東萊先生文集》等。晚年主持金華郡麗正書院。乾隆二年薦舉孝廉方正,以老疾辭不就。生於順治十年,卒於乾隆四年,終年八十六。著述有《學耨堂文集》、《學耨堂詩集》、《廣性理吟》、《東湖講義》、《四書口談》、《歷朝懷古》、《吕東萊先生本傳》、《金華文略》等。

金華古稱婺州,素爲人文淵藪,是書上自漢魏,下迄元明,采集金華一地古今鄉賢事蹟,予以表彰。表彰者皆孝子忠臣、理學名儒、奇才卓行、隱逸異人,分爲十三類,按類編排。卷一《孝友傳》,卷二至三《忠義傳》,卷四至六《儒學傳》,卷七至九《名臣傳》,卷一〇至一二《文學傳》,卷一三《政績傳》,卷一四《卓行傳》、《隱逸傳》,卷一五《貞烈傳》,卷一六《仙釋傳》、《方技傳》,卷一七至一九《來宦傳》,卷二〇《游寓傳》。

金華歷代鄉邦文獻,元代有《敬鄉錄》,明代有《賢達傳》、《文獻錄》、《金華淵源錄》,入清有《婺書》、《婺賢言行錄》,多略而不詳,重名臣理學文儒,於孝友節烈卓行往往不錄。是編彙史册志乘所載,復搜遺補缺,取之《金華雜志》、《元史》、《儒林錄》、《儒林源流考》等書,然後斷以己意,即每傳末之"論曰"。諸錦序稱:"東陽鶴潭先生獨以金華文獻爲己任,蓋婺州代有賢才,至宋元明而大盛,會萃兩浙之英華,文獻幾甲於天下。先生以明經操著錄之柄,徵引皆有來處,其論通而介,平而不撓。"

《四庫全書總目》入史部傳記類存目,著錄浙江巡撫採進本。《總目》曰:"此其所採金華先賢事蹟也,分十有二類","自元以前,則本之史傳及吴師道《敬鄉錄》、宋濂《人物志》;自明以後,則更搜采諸書以補之。然鄉曲之私,所錄不免泛濫。其序例謂,事跡或無可稱而列之名臣者,乃序爵之義。不知鄉閭耆碩,原不當以禄秩爲重輕,若概加採錄,則是公卿表而非耆舊傳矣。"按《總目》所云,此編分十二類,殆遺其"隱逸"一類。

是書由金律刊行,黃廷元序、《引例》皆有記述。廷元爲崇炳門人,其序稱,《金華徵獻略》一書,"元以不得流傳是懼,予友金君孔時好善樂施,志存表彰,其家集方竣,以《金華徵獻略》相告,慨然允諾。元復加較讎,即付梓人。"崇炳《引例》曰:"予作《徵獻略》,自刻、募刻皆不能,付之諸子,以待後而已。今金華金孔時慨然刻布。"金律,蘭溪人,金履祥之後,居蘭溪東藕塘,崇炳曾應其請,入主奎光閣書院,校訂律先祖金履祥《尚書表注》、《大學疏義》等書。

是本爲初刊,今少有傳本,見於《中國科學院圖書館藏中文古籍善本書目》等書目。後收入《金華叢書》、《率祖堂叢書》等叢刻,流播漸廣。

扉頁鐫"金華徵獻略。雍正壬子年鐫。婺東藕塘賢祠藏板"。按,"壬子"爲雍正十年。

《中國古籍善本書目》不收。

0627　清道光抄本殘明表忠錄

T2738/1637

《殘明表忠錄》十六卷,題清西泠氏撰。清道光十五年(1835)江氏抄本。十六册。半頁八行十七字,左右雙邊,黑口,單魚尾。書口中刊"殘明表忠錄",下刊"通泉藏本"。前有清康熙五年(1666)原序,道光十五年江通泉序。

西泠氏,不詳何人,據序末自署,爲江蘇丹陽人。

江通泉,亦不詳其生平。

是書專記明季抗清死難之士,分殉君、殉國、殉畿輔、效死、殉桂、違制六類,凡十六卷,二百六十六人。每人傳其生平事蹟,或文字簡淨,或記載賅博,文字最多者爲倪元璐,達五千餘字,少則數十字而已。皆考諸史籍,綜覈名流,文義完整,洵爲治晚明史事者可寶也。

前有總目,卷一至五,記殉君者六十二人;卷六,記殉國者十一人;卷七至九,記殉畿者四十四人;卷一〇至一三,記效死者一百零三人;卷一四至一五,記殉桂者二十人;卷一六,記違制者二十六人。各卷前亦有目錄。

原序云:"余嘗觀《崇禎紀略》、《崇禎遺錄》、《表忠錄》諸書,深嘆明末執政諸臣皆計國苟安,委靡不振,致令忠臣義士徒盡節於疆場,僅留名於青史,致足嘅也。昨於舊笥中檢得數紙,悉紀當時殉難諸人,斷簡殘編,不分卷帙,歷查諸史,大半未收。方今聖天子宏開史館,纂修《明紀》,於明末忠正之臣,舉封墓典。余故惜其人之忠於國而名之不彰也,因特分爲殉君、殉國、殉畿輔、效死、殉桂、違制六傳,各因其事以繫其人,並以《表忠錄》已有傳紀,特申其名曰《殘明表忠錄》,後有作者其亦可備一覽云。康熙歲在柔兆敦牂之壯月,延陵西泠氏序於枕經山館。"

江序云:"近於藏書家購得西泠先生《殘明表忠錄》鈔藏秘本,備載明末諸公事實出身,分列六傳……姓名羅列,事蹟燦陳,頗覺與他書較爲真實。備查各刊本、繕本,均無此書名目,其詞義樸而不文,簡而彌賅,知其爲野乘之流,洵足備史家之採擇也。"由是書用紙觀之,當爲江氏再傳抄者。

謝國楨《增訂晚明史籍考》傳記類著錄此書,唯書名作"殘明忠烈傳",謝氏所見爲民國二十九年燕京大學圖書館據哈佛此本傳抄者,故有"每傳之後,均留有餘紙,以備增補者,知爲當時稿本"之語,實則原本並無"餘紙"。謝氏並云:"惟史可法列入殉桂傳中,則不知何解。惜此書原稿在抗戰前爲書賈售諸美國,燕京大學圖書館曾爲錄副,今藏北京大學圖書館矣。"

此書無刻本,亦不見諸公私藏書目錄,頗罕傳。《續修四庫全書總目提要(稿本)》、《中國古籍善本書目》等均未收入。據《北京大學圖書館藏古籍善本書目》著錄,原燕京大學抄本上有薛吟伯題記一首。吟伯,薛齡之字也。

鈐印有"王世荃字葉傳號書農壹號紉蘭"。王世荃,山東濟寧州人,清道光二年進士,十七年曾任浙江臨海縣知縣。

0628　清國史館寫本欽定國史大臣列傳　T2259.8/8365

《欽定國史大臣列傳》不分卷，清國史館撰。清國史館寫本。一冊。半頁八行十九字，四周雙邊，白口，單魚尾。朱絲欄。框高28.9釐米，寬16.9釐米。書口上書"欽定國史大臣列傳"，中書人名。前有目録，無序跋。

是書爲清國史館所撰，僅存卷五八，記宗室載增、維祿、隆慶、琦忠、富春、宗室海樸、雙齡七位大臣，皆道、咸間人物。載增、琦忠、海樸爲旗人，餘爲蒙古八旗，且多有戰功。每人述其生平仕履，年月首尾具備，敘事詳明，並兼作評議。七人在《清史稿》、《清史列傳》中無傳，故是書頗可補史傳之不足。

盛世修史。康熙二十九年，清廷首開國史館，編寫太祖、太宗、世祖三朝國史。乾隆九年，二開國史館修五朝國史，纂本紀及表、志、傳。乾隆三十年十月，重修國史列傳，復開國史館於東華門外。國史館史官據傳主所在衙門和原籍地方官提供之事蹟冊、事實清冊、行狀、行述、誥文、履歷片、奏摺、祭文、哀啓、文集、年譜等，以及傳主家屬上交之誥敕、功牌、家傳等材料，並從上諭、實録、起居注、廷寄等檔案中摘録彙編，所成傳記資料充實，兼之體例嚴格，具有很高研究價值。

清國史館所成人物傳記，有《親王傳》、《宗室列傳》、《大清國史宗室列傳》、《欽定宗室王公功績傳》、《欽定外藩回部王公表傳》、《欽定續纂外藩蒙古回部王公傳》、《國史忠義傳》、《欽定國史忠義列傳》、《大清國史功臣傳》、《大清國史大臣列傳》、《清史滿漢大臣傳》、《清史大臣列傳》、《清史儒林傳》、《清史文苑傳》等，據統計，總計有六千餘人。這些傳記稿本，如今絕大部分藏於中國第一歷史檔案館和臺北"故宮博物院"，中國國家圖書館、故宮博物院、北京大學圖書館、臺北"國家圖書館"等亦有零散收藏。包括乾隆朝以降呈覽用朱絲欄謄清寫本，和置於傳包內之各種稿本，例如國史館纂修列傳之原稿及纂修列傳時所咨取諸種傳記資料。莊吉發《清代國史館的傳記資料及列傳的編纂》（載《幼獅學志》第十六卷第一期）與王鍾翰《清國史館與〈國史列傳〉》（載《社會科學輯刊》1982年第二期）兩文可資參考。

是書開本宏朗，紙墨精良，繕寫工整，爲國史館進呈皇帝御覽之謄清寫本，抄寫當在清同、光年間。

0629　明刻套印本晏子春秋　T1079/3427

《晏子春秋》六卷。明凌澄初刻朱墨套印本。四冊。半頁八行十八字，四周單邊，白口，無魚尾，書眉上刻評。框高20.3釐米，寬14釐米。前有劉向序；楊慎總評五則；《凡例》三則。末有凌澄初跋。

是書舊題"春秋齊晏嬰撰"，實係後人依托并採綴晏子言行而作。有內外篇共八卷，二百十五章。《漢書·藝文志》諸子略儒家列《晏子》八篇。1972年山東臨沂銀雀山西漢墓中出土之《晏子》殘簡與今本有關章節對照，內容大體一致。

《凡例》云："《晏子春秋》，舊本頗多濫觴，以棟父偶於國學中得劉向刪定善本，凡有意義重複，另爲細字，即附著各章下，以便覽者。""內篇止六卷，其不合經術者，另以細字分爲外篇，善本如是，今仍之。"

凌澄初跋云："吾族《道德》、《南華》點校，俱得善本；《管子》亦得朱大復、趙定宇兩先生評行於世。獨《晏子春秋》尚自缺然。先君以棟父，端心鄴架，既彙《史》、《漢》兩《評林》，輯《五車韻瑞》諸書，而於《晏子春秋》復手加丹鉛，實有會心。不肖童習之，誠不忍秘，隨付剞劂，以公先人之志，全四書之美，使高明者讀管氏，因不沒晏子云。"按，以棟，即凌稚隆，其姪有濛初諸人。

是書版本頗多，明代有八卷、七卷、六卷、四卷之別。八卷本有明刻本，明沈啓南刻本，明活字印本；七卷本有明藏修館刻本；六卷本有明刻本（九行二十字），明刻本（九行二十字，有刻工），凌澄初刻朱墨套印本，明末刻本；四卷本有明萬曆十六年吳懷保刻本，明吳中珩刻本，明黃之寀刻本。

《四庫全書總目》入史部傳記類。《中國古籍善本書目》著錄。中國國家圖書館、上海圖書館等二十二館，臺北"國家圖書館"，及日本內閣文庫亦有入藏。

0630　明萬曆刻本聖蹟圖　　　　　　　　　　　　　　T1786.2/1346

《聖蹟圖》一卷。明萬曆刻本。一冊。半頁四周雙邊，白口，經摺裝。框高28.8釐米，寬25釐米。前有朱熹節錄《史記·世家》及整飭沂州兵備道前廣東道監察御史邵以仁《聖殿圖說》。末有萬曆二十年(1592)山東按察司副使奉勅督理清軍驛傳鹽法前吏兵工三科左右給事中巡視京營大倉侍經筵官張應登後序。

此為孔子一生行誼之圖，書名原作《孔夫子周游列國全圖》，當為近人所擬也。首為先聖小像（顏子從行），次為尼山致禱、麒麟玉書、鈞天降聖。自第四圖至九十五圖，為孔子立學、立教、為官、周游列國、著述等史事。第九十六圖至一百圖，為三壠植楷、弟子守墓、哀公立廟，以及漢高祖、宋真宗祭祀圖。總共為一百零四圖。每圖對開一頁，并有文字釋解。圖之製作，乃據司馬遷《史記·世家》。

以孔子為主要人物之繪圖，在漢代即已有之。漢石刻有"孔子見老子圖"。孔子道貫古今，德配天地，所謂萬世不朽。此種圖畫，乃刻梓者出自以垂永久之思，以求望圖而知所考據，登堂恍聞其聲，入室如見其人之感。

據邵以仁《聖殿圖說》云："辛卯冬，奉簡命，備兵東魯，乃登杏壇，涉洙泗，遍觀宗廟之美，願學之心，駸駸然倍往昔。今聖圖殿之建也，無亦感發後人之意乎！是舉也，始於侍御何公出光，成於縣尹孔君弘復。工役別有記者，不具述。""辛卯"為萬曆十九年(1591)。據《(乾隆)曲阜縣志》卷四九《古蹟》："又《聖蹟圖》百十有二副，明萬曆二十年御史何出光命畫工章草增舊圖刻於石。"按，何出光，字兆文，河南扶溝人。萬曆十一年進士。授曲沃知縣，拜監察御史，巡視西城。後又有巡撫畿南之命，再按山東。當辛卯秋試，禮卿為其鄉人預泄典試者職名。出光抗疏發其姦，而為禮卿報冤者，遂奪其柄，出守太原，再貶定縣令，卒於官。

孔弘復，為孔子後裔，字以誠。萬曆元年山東巡撫請仍以世職管縣事，乃考選弘復為曲阜知縣。其在任二十三年，甚得民聲，後加都轉鹽運同知銜致仕。《(乾隆)曲阜縣志》卷九一有傳。

萬曆十九年，何出光有感於孔廟有孔子之木刻圖，但散於各廡，故倡議將木刻改為石刻。次年，按察副使張應登又增加"克復傳顏"、"孝經傳曾"等圖上石，將《聖蹟圖》增至一百十二圖。

此石本《聖蹟圖》爲曲阜縣學生員毛鳳羽彙校,淮陽畫工楊芝作畫,吳郡章草刻石,於萬曆二十年十二月告成。據云構圖勻稱、綫條流暢、人物形像生動。何出光後又籌得款項四千緡,於孔廟寢殿後築聖圖殿加以保存。

《聖蹟圖》有彩繪本、木刻本、石刻本三種。彩繪本最早,約成於成化、弘治間。自有石刻之後,因不便流傳,後又有各種刻本流通。此本之刊刻,疑爲明代坊間所爲,繪圖、刻工頗簡率。構圖、技法遠不及明代萬曆至崇禎間南京、杭州等地書坊所刻戲曲小説之工緻精美。

傳世的《聖蹟圖》明代版本甚多。據著錄,其存世最佳亦最早者,爲北京大學圖書館藏明正德元年刻彩色印本。次爲中國國家圖書館藏明張楷撰、明嘉靖二十七年潘藩朱胤栘刻本。另有明隆慶六年刻本,藏安徽省博物館;明萬曆刻本,藏北京大學圖書館、河南省圖書館、北京師範大學圖書館;明刻藍印本,藏中國國家圖書館;明崇禎刻本,藏北京大學圖書館。另有明張楷撰《聖蹟圖》一卷,爲明刻本,藏中國國家圖書館。可以肯定的是,這些不同版本的圖也都有多寡之不同。

另日本内閣文庫有明弘治中吉藩刻本(張楷撰),又有日本寬永七年(1630)刻本、元禄四年(1691)刻本。又韓國有翻刻本,復旦大學圖書館有藏。

0631　明末刻本聖蹟圖　　　　　　　　　　　T1786.2/1346B

《聖蹟圖》一卷。明末刻本。一册。四周單邊,白口,單魚尾。框高 18.1 釐米,寬 15.2 釐米。

按《聖蹟圖》版本甚多,據《中國古籍善本書目》著錄,有明正德元年刻彩色印本、明嘉靖二十七年潘藩朱胤栘刻本、明隆慶六年刻本、明萬曆刻本、明刻本、明刻藍印本、明崇禎刻本。此本不知與明崇禎刻本同板否?

是本缺第二頁,後人以末頁"漢高帝祀太牢圖"之後半頁栘前,以充全本。

金鑲玉裝。

鈐印有"謙齋藏書"、"無畏盦"、"江都薄氏鑒藏書畫記"。

0632　清初刻本聖蹟全圖　　　　　　　　　　T1786.2/1346D

《聖蹟全圖》不分卷。清初刻本。二册。半頁十行二十字,左右雙邊,白口,無魚尾。有圖。卷前有闕名墨筆批語。框高 21 釐米,寬 14.3 釐米。

《聖蹟圖》爲後人據孔子事蹟所繪之連環圖畫,每圖一事,其事皆出《論語》及《史記·孔子世家》所載。《聖蹟圖》最早的繪本,據傳爲元代畫家王振鵬所繪,圖共十幅,舊藏明項元汴天籟閣。其後繼有石刻、木刻版本,各本於圖之數量、繪畫精劣、文字内容等多有差異(見沈津《〈聖蹟圖〉版本初探》,收入《書韻悠悠一脈香》,廣西師範大學出版社 2006 年版)。

此本前後無序跋,無卷端題名,版心題"聖跡全圖"。扉頁刻"萬世師表"。前有"至聖先師孔子遺像",次爲孔子事蹟諸圖,每圖一文,圖繪工緻。圖中空白處刻有四字標題,計尼丘禱祠、麟吐玉書、龍繞星降、天樂文符、少陳俎豆、初任委吏、載官乘田、賜鯉定名、問禮老聃、問官郯子、傾蓋贈帛、學琴師襄、訪樂萇弘、觀周敧器、圖像興懷、金人示慎、治宰中都、夾谷卻萊、歸田謝過、三都隳城、䱷廟知災、在齊聞韶、嬰沮齊封、遇塗對貨、杏壇設教、鯉庭垂訓、誅邪兩觀、受樂遄行、封人請見、圍匡曲解、靈公郊迎、次乘靈公、習禮伐檀、東門貽誚、陳庭辨矢、寄心擊磬、臨河返駕、東流喻德、觀臺釋戮、禮衰去衛、在陳當阨、葉公問政、反蔡迷津、楚封見沮、接輿歌鳳、季康幣迎、作猗蘭操、魯識羵羊、專車論吳、萍實對楚、商羊知雨、蘧使談心、貴黍賤桃、觀臘論俗、筮賁損益、夢見周公、杖叩原壤、經成錫璜、互鄉與潔、刪述六經、西狩泣麟、夢奠兩楹、心喪廬墓、冡志興旺、漢高崇祀、壁藏謨典、鍾離完璧、孔廟植檜、真宗拜祀。末附復聖像、宗聖像、述聖像、亞聖像及唐宋元明詩詞銘贊。

《中國古籍善本書目》著錄《聖蹟圖》明代刻本多部，不收此本。《西諦書目》史部傳記類著錄清刊本《聖蹟全圖》一卷，不詳與此本同版否。

鈐印有"江都薄氏鑑藏書畫記"、"守拙廬藏書記"。

0633　明萬曆刻本義勇武安王集

T1795/4212.8

《義勇武安王集》四卷。明萬曆三十八年(1610)吳玄叔刻本。二冊。半頁十行二十二字，四周單邊，白口，單魚尾。框高20.9釐米，寬13.1釐米。題"新安後學吳玄叔、孫尚恕全校"。前有嘉靖四年(1525)呂柟序。末有萬曆三十八年吳玄叔後序；孫尚恕跋。

中國民間，崇祀最廣，信士最多，及支配人心勢力最大者，女神要數觀音菩薩，男神當推關聖帝君。在民眾之宗教信仰中，關帝之地位極爲崇高，爲千秋萬世所景仰，也爲億兆斯民所師法。其"義勇武安王"之號，乃宋大觀二年徽宗時所封謚，并沿用至明代。

是集最早爲元代胡琦所輯。卷一爲胡琦圖蹟編，收關羽像、世系、年譜、印、塚、追封爵號等；卷二爲胡琦實錄編；卷三爲論說，輯胡琦《蜀漢論》、《長坂考》、《赤壁考》、《關張年歲考》，以及程敏政《讀將鑑博議》、《爵諡考》等，又文序二篇、當陽碑記八篇；卷四爲《解州碑記》并奏疏八篇、祭文十章、詩贊三十四首、王世貞《辨失荆州説并贊》。

吳玄叔後序云："余感王威命靈爽，靡不周匝，邇陬僻壤，咸得沾濡。因偕孫叔子，以三餘之日，釐校是集，懸之廟門，庶忠義之氣、正大之心，家傳户曉，淪肌浹髓云。"孫尚恕跋云："吾友吳君，壯遊許都，得王實錄，亟欲刊布，以醒朦瞽。余謂兹刻一出，不第學士家咸得王於耳目，即畈夫牧竪亦無不恍然如覿王之心神也。惟王萬古如在，則兹集所偕以不朽也夫。"

《四庫全書總目》未收。《中國古籍善本書目》著錄中國國家圖書館藏《義勇武安王集》八卷(明顧問輯，明嘉靖四十三年顧夢羽刻本)、《重編義勇武安王集》八卷(清錢謙益輯，稿本)。此本則不見著錄。又臺北"國家圖書館"有《重編義勇武安王集》八卷(明吕文南重編，藍格舊抄本)。據《中國古籍善本書目》，胡琦有《關王事蹟》五卷(明成化七年張寧刻本)、《漢壽亭侯志》二卷(明嘉靖刻本)、《漢壽亭侯志》五卷(明萬曆刻本)。

鈐印有"史體仁藏書畫記"、"吳江史氏貞燿堂圖書"、"松陵史蓉莊藏"。

0634　清乾隆刻本關聖帝君聖蹟圖志全集

T1795/2131

《關聖帝君聖蹟圖志全集》五卷，清盧湛輯。清乾隆三十三至三十四年(1768—1769)王輅、高應爵刻本。五冊。半頁十行二十一字，四周雙邊，白口，單魚尾。有圖。框高24.1釐米，寬15.2釐米。前有康熙三十二年(1693)于成龍序，康熙三十一年(1692)王維珍序，康熙三十二年劉殿邦序，康熙三十二年符㫤序，康熙三十二年馮佑序，康熙三十二年丘園卜序，康熙三十一年盧湛序,乾隆三十四年(1769)沈德潛序;採諸書目次;當代名公鉅卿諸君子姓氏。末有雍正七年(1729)康弘謨跋,乾隆三十四年王輅、高應爵跋。

盧湛,字溶深,江蘇桃源人。廩監,考補史館。

是書記關帝事蹟,分仁、義、禮、智、信五部,各爲一卷。卷一仁部,包括疏義八則、發祥考、全圖考;卷二義部,包括本傳考、列傳考、譜系考、翰墨考、聖經考、經注考、遺印考、遺蹟考、故事考;卷三禮部,包括墳廟考、封爵考、祭文考、靈感考、聖籤考;卷四智部、卷五信部爲藝文考。

是書初刻於康熙間,卷前諸跋均言及刻書事。雍正七年,書板爲康弘謨所得,康氏跋云:"桃源盧子家藏《帝君聖跡圖志》全版一副,謨久發虔心,願印千部,佈送遐邇,同心敬奉……今分簿書餘隙,恭迎至署,設局印施,聊酬夙願。"知康氏以舊板增刻跋語,設局刷印。此本則王輅、高應爵據雍正增刻本重刻者。王、高跋末署"乾隆三十四年歲次己丑夏四月吉旦順天弟子王輅、高應爵薰沐敬謹重刊",跋云:"《聖跡圖志》五卷,桃源盧溶深先生所輯也。丁亥歲於琢庵王君齋中得以伏讀,其間備載聖帝事跡,自嶽降以至成神,勳名德業,炳若日星。平生仰止敬慕之誠,不覺肅然,動而起立。王君因謂余曰:此志自康熙(按,當爲雍正)己酉歲涇陽康公設局印施,迄今垂四十年,惜流傳未遍,大半散失矣……因即與王君勸贊捐資,敬附剞劂。並採前大中丞可齋陳公所錄聖帝自漢以來封號及宮傅歸愚沈宗伯題對,附刊於後。"

此本有扉頁,刻"關帝聖跡圖志全集。桂林陳大學士增訂,三韓于大司馬鑑定,長洲沈大宗伯增訂。乾隆戊子季冬重鐫。敦五堂藏板"。

《中國古籍善本書目》不收。《東京大學東洋文化研究所漢籍分類目錄》史部傳記類著錄清康熙三十一年刻本及嘉慶刻本,《東北地區古籍綫裝書聯合目錄》著錄清雍正七年刻本及嘉慶、道光、光緒間刻本,《普林斯頓大學葛思德東方圖書館中文舊籍書目》著錄嘉慶八年刻道光九年修補本等,此本未見諸家著錄。

0635　清康熙刻本忠武志、臥龍崗志　　T1798.3/0640

《忠武志》八卷,清張鵬翮輯。《臥龍崗志》二卷,清羅景輯。清康熙刻本。十册。《忠武志》半頁九行十九字,左右雙邊,黑口,雙魚尾。框高19.9釐米,寬14釐米。題"遂寧張鵬翮輯;瀋陽劉廷璣、建安方允猷仝校"。前有康熙四十四年張鵬翮序;像贊;康熙四十五年(1706)劉廷璣跋。末有康熙五十一年(1712)羅景跋。《臥龍崗志》半頁八行二十字,左右雙邊,白口,單魚尾。框高17.3釐米,寬12.7釐米。題"襄平羅景星瞻父輯;弟鍋固庵父校"。前有康熙五十一年羅景序,羅鍋序。末有康熙五十一年羅景《重修臥龍崗忠武祠紀》,《重修臥龍岡既落成恭謁武侯祠跋》。

張鵬翮,字運青,四川遂寧人。康熙九年進士,選庶吉士。改刑部主事,累遷禮部郎中。十九年,授江南蘇州知府,丁母憂。二十八年,授浙江巡撫。歷兵部侍郎、左都御史、刑部尚書等。三十九年,授河道總督。四十八年,調户部。雍正元年授武英殿大學士,三年卒,謚文端。《清史稿》卷二八〇、《國朝耆獻類徵初編》卷一一〇有傳。

羅景,字星瞻,遼寧襄平人。康熙四十七年由桃源司馬擢守南陽。

《忠武志》記諸葛亮事蹟,卷一本傳、年表、世系;卷二心書、新書;卷三遺文;卷四遺制;卷五遺事、用人、勝蹟;卷六表、碑記、銘贊;卷七評、論、辯;卷八序文、詩賦。

《臥龍崗志》卷前有圖,爲臥龍崗總圖、忠武侯祠圖、三顧祠圖、諸葛書院圖、臥龍書院圖、忠武侯像。卷上爲卧龍崗勝蹟、詩、賦、贊;卷下爲祭文、忠武侯祠碑文、書院碑文、募疏。

據劉廷璣序,康熙四十五年張鵬翮已輯成《忠武志》,其刻板當在此前後。書板刻成後,藏於南陽卧龍崗武侯祠中。《卧龍崗志》卷下鹿祐撰《募修南陽卧龍崗諸葛忠武侯祠疏》云:"惟我大司農遂寧張公,知公深而慕公至,網羅舊史,輯成《忠武志》一書,而後公之全體大用益著焉。剞劂既竣,板藏卧龍崗忠武祠中。"《忠武志》羅景跋云:"遂寧張夫子,西川名雋,海內大儒。慨然慕武侯之爲人,窮搜博採,將武侯生平撰述及其表箋書札與相蜀出師政績,次及於後人論贊碑記詩詞,無不畢載,顏之曰忠武志……余叨守南陽,爲武侯出處之地,凜遵張夫子命,將武侯祠宇書院暨各舊蹟俱一爲鼎新,另鐫《卧龍志》板,並所頒《忠武志》板,俱收貯於其中。"此序作於康熙五十一年,時羅景任南陽知府,重修卧龍崗忠武祠成,而《卧龍崗志》亦已編刻完成。

《忠武志》有扉頁,刻"忠武志。張大司馬輯。冰雪堂藏板"。

《四庫全書總目》史部傳記類存目著録《忠武志》。《續修四庫全書總目提要(稿本)》著録《卧龍崗志》。《中國古籍善本書目》不收。北京大學圖書館、中國社會科學院圖書館、清華大學圖書館等皆有收藏。《四庫全書存目叢書》史部第86册據遼寧省圖書館藏本影印《忠武志》。

館藏有複本一部(T1798.3/0640.6),僅《卧龍崗志》二卷。

0636　明萬曆刻重修本蘇長公外紀　　T2265/4954

《蘇長公外紀》十二卷,明王世貞輯,明璩之璞校補。明萬曆二十二年(1594)璩氏燕石齋刻二十三年(1595)重修本。六册。半頁十行十八字,四周單邊,白口,單魚尾,書口下有"燕石齋刊",并間有刻工。框高17.9釐米,寬12.1釐米。題"明瑯琊王世貞編次;新安汪廷訥校定"。前有萬曆二十四年(1596)汪廷訥序,王世貞序。目録後有萬曆二十二年璩之璞跋。

王世貞,字元美,號鳳洲,又號弇州山人。太倉人。嘉靖二十六年進士。官刑部主事,後累官刑部尚書,移疾歸。好爲詩古文。始與李攀龍狎主文盟,攀龍歿,獨主壇坫者二十年。

璩之璞,字元嶼,號君瑕。江西人,僑居上海暨浙江平湖。善書畫。精於印摹。

是書計分年譜、遺事、恩遇、賞譽、好士、志行、政術、詩話、文談、考誤、玄理、禪那、調謔、風流、書畫、雜紀、遺跡、譏評、詩案、逸編二十目。乃王世貞取蘇軾年譜及傳志,并蕞軾之小言與諸家之評隲、紀述、瑣屑,一一附録,約爲十卷。其末二卷爲璩氏所補,題"明豫章璩之璞補;新安汪廷訥校"。

璩之璞跋云:"弇州司寇手編《蘇長公外紀》十卷,署題疏事,各從其類,爲目二十,約事六百九十有奇。始爲殷無美評隲,當是善本,序而授之。陳仲淳自婁東携歸,士林爭相繕寫,爲之紙貴。歲庚寅,見馮元甫家刻幾半,不免疏鹵舛錯,與原本不類。元甫尋病,去就金沙醫,醫不起,刻亦中廢,所謂人琴俱亡矣。越今甲午,余從姜伯甫借閱抄本,其詮次太都紊雜,魚豕紛紜,豈訛以譌傳,遂難正邪?因徧考長公全集,按題審類,刊正重複,兼引宋元及我朝諸小史、嘉話,并《弇州四部稿》所載長公事,悉纂而鈎其玄,亦撮百餘事,次第補入之。間有事類不合者,不能妄加釐正,遂從弇州初定。余復旁採群籍,又百有餘事,系之終卷,總名曰《逸編》。"

王世貞序後有刊誤牌記,云:"是刻初屬諸名士刊定,乃爲傭書謬誤,春霖掩關,反覆研勘,得六十餘字,命梓補正。昔人謂校書如掃落葉,隨拂隨有,信然哉!覽是編者,脱有遺誤,不妨指示,再加釐正。廿三年乙未璞又識。"刻工有周、施。

《四庫全書總目》未收。《中國古籍善本書目》著録原刻本,上海圖書館、南京圖書館,及臺北"國家圖書館"入藏。此重修本,中國國家圖書館、上海圖書館等二十三館亦有入藏。美國普林斯頓大學葛思德東方圖書館、日本內閣文庫所藏,不知與此同板否?

鈐印有"葉啓勳"、"葉啓發藏"、"葉啓藩藏"、"定侯所藏"、"定侯審定"、"拾經樓"、"亂後幸存"。

0637　明嘉靖刻本濟美錄　　　　　　　　　　　　　　T2266/8234

《濟美錄》四卷,明鄭燭輯。明嘉靖十四年(1535)鄭氏家塾刻本。一冊。半頁十行二十字,四周單邊,白口,單魚尾。框高18.8釐米,寬12.6釐米。前有嘉靖十四年黃訓序,末有嘉靖十四年鄭燭跋。

濟美者,乃承繼祖先或前人之業績。《左傳·文公十八年》:"世濟其美,不隕其名。"疏:"世濟其美,後世承前世之美。"是編成於嘉靖十四年,爲鄭燭輯其祖元歙縣令鄭安、休寧令鄭千齡、徵授翰林待制鄭玉、歙縣令鄭璉等人之行實,凡國史郡志諸傳,及制誥、公牒、志狀之屬均彙而錄之,人各一卷。

鄭燭跋云:"《濟美錄》者,集吾先世之美而錄之也。始於三府君者,三府君,其顯顯者也。繼此未錄,非敢略也,蓋有待也……兹錄也,足以揚先焉,足以昭後焉,有仁孝之道焉,有勸懲之典焉,可以訓矣。爰刻之家塾,與宗黨奉以周旋。"

是本有補板,凡補板之頁,書口下有"相補"二字。刻工有黃玘。扉頁刊"濟美錄",上鈐"古之遺愛"印。

《四庫全書總目》入史部傳記類存目。《中國古籍善本書目》著錄。中國國家圖書館、上海圖書館等五館,臺北"國家圖書館",及日本東京大學東洋文化研究所亦有入藏。

鈐印有"汪炳之印"、"孚占"。

0638　明萬曆刻本浦江鄭氏旌義編　　　　　　　　　　T2260.29/8234

《浦江鄭氏旌義編》二卷,明鄭濤輯。明萬曆三十一年(1603)鄭元善刻本。二冊。半頁九行二十字,四周單邊,白口,單魚尾。框高20.8釐米,寬12.6釐米。前有洪武十一年(1378)宋濂序。

鄭濤,字仲舒。浦江人。受業於柳貫。工詞翰,爲丞相脫脫所知,累官太常博士。

旌,表彰也。義,禮義也。是編刊行之旨,乃在厚人倫、美教化之道。浦江,即今浙江浦江縣,明時爲金華府所轄。

鄭氏,出自姬姓,周宣王封同母弟友於鄭,是爲桓公,其後子孫因以爲氏。其地即今開封鄭州。宋時有諱凝道者,字伯定,從鄭州遷居今安徽歙縣。凝道子,名自牖,字孟納,復從歙縣遷居嚴州遂安縣。自牖之孫,名淮,字巨淵,於元符二年正月與二兄鄭渥、鄭洤,又復從遂安遷居金華浦江縣感德鄉仁義里白麟溪。州人見其三兄弟同來,又相雍睦,因稱之曰塤篪相應,有"浦陽三鄭"稱,遂名其地曰三鄭。

鄭氏稱義門,自宋建炎初名綺者始,至濤爲八世。先是,其持守之規爲五十八則,乃六世孫文融(一名大和,字順卿,任龍灣税課提領)所立。七世孫欽(字子敬,號青梿居士)及其弟鉉(字彥貞)增補九十二則,共一百五十則,勒之於石。至濤,復謂三規閲世頗久,其中當有隨時變通者,乃率諸弟泳、渙、湜等,又增損爲一百六十八則。

是本二卷,卷上爲《規範》一百六十八則,卷下爲《文辭》,彙輯諸家傳記碑銘之文,皆有關鄭氏事實者。按,宋濂序稱"釐爲三卷"。臺北"國家圖書館"所藏即三卷本(原藏北平館者),作明洪武十一年浦江鄭氏家刊三十年增補本。

《四庫全書總目》入史部傳記類存目,作二卷。美國國會圖書館亦有入藏。《中國古籍善本書目》未著錄。中國國家圖書館藏有《浦江鄭氏家範》一卷,亦鄭濤撰,清初毛氏汲古閣抄本。

金鑲玉裝。卷下末頁刊有"萬曆三十一年歲次癸卯孟冬十四世孫元善重刊"一行。

按,是書《金華叢書》史部已收。

0639　清乾隆刻本衍慶錄　　　T2268/3834

《衍慶錄》十卷,清愛必達輯。清乾隆刻本。二册。半頁十一行二十二字,四周雙邊,白口,單魚尾。框高19.9釐米,寬15.4釐米。題"曾孫愛必達敬纂"。前有乾隆十一年(1746)自序;目錄。

愛必達,滿洲鑲黃旗人,姓鈕祜祿氏,遏必隆孫,額宜都曾孫。初由生員考補筆帖式,累遷吏部郎中。乾隆九年署江蘇布政使,兼管織造及滸墅關稅務。十一年擢總督。二十六年調湖廣。後以事革職發配伊犁。著述有《黔南識略》等。

此爲愛必達所輯其曾祖父額宜都本傳。傳主額宜都,一作額亦都,姓鈕祜祿氏,賜號巴圖魯。先世長白山人,至祖,移居英峨峪。生於明嘉靖四十一年,幼時父母俱爲仇所害,年十三殺其仇。後往依姑母,年十九得識努爾哈赤,歸之。萬曆十五年巴爾達城役得賜巴圖魯號。四十三年任後金理政聽訟大臣,累官至一等內大臣,受一等子爵。卒於天啓元年。後金崇德初贈開國佐運功臣,追封弘毅公。

愛必達編次額宜都事蹟之見於紀載者,以及列祖以來榮典,彙編成此帙,俾其族人皆家藏一部,以示於後。

卷一清世祖福臨順治十一年敕立碑文,卷二清聖祖玄燁康熙三十九年御製碑文,卷三玄燁康熙五十二年復賜一等子敕書,卷四愛必達撰《國史弘毅公列傳》,卷五愛必達撰《國史功臣巴圖魯額宜都列傳》,卷六愛必達撰《八旗通志》名臣鑲黃旗滿洲世職大臣額宜都巴圖魯列傳,卷七額宜都自敘,卷八祠堂碑記,卷九奏請家祠賜祭疏、奏請恩停往奠疏,卷一○愛必達撰《開國佐運功臣弘毅公家傳》。

是書所傳有十卷本、十二卷又二卷本、一卷本、十卷首一卷本數種。十卷本爲初刊,即是本,天津圖書館、廣西師範大學圖書館等六館入藏;十二卷又二卷本爲增修本,亦乾隆間刊,版式同十卷本,中國國家圖書館藏;一卷本著錄爲清刻本,遼寧省圖書館藏;十卷首一卷本,嘉慶六年福慶刻本,亦遼寧省圖書館藏本。《中國古籍善本書目》入史部傳記類別傳,著錄十卷本、十二卷又二卷本兩種。

《四庫全書總目》不收。

0640　清乾隆刻本平南王元功垂範　　　T2763/1033

《平南王元功垂範》二卷,題清尹源進撰;《續》一卷,清張允格撰。清康熙刻乾隆續刻本。

五册。半頁九行二十字,四周單邊,白口,無魚尾。框高19.8釐米,寬14.4釐米。《平南王元功垂範》題"賜進士吏部考功司郎中東官尹源進撰次;總督兩廣兵部尚書都察院右都御史李棲鳳較定",前有尹源進序。《續元功垂範》題"平原張允格編定",前有乾隆三十年(1765)張允格序。

是書爲編年體,紀平南王事。王姓尚氏,諱可喜,字元吉,世籍真定之衡水,遷海州。初爲明廣鹿島副將,爲同人陷害,幾遭難,脫身後航海投女真,授總兵官。請以所部隸漢軍,遂爲漢軍鑲藍旗人。順治初從入關,剿李自成部,平湖南、廣東,封平南王,爲清初異姓而王者四人之一。康熙十二年上允致政歸老遼東。及吴三桂反,其子之信附之,奉旨守粤。康熙十五年卒。謚敬。《平南王元功垂範》紀事起於天啓六年將兵東江,迄康熙十二年旨允致政、歸老遼東,記五十年間事,中又以順治七年至康熙三年十五年間事爲詳。《續元功垂範》紀事始於康熙十三年奉旨停止搬移,迄於康熙二十一年歸葬海城。

尹源進序云:"王以衛武懋德之年,優游多暇,追念疇昔,將次第其事,彙爲一書,垂示子孫,誠盛舉也。以命源進,進何敢辭。顧自以生長南方,見聞寡尠,才力鄙劣,敘次益非所長,遜謝久之。及得王宿昔家乘所錄者,一月而遂成編。蓋敘事之外,時爲論斷,以彰王寬大好生之心,表當時事機得失之會,其名曰'元功垂範'。"源進字振民,廣東東莞人。清順治十二年進士。授吏部文選主事,典試陝西,歷員外郎中,調考功,嘗內外計察。康熙十八年起,補驗封,晉太常寺少卿,卒於官。《(嘉慶)東莞縣志》卷三〇有傳。

張允格序云:"《元功垂範》一書,爲尹公源進所作,起於王之將兵東江,止於王之歸老遼左……竊以蓋棺定論,古人所重,而前書獨闕此三數年之事,格深有憾焉。用是不揣固陋,亟爲增續。一遵前書編年綱目之例,惟不系以論,就簡去繁,釐爲一卷,補前書之未逮,表晚節於克全。"允格,事蹟待考。

《元功垂範》之撰者,先後分別署作"今釋"與"尹源進"。原刻本題"丹霞沙門今釋"撰。謝國楨《晚明史籍考》按:"北京大學藏有原刻本,題丹霞沙門今釋撰。今釋即吳江金堡,明亡入丹霞爲僧,此蓋避清廷忌諱,乃易爲尹源進,而今釋上人亦深以此爲恥者也。"

考今釋字澹歸,杭州仁和人。姓金氏,原名堡,字道隱。明崇禎十三年進士,授山東臨清知州。順治五年桂王駐肇慶,堡入見,補授兵科。桂林破,遂剃髮爲僧。生於明萬曆四十二年,卒於清康熙十九年,年六十七。《廣清碑傳集》卷三載徐乾學撰《丹霞澹歸釋禪師塔銘》。

《丹霞澹歸釋禪師塔銘》援引今釋上平南王書索回所撰《元功垂範》一事,有云:"其上平南書則云,'前所編次《元功垂範》一書,遵奉記室所授稿本,於明稱僞,於明兵稱賊,初謂奏報相沿,未曾改正。竊念明滅元而修《元史》,不以元爲僞,不以元兵爲賊;元滅宋而修《宋史》,不以元爲僞,不以元兵爲賊。明末君臣播遷,亦自延其祖宗一綫之脈。而清朝承明正統,驅李自成爲明雪恨,於明本非寇讎。今書稱李自成爲僞、爲賊,稱明亦爲僞、爲賊,略無分別,恐於理禮有乖,請發回原書改正。'詞嚴義正,卒允其請。"又尹源進序稱,《元功垂範》所本,爲平南王"宿昔家乘所錄者",是本卷末則記此書事實"出記室條錄及航海舊人,參互考訂,纂爲二卷"。

《元功垂範》初刊年月未詳,以其紀事至康熙十二年,又今釋、可喜皆卒於康熙十九年,刊年當在康熙十二年之後、今釋上書平南王索回所撰《元功垂範》之前,至晚在康熙十九年之前。今釋書稱"前所編次《元功垂範》一書"、"請發回原書",而不稱"稿",當已刊印行世。《晚明史籍考》謂"北京大學藏有原刻本,題丹霞沙門今釋撰",今檢《北京大學圖書館藏古籍善本書目》、《北京大學圖書館藏李氏書目》,《元功垂範》均作清尹源進撰,謝氏所稱藏書地或有誤。

《中國古籍善本書目》著録,《平南王元功垂範》二卷題"清釋今釋撰",中國國家圖書館、四川省圖書館等六館入藏。檢北京大學圖書館、中山大學圖書館等書目,仍題"尹源進撰"。著録"清釋今釋撰"者,尚有《中國人民大學圖書館古籍善本書目》等;著録"清尹源進撰"者,又有《中國科學院圖書館藏中文古籍善本書目》等。

《四庫全書總目》不收。

與此書合函另有《尚氏名諱録》一卷,清刻本;《尚氏家則》一卷,清尚崇璧編,清乾隆刻本。按,此《名諱録》、《家則》頗稀見,於研究平南王史實者或有裨益。尚可喜傳記,有羅振玉撰《平南敬親王尚可喜事實册》不分卷,抄本,中國國家圖書館藏;又有《史料叢刊初編》本。

0641 清康熙刻本崇祀名宦録

T2268/7201

《崇祀名宦録》不分卷附録一卷,清周在浚編。清康熙刻本。四册。闕名圈點。半頁十行十九字,四周單邊,白口,單魚尾。框高17.7釐米,寬12.5釐米。無題。前有林文英序,康熙三十五年(1696)陸荽序。末有康熙三十五年錢巍業跋。

周在浚,字雪客,河南祥符人,亮工子。生卒年不詳,約康熙十四年前後在世。夙承家學,淹通史傳。嘗注《南唐書》十八卷。工詩,又著《雲煙過眼録》、《晉稗》、《梨莊遺谷集》、《秋水集》等,並傳於世。

崇祀福州名宦周亮工,字元亮,一字緘齋,號櫟園,河南祥符人。明崇禎十三年進士,官御史。京師陷,從福王於江寧。順治二年清兵下江南,亮工詣軍門降,奏授兩淮鹽運使,三年調揚州兵備道,四年遷福建按察使,尋遷布政使,十一年授左副都御使。十二年督臣佟岱列亮工貪酷諸款,尋解任。十六年部議被劾,擬立斬籍没,清世祖以亮工一案前後辭證不同,命再下法司詳審,改徙寧古塔,遇赦得釋。康熙元年部議復亮工職,起補山東青州海防道,五年調江南江安糧道,八年革職逮問論絞,九年復遇赦得釋。十一年卒。《清史列傳》卷七九有傳。

亮工順治間任福州布政司左布政史,有功於閩。康熙三十五年春,其子在浚至福州,閩父老子弟感其父之澤,追思亮工在閩八年遺愛,相率籲於兩臺,請祀亮工於學宫。始而福、泉兩郡,繼而汀而邵,八閩各郡晉紳一時不謀而合。是編正文依次録閩、侯二縣鄉紳鄭宗圭等具呈狀,泉州府鄉紳蘇潤等具呈狀,汀州府八邑鄉紳黎士弘等具呈狀,福州府及閩、侯三學教授蔡祚週等具呈狀,署汀州府事福州府糧捕通判蔣瑱呈狀,長江縣知縣潘世嘉呈狀,邵武縣儒學教諭蘇清等具呈狀,邵武縣知縣安定枚呈狀,邵武府知府趙莘中呈狀,泉州府學教授蔣垣等具呈狀,晉江縣學教諭危世美等具呈狀,晉江縣知縣李範具呈狀,署泉州府延平府通判曹允升具呈狀,汀州府知府王廷掄等具呈狀,在浚儻家祭文,鄭開極撰恭賀崇祀名宦序,林佶撰櫟園周公傳,八閩紳士大方伯周公崇祀名宦徵詩啓,崇祀名宦詩。附録一卷爲周公德政碑記、全城碑記、詩話樓碑記、書院碑記等。

錢巍業跋曰:"巍業生也晚,不及見公,嘗從父兄親黨得聞公風流餘緒,以爲公一代才人也。及長而宦游四方,往來南北,讀公所儻詩文,聞公服官政事,又以爲公循良廉吏也。後作令閩南,則公宦游地,得公行事最悉。公宦閩久,閩人感公,遠而不忘,每話及公捍災禦難,慷慨既登陣,父老子弟有爲之垂涕者,予始知公經濟名臣也,向以才人廉吏視公,特見其一斑耳。"跋文記亮工離福州之日,"榕城送主,予躬逢其盛,一時士大夫以及鄉愚負販之輩,童叟婦女之流,步送者萬餘人,香煙繚繞,晝不見日。予喟然曰,服官至此,可謂榮矣。"巍業時爲福建臺灣府臺灣縣知縣。陸葇序曰:"祭法云,以勞定國則祭之,能捍大患則祭之。祀典有五,先生居其二,何遲之又久而後食其報耶?"

是書罕見著録。諸序皆不及刊事,既爲在浚所編,當亦爲其所刊佈。在浚又撰有《櫟園府君行述》,記亮工事蹟,有康熙十一年自刻本。

扉頁鎸"崇祀名宦録。少司農周公"。

《四庫全書總目》、《中國古籍善本書目》皆不收。

0642　清雍正刻本韓柳二先生年譜　　　　　　　　　　　　T2270/7261

《韓柳二先生年譜》八卷,清馬曰琯編。清雍正七年(1729)馬氏小玲瓏山館刻本。《韓文類譜》七卷,宋吕大防等撰;《柳先生年譜》一卷,宋文安禮撰。四册。半頁十行十八、十九字不等,左右雙邊,白口,單魚尾。框高20釐米,寬12.6釐米。《韓文類譜》題"汲郡吕大防",末有雍正八年(1730)陳景雲跋。《柳先生年譜》末有紹興五年(1135)文安禮跋。

吕大防,字微仲,藍田(今屬陝西)人。仁宗皇祐元年進士。元祐元年拜尚書右丞,進中書侍郎,封汲郡公。三年,拜尚書左僕射兼門下侍郎。哲宗親政,以黨籍,奪學士,知隨州,貶秘書監,分司南京。紹聖四年,再貶舒州團練副使,循州安置,至虔州信豐病卒,年七十一。謚正愍。《宋史》卷三四〇、《東都事略》卷八九有傳。

文安禮,汾州介休人,文彦博之後。南宋紹興間任柳州知州。

陳景雲跋《韓文類譜》曰:"南宋慶元中,建安魏仲舉刊《韓集五百家注》,輯吕、程、洪三家所撰譜,記爲七卷,名曰'韓文類譜'。後無繼刊者,故世罕得而見也。廣陵馬君嶰谷耽嗜文史,遍訪是《譜》於藏書家,近始得之,因亟付梓,以廣其傳。當世多好學深思君子,讀《譜》而見其年經月緯之精密,彌足爲論世之助矣。"

《四庫全書總目》入史部傳記類存目,著録編修汪如藻家藏本,題名"韓柳年譜"。《總目》云:"《韓文類譜》七卷,宋魏仲舉撰。仲舉建安人,慶元中書賈也,嘗刊《韓集五百家注》,輯吕大防、程俱、洪興祖三家所撰譜記,編爲此書,冠於集首。《柳子厚年譜》一卷,宋紹興中知柳州事文安禮撰,亦附刊集中。近時祁門馬曰璐得宋槧《柳集》殘帙,其中年譜完好,乃與《韓譜》合刻爲一編,總題此名云。"

《韓文類譜》各卷末鎸有牌記"雍正己酉八月小玲瓏山館依宋本校刊"。"己酉"爲雍正七年。馬曰琯,字秋玉,江南江都人。與弟曰璐乾隆初同薦博學鴻詞,不就,平生以詩鳴世,尤好藏書。曰琯曰璐昆仲與名士結社邗江,所居之處有小玲瓏山館,館内辟有藏書樓,藏書十萬餘卷,名著江南。著作有《嶰谷集》等。

是本夾一籤條,有墨筆題識云:"方崧卿云,送靈師詩,貞元二十年間作;祖席詩,元和三年作。似皆是《譜》所未採者。潘林校。"

《中國古籍善本書目》入史部傳記類年譜,中國國家圖書館、武漢圖書館等九館有藏。又見於《中國科學院圖書館藏中文古籍善本書目》、日本《内閣文庫漢籍分類目録》等書目。

0643　清道光刻本翁氏家事略記　　　　　　　　　　　　T2278/8202

《翁氏家事略記》一卷,清翁方綱撰,清英和校訂。清道光間英和刻本。一册。朝鮮李尚迪題識。半頁十一行二十一字,左右雙邊,白口,單魚尾。框高 17.1 釐米,寬 12.4 釐米。題"大興翁方綱原稿,吉林英和校訂"。後有英和跋語。

翁方綱,見清道光刻本《復初齋集》。

英和,索綽絡氏,幼名石桐,字樹琴,又字定圃,號煦齋,別號粵溪生,滿洲正白旗人。少有儁才,和珅欲婿之,不可,頗銜之。授編修,累遷侍讀學士,先後任内務府大臣、翰林院掌院學士、軍機大臣、户部尚書、協辦大學士。創行海運,爲清代海運之始。道光八年,因監修孝穆皇后陵寢地宫浸水一案被革職籍家,解發黑龍江充當苦差。三年後赦歸。英和通達政體,遇事有爲。著有《卜魁紀略》、《卜魁城賦》、《恩福堂詩鈔》、《恩福堂筆記》等,編纂有《恩福堂自訂年譜》。《清史稿》有傳。

是書記敘翁氏由莆田入籍順天以來家事,起自明正德二年,迄於清嘉慶二十三年正月十二日。所記先代之事甚略,自乾隆六年以後乃逐年不闕。按年記述,歷官之外,旁及家族以至著書、刻書之事,然只粗具梗概而已。大略用年譜之式,分年提行,但不名"年譜"耳。方綱生於雍正十一年,卒於嘉慶二十三年正月二十七日,蓋二子早亡,文孫尚幼,故以自記詒大學士蔣攸铦。攸铦子以之付英和,英和與其父德保俱與方綱友善,遂爲梓行,且爲之跋。

英和跋曰:"右先生自記以詒其門人襄平蔣相國……先生博極群書,等身著述,而於古今體詩尤所用力。今《復初齋集》已膾炙人口,意後之學者必有如洪興祖、施元之爲韓、蘇年譜者,第掇拾畸零,縱能成一家言,究不若及身自訂較爲得實。先生與先文莊公相友善,每有唱和之作,又與先叔巽齋先生同年。予以年家子爲詞館後進,樂聞先生文章緒論,故從相國之子丏得,付之梓,俾好事者附《復初齋集》以行,亦論世知人之一助云爾。"

封面有李尚迪題識,云:"熹孫久擬爲覃溪老人作傳,□生晚,不得其生平事實,且□散佚,已不得見。無徵不信,一代文獻,略具於兹寄。藕船先生。丁酉正月。"按,李尚迪,字惠吉,號藕船,朝鮮著名詩人。清道光十一年至二十六年曾數度奉使中國,深受阮元經世致用思想影響。有《恩誦堂集》。"丁酉",當爲道光十七年。哈佛燕京圖書館還藏有其《海隣尺牘》書信集、道光間北京刻本《恩誦堂集》及咸豐、同治續刻本。熹孫,即汪喜孫,字孟慈,汪中之子,揚州人。嘉慶十二年舉鄉試。補河南懷慶知府。其家藏書甚富,少長即能讀父書,溺志於學,於文字、音訓多所發明。著有《國朝名臣言行錄》、《且住庵詩文稿》等。

是書雖未明示刊刻年,然英和卒於道光二十年,李尚迪識在道光十七年,則刊刻必在此之前。

《續修四庫全書總目提要(稿本)》著錄,云:"按方綱督學山東日,與巡撫國泰、布政江蘭有微嫌,二人和珅黨也,故擠之不得終任。方綱卒後,家漸式微,至於極窘,其孫婦光緒間猶存,見葉昌熾《緣督廬日記》,皆可補是記所未及也。"

《中國古籍善本書目》著錄清抄本一部,中國國家圖書館收藏。據查中國國家圖書館、上海圖書館、中國科學院圖書館均收藏此道光刻本。另有民國五年上海同文書局石印本。

鈐印有"李印尚迪"、"今西龍"、"望漢廬"、"書畫舫主人"、"後名山藏圖書",皆李尚迪印也。

0644　手稿本中興將帥別傳　　　　T2259.86/3727

《中興將帥別傳》三十卷,清朱孔彰撰。手稿本。存一册。半頁九行字數不一,四周雙邊,白口,單魚尾。綠格。框高 18.4 釐米,寬 12.8 釐米。

朱孔彰，原名孔陽，字仲我，又字仲武，號江東半隱，晚年自署圣和老人。江蘇長洲人，生於安徽黟縣。光緒八年舉人。曾國藩督師皖南，延攬人才，孔彰詣安慶上書，爲曾氏所奇，遂入幕曾府。後襄校江南官書局，又聘修《兩淮鹽法志》、《鳳陽志》，主講蒙城書院、存古學堂，兼主淮南書局、江楚譯書局、江南通志局等，民國後任清史館協修。其父朱駿聲是清代"説文四大家"之一，孔彰亦由小學以通經，著有《説文重文》、《説文粹三篇》、《説文通訓定聲補遺》、《釋説文讀若例》、《三朝聞見録》、《半隱廬叢稿》等。《碑傳集補》有傳。

　　孔彰入曾國藩幕，得與將帥弁卒交游，熟於咸同軍事。網羅咸同以來平亂名將之行事，並參以官報、家狀及耳聞目擊者，撰成此《中興將帥別傳》。或一人一傳一卷，或數人一卷，凡一百六人，加上附傳，幾二百人。詳於湘軍將領，淮軍次之。翔實徵信，筆法生動。除曾國藩、胡林翼、左宗棠、劉坤一等名臣外，尚有許多不見經傳之人物，卷三〇爲西將華爾、勒伯勒東、法爾第福、戈登四人。是書另有《續編》，載李鴻章等十四人傳記。

　　此書別稱甚多，或《咸豐以來將帥別傳》，或《咸豐以來功臣別傳》，或《中興名臣事略》，或《續先正事略》等。據光緒刻本中孫詒讓撰《咸豐以來將帥別傳序》云："朱君嘗從文正戎幕講學，甚悉於戲下材官健兒，多相狎習，嘗從詢兵間事，輒得其詳。故此傳紀述特翔實，兩朝勳臣事蹟略備，下逮偏裨，外附客將，捋録亡所遺；又間及軼聞雜事，以見偉人奇俠精神，志趣所流露，則奄有史公《李將軍傳》之奇矣。所綴論述簡而竺，嚴而不劌，信乎良史之才，非與夫考纂瑣屑者校其長短也。"

　　《續修四庫全書總目提要(稿本)》著録，所見爲光緒二十四年刻本。

　　是書殘存一册，存《劉武烈公別傳》、《畢剛毅公別傳》、《周節愍公別傳》、《儲忠壯公別傳》、《褚廉訪別傳》，計五篇。共二十一頁。多有修改潤色痕蹟，或另紙粘貼，或細行密字夾改，且經過朱、墨兩色圈改。經與刻本核對，改後文字皆與刻本同。

　　此書版本衆多，有清光緒二十四年刻《漸學廬叢書》本；民國間《四部備要》本；臺灣文海出版社《近代中國史料叢刊》本；臺灣明文書局《清代傳記叢刊》本("名人類"第六種)；北京出版社《四庫未收書輯刊》本(第二輯第23册)。1989年嶽麓書社《湘軍史料叢刊》收入此書，向新陽、朱美士標點，然未刻《續編》，後附《人名索引》。

0645　稿本繩其武齋自纂年譜　　T2278.6/4823

　　《繩其武齋自纂年譜》一卷，清黄贊湯撰，清黄祖絡續。稿本。一册。半頁十一行二十三字，小字雙行同，左右雙邊，白口，單魚尾。藍格，書口中鐫書名。框高17.8釐米，寬13.1釐米。卷前有咸豐九年(1859)自序，卷末有同治九年(1870)黄祖絡跋。

　　黄贊湯，見清咸豐抄本《捐務題稿》。

　　黄祖絡，贊湯之三男。據年譜生於道光十七年。

　　咸豐九年，贊湯出任河東河道總督，同治元年卸任，此年譜爲其監河之暇所自纂，凡敍述皆稱"余"；同治三年後因病輟筆，其子祖絡爲之續纂，凡敍述皆稱"府君"。《年譜》詳記平生事蹟，既有國事，又有家事，所上奏摺俱全文録入。據《年譜》所記，贊湯生於嘉慶十年七月八日，卒於同治八年正月十九日。

　　黄祖絡識語云："府君督河時，嘗手訂年譜，其後次第增入。自撫粵還京，至贛病，遂絕筆於此。又五年，竟棄養。祖絡苫凶之餘，肝腸摧裂，既小祥，始克續而成之。追憶五年中侍養左右,藥爐煙恒不斷,劇則展轉淋褥,至今如聞呻吟聲,大命莫延,恨不能以身贖也。同治庚午年閏十月十八日男祖絡泣血識。""庚午",爲同治九年。

贊湯勤於政務,精忠報國,是道光、咸豐、同治三朝重臣,《年譜》中對此多有記載。道光二十四年,擢奉天府府丞兼學政,道光帝召見於勤政殿,云:"汝做御史甚好,條陳俱可見諸行事,不比他人應點塞責。以後做官,只照此做去,便不錯。汝之人品學問,係我看出,並無他人在我前保汝官者。"咸豐元年,洋人入寇天津,應詔陳言,疏言救時之要首在防夷,力主懲辦漢奸。咸豐八年,朝廷再議戰撫,贊湯時以二品頂戴任通政使,復上《請修守備疏》。任廣東巡撫間,廣東盜多地亂,贊湯於水陸要隘嚴置守備,修復省垣東北面礟臺,以禦寇警。卒前一月尚思報國,云:"我荷三朝知遇之恩,涓埃未報,今中原雖靖,邊疆尚未肅清,此豈臣子優游日耶?吾病果愈,行當擊楫枕戈,上紓宵旰之勤,下了平生之願耳!"

書前有雕版扉頁一頁,一面刊書名,一面刊"咸豐辛酉年家子徐思穆署面"。"辛酉"爲十一年。書寫甚工,中有挖補、修改,並有粘簽指示書寫格式。此書有同治九年盧陵黃氏刻本,爲家刻本,行款與此書同,因頗疑即刻本底本。

據《臺灣地區善本古籍聯合目錄》著錄,臺北"國家圖書館"也藏《繩其武齋自纂年譜》清稿本一部,蓋爲謄清稿本。中國國家圖書館、上海圖書館、中國科學院圖書館等均藏有清同治九年刻本,1988年書目文獻出版社《北京圖書館古籍珍本叢刊》收入同治刻本。中國國家圖書館尚保存有黃贊湯《河東河道總督奏事摺底》四冊,完整記錄其任職期間爲政情形,包括治河疏浚、整飭吏治、修防禦賊、督辦糧臺、環境變遷等材料,2005年全國圖書館文獻縮微複製中心據其影印出版。

館藏另有黃贊湯《捐務題稿》、《鹽務奏稿》、《豫東公牘》等。

0646　手稿本清宗室敬徵日記　　　　　　　　　　　　　TNC2268/4424

《清宗室敬徵日記》不分卷,清敬徵撰。手稿本。十二册。洪業跋。半頁行數、字數不等,無框欄,經摺裝。

敬徵,隸鑲白旗,肅親王永錫第四子。生於乾隆五十年,卒於咸豐元年。嘉慶十年封輔國公,授頭等侍衛,兼委散秩大臣、副都統。十九年授內閣學士,充總族長。二十二年,因失察褫職,謫居盛京。道光初,累遷工部侍郎,授內務府大臣,調戶部。十四年授左都御史。十六年署戶部侍郎,累遷工部尚書,兼都統。十八年調戶部,升戶部尚書協辦大學士。三十年,署正白旗滿洲副都統。卒諡文愨。《清史稿》有傳。

日記起自道光十七年至二十二年,又二十五年迄咸豐元年三月廿六日,共十三年,除道光二十、二十一兩年銜接爲一紙外,皆一年一紙,折爲經摺裝。記日常起居、政務,間有僚儕交往,人情世故,宮中聞見,並於天頭處略記天氣。每日長短不一,長亦不過幾行而已,然記事始末俱全,內容多有史書不載者,頗具史料價值。

道光中,黃河河南段數次漫口,致黃河改道,敬徵爲工部尚書,奉旨治河,多有貢獻,日記中記其與麟(河督麟慶)、何(侍郎何汝霖)往勘治河事甚詳。敬徵爲宗室,曾充內務府大臣,常在宮中行走,日記多有記清宮禮節、習俗及皇陵建制等內容。道光二十五年後所寫多爲賞銀事,條記用去銀兩數目、用途等。

日記中夾民國二十年正月十五日洪業所作《讀清宗室敬徵日記稿本》題記一頁,略云:"初不知爲何人稿本,細審其官職升降,乃定爲敬徵原物。此本蓋聊備遺忘之簿記,每日短者半行,長者數行而已。當朝僚儕往往以一字簡稱,頗不易讀,然非全無補於史料者也。"並舉道光二十年革御前大臣、總管内務府大臣奕紀職一事,引日記所載與《東華録》相證,道光帝借理藩院禁哲布尊丹巴用旗繖不當而重罰奕紀,實則痛孝全皇后之崩,以其爲奕紀延醫之誤也,並慨嘆"醫之難爲如此"。洪跋發表於《燕京大學圖書館報》第十九期上。

0647　手稿本觀妙居日記　　　　　　　　　　　　　　T5784/4481

《觀妙居日記》不分卷,清李鋭撰。手稿本。一册。半頁八行或九行,字數不一,無框格。首頁題"觀妙居日記　李鋭"。

李鋭,字尚之,號四香,江蘇元和人。諸生。幼有過人之敏,邃於算學,窮究天元一術,於古法多所闡發。因受經於錢大昕,得中西異同之奥,於古曆尤深。嘉慶初,阮元提學浙江,常延鋭至杭,問以天算。阮元輯《疇人傳》,得鋭之力爲多,阮元譽其爲"深於天文算術,江以南第一人也"。有《天元勾股細草》、《開方説》、《弧矢算術細草》等。《清史稿》入《疇人傳》。

鋭生乾隆三十三年,卒嘉慶二十二年,年五十,《清史稿》稱其卒年四十有五,誤。此爲四十二歲所記,正值中年之時。日記起自嘉慶十四年己巳正月初一日,止於十二月三十日,計三十六頁。所載半是瑣事,與法式善、阮元、陳鱣、李福、高藥、吳嘉泰、張敦仁等過從其密,日記中常有記載,堪見其交游。惜記述過簡,一日事往往僅一二行而已,如二月二十一日:"《日法彊弱考》一卷成,求戴金粲(戴敦元)作序。"四月初七日:"纂《五代史司天考補注》二卷畢。"後一書未見刻本,稿本似已佚去。

又五月二十日所記有吳縣新進士者,云:"是日知小廉歸班,春生即用知縣,前所報翰林,乃匪人撞冒也。吾蘇新進士七人,吳慈鶴、顧元熙、譚瑞東俱庶常,陳春尹主事,蔣泰階、陶文植中書,李清傑即用縣,無歸班者。"

又八月二十七日所記買人參事:"托吳春生買人參二錢,價二十兩。春生言國初以來參價日貴,惟去年、今年乃大賤,蓋秧子多(指人工培植的根莖)而自然產者少也。"清代銀錢比價,順治、康熙年間,每銀一兩可换錢七八百文,至雍正以後,因地方鑄錢日多而致錢價下跌。乾隆末年,銀一兩可换錢一千零數十以至一千一百文,至嘉慶初年,銀價跌至九百數十文。如以銀一兩换錢一千文計算,則二十兩銀當爲二萬文錢。其時一石米價爲白銀三兩,二十兩可購米近七石,而買參卻僅能得二錢,其貴無比,絶非一般平民百姓所能及。

十月二十四日:"古餘先生專差持關聘相邀教讀。""古餘先生"即張敦仁,字仲篤,號古遇,亦號古餘,陽城人。乾隆四十年進士,曾官揚州知府。藏書甚富,建六一堂貯書,精於文史、算學。是年,張敦仁遣人專程禮聘李鋭往南昌館課。十一月二十八日,李鋭從蘇州登舟往江西,於十二月二十四日至南昌。十二月初七日記云:"自蘭溪至侯城,沿灘人家作水碓,以水激輪,圜轉甚利。舟行上灘,持篙者努力叫呼,與灘聲相亂。牽夫涉水,水深没股,嚴寒風雪中,竭六七人之力,才行四十餘里,爲之惻然。"

遇"玄"、"弦"諸字,皆缺末筆以避諱。

中國國家圖書館尚存《觀妙居日記》稿本三册,爲清嘉慶十年六月初一日至七月二十一日、嘉慶十一年二月初一日至十二月二十九日,及嘉慶十五年五月初一日至八月初二日。又上海圖書館所藏《觀妙居日記》,爲清嘉慶二十五年吳嘉泰抄本。嘉泰爲李鋭同鄉好友,號春生,與鋭同受業於錢大昕門下。嘉慶二十五年，嘉泰從李鋭子可久處據八冊手稿本録爲一册，計四十二頁，起自乾隆六十年三月初七日至嘉慶元年六月初二日、嘉慶九年七月十五日至十六年正月二十五日、嘉慶十八年至二十一年，計十九年之久。以上兩種，可參見郭世榮《李鋭〈觀妙居日記〉研究》，《文獻》1986 年第 2 期；陳左高《述清數學家李鋭〈觀妙居日記〉未刊稿》，《學林漫録》初集，中華書局 1980 年版；馮錦榮《李鋭的生平及其〈觀妙居日記〉》，《文史》第四十七輯。

清代算學家之著名者有梅文鼎、汪萊、羅士琳、徐有壬、李善蘭、華蘅芳諸人，均無日記傳世。此手稿本雖僅存一年，亦屬吉光片羽，彌足珍貴。

0648　稿本北洋海軍來遠兵船管駕日記　　　　　　　　　　T5784/1333

《北洋海軍來遠兵船管駕日記》不分卷。稿本。一册。紅格。框高 31.8 釐米，寬 19.8 釐米。題"管帶官升用總兵北洋海軍右翼左營副將喀勒崇依巴圖魯邱寶仁"。

中國近代海軍之創建，始於清同治年間。光緒十一年，北洋大臣李鴻章通過駐德使臣許景澄，向德國伏爾鏗造船廠訂購"經遠"、"來遠"，又向英國訂造"致遠"、"靖遠"四艘裝甲巡洋艦，並派宗瀛、裘國安、黃戴負責監造。十三年，四艦竣工，北洋海軍即派英人琅威理前往驗收，管帶鄧世昌、邱寶仁、葉祖珪、林允升同往接帶。是年十月底，抵廈門，因北洋時已封凍，就地於廈門操練。十四年春，四艦駛抵天津，李鴻章親臨接收，編入北洋海軍建制，旋即駛赴遼渤一帶操巡。

"來遠"號管帶邱寶仁，字彪臣，福建閩侯人。同治六年考入福建船政學堂，爲第一期駕駛班畢業生，先後巡歷北洋、香港、新加坡、檳榔嶼各口岸。光緒元年，復上"揚威"號練習艦赴新加坡、菲律賓、日本各海口巡歷。次年即管帶"虎威"號，五年調管"鎮東"號，積功擢守備。十五年升署右翼左營副將，充"來遠"號管帶。十七年賞換"喀勒崇依巴圖魯"勇號。甲午海戰中表現英勇，然戰後被革職，未能復出。詳見《淮系人物列傳》。

此日記實爲航海日志，存光緒二十年 (1894) 五月初一日至五月二十九日，時船在威海，而八月十八日甲午海戰開戰。日記設如下名目：值更官員姓名、點鐘、船程、船向、羅經鐵差、風向、風力、下風差、天色、寒暑針、風雨表、經度、緯度、直路方向、直路程、潮流方向、潮流程、共行程、羅經氣差、直方向、直距離、記事。日記前開列兵船裝備、人員、武器等，至爲詳細，爲研究中國早期海軍史提供了第一手資料。兹略載於下：

該船爲德國卧機雙暗輪，鐵脅，馬力爲虛八百匹、實五千匹。船身長二百七十英尺，寬三十九英尺四寸五分，船頭高十五英尺四寸，尾高十四英尺九寸。全船載重兩千九百噸，額設各項人等二百零二名，月支公費京平銀五百五十兩。幫帶大副爲都司林文彬，魚雷大副爲守備張哲灤，駕駛二副爲調署守備唐春桂，槍砲二副爲調署守備謝葆璋，船械三副爲千總邱文勳，舢板三副爲署理千總蔡馨書。其他如各級管輪、各級砲弁、巡查、水手總頭目、三等文案、三等醫官等皆有名字在案。又該船另備魚雷匠兩名、電燈匠一名、鍋爐匠一名、油漆匠一名、洋槍匠一名、二等木匠兩名等，以及一、二、三等水手八十名，一、二、三等升火三十八名，夫役十二名。

鑲配槍礮爲：克鹿卜二十一生特、十五生特三十五倍身長後膛鋼砲各二尊，哈乞開司四十七密里、三十七密里五管砲各二尊，後膛快放砲四十七密里一尊，又毛瑟後膛兵槍五十杆、威布烈六響手槍四十杆，刀十把。

日記中值更官員爲唐春桂、謝葆璋、邱文勳、蔡馨書，每日上午三人，下午三人輪值。其中謝葆璋,字鏡如,福建閩侯人。光緒十五年升署右翼左營守備,充"來遠"駕駛二副,甲午海戰後返回原籍。光緒二十九年調任煙台訓練營(後爲煙台海軍學校)管帶,於校舍建築、校事籌劃,始終董其事,並任學校首任監督。民國初,授海軍少將,任海軍部軍學司司長,後任參事廳參事、署理海軍部次長等。1940年病逝,年七十五。其女婉瑩(即冰心)爲現代著名作家。

扉頁印有紅色楷書"北洋海軍兵船管駕日記"。封面書簽印有"北洋海軍兵船　管駕日記",爲墨色楷書,並以墨筆填充"來遠"二字。日記所用爲專印稿紙,應是統一格式之航海日志。

光緒二十年甲午海戰中,來遠號奮勇擊敵,重創日艦"赤城"號。後在戰鬥中不幸中彈二百餘顆,因起火燒裂,退出陣外,雖補救得力,僅存皮殼,但機械、火器尚可使用,故仍有戰鬥力,歸於旅順港修理後,駐防威海。1926年海軍部印刷所排印本《海軍實紀》載紀甚詳,並有來遠號陣亡將士名單。光緒二十一年二月,在威海衛之戰中,遭日軍魚雷艇偷襲,中雷傾覆。日本《近世帝國海軍史要》一書載有來遠艦照片。

北洋海軍覆没前,在編軍艦共二十五艘,重要者有定遠、鎮遠、經遠、來遠、致遠、靖遠、濟遠、超勇、揚威等艦,除來遠尚存此《管駕日記》外,未聞它艦有文獻實物留存世間。

0649　手稿本李儀日記

T2268/6001

《李儀日記》不分卷,清李儀撰。手稿本。十七册。半頁九行字數不一,四周花欄,白口,無魚尾。朱絲欄,書口上鐫"文光射斗",下鐫"飛霞室"。封面題"日記"並所記年月及册數。

日記起自清光緒三十二年丙午八月初一日,至清宣統三年一月三十日止。闕第十二册,即清宣統元年三月至七月内容。凡日常起居、會客、宴請、看戲、家庭、收支用度等生活瑣事,皆記録在内。妻名秀雲,生有三女。往來密友傅竹崖、胡小華、李贊堂、李建堂、金獻之、楊蒲三、陳芙航等。

此書未題撰者,遍翻全書,光緒戊申(三十四年,1908)五月初九日記有:"晴。與(許)養之商定同事□俸,買昌化石圖章一對,又銀晶一個,又白壽山石三塊,共洋六元。當即以五塊交養之,托其求劉穀人找徐雲鴻刻,昌化石一對,一刻'李儀',一刻'端卿';壽山石者,刻'端卿所作'四字;長者橫刻'李儀'二字,蛋勢者刻'乘興'二字。"由此而知,作者李儀,字或號爲端卿。

其家經營商號,並有多處出租房産,家境富裕。李儀體弱多病,常食鴉片,日記中頗多調、熬膏子藥、吃煙記載,如"煮土一百廿兩,加灰三十兩,出煙七十八兩"。光緒三十四年十二月二十三日頁眉處還抄一"戒煙方":"明黨參五錢,旋覆花二錢,使君子錢五,大楓子二錢,生甘草二錢,風茄花七朵,白龍骨錢五,鶴虱錢五,枸杞子二錢,沙糖四兩。"嗜賭麻將,爲過癮而呼朋喚友至自家,日記中幾乎隔日便有"打牌八圈"、"四人手談"字樣,並記輸贏銀洋數目。能作畫,亦喜收藏。讀書不多,偶有買書記載,如光緒三十二年十二月廿二日:"買萃古山房五種《紀事本末》一部,帶書箱一個,一百三十六本,洋二十元;《唐宋十家全集》一部,廿四本,洋十元;《孔子家語》一部,四本,洋三元;《古玉圖譜》一部,十六本,洋六元;《湘軍記》一部,十二本,洋二元,共洋四十一元。除伊去年欠洋十五元,退回《元史紀事本末》一部,洋一元,净付伊十五元。""萃古山房尚有廣東板《皇清經解》一部,三百六十本,還洋五十元,《武備志》一部,還洋廿元,據云係他人之物,未肯賣。"

李儀曾捐納補荆溪縣缺,並有意捐升道員,因朝廷一度停開而作罷,但心中頗爲記掛。光緒三十二年九月重開捐例,即托道庫廳官員幫辦此事,終以兩張銀票、銀四千一百四十四兩之代價捐升直隸州道員,並爲其弟恩厚候選縣丞、現任巡檢捐升爲知縣,用銀兩千六百一十九兩。

光緒三十二年八月十四日其父病亡,日記述治病前後、操辦喪事、作佛事、親友吊唁等細節甚爲周詳。記亡父出殯云:"至九點多鐘,方始齊備。出門東行,由千佛庵、新廊、大夫第、鈔庫街、石壩橋、利涉橋、姚家巷、奇望街、大功坊,一直出南門,到同善堂,將十二點鐘。"核之《(同治)上江兩縣志》,此皆南京秦淮地區街巷名,由是知李儀應爲南京人氏。

此書作者雖名不見經傳,但日記事無巨細,始末俱詳,從中可管窺晚清普通江南士紳之日常生活,頗可供古代社會生活史研究者參考。

0650　稿本張彭春日記　　　　　　　　　　T2269/1346

《張彭春日記》不分卷,張彭春撰。稿本。十八冊。

張彭春,又名蓬春,字仲述。1892年生於天津。1908年畢業於南開中學堂,爲第一屆畢業生。1910年,以七十名中之第十名成績被錄取爲"旅美學務處"即清華學校前身第二批庚子賠款遊美生赴美國留學。1913年,獲克拉克大學哲學學士學位。1915年,獲哥倫比亞大學文學和教育學碩士學位。1916年夏,身懷教育救國宏願回國,協助其兄張伯苓主持南開中學並參與創建大學。1919年,南開大學成立後,再度赴美留學。1922年,獲哥倫比亞大學教育學博士學位,師從杜威。1923至1926年,任清華學校教務長。1926年辭職後,回到天津,任南開中學部主任兼大學部教授,並多次赴英、美、蘇考察講學。抗日戰争爆發,奉命到英、美等國宣傳抗日。1940年,調入外交部,出任駐土耳其、智利等國使節。1946年,作爲中國代表參加聯合國大會,1948年任聯合國人權委員會副主席,參與起草《世界人權宣言》。後移居美國,1957年在美病逝。

是書以四種稿紙寫就,1923年1月30日至3月13日、3月14日至5月19日兩冊以版心下印有"商務印書館"的"記事珠"書寫,爲八行綠格箋紙;1923年6月26日至7月28日、7月30日至8月23日兩冊以版心上印"南開學校日記"、下印"售品公司"的九行紅格箋紙書寫;1923年8月26日至1924年2月29日五冊以版心下印"清華學堂"的八行綠格稿紙書寫;1925年2月19日至12月31日九冊以版心下印"清華學校"的八行綠格稿紙書寫。大致一月一冊,每冊封面上有序號及起始日期,原闕第三冊、第十一至二十冊,即1923年5月19日至6月25日和1924年3月至1925年元月的內容。

20世紀二十年代,中國教育界反思留學政策,出現"教育自主"思潮,當時的清華學校有改辦大學之設想。1923年8月,清華學校校長曹雲祥聘請中國第一位教育學博士張彭春爲清華教務長,推動清華改辦大學進程。彭春上任後,即擔任新課程委員會委員長,主持製定學校新的教育方針和改辦大學計劃,積極參與研究改辦各項事宜。他提出清華大學辦學總綱,希望清華"成一造就中國領袖人才之試驗學校","清華大學教育應特別鼓勵創造學力,個人研究及應付中國實際狀況及需要之能力。""其方法在利用教室內外實際生活之動作,使經驗近世文化之要領。"彭春另於1924年4月提出辦大學研究院的意見,以提高清華的學術地位。《日記》大量記錄了彭春對改革方案的不斷思索,也真實記錄當時清華保守勢力與改革派、各方不同意見之間的矛盾和斗争。

1926年9月,因受清華學校保守勢力的攻擊和排擠,彭春辭職回到天津,任中學部主任兼大學部教授,在哲學教育系任教,後又在新建的英國文學系講授西洋戲劇。在南開時,他致力於中等教育事業發展,而從《日記》觀之,他對中等教育改革的研究早在清華園時就已經開始,《日記》中有整篇整段關於"中學訓育"之思考。

彭春才華橫溢,熱愛文學、戲劇。在清華期間,與徐志摩、胡適、梁實秋、陳西瀅等人創辦新月社;將西方導演制度引入中國,主持南開新劇團,是中國第一位現代戲劇導演。《日記》中記其見聞交往甚多,交往者均是當時教育界、學術界之雋彥,如與南開同學、後任清華校長的梅貽琦,與留美同學胡適,與陶行知、徐志摩、張君勱、戴志騫、陶孟和、林語堂、吴宓等。

《日記》內容廣泛,既簡明扼要記一天工作情況,又記日常家居生活,並有讀書隨想,間有人物評騭。讀書部分,包括中英文著作提要、摘錄、考証和批評,翔實記錄彭春每天獲得的新思想、新知識和新觀點。彭春頗重個人道德修養,每日三省自身,頁眉處往往有自觀日記所作批注,行文平實自然,並時有英文夾雜。《日記》中還多有作者以鉛筆、朱筆所作校改。

抗戰勝利後,張彭春曾回顧往事說:"個人三十多年來,有時致力於教育,有時從事外交,有時也研究戲劇,表面上看起來,似乎所務太廣。其實一切活動,都有一個中心興趣,這就是現代化。"1995年,張彭春次女張新月與夫婿鄭師拙合撰《張彭春生平與著作》(Ruth H. C. & Sze-Chun Cheng:Peng chun Chang Biography & Collected Works)出版,然而中國國內研究張彭春的學者依舊感到"他的資料是很難查找的"(《張彭春論教育與戲劇藝術》,南開大學出版社2003年版)。作為中國近代史上重要的教育家、戲劇家和外交家,這十八册《日記》有助於填補其生平空白,從多個側面和細節完整地反映其為人,亦有裨於近代學術史研究。

0651　清末寫本玉牒宗室　　T2252.8/5302

《玉牒宗室》不分卷。清末寫本。一册。無豎行,橫十五格,字數不一。框高33釐米,寬21.5釐米。封面書籤題"世祖章皇帝位下第二子和碩裕憲親王之後裔"。

此爲清順治帝第二子福全及其子孫分支衍續之譜牒。首頁書眉處粘有黄綾簽,書"世祖章皇帝第二子"。起自第一代和碩裕憲親王福全,至十一世岳綺終。以朱筆抄寫尚在世之宗室成員名諱,卒者則代以墨筆。

按,清沿明制,設有玉牒館,專記清廷皇室成員譜系,自順治十八年初次纂修,每十年重修一次,有清一代,共修《玉牒》二十八次。這些官修皇家宗譜有四種類型,一為《帝系》,一為宗室横格《玉牒》,一為宗室直格《玉牒》,一為《星源吉慶》。直格《玉牒》每頁畫豎格,一至二格記一人,反映同一輩份宗室子孫情況,通常一輩訂為一册,亦有數代合訂之特厚《玉牒》。横格《玉牒》每頁畫十五行横格,每横格代表一輩,輩份最長者書於卷首第一横格,其子孫後裔依次遞降。清制稱太祖努爾哈赤的父親塔克世為大宗,其直系子孫為皇帝血緣近支,稱"宗室",束黄帶,俗稱"黄帶子";塔克世的父親覺昌安兄弟六人,俗稱"六祖",這些非大宗的伯、叔、兄、弟後裔為旁支,稱"覺羅",束紅帶,俗稱"紅帶子",族籍也由宗人府掌管,政治經濟皆享有特權,直到清亡特權才被廢除。宗室《玉牒》為黄綾封面,覺羅《玉牒》為紅綾封面。此為横格《玉牒宗室》,記載方式與民間族譜之"世系圖"相類,然只記品級、封蔭和子嗣流傳,不記生卒年月、母妻姓氏等。

福全,世祖第二子,順治十年生。幼時,世祖問志,對曰"願為賢王",世祖異之。康熙六年,封為裕親王,命與議政。十一年,疏辭,允之。二十九年,封為撫遠大將軍,出征噶爾丹。中敵緩兵之計,坐失事機,上責之,罰俸三年。三十五年,從康熙帝親征噶爾丹。四十二年薨,年五十一,諡曰憲。福全畏遠權勢,上友愛綦篤,嘗命畫工寫御容與併坐桐陰,示同老意也。有目耕園,禮接士大夫。《清史稿》有傳。其歷代封襲爲:保泰,福全第三子,康熙四十二年襲裕親王,雍正二年因事削爵;廣英,福全第五子保綬之二子,雍正二年襲裕親王,四年因事削爵;廣祿,保綬第三子,雍正四年襲裕親王,乾隆五十年薨,諡號莊;亮煥,廣祿第十二子,乾隆五十一年襲裕郡王,嘉慶十三年薨;文和,亮煥第二子恒存之子,嘉慶十三年襲貝勒,二十年卒;祥端,文和第一子,嘉慶二十一年襲貝子,道光十六年卒;繼善,祥端嗣子,道光十六年襲鎮國公,咸豐十一年卒;榮毓,繼善第一子,咸豐十一年襲鎮國公,光緒二十三年卒。魁璋,榮毓子,光緒二十四年襲鎮國公。福全受封爲裕親王,子孫循例遞降,以鎮國公世襲。

是書黃紙封面,黃綾題簽,書品寬大,裝幀精美。其中末代鎮國公魁璋名以朱筆書寫,爲在世人物,知此册當編於清季。

清代《玉牒》多藏於宗人府、皇史宬及盛京敬典閣。據悉現存清代《玉牒》有數千册之多,多藏於中國第一歷史檔案館、遼寧省檔案館兩家,中國國家圖書館、清華大學圖書館等亦有零册收藏。

0652　明嘉靖刻本休寧蓀浯二溪程氏宗譜　　T2252.7/2321

《休寧蓀浯二溪程氏宗譜》四卷,明程典輯。明嘉靖休寧程氏刻本。四册。半頁十三行二十六字,四周單邊,白口,單魚尾。框高 25.6 釐米,寬 16.8 釐米。目録頁題"訂正　山斗掌書公十二世孫珖;編輯　州判公十一世孫典;倡修　蓀溪士賢公四世孫萱芳、景芳,蓀溪音文公三世孫顯密、廷獻、廷助,四世孫通響、通庸"。前有嘉靖十九年(1540)汪思序,嘉靖十九年孔聞韶序,嘉靖十九年程珖序;唐程淘序,宋紹聖二年(1095)程祁序,程璇序,明景泰二年(1451)鮑寧序,成化十八年(1482)程敏政序,永樂十三年(1415)程祐序,嘉靖九年(1530)彭澤序;程敏政撰《程氏統宗譜辯》。末附汪天相識語,後附《程氏舊譜存考》,并嘉靖十九年程塘跋。題名後又有嘉靖十九年程典識語。

蓀溪、浯溪地處休寧,兩溪相望可二里餘,水壤清沃,風致淑妍。新安程氏之始遷祖爲元譚,乃都亭侯之後,原居建康。東晉初,使持節新安太守,受代,民請留,詔褒嘉之,賜田宅於郡之篁墩,故定居於兹。此譜卷一源委、圖系;卷二事略,爲一世至五十三世;卷三事略,爲五十四世至五十六世;卷四事略,爲五十七世至五十九世。中有墨筆、硃筆添補,當爲後人所爲。

程珖序云:"舊歷有譜牒,特成化壬寅,宗學士篁墩先生統宗爲譜,而時之明敏習事者,以事在別郡,弗克會,至是兩宗之裔,曰萱芳、景芳、顯密、廷獻、廷助、通響、通庸,力爲起廢之志,乃謁諸合族,述自元譚,以迄于今,續爲《蓀浯兩溪程氏宗譜》。自山斗而上,尋其世系,謹所傳也;蓀溪而下,列其名諱,示可考也;合同萃涣,不及別宗,又懼難致也,歷幾閱月,事訖。"

程典識語云:"《蓀浯二溪程氏宗譜》,凡□卷,裔孫顯密、廷助協謀搆慮幾二十年,始克成編。其間諸先世譜牒,購求之廣,以吾山斗邀會來往之頻,與夫徵請訂編之勞,鳩斂録梓之費,不知凡幾,自始編以至訖事,又不知閱月凡幾。嗚呼!二翁之用是心可謂勤矣,而又得諸裔彦萱芳、景芳、廷獻、通響、通庸等相與協心贊輔,而後可以成先志,詔後人,爲兩宗之慶,而待百年繼志者之考按也。"

後附之《程氏統宗譜辨》,乃因早年曾有《蓀浯程氏舊譜》之輯,然其間謬妄無據,多不可從。程敏政爲之理淆伐舛,著爲譜辨,於蓀浯程氏之世系考證頗有參考價值。

史部

明代宗譜，傳世不多，而所存之本以安徽新安爲多，新安又以程氏爲最，今所存者達二十餘種左右。此譜《中國古籍善本書目》未著録，僅有《浯溪程氏家譜》六卷，爲明嘉靖十八年刻本，復旦大學圖書館入藏，應早於此本。刻工黄錠，爲新安派彫手。

序文第一頁前半頁、譜辨第二十五頁、卷四第一頁前半頁佚去。《存考》後刊"校對鋟梓：蓀溪信房，士賢公裔孫萱芳、景芳；浯溪文房，音文公裔孫顯密、廷獻、廷助、通響、通庸"。

鈐印有"殷泉"、"蔭嘉"、"王氏二十八宿研齋秘籍之印"。

0653　清咸豐木活字本(浙江紹興)山陰梅溪王氏宗譜　　　T2252.8／2711

《(浙江紹興)山陰梅溪王氏宗譜》八卷，清王汝槐等纂修。清咸豐三年(1853)三槐堂木活字本。八册。半頁十行二十一字，四周雙邊，白口，單魚尾。框高24.9釐米，寬15.5釐米。書口下鐫"咸豐癸丑重輯"、"三槐堂"。前有目録。

王汝槐，字廷瑞，生於乾隆五十二年。

是譜尊周靈王爲遠祖，奉掄一公爲山陰梅溪第一世始祖。掄一公，行掄字行一，貴公十一世孫。提舉。於明洪武十九年正月十五日由塘上王三界橋至前梅，入贅董氏。貴公由淳安清溪徙居越之錢清東塘，爲紹興始祖。

卷一咸豐三年十六世孫汝槐撰梅溪續修宗譜序，道光二年十五世孫鉅筠撰前梅創接宗譜原序，道光二年史致光撰山陰前梅王氏宗譜原序，永樂二年胡粹中撰山陰王氏族譜原序，天順元年魏驥原序，淳熙十三年王留正原序，七十八世孫午發原序，正德二年八十四世孫瑾原序，誥敕志傳(科甲記、履歷)等(始紹興二十二年官誥至祀産，計二十八篇)；卷二像贊；卷三《例言》八則，追遠系圖(遠祖一世至八十三世)，山陰梅溪王氏宗譜本支系圖(始祖一世至十三世)；卷四山陰梅溪王氏宗譜本支系圖(十三世至十九世)；卷五歷代各處徙居考，行傳(遠祖一世至八十三世)；卷六行傳(始祖一世至十四世)；卷七行傳(十五世至十六世)；卷八行傳(十七世至十九世)。

山陰梅溪王氏宗譜始創於清道光二年，王元德、王鉅筠纂修。元德，掄一公十四世孫；鉅筠，字鶴亭，國學生，生於乾隆三十五年，卒於道光十五年，掄一公十五世孫。咸豐是譜爲二修。

汝槐續修序曰："始祖掄一公係貴公十一世孫，學士公之子也，贅居梅溪越數百年，而似續日蕃，維家乘一事尚闕如焉。先季父鉅筠公有志考訂，而苦未逮。適族叔祖元德公先萌輯譜之志，相與共理，舉族之人亦欣然樂從。於道光壬午(二年)歲春，各爲溯本尋源，會輯一譜，付之梨棗，始創舉也……迄今隔三十餘寒暑矣，期間當續者不知凡幾……爰命兒董夔等同族弟永森、永銓、永欽、永愷諸人，從元德、鉅筠二公所載之後，於每房每人名下添列子姓，時無遺紊，而族人有志承先者間爲捐金鳩工，以襄厥事。逮孟冬之季而譜事復成。"

《例言》八則依次爲：系圖提式、紹立嗣傳、紀善垂勸、附録傳詞、收族別僞、呈斷碑議、諱名别正、存疑備核。

"系圖提式"曰："再遷不首提某公支下某公派，是無綱目"，"故分房別派，俱按世次接承，而由大宗及小宗，大宗子孫年分雖少，必列於前，小宗子孫年分雖長，必列在後，此百世不遷者也"。遵此譜式，掄一公雖爲梅溪始祖，仍列作八十二世孫，列作貴公(七十二世)十一世孫。又貴公之次子惠爲青溪祖，亦列作七十三世孫。分房別派俱列世數，氏族淵源支脈可循。

"收族別僞"曰："是吾族者，雖遠必合，所以篤同宗之誼。如隔省郡而未及知，分派久而不能悉載名於遷祖之下，以待其傳而再輯。舊例云，'出繼外姓者不錄'，然究係吾族支派，理應注明本房世數及出繼里氏，待其歸宗。雖爲僧道亦載，倘能還俗，仍許入譜。惟螟蛉子、異姓不得亂宗，但念先人撫育之心，不忍削去，於本支後另立系圖，載明某世某房某公螟蛉，并及其本姓，是不失重厚之道也。"此譜例雖題作"收族別僞"，實重在收族，可以見是族收族之方。

"存疑備核"曰："老譜中所有魯魚亥豕及一切舛錯，約多改正。但遠代祖諱，國史與譜不無稍異……諸此之類，想各有據，不敢武斷，照舊刊列，俟通古者定之。"此《春秋》"以信傳信，以疑傳疑"史筆，多爲族譜所用。

扉頁鐫"源遠流長。咸豐三年續修。三槐堂珍藏"。

《中國家譜綜合目錄》著録北京大學、日本、美國藏本。《上海圖書館藏家譜提要》著録，並見羅香林《中國族譜研究》下篇《哈佛燕京學社漢和圖書館所藏中國族譜目錄》。

0654　清道光木活字本（江西南昌）東關甘氏支譜　　T2252.8/5747

《（江西南昌）東關甘氏支譜》二卷首一卷末一卷，清甘懷和等纂修。清道光二十六年（1846）永思堂木活字本。六冊。半頁六行十五字，四周雙邊，白口，單魚尾。框高30.5釐米，寬20.6釐米。書口下鐫"永思堂"。前有目錄。

甘懷和，字春融，號煦亭，例授州同知，生於嘉慶元年，子京公十五世孫。

東關甘氏一世始祖子京公，於元至正三年由劍邑遷籍南昌，卜居順化門之東關。《凡例》曰："譜以'東關'名者，始自子京公由劍邑來南昌之順化門外，此東關甘氏所自起也，義當以之爲一世。"傳曰，子京字昌後，行靜五，治書經，郡庠生，原籍豐城，入贅南昌，因館省會之東關，心愛地形之勝，遂卜居於是，復建桂園書屋於室之南，以授生徒，一時名彥多出其門。生、卒皆失考。配唐氏。子一，克義。克義子一，信。信子四，長霖、次露、三震、四雲。四世以下，遂分爲四房。

東關甘氏肇自劍邑，有豐邑祖系圖，元季轉徙南昌，合傳計經九百餘年。豐城始祖從矩公，傳曰，從矩公字方平，鎮江丹陽縣人。五代後梁時出仕吳，武義年間爲豐城都鈐轄，南唐時棄官，家於驪塘鄉，好修善緣，建隆福寺，又於大順鄉建寶福、雲巖二寺，娶辛氏，誥封夫人，合葬隆福寺後。子二，長稔次稹。豐邑世系止十八世伯南、伯雅。伯南公字指軒，東關始遷祖子京父。

卷首十二世孫武緒撰《凡例》二十三則，乾隆四十年甘武緒撰重修支譜序，乾隆三十九年甘武緒撰東關甘氏源流序，嘉慶六年十三世孫賜書撰擬梓重修甘氏支譜序，前譜原序，道光二十六年常大淳序，楊式坊序，祠圖志，舊祠圖，新祠圖，祖堂龕神主牌，功德祠正龕神主牌，女祠正龕神主牌，祭祀儀注、禮物、祝文，附祭祀新儀注、春祭禮物、冬祭禮物、祠堂記，附敕建書院詩，新祠堂記，誥命，附碑表禁示，墓銘，新建雙嶺贊軒公張安人墓圖，豐邑祖系圖，東關世系圖；卷一世派事實；卷二傳記、序言、著作、規約、新增規議、田產地基房屋契據，建祠用費；遠祖補碑塚（附義塚）；卷末嘉慶十一年十四世孫時淋舊跋，十四世孫逢年跋，道光二十六年十六世孫棠跋。

東關世系圖，稱以歐蘇之式譜成，止十八世。四世霖、露、震、雲，露、震、雲三房下注"另修"二字，"世派事實"露、震、雲諸房至四世止，其房下亦注有"另修"，殆是譜沿嘉慶譜式，四世以下，專譜霖公一支世系。

霖公字雨庵，號懶軒，治書經，邑廪生，晚年好靜，獨搆小軒名'懶軒'，遂以軒名自號，生於永樂十一年，卒於弘治十年。附後世字派，成五言律詩，曰"賜祿懷恩重，文章紹澤長。經明崇禮讓,心正務循良。治國敦仁道,傳家守義方。世從宗祖訓,永慶錫褒揚"。按,是譜十三世起用此世派。《凡例》有云:"(世)系後附字派五言律一首,爲後世預定世派也。每世取用一字,不必擅易,用畢再行續纂,源源相繼,雖百世而倫序秩然。"

東關甘氏族霖公一支支譜,始修於嘉慶十一年,十四世孫時淋纂,是譜爲再修,上距首修凡四十年。甘棠跋曰:"惇宗睦族,必有權輿,一在宗祠,一在譜牒。吾甘氏自始祖子京公由劍水徙居南州,碩學名鄉,傳人接踵。嘉慶丙寅(十一年)歲重修支譜,閱今凡四十年⋯⋯叔父煦亭公克繩舊緒,祠宇既燦然更新,適遇族叔祖經畬公司鐸雩陽,養疴旋里,支譜一事,命叔父爲首,倡與同族籌議重修,並屬棠及弟菜均任校閱⋯⋯爰不辭譾陋,手繕成編,授諸梨棗。雖補闕拾遺,才有弗逮,而傳信不傳疑,一遵各修各支之說。"

甘時淋嘉慶譜舊跋曰:"余家宗譜自高祖見庵公纂輯,後歷百餘年,先大王父有志續修,後以算促未果。先王父南軒公欲爲繼志,凡自子京公以下之子姓合一同修,無如年逾七旬,底稿未竟,忽中風痰致,又半塗中止。先君子菊圃公以家貧,從事簿書,歲無寧日,兼以子女長成,婚配教讀,邇時合支又屬貧窘,獨力難持,然此舉究無一日寬於懷,來歲辛酉(嘉慶六年),彙聚成帙,謀欲付梓,奈老病日篤,事與願違⋯⋯今予生較晚,本欲依先王父'合族同修'之理,但死者長已矣,既難考證;生者日益繁,併多缺略,且家之有譜,傳信不傳疑。族大人繁,稍有掛漏,獲戾難辭,只得做'各修各支'之說,自霖公以下,見有確鑿可據者,與同支勉力捐修,至露公、震公、雲公俱各有孫子,當亦各念其本原,矧震公房下聞已於嘉慶甲子冬另修告成,茲淋與弟逢年、受業族姪懷廉,逐加校閱,登諸棗梨,列爲七冊,分給各房,庶百餘年之所未竟者,一旦成就焉。"

南軒公,十二世,諱武緒,字恢先,號南軒,晚號樂山。試名雨屢,拔前矛,惜未獲售。生於康熙四十二年,歿於乾隆四十二年。子一,賜書。

菊圃公,十三世,諱賜書,字肇羲,號菊圃。南軒公子,生於乾隆元年,歿於嘉慶八年。

時淋,賜書長子,諱祿賢,庠名時淋,字序賓,號寫淵,邑增廣生,名馳庠,屢薦未售。生於乾隆三十二年,歿於嘉慶十七年。

十六世孫棠,諱恩承,榜名棠,字敬先,號棣生,邑庠生。道光二年本省鄉試中式第四名副榜,十四年舉人,揀選知縣。道光二十五年選授南安府大庾縣儒學教諭。生於嘉慶十六年。

《中國家譜綜合目錄》著錄日本、美國藏本。亦見於羅香林《中國族譜研究》下篇《哈佛燕京學社漢和圖書館所藏中國族譜目錄》。

0655　清道光刻本正紅旗滿洲哈達瓜爾佳氏家譜　T2252.8/6323

《正紅旗滿洲哈達瓜爾佳氏家譜》不分卷,清恩齡纂。清道光二十九年(1849)刻本(譜圖朱墨套印)。八冊。半頁十行二十三字,四周雙邊,白口,無魚尾。框高 23.4 釐米,寬 16.1 釐米(據譜彙)。題"恩齡恭修"。前有道光二十九年恩齡序;《凡例》十八則。

恩齡,沙必漢六世孫,尼雅濟布以下第八代。前任河道軍功,賞戴花翎。譜載時年五十七歲,當生於乾隆五十八年。

瓜爾佳氏,滿族八大姓氏之一,凡一百二支。

是譜奉尼雅濟布爲始祖。譜曰:"遠祖費信勇公諱英東,開國佐運,駿烈鴻猷,爲我瓜爾佳氏一百有二派之首。第國初以前譜圖世系未能徵實,何敢扳援族中舊存滿洲譜圖,謹遵《欽定八旗氏族通譜》列傳內載，以我尼祖於國初率衆來歸，爲受姓之始。"

《凡例》曰："譜式係仿照鈕祜禄氏十六房家譜體裁略加參酌，非敢創臆"，又曰："查鈕祜禄氏十六房家譜，係合族修辦；又直隸昌黎縣萬氏家譜，係伊族中一人修辦。此二譜中，其祖父尊長諱名俱未注某某填諱字樣。余孤陋寡聞，謹照巨族前賢各家譜成式恭辦，不敢創意。"

譜不分卷，依次爲譜原，譜彙（自第五代起始立六大門，第五代至第十一代），譜圖，瓜爾佳氏始祖第一代尼公家譜，第二代家譜，第三代家譜，第四代家譜，長門家譜（自第五代起始立六大門，第五代至第九代），二門家譜（自第五代起始立六大門，第五代至第九代），三門家譜（自第五代起始立六大門，第五代至第十代），四門家譜（自第五代起始立六大門，第五代至第九代），五門家譜（自第五代起始立六大門，第五代至第八代），六門家譜（自第五代起始立六大門，第五代至第十一代），後册譜圖。（係阿鈕一支，第三代至第十代），四槐居北上坡墳墓節略，阿鈕公生子五人總節略。

此譜於道光二十九年重陽月告成，則所載止於道光二十九年九月。

所載尼雅濟布傳，録自《欽定八旗滿洲氏族通譜》之哈達地方瓜爾佳氏尼公列傳，稱尼雅濟布爲正紅旗人，世居哈達地方，國初來歸。

尼雅濟布子一，阿拉密。阿拉密官驍騎尉，生二子，長阿鈕，次沙必漢。譜首立沙必漢支六大門，阿鈕一支列爲後册。後册譜圖稱，阿鈕同一世系因與沙必漢六大門支派較遠，另敘後册譜圖，以清眉目。

阿鈕傳曰，公由驍騎校從征陝西，於平凉府招撫叛逆王甫臣有功，授雲騎尉，任佐領，葬於西安府東關。子五人。

沙必漢傳曰，康熙間偕兄出兵，事定，奉旨駐防西安。奉母家居，性敦孝友，不樂仕進。

沙必漢支第四代額思圖生六子，長子阿炳安，次子阿炎阿，三子琳昌，四子塞得立，五子吳達善，六子納英阿。自五代始，遂立長門、二門、三門、四門、五門、六門六大門。譜稱，"六大門中，長門、二門有仍在陝西西安府駐防者，一時難以周知，現在是否續添人丁，統俟補注。至三門，人丁較少。五門現在無嗣。惟四門、六門見聞較易，是以所記較詳。"

譜彙載有"現年某歲"，不滿十歲則記"年幼"，年歲不詳則記"年歲未詳"或留白。

恩齡序曰："乾隆九年，欽定《八旗氏族通譜》，我瓜爾佳氏一族在關外分處於各部落者，凡一百有二派，仰蒙聖恩高厚，列爲諸姓氏之首。余家係哈達地方瓜爾佳氏一派，隸正紅旗滿洲，謹遵欽定列傳內載，以我尼祖率衆來歸，爲受姓之始。溯自尼祖受姓起，至道光二十九年，已傳至十一代。第族中舊存祇有滿洲譜圖，其中闕略舛錯者甚多。至人丁生殁、官階事蹟、墳墓地址，以及子女婚嫁、姓氏名字，二百年來大率口述流傳，譜中並無詳細册記，以至現在已有闕而無考者，更恐以後代序日遠，將來無從徵實者尤多，大爲可懼。恩齡准揚承乏，引疾歸田，不揣固陋，敬謹勉力從事。惟是幼而失怙，未及庭訓，仰蒙先妣李太夫人隨時慈誨，諭知族中往事。敬聞之下，稍知梗概。又保九弟、延五弟、延三弟亦曾將舊圖添注。恩齡會萃辯證，討論搜羅，於是考定譜原，細繪譜圖，並於見聞之有據者，俱於譜內按代特篇，分別登載，雖其中未能周備，而大端不敢舛陋。閱六寒暑之久，始克竣事。"

譜原、譜彙等首鐫"道光二十九年歲次己酉"。

《中國家譜綜合目録》著録中國國家圖書館、中國科學院圖書館、中國社會科學院歷史所、中央民族大學圖書館、遼寧省圖書館、大連市圖書館、吉林市圖書館以及日本、美國藏本。又中國國家圖書館藏民國抄本《瓜爾佳氏家譜易知録》。

0656　清同治木活字本餘姚朱氏宗譜

T2252.8/8429

《餘姚朱氏宗譜》十六卷首一卷,清朱蘭等纂修。清同治十二年(1873)一本堂木活字本。十六冊。半頁十一行二十五字(卷端二十四字),四周單邊,白口,單魚尾。框高30.1釐米,寬18釐米。書口下鐫"一本堂"。前有同治十二年朱蘭序;續修人名;目録。

朱蘭,字信芳,一字心如,號久香,行芳十六,文治子。生於嘉慶五年,嘉慶二十四年舉人,道光九年一甲三名進士,授翰林院編修,功臣館纂修,國史館纂修,翰林院侍講,詹事府少詹事,日講起居注官,內閣學士兼禮部侍郎,道光十四年廣東鄉試正考官,提督湖北學政,咸豐二年朝考閱卷大臣。假歸里,值土匪滋事,狹官出令,議者以不能解散奏參鐫級。同治元年復召用,以內閣學士兼禮部侍郎致仕。嘗掌江陰暨陽、嘉興鴛鴦湖、紹興蕺山、餘姚龍山書院。本譜有傳。

是譜爲餘姚朱氏廷碧公雙雁冠珮(佩)宗龍山分支譜。始祖正秦公,餘姚始遷祖廷碧公七世孫,惟之公(字存善,號石倉)子,行正四,字永平,生於南宋寧宗嘉泰四年,卒於帝昺祥興二年,享年七十有六。配王氏,生三子,端一、端二、端三。墓在冠珮本宗。以子端二、端三始遷邑之龍山,是以尊爲自雙雁鄉冠珮遷龍山一世祖。傳曰,自廷碧公始遷冠珮,凡八傳,至端二公、端三公徙龍泉山,是爲冠珮龍山分派之祖,故敘譜以一世冠焉。

端一公,世居冠珮,是譜稱"冠珮支"。前譜云:"我族自端二公、端三公遷居龍山之麓,其後分徙別處者不勝指屈,今在城在鄉各支,俱經各房長知事採訪齊全,惟冠珮端一公支向以各建祠宇,不同祭祀,今所載者,祇照舊譜中世系録入,餘不續載。此外在京支、雲南支,以至遷居他郡者,道遠尤難搜録,以待後之修譜者再爲增定。"殆冠珮端一公支不修。

端二公,生於南宋理宗紹定元年,卒於元成宗大德二年,始遷邑之龍山。傳四世,至福榮公,子三,仲遠、仲達、仲文。仲達生德辰、德恭、德讓,德辰(號柳莊)爲大宗,子七,長子宗用,是譜稱大房;次子宗廣,出嗣叔父德恭公(號敬莊),是譜稱二房;三子宗勤,是譜稱在京三房;四子宗助,是譜稱四房;五子宗勁,是譜稱五房;六子宗勛,是譜稱六房;七子茂榮,是譜稱雲南支;德讓子宗勉,是譜稱七房;德讓子宗渤,是譜稱八房;(仲义生德敬、德澤)德敬子宗鼐,是譜稱老三房。

端三公,與端二公同徙龍山,後再徙朱紫衕,永樂四年又徙龍泉山後,故稱後房。

卷首原序(署清代年號序有:順治五年十五世孫豹撰輯譜略言,康熙三十二年十四世孫復淳序,道光五年程祖洛序,道光五年二十一世孫文治傳重修一本堂宗譜序),十四世孫廷稷等撰說,一本堂舊敘支派,一本堂舊立規條,一本堂前代宗規(十七世孫懋功撰),後代宗規(順治戊戌立嘉慶丁卯續增),舊譜凡例,先像圖,祠堂圖,家塾圖,義莊圖,墓域圖,朱氏世系總圖,大房世系分支圖,四房世系分支圖,二房世系分支圖,七房世系分支圖,八房世系分支圖,老三房世系分支圖,後房世系分支圖;卷一遠祖列代世系傳,南遷祖列代世系傳,世系表;卷二至一〇世系表;卷一一世系表,選舉表,列女表;卷一二誥敕;卷一三家傳;卷一四行狀,墓志,碑記,像贊,碑文;卷一五前修志,闕疑志;卷一六祠產。

續修人名載:總修,二十二世孫蘭;協修,二十一世孫銘等;總校,二十三世孫衍緒;採訪,十九世孫文泉等;繪圖,二十一世孫鎬。

遠祖列代世系傳十一人:西漢有邑、岑、暉,東漢有頡、穆、野,西晉有燧,齊有異,梁有普,陳有玉、伯謙。伯謙下曰,公始遷越州。傳末識曰:"以上爲'遠祖列代世系傳',乙酉(道光五年)舊譜未曾載入,今據順治戊子(五年)老譜録出,原説所謂'遠祖於暉'是也。"

南遷祖列代世系傳:後晉有瑞,瑯琊人,(陳)玉公十一世孫,字天錫,宋初官明州録事參軍,遂家於鄞,生三子,允祥、允迪、允中。允迪二子,廷良、廷碧。廷碧字美甫,行萬四,生於宋真宗天禧三年,卒於神宗熙寧十年,享年五十有九,官兵部尚書,配徐氏,繼吳氏,俱封夫人,生一子,伯佼,墓在雙雁西峰。傳曰:公致政歸老,尋幽選勝,見餘姚雙雁石倉之美,築室僑寓,遂世居焉。是爲遷姚始祖。南遷祖列代世系傳止於南宋惟之、正秦。

譜始修於同治十年,十二年春告成,歷時三年。殆朱蘭致仕歸鄉里後所爲。

一本堂舊立規條曰:"家有譜猶國有史也,不知已往,安識將來。父子相繼爲一世,前後相去大約不過三十年。故譜必三十年而一修,前者已故,來者日新。莫爲之前,雖美弗彰;莫爲之後,雖盛弗傳。"

"前修志"載有餘姚朱氏自明代萬曆十六年譜以下歷修族譜之總修、協修姓名,依次轉録於次,可備檢查。萬曆十六年譜,總修:十四世孫宇道。順治五年譜,總修:十四世孫廷稷;協修:十五世孫鉞、豹。康熙二十六年譜,總修:十六世孫荃;協修:十七世孫昂、應秋、懋功;同校:十五世孫蘭等。康熙四十七年譜,重修:十七世孫向辰、士瑜。道光五年譜,總修:二十一世孫文治;協修:十九世孫森林等。

扉頁上鐫"餘姚朱氏宗譜。一本堂藏",原鈐"一本堂譜局印信"朱文方印;下鐫"同治十二年歲在癸酉梓"牌記,原鈐"第二十四部"五字。

《中國家譜綜合目録》著録中國國家圖書館、中國社科院歷史所、南開大學、大連市圖、吉林大學、浙江餘姚梨洲文獻館及美國藏本,作"清同治十二年一本堂鉛印本"。並見羅香林《中國族譜研究》下篇《哈佛燕京學社漢和圖書館所藏中國族譜目録》。

《上海圖書館藏家譜提要》載光緒、民國二譜,光緒譜作《餘姚朱氏宗譜》二十卷首一卷,朱九疇總修,光緒三十年一本堂木活字本,《總目》云"始遷祖廷碧,北宋熙寧間以兵部尚書致政,自鄞縣移居餘姚雙雁鄉冠佩里",當爲廷碧公冠珮里本支譜。又有《民國餘姚朱氏譜》二十卷首一卷,朱元樹纂,民國二十年一本堂木活字本,則未知是否正秦龍山支。

0657 清道光刻本(安徽涇縣)張香都朱氏支譜　　T2252.8/1242

《(安徽涇縣)張香都朱氏支譜》三十二卷首一卷末一卷,清朱珔纂修。清道光五年(1825)刻本。八册。半頁十二行三十字,左右雙邊,白口,單魚尾。框高28.1釐米,寬18.5釐米。前有"朱氏家乘"四大字(半頁一字);道光五年朱珔自序;目録。

朱珔,字玉存,號蘭友,一號蘭坡,晚號南溪退翁。乾隆五十九年由廩生中恩科舉人,嘉慶七年二甲第二名進士。歷官翰林院編修、侍講,充日講起居注官,武英殿纂修,實録館校勘,文穎館纂修,文淵閣校理,國史館協修、纂修、總纂,提調教習庶吉士,嘉慶十二年山東鄉試副考官,嘉慶二十五年、道光二年兩科會試同考官。生於乾隆三十四年,卒於道光三十年,咸豐元年入祀蘇州五百名賢祠。著述有《小萬卷齋文稿詩稿經進稿》、《文選集釋》、《説文假借義證》、《國朝古文彙鈔》、《國朝詁經文鈔》、《經文廣異》等。事蹟具《清史稿·儒林傳》。

是譜爲朱氏涇山張香都支以下分支譜,尊成叔公爲分支祖,創爲成叔公分支族譜。成叔公,始祖茶院公二十世孫,天字派(二十世起排行),諱例,成叔其字。生於明弘治六年,卒於萬曆三年,享年八十三。舊譜云,公氣概軒昂,才猷卓犖,禮賢尚德,教子以經,嘗爲耆宿數年,有司器重。

朱氏以宋徽國文公熹起而始顯。朱熹於宋淳熙十年創修宗譜,斷自九世祖茶院公爲始祖。涇山朱氏一族與徽州、長田、歙縣環溪等支同宗茶院公。

茶院公諱瓌,一名古僚,字舜臣,行二十一。傳曰,歙縣譜云,考諱涔,字山陵,號師古,唐大和四年登第,歷官殿中丞,居姑蘇洗馬橋,生公。本宗舊譜云,先吳郡人,唐廣明間因黃巢亂避地歙之黃墩,天祐中,公以刺史陶雅命總卒三千戍婺源,民賴以安,子孫因家焉。官制置茶院,世稱茶院公。

茶院公六世孫緯,北宋後期官於淮,遂遷居涇山豐登鄉之城裏,爲涇山始祖。涇山之張香都、花林都諸派,皆出其下。傳曰,緯公一名中立,號拙翁。舊譜云,歷官於淮,而信宿於涇之豐登鄉,見其土地沃饒,山水明秀,因謂子旦曰,居此則後其昌乎!遂遷居之。緯生於北宋嘉祐四年,卒於南宋建炎三年。緯子七世祖旦公傳曰,從父志徙居涇之豐登鄉,地名城裏,今張香、花林諸派,皆旦公裔也。

卷首舊傳名蹟(有朱琦引,首載摹鐫宋趙汝愚篆書題字"德業名家"、元虞集分書題字"文華巨族"),舊序七篇,新修支譜《凡例》;卷一世系源流,張香支派,本宗世系;卷二成叔公譜二十世至二十四世;卷三長房譜公派下(明修公支、文昺公支、文晟公支、文晧公支、文學公支);卷四二房枱公派下(文孟公支、文章公支、文立公支、滌公支、性公支);卷五二房枱公派下綸公支(二十四世至二十八世);卷六至一一二房枱公派下綸公支(武勳公房、慶霞公房、必達公房、慶靇公房、慶霂公房、慶需公房);卷一二二房枱公派下(綏公支、續公支、絢公支);卷一三至一四二房枱公派下縉公支(二十四世至三十二世);卷一五二房枱公派下紳公支(二十四世至二十八世);卷一六至一八二房枱公派下紳公支(寧公分、寵公分、宮公分);卷一九至二〇二房枱公派下緒公支(二十四世至三十二世);卷二一至二二三房材公派下文德公支(二十四世至三十二世);卷二三至二四三房材公派下(文衡公支、文衢公支);卷二五四房宋公派下(文品公支、文洽公支、文佑公支),補道光五年十月以前生卒表;卷二六至二七傳略銘贊;卷二八縣志附錄,續縣志附錄,甲科貢衿錄;卷二九至三〇墓圖;卷三一祭田;卷三二祠堂圖,村圖,書館圖;卷末文公家訓,柏廬先生治家格言,徽國文公白鹿洞教條,給譜字號詩。道光五年朱作霖跋。

張香都朱氏宗譜始修於明初,是譜録有天順、嘉靖、乾隆舊譜序。迄乾隆三十年修譜,以族大人繁,意見乖戾,十七世祖用鏗公派下不願廁與其間而失修乾隆族譜。及道光四年,琦奉諱家居,諸族長合告琦稱,張香都諸分支自清乾隆三十年後已各修成分支譜,而本族族譜已失修多年,琦遂主修譜之役。嘉靖譜僅及分支祖成叔公長孫譜公止,道光四年上距嘉靖譜已二百八十餘年,以年代久遠,故是譜成叔公以上則略,以下則詳。成叔公子一,鈉;鈉公子四,譜、枱、材、宋。是譜即詳記分支祖成叔公三世孫長房譜公、二房枱公、三房材公、四房宋公諸房派下世系事蹟。

是爲大本,刊印頗精(卷三二第十八頁配光緒本石印頁)。原鈐"惇敘九族本支百世"印。又各冊首頁均鈐有"永字號"、"道光八年三月公驗"、"道光九年三月覆校"、"道光二十二年二月三校"、"道光壬寅年奉憲示嚴禁私押違者與受均請官究"、"道光二十六年仲冬月四校"、"咸豐五年冬十一月五校"、"咸豐八年冬十一月六校"印。按,"永"字號給三房材公派下文衢公支武麑公。

《給譜字號詩》爲五言九韻(十八句),計九十字,末有識語:"右詩九十字,用譜九十本,依次編號。給與各派嗣孫,永遠收貯,每越三年於俪公清明掃墓之期前三日内公同校對,毋得侵蝕遺失，倘有有譜無號，或於譜外另造字號者，即作假冒論。"後鐫有牌記："譜既成因間有訛字合族公議校正自後屆期遵驗無得異言。"

首冊封內有本館所製缺頁表（簽條），注曰："卷三十第二十九至第三十一葉。"

《中國家譜綜合目錄》著錄中國社科院歷史所、北京大學、安徽省圖書館、美國藏本，作"涇川張香都朱氏支譜三十三卷首一卷末一卷"。又見於《上海圖書館藏家譜提要》。按，清光緒三十二年，茶院公三十二世孫彝續修是譜，纂成《張香都朱氏續修支譜》三十六卷，多取材於道光是譜，而詳於二十六世祖武勳公以下。

0658　清光緒刻本（安徽涇縣）張香都朱氏續修支譜　T2252.8/1229

《（安徽涇縣）張香都朱氏續修支譜》三十六卷首一卷末一卷，清朱彝纂修。清光緒三十三年（1907）刻本。十冊。半頁十二行三十字，左右雙邊，白口，單魚尾。框高27.8釐米，寬18.1釐米。前有"朱氏家乘"隸書四字（半頁一字）；光緒三十二年（1906）俞樾序，光緒三十二年朱彝自序；目錄。

朱彝，一名憲曾，字季彝，以字行，一字秉民，號小颿，晚號澹庵。恩貢生，授定遠縣教諭。生於道光十五年。始祖茶院公三十二世孫。

婺源朱氏一族自茶院公以下，支派紛繁，而涇縣張香一派以下，又各自為派。嘉靖譜舊序（茶院公二十世孫爵撰）詳述茶院以下派別之大概以及張香支派分衍者，序曰："茶院傳廷雋，廷雋傳昭元，昭元傳惟則、惟甫。惟則公之後世居長田，是有長田派。惟甫公傳蘆村府君振，生四子，曰緯、絢、發、舉。緯公一名中立，歷官於淮，道歸過涇，信宿於豐登之鄉，見其土地沃饒，山水明秀，遂同子旦公居焉，是有張香派。旦公長子旺遷青陽，是有青陽派。三子榮公遷花林，是有花林派。絢公生森，森生韋齋府君，遷於建陽，是有建陽派。文公次子埜傳鉅，鉅傳濟，濟傳椿，椿傳勳，勳充闕里掌祠，是有闕里派。發公遷旌邑西里村，是有西里派。舉公之子瓚遷休寧臨溪，是有臨溪派。瓚之孫時遷月潭，是有月潭派。時之子坰遷歙環溪，是有環溪派。此派別之大概也。若我張香之分衍，則今有塘園里李村園派、城山下姚村派、塘頭謝塘沖派、謝村任祠下派、眉山小溪派、北亭湖陂里剝路坎派、葉江嶺橫山杜城派、合溪徐村樓下城裡殿上大成諸派。派雖不一，出於婺源、而上出於邾者，無不一矣。"

是譜續修道光五年譜。始祖茶院公、分支祖成叔公事蹟俱見本《書志》道光譜（《張香都朱氏支譜》三十二卷首一卷末一卷，清朱琦纂修）。道光譜略於成叔公（二十世）以上，而詳於二十二世譜公、枱、材公、宋公諸房派下。是譜多取材於道光譜，詳於二十六世祖武勳公以下（"本宗世系"道光譜敘至二十世，是譜延敘至二十六世），實專修武勳公子五房譜。

武勳公一諱召，字燕侯，號東園。太學生。以孫安衡州同銜，贈儒林郎。又以曾孫理官山東布政使，覃恩贈通奉大夫。生於康熙元年，卒於乾隆七年，嘉慶十一年奉旨崇祀鄉賢祠。子五，慶霞、必達、慶霱、慶霂、慶霈。是譜武勳（燕侯）公派下世系至三十世，長房慶霞公、二房必達公、三房慶霱公、四房慶霂公、五房慶霈公諸房派下，則皆起三十一世，止三十四世。

卷首道光五年朱琦原序，道光五年朱作霖原跋，舊傳名蹟（有道光四年朱琦引，首載摹印道光譜中宋趙汝愚篆書題字"德業名家"、元虞集分書題字"文華巨族"），先世遺文，舊序七篇，乙酉新修支譜《凡例》，續修支譜增《凡例》；卷一朱琦撰世系源流、朱氏源流後辨、朱氏源流三辨、朱氏源流補辨,朱珩撰張香支派,本宗世系(至二十六世);卷二燕侯公譜長房慶霞公派下;卷三至五長房慶霞公派下(安潤公支、安兆公支);卷六燕侯公譜二房必達公派下;卷七至一四二房必達公派下(藩公裔、華公裔、茂公裔、蘇公裔、菊公裔、苕公裔、莘公裔、菜公裔);卷一五燕侯公譜三房慶霈公派下;卷一六至二一三房慶霈公派下(安泗公支、安潛公支、安源公支、安浪公支、安得公支、安衡公支);卷二二燕侯公譜四房慶霖公派下;卷二三至二五四房慶霖公派下(安池公支、安河公支、安渭公支);卷二六燕侯公譜五房慶霈公派下;卷二七至三〇五房慶霈公派下(安沆公支、安淮公支、安邦公支、安桂公支);卷三一傳略銘贊;卷三二縣志附錄(續縣志省志附),甲科貢衿錄(例仕附),耋壽錄(女壽、五世同堂、偕老并附),節孝錄(烈婦、孝女、貞女、貞節并附);卷三三至三四墓圖(先墓、譜墓);卷三五祭田;卷三六祠堂圖(記附)、村圖(記附)、書館圖(記附)、各記;卷末文公家訓,柏廬先生治家格言,白鹿洞教條,給譜字號,光緒三十三年朱騮成(燕侯公七世孫)跋。按,舊序七篇(録自道光譜)中有光緒三十二年朱彝校記一則。

纂修之役始於光緒三十一年,竣工於三十三年,歷時二年,費白金二千餘,事詳於騮成跋文。騮成原名駒成,武勳公七世孫。跋曰:"古罕聞有支譜,支譜之作莫考,其所自昉,大都以族姓蕃衍,派別支分,兼綜難不得已而爲之也……本朝乾隆繼之續修,我分甲祖用鏗公派未與,欲續宗譜之舊,已不可得。道光乙酉(五年),族曾祖蘭坡宮贊公崛然興起,遂有我成叔公支譜。歲月駸駸,中更多故,殆及今上御極之三十三年,闕而未修者,倐經八十餘寒暑矣。嗚呼,一支譜耳,其不易尚若此,況宗譜乎哉?甲辰(光緒三十年)冬,僑贛族人建續修,議籌費非所難,惟董理之人之難是慮。時前定遠縣教諭族兄彝,齒尊學優,巋然爲魯靈光,幸同作寓公,足以擔茲任,爰共舉之。族兄知機不可失,且義尤不容辭也,亦任之不敢諉。先是議依舊譜,仍合成叔公裔纂輯,奈族大人衆,又家外散處,意見多參差,久不决。乙巳(光緒三十一年)始定專修我五房裔之議,而斷自燕侯公。雖與文公暨宮贊公之意同,要之支之中又自爲支焉……是役也,經始於乙巳春,成於丁未(光緒三十三年)春,凡閱月二十有四,約費白金二千餘,皆資諸四房萃升公裔下孫曾。查訪之事則家外分任,而編纂實爲族兄彝一人之力。不辭勞怨,罔間昕夕,急公之志,殆不可及。譜之義例,悉本舊譜,蓋族兄之謙慎云。譜成,族兄屬爲跋,辭不獲,謹備識其緣起如右。"

是本配石印若干頁("朱氏家乘"四大字、俞樾序、朱彝序、朱珩原序、朱作霖原跋、趙汝愚題字、虞集題字、後跋、村圖、書館圖等,中多配頁)。

原鈐"惇敘九族本支百世"印。又每册封面題簽及內頁皆鈐有"民字號"三字。按,"民"字號給四房慶霖公派下安池公支鍾公房。

《上海圖書館藏家譜提要》、羅香林《中國族譜研究》下篇《哈佛燕京學社漢和圖書館所藏中國族譜目錄》著録。

0659　清同治刻本南海九江朱氏家譜　T2252.8/4329

《南海九江朱氏家譜》十二卷首四卷,清朱宗琦纂修。清同治八年(1869)南海九江朱氏刻本。十二册。半頁十一行二十四字,左右雙邊,白口,單魚尾。框高21.7釐米,寬13.7釐米。題"七世孫學戀初輯;十世孫昌瑤續修;十五世孫宗琦續修;十五世孫士仁、十六世孫士報、十七世孫西長編校;十六世孫奎元、福元、顯元捐刊"。前有章耀曾撰《凡例》二十三則;同治八年十五世孫朱次琦序。

朱宗琦，字相虞，號宜城。以經學取進邑庠補增生，科舉屢薦不售，四十歲後乃喟然嘆曰："窮達名也！"遂淡然不復求舉。生而穎敏，才識膽量過人，於鄉里善事皆竭力任之，不避艱險。咸豐初，叔兄次琦歸自山西，謂之曰："先王譜學之設，實與宗法相維而表裏乎國史。吾家舊有族譜，不修已久，吾將創爲序例，以授吾經理之。"宗琦承命，裒集叢殘，考覈世系，纂爲《九江朱氏家譜》。另有《閑閑桑者詩集》一卷、《唱隨詩集》二卷。《(宣統)南海縣志》有傳。

此爲廣東省廣州府南海縣朱氏族譜，計十二卷。卷首凡四卷，一序，二編修校勘職事銜名，三序例，四目錄。正文卷一《姓族源流》；卷二至五《宗支譜》；卷六《恩榮譜》，載制誥及朱氏登科仕宦名錄，並特闢一門，專記旌節及耆壽；卷七《祠宇譜》；卷八至九《墳塋譜》；卷一〇《藝文譜》，依四部分類，列載歷代九江朱氏著述；卷一一《家傳譜》附《外傳》；卷一二《雜錄》。

卷一《姓族源流》云：朱氏之先出帝顓頊，爲祝融氏之後。武王克商，封祝融氏苗裔俠於邾。戰國之後，邾國爲楚所滅，子孫去邑爲邾氏。厥後枝條繁衍，盛於沛國、丹陽、永城、吳郡、錢塘、義陽、太康，爲東南大族。晉祚播遷，衣冠南徙，遂有踰嶺表居始興者。南宋度宗咸淳末，詔徙廣東保昌民實廣州，有諱元龍者，與弟元鳳、元虎浮槎南下，散居九江上沙及清遠琶江鐵頭岡、新會水尾等處。元龍有二子，長子志別徙洛中，再遷東安。次子議字獻謀，守廬墓，定居南海，時在元明之交也。此譜即以子議爲九江朱氏始遷祖，載其三子原達、善達、稅達三房宗支世系，迄咸豐間，凡十九世。

九江朱氏修譜，始於明萬曆五年，七世文學公朱學戀纂修，溯自始祖，迄於七世；二修於清康熙五十五年，十世處士公朱昌瑤纂修。此爲咸豐九年三修者，朱次琦序云："於是宗人朝議大夫奎元兄弟慨然願任脯糈剞劂之費，乃會推吾弟明經宗琦主稾，而宗人上舍士仁、士報、景熙佐之。次琦不揣檮昧，斟酌今古，成序例一篇，授以從事是役也。寔局於己未(咸豐九年)之春，斷限於辛酉(咸豐十一年)之臘，以今年正月鐫竣，刊易再三，編摩況瘁，歷十一寒暑而書成，實費白金二千三百兩有奇。"

是書體例精詳，無徵不信，爲清末譜牒典範之作，楊殿珣贊其"真爲一家之信史也"，此與次琦倡立編例頗有關係。朱次琦，字效虞，籍南海九江，學者因稱其"九江先生"。道光二十七年進士。曾出任山西襄陵縣知縣，不久辭官歸里，立書院講學達二十餘年，弟子中以簡竹居、康有爲爲最。朱氏生平論學平實敦大，著述頗豐，著有《國朝名臣言行錄》、《國朝逸民傳》、《宋遼金元明五史實徵錄》、《是汝師齋遺詩》、《讀書堂叢刻》等。弟子簡朝亮蒐輯其遺稿，編爲《朱九江先生集》十卷。《清史稿》有傳。次琦所撰《序例》，亦收入《朱九江先生集》卷八(光緒二十三年刊本)，內中論及譜學流變及體例，對後世撰譜者影響甚巨。光緒二十八年，康有爲撰有《南海九江朱氏家譜序》一文，對此有所述介。次琦於朱氏家譜及清代譜牒學之貢獻，還可參見《譜牒學研究》第三輯馮爾康《清代譜牒學家朱次琦》一文。

有扉頁，刊"南海九江朱氏家譜十二卷"。

《續修四庫全書總目提要(稿本)》收入，並云："宗琦燭見於此，乃斷始有據，收族務確，自受氏至遷九江以前，別爲源流，以冠於譜首。而宗支圖直以子議爲始祖，符ész望，定世系，非孜孜以窮涉奧渺、遠附名賢爲譜事者之所可比擬也。"昌彼得《臺灣公藏族譜解題》著錄，臺灣大學圖書館收藏，並云："是書編修詳明有序，謹嚴不濫，譜牒中之佳構也。"羅香林《中國族譜研究》下篇《哈佛燕京學社漢和圖書館所藏中國族譜目錄》著錄，稱"體例甚善，世稱《九江朱譜》"。

《中國家譜綜合目錄》著錄有中國國家圖書館、中國科學院圖書館、遼寧省圖書館以及日本、美國等23家圖書館收藏,唯誤此三修本爲"五修本"。《上海圖書館藏家譜提要》著録。《浙江家譜總目提要》著録溫州市圖書館、臨海市博物館兩家收藏。另日本東洋文庫等亦有收藏。2003年北京圖書館出版社《北京圖書館藏家譜叢刊·閩粤僑鄉卷》第21至23冊收入此書。

館藏有複本一部,存十一冊,原闕卷一二。

0660　清同治木活字本蕭山任氏家乘　　　　　　　　　　T2252.8/4221

《蕭山任氏家乘》二十卷,清任瓣芸等纂修。清同治十三年(1874)永思堂木活字本。五十冊。半頁九行二十一字,四周雙邊,白口,單魚尾。框高21.8釐米,寬15釐米。書口下鎸"永思堂"。前有同治十三年杜聯序,咸豐十一年(1861)鍾寶華序,洪武七年(1374)劉基序,洪武十年(1377)王宗顯序,永樂七年(1409)張經序,天順三年(1459)魏驥序,正統元年(1436)嚴樓觀序,成化二十三年(1487)施英序,弘治七年(1494)何舜賓序,嘉慶十一年(1806)吳斐序;任雲蛟任史家載乙言引;正德四年(1509)任鑑序,順治十四年(1657)任雲蛟序,康熙四十一年(1702)榮齡序,康熙四十六年(1707)任辰蛟序;乾隆九年(1744)任可聞撰《三緝宗譜記》;咸豐十一年任亮寅撰《五修家乘紀略》,同治十三年任蘭陔《六修家乘紀略》;任智千、任上品撰《凡例》二十則;嘉慶十二年(1807)任以任撰世系圖源流跋;咸豐十一年任淇繪任子等先祖像十六幅;目録。

蕭山任氏奉鑰公爲始祖一世。鑰原籍河南,北宋建炎中進士,除左司,言忤權貴落職,後起知山陰縣事,卒於官署。因世亂家貧,不能歸里,葬於桑盆里,子孫世守其墓,因家焉。鑰實爲任氏紹興始祖,其上溯世代已不可數。

五世諱定翁,始徙居蕭邑昭明鄉。譜曰:"余族世居桑盆,自全心公奉父緒衡公柩葬北幹邨,遂墓南昭明鄉。本應以緒衡公爲始祖,況神主現奉緒衡公,爲蕭山第一世,譜系尤應與神主相符,而仍冠桑盆三世祖於譜首,不忘本也。"

定翁子六世應珍公仗義疏財,賑窮救乏,通邑稱爲"長者"。八世隱君子仁慷慨好施,有過往名流悉款留,厚贈遺,人名其族曰"世長者"。劉基、宋濂、高明諸元末碩彦,皆盤桓蕭邑其宅。及明初,朝廷訪求隱逸,諸大夫合薦子仁,待徵聘至京,堅辭歸鄉,在朝諸名卿餞行長江,賦詩相贈。

卷一始祖先賢任子至始遷祖鑰公宗系譜略,世系圖(桑盆三世、蕭山三世總圖,萬二公支全);卷二世系圖(萬三公支四世至十七世);卷三世系圖(萬三公支十八世至二十四世,萬四、五、六公支全,桑盆三世、蕭山三世總紀);卷四至五世系紀(萬二公支四世二十四世);卷六至一三世系紀(萬三公支四世至二十四世);卷一四世系紀(萬四、五、六公支全,祖制);卷一五誥敕、贈言;卷一六至一七贈言,附前賢題跋;卷一八至二〇遺芳集,附前賢贈答(遺芳集前有嘉慶十一年吳斐序、同治十三年任丙炎後序)。

卷一《始祖先賢任子至始遷祖鑰公宗系譜略》末識:"始祖以上譜略,先年雁城公博稽典籍,溯查世系,繪爲此圖,用敢簡端志載,以期數典不忘。"宗系譜首採自樂安譜:任子(諱不齊)傳八世至敖,又五世至光,又二十世至昉;次採自任城譜:昉長子坰(字東里)傳數世至梨(居義興);次採自蜀眉山譜、河南緌山譜:梨長子燉傳數世至環(注爲十三世),環傳數世至譓,譓子元之傳至鑰。

蕭山任氏宗譜始於七世原體公、原庸公、師古公所編世系圖,此後增修者代不乏人,明洪武初十世道、瑄曾予增編。世系圖等譜系初無刻本,至乾隆間所修宗譜由十六世漢良公始付剞剛,嘉慶修《蕭山任氏家乘》十六卷,咸豐益爲十八卷。

是譜修於同治十三年,稱作"六修",距咸豐十一年"五修"譜僅十餘年,倡修於二十一世孫蘭陔。蘭陔撰《六修家乘紀略》曰:"咸豐辛酉(十一年)歲,族兄怡卿公偕諸弟姪輩倡議續修,搜羅五十餘年之世系,增葺成書,甚盛舉也。奈工甫竣,而粵匪擾浙,陷入蕭城,族中奔竄流離,譜遂什不獲一焉。今雖幼而長、老而終、男而婚、女而嫁,或列賢書,或登仕版,近事皆屬可徵。然兵燹之後,避難者歸,而遭虜者未盡返也;就義者歿,而罹患者非盡存也。予爲此懼,計非及時修緝,恐歲久遺亡,咎將誰執?爰與族人謀以前之諳練譜事者,共推瓣芸,迺屬伊重加補綴,毋憚辛勤,三閲寒暑,今始蕆事。"

扉頁鐫"蕭山任氏家乘。同治甲戌重葺。永思堂藏"。按,"甲戌"爲同治十三年。

兹本卷一七所載重復卷一六文(《大理寺寺丞前兵科掌印給事中任君行狀》至附名人體跋共十八則)。

《中國家譜綜合目錄》著録中國國家圖書館、美國藏本,併見羅香林《中國族譜研究》下篇《哈佛燕京學社漢和圖書館所藏中國族譜目錄》。上海圖書館所藏是譜爲殘本。

0661　清道光木活字本(安徽黟縣)濟陽江氏宗譜　　　　T2252.8/3731

《(安徽黟縣)濟陽江氏宗譜》七卷首一卷,清江光裕纂修。清道光十八年(1838)木活字本。四册。無欄,半頁九行二十二字,四周雙邊,白口,單魚尾。框高28.2釐米,寬17.6釐米。

江光裕,邑增生,生於乾隆三十八年。黟北二都林村派六十一世孫。

濟陽江氏遷黟始祖卓公,譜稱唐天祐九年(卓公志在存唐,其告廟南遷祝文署唐天祐九年歲次壬申)遷徽州黟縣二都江村。卓公字永立,登梁震榜進士,官博士。傳曰,卓父德公連姻柳氏,配瀘州刺史柳公玭之妹。值朱温篡亂,聞晉王克用奉唐正朔,及復蜀王書,有誓於此生靡敢失節之語,遂歸依之,進秩尚書郎,輔佐存勗滅梁。及存勗自立,引退歸田。因濟水之患,遷黟縣二都,唐多以姓名村,因遵唐制名其里曰江村,自號江村逸叟。娶柳玭次女閨淑。後世稱,一世祖革公以孝名,卓公則以忠名。

濟陽江氏本出嬴姓,爲伯益之後,伯益子元仲封於江,春秋時爲楚所滅,始以國爲氏,而世居濟陽。至漢,有革公,號次翁,生於東漢光武建武十二年,章帝元和元年舉孝廉,二年遷諫議大夫,和帝永元七年詔表門閭,號"巨孝里",拜齊相。有山東濟陽臨淄派,即以革爲始祖,至十世統止;有山陰派,出自臨淄,起第十世統,至十四世湛止;有雒陽派,出自山陰,起十五世祚(湛子),至二十一世先止;有高苑派,出自雒陽,起二十一世先,至二十八世卓;有黟北二都江村派,出自高苑,卓爲遷黟始祖。然是譜依前譜,將卓之世系作三十九世,如此則黟北二都江村派起於三十八世德(卓父),至六十四世止。江村一族,又別出六支,有黟北十都里田派(四十一世至六十三世)、黟城北隅麻田派(四十一世至六十四世)、黟北二都林村派(四十六世至六十五世)、黟北二都墩頭派(四十六世至六十三世)、黟北二都龐村派(四十六世至六十五世)五支,皆出自江村,又有太邑溪頭派(四十七世至六十一世),則出自龐村。江村派及所出六支,合爲七族,即所謂"七族會修"、"七族合祭"。

卷首道光十九年王蔭森撰濟陽江氏重修宗譜序,道光十八年江光裕撰七族會修宗譜序,總目,《凡例》九則,原序跋;卷一統系,江國派、濟陽派、臨淄派、山陰派、雒陽派、高苑派、黟北二都江村派;卷二黟北十都里田派;卷三黟城北隅麻田派;卷四黟北二都林村派;卷五黟北二都墩頭派;卷六黟北二都龐村派;卷七太邑溪頭派,原序跋有明嘉靖二十二年譜序、明萬曆十二年譜序跋、康熙三十年統宗譜跋、乾隆三十一年譜序跋,道光十八年七族合祭卓公祝文,各派領譜名目,藝文(傳、書、序、記、像贊、詩、疏、賦、對聯等)。

濟陽江氏宗譜,多爲同源諸派聯宗合譜。是譜易爲黟邑一派支譜,曰:"前譜合西江、南浙、東粵暨本省徽寧等處支派統會修成,原昭千派同源之意。今歷七十餘年,邀集合修殊非易事,爰輯本派一支遞傳至二十八世卓公,由高苑遷黟縣二都江村,支分七派,現今世數六十有五,昭穆序列,共訂成帙,以俟後裔之統修者。"

乾隆譜跋曰,明末舊譜散亡,康熙年間合修統譜,已遍各族,未便遞行改正,因另梓一卷,訂於本族之前,以便後覽。但中間世數似有失諱,因自卓公以下、淳萬公以上,惟記祖諱,不記世數。

是譜遵乾隆譜例,首列上世至高苑統系,而於高苑派下另起立德公、卓公二世譜,德公爲廿七世,卓公爲廿八世。卓公以下則增修祖諱,亦不記世數。其黟北二都江村派下德公則爲三十八世,卓公爲三十九世,首有題識一則曰:"康熙辛未會修誤入桂巖派,乾隆丙戌另梓一卷敘明,而統譜世系仍舊。今照續修。"

光裕自序曰,我族由臨淄而山陰、而雉陽、而高苑,至廿八世卓公遷黟,歷今世數六十有五。康熙辛未(三十年)年宗譜以卓公之父德公爲址公子,按開化桂巖派址公爲景房公元孫。景房獻圖沉籍在趙宗太平興國年間,而卓公告廟南遷祝文稱"唐天祐九年歲次壬申",則其時代相去遠甚。乾隆丙戌(三十一年)重修統譜,得萬和公手錄家譜,辨而正之極確,第卓公遞傳至淳萬公,相隔約三百年,中間世系未盡精覈。讀萬和公《江宗列傳序》云,其中父子相傳之次失諱,昆弟應禰之脈無據,元季遷徙之支,蹤蹟半湮。公生前明嘉靖癸未(二年),去趙宋未爲甚遠,猶以文獻之無徵遂擱筆而太息,宜乾隆時修譜者但跋數語以示微意,而仍照前式,以德公爲三十八世、卓公爲三十九世,冠諸譜首也。

《中國家譜綜合目錄》著錄安徽省圖書館(存卷首)、安徽省博物館、美國藏本,作"清道光十九年(1839)木活字本"。

此譜所載序、跋稱,卓公自濟遷黟,宋有淳萬公譜,元有原善公譜,明有嘉靖二十二年、萬曆十二年譜,清有康熙三十年、乾隆三十一年譜。乾隆譜後七十二年,有道光是譜。

《中國家譜綜合目錄》、《上海圖書館藏家譜提要》著錄濟陽江氏宗譜若干種:明嘉靖二十三年刊《江氏統會宗譜》、清康熙三十年刊《江氏統會宗譜》、清刊《江氏統會宗譜》(記事至康熙間)、清乾隆三十一年刊《濟陽江氏統會宗譜》、清乾隆三十一年木活字本《濟陽江氏統會宗譜》、清乾隆五十一年木活字本《濟陽江氏宗譜》、清嘉慶二十五年活字本《濟陽江氏統會宗譜》、光緒八年抄本《濟陽江氏重修統宗譜》、民國八年木活字本《濟陽江氏統宗譜》、民國二十七年刊《濟陽江氏會修宗譜》等。

0662　稿本梯山汪氏家譜　　　　　　　　　　T2252.8/4230

《梯山汪氏家譜》十五卷,清汪國蔚纂修。稿本。四冊。半頁十六行三十二字,四周雙邊,白口,單魚尾。黑格。框高29.1釐米,寬18.9釐米。書口上印"梯山汪氏族譜",首卷卷端題"梯山汪氏家譜",書名據此。前有清乾隆十二年(1747)八十五世孫汪衡序,汪璣序,明永樂八年(1410)端木思孝舊序。卷一二末有乾隆十二年汪國蔚跋;《凡例》九則。

汪國蔚,字麗文。國子監典籍,爲汪氏第八十七世、梯山汪氏第二十世裔孫。

此譜爲清乾隆十二年所修安徽休寧梯山汪氏族譜。記自汪氏得姓起,至梯山始祖,並梯山一世以下至二十世,計十五卷,凡九世爲一圖,次序列之,明宗法,辨嫡長。卷一爲原始圖、譜論、姓氏論等;卷二至五爲一至七十六世圖并碑、傳、銘、贊、表、序、記等;卷六至一一爲各房世圖,有柏枝門、仁門、義門、尚友門、五房門、老屋門;卷一二爲世傳;卷一三爲古溪支派;卷一四爲休寧縣厚田里支派;卷一五爲德安縣烏石門支派。

汪氏得姓於潁川侯汪公,爲魯成公次子,後世追爲汪姓一世祖。東漢末年,龍驤將軍汪文和避亂渡江南遷,孫策授其爲會稽令,遂居於新安,爲江南始祖,並定宗譜,紀德行、官爵、墓塋於世次之下。東晉永昌年間,三十六世道獻公爲黟縣令,乃家於此。南宋咸淳四年,六十八世汪汝功由歙之唐模遷休陽之古城山,爲梯山汪氏之始遷祖。其子仲進、仲達昆仲復遷高梯山,爲二世祖。梯山,在安徽休陽東十五里,位於新安江上游,與婺源交界。休陽,即今休寧縣。其遷徙經過可見卷五附錄《元大德五年汪仲達記》,云:"宋咸淳四年,先考汝功公因尋山水之勝至古城山,謁顯祖廟,樂據形勝之地,遂携諸兄弟卜居於古城山側。後以長四兄繼亡無傳,又每見術人云,此山砂水雖奇特可愛,只宜作神廟,而居址猶宜深藏環護爲吉,如此山頭太露,露則風吹以至人丁少旺,難爲傳世之洪基也。於是與二兄仲進復遷古城山麓越二里地名高梯山而世居焉。"

《凡例》云:"吾《汪氏統宗譜》,闔族之根本,務當世守珍藏。至《支譜》宜世代增修,庶幾倫序之禮不乖而親親之義不廢也。""《支譜》一册,貯存祠匣,祠正輪流職掌。凡生子,稱月告祠命名。娶婦,三朝謁祖,即注婦姓名於夫諱之旁。葬親,奉主入祠,本家開記父母生殁日晨及葬所在,祠正謄錄於祠譜之後,不得懈怠。""本族《支譜》,悉遵《統宗》,彙清訂正,續入《統宗》,百世不易,務宜世守勿替。從前各門所有私譜,紊雜不一,以啓後人疑惑,公議概行繳祠焚化,不得留存。如有匿藏後出誣衆者,公同懲罰。"

明隆慶年間,有《統宗譜》之修,十四孫雲龍公取所藏家乘,大加釐訂,別爲《支譜》,此爲梯山汪氏有譜之始。後因各門所立之譜不一,其間不無掛誤。汪衡序曰:"國蔚怒然憂之,銳志重修,改訛補闕,不溢不誣,期足以傳信。時值義三諸公重續《統宗譜》,開局吳門,國蔚奉稿參考互証,不辭勞勩。且預捐資贊成其事,復立《支譜》二册,詳注官爵、節孝及生殁葬娶於世系之旁,排纘先世遺文、傳贊、志銘於圖系之後,別爲《梯山家譜》,用昭不朽,敬宗收族之誼。"

是書開本廣大,棉紙精抄。避"玄"、"弘",不避"寧"諱,當抄成於清乾隆年間。汪氏家譜稿似未刊刻,譜中有後人以墨筆略作增補。

羅香林《中國族譜研究》下篇《哈佛燕京學社漢和圖書館所藏中國族譜目錄》著錄,云:"此爲纂修成後繕正本,亦可貴也。"《中國家譜綜合目錄》著錄此本。

汪衡序後鈐有"菫齋"、"汪衡之印"。

0663　清道光木活字本蕭山石板衕李氏宗譜　T2252.8/4244

《蕭山石板衕李氏宗譜》不分卷,清李元英等纂修。清道光八年(1828)木活字本。六册。無欄,半頁十行二十字,四周雙邊,白口,單魚尾。框高 24.3 釐米,寬 15.7 釐米。書口下鐫"致和堂"。前有道光八年趙榆序,嘉慶十八年(1813)盛唐序;目錄。

李元英,生於乾隆三十七年,庶公二十六世孫。李士標,生於乾隆四十五年,庶公二十六世孫。李永遲,字啓豐,生於乾隆四十一年,國學生,庶公二十七世孫。

蕭山李氏系出隴西,先世名庶,行肇八,唐汝陽王璡曾孫。唐昭宗天復元年避朱全忠軍,隨駕至鳳翔,旋由鳳翔遷越郡,寓府城錦鱗橋(嘉道間古貢院),又於天祐四年卜居大隖。傳曰:"庶常出游,每聞天上奏樂,乃喜,曰'孜一派天樂地方',遂名爲天樂鄉。"是譜尊庶爲吴越李氏鼻祖,尊新三公凝爲石板衖始祖。新三公,庶十一世孫,諱凝,行新三,贅於蕭山石板衖,因家焉。

是譜不分卷,篇目依次爲:像,墳圖,宗規,李士奎、李士明撰《修譜例言》二十則,乾隆四十三年李南陽撰《李氏源流序》,郭子儀撰譜序,宋熙寧四年王十朋撰譜序,宋崇寧三年文天祥撰譜序,明嘉靖八年王守仁撰譜序,康熙五十九年蕭志道撰《李氏族譜跋》,嘉慶十八年李士奎撰《修輯宗譜引言》,先儒作譜論,贊,傳,祭田,清明祭畢給胙肉數目,癸酉(嘉慶十八年)修譜捐錢名目,戊子(道光八年)修譜捐錢名目,癸酉藏譜名目,戊子藏譜名目,系圖,行傳。

蕭山石板衖李氏宗譜始修於嘉慶十八年,由庶公二十六世孫士奎、士明等纂修。士奎字衛宸,國學生,生於乾隆三十八年,卒於嘉慶二十一年;士明字永興,生於乾隆三十年,卒於嘉慶二十五年。道光是譜體例循嘉慶譜,所載嘉慶譜《修譜例言》稱,淵源圖考尊山陰天樂鄉宗譜原本始祖所自出,又稱世系參用歐、蘇兩家法,有圖有記,圖略而記詳。

趙榆序曰:"今文里李氏自新三公由天樂山棲贅居石板衖,遂爲始遷之祖焉。歷世久遠,子姓繁衍,嘉慶癸酉已輯宗譜,迄今又十有六年矣,其間生卒婚嫁,有難枚舉,若非有以經之理之增之補之,何能秩然不紊、昭然若揭乎?今夏復修,元英、士標、啓豐,甚成舉也。"

此譜又題作《蕭山道源李氏宗譜》。嘉慶譜《修輯宗譜引言》云:"我李氏是山棲天樂鄉十一世祖,贅居蕭山石板衖,後遷道源橋,歷數百餘年,至予十六世矣。"

兹譜序言等皆未及刊事。

扉頁鐫"源遠流長。道光八年仲夏之吉。致和堂珍藏"。

《中國家譜綜合目錄》著録,題《蕭山道源李氏宗譜》,注曰"一名《蕭山石板衖李氏宗譜》",美國藏本。羅香林《中國族譜研究》下篇《哈佛燕京學社漢和圖書館所藏中國族譜目録》著録,作"清道光八年修"。

0664　稿本淞溪李氏族譜　　　　　　　　　　　　T2252.8/3344

《淞溪李氏族譜》四卷。稿本。六册。半頁十行二十五字,四周單邊,白口,單魚尾。框高25.8釐米,寬17.5釐米。書口上刊"法華李氏族譜",卷端題"淞溪李氏族譜",書名據此。無序跋。有目録一頁。

此爲上海法華李氏族譜。凡四卷,每卷前有小序。卷一《世系》,詳一世至十一世世次支系及名諱字號、生殁年月;卷二《世譜》,系按昭穆,譜則從右至左,體裁各別,準五世爲一圖,其中填注字號,上溯所生,下詳所出,較世系爲備;卷三《世傳》,記族中德行可稱、品誼卓犖者之行實事蹟;卷四《世墓》,將先世墳墓一一圖之,詳載其地里、保圖、坐向、昭穆,俾後人知先人宊穸所在,毋廢歲時祭掃之禮。

北宋開寶十年,僧人惠禪於上海華亭縣高昌鄉李淞涇北岸興建法華禪寺,香客紛至,人口集聚,此地始稱法華巷。明嘉靖間,寺周綿延三里爲集鎮,名法華鎮,爲明清時上海邑西首鎮。明末蘭溪李氏少塘公攜子徙上海之闕地,家於法華,後衍成法華大姓。因倭亂頻仍,致失譜牒,以上世次,無可考證,遂奉少塘公爲始祖。少塘公,諱大光,生於隆慶二年,卒於崇禎十三年。淞溪,地名,法華鎮東有淞溪園,爲李氏後人私園。《清稗類鈔》載,"上海法華鎮之牡丹,相傳自宋即有之,初盛於吳下,而法華李氏淞溪園尤多異種,爲雲間冠。"

避清帝"弘"、"惇"諸諱。卷一世系圖有《九世以下五世世系圖》,按九世各房分繪,實則僅二、三代而止,即止於第十一世,半頁以下皆空白。由是觀之,此譜爲未竟之作。雖未署修撰年月,不詳修譜始末,然敘事至清光緒初年,大約清末所修。據《中國家譜綜合目錄》載,民國間李鴻翥續修《法華李氏族譜》,有民國八年秩倫堂刻本。

羅香林《中國族譜研究》下篇《哈佛燕京學社漢和圖書館所藏中國族譜目錄》著錄。《中國家譜綜合目錄》著錄清光緒七年抄本,未知何據;另著錄民國八年秩倫堂刻本,有吉林大學和美國藏本。

0665　清乾隆刻本休寧厚田吳氏宗譜　T2252.8/2323

《休寧厚田吳氏宗譜》六卷,清吳騫纂修。清乾隆五十二年(1787)刻本。六册。無欄,半頁九行二十一字,左右雙邊,白口,單魚尾。框高19.2釐米,寬13.5釐米。題"左臺三十七世孫騫輯"。末有乾隆五十二年吳霖後序。

吳騫,字槎客,浙江海寧人。諸生。生負異稟,篤嗜典籍,所得築拜經樓藏之,精加校勘。尤喜搜羅宋元刻本而重梓之,學者珍爲秘寶。少與陳鱣講訓詁之學,所爲詩文詞旨渾厚,氣韻蕭遠。著述有《國山碑考》、《桃溪客語》、《小桐溪吳氏家乘》、《蘇祠從祀議》、《拜經樓詩話》、《論印絶句》、《愚谷文存》、《拜經樓詩集》等。生於雍正十一年,卒於嘉慶十八年,年八十一。《清史列傳》卷七二有傳。

是譜爲休寧厚田吳氏遷徙新安宗支譜,以唐左臺御史少微公爲始祖。稱"厚田吳氏"者,以別休寧吳氏他支。騫撰《譜源》云:"吳以國爲氏,唐林寶《元和姓纂》、宋鄭樵《通志·氏族略》等言之備矣。舊譜自周得姓,至唐左臺義方公凡六十世,世系班班可考。兹譜則斷自左臺,始以公爲新安始遷祖也。然即新安之支,亦不勝具載,故但曰'厚田吳氏宗譜'而已。'厚田'者,實騫之一支也。"

厚田吳氏世居休寧,自少微公十八世孫漢由休寧徙居江西浮梁縣,至二十世孫承儁由浮梁徙漢口,承儁子仲章由漢口還休寧。至仲章八世孫延壽爲休寧厚田吳氏支祖,自少微公而下已三十二世。休寧厚田吳氏輾轉遷徙湖州、玉山、江山、青陽諸地,皆自成支派。其少微公三十二世孫仰朝公(意元)先徙浙江嘉興府,是爲騫六世叔祖。天啓間騫高祖達宇公與兄定宇公徙海寧。少微公以下至乾隆末已千數百年,歷四十餘世,子姓或遷或處,多隨地修譜,而厚田遷浙一支百數十年未修宗譜,故是譜惟記厚田徙浙海寧、嘉興支脈譜系最詳。騫撰《譜源》述編例頗精到,並詳列所得宗譜舊稿,及各族續修、重修譜資以校訂者。

卷一乾隆五十二年盧文弨序,乾隆五十一年吳騫撰譜引,譜源,目錄,唐左臺御史少微吳公像並汪良臣,昭穆序次,世系(止四十一世);卷二世譜上;卷三世譜下;卷四世傳,錄傳二十四種,始左臺公傳,止延清傳;卷五藝文,計九種,依次爲林緒光撰吳孝子傳,查樞撰書吳玉章遺稿後,陳世倌撰旌孝錄跋,雷鋐撰海寧孝子祠記,杭世駿撰海寧吳孝子祠田記,盧文弨撰吳愚齋處士墓碣,盧文弨撰奉直大夫候選直隸州同知吳君墓碣,邵晉涵撰吳節婦傳,杭世駿撰孝女吳淑士墓碣;卷六圖記,計十六種,依次爲孝子祠圖並記,休寧茅司徒嶺墓圖並記,蓮匯墓圖並記,麻涇橋墓圖並記,黃家潭墓圖並記,石屋山墓圖並記,眠花山墓圖並記,盧家橋墓圖並記,木山墓圖並記,廟灣墓圖並記,伏獅山墓圖並記,烏龍山墓圖並記,錢山墓圖並記,楊村墓圖並記,吳家山墓圖並記,水月庵墓圖並記。

吳騫自序略云,吾家自明季播遷,本支寥落,又且散處四方,音問闊絕,是以本宗之譜多所闕略。騫恒思繼先人之志,詳加整比,以示來業。爰就數十年來所據舊譜考求明確者,輯爲本宗支譜。盧文弨序稱,吳子因先人舊稿,又咨訪數十年,所得譜牒凡十餘家,以相參證而後錄爲此編。

吳霖後序記刊事,稱其弟騫薈萃諸舊譜,相與商榷考訂,成宗譜六卷,"因亟與從孫英進、英達兄弟謀付剞氏,皆欣然踴躍勸事。"卷一末鐫"晟、日襄同校",卷二末鐫"壽照、星垣"同校,卷三末鐫"昂駒、易疇"同校,卷四末鐫"壽暘、晁琬同校",卷五末鐫"昆垂、昌猷同校",卷六末鐫"英進、英達同校"。

《中國古籍善本書目》著錄,作"清乾隆五十二年吳霖等揚錦堂刻本",中國國家圖書館藏。《中國家譜綜合目錄》著錄中國國家圖書館、哈爾濱師範大學、臺灣、日本、美國藏本。也見於臺北"國立中央圖書館"普通本綫裝書目、羅香林《中國族譜研究》下篇《哈佛燕京學社漢和圖書館所藏中國族譜目錄》。多賀秋五郎《宗譜の研究》不收。

0666　清初抄本沱川余氏世紀　T2252.8/1389

《沱川余氏世紀》不分卷,明余懋學撰,清余光詔輯。清初抄本,有佚名朱筆點校。一册。半頁十行二十六字,無框格。卷端書"沱川余氏世紀",書名據此。題"賜進士嘉議大夫總督糧儲南京户部右侍郎兼都察院右僉都御史裔孫懋學著;二十世理源裔孫光詔輯"。

余懋學,字行之。隆慶二年進士。授撫州推官,擢南京户科給事中。萬曆初,張居正當國,進《白燕白蓮頌》。懋學以帝方憂旱,下詔罪己,與百官圖修禳,而居正顧獻瑞,非大臣誼,抗疏論之,忤居正,斥爲民。居正死,起懋學故官,累遷南京户部右侍郎。夙以直節著稱,卒,贈工部尚書。天啓初,追謚恭穆。《明史》有傳。

余光詔,理源余氏二十世裔孫,生平無考。

沱川位於浙、皖、贛三省交界處,今屬江西婺源。北宋末年,余氏始祖道潛隱居此地,衍生出若干分支,徙居鄰近,建立鄣村、燕山、理源、東坑等村落,東西相望五里,統稱沱川。沱川名之由來,按《江西省婺源縣地名志》(1985)所考,以余姓散居於駝峰尖東南麓三溪合流處,清溪川流不息,淙淙有聲,故而雅稱沱川。沱川余氏讀朱子之書,服朱子之教,秉朱子之禮,明清兩代出進士、名宦甚多,被贊爲"理學淵源"、"山中鄒魯",世爲沱川望族。

是書收沱川余氏一支行實、史志、小傳、祭文、墓表、像贊、書序等。前爲《婺源沱川余氏族譜》,述七世宜高至二十世光魯世系;次爲《沱川余氏派衍源流》,爲三門十二世,其三門者,鄣村、理源、燕山也;再次爲《沱川余氏宗支歌》,述始祖至七世宗支脈絡甚詳;再次爲《理源松房世序詩》;再次爲《忠貞堂本系祖德頌》。

沱川余氏始遷祖諱道潛,據《(道光)婺源縣志·寓賢》記載:"余道潛,字希隱。宋重和元年進士,任桐廬主簿。博極群書,精於天文地理。爲政嚴明,民甚德之。時朱勔採奇石異卉獻朝廷,將次桐廬,道潛曰:'吾豈剝民以媚權貴?不去,終必有禍。'遂挈妻子之婺源沱川。未逾年,方臘果起兵,浙東西遂大亂,人始服公之先見。"

是書爲就前代譜乘摘鈔所成，不避清代康熙帝以下諸諱，敘二十世光耿行實，有"康熙乙酉(四十四年)科江南鄉試中式第二十名舉人"，則是書抄成當不早於此。

《中國家譜綜合目錄》著錄。羅香林《中國族譜研究》下篇《哈佛燕京學社漢和圖書館所藏中國族譜目錄》著錄，又稱《婺源沱川余氏族譜》。另《上海圖書館藏家譜提要》著錄有《余氏統譜》不分卷，明余星源纂修，明隆慶二年婺北川東會館刻本。《總目》云，此係統宗譜，以夏禹第三子罕爲得姓始祖，其後有泗水派、會稽派、下邳派、越國派等一百四十派。譜載自秦代昌國侯由至婺源沱川始祖道潛之世系圖及沱川派世系圖。中國國家圖書館藏有《沱川余氏家乘》不分卷，清道光間抄本，二冊，有朱筆點校，《續修四庫全書總目提要(稿本)》收入此本，僅存"仕進"一門。以上兩種或可與哈佛本互爲參考。

0667　清嘉慶刻本吳江金氏家譜　　　　　T2252.8/2381

《吳江金氏家譜》六卷，清金學詩纂修。清嘉慶刻本。一冊。金氏後裔墨筆增補。半頁十行二十一字，左右雙邊，白口，單魚尾。框高 18.5 釐米，寬 13.2 釐米。前有乾隆二年(1737)金國英舊序，嘉慶三年(1798)金學詩自序；目錄。首殘。序第一頁，卷二第三十七、三十八頁佚。

金學詩，字韻言，號二雅。乾隆二十七年舉人，國子監助教記名主事，授文林郎。生於乾隆元年，卒於嘉慶十四年。宏初公支八世孫(自序署七世孫)。

是譜奉慕椿公爲一世祖。傳曰，其諱、生卒、配氏、葬俱未詳。子三，鏴，餘二子無考。世居吳江縣。世系圖有《慕椿公總支》，二世祖鏴，子二，宏、宰。宰生永燦，永燦生坤元、坤泰、坤貞，是爲五世祖。五世以下，遂分爲三支，坤元宏初公支，坤泰文初公支，坤貞遂初公支。

卷一《天章》，卷二《誥敕》，卷三《世系圖》、《世系表》，卷四《墓域》、《彰賜瞻族條例》，卷五至六《藝文》。

《天章》兩篇，御製(賜經筵講官兵部尚書金士松諡文簡)碑文、嘉慶五年諭祭(經筵講官兵部尚書金士松)文。士松爲宏初公支派下八世孫，潤子，學詩胞兄，出嗣伯父瀾。傳曰，士松字亭立，號聽濤。乾隆二十一年舉人，二十五年進士，改庶吉士，授職編修，仕至兵部尚書，誥授光祿大夫。生於雍正八年，卒於嘉慶五年。欽賜祭葬，諡文簡，奉旨入祀鄉賢祠。

慕椿公支宗譜創於五世祖遂初公(坤貞)。遂初公生於康熙九年，卒於雍正十年。始修至遲在雍正十年之前。乾隆二年六世祖晴軒公再修，晴軒公諱國英，字南琛，號晴軒。嘉慶是譜爲三修。

金學詩自序曰："晴軒公修譜之時，距今又六十年矣。檢舊板已散佚，乃重爲纂述。自吾父以上，暨吾同祖以下，配某氏、享年幾、某日卒皆書，其他則但紀名字存歿，仿蘇氏族譜之例，而小變通之。蓋一人一家之書，疑以傳疑，信以傳信，不欲以誇示外人也。"

羅香林《中國族譜研究》下篇《哈佛燕京學社漢和圖書館所藏中國族譜目錄》著錄，作"清嘉慶五年修"。《中國家譜綜合目錄》著錄江蘇吳縣《金氏家譜》十卷，清金景謨、金昇重修，清嘉慶二十年敬承堂刻本，蘇州市博物館所藏。

0668　稿本周氏家世述　　　　　T2252.8/7734

《周氏家世述》不分卷，清周琢新、周宗璜纂修。稿本。四冊。半頁九行二十一字，四周雙邊,白口,單魚尾。書口上刊"周氏家世述",下刊"愛蓮書屋"。前有清嘉慶二十二年(1817)周宗璜重修家譜序,周琢新序,徐椿序;《條約》;《凡例》九則。

周琢新,字鳳鳴,號竹坡。同里周氏七世孫。生於乾隆二十五年,平生以公直秉心,古道熱腸。

周宗璜,字渭濱,號漁邨。琢新次子,生於乾隆間。

此爲同里周氏家譜,琢新、宗璜父子以四年之功纂修,成於清嘉慶二十二年。各序後爲崇禎甲申始祖周汝謙、周汝誼所撰《條約》,計正名號、察祖墓、闡世德、舉遺孤、嚴傍混、擯匪類、敦宗誼、繪總圖八條。正文依次爲誥命、憲檄公移、列祖遺像、墓塋圖繪、世系圖考、世次小傳、家藏書目、著述餘編、賀文壽序、墓表志銘、傳記行實、列祖遺訓,附《烝嘗錄》、《漁邨吟稿》。所述爲一世始祖至九世。

琢新自序云:"爰命次男宗璜遵依舊編,參歐、蘇二家,仿史氏志表之略,使衮錄成帙,以備遺忘。若止以耀名閥、誇遙冑,使寒遞望門而卻卜者,不如其勿譜也。維時總裁校訛,稽覈徵單,廣求博問,爲調度贊襄,總典厥事,俟有力日付梓宗系,廣布同宗也。"是書寫繪精善,開本廣大,當爲欲付雕版前之定稿本。

徐序云:"同里汝南氏爲海上鼎族,本華亭洗馬廣莘先生一家。廣莘之從元孫竹坡外史,聞人也,以其手輯《家世述》見示。竹坡之嗣君漁邨,幼從先君子游,能詩,與余善,屬爲之序,敢謝不敏。閱其所編,有似乎文忠所著《蘇氏族譜》一法,故以文忠之事躧之,至如其祖功宗德,竹坡悉已具□精詳,因不複頌。"

按,此支周氏世居河南汝南,明末避戰亂徙上海華亭。始祖公汝謙,字蕚懷,生於明萬曆間,遭逢兵燹,博學善藏,結茅於上海綵衣巷。封興國知州,晉中憲大夫。《條約》述其家世云:"吾宗於元季自湖南徙居華亭之鳳凰山,迨皇朝定鼎,來家海上,迄今三百年矣。生齒日繁,支脈散衍,以致聞名而不知誰氏,途遇而不識何人……故爾高祖棘寺肅莘公議舉未竟,今琢欲仰承先志,命男宗璜搜羅火殘舊乘稿帙,衮集會編,以俟有力日付梓。"《凡例》述其成書云:"是譜之輯,吾大父之遺徽,承諸尊長贊襄,業成於前明崇禎甲申二月,而吾宗永寶。禍於今聖祖康熙十有九年冬,遭鄰火沿災,《家乘》被焚……增補參訂始終,四年續成是集。"

羅香林《中國族譜研究》下篇《哈佛燕京學社漢和圖書館所藏中國族譜目錄》著錄。《中國家譜綜合目錄》著錄此本爲"清嘉慶二十二年修愛蓮書屋鈔本",不確。

鈐印有"宗璜"、"漁村"、"愛蓮書屋"、"周印琢新"、"鳳鳴"、"徐椿之印"、"瘦人"、"醉吟居士"、"悠然在懷"、"依樣畫葫蘆"、"周印宗璜"。《歷祖遺像》每像後均有像贊,並鈐撰者名號印,如"周行"、"臣顧有濤"、"臣張惇訓"、"范蓮"等。

0669　清道光木活字本蕭山郎氏宗譜　　　　T2252.8/4232

《蕭山郎氏宗譜》四卷首一卷,清郎師夔纂修,清郎天錦、郎金崖等遞修。清道光九年(1829)木活字本。十六冊。郎氏後裔朱、墨筆增訂。半頁十行十九字,四周雙邊,白口,單魚尾。框高20.6釐米,寬14.1釐米。書口下鐫"詒穀堂"。總目題"裔孫師夔纂輯;侄天錦校閱;門人王夏填諱;男寅午校字"。前有乾隆三十八年(1773)陳德星序,吳斐序,顧應期序,郎師夔《建立宗譜序》,乾隆五十二年(1787)郎天錦重修序;總目。首殘。

郎師夔,字穎若,號敬齋。

蕭山道源郎氏尊文綿爲南渡祖，尊永一爲遷蕭始祖。永一世居分邑，於元至正間自嚴州遷蕭，卜居道源，其所自出之祖已無考。是譜世裔圖原本台州舊譜，始周文公旦，終河南太尉公良，而以良爲河南始遷祖。良以下歷三十傳至文綿，始南渡，家越山陰郎家衖。文綿而下又歷五傳，始遷嚴州。郎氏自越遷嚴以後世系舊譜已不載。

卷首乾隆三十八年郎本鳳撰《建立宗譜引言》，先儒論譜，譜例四十二則，郎氏發源，世裔圖，祖像，廟圖，墓圖，排行，家廟子孫序立圖，家廟神位牌定式圖，家廟聯對扁額，家廟祀田册（第四頁至第五頁間夾入增補八頁，記事至道光八年十二月），家廟祭典，宗譜捐貲小引；卷一起宗圖，宗派；卷二世系錄，附牌位錄；卷三贈言錄；卷四遺文錄。

起宗圖例言開宗明義，曰："宗派既仿歐陽，以五世爲宗，五世之外，另爲起宗，千宗萬派，驟難別白，因將各世次第起宗之祖編成起宗圖，列之於首，條分縷晰，便於查閱。"有《郎氏合族起宗總圖》，自第一世始祖永一公起，至第四世，分爲六大宗。其圖爲永一——清四——賢——直義宗（老大房）、勤篤宗（老二房）、勤儉宗（老三房）、勤實宗（老四房）、勤誠宗（老五房）、孝勤宗（老六房）。以下分列大、三、四、六各房起宗圖。又有《郎氏合族宗派》圖，列六房各支，皆自第六世起宗，再分列各房世系，第六世以下凡五世另起宗。

蕭山郎氏宗譜始修於乾隆三十八年，由族人捐貲設館，族長委師夔以纂修之任。宗長郎本鳳《建立宗譜引言》曰："余族自始祖永一公遷蕭，歷世已一十有四矣。椒聊繁衍，户口盈昌，凡茲子姓，率能培植本原，留心繼述，以故祠宇修烝嘗舉，莫不仰藉前光，勉承先志。惟是宗譜一事，數百年間闕焉罔議，世系不明，宗支莫考，是誠余族中所當亟爲舉行而不容再緩者也。余德薄才疏，忝居族長，嘗有建譜之志，苦無司譜之人，念茲散佚，日夜悚惶。今年因勉留家侄孫穎若掌理宗課，兼設譜局，假伊館事之餘，委以纂修之任。又以事體冗繁，一人力難兼攝，再令族俊葉飛等分理譜事，左右劻勷。其各房支派又派委某等分房查理。"師夔建譜所據，僅其祖譽揚公所纂本房世系錄，而是役九閱月而竣事。師夔《建立宗譜序》稱，余族自始祖遷蕭，歷年四百，前乎始祖者有台譜，遷蕭以後則闕焉罔載矣；後乎台譜者，有本房世系錄祖譽揚公著，本支以外亦語焉不詳矣。今春，膺宗長命董是役，承命以來，克任贊襄者，惟家葉飛若余之統寒暑，忘寢食，疲竭心思，操三寸不律，以從事於搜羅探討之餘，自春徂秋，閱月者九……書成，計分圖派一卷，世系一卷，牌位錄一卷，贈言、遺文錄各一卷，冠以例言。田有籍，祀有典，廟、墓有圖，悉彙萃而載諸譜首焉。譜一宗歐、蘇二家譜式。其編例頗詳，譜例多至四十二則，末有郎師夔題識，謂譜尤史也，是譜亦祖史家直筆之意。題識云："癸巳春，膺宗長命有建譜之役，將爲四百年祖若宗所未創之事，則必謀千百年子若孫有可式之程，爰是上做有宋諸儒譜式，廣采各大家名譜發凡，擷其精要，汰其繁蕪，斟酌擘畫，設爲例言，統計四十有二則，以爲全譜之綱領，夫而後孰詳孰略，按例直書，一成不變，蓋庶幾乎謀之遠、慮之深，而無愧乎中正之規矣。"

自乾隆三十八年始修後，有乾隆五十二年、道光九年兩次續修，續修者皆奉"錄其新，不革其故；續其無，不沒其有"之旨。

乾隆五十二年續修，由郎天錦補纂原譜所缺六房譜，並續修大、三、四房譜。二房譜仍從闕如。郎天錦《重修家譜序》曰："余族譜於乾隆癸巳年族人捐貲設館，延族叔穎若主其事，而余爲之贊理。搜輯考核，不敢憚勞，故大房與三、四房之宗派圖、世系錄皆井井可觀。特以資斧無多，時日不繼，致二房、六房俱從缺略。適余又屬易州于公之聘，辭譜事北上，不能始終。後譜雖告竣，而余心終耿耿也。今年春，六房弟禹玉幼年知義，以本房無譜，請於族長，求爲補入。族長以余舊襄譜事，稍知梗概，屬補六房之譜，兼續修大、三、四房之譜。余自維衰年多病，承命悚然,然亦無所諉也。第六房既補,二房亦宜補,斯成全譜,無如二房子姓零落,語焉不詳,徵之不信,不能不俟二房之後人有興起者,詳考而補纂之耳……余族譜遲之十三年,而生卒娶葬已不知凡幾矣。余第錄其新,不革其故;續其無,不沒其有。於原譜未之有易也,則謂之仍其舊也亦可。"

道光九年再修,即是譜。族議命郎金崖任事,并委郎倫等分房協辦,另延吳、趙二外姓譜師於宗祠設局開修。卷四有道光九年郎金崖《重修宗譜引言》、郎倫《續修宗譜跋》。郎金崖《重修宗譜引言》略云,自乾隆丁未年,迄今四十餘載,族長命余搜羅稽查,尋派溯源,植其生而續其卒,原其娶而實其葬。如是夫不特慰房派之心,大、三、四、六老四房一統皆然。承命分責,又派委倫等分房協辦。余錄其新,而不革其故;續其無,而不沒其有。曷不從命,詎敢譴責,則謂之繹其詳而成其事也可。郎倫《續修宗譜跋》記續修事甚詳。

是本無扉頁。

《中國家譜綜合目錄》著錄美國藏本,未及二次續修。併見羅香林《中國族譜研究》下篇《哈佛燕京學社漢和圖書館所藏中國族譜目錄》,著錄"乾隆三十八年修"。

0670　清同治刻本洞庭秦氏宗譜　　T2252.8/3059

《洞庭秦氏宗譜》五卷首三卷末一卷,清秦錦等纂。清同治十二年(1873)詠烈堂刻本。十二冊。半頁八行二十字,左右雙邊,白口,單魚尾。框高14.2釐米,寬15.3釐米(卷首)。書口下鐫"永烈堂"。前有誥敕;《淮海先生年譜》;《年譜補案》;郭柏蔭序,同治十一年(1872)許瑤光序、同治十一年二十三世孫景序,同治十二年二十五世孫敏樹序、同治十二年二十七世孫開階跋;目錄;《洞庭秦氏修譜源流》;同治十二年八修宗譜編校子姓;宗祠圖,墓圖,像贊;《宗祠記》;原序;《初編洞庭秦氏宗譜琴川公凡例》四則,《續修宗譜凡例》十六則(按,誥敕至《凡例》,目錄標爲"卷之首",書口或鐫"卷首"。是譜又有"卷首上"、"卷首中"、"卷首下",故誥敕至《凡例》不計入"卷首"之卷數)。

秦錦,一名景,字春庭,號步農,例授從九品。生於嘉慶二年。秦觀三十二世孫。

始祖觀,原籍天水,宋江蘇高郵式凝鄉人,卒於藤。宋徽宗政和間,觀子湛官於常州,子孫遂居焉。觀六世孫宗邁,遷徙洞庭西山,爲洞庭始遷祖。

秦觀字少游,一字太虛,號淮海居士。宋神宗元豐八年進士,歷任定海主簿、蔡州教授。元祐初,蘇軾舉薦爲秘書省正字,兼國史院編修官,預修《神宗實錄》。紹聖初,坐元祐黨籍,卒於藤州,年五十二。著述有《淮海集》、《淮海閑居集》、《淮海居士長短句》等。《宋史》有傳。

《初編洞庭秦氏宗譜琴川公凡例》曰:"吾宗本出天水,後徙高郵,中間世系顯晦之詳,迨五季亂後,莫可考據。至淮海先生以文學顯於宋,歷太學博士、國史院編修,坐黨籍,累謫雷州。元符庚辰(三年)起路,卒於藤,殯於潭。子湛政和間通判常州,遷葬無錫璨山,子孫遂居常州。歷四傳,至益之公,愛洞庭山水之勝,遂隱居縹緲峰下,是爲洞庭始遷祖。今彙爲圖系,宗宜之公爲第一世,復以淮海以下四世冠之譜首。一重本之所由出,一溯支之所由分也。"按,益之公,觀六世孫宗邁。

卷首上志傳銘記;卷首中毘陵世系統宗圖,毘陵分高郵宗支圖,毘陵分錫山宗支圖,毘陵分洞庭宗支圖,洞庭宗支全圖;卷首下毘陵世系一世至九世,洞庭世系一世至五世;卷一淬之公派五世至二十一世,淬之公派二十一世至二十九世;卷二琢之公派五世至二十九世;卷三廷彩公派五世至十七世,廷彩公派十七世至二十五世,廷彩公派二十一世至二十五世,廷彩公派二十一世至二十九世;卷四祥符公派五世至二十九世;卷五行雲公派五世至二十一世,行雲公派二十一世至二十五世,行雲公派二十五世至三十三世;卷末補遺,編號。

是譜爲八修。《洞庭秦氏修譜源流》載八修之前歷修編輯子姓,前七修爲:正統十年始修,十二世孫孟剛初編;弘治十三年二修,十三世孫謙續修;萬曆二十七年三修,十七世孫㸁重輯;崇禎十三年四修,十七世孫明倫重修;康熙五十一年五修,十九世孫永祐彙輯,二十世孫文超、文彬編次;乾隆十三年六修,二十三世孫庭莪重編;道光五年七修,二十三世孫承基等編。

秦錦序曰:"吾族自宋元來,世居洞庭西山,簪纓絡繹。明以後,或以仕宦,或因服賈,遂多占籍他鄉。然譜牒之修,皆以洞庭宗祠爲主,江漢朝宗之義也。道光乙酉重修之後,距今已五十年。道咸之交,洪逆倡亂,自粵西直至金陵,繼而蘇、常淪陷。吾族人之避難來楚,及向來寄籍於楚者,濟濟蒸蒸,每念洞庭祠宇,道阻且長,未能以時展祀,斯衷缺然。爰集在楚諸宗人合商定議,在長沙省城添建宗館,供奉祖先神主,春秋致祭,一如洞庭之例,俾族中子姓在山在楚,各得盡其誠敬。同治紀元以來,大江上下共慶昇平,其時景適經理大宗祠在楚房產,歷年撙節用度,經費漸充,乃謀續修譜牒。己巳(八年)之秋,景由楚旋吳,與諸宗人商訂章程,次第興辦,幸吳楚諸宗人同心協力,景行年已七十有六,仰荷祖先餘蔭,精力尚強,克見厥成。惟願後之子孫恪遵祖訓,依次接修,踵事增華,勿稍怠忽,以合敬宗收族之義,實厚望焉。"

扉頁鐫"洞庭秦氏宗譜。同治癸酉重鐫。詠烈堂藏版",原鈐"(智)字第(四十六)號給發二十(六)世孫名(效占)領藏"(括號內爲手填字)、"給發宗譜概不收費"。卷首原鈐"子孫保之"。編校子姓末鐫"蘇城毛鏽庭刻字"一行。"墓圖"末鐫"古吳譚一夔刻"一行。

《上海圖書館藏家譜提要》著錄,題"洞庭秦氏宗譜:五卷,首四卷,末一卷",蓋將誥敕至凡例作一卷,計入卷首卷數。

0671　清同治刻本海虞翁氏族譜　　　T2252.8/3282

《海虞翁氏族譜》不分卷,清翁心存、翁同龢纂修。清同治十三年(1874)刻本。一册。四周單邊,白口,單魚尾。框高20.6釐米,寬14.5釐米。前有自序;常熟璇洲里翁氏統系圖,老大房支系圖,老二房支系圖,老三房支系圖,二世祖世珍後裔,慕山支,紹巖支,聖德支,時巷村支。

翁心存,字二銘,江蘇常熟人。道光二年進士,選庶吉士,授編修,遷大理寺少卿,歷內閣學士、工部侍郎。咸豐元年擢工部尚書。四年起授吏部侍郎,擢兵部尚書。八年充上書房總師傅。九年乞病告去職。十年以失察議處,降五級,革職留任。十一年特詔起用,以大學士銜管理工部。同治元年入直弘德殿,授穆宗讀書。是年冬卒,贈太保,入祀賢良祠,諡文端。《清史稿》卷三八五、《清史列傳》卷四五有傳。

翁同龢,字叔平,江蘇常熟人。心存子。咸豐六年一甲一名進士,授修撰。同治元年擢贊善,典山西試。父憂歸,服闋,轉中允。命在弘德殿行走,五日一進講,於簾前說《治平寶鑑》。累遷內閣學士。光緒元年署刑部右侍郎。二年德宗典學毓慶宮,命授讀。旋遷戶部,充經筵講官,晉都察院左都御史。八年命充軍機大臣,旋罷。二十年再授軍機大臣。二十一年兼總理各國事務大臣。二十三年以戶部尚書協辦大學士。二十四年德宗召用主事康有爲,議行新政。四月,諭開缺回籍。太后復訓政,又奉諭革職,永不敘用,交地方官嚴加管束。三十年卒於家,身後蕭然。宣統元年兩江總督端方請准開復原官,允之,後追諡文恭。著述有《瓶廬詩稿》、《文稿》等。《清史稿》卷四三六、《清史列傳》卷六三有傳。

海虞,常熟古稱。翁氏遷居海虞常熟始祖爲景陽公。景陽公自長洲縣相城里遷居常熟之西南鄉四十九都廟橋璇洲村,其遷徙時間未詳。

譜稱,昔有鐵庵公譜,其首篇述先世,謂翁氏之先出於姬姓,自成周而下,由中州而越、而閩、而吳,以逮常熟。曰北宋間有景文公,元豐五年授常州無錫尉,因居姑蘇平江,爲吳郡翁氏始祖。景文生敏中,贈右奉議郎;敏中生五子,次翊臣,官通議大夫;翊臣生五子,少子璘,登慶元己未(五年)進士,官尚書、刑部郎中。其後漸衰落,居姑蘇之相城里,以力田爲業。其六世孫曰壽一,配姚氏,生三子,其伯仲皆居相城,少子贅常熟之廟橋璇洲里,即景陽公。

景陽公子二,世珍、世寶,是爲二世祖。長子世珍子孫務農,其世次不可紀;次子世寶子二,廷秀、秋崖,是爲三世祖。秋崖無嗣,廷秀子瑞,是爲四世祖。瑞字思隱,子三,長子臣,次子卿、三子相,是爲五世祖。海虞翁氏自五世分爲三派,曰老大房、曰老二房、曰老三房。

是譜五世以上略,而詳於五世以下。譜不分卷,依次爲:常熟璇洲里翁氏統系譜(一世至四世),老大房支系譜(五世臣至十七世),老二房支系譜(五世卿至十八世),老三房支系譜(五世相至十七世)。同治十三年翁同龢後序。

老大房,即思隱公長子臣房下。臣字西江,生卒年月及配氏舊譜已不詳。臣下有注曰:"是爲老大房,三傳而大參府君以進士起家,上杭府君繼之。又五傳,而至先考太保文端公。今居城中者,皆我樂志堂支也。"

大參府君,八世祖長庸。傳曰,長庸字玉于,號山愚。順治三年舉人,四年進士。户部山東司主事,山東濱樂分司運,同充十四年山東鄉試同考官。遷長蘆轉運使司運使,擢河南布政使司參政,分守河南道,誥授中大夫。以裁缺告歸。長庸本姓鄒氏,生七日而芳庵公(諱萬春,號芳庵)抱以爲子。幼孤,奉母至孝。嘗蠲復盧氏縣石田數百頃,中州人民呼爲"翁佛子"。有《宏農告夜録》、《春秋寶筏》及詩文集。生於明萬曆四十四年,卒於康熙二十二年,年六十八。

上杭君,九世祖大中。傳曰,大中山愚公(長庸)長子,字林一,號靜庵。康熙十六年順天舉人,考授内閣中書,三十六年進士。選授福建上杭縣知縣,充四十一年福建鄉試同考官,敕授文林郎,卒於官。大中爲政潔清自矢,除加派實倉穀,立義學,禁溺女。及卒,邑民醵金歸櫬,請祀名宦祠。生於明崇禎十一年,卒於康熙四十五年,年六十九。

太保文端公心存,老大房十四世。傳曰,心存號遂盦,嘉慶二十一年舉人。在朝攢聚斂之謀,杜紛更之計,退然虛受,憂國忘家,前後論薦十數人,皆當代賢傑。又嘗廷斥肅順等爲奸邪,無所撓避。有《知止齋詩文集》。生於乾隆五十六年,卒於同治元年,年七十二。配許夫人,高安縣知縣秋濤公女。子同書、音保、同爵、同龢,以同爵出嗣爲慶貽後。子同龢,老大房十五世,傳曰,字聲甫,號叔平,道光二十九年拔貢,朝考一等,刑部七品小京官,候補主事。咸豐二年順天舉人,六年一甲一名進士。

老二房,即思隱公次子卿房下。卿字子名,號介石,邑增廣生。傳曰,屢試不第,力田治本。掌鄉賦之入,憂人之憂,急人之急。有司嘉其行誼,章服以旌之。生於明正德二年,卒於嘉靖四十一年,贈中憲大夫。子拱極。卿下有注曰:"是爲老二房,在明之季,太常公兄弟五人並著於時。入國朝,尚書公又貴盛,厥後漸衰矣。今以太常五房列之,曰貞裕堂支、曰盧家浜支,少崖公後也;曰支塘支,濱州公後也;曰心揆、曰同釗、曰震澤支、曰東昌支,太常公後也;朔州公後,今有廷奎一房;稽勳公後,見於老三房圖譜。"所稱太常公兄弟五人,爲拱極子、卿孫。

少崖公,諱蕙祥,字兆禎,號少崖。邑庠生。傳曰,齠齔失父,與諸弟以文行相鏃厲,諸弟中兩成進士,兩舉於鄉,而君獨以諸生老。

濱州公,諱懋祥,字兆嘉,號具茨。明萬曆四十三年舉人,選授浙江淳安縣知縣,有政績,擢山東濱州知州,未赴任卒。

太常公,諱憲祥,字兆隆,號完虛。明萬曆十九年舉人,二十年進士,授浙江鄞縣知縣,累官至太常寺少卿。爲時名宦。

朔州公,諱應祥,字兆吉,號昇宇,萬曆二十八年舉人,授無錫縣儒學教諭,遷福建光澤縣知縣,擢山西朔州知州,授奉直大夫。傳曰,公在無錫時,東林方盛,顧涇陽、高忠憲咸折節定交。

稽勳公,諱愈祥,字兆和,號泰興,出嗣三房。傳曰,公萬曆十六年舉人,二十六年進士,授鄒平縣知縣,累官禮部主事,尋改吏部稽勳司主事,未赴任卒。祀鄒平名宦祠。

老三房,即思隱公三子相房下。相字子良,號小隱,子五,拱朝、拱宿、拱元、拱陽、拱宇。相下有注曰:"是爲老三房,子孫多務農。涵宇公後有四支:一在東徐市者失考,一在黄泥橋,一在香堂河,一在城中。稽勳公後今居釣船巷,兆貞公後聚居洞涇橋橋灣。"涵宇公諱忠祥,字涵宇,拱朝子,太學生。兆貞公諱志祥,字兆貞,拱陽子。

是譜初爲心存所纂,由同龢補輯完備。同龢後序曰:"今上御極之元年,先公被召,直講殿,就西華門僧舍以居。一日盛暑,露坐檐際,顧小子龢而歎曰,吾老矣,南紀之亂未已,他日裁定,置祭田,刊族譜,汝兄弟其勖之哉。小子流涕承命。其年冬,先公薨。越三年,長兄卒於邊塞,龢與仲兄服官内外,越十年,遭先母之喪,兄弟舉喪歸葬。惟時江南之定已九年,亡者歸、弱者立,龢與仲兄乃克展先公手定之編,補輯完備。"

《中國家譜綜合目錄》著録南京博物館、常熟市圖書館和美國藏本。又見於《上海圖書館藏家譜提要》、羅香林《中國族譜研究》下篇《哈佛燕京學社漢和圖書館所藏中國族譜目録》,羅香林識云:"清同治十年翁同龢修。按此支翁氏,清代科第甚盛。余另有敘録。"

0672　稿本荻溪章氏支譜　　　　　　　　　　　　T2252.8/4303

《荻溪章氏支譜》。稿本。四册。半頁行款不計,無框格。無序跋。前有章耀曾撰《凡例》二十三則。

此爲浙江湖州荻溪章氏族譜,因係明代播遷來湖的會稽俰山章氏支脈,故稱"支譜"。第一册前有一世至五世支系總圖,始祖名諱俱佚,只書"始祖處士府君"。三世世德有子三人,《支譜》記其長支斯巢公良榮一支,詳載其子嘉猷、嘉祉、嘉聞三支,由五世記至第十四世。書口中書"某房某支五世至九世"或"某房某支十世至十四世",支系只記名諱、生子幾人、子嗣名諱。雖云"至十四世",實則多至十三世止。第二、三、四册爲譜牒,第三、四册卷端題"荻溪章氏家乘",起自三世章世德,止於十四世章啓秀,共計族人三百餘人,每人詳其字號、生卒、母氏、行實、仕履、葬地、配氏、子女等。書口中書"某世",十一至十四世頁碼之後仍有多頁增補。末附抄《宋仁宗皇帝御賜郇國公章得象之高祖母全城練氏封越國夫人傳家百代歌》。是書係清道光間所修支譜之稿本,並有咸、同間增補、圈改,事蹟最晚至清同治十一年。增補或書於頁眉,或夾行小字旁注,此必是章氏後人所爲。

荻溪即今浙江湖州菱湖荻港,地處太湖之濱,四面環水,河港縱横。荻溪章氏,約於明末自紹興、上虞徙此,四世以前人丁單薄,至五世始有嘉猷昆仲三人。嘉猷,字宸獻,號霞桴,又號遐乎。崇禎十年生,康熙五十年卒。曾奔走四方經商,晚年優游田園,以餘貲結方外緣,章氏自此興旺繁衍,爲當地望族。六、七世後讀書仕宦漸多,顯達者官居御史。清末以來接受新式教育者甚衆,於政治、外交、經濟、文教界皆有名人。

前有署爲"九世孫耀曾手定"《凡例》七頁。耀曾,字崑甫,號昆圃,一號又村。乾隆二十四年生,道光十一年卒。乾隆四十四年恩科,歷任萍鄉、鉛山、南豐、豐城、吉水、懷遠等縣事。《凡例》云:"吾宗自侍御祐庵公定有草譜,未刻,今世次悉依祐庵公原本,以處士公爲始祖。""茲刻止詳霞桴公昆弟三支,必追祀霞桴公之高曾祖考者,所以溯本源也。""但長支子姓較多,故世系另分爲四小支,以期續增之簡易。齒錄第分行輩,以長幼爲序。""此次刻譜,其各公堂及各支子姓捐資,俱將銀錢實數載於譜後,以示急公,刻竣後議定工本。"由是觀之,荻溪章氏之有族譜,始於七世有大。有大,原名允明,字容谷,號祐庵。康熙三十七年生,雍正七年浙江鄉試第十九名,雍正八年會試第八十三名。曾任多省鄉試主考,參與纂修《工部則例》、《郡志》、《縣志》列傳。祐庵公所修族譜未刻,是書爲九世耀曾所修,爲荻溪章氏第二次修譜,本欲刊行,後亦未果。此《凡例》謹嚴明晰,可爲近代修譜者精研。

華中師範大學章開沅先生,爲湖州荻溪章氏第十七世孫,曾撰寫《荻溪章氏家乘初探》一文,據日本東洋文庫、上海圖書館所藏譜牒,追述荻溪章氏淵源及重視族人子弟教育而興旺發達之原委,洋洋萬餘言(見《浙江社會科學》2003年第3期,章先生並有《荻溪章氏》一文,發表於《尋根》2004年第3期上)。章文引《三修家乘》上工部尚書祁世長序:"自康熙乙巳、嘉慶丁卯兩修,而後久未鋟板。"認爲章耀曾修譜應在嘉慶十二年,此丁卯本成爲光緒十七年三修族譜之依據,其後民國十三年又有四修家譜之舉。章先生未見哈佛藏本,因此得出結論:"就目前所知情況,荻溪章氏家乘最早纂輯者,應爲章繩曾、章福基等重輯《章氏家傳族譜》不分卷,即《章氏荻溪支譜》,道光後期湖州歸安荻溪章氏抄本,東洋文庫收藏至今者可能已是孤本。"繩曾與耀曾同世,生於乾隆三十年,晚生耀曾六年。耀曾卒於道光十一年,所修《荻溪章氏支譜》應早於東洋文庫藏章繩曾重輯、"道光後期湖州歸安荻溪章氏抄本",也就是說,哈佛此本或是存世最早的《荻溪章氏族譜》之一。東洋文庫藏道光後期抄本與耀曾所編《支譜》未刊本究竟是一種還是兩種?章文亦云"有待作進一步對照",如是兩種,則耀曾所修爲二修,繩曾所修實爲三修,光緒十七年所修實爲四修,民國十三年所修實爲五修。與光緒間修譜、民國間修譜比勘,哈佛《支譜》對章氏先世記載多有不同,如一世始祖處士府君,有子四人,三子綱,綱爲章氏二世祖,而其他譜則以綱爲三世祖,等等。

是書避清帝諱不嚴,"寧"、"淳"諸字時避時不避。

《日本東洋文庫所藏漢籍分類目錄》著錄荻溪章氏族譜三種:清章繩曾、章福基重輯《章氏家傳族譜》不分卷,道光後期湖州歸安荻溪章氏抄本;清章文熊、章乃吉等輯《湖州荻溪章氏三修家乘》十四卷,即《荻溪章氏家乘》,光緒十八年至二十三年湖州歸安荻溪章氏刊本;章奎、章祖佑等四輯《吳興荻溪章氏四修家乘》十五卷,民國十三年吳興荻溪章氏上海大中華印刷局排印本。《上海圖書館藏家譜提要》著錄有民國三十三年鉛印本《吳興荻溪章氏家乘補編》一册,章乃煒撰,爲四修以後之續修本,稱"以備他日五修時取資者"。

《中國家譜綜合目錄》著錄四種:《荻溪章氏家傳族譜》不分卷,清章繩曾等修,清道光二十七年寫本,現藏日本、美國;《荻溪章氏支譜》不分卷,清章耀會編訂,清咸豐五年傳抄本,現藏美國,即哈佛此本,誤耀曾爲"耀會",亦不知"咸豐五年"何據;《荻溪章氏三修家乘》十四卷,清光緒二十三年刊本,現藏日本、美國;《吳興荻溪章氏四修家乘》十五卷,民國十三年鉛印本,中國國家圖書館、中國人民大學圖書館以及日本、美國等十一家圖書館有藏。

0673　清咸豐刻本湘陰郭氏家譜　　　　　　　　　　　T2252.8/3702

《湘陰郭氏家譜》十卷首一卷末一卷，清郭嵩燾撰。清咸豐七年(1857)儲芳堂刻本。一册。存四卷，首一卷、卷七至九。無欄，半頁十行二十五字，四周雙邊，白口，單魚尾。框高18.8釐米，寬11.8釐米。書口下鐫"儲芳堂刊"。

郭嵩燾，字伯琛，號筠仙，晚更號玉池老人。築室曰養知書屋，學者稱養知先生。道光十七年由縣學生中式舉人，道光二十七年進士，改翰林院庶吉士。嵩燾自幼有成人之度，少長，游學嶽麓書院，與邑人曾國藩、劉蓉相友善。曾國藩奉詔治軍，嵩燾從之，奉往贛從守章門。贛事解，咸豐三年特授編修，還朝入直上書房。咸豐九年英人犯津、沽，隨僧格林沁辦理天津海防。光緒元年命直總署，擢兵部侍郎，出使英國大臣，兼使法。乞病歸，主講城南書院。卒於光緒十七年。著述有《禮記質疑》、《大學中庸質疑》、《訂正家禮》、《周易釋例》、《毛詩約義》、《綏邊徵實》、《詩文集》等。

湘陰郭氏始祖爲姚山府君。姚山府君自廣東南雄保昌縣遷湘陰，遷徙時間未詳。嵩燾序曰："(唐太師汾陽忠武王)五傳至在徽，仕南唐，官鴻臚右卿，始居吉州之望雲門。又一傳至廣國公暉，今吉安郭氏皆廣國府君之裔也。有分居贛州之信豐者，元季避亂徙廣東，居南雄路保昌縣芙蓉西溪，是爲緩新府君。保昌爲南雄首治，今廢爲州，在信豐西南。又數傳姚山府君，由南雄遷湘陰，爲湘陰郭氏初祖。"又曰："自緩新府君以來，傳系數百年無名史策。姚山府君三傳，始有讀書爲弟子員者。又四傳，葵臣府君領鄉薦，通籍於朝。其後登科者踵續，遂爲湘陰鉅族，入仕版者數人。其傳之久，而仕進之難如此。"

卷首目錄，咸豐七年曾國藩序，郭嵩燾自序，例言；卷一世系圖(始遷祖以下五派)；卷二世系圖(長房枝派)；卷三世系圖(二房枝派)；卷四世系圖(三房枝派)；卷五世系圖(諸房枝派)；卷六墓圖；卷七碑記條規；卷八傳狀志銘；卷九雜述；卷一〇行派紀世圖；卷末咸豐七年吳敏樹跋。

湘陰郭氏族譜始修於清道光三年，由郭世偁、郭焞世纂修。是譜爲續修，始仿歐陽氏譜例，斷自郭氏湘陰始遷祖。

《例言》曰："家譜始修於道光癸未(三年)，首載芙蓉譜世系，蓋即吉州郭氏相傳舊譜也。自號仲、號叔以下世派具詳，顛倒年代、牽率附會往往而有。所可紀者若在徽府君之遷吉州，緩新府君之遷南雄，先世所傳述者，於此可推見焉。緩新府君以下十世都無生卒年月，其九世名大全者，譜載順治己亥移葬，而吾三世祖天錫府君實生前明崇禎壬申，洎己亥廿八年，而三世皆不列於譜，無由知其派別。歐陽氏譜敘家世甚詳，而譜圖始景達，事蹟始吉州刺史琮，則廬陵初祖也。蘇氏譜稱易簡，刺眉，眉之蘇氏自此始，而譜不錄，蓋并始遷祖亦以爲遠而不錄矣。今略仿歐陽氏例，斷自始遷祖姚山府君。族姓淵源可考見者，略爲著錄，正譌訂誤，庶有徵焉。"

嵩燾自序敘續修族譜緣起，有云："道光癸未，存門府君、誠齋府君編輯族譜，迄今三十餘年。丁不益多，業不益廣，值時多艱，兵戈日馘，往往避地他徙。吾甚懼夫宗族之散處而不可復紀也，稍稽舊籍，證以所見聞，彙次家譜爲十卷。"末署"嗣孫嵩燾"，蓋其世系已不可數。

曾國藩序云："郭氏出自姬姓，偉矣。'虢'、'郭'古義蓋通，《春秋》稱'郭公'，《國語》稱'郭靖君'，當時已敘爲郭族姓之著，豈待侈陳哉？伯琛爲是譜，詳其信，闕其疑，文成而法具，事備而指明，斯可謂雅達精攬者也。"國藩與嵩燾父儒林郎家彪爲至交，是譜載《敕封儒林郎郭府君暨張安人墓誌銘》，其任兵部侍郎時所撰。

扉頁鎸"湘陰郭氏家譜十卷。咸豐七年八月儲芳堂刊"。

《中國家譜綜合目録》著録遼寧大連市圖書館(存五卷)、上海圖書館、美國(缺三卷)藏本。又見於羅香林《中國族譜研究》下篇《哈佛燕京學社漢和圖書館所藏中國族譜目録》。《上海圖書館藏家譜提要》著録民國元年太原堂木活字本《(湘陰)郭氏家譜》,存卷首中。

0674　清嘉慶刻本淄川畢氏世譜　　　　　　　　　　T2252.8/3265

《淄川畢氏世譜》不分卷,清畢岱烴撰。清嘉慶十二年(1807)刻本。二册。半頁十一行二十五字,左右雙邊,白口,單魚尾。框高20.2釐米,寬13.2釐米。前有萬曆十三年(1585)七世孫木撰《初修淄川畢氏世譜遺記》;崇禎六年(1633)八世孫自嚴序;康熙二十九年(1690)九世孫際有撰《凡例》十二則;雍正八年(1730)十世孫盛鎬撰《淄川畢氏世譜記》;乾隆四十一年(1776)十一世孫世濟撰《淄川畢氏世譜記》;嘉慶十二年十三世孫岱烴撰《淄川畢氏世譜記》;修譜執事人。末有康熙二十九年畢際有撰《淄川畢氏世譜附録》;嘉慶十二年畢岱烴撰《續畢氏通譜》。

畢岱烴,字貞庭。監生。歷任江西贛州府贛縣縣丞,瑞州府經歷袁州府分宜縣、廣信府貴溪縣、吉安府萬安縣知縣。

淄川畢氏金元時自棗强遷益都之石塘塢,明洪武初由石塘塢遷淄川之西舖莊。始祖敬賢,配朱氏,子三。傳曰,敬賢因遷自益都之石塘塢,故子孫稱爲石塘翁,"肇啓吾族,創業垂後"。有家傳。

畢木《初修淄川畢氏世譜遺記》曰:"吾祖宗以農事傳家,勤篤服役,踐先民跡,未紀世譜。至老父,繪家堂一軸,薦先節則張之庭,爲諸子指言,謂吾祖先代當金元兩朝時自棗强來,居顏神之石塘塢。始祖諱敬賢,於洪武六合初清樂地無主之際,縱志遊覽,至西舖古名崔家莊者,愛其風土,畫地爲業,築土爲宅,北倚長白,南面豹山,東西貫淄省大路,土厚溪清,可桑可稼。"

譜不分卷,依次載一世至十八世世系。四世末云:"未修世譜之前,有舊家堂一軸,俱有神像,繫以世代諱氏,歷年既久,止存軸之上半黄髮翁,收奉先祠中,以上皆據舊軸所載世系,子姓多未能詳,四世原列十四人,末後諱騰者,則咨訪族衆所開列,亦不敢遺也。"

淄川畢氏世譜始修於明萬曆二十五年,刻於崇禎六年,二修於崇禎十一年。康熙十一年三修,康熙二十九年四修。雍正八年五修,乾隆四十一年六修。是譜爲七修。

康熙譜《凡例》曰:"世譜始於萬曆丁酉,贈宫保黄髮翁所修也,至於八世,其九世纔八人耳,未經付梓,少保公創刻於崇禎癸酉(六年)。重修於戊寅(十一年),至於十一世。康熙壬子(十一年)際有續修,補入十二世。庚午(二十九年)又補入十三世,統爲重刊焉。"

畢岱烴序曰:"吾族世譜之修,始於我贈宫保黄髮翁,繼之者先少保,又繼之者爲先刺史與叔曾祖京伯公(盛鎬字京伯),凡六修。而至維東叔(海模字維東),今又三十餘年矣。族姓繁衍,里居各異,近或隔村,遠或異縣,蓋地遠則人分,人分則情涣,其支派莫辨者有矣,覿面不識者有矣,甚至弟襲兄名、孫犯祖諱者亦有矣……憶自壬寅(乾隆四十七)烴解組歸里,即有志譜牒,但操筆有待,居諸未暇。至丙寅(嘉慶十一年)秋,約族衆共議之,靡不欣然樂從。於是各向本支抄名送稿。夫十一世以上俱蓋棺論定,無容增减矣。自十二世至十八世增添者,不下二千餘人,其間掇巍科、登仕版、砥節礪行者代不乏人。其名字有未合者,遂皆另爲更定,其徙居遷寓者,亦皆近稽遠訪,載筆詳明。由是昭穆分而尊卑之序明焉,支派晰而遠近之情聯焉。"

修譜執事人載:"各支編次"有岱興等二十二人;"分校"有奎麟等六人;"收支"豐統;"監工"

豐純。

《中國家譜綜合目録》著録中國國家圖書館、中國人民大學以及美國藏本。

0675　清同治刻本（上海崇明）黄氏家乘　　　　T2252.8/4732

《（上海崇明）黄氏家乘》二十二卷，清黄漢榮等纂。清同治九年（1870）務本堂刻本。二十二册。光緒十二年（1886）二十四世孫承基題識。無欄，半頁九行二十五字，四周單邊，白口，單魚尾。框高20.8釐米，寬13.6釐米。書口下鐫"務本堂"。卷三題"大明景泰癸酉十三世孫孟傑懷宇初輯；大清康熙己未十九世孫始振素芝二輯；乾隆辛酉二十一世孫嘉錡衛英三輯、辛卯二十世孫文鳳鳴周四輯；嘉慶戊午二十二世孫遜修聖敏五輯；道光丁亥二十二世孫朝剛萬和六輯；同治壬戌二十五世尚達漢榮七輯"。

黄漢榮，字尚達，元一公二十五世孫。

黄氏崇明始遷祖爲元一公。傳曰：黄氏宋建炎渡江以來，世居句曲，子姓繁衍，有善德、善賢、善政兄弟三支，元一公爲善德子。因元至正中天下分争，群盜四起，諒句曲必爲受兵之地，卜遷四散，存亡莫考。惟元一公時聞崇明孤懸海内，兵燹不及，遂遷於崇明洲之西沙，而後即爲崇明人矣。室顧氏。

元一公生天祥、天瑞。天瑞因亂起義，統兵浙閩，不傳；天祥隨父避亂徙崇明，生文明、文蔚、文燦。文明先遷藤陽，後徙青浦；文燦徙居餘杭；文蔚生世臣，世臣生國柱。

元一公以下所序派下，有五世國柱；九世伯監公，伯文公，令儀公，輻琦公，士琦公；十三世孟仁公，孟倫公，孟傑公，孟俊公，孟文公，孟常公，孟德公，孟富公，孟禧公，孟福公，孟祥公，孟永公，孟遠公，孟瑛公，孟彬公，孟彰公，孟彩公，孟燦公，孟元公，孟亨公，孟利公，孟禎公，孟桐公，孟椿公，孟楠公，孟相公，孟貞公，孟麒公，孟得公，孟安公，孟賢公，孟良公。

卷一十七世孫玉振序，康熙十八年十七世孫玉□序，裔孫鼎録序（尾殘），道光七年二十二世孫曜序，嘉慶三年二十二世孫聖敏序，道光八年二十四世孫之彦序，道光七年二十二世孫朝剛序，道光七年裔孫尊序，咸豐八年二十五世孫樹滋序，傳，墓志銘；卷二《凡例》十三則，像贊，墓圖；卷三元一公世系一世至十三世，國柱公世系五世至十三世，伯監公支系十三世至十七世，伯文公支系十三世至十七世，令儀公支系十三世至十七世，輻琦公支系十三世至十七世，士琦公公支系十三世至十七世，孟仁公支系二十一世至二十五世，孟倫公支系十七世至二十五世；卷四至五孟傑公支系十七世至二十五世；卷六至七孟俊公支系十七世至二十五世；卷八孟文公支系十七世至二十五世，孟常公支系十七世至二十五世，孟德公支系十七世至二十九世，孟富公支系十七世至二十九世；卷九孟禧公支系十七世至二十五世；卷一〇孟福公支系十七世至二十五世；卷一一孟祥公支系十七世至二十五世，孟永公支系十七世至二十五世，孟遠公支系十七世至二十九世，孟瑛公支系十七世至二十五世；卷一二孟彬公支系十七世至二十九世，孟彰公支系十七世至二十五世；卷一三孟彩公支系十七世至二十五世；卷一四孟燦公支系二十一世至二十五世，孟元公支系十七世至二十九世，孟亨公支系十七世至二十九世，孟利公支系十七世至二十九世，孟禎公支系十七世至二十九世，孟桐公支系十七世至二十九世；卷一五孟椿公支系十七世至二十九世，孟楠公支系十七世至二十九世；卷一六孟相公支系十七世至二十五世，孟貞公支系十七世至二十九世；卷一七至一八孟麒公支系十七世至二十九世；卷一九孟得公支系十七世至二十五世，孟安公支系十七世至二十九世，孟賢公支系十七世至二十九世，孟良公支系十七世至二十五世;卷二〇至二二諸房子支。

黃氏元一公家乘凡七修。始修於明景泰四年,二修於清康熙十八年,三修於乾隆六年,四修於乾隆三十六年,五修於嘉慶三年,六修於道光七年,是譜爲七修。

扉頁鎸"黃氏家乘。二十五世孫漢榮重修。同治庚午年告竣。務本堂藏板"。按,"庚午"爲同治九年。

黃承基題識:"同治八年己巳,二十五世孫族姪□□自海門來修譜,是年余住徐市南棋干裏老宅。至同治拾年族姪攜譜來,余已遷居城內八字浦姓宅。現移居老廟弄錢姓宅。光緒十二年三月二十四世孫承基志"。

《中國家譜綜合目錄》著録上海文管會、美國藏本。《上海圖書館藏家譜提要》著録不分卷本,作"清同治九年怡善堂木活字本",謂"書名葉題黃氏宗譜,亦政堂重修。此譜系嘉慶十四年譜之重修本"。按,崇明黃氏有別修譜,此即亦政堂所修《黃氏家乘》。

0676　清光緒木活字本(江西南昌)桃溪黃氏宗譜　T2252.8/4348

《(江西南昌)桃溪黃氏宗譜》四卷,清蕭匯瀾等纂修。清光緒八年(1882)崇仁堂木活字本。八册。無欄,半頁十行二十五字,四周雙邊,白口,單魚尾。框高31.3釐米,寬22.5釐米。書口下鎸"崇仁堂"。前有目録。

蕭匯瀾,字幼亭,邑庠生。

桃溪黃氏尊陸終公爲受姓之祖。陸終公,顓頊曾孫,受封於黃,以國爲氏。至五十世滔,子二,保義、保和。保義再開世系,爲金華始遷祖一世,雙井始遷祖玘公爲四世,桃溪始遷祖仲逌公爲十八世。第十世有庭堅,字魯直,號山谷,行二,傳曰:生於宋慶歷五年,崇寧四年歿於宣州,享年六十有一,歸葬雙井,祖塋西向。子一,相。

南昌桃溪黃氏源自分寧雙井支,分寧雙井支則可溯源於金華支。保義公爲金華鼻祖,玘公爲雙井鼻祖,仲逌公爲桃溪鼻祖。是譜詳於保義公以下,保義公以上則一仍舊譜。匯瀾序稱:"窮其流,溯其源,自黃氏至嚴公,凡五十世,其中難以深考,姑如舊譜仍之,惟保義公以下,於其廢者以舉,訛者以明,略者以詳,亂者以治。"

卷一光緒八年蕭匯瀾序,乾隆三十六年十二世孫三台等序,乾隆三十六年十四世孫玉琦序,乾隆三十六年魏多隆序,嘉慶三十年族長三椿、編輯宣墀等序,乾隆九年金谿同族黃圖序,乾隆九年周學健序,乾隆九年金谿同族黃師範序,乾隆九年羅二予序,乾隆九年閔光僖序,乾隆九年十二世孫三崧序,乾隆九年十三世孫金柱序,乾隆九年十三世孫金印序,乾隆九年十四世孫玉瑛序,乾隆九年十四世孫玉琦序,吳道南序,熊一瀟序,徐鎮序,舊序,記,先賢論譜格言,遷徙地方紀,舊譜《凡例》十二則,條規,禁疑,祭祀儀制,祝文,世派,聖諭,祭田號畝,詩,傳書賦,奉天誥命,像贊,桃溪基址總圖,大岡山圖,傳贊,歷朝宗獻,舊修宗譜名次,捐資名次,光緒譜纂修職名;卷二黃氏歷代源流總系圖,黃氏保義公自秀州崇德徙婺州金華,玘公自金華徙分寧雙井,仲逌公自雙井徙桃溪世系總圖,黃氏受姓源流世派,江夏黃氏自秀州崇德徙婺州金華,自金華徙分寧雙井,自雙井徙桃溪源流世派事實;卷三至四南昌桃溪黃氏由分寧雙井分遷源流世派:仲逌公仲連公孟博公漢輝公鼎臣公,以字世派,景字世派,九字世派,卿字至銘字世派,廷字世派,世字世派,仕字世派,三字世派,金字世派(以上卷三),玉字世派,宣字世派,明字世派,殿字世派,文字世派,章字世派,達字世派(以上卷四),乾隆九年十二世孫三旃跋,十二世孫三台等跋,嘉慶十八年十五世孫宣達跋,十五世孫宣偕姪明廣族譜告成志喜詩二首,嘉慶十八年族長金鍵、編輯宣恭等跋,光緒八年蕭匯瀾跋。

纂修職名載:主修蕭匯瀾,編輯蕭實穎等三人,協修執事宣仁等,篤(督)修族長宣趙、房長宣任等。

金華始遷祖保義公,滔公長子,字大定,行一。唐高宗擢爲節度使官(一謂,至唐時,保義公由進士任節度使官),生於唐永淳元年,神龍二年由秀州崇德徙居金華府,歿未詳。子三。

保義公以下至四世,即陸續避亂遷離金華,黃氏支派由是蕃衍。是譜沿前譜例,僅詳於桃溪本支遠祖,即玘公分寧雙井一支派下。舊譜《凡例》云:"譜始保義公,已前事實不獲深考。至瑕公自金華徙居富州沇江,珍公自金華徙居新建洪崖,珌公徙居福建莆田,璞公徙居弋陽,琬公徙居越州諸暨,不能備載,惟玘公乃吾族本支,徙居分寧,故謹錄之,以著所自。"

雙井始遷祖玘公,浩公長子,字汝珪,行一。保義公四世孫。居士。徙居分寧雙井,生歿未詳。子一,瞻。按世派事實未注遷徙雙井朝代年份,以四世瑕公(洪公長子,字汝玉)自金華徙富州沇江,時在唐文宗開成五年,則玘公等四世諸公避亂遷離金華,當在唐文宗開成五年前後。

一世祖保義以下至十七世,見於卷二"江夏黃氏自秀州崇德徙婺州金華自金華徙分寧雙井自雙井徙桃溪源流世派事實"。

桃溪始遷祖仲遠公,長庚長子,保義公十八世孫,字通寶,號墨溪,行一。明洪武二十二年由分寧雙井徙居南昌桃溪。生於元延祐七年,歿於明洪武二十四年。娶彭氏,子一,孟博。

舊譜《凡例》曰:"家譜系倣歐式,五世一提,而親疏之別瞭然在目;派宗蘇法,各列雁行,而長幼之序井然不紊。書某名,必於名之上書某房某人之幾子,於某名之下書字某、行某、生歿某年、葬於某所,娶妻某氏,生子幾人,生女幾人,適某處,一一詳錄。"《凡例》又曰:"地方古跡以及基址、墳山、祭田,皆祖宗精神命脈所寄也,姑當備錄,以垂不朽。"有桃溪基址總圖、大岡山墳山圖、祭田號畝等。

所載字派,計四十字:"金玉宣明殿,文章達紫衢,元魁昭令德,卿相獻嘉謨,孝友承先志,經綸裕宿儒,才猷宏駿業,詩禮肇鴻圖。"是字派始用於"南昌桃溪黃氏由分寧雙井分遷源流世派"三十世。

是爲嘉慶十八年譜之續修,開修於光緒八年十月,閱二月而告成。起金華遠祖保義公一世,止三十七世達字世派。記事止於光緒八年。此譜由外姓主修。匯瀾蕭姓,與桃溪黃氏宣仁等交善。匯瀾序曰:"其舊譜修於嘉慶十八年癸酉,至今七十載,其間屢經兵變,又素被水災,遂至流離散處,或居省、或居鄉、或居市鎮、或居外郡,不可勝數。予是年館於關帝廟寶光寺。予友宣仁、宣義、宣禮……朝夕往來,談及舊譜訛錯不一,且年湮代遠,又多混淆,遂請予而重修之。"

羅香林《中國族譜研究》下篇《哈佛燕京學社漢和圖書館所藏中國族譜目錄》著錄,識曰:"清光緒八年修。版匡特大,江西與粵北之族譜,多如此者。"

0677　稿本武林黄氏宗譜

T2252.8/1448

《武林黃氏宗譜》不分卷。稿本。一册。半頁行款不計,左右雙邊,白口,單魚尾。書口上刊"黃氏宗譜",下刊"禮耕堂製"。框高22釐米,寬14.8釐米。無序跋。

此譜爲浙江杭州黃氏宗譜,僅有世表,未詳編撰人氏。所列世系止於清咸同年間,最晚爲光緒元年卒者,則是譜當爲光緒間所修,似成於清末。世表前有簡敘本支脈絡,"取簡明易曉也"。黃氏始祖文强公至九世居湖北江夏;十世惠卿公遷福建建寧府浦陽;二十五世天錫公遷浙江金華;二十七世世重公遷浙江紹興之剡雙井;二十八世承遠公遷諸暨孝義;三十五世必通公遷東浦中郵;四十八世龍江公遷杭州仁和,奉爲武林一世始遷公。一至四十七世族繁旁支已詳載於宗譜,故此譜不録,只將遷杭始祖龍江公以下,逐一備載。以世表爲倫次,記武林一世黃大章至八世子孫之字號、生卒年月日辰、仕履、所配妻妾姓氏及葬地。

按,黃之姓,一説出於東夷伯益,一説出於顓頊曾孫陸終。此譜一世文强公黃香下,推陸終爲始。陸終娶鬼方之女,其子孫在周武王滅商後受封於黃,都城在光州定城西(今河南潢川)。後爲楚國所併,遂以國爲姓。後人皆以江夏爲郡望,東晉時,十世黃芯遷福建浦陽,衍爲東南大族;唐末五代時,二十七世黃珌遷浙江紹興;南宋中再遷會稽。至明萬曆間,江夏四十八世黃大章自會稽東浦遷杭州仁和潤板橋直街。大章,字龍江,生於萬曆四年五月初三日,卒於順治元年二月二十二日。

羅香林《中國族譜研究》下篇《哈佛燕京學社漢和圖書館所藏中國族譜目録》著録。《中國家譜綜合目録》著録。另《浙江家譜總目提要》著録浙江圖書館藏有《(杭州)武林黃氏家譜》不分卷,清抄本,一册,清黃超敬編纂,存卷六《世系》,始祖爲明人克謙,與此譜不同,蓋爲武林黃氏之另一支。

0678　清乾隆刻本檇李梅溪雙桂張氏宗譜　T2252.8/4413

《檇李梅溪雙桂張氏宗譜》不分卷,清張琴等纂修。清乾隆三十三年(1768)刻本。二册。半頁十行二十字,左右雙邊,白口,單魚尾。框高21.9釐米,寬14.6釐米。前有目録,題"檇李梅溪雙桂張氏宗譜"。原序佚去首頁。

張琴,號遜翁。是譜始祖叔夜二十四世孫。

檇李,是譜又稱"醉里"、"就里",今浙江嘉興。

張氏於南宋初遷居嘉興梅會里。三世祖阿斗公始居梅溪時,於庭前植桂二株,名其堂曰"雙桂",梅溪里人遂稱其族人"雙桂張",此"梅溪雙桂張氏"之稱所由來。

檇李梅溪雙桂張氏一世祖叔夜,字稽仲,仕宋,以南路都總管起師勤王,隨簽書樞密院事,從二聖至白溝河,號慟而亡,贈開府儀同三司,謚忠文,葬白溝河。《宋史》有傳。子伯奮、仲雄皆仕宋,伯奮爲團練使,以前將軍從父勤王,與弟團練使後將軍仲雄同父殉節,俱葬白溝河,是爲二世祖。伯奮子阿斗,字焕章,奉母趙夫人隱居於梅溪之南楊家橋村莊,是爲三世祖。三世以下,奕世相繼,瓜瓞綿延,遂分居梅溪鎮,數傳之後,宗支繁衍,又分爲東西二支。東西二支出居梅溪者十五世本誠公,西居一支爲本誠公三子鳶後裔,東居一支爲本誠公五子椿後裔。

是譜不分卷,依次爲張君玉等原序,康熙二年張廷元序,張廷元撰《酌議條款》,修譜族長小像,雍正六年張幹跋,乾隆三十三年韓彥曾序,乾隆三十三年馬鳴鑾序,乾隆三十三年李集序,乾隆三十三年張琴序,乾隆三十三年張鎨序,張琴撰《家訓》,張琴撰《續凡例》,《榮億公張耆傳附子希一、利一傳》,《忠文公張叔夜傳》,《汾州知州張克戩傳》,康熙四十七年朱彞尊撰《墨齋詩稿序》,乾隆三年李宗潮撰《梅會里重建茶亭記》,乾隆十七年李集撰《古藤精舍記》,乾隆十五年李菊房撰《柯亭張子詩序》,乾隆三十二年李集撰《國子監學正張簡墓表》,世系上册,世系下册,墳墓所,康熙二年張廷元後序,李集《祭規序》,張善森《祭規序》,《祭規》。

世系上册所载，始一世至十五世世系，十六世以下记支派世系。有翱支派（十六世翱至二十世），翱公支大石桥木泾港（二十一世守仁至二十七世，守仁葬大石桥），翱公支（二十一世承祖至二十三世），翔公支（十六世翔至二十二世），翔公支大横山（十六世虎、凤至十八世），翔公支马家簖（十六世龙至二十二世），杨家桥支（十六世景安至二十六世），新行支（十六世兴祖至十七世）。世系下册所载，本诚公支（十六世鸾、凤至二十一世，鸾、凤为十五世本诚公敬长、次子），本诚公裔古山公支（十六世鸢至二十六世，鸢本诚公三子，鸢子寅字古山），本诚公裔古山公支馀贤带（二十一世之恺、之恂至二十七世，之恺迁馀贤带），本诚公裔古山公支（二十一世翰中、思孟、思鲁至二十四世），本诚公裔古山公支（二十一世之俊至二十七世），本诚公裔古山公支（二十一世之杰至二十六世），本诚公支（十六世鸢第二、三子至二十一世），本诚公支（十六世量至十七世，量为本诚公第四子），本诚公裔阜桥公支（十六世椿至二十六世，椿为本诚公第五子），本诚公裔阜桥公支（二十一世浩、深、洪至二十六世）。

谱於乾隆三十三年修成，上距康熙二年谱已逾百年。初由二十三世介石公开修，乾隆三十二年，族长会同通族，酌议蠲修之事，遂由介石公子琴执笔告成。琴有重修序，详记前後易人之原委："迫后宗支繁衍，多散移於四方，十九世圣祥公重修无查，今又百馀岁矣。琴先子介石公有事补修，为继往开来，计与弟辅臻、香祖相稽考，甫有端绪，值先子公车北上而止。琴等虑谱牒就湮，欲竟先业。去岁季春，天荣曾叔祖、仲光叔祖会同通族酌议量力蠲修，以成全帙，众咸忻允……而琴以众相推引，谬兼笔扎之任，相与勤劳奔走，取旧谱及辅臻公所考者，详推而增续之，阅期有月而谱成於是。"

扉页镌"张氏宗谱。有宋南渡"。

《中国家谱综合目录》著录中国科学院图书馆、美国藏本。并见罗香林《中国族谱研究》下篇《哈佛燕京学社汉和图书馆所藏中国族谱目录》。

0679　清道光木活字本（浙江绍兴）重修登荣张氏族谱　T2252.8 / 1913

《（浙江绍兴）重修登荣张氏族谱》二十四卷首一卷，清张景煦纂修。清道光二十一年（1841）木活字本。四册。半页十行二十字，四周双边，白口，单鱼尾。框高23.4釐米，宽17.5釐米。

张景煦，字鲁封，号爱堂，一号碣塘。嘉庆二十三年恩科举人，候选知县，台州府临海县学教谕，例授文林郎。生於嘉庆二年。彦良十八世孙。

登荣，街名。登荣街在会稽。《凡例》曰："越中张姓最多，各自为宗，不相联属。吾先世随宋南迁，居於会稽，明季兵燹，谱失莫考。念斋公（天如）纂谱时，见念台先生修刘氏谱加'水澄'二字，雨田先生修朱氏谱加'南成'二字，因忆少年住会稽登荣街，遂以'登荣'二字冠谱，使无混淆。今虽移居数世，敬承遗志，重修谱系，仍称'登荣张氏'云。"住登荣街支後迁居山阴西小路，出八世祖槐桥公之後。天如，字万里，号念斋，雍正十三年拔贡，河南灵宝县县丞，以山东济东泰武道致仕，例授中宪大夫，崇祀乡贤祠。生康熙四十一年，卒乾隆三十六年。彦良十四世孙。

登荣张氏出自汉留侯张良，南宋时从蜀徙越，明以前谱无可稽考，因尊南宋彦良公为宗支始祖。彦良官侍中。景煦序略曰，张氏出自留侯，支分派别，为数十族。南宋时从蜀徙越，实我始祖彦良公之所自出。明季以前旧谱遗失，宗支零落不可深考。我高王父念斋公承月瞻公遗志,宦成後手勒一譜,不援引仕籍、不矯附名賢,追述祖先事實,簡而當、越而達,惟恐有一字之欺飾,足以誣先世而誤後人,蓋簡帙不多而用心良苦矣。謹按遺文踵事增輯,網羅舊佚,補綴新裁,釐爲二十有四卷,統之以四綱,系之以十六目。悉本原譜十篇之意而推廣之。

卷首雍正十二年張天如原序一,乾隆三十五年張天如原序二,張天如原序三,道光二十年張景燾自序,張景燾撰《凡例》十則,目次;卷一《世系之追遠》;卷二《世系支圖》;卷三《世系世表》;卷四至五《世系世録》;卷六《行實綸音》;卷七至九《行實家傳》;卷一〇至一一《行實內傳》;卷一二《行實贈言》;卷一三至一四《祀事宗祠》;卷一五至一六《祀事墳墓》;卷一七《祀事家祭》;卷一八《祀事祀田》;卷一九《詒謀義田》;卷二〇至二二《詒謀家訓》;卷二三附録《遺文》;卷二四附録《軼事》。

是譜一世至七世皆單傳,而詳於八世左橋公、梧橋公、槐橋公三支,譜止於十九世。

卷一《世系之追遠》考自《元和姓纂》、《廣韻》、《通志·氏族略》、《新唐書·宰相世系表》等。卷二《世系支圖》考證支派所出及遷徙。

《遺文》所録,爲念齋公(天如)、筠垞公等詩文,首小引曰:"祖宗著作當爲世守,片言隻字,寶若球圖,我先世遺文散佚,幾無可輯,凡有關於家族身世及祭祀之事者,恭録入譜,以貽後人。"

《軼事》記載舊聞、遺籍之有據者,首亦有小引,曰:"祖宗事跡載在家傳,足爲後人觀感效法矣。燾自幼年聞述先世事,無論鉅細,輒敬識之不敢忘。爰於篇末追輯舊聞,並遺籍之有據者,別録一卷,可與本傳互相發明。"

此譜加纂世表。《凡例》曰:"越中大族諸譜,紀載世系各自不同,或有支圖無世表,或有世表無支圖。原譜亦祇載支圖,竊謂圖與表相爲經緯,俱不可少,因加纂世表一篇,似稍爲詳備也。"

是譜重宗祠、祖墓。景燾曰:"越中大族立譜,各載祠墓、祭祀於表、録後,念齋公一生於宗祠、祖墓兩端最爲鄭重,載入譜中。今撰祀典,首宗祠、次墳墓、次家祭、次祀田,一一臚列,俾後之人得所秉成焉。"

《登榮張氏族譜》始由張天如纂修並刊。雍正十二年天如序略曰,昔大父月瞻公謂余曰,吾族自白魚潭分支居於城,凡數世。鼎革失譜,時與車水坊往還,然世系難考矣。爰亟訪之宗老,以歷有可考者自爲一派,縱橫爲圖,各相表裏,詳略互陳,務求誠信。不攀援仕籍、不依附名賢,取南成朱氏譜爲法,以雨田先生孝行、大父所朝夕舉示,而事事可師也。始事於雍正甲寅歲。乾隆三十五年天如序又曰:"甲寅(雍正十二年)譜成而後,嘗以詳略未當、考據未精爲憾,宦游二十餘載,身之所至,譜亦偕行,隨時斟酌,求爲完本。甲申(乾隆二十九年)歸養,既自念輯譜垂三十年,尚未付梓,又將安待?遂不自度量,重加訂正,命男元齡敬繕清本,授剞劂以傳後人。"

扉頁鐫"登榮張氏族譜。道光辛丑重修"。按,"辛丑"爲道光二十一年。

《中國家譜綜合目録》著録中國科學院圖書館、遼寧省圖書館、吉林大學、哈爾濱師範大學、日本、美國藏本。《上海圖書館藏家譜提要》作"道光二十年木活字本"。

0680　清同治木活字本蕭山馬湖傅氏宗譜　　T2252.8/4272

《蕭山馬湖傅氏宗譜》不分卷,清傅致雲等纂修。清同治十三年(1874)敦裕堂木活字本。

五册。半頁九行十八字，四周雙邊，白口，單魚尾。框高23.9釐米，寬14.7釐米。書口下鐫"敦裕堂"。前有同治十三年鍾寶華《重修宗譜序》，道光九年(1829)湯金釗序，康熙二十四年(1685)傅睿原序，闕名《橫山傅氏宗譜序》，道光九年傅其貴撰《彙考源流續輯宗譜序》，道光九年傅若霖撰《傅氏彙修宗譜序》，道光九年傅慶長序，同治十三年傅致雲撰《重修族譜序》，同治十三年傅鼎乾撰《續修宗譜序》；道光六年(1826)纂、同治十三年重修追彙源流分支析派考；《凡例》二十二則。

傅致雲，二十二世孫。

是譜遠追十世，尊衍爲紹興始祖。衍號六翁，原籍金華府義烏縣人，生卒無考，五季末遷居紹興府山陰縣。

遷蕭山始祖魏，衍十一世孫，行千二，字季高，號昌藝，生卒無考，宋理宗嘉熙四年避蒙古亂，自諸暨直埠遷居蕭山桃源鄉橫山。

魏七世孫仁，元代復自蕭山北街徙湘湖，尋遷西馬湖北甸，爲蕭山馬湖支始遷祖。仁行仁二，字世德，晚號馬湖居士。生於元延祐三年，卒於明洪武二十八年。

《傅氏宗譜世系圖世系紀説摘録》(道光譜)述馬湖支世系："今自六翁公以下，世次分明，事跡顯著。但自橫山未遷以前，皆與直埠共之；北街未遷以前，皆與橫山共之；馬湖未析以前，皆與北街共之。自橫山千二公以前，至馬湖仁二公以後，條分縷析，井然不紊。"

譜不分卷，篇目依次爲：誥敕贊傳，道光九年傅袁熹録《傅氏宗譜世系圖世系紀説摘録》，蕭山馬湖傅氏家譜遠追十世世系總圖，蕭山馬湖傅氏家譜遠追十世世系總紀(第一世衍，號六翁)，馬湖傅氏宗譜子母(止六十四世)，遷蕭山世系總圖(止九世)，遷蕭山馬湖世系總紀(止十世)，馬湖傅氏仕宗公分支大房派世系圖(起第九世仕宗長子辛一，止二十二世)，仕宗公分支大房派世系總紀(起第十世仕宗子，止二十二世)，馬湖傅氏仕宗公分支二房派世系圖(起第九世仕宗次子辛二，止二十五世)，仕宗公分支二房派世系紀(起第十世仕宗子，止二十五世)，馬湖傅氏二房仰泉公分支世系圖(起第十六世小泉，止二十三世)，馬湖傅氏仰泉公派分支世系紀(十六至二十三世)，馬湖傅氏二房分支繼湖公派世系圖(起十三世繼湖公寅三子，止二十四世。寅，辛二孫)，馬湖傅氏二房分支繼湖公派世系紀(十三至二十四世)。

蕭山馬湖傅氏宗譜始修於道光九年，重修於同治十三年。

道光譜參諸橫山等譜，雖曰續輯，實爲創修，爲二十一世孫其貴等纂。其貴撰《彙考源流續輯宗譜序》曰："我馬湖一派自仁二公以後，迄今四百餘年，不登紀者十五代矣。其間生齒繁衍，支流各別，雖有補綴，遺漏滋多，若復遷延，未免剝蝕。再數傳後，不幾源流益分，愈難數典乎？良可懼也。貴自慚樸陋，豈敢彙先緒、修家乘，濫膺重任？茲奉父命，敢不敬承。爰率幼男以言，偕胞弟慶長、堂弟若霖，暨諸姪姪董，博稽文獻，網羅舊聞，彙參諸譜，遵本繕寫。信則傳之，疑則闕之；已登者仍之，未紀者續之。稿成，議付剞劂，垂諸永久，以爲後來子若孫之踵事者一助云。"

致雲《重修族譜序》記續修緣起及宗旨云："今年(同治十三年)夏，梅卿姪來余前，告修家乘，余爲德臣公派下房長，分不容辭，爰聚族衆而謀之，僉以爲然，踴躍急公，樂於從事。議曰，自始祖千字起，至高、廣字行，凡二十世，無增無補；亢、宗字行以下，有增有補。舊者仍，新者續。凡世系圖紀、條例、序跋、傳記諸文悉如之，議定屬稿，稿成鳩工，愈月而竣。"殆其體例一仍前譜。

《凡例》述編例甚詳，未署撰者與作年，爲道光譜所擬成法，首稱圖例遵蘇、歐二譜，曰："蘇氏譜畫橫道以爲圖,吾家世系圖宗之;歐氏譜畫直格以爲圖,吾家世系紀宗之。圖則直下,而父子相繼;紀則橫列,而兄弟相聯。一開卷,見本支旁支、大宗小宗昭穆之辨。其徙居別籍者,則分注名下。"又曰:"名則首書,次字,次行,有號則書。書生、娶、卒、葬,書爵,書年。子附所生,女詳所適。其間詳略不同者,皆據各房開報,闕疑存信,非有抑揚也。"末云:"右二十二條雖未詳盡,體例已具,成法可循,纂修自易。至於隨時增輯,勿使謬誤遺忘,而又斟酌繁簡,以期盡善,則所望於後之續是譜者。"

扉頁鐫"源遠流長。同治十三年修輯。敦裕堂藏"。

《中國家譜綜合目錄》著錄浙江圖書館、美國藏本,亦見羅香林《中國族譜研究》下篇《哈佛燕京學社漢和圖書館所藏中國族譜目錄》。道光《蕭山馬湖傅氏宗譜》見於《上海圖書館藏家譜提要》(不分卷,傅其貴等纂修)、《中國家譜綜合目錄》(五卷,傅袁熹等修)。

0681　清道光木活字本(武進)湯氏家乘　　T2252.8/1332

《(武進)湯氏家乘》十六卷首一卷末一卷,清湯貽汾等纂修。清道光二十九年(1849)木活字印本(間有雕版)。十冊。湯氏後裔墨筆增訂。半頁九行二十一字,左右雙邊,白口,單魚尾。框高20.2釐米,寬14釐米。

湯貽汾,字雨生,一字若儀,號粥翁,江蘇武進人。祖大奎,官福建鳳山知縣,守城殉職,父荀業同死。貽汾少有儁才,家貧,以難廕襲雲騎尉世職。授守備,累擢浙江樂清協副將。工詩畫,以文學名家。晚告歸,喜金陵山水,築室僑居江寧,名其園曰琴隱。咸豐三年,太平天國東下攻江寧,城破,赴水死。生於康熙十六年,年七十七。諡貞愍。《清史稿》卷三九九、《續碑傳》卷六四、《清代毘陵名人小傳稿》卷六有傳。

是譜尊廷玉爲自蘇遷常州支始祖。譜稱,公世居吳縣北元宮城里,後徙居常熟縣北山,再遷大陌橋。娶鄒氏,妾陸氏。子一,迪,鄒出;女一,妾出,適庠生丁易。自公以上,祖父名號俱不可稽,即廷玉,亦未審是名是字,今譜斷以公爲始。迪爲二世祖,冕(迪子)爲三世祖。四世以下,分列第四世儒常州分支(至二十世)、第四世誠蘇州分支(至八世)、第四世憲蘇州分支(至七世)。

第四世儒(常州分支)至五世又分沐公支派(至十六世)、洪公支派(至十二世)。譜詳沐公支派八世之世系(貽汾爲沐公孫元衡公九房支派誠所出)。世系表六至十世列有常分儒公長子沐公派第一支、沐公派第二支、沐公派第三支,常分儒公次子洪公派第一支、洪公派第二支,蘇分誠公支派、蘇分憲公支派;世系表十一至十五世列有元衡公子誥公派長房、元衡公子謨公派二房、元衡公子誦公派三房、元衡公子詩公派四房、元衡公子訓公派五房、元衡公子説公派八房、元衡公子誠公派九房。

卷首乾隆四年湯自超重修族譜序,乾隆四十二年湯大賓增修族譜序,乾隆四十二年湯大奎增修族譜序,道光二十九年貽汾記,湯自超撰舊譜《凡例》十三則,增修《凡例》十四則,目次;卷一總系圖;卷二世系圖;卷三誥敕命、崇祀錄;卷四祠祭錄;卷五邱壟;卷六居徙;卷七譜傳;卷八婚姻;卷九行狀、事狀、行略、事略、行述、行實、錄、傳、傳略、墓碑、墓志銘、墓表;卷一〇哀詞、徵詩啟、壽序、祭文、誄;卷一一詩;卷一二詩、詩餘、連珠、賦、挽詩、詩、題像;卷一三詩、詩餘、像贊;卷一四至一五文;卷一六雜著、遺囑、遺訓、遺書、日記、格言、捐田議、條約、受恩紀略、家訓、宗規(佚)、紀恩(佚);卷末後跋(佚)。

常州湯廷玉支族譜由五世孫紹山公始修於明萬曆三十一年，至康熙五十四年，八世孫訒庵公曾增修一通，二譜皆無刊本。乾隆四年，九世孫楚堂公自超取法歐蘇二家，並參之近代名譜，訂爲湯氏宗譜，始付梓刊印。乾隆四十二年，十世孫大賓、大奎昆季又予增修，詳舊譜之所有，而增舊譜之所無，迄貽汾是譜，已愈七十年。

貽汾序曰："道光壬辰（十二年）引疾僑寓白門歸，過里居，慨然有志於此，謀之族人，經營採訪，乃歷久未備。又以舊板遠在蜀中，殆莨村兄解組攜歸，半多漫漶剝蝕，即舊者亦必重事開雕，吾宗同志二三知貽汾力薄，各有所資，然僅百二十金，不能集事。又遠宦久客消息罕通，其誥敕志傳、生卒婚姻屢索未寄，以此遷延十數年。姑就所採編纂成帙，集字排印，既爲奸匠所紿，飽橐颺去。又數年，復勉力再舉，不意未及蕆事，而江潮泛溢，排闥摧垣，書籍大半漂失。貽汾避居倉山，自秋徂冬，始獲歸理潦餘，殘帙有已刻而僅存什一者，有未刻而佚去其稿者，次第釐奪，悉心釐訂，僅乃補成。"

是本缺頁有：卷首譜序第一、二頁；卷三敕誥命第一、二頁；卷九行略第一至三頁，第八至九頁，行述第九至十、四十九頁；卷一〇祭文，誄；卷一四序贈言第二十七至二十九頁，三十一至三十二頁，三十五頁，記贈言第七十七至七十八頁，碑記贈言第八十三至八十四頁；卷一六宗規，紀恩；卷末後跋。是本封裏粘一籤條，爲手書《缺頁表》。

湯氏後裔墨筆增訂多續記咸豐、同治朝世系。如元衡公子説公派八房十四世英，是譜記"行一，字俊亭，鎰名子，取徐氏，生嘉慶二十一年丙子十二月初八日辰時"，補記曰："咸豐十年四月初六日常州城陷殉難，奉旨旌卹。"又補誠公派九房十五世安清（生咸豐七年）、廉清（生咸豐九年）、菊清（生同治二年）等。

《中國家譜綜合目錄》著録美國藏本。

0682　清咸豐刻本（廣東中山）北山楊氏族譜　T2252.86/1242

《（廣東中山）北山楊氏族譜》十卷首一卷，清楊紹榮等纂修。清咸豐七年（1857）刻本。十册。半頁十一行二十三字，左右雙邊，白口，單魚尾。框高19.9釐米，寬13.9釐米。

楊紹榮，字仁先，一字述庭，號果生。生於嘉慶十四年。泗儒公十八世孫。

始祖泗儒公，南宋嘉熙元年由廣東南雄移居香山縣之北山鄉。初，泗儒公偕妻卜居香山之平嵐，後見北山風水秀麗，遂自平嵐徙居北山。泗儒公子二，玄文公、顯宗公，是爲二世；玄文公子德矩公，是爲三世；德矩公子平叟公，是爲四世；平叟公三子，長子景輝公、次子月輝公、三子茂輝公，是爲五世。景輝公分派塘邊，月輝公分派西頭，茂輝公無嗣。自五世以下，北山楊氏一族遂世有長、次房之分。

卷首《七修北山楊氏族譜目録》；卷一永樂六年六世楊與撰《北山楊氏家譜引》，天啓四年十三世楊國光撰《族譜大全序》，康熙十九年十四世楊光邦撰《四修北山楊氏遷移家譜序》，乾隆十三年十六世楊紹熙撰《五修家譜序》，乾隆五十八年十七世楊範撰《長房六修家譜序》，乾隆五十四年十八世楊本仁撰《次房六修家譜序》，咸豐七年十八世楊紹榮撰《七修族譜序略》，咸豐七年十九世楊天敘撰《七修族譜序》，同五修同六修同七修纂修人名，各朝年號，宗規，律例，服圖，譜例，新增改正各款譜例，譜圖；卷二譜圖；卷三長房一世至十五世世傳；卷四次房五世至十六世世傳；卷五長房十六世十七世世傳；卷六長房十七世十八世世傳；卷七次房十七世十八世世傳；卷八長房十九世世傳；卷九長房十九世至二十二世世傳；卷一〇次房十九世至二十二世世傳

(附養子傳、養子册)。

北山楊氏族譜至咸豐是譜凡七修。始祖泗儒公爲廣東南雄楊氏後裔,遷徙北山時尚有舊譜,譜於元至正間散佚之後,始由泗儒公四世孫創修北山楊氏族譜,而遷徙始祖以上世系,時已不復上溯入譜,故未知南雄是否原籍。其初修時間以永樂六年(二修)上距嘉熙元年一百七十一年,入明計四十年,則當在元至正年間。二修以下,歷修於天啓四年(三修),康熙十九年(四修),乾隆十三年(五修),乾隆五十八年(長房六修)、乾隆五十四年(次房六修)。

北山楊氏族譜前五修皆爲長、次二房合修,惟至六修譜,因主事者各持異議,遂兩户分修,各爲分房譜。至七修,經族人公議,仍循族之舊譜例,復爲合修。

楊紹榮撰《七修族譜序略》曰:"譜之修也,由來舊矣,遵而守之,其又何説之辭。雖然,猶有異。夫以吾楊氏合族之譜,稽之前修,義例昭然,披覽自見。無如中間一世,意議不符,嫌疑各具,遂至兩户爭持,此六修分房譜之所由起也。然竊念我始祖自泗儒公遞傳而來,一脈相承,户雖分而族無二,值此族姓繁衍之際,使猶因循坐視,將風俗遞遷,人事遞變,世愈遠而聞見異詞,年愈湮而源流莫悉,雖分譜僅存而倫紀散缺,後必有等族屬於路人者。興言及兹,爲之長慮,爰於丁巳(七年)春初,集衆公議合修,詢謀僉同,籌捐工費,委紹榮等考訂編輯。用是檢集兩户分房六修譜,並五修以前舊譜,參酌而輯録之。其已載舊譜者,悉依舊譜謄抄;其未載前譜者,則照各房報册與爲校定,經法一稟前人,内有新增、改正各條款例,皆由衆議,情理妥協,方行敘書,不敢稍爲私見。則後之觀是譜者,有以知合族聯親之義,而世守前規,紹修勿替。"

扉頁鈐"北山楊氏族譜。一世至二十二世。咸豐丁巳年七修。紹經堂梓"。按,"丁巳"爲咸豐七年。

諸卷(卷二除外)首頁皆鈐有"夜"字。

《上海圖書館藏家譜提要》著録《北山楊氏僑外支譜》,民國八年石印本,譜自十九世祖鳳起始,止於二十四世。

0683　清光緒抄本廖氏族譜
T2252.9/4302

《廖氏族譜》不分卷,廖偉和輯。清光緒三十三年(1907)抄本。一册。半頁八行二十字,無框格。前有舊序八篇,依次爲林紹光序,清嘉慶十一年(1806)陳觀光序,廖文峯序,明宣德三年(1428)陳璉《武威廖氏族譜舊序》,廖瑾序,成化十四年(1478)廖道南序,佚名序,廖清漣、廖士顯、廖麟佐同撰序。後爲歐陽玄撰《廖世綵堂記》;《始祖十六郎柔甫公墓志銘》;祖塋墓圖;一至二十三世《世系圖》;《廖氏族譜世次》;光緒三十三年廖偉和自序。

廖偉和,字錦昌。生於道光二十四年,《族譜》載"壽八十三歲",則卒於1927年。登仕佐郎,其他生平未詳。

此譜爲廣東南海廖氏一支族譜,由二十一世孫偉和抄輯而成。書前二十世孫廖文峯序敘家世最詳,云:"我廖氏十六郎柔甫公於南宋年間卜居南海吉利堡賀豐鄉,是爲吾族始祖。子一,曰朝議;孫五,曰顯,曰榮,曰聰,曰昱,曰慶。序傳三世,派列五房,歷代科甲聯登,名賢迭出,漪歟盛矣。"

按,廖氏以黄帝後裔叔安爲遠祖,因佐舜有功,封地於颺國,在今河南省唐河縣西,以國爲姓。春秋時,伯高將"颺"字去掉"風"加"廣"字,成爲"廖",此爲廖姓起源。南北朝後期,廖氏遠祖十一世三昆仲，封河北清河、甘肅武威、山西太原三郡太守，爲三郡之公，廖氏後裔遂有三郡衍派之分。二弟武威郡公延齡支派最爲興旺，遍佈閩、粵、贛等地。南宋嘉定初年，德明公調廣東爲官，其子十六郎柔甫公隨父寓居南海吉利堡賀豐鄉歸仁里，定居於此，爲南海廖氏一世始祖。柔甫公，名克濟，字達基，"柔甫"爲其號。

有扉頁，題"廖氏族譜。共玖拾壹篇。光緒三十三年歲次丁未春三月。二十一世孫偉和抄撮並繪山圖謹□"，並鈐"廖印煒和"，書後偉和自序處亦鈐此印。《世次》後有增記族人生卒者，筆蹟與偉和迥異，最晚至民國三十二年，則爲民國間補訂之本。

羅香林《中國族譜研究》下篇《哈佛燕京學社漢和圖書館所藏中國族譜目錄》未收。《中國家譜綜合目錄》著錄此本爲《(廣東番禺)廖氏族譜》，清廖道南序，清光緒三十一年寫本，一冊。按，抄寫時間有誤。並著錄廣東中山圖書館藏有清廖文峰纂《(廣東新會)廖氏家譜》二卷，嘉慶十一年抄本，二冊，蓋可與此參看。

0684　清乾隆刻本(湖南寧鄉)灰湯蔣氏族譜　　T2252.8/7344

《(湖南寧鄉)灰湯蔣氏族譜》不分卷，清蔣民奉等纂修。清乾隆五十四年(1790)刻本。二冊。半頁十行二十一字，四周雙邊，白口，無魚尾。框高26.1釐米，寬18.7釐米。前有乾隆五十五年蕭坤南序，陶士傑序；十五世孫蔣安祥跋；蔣民奉等自序。原鈐"主修添志明惟維心鈐印"。

蔣民奉，字添志，生於雍正七年，十四世孫。蔣民輝，字明惟，生於乾隆二年，十四世孫。蔣安祥，字維心，生於乾隆十年，十五世孫。

灰湯鄉在湖南寧鄉縣西南，有東務山，山下有泉，沸如湯滾，汽騰如灰霧，故名其地。

灰湯蔣氏蜀漢司馬琬公之裔，奉際明公爲一世祖，際明公居昭潭筠湖瓦子坪，至六世祖海晏公始徙寧邑灰湯，其後遂爲灰湯蔣氏。

五修譜有蔣國智序，略曰，余查閱老譜，載吾族出自周公之三子伯齡所封之地，後人遂以爲氏焉。西漢時翊公字元卿，爲兗州刺史。翊十一世孫名琬，字公琰，仕蜀漢，爲尚書令，原居楚南上湘。琬四世孫曰雷復，仕東晉，爲建康刺史。至後唐同光時，仲南公仍居琬公舊址，生子文轅、文通、文炳。炳公曾爲寧鄉縣令，卒於官，子孫遂居寧鄉縣西南，地名橫岡塘。公八世孫曰之奇，官爲兵部侍郎。之奇長子曰瑎，官至文華殿學士。瑎公之孫曰廷輝，官至禮部郎中致仕，仍還寧鄉之祖基居焉，次子春伯，生光明、際明、彥明。際明落昭潭筠湖瓦子坪，係吾一世啓祖。六世祖海晏公徙寧邑灰湯。

譜不分卷，依次爲蔣母王老孺人傳贊，蔣君添志夫婦合贊，蔣君明惟夫婦合贊，康熙年修譜頭人，附公共祖墳山，康熙四十八年十二世孫蔣作霖序，十二世孫蔣國智序，康熙四十八年張啓禹舊序，梁宸舊序，萬曆四十七年蔣孟紹序，天順八年蔣憲時舊序，萬曆四十八年蔣文謨舊序，嘉靖十六年蔣紳舊序，(作)霖舊跋，蔣文炳墓誌銘，朝斌公(蔣民桂)墓誌銘，附合塚墳塋，祭潙寧灰湯族兄曾若文，喪服總圖，本宗五服之圖，妻爲夫族服圖，三父八母圖，祭禮論，祭禮，收譜名字，修譜頭人(原鈐"主修添志明惟維心鈐印")，捐銀名目，舊譜凡例，家規，蔣氏族譜家勸，家禁，家戒，蔣氏分派全圖，分徙宗派小圖敍，蔣琬公像，仲南公像，文炳公像，通譜歌派，灰湯老譜歌派，寧鄉灰湯蔣氏世系(一世至十六世)，霖舊跋。

《祭禮》記載頗詳，有祠堂、四時祭、初獻禮、亞獻禮、終獻禮、冬至祭始祖、立春祭先祖、季秋祭稱、忌日祭、生祭日、墓祭。

《家規》十條：曰同姓無通婚，曰居喪無嫁娶，曰無故不出妻，曰婚姻無轉房，曰聘定無毀盟，曰有子無娶妾，曰牝雞無司晨，曰馭下以恕，曰閨門肅姆教，曰恤鰥寡孤獨。

"收譜名字"首有識語："吾族家譜自唐宋迄康熙至於今，有六修矣。前朝譜篇殘簡斷，無足怪也。康熙譜亦將敝，是不珍收故也。夫譜者，乃一族之根本，幾經寒暑，幾經跋涉，始得告成，豈可不珍收乎？今吾將譜裝訂二十囗冊，每冊兩部，但字號未編，各領一冊，爾後人當珍收之，切勿視爲閑書。如有損敝及將他鬻者，查出重責重罰，決不寬恕。慎之慎之。"

是譜爲六修，始修於乾隆五十二年，乾隆五十四年付梓。

蔣民奉等自序曰："吾家譜乘自唐宋迄康熙，已經五修矣。丁未(乾隆五十二年)冬，與弟民輝等謫，所以仰承先緒者，又因俱值年老，精力就衰，爰命堂姪安祥暨余子姪安元、安笏等，竭情盡慎，共勷是舉。歲在己酉(乾隆五十四年)，乃集族衆捐金請梓，付之剞劂，幾經寒暑而始告竣焉。"

《中國家譜綜合目錄》、羅香林《中國族譜研究》下篇《哈佛燕京學社漢和圖書館所藏中國族譜目錄》著錄。"灰湯"皆誤作"灰陽"。

0685　清同治木活字本無錫鄧氏宗譜　T2252.8/1730

《無錫鄧氏宗譜》二十卷，清鄧源昌等纂修。清同治十三年(1874)報本堂木活字本。十四冊。半頁九行二十一字，四周單邊，白口，單魚尾。框高23.6釐米，寬14.5釐米。書口下鐫"報本堂"。前有同治十三年余治序；目錄。

鄧根寶，二十七世孫，江溪橋派。

無錫鄧氏系出東漢高密侯鄧禹。禹字仲華，南陽新野人，年十三能誦詩。受業長安時，光武亦游學京師，遂相附數年。及聞光武安集河北，即仗策北渡，追及於鄴。光武即位，於鄗使使者持節拜禹爲大司徒，禹時年二十四。及天下平定，封爲高密侯。

是譜尊宋郡馬公爲無錫始遷祖。禹之後歷四十二傳，至宋郡馬公，公諱爾瞻，字民望，尚信王郡馬，以鎮國上將軍賜第於無錫之興道鄉，遂居焉。乾道九年卒，年七十六。郡馬以下數百年，又分衍爲城南、江陰、常熟、江支、鄧莊、釣臺、皋莊各支派。

卷一誥敕二十道，像贊二十七種；卷二《凡例》六條，旌節錄，天順四年鄧倫序，嘉靖元年侯鏜序，胡漾序，嘉靖三十年鄧儀序，萬曆三十七年鄧承禹序，順治七年鄧時習南陽鄧氏源流記，張有譽錫山鄧氏重修宗譜序，鄧夔引，順治七年呂宮跋，康熙四十二年周清原錫山鄧氏宗祠牌記，鄧鍾岳重修梁溪族譜序，乾隆九年鄧時敏序，乾隆二十年鄧愷序，稭璜始祖郡馬鄧公墓碣記，鄭廉鄧莊鄧氏合修宗譜序，嘉慶九年鄧崑源序，鄧崑源重修宗譜告成跋，嘉慶九年鄧萬鍾、鄧松源讓塘橋合修宗譜小序，嘉慶九年鄧崑源胡莊合修宗譜小序，鄧崑源祭田記，道光二十三年鄧壎皋莊鄧氏支譜序，張輔皋莊鄧氏祠堂記，同治十一年薛光第鄧莊鄧氏續修宗譜跋，洪猷鄧氏前村支派敘略，領譜編號；卷三至四傳，墓志銘，行述；卷五世系圖(上世源流、漢南陽始祖源流、宋錫山始祖統宗、塘村支、尚古派、靖江派、顧莊各派、上舍派、顧莊大房派、顧莊二房派、顧莊三房派、江溪橋派、興道各派、蔡黃青派、鄧灣裡派、堰橋莊前派、謝來橋蟛殼圩派、常熟讓塘橋派、江陰支、北塘派、闞莊派、西楊橋派、胡莊派、城南支、塘頭派、大井頭派、芙蓉山派、墈山派)；卷六世系圖(倉場支、陳墩山董村派、馮灣河南三房派、顧山派、墓塘支、灌園派、劉莊派、映山河派、倪家灣派、張華橋派、江西支、前巷支、鄧莊支、橫林下塘新橋村派、楊鄧派、席祁派、釣臺派、情暘派、張巷橋派、伯濆派、河瀾派、皋莊派、雙廟派);卷七世表(漢南陽始祖源流、宋錫山始祖統宗、塘村支、尚莊派、靖江派);卷八世表(顧莊各派、上舍派、顧莊大房派、顧莊二房、顧莊三房);卷九世表(江溪橋派、興道各派、蔡黃青派、鄧灣裡派、堰橋莊前派、謝來橋蜄殼圩派、常熟讓塘橋派);卷一〇世表(江陰支、北塘派、闞莊派、西楊橋派、胡莊派);卷一一世表(城南支、塘頭派、大井頭派、芙蓉山派、堠山派);卷一二世表(倉場支、陳墩山董村派、馮灣河南三房派);卷一三世表(顧山派、蟇塘支、灌園派);卷一四世表(劉莊派、映山河派、倪家灣派、張華橋派);卷一五世表(江西支、前巷支);卷一六世表(鄧莊支、橫林下塘新橋村派、楊鄧派、席祁派);卷一七世表(釣臺派、青暘派);卷一八世表(張巷橋派、伯濆派、河瀾);卷一九皋莊派世表;卷二〇世表(皋莊派、雙廟派)。

　　是譜始修於同治十年。薛光第跋稱,辛未(同治十年)夏,同里鄧君根寶來謁曰:"我族宗譜自嘉慶初續修以來,已歷六十餘年。咸豐之季,先兄楚臣、瑞寶兩人嘗慮及之,旁搜遠考,殫精竭慮,繕集成稿,以待大宗倡修。嗣遭粵逆之亂,人琴俱亡,稿本亦毀,迄今又十餘年於茲矣,其間少壯老幼流離死亡不堪悉數。適幸大宗源昌、寶華、履宏、月波、梅峰、子明、蘭亭等倡議續修,倘不乘此協力共襄,則年代愈遠,不幾查核無由,無以謝罪於先人耶。根不敏,欲繼先兄之志,而自愧失學,敢以為知己請。"殆咸豐間鄧楚臣、鄧瑞寶曾續修嘉慶譜,然未及族大宗倡修而稿毀於兵火。而是年族大宗源昌等倡議續修宗譜,源昌字文耀,號恒積,生於咸豐十一年,為二十四世孫(皋莊彥良公十六世孫志信派)。同治十三年余治序亦云:"辛未春,及門鄧生元燮奉其族長元昌公命,商於族中賢裔寶華、國華、月波、履宏、旭旦、梅峰、蘭亭諸君,議修譜牒,四出采訪,繕稿付梓。"

　　此譜悉遵舊定條例,載乾隆譜《凡例》六條(乾隆二十年二十世孫文源、愷撰):"辨宗法"、"論治譜"、"詳緣起"、"譜圖世"、"揚善類"、"待將來"。其中"辨宗法"紀大、小宗之辨;"詳緣起"記譜源及乾隆譜纂修始末;"譜圖世"曰:"每圖五世,仍五世則遷之,議標明支派,編查考也。書字以重名,書號以見志,書行事以紀實,書生卒以知壽,書葬以著地,書氏以明配,書女以重婚。然必本之可考者方載,否則寧闕。其繼嗣者,於生者之下注嗣某公見所出,復於繼者之下注某公之子見所歸。螟蛉者登之不便,亦附書焉,以寒宗丁少故也。有出家者必詳其何所,以見一家猶存此一綫也。若無後無繼,則書明無出。未冠而卒,則書曰'早世',存矜恤也。"

　　扉頁鐫"鄧氏宗譜。同治十三年重修。報本堂藏板"。

　　《中國家譜綜合目錄》著錄美國藏本,作"二十卷首一卷末一卷"、"鄧源昌等修"。又見於羅香林《中國族譜研究》下篇《哈佛燕京學社漢和圖書館所藏中國族譜目錄》。

0686　清同治木活字本(安徽桐城)楊鍾氏宗譜　T2252.8/4281

　　《(安徽桐城)楊鍾氏宗譜》十二卷,清鍾俊秀等纂修。清同治八年(1869)世清堂木活字本。十二冊。鍾氏後裔朱筆補訂。半頁九行十八字,四周雙邊,白口,單魚尾。框高24.5釐米,寬15.5釐米。書口下鐫"世清堂"。前有《廣訓》;乾隆元年(1736)張廷璐原序;白璿撰《楊鍾氏家規弁言》;目錄。

　　鍾俊秀,字甫堂,貫一十七世孫。

　　是譜奉貫一為遷桐始祖,紀貫一世系、貫一三子各支世系、遷浮山始祖貫二世系、貫二支下世系。貫一,字簾溪,郡庠生,生卒未詳。長子天吉,字汝弼,生於洪武元年。次子天祥,字汝翼,生於洪武十一年。三子天祿,字汝瑱,生於洪武二十三年。貫二,字碧溪,生卒未詳。

鍾應文《楊鍾氏家譜源流序》曰:"考吾鍾氏系出於洪農楊震之後裔諱立者,爲元苦竹隘守將。立生棟,棟生鎮,鎮元駙馬都尉。鎮生應奎。奎元監察御史,性忠耿,朝廷不悅,貶公爲徽州婺源令,不三年,間召公赴京,公赴京而死。妣鍾太君得書盡節,遺二孤,長懿則,僅三歲,次得情,甫周齡,時外祖鄱陽縣鍾公諱堯卿者,爲婺源儒學教諭,二孤幸有所依。公教育、昏配,視若已孫。年將弱冠,俱登賢書,非公之力,何以至此?後遂以外祖而姓鍾氏。懿則公配袁太君,生貫一,貫一公受室蔡太君。迨元至正間,王綱解紐,群雄鼎沸,江右諸民避陳寇之亂,挈家遷皖者紛紛。我始祖貫一公遂遷桐西之大坂,即今之鍾家坂也。"又謂"遷桐始祖外,此則不得其詳"。

卷一同治八年許雲樵撰鍾氏續修宗譜序,家規十六則並引,先賢譜説,《凡例》二十一則,字派,遷桐始祖貫一公像讚,大宗小宗之圖,三里圖,十二世孫應文撰楊氏家譜源流序,十三世孫爲璉撰墨譜序,嘉慶二年鍾本堅序,嘉慶二年鍾本堅跋,十四世孫鳴世撰鼎建宗祠樂捐序,樂輸名目,嘉慶元年纂修宗譜議引,嘉慶二年樂輸小引,樂輸名目,同治八年十六世孫壽康撰紹修宗譜序,同治八年十七世孫俊秀撰敬修華乘甫堂序,同治八年十六世孫銘竹撰續建宗祠序,同治八年十八世孫承志撰續修宗譜序,同治八年十七世孫遇堂撰續修宗譜序,同治八年承志撰重修宗譜序,同治八年常湛恩撰銘竹翁台大人八秩有五壽序,同治八年十九世孫玉昌撰紹修宗譜序,同治八年十七世孫俊秀(甫堂)撰續修宗譜跋,墓田議約,捐田契,捐地基契,禁約,議禁約,地契,立遺字,領譜字號;卷二各房山契,捐田契;卷三至四讚傳;卷五遷桐始祖世系(一世貫一至五世),老一房天吉公支下世系(六世至二十世);卷六至一〇老一房天吉公支下世系;卷一一老一房天吉公支下世系,老二房天祥公支下世系(六世至二十世);卷一二老三房天祿公支下世系(六世至二十一世),遷浮山始祖世系(一世貫二至五世),貫二公支下世系(六世至二十世)。

桐城楊鍾氏宗譜由應文於康熙間創修,稿本未刊,稱"墨稿"(或"墨譜")。至嘉慶二年,始由本堅編定付印。應文譜稿乾隆以後未及備載者,亦由本堅予以增訂。本堅稱,應文譜稿"由分派而窮源流,考核無不詳明"。應文字拱極,號山谷,貫一十二世孫(老一房有誠公支下其英公長孫),生於順治三年,卒於雍正三年。鍾本堅字儒風,號樂耕,貫一十五世孫(老一房有誠公支下其英公長房系),太學生,承任西鄉社長。爲人慷慨,好善樂施。生於乾隆六年,卒於道光四年。

是譜續修於同治八年,三大房各纂草稿,俊秀裒輯而成。俊秀(甫堂)《續修宗譜跋》曰:"宗譜之修,墨稿創自十二世祖應文公,編修於本堅公,校閲於毓秀公。自嘉慶二年本堅公續修後,至今七十有三年矣。歷年久,子姓殷多,居址星散,生卒、壟墓亦恐難稽,況當兵燹之餘,受凋敝者不無寥落,迫遷徙者不無流離。且故國聚居,子孫繩蠅蟄蟄,未入譜者甚多,不乘時理絡,何以傳信而闕疑、分支而別派乎?乃合族諸尊奮志續修,議經此舉,皆欣然董勸,毅然持循,録墨稿,遣博訪,於彙齊時集祠公議,定章程,遵矩矱。原議三大房各一總理清稿,僉云與其分理,曷若總於一手,爰命甫秉筆。甫實不才,敢負此浩繁重任?竊幸姪孫玉昌録各房草稿,弟遇堂、慕增、萬林、崇德、在朝等聚議,當帳明斂,費力裒理,以分其任,督率可董其成。並老一房如太和、自富、勤謀、義富、延齡,老二房謹昌,老三房廣義等,互相踴躍,不致耗費,不致延期,所以入館愈月而竣焉。"

譜成後，老譜三大房僅存一套，以備稽閱，餘付火化，以杜質賣。新譜如數照號頒發。

羅香林《中國族譜研究》下篇《哈佛燕京學社漢和圖書館所藏中國族譜目錄》失收。

0687　清咸豐木活字本(浙江蕭山)錢清鍾氏宗譜　　　　T2252.8 / 8381

《(浙江蕭山)錢清鍾氏宗譜》六卷，清鍾廷燦撰。清咸豐七年(1857)承啟堂木活字本。八冊。無欄綫，半頁九行二十字，四周雙邊，白口，單魚尾。框高20.3釐米，寬14.3釐米。書口下鐫"承啟堂"。前有目錄。

鍾廷燦，字燿華，辛十八世孫。

是譜奉建姓太祖接爲一世，其居潁川，去"離"爲"鍾"，始爲鍾氏。四十八世至辛。

錢清始遷祖一世辛，行辛三，字味道，仕提舉，於元末明初由上虞石明堂遷錢清，奠宅於太守祠西。配汪氏，生二子，明、曉。二世祖明由錢清鎮移居鄧家橋，爲鄧家橋祖。明生寧富，寧富生五子，長子子詵爲後大分祖；次子子讓爲中分祖；三子子涼爲前分祖。

卷一造刊序，編定序，增編序，增修序，續增序，繼增序，續修序，尋源序，追本序，獨修序，官誥命，配享敕，諭祭文，傳述紀，功名譜，節孝譜；卷二歷代世系指掌全圖；卷三譜中例言，遷徙圖，遠祖系，建姓系，本支行，一世至十三世；卷四隆二房十四世至良五十三房十七世，良百三房十四世至前分十七世；卷五隆二房十八世至良五十三房二十一世，良百三房十八世至前分十九世；卷六宗系歌，本末紀，譜系歌，辨訛記，刊誤記，遺像記，墓碑記，讀書嚴記，東龕記，名人詩，漱江記，承事郎考，師山考，葬主說，創祠記，增奠記，寢室記，捐田記，捐田按，家訓，家誡，家箴，春秋儀注，進主儀注，春秋祝文，后土祝文，墓祭祝文，進主祝文，公給告示，六譜備略，三譜辨正，刊譜後跋，纂修名字，捐款名字，收藏名字。

"歷代纂輯宗譜名字"列有：辛公九世孫訪字採臣始創編定，十三世孫樂章字大章增編，十四世孫三槐字子培增修，十五世孫秉御字乘六續修，十八世孫毓秀字仙原主刊、十八世孫鳳鳴字史占助刊、十八世孫廷燦字午山集刊、十八世孫寶仁字眉峰總刊、十八世孫葆淳字稚泉監刊。

明萬曆三十九年辛三公九世孫訪撰《族譜編定序》曰："吾氏族得之三仁微子之後，食采鍾離，析而爲氏。上世祖居會稽，系徙上虞始祖三提舉諱辛者，於元季明初挈一女轉客是鎮，於太守祠西擇而居焉，貫蕭山縣民籍，流澤至今二百年矣。中葉苦遭回祿，主譜遂亡，宗流失統，可悲可歎。今訪僅以燼煨之餘，聊記名字，以俟後之作譜者得其序云。"

廷燦撰《始造刊譜序》略云："吾祖辛三公於元季由上虞遷居錢清，向稱望族，中葉遭回祿，主譜遂亡。及九世採臣公創編後，累代列祖遞爲修輯。然祇載錢清本支，抄成數本而已。歲己酉(道光二十九年)，閱稽邑至德堂譜，曾統於越之鍾而全刻，知吾姓亦有刊譜，但九承事公以上略而不追。夫源之遠者始流之長，則析其流當溯其源，而吾姓之源孰從而溯？庚戌(道光三十年)春，適得江西抄譜於族中，洞悉九承事公上之真傳。彙訂一冊，謀諸族中，欲即剞劂，咸以費資浩大辭，獨有族弟名峨字眉峰者，慨然有志於刊譜。爰即錦川公修後子姓，按房錄出，俾自注明，即鳩工鐫刻，眉峰特出鉅金爲首倡，而族中有志承先者亦樂輸從，集資以襄厥事，逮仲秋之季爾譜成，得與世家巨室相埒，真從前未有之創舉也。"

扉頁鐫"源遠流長。咸豐丁巳造刊"。捐款名字末鐫"山蔭橫江俞源濤刊刷"一行。

《中國家譜綜合目錄》著錄美國藏本。

0688　清同治刻本皖桐瓈氏族譜

T2252.8/2413

《皖桐瓈氏族譜》二十六卷首一卷末一卷,清瓈光爍、瓈憲纂修。清同治四年(1865)瓈氏世德堂遺經堂刻本。二十八冊。半頁十行十八字,四周單邊,白口,單魚尾。框高23.2釐米,寬13.8釐米。書口下鐫"世德堂遺經"、"世德堂"、"遺經堂"。前有同治四年黃俊彩序,同治四年瓈光爍自序,嘉慶二十四年(1819)瓈克銳序,乾隆五十年(1785)瓈凌雲原序,雍正二年(1724)翁甫生原序,雍正二年瓈紹煐原序,雍正二年瓈紹杰家譜序言,瓈廷佶原序;修譜董事名目;目錄。

瓈光爍,世德堂十六世孫。瓈憲,遺經堂十七世孫。

皖桐,安徽桐城。是譜奉祖一爲瓈氏世德堂一世始祖,慎一爲瓈氏遺經堂一世始祖。皖桐瓈氏於洪武元年自江西鄱陽湖瓦砌壩遷居安徽桐城,迄雍正初凡十五世。

卷首《凡例》二十則(是本《凡例》置祭禮之後),冠禮,昏禮,喪禮,祭禮,家規,家訓,家禁,祭田本末記,議券,契議,宗圖,派訣;卷一至二魁公老系,祖一公老系,性公仕淵公支下總系附仕洪公紀,可佩公系,可獻公長房嘉選公系,可獻公二房嘉和公系;卷三至四可全公長房國顯公總系,國顯公長房棠公系,二房譽公長房系;卷五國顯公二房譽公二、三、四三房系,國先公景公系,可全公二房國正公系;卷六可全公三房國忠公總系,國忠公長、二兩房伯耀伯崑二公系;卷七國忠公三、四兩房伯煥伯俊公系;卷八可全公四房國馨公系,五房國裕公系,可嘉公系;卷九可立公二房國青公系;卷一〇可立公三房國泚公系,可立公五房國徵公系;卷一一可立公六房國士公總系國士公長房伯盤公系;卷一二國士公二房伯康公長二兩房深沉二公系;卷一三國士公二房伯康公三四兩房渾沌二公系,可立公七房國奏公系;卷一四長公長房仕河公總系,仕河公長房東公系;卷一五仕河公二房南公系,長公二房仕浩公系,慎公長房仕清公系,慎公二房仕海公系;卷一六慎一公老系,上股伯璋公系,中股伯琪公千公系,中股伯琪公萬公系;卷一七中股伯琪公億公系,可大公支日新公系;卷一八可久公長房日昇公系,可久公二房日戀公系,可久公三房日省公系;卷一九可久公三房日省公系;卷二〇可久公四房日崇公系;卷二一可久公五房日躋公士濬公系;卷二二可久公五房日躋公士濬士芳公系;卷二三可久公五房日躋公士斌公系;卷二四可久公五房日躋公龍圓公系;卷二五可久公五房日躋公起圓公系;卷二六祖一公支下行略;卷末慎一公支下行略,領譜字號,原新三跋。《凡例》題下注"遵老譜刪補"。"領譜字號"末識語曰:"遺經堂五十六套,編立'孝'、'弟'、'忠'、'信'、'禮'、'義'、'廉'、'恥'字號,照名給領,務要珍藏,毋得損壞。如有字號不符者,即係假譜,送公重懲。倘有私行轉賣本房及別房者,查出賣買一同坐罪,決不寬宥。"

雍正以前,二支後裔或各訂其譜,入清至同治朝,譜凡四修,皆由世德、遺經二支分修合訂。四修先後爲雍正二年、乾隆五十年、嘉慶二十四年、同治四年。

分修合訂始於雍正譜,譜稱爲"創修",即非循舊譜,而自擬體式成法。雍正瓈紹杰序云:"先是予叔祖鞠思公有志矢修,討求歷代遺文,參互考訂,自始祖祖一、慎一二公由鄱遷桐而下,列其支系,述其原委,信而可徵,以費不給,未授諸梓。今祖中諸父昆弟商確訂修,而屬其事於予。予因本其原稿,續而成之。倣諸史氏年表,參以廬陵歐陽之法,總其綱而張其目,會其源而灑其流,釐爲□(原闕)卷。"所謂分修合訂,即分修之譜其體式編例須劃一。黃俊彩序述皖桐瓈氏族譜之分修合訂,曰:"世家大族,派衍支分,一有譜事,限於採輯之難周,考較之未確,不得已而各股分修,見聞較密,費益節,功易竣也。譜成,彙歸祠宇,釐定次序,裝演成書,公諸合族,俾世守之。僉曰如某氏之譜,水源木本,無稍舛誤與遺漏也。而鄉里之有志譜事者,遂相與善其事,規其法焉。"

璩憲跋略云,同治元年秋,族首事秀健等會議重修族譜。以族廣丁衆、卷牒浩繁,籌費維艱,易爲歐兼蘇修,靡不欣然樂從。世德堂委編於光爍,遺經堂委編於憲,相於酌定,前圖後紀,綱舉目張。彙輯成書,爰付梨棗,不數月而即告竣。

扉頁鐫"源遠流長。同治四年乙丑。^{世德堂重修}"。

《中國家譜綜合目錄》著錄美國藏本。又見於羅香林《中國族譜研究》下篇《哈佛燕京學社漢和圖書館所藏中國族譜目錄》。

0689　清同治木活字本(江蘇鎮江)韓氏宗譜　　　T2252.8/3345

《(江蘇鎮江)韓氏宗譜》二卷,清譚錦珩纂,清韓有和主修。清同治七年(1868)廣德堂木活字本。二册。韓氏後裔墨筆補訂。半頁十行二十三字,四周雙邊,白口,單魚尾。框高25.1釐米,寬17釐米。書口下鐫"廣德堂"。前有目錄。

譚錦珩,字佩鳴,京口人。

韓有和,字曉春,生於嘉慶十九年,歿於光緒二年,十三世孫。性甘恬淡,尊祖敬宗,敦倫睦族。此譜有傳。

江蘇鎮江古稱潤洲,大沙在潤洲以北。吳秉公序曰:"由郡治陟江而北,土宇垣平,越十餘里有長江環繞,金焦拱立。遥望之而蔚然深秀者,相傳爲大沙也。居斯土者不一其姓,而韓氏之結廬而處,較他姓爲最古云。"

譜奉正榮公爲潤洲大沙始遷祖。公生於明成化九年,歿於嘉靖十八年,娶孫氏,合葬白龍山,子一,廣祐。宋有韓世忠,誥封蘄王,正榮公世忠十六世孫。南宋間世忠徙居潤洲。正榮公因貿易於大沙,遂於正德元年由潤洲流水浦遷居大沙。

吳秉公序曰:"其先世居洛陽。至宋,有世忠公,誥封蘄王。因金虜猖狂,二帝北狩。王扈駕南遷,與夫人同鎮京口,結營於圌山側,以拒金師時戎馬倉皇,偶過流水浦,見其山清水秀,竊心焉,嘆賞也久。迨國家專主和議,秦檜擅權,武穆遇害,乃翹然有置身世外之思,爰即於向所嘆賞處率諸子卜宅而居。正榮公蘄王十六世之孫也,家資巨富,貿易大沙,見其土地膏腴,風俗仁美,置產立業,遷居於此。由此以觀,則文公(愈)乃韓氏不祧之祖,而蘄王爲流水浦之祖,正榮公又爲遷沙之始祖也。"

卷一"文章華國詩禮傳家"八大字(半頁一字),同治七年吳秉公序,乾隆五十九年下翠文序,康熙二十三年十世孫永祥序,明萬曆二十一年李一陽序,《凡例》二十一則,族約六款,族禁六則,傳贊,像贊,同治七年名氏錄,世系圖(一世至十七世),年表(一世至十世);卷二年表(十一世至十五世)。

正榮公生廣祐,是爲二世;廣祐生魁中、魁和,是爲三世;魁中生嘉學、嘉舉,魁和生嘉禮,是爲四世;嘉學生明椿、明松,嘉舉生明棟,嘉禮生明枝,是爲五世。是譜五世以下,僅傳明椿、明棟二支,九世以下,獨傳明椿之後大亮、大愷二支派下。大亮字明甫,生於康熙元年,歿於康熙六十年;大愷字德甫,生於康熙二年,歿於雍正三年。有和爲大愷派下十三世。

"同治七年名氏錄"載:京口譚錦珩佩鳴氏修輯,十三世孫有和主修、有松仝修、有穀倡修,十四世孫萬順監修、萬隆協修、萬益監修。

舊《凡例》稱,譜依歐、蘇二家譜法,"世譜唐以前屬於官,宋以後家自爲之。譜之善者,歐陽氏、眉山蘇氏爲最,今準二家之法作譜,横畫爲五者法,五服之義;直提而成九世者法,九族之義也。"是譜增補"合族所當義舉者"四則、"合族所當勉戒者"六則。

族禁六則爲:禁拖欠錢糧,禁違例放債,禁債准田宅,禁謀買方圓,禁酗酒鬥狠,禁奸盜邪淫。

是譜纂修始末見於吳秉公序。序云:"乙丑(同治四年)春,予假館於連城二圩高府,與四圩曉春翁友善。至戊辰(同治七年)冬,適韓氏重修譜牒,翁因來館告余曰,甚矣,修譜之事難矣哉。咸豐癸丑(三年)春,粤匪南侵,佔據維揚、瓜州、京口。乙卯(五年)五月,虹橋失利,而各鄉各鎮無不被其殃,譬之火炎,昆岡玉石俱焚矣。最傷心者,吾族之譜也。夫世譜存於故族,自分支立譜後,久不歸宗,迄今代遠年湮,支分派別。予十數年來,旁搜遠紹,求其一綫相承、確然可據,誠不易得。幸族中有散佚譜草分支圖一軸,由正榮公於大明正德元年丙寅自流水浦遷沙,始溯厥由來,僅聞其略,難核其詳,爰奉正榮公爲始祖。若夫攀引名人,附會世次,以自誣其宗祖也,予無取焉。"

扉頁鐫"韓氏宗譜。同治歲次戊辰年重修。廣德堂藏板"。

《中國家譜綜合目録》著録美國藏本。《上海圖書館藏家譜提要》著録宣統重修譜。

0690　稿本(山陰)遺風龐氏宗譜　T2252.8/2771

《(山陰)遺風龐氏宗譜》不分卷,清龐啓鯨等纂修。稿本。四册。半頁行款不計,四周雙邊,白口,單魚尾。框高21.7釐米,寬13.9釐米。書口上刊"龐氏宗譜",下刊"遺安堂"。卷端題"遺風龐氏宗譜"。前有嘉慶十三年(1803)三十五世孫啓鯨所撰《凡例》九則。

龐啓鯨,字春海。生於乾隆四十三年,卒於道光十四年。國學生。事蹟無考。

相傳龐氏出於上古周文王子畢公高,受封於龐,子孫以封地爲姓,故《凡例》云:"我龐氏係出畢公而蔓延天下。"隋人龐玉,涇陽人,原居京兆,入唐爲越州總管、幽州都督,宋敕封忠應王,明洪武三年詔從祀紹興府府主城隍神。越十四世,正已公龐修仕宋,由秘書省校書郎授天台縣尉,大中祥符三年到任,家於邑西,稱天台龐氏。明洪武初,二十一世澤民公以軍功官紹協副都督,授萬户,其子二十二世耕雲公龐賢愛山陰遺風村山水,遂留居紹興,山陰紹之有龐氏,即自耕雲公始,龐賢爲遷紹始祖。

此爲浙江紹興龐氏一支宗譜,清道光間龐氏遺安堂抄,咸、同間增修之本也。宗譜前有《龐氏世系圖》,裔襄陽德公,自城隍公龐玉至十三世爲天台舊籍,不注生卒、配氏、墳墓等;十四世祖正已公龐修至二十一世祖澤民公,凡配氏、墳塋及子幾人皆詳載分明。世系圖後有識,作於嘉慶十二年二月。宗譜始自遷紹始祖第一世龐賢,按東分、西分諸派譜系,並將支派書於頁眉。東分派,分太四房派、十六房派、安昌派、龕山塘上派、注水墩派、龕山派、下岸派;西分派,分端勵公派、端順公派、端默公派、端俊公派、端和公派、端肅公派、端循公派、端睦公派。多止於第十五世,下岸派、端默公派等譜至第十七世止。述其字號、生卒、配氏、子幾人,有功名者亦備載之。

雖稱《凡例》,實爲序言,述遺風龐氏脈絡甚詳,並言及修譜事:"遞傳三百餘年,支脈繁衍,而宗譜一事,歲久失修。雖舊有《譜系》、《綫譜》數卷,皆屬各房家傳,究未能統宗合族。今彙總繕寫,上自始祖,已迄今代,枝枝葉葉,詳注分明,並先將各脈標列卷首,俾將來有力刊刻之日,循照原本接枝付雕,可免輯纂先世之苦。"《凡例》中還提到族人爲匿田產,接譜時以弟易兄、以姪作孫、虛添繼祖之名、錯指世數等事,並言:"幼殤、無子、爲僧、爲道及妻妾改嫁各事亦從實注在本名之後,俱不隱諱。"

龐氏"遺安堂"號之來歷,源自後漢龐德。劉表欲其出仕,龐德拒之,劉表曰:"先生不肯受官禄,將何以遺子孫乎?"對曰:"人皆遺之以危,吾獨遺之以安。"是書爲龐氏後人所抄,避清帝諸諱不嚴,分辨原抄、增修筆蹟,可知抄成於道光間。其後不斷增修,增補内容最晚至同治十三年事。

羅香林《中國族譜研究》下篇《哈佛燕京學社漢和圖書館所藏中國族譜目録》著録,誤作木刻本。《中國家譜綜合目録》沿襲《美國家譜學會中國族譜目録》著録,作"傳抄嘉慶十三年(1808)遺安堂鈔本,有道光年間增補",不確。

0691　清抄本慈溪東街錢氏世系譜　　　　T2252.8/8713

《慈溪東街錢氏世系譜》不分卷,清錢雷等纂修。清抄本。三册。半頁九行,字數不等,無行格。題"東街武肅正宗錢氏世系譜"。前有清乾隆五十四年(1789)錢雷識語。

錢雷,字尚志,又字樝園。生於康熙四十七年,卒於嘉慶五年。賜七品文林郎。爲東街錢氏十二世智字輩,自乾隆四十一年起任本族宗長。首創改造宗祠,勸捐折祭,並率長子汶川董其事,於乾隆四十八年告竣。其他生平未詳。

此爲浙江慈溪東街錢氏世系譜,前有續編排行,爲二十一世至三十六世排行,其後爲吳越錢鏐、錢元瓘、錢弘佐、錢弘傑、錢俶諸王畫像及錢惟演所撰像贊。再後爲《錢氏正宗譜》,敘武肅王至十二世宣教郎錢新,爲東街錢氏一脈之源本。《世系譜》前有行序,言兹譜起自一世祖道一府君錢國寶,編行以"道、仲、如、洗、本、宗、伯、世、仁、義、禮、智、榮、華、富、貴、修、齊、治、平"爲序,行溢百則加定行次,至於二十行外,"俟後之執事者續編以繼於不盡耳"。《世系譜》自一世"道"字行始,止於十三世"榮"字行,依行輩爲序,行字抬高一格書寫,每人記其名諱、字號、某公第幾子、生平仕履、配氏、生子幾人、葬地。秩序井然,頗便翻檢。

是譜尊吳越忠烈武肅王錢鏐爲始祖,武肅王十三世孫錢國寶爲東街一世始祖。國寶,字邦彦。生於元至元二年,卒於明洪武二十二年。舊居鄞縣江東,十四歲時避方國珍難,遷慈溪北湖之南。入贅方氏後,率二弟徙居慈溪,建業東街尚志橋北,即清乾隆間之解元坊一帶,時在明洪武二年。國寶雅好讀書,元季戰亂頻仍,遂絶意進取,自號恬肅處士。以崇儒重道爲垂訓,子孫習於敦厚,優於文學。

錢雷識略云,乾隆四十八年宗祠改造完竣,續編《世系譜》亦在此時告成。排二十一世至三十六世行字,仿前譜做法,溢百則加字,待將來行次將滿,"聽後執事者再爲續編,以繼勿替云爾。"

函套題"錢氏正宗譜"。第三册有少量闕名朱筆校改。書中不避"玄"、"弘"、"寧"諸諱,記事最晚至嘉慶十七年。

羅香林《中國族譜研究》下篇《哈佛燕京學社漢和圖書館所藏中國族譜目録》著録。《中國家譜綜合目録》照搬《美國家譜學會中國族譜目録》,著録此書爲清乾隆五十四年傳抄本,不確。《浙江家譜總目提要》收入附録。《上海圖書館藏家譜提要》有《慈溪錢氏宗譜》不分卷,清錢榮登等纂修,清乾隆二年抄本,一册,爲慈溪蜀山錢氏一脈。

0692　稿本連平顔氏宗譜　　　　　　　　　　　　　　T2252.8/3108

《連平顔氏宗譜》不分卷,清顔伯燾、顔培文等纂修。稿本。四册。半頁行款不計,四周單邊,白口,無魚尾。框高18.3釐米,寬12.7釐米。

顔伯燾,字魯輿,號載颺,一號小岱。連平顔氏五世孫。嘉慶十九年進士。授翰林院編修。道光二年,出爲陝西延榆綏道、督糧道。歷陝西按察使,甘肅、直隸布政使。署陝西巡撫。十七年,授雲南巡撫,兼署云貴總督。二十年,擢閩浙總督,對英主戰甚力。累世膺疆,嫻習吏治,所至有聲。《清史稿》有傳。

顔培文,字聚鴻,號博洲,一號允旃。連平顔氏六世孫。道光十八年進士。官安徽銅陵、宣城、東流、懷寧、宿松等縣知縣。咸豐十年,太平軍陷徽州,培文戰死。

廣東惠州府連平縣顔氏一族,可溯至明季崇禎年間。顔氏振耀公原居福建漳州府龍巖州緣嶺,崇禎三年携兩子徙連平,爲連平顔氏始祖。振耀,本名端明,字振耀,號一達,以字行。明萬曆十八年生,清康熙六年卒。年四十由閩入粵。顔氏子孫克勤克儉,興禮重教,仕宦輩出,爲清代官僚世家。如雍、乾時五世祖顔希深,由貢生直至雲南巡撫、兵部侍郎,爲官清廉,深孚衆望。子檢、孫伯燾、以燠亦先後出仕,均官至總督,有"一門三世四節鉞,五部十省八花翎"之譽。其家三十六字官箴"吏不畏吾嚴而畏吾廉,民不服吾能而服吾公。公則民不敢慢,廉則吏不敢欺。公生明,廉生威",爲人傳誦。

連平顔氏修譜,始於雍正二年,道光元年復修。至道光三十年,瓞緜椒衍,日益繁昌,族長魯輿公顔伯燾懼其久而湮没,爰集族衆共商編輯,恰培文奉柩歸里,遂參與纂修,所成即是書。培文識曰:"先自光禄祠一世祖潛夫公支派始,不數月而告成,由是推而遠之,凡始祖、太祖以及遷居連平各祖支派,誠各次第,分輯行見,彙爲一帙,昭穆分明,庶不失尊祖敬宗收族之意也。"

卷首抄録唐德宗建中元年顔真卿《重修家譜序》、清雍正二年七世孫顔純潛《顔氏譜跋》、嘉慶十五年顔樾《顔氏宗傳總論》、《姓源》、道光三十年顔培文識。前有《歷代遠祖》,上追一世復聖公顔回至七十二世顔天命,顔回爲魯人,唐太宗貞觀二年尊爲先師,高宗總章元年贈太子少師。始祖振耀公、太祖秉元公、一世至三世,記其字號、生卒、配氏、生子。節録《滿漢名臣列傳》卷三一《顔希深列傳》一篇,以書口下印有"於春和製"之紫格紙四頁書寫。自三世顔希深始,至八世終,詳記各房世系,每人字號、生卒、配氏、葬地以外,録其行實、仕履、著述尤詳。譜表依世、房、支爲序,長房分第、謨、運、來、仕五支,二房分深、溥、沆、淵、源、瀚、淳七支;三房分旦、奭、尹、説、龍五支;四房分大、中、矩、宗、成五支;五房分煜、時、晉三支。除於書口中題某世某房或某房之幾,如"三世長房"、"二房之長"外,並於頁眉大字書某公支派,極便翻檢。

是書避"玄"、"弘"、"寧"諸諱,殆道光末年重修時所傳寫,並補入咸豐、同治、光緒諸年顔氏各房新增丁口及殁世之年,蓋爲顔氏後人自藏、自訂稿本。

羅香林《中國族譜研究》下篇《哈佛燕京學社漢和圖書館所藏中國族譜目録》著録,云爲"難得珍本也",並稱"余另有叙録",惜未之見。《中國家譜綜合目録》著録爲"清道光三十年抄本",不確,並誤爲日本所藏。此外,2000年由連平顔氏第三次續修族譜小組重修《廣東省連平縣顔氏族譜》一册,非正式出版物。前言稱,該譜"以顔永善保存下來的清朝道光初年《連平顔氏族譜》爲基礎",重點記載廣東省連平縣顔姓世系文厚公(振耀公以上五世祖)派下後裔之繁衍概況,有顏氏淵源、顏氏名人、連平顏姓世系、先祖墓墳等內容。所謂"第三次續修"者,以清雍正二年爲第一次、道光元年爲第二次,實則未聞此哈佛藏本,不知清道光三十年尚有第三次修譜。哈佛本記述清中後期之顏氏族人生平、行實,遠詳於"三修"《族譜》,史實記載亦多有出入,是書當引起連平顏氏子孫關注。

0693　稿本嘉定顧氏宗譜

T2252.8/4338

《嘉定顧氏宗譜》不分卷,清顧鴻烈重修。稿本。一册。半頁八行,字數不等,無行格。題"十三世裔孫鴻烈重修"。前有同治三年(1864)自序,道光二十二年(1842)十一世孫顧大懷舊序,道光十五年(1835)顧大用舊序,道光二十三年(1843)顧大經跋。宗支世次圖後有道光十六年(1836)秦長治舊序。

顧鴻烈,字嘉績,號子偉,一號紫垣。生於道光十一年,爲嘉定顧氏第十三世孫。同治九年恩科舉人,授浙江長興同知銜。

此爲松江府嘉定縣顧氏一支族譜。前爲顧氏宗支世次圖,書口上書"嘐城顧氏宗譜",題"十一世孫大用、大經謹輯",錄始遷祖顧粹至十五世,左昭右穆,秩然不紊。後爲始祖至十五世世傳,載其占籍,著其名號,志其婚姻,詳其墟墓。後附光緒十三年周文禾撰《東壁贈公暨小墅公家傳》、顧鴻烈撰《先妣郁太恭人行狀》兩篇。

明末,顧粹自崑山遷至嘉定東鄉顧蔡灣地,以姓傳名,耕家食,敦善行,遂爲嘉定人,爲嘉定顧氏始遷祖。至八世鳴環公棄耕就讀,移居東城濠外新行街。清道光十五年,十一世顧大用、顧大經昆仲得其姑丈衡選章手輯《宗支圖》一帙,相與詳求而裒集之,修爲宗譜。大用,字宰朝,號次愚。邑庠生,屢困小試,乃投筆習射。爲人重義輕才,篤於孝友。以學教人,咸得擷芹而采藻。大經,字紀常,號東壁,又號品五。邑庠生。爲人慷慨好施,辯論曲直不避嫌怨。同治元年殉於太平軍亂。同治三年後,十三世顧鴻烈取大用、大經所修譜再行補纂,即爲是書。書上墨蹟陳舊不一,並多有圈乙填改。

自序云:"吾家宗譜自明季散佚,咸豐庚申遭粵匪亂,家毁身出,寄居滬上,所遺近譜亦幾無復存焉。迨烽火漸息,自申旋里,從叔春山處得次愚先伯祖與先祖手輯《宗支圖》稿一卷。奉讀之下,移館輒敬錄之,急欲爲之補輯,奈宗族流離,一時不及博採,就本支先爲詳注,俟異日羣聚州處,再行修輯。"

羅香林《中國族譜研究》下篇《哈佛燕京學社漢和圖書館所藏中國族譜目錄》著錄。《中國家譜綜合目錄》著錄。

0694　清光緒抄本碧鳳顧氏支譜

T2252.8/1738

《碧鳳顧氏支譜》不分卷。清光緒間抄本。六册。半頁九行二十字,左右雙邊,白口,無魚尾。框高19.7釐米,寬13.6釐米。

此爲長洲(江蘇吳縣,今之蘇州)碧鳳坊顧氏支譜。前有張伯行序、乾隆二十三年八世孫顧濟美序;次爲雍正九年至同治七年誥敕十三道;次爲行述、碑記、公啓、傳記、墓誌銘、行狀、圖贊及《長洲縣志》、《江南通志》中傳記、事略等四十篇,祠堂、墳圖十幅;再次爲宗支圖、八世孫顧楗所撰《記宗支》、第一世至第十五世之世系表,凡遷吳之始,傳世之次皆詳載其事蹟、生卒、配氏、子女、歷官等。與目録相核,缺《凡例》及《叔父文漪府君墓記》一篇。

明代有高士顧元振,字碧川。弟元新,字鳳川,本金陵人士,世襲都指揮千户,成化間避禍來到蘇州宮巷東北,構築園林别業,與友人詩酒唱和其間。所居之坊,各取一字以爲號,碧鳳坊由此得名。這一支顧氏遂以碧川、鳳川兄弟之父沖齋公顧鵬爲始祖,世系始有可紀。後代中名人有碧川之曾孫國本,字君寧,本邑博士弟子,以孝行、文章重於時;嘉道間顧沅,字仲江,號湘舟,著有《賜硯堂叢書》。

顧國本之曾孫硯耕公庶常與其族叔茶山公先後纂修本支族譜,譜未竟,顧庶常屬請被康熙帝推爲"天下清官第一"之儀封張伯行爲序,時張伯行在户部侍郎任上,《支譜》初編當在康熙五十六年之後。張伯行序云:"若夫近世之爲譜者,問王氏則曰琅琊,問李氏則曰隴西,無不遠宗華胄,近附甲門,非其祖而祖之,非其父兄子弟而父兄子弟之,夸矜勢能之榮,以自鳴其家之舊,而所謂巨族者,將使久假而不歸,譜之存,不如其亡矣。且顧之先見於漢晉六朝者,曰雍,曰劭,曰榮,曰協,子姓繩繩,散處三吴間,安知不有沖齋之所自出耶?乃槩不爲之妄引,而第以肇居碧鳳坊者爲始祖,宗支聯屬,整秩不亂,大約以讀書立品爲家法,而如君寧者,更能擴大其先世碧川公友於天顯之誼於不衰。推是志也,其與敬軒所云,不忘水源木本之義,而益敦其孝敬慈愛之心者,默有契焉。"嗣後,庶常從弟顧濟美主事,由其弟顧楗踵成修譜大事,時在乾隆十六年前後。

嘉慶十七年,九世竹坡公顧增光創議捐貲,再修族譜;道光十年,十世卓庵公顧用儀主持重修,將各房世系輯成二集,將付手民。會咸豐十年兵燹,舊譜散亡。同治十三年,十一世顧愍將曾祖以上近支録彙爲四卷,並世系敘成三本,意欲重刊,無奈顧氏祠堂、墳墓皆敗壞不堪,亟待修整,刊譜之事再度擱置,是故此譜向無刊本。

是書爲顧氏後人抄輯《碧鳳顧氏支譜》,並雜纂相關史志記載而成,未詳抄者姓氏。書避清帝諸諱,世系表有增記光緒十五年事蹟者,則又爲清季鈔補本矣。

羅香林《中國族譜研究》下篇《哈佛燕京學社漢和圖書館所藏中國族譜目録》著録,稱爲"清乾隆二十三年創修",不確。《美國家譜學會中國族譜目録》著録爲"清光緒四年抄本",乃將全書末頁世系表最後一人顧錫昌生年"光緒四年"誤爲抄寫之年,《中國家譜綜合目録》沿襲此説,亦誤。

0695　清乾隆刻本八旗滿洲氏族通譜　　　　T2252.8/6095

《八旗滿洲氏族通譜》八十卷目録二卷,清鄂爾泰、吕熾等奉敕撰。清乾隆九年(1744)内府刻本。二十四册。半頁十行二十字,四周雙邊,白口,單魚尾。框高20.3釐米,寬13.6釐米。前有乾隆九年清高宗御製序;雍正十三年(1735)清世宗諭旨;《凡例》二十四則;姓氏目録;纂修職名。

鄂爾泰,字毅庵,西林覺羅氏,滿洲鑲藍旗人。曾祖圖押事清太宗,授備禦世職。康熙三十八年舉人,四十二年襲佐領,授三等侍衛。五十五年遷内務府員外郎。雍正元年充雲南鄉試考官,特擢江蘇布政使。曾於廨中建春風亭,禮致能文士,録其詩文爲《南邦黎獻集》。三年以雲南巡撫治總督事。六年總督雲南、貴州、廣西三省。十年召拜保和殿大學士,兼兵部尚書,辦理軍機事務。高宗即位,命總理事務。乾隆十年卒,高宗命遵世宗遺詔配享太廟,並祀賢良祠,謚文端。二十年高宗復追其咎,命撤出賢良祠。《清史稿》卷二八八、《清史列傳》卷一四有傳。

呂熾,廣西臨桂人。雍正五年進士,改翰林院庶吉士,八年散館授檢討。乾隆二年充會試同考官,三年擢侍讀學士,四年充日講起居注官,五年遷詹事府少詹事,七年擢內閣學士兼禮部侍郎,九年遷工部右侍郎、充順天鄉試正考官、提督順天學政。三十三年以都察院左副都御史致仕。四十三年卒。《國朝耆獻類徵初編》卷七九有傳。

清世宗諭旨云:"八旗滿洲姓氏眾多,向無彙載之書,難於稽考。著將八旗姓氏詳細查明,並從前何時歸順情由詳記備載,纂成卷帙,候朕覽定,刊刻以垂永久。"

目錄二卷所載為姓氏,正文各卷首則為傳記之人名目錄。《清代內府刻書目錄解題》曰:"此書輯錄了除宗室愛新覺羅氏以外的滿洲諸部以及歸順滿洲的漢軍、蒙古八旗的一千一百一十四個姓氏,每個姓氏又分地述其得姓緣由和歸順情況。然後將功勳卓著之人立傳,立傳者二千二百四十人;功勳不顯之人亦記之,稱為'附載',附載者四千九百三十八人。無論是立傳者還是附載者,其子孫有業績者亦附記於後。"

纂修職名載:監理,和碩和親王弘晝;總裁,鄂爾泰等八人;副總裁,春山;提調,覺羅查進泰等五人;纂修,呂熾、葉一棟、于振等四十人;繙譯,覺羅他爾布等十一人;滿謄錄,宗保等十七人;漢謄錄,牟尼珠等二十二人;收掌,索柱等六人;監造,雅爾岱等八人。

《四庫全書總目》入史部傳記類,題"欽定八旗滿洲氏族通譜"。《總目》曰:"凡甲族,謂之'大姓';其次則謂之'乙姓'。各詳其受氏之源并始居之地,猶劉之標望於彭城,韓之溯派於昌黎也。或同姓而異居者,則以其地識之(如蘇完瓜爾佳氏、葉赫瓜爾佳氏之類),猶王之別太原、瑯琊,李之判隴西、趙郡也。或雖同姓而異旗者,則連類附見之,猶裴之有東西,阮之有南北也。其賜姓者,仍列於本族,維詳其蒙賜之由,以昭光寵,而不淆其昭穆。蒙古、高麗、尼堪、臺尼堪、撫順尼堪久隸八旗者,亦追溯從來,附著於末。每一姓中,取其勳勞茂著者冠冕於首,各系小傳,以示旌異,其子孫世系官爵,以此綴書,如《元和姓纂》之例。"

《八旗滿洲氏族通譜》刊布之後,越四十八年,乾隆五十七年內府刊行《欽定八旗氏族通譜輯要》二卷,以補《八旗滿洲氏族通譜》之舛訛疏漏,由大學士阿桂、和珅等奉敕纂修。《清代內府刻書目錄解題》曰:"由於八旗滿洲姓氏多復姓,其祖先散居長白山一帶,有以所居山川為姓者,亦有遇事物有可記祥者而得姓。乾隆九年奉旨編纂《八旗氏族通譜》時,只根據本家先世口相授受,錯謬較多。遂奉旨'摘取《氏族通譜》內所載姓氏,與《金史國語解》並《皇輿圖》所載地名,詳細校閱,均一一注明'。體例一如《氏族通譜》。"

《中國古籍善本書目》入史部傳記類宗譜,中央民族大學圖書館藏,不著撰者。《清代內府刻書目錄解題》著錄為清乾隆九年武英殿刻本。《中國古籍善本書目》又著錄稿本兩部(皆八十卷凡例一卷,無作者)、清抄本一部(不分卷,無作者),中國國家圖書館藏。

鈐印有"萬卷藏書宜子弟"、"寓察恩豐席臣藏書印"。

0696　清嘉慶寫本開國佐運功臣弘毅公家譜　T2252.8/8133

《開國佐運功臣弘毅公家譜》不分卷,清嘉慶三年(1798)寫本。十五冊。半頁十行二十七字,四周雙邊,白口,單魚尾。朱絲欄,書口上題"鈕祜祿氏家譜"。框高29.2釐米,寬19.1釐米。前兩冊封面書簽題"鑲黃旗滿洲鈕祜祿氏弘毅公勳績",後十三冊題"鑲黃旗滿州鈕祜祿氏弘毅公家譜",書名據卷端題。前有嘉慶三年《續修家譜序》,署為"合族續修"。

此譜為鑲黃旗鈕祜祿氏弘毅公額宜都家譜,嘉慶三年續修。首兩冊為《勳績》上下,上首列

《凡例》二十三則,次列鈕祜祿氏前六世世次爲《家譜引》,第七世弘毅公額宜都本傳及譜系;下爲弘毅公事蹟,擇錄《實錄》、御碑、敕命、國史傳及漢譯自述一通。後爲《家譜》十三册,第一册爲長房,長子班席支譜;第二册爲三房,三子車爾格支譜;第三册爲五房,五子阿達海支譜;第四册爲六房,六子達隆阿支譜;第五册爲八房,八子圖爾格支譜;第六册爲九房,九子圖爾席支譜;第七册爲十房,十子益爾登支譜;第八册爲十一房,十一子敖德支譜;第九册爲十三房,十三子超哈爾支譜;第十册爲十五房,十五子索歡支譜;第十一册爲十六房,十六子遏必隆支譜;第十二册爲堂兄房,薩穆哈圖等支譜;第十三册爲堂姪房,莽堅達爾漢、凌住等支譜。

鈕祜祿氏,滿語意爲狼,後人取同音"郎"爲其漢姓。滿洲巨族也,《八旗滿洲氏族通譜》列鈕祜祿氏爲第二,云原係地名爲姓,氏族甚繁。世居長白山,始祖索和濟巴顏。七世有名額宜都者,生於明嘉靖四十一年,志氣超邁,武勇絕世,年十三即手刃殺父仇人。識太祖努爾哈赤爲真主,從征數十年,攻城掠地,所向皆捷,太祖深加褒獎,賜親乘名馬,賞賚弓矢、衣裘、人戶、牲畜等甚衆,賜號巴圖魯,並以其女爲太宗妃。其子孫先後尚公主者五人。授左翼總兵官、一等大臣。爲人明大義而謹於事,太祖引爲股肱心膂。天命六年卒,追封弘毅公,配享太廟。額宜都五配,生子十七人,女十二人。子孫世代簪纓,名臣輩出,如康熙四大輔臣之一遏必隆、乾隆時首席軍機大臣訥親等。戚畹貴家,世膺煦仕,與佟甲、富察等族冠蓋相望,時有"佟半朝,郎一窩"之諺。

《續修序》云:"我高祖班公輩十七人,有嗣者十一人,均隸鑲黃旗。順治八年,奉旨將族叔莽顏達爾漢一支歸入鑲黃旗。乾隆元年,復奉旨將族伯祖薩穆哈圖一支併爲一旗,共十三房,修譜繪圖,合裝一册,爲《弘毅公家譜》。云康熙年間修纂《功臣傳》時,蒙聖祖仁皇帝垂念,弘毅公爲開國佐運勳臣,當時勳業,恐我後人不能周知,特命瞻仰《實錄》,並准將内院各部舊册所載弘毅公暨高祖輩事實詳悉鈔錄,列入《家譜》。故譜中所載信而有徵,先人之駿烈鴻猷,百世下如親見之。而我十三房之宗派源流,莫不瞭如指掌。""兹譜之修也,自敏愨公阿、果毅公訥、襄壯果毅公阿、特而後,迄今又屆十年,支分派別,月異而歲不同,是以合族議定,遵舊例而增輯之。嗣後各房平日宜將本房人丁生殁、官階、事實、子女、婚嫁姓氏名字一一存記簿册,俟十年續修之時備查登載,庶免遺漏訛舛之慮。如此源源繼述,勿替良規。"由是而知,此《弘毅公家譜》初修於敏愨公,其後訥親、特成額、阿里袞等都曾率衆纂修,似十年續纂一次。此嘉慶三年續修譜係長房班席子孫所纂。

是書開本高大,精抄精寫。避"玄"、"弘"諸諱。

《續修四庫全書總目提要(稿本)》收入,並云:"此譜凡裝十册,不分卷數,蓋額宜都第十六子遏必隆房子孫所撰,惟《家傳》一篇,則出於十一子敖德房德齡之手。卷端有乾隆十二年訥親所作《家譜引》。"哈佛此本《家傳》、《家譜引》等俱存,然未詳撰者名氏,《續修四庫提要》此說或有所據。

羅香林《中國族譜研究》下篇《哈佛燕京學社漢和圖書館所藏中國族譜目錄》著錄爲《鑲黃旗滿州鈕祜祿氏弘毅公家譜》,云:"按此書卷端題'鑲黃旗滿州鈕祜祿氏弘毅公勳績'及'家譜',計勳績二册,家譜十三册。惟原書魚尾上均署'鈕祜祿氏家譜',以家譜能包括勳績,勳績不能包括家譜,故今從魚尾上題署。"

《中國古籍善本書目》著錄數種《弘毅公家譜》,計有:

《開國佐運功臣弘毅公家譜》不分卷,清特成額、福朗纂修,清乾隆抄本。中國國家圖書館藏,《北京圖書館古籍善本書目》著錄行款版式爲"十行二十四字,紅格,白口,四周雙邊",十六册。

《開國佐運功臣弘毅公家譜》不分卷,清抄本。大連市圖書館藏。

《鑲黃旗鈕祜祿氏弘毅公家譜》不分卷,清訥親纂修,清抄本。中國國家圖書館藏,《北京圖書館古籍善本書目》著録行款版式爲"十行二十字,黃格,黃口,四周雙邊",十册。2003年北京圖書館出版社《北京圖書館藏家譜叢刊·民族卷》第43册據此本影印。

《鑲黃旗滿洲鈕祜祿氏弘毅公家譜》不分卷《譜圖》一卷,清抄本。中國國家圖書館藏,《北京圖書館古籍善本書目》著録行款版式爲"十行二十七字,紅格,白口,四周雙邊",十五册。

《鑲黃旗滿洲鈕祜祿氏弘毅公家譜》不分卷,清嘉慶抄本。遼寧省圖書館藏。

《鑲黃旗滿洲鈕祜祿氏弘毅公家譜》十三卷《弘毅公勳績》二卷,清抄本。中國國家圖書館藏。據《北京圖書館古籍善本書目》著録,此本與哈佛本同,亦十五册。

《鑲黃旗滿洲鈕祜祿氏弘毅公家譜》一卷,清抄本。中央民族大學圖書館藏。此本僅存《十房支譜》一册,2002年四川民族出版社《中國少數民族古籍集成》據此本影印。

以上諸本,蓋不同年代續纂所成,雖未見其書,疑必有重複著録之書。

《中國家譜綜合目録》收入。日本《東洋文庫所藏漢籍分類目録》著録有《鑲黃旗鈕祜祿氏弘毅公家譜》不分卷,清覺羅阿里衮續輯,清乾隆三十年盛京覺羅氏鈔本。

館藏尚有《鑲黃旗滿州鈕祜祿氏弘毅公第十房家譜》一部,滿漢合璧,四册。

0697　稿本世管佐領崔姓襲職家譜　　　　T2252.8/2401

《世管佐領崔姓襲職家譜》附《駐防比丁册》不分卷。稿本。三十七册。無框格,字數不一。半頁高50.9釐米,寬29.4釐米。毛裝。封面書籤題"崔姓襲職家譜"。

此係鑲黃旗漢軍四甲喇崔氏佐領家譜。清初八旗制度,每固山爲一旗,每旗有四甲喇,每甲喇有五牛録,三百人爲一牛録,以黃、白、紅、藍四色旗爲標志,加上後增鑲黃、鑲白、鑲紅、鑲藍四旗,合爲八旗。以旗統兵,軍民一體,軍政合一。佐領即入關前之牛録章京,佐領需編審本旗人丁册上報,彙爲八旗丁册,不得隱瞞。崔氏原係漢人,爲"從龍入關"之世襲佐領,曾駐防京師、盛京、吉林、福州、廣州等地,此家譜係崔氏上報之本,封面、騎縫處多鈐有"鑲黃旗漢軍四甲喇七佐領圖記"滿漢文官印。

是書前爲《襲職家譜》二十九册,分別呈造於道光十二年三月(兩册)、十七年十二月、十九年十二月、二十年十二月、二十一年十二月、二十二年十二月、二十三年十二月、二十四年十二月、二十五年十二月、二十六年十二月、二十七年十二月、二十八年十二月、二十九年十二月、三十年十二月,咸豐元年十二月、二年十二月、三年十二月、五年十二月,同治二年十二月、四年十一月(兩份)、五年十二月、六年十二月、九年十一月、十年十一月、十一年十二月、十二年十一月,光緒二年十二月。

每册《家譜》前俱有呈文一篇,署名爲當時的世管佐領、驍騎校德陞領催、族長領催三位同上。驍騎校、領催,設於佐領之下,協助佐領辦理軍政事務。據呈文稱,此世管佐領原係江西德安人,始祖名崔膺泰,爲明廣寧守備,天啓二年投順皇太極,令其管理長灘、小馬頭兩堡之事。後兩堡編爲四個佐領,崔膺泰分管其中一個,出缺後其子崔世貴、崔世祿分管。崔世祿後陞授直隸正定府總兵官,從弟崔世榮陞授廣東瓊州府總兵官,另一從弟之子崔廣義陞授福建協領。乾隆元年奉旨查辦佐領緣由,奏明此佐領係崔姓世管,並無外姓管理,所有初立佐領俱係崔膺

史　部

泰子孫。原佐領病故出缺後，即由其親子或親弟繼任管理，並奏明原立官襲替等情由，繕畫家譜。譜内記現有之族人，由當時在任的世管佐領、驍騎校德陞領催、族長領催三位共同簽名畫押，表明"此内族中人等並無争兢，如有隱瞞、遺漏，職等情甘認罪"。

呈文後有此崔姓佐領《世系圖》。以朱筆書在世人物，墨筆書去世人物。在世人名下注時年幾歲、駐防地及兵職，無職銜者注爲閒散。並用朱筆框出任世管佐領之人，以及爲世襲之第幾任。以年代最晚之光緒二年呈造家譜爲例，起自第一代佐領崔膺泰，止於第九世，現管佐領爲第十五任、時年僅十二歲的九世孫崔德安。

《襲職家譜》後爲崔氏佐領編審的《三代比丁册》八册，分别是道光十二年三月呈造之《盛京駐防三代比丁册》、《福州駐防三代比丁册》、《廣州駐防三代比丁册》三册；道光二十一年四月呈造之《福州駐防三代比丁册》、《廣州駐防三代比丁册》、《在京官兵壯丁比丁三代册》、《吉林駐防比丁册》、《盛京駐防三代比丁册》五册。每册記該地方駐防八旗壯丁數，包括舊管原額兵壯丁幾名，病故幾名，新增幾名，兵種，係何人之子孫等。

譜册幅面寬大，紙質薄脆，經折疊收藏後多有斷裂。内中頗多浮簽，粘貼於所修訂處。迄今爲止，清代襲職家譜、三代丁册類材料發現不多，除中國國家圖書館藏有光緒三十一年《蒙旗世管佐領襲職家譜》一册外，臺北"國家圖書館"亦藏有嘉慶至光緒朝多個姓氏的襲職家譜檔，並聞新疆察布查爾錫伯族自治縣發現有滿文《盛京移駐伊犁錫伯營鑲紅旗官兵三代丁册》抄本一册。而哈佛所藏此譜册年代跨度長，世系完整，對研究清代軍官世襲制度以及軍營編制、人口演變等具有重要參考價值。

0698　清光緒内府寫本宗室王公章京世襲爵秩册　T2252.8/3318

《宗室王公章京世襲爵秩册》四卷，清宗人府編。清光緒内府朱墨寫本。四册。半頁九行十九字，四周雙邊，白口，無魚尾。朱絲欄，有眉欄。框高23.4釐米，寬15.4釐米。書口上刊"黄檔房"三字。函套外有書名簽，題"宗室王公章京世襲爵秩册附現任爵秩全函"。無序跋、凡例。

清制，皇族按與皇帝本支血緣之遠近，分爲宗室及覺羅，以顯祖宣皇帝本支爲宗室，伯叔兄弟之支爲覺羅。宗室爵秩分爲和碩親王、多羅郡王、多羅貝勒、固山貝子、奉恩鎮國公、奉恩輔國公、不入八分鎮國公、不入八分輔國公、鎮國將軍、輔國將軍、奉國將軍、奉恩將軍十二等爵位，秩視一至四品。並沿明制，設宗人府專管皇室宗族譜牒、爵秩、賞罰、祭祀等事務。

黄檔房，宗人府内專司辦理文書及管理檔案之所。宗室、覺羅凡生子、繼嗣、婚嫁、爵秩始末，俱應告知宗人府，宗室親王以下至輔國公，由長史等官開送，鎮國將軍以下至閒散宗室，由族長開送，覺羅由各旗首領開送。宗人府詳覈後書於册，稱"皇册"或"黄册"，宗室入黄册，覺羅入紅册。是書即宗室爵秩類皇册，敘世系時有朱筆書"今上皇帝光緒萬萬年"一行，知爲光緒朝所修。《大清會典》載，宗室、覺羅封爵襲替、選授職官、升調降革及身故，皆令報府注册。每歲十二月，宗人府以襲替之數登於皇册，具奏得旨，宗人府官赴保和殿改繕增注，存者朱書，殁者墨書，凡封爵皆錫之册。

凡四卷，卷首列聖位下、《會典》内載、顯祖宣皇帝位下各門爵秩；卷二太祖高皇帝位下各門爵秩、太宗文皇帝位下各門爵秩、世祖章皇帝位下各門爵秩；卷三聖祖仁皇帝位下各門爵秩；卷四世宗憲皇帝位下各門爵秩、高宗純皇帝位下各門爵秩、仁宗睿皇帝位下各門爵秩、宣宗成皇帝位下各門爵秩。只敍爵秩，每房後附現任爵秩，其功績事蹟已入國史、玉牒，故皇册中不再備載。

黃綾面，避清帝諸諱甚嚴。增改處頗多，或以浮簽，或粘紙另寫，蓋即所謂"赴保和殿改繕增注"者。

《中國古籍善本書目》史部傳記類著録有清黃檔房抄本兩部，一爲中央民族大學圖書館藏本，2003 年四川人民出版社《中國少數民族古籍集成》以此爲底本影印收入；二爲中國科學院圖書館藏本，存卷一至三。另外，遼寧省圖書館藏有《宗室王公章京世襲爵秩册》一部，五册，著録爲清皇檔房寫本。北京大學圖書館藏有兩部，爲一册本和三册本，著録爲清黃檔房抄本。上海圖書館藏有抄本一部，二册。中國國家圖書館藏有《宗室王公章京世襲爵秩册》二册，清末朱絲欄抄本；另有抄本一部，四册。臺北"中央研究院"史語所傅斯年圖書館亦收藏一部，朱絲欄朱墨抄本。中國第一歷史檔案館藏《宗人府全宗》檔案之《星源集慶》，共編 155 號，其中第 39 至 58 號計 20 號，實爲《宗室王公章京襲次表册》、《覺羅世襲官員名册》等皇册。未見以上諸本，不詳版本是否有別，蓋編修年代有所不同。

2003 年，北京圖書館出版社《北京圖書館藏家譜叢刊》民族卷第 35 册，爲《宗室王公章京世系爵秩册》，清牟其汶編，底本爲中央民族大學圖書館藏清光緒三十二年石印本。書名雖一字之差，實大體相同，哈佛本内容略多於光緒石印本。另有清宗人府牟其汶編《宗室王公世職章京爵秩襲次全表》十卷，列表之横格可辨其親疏，直則得其輩份，眉目井然，可與此參看，中國國家圖書館、北京大學圖書館等多家有藏。

0699　清雍正刻本茗洲吴氏家典

T1682/2311

《茗洲吴氏家典》八卷，清吴翟輯。清雍正十二年(1734)吴氏刻本。五册。半頁十行二十二字，左右雙邊，黑口，單魚尾。框高 19 釐米，寬 13.1 釐米。題"紫陽後學吴翟青羽甫手輯；同學諸子閱正"。前有雍正十一年(1733)竇容恂序，康熙五十年(1711)李應軋序，康熙五十二年(1713)李菁序，康熙五十二年吴嘉默序，康熙五十二年吴翟序；參閱校正姓氏；《凡例》六則。書後有康熙四十九年(1710)葉蘅跋，雍正十三年(1735)吴瑕跋。

吴翟，字青羽，號介石，安徽休寧人。

是書本朱熹《家禮》，《凡例》云："範家以四禮，曰冠、昏、喪、祭。文公著爲《家禮》，炳如日星矣，兹復有《家典》者何？遵行《家禮》，率以爲常，故曰典也。"卷一録家規八十條，卷二爲《通禮》，卷三至六爲冠、昏、喪、祭四禮，卷七《外神祀》，卷八《講學》。卷二以下皆首之以議，次以儀節，次以圖，末爲考證。如卷三《冠禮》，列冠禮議、冠禮儀節、長子冠圖、衆子冠圖、孤子冠圖、冠禮考證諸目；卷四《昏禮》列昏禮議、昏禮儀節、醮壻圖、親迎圖、醮女圖、禮婦圖、合巹圖、昏禮考證諸目，等等。

卷七《外神祀》、卷八《講學》爲《家禮》之外所增益者，《凡例》云："《家禮》載冠、昏、喪、祭，兹益以外神者何？諂瀆鬼神者，昧於民義，著外神所當祀，嚴其防也。復益以講學者何？禮之不明，由於學之不講。祖孔宗朱，講習討論，濬其源以達其流，培其根以茂其枝，則禮之行也不難矣。"其中，卷七列外神祀議、祀社儀節、祀竈儀節、厲祭儀節、外神祀考證諸目，卷八列講學議、釋菜儀節、釋菜圖、附童子八塾釋菜拜師儀節、釋菜考證諸目。

茗洲在安徽休寧縣，茗洲吴氏素爲休寧望族，明代即有吴子玉輯《茗洲吴氏家記》。此書爲吳翟與族人協力完成,成書在康熙五十二年,刻梓則在成書二十餘年後矣。吳瑊跋云:"甲寅,家塾課兒,適三從兄介石先生有謀梓《家典》之舉,將付開雕,以其書授予……又曰吾族自抑庵先生後,約廬先生留心典禮,曩者嘗以四禮囑蔚園、介石矣,作議就正,卒無成書。其後約廬、蔚園相繼下世,而吾弟又勞勞於平山虹橋間,不得歸一商可否,余滋愀焉。癸巳冬,率諸子侄原本《家禮》,參互考訂,使宜於俗,而無悖其意,分八卷,繕寫成帙,名曰《茗洲吳氏家典》……書之藏於篋笥者蓋又二十年矣。癸丑春,郡侯寶葵林先生理學淵源,承請紫陽書院會講,因出《家典》求正。既蒙鑑賞,復遣吏賫敘文,力勸梓行。無何寶公又以掛誤去,族黨姻好聞之,率鼓舞輸貲助梓。今書成有日矣,不爲之記,則後孰知其所自也。"據跋中所云,此書成於"癸巳",即康熙五十二年;開雕於"甲寅",即雍正十二年。

此本有扉頁,刻"茗洲吳氏家典。中州寶葵林先生鑑定。大鄣山吳青羽手輯。紫陽書院藏板"。

《四庫全書總目》、《續修四庫全書總目提要(稿本)》、《販書偶記》、《清史稿藝文志拾遺》等皆未著錄。《中國古籍善本書目》史部傳記類著錄,僅湖北省圖書館藏。此書又有光緒間刻本,中國國家圖書館等有藏。

0700　明萬曆刻崇禎增修本明狀元圖考　　　T2259.7/3830

《明狀元圖考》五卷,明顧鼎臣、顧祖訓撰。明萬曆三十五年(1607)吳承恩、黃文德刻崇禎增修本。四冊。半頁九行二十字,四周單邊,白口,無魚尾。有圖。框高20.7釐米,寬13.3釐米。題"句吳大學士顧鼎臣、孫祖訓彙編;新都後學吳承恩君錫父、程一楨君寧父校益;黃文德承甫父、吳脩道敬夫父仝閱;黃應澄兆聖父繪圖;黃應纘嗣宗父書考"。前有萬曆三十五年沈一貫序,萬曆三十七年(1609)湯賓尹序;萬曆三十五年吳立性跋;吳承恩撰《凡例》九則;國朝廷試事儀;採用書目。

顧鼎臣,字九和,號未齋。崑山人。弘治十八年進士。授修撰,累遷禮部右侍郎。世宗好神仙術,内殿設齋醮,鼎臣進步虛詞七章,優詔褒答。明代詞臣以青詞結主知,自鼎臣始。尋以禮部尚書兼文淵閣大學士入參機務。時夏言當國專甚,鼎臣素柔媚,不能有爲,充位而已。卒官後,諡文康。有《未齋集》。

以狀元爲專書者,明朱希召有《宋歷科狀元錄》八卷,清錢大昕有《元進士考》不分卷,明陳鎏有《皇明歷科狀元錄》四卷,明張弘道、張凝道有《皇明三元考》十四卷等,而以圖考爲名者,僅此一種。是書卷一洪武四年至宣德八年,計三朝十八科;卷二正統元年至正德十六年,計六朝二十九科;卷三嘉靖二年至崇禎七年,計五朝三十八科;卷四爲明三及第會元詩文,凡詩一百六十首,表四篇;卷五《明會元及第通考》,《歷科狀元總考》,《京省及第會元分考》(附及第會元命造評注)。是本殘存卷一至三,至狀元(崇禎四年)錢士升止,佚去崇禎七年之劉理順。

湯賓尹序云:"夫狀元有考矣,復圖之者何?圖其事之奇也,圖其兆之異也。譬之神龍,然其初潛大海也,泥蟠淵屈,與衆鱗介無異。迨頭角養成,將出騰蒼巖,而作霖雨,先必天日蔽障,雲霧鬱蒸,人莫窺其端倪,此神龍奇異也。矧狀頭大魁,固人龍也,獨無奇異哉!如古先進夢筆生花、洛陽救渡、夢產曾子,往往皆先發奇兆。我明歷科狀元,即晉秩秋苑,多秉軸台衡,方未離蔬釋蹻,讀書草茅中,與士庶儕伍耳。然天地神鬼,每呵護不祥,顯厥靈異,後果首唱彤庭,勳猷彪炳。質諸曩時,夢兆若符契然,蓋自孕育澡髮時,天降嶽誕,神物已鍾靈而毓秀矣。"

是書之撰,蓋自顧氏兼採京省諸刻,詮訂魯魚而成。然舊刻止於隆慶五年,另有坊間所刻延至萬曆十一科者,亦略而未詳。吴承恩有鑒於此,乃"會集諸刻,細加讎校,兼的訪今科事實夢兆增入,試懸國門,可以喚醒塵夢"(《凡例》)。繪圖者爲黄兆聖,每人各繪一事,各揭其錚錚者,令當年神採,異世如見。寫手爲黄應縉,其爲歙人,最擅臨池。而剞劂者,歙之黄氏諸伯仲,爲黄應瑞、黄應渭等。圖極精,亦雕龍之聖手所爲。

《四庫全書總目》未收。《中國古籍善本書目》著録。南京圖書館亦有入藏。是書原本,即萬曆三十五年吴承恩、黄文德刻本,中國國家圖書館、天津圖書館等五館,日本内閣文庫入藏。又是書清初陳枚續有增訂,作者項題"武林陳枚簡侯父增訂",爲六卷,中國國家圖書館、上海圖書館等五館,臺北"國家圖書館",及美國國會圖書館入藏。

鈐印有"櫻谷文庫"。

按,清代漢陽葉氏平安館又有重刻,然爲三卷之本。

0701　清乾隆刻本大清職官遷除全書　　T4726.9/4352(1757)

《大清職官遷除全書》不分卷。清乾隆二十二年(1757)寶名堂刻本。三册。半頁十四行,字數不一,四周雙邊,白口,雙魚尾。框高21.8釐米,寬14.6釐米。封面書簽墨筆書"職官遷除全書　乾隆二十二年歲次丁丑夏五月",並書每册所收直省名。前有乾隆二十二年陳守誠序;《凡例》二十四則。

古代官制,調動改派謂之"遷",拜官授職謂之"除","遷除"指升職改派。是書爲清乾隆二十二年丁丑夏季之搢紳録也。首録一至九品官階品級與頂服俸禄,次録户部銓選則例、禮部題定文職官員相見儀注。正文先京師京官,後直省外官。京官先列職官額設若干,再分列各衙門,有宗人府、内閣、翰林院、詹事府、吏部、户部、禮部、兵部、刑部、工部、理藩院、都察院、中西南北東五城察院、兵馬司、通政司、大理寺、六科、太常寺、太僕司、光禄寺、國子監、鴻禄寺、欽天監、太醫院、鑾儀衛、侍衛、九門提督、户工二部分司。各省首記疆域、職官、賦税、關權概況,並於各直省布政使司衙門下開載所屬之府廳佐雜司府首領養廉若干兩,以便查考。先記布政司、按察司衙門首領官員情況,後依所轄各府爲序,每府簡要記其四界、形勢、至京若干里、至省若干里、領州縣衛若干、倉穀、地丁銀雜税賦役、關權、養廉銀數、風俗、土産概況。每府下再以每縣爲序,注明"要"、"缺"、"中缺"、"簡缺"字樣,表明職位重要程度,又標出"沖"、"繁"、"疲"、"難"字樣,代表此職位屬於地理要沖、事務繁雜、吏風疲弱、治理艱難等。再逐一記其職官人名。每人姓名前記其官位、品級,下注台號、籍貫、科舉出身。項目雖簡,卻是翻檢這一年中央及地方官員人名的基本材料,足備徵文考獻之用。

陳序云:"是書編纂紀載,率本於《大清一統志》及《會典》諸書,而世職封爵與夫供奉内苑臣工非有親民之責者或未備,較之《職官志》亦殊約焉。惟遷除之令甫頒,梓人得操寸刃以從事,牘不盈指,歲異而月改","因病其闕失紕繆,今則不憚搜討,悉心考覈,更增益其未備,宜亦資政者之一助。"

《凡例》後有"乾隆丁丑夏五月寶名堂謹識"一行,知爲京都書坊所刻。寶名堂,不見於《中國古籍版刻辭典》,據《中國古籍善本書目》、日本《東洋文庫所藏漢籍分類目録》等著録,此坊在乾隆年間刻有多種職官録。是書第一册爲京師、直隸、盛京;第二册爲江蘇、安徽、江西、浙江、福建、湖北;第四册爲甘肅、四川、廣東、廣西、雲南、貴州。原闕第三册,所記應爲湖南、山東、山西、河南、陝西五省。

封面以清道光間山東省公文紙托裱。藍色刷印"自　發。內　件。道光　年　月　日　時。捐馬飛遞限日行　百里。內封緊要公文,仰沿途馬夫晝夜星飛遞至　衙門告投,毋得遲延舛錯,雨濕擦損致干挨程,查究不貸。速速。"上以墨筆及朱筆填充發件衙門、時間、件數、遞達何人等,並鈐滿漢文關防。三冊封面、封底共六張托裱公文,分別是道光三十年三月初四日至十一日,由省城濟南府經歷司、山東按察使經歷司、曹州府經歷司、泰安縣投給"山東省濟寧府魚臺縣正堂陳"的"限日行六百里"公文封皮。

書中還夾有"執照"一張,刊"魚臺縣正堂周　爲酌撥乙卯年兵餉事據花户　完納乾隆六十年地丁銀眼同收書投櫃外合給執照。乾隆六十年　月　日",以墨筆填充花户名"馬湛",日期"三月廿一日"。旁有刊刻半印,有"如有重户舛錯,該户查明限五日內將",字蹟甚模糊。並鈐關防印和"驗訖"兩字。

查《(光緒)魚臺縣志》,乾隆六十年在任魚臺縣令者爲周錦,直隸清苑人,乾隆五十七年到任。道光三十年在任魚臺縣令者爲陳應元,廣西臨桂人,道光十二年恩科舉人,道光二十九年十二月到任。陳應元在任一年,民間無訟,宵小殮蹤。後歷任金鄉、鉅野、諸城、泰安等知縣,以捕盜聞於上。後微服率人往緝巨盜陶三,因其拒捕被戕,朝廷下詔立祠。

《續修四庫全書總目提要(稿本)》著錄《大清職官遷除題名錄》六卷,乾隆三十五年崇壽堂刻巾箱本,與此書內容暨版本皆不同。

《中國古籍善本書目》著錄中國科學院圖書館藏《大清職官遷除全書》不分卷(乾隆二十八年夏季),清乾隆二十八年寶名堂刻本,有四則邵章詩及題記,稱是"偶憶明清末造有關搢紳故實者,詩以存之";《中國科學院圖書館藏中文古籍善本書目》著錄清雍正元年刻本、乾隆二十六年刻本《大清職官遷除全書》不分卷兩種。查各家目錄,北京大學圖書館藏有清乾隆二十二年寶名堂刻本《大清中樞職官遷除備覽》及清乾隆五十一年京都崇壽堂刻本《大清職官遷除錄》;中國國家圖書館有清乾隆三十六年、三十七年崇壽堂所刻兩種《職官遷除題名錄》;日本東洋文庫藏有清乾隆四十年冬和四十八年夏寶名堂刻本《大清縉紳全書》兩種。

0702　清乾隆至宣統刻本搢紳錄　T4726.9/4352

館藏清代《搢紳錄》計131部,自乾隆二十二年(1757)起,迄宣統三年(1911),歷一百五十四年。開列如下:

《大清職官遷除全書》。清乾隆二十二年(1757)寶名堂刻本。三冊。T4726.9/4352(1757);

《大清中樞備覽》(乾隆三十七年壬辰冬季)。清乾隆三十七年(1772)京都榮錦堂刻本。二冊。T4726.9/4352(1772D);

《大清搢紳全書》(乾隆五十七年壬子春季)。清乾隆五十七年(1792)京都濂溪閣刻本。四冊。T4726.9/4352(1792A);

《大清搢紳全書》附《大清中樞備覽》(乾隆五十八年癸丑春季)。清乾隆五十八年(1793)京都榮錦堂刻本。《大清中樞備覽》封面簽題榮錦堂梓,扉頁及序題爲寶名堂刻本。六冊。T4726.9/4352(1793A);

《大清搢紳全書》(嘉慶元年丙辰秋季)。清嘉慶元年(1796)京都寶名堂刻本。四冊。

T4726.9/4352(1796C);

《大清搢紳全書》(嘉慶六年辛酉冬季)。清嘉慶六年(1801)京都榮慶堂刻本。四册。T4726.9/4352(1801D);

《大清搢紳全書》(嘉慶九年甲子冬季)。清嘉慶九年(1804)京都崇名堂刻本。四册。T4726.9/4352(1804D);

《大清搢紳全書》附《大清中樞備覽》(嘉慶十年乙丑秋季)。清嘉慶十年(1805)京都崇名堂刻本。封面題簽爲"袖珍爵秩全函"。六册。T4726.9/4352(1805C);

《大清搢紳全書》(道光十三年癸巳冬季)。清道光十三年(1833)京都榮覲堂刻本。四册。T4726.9/4352(1833D);

《大清搢紳全書》(道光十四年甲午冬季)。清道光十四年(1834)京都榮禄堂刻本。四册。第一册書簽和扉頁誤題爲"大清中樞備覽",實爲《縉紳全書》。T4726.9/4352(1834D);

《大清搢紳全書》附《大清中樞備覽》(道光十五年乙未春季)。清道光十五年(1835)京都西二酉堂刻本。六册。T4726.9/4352(1835A);

《大清搢紳全書》(道光十八年戊戌春季)。清道光十八年(1838)京都坊刻本。四册。T4726.9/4352(1838A);

《爵秩全覽》(道光二十年庚子秋季)。清道光二十年(1840)京都坊刻本。四册。T4726.9/4352(1840C);

《大清搢紳全書》附《大清中樞備覽》(道光二十二年壬寅秋季)。清道光二十二年(1842)京都榮禄堂刻本。六册。T4726.9/4352(1842C);

《大清搢紳全書》附《中樞備覽》(道光二十六年丙午春季)。清道光二十六年(1846)京都榮録堂刻本。四册。T4726.9/4352(1846A);

《爵秩全書》(道光二十六年丙午冬季)。清道光二十六年(1846)京都刻本。四册。T4726.9/4352(1846D);

《大清搢紳全書》(道光二十七年丁未夏季)。清道光二十七年(1847)京都貴文堂刻本。四册。T4726.9/4352(1847B);

《大清搢紳全書》(道光二十七年丁未秋季)。清道光二十七年(1847)京都榮録堂刻本。四册。T4726.9/4352(1847C);

《大清搢紳全書》附《大清中樞備覽》(道光二十八年戊申冬季)。清道光二十八年(1848)京都榮録堂刻本。六册。T4726.9/4352(1848D);

《爵秩全覽》(道光二十九年己酉夏季)。清道光二十九年(1849)京都坊刻本。四册。T4726.9/4352(1849B);

《大清搢紳全書》(道光二十九年己酉夏季)。清道光二十九年(1849)京都文琳堂刻本。四册。T4726.9/4352(1849B1);

《大清搢紳全書》附《大清中樞備覽》(道光二十九年己酉秋季)。清道光二十九年(1849)京都榮華堂刻本。六册。T4726.9/4352(1849C);

《大清搢紳全書》(道光二十九年己酉冬季)。清道光二十九年(1849)京都文鬱堂刻本。殘存第三册,爲湖北、湖南、河南、山東、山西、陝西、甘肅七省縉紳録。T4726.9/4352(1849D);

《大清搢紳全書》(道光三十年庚戌秋季)。清道光三十年(1850)京都榮禄堂刻本。四册。T4726.9/4352(1850C);

《爵秩全覽》(咸豐元年辛亥夏季)。清咸豐元年(1851)京都刻本。四册。T4726.9/4352(1851B);

《大清搢紳全書》(咸豐二年壬子秋季)。清咸豐二年(1852)京都榮禄堂刻本。四册。T4726.9/4352(1852C);

《大清搢紳全書》(咸豐二年壬子冬季)。清咸豐二年(1852)京都榮禄堂刻本。三册。T4726.9/4352(1852D);

《大清搢紳全書》(咸豐四年甲寅冬季)。清咸豐四年(1854)京都榮禄堂刻本。四册。T4726.9/4352(1854D);

《大清搢紳全書》附《大清中樞備覽》(咸豐五年乙卯春季)。清咸豐五年(1855)京都榮禄堂刻本。六册。T4726.9/4352(1855A);

《大清搢紳全書》(咸豐五年乙卯秋季)。清咸豐五年(1855)京都榮禄堂刻本。四册。T4726.9/4352(1855C);

《大清搢紳全書》(咸豐六年丙辰夏季)。清咸豐六年(1856)京都榮觀堂刻本。四册。T4726.9/4352(1856B);

《大清搢紳全書》(咸豐七年丁巳春季)。清咸豐七年(1857)京都貴文堂刻本。四册。T4726.9/4352(1857A);

《大清搢紳全書》(咸豐九年己未冬季)。清咸豐九年(1859)京都榮録堂刻本。四册。T4726.9/4352(1859D);

《大清搢紳全書》(咸豐十一年辛酉)。清咸豐十一年(1861)京都榮録堂刻本。四册。T4726.9/4352(1861);

《大清搢紳全書》(同治三年甲子夏季)。清同治三年(1864)京都榮晉齋刻本。四册。T4726.9/4352(1864B);

《大清搢紳全書》(同治三年甲子秋季)。清同治三年(1864)京都榮録堂刻本。四册。T4726.9/4352(1864C);

《大清搢紳全書》(同治三年甲子冬季)。清同治三年(1864)京都榮録堂刻本。殘存第二册,爲直隸、江蘇、安徽、江西、浙江、福建六省《搢紳録》。T4726.9/4352(1864D);

《大清搢紳全書》(同治五年丙寅夏季)。清同治五年(1866)京都榮晉齋刻本。四册。T4726.9/4352(1866B);

《大清搢紳全書》(同治六年丁卯夏季)。清同治六年(1867)京都榮録堂刻本。四册。T4726.9/4352(1867B);

《爵秩全覽》(同治七年戊辰秋季)。清同治七年(1868)京都刻本。四册。T4726.9/4352(1868C);

《爵秩全覽》(同治七年戊辰冬季)。清同治七(1868)京都刻本。四册。T4726.9/4352(1868D);

《大清搢紳全書》(同治九年庚午夏季)。清同治九年(1870)榮録堂刻本。四册。T4726.9/4352(1870B);

《大清中樞備覽》(同治九年庚午秋季)。清同治九年(1870)榮録堂刻本。二册。T4726.9/4352(1870C);

《大清搢紳全書》(同治十年辛未春季)。清同治十年(1871)京都榮録堂刻本。殘存第四

册,爲四川、廣東、廣西、雲南、貴州五省之《縉紳録》。T4726.9/4352(1871A);

《大清搢紳全書》(同治十年辛未夏季)。清同治十年(1871)京都斌陞堂刻本。四册。T4726.9/4352(1871B);

《大清搢紳全書》(同治十年辛未秋季)。清同治十年(1871)京都榮録堂刻本。四册。T4726.9/4352(1871C);

《爵秩全覽》(同治十年辛未冬季)。清同治十年(1871)京都刻本。四册。T4726.9/4352(1871D);

《大清搢紳全書》(同治十一年壬申春季)。清同治十一年(1872)京都榮録堂刻本。四册。T4726.9/4352(1872A);

《大清搢紳全書》附《中樞備覽》(同治十一年壬申夏季)。清同治十一年(1872)京都榮録堂刻本。六册。T4726.9/4352(1872B);

《大清搢紳全書》(同治十一年壬申秋季)。清同治十一年(1872)京都榮録堂刻本。四册。T4726.9/4352(1872C1－4);

《大清中樞備覽》(同治十一年壬申秋季)清同治十一年(1872)京都榮録堂刻本。二册。T4726.9/4352(1872C5－6);

《大清搢紳全書》(同治十一年壬申冬季)。清同治十一年(1872)京都斌陞堂刻本。四册。T4726.9/4352(1872D);

《大清搢紳全書》(同治十二年癸酉秋季)。清同治十二年(1873)京都斌陞堂刻本。四册。T4726.9/4352(1873C);

《大清搢紳全書》(同治十二年癸酉冬季)。清同治十二年(1873)京都榮晉齋刻本。四册。T4726.9/4352(1873D);

《爵秩全覽》(同治十三年甲戌夏季)。清同治十三年(1874)京都刻本。四册。T4726.9/4352(1874B);

《大清搢紳全書》(光緒二年丙子夏季)。清光緒二年(1875)京都榮録堂刻本。四册。T4726.9/4352(1876B);

《大清搢紳全書》(光緒三年丁丑秋季)。清光緒三年(1876)京都榮録堂刻本。四册。T4726.9/4352(1877C);

《大清搢紳全書》(光緒三年丁丑冬季)。清光緒三年(1876)京都榮録堂刻本。四册。T4726.9/4352(1877D);

《大清搢紳全書》(光緒四年戊寅夏季)。清光緒四年(1878)京都榮録堂刻本。四册。T4726.9/4352(1878B);

《大清搢紳全書》(光緒五年己卯秋季)。清光緒五年(1879)京都榮華堂刻本。四册。T4726.9/4352(1879C);

《大清中樞備覽》(光緒五年己卯秋季)二卷。清光緒五年(1879)京都榮録堂刻本。二册。T4726.9/4352(1879C2);

《内務府爵秩全覽》(光緒七年辛卯夏季)。清光緒七年(1881)京都刻本。一册。T4726.9/4352(1881B);

《大清搢紳全書》(光緒十年甲申秋季)。清光緒十年(1884)京都榮録堂刻本。四册。T4726.9/4352(1884C);

《大清搢紳全書》附《中樞備覽》(光緒十一年乙酉夏季)。清光緒十一年(1885)京都榮錄堂刻本。六册。T4726.9/4352(1885B);

《大清搢紳全書》(光緒十二年丙戌春季)。清光緒十二年(1886)京都榮錄堂刻本。四册。T4726.9/4352(1886A);

《大清搢紳全書》(光緒十二年丙戌夏季)。清光緒十二年(1886)京都榮錄堂刻本。四册。T4726.9/4352(1886B);

《大清搢紳全書》附《大清中樞備覽》(光緒十二年丙戌秋季)。清光緒十二年(1886)京都榮錄堂刻本。六册。T4726.9/4352(1886C);

《大清搢紳全書》附《大清中樞備覽》(光緒十二年丙戌冬季)。清光緒十二年(1886)京都榮錄堂刻本。六册。T4726.9/4352(1886D)。

《大清搢紳全書》(光緒十四年戊子夏季)清光緒十四年(1888)京都刻本。四册。T4726.9/4352(1888B);

《大清搢紳全書》附《大清中樞備覽》(光緒十四年戊子秋季)。清光緒十四年(1888)京都來鹿堂刻本。六册。T4726.9/4352(1888C);

《大清搢紳全書》(光緒十五年己丑春季)。清光緒十五年(1889)京都榮錄堂刻本。四册。T4726.9/4352(1889A);

《爵秩全覽》(光緒十五年己丑秋季)。清光緒十五年(1889)京都刻本。四册。T4726.9/4352(1889C);

《大清搢紳全書》(光緒十六年庚寅春季)。清光緒十六年(1890)京都榮錄堂刻本。四册。T4726.9/4352(1890A);

《大清搢紳全書》附《大清中樞備覽》(光緒十六年庚寅春季)。清光緒十六年(1890)京都榮錄堂刻本。六册。T4726.9/4352(1890A2);

《大清搢紳全書》(光緒十六年庚寅夏季)。清光緒十六年(1890)京都榮錄堂刻本。四册。T4726.9/4352(1890B);

《大清搢紳全書》附《大清中樞備覽》(光緒十六年庚寅秋季)。清光緒十六年(1890)京都榮錄堂刻本。六册。T4726.9/4352(1890C);

《大清搢紳全書》(光緒十六年庚寅冬季)。清光緒十六年(1890)京都榮錄堂刻本。四册。T4726.9/4352(1890D);

《大清搢紳全書》(光緒十七年辛卯春季)。清光緒十七年(1891)京都來鹿堂刻本。四册。T4726.9/4352(1891A);

《大清搢紳全書》(光緒十七年辛卯夏季)。清光緒十七年(1891)京都榮錄堂刻本。四册。T4726.9/4352(1891B);

《大清搢紳全書》(光緒十七年辛卯秋季)。清光緒十七年(1891)京都來鹿堂刻本。四册。T4726.9/4352(1891C);

《大清搢紳全書》附《大清中樞備覽》(光緒十八年壬辰春季)。清光緒十八年(1892)京都榮錄堂刻本。六册。T4726.9/4352(1892A);

《大清搢紳全書》(光緒十八年壬辰夏季)。清光緒十八年(1892)京都榮錄堂刻本。四册。T4726.9/4352(1892B);

《大清搢紳全書》附《大清中樞備覽》(光緒十八年壬辰秋季)。清光緒十八年(1892)京都來

鹿堂刻本。六册。T4726.9/4352(1892C);

《大清搢紳全書》附《中樞備覽》(光緒十八年壬辰冬季)。清光緒十八年(1892)京都榮録堂刻本。六册。T4726.9/4352(1892D);

《大清搢紳全書》(光緒十九年癸巳春季)。清光緒十九年(1893)京都榮録堂刻本。四册。T4726.9/4352(1893A);

《大清搢紳全書》附《中樞備覽》(光緒十九年癸巳夏季)。清光緒十九年(1893)京都松竹齋刻本。六册。T4726.9/4352(1893B);

《大清搢紳全書》(光緒十九年癸巳秋季)。清光緒十九年(1893)京都松竹齋刻本。四册。T4726.9/4352(1893C)。另有複本一部,四册,T4726.9/4352(1893C2);

《大清搢紳全書》附《中樞備覽》(光緒二十年甲午夏季)。清光緒二十年(1894)京都松竹齋刻本。六册。T4726.9/4352(1894B);

《大清搢紳全書》(光緒二十年甲午秋季)。清光緒二十年(1894)京都榮録堂刻本。四册。T4726.9/4352(1894C);

《大清搢紳全書》(光緒二十三年丁酉冬季)。清光緒二十三年(1897)京都榮録堂刻本。六册。T4726.9/4352(1897E);

《大清搢紳全書》(光緒二十五年己亥秋季)附《新增爵秩全覽》二卷。清光緒二十五年(1899)京都榮寶齋刻本。六册。T4726.9/4352(1899C);

《大清搢紳全書》(光緒二十九年癸卯秋季)。清光緒二十九年(1903)京都榮寶齋刻本。四册。T4726.9/4352(1903C);

《大清中樞備覽》(光緒三十年甲辰夏季)。清光緒三十年(1904)京都榮録堂刻本。二册。T4726.9/4352(1904B2);

《新增爵秩全覽》(光緒三十年甲辰秋季)。清光緒三十年(1904)京都坊刻本。二册。T4726.9/4352(1904C2);

《大清搢紳全書》(光緒三十年甲辰冬季)。清光緒三十年(1904)京都榮録堂刻本。四册。T4726.9/4352(1904D);

《大清搢紳全書》附《中樞備覽》(光緒三十一年乙巳春季)。清光緒三十一年(1905)京都榮録堂刻本。六册。T4726.9/4352(1905A);

《大清搢紳全書》附《中樞備覽》(光緒三十一年乙巳夏季)。清光緒三十一年(1905)京都榮録堂刻本。六册。T4726.9/4352(1905B);

《大清搢紳全書》(光緒三十一年乙巳夏季)。清光緒三十一年(1905)京都榮録堂刻本。四册。T4726.9/4352(1905B2);

《大清搢紳全書》附《中樞備覽》(光緒三十一年乙巳秋季)。清光緒三十一年(1905)京都榮禄堂刻本。六册。T4726.9/4352(1905C);

《大清搢紳全書》(光緒三十一年乙巳冬季)。清光緒三十一年(1905)京都榮禄堂刻本。四册。T4726.9/4352(1905D);

《新增爵秩全覽》(光緒三十一年乙巳春、夏、秋、冬季)。清光緒三十一年(1905)京都刻本。八册。T4726.9/4352(1905E);

《大清搢紳全書》(光緒三十二年丙午春季)。清光緒三十二年(1906)京都榮禄堂刻本。四册。T4726.9/4352(1906A);

《大清搢紳全書》附《中樞備覽》(光緒三十二年丙午夏季)。清光緒三十二年(1906)京都榮錄堂刻本。六冊。T4726.9/4352(1906B);

《大清搢紳全書》(光緒三十二年丙午秋季)。清光緒三十二年(1906)京都榮錄堂刻本。四冊。T4726.9/4352(1906C);

《大清搢紳全書》(光緒三十二年丙午秋季)。清光緒三十二年(1906)京都榮錄堂刻本。四冊。封面題作"爵秩全函"。T4726.9/4352(1906C2);

《大清搢紳全書》(光緒三十二年丙午冬季)。清光緒三十二年(1906)京都榮錄堂刻本。四冊。T4726.9/4352(1906D);

《大清搢紳全書》(光緒三十三年丁未春季)。清光緒三十三年(1907)京都榮錄堂刻本。四冊。T4726.9/4352(1907A);

《大清搢紳全書》(光緒三十三年丁未夏季)。清光緒三十三年(1907)京都榮寶齋刻本。四冊。T4726.9/4352(1907B);

《大清搢紳全書》(光緒三十三年丁未秋季)。清光緒三十三年(1907)京都榮錄堂刻本。四冊。T4726.9/4352(1907C1-4);

《大清中樞備覽》(光緒三十三年丁未秋季)。清光緒三十三年(1907)京都榮寶齋刻本。二冊。T4726.9/4352(1907C5-6);

《大清搢紳全書》附《中樞備覽》(光緒三十三年丁未冬季)。清光緒三十三年(1907)京都榮祿堂刻本。六冊。T4726.9/4352(1907D);

《大清搢紳全書》(光緒三十三年丁未冬季)。清光緒三十三年(1907)京都榮錄堂刻本。四冊。封面題作"爵秩全函"。T4726.9/4352(1907D2);

《大清中樞備覽》(光緒三十三年丁未冬季)。清光緒三十三年(1907)京都榮寶齋刻本。二冊。T4726.9/4352(1907D3);

《大清搢紳全書》(光緒三十四年戊申春季)。清光緒三十四年(1908)京都榮錄堂刻本。四冊。T4726.9/4352(1908A);

《大清搢紳全書》(光緒三十四年戊申夏季)。清光緒三十四年(1908)京都榮祿堂刻本。四冊。封面題簽"大清最新搢紳全書"。T4726.9/4352(1908B);

《大清搢紳全書》(光緒三十四年戊申秋季)。清光緒三十四年(1908)京都榮錄堂刻本。四冊。T4726.9/4352(1908C);

《大清搢紳全書》附《中樞備覽》(光緒三十四年戊申冬季)。清光緒三十四年(1908)京都榮錄堂刻本。六冊。T4726.9/4352(1908D);

《大清最新百官錄》(宣統元年己酉春季)。清宣統元年(1909)京都槐蔭山房刻本。四冊。T4726.9/4352(1909);

《大清搢紳全書》(宣統元年己酉春季)。清宣統元年(1909)京都榮寶齋刻本。四冊。封面題簽"憲政最新搢紳全書"。T4726.9/4352(1909A);

《大清搢紳全書》(宣統元年己酉夏季)。清宣統元年(1909)京都榮祿堂刻本。四冊。封面題簽"大清最新搢紳錄"。T4726.9/4352(1909B);

《大清搢紳全書》附《直省候補同官錄》(宣統元年己酉秋季)。清宣統元年(1909)京都榮寶齋刻本。五冊。封面題簽"憲政最新搢紳全書"。T4726.9/4352(1909C);

《大清搢紳全書》(宣統元年己酉冬季)。清宣統元年(1909)京都榮錄堂刻本。四冊。

T4726.9/4352(1909D);

《大清搢紳全書》附《直省候補同官錄》（宣統二年庚戌春季）。清宣統二年(1910)京都榮寶齋刻本。五冊。封面題簽"憲政最新搢紳全書"。T4726.9/4352(1910A)；

《大清搢紳全書》附《中樞備覽》（宣統二年庚戌夏季）。清宣統二年(1910)京都榮錄堂刻本。六冊。T4726.9/4352(1910B)；

《大清搢紳全書》（宣統二年庚戌秋季）。清宣統二年(1910)京都榮禄堂刻本。四冊。T4726.9/4352(1910C)；

《大清搢紳全書》（宣統二年庚戌冬季）。清宣統二年(1910)京都榮錄堂刻本。五冊。T4726.9/4352(1910D)；

《大清搢紳全書》附《大清中樞備覽》（宣統二年庚戌冬季）。清宣統二年(1910)京都榮錄堂刻本。七冊。封面題簽"袖珍爵秩全函"。T4726.9/4352(1910D2)；

《大清搢紳全書》（宣統三年辛亥春季）。清宣統三年(1911)京都榮禄堂刻本。四冊。封面題簽"大清最新搢紳錄"。T4726.9/4352(1911A)；

《大清搢紳全書》（宣統三年辛亥夏季）。清宣統三年(1911)京都榮禄堂刻本。五冊。封面題簽"大清最新搢紳錄"。T4726.9/4352(1911B)；

《大清搢紳全書》附《中樞備覽》（宣統三年辛亥秋季）。清宣統三年(1911)京都榮禄堂刻本。七冊。T4726.9/4352(1911C)；

《大清搢紳全書》（宣統三年辛亥秋季）附《增補》。清宣統三年(1911)京都榮寶齋刻本。六冊。封面題簽"憲政最新搢紳全書"、"增補最新職官全錄"。T4726.9/4352(1911C2)。

"搢紳"，又作"縉紳"，《晉書·輿服志》："所謂搢紳之士者，搢笏而垂紳帶也。"舊時以官吏裝束代指官宦。搢紳錄，即全國官員名冊一類專書，詳載職銜名稱及任職者姓名、籍貫、出身等，如能搜集齊全，可視作清朝歷年職官名錄兼政治經濟概要備覽，具有相當研究價值。明代已有書坊刻印《搢紳錄》，至清代官場更爲流行。除官刻本外，坊刻本最是盛行，從順治至宣統，數量夥而品種繁。以往藏家多以坊刻粗鄙而不予重視，公藏目錄即便著錄，也僅限於乾隆以前善本，故研究者無從瞭解《搢紳錄》存世的總體情況。

《搢紳錄》又分《爵秩全覽》、《搢紳全書》、《中樞備覽》三種，有官刻、坊刻之别。每年按四季刊刻，依吏部檔冊爲據，先京官，後外省官員。京官按照宗人府、内閣、翰林院、六部都官衙機構爲序，外省按省及其下屬府、廳、州、縣各級官員爲序。外官下依《會典》、《一統志》注明疆域、職官、賦税、關權等簡要情況。

《爵秩全覽》開本較《縉紳全書》和《中樞備覽》大，有吏部刊刻者，亦有委托書坊代刻者，即書坊所稱"四季校準大小文武搢紳"之大本者。吏部銓選文官，故《爵秩全覽》只開列該季度全國文職官員。通常某年某季爲四冊一部，光緒後期有按春夏秋冬四季合爲一編者，爲八冊一部。紅紙封面，無任何出版者説明，封面僅有"爵秩全覽"題簽，卷前無序言、凡例等，開卷便是從宗人府開始的各級衙署職銜及官員姓名。通常半頁十六行，字數不一。四周雙邊，白口，雙魚尾。

《搢紳全書》、《中樞備覽》，爲民間書坊所刊售發行，即所謂"袖珍"、"小本"。《搢紳全書》爲全國文職官員名冊，《中樞備覽》爲全國武職官員名冊。"中樞"，兵部之别稱，武職官員由兵部銓選，故名。兩者常合成一函，即"文武搢紳"也。均爲紅紙封面，紅紙包角，有些還保持着原裝的紅布函套。書簽"大清搢紳全書"，下爲年份及季節。這類坊刻本，所見均由京都書坊逐年刊行，刻書坊名或在書籤上，或在封面另籤説明，如"京都打磨廠觀音閣西二酉"、"京都琉璃廠中間路南榮録堂"、"京都琉璃廠東頭路北來鹿堂"、"京都琉璃廠橋西路北榮寶齋"等，或在扉頁右下端，或在第一册序後説明，或在版心下端。通常半頁十四至十五行，字數不一。四周雙邊，白口，雙魚尾。

《搢紳全書》通常是四册，封面題籤或有不同，如"袖珍爵秩全覽"、"大清搢紳全書"、"爵秩全函"等等，内扉頁則統一爲"大清縉紳全書"，並刊："日新月易校對無僞。欽遵本朝《會典》、《一統志》、各省奏銷部册紀載疆里、民風、學校、土産、錢糧、倉貯、驛站、夫役、雜税、養廉、每月職官陞遷除授、姓氏里居一一謀補，辨舛訂訛，瞭如指掌，台號、籍貫隨到隨補，賜顧一覽便知，翻刻千里必究。"光緒中期以後，有些新刻《搢紳全書》扉頁文字略有變動，如"光緒十四年　月　日售。欽遵本朝《會典》、《一統志》，並博考各省疆域、道里、民風、學校、土産、錢糧、倉儲、驛站、夫役、雜税、養廉，務求詳悉，至每月職官陞遷除授、姓氏里居，尤俾閲者了然"。宣統元年以後，有些《搢紳全書》易名爲《大清最新百官録》，扉頁刊"探報銓補苦乏文人，輾轉鈔傳，遲訛漏略，因思京官月選近在咫尺，又非額外委署，費何分文？所有籍貫、出身、補誰底缺，除探報外，應請詳示，兩益維均盼切。直省候補及出山指南已出。櫻桃斜街貴州老館板權主人啓"。

《中樞備覽》通常兩册，扉頁刊："大清中樞備覽。日新月易校對無僞。謹遵《欽定中樞政考》紀載官階、品級、頂服、俸禄，並載各營鎮題調選補等缺，詳確無僞，一覽便知。台號、籍貫隨到隨補。"由此可知，坊間如此流行刊刻縉紳録，也是備謀取官缺者一覽。

通常《搢紳全書》開卷爲"大清搢紳全書敍"，後爲《凡例》。正文部分與《爵秩全覽》完全相同，但卷首增刻官階品級、職官總目、赴任憑限、驛站路程、相見里程等居官須知。《中樞備覽》首先記官階、品級、頂服、俸禄、題補銓選、相見儀注等，而後先京官（分京營八旗、都統、侍衛），後外官（分直隸、江南、山東、山西、河南、陝西、甘肅、新疆、福建、浙江、江西、湖北、四川、廣東、廣西、雲南、貴州各省）。光緒二十一年春季以後，爲體現新增各衙門差事，《爵秩全覽》增加了《新增爵秩全覽》，《搢紳全書》坊刻本亦依式增刻，前四册稱"新增大清搢紳全書"，後二册稱"新增爵秩全覽"。

宣統元年己酉秋季和二年庚戌春季《搢紳全書》後各附有一册《新增直省候補同官録》，爲當年京官、外官候補人員名單，還附有品級備考、氣節時刻、西曆禮拜、國朝紀元、萬壽忌辰、齋戒紀日、初任須知、居官摘要、直省同寅九個雜項内容，更突出《搢紳録》爲謀官者、做官者案頭備覽之功用。此外，宣統三年《搢紳全書》出現了新内閣、國務大臣、弼德院、外務部、民政部、度支部、學部、典禮院、軍諮府、陸軍部、海軍部、農工商部、審判廳、郵傳部、資政院、銀行監督、造幣廠、禮學館、法律館、圖書局、鐵路局、鹽政處，體現了清末改行憲政後官署設置的變化。光緒朝行省更置，盛京後增奉天、吉林、黑龍江，江南改爲江蘇和安徽，陝西後增甘肅、新疆。

有清一朝，坊間持續不斷發行《搢紳録》，往往是將以前的雕版修補重刷，用挖補修改的辦法體現本季度職官升遷除授情況，有些新刻增補頁以朱色刷印，訂入新書，非常醒目，並在版心標爲"又某頁"，如光緒甲午秋季《搢紳全書》第一册中的"又十九頁"等等，便是扉頁中所稱"隨到隨補"例。爲圖省事，有些封面書名籤的年份、季節是以木活字嵌入的。是故《搢紳録》雕版修修補補，不斷刷印，大都漫漶不堪，字蹟模糊。

孫殿起《琉璃廠小志》中列舉發售《搢紳録》的書坊十八家，實則遠遠不止，僅見於哈佛燕京這一百三十一部的就有寶名堂、榮錦堂、濂溪閣、榮慶堂、崇名堂、榮觀堂、榮録堂、西二酉堂、榮寶齋、貴文堂、文琳堂、榮華堂、文鬱堂、榮觀堂、榮晉齋、斌陞堂、來鹿堂、松竹齋、聚錦堂、槐蔭山房二十家。

刻《搢紳録》的書坊中,以琉璃廠榮録堂持續時間最長、數量最夥。在同治九年庚午夏季、光緒二十年甲午秋季、光緒三十一年乙巳夏季榮録堂刻本《搢紳全書》第一冊中,各夾訂了一頁紅印的"榮録堂起首搢紳老舗記",全文如下:"本堂原名'榮禄',歷有年矣。繼思列棘槐而載籍,固足爲榮;售棗梨以謀生,何敢言禄?且飾三間之門額,輒懸一品之封銜,雖壯觀瞻,終虞僭妄,爰更爲'録',存鈔胥之實也,洒有店屬張新名。惟竊舊掌故之搜羅未遍,牙慧則拾取爲工,細參渡豕之訛,自識飲羊之僞,音同義異,豈如鳥篆之難詳,别户分門,未必魚珠之可混,特鐫告白,尚幸垂青於斯,是爲記。京都琉璃廠東北園對過便是。"

光緒十八年壬辰冬季榮録堂刻本《搢紳全書》一部,依然保持著原裝紅色函套,内裡粘有該書坊廣告一頁:"榮録堂搢紳店,本堂專刻各種例書、六部奏定新章程,南紙筆墨減價發售",下列各書名及價銀多少,如"新刻律例精言　二錢;奏對合編　三錢"等,末有"開設京都正陽門外琉璃廠中間路南三間門額便是"。在光緒十五年己丑春季榮録堂刻本《搢紳全書》扉頁上,刻有書價"白紙文搢紳每部市白銀六錢四分,白紙武搢紳每部市白銀三錢二分,袖珍文搢紳每部市白銀三錢二分,袖珍武搢紳每部市白銀一錢六分"。發售時間以朱色木戳記於旁,爲光緒十五年二月十九日。有些扉頁還刊有"售出三日,蓋不退换"等。

《中國古籍善本書目》史部傳記類著録四十四種,最早爲順治十八年,最晚爲咸豐七年。中國國家圖書館藏二百零二種,最早爲順治十八年,最晚爲宣統三年(見於《北京圖書館古籍善本書目》暨"中國國家圖書館館藏目録檢索系統")。北京大學圖書館藏二百八十四種,最早爲清乾隆七年,最晚爲宣統三年(見於《北京大學圖書館藏古籍善本書目》暨"秘籍琳琅——北京大學數字圖書館古文獻資源庫",此數目隨着對未編古籍的整理編目還在不斷增加中)。中國科學院圖書館藏一百五十種,最早爲康熙五十四年,最晚爲宣統三年(見於《中國科學院圖書館藏中文古籍善本書目》暨"中國科學院文獻情報中心古籍管理系統")。日本東洋文庫藏八十八種,最早爲乾隆三年,最晚爲宣統三年(見於《東洋文庫所藏漢籍分類目録》)。

0703　清乾隆刻本國朝詞垣考鏡　T4731.8/2321

《國朝詞垣考鏡》五卷,清吴鼎雯撰。清乾隆五十八年(1793)刻本。六冊。半頁九行二十一字,四周雙邊,白口,單魚尾。框高18.6釐米,寬13.9釐米。題"國史館總纂官翰林院編修吴鼎雯著"。無序跋。

吴鼎雯,字秀亭,號樸園,又號雲圃。河南光州籍,固始人。乾隆四十三年進士,散館授編修,官直隸州宣化府知府、福建糧道。《詞林輯略》有其小傳。

"詞垣",宋代翰林學士院之别稱,元以後常沿用以稱翰林院,亦稱詞苑。鼎雯入國史館,逾年即逢纂修國史,因此遍閱五朝典册,遇《實録》、紅本中有關翰林院詞臣掌故暨散館、陞階、列爵、易名等,即手爲採録,參之以各省志乘、史館列傳,詳其字號、世系,按年編爲源流,並考其爵里、謚法,輯成此書,以紀人才之盛,恩遇之隆。書分五卷,卷一至二《史臣及國朝翰詹源流編年》,卷三至四《國朝館選爵里謚法考》,卷五《國朝館職補選爵里謚法考》。所輯自天聰三年至乾隆五十六年,記載較《清會典》爲詳。

清代自天聰以來,創立内三院,爲清代詞臣之始。順治元年,沿明制置翰林院及詹事府。順治十五年,改内三院爲内閣,仍分設翰林院。康熙初,裁翰林院。康熙九年親政後,復設翰林院,遂爲定制。是書以翰林爲古今榮遇,所載翰林院、詹事府之源流,甚爲詳實,記述賅備,實可考一代人才薈萃、甄拔概況。

《續修四庫全書總目提要(稿本)》著録,並云:"凡有特擢、特用及考試鴻博、御試翰詹優擢及擯落者皆紀之,洵爲考清代詞垣文獻者不可少之書。""亦清代乾隆以前詞垣故事之淵藪也。""是書意在研考詞垣掌故,似掌院學士、詹事以次各官,皆宜纂輯任免年表或題名,庶令閲者開卷瞭如,表見注重詞臣之意。"

是書佚去清乾隆五十八年吴鼎雯自序,序中稱"題爲《國朝詞垣考鏡》",中國國家圖書館藏本封面亦題作"國朝詞垣考鏡",由是可知,此當爲全書之名。

《清史稿·藝文志》著録。嘉慶三年有補刊本。道光間,勞乃光、許乃安等人又續纂此書刊行。

《中國古籍善本書目》未收。《中國古籍善本書目(徵求意見稿)》著録此書,寧夏大學圖書館藏有一部。另查中國國家圖書館、北京大學圖書館均藏有多部;遼寧省圖書館、中國科學院圖書館、中國人民大學圖書館、上海圖書館等多家亦有藏。日本《東洋文庫所藏漢籍分類目録》著録有嘉慶三年補刊本。1968年臺北文海出版社《近代中國史料叢刊》收入,乃據清刻本《國朝翰詹源流編年》二卷影印。

0704　明泰昌閔氏刻套印本史記鈔　　T2516/4245

《史記鈔》九十一卷,明茅坤輯。明泰昌元年(1620)吴興閔氏刻套印本。二十二册。半頁九行十九字,左右雙邊,白口,無魚尾,書眉上刻評。框高20.9釐米,寬14.4釐米。前有泰昌元年陳繼儒序,萬曆三年(1575)茅坤序,閔振業序;《凡例》八則,《續凡例》九則;附讀史記法;諸家總評并批評姓氏。

茅坤,字順甫,號鹿門。歸安人。嘉靖十七年進士。善古文,好談兵。累官廣西兵備僉事,遷大名副使。嘗提兵戍倒馬關,總督楊博視其營壘,嘆爲奇才,薦於朝。爲忌者所中,落職歸。年九十卒。

是編删削《史記》之文,略施評點,乃爲方便士子所作。

此爲閔氏所刻。閔氏序云:"第原板日久紕剥,翻亦無善本,且無句讀音切,未便初學,而諸名家評品未備,則音韻不諧,大旨未了,諸名家意見異同,無從印證,是渡迷津者詎能棄寶筏,而覓金針者庸得舍鴛繡耶?於是徧搜諸名家所鍥者無慮數種,手披目閲,參互校讎。庚臘伏手,腕幾脱而輯始成,頗稱苦心專志,不敢自謂司馬子長之功臣,鹿門先生之羽翼,而輯以先君子之課餘者以課後,或不負疇昔提命之意云爾。是輯也,知免郢書燕説之誚,亦無魯魚亥豕之訛,爰授殺青,以公海内同好。"

陳繼儒於是書之套印頗爲推崇,序云:"今見吴興閔士隆新刻硃評,大較本於鹿門,而旁採諸家之品題者參半其中,尤覺精微簡潔,神明焕然,其亦有功於史學矣。"又云:"吴興硃評書錯出,無問貧富好醜,垂涎購之。"

《四庫全書總目》入史部史鈔類存目,然著録爲六十五卷本。《中國古籍善本書目》著録。上海圖書館、浙江圖書館等三十二館,臺北"國家圖書館",及美國普林斯頓大學葛思德東方圖書館、日本内閣文庫、尊經閣文庫亦有入藏。

按,茅本又有明萬曆三年刻本。天啓元年坤之曾孫兆海又有《茅鹿門先生批評史記抄》一百四卷。

鈐印有"而慎"、"□時默印"。

0705　明嘉靖刻本史記鈔　　T2516/3124

《史記鈔》二十卷,明沈科輯。明嘉靖三十六年(1557)沈氏自刻本。十六冊。半頁十行二十字,四周雙邊,白口,單魚尾,書眉上間刻評。框高20釐米,寬13.6釐米。目錄頁題"嘉善沈科編次;清江後學王治、門生黃養吾校"。前有嘉靖三十六年沈科序。

沈科,字子進。浙江嘉善人。嘉靖二十三年進士。授工部營繕司主事,知臨江府,遷江贛兵備副使。生平磊落多大節,恥一切婥婀態,居官多廉聲,嗜學能文,無城府。《(嘉慶)嘉善府志》卷一三《宦業》有傳。

自司馬遷《史記》出,明代即有各種輯本,如唐順之《荆川先生精選批點史記》十二卷、茅坤《史記鈔》九十一卷、陳仁錫《史記奇鈔》十四卷等二十餘種。此編選五帝、秦皇、項羽等一百五十人,并年表三,亦爲《史記》之讀本。

沈科序云,其弱冠時,讀《史記》晝夜不倦。人言其父,謂科少狂妄不安業,恐漫無成。故其父封書,戒勿再讀。中進士後,科撥辦御史臺事,入署多暇,乃購得京本《史記》讀之。其後拜官南行人,又遷繕部郎,再出典濟北漕渠,往來皆携此書以隨。知臨江郡,又自念爲郡長吏,當以民事爲急,不宜復玩文字以怠政坐廢。"乃自舟歸時,手抄其《世家》、《列傳》,束之笥中以自便。不鈔者,以《帝紀》等類多見之他書,非一家言也。"序又云:"諸生中有黃生養吾者,以古文言。予曰,子讀太史公書乎? 曰有志,然其書浩繁,不便讀。予曰,吾嘗鈔之矣,慮未能盡,子爲我參閱焉。因出示黃生。黃生持言里中一溪簡公、東谷敖公,皆曰此甚善,可刻也。相率請予刻之。予自惟小子狂謬未識字,敢以西京書妄有採録,刻之未便。時諸僚暨郡邑庠師生,固請刻之,便便諸生乃皆僉謀協舉,並以所見增酌校讎,而計工鋟梓,則諸僚尤力焉。刻遂成,因名曰《史記鈔》。"

《四庫全書總目》僅收茅坤輯本,而不及此。《中國古籍善本書目》著録。浙江圖書館、四川省圖書館等五館亦有入藏。

闕名朱筆圈點。

0706　明萬曆刻荆石王相國段注百家評林班馬英鋒選　　T2511/1182

《荆石王相國段注百家評林班馬英鋒選》十卷,明王錫爵選。明萬曆二十九年(1601)金陵周時泰博古堂刻本。三冊。半頁十行二十字,四周單邊,白口,單魚尾,書口上刻"班馬英鋒評林"。框高23.2釐米,寬14.4釐米。題"太倉荆石王錫爵選;後學周文翀儀廷甫訂;編修王衡辰玉甫校;太學周時泰子和甫鐫"。前有萬曆二十九年王錫爵序;周文翀撰《凡例》。

王錫爵,字元馭。太倉人。嘉靖四十一年會試第一,廷對第二。授編修。萬曆初掌翰林院,累官禮部尚書,兼文淵閣大學士。又爲首輔,後改吏部尚書。卒謚文肅。

卷一至六爲司馬遷《史記》,卷七至一〇爲班固《漢書》。是書乃取《史記》、《漢書》刪略事實,存其精華。《凡例》云:"《史記》、《漢書》全本,每疏解於各句之下,兹刻或詳注於各段之後,或悉釋於各篇之末,以便呻吟,間可簡明,用録於頂。"是本注釋者有真德秀、樓昉、唐順之、楊慎、茅坤等人。又書之上欄取歷代文集中評隲《史》、《漢》者,簡而刻之上方,如楊循吉、凌稚隆、陸深等多家。

王錫爵序云:"邇數年,解組之暇,日與兒子輩譚史,因取子長、孟堅二名家,句櫛之,字比之,油然有自得之旨,復録其大段而考注之。雖然,此天下之公器,非一人一家之私也,用付剞人,嘉惠天下。"

扉頁刊"班馬英鋒。王相國彙註百家評林。金陵周氏博古堂刊行"。按,周時泰博古堂刻書今可見者有十種左右,然多題"羊城書林周時泰博古堂",或周氏,金陵人,肆設羊城耶?

此書似不見著録。

鈐印有"倉山堂"、"倉山堂藏書記"、"晚翠軒"。

0707　明末刻本漢書纂　　　　　　　　　　　　　　　　　　T2550/3427.2

《漢書纂》不分卷,明凌稚隆輯。明末還讀齋刻本。八册。半頁九行二十六字,四周單邊,白口,無魚尾,書眉上刻評,書口下刻第×篇。目録頁書口下刻"還讀齋"。框高 21.5 釐米,寬 11.7 釐米。題"景陵鍾惺、吳興凌稚隆纂定;後學汪淇右子、查世晉爾康較閲"。前有凌稚隆序。

是編取《漢書》中帝紀、表、志、傳中之部分而爲之纂。凌氏序云:"不佞於班書帝紀,則取其詔令,而事亦時取子長之所不及筆者,表取其序,志取其略,引傳或取其全,或節其半,或汰子長之復出者,而廑取其奏疏,如兵事、治安、天人之類,而賢良文學之辨駁亦畢綜焉。"按,稚隆又有《史記纂》。

《四庫全書總目》未收。《中國古籍善本書目》著録明萬曆十一年刻本(九行二十字),又有《漢書纂》二十二卷仁義禮智四卷(明萬曆刻本),皆與此本不同。

鈐印有"内田氏圖書記"、"濱松小書巢内田旭圖書"。

0708　清抄本漢事會最人物志　　　　　　　　　　　　　　　TNC2259.2/5349

《漢事會最人物志》不分卷,清惠棟撰。清抄本。一册。半頁十二行二十六字,左右雙邊,細黑口,單魚尾。框高 18 釐米,寬 13 釐米。題"元和惠棟定宇"。無序跋。

惠棟,字松崖,士奇次子,江蘇元和人。自幼篤志向學,於經史諸子稗官野乘及七經緯之學,無所不通。家貧,課徒自給,行義至高。乾隆中,大臣薦經明行修,索所著書,未及進呈。罷歸,卒年六十二。又有《松崖文鈔》、《後漢書補注》等。

此本計五十五頁,楷書,甚精。始樊重、梁冀、梁暉、馬日磾,止外域烏丸、鮮卑。分卷處之書眉上寫有"七卷"、"八卷"、"卷九"、"十卷"字樣。據《中國古籍善本書目》,惠氏有《漢事會最》二十四卷,今存清抄本,有清周星詒跋,中國國家圖書館入藏。又有《漢事會最人物志》二卷,爲惠氏稿本,今藏上海圖書館。

清光緒中江標輯《靈鶼閣叢書》中收有《漢事會最人物志》三卷。

鈐印有"朱印錫庚"。

0709　明天啓刻二十一史文鈔本魏書文鈔　　　　　　　　　　T2591/2124.4

《魏書文鈔》十八卷,北齊魏收撰,明戴羲輯。明天啓刻《二十一史文鈔》本。四册。半頁九行十九字,四周單邊,白口,單魚尾。框高20.3釐米,寬14釐米。目録頁題"北齊尚書僕射魏收撰;明後學戴羲摘撰"。末有天啓三年(1623)戴羲後識。

按,《魏書》乃爲研究北方民族史、道教史、佛教史之重要史料。魏收以北齊繼東魏爲正統,故自孝武之後,以孝静帝繼之,孝武以後之西魏諸帝則不復作紀,故《魏書》乃叙及東魏之史。其書計帝紀十二、列傳九十二、志九,共一百三十卷。《四庫全書總目》、《十七史商榷》皆推爲良史。

此爲戴羲所摘抄。羲字馭長,崇禎中官光禄寺典簿。書計卷一紀,卷二至一七列傳,卷一八志。其後識云:"往閱馬鑑,於元魏事間一見之,未能既也。是歲家居,因取全書摘焉。"

《四庫全書總目》未收。《中國古籍善本書目》著録有《二十一史文鈔》,天津圖書館等五館入藏。

鈐印有"托活洛氏端方藏書"。端方,字午橋,號陶齋。光緒舉人。官至粤漢鐵路督辦大臣。

0710　明天啓刻本雪廬讀史快編　T2516/4823

《雪廬讀史快編》六十卷,明趙維寰輯。明天啓四年(1624)趙氏刻本。二十四册。半頁十行二十字,左右雙邊,白口,單魚尾。框高22釐米,寬13.9釐米。題"漢龍門司馬遷本;明當湖趙維寰節"。前有顧天埈序,天啓二年(1622)陳熙昌序,董其昌序;天啓四年趙韓撰《凡例》十則;趙維寰撰《讀史七快》。

趙維寰,字無聲。平湖人。萬曆二十八年舉人。署海寧教諭,陞南京國子監丞,擢刑曹,轉郎中歸。爲人負氣,所至不肯依阿。杜門著書以終,年八十一卒。

是編乃維寰於二十一史之中,摘録其新異之事,始於《史記》,迄於《元史》。顧天埈序云:"無聲故嗜史,於累朝興兆亡徵、兵機事要、瑰言懿蹟,有契於中者,亟録之,久而成帙,名曰《快編》。"陳熙昌序云:"無聲先生腹有經笥而尤究心史學,自言庚戌之役,得監本《二十一史》,載之以南。癸丑後,沈酣泛濫其中者殆餘十稔。於是數千年來種種瑰異足快人心目者,咸精核而節取之,署曰《快編》,志其所自得也。"

據趙韓之《凡例》,此書之刊刻費緡錢三十萬,"惟邑父母買梨二十千,誼弗敢辭,餘俱得之破産,即同調捐貲,一切謝去。"維寰亦自云:"余廿載孝廉,一生坎壈,揮金有癖,積糞無能,青簡甫成,遺産略盡。"由此可見明代爲官者刻己書之難,更遑論一般文人學者。

《四庫全書總目》入史部史鈔類存目,然作四十四卷,乃始於《史記》,止於《新唐書》,蓋《四庫》館臣所見爲不全之本。《中國古籍善本書目》著録。上海圖書館、南京圖書館等二十一館,臺北"國家圖書館",及美國普林斯頓大學葛思德東方圖書館、日本内閣文庫亦有入藏。

鈐印有"董載"、"歐亭"、"龍丘余氏太史家藏"。

0711　明崇禎刻本史觿　T2516/0433

《史觿》十七卷,明謝肇淛撰。明崇禎三年(1630)建安黄氏景晉齋刻本。八册。半頁九行十八字,四周單邊,白口,無魚尾。框高20.3釐米,寬13.6釐米。題"陳留謝肇淛著;建安黄師表、黄師正較"。前有崇禎四年(1631)曹學佺序,崇禎三年黄師表序,萬曆三十八年(1610)謝肇淛自序。

謝肇淛,字在杭。福建長樂人。萬曆二十年進士,除湖州推官,累遷工部郎中,終廣西右布政。有善政。博學能詩文。有《小草齋稿》、《五雜俎》、《文海披沙》等。《明史·文苑傳》附見鄭善夫傳中。

觿者,古代用以解繩結之角錐。是書摘十七史中隱僻字句,標列成編,凡一史爲一卷。謝氏自序云:"觿,解結者也。人之有疑也,甚於結。余好讀書,而性弗慧,故多疑。至於史,上下幾千年,汙漫幾百萬言,其中字之鉤者、事之僻者、人與地之隱者,耳目未之及也,則疑滋甚,於是求其解而筆之。其觿者,筆也。客見之而笑曰,夫書以代結繩者也,而子復以代解,是結者、解者兩無當也。"

黄師表序云:"先生童即朗慧,過目成誦,以少年得意公車,乃大肆其力,窮蒐二酉之藏,凡耳目間所有,先生靡不淹貫包羅,何論諸史。剖疑辨舛,著作甚富,所殺青什之六七耳……忽得《史觿》,則喜版而傳之。"

卷一七末刊"建安黄氏景晉齋藏板"一行。又是本佚去卷一六之第十五頁。

《四庫全書總目》入史部史鈔類存目,評價不甚高。《總目》云,然於《史》、《漢》、《三國》諸書,原有舊注者,所載尚爲明晰,於《晉書》以下,原本無注者,亦僅錄舊文,絶無考證,仍不足以釋學者之疑。則所云求其解者,亦徒虛語矣。

《中國古籍善本書目》著録明崇禎四年建安黄氏景晉齋刻本。上海圖書館、浙江圖書館等七館亦有入藏。又臺北"國家圖書館"藏兩部,一爲原北平館所藏,另一存卷一至一五。

鈐印有"高平隆長"、"省軒圖書之記"。

0712　明末刻本歐陽文忠公五代史鈔　　　　　　　　　　T2640/7872.4

《歐陽文忠公五代史鈔》二十卷,明茅坤輯。明末刻本。十册。半頁九行二十字,四周單邊,白口,單魚尾,書眉上刻評。框高21.3釐米,寬14.3釐米。題"歸安鹿門茅坤批評"。前有茅坤序。

茅坤批評史書,又有《史記鈔》、《新唐書鈔》等。此書《四庫全書總目》未收。《中國古籍善本書目》著録,附於《歐陽文忠公新唐書鈔》二卷之後。又有明萬曆七年茅一桂刻本(九行十九字)、明閔氏刻套印本、明李兆刻本三種。

0713　明萬曆刻本諸史品節　　　　　　　　　　T2516/7939

《諸史品節》四十卷《後集》八卷,明陳深輯。明萬曆刻本。十册。半頁九行二十字,四周單邊,白口,單魚尾,眉端刻評,書口下間有刻工。框高22.9釐米,寬14.1釐米。前有萬曆二十一年(1593)陳深序;陳深、陸翀之撰《凡例》十一則。《後集》前有萬曆二十二年(1594)陳深序;陳深撰《凡例》十一則。

陳深,字子淵。長興人。嘉靖四年舉人。官至雷州府推官。

品節者,按品級而加以節制。此書前集乃節録《國語》、《戰國策》、《史記》、《兩漢書》等史書,後集所採爲《三國志》、《晉書》、《南史》、《北史》、《舊唐書》、《新唐書》、《五代史》、《宋史》、

《元史》。

其《凡例》有云："故不佞所採掇者，自左氏以後、范氏以前，摘其瑰異，輯爲一編，品隲節文，丹鉛幾易，總命之曰《諸史品節》。""不佞者瞳游衆籍，膺隲多年，《語》、《策》、《史》、《漢》，蓋已品節其文，繼諸子而出矣。然猶懼《漢》、《史》之後無傳文，論世者有遺憾也。乃就其艷而離者摘其中、弗離而弱者摘其健、弱而諺者摘其義、脫諺而雅者摘其閎、去雅而之諺者摘其微，敢曰考核之情足當列史之情哉！實則品節其文，紹續兩京之文耳。"

此本有刻工沈溪、吳安、張相、周、江、李、春、元。

《四庫全書總目》入史部史鈔類存目，然著錄爲三十九卷本。按，此本前集確爲四十卷（其卷八又分有"又八卷"，爲晚周文；卷四〇爲後漢文，至范式止）。《中國古籍善本書目》著錄。故宮博物院圖書館、天津師範大學圖書館等四館亦有入藏。按，是書之三十九卷本，上海圖書館等七館有藏。

0714　明萬曆刻本二十一史論贊輯要　　T2516/4226

《二十一史論贊輯要》三十六卷，明彭以明輯。明萬曆三十七年（1609）彭惟成、彭惟直刻本。二十四冊。半頁十行二十字，左右雙邊，白口，單魚尾，書口下有刻工及字數。框高21.1釐米，寬13.6釐米。題"皇明贈中書舍人廬陵文學彭以明輯；男惟成校"。前有張以誠序，萬曆三十七年彭惟成序；《凡例》四則。

彭以明，廬陵人。萬曆中諸生。

"論贊"者，史傳之末所附評論也。是編採録二十一史中論贊，以課其子惟成、惟直、惟發。惟成序云："見不肖子惟成浮慕涉獵，亟命之曰，儒者博而寡要，史氏譏之。手輯諸史論贊以訓三子惟成、惟直、惟發，曰政教污隆、人物臧否、古今升降，要具於是矣，其詳亦不可不知也……先君子垂訓，鉅細悉備，茲僅述其一如此。惟發實能受簡傳習，而無禄即世，弗克竟其行業。惟成錯跎老大，弗若於訓，夙夜惴恐先訓遐佚，嘗就正於伯兄嵩螺柱史。伯兄曰，是得史學之精華也，盍永其傳。於是校而梓之，俾惟直董其事。"

此刻《凡例》後有"修慝齋藏版"一行。白紙。刻工有張照、柯星、曾益、張元、楊元、楊淮、楊龍、王六、蔡陽、江泗、周朝、周龍、章守、章六、江甫、游成、張祐、黃啓等。

《四庫全書總目》入史部史鈔類存目。《中國古籍善本書目》著錄。中國國家圖書館、山東省圖書館等十館，及美國國會圖書館、普林斯頓大學葛思德東方圖書館亦有入藏。

0715　明萬曆刻本二十一史論贊輯要　　T2516/4226B

《二十一史論贊輯要》三十六卷，明彭以明輯。明萬曆周起元、袁文紹刻本。十六冊。半頁十行二十字，左右雙邊，白口，無魚尾。框高20.6釐米，寬13.7釐米。題"皇明贈中書舍人廬陵文學彭以明輯；男惟成校"。前有吳道南序，張以誠序，萬曆三十七年（1609）劉□□序，萬曆三十九年（1611）闕名序，周起元重刻序，萬曆三十七年彭惟成序；《凡例》四則。

周起元序云："是書之傳，語具彭給諫公敘中，而余與袁孝廉復梓之以廣之。"

《中國古籍善本書目》未著録此本，除彭惟成、彭惟直刻本外，又有明萬曆歐陽照刻本、萬曆吳洎美刻本、萬曆師古齋刻本、萬曆仙克謹等刻本。

此書黃色竹紙印。

0716　明崇禎刻本檇李曹太史評鐫古今全史一覽　　T2516/8210

《檇李曹太史評鐫古今全史一覽》六卷,明舒弘諤輯。明崇禎十四年(1641)刻本。四册。半頁十行二十六字,四周單邊,白口,無魚尾,眉端刻評。框高 21.1 釐米,寬 11.7 釐米。前有崇禎十四年曹勳序;歷代統系圖;疆域圖;歷代帝王歌。

舒弘諤,無考。曹勳,字允大,號峨雪穗子。浙江嘉善人。崇禎元年進士。官至禮部右侍郎。少負異才,行篤孝友。明亡不仕,以詩文自娛。

是編始《混沌紀》(盤古氏),至《大明紀》(泰昌元年)止。

曹勳序云:"一夕,旌友舒季子遠過余,披其袖,得所書《鑑紀》一册,爲展閱之,大率昔而文,約而多,盡覽可一目週者。余躍起叫絕,曰是足渡世也已,急謀剞劂。舒子難之曰:醜甚醜甚,安當大方。余笑曰:大方固以縟耶?此片幅耳,已具灝瀚觀。遂梓。"

《四庫全書總目》未收。《中國古籍善本書目》未著録,但有五卷之本,爲明崇禎二年周覺正刻本,半頁十行二十四字,中國社會科學院文學研究所、中山大學圖書館入藏。

日人裝幀。

鈐印有"至感堂"、"快雪樓"。

0717　明萬曆刻本四史鴻裁　　T2524.1/2207

《四史鴻裁》四十卷,明穆文熙輯。明萬曆十八年(1590)朱朝聘山西刻本。二十册。半頁十行二十字,四周雙邊,白口,單魚尾,書眉上端刻評。框高 23.6 釐米,寬 14.6 釐米。題"明魏博穆文熙敬甫批輯;同邑劉懷恕士行校正;東郡朱朝聘希尹閱梓"。《左傳》有萬曆十年(1582)穆文熙序;《國語》有萬曆十二年(1584)劉鳳序;《戰國策》有萬曆十四年(1586)穆文熙自序,萬曆十六年(1588)劉懷恕序;《史記》有萬曆七年(1579)石星序。

穆文熙,字敬甫。東明人。嘉靖四十一年進士。有才名,詩文在李、王間。歷任行人司行人、禮部員外郎、尚寶寺寺丞、吏部考功員外郎、廣東按察司副使。著有《逍遥園集》等。《(乾隆)東明縣志》卷六有傳。

"四史"者,爲《左傳》十二卷,《國語》八卷,《戰國策》八卷,《史記》十二卷。"鴻裁"者,指文章體制之宏偉。《四庫全書總目》謂此書略注字義,無所發明,批點尤爲穿陋,其括此四書曰四史,亦杜撰無稽也。評價甚低。

書爲朱朝聘所刻。朝聘,字希尹,號任庵。山東臨清州人。萬曆八年進士。初任河南推官,清八郡徭册,擢户科給事中,轉關西道。有《夢易軒集》。《(乾隆)臨清直隷州志》卷八上有傳。是本佚去萬曆十七年朱朝聘序,又佚去萬曆十年石星序。

《史記》卷一二後刊"分閱　臨汾縣知縣邢雲路、曲沃縣知縣柳佐、臨汾署教諭王榮誥、絳縣署教諭張徵音;督工　臨汾縣縣丞崔邦服;繕書　臨汾縣生員張元亨、鄧時寵"。

《中國古籍善本書目》著録,作明萬曆十八年刻本。山東省圖書館、陝西省圖書館等八館有全帙。又美國國會圖書館、普林斯頓大學葛思德東方圖書館亦有入藏。

0718　明萬曆刻本漢雋　　　　　　　　　　　　　　T2550/4985

《漢雋》十卷，宋林鉞輯。明萬曆十二年(1584)呂元刻本。六册。半頁八行二十四字，左右雙邊，白口，單魚尾，書口下有刻工及字數。框高 20.8 釐米，寬 14 釐米。題"宋括蒼郡林鉞國鎮輯；明會稽郡呂元調父校"。前有萬曆十二年虞淳熙序；呂元跋。

是書取《漢書》中古雅之字，如稱制、三宮、群僚、調補等，分類排比爲五十篇，每篇以篇首二字爲名。自宋至明，此書流傳頗廣，今可見者，有宋刻本五種、元刻本五種，明刻本除此本外，又有十三種之多。

呂元跋云，此書"如庖丁奏刀，驁然中桑林之舞與。且嘉惠後學之心，即余重刻之心也"。

刻工有徐軒、禎士、陳、羅、昂等。

《四庫全書總目》入史部史鈔類存目。《中國古籍善本書目》著録。上海圖書館、天津圖書館等十七館，臺北"國家圖書館"，及日本内閣文庫、東京大學東洋文化研究所亦有入藏。

0719　明萬曆刻文林綺繡本兩漢雋言　　　　　　　T2545/4985

《兩漢雋言》十六卷，宋林鉞輯，明凌迪知增輯。明萬曆四年(1576)凌氏桂芝館刻《文林綺繡》本。八册。半頁八行十七字，左右雙邊，白口，單魚尾，書口下有刻工并字數。框高 18.8 釐米，寬 12.4 釐米。題"宋括蒼林越次甫輯；明吳興凌迪知稺哲校"。前有萬曆四年凌迪知序。

是書先有林鉞《漢雋》十卷，取《漢書》中古雅之字，分類排纂爲五十篇，每篇即以篇首二字爲名，亦間附原注，然止於西漢。凌氏因仿其體例，輯後漢故實，與鉞書合爲一編而改題今名。自第一卷至一〇卷，皆林氏之舊，第一一卷始則題"吳興凌迪知稺哲輯；東越劉兼仲思校"。

凌序云："昔班孟堅作《漢書》，於漢未備，范蔚宗續其後，《漢書》始成。括蒼林公梓其詞之雋異者，名曰《漢雋》。識者病其未爲完書，以《後漢》之獨遺也。余因續以《後漢》，更名曰《兩漢雋言》。夫言《史》及《兩漢》俱光鋩煥發，如太阿出匣，無可軒輊焉，獨可以《後漢》遺乎？固宜合而傳之。但《漢雋》海内藏之久矣，而余合以《雋言》，睽而復合之道也。紹興壬午梓《漢雋》之日也，至今寥寥幾百餘年矣，而余始合，則其合也固有數哉！"

凌迪知，字稺哲，號繹泉。浙江烏程人。嘉靖三十五年進士，官至兵部員外郎。

此實爲凌刻《文林綺繡》五種之一(另四種爲《左國腴詞》八卷、《太史華句》八卷、《文選錦字録》二十一卷、《楚騷綺語》六卷)。凌氏又刻有《國朝名公翰藻》五十二卷、《古今萬姓統譜》一百四十六卷《氏族博考》十四卷、《皇明經世類苑》四十六卷等。

卷一第一頁書口下刊"長洲顧樞寫，王伯才刻"。又有"吳郡錢世傑寫，夏邦彦刻"。刻工又有顧植、顧時中、世中、張璈、趙應其、世祥、彭天恩。

《四庫全書總目》入史部史鈔類存目。《中國古籍善本書目》著録有《文林綺繡》，中國國家圖書館、上海圖書館等十二館皆有入藏。又《雋言》另有萬曆十五年詹氏易齋刻本。

鈐印有"槐慶堂誌"、"爕廷氏玩"。

0720　清康熙刻本諸史提要　　　　　　　　　T2516/1343

《諸史提要》十五卷，宋錢端禮撰，清張英增補。清康熙五十二年（1713）内府刻本。五册。半頁十行二十二字，四周雙邊，白口，單魚尾。框高16.6釐米，寬10.9釐米。前有康熙五十二年王掞序，康熙五十二年李光地序；目録。

是本撰者闕名。王掞序曰："内府舊藏《諸史提要》十五卷，不著撰人名字"，"顧歲久殘闕，紙墨朽蠹。訪之民間，無知其書者。故大學士臣張英奉命纂輯繕補，而英之子今洗馬臣廷玉請鏤板以壽。臣掞復奉命序其簡端。"李光地序曰："皇上以授故大學士臣張英稍加增補，繕成完書。十年後，英子洗馬臣廷玉請旨刊刻，以重上命而終父志。顧以此書規模未足以當御序，而轉奉上諭，使臣等各以言弁其端。"

《四庫全書總目》入史部史鈔類存目，内府藏本，即張英加以增訂之本，考爲宋錢端禮撰。《總目》曰："宋錢端禮撰。端禮字處和，臨安人，吴越王俶六世孫，榮國公忱之子。少以恩蔭入仕，累官至參知政事，兼權知樞密院事。以莊文太子妃父罷爲資政殿太學士。再知甯國，移紹興，復以觀文殿學士提舉洞霄宮。卒諡忠肅。事蹟具《宋史》本傳。"《總目》詳其卷目，復謂"其著録於《宋史·藝文志》者，與此本卷目相同。前有其門人劉孝韙《序》，不著年月。詳其詞意，蓋端禮爲參政時所刊行也"。未及康熙間張英奉敕增補《諸史提要》事，蓋以前朝舊臣失考此書撰者而有所諱。

張英，字敦復，號樂圃，安徽桐城人。康熙六年進士，以編修充日講起居注官，入直南書房。文華殿大學士兼禮部尚書致仕。卒諡文端。著述有《篤素堂文集》、《易書衷論》、《恒産瑣言》、《聰訓齋語》等。

是書題"諸史提要"，"諸史"指《史記》、《漢書》、《後漢書》、《三國志》、《晉書》、《南史》、《北史》、《唐書》、《五代史》九史；"提要"，據李光地序云："是書也，蓋取韓愈《紀事提要》之旨，采自司馬氏以下迄於五季，斷章摘句，加以訓釋。三千餘年間言語事實，旁暨俚諺，班班然雜見錯出，故曰'提要'也。"

九史總十五卷。卷一《史記》，卷二至三《前漢書》，卷四至五《後漢書》，卷六《三國志》，卷七至九《晉書》，卷一〇《南史》，卷一一《北史》，卷一二至一四《唐書》，卷一五《五代史》。

王掞序稱，是書"自司馬氏迄歐陽氏，紀傳、表、志、序、贊中，卓犖奇詭之事，新麗雕繢之語，無不採輯薈萃。蓋其書與《左氏腴詞》、《兩漢雋言》體例相類，而尤爲明備簡核。至上下數千百年治亂興廢之跡，亦可因是以識其梗概，溯其源流"。《四庫全書總目》則稱"是書乃取諸史之文可資詞藻者，按部採摘，匯輯成編。各以一、二語標題，而分注其首尾於下"，"其體例頗與洪邁《史漢法語》、《諸史精語》相近。陳振孫《書録解題》譏其'泛然抄録，毫無義例'，殆不誣焉。"

《諸史提要》初於南宋孝宗乾道間由紹興府學刊出，《四庫全書總目》著録内府藏本，即此宋刊。《中國古籍善本書目》並録宋刊與是本（錢端禮之"端"，排印皆誤爲"瑞"）。宋乾道紹興府學刻本爲中國國家圖書館所藏；是本藏天津圖書館、湖南圖書館等八館。《清代内府刻書目録解題》著録。

0721　清乾隆刻本讀史辨道　　　　　　　　　T2516/1342

《讀史辨道》四卷，清張大復撰。清乾隆四十九年（1784）張氏近古堂刻本。四册。半頁九行二十四字，四周雙邊，白口，單魚尾。框高20.1釐米，寬12.1釐米。書口下鐫"近古堂"。題"夏邑張大復敦夫甫纂；曾孫度、荷編次；元孫曰璣、珩、珴、璠校字"。前有乾隆四十六年(1781)蔣元益序，自序；目録。末有乾隆四十九年張度跋。

張大復，字敦夫，河南夏邑人。生於順治十七年，幼穎慧，嗜學不倦。康熙二十年舉於鄉，以體弱多病，不復更應試。康熙三十四年卒，年三十六。有別墅名"東園"，嘗讀書聚友其間。著述有《東園詩集》、《近古堂文集》等。

作者讀史之暇，間有摘録，裒集而成是帙。卷一西漢、東漢，卷二蜀漢、西晉、東晉、宋、齊、梁、陳、隋，卷三唐、後梁、後唐、後晉、後漢、後周，卷四宋、元。

大復自序云："經之外有史，所以通古今、廣才識也。昔吳武安善讀史，凡往事可師者，録置座右，積久，牆牖皆格言。予竊取其意爲之，而於一代之沿革、單辭之離異，間摘之以備參考，則又不可以格言例也，采文中子'讀史辨道'之語以名是帙云。"是序置於卷端題名之後、正文之前，蓋篇幅不足故。

是書爲大復曾孫張度所刊。張度跋曰："先曾祖……即世之日，先從祖、先大父俱在幼齡，蒐輯未及。既而河水漂泊，室宇播遷，手澤所貽，什不得一。是帙乃讀史之暇隨筆刪摘，爲家塾便覽，而明史一卷復散失，非成書也。不肖學行未逮，懼墮先業，謹就一編略識始末，冀吾子孫之數典而弗忘焉。"蔣元益序有"曾孫春田敕史析薪克荷，數典弗忘，將壽棗梨，以成弓冶"之語。是本書口下鐫"近古堂"，爲大復齋室名，大復文集即以"近古堂"爲名。大復又有詩集，以其別墅"東園"爲名。

此編罕見傳本。《普林斯頓大學葛思德東方圖書館中文舊籍目録》著録乾隆四十九年膠東官署近古堂刻本。

扉頁鐫"讀史辨道。乾隆甲辰鐫。膠東官署藏板"。按，"甲辰"爲乾隆四十九年。

《四庫全書總目》、《中國古籍善本書目》皆不收。

0722　明萬曆刻本月令廣義　　T4160/3200

《月令廣義》二十四卷首一卷附録一卷，明馮應京輯，明戴任增釋。明萬曆陳邦泰刻本。十二册。半頁九行二十字，四周單邊，白口，單魚尾。框高22.5釐米，寬14.3釐米。題"盱眙馮應京纂輯；新安戴任增釋；秣陵李登參訂"。前有萬曆三十年(1602)顧起元序，馮應京自序，萬曆三十年陳九鼎序，萬曆二十九年(1601)戴任序。

戴任，字肩吾。新安人。布衣，爲馮應京門人。

月令者，記述每年農曆十二個月之時令、行政及相關事物。廣義者，推廣其原意也。首一卷爲敘由、篇端，又圖説，凡四十五圖。其十二月令外，又有閏月令、春夏秋冬令、晝夜令、時令等，多言政教、事文、名數、節令、物候、司權、日次、祀典、授時、攝生、事宜、避忌、陰陽、占候、雜紀等。

顧起元序云："慕岡先生仰觀天道，俯類人官，緬遺職於羲和，叶休嘉於兆庶，爰輯斯編，用弘厥理。而肩吾氏稟仰師傳，恢張己意，因綱而詳其目，立例而舉其凡。於是月令之義曲肆旁通，鴻纖畢舉，上而朝家之故實，下而官府之典章；内而庭室之起居，外而田野之樹藝。以至風俗龐異，品彙經奇，楓天棗地之占，熊經鳥申之法，方以類聚，物以群分，消息在其目前，盈虛羅諸掌上。"

據戴任序，應京自業經生時，輯有《士民月令》一帙，凡十有二令，今益以閏月，更別四時而增五紀，篇冠以圖，統之以歲。"總約十二月，文義之同者，括爲每月令，領於春令之前。復概每月三十日所同者，立晝夜令，而一十二時區爲時令，系諸篇終。凡令二十有二，而歲與晝夜皆有陰陽，故各兩其卷以象之。"

是本戴任序後有"秣陵陳邦泰校梓"一行。

《四庫全書總目》入史部時令類存目。《中國古籍善本書目》著錄。南京圖書館、浙江圖書館等四十館，臺北"國家圖書館"，及美國國會圖書館、日本內閣文庫、靜嘉堂文庫、東京大學東洋文化研究所亦有入藏。

鈐印有"吳氏尚桓"、"尚古臺"、"勖哉夫子"、"歙南"、"烟楊邨里人家"。

0723　清乾隆刻本(元豐)九域志　　T3025/1144

《(元豐)九域志》十卷，宋王存等奉敕撰，清馮集梧校訂。清乾隆四十九年(1784)馮集吾刻本。五冊。半頁十一行二十一字，左右雙邊，白口，單魚尾。框高 18.6 釐米，寬 13.3 釐米。題"承議郎知制誥同修國史同判太常寺兼禮儀事判祕閣祕書省兼詳定郊廟奉祀禮文上騎都尉丹陽縣開國子食邑三百户賜紫金魚袋臣王存等奉聖旨刪定"。前有李德芻、曾肇、王存進書序；目錄；乾隆四十九年馮集梧題識。各卷之末列馮集梧考證。卷一〇末二頁抄配。

王存，字敬仲，丹陽(今屬江蘇)人。登進士第，調嘉興主簿，歷官尚書右丞。事蹟具《宋史》本傳。

馮集梧，字軒圃，號鷺亭，浙江桐鄉人。乾隆四十六年進士，授編修。家多藏書，精校勘。校刊《(元豐)九域志》、《杜樊川詩注》、惠定宇《後漢書補注》。所著有《貯雲居稿》等。

是志爲北宋元豐年間所撰地理總志。宋真宗大中祥符年間，學士王曾修有《九域圖》。神宗熙寧八年，都官員外郎劉師旦以州縣名號多有改易，奏請重修。神宗詔命曾肇、李德芻刪定，王存總其事。元豐三年書成，以《九域圖》名圖而無圖，改稱《九域志》。其後又略經修訂，所載約爲元豐八年之制。曾肇，字子開，南豐(今屬江西)人，官吏部侍郎。李德芻，邯鄲(今屬河北)人，官光祿寺丞，著有《元豐郡縣志》。

王存進書序略曰："自天禧以後，歷年玆多，事有因革。至於壤地之有離合，户版之有耗登，名號之有升降，以今準昔，損益蓋多，而稽地理者，猶以故書從事，豈非陋哉？有司建言，適契上志，乃詔臣肇、臣德芻，撰次於祕閣，而臣存實董其事。綴緝大體，略仿前書，舊名'圖'而無繪事，迺請改曰'志'。郡名之下，附以氏族所出，以《禹貢》、《周官》考之，皆無其文，且非當世先務，玆不復著。國朝以來，州縣廢置與夫鎮戍城堡之名、山澤虞衡之利，前書所略，則謹志之。至於道里廣輪之數，昔人罕得其詳。今則凡一州之内，首敘州封，次及旁郡，彼此互舉，弗相混淆。總二十三路、京府四、次府十、州二百四十二、軍三十七、監四、縣一千二百三十五，離爲十卷。文直事核，欲使覽者易治。"

卷一四京(東京、西京、南京、北京)，京東路(東路、西路)，京西路(南路、北路)；卷二河北路(東路、西路)；卷三陝西路(永興軍路、秦鳳路)；卷四河東路；卷五淮南路(東路、西路)，兩浙路；卷六江南路(東路、西路)，荊湖路(南路、北路)；卷七成都府路，梓州路；卷八利州路，夔州路；卷九福建路，廣南路(東路、西路)；卷一〇省廢州軍，化外州，羈縻州。

《四庫全書總目》入史部地理類，著錄兩江總督採進本，明毛晉影抄宋刻。《總目》云："其書始於四京,終於省廢州軍及化外、羈縻州。凡州、縣,皆依路分隸。首具赤、畿、望、緊、上、中、下之名,次列地理,次列户口,次列土貢。每縣下又詳載鄉鎮,而名山大川之目亦并見焉。其於距京距府旁郡交錯四至八到之數,縷析最詳,深得古人辨方經野之意。敘次亦簡潔有法。趙與時《賓退錄》尤稱其'土貢'一門備載貢物之額數,足資考核,爲諸志之所不及。自序所稱'文直事核',洵無愧其言矣。"

集梧所據以校刊底本,爲一抄本,抄自摹宋刻本,亦元豐三年王存進呈本。朱彝尊曾謂:"有一宋刻,府、州、軍、監均有'古跡'一門者,爲民間流行之書。"《四庫全書總目》因襲彝尊之說,有云"民間又有別本刊行,內多'古跡'一門,故晁公武《讀書後志》有新、舊《九域志》之目",並稱庫本"此爲明毛晉影抄宋刻,乃元豐間經進原本",於新本多有貶義。然據集梧所考,所謂新本,乃大觀二年續定而未經呈進之本。是本校刊所用參校本,有江南書局所進本、浙江書局所進本、嘉定王氏本,後兩種即新本。集梧題識云:"吾鄉朱錫鬯謂,崑山徐氏所藏宋槧本失四京第一卷,而府、州、軍、監均有'古跡'一門,蓋民間流行之書。今浙本(按即浙江書局所進本)正復如此,其題辭稱'新定九域志'。考王伯厚《玉海》所載,有云:'紹聖四年九月十七日,兵部侍郎黃裳言,今《九域志》所載甚略,願詔職方,取四方郡縣、山川、民俗、物産、古跡之類,輯爲一書,補綴遺缺,詔秘省錄《山海經》等,送職方檢閱。大觀二年四月二日詳定《九域圖志》,強淵明上言續修其書,詔四方。以事來,上宣和罷書局,不及成。'知今本之有'古跡'及元豐以後之以州升府,而皆書某府者,正當日續定而未經呈進之本也。"考證新本並非"民間流行之書"而外,集梧再爲"民間流行之書"正名,云:"善乎?劉知幾之言曰'城池舊跡、山水得名,皆傳諸委巷、用爲故實'。鄙哉?則朱氏所謂'民間流行之書'者,其意固別有在矣。"

扉頁鐫"元豐九域志。德聚堂藏板"。

清乾隆間,是書已罕見傳本,集梧因取諸本參校,重加考證而刊之,事見於其識語:"是書流傳頗罕,即藏書家如徐興公、錢遵王之屬,皆不著於錄,乃付之梓人,以廣其傳。"

《中國古籍善本書目》入史部地理類總志,是本僅著錄名家校本、題跋本;又有清初影宋抄本一種、清抄本四種。

0724　明萬曆刻清康熙重修本日涉編　T9153/7941

《日涉編》十二卷,明陳堦輯,清白輝補輯。明萬曆三十九年(1611)徐養量刻康熙六年(1667)白輝、康熙二十七年(1688)紀元遞修本。十二冊。半頁九行十九字,四周單邊,白口,單魚尾。框高22.5釐米,寬13.8釐米。題"楚應城陳堦升也甫編輯;邑人徐養量叔弘甫校刻;周化惟南甫、張崇烈抑之甫、弟陳坤順也甫仝閱;晉石艾白輝九峰甫補輯"。前有康熙二十七年紀元序;《凡例》十條。

陳堦,字升也,湖北應城人。其父陳士元爲嘉靖進士,頗富著述。

是書雜採故實詩歌,按時令編次,每月一卷。每卷又分兩部分,先序本月月令節候,如卷一先列正月、立春、雨水,其次逐日記述。皆先列故實,後錄詩歌。所錄各條下皆注明出處。

《四庫全書存目叢書》據江西省圖書館藏明萬曆徐養量刻本影印,其本未經後代修補,卷前有萬曆三十九年李光元序、董元學序、岳萬階序、張鶴鳴序、張以謙序、龍膺序、祁光宗序、周師旦序、張之厚序、萬曆四十年王道成序、萬曆三十九年徐養量序、任彥棻序、陳堦自序,卷端題名無"晉石艾白輝九峰甫補輯"一行。其張以謙序云:"楚有陳公諱士元者,家藏二酉,於書無所不

史　部

窺。嘉靖朝以雄文掇取南宫，爲州太守。後去官抵里，不意虛度此日，一意以著書爲事。其子塔亦列應庠弟子員，雖未博一第，然體伊先君不虛度之念，取其所藏諸書日涉獵之，因而《日涉編》成焉。自正月一日迄月既皆有按實故典記於逐日之左，凡天文、地理、禎祥、妖孽、人物、風俗、嘉言、善行，靡書不引，靡載不備。"

此書萬曆三十九年由同邑徐養量付梓，徐氏時任巡按陝西、浙江道監察御史。康熙間其書板遞經修補，重新刷印。此本卷前鞏昌知府紀元序云："但經兵燹之後，版籍缺略實多，余搜其遺文，付之剞劂，不惜捐俸續之，以永其傳。"

《中國古籍善本書目》著録原刻本及重修本，前者有中國國家圖書館等十五家館藏，後者有上海圖書館等十二家館藏。

0725　清乾隆刻本月日紀古　　　　T9309/4283

《月日紀古》十二卷，清蕭智漢撰。清乾隆五十九年(1794)蕭氏聽濤山房刻本。十二册。半頁九行二十字，四周雙邊，白口，單魚尾。框高 17.8 釐米，寬 13.2 釐米。題"龍城蕭智漢雲澤氏纂輯；兄智澄曲江氏參訂；彭潤邦校對；男秉信、姪侯信校字"。前有乾隆五十九年張博序；乾隆五十九年蕭智漢自序；乾隆五十九年鍾昌世序；《凡例》四則。

蕭智漢，字雲澤，號五江，湖南湘鄉人。工詩文，尤長於書法。著述頗富，據《(同治)湘鄉縣志》卷五記載，所著除本書外，尚有《山居閒談》五卷、《藝林新編》三卷、《氏姓譜》一百五十七卷等。

此書以月、日爲綱，每月一卷，每卷析其節候，次即逐日紀事，徵典於古。《凡例》云其引用書籍皆經史子集、名賢記載，上冠各書名目，所採皆文人韻事及時序佳况，擇其尤雅者而載之，杜撰小説、粗陋之事不録。

蕭智漢自序云："予觀風雲雷電、昆蟲草木之屬彙書多載詳矣，而於日用之間，古帝名賢，或吟風而弄月，或臨流而賦詩，及時序之變遷，寒暑之往來，獨褋然而鮮專書，余甚歉焉。偶於吟覽之餘，翻閱古集，擇其尤雅者，纂《月日紀古》十二卷，以博文人之觀止云。"張博序云："是書分爲十二卷，每卷以月爲綱，析其節候，次即逐日紀之，徵典於古，不爲臆説，並採其言之雅馴者，條分件繫，美不勝收。"

此本有扉頁，刻"月日紀古。乾隆甲寅新鎸。聽濤山房藏板"。按，蕭智漢自序末署"雲澤蕭智漢書於聽濤山房"，"聽濤山房"爲蕭氏室名，此本即家刻本。

《續修四庫全書總目提要(稿本)》、《販書偶記》史部時令類著録。《中國科學院圖書館藏中文古籍善本書目》、《中國人民大學圖書館古籍善本書目》、日本《東洋文庫所藏漢籍分類目録》、《東京大學東洋文化研究所漢籍分類目録》等著録此本，另北京大學圖書館等亦有收藏。《四庫未收書輯刊》即以此本影印。道光十四年，蕭氏聽濤山房曾重刊此書，題"新增月日紀古"，仍爲十二卷。道光二十八年又有經元堂刻本。

0726　明天順刻本大明一統志　　　　T3027/4478C

《大明一統志》九十卷，明李賢、萬安等纂修。明天順五年(1461)内府刻本。六十四册。半頁十行二十二字，四周雙邊，黑口，雙魚尾。框高 26.4 釐米，寬 17.5 釐米。前有天順五年御製

593

序;天順五年李賢等上表。

此爲明代官修地理總志,書成於天順五年。體例因襲《大元大一統志》,以兩京、十三布政司分區,每府、直隸州分建置沿革、郡名、形勝、風俗以至古跡、人物等十數目,而殿以"外夷"各國。

官修之書,歷來都難免有粗疏之失,清初顧炎武《日知錄》曾指其所述古事多有差訛。如以《明史·地理志》相勘,也可見其記述明代建置過於簡略。又由於句讀不通,爲學者詬病。此《一統志》有後印本,增入嘉靖、隆慶間事,此爲原本初印。

是書所記山川湖泊及其變遷,津梁館驛等交通設施,寺觀祠廟、學校書院等,皆爲研究自然地理、人文地理之重要資料。又其書所收明代以及前代之詩文、碑刻等也可供輯佚之用;所記名宦、流寓、人物、列女、仙釋等也可補正史之不備。

御製序云:"肆我太宗文皇帝慨然有志於是,遂遣使徧採天下郡邑圖籍,特命儒臣大加脩纂,必欲成書,貽謀子孫,以嘉惠天下後世。惜乎書未就緒,而龍馭上賓,朕念祖宗之志有未成者,謹當繼述。乃命文學之臣重加編輯,俾繁簡適宜,去取惟當,務臻精要,用底全書庶可繼成文祖之志,用昭我朝一統之盛。而泛求約取,參極群書,三閱寒暑,乃克成編,名曰《大明一統志》,著其實也。朕於萬幾之暇,試覽閱之,則海宇之廣,古今之跡,了然盡在胸中矣。既藏之秘府,復命工鋟梓以傳。"

劉若愚《酌中志·內版經書紀略》云:"《大明一統志》四十本,三千一百五十葉。"蓋即此本也。此天順本,臺北文海出版社(1965年)及西安三秦出版社(1990年)均有影印本行世。

《四庫全書總目》入史部地理類。《總目》云:"此書之舛略,本無可採,特是職方圖籍,爲有國之常經,歷朝俱有成編,不容至明而獨闕,故仍錄存,以備一代之掌故焉。"《中國古籍善本書目》著錄。上海圖書館、天津圖書館等十五館,臺北"國家圖書館",及美國國會圖書館、普林斯頓大學葛思德東方圖書館、日本靜嘉堂文庫、東京大學東洋文化研究所、京都大學人文科學研究所亦有入藏。

鈐印有"廣運之寶"。

0727　明弘治刻本大明一統志　　　　T3027/4478B

《大明一統志》九十卷,明李賢、萬安等纂修。明弘治十八年(1505)慎獨書齋刻本。四十八冊。半頁十行二十二字,四周雙邊,黑口,雙魚尾。框高19.6釐米,寬12.8釐米。前有天順五年(1461)御製序,天順五年李賢等進表。

是書纂修職名後有牌記,刊"皇明弘治乙丑慎獨書齋刊行"。除明天順本及此本外,明代又有嘉靖三十八年書林楊氏歸仁齋刻本、萬曆十六年楊氏歸仁齋刻本、萬壽堂刻本、明刻本等。

《中國古籍善本書目》著錄。山東省圖書館、杭州市圖書館、江西省博物館、福建師範大學圖書館、臺北"國家圖書館"有全帙。美國普林斯頓大學葛思德東方圖書館有殘本。

是本御製序有抄配。卷八七第三十六至四十一頁,卷九〇第二十八、二十九頁配清抄本。

0728　明嘉靖刻本大明一統志　　　　TNC3027/4478D

《大明一統志》九十卷,明李賢、萬安等纂修。明嘉靖三十八年(1559)楊氏歸仁齋刻萬曆十六年(1588)重修本。近人退舟跋。十六冊。半頁十行二十二字,四周單邊,黑口(間有白口),

雙魚尾。框高 19.3 釐米,寬 12.3 釐米。前有天順五年(1461)御製序;天順五年李賢等上表;李賢序。

是書纂修職名後有牌記,刊"皇明嘉靖己未歸仁齋重刊行"。卷九〇末有荷蓋蓮座牌記,刊"萬曆戊子孟秋歸仁齋楊氏刊"。

王重民先生曾以此書核明嘉靖三十八年書林楊氏歸仁齋刻本(美國國會圖書館有此二種版本),以爲"間有補刻之版,然十之九仍爲嘉靖間原版也。此當是萬曆十六年就嘉靖二(當爲"三"之誤)十八年原版修補重印本"。王說甚是。按,歸仁齋爲建陽書林楊先春坊肆。楊先春又刻有《文章正宗》、《新刊性理集要》、《續資治通鑑綱目》、《新編事文類聚翰墨大全》、《三蘇先生文集》、《通鑑綱目全書》、《重修政和經史證類備用本草》等。歸仁齋刻書自嘉靖始,至萬曆中。

此本有扉頁,刊"大明一統志。御製新頒。劉雙松重梓"。又鈐有"每部實價紋銀叁兩"紅色木記。劉雙松亦爲建陽坊肆,刻有《新刻瓊琯白先生文集》等。此本或爲劉氏得板重印。扉頁所云重梓,非也。

退舟跋云:"《明一統志》自天順官刊大字本外,有正德間慎獨齋小字刊本,均不易見。此爲萬曆間歸仁齋楊氏刊本,字體古雅,似嘉靖仿宋,惜漫漶多處,棄置不收者屢矣。卒以舊籍難得,勉留插架,得者勿輕棄之。退舟。民國六年四月識。"

《中國古籍善本書目》著錄。湖北省圖書館、北京大學圖書館等八館,及美國國會圖書館、日本內閣文庫亦有入藏。

0729　明刻清初剜板印本天下一統志　T3027/4478

《天下一統志》九十卷,明李賢、萬安等纂修。明萬壽堂刻清初剜板印本。存三十冊。半頁十行二十二字,四周單邊,白口,單魚尾,書口下有"萬壽堂刊"。框高 21.4 釐米,寬 14.2 釐米。前有天順五年(1461)御製序;天順五年李賢等進表。

此即《大明一統志》,其印時則已入清,故書名"大明"二字均挖改爲"天下"二字,作《天下一統志》。缺去卷一至二二。

扉頁刊"一統志。積秀堂梓行"。

《中國古籍善本書目》著錄。南京圖書館、浙江圖書館等二十八館,臺北"國家圖書館",及美國國會圖書館、日本內閣文庫亦有入藏。疑大陸所藏定有清初剜板印本。

0730　明萬曆刻本大明一統志輯錄　T3027/4478.1

《大明一統志輯錄》二卷,明張應圖輯。明萬曆四年(1576)刻本。六冊。半頁十行二十四字,四周單邊,白口,無魚尾,書口刻"大明一統志集錄",書口下間有刻工。框高 16.7 釐米,寬 10.6 釐米。題"高淳張應圖纂集;建安林文豐校正"。前有萬曆四年林命序。

張應圖,無考。

是書據《大明一統志》予以輯錄,每府之下分建置、沿革、郡名、形勝、風俗、山川、土產、關梁、祠廟、陵廟、古蹟、名宦、人物、列女、流寓、仙釋等,頗簡練。

林命序云:"迨於我國家天順之間,迺命儒臣彙萃編纂,集爲《大明一統志》,其於建置、形勝、山川、風俗、物產、名賢之類,靡不條分臚列,誠可謂不磨之令典矣。第其書浩繁,難於徧閱,抑且簡帙重大，未易攜持，頃者，高淳張君應圖究心采輯，撮要刪繁，約爲二卷，而名之曰'輯錄'……故其書雖不盈束，而萬餘里幅員之廣，上下數千載古今之蹟，莫不在於指掌之間，其有資於學與仕，豈眇小哉！因其梓而傳也。"

刻工有黃和、王三、余見、余仕、葉員、智、高等。

《四庫全書總目》及《中國古籍善本書目》未著錄。

鈐印有"胡增彬印"。

0731 明嘉靖刻本皇輿考　　　　　　　　　　　　　　T3027/1311

《皇輿考》十卷，明張天復撰。明嘉靖三十六年(1557)刻本。四冊。半頁九行二十字，四周單邊，白口，雙魚尾。框高18.6釐米，寬12.6釐米。前有嘉靖三十六年張天復自序。

張天復，號內山。山陰人。嘉靖二十六年進士。官至雲南按察司副使。事蹟附見《明史·文苑傳》其子元忭傳中。

是書取閩本《志略》，稍加潤飾，其大意在規《明一統志》之失，但貪列人物，掛一漏萬，至若四至八到、郡縣沿革，皆略而不詳，故《四庫》館臣謂"未爲善本"。卷一古九州、總敘，卷二北直隸、南直隸，卷三山東、山西，卷四河南、陝西，卷五淅江、江西、湖廣，卷六四川、福建，卷七廣東、廣西，卷八雲南、貴州，卷九九邊(黃河漕運海運圖附)，卷一〇四夷。

張天復自序云："我皇上訏謨保大，駿業中興，創紹之隆，逾光二祖。頃年輔臣文襄桂公《輿地圖志》、宮諭念庵羅公《廣輿圖》及司馬許公《九邊論》，於是三者獨詳，詞約而事該，憂深而思遠。今日修和阜成，衍泰居豐之道，亦采行之矣。復嘗備員職方，邅覽區域，竊謂全志之後，當附諸公之帙，乃表經世謀猷，輒惟制書不當綴裂也。因取閩本《志略》，稍加詳定，首引杜氏古九州之文，然後次序郡國圖志，參據前說，各冠篇端，而以邊夷終焉。夫《志略》雖簡，亦足見區域之大都，而諸家著述又能明國體，綜世務而時張理之，則夫治平修攘之謀，固瞭然視諸掌矣。輯成，因僭名之曰《皇輿考》，間質同志，或曰當刻於梓，備通方之士覽而采之。"

目錄頁後刻"武昌府學教授廖恕、學生李元敬教正"一行。按，明萬曆朱璉刻本有袁福徵序，云"書始播於武昌"，蓋此本當爲原刻無疑。

《四庫全書總目》入史部地理類存目，爲十二卷本。《中國古籍善本書目》著錄明嘉靖三十六年應明德刻本，行款同此本，然爲左右雙邊(中國國家圖書館、北京大學圖書館、中國科學院圖書館藏)；又有明嘉靖三十六年應明德刻萬曆范可奇補刻本、明萬曆朱璉刻本。此外又有十二卷本，爲嘉靖三十六年刻本、萬曆十六年張象賢遐壽堂刻本、明書林葉均宇刻本。

鈐印有"琴書自適"。

0732 明天啓刻巾箱本廣皇輿考　　　　　　　　　　　T3027/1312

《廣皇輿考》二十卷，明張天復撰，張元忭增補。明天啓六年(1626)張汝懋刻巾箱本。二十冊。半頁六行十七字，四周單邊，白口，單魚尾。框高13.7釐米，寬9.1釐米。題"山陰張天復編；男元忭廣；孫汝霖、汝懋訂"。前有張天復自序；萬曆二十九年(1601)張汝霖撰《凡例》八則；天啓六年張汝懋識語。

張元忭,字子蓋,別號陽和。浙江山陰人。隆慶五年進士。官至翰林侍讀。好讀書,以氣節自負,事親至孝,躬行實踐,矩矱儼然。其學篤信王守仁而究竟不出於朱熹。卒諡文恭。《明史·文苑傳》有傳。

卷一《日集》,序、《凡例》、一統圖、古九州、同名考、附分道考;卷二《月集》,北直圖、北直隸考;卷三《光集》,南直圖、南直隸考;卷四《天集》,爲浙江圖并考;卷五《德集》,爲江西圖并考;卷六《山集》,爲湖廣圖并考;卷七《河集》,爲福建圖并考;卷八《壯集》,爲廣東圖并考;卷九《帝集》,爲廣西圖并考;卷一〇《居集》,爲山東圖并考;卷一一《太集》,爲山西圖并考;卷一二《平集》,爲河南圖并考;卷一三《無集》,爲陝西圖并考;卷一四《以集》,爲四川圖并考;卷一五《報集》,爲雲南圖并考;卷一六《願集》,爲貴州圖并考;卷一七《上集》,爲九邊圖并考;卷一八《萬集》,爲四夷圖并考;卷一九《年集》,爲皇華考上;卷二〇《書集》,爲皇華考下。

張汝霖撰《凡例》云:"《皇輿考》者,考本朝之輿地也,編之自家太僕始,而廣之則家宫諭手澤存焉……我太僕嘗官職方,而宫諭寔太史也。其編之廣之者,舉職也;不肖霖之訂之刻之也何居?抑弓有箕、冶有裘,語習也,亦唯是父祖之故聞習焉爾。兹考一刻於楚,再刻於燕,今規而小之,倣爲袖珍。昔竟陵王孫嘗於扇上圖山水,咫尺之内,便覺萬里之遥。兹刻也,楮不盈寸,可舒卷袖中,而星紀之躔度,山河之峙流,疆野之更沿,邊隘之阨控,與夫英人傑士之所産,名賢墨客之所游,幽探古勝,細徵土毛,以至侏僮、雕韃之邦重譯而獻琛者,罔不星而羅之。"是本較《皇輿考》内容更多、更詳。如原本人物止據《一統志》,其他均略,此則旁搜列省郡乘,采其核而尤著者并訂正之,於原本錯誤多所校正。

汝懋識語云:"皇輿有考,坊刻不啻充棟,然或核之未詳,次之無紀,於以覽山河而分疆野無當焉。是編實先太僕、先文恭相繼考訂而成,識者珍之。伯兄令清江,曾刻之瀟江署中,予來重新之,所稱箕裘之感,依然在簡編矣。"此所云"重新之",乃重刻之意也。

序頁書口下有"南昌萬象寫"、"鄒邦畿刻"、"李夢麒刻"。包背裝。

《四庫全書總目》未收。《中國古籍善本書目》著録明萬曆二十九年張汝霖刻天啓六年張汝懋重修本。中國國家圖書館、上海圖書館等九館,臺北"國家圖書館",及日本内閣文庫亦有入藏。

0733 明嘉靖刻本廣輿圖   T3080.7/6132

《廣輿圖》二卷,元朱思本撰,明羅洪先、胡松增補。明嘉靖四十五年(1566)韓君恩、杜思刻本。四册。半頁十三行二十五字,左右雙邊,白口,雙魚尾,書口下有刻工及字數。框高25.1釐米,寬16.7釐米。前有嘉靖四十五年霍冀序,嘉靖四十五年韓君恩序,延祐七年(1320)朱思本自序,嘉靖四十年(1561)胡松序,嘉靖四十年徐九臯序。

朱思本,字本初,號貞一。撫之臨川人。龍虎山道士。博學多聞,精輿地之學,踪跡徧海内。

羅洪先,字達夫,號念庵。江西吉水人。嘉靖八年進士。好王守仁學,授編撰,即請告歸,後召拜春坊左贊善,罷歸,益尋求王學,甘淡泊,考圖觀史,其學靡所不窺。隆慶初卒,諡文莊。事蹟具《明史·儒林傳》。

胡松,字汝茂。滁州人。嘉靖八年進士。知東平州,歷山西提學副使,上邊務十二事,爲當道所陷,斥爲民,後以薦累官吏部尚書。潔己好修,富經術,晚主銓柄,以振拔淹滯爲己任。卒諡恭肅。

是書乃羅洪先據朱氏《輿地圖》增改而成,其兩直隸、十三布政司圖,系將朱圖大幅分成小幅,按明制更改地名,并加詳記注。另增九邊、洮河、松潘諸邊、黃河、漕河、海運、朔漠、西域等圖。除沿用裴秀以來計里畫方之傳統方法外,又新創二十四種常用圖例符號。這些符號開始由象形過渡到幾何圖案,是地圖繪製史上一大進步。各圖并附有表解。在清康熙測繪新圖以前,晚明和清初各種地圖,多以此書爲藍本與規範。

此本爲韓君恩、杜思所刻。韓序云:"《廣輿圖》者,廣四海九州、土宇販章之厚,與夫建置經署之方也。其圖作於元朱思本氏,聞見甚悉,闕署猶多,未之廣也。念庵羅先生考訂增定,從而廣之,家藏未傳。冢宰我柘泉胡夫子,刊補著論,始傳於浙,猶歉未廣。夫子以恩爲門下士,付刊本命翻刻焉。""因質諸憲副秦君、少參徐君、僉憲王君,咸曰美哉,太平彝章也。美則愛,愛則傳,因各出耳目睹記,并增桂見山先生進宸圖敘十六首,許默齋先生邊論九首,付青郡杜守校刻爲書。"君恩,沁水人。嘉靖三十五年進士。任廬州府推官,陞御史。天性孝友,居官以氣節稱。終浙江副使。

是本刻工有張光輝、蕭一元、王思敬、夏子忻、馮校、張綱、王秀、王良勇、沈世楫、章彬、馬仲禮。

《四庫全書總目》未收。《中國古籍善本書目》著録,南京圖書館、中國國家博物館亦有入藏。是書又有明萬曆七年錢岱刻本。又有不分卷本,有明嘉靖四十年胡松刻本、明嘉靖四十三年刻本。

0734　明萬曆刻本廣輿記

T3028/7107B

《廣輿記》二十四卷,明陸應陽輯。明萬曆刻本。十二冊。半頁十行十九字,左右雙邊,白口,單魚尾。框高 21.5 釐米,寬 14.4 釐米。題"明雲間陸應陽伯生輯"。前有馮時可序(抄配);《凡例》五則。

陸應陽,字伯生,華亭人。《(光緒)華亭縣志》不載其人。

輿者,大地也。語出《易·說卦》:"坤爲地……爲大輿。"《史記·三王世家》"御史奏輿地圖",唐司馬貞索隱:"謂地爲輿者,天地有覆載之德,故謂天爲蓋,謂地爲輿。"此書大要做《大明一統志》,而参以列省郡乗、歷代史官。據《凡例》云:"但《統志》主該博,是編主簡雅。其名宦人物,惟表表衆望者,其政績行誼,惟鑿鑿可耳食者方載,餘不能泛舉。"

卷一北直隸,卷二至三南直隸,卷四山西,卷五山東,卷六至七河南,卷八至九陝西,卷一○至一一浙江,卷一二至一三江西,卷一四至一五湖廣,卷一六至一七四川,卷一八福建,卷一九廣東,卷二○廣西,卷二一雲南,卷二二貴州,卷二三九邊,卷二四外夷。

此本佚去申時行序,申序云:"余友雲間陸伯生氏,博雅宏達,爲逢衣冠冕。既以同儕詿誤,與世抹撥,則超然爲汗漫游。海内搢紳衿弁,聞伯生名,爭倒屣撤席,引爲上客,以故燕、趙、齊、魯、河、洛之間,足跡迨遍。所至問其山川風物,時有闕略,則慨然嘆曰,夫履句履者識地形,不出户知天下。今親履其地,而不能舉其籍綜覽之謂何?乃蒐訪遺編,諏咨掌故,手自衷輯,爲《廣輿記》。而大参黃君履常實給筆札,資廩餼,以贊其成。既成,爲二十四卷。大都取裁《一統志》,而参以歷代史官、列省郡乗,删繁就簡,舉大遺細,而於名宦人物,尤多所考證,間有附益。蓋十易寒暑,三易草而後成。"(據臺灣學海出版社 1969 年影印本)馮時可序又云:"余友陸伯生氏，以雅遊故，於蓬軒馬首，每以此爲憾。乃蒐訪群籍，旁及列省群乘，即《一統志》所載而衷之，原原本本，研精汰濁，斥陳引新，蓋歷十寒暑而書成，計卷二十有四，命曰《廣輿記》。"

《禁書總目》著録。《清代禁燬書目·補遺一》云："查《廣輿記》，係明陸伯陽撰。本朝康熙中坊間曾爲修改，而書中尚稱明爲國朝，又間有違礙字句，應請銷燬。"

《中國古籍善本書目》著録，有明萬曆刻本及明刻本兩種，行款均同此本。前者藏南京圖書館、湖北省圖書館、四川省圖書館等九館；後者藏中國國家圖書館、上海圖書館等十四館。臺北"國家圖書館"有"明末刻本"。日本内閣文庫（兩部）、尊經閣文庫、東京大學東洋文化研究所、京都大學人文科學研究所所藏皆作"明刻本"。

燕京本疑爲萬曆刻本，茲録下特徵，以備將來驗證。卷一第一頁右邊框中部斷板至第六行"此"字，第六頁第二行"幽"字至第四行"梅"字及第十五頁第一行"梁"字至第四行"罷"字斷板。據王重民《中國善本書提要》185頁著録兩部，一爲美國國會圖書館藏本，也佚去申時行序，作"明刻清印本"，其"卷一北京沿革條竄入'大清定鼎，仍爲京師'"一句。另一部爲北京大學圖書館藏本，作"明萬曆刻本"（《中國古籍善本書目》定爲明刻本）。又王氏所引申時行序，漏去四十七字。

鈐印有"令聞"、"三省堂"、"徐遂"。

0735　清康熙刻本廣輿記　　　　　T3028/7107

《廣輿記》二十四卷，明陸應陽撰，清蔡方炳增輯。亦名《增訂廣輿記》。清康熙四十六年（1707）刻本。七册。半頁十行十九字，四周單邊，白口，單魚尾。框高21釐米，寬14.3釐米。題"雲間陸應陽伯生原纂；平江蔡方炳九霞增輯"。前有康熙二十五年（1686）蔡方炳序；蔡方炳撰《凡例》十則；目録；蔡方炳撰《提要》；圖十七幅。卷四首頁抄配。

陸應陽，字伯生，號古塔居士、片玉山人、應陽生，華亭（今上海松江）人。擅長書法。明嘉靖二十一年生，卒於天啓四年後。

蔡方炳，字九霞，崑山人。明諸生。康熙十八年舉博學鴻儒，以病辭，韜晦窮居。性嗜學，尤留心政治性理。工詩文，兼善篆草。曾校刊《朱子大全》。著述有《銓政論》、《歷代茶榷志》、《馬政志》、《憤助編》、《恥存齋集》、《願學齋集》等。《清史列傳》卷七一、《明代千遺民詩詠二編》卷四有傳。

是書爲明萬曆年間所撰地理總志，清康熙間蔡方炳予以增輯、補遺，較原本詳備。卷一直隸，卷二至三江南，卷四山西，卷五山東，卷六至七河南，卷八至九陝西，卷一〇至一一浙江，卷一二至一三江西，卷一四至一五湖廣，卷一六至一七四川，卷一八福建，卷一九廣東，卷二〇廣西，卷二一雲南，卷二二貴州，卷二三九邊，卷二四外譯。

其例直隸有京畿總略、諸省有全省總略，各府之下設有建置沿革、形勝、山川、土産、關梁、祠廟、陵墓、古跡、城池、苑囿、名宦、流寓、人物、列女、僊釋等目。

方炳序曰，陸應陽所撰《廣輿記》"遠合於經史之遺意，近則與《一統志》相表裏。特不載科第之目、土田户口之數，以避進士録、黄白册之誚，此所以爲文人之緒言，而騷雅之士恒尚之也。第勝代遺聞缺焉弗載，予爲采輯補綴，較原本頗爲詳備，豈猶是伯生陸氏之書云爾哉"。

所增訂者，有增設，有補訂。增設主要有"提要"，載歷代疆域、歷代都會、歷代要區諸篇，《凡例》曰："閲《廣輿記》者，取其一編，而天下之大勢瞭然也。然畫疆分界時異世殊，雖載在'沿革'而散漫難稽。今另列'提要'一則於卷首,庶提挈具有綱領,此固原本所未備也。"有"通省總略",《凡例》曰,"封壤既別,風氣固殊。各省形勢之險易、民俗之淳漓,以及累朝官師改設之不一、政治繁簡之難齊,未可概視。今各敘'通省總略'於前,庶先王省方觀民設教之意,開卷而知,亦原本所無也";有"賦稅",《凡例》曰,"疆域廣狹,賦稅多寡,此有事一方者所宜首悉,原本不載,殊爲闕如。今照《一統志》增入各府州之下,其屬邑未能析載,慮卷帙繁重也"。

圖十七幅,依次爲廣輿總圖、直隸、江南省、浙江省、江西省、福建省、湖廣省、河南省、山東省、山西省、陝西省(二幅)、廣東省、廣西省、雲南省、四川省、貴州省。

《四庫全書總目》入史部地理類存目,題"增訂廣輿記",著錄兩江總督採進本。《總目》云:"國朝蔡方炳撰。方炳字九霞,號息關,昆山人。明山西巡撫懋德之子也。是編因明陸應暘《廣輿記》而稍刪補之。大抵鈔撮《明一統志》,無所考正。"

是書乾隆間禁毁,《禁燬總目》載《廣輿記》。清姚覲元編《清代禁燬書目·補遺》並錄《廣輿記》、《增訂廣輿記》,曰:"查《廣輿記》係明陸伯(應)陽撰,本朝康熙中坊間曾爲修改,而書中尚稱明爲國朝,又間有違礙字句,應請銷燬。"孫殿起輯《清代禁書知見錄》亦《廣輿記》、《增訂廣輿記》並載。

扉頁鐫"增訂廣輿記。蔡九霞先生彙輯。康熙丁亥新鐫。帶月樓"。原鈐"世寶"、"帶月樓"二印。"丁亥"爲康熙四十六年。

《中國古籍善本書目》著錄明陸應暘撰《廣輿記》,有明萬曆刻本、明刻本,不收清蔡方炳增輯《廣輿記》。《中國科學院圖書館藏中文古籍善本書目》、《中國人民大學圖書館古籍善本書目》等書目著錄。

鈐印有"溪山作伴雲月爲儔"、"蕭鎧"、"文備"、"澹齋"、"澹齋"、"淡遠"。

0736　明天啓刻本刻一握坤輿　　T3020/1240

《刻一握坤輿》十三卷,明鄧景南輯。明天啓七年(1627)刻本。一册。存卷六至一三。半頁九行二十一字,四周單邊,白口,無魚尾,書眉上刻評。框高21釐米,寬11.7釐米。卷九題"竹溪主人彙編"。

鄧景南,疑即鄧志謨。

"一握"者,掌中之握也。每省之屬府、縣、土産皆有簡解,勝蹟之所在也略有說明,并選有名人詩一首,每首均加評語,頗簡練,爲旅游勝覽之通俗用書。

此書殘存卷六湖廣,卷七陝西,卷八江西,卷九浙江,卷一〇福建,卷一一四川,卷一二廣東,卷一三雲南、貴州。

《四庫全書總目》未收。《中國古籍善本書目》著錄。上海圖書館、旅大市圖書館、清華大學圖書館、安徽省博物館,及日本内閣文庫、尊經閣文庫有全帙。

鈐印有"柴氏家藏圖書"、"青梧菴"、"柴邦彦圖書後歸阿波國文庫別藏弓江曰卷林莊之苗□□樓"。

0737　明崇禎刻套印本今古輿地圖　　T3020/2365

《今古輿地圖》三卷,明沈定之、吴國輔等撰。明崇禎刻朱墨套印本。四册。半頁十行二十四字,四周單邊,白口,單魚尾。框高 25.3 釐米,寬 15.8 釐米。前有崇禎十六年(1643)陳子龍序,崇禎十一年(1638)吳國輔序。

沈定之,四明人。吳國輔,字期主。山陰人。

是書卷上爲今古輿地圖説、今古華夷區域總要圖、大明肇造圖、大明萬世一統圖、九邊圖、帝嚳九州圖、虞舜十有二州圖、禹貢九州圖、禹跡隨山濬川圖、增定禹貢敷土隨山刊奠圖、禹貢九州告成圖説、商九有圖;卷中爲周職方圖、春秋列國圖、七國壤地圖、秦初并天下圖、秦郡縣天下圖、楚漢之際諸侯王圖、西漢郡國圖、漢異姓八王圖、漢吳楚七國圖、漢書諸侯王表圖、東漢郡國圖、東漢十三州部刺史圖、三國鼎峙圖、西晉郡國圖、西晉十九州部刺史圖、東晉中興江左圖、劉宋南國圖、蕭齊南國圖、蕭梁南國圖、南陳南國圖、元魏北國圖、高齊北國圖、後周北國圖、隋郡名圖、唐十道圖、唐郡名圖、唐十五採訪使圖、唐十道節度經略使圖、唐藩鎮疆界圖、朱梁及十國圖、後唐及五國圖、石晉及七國圖、劉漢及六國圖、郭周及七國圖;卷下爲宋初列國圖、宋封域及外國總圖、宋元豐九域圖、宋府州軍監圖、宋史二十六路圖、南宋中興圖、元十二省圖、元行省行臺廉訪宣慰司圖、元路府州縣圖、歷代華夷山名圖、歷代華夷水名圖、漢書地理志列國分野圖、二十八舍辰次分野合太乙奇門宮次圖、九州二十八宿分野圖、唐一行山河兩戒圖、古今地理廣狹、歷代地理總論。

此書共六十圖,《四庫全書總目》所收之本爲五十八圖,無卷數,且不著撰人姓名。此多出二圖,爲三卷本,和《四庫》本不同。

陳子龍序云:"予在越州,金吾吳公出其所輯藏歷代輿地圖相示。予深服其立體密而致用廣也。其法以墨作今一統圖,分列郡縣;而別以丹書自五帝以來至於國初各爲圖,以冒於今圖之上。圖爲立説,周隋以前,多依夾漈,唐室以後,雜採史册,經緯糳白,過於聚米。於是觀曲阜者,知爲春秋之魯國;問漢中者,知爲炎漢之南鄭……自此而推,大較可覩。至凡邊鎮關隘禁防之要,與夫分裂鼎峙之時,其所藉以控扼憑依者,名或殊而地不遷,事雖往而迹可按,盛衰強弱之故,其揆一也。使觀之者見幅員廣大,風俗錯雜,治之各有其方,以謀綏靖,則修政;見山川阻塞,經界跨限,恐爲奸雄所睥睨,夷狄所薦食,則修備;見土地山河,是不一姓,名號迭更,互相鑒戒,而知天命之不假易,則修德。是圖也,非守國之善經、保治之良規歟?雖職方所掌,蕭相所收,恐不是過矣。"

吳國輔序云:"余父執四明沈定之,究心經世,起而修輯之,與予共商,不宜自秘,乃梓之以公於世。"

《清代禁燬書目・補遺二》、《清代禁書知見録》著録,云:明山陰吳國輔、沈定之同撰,崇禎十六年刊朱墨套印本。内有九邊圖説,語多指斥,并陳子龍、吳國輔兩序,并有干犯。

《四庫全書總目》入史部地理類存目。《中國古籍善本書目》著録。上海圖書館、南京圖書館等十二館,及美國國會圖書館亦有入藏。

鈐印有"中山氏藏書之記"、"嘉誠"、"靜先"。

0738　清彩繪抄本皇明職方地圖　　　　　　　　　　　T3027/7922A

《皇明職方地圖》不分卷,明陳組綬撰。清彩繪抄本。二册。半頁十二行二十四或二十六字,無行格。書口上書"職方地圖"。前有陳組綬撰《或問》一篇;《皇明職方兩京十三省地圖表之禹貢篇》;陳組綬撰《大序》。

陳組綬，字伯玉，號伊庵，武進人。崇禎七年進士。著述頗多，如《五經副墨》、《舫齋詩文》、《二三場日箋》等，多被清廷列爲禁書。繪製是圖時，組綬任兵部職方主事。

崇禎八年元月，組綬主持兵部職方司諸員在羅洪先《廣輿圖》基礎上繪製新圖，名曰《皇明職方地圖》。圖集分三卷，共有地圖五十二幅。卷上天下大一統圖、皇明大一統圖和兩直隸、十三布政司圖，爲全國及各省政區圖；卷中新舊九邊圖、七鎮圖等；卷下江河、漕運、海運、江防、海防、太僕牧馬圖及朝鮮、西域等域外圖。各圖均以計里畫方繪製，注記詳細，釋沿革，論形勢，記史實，貫通古今。新圖既承繼朱思本圖、羅洪先圖及《大明一統志》、《寰宇通志》諸書長處，又重視軍事內容，爲明末傳統中國地圖集大成之作。崇禎九年夏雕版刊行，刻印精良，流傳廣泛。自開始編次至刻竣，共十有六月。

是書僅取刻本《皇明職方地圖》卷上之部分內容，有北京、南京兩直隸圖及山西、山東、江西、四川、福建、廣西、雲南、陝西、河南、湖廣、浙江、廣東、貴州十三布政司圖。各有彩繪圖一幅，並有職官表及敘說，皆據崇禎刻本所抄。

《大序》云："九邊之要，全在謹備於外，故外夷出沒，不可不詳。""舊圖在萬曆以前，今歷兩世，朝代異則沿革異、製作異。故不揣復因七氏之圖而加廣之，爰作天下大一統圖二以便全覽，作兩直隸、十三布政司圖十五以知官守，作新舊九邊圖、七鎮圖十有五以嚴大防，作山川圖四以察地勢，作河漕海運圖二、海防圖一以別水道，作太僕統轄圖一以知馬政，而亦尾以朝鮮、朔漠、安南、西域、島夷圖終焉。"

是書開本廣大，彩繪甚工。不避"弘"、"寧"諸諱，據藏印觀之，似繪於清道光年間。

《明史·藝文志》著錄。清時因其"內全遼邊圖及說內均有指斥之詞"，被列爲禁書，見於《禁書總目》及《違礙目》。《續修四庫全書總目提要（稿本）》著錄，並云："是書不但詳於方域，即於各省之職官、戶口、邊鎮之兵馬錢糧，均列表詳述，有實事可稽，尤爲是書之特徵，爲明代地理方域最有系統之書也。"

《中國古籍善本書目》收入，著錄爲"皇明職方兩京十三省地圖表二卷或問一卷"，明崇禎九年刻本，中國國家圖書館、上海圖書館、中國科學院圖書館等十家圖書館有藏。另查臺北"國家圖書館"、臺北"故宮博物院"亦藏此本。鄭振鐸輯《玄覽堂叢書》三集、《四庫禁燬書叢刊補編》史部第26冊收入，底本爲明崇禎刻本。

館藏另有日人傳抄本一部，三冊。

鈐印有"武肅王弐十七世孫天樹珍藏典籍書畫之印"，知曾爲錢天樹所藏。天樹，字仲嘉，號夢廬，當湖老名士，約卒於道光三十年前。精鑒別，凡書畫碑碣以及鼎彝尊壺之屬，眼過真贋立判。藏書畫各數萬卷，幾與曝書亭、天籟閣相埒。以嗜古好客貧其家，藏書多歸富家馬氏。此印頗大，不見載於《藏書紀事詩》、《文獻家通考》、臺北"國家圖書館"編印《善本藏書印章選粹》等。

0739　明末刻本地圖綜要　　T3080.7/2925

《地圖綜要》三卷，明吳學儼等撰。明末刻本。八冊。半頁十行二十七字，四周單邊，白口，無魚尾。框高21釐米，寬14.1釐米。題"臨川李釜源先生鑒定；錢塘朱國達咸受甫、天都吳學儼敬勝甫、海陽朱紹本支百甫、澉江朱國幹大年甫仝編輯"。

吳學儼，無考。

是書分總卷、内卷、外卷。總卷爲皇明輿地總圖建置、京省道里均一考、邊鎮京畿道里均一考等；内卷爲分圖，如兩京十三省等；外卷爲江防、海防、四夷、九邊之類。圖説并重。

《應繳違礙書笈各種名目》《清代禁書知見録》著録。有扉頁，刊"地圖綜要。臨川李釜源先生鑒定。朗潤堂藏板"。

《中國古籍善本書目》著録，中國國家圖書館、上海圖書館等二十館，及美國國會圖書館、日本京都大學人文科學研究所亦有入藏。

0740　清道光活字印本大清一統志　　　　　　　　　　T3028/4418

《大清一統志》三百五十六卷，清蔣廷錫等奉敕撰。清道光二十九年(1849)薛子瑜木活字印本。一百二十册。半頁九行二十一字，四周單邊，白口，單魚尾。框高21.7釐米，寬14.3釐米。前有乾隆九年(1744)御製序；陳德華等進呈表；乾隆八年開列纂修職名；總目；目録。末有道光二十九年薛子瑜案語。

蔣廷錫，字揚孫，一字西君，號南沙、西穀、青桐居士，江蘇常熟人。康熙四十二年進士，雍正間任禮部侍郎、户部尚書、文華殿大學士、太子太傅等職。著有《青桐軒秋風》《片雲諸集》等。生於康熙八年，卒於雍正十年，年六十四，謚文肅。

是書爲清朝開國後首部官修地理總志，其纂修歷康熙、雍正、乾隆三朝。《大清一統志》自乾隆間頒布之後，即成爲行政疆域、序次之依據，《大明一統志》遂廢。後乾隆朝又有續修、嘉慶朝有重修，皆沿康熙是志規模。

首直隸，以下爲諸省及其所轄各府。有圖、表載其疆域，設分野、建置沿革、形勢、風俗、城池、學校、户口、田賦、職官、山川、古跡、關隘、津梁、堤堰、陵墓、祠廟、寺觀、名宦、人物、流寓、列女、仙釋、土産等目。

卷一至二七直隸(京師、直隸統部、順天府、永平府、保定府、河間府、天津府、正定府、順德府、廣平府、大名府、宣化府、易州、冀州、趙州、深州、定州、承德州)；卷二八至三六盛京(盛京、興京、盛京統部、奉天府、錦州府、寧古塔、黑龍江)；卷三七至七〇江南(江南統部、江寧府、蘇州府、松江府、常州府、鎮江府、淮安府、揚州府、徐州府、太倉州、海州、通州、安慶府、徽州府、寧國府、池州府、太平府、廬州府、鳳陽府、潁州府、滁州、和州、廣德州、六安州、泗州)；卷七一至九五山西(山西統部、太原府、平陽府、潞安府、汾州府、大同府、朔平府、寧武府、澤州府、蒲州府、遼州、沁州、平定州、忻州、代州、保德州、解州、絳州、吉州、隰州)；卷九六至一一一山東(山東統部、濟南府、兗州府、東昌府、青州府、登州府、萊州府、武定府、沂州府、泰安府、曹州府)；卷一一二至一三五河南(河南統部、開封府、歸德府、彰德府、衛輝府、懷慶府、河南府、南陽府、汝寧府、陳州府、許州府、汝州、陝州、光州)；卷一三六至一五六陝西(陝西統部、西安府、延安府、鳳翔府、漢中府、榆林府、興安州、商州、同州、華州、耀州、乾州、邠州、鄜州、綏德州、葭州)；卷一五七至一七一甘肅(甘肅統部、臨洮府、鞏昌府、平涼府、慶陽府、甘州府、涼州府、寧夏府、西寧府、秦州、階州、肅州、安西廳、靖逆廳)；卷一七二至一八六浙江(浙江統部、杭州府、嘉興府、湖州府、寧波府、紹興府、台州府、金華府、衢州府、嚴州府、溫州府、處州府)；卷一八七至二〇四江西(江西統部、南昌府、饒州府、廣信府、南康府、九江府、建昌府、撫州府、臨江府、吉安府、瑞州府、袁州府、贛州府、南安府)；卷二〇五至二二〇湖北(湖北統部、武昌府、漢陽府、黄州府、安陸府、德安府、荆州府、襄陽府、鄖陽府、宜昌府、施南府)；卷二二一至二三四湖南(湖南統部、長沙府、衡州府、永州府、寶慶府、岳州府、常德府、辰州府、永順府、澧州、郴州、靖州、桂陽州);卷二三五至二五九四川(四川統部、成都府、重慶府、保寧府、順慶府、敘州府、夔州府、龍安府、寧遠府、雅州府、嘉定府、潼川府、眉州、邛州、瀘州、資州、綿州、茂州、達州、忠州、黔彭廳、敘永廳、雷波衛);卷二六〇至二七三福建(福建統部、福州府、興化府、泉州府、漳州府、延平府、建寧府、邵武府、汀州府、福寧府、臺灣府、永春州、龍巖州);卷二七四至二八九廣東(廣東統部、廣州府、韶州府、南雄府、惠州府、潮州府、肇慶府、高州府、廉州府、雷州府、瓊州府、羅定州、連州、嘉應州);卷二九〇至三〇三廣西(廣西統部、桂林府、柳州府、慶遠府、思恩府、泗城府、平樂府、梧州府、潯州府、南寧府、太平府、鎮安府、鬱林州);卷三〇四至三二八雲南(雲南統部、雲南府、曲靖府、臨安府、澂江府、武定府、廣西府、廣南府、元江府、開化府、鎮沅府、威遠廳、東川軍民府、昭通府、普洱府、大理府、楚雄府、姚安府、永昌府、鶴慶府、順寧府、永北府、麗江府、蒙化府、景東府);卷三二九至三四二貴州(貴州統部、貴陽府、安順府、平越府、都勻府、鎮遠府、思南府、石阡府、思州府、銅仁府、黎平府、大定府、南籠府、遵義府);卷三四三至三四八外藩蒙古五十一旗(牧廠、察哈爾、外藩蒙古統部、科爾沁、郭爾羅斯、杜爾伯特、扎賚特、土默特、扎魯特、阿祿科爾沁、敖漢、奈曼、喀爾喀左翼、喀喇沁、翁牛特、阿霸哈納爾、阿霸垓、蒿齊忒、烏朱穆秦、巴林、克西克騰、蘇尼特、喀爾喀右翼、四子部落、毛明安、歸化城土默特、吳喇忒、鄂爾多斯);卷三四九至三五二蒙古屬國(喀爾喀、青海、西套厄魯特、哈密、土魯番、西藏);卷三五三至三五六朝貢諸國(朝鮮、安南、琉球、荷蘭、暹羅、西洋、蘇祿、南掌、鄂羅斯、土爾古特、葉爾欽、日本、呂宋、合貓里、美洛居、婆羅、榜葛剌、拂菻、古里、柯枝、錫蘭山、西洋瑣里、蘇門答剌、南渤利、占城、真臘、瓜哇、浡泥、麻葉甕、三佛齊、佛郎機)。

纂修職名列有:監理,和親王宏晝;總裁,蔣廷錫、吳士玉、任蘭枝等九人;提調,木和林等六人;纂修,王安國、梁詩正、汪由敦等一百十三人;收掌,舒赫德等十五人;謄錄,鄒雲城等二十八人;監造,雅爾岱等九人。

薛子瑜案語略云:《大清一統志》開館編纂始於康熙二十三年,雍正年重命增修,閱十餘年,至乾隆八年竣稿,登之剞劂,佈於寰區。嗣於乾隆二十九年復奉敕修,全書規模無逾疇曩,蓋經始所存,實為圭皋,後有作者,莫能尚焉。茲以傳本甚稀,世所罕覯,謹以活字排印百部,聊資來學津梁之益。

《中國古籍善本書目》史部地理類總志著錄,中國國家圖書館、上海圖書館、內蒙古自治區圖書館、遼寧省圖書館收藏。

0741　清康熙刻本王會新編　　　　　　　　　　T3050/4681

《王會新編》一百四十五卷,清茹鉉撰。清康熙刻本。四十冊。半頁九行二十一字,左右雙邊,白口,單魚尾。框高19.2釐米,寬13.3釐米。題"古越外逸茹鉉仔蒼氏纂輯;魚丘朱緗子青氏、山陰傅良弼若和氏、男濟雲卿氏仝較訂"。前有康熙二十九年(1690)吳興祚序,康熙三十年(1691)姜希轍序,康熙三十二年(1693)魯超序;康熙二十九年茹鉉《述言》、《新編管意》五則;《新編源流》;《凡例》二十三則;《郡縣同名考》;《或問》八則。

茹鉉,號仔蒼,浙江山陰人。康熙三年進士。

"王會"者,舊時諸侯、四夷或藩屬朝貢天子之聚會。語本《逸周書·王會》:"成周之會,墠上張赤帟陰羽。"孔晁注:"王城既成,大會諸侯四夷也。"其書以源流、管意、凡例、同名考作一卷;或問、紀元、建都、崇祀作一卷;北直八卷(領八府二十州一百十五縣,宣府附);盛京二卷(領二府二州七縣);江南十四卷(領十四府十七州九十六縣);山東六卷(領六府十五州八十九縣);山西五卷(領八府二十一州七十八縣);河南八卷(領八府十二州九十五縣);陝西八卷(領八府二十一州九十六縣);湖廣十五卷(領十五府十六州一百零九縣);浙江十一卷(領十一府一州七十六縣);江西十三卷(領十三府一州七十七縣);福建九卷(領九府一州六十縣);廣東十卷(領十府九州七十八縣);廣西十二卷(領十二府四十五州五十二縣);四川九卷(領九府二十一州一百零七縣);貴州二卷(領十二府十一州十九縣);雲南四卷(領十九府三十二州二十六縣)。又九邊四譯二卷、外記五卷。

此編肇於順治六年,成於康熙二十九年,凡四十二年。開卷即可見某省、某郡縣、某山川、某勝蹟、某名宦、某人物、某物産,所謂"凡天下之大,古今之遠,無不了然胸目"。亦可證作者足窮天下,目極群書。茹鉉《述言》云:"是編也,封域則彰本朝之無外,山川則補舊志之未詳,人物則蒐古今之缺略。或論或辨,大費數十年苦心。"

吳興祚序云:"吾越茹仔蒼,幼穎岸,初工涉獵,弱冠薦鹿鳴,以為所聞不及所見,所見不及親歷,乃一變而挾管長遊其間,自金臺九邊暨梁雍荊豫青揚閩粵者,幾二十載。所至輒有記,集成數十種,其最淹博者,則古今疏與歷朝史論也;最新奇者,則九宮翻譜十二種也;最風騷者,則出京門與紀略也。年四十,捷南宮,復以謂得之遊屐者不可憑,咨之今人者不足據,又一變而博極群書,因思職方所掌止詳疆里,萬姓所纂徒列氏乘,即各省郡縣輿圖,非詳近略遠,則繁錯無序,乃廣羅博蒐,徵文考獻,雖佩綬珠崖,必積日裒集。如是者又二十餘載,自禹貢迄今,凡要荒之河山版籍,新歸命於我朝正朔者,盡編次成帙。歷代之忠孝節義,埋沒於蔓草蕪煙者,悉表彰不遺。山川未載,補而疏之;人物闕略,增而論之;不經者正之,附疑者辨之。顏曰《王會新編》,尊本朝也。"

《凡例》云:"合中外要荒而大一統者,莫過於本朝。如奉天等處及臺灣郡縣,皆歷代所未開,文德武功,古今莫並。故詳載新編,以昭王會之特盛。""歷代人物,有忠孝、節義、文學之不同,列女有賢孝、貞節之各異,仙釋有僧道之殊教,故悉從其人而分別之。""仕宦不論朝野,人物不論中外,家世不論門第,姓氏不論單寒,凡有關於名教者,皆搜輯而登之。""是編雖搜輯幾四十餘年,其間或是非相雜,或始終異同,或年代後先,或名姓相類,或字句差錯,或記載失實,不得不遍訪各省郡縣高人碩學,及好古稽今友朋留心人物者,其校對釐正,方克成書。合將各省彙訂名人姓氏開列於後,以志公編。"

《四庫全書總目》、《續修四庫全書總目提要(稿本)》未收。《中國古籍善本書目》著錄,北京大學圖書館、清華大學圖書館等五館入藏。日本內閣文庫也有入藏。

0742　清康熙刻本皇輿表

T3028/2070

《皇輿表》十六卷,清喇沙里等纂修,清揆敘等增修。清康熙四十三年(1704)內府刻本。三十四冊。無欄綫(表橫欄),半頁九行十八字,四周單邊,白口,單魚尾。框高22.3釐米,寬14.5釐米。前有康熙十八年(1679)御製序,康熙四十三年御製增修序;康熙十八年喇沙里等撰進呈表;康熙四十三年揆敘等進呈表;纂修職名;《凡例》;《增修凡例》;《目錄》。卷二、四、六、十二抄配。

喇沙里,康熙間曾任起居注官、翰林院掌院學士。

揆敘,字凱功,納喇氏,滿洲正黃旗人。大學士明珠子。康熙三十五年自二等侍衛授翰林院侍讀,充日講起居注官。累擢翰林院掌院學士,兼禮部侍郎。尋充經筵講官,教習庶吉士。

遷工部侍郎。五十一年遷左都御史，仍掌翰林院。五十六年卒，謚文端。雍正二年發揆敘罪狀，追奪其官，削謚。

《皇輿表》初修於康熙十八年，增修於康熙四十三年。

卷一《京師》，卷二《盛京》，卷三《江南布政使司》，卷四《山東布政使司》，卷五《山西布政使司》，卷六《河南布政使司》，卷七《陝西布政使司》，卷八《浙江布政使司》，卷九《福建布政使司》，卷一〇《江西布政使司》，卷一一《湖廣布政使司》，卷一二《廣東布政使司》，卷一三《廣西布政使司》，卷一四《四川布政使司》，卷一五《貴州布政使司》，卷一六《雲南布政使司》、《朝貢諸國》。

纂修職名爲康熙四十三年增修《皇輿表》告成奉旨開載初修增修官員職名，初修總裁官爲喇沙里等四人，纂修官爲胡簡敬、王士禎、韓菼等十七人，校錄官彭定求等十二人，增修官爲揆敘、吳涵、汪霦等十一人，校刊官宋犖等二人。

是表體例仿史表，特詳郡縣沿革。《凡例》曰，是書一仿史表，以地繫代，詳書郡縣沿革，不及山川風土，從表體也。其郡縣沿革悉據歷代正史中地理、郡國等志考定，本代志有闕略，則以別代志及《通典》、《文獻通考》等書互證之，各處新舊《通志》有可相參驗者，亦多采入。是書郡縣沿革所據一以縣爲主，因歷代郡地分合不常，治所屢易，惟縣之地域有定，或廢或置，考驗易明，縣之沿革既定，然後從縣檢郡，各隨所隸。是書各府、縣列有歷朝疆域，唐、虞以下，依次爲夏、商、周、秦、西漢、東漢、三國、晉、南北朝、隋、唐、五代、遼、宋、金、元、明。

至於增修部分，有補康熙十八年之後塞外海外陸續隸歸版圖者，據吏部、戶部、禮部、兵部、理藩院、皇清一統志館各衙門冊籍纂入；又有詳載受爵屬國；爲補陝西、湖廣、四川、廣西、貴州、雲南各土司康熙十八年原書缺載者，附於各省目次之末；又有朝貢諸大國。

《中國古籍善本書目》入史部地理類總志，著錄康熙內府刻本，中國國家圖書館、浙江圖書館等二十九館收藏。《四庫全書總目》不收。

鈐印有"導江"、"朱岷之印"、"一片冰心"、"桐城姚伯化氏藏書記"。

0743　清乾隆刻本廣輿古今鈔

T3028/2162

《廣輿古今鈔》二卷，清程晴川撰。清乾隆刻本。四冊。半頁八行十八字，左右雙邊，白口，單魚尾。框高19.7釐米，寬11.6釐米。題"古歙臨河有誠堂訂"。前有乾隆十二年(1747)陳撰序。尾殘。

程晴川，名未詳，以字行。

是書爲清乾隆間所撰地理總志。首載歷代都會、目錄，目錄題"國朝定天下爲兩京十四省"，次列清制兩京十四省，總一百九十二府、二百三十二州(內直隸州五十八)、一千二百八十六縣。各府下列有建置沿革，上自《禹貢》、春秋、戰國，下迄明代，歷載各朝建置。各府載所領州縣，省府紀其至京師之里程、省府以外諸府並紀至京師及省府之里程。

兩京十四省依次爲：京師直隸(轄十府二十二州一百十九縣)、盛京(轄二府四州八縣)、江南(江蘇轄八府六州六十一縣，安徽轄八府九州五十二縣)、江西(轄十三府一州七十七縣)、浙江(轄十一府一州七十六縣)、福建(轄十府二州六十二縣)、湖廣(湖北轄十府八州六十縣，湖南轄九府七州六十三縣)、河南(轄九府十州九十九縣)、山東(轄十府十一州九十六縣)、山西(轄九府十六州八十九縣)、陝西(西安轄六府十一州七十三縣，甘肅轄八府十一州四十四縣)、四川(轄十一府二十州一百十二縣)、廣東(轄十府十州八十縣)、廣西(轄十一府三十八州五十縣)、雲南(轄二十四府三十一州三十一縣)、貴州(轄十三府十四州三十四縣)。

陳撰序曰:"吾友晴川先生程君誦古淹洽,以其餘閑,取直省郡邑,彙爲一編,曰'廣輿古今鈔',舉凡地界四封之聯絡,疲衝繁簡之殊治,户口供億之多少,抵都道里之近遠,與夫新舊增設之建置,莫不詳述而綜載之。"

是本無扉頁。陳撰序未及刊事,末署"乾隆丁卯八月錢塘同學弟陳撰並書於有誠堂"。殆"有誠堂"爲陳撰室名。有著録"有誠堂刻本"者,或以卷端所題"古歙臨河有誠堂訂"。

《中國古籍善本書目》入史部地理類總志,著録清乾隆有誠堂刻本,清華大學圖書館、上海圖書館、安徽省歙縣博物館收藏。《中國科學院圖書館藏中文古籍善本書目》著録清乾隆程氏有誠堂刻本。《四庫全書總目》不收。

鈐印有"閔氏家藏"、"芹城閔氏叢桂書屋收藏書畫之印"。

0744　清雍正刻本天下山河兩戒考　　T3024/2900

《天下山河兩戒考》十四卷,清徐文靖撰。清雍正元年(1723)刻本。四册。半頁九行二十字,左右雙邊,白口,單魚尾。框高 19.8 釐米,寬 12.7 釐米。題"當塗徐文靖注"。前有雍正二年(1724)黃叔琳序,雍正元年自序;略例;目次;圖目次;圖二十四種。

徐文靖,字位山,安徽當塗人。雍正元年舉人。乾隆元年薦試博學鴻詞,罷歸。十五年安徽巡撫薦舉經學,十六年會試特授翰林院檢討,時年八十六。文靖家貧力學,考據經史,講求實學。著述有《管城碩記》《禹貢會箋》《周易拾遺》《竹書統箋》等。年九十餘卒。《清史列傳》卷六八有傳,據傳,文靖當生於康熙五年,卒於乾隆二十一年之後。

是書專述分野。黃叔琳序曰,分野雖古人之成説,仰觀俯察,皆吾儒分內事也。作者亦稱,此書與占驗之書不同:"余之注之,將以格物而窮理。彼之所衍者數,余之所窮者理也";"自古星家之説各是所見,參錯不一。今是書折衷群疑,一歸於理。"

文靖曰:"戒者,界也。"黃叔琳曰:"言'兩戒',則取《禹貢》之'南條北條'。"

前八卷注《唐書·天文志》,力證唐僧一行之説;後六卷補《晉書》、《隋書》、《宋史》三書,其中補春秋列國一百七十九,總三百一十。其注皆依一行《大衍曆》。

卷一山河兩戒,南北河,陝東陝西;卷二雲漢始坤終艮,雲漢以陰昇陽降;卷三北斗自乾攜巽爲帝墟,木金水火神治季孟月,五星主五岳四海;卷四論星土郡國廢置,七國宿度多寡,辰次與歲差遷徙不同;卷五元枵分野,娵訾分野,降婁分野;卷六大梁分野,實沈分野,鶉首分野;卷七鶉火分野,鶉尾分野,壽星分野;卷八大火分野,析木津分野,星紀分野;卷九須女虛危分屬諸星同異,古國十一補十七,營室東壁分屬諸星同異,古國十三補九,奎婁分屬諸星同異,古國二十二補十二;卷一〇胃昴畢分屬諸星同異,古趙國一補七,觜觿參分屬諸星同異,古國十補二十一,東井輿鬼分屬諸星同異,古國十四補十一;卷一一柳七星張分屬諸星同異,古國十一補五十八,翼軫分屬諸星同異,古國六補十一,角亢分屬諸星同異,古國十七補九;卷一二氐房心分屬諸星同異,古國十二補八,尾箕分屬諸星同異,古國三補四,南斗牽牛分屬諸星同異,古國六補十四;卷一三紫微垣星座同異,太微垣星座同異,天市垣星座同異;卷一四雲漢經歷十二宮宿度,晉隋史雜變諸星,瑞星。

圖據《唐書·天文志》繪成,每圖之首,録《唐書·天文志》原文,以爲圖釋。有文靖題識曰:"今於《唐志》中'山河兩戒'、'雲漢升沉'並'十二分野',著而爲圖,凡二十有四。"二十四圖依次爲：山河兩戒圖，天象十二次圖，東西分陝圖，兩河之象圖，七緯圖，雲漢始終圖，斗直帝墟圖，水火木金治月圖，五星海岳圖，唐時一統分野圖，七國地形入宿圖，四象中位圖，元枵分野圖，娵訾分野圖，降婁分野圖，大梁分野圖，實沈分野圖，鶉首分野圖，鶉火分野圖，鶉尾分野圖，壽星分野圖，大火分野圖，析木分野圖，星紀分野圖。

《四庫全書總目》入史部地理類存目，著錄安徽巡撫採進本。《總目》曰："星野之説，見於《周禮·保章氏》，以星土辨九州之地，所封封域，皆有分星，以觀妖祥。鄭康成注云：大界則九州，州中諸國之封域，於星亦有分焉。其書亡矣。堪輿雖有郡國所入度，非古數也。如鄭氏所言，以九州爲大限，而諸國地域遠於國都者，其上應之星自不得盡同。是星野不主列國而主乎其地。《漢書·地理志》於漢時郡縣略著梗概。至唐而僧一行又據山河以分，於義尤近。然其説有云，魏徙大樑則西河合於東井，秦拔宜陽而上黨入於輿鬼。彼此遷就，益涉支離。特其文辭綜博，足以自達所見，故後代言分野者悉宗之。文靖廣采群書，以爲之注，此八卷是也。自卷九至卷一四，則文靖所續補，亦引群書爲之注。自漢以降，星野之書已亡。説者徒就《春秋内外傳》，以其所及，推其所不及。牽合附會，皆所不免。是書雖詳於考古，不涉占驗，然博引曲證，以資談論則可，於實用毫無所當也。"

扉頁鐫"天下山河兩戒考。當塗徐位山注。雍正元年鐫。本衙藏板"。原鈐"御覽欽定"、"翻刻千里必究"。

《中國古籍善本書目》不收。《北京圖書館古籍善本書目》、《中國科學院圖書館藏中文古籍善本書目》等著錄。是書後收入《徐位山先生六種》。

鈐印有"紅雨樓"。

0745　清康熙刻本內府分省分府圖

T3080/0789

《內府分省分府圖》不分卷。清康熙刻本。八冊。民國夏孫桐跋。

此爲中國十六省圖及分府圖，但未注比例，也無經緯線。第一冊直隸、山海，第二冊江南、江西，第三冊浙江、福建，第四冊河南、湖廣，第五冊山東、陝西，第六冊山西、四川，第七冊廣東、廣西，第八冊雲南、貴州。無邊疆各省之圖。

夏孫桐跋於《內府地圖》版本所述甚詳："清代內府地圖，共有三種。康熙朝二種，一爲《皇輿全圖》，用滿文；一爲《分省分府圖》，用漢文。乾隆朝一種，用漢文，有經緯度，章幅最大，所謂《十三排地圖》也。中葉以後，流傳皆罕。道光初年，回疆用兵，奏請頒發，武英殿已無存本，圖版亦不知下落。訪諸坊肆，僅得一種，重價居奇，事見陳澧《東塾集》。此圖分省分府，即爲《圖書集成》所本，《會典》地圖亦因其例。光緒中，重修《會典》，孫桐承乏編纂，加以計里開方，增注著名村鎮，例詳於舊，而繪畫注寫遠遜前人之精工。館中所據以參考者，僅由內閣調取《乾隆十三排圖》，康熙二本皆未有也。適於廠肆得此本，疆域建置，合於康熙，定爲內府之本。近見上虞羅振玉文集，有康熙分省分府圖跋，詳載分目，與此悉合，云在盛京故宮檢得滿文總圖之銅版，而漢文分圖之版則未見。蓋因係木刻，年久殘毀，不可蹤跡，同時舊京大內清釐舊物，亦得《乾隆十三排圖》之銅版，是內府三圖，惟此圖版毀無存，於今日尤爲可貴，且冊爲乾隆以前舊裝，紙墨裱工，皆非後來所及。特紀始末，以備稽考。至當日敕命蔣廷錫等編製，詳載《實錄》，不贅書焉。己卯春暮，前翰林院編修會典館畫圖處總纂江陰夏孫桐謹識。"

夏孫桐，字閏枝，一字悔生，晚號閏庵，江蘇江陰人。光緒進士，授翰林院編修、廣東主考官。歷任湖州、寧波、杭州知府,會典館編書處總纂等職。民國初年,入清史館。又佐徐世昌輯《晚晴簃詩匯》、《清儒學案》等。工詞。著有《觀所尚齋文存》、《悔龕詞》等。

據《輿圖要錄》(中國國家圖書館藏中外文古舊地圖目錄)載,内有《内府輿地全圖》,作"刻印本",書套題名《山海輿地全圖》,時代爲清康熙末年,亦八册,首冠《山海輿地全圖》及中國全圖。按,此當和哈佛本同,惟哈佛本無首二圖。據云:"繪圖方法與康熙《皇輿全覽圖》中分省圖相同。""内容與《圖書集成》中《方輿匯編·職方典》地圖基本相同。"

1934年,北平民社出版《内府地圖》石印本,上下二册,書前景耀月序云:"此圖頃獲諸清某王府,無刻梓年月,顧其製繪之精密,位置之準確,殊在内府銅版諸圖以上。顧吾國昔未識測量術,而兹圖較後此實測者合之,尤爲之驗,是乃難能也。""竊以此圖之要,實足供吾人徵古之資,讀史之佐,世方多難,彌足琛示。"以館藏此本與石印本相核,可知石印本之底本乃爲康熙刻本。

經摺裝,每册封面皆木板,鐫有"地圖。××　××。第×册"。如"地圖　直隸　山海　第壹册"。

0746　清乾隆刻本皇清職貢圖　　　　　　　　　　　　　　　T2488/3203

《皇清職貢圖》九卷,清董誥等奉敕撰,清門慶安等圖。清乾隆武英殿刻本。十册。半頁八行二十字,四周雙邊,白口,單魚尾。框高20.4釐米,寬13.9釐米。前有乾隆十六年(1751)諭旨;乾隆二十六年(1761)御製題皇清職貢圖詩;劉統勳等和詩;校刊職名;傅恒等跋。

董誥,字雅倫、西京,號蔗林,浙江富陽人。生於乾隆五年。乾隆二十九年進士,授翰林院庶吉士,充國史三通館協修,武英殿纂修。歷任禮、工、户、吏、刑各部侍郎,充武英殿總裁,四十四年任軍機大臣,旋任户部尚書。嘉慶二十三年卒,年七十九,謚文恭。

門慶安,清監生,候選縣丞。

《皇清職貢圖》繪境内諸藩與外藩遣史來朝者之像,並爲文敍其土俗、服食。傅恒等跋云:"統計以部曲區名者,凡三百數;以男女别幅者,凡六百數。"初於乾隆十六年奉敕撰,諭旨曰:"我朝統一區宇,内外苗夷輸誠向化,其衣冠狀貌各有不同,著沿邊各督撫於所屬苗猺黎獞以及外夷番衆,仿其服飾,繪圖送軍機處彙齊呈覽,以昭王會之盛。各該督撫於接壤處,俟公務往來乘便圖寫,不必特派專員,可於奏事之便傳諭知之。"

校刊職名:監理,武英殿管理事務永璇等四人;總裁,董誥等二人。又有提調、監造、繪圖,繪圖四人,爲門慶安、徐溥、戴禹汲、孫大儒。

《四庫全書總目》入史部地理類,《總目》稱,乾隆十六年奉敕撰,以朝鮮以下諸外藩爲首,其餘諸藩諸蠻,各以所隸之省爲次。告成於乾隆二十二年。迨乾隆二十八年以後,廣爲《續圖》一卷。

《中國古籍善本書目》不收。《中國科學院圖書館藏中文古籍善本書目》、《北京大學圖書館藏古籍善本書目》、《北京師範大學圖書館中文古籍書目》等著録。《清代内府刻書目録解題》著録遼寧省圖書館藏本;又有嘉慶十年增補本,藏故宮博物院,卷前乾隆二十六年御製題詩後,有嘉慶乙丑冬日御製補繪皇清職貢圖成卷恭和詩。《解題》云:"是書卷九末增補安南官人像四幅,並附有嘉慶十年乙丑仲冬御製識語,略謂嘉慶九年萬壽前,安南遣史來朝,'因命畫院臣工寫其衣冠狀貌,增繪圖中'。"

鈐印有"陽湖陶氏涉園所有書籍之記"。

0747　明崇禎刻本帝京景物略　　　　　　　　　　T3056/1114.7

《帝京景物略》八卷，明劉侗、于奕正撰。明崇禎刻本。八册。半頁八行十九字，四周單邊，白口，無魚尾。框高19.4釐米，寬12.8釐米。題"遂安方逢年定；麻城劉侗、宛平于奕正修"。前有方逢年序，崇禎八年(1635)劉侗序；于奕正撰《略例》。

劉侗，字同人，號格庵。麻城人。崇禎七年進士。授吳縣知縣，卒於維揚舟次。其所爲詩制舉藝，先爲武昌孟登刻於蘭陽，名《龍井崖詩》及《雉草》，後《韜光三十二義》爲譚元禮刻於德清。爲人以千秋自命，不苟同於世。其詩文多幽古奇奥，爲復社名士，屬鍾譚竟陵派。《(光緒)重修麻城縣志》卷二〇有傳，云："初客都門，取燕人于奕正所抄集著爲《帝京景物略》八卷。"

于奕正，初名繼魯，字司直。宛平人。崇禎中諸生。著有《天下金石志》等。

是書詳載北京城郊景物，凡園林寺觀、陵墓祠宇、名勝古蹟，以及草木蟲魚，搜羅殆遍；一景一物，一字一語，間有未諦，無不躬自閱歷，務求翔實。其以京師東西南北，各分城內城外，而西山及畿輔併載，列目凡一百二十有九，每篇之末，各繫以詩，採擷頗疎。由於體例並不謹嚴，有些內容並非"景物"，也羼入其間，致貽王士禎、朱彝尊等人批評。

劉侗序云："侗北學而燕游者五年，侗之友于奕正，燕人也，二十年燕山水間，各不敢私所見聞，彰厥高深，用告同軌。奕正職蒐討，侗職摛詞。事有不典不經，侗不敢筆；辭有不達，奕正未嘗輒許也。所未經過者，分往而必實之，出門各嚮，歸相報也。所采古今詩歌，以雅、以南、以頌，舍是無取焉，侗之友周損職之。三人揮汗屬草，研冰而成書。其卷八，其目百三十有奇。"

于奕正《略例》云："奕正，燕人也，好遊，而遊詳於燕。劉子，楚客也，好遊，而燕中遊者五年。是編奕正摭事，疑者罔濫，信者罔遺。劉子屬辭，怪匪撰空，夸匪溢實。""成斯編也良苦，景一未詳，裹糧宿舂；事一未詳，發篋細括；語一未詳，逢襟捉問；字一未詳，動色執爭。歷春徂冬，銖銖絪緼而帙成。"

是本有扉頁，刊"帝京景物略"。序文殘去半頁，卷二第十二至十六頁佚。

《四庫全書總目》入史部地理類存目。《中國古籍善本書目》著録，八卷本有明崇禎刻本、明刻本、明末刻本、清初盧高刻本；二卷本有明崇禎刻本。此八卷崇禎刻本，北京大學圖書館、天津圖書館等十七館亦有入藏。

鈐印有"蒙自楊氏曾藏"、"文似之印"、"質公"、"古滇穆質公香海閣圖書印記"、"家在彩雲深處"、"摩兜堅室"、"質公長生安樂"。

0748　清乾隆刻本宸垣識略　　　　　　　　　　T3056/1109.23

《宸垣識略》十六卷，清吳長元輯。清乾隆五十三年(1788)池北草堂刻巾箱本。八册。半頁九行二十一字，左右雙邊，白口，單魚尾。框高12.8釐米，寬9.3釐米。題"仁和吳長元太初氏輯"。前有邵晉涵序，乾隆五十三年余集序；《例言》十三則。

吳長元，字太初，浙江仁和人。乾隆時以布衣客輦下，屢爲京朝士大夫讎校秘册。

宸者，北極星所在，後借指帝王所居。《順天府志》云：長元客京師十餘載，留心掌故，即經一坊巷、一梵刹，亦必詢其所自，將擬爲帝京景物、長安可游之續。是書乃據清朱彝尊《日下舊聞》、乾隆帝敕編《日下舊聞考》增删重寫成書，所記皆北京地方文獻。是書爲游覽而作，內分天文、形勢、水利、建置、大内、皇城、内城、外城、苑囿、郊坰、識餘十一類,並附圖十八幅,爲研究北京史地必讀之書。

《日下舊聞》四十二卷、《日下舊聞考》一百六十卷,是有關京師之重要史籍,然卷帙浩繁,查閱不便。有鑒於此,長元以身所涉歷,結合古籍及碑碣所載,編纂成書,題曰《宸垣識略》。邵晉涵稱其"敘載必有依據,語尚雅馴","吳君沐浴雅化,親見輦轂聲華之盛,卿雲賡和,協以衢歌,翔和輯慶之景象,薈萃簡編,俾觀光日下者,皆得按籍循途,矚瞻斗極,流傳及遠。"

余集序云:"秀水之輯《舊聞》,搜群籍至千餘家,而猶以未見《元建都記》、蕭洵《故宫遺録》爲憾事,其明徵矣。《舊聞考》爲朝廷著作,卷帙宏富,鏤版秘館,非窮陬僻壤、謏聞淺識所能先睹。而太初是編,譬之抱涓滴於東瀛,分尺塊於嵩岱,雖未盡窮其源、升其巔,而海嶽之全體則已具矣。"

《續修四庫全書總目提要(稿本)》著録,云:"書之編輯,雖係採摭《舊聞》及《舊聞考》以成,而其中自述聞見爲二書所無者亦頗不少,取便遊屐,仍依朱氏原本,以官署散入城市中,不照《舊聞考》例另立專門。其他增入王侯第宅,並附録會館地址,添加地圖,續輯新詩等,悉爲是書獨有之條目,考古紀方,允稱佳本,精詳簡易,較原書有過之無不及。矧其言言有本,通部無可指之訛,尤覺難能可貴。惟其取用《舊聞》不著出處,外城地域,遺漏天橋,爲是書之病耳。"

此本有扉頁,刻"宸垣識略。乾隆戊申冬。池北草堂開雕"。有三種版本,此原刻本、光緒二年重刻本、清刻本。1964年北京出版社有排印本,並據三種版本互校,修正錯訛。1981年北京古籍出版社又有重印。

《四庫未收書輯刊》未收。《續修四庫全書》史部第730册收入。

鈐印有"柴氏家藏圖書"、"柴邦彦圖書後歸阿波國文庫别藏下江户雀林莊之萬卷樓"。

0749　明刻本會稽三賦　　　　　　　　　　　T3070/43

《會稽三賦》四卷,宋王十朋撰,明南逢吉注,尹壇補注。明刻本。四册。半頁八行十八字,四周單邊,白口,單魚尾,書口下刻字數。框高21釐米,寬13.5釐米。題"宋東嘉王十朋撰;明渭南南逢吉注;上虞尹壇補注;會稽胡大臣訂正"。前有陶望齡序;王十朋傳略。

王十朋,字龜齡,號梅溪。樂清人。紹興二十七年進士。幼穎悟,日誦數千言,紹興中,廷對忠鯁,高宗親擢爲第一。孝宗時歷知饒、夔、湖、泉諸州,所至人繪而祠之。累官太子詹事,以龍圖閣學士致仕,卒謚忠文。事蹟具《宋史》本傳。

三賦,一曰《會稽風俗賦》,仿《三都賦》之體,歷敘其地山川、物產、人物、古跡;一曰《民事堂賦》,民事堂者,紹興中添差簽判廳之公堂也,原借寓小能仁寺,歲久圮廢,十朋重建於車水坊;一曰《蓬萊閣賦》,其閣以元稹詩"謫居猶得住蓬萊"句得名,皆在會稽,故統名曰《會稽三賦》。

十朋所作三賦,流傳甚廣,其時髫秀之童,無不上口,其家傳户習,殆似元和誦微之也。其書最早有宋周世則注、史鑄增注,今存有宋刻元修本、明初刻本。明代則有南逢吉校注,明嘉靖二年南大吉刻本、明刻本;尹壇補注,明彭雷刻本、此明刻本、明朱啓元刻本;陶望齡評,明天啓元年凌弘憲刻套印本;周炳曾增注,明尺木堂刻本。

此本金鑲玉裝。扉頁刊"會稽三賦。宋王龜齡撰。山陰致遠堂丁氏藏板"。

《四庫全書總目》入史部地理類。《中國古籍善本書目》著録。吉林省圖書館、山東省圖書館等十七館亦有入藏。

0750　清康熙刻本廣東新語　　　　　　　　　　T3073/81

《廣東新語》二十八卷,清屈大均撰。清康熙刻本。十二册。半頁十一行十九字,四周單邊,白口,單魚尾。框高 19.4 釐米,寬 12.8 釐米。題"番禺屈大均翁山撰"。前有康熙三十九年(1700)潘耒序,屈大均序。

屈大均,見《翁山詩外》。

是書成於康熙十七年,時大均年四十九。此或爲廣東外志,所記名目複雜,諸如食貨、藝文、器物、舟車、宮室、墳墓、禽獸、鱗介、花草、樹木等,無所不包。卷一《天語》,卷二《地語》,卷三《山語》,卷四《水語》,卷五《石語》,卷六《神語》,卷七《人語》,卷八《女語》,卷九《事語》,卷一〇《學語》,卷一一《文語》,卷一二《詩語》,卷一三《藝語》,卷一四《食語》,卷一五《貨語》,卷一六《器語》,卷一七《宮語》,卷一八《舟語》,卷一九《墳語》,卷二〇《禽語》,卷二一《獸語》,卷二二《鱗語》,卷二三《介語》,卷二四《蟲語》,卷二五《木語》,卷二六《香語》,卷二七《草語》,卷二八《怪語》。

潘耒序云:"粤東爲天南奧區,人文自宋而開,至明乃大盛,名公鉅卿,詞人才士,肩背相望。翁山既已掇其精英爲《廣東文選》矣,又以山川之秀異、物產之瑰奇、風俗之推遷、氣候之參錯,與中州絶異,未至其地者不聞,至其地者不盡見,不可無書以敘述之。於是考方輿、披志乘,驗之以身經,徵之以目睹,久而成《新語》一書。其察物也精以核,其談義也博而辨,其陳辭也婉而多風,思古傷今、維風正俗之意時時見於言表,遊覽者可以觀土風,仕宦者可以知民隱,作史者可以徵故實,摛詞者可以資華潤,視《華陽國志》、《嶺南異物志》、《桂海虞衡》、《入蜀記》諸書,不啻兼有其美善哉,可以傳矣。"

屈大均序云:"《廣東新語》一書,何爲而作也？屈子曰:予嘗遊於四方,閱覽博物之君子,多就予而問焉。予舉廣東十郡所見所聞,平昔識之於己者,悉與之語,語既多,茫無端緒,因詮次之而成書也。""然何以'新'爲名也？曰吾聞之君子知新,吾於《廣東通志》,略其舊而新是詳,舊十三而新十七,故曰《新語》。"

此爲禁書,《清代禁燬書目》、《違礙書目》、《清代禁書知見録》著録。多種書目皆作"清康熙三十九年木天閣刻本",然此本無"木天閣"之依據,康熙三十九年潘耒序也未提及是年付梓事。《續修四庫全書總目提要(稿本)》著録"木天閣刻本"。《中國古籍善本書目》著録清康熙三十九年木天閣刻本,山東省圖書館入藏。《北京圖書館古籍善本書目》入史部地理類。清華大學圖書館、中國科學院圖書館也有入藏。日本内閣文庫有四部。

0751　清乾隆刻本海東札記　　　　　　　　　　T3072.8/2964

《海東札記》四卷,清朱景英撰。清乾隆刻本。四册。半頁十行二十字,左右雙邊,黑口,雙魚尾。框高 18.6 釐米,寬 12.9 釐米。前有乾隆三十八年(1773)劉亨地序,乾隆三十八年鄭際唐序。目録頁有朱景英識語。

朱景英,字幼芝,一字梅冶,晚號研北翁,湖南武陵人。乾隆十五年鄉試第一人。知寧德縣,擢鹿耳門同知,司海口商舶出入兼管四縣。調福建北路理番同知,署汀州邵武府知府。工漢隸。又有《畬經堂文集》八卷、《畬經堂初集》六卷《續集》四卷《三集》四卷、《研北詩餘》一卷。《國朝耆獻類徵初編》卷二五五有傳。

此書記臺灣事,多志乘所不載或載而未詳者。卷一《記方隅》、《記巖壑》,卷二《記洋澳》、《記政紀》,卷三《記氣習》、《記土物》,卷四《記叢璅》、《記社屬》。

鄭際唐序云:"武陵朱研北司馬,深思篤古,釀於平時。乃以佐守是邦,行部所經,得遍其境,至輒延覽形勝,諏詢名物,暇日記所見聞,釐爲四卷,名之曰《海東札記》。歲癸巳,秋滿來京師,手以示余。予受而卒業,因嘆曰:昔人謂一莖草化萬丈金身,不信然歟!夫臺灣蕞爾地,而外障生番,內屏中國,屹然爲東南重鎮,豈所謂地險者非邪?觀研北是編,島夷之延亘,風濤之險夷,不待按圖,瞭然在目前。其地田畝軍營,下及鳥獸卉木,鉅細悉具。其立言簡而峭,其敘事約而盡,其體物核而精。即起酈生、柳子爲之,奚以易此。至其習俗之驟難移易,利弊之所當因革,尤拳拳致意,寓以箴規,重以激勸,且有深望於來者,仁人用心,無往不厚如是。研北治績循茂,讀是編者,其亦可想見矣。""癸巳",爲乾隆三十八年。

朱景英識語云:"余貳守海東,逾三歲,南北路遍焉。凡所聽睹,拾紙雜然記之,日積以多,遂析爲八類,鈔存四卷。隨筆件繫,藉備遺忘,要無當於郡邑志體,故掛漏不免,覽者諒之。"

此爲寫刻本,甚精。每卷末刻"侯官門人謝曦錄",謝當爲書手。

《續修四庫全書總目提要(稿本)》著錄。《中國古籍善本書目》不收。中國科學院圖書館也有入藏。

0752　清康熙刻本連陽八排風土記　T2219.4/4440

《連陽八排風土記》八卷,清李來章撰。清康熙連山書院刻本。三册。半頁九行二十字,左右雙邊,黑口,單魚尾。框高 17.2 釐米,寬 13.7 釐米。題"天中禮山李來章"。前有康熙四十七年(1708)自序。目錄後爲卷一《圖繪》。

李來章,本名灼然,號禮山,以字行,河南襄城人。康熙十四年舉人。工詩古文辭。嘗學於魏象樞,其持論以不背先儒有益世用爲主。再學於孫奇逢、李顒。主南陽書院。謁選廣東連山縣。授兵部主事,監北新倉,革運官餽遺。所著有《禮山園文集》等。《清史稿》有傳。

瑤人居處以竹木爲砦柵,謂之排也,後特指瑤族村寨。八排瑤者,聚居於廣東西北部連州、陽山一帶,爲瑤族一支。來章知連山縣時,連山民僅七村,丁只兩千。外瑤戶大排居五,小排一十有七,數且盈萬人。重山複嶺,瘦石巉削,田居十分之一,瑤人或負險跳梁。來章仿明王守仁遺意,日延耆老問民疾苦,招流亡、勸開墾、薄其賦,復深入瑤寨,爲之置約延師,以至誠相感。創連山書院,著學規,使瑤民之秀者,亦知鄉學,誦讀聲徹巖谷。

康熙四十七年,來章仿吳震方輯《說鈴》,記一地之風土掌故,撰是書於連山公署。卷一《圖繪》,卷二《形勢》,卷三《風俗》,卷四《言語》,卷五《剿撫》,卷六《建置》,卷七《約束》,卷八《向化》,凡八卷。目錄尚有卷九、卷一〇,題曰《雜述》上、下,然有目無書,蓋欲爲之而未成者。

自序云:"予故於簿領之暇,訪問父老,略爲銓次,命人繕寫,存其梗概,爲卷凡八,名曰《連山八排風土記》,雖鄙俚無文,不免於大方之軒噱,而後之履順處變、有事於茲土者,亦或取徵於疇昔,是亦拙吏之芻蕘也。"

《四庫全書總目》入史部地理類存目,並云:"中多自敘政績。其向化一門,紀所判斷之案,各爲標目。殆似傳奇,尤非體例。"

有扉頁,刊"連陽八排風土記。連山書院"。

是書實爲清康熙間賜書堂刻《禮山園全集》零種,兩者經仔細比對,完全同板,唯多出"總目"之第二頁,即卷九、卷一〇目録,而正文亦止於第八卷。

《中國古籍善本書目》著録,中國國家圖書館、上海圖書館、天津圖書館、中山圖書館四家收藏。《四庫全書存目叢書》史部地理類第256冊收入,底本爲中央民族大學圖書館藏清康熙四十七年連山書院刻乾隆增刻本,實即《禮山園全集》本。此外尚有1967年臺北成文書局《中國方志叢書》本、2003年揚州廣陵書社《中國風土志叢刊》本等影印本。

0753　清乾隆刻本粵中見聞　　　　T3073/4106

《粵中見聞》三十五卷,清范端昂輯。清乾隆四十二年(1777)刻本。十册。半頁九行二十二字,四周雙邊,白口,單魚尾。框高19.9釐米,寬11.2釐米。題"廣州三水三江范端昂吕男纂輯"。前有雍正八年(1730)德玉序。

范端昂,字吕男,廣東三水人。無考。

是書分天、地、人、物四部。卷一至三《天部》,卷四至一二《地部》,卷一三至二〇《人部》,卷二一至三五《物部》,附紀二則。乃作者在粵時所見所聞,或得諸游覽,或傳於故老,一一參訂以典籍。每部之前皆有小序一篇,提綱挈領,或詳或略。按,此書目録頁所著卷數與原書不合。

德玉序云:"夫吾兄以著作良才而又年登耄耋,學問深造,練達老成,故粵中之天地人物,凡載於通志者則略之,而通志所未及載者纂輯無遺,萃群勝於眸間(原文如此),臚萬象於筆下,不傷掛漏,洵洋洋一巨觀也。"

此本有扉頁,刻"粵中見聞。清乾隆四十二年鎸。三江范端昂吕男纂輯。一天文、二地輿、三名室、四物類。一泓軒藏板"。

《續修四庫全書總目提要(稿本)》、《中國古籍善本書目》未收。《北京師範大學圖書館中文古籍書目》著録清乾隆四十二年一泓軒刻本。又日本《内閣文庫漢籍分類目録》著録清雍正八年序刻本。

0754　清抄本粵滇紀略　　　　T2743/0404

《粵滇紀略》八卷附《堵胤錫始末》,清計六奇撰。清抄本。十六册。半頁八行十七字,無框格。題"九峰居士編輯"。無序跋。

計六奇,字用賓,號天節子,别號九峰居士,江蘇無錫人。邑諸生,入清後兩次鄉試不舉,從此無意仕進,在無錫、蘇州、江陰等地坐館教書,終其一生。其《明季北略》、《明季南略》二書,於康熙十年撰成,共四十二卷,按編年記述明萬曆二十三年至清康熙四年七十年間明清易代史事,取材廣泛,徵引文獻六七十種。因上距明亡不久,史事大多無誤,頗爲治晚明史者重視。另有《粵滇紀聞》、《金壇獄案》、《南京紀略》、《辛丑紀聞》等,皆記明清之際史事與掌故。

是書雜採諸家之説,記南明永曆帝始末,起清順治三年、明隆武二年十月十四日即位粵中,至順治十八年、明永曆十五年在緬甸被執止,首尾十四年。每事自成片斷,各以數字標題,如"粵中僭立永曆"、"孫可望入滇"、"桂林民力窮竭"等,望其目即知其内容,一如宋人筆記。每篇後低一格加以考證,史實詳盡。引書尤以記粵事者爲最多,如《粵事記》、《武岡播遷始末》等,間亦有得諸口述者,編次較爲系統。

此書内容略同於《明季南略》之卷九至一五,體裁亦同,然編次多有倒乙,較《明季南略》記南明永曆帝始末更加完整,篇目多出十數篇,如"馬吉翔再弄朝權"、"瞿式耜諫勿去肇慶"、"張虎激怒孫可望"、"李定國傳"等。即便篇目相同者,文字亦互有出入。

謝國楨《增訂晚明史籍考》著録此書,爲海鹽朱氏舊藏之十卷本。前有弁言,云:"我生不辰,遭此國家多難,迴思開國之盛,復悲黍離之衰,故於粤滇之事,或考遺聞,或訪故老,一人一事,咸筆簡端。後之有心史事者,諒不以小朝廷之記載,一旦置之覆瓿也。"實則《明季南北略》在乾隆間即被列入禁書,未能付梓。嘉慶、道光年間文綱稍弛,有北京琉璃廠半松居士木活字本刊行,但已經芟改,非計六奇原本。以後又有上海圖書集成局石印巾箱本、商務印書館鉛印本等行世。1984年中華書局出版標點整理本,以杭州大學圖書館藏清初抄本《明季北略》、《明季南略》爲底本,參校以常熟曹大鐵藏舊抄本。

《續修四庫全書總目提要(稿本)》著録兩部《粤滇紀略》,一爲八卷舊抄本,同於此本,後亦附《堵胤錫始末》;一爲十卷舊抄本。兩書内容大致相同。

書中凡"胤"、"弘"、"曆"諸字皆挖改爲"允"、"宏"、"歷","堵胤錫"諱作"堵允錫",而"永曆"復以朱筆改作"永明王","隆武"改作"唐王",並以朱筆改"陷"爲"破",改"歸正"、"歸順"爲"叛降",在"詔"前加一"僞"字,等等,使全書語氣更加傾向清廷。然"寧"字不諱,此本當抄成於雍、乾之前,乾、嘉間又經批改。是書抄寫年代較早,或可補刻本之舛訛也。

《中國古籍善本書目》未收。中國國家圖書館藏舊抄本一部,存卷一至五、卷八至一〇共八卷,鈐印有"藝風堂藏書"、"紫伯"等,知即謝國楨《增訂晚明史籍考》所見之書,由繆荃孫藝風堂轉歸海鹽朱氏者,繆荃孫《藝風藏書續記》著録。北京大學圖書館藏有民國二十九年據哈佛本之曬藍本。臺北"中央研究院"史語所傅斯年圖書館藏有舊抄本一部,扉頁題名下朱筆題"紀明末桂王事彙衆説而成者",卷五至八題作《粤黔紀略》。

0755　稿本冰嶺紀程　　　　　　　　　　　　　TNC3079.1/6903

《冰嶺紀程》一卷附《度嶺吟》一卷,清景廉撰。稿本。二册。半頁六行二十字,無框格。題"吉林景廉秋坪甫著"。前有清同治二年(1863)自序。

景廉,顔扎氏,字儉卿,一字季泉,號秋坪,隸滿洲正黄旗。咸豐二年進士,授翰林院編修。八年,授伊犁參贊大臣。十一年,調葉爾羌參贊大臣。同治二年,坐事落職,遣往寧夏軍營效力。五年,充哈密幫辦大臣。旋因平定回部起義有功,授烏魯木齊都統。十三年,授欽差大臣,督辦新疆軍務。光緒二年,入軍機,兼總理各國大臣。授工部尚書,調户部。補内閣學士,再遷兵部尚書。十一年,卒於官。藏書極富,且多善本。《清史稿》、《清史列傳》皆有傳。

冰嶺位於天山西段之穆素爾達坂,"穆素爾"譯言"冰","達坂"譯言"嶺",俗稱"冰達坂"。由此翻越天山,爲伊犁通往阿克蘇之捷徑。然路途險峻,重巒疊嶂,山行積雪,車馬難以轉輪,最險處,乃梯上鋪毯,相攜而過。寒氣凛冽,砭人肌骨。僅伊江戍卒换防恢武,以及南路各城運送官物者,始取逕於此,而宦游者以非康衢,往往避越此道。咸豐十一年,景廉調任葉爾羌參贊大臣,赴普安讞獄,慮其遲則生變,取冰嶺捷徑可速達,毅然履險。於九月二日自伊犁惠遠城就道,經固爾札城、索果爾台、庫森綽羅塔坂、博爾台、霍諾海台、特克斯台、沙圖阿滿台、阿東格爾台、亮噶爾台、噶克察哈爾海台、特莫爾蘇、穆肅爾搭巴罕(穆肅爾搭巴罕即冰嶺所在),再經塔瑪哈塔什台、胡蘇圖托海台、土巴拉克台、螺螄搭坂、阿拉巴特台、扎木台而抵阿克蘇,其艱險倍嘗,較其他行程按站而進者,險易自不同,亦游蹤中另一途徑也。景廉抵葉爾羌後,自紀行程,成此書一卷。後附《度嶺吟》,爲沿途吟詠,亦記景物,與《紀程》相輔之作,故並錄之。

自序云:"冰嶺在阿克蘇東北四百餘里……此路甚捷,景亦甚奇,予既熟聞而神往矣,常以不得一見爲恨。遇度嶺者,詢其狀,則覼述艱險,往往爲之咋舌,不啻談虎色變,予初未之信也。""歲辛酉秋,適有讞獄普安之命,擬取道冰嶺,愛予者皆爲予危,予笑謝之。遂於九月二日束裝就道,十二日度冰嶺,又八日,抵普安。其道路之崎嶇,山川之詭異,誠有非意料之所及者,乘危履險,生死呼吸,壯志豪情,一時俱盡,百聞不逮一見,今而後知人言之不誣也。而予生平之大觀,亦以此行爲最,爰逐日筆記,俾後之往來冰嶺者,持此爲老馬之導,或者不無裨益云。"署於古莎車節署之退思堂。

《續修四庫全書總目提要(稿本)》著錄。《吳豐培邊事題跋集》中收入,吳氏云:"觀其生平,仕新頗久,屢率勁旅與白彥虎、阿古柏相戰,新疆之平定,景廉殊建功勳,乃滿員中之佼佼者矣!"

此爲景廉親筆謄清稿本,抄寫甚工。是書有清光緒五年刻本,扉頁鐫"光緒己卯冬重刊於都門",前除自序外,尚有光緒六年恭親王題詞、潘祖蔭序及同治六年林之望序,後有同治六年蔣凝學跋。刻本自序署爲"識於古莎車節署之留有餘室"。此稿本上有少量修訂,修訂後文字皆與光緒刻本同。

1969年臺灣文海出版社《近代中國史料叢刊》第358冊,2003年北京圖書館出版社《古籍珍本游記叢刊》等,據光緒刻本影印出版。

鈐印有"秋坪景廉"、"顏扎氏"。

0756　清乾隆刻本澳門記略　　　　　T3073.37/7292

《澳門記略》二卷,清印光任、張汝霖撰。清乾隆刻本。二冊。有圖。半頁九行二十字,四周雙邊,白口,單魚尾。框高19釐米,寬13.3釐米。題"寶山印光任、宣城張汝霖纂"。前有乾隆十六年(1751)張汝霖序。末有印光任後序。

印光任,字黻昌,號炳岩,上海寶山人。雍正八年由廩生保舉至粵,歷任石城、廣寧、高要、東莞知縣,所至有政績。乾隆九年至十一年,任首任澳門同知。擢粵閩南澳軍民同知,官至廣西慶遠、太平府知府。性豁達,寓恩於威,尤加意人才、義學、課藝,手訂甲乙,士人德之。生平無書不讀,制義揣摩深邃。古今體詩温厚和平,深得唐人三昧。卒年六十八。又有《炳岩詩文集》、《翊蘄編》、《補亭集話》、《雨吟碎琴草》、《鐵城唱和》等。《(乾隆)香山縣志》卷四有傳。

張汝霖,字芸墅,安徽宣城人。乾隆元年,由拔貢分發廣東,任河源、香山、陽春知縣。官至澳門海防同知。廉介公慎,有經世才。性嗜學,凡兵刑、錢穀、律曆諸書,靡不淹貫,故敷政張馳盡善。尤工駢體文及詩,能於漢魏六朝唐宋元明外別辟堂奧,自成一家言。乾隆三十四年卒,年六十一。又有《辛辛草》、《吳越吟》、《耳鳴集》等。《(乾隆)香山縣志》卷四有傳。

澳門,包括澳門半島、氹仔島及路環島,位於珠江口西岸,與香港、廣州鼎足分立。其遠古時代爲一小島,孤懸海上。後因泥沙沖積,在大陸與小島間形成沙堤,成爲與大陸一徑相連之半島。澳門古稱"濠鏡","澳門"之名最早見於記載者,乃明嘉靖四十三年龐尚鵬《題爲陳末議以保海隅萬世治安疏》,有云:"廣州南有香山縣,地當瀕海。由雍陌至濠鏡澳,計一日之程。有山對峙如台,曰南北台,即澳門也。外環大海,接於羣舸,曰石峽海,乃番奏市舶交易之所。"

秦時，澳門及鄰近地區屬南海郡番禺縣，晉代屬東官郡，隋代屬南海縣，唐代屬東莞縣。南宋時置香山縣，澳門改屬香山縣延福里恭字圍，直至清代。此書爲第一本關於澳門之志書，卷上《形勢篇》（潮汐風候附）、《官守篇》（政令附），卷下《澳蕃篇》（諸蕃附）。全面介紹澳門歷史、地理、海防、官守、貿易、宗教、文化、風俗、技藝等。

是書草稿成於乾隆十年，但自成稿至付梓，頗具艱辛。印光任後序云："澳門，香邑一隅耳，其地孤懸海表，直接外洋，凡夷商海舶之來粵者，必經此而達，且有外夷寄處，戒何可弛？雍正八年，設香山縣丞，分駐前山寨，專司民夷交錯之事。乾隆八年，大府又議設同知一員，轄弁兵鎮壓之，擢余領其事。余不才，念事屬創始，爰歷海島，訪民蕃，蒐卷帙，就所見聞者記之，冀萬一補志乘之缺，而考之未備，辭之不文，必俟諸博雅君子，此《紀略》之所由來也。乾隆十一年春，予奉文引見，代予者張子，諒而有文，因以稿本相屬，期共成之。張子曰：余簿領勞形，恐不逮。粵秀山長徐鴻泉，余同年友，且與君契，盍以正之？余曰善，將稿屬鴻泉而去。比引見後，以病暫回故里，遣人索前稿，徐已卧病，未几卒，原本遂失。兹余復至粵，辛未四月權潮郡篆，張子亦以攝蕆司至。公餘聚首，語及輒感慨久之。余因搜覓遺紙，零落輳集，旬日間得其八九。張子乃定其體例而大加增損焉，視原稿之粗枝大葉，迴不侔矣。"

《四庫全書總目》云："考濠鏡澳之名，見於《明史》，其南有四山，離立海水，交貫成十字，曰十字門，今稱澳門，屬香山縣。乾隆九年，始置澳門同知，光任、汝霖，相繼爲此職。光任初作是書未竟，至汝霖乃踵成之。""《明史・地理志》祇載南頭、屯門、雞棲、佛堂門、十字門、冷水角、老萬山、零丁洋澳諸名，與虎頭山關之類，其它皆未記其詳。此書於山海之險要，防禦之得失，言之最悉。蓋史舉大綱，志詳細目，載筆者各有體裁耳。"

按，除此乾隆原本外，《紀略》又有清嘉慶五年江寧藩署刻本、清光緒六年重印江寧藩署本。又《昭代叢書》、《嶺海異聞錄》及《筆記小說大觀》第六集也有收入，《昭代》本爲節本。又《紀略》之上卷全部、下卷之大部也爲魏源《海國圖志》所收。臺北"國家圖書館"善本書錄初編"有清道光七年井岩氏手抄本，書中錄鹿允宗序。道光七年時，鹿以順德令攝澳門篆，然其未見嘉慶本，故其序云："今余初抵任，海寓承平，唯以整飭紀綱、清靜坐鎮爲事，第形勢之險夷，制度之沿革，以及諸蕃習尚言語，詢諸吏民，或知之而未能言，言之而未能盡。適得印、張兩司馬所著《澳門紀略》一書，披覽之餘，瞭如指掌，補郡邑志乘之遺，正通譯魚魯之謬，考索之功，不可没也。""第此書未見刻本，余所得者，展轉傳抄，脫遺不少，恐久而湮沒，負兩君勤勤纂輯之心，且恐觀風者無所採擇也。因屬婿王順修校讎訛字，壽之梨棗，並爲弁言於簡端。"

1988年，廣東高等教育出版社《嶺南叢書》收有趙春晨點校本，當是最佳之本。另章文欽撰有《〈澳門紀略〉研究》一文，可參考。《四庫全書總目》入史部地理類存目。《四庫全書存目叢書》史部第221册收入，底本爲安徽省圖書館藏本。《中國古籍善本書目》著錄，中國國家圖書館、安徽省圖書館、中山圖書館、華南師範大學圖書館皆有入藏。又《中國地方志聯合目錄》著錄，計十一館入藏。

鈐印有"千古"、"勤慎"。

0757　清彩繪本夷人圖説

T6178/5860

《夷人圖説》一卷。清彩繪本。二册。高40釐米，寬23釐米。

此即《百苗圖》之一種，爲清代雲南少數民族生活之圖譜及解説，於雲南地區少數民族歷史及民情習俗之研究,具有重要價值。有圖一百零八幅。封面籤條書"夷人圖説目録"。

此類圖説皆以繪本流傳,各本多不一樣,有八十二圖、五十七圖、五十四圖、四十二圖、三十五圖等之别。圖爲寫生,文則記實。所繪爲少數民族之活動區域、生活情景、耕種狩獵、婚喪習俗等,圖文并茂。

此爲圖繪本中最多者。計喇嘛、怒人、剌毛、緬人、摩些、古宗、獠玀、狪人、摩些(和前不同)、蒲人、叐喇、羯些子、野人、喇嚕、峨昌、卡瓦、大猓、蒙化彝、猓黑蒲、利米、小列密、嫚、洒摩、蒲蠻、拉蘇、西番、野西、妙猓玀、苦蒽、阿卡、緬甸艮子、緬甸莽子、三作毛、黑獏、龍人、黑窩、緬和尚、花擺夷、弋羅、老撾、長頭髮、緬甸綳子、魯黑猓玀、撒桓猓玀、窩泥、麥岔、獏喇、土獠、白窩泥、野古宗、糯比窩泥、山蘇、卡隋、黑獏、種子、普特、白人、撒彌猓玀、黑甘彝、獞人、白猓玀、黑猓玀、阿西、沙人、普拉猓玀、拇雞、阿者猓玀、阿蠍猓玀、葛猓玀、魯兀、轟素、含武、阿繫、阿成、山車、白喇鷄、普列、阿夏、阿猓、花土僚、水擺夷、黑獠、早擺夷、普剽、佼人、□獏喇、阿度、獵歌、猓玀、㑊卜、僰夷、羅婺、羅緬、土人、海猓玀、甘猓玀、苗子、爨蠻、孟烏、普岔、臘欲、臘免、儂人、乾人、披沙、花苗、羿子、摩察。

第一圖云:"一種。喇嘛。其教傳自西域,戒酒色偷盜,習西方梵字經咒,日三誦,行則以蒲團竹杖衣鉢從隨。麗江府屬有之。"第一百零八圖云:"一種。摩察。黑猓羅别種,性强,習於臘,必獲獸,近頗有變其舊習者。大理府及楚雄有之。"

臺北"中央研究院"史語所傅斯年圖書館藏本最多,達十一部,題名多有不同,圖亦多寡不一。1973年,史語所慎選其二,題爲《苗蠻圖集》付諸影印,影印本前有芮逸夫序。

2004年,貴州人民出版社出版楊庭碩、潘盛之等編著《百苗圖抄本匯編》二册。此《匯編》收集十一個抄本,歷時七年,終得完成,是研究《百苗圖》最重要的著作。

此本經摺裝。每圖之上皆有苗族種裔説明,末則鈐"心有同然"、"得少佳趣"、"覺今是而昨非"印。

《中國古籍善本書目》著録,僅上海圖書館藏《黔省苗圖全説》、天津圖書館藏《黔省苗民風俗圖解》。又北京大學圖書館也有入藏。

0758　清彩繪本苗蠻圖説　　　　　　　　　　　T6178/4260

《苗蠻圖説》一卷。清彩繪本。一册。高20.2釐米,寬25.8釐米。

此爲清代貴州少數民族生活之圖譜及解説,有圖八十二幅,每圖文字説明在圖之左。

計猓玀、女官、白猓玀、宋家、蔡家、卡尤狆家、補籠狆家、青狆家、曾竹龍家、狗耳龍家、馬鐙龍家、大頭龍家、種花苗、紅苗、白苗、青苗、黑苗、東苗、西苗、夭苗、獛苗、打牙犵狫、剪頭犵狫、豬屎犵狫、紅犵狫、花犵狫、水犵狫、鍋圈犵狫、披袍犵狫、木犵狫、犵獞、僰人、蠻人、土人、峒人、猺人、楊保苗、犿獽苗、九股苗、番苗、紫薑苗、谷藺苗、陽洞羅漢苗、克孟姑羊苗、洞苗、菁苗、冷家苗、犺家苗、狄家苗、額子、白額子、冉家蠻、九名九姓苗、爺頭苗、洞崽苗、八寨苗、清江黑苗、樓居黑苗、黑山苗、黑狆家、高坡苗、平伐苗、黑生苗、清江狆家、里民子、白兒子、白龍家、白狆家、土犵狫、鴉鵲苗、種葫蘆苗、洪州苗、西溪苗、車寨苗、生苗、黑脚苗、黑樓苗、短裙苗、尖頂苗、郎慈苗、羅漢苗、六洞夷人。

第一圖猓玀云:"本盧鹿而訛。在大定府屬。有黑白二種,黑者爲大,白者次之。又名烏蠻羅鬼。亦有文字,類古蟲書。好射獵,畜良馬。諺云:'水西羅鬼,擊頭掉尾。'言相應之速也。"

第八十二圖六洞夷人云:"在黎平地方。婦女愛穿顔色衣裙,花尖鞋。未婚者,剪衣换帶,卜吉而嫁之,約鄰近女子執布傘送往,名曰送親。至男家,歡飲唱和三晝夜。偕新婦歸母家,與婦同宿,生子方過聘。女善織紡,男讀書。喪葬禮多與漢人同。"

清李宗昉《黔記》卷三云:"八十二種苗圖並説,原任八寨理苗同知陳浩所作。聞有板刻存藩署,今無存矣。"而今刻本久湮。

經摺裝。

0759　清彩繪本苗蠻圖説　　　　　　　　　　　　　　　T6178/5860

《苗蠻圖説》一卷。清彩繪本。一册。清錫少鶴跋。高30.5釐米,寬23.1釐米。

此爲《百苗圖》之一種,爲清代雲南少數民族生活之圖譜及解説,有圖五十四幅。

計喇嘛、怒人、刺毛、緬人、磨些、古宗、獹猓、猓人、摩些(和前不同)、蒲人、戛喇、羯些子、野人、喇嚕、峨昌、卡瓦、大猓、蒙化彝、猓黑蒲、利米、小列密、嫚且、洒摩、蒲蠻、扯蘇、西番、野西蕃、妙猓玀、苦葱、阿卡、緬甸艮子、緬甸莽子、三作毛、黑濮、龍人、黑窩泥、緬和尚、花擺夷、退羅國戞于臘(即弋羅)、老撾、長頭髮、緬甸繃子、魯黑猓玀、撒桓猓玀、窩泥、麥岔、樸喇、土獠、白窩泥、野古宗、糯比窩泥、山蘇、卡隋、黑獞。

第一圖云:"喇嘛。其教傳自西域,戒酒色偷盜,習西方梵字經咒,日三誦,行則以蒲團竹杖衣鉢從隨。麗江府屬有之。"第五十四圖云:"黑獞。性慧,善營室宇,削竹爲床几及他器具。尤精牧羊,而不食其肉。元江州屬有之。"

錫少鶴跋云:"此苗蠻圖,歷繪人情物理,以知化外之與中華衣冠文物之彬彬爾雅也,俾觀者之所以博通淹貫、觸類旁通耳。光緒辛卯春王正月錫少鶴裂并題。"

此本經摺裝。有蟲蛀。

0760　清彩繪本黔苗圖説　　　　　　　　　　　　　　　T6178/5860A

《黔苗圖説》一卷。清彩繪本。一册。高26釐米,寬18.4釐米。

此爲清代貴州少數民族生活之圖譜及解説,有圖五十七幅,每圖文字説明在圖右,末皆有七言詩一首。計葫蘆苗、女官、黑山苗、生苗、白狆家、黑狆家、狗耳龍家、六額子、西溪苗、土犵狫、蔡家苗、楊保苗、大頭龍家、黑脚苗、尖頂苗、黑生苗、箐苗、白猓玀、卡尤狆家、高坡苗、青狆家、狑家苗、紫薑苗、白龍家、里民子、馬鐙龍家、白苗、黑樓苗、清江黑苗子、爺頭苗、洞崽苗、樓君黑苗、楙人、白額子、猺人、峒人、郎慈苗、清江狆家、車寨苗、鴉雀苗、猓玀、補籠狆家、狪家、狇佬、冉家蠻、紅苗、短裙苗、平伐苗、洪州苗、犵獞、克孟牯羊苗、白兒子、九名九姓苗、土人、洞苗、曾竹龍家、花苗。

第一圖云:"葫蘆苗。性情兇暴,連群聚黨,專以劫搶爲事,不事耕織。近日嚴懲,亦知守法矣。在定蕃、羅斛二處。野性由來弗可拘,桑田不事事穿窬。葫蘆取義非無爲,今已儼然入版圖。"第五十七圖云:"花苗。以六月爲節。首纏青布,雜織敗布條爲衣。婦人斂馬鬃,尾作大髻,插木梳,花衣綵袖。孟春跳月,男吹蘆笙,女振響鈴,戲謔爲樂。葬不用棺,卜地以雞子擲,不吉則破,吉則用之。大定、遵義皆有之,其在鎮寧、黎平者,有張、陸、姚、李、朱、潘、吴、楊等姓。曉粧插來木梳新,班駁花衣緊裹身。吹動蘆笙鈴響葉,陌頭踏月暢懷春。"

此本經摺裝。

0761　清彩繪本苗蠻圖説　　T6178/4260B

《苗蠻圖説》一卷。清彩繪本。一册。高 24.2 釐米,寬 17.8 釐米。

此爲清代貴州少數民族生活之圖譜及解説,有圖四十一幅,右圖左文,文末附詩一首。

計谷藺苗、陽洞羅漢苗、克孟牯羊苗、洞苗、箐苗、狑家苗、狪家苗、狄家苗、六額子、白額子、冉家蠻、九名九姓苗、爺頭苗、洞崽苗、八寨苗、清江黑苗、樓居黑苗、黑山苗、黑生苗、高坡苗、平伐苗、黑狆家、清江狆家、里民子、白兒子、白龍家、白狆家、土犵獠、鴉雀苗、葫蘆苗、洪州苗、西溪苗、車寨苗、生苗、黑脚苗、黑樓苗、短裙苗、尖頂苗、郎慈苗、羅漢苗、六洞夷人。

第一圖谷藺苗云:"谷藺苗,性慓悍,善擊刺,出入攜帶利刀鏢弩。男女皆短衣,婦人髻蒙青帕。工織布,極精細,以入市,人争購之。相傳'欲作汗衫褲,須得谷藺布'。婚姻亦用媒妁。在定番州。青帕蒙頭織婦粧,木棉初綻採花忙。布成入市人争購,土産如斯俗最良。"第四十一圖六洞夷人云:"六洞夷人,穿短衣,色裙細花,尖頭鞋,脛卷以布袴。未婚男女,剪衣换帶,則卜而嫁之。鄰近女子,邀數十人,各執藍布傘往送,曰送親。至男家,歡飲唱和,凡三晝夜。攜新婦同歸母家親。男每夜潛入女家,與婦同宿,及生子後,方歸夫家。在黎平府。六洞夷人俗亦靡,剪衣换帶不須媒。知書知識猶堪取,八十二中最有才。"

經摺裝。

0762　清彩繪本苗蠻圖説　　T6178/4260A

《苗蠻圖説》一卷。清彩繪本。一册。高 26.2 釐米,寬 20.8 釐米。

此爲清代貴州少數民族生活之圖譜及解説,有圖四十幅,每圖中有文字説明。

計白猓玀、宋家、猓玀、女官、蔡家、卡猶狆家、補籠狆家、青狆家、曾竹龍家、狗耳龍家、馬鐙龍家、大頭龍家、花苗、紅苗、白苗、青苗、黑苗、東苗、西苗、夭苗、獞苗、打牙犵狫、剪頭犵狫、豬屎犵狫、紅犵狫、花犵狫、水犵狫、鍋圈犵狫、披袍犵狫、狆狫、犵獞、僰人、蠻人、土人、洞人、猺人、楊保苗、犽獷苗、九股苗、八番苗、紫薑苗、谷藺苗。

第一圖白猓玀云:"白猓玀,亦在大定,與猓玀同員。茶葉生理,茹毛飲血,無論鼠雀蚯蚓蠕動之物,攫而燔之,飲食無鹽。孟江三足釜,攢食如尋人。死以牛馬皮裹而焚之。普定者名阿和,亦同此類。"第四十圖谷藺苗云:"谷藺苗,在定蕃有之,諸苗皆裹與,耕作爲多。女織紡最精,入市争購之。俗言'欲作汗衫褲,須得谷藺布'。婚姻多用媒妁。"

經摺裝。

0763　清彩繪本苗蠻圖説　　T6178/6460

《苗蠻圖説》一卷。清彩繪本。一册。高 25.7 釐米,寬 27 釐米。

此爲清代貴州少數民族生活之圖譜及解説,有圖三十八幅,每圖文字説明在圖之左。

計猺人、馬鐙龍家、打牙犵狫、克孟牯羊苗、白苗、蔡家、獞苗、洞人、紅苗、西番、土人、八番苗、白猓玀、披袍犵狫、狆佬、剪頭犵狫、花苗、青苗、犽獷、九股苗、紫薑苗、六額子、東苗、狆家、犵兜苗、夭苗、楊保、花犵狫、宋家、谷藺苗、短裙苗、蠻人、陽洞羅漢苗、黑苗、狄犴狑犼猺獞、黑猓玀、㒦人、狗耳龍家。

第一圖猺人云："黔省原無,自雍正二年有自粵西遷至貴定之平伐。居無常處,必擇溪邊近水者,以大樹皮接續,渡水至家,不用桶甕出汲。男女衣尚青,長不過膝。所祀之神曰槃瓠。勤耕種,暇則入山採藥,沿村寨行醫。有書名榜薄,皆圓印篆文,其意不解,珍爲祕藏。俗長厚,見遺不拾。"第三十八圖狗耳龍家云："在廣順州康佐司,依深林榛莽之間。其近溪者,入水捕魚,猾若蠔獺。男子束髮而不冠,婦人辮髮,纍結上指,若狗耳狀。衣班衣,以五色藥珠爲飾,貧則以薏苡代之。春時,立木於野,謂之鬼杆,男女旋躍而擇配,既奔,則女氏之黨以牛馬贖之,方通媒妁。死,以杆擊曰,和歌哭,舁之幽岩,祕而無識。"

經摺裝。日人裝幀。

0764　清彩繪本滇苗圖說　　T6178/3860

《滇苗圖說》一卷。清彩繪本。二册。高34.3釐米,寬23.3釐米。

是爲《百苗圖》之一種,爲清代雲南少數民族生活之圖譜及解說,有圖三十六幅,左文右圖。

計儂人、黑玀玀、獛喇、喇嚕、孔答、土獠、阿城、阿者玀玀、魯屋、喇吾、峨昌、古宗、撒彌、普特、羅婺、比苴、蒲人、扯蘇、白人、西番、拇雞、摩察、撒完、妙玀玀、羯蒡、緬人、力蒡、沙人、喇記、怒人、麽蒡、地羊鬼、乾玀玀、土人、窩泥、野人。

第一圖云："儂人。其種在廣南,習俗大略與㒦彝同。其長爲儂智高裔部彝,因號爲儂。樓居,無椅凳,席地而坐,脫履梯下而後登。甘犬嗜鼠。婦人衣短衣長裙,男子首裹青花帨衣,籠布如綌。長技在銳,蓋得之交阯者,刀盾鎗甲,寢處不離,日事戰鬥。王弄山教化三部亦有之。"第三十六圖云："野人。居無屋廬,夜宿於樹巔,赤髮黃睛。以樹皮毛布爲衣,掩其臍下,首帶骨圈,插雞毛,纏紅藤。執勾刀大刃,採捕禽獸,茹毛飲血,食蛇鼠,性至兇悍,登高涉險如飛,逢人即殺。在茶山里麻之外,去騰越千餘里,無約束,二長官爲所戕。賊避之滇灘關內,舊志稱尋甸岩谷野蠻,以木皮蔽其身,形貌醜惡,男少女多,持木弓,以禦侵暴。不事農畝,採山中草木及動物而食,無器皿,以芭蕉葉藉之。今尋甸實無此種。考《唐書》,所稱閣羅鳳降尋傳蠻,其西有猠蠻,亦曰野蠻,漫散山中,無君長,婦或十或五共養一男子,舊志或本於此。然尋傳於驃國同降閣羅鳳,驃國即緬也,野蠻又在其西,其非尋甸可知。又粵西狼人,居深山,食無釜甑,以竹節盛米,縛而焚之,竹爆而炊熟,採蜈蚣蛇蟲雜食之,謂爲嘉饌。其餘與前略同,間有流入廣南者。豈先時亦流入尋甸,今屢用兵其地,遂無噍類乎?併記之。"

第一圖下有"丙申春日金門畫史顧雲臣製",並鈐有"顧雲臣"印。按,顧雲臣,即顧見龍,字雲臣,太倉人。居虎邱,祗候内廷,名重京師。工人物故實,寫真克肖,臨摹古蹟,雖個中目之,一時難別真僞,固非虎頭再世,堪與十洲割席。顧生於萬曆三十七年,此當爲後人以顧名書之,並鈐僞印於上,以充顧繪本。

此本經摺裝。

0765　明天啓刻清印本籌海圖編　　T3034/4233

《籌海圖編》十三卷,明胡宗憲撰。明天啓四年(1624)胡維極刻清印本。八册。半頁十二行二十二字,四周單邊,白口,單魚尾。框高 20.1 釐米,寬 14.5 釐米。題"明少保新安胡宗憲輯議;曾孫庠生胡維極重校;孫舉人胡燈、舉人胡鳴岡、階慶全删"。前有天啓四年胡思伸序,嘉靖四十一年(1562)茅坤序;《凡例》十六則。又有《參過圖籍》,計圖二十種、書七十種。

胡宗憲,字汝貞,號梅林。績溪人。嘉靖十七年進士,歷知益都、餘姚二縣,擢御史,巡按浙江。時歙人汪直據五島,煽諸倭入寇,日擾郡邑,擢宗憲爲右僉都御史,巡撫浙江,尋爲兵部右侍郎,總督軍務,累以平賊功,加右都御史、太子太保。卒諡襄懋。事蹟具《明史》本傳。

此書記明代抵禦倭寇事,以嘉靖時事爲主,上溯明初及明以前中日交通情況。首列輿地全圖、沿海山沙圖、王官使倭事略、倭國入貢事略、倭國事略,并廣東、福建、浙江、直隸、登萊五地沿海郡縣圖,又倭變紀、兵防官考、事宜、倭患總論年表、寇踪分合圖譜、大捷考、遇難殉節考、經略。於用兵、城守、剿撫、互市等,均有詳細記載,并附有沿海布防形勢及戰船、武器等詳圖。鄭振鐸《劫中得書記》云,此書足與戚繼光之《紀效新書》、《練兵實紀》同爲明代倭患史之要籍。

胡思伸序云:"當世廟朝,倭寇猖獗,東南半壁幾無寧土。先少保襄懋公,節制七省,運籌握勝,輯剿兼施,海内靜謐,厥功偉矣。而一念體國之忠,未雨求桑,夙夜孳孳,必鞏國家千萬禩而後即安。乃總搜群策,著《籌海圖編》,共十三卷,凡嶴港礁洋之形,火攻水戰之具,訓練儲積之略,遣間用奇之秘,一披閱而胸中靡不瞭然,無異於聚米指掌,真安攘要綮,而借箸者之司南也。"

此書《千頃堂書目》、《明史・藝文志》及《四庫全書總目》均題胡宗憲撰。然是書實出宗憲幕僚鄭若曾之手,若曾又引丹陽邵芳爲助而成書。若曾,字伯魯,號開陽,嘉靖初貢生。少師魏校,又師湛若水、王守仁,有經世志,佐胡宗憲、戚繼光平倭寇,敘功授錦衣世蔭,不受。歸而著書,薦修國史,亦不就。若曾凡天文地理、山經海籍,靡不周覽得其端委,所著有《江南經略》、《八閩志》、《武林志》等。

茅坤序云:"公(胡宗憲)一日聞崑山鄭君伯魯從諸生後,好言兵事……於是幣聘君過幕府,哀次其事……君少多節氣,欲以功名自喜,及不遇。適國家多外難,卒吐胸中所奇掘如是。然其體裁多出自邵君芳。邵,丹陽人,深沉倜儻,有大略。君能下之,遂相與訂畫而成其書。"於此書作者言之鑿鑿。

此本爲宗憲曾孫胡維極刊刻。胡思伸序云:"少保公曾孫維極以是編原板毀於隣焰,不忍泯先澤,獨捐金重梓,亦忠孝之思所激也。"胡維極重新刊刻,將與鄭若曾有關之文字盡行删去,改易較多。

扉頁刊"籌海圖編。新安少保胡宗憲編輯。茅鹿門先生鑒定。本衙藏板"。

《四庫全書總目》入史部地理類。《中國古籍善本書目》著録。最早之本爲明嘉靖四十一年胡宗憲刻本,次爲明隆慶六年刻本,有刻工,行款皆爲十二行二十二字,題"崑山鄭若曾輯;男應龍一鸞校"。清康熙時有鄭起泓刻本。此天啓本,中國國家圖書館、上海圖書館等六十四館,臺北"國家圖書館",及美國國會圖書館、日本静嘉堂文庫、尊經閣文庫、東京大學東洋文化研究所亦有入藏。

鈐印有"長沙余氏古研書齋藏書之印"等。

0766 明萬曆彩繪本邊城禦虜圖説   T3034/3422

《邊城禦虜圖説》不分卷。明萬曆間彩繪本。一册。上欄十五行二十或二一字不等。經摺雲南(轄二十四府三十一州三十一縣)、貴州(轄十三府十四州三十四縣)。

陳撰序曰:"吾友晴川先生程君誦古淹洽,以其餘閑,取直省郡邑,彙爲一編,曰'廣輿古今鈔',舉凡地界四封之聯絡,疲衝繁簡之殊治,户口供億之多少,抵都道里之近遠,與夫新舊增設之建置,莫不詳述而綜載之。"

是本無扉頁。陳撰序未及刊事,末署"乾隆丁卯八月錢塘同學弟陳撰並書於有誠堂"。殆"有誠堂"爲陳撰室名。有著録"有誠堂刻本"者,或以卷端所題"古歙臨河有誠堂訂"。

《中國古籍善本書目》入史部地理類總志,著録清乾隆有誠堂刻本,清華大學圖書館、上海圖書館、安徽省歙縣博物館收藏。《中國科學院圖書館藏中文古籍善本書目》著録清乾隆程氏有誠堂刻本。《四庫全書總目》不收。

鈐印有"閔氏家藏"、"芹城閔氏叢桂書屋收藏書畫之印"。

0744　清雍正刻本天下山河兩戒考　　T3024/2900

《天下山河兩戒考》十四卷,清徐文靖撰。清雍正元年(1723)刻本。四册。半頁九行二十字,左右雙邊,白口,單魚尾。框高19.8釐米,寬12.7釐米。題"當塗徐文靖注"。前有雍正二年(1724)黄叔琳序,雍正元年自序;略例;目次;圖目次;圖二十四種。

徐文靖,字位山,安徽當塗人。雍正元年舉人。乾隆元年薦試博學鴻詞,罷歸。十五年安徽巡撫薦舉經學,十六年會試特授翰林院檢討,時年八十六。文靖家貧力學,考據經史,講求實學。著述有《管城碩記》、《禹貢會箋》、《周易拾遺》、《竹書統箋》等。年九十餘卒。《清史列傳》卷六八有傳,據傳,文靖當生於康熙五年,卒於乾隆二十一年之後。

是書專述分野。黄叔琳序曰,分野雖古人之成説,仰觀俯察,皆吾儒分內事也。作者亦稱,此書與占驗之書不同:"余之注之,將以格物而窮理。彼之所衍者數,余之所窮者理也";"自古星家之説各是所見,參錯不一。今是書折衷群疑,一歸於理。"

文靖曰:"戒者,界也。"黄叔琳曰:"言'兩戒',則取《禹貢》之'南條北條'。"

前八卷注《唐書·天文志》,力證唐僧一行之説;後六卷補《晉書》、《隋書》、《宋史》三書,其中補春秋列國一百七十九,總三百一十。其注皆依一行《大衍曆》。

卷一山河兩戒,南北河,陝東陝西;卷二雲漢始坤終艮,雲漢以陰昇陽降;卷三北斗自乾攝巽爲帝墟,木金水火神治季孟月,五星主五岳四海;卷四論星土郡國廢置,七國宿度多寡,辰次與歲差遷徙不同;卷五元枵分野,娵訾分野,降婁分野;卷六大梁分野,實沈分野,鶉首分野;卷七鶉火分野,鶉尾分野,壽星分野;卷八大火分野,析木津分野,星紀分野;卷九須女虚危分屬諸星同異,古國十一補十七,營室東壁分屬諸星同異,古國十三補九,奎婁分屬諸星同異,古國二十二補十二;卷一〇胃昴畢分屬諸星同異,古趙國一補七,觜觿參分屬諸星同異,古國十補二十一,東井輿鬼分屬諸星同異,古國十四補十一;卷一一柳七星張分屬諸星同異,古國十一補五十八,翼軫分屬諸星同異,古國六補十一,角亢分屬諸星同異,古國十七補九;卷一二氐房心分屬諸星同異,古國十二補八,尾箕分屬諸星同異,古國三補四,南斗牽牛分屬諸星同異,古國六補十四;卷一三紫微垣星座同異,太微垣星座同異,天市垣星座同異;卷一四雲漢經歷十二宮宿度,晉隋史雜變諸星,瑞星。

圖據《唐書·天文志》繪成,每圖之首,録《唐書·天文志》原文,以爲圖釋。有文靖題識曰:"今於《唐志》中'山河兩戒'、'雲漢升沉'並'十二分野',著而爲圖,凡二十有四。"二十四圖依次爲：山河兩戒圖，天象十二次圖，東西分陝圖，兩河之象圖，七緯圖，雲漢始終圖，斗直帝墟圖，水火木金治月圖，五星海岳圖，唐時一統分野圖，七國地形入宿圖，四象中位圖，元枵分野圖，娵訾分野圖，降婁分野圖，大梁分野圖，實沈分野圖，鶉首分野圖，鶉火分野圖，鶉尾分野圖，壽星分野圖，大火分野圖，析木分野圖，星紀分野圖。

《四庫全書總目》入史部地理類存目，著録安徽巡撫採進本。《總目》曰："星野之説，見於《周禮・保章氏》，以星土辨九州之地，所封封域，皆有分星，以觀妖祥。鄭康成注云：大界則九州，州中諸國之封域，於星亦有分焉。其書亡矣。堪輿雖有郡國所入度，非古數也。如鄭氏所言，以九州爲大限，而諸國地域遠於國都者，其上應之星自不得盡同。是星野不主列國而主乎其地。《漢書・地理志》於漢時郡縣略著梗概。至唐而僧一行又據山河以分，於義尤近。然其說有云，魏徙大樑則西河合於東井，秦拔宜陽而上黨入於輿鬼。彼此遷就，益涉支離。特其文辭綜博，足以自達所見，故後代言分野者悉宗之。文靖廣采群書，以爲之注，此八卷是也。自卷九至卷一四，則文靖所續補，亦引群書爲之注。自漢以降，星野之書已亡。説者徒就《春秋內外傳》，以其所及，推其所不及。牽合附會，皆所不免。是書雖詳於考古，不涉占驗，然博引曲證，以資談論則可，於實用毫無所當也。"

扉頁鐫"天下山河兩戒考。當塗徐位山注。雍正元年鐫。本衙藏板"。原鈐"御覽欽定"、"翻刻千里必究"。

《中國古籍善本書目》不收。《北京圖書館古籍善本書目》、《中國科學院圖書館藏中文古籍善本書目》等著録。是書後收入《徐位山先生六種》。

鈐印有"紅雨樓"。

0745　清康熙刻本內府分省分府圖

T3080/0789

《內府分省分府圖》不分卷。清康熙刻本。八册。民國夏孫桐跋。

此爲中國十六省圖及分府圖，但未注比例，也無經緯線。第一册直隸、山海，第二册江南、江西，第三册浙江、福建，第四册河南、湖廣，第五册山東、陝西，第六册山西、四川，第七册廣東、廣西，第八册雲南、貴州。無邊疆各省之圖。

夏孫桐跋於《內府地圖》版本所述甚詳："清代內府地圖，共有三種。康熙朝二種，一爲《皇輿全圖》，用滿文；一爲《分省分府圖》，用漢文。乾隆朝一種，用漢文，有經緯度，章幅最大，所謂《十三排地圖》也。中葉以後，流傳皆罕。道光初年，回疆用兵，奏請頒發，武英殿已無存本，圖版亦不知下落。訪諸坊肆，僅得一種，重價居奇，事見陳澧《東塾集》。此圖分省分府，即爲《圖書集成》所本，《會典》地圖亦因其例。光緒中，重修《會典》，孫桐承乏編纂，加以計里開方，增注著名村鎮，例詳於舊，而繪畫注寫遠遜前人之精工。館中所據以參考者，僅由內閣調取《乾隆十三排圖》，康熙二本皆未有也。適於廠肆得此本，疆域建置，合於康熙，定爲內府之本。近見上虞羅振玉文集，有康熙分省分府圖跋，詳載分目，與此悉合，云在盛京故宮檢得滿文總圖之銅版，而漢文分圖之版則未見。蓋因係木刻，年久殘毀，不可蹤跡，同時舊京大內清釐舊物，亦得《乾隆十三排圖》之銅版，是內府三圖，惟此圖版毀無存，於今日尤爲可貴，且册爲乾隆以前舊裝，紙墨裱工，皆非後來所及。特紀始末，以備稽考。至當日敕命蔣廷錫等編製，詳載《實錄》，不贅書焉。己卯春暮，前翰林院編修會典館畫圖處總纂江陰夏孫桐謹識。"

夏孫桐，字閏枝，一字悔生，晚號閏庵，江蘇江陰人。光緒進士，授翰林院編修、廣東主考官。歷任湖州、寧波、杭州知府,會典館編書處總纂等職。民國初年,入清史館。又佐徐世昌輯《晚晴簃詩匯》、《清儒學案》等。工詞。著有《觀所尚齋文存》、《悔龕詞》等。

據《輿圖要錄》(中國國家圖書館藏中外文古舊地圖目錄)載,內有《內府輿地全圖》,作"刻印本",書套題名《山海輿地全圖》,時代爲清康熙末年,亦八冊,首冠《山海輿地全圖》及中國全圖。按,此當和哈佛本同,惟哈佛本無首二圖。據云:"繪圖方法與康熙《皇輿全覽圖》中分省圖相同。""內容與《圖書集成》中《方輿匯編·職方典》地圖基本相同。"

1934年,北平民社出版《內府地圖》石印本,上下二册,書前景耀月序云:"此圖頃獲諸清某王府,無刻梓年月,顧其製繪之精密,位置之準確,殊在內府銅版諸圖以上。顧吾國昔未識測量術,而茲圖較後此實測者合之,尤爲的驗,是乃難能也。""竊以此圖之要,實足供吾人徵古之資,讀史之佐,世方多難,彌足琛示。"以館藏此本與石印本相核,可知石印本之底本乃爲康熙刻本。

經摺裝,每冊封面皆木板,鐫有"地圖。××　××。第×冊"。如"地圖　直隸　山海第壹冊"。

0746　清乾隆刻本皇清職貢圖　T2488/3203

《皇清職貢圖》九卷,清董誥等奉敕撰,清門慶安等圖。清乾隆武英殿刻本。十冊。半頁八行二十字,四周雙邊,白口,單魚尾。框高20.4釐米,寬13.9釐米。前有乾隆十六年(1751)諭旨;乾隆二十六年(1761)御製題皇清職貢圖詩;劉統勳等和詩;校刊職名;傅恒等跋。

董誥,字雅倫、西京,號蔗林,浙江富陽人。生於乾隆五年。乾隆二十九年進士,授翰林院庶吉士,充國史三通館協修,武英殿纂修。歷任禮、工、戶、吏、刑各部侍郎,充武英殿總裁,四十四年任軍機大臣,旋任戶部尚書。嘉慶二十三年卒,年七十九,謚文恭。

門慶安,清監生,候選縣丞。

《皇清職貢圖》繪境內諸藩與外藩遣史來朝者之像,並爲文敘其土俗、服食。傅恒等跋云:"統計以部曲區名者,凡三百數;以男女別幅者,凡六百數。"初於乾隆十六年奉敕撰,諭旨曰:"我朝統一區宇,內外苗夷輸誠向化,其衣冠狀貌各有不同,著沿邊各督撫於所屬苗猺黎獞以及外夷番眾,仿其服飾,繪圖送軍機處彙齊呈覽,以昭王會之盛。各該督撫於接壤處,俟公務往來乘便圖寫,不必特派專員,可於奏事之便傳諭知之。"

校刊職名:監理,武英殿管理事務永璇等四人;總裁,董誥等二人。又有提調、監造、繪圖,繪圖四人,爲門慶安、徐溥、戴禹汲、孫大儒。

《四庫全書總目》入史部地理類,《總目》稱,乾隆十六年奉敕撰,以朝鮮以下諸外藩爲首,其餘諸藩諸蠻,各以所隸之省爲次。告成於乾隆二十二年。迨乾隆二十八年以後,廣爲《續圖》一卷。

《中國古籍善本書目》不收。《中國科學院圖書館藏中文古籍善本書目》、《北京大學圖書館藏古籍善本書目》、《北京師範大學圖書館中文古籍書目》等著錄。《清代內府刻書目錄解題》著錄遼寧省圖書館藏本;又有嘉慶十年增補本,藏故宮博物院,卷前乾隆二十六年御製題詩後,有嘉慶乙丑冬日御製補繪皇清職貢圖成卷恭和詩。《解題》云:"是書卷九末增補安南官人像四幅,並附有嘉慶十年乙丑仲冬御製識語,略謂嘉慶九年萬壽前,安南遣史來朝,'因命畫院臣工寫其衣冠狀貌,增繪圖中'。"

鈐印有"陽湖陶氏涉園所有書籍之記"。

0747　明崇禎刻本帝京景物略　　　　　　　　　　T3056/1114.7

《帝京景物略》八卷,明劉侗、于奕正撰。明崇禎刻本。八册。半頁八行十九字,四周單邊,白口,無魚尾。框高19.4釐米,寬12.8釐米。題"遂安方逢年定;麻城劉侗、宛平于奕正修"。前有方逢年序,崇禎八年(1635)劉侗序;于奕正撰《略例》。

劉侗,字同人,號格庵。麻城人。崇禎七年進士。授吴縣知縣,卒於維揚舟次。其所爲詩制舉藝,先爲武昌孟登刻於蘭陽,名《龍井崖詩》及《雉草》,後《韜光三十二義》爲譚元禮刻於德清。爲人以千秋自命,不苟同於世。其詩文多幽古奇奥,爲復社名士,屬鍾譚竟陵派。《(光緒)重修麻城縣志》卷二〇有傳,云:"初客都門,取燕人于奕正所抄集著爲《帝京景物略》八卷。"

于奕正,初名繼魯,字司直。宛平人。崇禎中諸生。著有《天下金石志》等。

是書詳載北京城郊景物,凡園林寺觀、陵墓祠宇、名勝古蹟,以及草木蟲魚,搜羅殆遍;一景一物,一字一語,間有未諦,無不躬自閲歷,務求翔實。其以京師東西南北,各分城内城外,而西山及畿輔併載,列目凡一百二十有九,每篇之末,各繫以詩,採摭頗疎。由於體例並不謹嚴,有些内容並非"景物",也羼入其間,致貽王士禎、朱彝尊等人批評。

劉侗序云:"侗北學而燕游者五年,侗之友于奕正,燕人也,二十年燕山水間,各不敢私所見聞,彰厥高深,用告同軌。奕正職蒐討,侗職摛詞。事有不典不經,侗不敢筆;辭有不達,奕正未嘗輒許也。所未經過者,分往而必實之,出門各嚮,歸相報也。所采古今詩歌,以雅、以南、以頌,舍是無取焉,侗之友周損職之。三人揮汗屬草,研冰而成書。其卷八,其目百三十有奇。"

于奕正《略例》云:"奕正,燕人也,好遊,而遊詳於燕。劉子,楚客也,好遊,而燕中遊者五年。是編奕正撼事,疑者罔濫,信者罔遺。劉子屬辭,怪匪撰空,夸匪溢實。""成斯編也良苦,景一未詳,裹糧宿春;事一未詳,發篋細括;語一未詳,逢襟捉問;字一未詳,動色執争。歷春徂冬,銖銖絪絪而帙成。"

是本有扉頁,刊"帝京景物略"。序文殘去半頁,卷二第十二至十六頁佚。

《四庫全書總目》入史部地理類存目。《中國古籍善本書目》著録,八卷本有明崇禎刻本、明刻本、明末刻本、清初盧高刻本;二卷本有明崇禎刻本。此八卷崇禎刻本,北京大學圖書館、天津圖書館等十七館亦有入藏。

鈐印有"蒙自楊氏曾藏"、"文似之印"、"質公"、"古滇穆質公香海閣圖書印記"、"家在彩雲深處"、"摩兜堅室"、"質公長生安樂"。

0748　清乾隆刻本宸垣識略　　　　　　　　　　T3056/1109.23

《宸垣識略》十六卷,清吴長元輯。清乾隆五十三年(1788)池北草堂刻巾箱本。八册。半頁九行二十一字,左右雙邊,白口,單魚尾。框高12.8釐米,寬9.3釐米。題"仁和吴長元太初氏輯"。前有邵晉涵序,乾隆五十三年余集序;《例言》十三則。

吴長元,字太初,浙江仁和人。乾隆時以布衣客輦下,屢爲京朝士大夫讎校秘册。

宸者,北極星所在,後借指帝王所居。《順天府志》云:長元客京師十餘載,留心掌故,即經一坊巷、一梵刹,亦必詢其所自,將擬爲帝京景物、長安可游之續。是書乃據清朱彝尊《日下舊聞》、乾隆帝敕編《日下舊聞考》增删重寫成書,所記皆北京地方文獻。是書爲游覽而作,内分天文、形勢、水利、建置、大内、皇城、内城、外城、苑囿、郊坰、識餘十一類，並附圖十八幅，爲研究北京史地必讀之書。

《日下舊聞》四十二卷、《日下舊聞考》一百六十卷，是有關京師之重要史籍，然卷帙浩繁，查閲不便。有鑒於此，長元以身所涉歷，結合古籍及碑碣所載，編纂成書，題曰《宸垣識略》。邵晋涵稱其"敘載必有依據，語尚雅馴"，"吳君沐浴雅化，親見輦轂聲華之盛，卿雲賡和，協以衢歌，翔和輯慶之景象，薈萃簡編，俾觀光日下者，皆得按籍循途，矚瞻斗極，流傳及遠。"

余集序云："秀水之輯《舊聞》，搜群籍至千餘家，而猶以未見《元建都記》、蕭洵《故宫遺録》爲憾事，其明徵矣。《舊聞考》爲朝廷著作，卷帙宏富，鏤版秘館，非窮陬僻壤、謏聞淺識所能先睹。而太初是編，譬之抱涓滴於東瀛，分尺塊於嵩岱，雖未盡窮其源、升其巔，而海嶽之全體則已具矣。"

《續修四庫全書總目提要（稿本）》著録，云："書之編輯，雖係採撼《舊聞》及《舊聞考》以成，而其中自述聞見爲二書所無者亦頗不少，取便遊屐，仍依朱氏原本，以官署散入城市中，不照《舊聞考》例另立專門。其他增入王侯第宅，並附録會館地址，添加地圖，續輯新詩等，悉爲是書獨有之條目，考古紀方，允稱佳本，精詳簡易，較原書有過之無不及。矧其言言有本，通部無可指之訛，尤覺難能可貴。惟其取用《舊聞》不著出處，外城地域，遺漏天橋，爲是書之病耳。"

此本有扉頁，刻"宸垣識略。乾隆戊申冬。池北草堂開彫"。有三種版本，此原刻本、光緒二年重刻本、清刻本。1964年北京出版社有排印本，並據三種版本互校，修正錯訛。1981年北京古籍出版社又有重印。

《四庫未收書輯刊》未收。《續修四庫全書》史部第730册收入。

鈐印有"柴氏家藏圖書"、"柴邦彦圖書後歸阿波國文庫別藏下江户雀林莊之萬卷樓"。

0749　明刻本會稽三賦

T3070/43

《會稽三賦》四卷，宋王十朋撰，明南逢吉注，尹壇補注。明刻本。四册。半頁八行十八字，四周單邊，白口，單魚尾，書口下刻字數。框高21釐米，寬13.5釐米。題"宋東嘉王十朋撰；明渭南南逢吉注；上虞尹壇補注；會稽胡大臣訂正"。前有陶望齡序；王十朋傳略。

王十朋，字龜齡，號梅溪。樂清人。紹興二十七年進士。幼穎悟，日誦數千言，紹興中，廷對忠鯁，高宗親擢爲第一。孝宗時歷知饒、夔、湖、泉諸州，所至人繪而祠之。累官太子詹事，以龍圖閣學士致仕，卒諡忠文。事蹟具《宋史》本傳。

三賦，一曰《會稽風俗賦》，仿《三都賦》之體，歷敘其地山川、物産、人物、古跡；一曰《民事堂賦》，民事堂者，紹興中添差簽判廳之公堂也，原借寓小能仁寺，歲久圮廢，十朋重建於車水坊；一曰《蓬萊閣賦》，其閣以元稹詩"謫居猶得住蓬萊"句得名，皆在會稽，故統名曰《會稽三賦》。

十朋所作三賦，流傳甚廣，其時髫秀之童，無不上口，其家傳户習，殆似元和誦微之也。其書最早有宋周世則注、史鑄增注，今存有宋刻元修本、明初刻本。明代則有南逢吉校注，明嘉靖二年南大吉刻本、明刻本；尹壇補注，明彭雷刻本、此明刻本、明朱啓元刻本；陶望齡評，明天啓元年凌弘憲刻套印本；周炳曾增注，明尺木堂刻本。

此本金鑲玉裝。扉頁刊"會稽三賦。宋王龜齡撰。山陰致遠堂丁氏藏板"。

《四庫全書總目》入史部地理類。《中國古籍善本書目》著録。吉林省圖書館、山東省圖書館等十七館亦有入藏。

0750　清康熙刻本廣東新語　　　　　　　　　　T3073/81

《廣東新語》二十八卷,清屈大均撰。清康熙刻本。十二册。半頁十一行十九字,四周單邊,白口,單魚尾。框高19.4釐米,寬12.8釐米。題"番禺屈大均翁山撰"。前有康熙三十九年(1700)潘耒序,屈大均序。

屈大均,見《翁山詩外》。

是書成於康熙十七年,時大均年四十九。此或爲廣東外志,所記名目複雜,諸如食貨、藝文、器物、舟車、宫室、墳墓、禽獸、鱗介、花草、樹木等,無所不包。卷一《天語》,卷二《地語》,卷三《山語》,卷四《水語》,卷五《石語》,卷六《神語》,卷七《人語》,卷八《女語》,卷九《事語》,卷一〇《學語》,卷一一《文語》,卷一二《詩語》,卷一三《藝語》,卷一四《食語》,卷一五《貨語》,卷一六《器語》,卷一七《宫語》,卷一八《舟語》,卷一九《墳語》,卷二〇《禽語》,卷二一《獸語》,卷二二《鱗語》,卷二三《介語》,卷二四《蟲語》,卷二五《木語》,卷二六《香語》,卷二七《草語》,卷二八《怪語》。

潘耒序云:"粵東爲天南奥區,人文自宋而開,至明乃大盛,名公鉅卿,詞人才士,肩背相望。翁山既已掇其精英爲《廣東文選》矣,又以山川之秀異、物產之瑰奇、風俗之推遷、氣候之參錯,與中州絶異,未至其地者不聞,至其地者不盡見,不可無書以敘述之。於是考方輿、披志乘,驗之以身經,徵之以目睹,久而成《新語》一書。其察物也精以核,其談義也博而辨,其陳辭也婉而多風,思古傷今,維風正俗之意時時見於言表,遊覽者可以觀土風,仕宦者可以知民隱,作史者可以徵故實,摛詞者可以資華潤,視《華陽國志》、《嶺南異物志》、《桂海虞衡》、《入蜀記》諸書,不啻兼有其美善哉,可以傳矣。"

屈大均序云:"《廣東新語》一書,何爲而作也?屈子曰:予嘗遊於四方,閱覽博物之君子,多就予而問焉。予舉廣東十郡所見所聞,平昔識之於己者,悉與之語,語既多,茫無端緒,因詮次之而成書也。""然而何以'新'爲名也?曰吾聞之君子知新,吾於《廣東通志》,略其舊而新是詳,舊十三而新十七,故曰《新語》。"

此爲禁書,《清代禁燬書目》、《違礙書目》、《清代禁書知見録》著録。多種書目皆作"清康熙三十九年木天閣刻本",然此本無"木天閣"之依據,康熙三十九年潘耒序也未提及是年付梓事。

《續修四庫全書總目提要(稿本)》著録"木天閣刻本"。《中國古籍善本書目》著録清康熙三十九年木天閣刻本,山東省圖書館入藏。《北京圖書館古籍善本書目》入史部地理類。清華大學圖書館、中國科學院圖書館也有入藏。日本内閣文庫有四部。

0751　清乾隆刻本海東札記　　　　　　　　　　T3072.8/2964

《海東札記》四卷,清朱景英撰。清乾隆刻本。四册。半頁十行二十字,左右雙邊,黑口,雙魚尾。框高18.6釐米,寬12.9釐米。前有乾隆三十八年(1773)劉亨地序,乾隆三十八年鄭際唐序。目録頁有朱景英識語。

朱景英,字幼芝,一字梅冶,晚號研北翁,湖南武陵人。乾隆十五年鄉試第一人。知寧德縣,擢鹿耳門同知,司海口商舶出入兼管四縣。調福建北路理番同知,署汀州邵武府知府。工漢隸。又有《畬經堂文集》八卷、《畬經堂初集》六卷《續集》四卷《三集》四卷、《研北詩餘》一卷。《國朝耆獻類徵初編》卷二五五有傳。

此書記臺灣事,多志乘所不載或載而未詳者。卷一《記方隅》、《記巖壑》,卷二《記洋澳》、《記政紀》,卷三《記氣習》、《記土物》,卷四《記叢璅》、《記社屬》。

鄭際唐序云:"武陵朱硏北司馬,深思篤古,釀於平時。乃以佐守是邦,行部所經,得遍其境,至輒延覽形勝,諏詢名物,暇日記所見聞,釐爲四卷,名之曰《海東札記》。歲癸巳,秩滿來京師,手以示余。予受而卒業,因嘆曰:昔人謂一莖草化萬丈金身,不信然歟!夫臺灣蕞爾地,而外障生番,內屛中國,屹然爲東南重鎮,豈所謂地險者非邪?觀硏北是編,島夷之延亘,風濤之險夷,不待按圖,瞭然在目前。其地田畝軍營,下及鳥獸卉木,鉅細悉具。其立言簡而峭,其敘事約而盡,其體物核而精。即起酈生、柳子爲之,奚以易此。至其習俗之驟難移易,利弊之所當因革,尤拳拳致意,寓以箴規,重以激勸,且有深望於來者,仁人用心,無往不厚如是。硏北治績循茂,讀是編者,其亦可想見矣。""癸巳",爲乾隆三十八年。

朱景英識語云:"余貳守海東,逾三歲,南北路遍焉。凡所聽睹,拾紙雜然記之,日積以多,遂析爲八類,鈔存四卷。隨筆件繫,藉備遺忘,要無當於郡邑志體,故掛漏不免,覽者諒之。"

此爲寫刻本,甚精。每卷末刻"侯官門人謝曦錄",謝當爲書手。

《續修四庫全書總目提要(稿本)》著錄。《中國古籍善本書目》不收。中國科學院圖書館也有入藏。

0752　清康熙刻本連陽八排風土記　　T2219.4/4440

《連陽八排風土記》八卷,清李來章撰。清康熙連山書院刻本。三册。半頁九行二十字,左右雙邊,黑口,單魚尾。框高17.2釐米,寬13.7釐米。題"天中禮山李來章"。前有康熙四十七年(1708)自序。目錄後爲卷一《圖繪》。

李來章,本名灼然,號禮山,以字行,河南襄城人。康熙十四年舉人。工詩古文辭。嘗學於魏象樞,其持論以不背先儒有益世用爲主。再學於孫奇逢、李顒。主南陽書院。謁選廣東連山縣。授兵部主事,監北新倉,革運官餽遺。所著有《禮山園文集》等。《清史稿》有傳。

瑶人居處以竹木爲砦柵,謂之排也,後特指瑶族村寨。八排瑶者,聚居於廣東西北部連州、陽山一帶,爲瑶族一支。來章知連山縣時,連山民僅七村,丁只兩千。外瑶戶大排居五,小排一十有七,數且盈萬人。重山複嶺,瘦石巉削,田居十分之一,瑶人或負險跳梁。來章仿明王守仁遺意,日延耆老問民疾苦,招流亡、勸開墾、薄其賦,復深入瑶寨,爲之置約延師,以至誠相感。創連山書院,著學規,使瑶民之秀者,亦知鄉學,誦讀聲徹巖谷。

康熙四十七年,來章仿吳震方輯《說鈴》,記一地之風土掌故,撰是書於連山公署。卷一《圖繪》,卷二《形勢》,卷三《風俗》,卷四《言語》,卷五《剿撫》,卷六《建置》,卷七《約束》,卷八《向化》,凡八卷。目錄尚有卷九、卷一〇,題曰《雜述》上、下,然有目無書,蓋欲爲之而未成者。

自序云:"予故於簿領之暇,訪問父老,略爲銓次,命人繕寫,存其梗概,爲卷凡八,名曰《連山八排風土記》,雖鄙俚無文,不免於大方之軒嶁,而後之履順處變、有事於茲土者,亦或取徵於疇昔,是亦拙吏之芻蕘也。"

《四庫全書總目》入史部地理類存目,並云:"中多自敘政績。其向化一門,紀所判斷之案,各爲標目。殆似傳奇,尤非體例。"

有扉頁,刊"連陽八排風土記。連山書院"。

是書實爲清康熙間賜書堂刻《禮山園全集》零種,兩者經仔細比對,完全同板,唯多出"總目"之第二頁,即卷九、卷一〇目錄,而正文亦止於第八卷。

《中國古籍善本書目》著録,中國國家圖書館、上海圖書館、天津圖書館、中山圖書館四家收藏。《四庫全書存目叢書》史部地理類第256册收入,底本爲中央民族大學圖書館藏清康熙四十七年連山書院刻乾隆增刻本,實即《禮山園全集》本。此外尚有1967年臺北成文書局《中國方志叢書》本、2003年揚州廣陵書社《中國風土志叢刊》本等影印本。

0753　清乾隆刻本粵中見聞　　T3073/4106

《粵中見聞》三十五卷,清范端昂輯。清乾隆四十二年(1777)刻本。十册。半頁九行二十二字,四周雙邊,白口,單魚尾。框高19.9釐米,寬11.2釐米。題"廣州三水三江范端昂吕男纂輯"。前有雍正八年(1730)德玉序。

范端昂,字吕男,廣東三水人。無考。

是書分天、地、人、物四部。卷一至三《天部》,卷四至一二《地部》,卷一三至二〇《人部》,卷二一至三五《物部》,附紀二則。乃作者在粵時所見所聞,或得諸游覽,或傳於故老,一一參訂以典籍。每部之前皆有小序一篇,提綱挈領,或詳或略。按,此書目録頁所著卷數與原書不合。

德玉序云:"夫吾兄以著作良才而又年登耄耋,學問深造,練達老成,故粵中之天地人物,凡載於通志者則略之,而通志所未及載者纂輯無遺,萃群勝於眸問(原文如此),臚萬象於筆下,不傷掛漏,洵洋洋一巨觀也。"

此本有扉頁,刻"粵中見聞。清乾隆四十二年鎸。三江范端昂吕男纂輯。一天文、二地輿、三名室、四物類。一泓軒藏板"。

《續修四庫全書總目提要(稿本)》、《中國古籍善本書目》未收。《北京師範大學圖書館中文古籍書目》著録清乾隆四十二年一泓軒刻本。又日本《内閣文庫漢籍分類目録》著録清雍正八年序刻本。

0754　清抄本粵滇紀略　　T2743/0404

《粵滇紀略》八卷附《堵胤錫始末》,清計六奇撰。清抄本。十六册。半頁八行十七字,無框格。題"九峰居士編輯"。無序跋。

計六奇,字用賓,號天節子,别號九峰居士,江蘇無錫人。邑諸生,入清後兩次鄉試不舉,從此無意仕進,在無錫、蘇州、江陰等地坐館教書,終其一生。其《明季北略》、《明季南略》二書,於康熙十年撰成,共四十二卷,按編年記述明萬曆二十三年至清康熙四年七十年間明清易代史事,取材廣泛,徵引文獻六七十種。因上距明亡不久,史事大多無誤,頗爲治晚明史者重視。另有《粵滇紀聞》、《金壇獄案》、《南京紀略》、《辛丑紀聞》等,皆記明清之際史事與掌故。

是書雜採諸家之説,記南明永曆帝始末,起清順治三年、明隆武二年十月十四日即位粵中,至順治十八年、明永曆十五年在緬甸被執止,首尾十四年。每事自成片斷,各以數字標題,如"粵中僭立永曆"、"孫可望入滇"、"桂林民力窮竭"等,望其目即知其内容,一如宋人筆記。每篇後低一格加以考證,史實詳盡。引書尤以記粵事者爲最多,如《粵事記》、《武岡播遷始末》等,間亦有得諸口述者,編次較爲系統。

此書内容略同於《明季南略》之卷九至一五,體裁亦同,然編次多有倒乙,較《明季南略》記南明永曆帝始末更加完整，篇目多出十數篇，如"馬吉翔再弄朝權"、"瞿式耜諫勿去肇慶"、"張虎激怒孫可望"、"李定國傳"等。即便篇目相同者，文字亦互有出入。

謝國楨《增訂晚明史籍考》著録此書，爲海鹽朱氏舊藏之十卷本。前有弁言，云："我生不辰，遭此國家多難，迴思開國之盛，復悲黍離之衰，故於粵滇之事，或考遺聞，或訪故老，一人一事，咸筆簡端。後之有心史事者，諒不以小朝廷之記載，一旦置之覆瓿也。"實則《明季南北略》在乾隆間即被列入禁書，未能付梓。嘉慶、道光年間文綱稍弛，有北京琉璃廠半松居士木活字本刊行，但已經芟改，非計六奇原本。以後又有上海圖書集成局石印巾箱本、商務印書館鉛印本等行世。1984年中華書局出版標點整理本，以杭州大學圖書館藏清初抄本《明季北略》、《明季南略》爲底本，參校以常熟曹大鐵藏舊抄本。

《續修四庫全書總目提要（稿本）》著録兩部《粵滇紀略》，一爲八卷舊抄本，同於此本，後亦附《堵胤錫始末》；一爲十卷舊抄本。兩書内容大致相同。

書中凡"胤"、"弘"、"曆"諸字皆挖改爲"允"、"宏"、"歷"，"堵胤錫"諱作"堵允錫"，而"永曆"復以朱筆改作"永明王"，"隆武"改作"唐王"，並以朱筆改"陷"爲"破"，改"歸正"、"歸順"爲"叛降"，在"詔"前加一"僞"字，等等，使全書語氣更加傾向清廷。然"寧"字不諱，此本當抄成於雍、乾之前，乾、嘉間又經批改。是書抄寫年代較早，或可補刻本之舛訛也。

《中國古籍善本書目》未收。中國國家圖書館藏舊抄本一部，存卷一至五、卷八至一〇共八卷，鈐印有"藝風堂藏書"、"紫伯"等，知即謝國楨《增訂晚明史籍考》所見之書，由繆荃孫藝風堂轉歸海鹽朱氏者，繆荃孫《藝風藏書續記》著録。北京大學圖書館藏有民國二十九年據哈佛本之曬藍本。臺北"中央研究院"史語所傅斯年圖書館藏有舊抄本一部，扉頁題名下朱筆題"紀明末桂王事彙衆説而成者"，卷五至八題作《粵黔紀略》。

0755　稿本冰嶺紀程　　　　　　　　　　　　　　　　TNC3079.1/6903

《冰嶺紀程》一卷附《度嶺吟》一卷，清景廉撰。稿本。二册。半頁六行二十字，無框格。題"吉林景廉秋坪甫著"。前有清同治二年（1863）自序。

景廉，顔扎氏，字儉卿，一字季泉，號秋坪，隸滿洲正黄旗。咸豐二年進士，授翰林院編修。八年，授伊犁參贊大臣。十一年，調葉爾羌參贊大臣。同治二年，坐事落職，遣往寧夏軍營效力。五年，充哈密幫辦大臣。旋因平定回部起義有功，授烏魯木齊都統。十三年，授欽差大臣，督辦新疆軍務。光緒二年，入軍機，兼總理各國大臣。授工部尚書，調户部。補内閣學士，再遷兵部尚書。十一年，卒於官。藏書極富，且多善本。《清史稿》、《清史列傳》皆有傳。

冰嶺位於天山西段之穆素爾達坂，"穆素爾"譯言"冰"，"達坂"譯言"嶺"，俗稱"冰達坂"。由此翻越天山，爲伊犁通往阿克蘇之捷徑。然路途險峻，重巒疊嶂，山行積雪，車馬難以轉輪，最險處，乃梯上鋪毯，相攜而過。寒氣凜冽，砭人肌骨。僅伊江戍卒換防恢武，以及南路各城運送官物者，始取逕於此，而宦游者以非康衢，往往避越此道。咸豐十一年，景廉調任葉爾羌參贊大臣，赴普安讞獄，慮其遲則生變，取冰嶺捷徑可速達，毅然履險。於九月二日自伊犁惠遠城就道，經固爾札城、索果爾台、庫森綽羅塔坂、博爾台、霍諾海台、特克斯台、沙圖阿滿台、阿東格爾台、亮噶爾台、噶克察哈爾海台、特莫爾台、穆肅爾搭巴罕（穆肅爾搭巴罕即冰嶺所在），再經塔瑪哈塔什台、胡蘇圖托海台、土巴拉克台、螺螄搭坂、阿拉巴特台、扎木台而抵阿克蘇，其艱險倍嘗，較其他行程按站而進者，險易自不同，亦游蹤中另一途徑也。景廉抵葉爾羌後，自紀行程，成此書一卷。後附《度嶺吟》，爲沿途吟詠，亦記景物，與《紀程》相輔之作，故並錄之。

自序云："冰嶺在阿克蘇東北四百餘里……此路甚捷，景亦甚奇，予既熟聞而神往矣，常以不得一見爲恨。遇度嶺者，詢其狀，則觀述艱險，往往爲之咋舌，不啻談虎色變，予初未之信也。""歲辛酉秋，適有讞獄普安之命，擬取道冰嶺，愛予者皆爲予危，予笑謝之。遂於九月二日束裝就道，十二日度冰嶺，又八日，抵普安。其道路之崎嶇，山川之詭異，誠有非意料之所及者，乘危履險，生死呼吸，壯志豪情，一時俱盡，百聞不逮一見，今而後知人言之不誣也。而予生平之大觀，亦以此行爲最，爰逐日筆記，俾後之往來冰嶺者，持此爲老馬之導，或者不無裨益云。"署於古莎車節署之退思堂。

《續修四庫全書總目提要(稿本)》著錄。《吳豐培邊事題跋集》中收入，吳氏云："觀其生平，仕新頗久，屢率勁旅與白彦虎、阿古柏相戰，新疆之平定，景廉殊建功勛，乃滿員中之佼佼者矣！"

此爲景廉親筆謄清稿本，抄寫甚工。是書有清光緒五年刻本，扉頁鐫"光緒己卯冬重刊於都門"，前除自序外，尚有光緒六年恭親王題詞、潘祖蔭序及同治六年林之望序，後有同治六年蔣凝學跋。刻本自序署爲"識於古莎車節署之留有餘室"。此稿本上有少量修訂，修訂後文字皆與光緒刻本同。

1969年臺灣文海出版社《近代中國史料叢刊》第358冊，2003年北京圖書館出版社《古籍珍本游記叢刊》等，據光緒刻本影印出版。

鈐印有"秋坪景廉"、"顏扎氏"。

0756　清乾隆刻本澳門記略　　　T3073.37/7292

《澳門記略》二卷，清印光任、張汝霖撰。清乾隆刻本。二冊。有圖。半頁九行二十字，四周雙邊，白口，單魚尾。框高19釐米，寬13.3釐米。題"寶山印光任、宣城張汝霖纂"。前有乾隆十六年(1751)張汝霖序。末有印光任後序。

印光任，字黻昌，號炳岩，上海寶山人。雍正八年由廩生保舉至粵，歷任石城、廣寧、高要、東莞知縣，所至有政績。乾隆九年至十一年，任首任澳門同知。擢粵閩南澳軍民同知，官至廣西慶遠、太平府知府。性豁達，寓恩於威，尤加意人才、義學、課藝，手訂甲乙，士人德之。生平無書不讀，制義揣摩深邃。古今體詩溫厚和平，深得唐人三昧。卒年六十八。又有《炳岩詩文集》、《翊蘄編》、《補亭集話》、《雨吟碎琴草》、《鐵城唱和》等。《(乾隆)香山縣志》卷四有傳。

張汝霖，字芸墅，安徽宣城人。乾隆元年，由拔貢分發廣東，任河源、香山、陽春知縣。官至澳門海防同知。廉介公慎，有經世才。性嗜學，凡兵刑、錢穀、律曆諸書，靡不淹貫，故敷政張馳盡善。尤工駢體文及詩，能於漢魏六朝唐宋元明外別辟堂奧，自成一家言。乾隆三十四年卒，年六十一。又有《辛辛草》、《吳越吟》、《耳鳴集》等。《(乾隆)香山縣志》卷四有傳。

澳門，包括澳門半島、氹仔島及路環島，位於珠江口西岸，與香港、廣州鼎足分立。其遠古時代爲一小島，孤懸海上。後因泥沙沖積，在大陸與小島間形成沙堤，成爲與大陸一徑相連之半島。澳門古稱"濠鏡"，"澳門"之名最早見於記載者，乃明嘉靖四十三年龐尚鵬《題爲陳末議以保海隅萬世治安疏》，有云："廣州南有香山縣，地當瀕海。由雍陌至濠鏡澳，計一日之程。有山對峙如台，曰南北台，即澳門也。外環大海，接於群舸，曰石峽海，乃番奏市舶交易之所。"

秦時，澳門及鄰近地區屬南海郡番禺縣，晉代屬東官郡，隋代屬南海縣，唐代屬東莞縣。南宋時置香山縣，澳門改屬香山縣延福里恭字圍，直至清代。此書爲第一本關於澳門之志書，卷上《形勢篇》(潮汐風候附)、《官守篇》(政令附)，卷下《澳蕃篇》(諸蕃附)。全面介紹澳門歷史、地理、海防、官守、貿易、宗教、文化、風俗、技藝等。

是書草稿成於乾隆十年，但自成稿至付梓，頗具艱辛。印光任後序云："澳門，香邑一隅耳，其地孤懸海表，直接外洋，凡夷商海舶之來粵者，必經此而達，且有外夷寄處，戒何可弛？雍正八年，設香山縣丞，分駐前山寨，專司民夷交錯之事。乾隆八年，大府又議設同知一員，轄弁兵鎮壓之，擢余領其事。余不才，念事屬創始，爰歷海島，訪民蕃，蒐卷帙，就所見聞者記之，冀萬一補志乘之缺，而考之未備，辭之不文，必俟諸博雅君子，此《紀略》之所由來也。乾隆十一年春，予奉文引見，代予者張子，諒而有文，因以稿本相屬，期共成之。張子曰：余簿領勞形，恐不逮。粵秀山長徐鴻泉，余同年友，且與君契，盍以正之？余曰善，將稿屬鴻泉而去。比引見後，以病暫回故里，遣人索前稿，徐已卧病，未几卒，原本遂失。兹余復至粵，辛未四月權潮郡篆，張子亦以攝蹉司至。公餘聚首，語及輒感慨久之。余因搜覓遺紙，零落輳集，旬日間得其八九。張子乃定其體例而大加增損焉，視原稿之粗枝大葉，迥不侔矣。"

《四庫全書總目》云："考濠鏡澳之名，見於《明史》，其南有四山，離立海水，交貫成十字，曰十字門，今稱澳門，屬香山縣。乾隆九年，始置澳門同知，光任、汝霖，相繼爲此職。光任初作是書未竟，至汝霖乃踵成之。""《明史·地理志》祇載南頭、屯門、雞棲、佛堂門、十字門、冷水角、老萬山、零丁洋澳諸名，與虎頭山關之類，其它皆未記其詳。此書於山海之險要，防禦之得失，言之最悉。蓋史舉大綱，志詳細目，載筆者各有體裁耳。"

按，除此乾隆原本外，《紀略》又有清嘉慶五年江寧藩署刻本、清光緒六年重印江寧藩署本。又《昭代叢書》、《嶺海異聞錄》及《筆記小說大觀》第六集也有收入，《昭代》本爲節本。又《紀略》之上卷全部、下卷之大部也爲魏源《海國圖志》所收。臺北《"國家圖書館"善本書録初編》有清道光七年井岩氏手抄本，書中録鹿兀宗序。道光七年時，鹿以順德令攝澳門篆，然其未見嘉慶本，故其序云："今余初抵任，海寓承平，唯以整飭紀綱、清静坐鎮爲事，第形勢之險夷，制度之沿革，以及諸蕃習尚言語，詢諸吏民，或知之而未能言，言之而未能盡。適得印、張兩司馬所著《澳門紀略》一書，披覽之餘，瞭如指掌，補郡邑志乘之遺，正通譯魚魯之謬，考索之功，不可没也。""第此書未見刻本，余所得者，展轉傳抄，脱遺不少，恐久而湮没，負兩君勤勤纂輯之心，且恐觀風者無所採擇也。因屬婿王順修校讎訛字，壽之梨棗，並爲弁言於簡端。"

1988年，廣東高等教育出版社《嶺南叢書》收有趙春晨點校本，當是最佳之本。另章文欽撰有《〈澳門紀略〉研究》一文，可參考。《四庫全書總目》入史部地理類存目。《四庫全書存目叢書》史部第221冊收入，底本爲安徽省圖書館藏本。《中國古籍善本書目》著録，中國國家圖書館、安徽省圖書館、中山圖書館、華南師範大學圖書館皆有入藏。又《中國地方志聯合目錄》著録，計十一館入藏。

鈐印有"千古"、"勤慎"。

0757　清彩繪本夷人圖説

T6178/5860

《夷人圖説》一卷。清彩繪本。二册。高40釐米，寬23釐米。

此即《百苗圖》之一種，爲清代雲南少數民族生活之圖譜及解説，於雲南地區少數民族歷史及民情習俗之研究,具有重要價值。有圖一百零八幅。封面籤條書"夷人圖説目録"。

此類圖説皆以繪本流傳,各本多不一樣,有八十二圖、五十七圖、五十四圖、四十二圖、三十五圖等之别。圖爲寫生,文則記實。所繪爲少數民族之活動區域、生活情景、耕種狩獵、婚喪習俗等,圖文并茂。

此爲圖繪本中最多者。計喇嘛、怒人、剌毛、緬人、摩些、古宗、獠獞、狢人、摩些(和前不同)、蒲人、戛喇、羯些子、野人、喇嚕、峨昌、卡瓦、大猓、蒙化彝、猓黑蒲、利米、小列密、嫚、洒摩、蒲蠻、拉蘇、西番、野西、妙猓玀、苦葱、阿卡、緬甸艮子、緬甸莾子、三作毛、黑猓、龍人、黑窩、緬和尚、花擺夷、弋羅、老撾、長頭髮、緬甸綳子、魯黑猓玀、撒桓猓玀、窩泥、麥岔、猓喇、土獠、白窩泥、野古宗、糯比窩泥、山蘇、卡隋、黑猓、種子、普特、白人、撒彌猓玀、黑甘彝、獞人、白猓玀、黑猓玀、阿西、沙人、普拉猓玀、拇雞、阿者猓玀、阿蠍猓玀、葛猓玀、魯兀、聶素、含武、阿繫、阿成、山車、白喇鵝、普列、阿戛、阿猓、花土僚、水擺夷、黑獠、早擺夷、普剽、狡人、□猓喇、阿度、獵歌、猓玀、俫卜、僰夷、羅婆、羅緬、土人、海猓玀、甘猓玀、苗子、爨蠻、孟烏、普岔、臘欲、臘免、儂人、乾人、披沙、花苗、羿子、摩察。

第一圖云:"一種。喇嘛。其教傳自西域,戒酒色偷盗,習西方梵字經咒,日三誦,行則以蒲團竹杖衣鉢從隨。麗江府屬有之。"第一百零八圖云:"一種。摩察。黑猓羅别種,性强,習於臘,必獲獸,近頗有變其舊習者。大理府及楚雄有之。"

臺北"中央研究院"史語所傅斯年圖書館藏本最多,達十一部,題名多有不同,圖亦多寡不一。1973年,史語所慎選其二,題爲《苗蠻圖集》付諸影印,影印本前有芮逸夫序。

2004年,貴州人民出版社出版楊庭碩、潘盛之等編著《百苗圖抄本匯編》二册。此《匯編》收集十一個抄本,歷時七年,終得完成,是研究《百苗圖》最重要的著作。

此本經摺裝。每圖之上皆有苗族種裔説明,末則鈐"心有同然"、"得少佳趣"、"覺今是而昨非"印。

《中國古籍善本書目》著録,僅上海圖書館藏《黔省苗圖全説》、天津圖書館藏《黔省苗民風俗圖解》。又北京大學圖書館也有入藏。

0758　清彩繪本苗蠻圖説　　　　　　　　T6178/4260

《苗蠻圖説》一卷。清彩繪本。一册。高20.2釐米,寬25.8釐米。

此爲清代貴州少數民族生活之圖譜及解説,有圖八十二幅,每圖文字説明在圖之左。

計猓玀、女官、白猓玀、宋家、蔡家、卡尤狆家、補籠狆家、青狆家、曾竹龍家、狗耳龍家、馬鐙龍家、大頭龍家、種花苗、紅苗、白苗、青苗、黑苗、東苗、西苗、夭苗、襛苗、打牙犵狫、剪頭犵狫、豬屎犵狫、紅犵狫、花犵狫、水犵狫、鍋圈犵狫、披袍犵狫、木犵狫、犵獞、僰人、蠻人、土人、峒人、猺人、楊保苗、狉猓苗、九股苗、番苗、紫薑苗、谷藺苗、陽洞羅漢苗、克孟姑羊苗、洞苗、箐苗、冷家苗、狪家苗、狄家苗、額子、白額子、冉家蠻、九名九姓苗、爺頭苗、洞崽苗、八寨苗、清江黑苗、樓居黑苗、黑山苗、黑狆家、高坡苗、平伐苗、黑生苗、清江狆家、里民子、白兒子、白龍家、白狆家、土犵狫、鴉鵲苗、種葫蘆苗、洪州苗、西溪苗、車寨苗、生苗、黑脚苗、黑樓苗、短裙苗、尖頂苗、郎慈苗、羅漢苗、六洞夷人。

第一圖猓玀云:"本盧鹿而訛。在大定府屬。有黑白二種,黑者爲大,白者次之。又名烏蠻羅鬼。亦有文字,類古蟲書。好射獵,畜良馬。諺云:'水西羅鬼,擊頭掉尾。'言相應之速也。"

史　部

第八十二圖六洞夷人云："在黎平地方。婦女愛穿顔色衣裙,花尖鞋。未婚者,剪衣换帶,卜吉而嫁之,約鄰近女子執布傘送往,名曰送親。至男家,歡飲唱和三晝夜。偕新婦歸母家,與婦同宿,生子方過聘。女善織紡,男讀書。喪葬禮多與漢人同。"

清李宗昉《黔記》卷三云："八十二種苗圖並説,原任八寨理苗同知陳浩所作。聞有板刻存藩署,今無存矣。"而今刻本久湮。

經摺装。

0759　清彩繪本苗蠻圖説　T6178/5860

《苗蠻圖説》一卷。清彩繪本。一册。清錫少鶴跋。高30.5釐米,寬23.1釐米。

此爲《百苗圖》之一種,爲清代雲南少數民族生活之圖譜及解説,有圖五十四幅。

計喇嘛、怒人、剌毛、緬人、磨些、古宗、獠玀、狑人、摩些(和前不同)、蒲人、夏喇、羯些子、野人、喇嚕、峨昌、卡瓦、大猓、蒙化彝、猓黑蒲、利米、小列密、嫚且、洒摩、蒲蠻、扯蘇、西番、野西蕃、妙猓玀、苦蔥、阿卡、緬甸艮子、緬甸莽子、三作毛、黑濮、龍人、黑窩泥、緬和尚、花擺夷、退羅國夏于臘(即弋羅)、老撾、長頭髮、緬甸緬子、魯黑猓玀、撒桓猓玀、窩泥、麥岔、樸喇、土獠、白窩泥、野古宗、糯比窩泥、山蘇、卡隋、黑獛。

第一圖云："喇嘛。其教傳自西域,戒酒色偷盗,習西方梵字經咒,日三誦,行則以蒲團竹杖衣鉢從隨。麗江府屬有之。"第五十四圖云："黑獛。性慧,善營室宇,削竹爲床几及他器具。尤精牧羊,而不食其肉。元江州屬有之。"

錫少鶴跋云："此苗蠻圖,歷繪人情物理,以知化外之與中華衣冠文物之彬彬爾雅也,俾觀者之所以博通淹貫、觸類旁通耳。光緒辛卯春王正月錫少鶴裂并題。"

此本經摺装。有蟲蛀。

0760　清彩繪本黔苗圖説　T6178/5860A

《黔苗圖説》一卷。清彩繪本。一册。高26釐米,寬18.4釐米。

此爲清代貴州少數民族生活之圖譜及解説,有圖五十七幅,每圖文字説明在圖右,末皆有七言詩一首。計葫蘆苗、女官、黑山苗、生苗、白狆家、黑狆家、狗耳龍家、六額子、西溪苗、土犵狫、蔡家苗、楊保苗、大頭龍家、黑脚苗、尖頂苗、黑生苗、箐苗、白猓玀、卡尤狆家、高坡苗、青狆家、狆家苗、紫薑苗、白龍家、里民子、馬鐙龍家、白苗、黑樓苗、清江黑苗子、爺頭苗、洞崽苗、樓君黑苗、楝人、白額子、猺人、峒人、郎慈苗、清江狆家、車寨苗、鴉雀苗、猓玀、補籠狆家、狪家、狆佬、冉家蠻、紅苗、短裙苗、平伐苗、洪州苗、犵獞、克孟牯羊苗、白兒子、九名九姓苗、土人、洞苗、曾竹龍家、花苗。

第一圖云："葫蘆苗。性情兇暴,連群聚黨,專以劫搶爲事,不事耕織。近日嚴懲,亦知守法矣。在定番、羅斛二處。野性由來弗可拘,桑田不事事穿窬。葫蘆取義非無爲,今已儼然入版圖。"第五十七圖云："花苗。以六月爲節。首纏青布,雜織敗布條爲衣。婦人斂馬髮,尾作大髻,插木梳,花衣綵袖。孟春跳月,男吹蘆笙,女振響鈴,戲謔爲樂。葬不用棺,卜地以雞子擲,不吉則破,吉則用之。大定、遵義皆有之,其在鎮寧、黎平者,有張、陸、姚、李、朱、潘、吴、楊等姓。曉粧插來木梳新,班駁花衣緊裹身。吹動蘆笙鈴響葉,陌頭踏月暢懷春。"

此本經摺裝。

0761　清彩繪本苗蠻圖説　　T6178/4260B

《苗蠻圖説》一卷。清彩繪本。一册。高 24.2 釐米,寬 17.8 釐米。

此爲清代貴州少數民族生活之圖譜及解説,有圖四十一幅,右圖左文,文末附詩一首。

計谷藺苗、陽洞羅漢苗、克孟牯羊苗、洞苗、箐苗、狑家苗、狪家苗、狄家苗、六額子、白額子、冉家蠻、九名九姓苗、爺頭苗、洞崽苗、八寨苗、清江黑苗、樓居黑苗、黑山苗、黑生苗、高坡苗、平伐苗、黑狆家、清江狆家、里民子、白兒子、白龍家、白狆家、土犵獠、鴉雀苗、葫蘆苗、洪州苗、西溪苗、車寨苗、生苗、黑腳苗、黑樓苗、短裙苗、尖頂苗、郎慈苗、羅漢苗、六洞夷人。

第一圖谷藺苗云:"谷藺苗,性慓悍,善擊刺,出入攜帶利刀鏢弩。男女皆短衣,婦人髻蒙青帕。工織布,極精細,以入市,人爭購之。相傳'欲作汗衫褲,須得谷藺布'。婚姻亦用媒妁。在定番州。青帕蒙頭織婦粧,木棉初綻採花忙。布成入市人爭購,土産如斯俗最良。"第四十一圖六洞夷人云:"六洞夷人,穿短衣,色裙細花,尖頭鞋,脛卷以布袴。未婚男女,剪衣換帶,則卜而嫁之。鄰近女子,邀數十人,各執藍布傘往送,曰送親。至男家,歡飲唱和,凡三晝夜。攜新婦同歸母家親。男每夜潛入女家,與婦同宿,及生子後,方歸夫家。在黎平府。六洞夷人俗亦靡,剪衣換帶不須媒。知書知識猶堪取,八十二中最有才。"

經摺裝。

0762　清彩繪本苗蠻圖説　　T6178/4260A

《苗蠻圖説》一卷。清彩繪本。一册。高 26.2 釐米,寬 20.8 釐米。

此爲清代貴州少數民族生活之圖譜及解説,有圖四十幅,每圖中有文字説明。

計白猓玀、宋家、猓玀、女官、蔡家、卡猶狆家、補籠狆家、青狆家、曾竹龍家、狗耳龍家、馬鐙龍家、大頭龍家、花苗、紅苗、白苗、青苗、黑苗、東苗、西苗、夭苗、獩苗、打牙犵狫、剪頭犵狫、豬屎犵狫、紅犵狫、花犵狫、水犵狫、鍋圈犵狫、披袍犵狫、狖狫、犵獞、僰人、蠻人、土人、洞人、猺人、楊保苗、狔獜苗、九股苗、八番苗、紫薑苗、谷藺苗。

第一圖白猓玀云:"白猓玀,亦在大定,與猓玀同員。茶葉生理,茹毛飲血,無論鼠雀坻蟓蟲蠕動之物,攫而燔之,飲食無鹽。孟江三足釜,攢食如尋人。死以牛馬皮裹而焚之。普定者名阿和,亦同此類。"第四十圖谷藺苗云:"谷藺苗,在定番有之,諸苗皆裹輿,耕作爲多。女織紡最精,入市爭購之。俗言'欲作汗衫褲,須得谷藺布'。婚姻多用媒妁。"

經摺裝。

0763　清彩繪本苗蠻圖説　　T6178/6460

《苗蠻圖説》一卷。清彩繪本。一册。高 25.7 釐米,寬 27 釐米。

此爲清代貴州少數民族生活之圖譜及解説,有圖三十八幅,每圖文字説明在圖之左。

計猺人、馬鐙龍家、打牙犵狫、克孟牯羊苗、白苗、蔡家、獩苗、洞人、紅苗、西番、土人、八番苗、白猓玀、披袍犵狫、狖佬、剪頭犵狫、花苗、青苗、狔獜、九股苗、紫薑苗、六額子、東苗、狆家、犵兜苗、夭苗、楊保、花犵狫、宋家、谷蘭苗、短裙苗、蠻人、陽洞羅漢苗、黑苗、狑犵狫犺猺獞、黑猓玀、僰人、狗耳龍家。

第一圖猺人云："黔省原無,自雍正二年有自粵西遷至貴定之平伐。居無常處,必擇溪邊近水者,以大樹皮接續,渡水至家,不用桶甕出汲。男女衣尚青,長不過膝。所祀之神曰槃瓠。勤耕種,暇則入山採藥,沿村寨行醫。有書名榜薄,皆圓印篆文,其意不解,珍爲秘藏。俗長厚,見遺不拾。"第三十八圖狗耳龍家云:"在廣順州康佐司,依深林榛莽之間。其近溪者,入水捕魚,猾若蝚獺。男子束髮而不冠,婦人辮髮,纍結上指,若狗耳狀。衣班衣,以五色藥珠爲飾,貧則以薏苡代之。春時,立木於野,謂之鬼杆,男女旋躍而擇配,既奔,則女氏之黨以牛馬贖之,方通媒妁。死,以杆擊曰,和歌哭,舁之幽岩,秘而無識。"

經摺裝。日人裝幀。

0764　清彩繪本滇苗圖説　　　　　　　　　　　　　　　　T6178/3860

《滇苗圖説》一卷。清彩繪本。二册。高34.3釐米,寬23.3釐米。

是爲《百苗圖》之一種,爲清代雲南少數民族生活之圖譜及解説,有圖三十六幅,左文右圖。

計儂人、黑玀玀、獛喇、喇嚕、孔答、土獠、阿城、阿者玀玀、魯屋、喇吾、峨昌、古宗、撒彌、普特、羅婺、比苴、蒲人、扯蘇、白人、西番、拇雞、摩察、撒完、妙玀玀、羯夢、緬人、力夢、沙人、喇記、怒人、麽夢、地羊鬼、乾玀玀、土人、窩泥、野人。

第一圖云："儂人。其種在廣南,習俗大略與僰彝同。其長爲儂智高裔部彝,因號爲儂。樓居,無椅凳,席地而坐,脱履梯下而後登。甘犬嗜鼠。婦人衣短衣長裙,男子首裹青花帨衣,籠布如絺。長技在鋭,蓋得之交阯者,刀盾鎗甲,寢處不離,日事戰鬥。王弄山教化三部亦有之。"第三十六圖云:"野人。居無屋廬,夜宿於樹巔,赤髮黃睛。以樹皮毛布爲衣,掩其臍下,首帶骨圈,插雞毛,纏紅藤。執勾刀大刃,採捕禽獸,茹毛飲血,食蛇鼠,性至兇悍,登高涉險如飛,逢人即殺。在茶山里麻之外,去騰越千餘里,無約束,二長官爲所戕。賊避之滇灘關內,舊志稱尋甸岩谷野蠻,以木皮蔽其身,形貌醜惡,男少女多,持木弓,以禦侵暴。不事農畝,採山中草木及動物而食,無器皿,以芭蕉葉藉之。今尋甸實無此種。考《唐書》,所稱閣羅鳳降尋傳蠻,其西有猓蠻,亦曰野蠻,漫散山中,無君長,婦或十或五共養一男子,舊志或本於此。然尋傳於驃國同降閣羅鳳,驃國即緬也,野蠻又在其西,其非尋甸可知。又粵西狼人,居深山,食無釜甑,以竹節盛米,縛而焚之,竹爆而炊熟,採蜈蚣蛇蟲雜食之,謂爲嘉饌。其餘與前略同,間有流入廣南者。豈先時亦流入尋甸,今屢用兵其地,遂無噍類乎?併記之。"

第一圖下有"丙申春日金門畫史顧雲臣製",並鈐有"顧雲臣"印。按,顧雲臣,即顧見龍,字雲臣,太倉人。居虎邱,祇候内廷,名重京師。工人物故實,寫真克肖,臨摹古蹟,雖個中目之,一時難别真僞,固非虎頭再世,堪與十洲割席。顧生於萬曆三十七年,此當爲後人以顧名書之,並鈐僞印於上,以充顧繪本。

此本經摺裝。

0765　明天啓刻清印本籌海圖編　　　　　　　　　　　　　T3034/4233

《籌海圖編》十三卷,明胡宗憲撰。明天啓四年(1624)胡維極刻清印本。八册。半頁十二行二十二字,四周單邊,白口,單魚尾。框高20.1釐米,寬14.5釐米。題"明少保新安胡宗憲輯議;曾孫庠生胡維極重校;孫舉人胡燈、舉人胡鳴岡、階慶全刪"。前有天啓四年胡思伸序,嘉靖四十一年(1562)茅坤序;《凡例》十六則。又有《參過圖籍》,計圖二十種、書七十種。

胡宗憲,字汝貞,號梅林。績溪人。嘉靖十七年進士,歷知益都、餘姚二縣,擢御史,巡按浙江。時歙人汪直據五島,煽諸倭入寇,日擾郡邑,擢宗憲爲右僉都御史,巡撫浙江,尋爲兵部右侍郎,總督軍務,累以平賊功,加右都御史、太子太保。卒諡襄懋。事蹟具《明史》本傳。

此書記明代抵御倭寇事,以嘉靖時事爲主,上溯明初及明以前中日交通情況。首列輿地全圖、沿海山沙圖、王官使倭事略、倭國入貢事略、倭國事略,并廣東、福建、浙江、直隸、登萊五地沿海郡縣圖,又倭變紀、兵防官考、事宜、倭患總論年表、寇踪分合圖譜、大捷考、遇難殉節考、經略。於用兵、城守、剿撫、互市等,均有詳細記載,并附有沿海布防形勢及戰船、武器等詳圖。鄭振鐸《劫中得書記》云,此書足與戚繼光之《紀效新書》、《練兵實紀》同爲明代倭患史之要籍。

胡思伸序云:"當世廟朝,倭寇猖獗,東南半壁幾無寧土。先少保襄懋公,節制七省,運籌握勝,輯剿兼施,海內靜謐,厥功偉矣。而一念體國之忠,未雨求桑,夙夜孳孳,必鞏國家千萬禩而後即安。乃總搜群策,著《籌海圖編》,共十三卷,凡嶴港礁洋之形,火攻水戰之具,訓練儲積之略,遣間用奇之秘,一披閱而胸中靡不瞭然,無異於聚米指掌,真安攘要綮,而借箸者之司南也。"

此書《千頃堂書目》、《明史·藝文志》及《四庫全書總目》均題胡宗憲撰。然是書實出宗憲慕僚鄭若曾之手,若曾又引丹陽邵芳爲助而成書。若曾,字伯魯,號開陽,嘉靖初貢生。少師魏校,又師湛若水、王守仁,有經世志,佐胡宗憲、戚繼光平倭寇,敘功授錦衣世蔭,不受。歸而著書,薦修國史,亦不就。若曾凡天文地理、山經海籍,靡不周覽得其端委,所著有《江南經略》、《八閩志》、《武林志》等。

茅坤序云:"公(胡宗憲)一日聞崑山鄭君伯魯從諸生後,好言兵事……於是幣聘君過幕府,裒次其事……君少多節氣,欲以功名自喜,及不遇。適國家多外難,卒吐胸中所奇掘如是。然其體裁多出自邵君芳。邵,丹陽人,深沉倜儻,有大略。君能下之,遂相與訂畫而成其書。"於此書作者言之鑿鑿。

此本爲宗憲曾孫胡維極刊刻。胡思伸序云:"少保公曾孫維極以是編原板毀於隣焰,不忍泯先澤,獨捐金重梓,亦忠孝之思所激也。"胡維極重新刊刻,將與鄭若曾有關之文字盡行刪去,改易較多。

扉頁刊"籌海圖編。新安少保胡宗憲編輯。茅鹿門先生鑒定。本衙藏板"。

《四庫全書總目》入史部地理類。《中國古籍善本書目》著録。最早之本爲明嘉靖四十一年胡宗憲刻本,次爲明隆慶六年刻本,有刻工,行款皆爲十二行二十二字,題"崑山鄭若曾輯;男應龍一鸞校"。清康熙時有鄭起泓刻本。此天啓本,中國國家圖書館、上海圖書館等六十四館,臺北"國家圖書館",及美國國會圖書館、日本静嘉堂文庫、尊經閣文庫、東京大學東洋文化研究所亦有入藏。

鈐印有"長沙余氏古研書齋藏書之印"等。

0766 明萬曆彩繪本邊城禦虜圖説 T3034/3422

《邊城禦虜圖説》不分卷。明萬曆間彩繪本。一册。上欄十五行二十或二一字不等。經摺裝。原無書名,函套書籤題"明鈔本邊城禦虜圖説",書名據此。

圖説分上下兩欄,上半爲邊城各口建立之説明,下欄爲彩繪各處關隘圖,紅色簽紙書明關隘名稱,寫繪俱精。始下竿嶺口,至石榴嘴口,計一百一十六處關隘。所列關隘,俱在河北、山西一帶,皆正統四年以後建城置戍。

虜者,對敵方之蔑稱也。有明一代,北邊爲患,每歲秋高馬肥之際,至春間冰解,即入寇諸州,飽掠而去。故明廷歷朝皆沿邊築塞,列鎮屯兵,並設遼東、宣府、大同、延綏四鎮,繼設寧夏、甘肅、薊州三鎮,又以山西鎮巡統馭固原,合稱九邊。九邊之設,使明朝邊塞形成一條東起鴨綠江,西抵嘉峪關,廣袤萬里、烽堠相望、衛所互聯的北方防線。九邊雖加强了北部邊防,但也耗費了大量人力物力,朝廷爲此加餉加税,民不聊生。此一百一十六處邊城關隘,俱屬宣府管轄。

《圖説》當爲地方軍吏屬人所繪,對每處邊城何時建立、周圍、高度、何種材質所建、守口主客官兵各自數目、何處支領開銷,由何方帶管,並具體管轄地,俱清楚臚列。如"青羊溝口"云:"弘治拾柒年建立邊城,壹拾壹丈捌尺高、壹丈捌尺不等,萬曆元年題奉欽限,修完茨字拾肆號、拾伍號臺貳座。守口主兵拾貳名,在易州監督衙門按月俱支折色。上竿嶺守口官帶管東至下竿嶺口、西至鄢鄜嶺口、南至阜平縣、北至靈丘縣地方,禪南背村稍緩,外通靈丘縣壹百里,向無虜犯,今有臺牆,堪以禦虜。"

《圖説》文字常有"萬曆三年題奉欽限用大石創修"字樣,似乎是萬曆三年曾對這些關隘進行維修,則此本應繪於萬曆三年之後。

是書爲明代原裝摺本,不多見,内中頗有可校正《關隘考》、《讀史方輿紀要》諸書記載者,對治明代邊疆軍政研究者頗有實用價值。查中國國家圖書館有《喜峰路副總兵張珍下所屬董李貳提調並喜峰路標下沿邊關營臺墩邊城高險平易女牆山崖軍馬器械錢糧等項數目》不分卷,一册,明抄本。北京大學圖書館藏有《明代陝西四鎮軍馬錢糧數及會兵禦虜圖文》不分卷,一册,爲民國間傅氏藏園抄本。

0767　明嘉靖刻本古今游名山記　　T3041/2281

《古今游名山記》十七卷總録三卷,明何鏜輯。明嘉靖四十四年(1565)自刻本。二十四册。半頁十四行二十七字,左右雙邊,白口,單魚尾,書口下間有刻工。框高20.3釐米,寬13.7釐米。題"括蒼何鏜振卿甫編輯;廬陵吳炳用晦甫校正"。前有嘉靖四十二年(1563)黄佐序,吳炳序,王世貞序,王穉登序。末有嘉靖四十四年何鏜後序;蔡文範跋。

何鏜,字振卿,號賓嚴,又號括蒼山人。處州衛人。嘉靖二十六年進士。授進賢令,用法不阿權貴,量移開封府丞,釐奸剔弊,疆宗爲之斂手。以能擢守潮陽,後督學江右,遷雲南參政,以乞養歸。撫按屢薦異才,擢廣東按察使、河南布政使,不起,投閒數十年而没。又有《括蒼彙紀》。《(光緒)處州府志》卷一九《理學》有傳。

是書採史志文集所載游覽之文,以類編輯。首總録三卷爲《勝記》、《名言》、《類考》,次記兩京各省山川及古今游人序記。何鏜後序云:"遂以冬餘之暇,檢校往所編名山游記,鏡考所履,恍然心目,即所未歷當不爽也。以示友人廬陵吳用晦,稍爲刪定,以命梓人。屬學博士余采視刻,至乙丑仲春刻成,將以求正同好,并著余所經游云。"

蔡文範跋云:"我師賓嚴何公,結髮登朝,託意高遠,雖跡躔通邑,而寄興幽深,河洛、吳楚、滇越之墟,登覽殆徧,抉精探奇,動成篇什;或夙深向往,而良晤尚乖,則遐眺潛窺,神情飛動,凡岳志山經，悉加蒐集，心賞所寄，已超玄識矣，總題曰《游名山記》。"

是書刻工有李松、王榮、吳良、黃彬、劉目、郭國、鄧舜、吳六、敏孫、徐盛、鄒興、余盛、鄒賓、鄒國賓、余爵、余林、余錦琇、劉智、熊智、鄒科、姜俸、熊一濂、熊樂、熊一清、熊成七、楊本真、付明、付奇、付時、付華生、葉以倫、劉守奇、張時曉、翟良才、熊秀、蘇州嚴春、進賢熊鳳。

《四庫全書總目》入史部地理類存目。《中國古籍善本書目》著録。中國國家圖書館、北京中央民族大學圖書館有全帙。按，是書又有明嘉靖四十四年刻萬曆間重修本，中國國家圖書館、上海圖書館等十一館，及美國普林斯頓大學葛思德東方圖書館入藏。又有明末刻本，爲九行二十字。

鈐印有"紫芷山房藏史"、"汶峨岱華主人"。

0768　明崇禎刻本名山勝槩記　　T3041/2274

《名山勝槩記》四十六卷《名山圖》一卷。明崇禎刻本。三十一册。半頁九行二十字，左右雙邊，白口，單魚尾。框高 19 釐米，寬 13.7 釐米。

此書乃就何鏜《古今游名山記》增補而成。

卷三至四并《名山圖》皆佚。

《四庫全書總目》未收。《中國古籍善本書目》著録。上海圖書館、南京圖書館等十八館，臺北"國家圖書館"及美國國會圖書館、普林斯頓大學葛思德東方圖書館、日本内閣文庫（兩部）、尊經閣文庫亦有入藏。

按，此書又有四十八卷《名山圖》一卷附録一卷，明崇禎六年墨繪齋刻本，天津圖書館、遼寧省圖書館等十三館入藏。

0769　明萬曆刻本游名山一覽記　　T3041/2223

《游名山一覽記》十六卷，明慎蒙輯。明萬曆四年（1576）自刻本。二十四册。半頁十行二十字，左右雙邊，白口，單魚尾，書口下有記字數及刻工。框高 19.1 釐米，寬 13.4 釐米。題"吳興歸安山泉慎蒙增選校梓"。前有萬曆四年慎蒙序；《凡例》七則。

慎蒙，字子正，號山泉。歸安人。明嘉靖三十二年進士。知漳浦縣，官至監察御史。明察強斷，諸吏憚恐，所彈擊不問貴顯。後被斥歸，不肯治生，以是益困，第日取古文詩詞誦之，著書終其生。《（光緒）歸安縣志》卷三六《文苑》有傳。

是書以何鏜輯《古今游名山記》重複太甚，删汰繁冗，增入通志及别集所載記文凡十之四，視鏜書頗爲簡明。《四庫》館臣謂此書無資於考據，其記文之末，各加評語，亦不出坊刻積習。是書序題書名爲"名山諸勝一覽記"，序中稱"天下名山諸勝一覽記"，卷一題"游名山一覽記"，而卷二至一六則題"名山巖洞泉石古蹟"，殊不畫一。

慎氏自序云："近得同年友何賓巖所輯《名山》一書，則自勝紀名言，以至先賢題名刻石，巨細畢舉。所謂胸中丘壑者，非歟！第以一山而兩記兼録，甚至襍以四三，遂使簡帙浩繁，頗厭重複。不曰敘事者尚詳，而纂言者貴提其要乎？予故删繁削冗，復纂諸通志所未及者，以補記文之缺，并入前賢之題咏，亦庶幾大備哉！名曰《天下名山諸勝一覽記》，使都之略者益之以詳。何之所輯，冗者已潔，而所謂文省事增，其殆庶幾乎？是編也，始於畿甸，而及於要荒；詳於通都大邑,而不遺夫遐陬僻壤;小至於巖竇,而及於嶽鎮之大;始於泉之涓涓,而及於江海之滉瀁無際。"

金鑲玉裝。刻工有盧奎、許亨、夏榮、黃惟明、黃惟信等。

《四庫全書總目》入史部地理類存目。《中國古籍善本書目》著錄。上海圖書館、浙江圖書館等十五館,臺北"國家圖書館",及美國國會圖書館、普林斯頓大學葛思德東方圖書館(存六卷)亦有入藏。

館藏複本一部,十四冊。鈐印有"柳圃堂藏書記"、"懷遠堂直能"、"洒盡塵腸"。

0770　明萬曆刻本新鐫海內奇觀　　T3041/4218

《新鐫海內奇觀》十卷,明楊爾曾撰。明萬曆三十七年(1609)夷白堂刻本。六冊。有圖。清寶珣題識。半頁十行二十四字,四周單邊,白口,單魚尾,書口下有"夷白堂"。框高23釐米,寬14.7釐米。題"錢唐臥遊道人楊爾曾輯"。前有陳邦瞻序,葛寅亮序,萬曆三十七年楊爾曾自序;萬曆三十八年(1610)方慶來題語;《凡例》十三則。

楊爾曾,字聖魯,號臥遊道人。錢塘人。

是書題"奇觀"者,蓋以青天白日有變幻之雲霧風雷,恒河沙界有怪異之人物草木,彼山川之奇詭,信覆載之鍾靈,故特標而出之,以拓耳目所未及。卷一爲嵩嶽、岱宗、華嶽、衡嶽、恒嶽、白嶽圖說;卷二孔林、西山、金陵、茅山、黃山、浮山、金山、焦山、北固山、虎丘圖說;卷三西湖圖說、詠西湖十景;卷四吳山圖說、詠錢唐十勝、詠五雲六景、天目山圖說;卷五兩越名山圖說、補陀洛迦山圖說;卷六天台山、雁宕山圖說,雁宕山題詠;卷七武夷山、九鯉湖、滕王閣、麻姑山、從姑山圖說;卷八匡廬山、黃鶴樓、岳陽樓、赤壁圖說,詠瀟湘八景,峨嵋山、三峽、棧道、兩河圖說;卷九太和山圖說;卷一〇五臺山、桂海、七星岩、雞足山、九鼎山圖說;附十大洞天名考、三十六洞天名考、七十二福地名考、海上仙山名考、海上十渚名考。

陳邦瞻序云:"武林楊子,博雅多奇,神情散逸,雖生長湖山之會,而尤抗志天游之表。妙抒心靈,先窮目界,寄興盤礡,假技丹青,首標華夷之巨眇,指掌五嶽之真形,靈山異境,略存髣髴;福地洞天,盡入形容。萬象縮之豪端,千嶂叠之尺幅,丹崖翠壁,依稀若覩;猿啼鶴唳,怊悅如聞。又不必誦長篇而包飛,哦短詠而解瀕者矣。比諸三家,得未曾有,命曰奇觀,信不誣耳。"

此本鈐"翰林院印"滿漢文大方印,封面有"乾隆三十八年十一月浙江巡撫三寶送到范懋柱家藏海內奇觀壹部計書陸本"木記。查《浙江省第五次范懋柱家呈送書目》著錄,當爲進呈退還之本。寶珣題識云:"此冊道光四年英煦齋相國贈先勤直公,後賜珣,敬謹收藏,遂志於卷首。"《凡例》後刊"錢塘陳一貫繪,新安汪忠信鐫"。

夷白堂,當爲楊氏之書肆,又刻有《圖繪宗彝》八卷(明萬曆三十五年刻本)、《高氏三宴詩集》三卷(明萬曆刻本)、《香山九老詩》一卷(明萬曆刻本)。

《四庫全書總目》未收。《中國古籍善本書目》著錄。中國國家圖書館、上海圖書館等十七館,臺北"國家圖書館"(五部),及美國國會圖書館(四部)、普林斯頓大學葛思德東方圖書館、日本內閣文庫、尊經閣文庫亦有入藏。

鈐印有"味經書屋收藏書畫印"、"竹銘藏書之印"、"竹銘"、"世杰之印"、"世杰私印"、"世杰長壽"、"竹銘所藏"、"一生愛好是天然"、"世杰印信長壽"。

0771　明崇禎刻本大明一統名勝志　　　　　　　　　　T3027/5672

《大明一統名勝志》二百八卷，明曹學佺撰。明崇禎三年（1630）自刻本。一百二十册。半頁十行十九字，左右雙邊，白口，單魚尾，書口下間有刻工。框高20.2釐米，寬13.2釐米。題"閩中曹學佺能始著"。前有崇禎三年曹學佺序。

曹學佺，字能始，號石倉。侯官人。萬曆二十三年進士，天啓間官廣西參議，初梃擊獄興，學佺著野史紀略，直書本末，劉廷元劾學佺私撰野史，遂削籍。崇禎初起副使，辭不就。唐王時官至禮部尚書，明亡，入山投環死。

是志爲《北直隸》十二卷、《南直隸》二十卷、《山西省》八卷、《陝西省》十三卷、《河南省》十二卷、《山東省》九卷、《江西省》十三卷、《浙江省》十一卷、《福建省》十卷、《湖廣省》十七卷、《四川省》三十五卷、《廣東省》十卷、《廣西省》十卷、《貴州省》四卷、《雲南省》二十四卷。

曹氏序云："予初得《太平寰宇記》抄本，爲宋太平興國間宜黃樂史所撰上者。又得建溪祝穆所編《方輿勝覽》，蓋麻沙書坊板也，常置在案頭。新安汪仲嘉過而謂予曰：是可櫽括而成書也。予領之。尚未得其肯綮，既入蜀，作《蜀中廣記》，當弋材於二書。又得楊用脩家所抄秘閣東陽王象之《輿地紀勝》，象之兄爲蜀漕，故於蜀事尤詳。然予在金陵時，汎觀四庫諸書，凡可爲各省山川名勝資者，悉標識其端，積有七箴，用二十夫之力，舁以相隨。未幾，出峽還閩，簡點舊篇，多所殘缺，意緒都闌，庋之高閣而已。一日，謝在杭過，謂予也，此書若殘兵敗卒，孰若畀我成一大隊。予曰誠然。但予十數年以來，欲撰一種書，耿耿於懷，未之或忘，倘再歷幾星霜，予老矣，不能更爲，便可相付。又過一載，江西方伯李友卿寄宗侯鬱儀《水經注箋》，予亟取而讀之。其所有者正不必有，其所無者，正不必無，予又憤懣而不之快。偶有《縉紳便覽》一部，略爲箋釋於左，曰此《水經》之某州縣也，以今援古，合者什七，其所不合，姑竢後來。於是感觸前念而作是書，津津乎不能自已矣。莆友吳明遠館予浮山，因示以裁割之法，臚列勾股，若陳肆焉，余取而綴附之。材料既備，位置得所，乃與友人陳汝翔、諸父汝載約曰：自北直隸、陝西、山西、河南、山東，南人足跡所罕到，予以計偕、筮仕、祝釐之役，頗得涉歷而流覽焉；自南直隸、江西、浙江、閩廣，則請分任之；廣西、雲貴載籍頗稀，余旁而搜采之；蜀中惟是《廣記》所輯者，稍刪潤之而已。於是復徵諸郡縣志。南直隸，余宦金陵時購而有之；河南、湖廣，鄉先薦紳有存積者，其裔轉以售余；而山東、浙江、江西，則薛公中丞、謝公方伯，汪、陳二侍御之巡方時所有也。但北直隸、山、陝、二廣，苦不能多。余偶閲《盱江新志》，左侍御督學畿輔，晚年乏嗣，以其書籍送貯府庫。余癸亥歲起家粵西，取道於斯，先以喻子奮、陳有美二君往，因借而裒錄之。二廣則爲總督胡公檄取，而桂林張公羽王家藏尤夥……雲南則《通志》之外，益以郭司馬《黔記》、謝在杭《滇略》，亦足以成書矣。以上諸書，闕一不成，余皆得之，似有天幸。且余入粵時，寔攜直隸、山、陝、二廣諸稿以往，公餘則或編摩讎校，燭見跋不休。越丙寅，余被糾削籍，臺檄追書板甚亟，家人欲盡焚其書籍，余在倉卒之中，猶抱此書而出。復憶曩歲削稿於淼軒，一夕，爲偷兒挈篋以行，萬無還理，而不意其悔心之萌也。予始悲而動剞劂之想，又遇患難歸家，纔獲竣事，則又幸矣。余觀古人有所撰述，必以廿載爲期，余自戊午而迄丁卯，僅有其半，且爲行旅跋涉，簿書期會，流離困苦所奪者十之二三。余才不逮昔，而何以功倍之乎？余此十年內，飲食寤寐而不遑自安，然亦藉是以收攝其身心，而罔敢旁溢。"

是書刻工有余冲、鄭西、鄭利、張冬、葉士、力成、魏憲、付聖等。

是本《鄖陽府志勝》卷六、《襄陽府志勝》卷七、《荊州府志勝》卷八、《岳州府志勝》卷九、《四川名勝志》卷一三至一五、《廣西名勝志》卷一至三配清抄本。

《四庫全書總目》未收。《中國古籍善本書目》著録。上海圖書館、天津圖書館等十一館、臺北"國家圖書館"，及日本内閣文庫(三部)、尊經閣文庫、東京大學東洋文化研究所、京都大學人文科學研究所亦有入藏。

鈐印有"稽瑞樓"。"稽瑞樓"爲陳揆藏書樓，揆字子准，常熟人，清道光時諸生，與邑人張金吾並以藏書稱，尤備於地志。

0772　清乾隆刻本上方山志　　T3035.15/210.83

《上方山志》五卷首一卷末一卷，清釋自如撰，清吴仁敵較訂。清乾隆二十九年(1764)陳光國刻本。四册。半頁十行二十字，左右雙邊，白口，單魚尾。框高16.5釐米，寬13.5釐米。題"上方自如達聞纂；江寧吴仁敵較訂"。前有乾隆二十九年吴仁敵序，釋自如自序，陳光國刻志序；京西房山縣上方山雲水洞各處勝境；雲水洞内景致，附山外九庵；目録。

釋自如，字達聞，六齡入上方山。

上方山在京都西隅房山縣，爲佛教勝地，開山祖東漢慧晟禪師，派系華嚴宗。上方又稱上房，有梵刹七十二，星羅棋布，其勝景可名者百，皆得自天然。釋自如有《上方山記》，《記》曰："上方來脈氣貫崑崙，而走西北結穴於西南房邑，狀若蒼龍顧子者。然自孤山口抵兜率門，計十五里，由發汗嶺步雲梯而達内院也。山位子午，一幹七枝，乘其氣而庵者七。一曰象王峰普賢殿，挂其鼻祖；二曰峭壁峰獅子崖，負其夾脊；三曰錦繡峰兜率寺，抱其中心；四曰毘盧頂毘盧庵，居其頷下；五曰迴龍峰文殊殿，坐其胸堂；六曰嘯月峰觀音閣，起其肚腹；七曰普陀崖觀音殿，隱其肩井。記七龍皆朝於東南望海峰也。以言乎砥石，則有茶羅、翠微、飛來、摘星、象王之峰；以言乎深邃，則有車廂、龍虎之峪；以言乎洞天，則有雲水、金剛之府，而雲水最異。"

然自東漢以下，無聞上方山有志。是志爲首修，始撰於乾隆十六年，十七年完稿。以無力付梓，束之高閣十三年之久。釋自如序曰："遊人到此，詢及根源。住持湣溟，了無可對，凡此皆志之缺也。乾隆辛未(十六年)季春，如不揣冒昧，輒掩關於假死軒中，窮智枯腸，強筆直記，於平日所集之斷碑殘碣，與夫山巒峰脈、形勢景物，及歷朝賢人善信、詩古文詞有據者，一一録籍，無徵者弗能妄注。迨壬申(十七年)而稿成。顧以爲言不文爲歉，兼欲刻板而力不逮，遂置之高擱，閱今蓋已十三年矣，其志不易遂有如此者。乾隆甲申(二十九年)仲秋，有居士吴君自南抵北，赴部銓選，顧於時有待，而慕山來遊，因得交之，遂出書，煩其修飾，以成美之。"

山志多出於僧人，以大凡名山多爲佛地故。釋自如又云："要知天地靈秀之氣聳而突起之爲山，不知其幾千萬年，而生面開焉；不知其幾千萬年，而西域諸佛來兹東土，而梵宫建焉。名勝豈易得哉？湮没不亦傷乎？此志之不得已而作之者也。"吴仁敵序則曰："師當肩文殊重任時，每歲進益不過京錢一十八千，而其勤儉有大過人者。數年以來，故無債貸而屋重修，非甘苦而興者誰歟？乃一事興，百事皆然，此志之所以作也。"

卷首序；卷一《名勝》(山、峰、石、頂、臺、嶺、梯、峪、洞、泉、橋、亭、路)；卷二《人物》(高僧、信善、長老、耆舊、執事、都管)；卷三《建置》(寺、院、庵、殿、閣、園、崖、坨、廟、洞、臺)；卷四《文部》(本朝帝王欽賜匾對，歷朝文人詩賦碑記、歷朝禪師塔銘并序)；卷五《物産》(果木、藥草、野蔬、禽獸、山花)；卷末(目録載釋自如自序，今本佚)吴仁敵跋。

列歷代高僧十五人，依次爲東漢慧晟禪師、後梁道明禪師、北齊南禪師、唐拙崖禪師、遼懺悔禪師、金遐齡益壽禪師、崇公禪師、明修道禪師、孤山禪師、清岫公禪師、真公禪師、德公禪師、淵公禪師、大觀禪師、知幻禪師。

是志由陳光國捐薪俸鋟諸板，事見其刻志序。序曰："乾隆甲申（二十九年）秋，故人吳君仁敵者懷書一帙來予冰署，讀之，乃《上方山志》之稿，其草創於釋氏自如，而成之於吾友吳君。顧其書雖成，然尚未板本以傳於世。自如力綿，謀之吳君；吳君不有，謀之於予。予非能成美其事者也，第以多年名勝，而圖志惟缺一旦，自如創始志之，其志爲可嘉也。因勉捐俸錢若干，付諸剞劂，以全來意。俾令名山風雲之變、人文之雅，得以展卷燎然，而不出户庭即知其煙霞之味也。"

《中國古籍善本書目》入史部地理類山水志，上海圖書館藏本。又見於《中國科學院圖書館藏中文古籍善本書目》等書目。《四庫全書總目》不收。

0773　清康熙刻本盤山志　　　　　　　　　　　T3035.14/212.81

《盤山志》十卷《盤山志補遺》四卷，清釋智朴撰。清康熙三十年（1691）刻同治增刻本。四册。半頁十行二十二字，四周單邊，黑口，雙魚尾。框高18.9釐米，寬13.7釐米。《盤山志》題"盤山智朴纂輯；新城王士禛、秀水朱彝尊較訂"；《盤山志補遺》題"盤山智朴拙庵補輯；濟南王士禛阮亭較訂"。前有康熙三十一年（1692）王澤弘序，鄭纘祖序，康熙三十三年（1694）高士奇序，康熙三十二年（1693）宋犖序；《凡例》七則；康熙三十年智朴自序；康熙十六年（1677）智朴修山志報單；同治十一年（1872）繪盤山圖；康熙三十一年（1692）智朴題識；同治十一年李江盤山圖跋；目錄。

智朴，字拙庵，宗曹洞，原爲江右僧人，徙盤山，以盤谷寺僧終，葬寺之東。工詩，嘗與清聖祖有盤山唱和。著述有《谷響集》、《電光錄》、《雲鶴集》、《盤谷集》、《存誠錄》、《臺遊集》、《辛壬蔓草》等。

盤山爲畿東古名勝，在京城以東二百里許。盤山一曰盤龍山，以山脈蜿蜒盤薄得名；一曰四正山，以其峰特立無倚、四面如一得名；一名田盤山，以三國田疇所盤桓得名。

亘古以往，盤山無志。康熙十年，智朴自江右徙盤山，闢青溝禪院居之。盤山志始修於康熙十六年，智朴云："盤山在昔無志乘之可稽靈蹤，故典大半湮没。朴創始丁巳（康熙十六年），或從斷碣殘幢，或就山僧野老，咨詢探討，洗剔尋繹，彙成一編，數紀十卷。"其成書之年，據同治李江盤山圖跋所稱，原圖題"辛未中秋前金臺德意寫"，則在三十年，首尾計十有五年。按，原志有圖三頁，爲智朴弟子德意所繪。志稿經王士禛、朱彝尊考訂，然後付諸梓人。

自序記修志始末曰："康熙辛亥秋，朴結茅盤谷，爲終老計。日與二三子遊，見此山蔥蔥鬱鬱，秀色摩霄，怪石嵯峨，飛蹲舞掉。清泉古木隨人上下，而其中隱士高流今古疊出，賦詩題字遍滿崖壁，因思夫名勝必得志乘以傳，然後山川之英華、人文之粹美，與夫建置之沿革、物產之豐饒，因之以見，不則汗漫無聞而已。甲子春，宋牧仲觀察過訪山中，以此謀之，牧仲欣然喜，朴因偕法侣佛藏，相與搜討。未幾，而牧仲開府江右，佛藏云亡，事遂不果。戊辰夏，王子千郎中入山，復商略之，謂必襄此舉。於是涉奇歷險，考古驗今，竊謂天假其緣以相成也，不謂子千出守惠州，遠去天末，又不果。烏乎，好事難成，一至於此！此心耿耿，欲罷不能。庚午夏，攜弟子德意，詳觀形勢，繪之爲圖。更尋舊典，增益其所未備。稿成，質之阮亭、竹垞二公。二公慨然首肯,互爲較訂,遂付雕鎸。"

卷一《名勝》(山、峰、石、巖、臺、嶺、盤、峪、洞、淀、泉、井、路、橋、溝、澗、潭、池、塘、塔、砦、亭、軒),補遺卷一《文部》;卷二《人物》(高僧、道士),補遺卷二《詩部》;卷三《人物》(隱士)、《建置》(寺),補遺卷三《詩部》;卷四《建置》(院、庵、静室、廟),補遺卷四《雜綴》;卷五《物産》(果木、藥草、野蔬、山花、禽、獸、砂石、附禁示規條);卷六《游幸》、《文部》(魏、晉、後魏、唐、遼、金、元、明、清);卷七至一〇《詩部》(唐、金、元、明、清),《帝王游幸目》、《文部姓氏目》(附方外)、《詩部姓氏目》、《方外詩部名氏目》。

原志有德意繪圖三頁,今本已佚去。今本圖一,題"盤山圖",署"同治十一年十月李江題"。李江有盤山圖跋,曰:"按原圖凡三頁,題云'辛未中秋前金臺德意寫'。圖既不似,而板亦遺失,乃更就今時山景,縮爲一頁,圖而補之,仍以智樸原刻山志報單、跋語列於圖之前後,以存其舊。同治十一年十月二十一日薊州李江跋於龍泉園。"

補遺卷二前有同治十一年李江跋,跋曰:"智樸撰《盤山志》十卷,曰名勝,曰人物,曰建置,曰物産,曰遊幸,凡五門。而首之以山圖,末則附之以詩文已,又爲補遺四卷,共卷十有四。而體例嚴潔,非他山志所及,蓋得王阮亭、朱竹垞兩先生參訂之力爲多。後數十年,高宗純皇帝以盤山建静寄山莊久,巡幸所及,名勝益廣,爰命大學士蔣公溥、工部尚書董公邦達、工部侍郎汪公由敦重纂之。諸公奉命入山,親歷諸境,作爲圖説,搜輯校讎,不逾年而書成。而發凡起例,視舊加核,凡十門,首巡典,次天章,次圖考,次名勝,次寺宇,次流寓,次方外,次藝文,次物産,次雜綴,計十六卷。其所采擇,大概不越乎前志,則信乎智樸此書之可以傳世無疑也。"跋又云,盤谷寺迄同治間已荒蕪不堪,"往予過之,墓前竟無一字,余爲題曰'清詩僧智樸之墓'。顧盤山以得智樸一《志》而益顯,而智樸所居之盤谷寺至今則荒蕪落寞,一片瓦礫,與未闢等,是可概矣。"

是志補遺卷四曰"雜綴",乾隆間蔣溥等奉敕所修《盤山志》,其"雜綴"之目,或取自前志也未可知。其前有小引稱:"今取畸言僻事,及蹟涉疑似、人可出入者,入'雜綴'中,庶幾正編所列,咸歸精核,而披覽者亦無望漏之誚爾。"

以自序有"遂付雕鎸"之語,因將序年康熙三十年爲刻年。

是本爛板多處。增刻以外,尚有補板,如補遺卷二首頁、補遺卷四首頁等。

是書原板不避清聖祖玄燁、清世宗胤禛、清高宗弘曆諱。增刻(補遺卷二、卷四)有避世宗諱,易"王士禛"作"王士正"("濟南王士正阮亭較訂")者。

《四庫全書總目》、《中國古籍善本書目》皆不收。《中國科學院圖書館藏中文古籍善本書目》著録清康熙三十二年刻增修本。

0774 清乾隆刻本盤山志　　　　　　　　　　　　T3035.14/212.83

《盤山志》十六卷首五卷,清蔣溥等奉敕撰。清乾隆二十年(1755)内府刻本。六册。半頁九行二十一字,四周雙邊,白口,單魚尾。框高19釐米,寬13釐米。首五卷佚。前原有乾隆二十年御製序、蔣溥等進書表、目録、《凡例》,今佚。

蔣溥,字質甫,江蘇常熟人,大學士廷錫子。雍正七年賜舉人,八年進士,改庶吉士,直南書房,襲一等輕車都尉世職。十一年授編修,十三年充日講起居注官。乾隆元年遷侍講學士,四年擢内閣學士,五年授吏部侍郎。十三年擢户部尚書,命專治部事。十八年命協辦大學士,兼禮部尚書,掌翰林院事。二十年兼署吏部尚書。二十四年授東閣大學士。二十六年卒,諡文恪。

盤山在京畿東,今天津市薊縣北。一名四正山,以三國田盤隱居於此,又稱田盤山,後省呼作盤山。清聖祖、清高宗皆有巡幸,高宗建静寄山莊久,以前志之陋,敕蔣溥、汪由敦、董邦達等重修新志。是志始修於乾隆十九年二月,成書於同年十二月。

首五卷,卷一《巡典》,記清聖祖、清高宗巡幸事;卷二至五《天章》,載裒輯御製詩文。卷一《圖考上》(御定内八景,御定外八景),卷二《圖考下》(行宫内新增六景,附載十六景),卷三至四《名勝》,卷五至六《寺宇》,卷七《流寓》,卷八至九《方外》,卷一〇至一四《藝文》,卷一五《物產》,卷一六《雜綴》。

圖三十八幅,依次爲盤山全圖、行宮全圖,(御定内八景)静寄山莊、太古雲嵐、層巖飛翠、清虚玉宇、鏡圓常照、衆音松吹、四面芙蓉、貞觀遺踪,(御定外八景)天成寺、萬松寺、舞劍臺、盤谷寺、雲罩寺、紫蓋峰、千相寺、浮石舫,(行宫内新增六景)半天樓、池上居、農樂軒、雨花室、泠然閣、小普陀,(附載十六景)古中盤、上方寺、少林寺、雲净寺、東竺庵、東甘澗、西甘澗、蓮花峰、雙峰寺、法藏寺、青峰寺、天香寺、感化寺、先師臺、水月庵、白嚴寺。

"流寓"前小引曰:"盤之宜於隱固矣,而漢唐以還,鴻冥鳳逸之士寥廖無幾,豈前此地處荒僻,其人韜光葆真,不欲顯跡人世,故記傳多未之及耶。"

"雜綴"前小引曰:"古今志乘類有'志餘'、'外紀'、'軼事'一門,以廣聞見、録環奇。盤山風氣淳朴,千百載中,靈幻可駭之蹟依名附類以傳者,視他山爲少。《齊諧》、《虞初》之志怪,此書幸無譏焉。今取畸言僻事及蹟涉疑似、人可出入者入'雜綴'中,庶幾正編所列,咸歸精核,而披覽者亦無罣漏之誚爾。"

《四庫全書總目》入史部地理類,題"欽定盤山志二十一卷"。《總目》曰:"欽定盤山志二十一卷,國朝大學士蔣溥等奉敕撰。盤山在薊州城北二十五里,爲漢末田疇隱居之地,五峰三盤,林壑幽邃,單椒秀澤,雄甲畿東。自聖祖仁皇帝四度臨幸,宸章題詠,照燦岩阿。然舊無山志,青溝釋智朴始草創成編,詞旨冗蔓,體例尚多未備。我皇上宸游涖止,靈境日開。乾隆九年始命發内帑,建静寄山莊於山之陽。天辟名區,全攬勝概。歲春秋,有事於祖陵,每駐蹕行宫,幾餘静憩。智仁樂趣,暢洽宸襟;山水效靈,益增神秀。乾隆十九年二月,因行幸山莊,爰命蔣溥、汪由敦、董邦達纂修新志。溥等承詔屬稿,詳加裒輯,分圖考、名勝、寺宇、流寓、方外、藝文、物產、雜綴八門,釐爲十六卷,首冠以巡典、天章五卷。至十二月,書成,奉表恭進焉。"

盤山前志創修於康熙三十年,釋智朴所撰,設有名勝、人物、建置、物產、游幸五門。是志自開修至成書,尚未及一年,當爲增輯舊志而成。惟以敕修故,圖皆出宫廷畫師,刊印亦精美。

是本寫刻。卷末鐫"候選州同知臣蔣仙根恭校"一行。

《北京大學圖書館藏古籍善本書目》著録清乾隆二十年修同年武英殿刻本。《清代内府刻書目録解題》著録故宫博物院、遼寧省圖書館藏本。《中國古籍善本書目》不收。

鈐印有"冬碧樓姜氏藏書之印"。

0775　清乾隆刻本攝山志　　　　　　　　　T3035.28/542.83

《攝山志》八卷首一卷,清陳毅撰。清乾隆五十五年(1790)蘇州府署刻本。四册。半頁十行二十二字,左右雙邊,白口,單魚尾。框高20.3釐米,寬13.3釐米。前有乾隆五十五年汪志伊序,乾隆四十九年(1784)陳毅自序,康熙三十二年(1693)王澤宏舊序,康熙三十二年耿光祚舊序,康熙三十二年馬士芳舊序;《凡例》八則;目録。

陳毅,字古漁,江蘇江寧人。

攝山臨長江南岸,距金陵四十里。志曰,攝山在江寧府東北,山多藥草,可以攝生,故名。人以重巖如繖,又名"繖山"。山爲鍾阜支脈,高百三十丈,周迴四十里。南齊明僧紹隱此,捨宅爲寺,山有三峰,中峰屹立,東西拱抱,寺在中峰之麓,唐高宗製《明隱君碑》,碑陰書"棲霞"二大字,因以名寺。

陳毅自序曰:"攝山孤立江表,過客罕覯焉。六朝唐宋間,時有題詠,觀元人百家詩,無一過而問之者。明興,近在畿輔,詩人如高、楊、張、徐諸公,竟未遊及。嘉隆間,留都多暇,一二風雅朝士蒐奇攬勝,幾如汗漫遊。國初尚在榛莽中,遁跡之士與山僧衲子數晨夕,是山猶未出雲霧也。歲丁丑(乾隆二十二年),聖天子二幸江南,相國尹文端公時爲總督,始修山之池臺亭閣,引泉疏樹,爲往來駐蹕之所。壬午、乙酉、庚子、甲辰三十年間,山之農夫野叟得覲天顔於咫尺、瞻御製於無窮者,蓋十度於茲矣。"

卷首《天章》,卷一《圖説》,卷二《形勝》、《創始》、《建置》、《古跡》,卷三《人物》、《高僧》、《律師》,卷四《詔敕》、《碑銘》、《塔銘》、《山中銘》、《建記》,卷五《贊》、《游記》、《序》、《書啓》、《疏》、《引文》、《帖》、《賦》、《偈參》,卷六至七《詩》,卷八《考證》、《靈異》、《詩話》、《雜記》。

有明僧紹傳,曰:"南齊明僧紹,字承烈,平原鬲人也。祖玩侍中,父略給事中。僧紹宋元嘉中再舉秀才明經,有儒術。永光中鎮北府,辟功曹,並不就,隱長廣郡嶗山,聚徒立學。淮北没魏,乃南渡江,止於攝山。明帝太始六年徵通直郎,不就。永明之年,世祖敕召僧紹,稱疾不肯見。徵國子監祭酒,不就卒。"

有高僧陳智者禪師傳,稱禪師諱智顗,字德安,潁川人,陳光大元年同法喜等二十七人至攝山。末録《佛祖統紀》,云師造寺三十六所,嘗曰余所造寺,棲霞、靈巖、天台、玉泉,乃天下四絶也。

汪志伊時爲蘇州守,其序曰:"《攝山志》八卷,江寧陳古漁所輯。戊申(乾隆五十三年)夏,余受京口,于役金陵,順遊攝山。住持僧出此稿示余,屬以剞劂之任。余維事有輕重,則義有緩急。攝山自明僧紹築廬棲隱,世爲緇流之居,南朝四百八十寺,此其一矣。暢宗風、衍法雨,當問之其徒,余不遑暇,若夫以一山之顯晦係治化之根本,則守土者宜力任之,而又奚辭焉……爰取陳稿略加刪補,復請嘉定錢辛楣宮詹考訂,震澤諸生費玉衡校字,且廣謀於同寅諸君子倚助,蕆工而敬志其大義如此。至於山圖之形勝,古跡之沿革,編纂之次第,悉仍古漁之舊云。"

陳毅序曰:竊念毅伏處草茅,無所撰述,聞明季盛貢士時泰著有攝山志,惜爲藏本,今竟難得,不揣固陋,用輯往事,編纂成書。國初有僧楚雲者,因山無志,曾刊一編,其間上堂小參、示衆歌偈之類,至稱各代名賢爲護法,以山門方丈爲講壇,是即禪家之語録,然亦采其一二可録者録之。陳毅《凡例》又曰:《攝山志》舊聞盛仲交曾著,惜未之見。葛祠部寅亮所著《梵刹志》中載攝山事僅一卷,釋楚雲所輯八卷,但只於道場做門面,尚非山志體裁。茲爲刪繁存樸,而更加蒐羅,惜見聞不廣,無攽助之,力欲求淵博,尚俟將來。

扉頁鐫"攝山志。乾隆庚戌年。蘇州府署雕板"。"庚戌",爲乾隆五十五年。

《中國科學院圖書館藏中文古籍善本書目》著録清乾隆五十五年汪志伊刻本。

0776　清康熙刻本虎丘山志　　T3035.28/217.81

《虎丘山志》十卷首一卷,清顧湄撰,清張覃等重訂。清康熙張氏懷嵩堂刻重訂本。二册。

半頁十一行二十字,四周雙邊,黑口,雙魚尾。框高 18.8 釐米,寬 14.5 釐米。題"太倉顧湄重修"。前有康熙二十六年(1687)清聖祖聖諭;圖(虎丘全圖、萬歲樓圖);題圖;康熙二十八年(1689)張壎、張在鎬書虎丘山志圖後;康熙四十一年(1702)張覃、張道泓重訂虎丘山志述略;王賓舊序,明成化二十二年(1486)徐源舊序,成化二十二年劉輝舊序,萬曆六年(1578)文肇祉舊序;鑒定姓氏。卷六至一〇佚。

顧湄,字伊人,江蘇太倉人。清順治中在世。本姓程,其父程新與顧夢麟交厚,夢麟無子嗣,以湄為子,遂姓顧。性至孝。長从陳瑚游,工於古詩文,尤善詩,吳偉業選"婁東十子",列湄其中。著述有《水鄉集》、《載庵集》等。

蘇州城西九里有虎丘山,突兀蒼冥中。虎丘景色秀美,相傳吳王闔閭葬於此山,入穴三日,有白虎蹲踞墓上,因名虎丘山。

是志存卷首、卷一至五。卷首《營建》、《巡幸》,卷一《本志》,卷二《泉石》,卷三《寺宇》,卷四《古跡》附《名蹟物產》,卷五《祠墓》。

鑒定姓氏載"巡撫江寧蘇松常鎮淮揚徐州等處地方都察院右副都御史"慕天顏、"蘇州府知府"高嶀等十二人。

虎丘山志始修於元王玫,明初再修於玫曾孫賓,首以"虎丘山志"為名。此後又有文肇祉、周永年、顧湄數修。

鑒定姓氏所附"舊志纂修姓氏"載:元王玫,吳郡人,著《雲嶠類要》;明王賓,字仲光,玫曾孫,著《虎丘山志》;文肇祉,字基聖,長洲人,著《虎丘山圖志》;周永年,字安期,吳江人,著《虎丘山靈巖寺合志》。

按,明王賓所撰《虎丘山志》一卷、并其所輯《總集》一卷,有明成化二十二年劉輝刻本,今藏中國國家圖書館。明文啓祉撰《虎丘山志》六卷,有明萬曆刻本,中國國家圖書館入藏;又有明萬曆刻崇禎增修本,首都圖書館、南京圖書館收藏。

是為重訂本。《重訂虎丘山志述略》曰:"山志自前明王仲先纂輯成書,迄今垂三百年,雖有前輩文聖基、周安期諸先生接踵著述,相為發明,然非博而寡要,則約而不精。吾先祖嘗謂先君子曰,虎丘名勝甲於天下,而志書苦無善本,豈不寔貽山靈之恥耶?後有年,得婁東顧伊人所修山志,條分縷晰,簡要不煩,允為考覈精當之書,踴躍稱善,謀梓問世,蓋欲使天下之覽是書者流連愾慕,如身親海湧之勝,概良盛心也。但是書告成之日,時先祖將有嵩少之遊,行色怱怱,未遑躬自較讎,雖經同學諸君子代為繙閱,仍不無亥豕魯魚之訛,識者恆為腕惜。今覃兄弟家居無事,細為釐正,纖悉無憾,用以觀揚祖烈,豈云掠美剽名,諒賞鑒家自能別具慧眼也。"署"懷嵩後人張覃同弟道泓"。

扉頁鐫"虎丘山志。伊人。金峴庵、張牖如重修。新繪萬歲樓圖景。吳門懷嵩堂藏版",原鈐"懷嵩堂圖章"朱文方印。金鑲玉裝。按,張壎字牖如。

卷二末鐫"閩陳駵較勘時寓東塔院"二行。卷四末有剜割痕。

《中國古籍善本書目》不收。《中國科學院圖書館藏中文古籍善本書目》著錄清康熙張氏懷嵩堂刻後印本。

0777　清康熙刻本金山龍游禪寺志略　T3035.28/812.81

《金山龍游禪寺志略》四卷首一卷,清釋行海撰。清康熙刻本。六册。半頁十行二十字,左右雙邊,白口,單魚尾。框高20.9釐米,寬14.5釐米。題"嗣祖比丘鐵舟行海修輯;金壇綏庵居士蔣超較正;楚潭參學門人超智編次"。前有目錄。

釋行海,字鐵舟,序署"嗣臨濟正宗䨥祖第二十一代孫"。

金山在江蘇丹徒縣西北七里。志曰:"山在郡城西北七里大江中,長山西北起爲五州,至下鼻浦,遂入大江,突起而爲金山,又名浮玉,又名獲符,又名伏牛,皆相形之比擬而已。"又曰:"'金山'之說本出《華嚴》,此閻浮提外,香水海中有七金山,遶須彌盧,因海水瀠洄,播溢無定,以金山鎮之。此山相似,而得其名。梵語'須彌',此云'妙高',故亦名'妙高峰'。"

金山有寺,東晉時名澤心寺,梁律師僧祐曾於此結水陸壇場,至唐天寶間,僧靈坦重開山,衍爲禪宗道場。北宋大中祥符五年真宗詔改龍游寺,天禧初再改寺名曰金山龍游禪寺。

《志》曰:"自梁天監中,律師僧祐、高僧寶志已在金山建水陸會,極其祥瑞,名澤心寺。至唐天寶中,有廣陵靈坦禪師,初於江心金山之北入定蟒洞,降蟒歸海,乃重開山,爲禪宗之始焉。""宋咸平中,寺僧幼聰獻《金山圖》,詔遣內侍藍繼宗賜大藏經。祥符五年,詔改龍游寺。天禧初,真宗夢游,以飛帛書'龍游禪寺'四字賜之。寺僧表求舊額,改曰金山龍游禪寺。"

卷首序(今佚去),康熙二十年行海撰緣起,山圖(按,目錄卷首有序,山圖在前,緣起在後);卷一形勝,建置,祖堂法系,記,紀游,碑,賦,附敕書賜田;卷二高僧,題贈,紀蹟,紀異,彙紀,序,僧詩,聯對,詠江唐句;卷三選詩(唐、宋、元、明);卷四選詩(明、清)。

形勝載山、峰、巖、洞、墓、嶺、石、泉、磯等。建置載寺、殿、堂、樓、閣、亭、臺、軒、廟、塔、庵、橋等。《祖堂法系》載祖堂法系淵源敘,祖堂歷代淵源法次位。

寺有祖師殿,明成化間住持安溥重建,至清初已墜落,行海住持金山寺後再建。首設像三尊,謂"一達磨祖師,西來正脈;二百丈禪師,叢林師表;三開山大師,不忘始創"。

《志》有"祖堂歷代淵源法次位",起達摩,止清南嶽下三十八世量聞銓禪師,總四十五位,其中南嶽下四十一位,大鑑下一位,青原下二位。祖位後列志傳。金山自唐開山至清康熙二十年,總三十四燈,係於臨濟、曹洞、雲門三宗。

《志》云:"金山江南名剎,歷代祖庭,山夙有名,祖堂不稱。"行海住持金山寺後,秉承其師箬庵問禪師(明南嶽下三十五世)遺命,重興寺院祖堂。其所撰《祖堂法系淵源敘》曰:"自唐至國朝,三十有四燈,係臨濟、曹洞、雲門三宗,其法嗣來源統出於禪燈。世譜稍有疑似,不敢輕入。仍有法嗣、無機緣語錄者,俟再稽考補之可也,俾後之住持此山者,一睹淵源之意,則昭然而有次序矣。"

行海撰《緣起》曰:"國朝鼎興始,公議敦請先師箬庵問和尚,洒䨥祖第二十代孫也,於戊子(順治五年)春進山開法。衲子雲興,戶無納履,至此,又見一番崇勝矣。命余監寺三年後交謝本山,闔山諸耆德偕護法陳藥亭諸公,恐新興祖庭又成冷落矣,於是出書赴天隆,請余繼席。余勉就赴請,於癸巳(順治十年)夏六月入院。四方衲子聞風而至者,縱不能如先師時雲集,然從而開法者,亦不乏人。但余目擊祖堂不稱三門,大殿及大徹堂傾圮,兼值海波騰湧,檝檝梗梗,競株苦守,上不干於朝,惟有待於野,幸隨緣一一重而新之,不覺羈跡三十餘年。日久月深,得以考覈詳細,禪餘之暇,手輯《志略》,以歷代宗乘法脈,及名賢達士高風逸韻,庶顯山靈之勝,不負護法之誠心也。"

行海《緣起》不及刊事,以是志不避清世宗諱,當刊於康熙間。祖堂法系之僧傳多處有剜板痕蹟,是本爲後印。

原有哈佛圖書館缺頁表,注是本缺卷一第三十二、三十三、三十四頁。

《四庫全書總目》不收。《中國古籍善本書目》史部地理類山志著錄,中國國家圖書館、浙江圖書館等五館收藏。

0778　清乾隆刻本南通州五山全志　　　　　　　　　T3035.28/112.83

《南通州五山全志》二十卷,清劉名芳撰。清乾隆徐嶺刻本。五册。半頁九行十九字,四周雙邊,白口,單魚尾。框高19.7釐米,寬14.7釐米。題"知通州事遼左董權文參閱;五山外史閩中劉名芳纂修;郡人徐嶺校梓"。前有乾隆十四年(1749)王綏序,乾隆十六年(1751)趙青藜序,乾隆十八年(1753)周長發序;鑒定姓氏;《凡例》十三則;目録。佚名朱墨筆圈點。卷二〇第十七頁抄配。

劉名芳,字南廬,號七山外史,又號十六洞山人,福建人。詩工七律。著述有《寶華山志》、《金山志》、《焦山志》等。乾隆二十四年卒於如皋"雨香庵",州人葬狼山駱賓王墓側。

南通古稱通州,"五山"爲狼山、劍山、軍山、黃泥山、馬鞍山。是志以次順敘,由狼山而劍山,而軍山,而黃泥山、馬鞍山。《志》曰,五山距南通州治南十八里,昔居水中,今沙淳漲息,陸處已久,東北臨海,西南臨江。五山又有作仙女山、軍山、劍山、馬鞍山、寶塔山者。《志》有云:"五山者,通人能道其名,有以仙蛻其上者曰仙女山,有以闔廬囊軍其傍者曰軍山,有以形鋭且中鏵者曰劍脊,曰馬鞍,至臨以佛宇,則號寶塔山。"

卷一山圖(十一幅),形勝;卷二山水一(巖、峰、洞);卷三山水二(石、石臺、泉、池、港)勝;卷四山水三(雜紀);卷五建置一(院、殿、祠、庵);卷六建置二(樓、閣、軒、亭);卷七建置三(山房、橋、閘、塔、墓);卷八雜志(祀典、靈應、災異、特産、創繕);卷九人物一(隱逸、歸隱);卷一〇人物二(雜傳、流寓、仙釋);卷一一至一二藝文一、二(碑);卷一三藝文三(記);卷一四藝文四(賦、頌、説、啓);卷一五至一九藝文五至九詩;卷二〇志餘(正譌、遺事)。

雜志之"災異"記事止於乾隆十二年。雜志之"創繕"首記唐總章二年郡人姚彦章、僧智幻等於狼山創建大雄殿、藏經樓、大悲殿、輪藏殿、浮圖、方丈山門事。

人物之"雜傳"首列五太守傳,依次爲:夏邦謨,正德十二年知通州;董漢儒,嘉靖十一年知通州;林雲程,萬曆三年謫知通州;周長應,泰昌元年知通州;陳祖訓,天啓五年知通州。又有六將軍傳、六閨秀傳。

是志不設古跡一門,《凡例》稱,古跡已散見於各類,不復另爲一編。並稱古跡有久經湮没、僅留其址者,有復經改作、並易其名者,悉載之。

鑒定姓氏載:王綏、王師且鑒定,丁有煜、袁邦鼎參訂,徐嶺、馮夢桂編輯。

《凡例》曰:"天下名山有專志,補郡縣所未備也。通州五山巋然一隅,向顧無志。明總兵王揚德手輯四卷,所載古跡事實不備,即附見於州乘者亦多舛錯。是編蒐羅薈萃,凡勺水拳石,必見諸前人題品,復不惜陟險隮危、震風陵雨之所經歷,探之始出,覈之使詳,如是者三易春秋乃成。"又謂是志"每卷發端不襲舊語,凡所記載,訛者正之,闕者補之,略者詳之,蕪者汰之。信以傳信,疑以傳疑,不附會,不臆説"。

王綏序曰:"夫志猶史也,至封建改而爲郡邑,則郡邑各志其志,降而名山大川,亦各有其志。志於此亦濫觴矣。然志山水與志郡邑,敘事雖異,而體裁則同。"

劉名芳於乾隆三年間抵通,居軍山"水雲窩",修編五山志。其搜漏訪缺,精ँ圖繪,壯其雲物,一岩一洞,一水一石之奇,搜羅薈萃,分門別類,成《南通州五山全志》。

周長發序曰:"歲癸酉(乾隆十八年),余主鍾山講席,閩南廬劉君來訪,沖澹淵雅,余即知爲隱君子而工於文者。復出所輯《五山志》示余。五山並峙南通州,江淮巨浸由此入海,而以是爲砥柱,實維揚、京口、毗陵、吳閶一鎖鑰也。地設重鎮,所以控制江海;烽堠密布,百里相望。載在圖經志乘者,僅撮其形勝險阻,而朝潮夕汐,煙雨晦明,以及寺觀亭臺,殘碑斷碣,名人才士所題詠,往往闕而不書。五山所以晦而未彰,竟不得與金、焦埒,斯豈山之有幸有不幸耶?南廬流寓軍山有年,考州志所附載,謂其略且溷也,爰採輯不遺餘力,缺者補,蕪者刪,聚類分門,瞭如指掌,爲五山重開生面,其參之太史,以著其潔者,謂非得諸江山之助者乎?夫以劉君之才之學,使入著作之選,三長五難,俱勝任而愉快,乃生平名噪天下,僅以山經海志見其一斑。人以是爲南廬惜,而南廬處之晏如,嘗謂余曰,余性嗜山水也,以名山老足矣。是爲序。"

周長發序末有"江寧顧晴崖鐫字"一行。

《四庫全書總目》不收。《中國古籍善本書目》著錄清乾隆十四年徐嶺刻本,中國國家圖書館、四川省圖書館等四館入藏。《中國科學院圖書館藏中文古籍善本書目》著錄清乾隆十六年刻本。

鈐印有"南陵徐乃昌校勘經籍記"、"積學齋徐乃昌藏書",知曾爲徐乃昌藏本。

0779 清乾隆刻本寶華山志　　　　T3035.28/384.83

《寶華山志》十五卷首一卷,清劉名芳撰。清乾隆刻本。四冊。半頁九行二十字,四周單邊,白口,單魚尾。框高21.6釐米,寬13.5釐米。題"十六洞天劉名芳纂修;本山住持釋福聚參校"。前有《凡例》十一則;目錄。卷五有補抄;卷一二、一三有抄配。

劉名芳,見清乾隆刻本《南通州五山全志》。

寶華爲佛教律宗名山。《志》曰:"寶華山隸句容,距治北六十里。山勢崛起而中凹,群峰環繞其下,若華之含蕚,窩藏寺宇,如蓮之有房也。"曰"寶華",蓋取《般若經》云南海北有寶華山,古佛所居。或曰緣齊僧寶志在此結庵,故曰"寶華"。又曰盛夏黃花滿山,故名。而俗直呼爲"華山"。

卷首御製;卷一山圖(十二幅)、形勝、星野,卷二山水,卷三建置,卷四古跡、靈異,卷五高僧、律師,卷六碑銘、碑記,卷七塔銘,卷八詔敕、奏疏、公移,卷九記,卷一〇賦,卷一一序,卷一二傳,卷一三贊、考、書、啟,卷一四至一五詩。

寶華雖僻處一隅,而往來不乏,爲清聖祖、清世宗、清高宗先後巡幸之地。是志依次紀清聖祖所賜寺額、佛經等,清世宗雍正十一年四月十九日諭旨等,清高宗於乾隆十六年至四十九年間歷次所賜詩、像、白金、佛經等。

寶華第一代祖釋寂光,傳曰,寂光字三昧,姓錢氏,世居瓜渚。年二十一就里之彌陀庵出家,初從雪浪恩習賢首教,嗣遍參名宿,受具戒於慧雲。慧雲見光即器重之,囑以宏律,副座宣戒。最後得寶華山,至則鼎新殿宇,改建山門,大開千華之社。四方瓶鉢如渴驥奔泉,日食萬指,名動寰區。弘光朝賜紫衣白金,晉號國師,辭不允,留報恩衍教,乃肇開皇壇,敕文武群僚迎登講座,法筵之盛,古所未有也。所著有《梵綱直解》四卷,乾隆二年由寶華繼第七代席福聚奏請奉旨編入大藏。

寶華第二代席釋讀體,傳曰,讀體字見月,沒後方亨咸、尤侗輩皆爲立傳。所著有《大乘玄義》、《黑白布薩》、《僧行軌則》、《三壇正範》共若干卷,久行於世。其《毗尼止持》十六卷、《毗尼作持》十五卷，於乾隆二年由第七代席福聚奏請奉旨編入大藏。

寶華第七代席釋福聚，傳曰，福聚字文海，姓駱氏，為賓王裔，世居浙之義烏，後僑寓溧水。年十四發心出家，就邑之上方寺剃度。苦志修持，潛心諷誦，十易寒燠，乃詣寶華山圓具，遂精究諸大律部已。慮聞見未廣，乃遍參諸方，閱歷八載，始歸本山。時主其席者為珍輝球球，未幾示疾，以紫衣手授，命繼其席。堅辭不得，乃立規率衆，大振法鐸。雍正十二年奉召入京師主法源寺席，今稱法源第一代律祖，命開三壇大戒。自繼席三十載以來，得戒學徒遍於天下，以數十萬計，高足弟子南北主席者二十餘人。所輯有《南山宗統》、《瑜伽補注》、《施食儀觀》、《寶華志餘》。

是志載清世宗諭召寶華山住持福聚主持皇戒事。

雍正十一年四月十九日諭旨曰："諭和碩莊親王等，朕欲賜各省僧人一千五百衆於愍忠寺受皇戒，爾等可寄信與江南總督，令其將大寶華山住持福聚送赴來京，其放戒所需執事之僧人，即着福聚揀選，一併前來。其來京之期，於明春正月間起程，二三月間到來，即可再着福聚，將放皇戒之意傳佈在彼所住之各省僧人知悉。如有願受皇戒者，亦着於明春來京，俟僧衆受戒圓滿之日，仍送福聚等回山。欽此。"十二年二月十三日，僧衆到京。十五日，莊親王帶領福聚引見。世宗諭，將愍忠寺改為法源禪寺。又諭，十九日巳時，命莊親王及本寺辦事大臣等送福聚進法源寺。二月二十日，命開三壇大戒。二月二十四日，諭莊親王帶領福聚於圓明園引見，賜紫衣四頂併御製諸經典。又諭，將寶華山執事僧一百二十衆及新受皇戒僧一千八百十九人每班十人次第引見。

寶華山舊志創於清康熙間。福聚慮舊志已越六十餘載，其間名流鴻篇勝蹟久而失徵，乃開館修志，於康熙舊志則有因有革。《凡例》敘是志體例稱："舊志創於康熙庚午，時志局初開，未免蕪蔓未芟，有失體裁。是編汰繁去謬，筆削過半，不敢以鄙俚貽玷山靈。"又稱，"寺宇舊志先及山門，謂志所從入也。是編先志銅殿，重伊始也。蓋茲山先有銅殿，而後有寺宇，先及之，亦猶古人祭川，先河而後海也。其餘樓閣軒亭自上而下，先左後右，以次類及，而峰巖洞石，則自近而遠，由東而西。茲山形勢北嚮，以北為正，以南為背，故編輯亦先北後南。""他山以景勝，景以文傳，茲山以寺勝，寺以梵律傳，顧不沾沾於山水也。"

舊志即清釋德基所撰《寶華山志》十卷首一卷，《四庫全書總目》入史部地理類存目。《總目》曰："寶華山在句容縣北六十里，齊釋寶志築廬於此。後人重寶志之名，因以名山。是山以道場顯，故首志開創興起，而次及山水、梵宇各門，與他山志書體例稍異，固亦各因其地耳。"有康熙刻本，華東師範大學圖書館、福建師範大學圖書館藏。按，釋德基號定庵，嗣寶華第三代席，傳曰，嘗輯《寶華山志》十二卷。

是本清華大學圖書館、北京市文物局、雲南省圖書館均有入藏。《中國古籍善本書目》不收。

0780　清康熙刻本黃山志　　　　　　　　　　　T3035.27/482.81

《黃山志》七卷首一卷，清閔麟嗣撰。清康熙十八年（1679）刻本。六冊。清方嶟題識。半頁九行二十一字，四周雙邊，白口，無魚尾。框高 19.6 釐米，寬 13.1 釐米。題"吳山僧弘濟益然閱定，原姓汪名沐日字扶光；新安閔麟嗣賓連纂次；同學程守非二、吳綺蘭次、吳聖修勇公、江銘勳尚一、趙吉士天羽、汪徵遠扶晨、黃元治自先、汪楫舟次、江闓辰六、程謙山尊、吳苑愣香、吳之駪耳公參閱"。前有康熙十八年黄士塤序,康熙十八年吴綺序。

閔麟嗣,字賓連,號鑄塵,安徽歙縣人,祖籍揚州。

《圖經》云:"黄山舊名黟山,見之《水經注》中,盤踞宣、歙二郡之境。唐天寶六年六月十七日,敕改'黄山'。"

麟嗣自序曰:"夫志者記也,記其地理、風俗、文獻之大略也。志山水與志郡邑,雖異實同,顧世多昧焉罔察,猥俳冗雜不足視。較之博輯先儒之講學,與古德之法語,以爲有益於大道者,其寖失古意一也。近刻《黄山志》裁撰未精,難以信後行遠。余不揣譾陋,重修如左,聊爲山游者之一助,因并書纂志之意以告焉。"

首卷自序,目録,《發凡》十七則,《詞翰姓氏》,山圖;卷一《形勝志》;卷二《建置志》、《山産志》、《人物志》;卷三《靈異志》、《藝文志上》;卷四《藝文志中》;卷五《藝文志下》;卷六《賦詩志上》;卷七《賦詩志下》。

《詞翰姓氏》始唐李白,録唐十人,宋五十六人,元十七人,明二百八人,清七十八人。《賦詩志》稱,唐以前無詩。録李白《送温處士歸黄山白鵝峰舊居》,又《贈黄山胡公暉求白鷳》。是志載,李白天寶間訪道江漢,會故人韋仲堪,仲堪爲青陽令,喬寓九子山,因訪許宣平至新安,游黄山。黄山胡暉有雙白鷳,蓄久馴狎,蓋禽之秀而文者。聞白愛之,攜鷳以贈,惟索一詩,詩成,遂籠鷳歸。

《人物志》分爲名賢寓公、高僧名僧二門。首有小引曰:"地以人重,於古志之名賢,自漢陳業至撰志時得之黄山新志二書,及父老山僧所談説,凡有功於山,與夫樓隱來游之士、有光嚴壑者,共八十餘人,具以所聞者稍列其行事。"陳業,上虞人,漢末爲會稽太守,值世之季,遁蹟黟山,終生不出。

《四庫全書總目》入史部地理類存目,著録兩江總督採進本。《總目》稱是志"搜輯頗博,而不盡精核"。

是《志》增輯舊志,閱月而成。作者曰:"凡七篇,雖以前刻爲粉本,前五篇採用全文者少,出於重撰者多;後二篇詩與文,强半皆舊志所載。予選其十之三四,復增定之,則志爲黄山新志矣,何襲之嫌乎?其以編輯屬之者何?曰以始事。故古人之祭川也,先河而後海,或源也,或委也,予深惡夫見委而忘源也。"黄士塤序云:"先是山志已有成書,今年夏,友人閔子賓連删其蕪雜,撰爲定本,又得汪子扶晨爲之參訂。"

《發凡》謂:"志始於康熙己未(十八年)夏五月,其相助有成者,惟予友汪徵遠之力爲多。六月志成,七月既望繕寫入梓。"

扉頁鐫"黄山志定本"。目録末鐫"江寧業彭齡繕寫;周長年繡梓;旌德湯能臣、上元柏青芝鐫圖"。是本"詞翰姓氏"有剜割。

謙山墨筆題識二則。其一識黄士塤序曰:"黄山一志,豈是等閑山志;一序,尤非草草可也。奈何歷歷無奇,遂是爲'黄山志序'耶?謂之'黄敘'則可,謂之'黄山志序'則不可。謙山記。"其二識吴綺序曰:"此序散漫不經,斷非吴興太守之筆。"按,是本鈐印有"方崿謙山氏壬申生",蓋"謙山"爲方崿字。

《中國科學院圖書館藏中文古籍善本書目》著録二部,皆"後印本"。《中國古籍善本書目》不收。

鈐印有"歙州方崿"、"謙山私印"、"時還讀我書"、"卧雪齋示"、"素心"、"方崿謙山氏壬申生"、"此心期與故人知"、"殿中司馬"、"卧雪齋"、"乾坤未了"、"一琴一鶴"、"□壑獨存"、"半嬉翁"、"紳序"、"謙山"、"一庵"、"□白傳家"。

0781　清乾隆刻本黃山導　　　　　　　　　　T3035.27/482.8

《黃山導》四卷，清汪瑱輯。清乾隆二十七年(1762)刻本。四册。無欄，半頁八行十六字，左右雙邊，白口，單魚尾。框高 10.3 釐米，寬 7 釐米。題"休寧汪瑱彩五輯録"。前有《黃海仙都圖》、《黃山前海圖》、《黃山後海圖》；乾隆二十六年(1761)汪瑱自序。

汪瑱，字五彩，號楞伽山人，安徽休寧人。

是集旨在導黃山之游。作者《黃山導序》云："韓詩'曲江山水聞來久，恐不知名訪更難。願借圖經將入界，每逢佳處便開看'，蓋文公深得遊山理趣，必藉詩圖爲向導也。因述自得，彙而成册，以供海内士大夫懸於杖而入山者。"

四卷各有題名，依次題《幻影集》、《珠璧集》、《鶯嘯集》、《默音集》。各集又分卷之上、中、下；《幻影集》又有其"首"。

《幻影集》首録宗炳《畫山水序》、蘇軾《青州怪石供》等篇；卷之上輯"名人會心妙語"、錢謙益《黃山記略》；卷之中爲方學成游記七篇、吳啓元《游天都峰記》；卷之下爲汪瑱《愛山説》七則等。原鈐"臣汪瑱敬書"、"竹樓"、"彩五"、"幻影集"、"汪瑱永保"、"識字耕夫"、"冲巖"、"楞伽山人"等印。

《珠璧集》所輯皆詠黃山詩，卷之上録十四人詩二十二首，卷之中、下録嘉定張鵬翀詩。

《鶯嘯集》輯沈德潛詩。首列《萬峰獨立圖》，題"九袟詩仙"，中原鈐"御賜詩壇耆碩"、"御賜道存風雅"、"御賜鶴性松身"、"御賜詞宗耆碩"四印。有乾隆二十六年汪瑱撰《鶯嘯集》序，略曰："昔横山葉己畦先生遊黃山，無文以記，并無詩以詠。且曰，足能履、意能知、筆能言，是發泄天地之秘藏，非其人，則不足以當。夫以横山之才，尚自謙若是，黃山豈易言詩哉？今長洲沈尚書少遊横山之門，賜閑歸老，以望八之年扶杖而履危崖、登絶巘，萬峰獨立，一嘯鶯音。己卯(乾隆二十四年)秋，登覽餘閑，展尚書紀遊諸作，循環諷詠，氣象渾厚，意態舒徐。目之所歷，尤見其工。瑱品地懸殊，情深景仰，《詩源》、《別裁》諸集，沐教良多，故樂而梓之，名曰'鶯嘯'，以增名山韻事云。"末有乾隆二十七年汪瑱撰《鶯嘯集》後跋。按，"横山葉己畦"即葉燮，字星期，號己畦，浙江嘉興人。晚年定居江蘇吳江之横山，世稱横山先生。康熙九年進士，選爲寶應知縣，尋落職，縱游海内名勝，著有《原詩》。

《默音集》有乾隆二十七年汪瑱後序，謂檢囊時所作，芟存什一，得詩一百三十四首、詩餘十二関，並其所藏書銘及故交投贈倡和、聞見之可存者，共詩一百三十三首、詩餘四関，總載默音集，附入《黃山導》之末，授僧虛我藏於慈光寺。集前有石湖圖、別墅圖等。

《黃山導》竣刻於乾隆二十七年初冬。《鶯嘯集》後跋(署"壬午(乾隆二十七年)秋日")下有自注二行，曰"集中先生自注與瑱箋釋未經注明，縁鎸板已定，不及改填"；《鶯嘯集》首有題曰："集成於壬午孟冬，越月而九十詠懷詩出，列前，以代老詩翁自序。"

是書罕見傳本。日本《内閣文庫漢籍分類目録》著録"清乾隆二六序刊"。

《四庫全書總目》、《中國古籍善本書目》皆不收。

鈐印有"江都薄氏鑒藏書畫記"、"暫存"、"月下□雲"、"唐氏家藏"、"三多堂主人印"、"唐"、"子□過眼"。

0782　清乾隆刻嘉慶光緒增刻本恒山志　　　T3035./9127.88

《恒山志》五卷,清桂敬順纂修,清孫大山增修。《恒山續志》一卷,清賀澍恩纂修。清乾隆二十八年(1763)山西渾源州署刻嘉慶光緒增刻本。六冊。半頁九行二十字(《恒山續志》二十二字),左右雙邊,白口,單魚尾。框高18.1釐米,寬13.9釐米。《恒山志》元、亨、利、貞集首題"渾源州知州泰興桂敬順纂修"。《恒山志》前有乾隆二十八年嘉祥序,乾隆二十八年桂敬順序,乾隆二十九年(1764)和其衷序;嘉慶二十四年(1819)孫大山撰《重修恒山廟記》;目録。《恒山續志》前有賀澍恩撰《北嶽恒山續志序》。末有乾隆三十年(1765)桂敬順識。

桂敬順,江蘇泰興人。乾隆二十三年始任山西渾源州知州。

賀澍恩,光緒間渾源州知州。

恒山爲"五嶽"之北嶽。自漢迄明,歷代皆祠於曲陽。清順治十八年始敕建宮廟於渾源州。桂敬順刪舊志,輯爲新志,乾隆二十八年刊於渾源州署。時山西大同府知府嘉祥爲序曰:"泰興桂君以博雅之才,爲渾源州牧,得從予陪天使觀禮廟中,奉龍章之炳焕,幸茂典之躬逢,乃削舊編,輯爲新志,循名責實,開惑拾遺,卷帙猶前而條理一變。"

五卷爲乾集、元集、亨集、利集、貞集。乾集有原序,圖考,山志圖(目録不載,書口則鐫"卷一"、"繪圖",計二十七頁),御製祭文(朱印),星志;元集有形志,名志,祀志,封志,廟志,物志,事志,水志,説志,仙志,蹟志;亨集有經志;利集有文志;貞集有詩志。

"御製祭文"爲清世祖、清聖祖、清世宗、清高宗祭北嶽文,起順治八年,止乾隆二十七年,末有敬順摹聖祖書額、敬順題識。識曰,世祖、聖祖、世宗及今皇帝,"凡有豐功鉅慶,必命大官虔臨嶽所,奉章告奠,用答元祇。"

"星志"所載,摘自《體道要鑒》、《唐書·天文志》、《兩鎮三關志》等,有昴宿圖、畢宿圖、金木二星圖、北方元武七宿圖,末有題識。"形志"録自《通志》、《管子》、《洞天記》等。"名志"録自《禹貢》、《周禮》、《爾雅》等。"祀志"録自《舜典》、《通典》、明代《實録》等。"封志"録自《唐書》、《通考》、《宋紀逸鈔》等。"廟志"録自《通志》等。"物志"録自舊志等。"事志"録自《靈寶要略》、《通鑑》、諸史等。"水志"録自《水經注》、《通典》。"説志"録自《史記》、《通志》等。"仙志"録自《列仙傳》、《廣列仙傳》等。"蹟志"末附載碑崖書蹟。"經志"録有《度人上品妙經》等目,多爲道經,也雜有儒家、佛家、醫家經典。"文志"依體分作疏、議、碑、序、記、文、雜著。"詩志"亦依體分作四言、五言、七言。

恒祠修於乾隆三十年,見桂敬順題識:"余從戊寅(乾隆二十三年)冬知州事,乙酉(三十年)二月奉敕興修(嶽廟)。"迄嘉慶二十四年,值清仁宗六旬,恒嶽祠廟又有整葺之舉,事見《續志》孫大山《重修恒山廟記》。

《恒山續志》記事起於乾隆三十年,迄於光緒五年,凡一百十五年。末有賀澍恩撰《飛石説》、張吉元等撰恒山名景七言絶句、賀登瀛撰恒嶽七古。

賀澍恩序曰:"澍恩前蒙攝篆兹土,光緒元年陪祀,幸與末光。今復重蒞於此,奉修州乘,益增悚惕。廟自肇修以後,閲今日久,規模整煥,猶然舊觀。間有風雨漂摇,小爲補葺,工役無多,妥損載焉。兹謹按乾隆癸未(二十八年)以後列聖讚承册封慶典,胥按次敘列。其山之景物奇麗,勝蹟駢羅,則前志紀述詳矣。"

扉頁鐫"恒山志。乾隆癸未重鐫。州署藏板"。按,"癸未"爲乾隆二十八年。

《四庫全書總目》、《中國古籍善本書目》皆不收。中國科學院圖書館藏有乾隆二十八年原刊本。

0783　清乾隆刻本清涼山志　　　　　　　　　T3035.17/323.83

《清涼山志》十卷，清喇嘛阿王老藏撰。清乾隆二十年(1755)釋聚用淮陰刻本。四册。半頁九行二十字，左右雙邊，白口，單魚尾。框高20.8釐米，寬14.5釐米。前有文殊菩薩法像；五臺山圖；淮陰祁豐元鐫《皇圖永固圖》；乾隆二十年史震林撰《重刻清涼山志序》，順治十八年(1661)喇嘛阿王老藏序，明萬曆二十四年(1596)釋鎮澄舊序；目錄。

喇嘛阿王老藏，俗姓賈氏，十齡入北京崇國寺爲沙彌，年十八始受具。順治十六年，清世祖授五臺山督理番漢大喇嘛。康熙二十六年圓寂，年八十七。

佛教典籍稱，中土清涼山爲西方聖文殊道場。清涼山又稱五臺山，在山西五臺縣境内。有云"五嶽之外，有清涼山者，乃曼殊大士之化宇也，亦名五臺山。以歲積堅冰，夏仍飛雪，曾無炎暑，故曰'清涼'；五峰聳出，頂無林木，有如壘土之臺，故曰'五臺'"。

卷一總標化宇，徵釋化主(原聖、釋名、生緣、德相、神用、法要、利行、涅槃釋住、辯益)，助刻芳名(汪千波等六十一人)；卷二五峰靈蹟，助刻姓氏(羅程氏等一百五人)；卷三諸寺名蹟；卷四康熙四十年清聖祖御製清涼山序，帝王崇建；卷五名公外護(晉陶侃傳、唐相國裴修傳、宋承相張商英傳、祁陽太守其瓘傳、吳興錢蓋傳、移刺楚才傳、巴蜀李文進傳、侍郎高胡二君禁砍伐傳、雁平道參政張惟誠清糧傳、吏部尚書陸光祖傳)；卷六菩薩顯應，助刻姓氏(李郭氏等七十四人)；卷七歷代高僧傳上，助刻芳名(德悦等三十三人)；卷八歷代高僧傳下，釋成洪撰《神燈記略》；卷九異衆感通，助刻姓氏(羅楊氏等三十人)；卷一〇名公題詠，助刻姓氏(陸丁氏等三十人)。

喇嘛阿王老藏順治十八年自序略云："至庚子(順治十七年)客歲，際我先皇垂念臺山香火，不忍廢弛，敕部簡命老朽，委以臺山督理番漢。然老朽竊念草莽庸流，妄叨聖恩，謬膺斯任。斯清涼志者，上自唐宋元明，世所宗尚；近緣兵燹之餘，少有錯綜。予不愧孤陋，勉爲修正，益之以序，用識歲月云。"所修《清涼山志》十卷刊於五臺山，是本卷七末鐫"板存五臺山清涼橋吉祥寺"一行，爲翻刻順治原志所鐫。

是本刻於江蘇淮陰，由聚用禪師據順治十八年所修《清涼山志》翻刻而略有增益，所益有康熙四十年清聖祖御製《清涼山序》、乾隆十四年釋成洪所撰《神燈記略》等。聚用禪師，淮陰聞思寺僧。史震林重刻序曰："甲戌(乾隆十九年)春，聚公與其徒養淳、蘊哲徒步朝清涼山。山志藏板適毀於火，乃取舊志歸淮陰，重校而梓之。"

康熙間又有《清涼山新志》十卷，喇嘛老藏丹巴撰。迄乾隆五十年，清高宗弘曆傳諭，謂前修諸清涼志"體例俱有未當"，命軍機大臣派員重修，凡二十二卷，由内府刊行。

《四庫全書總目》、《中國古籍善本書目》皆不收。

鈐印有"長白完顏氏半畝園珍藏圖記"、"嫏嬛妙境藏書畫圖記"、"犢山過目"、"完顏氏"、"子孫永保"。

0784　清乾隆刻本清涼山志輯要　　　　　　　T3035.17/323.83B

《清涼山志輯要》二卷，清汪本直撰。清乾隆刻本。二册。半頁九行二十字，四周雙邊，白口,單魚尾。框高13釐米,寬8.9釐米。卷末鐫"山西直隸絳州州判臣汪本直恭輯"。前有清涼山全圖;文殊菩薩法像;目錄。

汪本直,字讓庭,陽湖(今江蘇常州)人。乾隆三十三年副貢,官絳州州判、忻州知州。篤學工書。《常州府志》、《皇清書史》卷一八、《國朝書畫家筆錄》卷二有傳。

是集上下二卷,分列九門。卷上《宸翰》、《錫賚》;卷下《佛蹟》、《名勝》、《迦藍》、《崇建》、《靈應》、《高僧》、《志典》。

《宸翰》載御製序、碑文、詩、匾額、楹聯等。序有清聖祖撰《清涼山志序》,碑文有清聖祖撰《南臺普濟寺碑文》、《東臺望海寺碑文》、《中臺演教寺碑文》、《北臺靈應寺碑文》、《西臺法雷寺碑文》、《菩薩頂大文殊院碑文》、《射虎川臺麓寺碑文》、《殊像寺碑文》、《碧山寺碑文》、《臺麓寺碑文》、《羅睺寺碑文》、《湧泉寺碑文》、《廣宗寺碑文》、《顯通寺碑文》、《棲賢寺碑文》、《中臺菩薩頂碑文》、《白雲寺碑文》、《壽寧寺碑文》、《鎮海寺碑文》,清高宗撰《菩薩頂碑文》、《殊像寺碑文》、《演教寺碑文》、《望海寺碑文》、《普濟寺碑文》、《法雷寺碑文》、《靈應寺碑文》、《大螺頂碑文》。

《錫賚》起順治十二年,止乾隆四十五年。

《崇建》附官吏信士,有按語曰:"舊志前代崇奉事蹟止此,餘因紀載殘闕,無可稽考。至達官信士,亦護法之人也,並附於後。"

《四庫全書總目》、《中國古籍善本書目》皆不收。

0785　明萬曆刻本齊雲山志　　　　　　　　T3035.27/021.7

《齊雲山志》五卷,明魯點撰。明萬曆刻本。四冊。半頁十行十八字,四周單邊,白口,無魚尾。框高20.7釐米,寬14.2釐米。

魯點,字子與,號樂同。湖北南漳人。萬曆十一年進士,初為廣州司理,詿誤謫州判事,又令休寧。性和易而執正不阿,遇士大夫以禮。輕徭賦,省刑罰,請托悉絕,官市平價,纖毫毋取。擢去,市賈特碑焉。後為戶部郎,庚子主滇試,甲辰督漕於徐,卒於署,惟有圖書而已。邑人為立永慕祠。又有《澹齋草》、《黃樓集》等。《(同治)南漳縣志》卷二〇、《(嘉慶)休寧縣志》卷七均有傳。

齊雲山,古稱白嶽,遠自唐代乾元年間,方士辟白嶽為學道者所居勝地。因有一石插天,直入霄漢,與雲並齊,故謂之"齊雲"。此山與江西龍虎山、湖北武當山、四川鶴鳴山並稱中國道教四大聖地。相傳開山建寺於晉,唐宋間建有石門寺、真武祠。明嘉靖己亥勅建太素宮,御製"齊雲山玄天太素宮"碑,更揚名於世。

齊雲山位於休寧縣城西十五公里,東起岩腳村,西至黟縣漁亭鎮。山不甚高,有三十六奇峰,七十二怪巖,詩云:"危崖神奇峰,絕壁布幽洞,岩額瀉銀瀑,幻景變無窮。"清乾隆帝曾譽之為"天下無雙勝境,江南第一名山。"

此本佚卷一及各序。卷二為《建置》、《祀典》、《命使》、《奏疏》、《靈應》;卷三為《宸翰》、《藝文》(傳、贊、碑銘、巖銘、賦、記、碑文、頌、禱雨文、會記、表);卷四至五為古詩、律詩、排律、絕句等。記事至萬曆二十六年。《四庫全書總目》謂此志"因雪巖舊本而重輯之,分三十七目,卷前又有順治中告示二通,乃後人刊入,非原書之舊矣"。

建置自唐至明,所述頗詳。其《祀典》所述也詳,頗有史料價值。

《四庫全書總目》入史部地理類存目。《中國古籍善本書目》著錄。中國國家圖書館、上海圖書館等八館，臺北"國家圖書館"（原藏北平館者），及美國國會圖書館（爲明刻清印本，有順治中告示二通）亦有入藏。又日本《國立國會圖書館漢籍目錄》也有著錄。

鈐印有"春秋閣圖書館"，日人印也。

0786　清康熙刻本靈巖志　　　　　　　　　　　　　　T3035.15/112

《靈巖志》五卷，清靈巖寺僧撰。清康熙三十五年（1696）靈巖寺刻本。四冊。半頁九行二十一字，左右雙邊，白口，單魚尾。框高20.7釐米，寬14.5釐米。前有康熙三十五年李興祖序；《凡例》六則；目錄。

是志爲靈巖寺僧據舊志增輯而成。《凡例》稱靈巖寺爲"本寺"，則是志之纂修者、刊印者皆出靈巖寺。

靈巖在山東泰嶽之麓。《志》曰："山左名勝，泰岱固爲五嶽之宗，靈巖亦占四絶之首，皆大觀也。舊有《岱史》、《巖志》二書，明李被兵火焚毀，《岱史》重刻，《巖志》獨缺。藝文散失，芳躅泯滅，殊非盛世所宜。是故不揣愚陋，謹按舊志詳加考訂，録舊增新，校正成書。以表章前賢遺韻，抑以爲山靈重開生面也。"

卷一圖；卷二《封域志》（沿革、疆界、星野、山川、田產），《建置志》（殿閣、公署、亭榭、津梁、村莊），《人物志》（隱逸、高僧）《古跡志》（石刻、遺槩）；卷三《藝文志一》（敕詔、請疏、碑記、詞賦），《藝文志二》（唐、宋、金、元詩）；卷四《藝文志三》（明詩）；卷五《藝文志四》（國朝詩），《雜述志》（災祥、辨疑、紀變、述聞），附鄰山勝境（遲賢亭、婁景洞、佛公井）。

有圖引，謂："舊圖十二景佛宇過半，今但於奇峰秀壑、清泉白石天然最韻者，標爲八景，并二古跡，餘悉刪去，總圖仍舊焉。"圖有靈巖總圖、甘露泉、朗公石、鐵袈裟、巢鶴岩、絶景亭、明孔山、凌霄峰、滴水崖、五花殿、摩頂松。末有劉瑶卞題識："甲子孟夏，余寓清邑李明府署中，時方繪地輿圖，從明府遍歷治內名山巨川，首至玆寺，登絶頂遡清流，遊目騁懷，致足樂也，因援筆應命。慈谿劉瑶卞公甫謹識。"

李興祖序曰："余自癸酉（康熙三十二年）春三月遊岱嶽歸，一至焉，愛其林壑幽邃，香泉白雲出沒松濤竹色間，訪朗公石之奇，睹鐵袈裟之幻，唐碑宋碣林立，摩挲久之不能去。亟向山僧借志書一觀。舊志毀於兵燹，新志刻逾半未竟，手爲披閱，覺敘次稍冗蔓，因思司鹾閒署也，無守土責，倘簿領偶暇，另爲編輯，付剞劂以供遊人把玩，亦成韻事，遂攜之歸。是年冬，適臥病浹旬，嗣後屢奉憲檄，捕蝗有令，緝奸有遣，以及攝署臬篆，采辦軍需，數年來，疲形勞神，寢食都廢，即欲再命巾車，續攬玆山之勝，已杳不可得，又何暇啟篋衍，發舊編一寓目乎？余既未得竟厥志，山僧又索之迫，仍檢原稿歸之。"其原有意"另爲編輯"靈巖志，然終以不得閒暇而作罷。既稱"原稿歸之"，則是《志》與興祖並無干系。

封面闕名題識曰："靈岩山寺有屋三百餘間，且連接泰山之天聖寨，介於東平、益都之間，駐兵於此，足相應援，元初泰山張汝楫據靈岩以拒蒙古之兵是也。寺中有四十羅漢，宋宣和時所造，爲最著名之古跡也。寺有摩頂松，相傳爲唐三藏法師遺跡。又有鐵袈裟，山岩黑銹如鐵，覆地如袈裟批摺之狀。"

有本館製"缺頁表"，題"卷一圖第三頁"。

是志刊印於靈巖寺，板貯寺公所，後有所請，即就地刷印。見於《凡例》末則："玆刻志板貯於本寺公所,專僧監守,凡遇遠近遊人願得書者,便於就寺印刷,以廣其傳。"

《四庫全書總目》不收。《中國古籍善本書目》史部地理類山志著錄六卷本,題"清李興祖、馬大相撰",亦清康熙三十五年刻本,上海圖書館藏,未知是否同板。

0787　明萬曆刻增修本岱史　　　　T3035.15/532.81

《岱史》十八卷,明查志隆撰,清張緇彥刪補。清順治十一年(1654)傅應星刻康熙三十八年(1699)補刻本。七冊。半頁九行二十字,四周單邊,白口,無魚尾。框高21.8釐米,寬14.8釐米。各冊目錄端題"賜進士督理山東鹽課監察御史嶺南譚耀定;賜進士山東都轉運鹽使司運使豫章甘一驥閱;賜進士山東都轉運鹽使司同知西浙查志隆輯;賜進士山東右布政前翰林院學士河北張緇彥刪補;鄉進士山東都轉運司以道臣行事登封傅應星重刻"。一至七冊書口下依次鐫"質"、"諸"、"鬼"、"神"、"而"、"無"、"疑"七字(目錄末有識語,謂十八卷中間"豐省不齊,緝而為冊,凡七,取《中庸》'質諸鬼神而無疑'句以命冊")。前有嘉靖四十三年(1564)胡瑾撰《東巡紀盛》;萬曆十五年(1587)于慎行序,萬曆十五年譚耀序,清順治十一年張緇彥撰《重刻岱史序》(抄配),傅應星撰《重刻岱史敘》;總目;《岱史公移》;查志隆撰《凡例》八則。末有萬曆四十八年(1620)王在晉撰《青龍神吐火疏》;萬曆三十九年(1611)張五典撰《泰山道里記》;勞繩祖康熙三十八年《重訂岱史跋》(抄配);萬曆十四年(1586)毛在撰《岱史引》。

查志隆,字鳴治,浙江海昌人。明嘉靖三十八年進士,歷任保定知府、山東按察副使、山東布政司參議等職。著有《山東鹽法志》等。

中土域內名山有五,東曰泰山,南曰衡山,西曰華山,北曰恒山,中曰嵩山。泰山為五嶽長,故稱岱宗,自古帝王封禪於茲,而詳載諸經史。

初,岱無史志。明嘉靖間吳堯山為侍御,秉釐事,命搜輯遺事,修為泰山志。至萬曆十四年查志隆再修,以崇"岱宗"古稱而名"岱史"。

是志採用史家考、表、紀、志體例,分設十四門,每門首有小序。卷一《圖考》(有星野圖、泰山舊圖、泰山新圖、東嶽廟圖、碧霞宮圖、五嶽真形圖、周明堂圖、孔殿圖),卷二《星野考》,卷三《形勝考》(里至記佚),卷四《山水表》,卷五《疆域表》,卷六《狩典紀》(附封禪、歷代儒臣封禪論),卷七《望典紀》(起唐虞,明止於萬曆,附歷代諸臣僚祝文),卷八《遺蹟紀》(王侯遺蹟、聖賢遺蹟、列仙遺蹟),卷九至一〇《靈宇紀》(神佛寺觀,聖賢廟祠),卷一一《宮室志》(亭、宮、公署、樓、閣、堂、書院、軒),卷一二《物產志》,卷一三《香稅志》(委官員額、委官期限、香稅事例、混施事例、會計事例),卷一四《災神志》(起漢,止明萬曆),卷一五至一八《登覽志》(歷代詩章,明初至嘉靖三十三年以前詩章,嘉靖三十三年以後詩章,歷代賦、記、雜著)。

第一(質)、三(鬼)、四(神)冊目錄末鐫有"鄉進士山東運司經歷荊門戴相堯校梓"一行。

《凡例》末鐫"西浙海昌查志隆鳴治甫識於歷下吏隱齋"一行。

卷七《望典紀》冊前目錄止於"清順治",而正文無順治朝告文,其中原版止於明萬曆十四年十月十四日一條,增修止於萬曆四十八年四月初七日王在晉祝文。

卷一四《災神志》冊前目錄止於"清",而正文不載清代災異,其中原版止於明萬曆十四年,末增刻一頁,益以萬曆四十八年一條。

卷一八末二篇為萬曆二十一年楊時喬《泰山文碑刻字登岱讀碑志》、王在晉《東巡登泰山記》(記萬曆四十八年東行。王在晉,巡撫右副都御史,太倉人)。

勞繩祖康熙三十八年《重訂岱史跋》略云,迨至皇清甲午年,醛憲傅翻刻前版,重加纂述,今經數十載矣。己卯春仲,聖駕南巡,各憲委諭裝訂以備御覽。不料所存木版散失二十餘頁,而且版篇殘缺,後先失敘。爰遍訪歷下紳衿士庶,從齊河得譚憲原刻一部,將木板散失者命梓人補緝。各卷所補,合計二十二篇,其殘缺者一爲補正。奈傅憲增刻未得,内查少無字部第六十六篇一頁,疑字部八十二篇一頁,俟異日訪獲,再加添補。按,本館製"岱史缺頁表"題:"卷一七第六十六葉,卷一八第八十二葉",殆即康熙三十八年補板所缺二頁。

《中國古籍善本書目》著錄明萬曆戴相堯刻本,首都圖書館、浙江圖書館等十二館入藏。是本不收。《中國科學院圖書館藏中文古籍善本書目》著錄明萬曆十五年刻清順治康熙增修本。

《四庫全書總目》不收。

0788　清康熙刻乾隆增刻本五蓮山志　　　　　　　　T3035.15/113.81

《五蓮山志》五卷,清釋海霆輯。清康熙萬松禪林刻乾隆增刻本。二册。半頁八行二十字,四周單邊,白口,單魚尾。框高 19.5 釐米,寬 13.4 釐米。題"五蓮山釋海霆驚龍編集;古琅邪王咸炤屋山批選;張侗石民訂正"。前有臧振榮序,康熙二十年(1681)李煥章序,康熙二十年海霆自序;目錄。卷二第二十二頁抄配。

釋海霆,字驚龍,曾爲五蓮山光明寺住持。其宗派世系爲海字,開山祖以下第五世,是志《開山和尚自敘碑銘》末海霆題識署"曾孫海霆",按,海霆與泰雨世系同爲海字,當稱五世。

五蓮山原名五朵山,在諸城縣,明清兩朝皆屬山東青州府。名僧卓錫曾於五朵山結精舍,寺名雲堂。明萬曆間由蜀僧心空禪師創爲名刹。心空禪師自夔門歷三峽、過九江、渡河淮而之諸城,見五朵山,歎爲觀止。遂鑿巉巖、斫荊棘,於萬曆三十年走京師,上書闕下,求敕建寺。神宗允其請,發内府帑金買山建寺,更山名五朵爲"五蓮",寺名"護國光明"。山以人顯,前人謂心空禪師"具慧業,起正信,吸十二部,更博綜群籍,倡明大法,爲士大夫所敬禮",三十五年梵刹落成,一時文人君子憑弔山靈,登臨不絕,而"五蓮"之名始聞於天下。

是志成書於康熙二十年。卷一載五蓮山之峰壑泉石,殿堂廟宇,樓臺亭閣,經幢碑碣,釋心空撰《五蓮道里記》,張侗撰《量山記》;卷二緣起,宗派,世系,五蓮山住持,開山大師本傳,諸師本傳,像贊,客寓,五蓮山護法宰官,泰(雨)公弟姪護法宰官,物產,莊田;卷三碑記,載翁正春撰《五蓮山光明寺碑記》,文震孟撰《重修五蓮山光明寺藏閣記》,孫祚昌《重修光明寺大殿碑》,道忞撰《開山和尚碑銘》,明崇禎元年心空禪師撰《開山和尚自敘碑銘》(末有海霆題識);卷四紀,序,賦,乾隆二十二年李瀚撰《翰修師重修五蓮山記》;卷五詩集。錄釋海霆、臧振榮、王咸炤等人詩四十二首,作者多五蓮山邑人及法慶寺僧人。

按目錄,卷一首載圖十幅,依次爲五蓮山全圖、光明寺全圖、彌勒頂圖、煙雨澗圖、流雲澗圖、十八盤圖、櫻桃澗圖、朵朵青圖、紫霞澗圖、觀音澗圖。然是本無圖,卷一首起"流雲峽"景觀。

量山記曰:"五蓮山之光明寺,空和尚卓錫地。明神宗皇帝賜之土田,記其道里之數。"緣起云:"萬曆三十年,初祖開山和尚奏請發帑金,差御馬監太監張思忠督工。至三十五年落成,内藏經六百八十函,計六千八百卷。敕書一,御磬一,御杖二,寶旛二,紫衣一。"

海霆《諸師本傳》曰,五蓮山開山祖"諱明開,字心空,四川成都人,名家子,姓龐氏,少業儒。出家後,泛舟出三峽,至江寧,一時禪講諸大老競賞之。開法普德碧峰諸寺,學者從之,如水赴墼。既而渡河涉淮之諸,與尚書理軒臧公昆仲相唱和,爲敬軒公書《華嚴經》畢,卜居今五蓮,遂北上帝闕請山名,討龍臧敕建。帝遣中官張思忠賫帑金,營梵宇,改山名,賜寺額,發大藏一部。化緣已周,歿奉入塔。有弘覺和尚碑銘"。

弘覺和尚道忞《開山和尚碑銘》首述因緣曰:"順治乙未(十二年)夏四月,余南還天童,過五蓮,心空大師五世孫泰雨徹公膜拜稽首而請曰,開山師入滅二十七年矣,將謀遷師塔於寺東北,其賜之銘。"據此塔銘,心空禪師當卒於明崇禎二年。是志王咸炤《開山大師本傳》云"師世壽六十二",則心空禪師生年在明隆慶二年。

"宗派"記派字十六,曰"智慧清净,道德圓明,真如性海,寂照普通",記五蓮山光明寺僧人世系,謂"開山和尚自'明'字起",則所稱諱即法名。

泰雨,諱徹,順治間光明寺住持。是譜"世系"曰,"海字共一百三十人,先兄徹公居首",泰雨禪師爲海字董,故道忞稱"五世孫"。《諸師本傳》有傳,傳曰:"先兄諱徹,字泰雨,金姓,遼左巨族,天啟丁卯(七年)心空禪師許爲剃度,心空禪師寂後,在五蓮光明寺當門户。"

海霆《諸師本傳》於心空禪師以下,又有印虛禪師(諱真談)、寶如禪師(諱果)、大威禪師(諱如雄)、柴立禪師(諱如已)、晦名禪師(諱性志)等傳。序有"體雅辭核,法顯傳略"之語。

《翰修師重修五蓮山記》曰:"五蓮山形奇秀,名僧卓錫於此往往結精舍爲習静之所。前明空大師走京師,上書發内府金敕建佛寺,遂成寶刹。厥後泰雨、驚龍兩師起而張大之,益爲山左勝區。辛未(乾隆十六年)冬,余來宰斯邑,以公事經其處,輒一登覽,見夫殿宇樓閣剥蝕於風雨,且就傾圮,自翰修上人王其衆,今六年矣,向之頹垣破瓦漸已補葺修治。從此經紀其廢敗,鳩工庀材,一舉而新之,以復舊觀。"末署"乾隆歲次疆圉赤奮若(二十二年)陽月古襄平李瀚并識"。襄平漢置縣,爲遼東郡治;李瀚遼陽人,字文瀾,雍正舉人,乾隆時知山東榮城縣。

扉頁鐫"五蓮山志。乘州李織齋先生刪定。萬松禪林梓刻"。考"乘州李織齋先生"爲李焕章。乘州即千乘縣,漢置縣,南朝宋移"千乘"之名於山東廣饒縣地,金改爲樂安。李焕章字象先,號織齋,樂安人。明諸生。《清詩紀事初編》卷二李焕章《織齋文集》條云,明亡,棄諸生,未知卒年。安致遠云,年七十餘終。此集中文有署戊辰康熙二十七年者,已七十五矣,大約當卒於此一二年内。據此知是志由萬松禪林刻於康熙間。

中國科學院圖書館收藏兩部,作"清康熙萬松禪林刻增修本"。《北京大學圖書館藏古籍善本書目》作"清乾隆萬松禪林刻本",誤。中國人民大學圖書館入藏兩部,版式、扉頁同是本,著錄爲清康熙間刻乾隆間增刻本。

《四庫全書總目》、《中國古籍善本書目》均不收。

0789　清康熙刻本説嵩　　　　　　　　　　　　　T3035.16/222.81

《説嵩》三十二卷,清景日昣撰。清康熙刻本。十册。無欄,半頁十一行二十五字,四周雙邊,白口,單魚尾。框高19.5釐米,寬14釐米。題"方外柱史景日昣冬陽氏"。前有吕履恒序,張伯行序,康熙六十年(1721)陳鵬年序,康熙六十年李紱序,康熙五十九年(1720)孫勷序,陳殿彦序,范長發序,康熙五十八年(1719)馮嗣京序,康熙五十五年(1716)景日昣自序;《例目》三十七則。

景日昣,見清康熙刻本《嵩嶽廟史》。

"五嶽"東曰泰山,南曰衡山,西曰華山,北曰恒山,嵩山則居其中。作者曰:"《說嵩》非紀載書也,因地感發,隨事寄托,遠徵旁引,疑信是非蓋有折衷。"《例目》則謂是志"原本經史,旁搜載籍乘,自公之暇,竭心目之力,二十年繙閱數千卷,得則劄識,俱標書目,不敢妄掠",則其門下子婿所言。

自序曰:"眕生長嵩下,卯角時,儕輩嬉遊,陟椒尋澗,以爲長居。業書院□餘跚蹨,行吟推敲,臨流蹲石,不自意其信步所如。春明秋霽,結伴尋幽,雖□仄必歷,時時印比於元鼎井叔之作,稍得其淺膚,紕謬之處,中有未安。壯走四方,雅友談次,輒有舉隅,詢及者爲臚說大段,意殊未盡。披史傳所載,獵目雜書,涉於嵩者筆之,積三十年,逐識日多。再見三見,則復筆之。廁西臺,自公之餘,搜索曩存,類之後所見,皆疇昔已筆者也,則更芟其複,或傳聞有舛,輒訂其是,二說同異,謬取舍之,其無關於嵩,備互發者,廣索以証佐之,如是者五閱歲,哀然成帙。自惟架籤無多,眊疲久浸,不能從事於乙夜,雖嵩高大觀,管蠡多遺,而眕之矻矻編摩者,衰將徵邁,亦云畢能。乙未(康熙五十四年)冬,被命鴻臚,閑署棄拙,因得古人朝隱之適,次第舊稿,比類爲編,名曰'說嵩'。不敢雷同昔人,存其說,爲得失之林;不敢附會異流,仍其蹟,備見聞之助。主山爲幹,附見爲支,因其位置,羅次比列,便登臨者之隨地肆考焉。曰嵩高、曰太室上、曰太室陰、曰太室麓、曰太室原、曰少室上、曰少室東、曰少室南、曰少室陰、曰箕山,全嵩本末、遠近之勢、流峙分合之形、古今盛衰之異、賢貴人物芸生萬彙之不齊,在十四篇中矣,以是爲經。次爲緯,說十四篇博載以詳之,曰星野、曰沿革、曰形勢、曰水泉、曰封域、曰游祀、曰古跡、曰金石、曰傳人、曰物産、曰二氏、曰摭異、曰藝林、曰風什,條陳目張,比類分纂,諸惟從詳;仙釋之紀,採史傳節之,嗜好所違,不欲煩載筆也。"

是書前八卷分作十四篇,後二十四卷設作十四門,互爲經緯。卷一《嵩高山》、《太室上一》,卷二《太室上二》、《太室上三》、《太室陰》、《太室北麓》,卷三《太室南麓一》,卷四《太室南麓二》,卷五《太室原》、《太室原二》,卷六《少室山》、《少室東》,卷七《少室南》,卷八《少室陰》、《箕山》,卷九《星野附星變》、《沿革》,卷一○《形勢》、《水泉》,卷一一《封域》、《巡祀》,卷一二《古跡》,卷一三《古跡二》,卷一四《金石》,卷一五《金石二》,卷一六《傳人》,卷一七《傳人二》,卷一八《物産》,卷一九《物産二》,卷二○《羽氏》,卷二一《釋氏》,卷二二《摭異》,卷二三《藝林》,卷二四《藝林二》,卷二五至二六《藝林三》,卷二七《藝林四》,卷二八《風什一》,卷二九《風什二》,卷三○《風什三》,卷三一《風什四》,卷三二《風什五》。

《例目》曰,山有主配,而太室爲嵩之主山;物産以彙載籍所志爲上帙,彷草木狀爲下帙;於二氏曰,秦以前有道無釋,釋始於漢,盛於魏,嗣後爭泛濫矣;摭異徵載籍所志,傳聞無稽者不錄;風什載歷代詩文,兩宋以前存者可傳,金元以降略有甲乙。

卷一三《古跡二》有補遺二條,卷一五《金石二》有補遺四條,卷一七《傳人二》有補遺二條,卷一九《物産二》有補遺二條,卷二○《羽氏》有補遺一條,卷二六有補遺一條。

《四庫全書總目》入史部地理類存目,著錄直隸總督採進本。《總目》略云:"是書自卷一至卷八統紀嵩高及二室,卷九以下,分星野、形勝、封域、巡祀、古跡金石、傳人、物産、仙釋摭異、藝林風什九門。考嵩山爲中岳,本於《爾雅》、《毛詩》,故《史記》主其說……又外方之爲嵩山,見於《尚書》孔注、《水經注》諸書……此書於中岳宗《史記》,於外方引《水經注》,考核殊不謬。然《嵩書》及《嵩山志》天下名山志之類,於此山形勝沿革已爲廣徵博輯,此特綜匯舊文,踵而成之耳。"

扉頁鐫"説嵩。嵩厓景冬陽。嶽生堂"。

《北京大學圖書館藏古籍善本書目》著錄清康熙嶽生堂刻本。《中國古籍善本書目》不收。

0790　明萬曆刻清修補印本明州阿育王山志　　　T3035.29/7012

《明州阿育王山志》十六卷。前十卷,明郭子章撰,明萬曆刻清修補印本;續六卷,清釋畹荃撰,清乾隆刻本。六册。半頁十行十九字,四周單邊,白口,無魚尾,框高19.4釐米,寬13.7釐米。題"泰和郭子章相奎父撰;山陰祁承爜夷度父校"。續集題"住山釋畹荃嵩來輯集"。有郭子章自序;明萬曆四十七年(1619)釋德清撰《明州鄮山阿育王舍利塔記》;萬曆四十四年(1616)鄒德溥序,萬曆四十六年(1618)徐時進序,釋正理後序;萬曆四十五年(1617)鄒元標跋;陳蔚章繪《阿育王山圖》;李麟繪《阿育王所造釋迦如來真身設利寶塔》。

郭子章,字相奎,號青螺,自號蠙衣生。江西泰和人。隆慶五年進士。授建寧府推官,爲潮州知府,著有異政。督學四川,文習丕變。歷浙江參政、山西按察使,陞任湖廣福建布政使,累官貴州巡撫,以功進太子少保、兵部尚書。《(道光)泰和縣志》卷三一《人物列傳》有傳。

子章識卓人群,於書無所不讀,宦蹟所至,隨地著書,此山志即其一也。卷一《地輿融結》,通論地輿與別論鄮山;卷二《舍利緣起》,記釋迦如來真身舍利寶塔之緣起;卷三《塔廟規製》,記阿育王塔之建造;卷四《王臣崇事》,錄帝王名臣有關該寺之文字;卷五《神明效靈》,記神靈顯異;卷六《瑞應難思》,記軼聞諸事;卷七《福田常住》,錄檀越佈施造塔建田碑記;卷八《高僧傳法》,記高僧傳法行誼;卷九《提倡宗乘》,記歷代住持禪師;卷一〇《玉几社詠》,錄有關藝文。續集皆爲詩文,按時代先後排列。

明州,漢會稽郡地,唐開元二十六年置州,以境內有四明山得名,治所在鄮縣(五代吳越改名鄞縣)。宋紹熙五年升爲慶元府。明初改爲明州府,洪武十四年改名寧波府。今爲浙江寧波市。阿育王,或譯作阿輸迦、阿輸柯,義譯爲無憂王,古印度摩揭陀國孔雀王朝國王。初信奉婆羅門教,即王位後,改奉佛教,爲大護法。阿育王山,在浙江鄞縣,寶幢鄉育王嶺上有阿育王寺。晉太康中,并州人劉薩訶於此得阿育王造舍利塔,後建廣利寺供奉。梁武帝普通三年,重建寺院,並賜今名,爲中國禪宗五大名刹之一。

山志舊有一編,爲阿育王山寺住持秘藏理法師所編。理法師通名理,諳教相,勗徒衆,精焚修。其以所編山志示郭子章子。郭子章序云:"吾兒歸,復持是編以進余。余念育王寺爲天下第一叢林,蓋借重於如來舍利光明,自晉太康歷六朝、唐、五代、宋、元,至我皇明萬曆壬子,千有三百四十九年,其間靈異事蹟、國朝典故、士庶投誠、文人翰墨,使如國之有史,家之有乘,日錄而年編之,不啻汗牛充棟已也。乃今觀其所集,不過錄之碑碣,抄之藏典,僅得數萬餘言。至於名公唱和,又皆取實於小師,考信於野錄,不無亥豕魚魯之訛。余每閱斯文,未嘗不置卷太息,因倣侯開府、屠儀部《普陀山志》,條以義類,立以十門,門說四偈,門門各爲一卷,謁者正之,缺者補之。若高僧,則尋《傳燈錄》補之以傳,刪取機緣爲宗門提唱,使後之作者,隨類而編入,無續集之勞。"

《四庫全書總目》入史部地理類存目。《總目》云:"是志凡分十類,揆其大旨,主於闡釋氏之顯應,故標茲靈蹟,以啓彼信心,原不以核訂地理,考證古今爲事也。"《中國古籍善本書目》著錄明萬曆刻本,不收續志,上海圖書館、復旦大學圖書館等七館入藏。又臺北"國家圖書館"藏本爲山志十卷續志六卷,版本著錄籠統作明萬曆間刻本(見《臺灣公藏善本書目書名索引》),誤。王重民先生《中國善本書提要》著錄美國國會圖書館有山志十卷,又有另一部,作《明州阿育王山志》十六卷,對第二部書名的著錄沒有將《續志》分開,版本著錄作"明刻清印本",皆有誤。日本内閣文庫著録之本也同國會館。

按，郭子章又撰有《阿育王山志略》二卷，明天啓四年刻本，上海圖書館、遼寧省圖書館等五館，及臺北"國家圖書館"入藏。

1980年，臺灣明文書局曾據臺北"國家圖書館"藏本影印，版本改作"清乾隆間正續合刻本"，收入《中國佛寺志》第一輯。

0791　明萬曆刻本普陀山志　　　　　　　　　　TNC3035.29/867.7

《普陀山志》六卷，明周應賓撰。明萬曆太監張隨刻本。六册。半頁八行十六字，四周單邊，白口，無魚尾。框高20.3釐米，寬13.5釐米。卷二題"郡人吏部侍郎周應賓纂輯；尚寶司丞沈泰鴻校正；邑人刑部主事邵輔忠同校；文安御用監太監張隨梓行"。前有萬曆三十五年(1607)周應賓序，邵輔忠序，萬曆三十五年樊王家序。有圖。

周應賓，字嘉甫。鄞人。萬曆十一年進士。選庶吉士，授翰林院編修，遷吏部右侍郎。在講筵多所諷諫，以憂歸里居。後召爲南禮部尚書，加太子太保。卒諡文穆。少嗜學，老而彌篤。詩人葉太叔負才氣，亢世不合，應賓獨與申布衣之好，鄉黨賢之。又有《九經考異》、《舊京詞林志》、《同姓名録補》。《(咸豐)鄞縣志》卷一七《人物》有傳。

普陀山，位於浙江省舟山本島東約五公里處。其曰普陀，乃自《華嚴經》，全稱"普陀洛迦"、"補坦洛迦"，意爲"美麗的小白花"。元朝以來，慣稱"南海普陀"，爲佛家四大道場之一。

此書卷一《宸翰》；卷二《圖考》、《山水》、《殿宇》、《規制》、《建制》、《靈異》、《頒賜》、《命使》、《釋子》、《物產》，卷三《藝文》，卷四《事略》，卷五至六《詩類》。

周應賓序云："補陀，古刹也，興而廢，廢而興者數矣。是舉也，其錘發諸內帑，其工督諸內遣，維壇宇依如，維名與制焕如，是廢興一大際會也，故曰雖載輯之可也。志凡爲卷者五，爲類者十有七，纂撮於諸文學之手，而不佞裁焉。前志重在山，要以顯佛靈；今志重在寺，要以尊君貺。"

張隨，御用監太監，順天文安人。嘉靖間選中内書堂，涉獵經史，過目不忘，又精書法。斷酒除葷，嚴持戒律，時故相蘭谿趙志皐爲教習，大器重之。卷二《命使》云："三十年四月，奉旨督造藏殿；三十三年正月，再奉旨督造普陀禪寺。"又云："萬曆初年，勑隨董建護國萬壽寺於都門之西，工竣，賜賞飛魚袍服。於三十年重建南海寶陀寺藏殿樂成，復賜金錢及一品服。三十三年正月，復奉旨齎金重建普陀禪寺，工鉅費煩，人頗難之，而隨區畫盡善，咄嗟倚辦，大工遂成。隨之奉差者兩，歷年者六，性約而方，一蔬一飯之外，絶無所需。八行不達政府，人亦無敢干以私者。先是漁人繁笱，市人酤販，穢褻莫可誰何，及隨秉虔焚飭，不待力遣而相率退去。即金碧輝絢成清净佛地者，皆隨力也。三十五年五月，工竣覆命，聖心嘉悦，賜玉帶歲禄，以旌其勞。三十七年十一月，復奉欽遣，到山飯僧及啓建，檢閲藏經期場三年。三十九年三月，奉旨到山啓建，酬答佛恩。"明代中葉以後，太監權力極大，擁有出使、監軍、鎮守、偵察臣民等大權。張隨爲神宗朱翊鈞寵信之太監，普陀禪寺之建，當是隨一手籌畫而成。

普陀山最早有志，爲《補陀洛迦山志》六卷，屠隆所撰。此張隨本多有萬曆三十五年以後記事。又有補刻之頁，如卷二第十三頁。

《四庫全書總目》入史部地理類存目，《總目》云："凡六卷十五門，而應賓自序稱五卷十七門，勘驗卷帙，並無缺失，未審何以矛盾也。"按，卷一《宸翰》，内分勅諭、御製二類。目録頁雖僅刻卷五《詩類》,然有卷六一册,當係後人增入。卷五、卷六均題"庠生陳九思、屠玉衡同校"。卷六前半字體和卷五極爲相似,或爲一人手書,後半則爲他人所寫。《中國古籍善本書目》著録明萬曆三十五年張隨刻本。上海圖書館、浙江圖書館等八館,臺北"國家圖書館"(原藏北平館者)、臺北"中央研究院"史語所傅斯年圖書館及美國國會圖書館、日本内閣文庫亦有入藏。

0792　清康熙刻本南海普陀山志　　　　　　　　　　T3042/867.82

《南海普陀山志》十五卷首一卷,清陳璿、朱謹、裘璉輯。清康熙四十四年(1705)普濟寺刻本。十册。有圖。半頁十行二十一字,四周雙邊,白口,單魚尾。框高21.9釐米,寬13.7釐米。題"定海總兵官古閩藍理、温陵施世驃、禮部侍郎錢塘高士奇、翰林院編修慈谿姜宸英、翰林院纂修鄞邑萬言鑒定;前後預志事長洲陳璿、慈谿裘璉編輯"。首一卷爲王鴻緒序,康熙四十年(1701)藍理序,康熙四十三年(1704)施世驃序;康熙四十三年繆燧撰《志例》。

陳璿,江蘇長洲人。無考。

朱謹,字二陶,江蘇崑山人。少遭亂廢學,及冠始從師,旋以病輟業。後發奮讀書,覺字句外别有會悟。中年,與楊賓、姜宸英、孫枝蔚相磨切,學日進。繼游粵東,見聞益擴。又輯有《馬鞍山志》,頗爲精覈。日本國王欲迎修國史,以年老卻之,尋卒。傳見《(道光)崑新兩縣志》卷二七。

裘璉,字殷玉,浙江慈谿人。生而孤露,天才過人,能爲詩古文及樂府詞,對客據几,立盡數紙。家故有玉湖樓藏書數千卷,罔不鉤元提要。年未壯,著作等身。曾參與纂修《大清一統志》。康熙五十四年成進士,改翰林院庶吉士,時璉年逾七十,遂乞身歸里,以山水自娱。雍正七年卒,年八十六。著有《復古堂集》、《横山文集》等。傳見《清史列傳・文苑傳》卷七一。

普陀山之名,得自《華嚴經》,全稱爲補陀洛迦、補坦洛迦,爲梵語之音譯,意爲"美麗的小白花"。其山在浙江定海縣之東,距縣百餘里,也屬舟山島之邊緣,孤峙海中。佛教四大名山,普陀即爲其一,素有"海天佛國"之稱,有詩讚曰:"萬頃風雲浮碧玉,孤插蒼溟小白華。"因歷代帝都多建在北方,故元代以來,慣稱之爲"南海普陀"。

卷一《宸翰》、《志序》、《山圖》、《志例》;卷二《星野》、《形勝》;卷三《梵刹》、《建置》;卷四《經證》(道場緣起、大士名號、大士圓證);卷五《靈感》、《示現》;卷六《法統》、《禪德》;卷七《朝典》;卷八《頒賜》、《古跡》、《流寓》;卷九《精藍》、《方物》;卷一〇《法產》、《事略》;卷一一《歷朝藝文》;卷一二《國朝藝文》;卷一三《歷朝詩》;卷一四《國朝詩》;卷一五《僧詩謁》。

普陀山有志,最早爲明屠隆撰《補陀洛迦山志》六卷(明萬曆十七年侯繼高刻本),次爲明周應賓撰《普陀山志》六卷(明萬曆三十五年太監張隨刊本)。清康熙三十七年(1698),普陀山之普濟、法雨兩寺同請裘璉修輯《普陀山志》。稿成十五卷,法雨寺旋即授梓。法雨本卷一第一頁題爲:"詹事府詹事錢塘高士奇、翰林院編修姜宸英、翰林院纂修鄞邑萬言鑒定;國子生書局纂修慈谿裘璉編輯;普濟寺住持潮音通旭、法雨寺住持别庵性統校訂"。《志例》爲康熙三十七年裘璉撰。

普濟寺則請陳璿、朱謹重加增削,至四十四年始梓,此即爲普濟寺本。普濟、法雨兩本所刊小同大異。後法雨寺又於乾隆四年復延許琰重修,證譌删蕪,頗爲詳慎。許本爲二十卷,題"同安許琰編輯;歸善黄應熊參定;法雨住持明智、法澤校訂"。而普濟寺自陳、朱本後又逾百有餘年,較之許志尚多缺略,且體例不分,難免紕漏,道光間秦耀曾即參考許志,加以己意,擴至二十卷。道光本題"江蘇金陵王鼎勳青甫參定;秦耀曾遠亭編輯;普濟寺往持能崙鴻崑校訂"。此道光本後,民國四年又有據舊板重印本。民國二十年又有王亨彥輯《普陀洛迦新志》一種,十二卷,題"彭澤許止净敬述;古翁山王亨彥輯"。此本較之上述各本爲好。王亨彥跋云:前志"大率抄襲陳謬以塞責,補闕訂訛,事誠有待,因就訪稿斟酌贋續外,搜覽近屬各縣志、各名山志及傳記竺典之有關是山者,參互考證,得據以校舊志之訛,補舊志之缺,考辨舊志之所未辨者各若干條,分別部居,依類相從。"

有圖,甚精。

《四庫全書總目》入史部地理類存目。《總目》云:"是志所述,本末頗具,而敘事冗沓無法。"《四庫全書存目叢書》第 239 册收入,底本乃據首都圖書館所藏法雨寺本。《中國古籍善本書目》著錄,上海圖書館、首都圖書館、故宫博物院圖書館、湖北財經學院圖書館入藏,但未能分辨法雨寺本或普濟寺本。

0793　清乾隆刻本天台山方外志要　　　　　　　　T3035.29/1326.83

《天台山方外志要》十卷,清齊召南輯。清乾隆三十二年(1767)刻本。四册。闕名朱筆批點。半頁十行二十三字,左右雙邊,白口,單魚尾。框高 19 釐米,寬 14.1 釐米。題"息園訂本"。前有雍正十二年(1734)清世宗撰《崇道觀碑文》;乾隆元年(1736)清高宗撰《國清寺碑文》;釋傳燈撰《名勝考》;乾隆三十二年鄒一桂序,乾隆三十二年齊召南自序;目錄。末有乾隆三十年(1765)沈大成撰《送物成上人序》;乾隆二十八年(1763)齊召南撰《石橋上方廣寺中興置田記》;乾隆二十五年(1760)釋化霖撰《天台方廣寺募置飯僧田碑記》。圖爲顧士魁、鮑汀所繪。

齊召南,字次風,晚號息園,浙江天台人。幼而穎敏,鄉里稱神童。雍正七年副貢生,乾隆元年召試博學鴻詞,改翰林院庶吉士,散館授檢討。八年擢中允,遷侍讀。十二年遷侍讀學士。十三年復試翰詹各官,列一等一名,擢內閣學士,命上書房行走,遷禮部侍郎。十四年夏墮馬受傷,及冬乞歸。歸後累主蕺山書院,成就甚衆。高宗南巡,召南屢迎駕應對。三十二年,族子周華以黨呂留良遣戍歸,刻書列召南罪,詔逮詣京師。吏議當籍没,高宗予革職歸,遂卒於家。所著《水道提綱》、《歷代帝王年表》並行於世。《清史稿》卷三〇五、《清史列傳》卷七一等有傳。

天台山在浙江台州,爲東南名山。兩晉以下,代出高隱、高僧、高道,隋僧智顗於此開佛教天台宗。

初,明僧傳燈撰《天台山方外志》三十卷,萬曆間刊行於世。齊召南因天台方廣寺住持釋化霖之請,輯其要,成《天台山方外志要》十卷,時在乾隆三十二年。序署"端陽節",則尋即爲逮詣京師。鄒一桂序曰:"歲丁亥(乾隆三十二年),台僧化霖以重修山志求序,則宗伯息園先生之筆也。先生以鴻雅之才鍾台靈而修台志,爲造物洩奇,爲山林增勝。"鄒氏錫山人,字原褒,號小山,雍正進士,乾隆時累遷內閣學士,尤工繪事。齊召南《石橋上方廣寺中興置田記》所稱天台施主有"錫山名賢鄒公小山",即一桂。

傳燈,號無盡,天台高明寺僧,博通內典,傳南教宗。是書高僧傳曰,所著《天台山方外志》,馮夢正、屠隆、虞淳熙等極相推仰,謂智者之學傳於章安,暢於荊溪,中興於四明,而復振於幽溪講堂也。四遠延請開講,名宿影從,其弟子文心亦以詩文名世。《天台山方外志》爲幽溪講堂刻本,中國國家圖書館、南京圖書館、天一閣博物館等入藏。

化霖,字物成,江蘇華亭人。乾隆五年前後繼其師松友禪師衣鉢,爲方廣寺住持。

卷一《天台山全圖》、《天台十六景圖》、《山》、《水》；卷二《寺觀》、《祠廟》；卷三《古跡》（居址、軍寨、塚墓、巖鐫、碑文、古塔、橋梁）；卷四《高僧》；卷五《神仙》；卷六《高士》；卷七《物產》（食類、木類、杖類、花類、草類、獸類、禽類、藥類）；卷八至一〇《藝文》（碑、記、游記、序、雜文、賦、詩、詩補）。

天台山有古刹國清寺。清高宗《國清寺碑文》曰，天台國清寺"肇自隋代，志載僧智顗修禪於此，夢定光佛告曰，寺若成，國即清，遂以'國清'名寺。厥後寒山、拾得、豐干三尊宿皆嘗駐錫於此。唐宋迄明，代有修飾。歲時既久，風雨摧剥，日就傾圮。我皇考宏振宗風，昭宣覺海，不欲使古賢舊蹟一旦即於湮廢，爰發帑金，易其舊而新之，仍命專官往董厥事，鳩工庀材，經始於雍正十年癸丑八月，越乙卯八月，乃告成功"。

召南自序曰："海内言仙佛者，必首天台，道書稱爲'玉清洞天'、'修真福地'，佛書稱爲'羅漢方廣'、'菩薩支提'，似非虛語。以此山高踰八城大蟠□郡，北俯吴越，東眺滄溟，峻機實足以頡頏華岳、岱宗，神秀實足以領袖四明、雁宕也。明僧無盡燈公教傳智者，嘗輯《台山方外》一志，遠近稱良。今歲久，板本不全，後人增稱，半嫌蕪雜。余家居，養病山中，不能遊石梁，物成霖公請余删取其要，又請爲序。余拙鄙，不能序也，若燈公《名勝考》一篇，即可爲此山序矣。"召南生天台，然未嘗一游天台山。序所稱"余家居，養病山中，不能游石梁"，或因乾隆十四年墮馬致傷故。其傳則曰，上南巡時，嘗詢天台、雁蕩兩山景物，召南對未嘗游覽。上問名勝在鄉里間，何以不往？召南對曰，山峻溪深，臣有老母，怵古人登高臨深之戒，是以未敢往。

扉頁鐫"天台山方外志要。乾隆丁亥春鐫。息園訂本"。"丁亥"，爲乾隆三十二年。

《中國古籍善本書目》著録明僧傳燈撰《天台山方外志》三十卷。

0794　清康熙刻本天台山全志　　T3035.29/132.81

《天台山全志》十八卷，清張聯元輯。清康熙五十六年(1717)刻本。八册。半頁十行二十一字，左右雙邊，白口，單魚尾。框高 18.5 釐米，寬 13.2 釐米。題"楚郢張聯元覺庵輯"。前有康熙五十六年梁文煊序，康熙五十六年張聯元自序，康熙五十六年江灝序，陳王謨序，康熙六十年(1721)馬豫序，顧起九舊序；目録。

張聯元，字覺庵，進士，康熙五十一年出守章安，知台州府事。

是《志》沿舊説，謂天台源自括蒼山脈，無主山主峰，而爲諸山之總稱，稱其山界於天台、新昌、嵊縣、臨海、寧海五縣中央。其於公餘涉歷其山，以明釋傳燈《天台山方外志》爲本，並旁採新昌、寧海、嵊縣諸志，而成此《天台山全志》。

自序略曰，舊稱天台山高一萬八千丈，周圍八百里，山有八重，四面如一，洞天福地與方丈蓬萊等。夫山之高不可得而考也，若計其周圍，則今自赤城以至澄深，由筋竹以至萬年，縱横不過一二百里耳，安在其爲八百哉？考縣舊志，邑故始豐地，至宋建隆，始改爲天台縣。前後沿革，或隸會稽，或隸東陽，或隸永嘉、章安，時移代易，分析不同。考范侍郎《志要》，謂天台山處五縣中央，即赤城舊志所指餘姚、勾章、臨海、天台、剡縣，則知所謂天台山者，逶迤延袤，幅幀甚廣，亦無定在，故縣可界而山不可界。後人遂以縣界而分山，於是山之不屬於縣者，即遊屐所不到矣。故統而論之，山自會稽而來，天岹、石城，皆台山也；寧海之筋竹、王愛，皆台山也；嵊縣之金庭、桐柏，亦台山也。雖各有其名，各具其勝，要皆台山之屬耳。而必以隸於縣者爲天台，是失山之全體矣。自唐以來，如《神邕圖經》等書，文獻之家鮮有存者，惟明萬曆間僧人傳燈著有

《方外志》一册,採輯頗詳,筆鋒俊爽,而惜其泥於方外,似志釋而非志山,又其所採僅在一縣之內,而山之入於旁縣者未有所錄。因於公餘之暇,刪繁去蕪,并廣采新昌、寧海、嵊縣名勝之通於台山者,彙而輯之,與夫郡人之詩若文,足以發揮山川之秘者,咸博訪而遍纂焉,凡皆以爲山而載,名曰"天台山全志"。

卷一《凡例》十六則,《形勝考》;卷二《山》;卷三《峰》、《巖》、《嶺》、《溪》、《洞》、《石》;卷四《物產》;卷五《宮觀》、《祠廟》;卷六《寺院》;卷七《釋》;卷八《仙》、《道》;卷九《古跡》;卷一〇《存疑》;卷一一《序》、《碑記》;卷一二至一三《游記》;卷一四《賦》;卷一五至一八《詩》。

《形勝考》爲明釋傳燈所撰。其《存疑》一卷所錄,謂采自雜志,或涉於渺幻者,例首"天台山"條,曰:"陶弘景《真誥》云,天台山高一萬八千丈;李白詩云,天台四萬八千丈,對此欲倒東南傾。似亦非無所據而云然。"

是《志》敘山,首列天台,曰天台山爲諸山之總稱,選錄陶洪景《真誥》、《十道志》、顧野王《輿地志》、《神邕山圖》、《抱朴子内篇》、支遁《天台山銘序》等篇所説。

敘峰,首列華頂,曰華頂峰在天台縣東北六十里,寧海縣西南二百里,新昌縣東南一百里,天台第八重最高處。舊傳高一萬八千丈,周回八百里,少晴多晦,夏有積雪,可觀日之出入。中有洞,石色光明。登絶頂,東望滄海,瀰漫無際,號"望海尖";下瞰衆山,如龍虎盤踞,旗鼓布列之狀,草木薰鬱,殆非人世。僧智顗與司馬承禎俱宴坐修真焉。有葛元丹井、王羲之墨池、李太白書堂。又曰,台山峰巒崒嵂,猶如蓮華,此峰爲華心之頂,故名。

敘寺,首列善興,曰善興寺在華頂,舊名華頂圓覺道場,後晉天福元年僧德韶建,宋治平三年改今額。明洪武四年毀於火,僧宗濟重興;隆慶中又毀,復新之。善興以下,列有崇善寺、國清寺、高明寺、真覺寺、大慈寺等。

《凡例》末則記刊事,曰:"是書於丙申(康熙五十五年)秋始行採輯,丁酉(五十六年)春開雕,□□□□□爲期既促,而四方郵寄詩篇多有未至,或□□□□,復寄有佳製,則另爲續刊。其題前後未免□□□□來作者,便可隨時付梓。"

此本板漫漶。

《四庫全書總目》不收。《中國古籍善本書目》入史部地理類山志,中國科學院圖書館、上海圖書館等六館收藏。亦見於《中國科學院圖書館藏中文古籍善本書目》等。

0795　清乾隆刻本雁山圖志　　　　　　　　　　T3035.29/714.82

《雁山圖志》不分卷,清釋實行撰。清乾隆十九年(1754)宋鰲刻本。四册。闕名批注。半頁十行二十字,半頁爲框,四周雙邊,黑口,單魚尾。框高21.1釐米,寬14.5釐米。

實行,字奕庵,俗姓林,山陰人,居雁山能仁寺。

雁山在浙江樂清縣。

是書不分卷,依次爲闕名序,乾隆十年倪鴻範序,彭維新序,乾隆十九年王臣序,雷鋐序,乾隆十九年朱椿序,乾隆二十年楊飛槐序,乾隆十九年俞文漪序,雍正六年雷良樹撰《雁蕩圖記原序》,廖壽彭撰《雁蕩紀游詩草》,廖壽彭撰《雁山圖原序》,雁山圖,廖壽彭撰《雁山圖記》,附《白石山敘》,《雁山志》一卷,雁山寺圖,釋貫休詩,雍正五年實行題識,乾隆十九年宋鰲撰《重刻雁山圖志序》。

雁山圖繪有雁蕩東外谷圖、東内谷圖、西内谷圖、西外谷圖、白石山圖。

《雁山志》記山名、山界、開山次第、通山徑路、谷、湫、峰、泉、巖、石、潭、池、洞、溪、澗、峽、門、嶼、閣、嶺、障、橋、寺院(另起,書口也作"雁山志"、"卷之一"),題"山志卷之一",作者題名處爲墨釘。

雁山寺圖有雙峰寺、凌雲寺、寶冠寺、能仁寺、古塔寺、石門寺、瑞鹿寺、華嚴寺、天柱寺、真濟寺、靈巖寺、净名寺、石梁寺、靈峰寺。

有唐釋貫休《賦鴈山十八寺》七律:"本覺凌雲到寶冠,能仁古塔上飛泉。普明羅漢石門裏,瑞鹿華嚴天柱邊。古洞靈峰真濟並,靈巖霞嶂净名連。石梁不與雙峰遠,十八精藍遶雁巔。"後有實行題識:"古圖照此詩而作,峰巒不順,梵刹間隔,今圖改正。"末署"雍正丁未年桂月能仁實行重理"。

《四庫全書總目》入史部地理類存目,《總目》曰:"無卷數。江蘇巡撫採進本。國朝僧實行撰。實行字奕庵,山陰林氏子,居雁山能仁寺。因搜羅名勝,編次成書。首雁山十八刹,皆有圖。次山水諸說,次藝文。"

宋鰲《重刻雁山圖志序》曰:"余三湘九疑人也,未嘗不愛佳山水,適奉命來宰是邑,凡夫城郭邨堡、市井溝渠,屈曲面勢,一一皆當指識,以爲治略焉。有名山望而可漠然遇之者乎?政稍暇,當登其巔,選幽探奇,目不給賞,然知稱漸中山水之勝者,必以雁山爲美,其難并良不誣也。舊故有《雁山圖志》,年遠漫漶,不可測識,因喚匠一爲洗剔,重而新之。"

是書傳本罕見著錄。《中國古籍善本書目》不收。

鈐印有"芝岩寓目"等。

0796 清乾隆刻本廣雁蕩山志　　　　　　　　　　　T3035.29/714.83B

《廣雁蕩山志》二十八卷首一卷末一卷,清曾唯撰。清乾隆五十五年(1790)刻本。八冊。半頁九行二十一字,四周雙邊,白口,單魚尾。框高13.5釐米,寬9.5釐米。前有乾隆五十四年(1789)朱珪序,乾隆五十五年高樹勳序,乾隆五十六年(1791)張慎和序,乾隆五十四年曾唯自序;目錄;《凡例》十五則(在卷首後);程浩《書雁山志後》七律四首(在卷首後)。末有范鈇跋。

曾唯,字岸栖,號近堂,浙江永嘉人。

《志》稱,"雁蕩"之名,實昉於唐。康樂守永嘉,獨遺茲山,是劉宋以前未開也。梁武帝大通元年,昭明太子在芙蓉峰下建寺造塔,號昭明禪寺,有沉埋石刻可據,而山名不傳。《隋書·地理志》祇稱永嘉郡有芙蓉山,是梁、隋時尚未有"雁蕩"之名也。至唐諾詎那飛錫龍湫,貫休有"雁蕩經行雲漠漠"之讚,一行有"南戒盡於雁蕩"之語,其名始著。

曾唯自序曰:"謂雁山無志乎?曰有;謂雁山有志乎?曰無。隋之圖經失傳已久,嗣後未見專書,惟《續文獻通考》載元李五峰十記一卷,論者謂可當雁山一部小史,然不得竟謂之志也。明初釋永昇始編《雁山集》一卷,濮溪潘氏譏其詳略無法,不足徵。嘉靖間朱諫南輯《雁山志》四卷,僅傳其略,雖得章千峰、侯二谷爲衷續集,猶未詳也。國初李芧庵博採詩文,施六洲考覈山景,可謂詳矣。後有作者豈能出其圍範於此、而語人曰雁山無志?其誰聽之。夫所謂志者,以傳信也,稍有不實即不得稱爲信史,矧承譌附會種種舛謬若是,其甚乎?予遊屐屢經,端居多暇,思合諸志而彙輯之。正在采撮間,聞樂邑廣文先生、四明范藕萍先有所纂,假以參觀,略者詳之,蕪者除之,析爲三十卷。脫稿後,復就正同里友人程養齋,再加釐訂,於是雁山真面目始露。坐客見之,躍然起曰,舊志以雁山爲宋開、雁湖爲湫源、謝嶺爲康樂,拾唾相傳已千百年於茲矣。今一旦發矇振聵，耳目一新，山靈稱快，即謂雁山向未有志，志自今始，可也。予應之曰，若非前人輯有成書，予又何所憑藉，辨別真贋。譬琢玉焉，昔之人雖經槌鑿，未離乎璞也；譬揀金焉，昔之人雖加淘汰，未盡其沙也。予特不敢以璞爲玉、以沙爲金耳，亦豈能舍璞而求玉、舍沙而求金乎？訂傳聞之誤，搜隱秘之蹤，因舊志而廣之，敢云作哉？客哂而退。即名吾書曰'廣雁蕩山志'。"

卷首東甌雁蕩山方位圖，樂清雁蕩山四境圖，雁蕩山四谷總圖，東外谷圖，東內谷圖，西內谷圖，西外谷圖，二十景圖；卷一名山，開山，山體，山界，山路，山嶺，山泉，谷總，峰總，勝景；卷二西外谷山水，西外谷寺宇(寺、亭)；卷三西內谷山水；卷四西內谷山水；卷五西內谷寺宇；卷六東內谷山水；卷七至八東內谷山水；卷九東內谷寺宇；卷一〇東外谷山水，東外谷寺宇；卷一一南閤山水，南閤寺宇，北閤山水，北閤寺宇；卷一二物產；卷一三寓賢；卷一四方外(釋氏、羽客)；卷一五紀異；卷一六至二八藝文；卷末游法。

山水記峰、巖、石、障、洞、谷、門、橋、湖、湫、瀑、水、泉、潭、池、溪、橋等。寺宇記寺、廟、亭。藝文以體分，依次載賦、詩、記、序、雜著、志餘。

作者《凡例》云："國朝李象坤專采詩文，施元孚遍覈山景，各有成書，惜未付梓。近樂邑廣文范君蕅萍復合施、朱二志，彙爲一編，但搜羅補綴，仍多承譌附會之處，反復披閱，不無餘憾，因謬加參訂，兼采李志，分爲八門，釐爲三十卷，名曰'廣雁蕩山志'。"

扉頁鐫"廣雁蕩山誌。諸城竇東皋、大興朱南厓兩先生鑑定。乾隆庚戌春鐫。南雁蕩誌嗣出。東嘉依綠園藏板"。按，"庚戌"爲乾隆五十五年。

《四庫全書總目》、《中國古籍善本書目》皆不收。

館藏有複本一部(T3035.29/714.83)，十冊，扉頁所鐫，無"南雁蕩誌嗣出。東嘉依綠園藏板"數字。又館藏有嘉慶十三年增訂同治八年補板本。

0797　清乾隆刻本龍虎山志　T3035.26/0122.83

《龍虎山志》十六卷，清婁近垣撰。清乾隆五年(1740)刻本。六冊。半頁十行二十一字，左右雙邊，白口，單魚尾。框高17.5釐米，寬13.2釐米。題"妙正真人婁近垣三臣重輯；徒惠遠謨虛中校"。前有乾隆五年張鵬翀序，乾隆五年婁近垣自序；目錄。

婁近垣，字朗齋，號三臣，又號上清外史，生於康熙二十八年，松江婁縣楓涇鎮人。清季正一派道士，師從楓溪仁濟觀純一楊公。雍正十一年封妙正真人。乾隆即位，封爲通議大夫、食三品祿，帶管道錄司印務，住持北京東嶽廟。乾隆四十一年逝於北京北妙緣觀，年八十九，葬江西龍虎山。著述有《南華經注》、《太極靈寶祭煉科儀》、《先天奏門玄科》、《黃籙科儀》、《梵音門科》等。

卷二《山水》云：龍虎山在江西廣信府貴溪縣西南八十里之仁福鄉。其地三代爲揚州之域，春秋戰國迭爲吳、楚地。秦併天下，屬番縣，漢屬豫章郡之餘干，隋唐間屬雄石鎮，唐上元元年置信州，永泰初，割餘干弋陽地，置貴溪縣，山在其境內，東距廣信府二百里，西距饒州府三百里，本名雲錦山，第一代天師於此煉九天神丹，丹成，而龍虎見，因以名山。道書第二十九福地也。

卷一《恩賚》，卷二《山水》，卷三《宮府》，卷四《院觀》，卷五《古跡》(附僧寺)，卷六《世家》，卷七《人物》，卷八《爵秩》(附法職、府僚)，卷九《田賦》，卷一〇《藝文》(綸言)，卷一一《藝文》(語錄),卷一二《藝文》(碑文),卷一三《藝文》(詩),卷一四《藝文》(記、書),卷一五《藝文》(序),卷一六《藝文》(表、賦、銘、贊、跋)。

自序略云,今東魯聖裔獨多志,述之書,恐吾教之遺憾者正復不少。垣自弱歲,從師純一楊公于楓溪之仁濟觀,嚮慕龍虎之勝,神游久之。及謁上清子篆周先生,遂蒙見授三洞五雷諸法,得窺名山秘笈,閑陟仙巖,升危樓,探幽洞,尋向所謂天師得神虎寶書處,私心不勝向往焉。吳郡顧尊光,博雅士也,嘗館于素堂,署教主齋,深以幸際殊恩,必宜增修山志,乃旁搜遠索,考信辨疑,凡得數十條,惜其屬稿未就,遽焉殂謝。垣以一介草莽,遭遇寵光,思祖庭勝蹟久未編集,實耿於懷,爰稽往籍,並述新恩,合得一十六卷,以成是山之志。

龍虎山有舊志三卷,《四庫全書總目》入史部地理類存目,《總目》曰:"《龍虎山志》三卷,兩淮馬裕家藏本。元元明善撰,明張國祥續修。明善字復初,清河人,以浙東使者薦爲學正,擢太子文學,歷翰林學士,謚文敏,事蹟具《元史》本傳。國祥則嗣封真人也。是書乃皇慶三年明善官翰林學士時奉敕所修。然原本體例不可復考,惟存延祐元年程鉅夫序及吳全節進表。此本載山川、建置、人物、道侶,并累朝製敕、藝文,頗爲龐雜,殆已多所竄亂,非其舊矣。"

作者自序稱,五十代國祥所續,已非元明善之初志,而爲四十三代耆山增修十卷本之遺帙:"山有舊志三卷,首刊元翰林院侍講學士元明善編輯,明工部左侍郎張鈇較,五十代、五十一代天師張國祥、顯庸修,建武後學王三極續較。向病其闕略,及讀《志》中舊序,始知元編舊志已爲四十三代耆山天師增修至十卷矣。歲月寖久,簡冊靡存,今之三卷,乃耆山殘缺之餘編,而非明善所輯之全策,不然何掛漏頗多,而冗雜無次耶?"

扉頁鐫"龍虎山志。棲碧堂。乾隆庚申年鐫。大上清宮藏板"。按,"上清宮"在龍虎山,雍正九年朝廷撥庫銀所修,道人受命與浦文焯督修,宮竣,始撰《龍虎山志》。又"庚申"爲乾隆五年。

自序末鐫有"旌邑李士達刊"小字一行。

《中國古籍善本書目》不收。《中國科學院圖書館藏中文古籍善本書目》著録清乾隆五年大上清宮刻本。是本道光十二年有修補,見於臺北《"國立臺灣大學"普通本綫裝書目》。

0798　清康熙刻本青原志略　　T3035.26/527.82

《青原志略》十三卷末一卷,清釋大然撰,清施閏章、方以智補輯。清康熙八年(1669)于藻刻本。四冊。半頁十行二十一字,左右雙邊,白口,無魚尾。框高17.9釐米,寬12.6釐米。題"青原山笑峰大然編稿;愚山居士施閏章補輯"。前有目録;黎元寬序,康熙八年施閏章序,康熙八年于藻序,王辰序;方以智撰《凡例》七則。

釋大然,字笑峰,一字嘯峰。雍正間長青原山寺三載。

施閏章,字尚白,號愚山,安徽宣城人。祖鴻獻,以儒學著。順治六年進士,授刑部主事。擢山東學政,秩滿,遷江西布政司參議,分守湖西道。康熙初,裁缺歸。民留之不得,醵金創龍岡書院祀之。十八年召試博學鴻詞,授翰林院侍講,纂修《明史》,典試河南。二十二年轉侍讀,尋病卒。著述有《學餘堂集》、《矩齋雜記》、《蠖齋詩話》等。《清史稿》卷四八四有傳。

方以智,字密之,安徽桐城人。崇禎十三年進士,授檢討。桂王稱號肇慶,擢右中允。扈王幸梧州,擢侍講學士,拜禮部侍郎、東閣大學士,旋罷相。清兵攻陷廣西平乐,易服爲僧,改名弘智,字無可,別號大智、藥地、浮山、愚者大師,定居江西廬陵青原山。康熙十年冬爲他事牽連,解往廣東,途經江西万安惶恐灘頭,卒於舟中。著書數十萬言,惟《通雅》、《物理小識》二書盛行於世。《清史稿》卷五〇〇有傳。

青原在江西安吉,爲禪宗七祖道場。七祖行思禪師得法曹溪,開山於青原。青原唐以前未顯,及行思禪師居此,始有名於一時。

是《志》原名"青原山志略",雍正間釋大然始創,稿草未竟,其門人繼爲增輯。施閏章分守廬陵吉州時,嘗病其蕪而删之十一。及閏章於康熙二年返臨陽,志稿仍未竟。適值藥地禪師繼大然長青原寺,閏章遂授志稿藥地,藥地易稿爲今名,卒成是《志》。

施閏章《青原山志略序》曰:"山經海志合九州内外爲一書,其言不煩。今窮山浚谷,爲佛老精舍之稍著者,尺寸而志之,游人詞客之言皆在焉,間取際之,不能終卷,以其罕所采擇,無與於大道也。青原之爲山,起平壤,回岡相抱,扃鑰層深,自七祖卓錫迄於今,稱祖庭,與曹溪埒。前十餘季,笑公始創爲山志,屬草未竟,其徒因而增輯。然唐以前名人罕至者,顏魯公、黃山谷、胡忠簡諸賢始有題詠,其餘紀載頗放逸。自明至今,作者遂多。余嘗芟其十一,病未卒業。會藥公來是山,故以歸之,出其餘力,搜括嚴穴,網羅舊聞,以紀形勝則周,傳古德則核,列詩記文辭則詳以雅。而又以此地爲先儒講學之所,祠館雖荒,俎豆故在,爲萃其語,略并錄之,合爲青原山志。"

是《志》記事至康熙八年。卷一《山水道場》,卷二《僧傳》,卷三《書院》,卷四《碑銘》,卷五《序》、《説》,卷六《游記》、《紀事》,卷七《疏引》,卷八《書》,卷九至一一《詩》,卷一二至一三《雜記》,卷末《張貞生上藥地和上》、《青原會館䦆荒畝緣起》。

《四庫全書總目》入史部地理類存目,著錄兩淮馬裕家藏本。《總目》曰:"青原爲吉州名勝,自唐行思禪師開山説法以後,遂爲巨刹。至明王守仁、羅洪先、歐陽德諸人於此講學,故第三卷特立書院一門,略記當時問對之語。而所采錄皆理之近於禪宗者,則緇流援儒入墨,借以自張其教也。"

康熙八年,于藻捐俸鋟板,其爲序云:"笑峰大師曾創一稿,愚山先生攜之去,捃摭未就,乃以屬藥地大師。師令門下士搜討遺逸而積錄之,山水道場,文事風物,高深大小,統類森羅,凡十有三卷。正襟倚杖,峻閣明窗,覽者各得,會心不遠,誰謂無觀其深者乎哉?余愧簿書,然席諸上臺之餘庇,歲豐民和,得以其暇,徜徉於泉石煙雲之間,樂觀成事,是亦不偶然矣,爰捐俸以付諸梓人。"于藻,字慧男,宛平人,時知廬陵縣事。

是本板漫漶甚,爲後印。

《中國科學院圖書館藏中文古籍善本書目》著錄清康熙八年于藻增修本。《中國古籍善本書目》不收。

0799　清乾隆刻本廬山志　　　　　　　T3035.26/012.83

《廬山志》十五卷,清毛德琦撰。清康熙五十八年(1719)刻乾隆五十八年(1793)補刻本。十六册。半頁九行二十一字,左右雙邊,白口,單魚尾。框高19.6釐米,寬13釐米。書口下鐫"順德堂"。題"星子縣知縣毛德琦重訂"。前有康熙五十九年(1720)白潢序,康熙五十七年(1718)龔嶸序,康熙五十九年王思訓序,康熙五十九年石文焯序,康熙五十八年毛德琦自序,康熙七年(1668)吴煒舊序,康熙七年李瀅舊序,明嘉靖四十年(1561)桑喬舊序;乾隆五十八年龔華跋;毛德琦撰《凡例》八則;目錄;引用書目;廬山總圖;重修廬山志爵里姓氏;廬山志詩文爵里姓氏考。

毛德琦,字心齋,浙江鄞縣人。恩貢,南康府星子縣知縣。

廬山地處江西之北,濱臨鄱陽湖畔,青峰秀巒巍峨挺拔,素有"匡廬奇秀甲天下"之稱。爲廬山譜志者代不乏人,今尚有宋陳舜俞《廬山記》、宋釋惠遠《廬山記略》、明桑喬《廬山紀事》,以及清吳煒、李瀅《增定廬山志》和清釋定嵩《廬山通志》等傳世。

毛德琦自序云:"明侍御桑子木謫居九江,遍歷博稽,倣《水經注》作《廬山紀事》,去今百六十年,書雖傳而板蠹矣。向琦謁選都門,得吳粲叟《山志》,博洽詳明,惜版亦不存,其書罕覯。今之《通志》爲僧定嵩所訂,割裂舊本,文不雅馴,不足觀也。琦自承乏茲土,日在寒山影里、流水聲中而不能實訪精求,一洗匡廬面目,山靈有知,不亦笑風塵吏之鄙且俗耶!抑亦有志未逮,爲極可憾也。況我皇上眷顧茲山,扶輿磅礴,御書宸翰,寵錫頻加,一時名公碩士揚休扢雅,炳炳琅琅,而續纂未詳,其何以藉華藻而表揚奇秀哉?此列憲所以屬琦重訂,琦何敢過以固陋辭!爰因桑、吳二《志》,彙而集之,或搜之散見他書者,證以身歷目覩,又與鄉人士詳校之,未備者補之緝之,糾紛者正之訂之。'山川分紀'多仍其舊,文翰則隨時而增。至於白鹿秀峰近事,一一恭紀,以昭曠典。凡兩易寒暑書成,總原本舊文,始終不敢攘爲己有,而没先民之矩矱也。"

《凡例》有"重訂"條曰:"因搜桑《紀》、吳《志》而合訂之,間有補、續,集二美而成一編。"

卷一《星野》、《輿地》、《祀典》、《隱逸》、《僊釋》、《物産》、《雜志》、《灾祥》,卷二至一三《山川分紀》,卷一四至一五《藝文》。

《凡例》八則,曰志山,曰重訂,曰增入,曰曠典,曰引用,曰編閱,曰道路,曰徵遺。

《四庫全書總目》史部地理類存目著録,《總目》曰:"是編取桑喬《廬山紀事》、吳煒廬山續《志》二書,匯而訂之……琦自序云'山川分紀多仍其舊,文翰則隨時而增',書之冗濫,二語已自道之矣。"

是《志》"編閱"條云:"星地瘠貧,登梨匪易,嗣後版藏邑署譙樓,惟冀後賢永爲什襲,毋令損失。"至乾隆五十八年,板始有補刻。

《中國古籍善本書目》不收。

0800 清乾隆刻本大嶽太和山紀略　　T3035.24/432.83

《大嶽太和山紀略》八卷,清王槩撰。清乾隆下荆南道署刻本。四册。半頁九行二十字,四周單邊,白口,單魚尾。框高19.1釐米,寬12.6釐米。前有乾隆九年(1744)王槩自序,宋邦綏序;《凡例》十則;修輯姓氏;目録;大嶽太和山分星璇璣翼軫圖。

王槩,字成木,山東瑯琊人,雍正十一年進士,官至兩廣鹽運使。

大嶽太和山爲道教名山,在襄陽府均州南百二十里,舊曰武當山,自秦漢以來,置武當縣、武當郡,皆因山名。武當山加號大嶽,易名太和,始自明季永樂間。其山爲峰七十二、崖三十六、澗二十四、臺九、洞九、井九、池十五、泉九、潭三、石七、洞天三、福地一、宫殿八、金殿一、元銅殿一。

王槩自序曰:"槩於辛酉歲被簡命,自西曹出守安襄鄖道,所轄襄陽屬之均州有大嶽太和山,舊武當山也,自唐以後,代奉真武尊神。其地於秦漢時置縣立郡,洎宋、元,又置軍分路,皆以武當名。及有明永樂間,加封大嶽,易名太和山,敕藩參典司歲祀。至我朝,復加崇重,聖祖仁皇帝屢遣部員内臣致祭,錫額賜帑,輝煌神嶽,我皇上特降諭旨,豁免山税。比於泰岱,其隆文徽號,儷與五嶽爭烈,稱鉅鎮焉。"

卷一星野、圖考,卷二山川,卷三聖紀、宮殿、祀典,卷四僊真、物產、拾遺,卷五諭、敕、旨、詔、書、詩、歌、贊、碑,卷六賦、碑、序、跋、贊、銘、文,卷七記、歌、詩,卷八詩。"圖考"載大嶽太和山全圖、八宮(净樂宮、迎恩宮、遇真宮、玉虛宮、五龍宮、紫霄宮、南巖宮、太和宮)圖。

修輯姓氏:總修王槩,時銜爲湖北布政使司分守安襄鄖下荆南道兼理水利按察使司僉事;纂修姚世倌、李之蘭;分修鄭家禹(襄陽縣學教諭)等六人;分校劉選等十人。

槩以大嶽太和山志久缺而纂是編,自序云,前明所編,已燼於兵燹之餘,至我朝康熙初年,有均州牧王君民皞,承觀察楊公素蘊所委,復爲搜葺,所刻又失於净樂之火,僅得山間所藏抄本。擬再爲刻之,猶嫌其辭浮於事,且多引科籙,頗近宋人清詞,疑道士家或有假而竄入之者,未敢盡信。而山經久闕,又不敢不及今以爲之紀,爰是不揣謭陋,於舊志採其言之雅馴,又參之以列史所載舊民所傳,爲"紀略"若干卷,寧約毋雜,寧質毋華。

作者復於《凡例》稱:"志取紀事,不以多文爲富。余家於山東,習聞岱嶽典故,所志自黄帝迄今,不過數帙。考《明史·藝文志》載《太和志》,編自宣德年間道士任自垣,僅五卷,今抄本至二十卷,恐多而不切,芟之,諸體不備,又不成志。僅紀其略,以備後採。"

《四庫全書總目》入史部地理類存目,題"太嶽太和山紀略",著録江蘇巡撫採進本。《總目》云:"是編乃槩官分守安襄鄖兵備道時所作。凡爲十類,曰《星野》,曰《圖考》,曰《山川》,曰《聖紀》,曰《宮殿》,曰《祀典》,曰《仙真》,曰《物產》,曰《拾遺》,曰《藝文》。較舊志蒐輯頗富,而亦不免於蕪雜。"

扉頁鎸"大嶽太和山紀略。乾隆九年纂。下荆南道署藏板"。

是本見於《中國科學院圖書館藏中文古籍善本書目》等書目。《中國古籍善本書目》著録大嶽太和山志明刻數種。

0801　清乾隆刻本南嶽志　　　　　　　　　　T3035.25/422.83

《南嶽志》八卷,清曠敏本撰。清乾隆刻本。八册。半頁十行二十字,四周雙邊,白口,單魚尾。框高 20.7 釐米,寬 13.6 釐米。題"前知衡山縣事癸卯科舉人高自位重編;知衡山縣事翰林院庶吉士黄宫、儒學教諭癸卯科舉人黄有福校訂;岣嶁曠敏本同輯"。前有黄岳牧序,舒成龍序,乾隆十八年(1753)曠敏本自序;目録。

曠敏本,字魯之,號岣嶁,湖南衡山縣人。乾隆元年進士,改庶起士。以病辭歸。乾隆十九年長嶽麓書院。工古文詩辭,著述有《周易啓蒙》、《鑒撮》、《岣嶁集》等。

衡嶽在衡山縣西北三十里,與泰、華、嵩、恒四嶽並峙,稱南嶽。衡嶽分野屬軫,軫星主長壽,是以衡山又稱壽嶽。

敏本衡山縣人,以病歸故里,爲衡山知縣高自位所延,撰此《南嶽志》。黄岳牧序曰:"辛未(乾隆十六年)夏,奉命守兹郡……前邑令高君見舊志湮蕪,延紳曠太史重訂,詳簡得宜,考覈悉當,圖記皆有要領。書成,寺僧以稿進,請序於余,因爲數語綴於簡端。"舒成龍序曰:"岳舊有志,距今已九十餘年,字漫滅大半。前謝令見其殘也,乃爲《紀略》,而岳形不具,兼歷代典制、名賢著述概未之登。嗣高令乃商邑庶常曠子,搜羅往牒,遍稽省郡志乘,旁采諸寺觀、雜録,訂譌補漏,屬草初就,而曠子於外,今黄令重加考校,書成矣。"黄岳牧、舒成龍時皆知湖南衡州府事。舒序所稱"舊志",即康熙三年刊《衡嶽志》。

此志設十六門,首有十六門分門總敘。卷一《星次》、《圖考》、《形勝》、《祀典》,卷二《書院》、《寺觀》、《物產》、《田賦》、《古跡》,卷三《碑碣》、《勝游》、《徑路》,卷四《仙釋》、《紀異》、《祝辭》,卷五至八《文藝》。《祀典》止於乾隆二十七年。

《書院》有敘稱:"趙宋中葉,名賢踵至。於時講學唱酬,衡山稱小洙泗焉。"下首列石鼓書院,初建於唐元和間,爲士人李寬所築,在石鼓山頂。至宋至道間,邑人李士真復就遺址重建。景祐間,集賢校理劉沆以書院上請,始賜額並學田,遂與睢陽、嶽麓、白鹿稱四大書院。入清所建者,有觀湘書院、中州書院、文昌書院、白山書院等。書院多爲義學,若文昌書院,其條下曰:"乾隆十年,吳集紳士呈請於該地設義學,知縣德貴因議於觀湘、明道、集賢三書院內,歲撥穀六十石,爲該書院館俸,均經通詳允行。"

卷四《仙釋》之首載七祖南嶽大慧禪師,傳曰,大慧諱懷讓,詣曹溪參六祖,得真傳,唐先天二年至衡嶽,居般若寺,嘗與馬祖問答,於天寶三年示寂,諡大慧。次載馬祖道一禪師,傳曰,馬祖開元中習禪於衡嶽傳法院,遇讓和尚,讓密授心印,從而四方學者雲集衡嶽,雍正十二年,清世宗加封爲普照大寂禪師。又載惟勁寶聞禪師,傳曰,禪師住南嶽般若寺,師事雪峰,與玄沙爲友,嘗續《寶林傳》四卷,又別著《南嶽高僧傳》,皆行於世。

扉頁鐫"南嶽志。乾隆癸酉重修。開雲樓藏板"。按,"癸酉"爲乾隆十八年。

是本書板漶漫。

《中國科學院圖書館藏中文古籍善本書目》等著錄。《四庫全書總目》、《中國古籍善本書目》皆不收。

0802　清康熙刻本嶽麓志　　T3035.25/234.81

《嶽麓志》八卷,清趙寧撰。清康熙二十六年(1687)鏡水堂刻本。八冊。半頁九行十九字,四周單邊,白口,單魚尾。框高19.5釐米,寬12.9釐米(據"新典紀"第四頁)。書口下鐫"鏡水堂"。題"丁大中丞鑒定;郡丞趙寧纂修;潙山陶之典訂"。前有康熙二十六年徐國相序,丁思孔序,金德嘉序,康熙二十六年姚淳燾序,黃性震序,鄭端序,趙廷標序,康熙二十六年趙寧自序,周聖楷原序,吳道行原序,陳鳳梧《嶽麓書院原序》;《凡例》六則;同修姓氏;目錄。是本首殘,徐序、目錄、古聖先賢像、"疆域"等抄配。

趙寧,字又裔,浙江山陰人。官長沙府同知。

嶽麓在湘江之西,一名靈麓,爲衡嶽七十二峰之一。嶽麓濱江而立,峭壁擎空,聯岍疊嶂,綿延數十里許。東面豫章瀏醴,北漾洞庭,峰頂懸絕磴如屏,禹碑其上刻。

《凡例》有專敘志書纂修一則,曰:"麓之有志,自明正德間創始於學使陳公鳳梧,屬稿者則山長攸人陳論也。越萬曆至於崇禎,兩經續筆。今所見獨郡人吳君道行崇禎年間所纂輯者。按吳《志》希引陳氏書,雖有美弗傳。茲編與潙山陶子五徵蒐討釐正,一遵丁大中丞鑒裁,而折衷於遂安毛君會侯,未敢苟爲經營也。然不欲盡汰吳稿,存瑜去瑕,多載原文,標曰'舊志',不忘前人之用心,兼示相承之有自也。"又曰:"舊志陳本已無從採訪,今祇據吳本增删,其中舛錯原自不少,況書冊歲久漶漫,模糊莫辨。"

趙寧自序謂:"余適承乏佐郡,鞅掌之餘,手披舊志,皆殘缺不可讀,遂旁搜廣輯,得以成書。"

是志記事至康熙二十六年止。卷一《新典紀》、古聖先賢像、嶽麓總圖、嶽麓書院圖、瀟湘八景圖,卷二《山水》、《古跡》、《新建》、《寺觀》、《疆域》,卷三《書院》、《列傳》、《興復公牒》、《紫陽遺蹟》、《題道鄉臺遺蹟》、《補南軒遺蹟》、《三書院説略》、《餼田》(食田舊紀、新增田地塘),卷四至八《藝文》(附《雜記》)。《雜記》一門爲佚聞佳話,其序曰:"志中山水之概、事蹟之勝,蒐討詳矣。然亦有辨疑徵異、曠舉奇人,不可以類附者,採而輯之,綴於編末,亦足以廣佚聞而永佳話。"

"同修姓氏"分作同纂、同輯,同纂有長沙府知府楊威盛等二十二人,同輯有長沙縣知縣朱前詒等六十三人。主纂爲趙寧。

嶽麓上得岣嶁之遺蹟,下傳書院之儀規,而嶽麓之重系在書院。嶽麓書院傳爲諸儒明道繼統之地,故謂"麓以嶽名,從嶽也;而嶽麓之離嶽獨稱者,以書院顯也"。

嶽麓書院於北宋開寶九年由郡守朱洞始創,南宋乾道元年,由張栻主教。朱熹亦嘗講學於此。卷三《書院》一門詳載書院沿革、書院廢興年表、書院廟祀、朱子書院教條、射圃書器等。趙寧序曰:"考宋開寶九年,郡守朱洞始創書院,咸平間,詔以國子監書賜焉。至乾道元年,南軒張氏來主教事,而紫陽朱子訪友星沙,聚徒講學,一時絃誦彬彬,擬於洙泗。"康熙初,嶽麓書院曾一度荒蕪,趙序云:"自丁大中丞下車以來,見學舍荒蕪,文教闕略,遂捐俸庀材,百廢具舉。生徒飆集景(影)從,考德課藝,爲數百年所未覯。且復聞之於上,以請賜書旌額,如盛宋故事。"康熙二十六年,巡撫丁思孔修葺書院,兩次疏請院額經籍,經部議諭允,又賜日講解義、十三經、廿一史等經史書籍,事見丁序。序曰:"余秉節南楚,經年之後,倡諸同志,修葺嶽麓書院。規模既具,條教漸陳,始循故事,疏請院額經籍於朝。因通志載朱、張講學之事未詳,議令查覆。於是備考新舊志書、《宋史》及諸家文集所紀述,再疏申請。蒙我皇上俞允,特命中翰恭齋御書賜額暨經史講義諸書,懸貯其中。"

是本刊於康熙二十六年。自序有"是書剞劂甫成,荷蒙皇上特賜宸翰并經史講義到院"語,丁思孔序亦稱,康熙二十六年,經部議諭允,又賜日講解義、十三經、廿一史等經史書籍,而長沙趙郡丞所修《嶽麓志》適於是時告成。

是本"同修姓氏"末、卷八《藝文》末等處似剜板痕蹟。

北京大學圖書館、上海圖書館入藏,題"長沙府嶽麓志"八卷首一卷。日本《内閣文庫漢籍分類目錄》等著錄。《四庫全書總目》入史部地理類存目,著錄浙江汪啓淑家藏本。《中國古籍善本書目》不收。

鈐印有"小學齋"、"名宦鄉賢之裔"、"先逸"、"子房"等。

0803　明崇禎刻本九疑山志　　　　　　　　　　T3035.25/4127

《九疑山志》九卷,明蔣鐄、俞向葵輯。明崇禎刻本。六册。半頁九行二十字,四周單邊,白口,單魚尾。框高22.5釐米,寬14.5釐米。題"明知寧遠縣事長洲蔣鐄重輯"。卷八、卷九題"明知寧遠縣事當湖俞向葵輯"。前有林士標序,梁應期序,蔣鐄序,崇禎五年(1632)俞向葵序,周希聖序,崇禎六年(1633)蔣向榮,崇禎四年(1631)裴叔度序,彭弼薇序。有圖,爲疑山八景。圖後有崇禎五年沈潛跋。末有潘十魯跋,趙宗孟跋。

蔣鐄,長洲人。舉人。萬曆四十七年至天啓四年,任湖南寧遠知縣。長於吏治,尤工文藻。公餘之暇,於邑中名勝多所品題,惜著作散佚,不能盡傳。《(嘉慶)寧遠縣志》卷六有傳。

俞向葵,平湖人。舉人。崇禎四年至六年,任寧遠縣知縣。

九疑山又名蒼梧山,在湖南省寧遠縣南,距縣城三十餘公里。主峰有九,爲舜源、娥皇、女英、桂林、杞林、石城、石樓、朱明、簫韶。《水經》湘水注云:"蒼梧之野,峰秀數郡之間。羅岩九峰,各導一溪,岫壑負阻,異嶺同勢,遊者疑焉,故曰九疑山。"此山山勢雄渾,龍蟠虎踞,控三湘,臨百粵,連峰接岫,競秀爭高。《史記·五帝本紀》載,舜"南巡狩,崩於蒼梧之野,葬於江南九疑"。《漢書·武帝紀》:元封五年"望祀虞、舜於九疑"。自唐始,歷宋至清,每年定期派遣官員前來祭祀,名人詩賦題刻多不勝舉。

卷一皇明御製祭舜陵文,卷二山、峰、巖、嶺、江、溪、池、澗、井、湖、洞、石,卷三古蹟、建置,卷四人物、遊寓、仙釋、山猺、土產,卷五文(碑銘、表、狀、祈晴文、廟文、圖記、銘、記),卷六文(記、碑記),卷七賦、詩,卷八詩,卷九詩。

是志乃鎬在前人基礎上加工而成。鎬序云:"九疑之名,雖見於經傳,而載紀漫無可考。余令延唐,九疑實爲賜履始至,掌記者以《九疑集》進,意爲法物,其文若詩二百餘篇……最後得一帙於鄉先生,稍次山水名蹟,游寓姓字,余因就輯之。合《舂陵》、《延唐》二志參訂,檢前集詩文先後文人之筆可錄者,存十之二,餘盡削之,而益以三唐之詩,爲茲山賦咏者若干首,爲《九疑山志》,三閱月告成。客有過余,請揚扢者,曰九疑山志,志自吾子肇矣。"

周希聖序又云:"山舊有志,前令蔣君刈繁就簡,輯刻於前。今守延唐者平湖俞君,茲又倩名筆繪圖首篇,俾覽者既可卧游,又增近時名家詩文若干首,備所未備。"

此本有"翰林院印"滿漢文大方印。查《四庫採進書目》,浙江省第一次採進書目著錄此書,今《四庫》存目所收爲兩淮馬裕家藏本,此當爲其時退還之本。

《四庫全書總目》入史部地理類存目。《中國古籍善本書目》著錄有八卷本,爲明萬曆四十八年刻本,上海圖書館、首都圖書館入藏。清代又有徐旭旦撰本,四卷,清康熙四十八年心誠堂刻本。

鈐印又有"金氏竹谿"、"嬾雲草堂藏本"。

0804　清乾隆刻本鼓山志

T3035.31/442.83

《鼓山志》十四卷,清黄任撰。清乾隆刻光緒二年(1876)補刻本。六册。半頁九行二十字,四周雙邊,白口,單魚尾。框高21.7釐米,寬13.9釐米。題"郡人黄任修輯;張伯謨參訂"。前有乾隆三十七年(1772)余文儀序,乾隆二十八年(1763)沈廷芳序,乾隆二十八年吴嗣富序,乾隆二十六年釋興隆序,乾隆二十六年德福序,葉觀國序,乾隆二十六年黄任自序,乾隆三十九年(1774)汪新序,李拔序;《凡例》八則;目錄。

黄任,字莘田,號十硯老人,福建永福人。生於康熙二十二年,卒於乾隆二十七年。康熙四十一年舉人。官廣東四會知縣,多善政。有硯癖,罷官歸,壓裝惟端石數枚,詩束兩牛腰而已。任性好賓客,長口辯,善書,尤工於詩。有詩集《香草齋集》。《清史列傳》有傳。

鼓山在福州東南,距郡城三十里。卷一《名勝》曰:"鼓山距郡城東三十里,屹立海濱,高可十五里,延袤數十里,郡之鎮山也。山巔有巨石如鼓。或云每風雨大作,其中簸蕩有聲,故名。郭璞《遷城記》云,右旗左鼓,全閩二絶。"

鼓山有志,始於明永樂間《靈源志集》。其後有黄用中,改爲"鼓山志",稿未成而罷。萬曆間,謝肇淛(在杭)、徐燉(興公)得黄氏遺稿,續成《鼓山志》十二卷。清初住持元賢再爲續纂,亦十二卷。是志則補輯謝徐、元賢二《志》而成。按,釋元賢俗名懋德,字永覺,自號荷山野衲,又號石鼓老人。年四十出家,歷主福州鼓山湧泉寺、泉州開元寺、餘杭翠雲庵、婺州普明寺、南平寶善庵,清順治十四年圓寂鼓山。所撰《鼓山志》十二卷,記事至順治十年,刻於清初。

《凡例》曰:"謝氏前《志》分綱列目,繁簡不一。後《志》因之。今概括以八類。"卷一《名勝》,卷二《寺院》(附橋亭、禪塔),卷三《古跡》,卷四《沙門》,卷五《田賦》,卷六《石刻》,卷七至一三《藝文》(碑、序、記、疏、銘、偈、賦、詩、詩餘、聯),卷一四《外紀》(附奏摺、告示)。卷首爲總圖。《沙門》傳開山師以下七十二代住持,並傳雖非住持,但有鉅功茂行之僧人。

鼓山以華嚴開山,歷百餘年,衍爲禪教南宗。唐德宗建中四年,福州郡從事裴胄奏請立寺,賜名華嚴。後梁開平二年,閩王復奏立鼓山湧泉禪寺。《沙門》有《志》,曰:"兹寺自華嚴開山,興聖宣教,衍爲曹溪正脈,嗣法有人,見於《傳燈》,所紀尚矣。"起唐開山靈嶠禪師,傳曰:"華嚴開山靈嶠禪師,未知何許人。先是鼓山有毒龍,每作風雨,損人禾稼。建中,郡從事裴胄請師遣之。師入山,誦《華嚴》於潭傍,龍出聽法,遂引去。裴公乃奏請立寺,賜名華嚴。"次五代神晏,神晏爲湧泉寺第一代禪師,傳曰,"梁開平二年,閩王奏立鼓山湧泉禪寺,具百戲香花,詣雪峰請師住持。仍(乃)奏賜紫衣,號定慧大師。後閩主延鈞加號廣辯圓覺興聖國師。"

《田賦》首有志云:"《閩郡記》云,唐末里人藍文卿捨田七千餘畝、屋五百間於雪峰,由是寺爲叢林第一。"又云:"湧泉禪寺自五代及宋,田賦稱盛,故山寺以興。勝國以來,豪右兼併,廑有存者,勝蹟名區,至今無以爲資,遭逃於他所,宜動有心者之感喟矣。今住持扶傾起廢而供億維艱,豈無有待於檀那之供哉?紀其存什一於千百者,而以宋元明故牒附焉,俾租庸舊額尚有遺册可徵云。"《凡例》亦曰:"寺田無幾,元賢後《志》無復記錄,然供億所出,不可不書。今備列續置香燈田於前,而附宋元明舊帙於後,俾觀者察其所以盛,知其所以衰……"殆明以降,鼓山寺院即艱於供養。

是《志》倡於遍照禪師,其有序曰:"國初,永覺老人以真儒度世,復承徐興公,以續稿見付,志乃大備,迄今百餘年已。隆駑鈍固陋,承乏住持十有三載,每思黽勉續修,奈緣時事不偶。戊寅(乾隆二十三年)春,制府楊公以勸農之便,入山問國朝敕賜御書藏經曾編入志不,隆慚謝無以對。由是錄文獻,剔苔蘚,搜古今名賢之遺文剩字,彌月稿就,延郡紳纂修,三年編葺成書。"禪師名興隆,時爲住持,黃任序云"前者山寺頗頹廢,遍師有重開忉利、再振精藍之功"。

此《志》成於乾隆二十六年,黃任時年七十九。自序曰:"考舊志始末,僧善緣著《靈源集》,黃用中改爲《鼓山志》,後謝在杭、徐興公、僧元賢相繼纂輯,及今復百餘年矣。舊板漫漶不可辨,記載亦未備。住持遍照和尚出元賢舊《志》,乞余續而成之。因細爲編閱,於舊志之佚者存之,繁者汰之,訛者正之,疑者缺之。不分綱目,統別八類,非故立異,究亦何必盡同。書成,私自喜曰,八十衰老之身,不復能仗履作謝康樂之遊,猶得從几帙之餘,如躬履其地……"

遍照禪師(興隆)序云:"山僧一言莫措,惟汲汲典瓶鉢,鍥棗梨,竊自幸曰,永祖百餘年不了之公案,今日完矣。"則是志當刊於乾隆二十六年前後。然卷一四"告示"已至乾隆三十七年,汪新序作於三十九年。又自卷二起,所題"郡守李拔鑒定"一行(李拔序未署作年),字體同卷一四附刻之奏摺、告示,因知三十九年前後有增修。

扉頁鐫"鼓山志。諸佛神明永居梵刹。十方海衆常住名山"。卷一末頁(第六頁)下鐫"光緒二年丙子住山比丘奇量仝衆補刻全部"一行。

杭州大學圖書館入藏,亦光緒二年補刻本。又見於日本《京都大學人文科學研究所漢籍分類目錄》,作"乾隆二十六年自序刊"。

《四庫全書總目》著錄清釋元賢撰《鼓山志》十二卷。《中國古籍善本書目》並錄明謝肇淛、徐𤊹撰《鼓山志》十二卷(明萬曆刻本)、清釋元賢撰《鼓山志》十二卷(清初刻本)。

0805　清康熙刻本道山紀略　　　　　　　　　　　　　　T3035.31/332.81

《道山紀略》不分卷，清蕭震撰。清康熙十一年(1672)刻本。一册。半頁七行十七字，四周單邊，白口，無魚尾。框高17.6釐米，寬11.1釐米。前有王逸題識；目録。

蕭震，字長源，號螯庵，一號青城山人，福建侯官人。順治九年進士，任山西道監察御史，丁父艱回籍。康熙十三年，耿精忠在閩武裝抗清，震密約王師，事洩，經死南城下，妻、妾、媳、婢四人並自盡。幼子大爵亡，及長，刺血書狀，歷控有司。雍正四年，督臣高其倬以狀進奏，贈世襲恩騎尉，祀福州褒忠祠。《清史列傳》卷六五、《清史稿》卷四八八、《國朝忠義私淑録初編》卷六有傳。

道山在福建閩侯縣城東南。作者有慨於閩之文獻泯然無傳，而著《道山紀略》。自跋曰："道山文之次於曾子固而亦可傳者，唐歐陽詹之《南澗石像記》、宋鄭昂之《剛顯廟碑記》、元貢師泰之《勉齋書院記》而已矣。余之紀《道山》也，序一、議一、碑一、記一、詩一、賦一、頌一、論一、辯一、原一、額聯一、考一、傳一、説一、解一、讀一、跋一、小論一百四十有九，並諸附文。而更有未作之芝山寺、鼓樓、串屋、西湖、城河、龍腰、靈源閣，凡七考，宜託於道山以見者，與唐、宋、元之三文，皆以遄行不及梓，而重有慨於閩之文獻泯然無傳也。"按，子固，曾鞏字。

《道山紀略》爲蕭震山川考記之一種。是書體例，每篇後低一字爲議論。依次爲：康熙十一年蕭震自序(小論八篇)，曾鞏道山亭記(小論五篇)，道山議(小論四篇)，百字碑(小論四十五篇)，鄰霄亭記(小論四篇)，道山詩(附包嚴介原詩、小論十二篇)，鄰霄石賦(小論十四篇)，德泉亭頌(小論三篇)，仰止亭論(小論五篇、附黨籍姓名)，劫石辯(小論五篇)，原假(小論三篇)，道山額聯(小論二篇)，古跡考(三十六景、小論三篇)，存山傳(小論八篇、疏議一段)，螯説(小論四篇、别序三篇、山水考額三十二篇)，韻解(小論六篇、書考三篇)，讀道山紀略(小論六篇)，跋(小論十二篇)。目録末有自識，曰："以上曾子固道山文一、震文一十有七、小論一百四十有九、别文三十有六、包嚴介詩一、黨人考一、三十六景考一、字書考三，共二百九篇。"

震於是編有所寄託，自序云："予於道山作《紀略》，《紀略》完，作序。序者，道山也；解者，非道山也。文在彼，見義在此也。蓋予自有解，非人之解，不求人之盡解也。"

作者生前爲文近二萬篇，所刊僅《道山紀略》。跋後小論有云："余二十一歲學古文，至今二十年，大小筆墨悉出自手，爲文近二萬篇，零落之後，尚存其伯之五六，分爲四十體，統之以十二篇，名之曰'螯庵存稿'。去歲，友人見之，請授梓。不勝其災梨之恐，且古人無年四十刻文集者，曷緩以俟之。頃奉命，以兼銜再入言路，信宿道山，前之存稿無暇集訂，此後吾稿之聚散更不可知，因刻《道山》一帙，以見其概。大半從造次中出之，不可謂非文，亦不敢曰文也。"

書中"玄"字避諱缺筆，"真"字不避諱，知非雍正入祀後刊。按，震卒於康熙十三年，之前已丁父憂回籍。其身後朝廷視同耿部，時達五十年之久，至雍正四年方以詔入祀，據此可推知，此書刊於十三年之前。而自序作於康熙十一年，雖未及刊事，其自跋有"此後吾稿之聚散更不可知，因刻道山一帙，以見其概"之語，則《道山紀略》或刻於序年。

兹本由王逸手寫上板，仿册頁，半頁自爲板框，逸有題識曰："螯庵先生有文二萬，存者數千，分四十體，統以十二篇。去冬因同人屢請，出其四十體各一之文，集諸家字，刻爲單牋。惜梓人不工，不稱意。兹偶得善手，適鄰霄亭成屬逸書《道山紀略》爲册葉。逸學書有年，役役風塵，竊欲附大手筆以傳，今得書先生文，可以無恨矣。"

扉頁鎸"道山紀略。蟄庵篇中山川考記之文之一"。

是書少有傳本。《中國古籍善本書目》入史部地理類山志,著錄爲康熙刻本,藏福建省圖書館。也見於臺北《"中央研究院"歷史語言研究所普通本綫裝書目》。《四庫全書總目》不收。

鈐印有"柴邦彥圖書後歸阿波國文庫別藏於江户雀林莊之萬卷樓"等。

0806　明萬曆刻本武夷志略　　　　　　　　　　T3035.31/145.75

《武夷志略》四卷,明徐表然撰。明萬曆四十七年(1619)孫世昌刻本。八册。半頁九行二十字,四周單邊,白口,無魚尾,書口下刻字數。框高20.8釐米,寬13.2釐米。題"武夷山人徐表然德望甫纂輯;邑人孫世昌登雲甫劂梓"。前有陳鳴華序,柴世埏序。末有彭維藩跋。有圖。

徐表然,字德望。崇安人。工繪事,嘉靖中嘗結漱藝山房於武夷第三曲。

武夷山,在福建省崇安縣城西南十公里,紅色砂巖構成的低山,爲福建第一名山。其有名可指之三十六峰、九十九岩,全由砂礫巖組成,不僅雕鏤百態,各盡其奇,且石色多彩,備極妍麗。危崖層叠,石壁燦然,宛若天邊之飛霞,故又稱爲丹山。

卷一爲題詠紀、序紀、圖繪紀、山水總圖、南唐御帖、國朝祀典、公移、九曲擢歌、五言絕句、七言絕句、五言律詩、七言律詩、五言古風、七言古風、長歌、武夷宮復田始末;卷二爲武夷萬年宮左諸勝並題詠(一曲至四曲);卷三爲五曲至九曲諸勝並題詠,附錄武夷雜詠;卷四爲諸賢圖釋、列仙圖釋。凡名勝古蹟,皆分附於山川,較他志尤便省覽。

武夷之有記,始於唐之陸鴻漸、杜光庭。其邑人著作則自宋劉道元始。據著錄,明代丘雲霄撰有《武夷山志》六卷,今佚。今存明武夷山志最早有四卷本,爲明勞堪撰,明萬曆十年刻;次爲十卷本,明江維楨輯,明萬曆二十三年安如坤刻。後又有《武夷山志》十九卷,明衷仲孺撰,明崇禎十六年刻本。

此志之纂輯,蓋因舊志草莽,表然"考實而删其蕪"。陳鳴華序云:"高弟德望徐生,結漱藝山房於三曲之巔。余素佳其志行端確,且擅詩畫,聲聞三吳。嘗從遊,多攜酒挾客,遍窮水陸,因取本山志,按景披圖,類多錯謬,與客相對太息。徐生曰:曾邑侯顧父母謂山志之敝也,以更志屬不肖,表以謏陋辭。繼而史父母亦以武夷舊圖舛謬,命表更而張之。余曰:噫!二使君深知子矣,夫名山大川,弗志之,與溝壑等;志之弗當,與無志等。子亟圖而次之,此山靈幸也。徐生唯唯而退。迨余參荆楚還,徐生已攜酒候舟中,於是與客再訂前遊,因出所輯《志略》一帙,且啜且玩,則三十六峰之丹峙巑岏,九曲之碧流繚繞,至於一水一石,向背低昂,恍然在目……至於閱寓賢,而知仰止之有人焉;閱仙真,而知洞天之靈異焉;閱題咏,而知山靈之潤色焉;閱建創、公移,而知肇始之所自及歷代之襃典焉。"

《四庫全書總目》入史部地理類存目。《中國古籍善本書目》著錄。中國國家圖書館、上海圖書館等二十館、臺北"國家圖書館",及美國國會圖書館、普林斯頓大學葛思德東方圖書館、日本内閣文庫亦有入藏。

此本卷末有荷蓋蓮花牌記,刊"萬曆己未仲冬晉江陳衙發刻,崇安孫世昌梓行"。

鈐印有"積學齋徐乃昌藏書"、"金匱俞謨藏書"。

館藏有複本一部,四册。亦有牌記。又有扉頁,刊"武夷山志。陳鳴華先生編定。載德堂藏板"。金鑲玉裝。

0807　明崇禎刻本武夷山志　　　　　　　　　T3035.31/145.7

《武夷山志》十九卷,明衷仲孺撰。明崇禎十六年(1643)刻本。十册。半頁九行二十字,四周單邊,白口,無魚尾。框高20.3釐米,寬14釐米。題"東魯衷仲孺訂修"。前有崇禎十六年孫朝讓序;蔣棻題韻;崇禎十六年張肯堂序;崇禎十四年(1641)徐𤊹序;徐開禧及黄景昉書札各一。目録後有圖并總序。

衷仲孺,字穉生。崇安人。邑庠生。才思豪邁,詩字兼長。崇禎間以巡撫張肯堂薦授廣東平遠知縣。《(民國)崇安縣新志》卷二六有傳。

卷一《名勝》一百四十三條,卷二《雲構》八十七條,卷三《題刻》二十四條(虹橋板附),卷四《仙真》二十七條、《羽流》九條(釋子附),卷五《存疑》十一條,卷六《物産》二十一條,卷七《游寓》四十八條,卷八《祀典》七條,卷九五言古詩七十六首,卷一〇七言古詩三十三首,卷一一五言律六十二首,卷一二七言律一百七十八首,卷一三五言絶句三十一首,卷一四七言絶句一百六十九首,卷一五詩餘十首、賦二篇,卷一六銘三篇、疏二篇、記二十三首,卷一七游記十四篇,卷一八餘韵八首、聯三副,卷一九《嗣訂篇》七十六首(爲詩文之續得者)。

徐𤊹序云:"兹衷君穉生,毓産是邦,慨然泚筆,咨詢耆宿,蒐採舊聞,會千古之精華,收累朝之月露,青山藴玉,發群岫以耀光;緑水懷珠,起萬川之晶影。歷經寒暑,爰輯斯篇,既就簡以删繁,復增新而證古。"

扉頁刊"武夷山志。衷穉生先生編定。秀振堂藏板"。是本卷七第九、十頁,卷九第三、四、二十六頁,卷一二第二十七、二十八頁,卷一六第十三、十四頁佚。

昔見清董説《豐草庵詩集》卷一有《秋日買〈武夷山志〉》詩,云:"城郭人民事事悲,秋風秋草正離離。名山自料無錢買,隨着新詩到武夷。"

《四庫全書總目》入史部地理類存目。《四庫》館臣云此書"體例龐雜,殊不足觀,掞藻一篇,幾及全書之半,尤乖裁制也"。《中國古籍善本書目》著録。中國國家圖書館、上海圖書館等七館,及日本内閣文庫亦有入藏。

館藏有複本一部,六册。

0808　清乾隆刻本武夷山志　　　　　　　　　T3035.31/145.83

《武夷山志》二十四卷首一卷,清董天工撰。清乾隆刻本。十册。半頁十一行二十四字,四周雙邊,黑口,雙魚尾。框高19.6釐米,寬13.1釐米。題"武夷董天工典齋編集;男勴、敕校刊"。前有乾隆十七年(1752)孫嘉淦序,乾隆十八年(1753)史貽直序,乾隆十八年蔣溥序,乾隆十九年(1754)楊緞序,乾隆十九年葉觀國序;來謙鳴彙編武夷山志敘;乾隆十六年(1751)何瀚序,乾隆十六年董天工自序;目録。是本闕卷首之第三十四、三十五頁。

董天工,字村六,號典齋,福建崇安人。居近武夷,性愛山水。雍正元年拔貢,官至安徽池州知府。乾隆初,於山東觀城知縣任上丁母憂去職,返武夷山,居其父董茂勳五曲溪畔所築流雲書屋,撰成《武夷山志》。五曲爲朱熹講學處。乾隆十一年任臺灣彰化縣儒學教諭,編《臺海見聞録》四卷。卒葬武夷山幔亭峰麓。

杜光庭《洞天記》謂武夷乃"第十六昇真元化洞天",其山九曲其境,古以道家洞天、釋氏道場聞名。宋代碩儒先後倡道講學於此，武夷之名遂揚於天下。是《志》曰，武夷山在崇安縣南三十里，發脈自西南白塔山，由筆架山一帶迤邐百里，踰超峰棠嶺融結。九曲溪發源於三保山，出大源山馬月巖，奔注數十里，經曹墩，合周、杉二溪，過星村，入武夷，折爲九曲，盤繞山中者約二十里，至山前渡合於大溪。晴川一帶爲一曲，浴香潭以北二曲，雷磕灘上下爲三曲，臥龍潭至古錐灘爲四曲，平林渡爲五曲，老鴉灘爲六曲，獺控灘以下爲七曲，芙蓉灘東西爲八曲，過淺灘爲九曲。其次第蓋逆流數之也，溪之全勢自西南趨東北。

武夷有舊志凡四，皆未稱全備，天工裒輯散佚成一帙，集歷代武夷山志之大成。董天工《凡例》曰："武夷山志自宋劉道元創始，嗣後程嗣祖、楊恒叔、藍世中、江仲魚、樊斗山、徐德望、衷穉生、李嘗之、李磊英、鄭慎庵、藍勳卿、王明府適庵、王草堂，皆有編輯。今得見者，惟衷穉生、徐德望、王適庵、王草堂四種，然衷穉生《志》板回祿，王適庵《志》板爲倪廣文懌仲所得，帶往晉江，王草堂《志》板爲陸明府扶照攜去嘉定，所存惟徐德望《武夷志略》一板，所載太簡。茲合四《志》，互參詳訂，彙成一編，敢云集山志之大成，庶幾俾夷山勝蹟、名賢詩文就今可見者，不致闕漏云爾。"

是志首列賢者、儒者、仙者繪像，而山分九曲以記。所列人物，則必身造是山者，統稱"名賢"而以類分。

卷首《凡例》、繪像，卷一至三《總志》，卷四《星野》、《形勢》、《祀典》、《敕封》、《頒賜》、《九曲全圖》、《九曲櫂歌》，卷五至七《一曲》，卷八《二曲》，卷九《三曲》、《四曲》，卷一〇至一一《五曲》，卷一二《六曲》，卷一三《七曲》、《八曲》，卷一四《九曲》，卷一五《山北》，卷一六《名賢》(理學、官守、主管)，卷一七《名賢》(尋勝、卜築、隱逸、節烈)，卷一八《方外》(仙、佛、羽流、釋子)，卷一九《古跡》、《雜錄》、《附錄》、《物產》，卷二十《藝文》、《山記》、《游記》，卷二一至二四《藝文》(山記、游記、雜記、序、賦、贊、雜著、騷、曲、詩、詩餘)。

有賢者之繪像凡十六人：楊時(號龜山)、胡安國(字康侯、號武夷翁)、胡寧(字和仲)、胡宏(字仁仲)、胡憲(字原仲)、胡寅(字明仲)、劉子翬(崇安人)、劉勉之(崇安人)、朱熹(祖婺源，十四歲遷居崇安)、蔡元定(蔡西山，崇安人)、蔡沉(崇安人)、游九言(文清公)、真德秀(號西山)、熊禾(崇安人)、趙抃、王守仁；儒者之繪像凡八人：楊億、劉夔(崇安人)、李綱、詹先野(崇安人)、詹天麟(崇安人)、杜本(崇安人)、董懋模(崇安人)、邱錫(崇安人)；仙者之繪像彭祖、武夷君、皇太姥以下凡十七人。圖三十二幅，每圖有贊、碑銘、題辭等。是本佚去仙之白玉蟾、徐熙春二圖。

《凡例》謂："凡志以人物爲重，而山志人物必身造是山者乃可載，又必各明其所以然，然後位置妥帖。舊志所載，總曰'寓賢'，殊無區別。茲編統稱'名賢'，而復各標其目。一曰'理學'，胡、劉、朱、蔡，講席在茲，師友淵源，宜歸星聚；一曰'官守'，謂嘗官閩地，山中有遺跡；一曰'主管'，謂予祠沖佑觀者；一曰'尋勝'，謂曾游山中，有題詠者；一曰'卜築'，謂創亭館與住室家者；一曰'隱逸'，謂高尚其志，終身不出者；至於貞節，關係綱常，既在山中，何可遺漏，一曰'節烈'。人物備矣。"

史貽直序："考武夷之蹟最古，其所稱武夷君、聖姥諸事，多荒誕不可信。六朝時，自顧野王講授其中，文學以顯。至宋趙清獻築吏隱亭於三曲，其後楊文肅、胡文定倡道於此，及朱子開紫陽書院，諸大儒雲從星拱，流風相繼，迄元明，以至於今，而閩學集濂洛關之大成，則皆講學此山者，爾山之名遂以甲於天下……今年春，族姪曾其方守建寧，郵寄彙志一編，則崇安邑紳董子天工所編輯也。余披之，部帙裒然，而刪繁補缺，綱舉目張，序次井井，不啻身親歷覽。適董子赴銓造謁,復述原委,請序於余。余既喜山之全勝畢備,且樂董子以吏治聞,而又具有此良史才,以克成余向者遊既不果、書又未就之志也。"史貽直,時爲經筵講官、太子太保、文淵閣大學士兼吏部尚書。

蔣溥序曰,武夷"昔之爲之志者,自劉道元以暨王草堂諸公,皆有纂集,而此詳彼略且多殘闕,是以余嘗神想武夷而曾不得全編,以恣臥遊,蓋風流之歇久矣。今年春,香河令董子天工謁余,道故之餘,出此志屬序於余……是董子之能,挾以俱成也,非其善承先業,殫竭搜討之力,未克臻此。"蔣溥,時爲經筵講官、太子少保、協辦大學士、戶部尚書。

此《志》刊於乾隆間,刻年未詳。天工自序曰:"武夷盡處爲平川,予生長於斯,聚室族於斯,於武夷奇巖秀石,素所遊歷,每覽舊志,互相逕庭。先君子偉庵公嘗有志覈宣修輯而未逮……余前年需次選東魯之觀城,令讀禮家居,感念先君子未逮之志,搜羅舊志,缺者補之,訛者正之,詩古文辭,採之各集,釋氏道流,檢之二藏,細繪山圖以傳真,摹勒賢像以表式,彙爲一編,付諸剞劂。"序作於乾隆十六年。

扉頁鐫"武夷山志。乾隆庚辰新輯。觀光樓藏板"。按,"庚辰"爲乾隆二十五年。原鈐"冰心玉壺"、"天工印"、"典齋"、"文瀾董記"諸印。

《中國古籍善本書目》入史部地理類山志之屬,中國國家圖書館、廣東潮安縣博物館藏。《四庫全書總目》不收。

0809 清康熙刻本羅浮山志會編　　　　　　T3035/6134

《羅浮山志會編》二十二卷首一卷,清宋廣業撰。清康熙五十五年(1716)宋志益刻本。十冊。半頁九行二十字,左右雙邊,白口,單魚尾。框高18.7釐米,寬13釐米。目錄題"分守山東濟東道僉事加八級長洲宋廣業纂輯;廣東肇慶府知府加五級男宋志益校鋟;翰林院檢討鳳城鄭際泰參訂"。前有康熙五十五年趙宏燦序,康熙五十五年楊琳序,康熙五十六年(1717)陳元龍序,康熙五十五年王朝恩序,武廷适序,鄭際泰序,宋廣業自序,鄭晃序;纂輯書目;目錄。末有康熙五十五年屠孝義後序;康熙五十六年吳中和跋,康熙五十五年謝有煇跋,宋志益跋。

宋廣業,字澄溪,長洲人。康熙四十三至四十八年任山東濟東道道台。其母管氏,相夫教子,敬奉姑婆,孝名甚著,康熙四十四年清聖祖東巡,誥封一品夫人,並賜"北萱映彩"匾額。廣業也有孝名,接母至署衙奉養,並建御書碑亭,建亭而得一甘泉,遂以《詩經》"孝子不匱,永錫爾類"句,命泉曰"不匱",盛傳至今。

羅、浮二山爲嶺南名勝,向稱神仙洞府,王朝恩序曰:"天下四大名山曰普陀、峨眉、五臺、九華,皆菩薩道場,而羅浮則神仙之洞府。自唐宋及明,常遣使致祭,列於祀典,其間神仙接踵。而理學之傳,濂溪、豫章、延平、白沙、甘泉相繼講學於斯,蔚乎人文之大觀,則又不專以洞天福地爲勝矣。"

羅浮自古不乏探幽紀異之作,至明始有專志。康熙五十二年,廣業因其子志益爲端州知府,就養官署,以舊志簡略,裒集志書山水志及羅浮山諸書,博採舊聞,廣徵軼事,考訂彙輯成《羅浮山志會編》一書。

卷首羅浮山圖並圖說,卷一《天文志》(星野),《地理志一》(疆域、名勝一);卷二《地理志二》(名勝二);卷三《地理志三》(名勝三);卷四《人物志一》(仙一);卷五《人物志二》(仙二、釋);卷六《人物志三》(名賢);卷七《品物志》(羽屬、毛屬、鱗屬、介屬、蟲屬、草屬、木屬、穀屬、菜屬、瓜屬、果屬、花屬、竹屬);卷八《述考志一》(典故、紀聞一);卷九《述考志二》(紀聞二、祥祲);卷一〇《藝文志一》(序、書、說、引);卷一一《藝文志二》(記一);卷一二《藝文志三》(記二、跋);卷一三《藝文志四》(疏、上梁文);卷一四《藝文志五》(賦、表、頌、贊、銘、騷);卷一五《藝文志六》(四言古詩、五言古詩);卷一六《藝文志七》(七言古詩);卷一七《藝文志八》(五言律詩、五言排律);卷一八《藝文志九》(七言律詩);卷一九《藝文志十》(五言絶句、七言絶句、詩餘);卷二〇《藝文志十一》(國朝各體詩、五言古、七言古);卷二一《藝文志十二》(五言律、七言律);卷二二《藝文志十三》(五言絶句、七言絶句、詩餘)。

是《志》有纂輯書目,載袁宏《登羅山疏》、竺法真《續羅山疏》、譚粹《羅浮集》、王冑《羅浮圖志》、白玉蟾《羅浮山志》、陳鵬飛《羅浮集》、陳璉《羅浮志》、黎民表《羅浮山志》、韓晃《羅浮野乘》、韓晟《羅浮副墨》、韓鳴鑾《羅浮圖志》、陶敬《羅浮山志》、李嗣玒《羅浮山志》、盧挺《羅浮山囊》、王煐《羅浮紀游詩》等。

《四庫全書總目》入史部地理類存目,著録兩淮馬裕家藏本。《總目》曰:"國朝宋廣業撰。廣業字澄溪,長洲人。康熙中官至山東濟東道。後因其子志益爲瑞州知府,就養官署。以羅浮爲嶺南勝地,而舊志簡略,遂重爲考訂,網羅闕逸,計事增舊十之五。後來羅浮諸志,多以是爲藍本云。"

是書編成,由志益就地刻於廣東,志益時爲肇慶知府。志益跋曰:"夫《志》之精覈詳審,閲者共知;若夫握管獨斷、取材之富、歲月之勤,有非外人所及見者。因付剞劂,而敬及之。"

中國國家圖書館、中國科學院圖書館也有入藏。《中國古籍善本書目》不收。

0810　清康熙刻本鼎湖山慶雲寺志　　　T3035.32/223.81

《鼎湖山慶雲寺志》八卷首一卷,清釋成鷲撰。清康熙刻乾隆印本。四册。半頁九行十九字,左右雙邊,白口,單魚尾。框高19.5釐米,寬13釐米。題"肇慶廉羅道加三級天中丁易學田甫總修;鼎湖慶雲寺住持釋成鷲跡删甫纂述"。前有康熙五十六年(1717)陳元龍序,康熙四十九年(1710)樊澤達序,康熙四十九年丁易序,吳柯序,王經方序,康熙五十六年宋志益序,賈棠序,康熙四十九年鄭際泰序,康熙四十九年孫毓玢序,王炳序;目録。末有成鷲跋;成鷲撰《與華林兩序書》。是本佚趙弘燦序、成鷲撰志後緒言。丁易序、宋志益序有抄配。《與華林兩序書》存第三、第七頁。

成鷲,字跡删,以世家子剃度爲僧,年七十餘,主鼎湖慶雲寺法席。工詩能書,通於老莊而好儒者之言。

廣東肇慶,秦漢稱"高要",隋唐置端州,宋以后爲肇慶府。鼎湖山在端水下游,肇慶府高要縣境内,去肇慶府治四十餘里。山在水坑,都高千餘仞,周百里屹然鼎峙,爲端州巨鎮,與丹霞、羅浮、西樵並稱。山頂有湖,四時不竭,天將雨,湖先出雲,或云上有龍湫,深不可測,旱則禱之能致雨,一名頂湖,一名天湖,一名雲頂。慶雲寺居鼎湖一隅。

是《志》兼載鼎湖山名勝,有曰:"今修山志,不可自分畛域。志中備載鼎湖所屬名山勝景,靡不兼收,貯作遊覽之文獻。"

《凡例》曰:"本山開創始末事異世殊,文獻無稽矣。山中碑碣未免互相矛盾,聚訟紛紜,不得已,新舊兩存,以俟公論。竊意以爲,當折衷於明尚書洪公諱天擢所撰《開山碑記》爲正。"又曰:"山中法屬,支分派遠,不可遍識。今志惟憑歷代戒録所載,布薩序臘,上中下座,井然不絭。""志中所載,悉從六代和尚手稿親授,照依原文,稍加刪補,庶免自用自專之咎,倘不謂然原文可質。"

卷首名勝圖十一幀,成鷲撰《凡例》十二則;卷一《總論》一篇,《星野疆域志第一》,《山川形勝志第二》,《殿閣堂寮志第三》,《創造緣起志第四》,《新舊沿革志第五》;卷二《開山主法志第六》;卷三《繼席宏化志第七》;卷四《清規軌範志第八》;卷五《耆碩人物志第九》,《檀信外護志第十》;卷六《登臨題詠志第十一》;卷七《藝文碑碣志第十二》;卷八《附山事雜志》。

成鷲跋曰:"鼎湖在昔,草昧未開,混沌未鑿,一箇囫圇,包含萬有。今既開之鑿之,久之,復還空劫。譬諸勾萌甲坼,漸有華實之可收,即當收之,無如時節未至,器未具也。予主鼎湖之明年,客有來自管城者,自稱毛公脫穎而出,揖予,言曰,時節至矣,請收芥子,以待將來。予可其請命,作僧史。既脫稿,出遇護法大人,見作隨喜,就此成書,總裁鑒定,付梓人焉。"按,所言"護法",即丁易,時任廣東分巡肇高廉羅道按察使司僉事。

丁易序略曰,戊子冬,跡公上人受衆敦請,入主法席,禪律兼舉,賞罰嚴明,遇有過譽,不少寬假。適予于役五羊,因郊送督學使崑來樊姻翁先生,復命還京,偕過禪室,坐談移時,公乃出其所著《鼎湖山志》,屬予總修。予弗獲辭,袖其草而歸,將成厥美,乃鳩工焉。

是書"弘"字缺筆,避高宗諱,或爲乾隆間剞板印本。不避清世宗諱。

《中國古籍善本書目》入史部地理類專志寺觀,無卷首,題"清丁易、清釋成鷲撰",藏中國人民大學圖書館、上海圖書館。《四庫全書總目》不收。

館藏複本一部(T3035.32/223.81/C2)。

0811 清康熙刻本雞足山志

T3035.34/216.81

《雞足山志》十卷首一卷,清范承勳撰。清康熙三十一年(1692)刻本。七冊。半頁九行十九字,四周雙邊,黑口,單魚尾。框高20釐米,寬14.6釐米。前有陸翼序,康熙三十一年王繼文序,康熙三十一年范承勳自序,本元序;目錄。是本佚卷一〇之五十七、五十八兩頁。

范承勳,字蘇公,遼寧瀋陽人。鑲黃旗漢軍,大學士文程子,浙閩總督承謨弟。初,以任子歷官御史、郎中。康熙二十四年授廣西巡撫,二十五年擢雲貴總督,三十三年遷都察院左都御史,尋授江南江西總督,三十八年授兵部尚書,三十九年命監修高家堰堤工,四十三年工成,加太子太保。五十三年卒。

是《志》曰,雞足山一名九曲巖,實居南徼,古屬西域。此名雞足山,梵語云"屈屈叱播陀",由漢唐而附中國,至蒙古始入版圖。考《傳法正宗》及晉僧法顯撰《印土名山記》、《大唐西域記》諸書,知爲迦葉尊者入定處,故其山遂與五臺、峨眉、普陀、九華並傳。《大明一統志》載,洱海東北百里有雞足山,《滇志》載賓川州西北七十里有雞足山,與郡志相符。

卷首曹延生舊序,沈天錫舊序,大錯和尚(錢邦芑)舊序,前有方正陽繪迦葉尊者守衣入定像,釋洪恩撰《雞足山迦葉尊者讚》,雞足山指掌圖,大錯和尚撰《雞足山指掌圖記》;卷一《考證》、《星野》、《形勢》;卷二《山水上》(山、峰、崖壁、林、洞、臺、坡、岡、嶺、石、峽、谷、箐、坪、窩、窟);卷三《山水下》(水、溪、澗、壑、瀑、潭、泉、池、塘、湖);卷四《寺院上》(寺、庵、閣、樓、殿、塔、祠);卷五《寺院下》(靜室)、《亭》、《坊》、《廟》、《橋》;卷六《人物》(禪僧、仙、道流、高隱、流寓、名賢);卷七《靈蹟》、《物產》;卷八至一〇《藝文》(宸翰、遊記、碑記、賦、詩)。

雞足山志,明崇禎間始創於徐弘祖(霞客),《志》稿今不傳,僅見於《徐霞客遊記》所附《雞足山志目》與《雞足山志略》。清順治間,大錯上人(錢邦芑)復撰《雞足山志》十卷,刊行於世,原《志》今亦不傳。

康熙三十年,承勳以雲貴總督游覽雞足山,於四觀峰頂觀風臺舊址建閣,名"天一"。次年,應雞足山僧人之請,續修《雞足山志》,承勳因得清初大錯上人《雞足山志》殘編,"刪其蕪陋,補其缺略",逾半年而稿成,付寺僧梓之。是《志》雖"倉卒經行,未暇冥搜幽討,備述其奇",其流傳久且遠。承勳自序曰:"雞足山得名於宇內,其來已久。余少時嘗聞遊滇者談其勝,心竊慕之。然在萬里荒徼外,名可得聞,地不可得而至也。今上二十五載,奉命總制滇黔,意以爲雞山之遊或可得,遂以抵滇,駐節於昆明池上,詢此山蓋在葉榆境內,距省尚數百里,每披滇乘,頗得其概,心益艷之,然束於官守,雖欲登覽而莫由也。辛未冬,奉旨巡歷金沙江,因會提軍於賓川城下,甫獲假道一遊。信宿而登絕頂,周覽形勢,方知此山發脈西域,來龍萬里,盤迴紆鬱,三嶺前伸,一岡後距,儼然雞足焉。中界二溪,支分派衍,恍有山陰道上千巖競秀、萬壑爭流之致,顧而樂之。因向寺僧索山志,僧曰無之。因詰之曰,斯山得名已久,雖遠居荒徼,往古無論已,自明迄今三百餘載,豈無高人達士徜徉探覽、紀其勝於車塵馬足之餘者乎?僧曰,昔曾有志,創於徐弘祖,輯於僧大錯,疊罹兵燹,板爲火燬,舊本散失無存,間有存者,亦不能無不純不備之感。余以巡歷事迫,疾驅去之。今年春,忽寺僧持舊志殘編至,且請增修。余思此山爲滇西名勝,不可無紀,退食之暇,聊爲刪其蕪陋,補其闕略,付寺僧梓之。雖余以倉卒經行,未暇冥搜幽討,備述其奇,然而斯山之勝約具於此,世有慕其名而未獲至其地者,一覽是編,俾萬里荒徼之山川,可一旦而遊於几席之近,豈非快事歟?至於山寺土田,多在賓、鄧二州間,盈縮無常,增損不一,其田糧賦役自有有司主之,志內俱略而弗載,懼混也。是爲序。"

《四庫全書總目》入史部地理類存目,著錄浙江汪啓淑家藏本。《總目》曰:"雞足山在雲南賓川州東一百里,一頂三支,儼如雞距,在蒼山洱海之間。相傳爲迦葉尊者入定處,佛寺最多,故志山者多述佛門之事。是編乃康熙三十一年承勳因舊本增修,分圖記、考証、星野、形勢、山水、寺院、人物、靈蹟、物產、藝文,凡十門,而以迦葉像讚冠於卷端焉。"

《中國科學院圖書館藏中文古籍善本書目》等著錄。《中國古籍善本書目》著錄清高喬映撰《雞足山志》稿本,藏雲南省圖書館。

0812　清乾隆刻本山水二經合刻

T3037/7988D

《山水二經合刻》,清乾隆黃晟槐蔭草堂刻本。十冊。闕名過録清戴震朱墨校注二十六則並題識二則,胡適跋二則並校一則。半頁十一行二十一字,四周單邊,黑口,單魚尾。框高18釐米,寬13.3釐米。

《山海經》與《水經注》合刻,前有明嘉靖間吳郡黃省曾本,兩種皆《山海經》十八卷、《水經注》四十卷。《中國叢書綜録》著録《山海經》在前、《水經注》在後,此本則《水經注》在前、《山海經》在後。以其題名爲"山水二經合刻",又《水經注》末鐫有牌記(《山海經》末無),當《山海經》在前,《水經注》在後。

《水經注》四十卷,題"漢桑欽撰;後魏酈道元注"。前有明嘉靖十三年黃省曾序,萬曆十三年王世懋序,萬曆四十三年朱謀㙔序,萬曆四十三年李長庚序,《北史》酈範本傳、《北史》酈道元本傳,乾隆十八年黃晟跋,歐陽玄《補正水經》序,目録。

酈道元,字善長,范陽涿鹿(今河北涿鹿縣)人。父酈範任青州刺史、尚書右丞等職,爵位至公爵。道元幼年隨父赴任,後繼父爵位,封爲永伯侯,歷任太尉掾、侍御史、冀州鎮東府長史、潁州太守、魯陽太守、東荊州刺史、河南尹、黃門侍郎、侍中兼行臺尚書、御史中尉等職。卒爲雍州刺史蕭寶寅所害。事蹟具《魏書·酷吏傳》。

卷一至四河水,卷五河水、漯水,卷六汾水、澮水、涑水、文水、原公水、洞渦水、晉水、湛水,卷七至八濟水,卷九清水、沁水、淇水、蕩水、洹水,卷一○濁漳水、清漳水,卷一一易水、滱水,卷一二聖水、巨馬水,卷一三濕水,卷一四濕餘水、沽水、鮑丘水、濡水、遼水、小遼水、浿水,卷一五洛水,卷一六穀水、甘水、漆水、滻水、沮水,卷一七至一九渭水,卷二○漾水、丹水,卷二一汝水,卷二二潁水、洧水、潩水、潧水,卷二三陰溝水、汳水,卷二四睢水、瓠子水、汶水,卷二五泗水、沂水,卷二六沭水、巨洋水、淄水、汶水、濰水、膠水,卷二七至二八沔水,卷二九沔水、潛水、湍水、均水、粉水、白水、沘水,卷三○淮水,卷三一滍水、淯水、㶕水、灈水、瀙水、潕水、滇水,卷三二漻水、蘄水、決水、泚(一作沘)水、泄水、肥水、施水、沮水、漳水、夏水、羌水、涪水、潼水、浧水,卷三三至三五江水,卷三六青衣水、洹(一作桓)水、若水、沫水、延江水、沅西水、存水、溫水,卷三七淹水、葉榆水、夸水、油水、澧水、沅水、浪水,卷三八資水、漣水、湘水、灕水、溱水,卷三九匯水、深水、鍾水、耒水、洣水、漉水、瀏水、㵋水、贛水、廬水,卷四○漸江水、斤江水。

《四庫全書總目》入史部地理類,著錄《永樂大典》本。《總目》曰:"自晉以來,注《水經》者凡二家,郭璞注三卷,杜佑作《通典》時猶見之,今惟道元所注存。《崇文總目》稱其中已佚五卷,故《元和郡縣志》、《太平寰宇記》所引漎沱水、涇水、洛水皆不見於今書。然今書仍作四十卷,蓋宋人重刊,分析以足原數也。是書自明以來,絕無善本,惟朱謀㙔所校盛行於世,而舛謬亦復相仍。今以《永樂大典》所引,各案水名逐條參校,非惟字句之訛層出疊見,其中脫簡錯簡有自數十字至四百餘字者。其道元自序一篇,諸本皆佚,亦惟《永樂大典》僅存,蓋當時所據,猶屬宋槧善本也。謹排比原文,與近本鉤稽校勘,凡補其闕漏者二千一百二十八字,刪其妄增者一千四百四十八字,正其臆改者三千七百一十五字。"

闕名過錄戴震(署作"東黌氏")題識二則(胡適稱作"總例"),一在目錄末,一在卷端。

迻錄其一全文:"酈氏書四十卷,宋時已亡其五卷。今之四十卷乃鄙陋之徒妄析三十五爲之。故有上卷之注割爲下卷端首者。至如所題'沔水下'當在'沔水中'之前。又使經誤入注,注誤爲經。潁水、淇水、渭水中,經注前後淆亂。余以兩月之力,方得其緒,深惜此書之晦蝕於今數百年也。東黌氏記。"

迻錄其二全文:"凡注內用硃筆雙抹者,經誤入注也。其注之誤爲經者,並用單抹。本水以硃,入本水者以藍,又入所入水者以墨,墨有粗細之別。其本水分出之枝水,亦同此例。是書以考水地爲主。其無關考證,及援引謬誤者,悉鉤乙其處刪之。"

戴震(書眉)墨筆校注計二十六則(卷一四則,卷二七則,卷五十五則)。

胡適跋二則。

跋其一,封面題"跋哈佛大學藏的過錄戴東原校《水經注》殘本(上)",跋文題"記哈佛大學藏的《水經注》所過錄的戴東原校改殘本",下署"胡適"。此跋題於一九四三年十二月(末題"卅二,十二,十三夜"),計十六頁(有適自標其十行二十字豎寫稿紙頁碼)。跋曰:"十一月底,楊聯陞君來信説:哈佛大學有一部黃晟刻的《水經注》……有一位自稱'東黌氏'的先生用硃墨筆批校,似乎也是獨立發現經注混淆的一位。他自稱'余以兩月之力,方得其緒',不過也只校了六卷……過了幾天,裘開明先生把這部《水經注》的前兩册寄來了。昨夜我細看此本上的校語,忽然大悟,這是一位不知名的先生用來過錄戴東原的乾隆乙酉(三十年)的《水經注》校改本,只鈔了一小部分就中止了的。"此跋考證是本爲闕名過錄戴震校語:"鼂是原字的古文","東原的校本兩種,官本校語甚簡略,而自刻本則全無校語。他死在《水經注》兩種本子印出後的第三年;他死後,他的《水經注》校語詳本更沒有整理印行的機會了。哈佛大學藏本過錄的東原校語雖然不完全,又不多,但這些校語頗可以使我們看出東原校改《水經注》的方法與功力,所以是很可寶貴的材料。""以上原刻本'經文'二十四條,東原改定爲經文六條,注文二十一條。後來戴校官本的這一部分即與此本相同;稍不同的只有官本經文第一條改回'過平縣北'四字,第五條增一'北'字;注文第二條改'又'爲'右'。這可見這個改定經注本的重要性。"

跋其二,計六頁(亦自標頁碼),首題"再跋哈佛本《水經注》過錄戴校殘本",下署"胡適"。首起曰:"哈佛本卷二頁七有兩條經文:北河又東,逕莎車國南。北河之東南逕温宿國。墨筆改第一條的'北河'爲'枝河',又硃筆鉤去第二條的'北河'二字,墨筆改'之'爲'又'。此兩條最可以證明此本確是戴東原的乾隆乙酉校本。"末段曰:"又按,此兩條,趙一清本也改作注文,但都仍作'北河'。又按,所謂'全祖望校本'也都仍作'北河',改作'枝河'的,只有戴本。故哈佛本校記均出於'東鼂氏'更無可疑。"此跋作於次年(一九四四年)一月,末署"卅三,一,廿四夜,舊曆除夕,夜半後作此短跋"。

又有胡適鉛筆校注一則,卷二"北河之東南逕温宿國"上注曰:"適按此條經文當有硃筆單抹。"

黃晟跋曰:"夫古人著述,原以昭示後人,而傳世行遠,尤藉後人保護而珍藏之。第萬物與時消息,維彼金石,尚有磨磷,區區棗梨,興毀又奚足怪哉?此予所以覽舊刻而不禁慨然也。方今水利宏開,寰宇稱便,渠河溝洫,皆廑宸衷,則是《水經》一書胡可淹替。援取舊本重爲校刊,俾作之於前者,得以流傳於後,聊存好古之心,用普同人之願云。"

歐陽玄序末低一字鐫黃晟注,曰"正甫書惜不見,得圭齋此序,經注之源流了然矣。是篇載《元文類》中,附鋟之,以便讀者"。

《山海經》五卷,晉郭璞撰。題"晉郭璞傳"。前有郭璞自序,劉秀撰《上山海經奏》,楊慎撰《山海經後序》,目錄。

郭璞,字景純,河東聞喜人(今山西省聞喜縣)。晉元帝時升著作佐郎,遷尚書郎,又任將軍王敦記室參軍。以力阻敦謀逆遭戮,年四十九。追賜弘農太守。晉明帝於玄武湖側建郭璞衣冠塚。精易學,注釋《周易》、《穆天子傳》、《方言》、《爾雅》等。

卷一《南山經》,卷二《西山經》,卷三《北山經》,卷四《東山經》,卷五《中山經》,卷六《海外南經》,卷七《海外西經》,卷八《海外北經》,卷九《海外東經》,卷一〇《海內南經》,卷一一《海內西經》,卷一二《海內北經》,卷一三《海內東經》,卷一四《大荒東經》,卷一五《大荒南經》,卷一六《大荒西經》,卷一七《大荒北經》,卷一八《海內經》。

《水經注》扉頁鐫"水經注。天都黃曉峰校刊。槐蔭草堂藏版",卷末鐫牌記,曰"重校刊於槐蔭草堂"。《山海經》扉頁鐫"山海經。天都黃曉峰校刊。槐蔭草堂藏版",卷一題名下鐫"天都黃晟鑑定"。

《中國古籍善本書目》不收。

鈐印有"小摶閱本"、"小摶"、"朿氏"、"惟有讀書高"、"新田氏"、"三尺劍五車書"、"我思古人"。

館藏有複本一部(T3037/7988.46),爲後印本。十册。卷一第一頁重雕,原板首行末所鐫"天都黃晟鑑定"長方印,此本位置上移,右下角鐫"古閩張惟馨重校"一方印,此頁書口下鐫"東

史　部

壁垣藏板"五字。扉頁鐫"重校天都黄氏本水經註册卷",又牌記鐫"古閩晏湖張氏勵志書屋開雕"。鈐印有"西山曹氏珍藏"、"用貽我賢子孫"。

0813　清乾隆刻本水經注釋　　　　　　　　　　　　T3037/7988.46

《水經注釋》四十卷首一卷《附録》二卷《水經注箋刊誤》十二卷,清趙一清撰。清乾隆五十九年(1794)小山堂刻本。三十二册。半頁十行二十二字,左右雙邊,白口,單魚尾。框高 20 釐米,寬 14.1 釐米。書口下鐫"東潛趙氏定本"。題"仁和趙一清誠夫録"。

趙一清,字誠夫,號東潛,浙江仁和(今杭州)人。少稟父昱教,學於全祖望,從事根柢之學,一時詞章之士,莫能抗手。著述有《東潛詩文稿》、《水經注刊誤》、《直隸河渠志》。

卷首乾隆五十一年畢沅序,全祖望序,乾隆十九年趙一清自序,《水經注》原序(附趙一清題識),水經注釋參校諸本(附趙一清題識),《北史》酈範本傳,《北史》酈道元本傳,目録(附趙一清題識)。卷一至四河水,卷五河水、漯水,卷六汾水、澮水、涑水、文水、原公水、洞渦水、晉水、湛水,卷七至八濟水,卷九清水、沁水、淇水、蕩水、洹水,卷一〇濁漳水、清漳水、卷一一易水、滱水,卷一二聖水、巨馬水,卷一三㶟水,卷一四㶟餘水、沽水、鮑丘水、濡水、遼水、小遼水、浿水,卷一五洛水,卷一六穀水、甘水、漆水、滻水、沮水,卷一七至一九渭水,卷二〇漾水、丹水,卷二一汝水,卷二二潁水、洧水、潩水、潧水,卷二三陰溝水、汳水,卷二四睢水、瓠子水、汶水,卷二五泗水、沂水,卷二六沭水、巨洋水、淄水、汶水、濰水、膠水,卷二七至二八沔水,卷二九潛水、湍水、均水、粉水、白水、比水,卷三〇淮水,卷三一滍水、淯水、㶄水、灈水、瀙水、潕水、㵲水,卷三二澺水、蘄水、决水、泚水、泄水、肥水、施水、沮水、漳水、夏水、羌水、涪水、潼水、涔水,卷三三至三五江水,卷三六青衣水、洹水、若水、沫水、延江水、沅西水、存水、温水,卷三七淹水、葉榆水、夸水、油水、澧水、沅水、浪水,卷三八資水、漣水、湘水、灕水、溱水,卷三九匯水、深水、鍾水、耒水、洣水、漉水、瀏水、潰水、贛水、廬水,卷四〇漸江水、斤江水。

附録上、下二卷,輯録《隋書·經籍志》、新舊《唐書·經籍志》、《通志·藝文略》、《郡齋讀書志》、《文獻通考》、《玉海》、《新唐書·藝文志》、《史通》、《唐六典注》、《困學紀聞》、《西溪叢語》、《埤雅》、《丹鉛總録》、《升庵全集》、《詹氏小辨》、《廣陽雜記》、《讀史方輿紀要》、《尚書古文疏證》、《潛邱劄記》、《禹貢錐指》、《禹貢圖説》、《隸釋》、《讀書敏求記》、《元文類》等書有關《水經》之敘述,並加以考證。

自序曰:"(《水經注》)其間缺失五卷,始記於《崇文總目》,暨宋南渡中原,文獻或失其傳,學士大夫罕言其義,雖嘗補於元、刊於明,日月寖久,譌舛實多。南州朱鬱儀中尉起而箋之,疑人之所難疑,發人之所未發,論者以爲三百年來有數之作,余愛之重之,忘其固陋而爲之釋。釋之云者,所以存朱氏之是,兼弼酈亭之違也。録取片長,便成佳證;助之張目,足爲快心。若夫箋有繆盭,則削而投之,所遺漏則補之,别爲刊誤,不欲羼入卷中惑人視聽。間關歲月,始勒成編。"

《四庫全書總目》入史部地理類,著録浙江巡撫採進本。《總目》稱其"考據訂補,亦極精覈",卷首列所據以校正者凡四十本,雖其中不勉影附夸多,"然旁引博徵,頗爲淹貫。訂疑辨訛,是正良多。自官校宋本以外,外間諸刻固不能不以是爲首矣。"

《水經注》原序所附趙一清題識曰:"此是酈亭原本,孫潛夫從柳大中鈔本録得,惜其失亡已大半矣,然吉光片羽,要爲天下至寶,而自篇首至其鴻深也,《詹氏小辨》能舉之,則在明中葉此序未亡可知,而楊用修、黃勉之二家刻書反遺之,何也?昔義門何氏最稱博覽,深以不見此序爲憾,僅從《玉海》摘取《大禹記》著數語而云必得宋本乃爲全篇,則予今日之獲,較之先正不既多乎?"署"東潛邨民"。

參校諸本所附趙一清題識:"以上諸本予悉取之,與明南州朱謀㙔中尉箋相參證,録其長而舍其短。第見聞有限,頗懷生晚之歎,觀者幸勿哂其陋也。古老傳言馮祭酒夢禎以經注混淆,間用朱墨分勾乙,其本惜未之見。"

扉頁鐫"水經注釋。乾隆甲寅年。小山堂雕"。按,"甲寅"爲乾隆五十九年。

《中國古籍善本書目》入史部地理類水志,著録名家批校題跋本多種。中國科學院圖書館、上海圖書館等入藏。

鈐印有"韓原陳氏"。

0814　手稿本水經釋地　　　　　　　　　　　　T3037/7988.12

《水經釋地》八卷,清孔繼涵撰。手稿本。一册。半頁九行二十一字,四周雙邊,白口,單魚尾。烏絲欄,書口中鐫"芳杜軒"。毛裝。題"葡孟隱"。無序跋。

孔繼涵,字體生,一字葡孟,號荭谷。孔子第六十九代孫。山東曲阜人。乾隆三十六年進士,官至户部河南司主事,充《日下舊聞》纂修官,以母疾乞養歸。翁方綱撰墓誌銘云:"雅志稽古,於天文、地志、經學、字義、算術之學,無不博宗。官京師七年,退食之暇,輒與友朋講析疑義,考證異同,凡所鈔校者數千百帙,集漢唐以來金石刻千餘種……遇藏書家罕傳之本,必校勘付鋟,以廣其傳。"精天算,與戴震爲姻親,爲之校刻《休寧戴氏遺書》。另刻有《微波榭叢書》、《算經十書》等,爲世所稱。自著有《紅欄書屋文稿》七卷、《詩稿》四卷,及《春秋世族譜》、《左國蒙求》、《水經釋地》等十餘種,多見於《清史稿·藝文志》。《清史列傳》卷六八有傳。

是書專爲釋《水經》地名而作,故名"釋地"。以經文爲脈絡,取《水經》各水道所經州郡、國邑、山川、古跡之名,條繫句舉,注釋其下,詳述其地名歷代沿革變遷,尤詳於今地所在。繼涵精於考據之學,與戴震交誼素篤,故先録戴校精要之語,釐定經注本文,再就地名加以考釋,體制齊整。所引他書有正史、《括地志》、《元和郡縣圖志》等數十種,尤以戴震校《水經注》、陳芳績《歷代地理沿革表》二書爲多。卷一卷端下有"乾隆癸巳秋輯"六字,知是書始作於乾隆三十八年。

胡適有《跋孔繼涵〈水經釋地〉稿本》一文,載《大公報》1948年8月30日第四版。其所見爲一册本,不分卷,原藏李氏麐嘉館,後歸北京大學。據胡文稱,該本爲繼涵親筆抄寫,稿本騎縫上有日記二十三條,記其抄寫時間,起自乾隆四十六年閏五月廿七日,至次年十二月廿二日抄畢。胡適以光緒六年章氏刻本《水經釋地》對校,刻本以戴震改定之《水經》一卷爲綱領,録《水經》全文並酈道元注,北大稿本則僅舉經文中待釋之地名,不抄戴氏所輯酈注;戴震官本《水經注》内考訂經文之校語,刻本全收而北大稿本不抄;所引他書長篇文字,北大稿本僅注"有長案"或某書"云云"而不抄全文,刻本注文皆全;有些地名如"沫水篇"之廣柔、旄牛、靈道,"青衣水篇"之青衣、南安,"若水篇"之邛都、會無、朱提,刻本皆釋而北大稿本無,稿本還有遺漏地名,如費縣、西隨縣等。

哈佛此稿原爲兩册,合訂爲一册。經與《昭代名人尺牘》及臺北"國立中央圖書館"善本題跋真跡》比對,是書亦繼涵親筆所抄。北大稿本上的二十三條日記,只"辛丑十一月十四日,大雪竟日,抄"、"壬寅十月十八日,小雪"兩條見於此本卷六首頁和卷八首頁下,另有三條墨筆題記爲北大本所無,分別見於卷六第四頁下"十七日抄自十五,至此皆大霧"、卷八第十頁下"壬寅十二月十八日,歸自念典堂,燈下抄"、第二十二頁下"壬寅十二月二十二日午,自謙慶堂歸,抄完"。哈佛本尚有孔氏朱筆校注,批注常有"繼涵案",並有兩條朱筆題記,分別見於原第一册和第二册末頁板框外:"壬寅冬十二月廿七日早起,雪,午晴,又點一過。""壬寅十二月廿九日,早起,校點竟。"知抄完後,孔氏復以三日校改一遍,時在乾隆四十七年十二月。轉年冬,繼涵歿。

原第一册本爲三卷,繼涵將其析爲五卷,塗改原有卷標,並以朱筆劃線分段,在頁眉處書"水經釋地卷某",在書口中間加"卷二"、"卷五"。原第二册則順次爲卷六、卷七、卷八。顯因水系分布地區釐分卷次,由此尚可見從底稿不分卷至成稿八卷之形成過程。此外,北大稿本中未釋之地名,在哈佛本中皆有,"沫水篇"、"青衣水篇"、"若水篇"地名皆在卷七之始,哈佛本中引《滇紀編年》文字亦均與刻本同;北大稿本中未抄全文的長篇案語,在哈佛本中多以另紙抄寫粘貼,遺漏地名亦補注其間。以上種種,可知哈佛此本當爲北大稿本之後繼涵親筆抄寫的另一手稿本,乃對前一稿本增補、分卷、謄清、校訂之本,故哈佛本更接近於後來流傳之刻本。檢諸《北京大學圖書館藏古籍善本書目》,著録有兩部《水經釋地》稿本,一爲一卷一册,即胡適所見之本;一爲八卷四册,作"清乾隆原稿清本"。四册本或爲哈佛本後、最終謄定之本。胡適猜測:"孔繼涵著《水經釋地》有兩種稿本,一是詳稿,大致等於現行刻本的規模;一是簡稿,專抄釋地部分,即是這部稿本。"實則是書自乾隆三十八年秋始編,至四十六年冬定稿,其間多次修訂,致有不同稿本,胡適未見哈佛此本,所謂簡、詳稿之説,臆斷而已。

芳杜軒,據《清人室名別稱字號索引》,爲孔傳鉦之室名。傳鉦係第六十七代衍聖公孔毓圻之子,正一品蔭生,繼涵之父。

《清史稿·藝文志》地理類山川河渠之屬著録。李慈銘《越縵堂讀書記》同治己巳(八年)三月十二日讀孔荭谷《雜體文稿》七卷、《水經釋地》八卷,稱是書"條舉《水經》,而專釋其所載地名;辨證古籍,而實指其今爲何地,自爲讀桑《經》者所不可少"。《續修四庫全書總目提要(稿本)》收入,並云:"專爲解釋《水經》地名之書,究以此爲先河。"

《中國古籍善本書目》史部地理類著録北京大學圖書館稿本。《微波榭遺書》中收入此書。光緒六年,會稽章壽康得此書稿本,刻以行世。南陵徐乃昌又據之刊入《積學齋叢書》。1971年臺灣藝文印書館《叢書集成續編》第二集收入,底本爲《積學齋叢書》本。

0815　明刻本河防一覽榷　　　　　　　　　　　　T3039/3627.2

《河防一覽榷》十二卷,明潘季馴、潘大復撰。明刻本。六册。半頁八行二十字,四周單邊,白口,單魚尾。框高22.2釐米,寬12.2釐米。卷一目録頁題"吳興潘季馴時良父著;男潘大復徵復榷;孫潘振藻生、潘湛朗叔校"。前有萬曆十九年(1591)于慎行序,萬曆十八年(1590)潘季馴序。

潘季馴,字時良,號印川。烏程人。嘉靖二十九年進士。授九江推官,擢御史,巡按廣東,行均平里甲法,人民便之。累遷工部尚書、右僉都御史。前後四奉治河之命,功蹟最著。在工二十七年,習知地形險易,增築設防,置官建閘,下及木石椿埽,綜理纖悉。《(乾隆)烏程縣志》卷六有傳,甚詳。

潘大復,季馴子,萬曆十四年進士。

卷一《勅諭》、《史書紀績》、《河源河決考》，卷二《圖説》，卷三《辯惑》，卷四《險要》、《事宜》，卷五《稽証》，卷六至一二彙輯四十八疏。

潘季馴序云："馴殫心力者二十七年，今且歸而死矣，不敢不以一得之愚質諸後之君子。萬曆庚辰河工告成，司道諸君曾以不佞奏議及諸名公贈言編刻成書，名曰《宸斷大工録》，然其事止於江北，而諸省直無所發明，事體未備，檢閲未詳，故兹畚鍤之暇，復加增削，類輯成編，名曰《河防一覽》。首載璽書，重王命也；繼以圖説，明地利也；'河議辯惑'，闡水道也；'河防險要'，慎厥守也；'修守事宜'，定章程也；'河源河決'，考昭往鑒也；'古今稽証'，備考覈也，而諸臣章奏，次第纂入，便檢括也。爲卷一十有奇，要之皆所以求其故也。"此本則爲大復於《河防一覽》中删去部覆諸奏，汰其雷同，存其精要而成。

季馴奉嘉靖、隆慶、萬曆三朝簡命，四起治河，歷任十二年，迭奏平治之績，其功固多。治河之法，後世奉行三百餘載不替，蓋皆由其體察水性，熟悉河形，積心研究之所致，與一般臆測妄度，喜新好高，不務實際者不同。是書"河議辯惑"有云："故治河者必無一勞永逸之功，惟有救偏補弊之策；不可有喜新炫奇之智，惟當收安常處順之休。毋持求全之心，苟責於最難之事；毋以束濕之見，強制乎叵測之流；毋厭已試之規，遂惑於道聽之説。循兩河之故道，守先哲之成矩，便是行所無事。舍此他圖，即孟子所謂惡其鑿矣。"

扉頁刻"治河全書。四任總河潘印川先生著。報功祠藏板"。

《四庫全書總目》僅收《河防一覽》於史部地理類，而未及此書。《中國古籍善本書目》著録。中國國家圖書館、上海圖書館等五館，臺北"國家圖書館"，及美國國會圖書館亦有入藏。

0816　明刻清修補印本全修海塘録

T3038/3546.7

《全修海塘録》十卷，明仇俊卿編；《續修海塘録》二卷，明喬拱璧修。明刻清修補印本。二册。半頁十行二十字，四周單邊、左右雙邊不等，白口，單魚尾。目録頁框高20.1釐米，寬14.3釐米。題"海鹽縣知縣晉江謝吉卿校正；國子監博士邑人仇俊卿編次"。有圖。

仇俊卿，霈子，字舜徵。海鹽人。博學好古，舉鄉薦，知惠安縣，終國子監博士。感慨時事，倭寇擾境，論時策戰守之宜。性好讀書，至老未嘗釋卷。卒年九十二。又有《瀛仙集》。《(天啓)海鹽縣圖經》卷一三有傳。

喬拱璧，字穀侯。上海人。萬曆三十五年進士。次年任海鹽知縣，時衛卒餉多冒濫，建議絶其弊，任内志在有爲。清田額，行貼役法，築捍海塘，增設漕糧食廒吏廨，民多賴之。《(天啓)海鹽縣圖經》卷九稱拱璧"宏材偉度，尤足副其用，故在事興除特多往時"。後任兵部郎。《(光緒)海鹽縣志》卷一四有傳。

卷一塘圖，卷二申文一條、勘議三條，卷三奏疏八章，卷四督行事宜十三欵，卷五續議事宜八欵、酌處供應六欵，卷六優恤事宜七欵，卷七獎賞事宜七欵，卷八報工緣由一條、敍功緣由二條，卷九善後事宜五欵，卷一〇全修捍海塘碑記並銘等。《續修》爲卷一公移六條，卷二公移一條。

萬曆十五年，海鹽塘潰重修，仇俊卿因録其圖式案牘爲此書。《浙江通志》已採録大略。查《(天啓)海鹽縣圖經》卷八，萬曆十五年丁亥秋七月，海溢，先所理砌塘復盡圮。後巡撫滕伯輪等督工修復。又有記云："後三十九年，知縣喬拱璧以銀四千八百有奇，再葺。"此本所記當年海塘工程甚詳，諸如砌石之法，所用出海石及木樁之數量，用銀之數字及工價、石價等，均爲明代萬曆間經濟史料。

《四庫全書總目》入史部地理類存目,題"海塘録",爲八卷本。《中國古籍善本書目》未著録。此本有清代補版。卷八第二十九頁"張文炫"之"炫"字,右"玄"避帝諱。

鈐印有"蛟川方義路正甫氏所藏金石書畫之印"、"慈谿馮可鏞藏書"、"舸月讀書記"。

0817　清雍正刻本行水金鑑　　　　　　　　　　　　T3037/2433

《行水金鑑》一百七十五卷首一卷,清傅澤洪撰。清雍正刻本。三十六册。半頁十一行二十一字,左右雙邊,黑口,單魚尾。框高18.1釐米,寬12.8釐米。題"中憲大夫分巡淮揚等處地方兼理漕務海防河道鹽法屯田事務江南提刑按察使司副使加十一級傅澤洪録"。前有雍正三年(1725)自序;目録;《略例》十三則。

傅澤洪,字稚君,鑲紅旗漢軍,官至分巡淮揚道按察司副使。

作者以水官敘治水之法,有云"吾願司水政者三復斯編"。其所述運河,昉於《禹貢》,迄於清季,"其於古也,不嫌其略;於今也,務得其詳"。於有明一朝河事,據《實録》、《會典》、《明史稿》以及直省通志、府州縣志、《南河全考》、《北河續記》、《通漕類編》等書,旁及傳記、碑版、稗官小説彙輯而成。

卷首河水圖(併說,附古今黃河通塞圖)、淮水圖(併說,附高家堰圖)、漢江二水圖(併說,附西漢水圖、洞庭鄱陽二湖圖)、濟水圖(併說,附五水濟運圖)、運河圖(併說,附太湖圖、清江浦圖、衛河圖、禹王臺圖),卷一至六〇《河水》,卷六一至七〇《淮水》,卷七一至八〇《漢水江水》,卷八一至八五《濟水》,卷八六至一五五《運河水》,卷一五六至一六三《兩河總說》,卷一六四至一六九《官司》,卷一七〇至一七三《夫役》,卷一七四《河道錢糧》、《隄河彙考》,卷一七五《閘壩涵洞彙考》、《漕規》、《漕運》。

澤洪自序曰:"夫禹之治水,疏淪決排,以去民之患。而今也無日不以壘堤爲事,亦無日不以堤決爲虞,迨一旦有事,耗官家百萬金錢,若填巨海,而治之仍不得其法。今日決於此,明日復決於彼,且今年決,明年又決,勞民傷財無已時,何哉? 堤日高,河身日因之以俱高,疏淪決排之不講也。僕本固陋,謬爲水官,嘗寒暑風雨於泥淖畚鍤間者二十餘年,但因人成事,無所建立,深自愧悔,用是積數年心力,目眵手披,漁經獵史,遠稽勝國之實録,近述世祖、聖祖兩朝之訓旨,參以衆說,附之管窺,纂緝成書,凡四瀆、運河興廢之由,及疏築塞防一切事宜之得失緩急,犁然悉備,匪曰學前人之故步,即能萬無一失也。夫運道有跡之可尋,而通變則本乎時勢。黃、淮當因地制宜而修防則不離夫古法。神而明之,存乎其人。吾願司水政者三復斯編。"此編《略例》首引《風俗通》曰:"江、淮、河、濟爲四瀆",次引《釋名》曰:"'瀆'者,獨也,各獨出其所而入海。"

是書所録,有《禹貢》、孔穎達《尚書疏》、林之奇《尚書全解》、傅寅《禹貢集解》、胡渭《禹貢錐指》、《水經》、《水經》酈注、顧炎武《日知録》、程大昌《北邊備對》、《書譜》、王應麟《困學紀聞》、《史記·秦本紀》、《史記·河渠書》、《史記·大宛傳》、《漢書·武帝本紀》、《漢書·溝洫志》、《西京雜記》、陳師道《後山叢談》、潘宮保《兩河議》、鄭元慶《小谷口薈蕞》、劉天和《問水集》、潘季馴《河防一覽》、靳輔《治河書》、《元和志》、《河南通志》、《山東通志》、《淮安府志》、《晉書》、《宋書》、《南史》、《唐書》、《舊唐書》、《通鑑》、《五代史》、《明宣宗實録》、《明英宗實録》、《明景帝實録》、《明憲宗實録》、《明神宗實録》、《明史稿》、《明會典》、《續文獻通考》、閻若璩《四書釋地續》、谷應泰《明史紀事本末》、《南河全考》、《大清會典》、《山東全河備考》、《江南通志》、《河防志》等。

《四庫全書總目》入史部地理類，著錄通行本。《總目》曰："敘水道者，《禹貢》以下，司馬遷作《河渠書》，班固作《溝洫志》，皆全史之一篇，其自爲一書者，則創始於《水經》。然標舉源流、疏證支派而已，未及於疏浚堤防之事也。單鍔、沙克什、王喜所撰，始詳言治水之法。有明以後，著作漸繁，亦大抵偏舉一隅，專言一水。其總括古今，臚陳利病，統前代以至國朝，四瀆分合、運道沿革之故，匯輯以成一編者，則莫若是書之最詳。"又曰："全祖望作鄭元慶墓志，以爲出元慶之手，疑其客游澤洪之幕，或預編纂，然別無顯證，未之詳也。"按，是書體例，所錄者皆注明出處。檢引文有鄭元慶《小谷口薈蕞》，其首次引文在卷六《河水》，下署"鄭元慶《小谷口薈蕞》"，以下所引，有作"《小谷口》按"者，見於卷七《河水》等；有作"《薈蕞》云"者，見於卷一五三《運河水》等。

自序未及刊事。是書"眞"避諱缺筆。

扉頁鎸"行水金鑑。喻義堂藏版"，鎸"茹古含今"、"喻義堂藏"二印。

《中國科學院圖書館藏中文古籍善本書目》等著錄。暨南大學圖書館藏本有清王芑孫題識。《中國古籍善本書目》不收。

0818　清乾隆刻本河防一覽

T3039/3627

《河防一覽》十四卷，明潘季馴撰。清乾隆十三年(1748)刻本。十册。半頁九行二十字，左右雙邊，白口，單魚尾。框高20.3釐米，寬13.9釐米(版式依據爲卷二首頁)。題"河臣潘季馴著；南旺分司主事王元命、濟寧兵河副使曹時聘校訂；運同陳昌言編次"。前有高斌序，乾隆十三年張師載序，萬曆十九年(1591)于慎行舊序，萬曆十八年(1590)潘季馴序；目錄。末有乾隆十三年何焯後序。

潘季馴，字時良，號印川，烏程槐溪(今湖州市環渚鄉槐溪村)人。明嘉靖二十九年進士，授九江推官。四十四年，由左少卿晉任右僉都御史，負責治理河道。隆慶四年主持堵塞邳州、睢寧黃河決口，歷時一年，尋罷官。萬曆四年夏起用巡撫江西。六年夏，朝廷命以右都御史兼工部左侍郎職再治黃河。十六年爲河道總督。十九年加太子太保、工部尚書，兼右都御史。著述有《兩河管見》、《兩河經略》、《河防一覽》、《留餘堂集》等。

何焯《重刻河防一覽後序》曰："黃河自宋熙寧時南徙入淮，明永樂間，陳平江開管家湖，通漕北上，於是黃、淮、運三水合流，河防之關係愈重，治之愈難。嘉隆之際，浮議盈廷，河政日壞。潘公印川起而治之，前後凡二十有七年，始奏平成之績。蓋若是，之難且久也。公才識精明，疊膺河漕，重寄其敷治全河方略，備載公所著《河防一覽》中，跡其築高堰、堤淮河，雖公自謂一準平江舊轍，然以堤束水，以水攻沙，俾二瀆安流利濟，其苦心碩畫，直可垂諸萬世。"

卷一敕諭五道，祖陵圖說，皇陵圖說，兩河全圖說；卷二河議辯惑；卷三河防險要；卷四修守事宜；卷五河源河決考；卷六泗州先春亭記，賈魯河記，河源記，于都憲題名記略，鑿徐洪記，鑿呂梁洪記，佘太常全河說，止泇河疏，止膠河疏；卷七經略兩河疏，部覆前疏，河工事宜疏，部覆前疏，勘估工程疏，部覆前疏；卷八恭報續議工程疏，查覆舊規疏，部覆前疏，申明鮮貢船隻疏，部覆前疏，報塞黃浦疏，河工告成疏，黃河來流艱阻疏，申飭徐北要害疏；卷九覆議善後疏，覆議河工補益疏，高堰請勘疏，計議淮南未盡事宜疏，申飭鎮口閘禁疏，部覆前疏；卷一〇河工分派司道疏，部覆前疏，議留河工米銀疏，部覆前疏，申明修守事宜疏，部覆前疏，議守輔郡長隄疏，部覆前疏,恭誦綸音,部覆前疏;卷一一添設管河官員疏,申明河南修守疏,停寢訾家營工疏,部覆前疏,修復湖隄疏,就近銓補分司疏,就近銓補河官疏,查議通濟閘疏,部覆前疏,河工告成疏,贈卹司官疏;卷一二甄别司道疏,部覆前疏,申明鮮船疏,部覆前疏,申明職掌疏,部覆前疏,縣官輕忽河務疏,旱久泉微禱雨疏,添募夫役以裕河工疏,官旗挾帶私貨疏,部覆前疏,恭報三省直隄防告成疏,河上易惑浮言疏,畫地巡守疏,申明修守泗隄工完疏,議創石隄疏,會勘徐城鎮口疏,工部覆前疏,報消泗水疏,併勘河情疏;卷一三請遣大臣治河疏,科道會勘河工疏,科道進圖説,條陳善後事宜疏,條陳河工補益疏,條陳治安疏,中州河防要害疏,部覆前疏;卷一四查理沁衛二河疏,河工大舉疏,欽奉查理河漕疏,酌議河道善後疏,祖陵當護疏,欽奉查理河漕疏,清復湖地疏。

《河防一覽》初刊於萬曆十八年,爲季馴自刻。清順治間有遞修。是本爲乾隆十三年重刻。何焞後序曰:"焞自束髮受書,隨侍祖父宦遊,時即習聞庭訓,凡言經濟之學,必首舉治河爲難。壯而遊學,四方轍跡所至,知黄、運兩河,實有關於國計民生者甚大。迨雍正癸丑(十一年)效力南工,曾佐相國嵇文敏公幕最久,繼隨公從事淛江海塘,旋簡調南河,備員修守,竊嘗尋繹潘公緒論,以爲指歸。觀察姚公因諸僚友之請,以《河防一覽》板在任城,歲久漫漶,議重刊以廣流傳。業已校勘鳩工矣,觀察旋丁外艱,未竣事,而焞謬膺推簡,繼公之後,爰董率斯役,以告厥成。"

高斌有《重刻河防一覽序》曰:"乾隆歲次戊辰(十三年)南河僚寀有《河防一覽》之刻,秋九月竣事。"

扉頁鎸"河防一覽。乾隆十三年重鎸。本衙藏板"。

《中國古籍善本書目》不收。

0819　清雍正刻本河防志　　　　　　　　　　　　　　　　T3039/1371.81

《河防志》十二卷,清張希良撰。清雍正三年(1725)刻本。十二册。半頁九行二十字,四周單邊,白口,單魚尾。框高18.5釐米,寬12.9釐米。前有張希良序,雍正三年朱宬序。

張希良,字石虹,湖北黄安人。清康熙二十四年進士,授編修,歷左右春坊贊善、侍講。纂修三朝國史、《一統志》、《明史》、《春秋講義類函》。累官侍郎,督學浙江,致仕歸。工詩文,尤湛深古學。著《寶宸堂集》、《春秋大義》、《文章翰海》、《格物内外編》等,並傳於世。

是志分爲六門,每門首有小序。卷一《聖謨》,卷二《考訂》,卷三至五《經畫》,卷六至八《章奏》,卷九至一一《藝文》,卷十二《雜志》。《聖謨》起於康熙二十三年十月十二日,止康熙四十二年十月十一日。《章奏》起康熙三十九年三月初九日,止康熙四十年九月二十二日,首曰:"公自下車以來,其所條建凡千百牘,而掇其大有裨益者著於篇志。"

朱宬序曰:"今晉文華殿大學士遂寧張公,前以大司馬特簡督河,克遵天誨,獲底於成,厥功茂焉,亦可志也。先是公題請將欽頒上諭治河事宜,敕下史館,奉有着張鵬翮纂輯,呈覽之,旨名'治河方略',炳炳烺烺矣。時惟兩河不合,七邑淪胥,而患且及於漕。聖祖命部院大僚范承勳等督催分理,襄事者侍讀張公希良與焉,目聆聖謨洋洋,且目睹公之勞瘁,竭慮殫心,艇宿風餐之狀,述而志之,可謂勤矣。公閲之,曰可與《治河方略》並呈黼座也,而未梓也。越二十餘年,來謀鋟諸版,以大學士命,命宬序其端。宬,淮南人也,出溝壑而安衽席,能已於謳頌乎?"

是本板漫漶。

《中國科學院圖書館藏中文古籍善本書目》等著録。《四庫全書總目》、《中國古籍善本書目》皆不收。

0820　清乾隆刻本敕修兩浙海塘通志　　　T3038/3546.8

《敕修兩浙海塘通志》二十卷首一卷，清方觀承等撰。清乾隆刻本。六册。半頁九行二十一字，四周雙邊，白口，單魚尾。框高19.9釐米，寬13.6釐米。前有乾隆十六年(1751)方觀承序；方觀承奏摺；纂修職名；《凡例》十三則；目録。

方觀承，字遐穀，號問亭，又號宜田，安徽桐城人。由監生薦授中書舍人，官至直隸總督，謚恪敏。性嗜詩篇，政務之餘，不廢吟詠。著述有《述本堂詩集》、《薇香集》、《燕香集》、《燕香二集》等。

《凡例》曰："海塘有志，由來舊矣。然皆防海而非隄海，惟元葉恒所撰《海隄録》，明黄光昇、仇俊卿所著《海塘録》，專志海塘，而又止詳餘姚、海鹽一邑之塘，未嘗概及通省。兹志凡兩浙有塘州縣，小則修葺，大則建築，無不備載，至防海機宜，事關戎政，概不攔入。"

卷首詔諭，卷一《圖説》，卷二至三《列代興修》，卷四至七《本朝建築》，卷八《工程》，卷九《物料》，卷一〇至一一《坍漲》(附陞除)，卷一二《場竈》，卷一三《職官》，卷一四《潮汐》，卷一五至一六《祠廟》，卷一七《兵制》(附關隘)，卷一八《江塘》，卷一九至二〇《藝文》。

是志自乾隆十四年四月奉到部文，設局編纂，至十五年四月告竣，其十四年以後之事概未登載。

"纂修職名"載總裁：喀爾吉善、方觀承、永貴；督修：王師、葉存仁；監修：鄂敏等四人；總理：陳樹著；分理：魏嶟等八名；提調：劉守成；總修：查祥、杭世駿；分修：周雷、查虞昌、黎維昱；繪圖：朱山(浙江海防兵備道標左營海鹽汎千總)；校對：吴璉等四人。

方觀承序略曰："天下利害之數，水居六七，而河與海尤鉅。治河者，或疏或瀹，恒多其方；以圖之海，則惟恃隄捍之一法。一失其防，雖有李冰之神勇、鄭國之精能，束手而無所用，此海之所以獨重於塘也。浙之東負海，而居者爲郡有六，曰杭州，曰嘉興，曰紹興，曰寧波，曰温州，曰台州，皆賴一綫之塘，以爲保障。而杭州之仁和、海寧，嘉興之海鹽、平湖諸邑，直海之北岸，全勢所趨，潮汐衝齧，颶風時作，險要倍於他所，自唐宋迄明，代有規畫。國家定鼎百餘年來，聖聖相承，謨猷廣遠，易土塘爲石塘，更民修爲官修，鉅工疊舉，立制綦詳。我皇上御極之初，軫念海疆，勤求民瘼，大發司農錢，修建新、舊兩塘，爲一勞永逸計。""余承乏浙撫，屬當底寧，念此非常之原，不可不垂竹帛而示來許，因以編輯《海塘通志》上請，既報可，遂與諸僚寀延訪通儒，蒐羅掌故，提綱標目，規模略備。尋奉恩命，急裝北行，以其事屬中丞永公。歲辛未，書既成，永公寄余一帙，俾序簡端。""夫志水之書，自史遷《河渠》、班固《溝洫》，以至桑欽、酈道元之所撰述，並博綜兼採，詳於源流典故，而略於制度規爲。迨元葉恒，明黄光昇、仇俊卿諸人，海隄始有專録，然止記一時補苴之術，未及百年經久之計，是不獨治水之爲難，而勒成一書，垂法後世之爲尤難也。今如《海塘》一志，成法井然，要領具在，官斯土者但恪守累朝之聖訓，謹防維勤補葺，將萬載安瀾之慶，展卷求之有餘矣。"

《中國古籍善本書目》著録清抄本兩種。《四庫全書總目》不收。

0821　清乾隆刻本海塘新志　　　T3038/3546.83

《海塘新志》六卷，清琅玕撰。清乾隆刻本。四册。半頁八行二十一字，四周雙邊，白口，單魚尾。框高18.7釐米，寬12.8釐米。前有目録；《凡例》八則；琅玕《進書表》；自序。

琅玕，清滿洲正藍旗人，覺羅氏。以捐納爲筆帖式。嘉慶間官至雲貴總督。卒謚恪勤。

是志續《兩浙海塘通志》而作，《凡例》曰：“前志仿《浙江通志》之例，於國朝海塘工程改用編年法，列杭、嘉、寧、紹、温、台濱海六郡。查寧、温、台三郡，久慶安瀾；紹郡塘工尤趨南盦，則蕭、會諸邑之戴山者藩籬略具，尚足抵禦；嘉郡平、海二邑塘隄固爲緊要，然非杭郡仁、寧二州縣日爲潮水衝激可比。是志專紀海寧州尖山起，至仁和縣范公塘止，法仍編年之舊，而五郡不復敘焉。”

是編凡四門，卷一至二《天章》，卷三《形勢》，卷四至五《修築》，卷六《工料》。《天章》録有關修築海塘之諭旨，按年抄録，並輯御製文集、詩集中有關海塘之紀、詩等。所録諭旨起於乾隆十四年十月二十日，止於乾隆五十五年四月十三日。據《凡例》：“形勢一門，前志所未及者。”“前志如‘歷代興修’各門，多引史志，間有闕略者，仍廣爲搜摭，以補未備。其本朝建築，前志至乾隆十四年止。今參稽檔案，所有修築事宜備載無遺。”

琅玕《進書表》曰：“爰本敕修之《通志》（《兩浙海塘通志》），載頌安瀾，謹葺一編，釐爲六卷，首登睿藻，次列輿圖，歷敘建築之方，備載興修之料，原辦續添而外，繼以新工。庚子、甲辰以還，迄於丁未，深慚譾陋，莫罄揄揚，兹當功成萬禩之期，正屆聖壽八旬之慶……”按，清高宗弘曆八旬慶典在乾隆五十五年，其所録諭旨亦截止於是年，則五十五年當爲成書之年，其刊印當在五十五年至六十年之間。

《中國科學院圖書館藏中文古籍善本書目》著録清乾隆徐綬刻本，未知所據。《中國古籍善本書目》著録琅玕《海塘新志稿》六卷，清乾隆五十六年抄本，故宫博物院圖書館藏。

0822　清康熙刻本山東全河備考　T3039.815/4909

《山東全河備考》四卷，清葉方恒撰。清康熙刻本。四册。半頁十行二十字，四周雙邊，白口，單魚尾。框高21.8釐米，寬14.2釐米（版式依據爲卷二首頁）。題"古吴葉方恒學亭甫纂"。前有康熙十九年（1680）施維翰序，康熙十九年葉方恒自序；校刊姓氏；《凡例》十八則；目録。

葉方恒，字學亭，江蘇崑山人。順治十五年進士，官至山東濟寧道。清康熙八年由貴陽推官任萊蕪令，教化士民，政簡刑清，有善政。主持編纂康熙《萊蕪縣志》。

是集專記山東境内漕河。卷一《圖志》，卷二《河渠志》，卷三《職制志》，卷四《人文志》。各卷又分上下，圖後載有圖説。《圖志上》依次爲運河南北全圖、五水濟運圖、新泰縣泉圖、萊蕪縣泉圖、泰安州泉圖，《圖志下》依次爲肥城縣泉圖、平陰縣泉圖、東平州泉圖、汶上縣泉圖、寧陽縣泉圖、泗水縣泉圖、曲阜縣泉圖、滋陽縣泉圖、濟寧州泉圖、鄒縣泉圖、魚臺縣泉圖、滕縣泉圖、嶧縣泉圖、蒙陰縣泉圖。《人文志》亦分上下，上爲河曹名臣、漕河名疏，下爲修建議文。

"校刊姓氏"載山東各府、州、縣長官五十一人，題作"全校刊"。《凡例》曰："各司俱有題名，是集志東省之全河，故凡有河職者，皆得與焉。"

施維翰序曰："自海運廢後，輓輸之道厥惟運河是要哉。按河南北二千餘里，東省自嶧縣黄林莊起，底德州桑園驛止，凡一千二百里，其間經郡三、經州四、經縣十有餘屬，至曹單地瀕大河。元明以來，河常北徙，爲運道患。名賢輩出，相度形執，權衡厲害，開會通新河、泇河，閲幾變而河始定。興朝膺圖御籙，漕運歲無愆期。太倉之粟，陳陳相因，即或河伯不仁，而東省黄與運俱安瀾無恙,雖在事諸公經畫周詳,然前人創始之美載在史册,昭然不可泯也。學亭葉君念前此各有分司,新令獨設專官,職任縶重,爰考古証今,屢疆度地,輯成《山東全河備考》一書,授余爲敘。"

葉方恒自序曰:"是東省之有河責者,不特運之不可不修,而又黃之不可不防也。然則是職也,雖無簿書錢穀之司,而於國家河漕二大政實有攸關。恒誠固陋,能勿取古人之行事,用心一編輯之,以垂諸後哉?爰稽掌故,採稗史,以證之古;履疆域,覽形勢,以驗之今。凡隸東省運道興廢之由,及黃河防禦事宜,悉舉而志之,於篇名曰'山東全河備考',要使古人行事用心,昭然數百載之前;庶後人之因革,不悖於數百載之後。顧運道有前人之跡可循,而變通則本乎時勢,黃流在因地以制宜,而修防則不逾古法旨哉。潘公季馴之言,曰時勢懸隔,修防異宜,可因則因,不可則急返焉,勿以僕誤後人,後人而復誤後人也。恒三復斯言,請以蔽是編之旨,願覽是編者推斯旨以論定三百年之漕事,即願居是職者,推斯旨以治東省之黃、運兩河,則庶幾矣。"署賜進士出身奉直大夫分巡濟寧道督理通省河道山東提刑按察司僉事。

《四庫全書總目》入史部地理類存目,著錄江蘇周厚堉家藏本,《總目》曰:"是編即其督理山東河道時所輯,專言漕河之在山東者。首圖志、次河渠、次職製、次人文。大致采掇明王恕《漕河通志》、王瓊《漕河圖志》、車璽《漕河總考》諸書,而稍參以近時之形勢。"

《中國古籍善本書目》著錄清康熙十九年刻本,北京大學圖書館、上海圖書館等四館收藏。《中國科學院圖書館藏中文古籍善本書目》著錄清康熙刻補修本。

鈐印有"□倉氏珍藏書印"。

0823　清乾隆刻本山東運河備覽　　　　T3039.4/7191

《山東運河備覽》十二卷,清陸燿輯。清乾隆四十一年(1776)刻本。六册。半頁十一行二十五字,左右雙邊,白口,單魚尾。框高19.5釐米,寬13.6釐米。題"吳江陸燿朗甫纂"。前有乾隆四十一年姚立德序,乾隆四十年王獻序;《凡例》八則;修輯姓氏;引用書目;目錄;《山東運河圖并説》;《五水濟運圖并説》;《泉河總圖并説》;《禹王臺圖并説》。

陸燿,字青來,號朗甫,江蘇吳江人。任山東通省運河兵備道,擢山東按察使司按察使。

卷一《沿革表》,卷二《職官表》,卷三《泇河廳河道》,卷四至五《運河廳河道》,卷六《捕河廳河道》,卷七《上下二河廳河道》,卷八《泉河諸泉》、《沂河壩工》,卷九《挑河事宜》、《錢糧款項》,卷一〇《治蹟》,卷一一至十二《名論》。

作者曰:"葉學亭《全河備考》成於康熙十九年,迄今九十餘載,所賴以資考証者,靳文襄、張文端之治河書,傅樸庵之《行水金鑑》而已。文案册籍遺亡過半,張清恪《居濟一得》、白莊恪《宣防錄》散在各書,尤難統一,不及今蒐輯成書,後益難理。爰積三歲之力,網羅咨訪,取備翻閱。"又曰:"名臣治蹟,《備考》纂敘甚略,且如'奧魯'之爲'粵魯'、'孔孫'之爲'禮孫',訛謬更多,今特稽諸正史志乘,詳加釐訂。自《備考》書成後九十餘年有功業彪炳、勤勞懋著者,披閱文案,并訪求其家墓志行狀,錄其事關河政者,各著於篇,餘不泛及。"

"修輯姓氏"載,鑑定:姚立德;排纂:陸燿;參閱:章輅等十人;查訪:王河等六人;繕校:陳青藜等七人;繪圖:馮彰。末鐫"吳門劉萬傳鐫"一行。

王獻序曰:"余與朗夫觀察陸君同舉京兆試,又同官京師幾二十年。君落落寡合,清介拔俗,雖過從頗疏,余久心儀其人。及君備兵運河之三年,余以奉命巡視漕河,始得共晨夕。君出所輯《山東運河備覽》索序。君他無嗜好,性耽著述,惟職分爲兢兢。謂自葉學亭《全河備考》以來,作者寥寥,雖有靳文襄之《治河方略》、張文端之《河防志》、傅樸庵之《行水金鑑》,皆不專爲運河。若張清恪之《居濟一得》,又自爲一家言,於掌故沿革甚略,牐壩之增改,湖河之淺深,較之清恪之時,已不可刻舟求劍,而九十餘年來,聖謨廟算(籌),及名臣之經畫,百職事之,題名不可使久而無徵也,於是博採旁搜,稽之載籍,考之見聞,核之案牘,成書一十二卷。其敘河道,以諸廳所領爲分段,凡各牐之建置、啓閉之機宜附焉,使任其事者執一卷之書,即如指掌,又於備考之闕者補之,訛者正之,其最妙者莫若沿革、職官二表。劉知幾所謂使讀書者閱文便睹、舉目可詳,而在河渠之書,尤非表不可,君真具良史才乎?"王獻時任山東漕務工科掌印給事中。

姚立德序作於乾隆四十一年,時此書已竣刻。序曰:"題曰'備覽',猶然有不自滿之意焉,蓋所見者大,故心益虛也。書成,遷山東提刑按察使。下車之始,即并日視事,不使案有留牘,蓋又以所以治河者見之於理刑矣。剞劂既竣,屬余一言,以附簡端。"

《中國科學院圖書館藏中文古籍善本書目》等著録。《四庫全書總目》、《中國古籍善本書目》皆不收。

0824　清乾隆刻本三江水利紀略　　　　T3039.9/1312

《三江水利紀略》四卷,清莊有恭撰。清乾隆刻本。四册。守曾題識。半頁九行十九字,四周雙邊,白口,單魚尾。框高19.8釐米,寬13.6釐米。前有莊有恭自序,蘇爾德序,李永書序;目録。

莊有恭,字容可,號滋圃,廣東番禺人,祖籍福建晉江。生而穎異,十三通五經,旋補諸生以選貢考,授宗人府教習。乾隆四年欽點狀元,二十九年擢爲刑部尚書,疏請大修三江水利。

吳淞江、婁江、東江爲太湖分疏主幹,其分支流經吳江等十二州縣境地。

三江自雍正五年至乾隆二十六年,不疏已三十五年之久,患及浙西。有恭乾隆二十六年由浙撫調撫江蘇,二十七年值清高宗三臨視察淮水之役,奏請興三江水利之役,諭允其奏,借帑二十二萬,完疏濬之役。《請濬三江水利奏摺》云:"竊見太湖居蘇、常、湖三郡之中,北受荊溪百瀆,南受天目諸山之水,匯爲巨浸,而分疏之大幹,則以三江爲要。三江者,吳淞江、婁江、東江是也。"三江水利之役,始於乾隆二十八年十二月,竣於二十九年三月。

卷一《三江水利圖》,《水利文檄章奏詳稟》;卷二《章程條議》;卷三《水利各河原委寬深丈尺土方銀數》;卷四《水利善後事宜》,在事各員銜名及各屬董事姓名。

《三江水利圖》依次載:吳江震澤二縣境轄水利圖,長(洲)元(和)吳三縣境轄水利圖,崑(山)新(陽)太(倉)鎮(洋)上(海)青(浦)嘉(定)寶(山)八州縣境轄淞婁二江水利圖,婁青(浦)二縣境轄泖湖圖。

有恭自序稱:"余在浙時,已有成言,將歸湖漊港大議疏滌矣。其自湖達江,由江歸海之途,且與鄰疆大吏徐商其便。適是年冬再叨恩命,調撫江蘇。下車之日即問之吏,淞婁不治幾何年矣?吏曰,自雍正五年撥帑疏治,至今蓋三十有五年矣。爰謀之方伯蘇爾德、觀察李君永書,僉曰,往者水患所鍾,以淮南北爲重,幸逢鑾輅三臨,大工畢舉,轉瘠爲沃,易危而安。維兹二江雖年久不治,其患不若淮南北之重且急也,又大役不可並興,未敢以請。顧浙西六郡財賦半天下,今以二江不治之故,偶逢小潦泛溢爲虞,及今淤蹟尚存,涓流尚達,爲功猶易,爲費猶輕,若失今不治,所病於民者益深,即所損於國者必大,雖曰勞費,是烏可已。時浙之當事,已踵行前議,將有事於浚漊之役矣。因遣員張世友、楊宜崙等,循淞、婁二江,上至湖濱,下至海口,尋脈絡、辨形勢、量廣狹、測淺深、繪圖陳説,又商之制府、今相國尹公。公適以公事至松,詳諮博議,亦深以爲然。余乃復與觀察李君自幹達支,周遭親勘,得其要領,方復計夫工,議財費,而此邦人士知將有事於二江而懼其不果行也,合詞同聲,願以民力成之而官董其事,顧銖納畝輸未可時集,遂援常熟、太倉借帑築塘例,與今相國尹公據情入告,得旨允行……是役也,經始於癸未(乾隆二十八年)之十二月,藏事於甲申(乾隆二十九年)之三月,借帑二十二萬有奇,兩郡一州之士大夫樂其事之有成,願有紀焉。"

守曾題識曰:"以三十五年不事疏浚,偶逢小潦,猶且泛濫爲虞,偏災見告,越今又已六十餘載,自甲戌迄壬午,瀕年亢旱,河流停蓄,各港汊口難保無不通暢處,淤積既形,適逢淫潦,以致橫溢四出,淹沒田廬,爲患非小,及是冬令水落,正可以工代賑,此未始非保赤之良圖、生民之急務也。癸未百福日南陽仲子曾重閲一通漫志。"鈐"守曾"、"南陽中子"二印。

《三江水利圖》末鐫"吳門穆大展局刻"一行。

《中國科學院圖書館藏中文古籍善本書目》等著錄。《四庫全書總目》、《中國古籍善本書目》皆不收。

是本爲翁同龢舊藏。鈐有"晚香草堂"、"豔秋閣物"、"常熟翁同龢藏本"、"孫慧翼印"、"冥生草堂珍藏"諸印。

0825　清乾隆刻本太湖備考　　　T3040/4332.83

《太湖備考》十六卷首一卷,清金友理撰,清華鵬繪圖。清乾隆藝蘭圃刻本。八册。半頁十行二十一字,左右雙邊,白口,單魚尾。框高18.5釐米,寬12.8釐米。(師資姓氏、《凡例》等)書口下有鐫"藝蘭小圃"。題"東山金友理纂述;弟友瑄校"。前有乾隆十五年(1750)吳曾序,乾隆十五年金友理自序;師資姓氏;引用書籍;《凡例》十五則;目錄。

金友理,字玉相,江蘇吳縣人。

作者開宗明義,表是書旨意曰:"太湖爲吳中勝地,亦爲湖中重地,源委晰則水利可修,險易明則兵防得要。故詳考之,匪徒藉以表名勝、佐游覽也。"

此編凡三十類。卷首巡幸、圖説,卷一太湖,卷二沿湖水口、濱湖山,卷三水治、水議,卷四兵防、湖防論説、記兵、職官,卷五湖中山、泉、港瀆、都圖、田賦,卷六坊表、祠廟、寺觀、古跡、第宅園亭、塚墓、風俗、物產,卷七選舉、鄉飲,卷八人物,卷九列女,卷一〇至一一集詩,卷一二至一三集文,卷一四書目、災異,卷一五補遺,卷一六雜記,附湖程紀略一卷。

"圖説"先圖後説,其圖爲實地勘察而繪,謂"大勢已得其真"。圖十一幅,依次爲:太湖全圖説、無錫縣沿湖水口圖説、陽湖縣沿湖水口圖説、宜興縣沿湖水口圖説、荊溪縣沿湖水口圖説、長興縣沿湖水口圖説、烏程縣沿湖水口圖説、震澤縣沿湖水口圖説、吳江縣沿湖水口圖説、吳縣沿湖水口圖説、長洲縣沿湖水口圖説。前有引言,云:"限於尺幅,非獨湖外之境地不能及遠;即沿湖之水口,亦不能悉載。故自來繪太湖圖者,止摹寫其大略而已。今爲總圖,以定其規模;復爲分圖,以徹其內外。雖瓜分而豆剖,實璧合而珠聯。"

"師資姓氏"列六人,是集之纂述,多賴其教正者。有吳曾,謂"理受業師也。集中水道源委、及注釋論按之當增損改易者,皆師所口授";有徐大椿,謂"江、震新《志》先生分修水利,最爲詳善。集中所採兩《志》水道諸説,造門就正焉";有吳莊,謂"蘇州府新《志》先生分任採訪,嘗以圖繪湖山,遍遊太湖。問途於已經,惟先生實啓發之";有邱賡熙,謂"理表叔也,博學知名而善獎勉後進。兹集自初稿以至脱稿,無不寓目";有華鵬,謂"先生工文而善畫,凡尋山問水,出必與偕,以繪湖山之面目,故集中之圖方位頗準";有蔡琦,西山人,謂"西山節孝皆先生採訪"。

作者自序稱,是書之纂述緣於乾隆十年江浙兩大中丞視察太湖之舉。記其纂述之役略曰:於是束裝裹糧,遍歷湖山之間,而湖外之溪瀆溇港,雖遠必至,一一究其源委險夷,又復考古證今,務欲詳其事而得其實,然後以次纂輯。幾經寒暑,而得爲太湖一表,形勝之全,則又不獨余之幸,而亦湖山之幸也。

《湖程紀略》吳曾所撰。吳曾爲友理業師。是文記其應門人友理勘察太湖沿湖水口之請,率數人跋涉山水,勘測繪圖之事。起乾隆十三年正月二十日,止是年二月初八,計十八天。有云:丁卯(乾隆十二年)年,金子玉相於讀禮之暇,旁及山經地志,慨然欲作太湖考,商之於予曰,震澤編具區志諸書,於湖中山言之詳矣,而未及湖之邊境,竊意太湖跨連三郡十邑,水利兵防之措置重在沿湖水口,其中水脈之遠近、港形之大小、地勢之險易均未可略,兹欲履地細核,一一詳注,以補前人所未備,先生其許我乎?乃卜日於戊辰(乾隆十三年)正月之吉,裹糧束裝以行。同行者漁洋華君振飛、同里卜君允武。華君善丹青,可作太湖圖;卜君熟於湖路,可作鄉導。日行之次,援筆記所經歷。

《四庫全書總目》入史部地理類存目,著録浙江巡撫採進本。《總目》曰,是書"大旨爲明人《太湖志》、《震澤編》皆詳於湖中而略於湖外,以所重在名勝,而水利、兵防不及悉,故以此書補所闕云"。

扉頁鐫"太湖備考。東山金玉相纂述。藝蘭圃藏板"。

《中國科學院圖書館藏中文古籍善本書目》、日本《內閣文庫漢籍分類目録》等著録。《中國古籍善本書目》不收。

0826　明萬曆刻本西湖志摘粹補遺奚囊便覽　　T3040/1632.02

《西湖志摘粹補遺奚囊便覽》十二卷,明高應科撰。明萬曆二十九年(1601)刻本。四册。半頁九行二十四字,四周單邊,白口,單魚尾。框高19.8釐米,寬11.8釐米。題"武林高應科摘略;東嘉陳有孚校正"。前有萬曆三十二年(1602)朱敬循序,萬曆二十八年(1600)高應科序,萬曆二十九年宋應昌序;《凡例》十則。有圖。

高應科,字志賢,號玉陽,又號武林山人。武林人。布衣。

是書爲高應科自田汝成《西湖游覽志》中摘出,而稍益以後人所作詩詞,每句分斷,爲通俗之西湖便覽。所謂奚囊者,蓋指詩囊也。書前有浙江省城圖、湖山一覽圖、孤山六橋圖、昭慶大佛圖、靈隱天竺圖、煙霞龍井圖、净寺虎跑圖、浙江看潮圖、吳山十廟圖、岳武穆王像等。卷一《西湖總敘略》、《名賢吟咏》,卷二《孤山勝蹟》,卷三至六《北山勝蹟》,卷七至一〇《南山勝蹟》,卷一一至一二《吳山勝蹟》。

高應科序云:"余幼業儒,中道棄去,私心竊嚮慕焉。家故隣湖山而樂之,時與騷人墨士窮睞極眄,吊古訪今,備録士大夫撰記。因念學憲田公志西湖以來,屢梓汗漫,新蹟愈增,若錢武肅、朱紫陽、洪忠宣、孫忠烈、陳方伯、阮中丞、龐侍御、王彭兩公之並建,前此皆未悉,而暨諸增飾,不可無識。遂忘其固陋,摘取前要,採集後遺,釐爲一十二卷,俟同志者覽焉。"朱敬循序又云:"高生志賢,武林布衣士也,嘉樂山水,雅好纂述,曩以試事主其家。因取舊志相與探討而彙輯之，前後凡數年，而便覽成焉。余受讀之，大都其詞則減昔之十七，其蹟則增今之十三，其事該，其理核，其篇什臚列，令人有風雅之思。"

是本有扉頁，刊"西湖誌。畫圖便覽。高玉陽先生輯。內附名賢題詠。西湖名勝甲於天下，向有學憲叔禾田公誌書，世遠事殊，名實多舛。仁邑玉陽高先生，性持風教，情娛山水，歷涉之暇，考核詳明，輯成便覽一書，展卷而觀，瞭如指掌，誠勝遊之一助云。武林在茲堂主人漫識"。有刻工黃汝治、黃尚中、黃應光、吳元蘭。卷一二末刊"錢塘郭志學寫"。

《四庫全書總目》未收。《中國古籍善本書目》著錄。北京大學圖書館、南京圖書館等六館，美國國會圖書館、普林斯頓大學葛思德東方圖書館亦有入藏。按，國會館、葛思德館所藏無序，但有萬曆二十七年孫大中跋，萬曆二十八年孔聞音、黃秉中、徐有恒跋。此本則有序無跋。

鈐印有"玄竹"。

0827　清雍正刻本西湖志　　　　　　　　　　　T3040/1632.82B

《西湖志》四十八卷，清傅王露等撰。清雍正刻本。二十冊。半頁九行二十一字，四周雙邊，下黑口，單魚尾。框高19.9釐米，寬13.6釐米。前有雍正十二年(1734)程元章序，雍正十二年李衛序，王紘序，張若震序，雍正十三年(1735)郝玉麟序，李燦序，吳進義序，顧濟美序；纂修職名；《凡例》十八則；目錄。末有雍正十二年傅王露後序。

傅王露，字良木，號玉笥，又號閬林，浙江會稽人。康熙五十四年一甲三名進士，授翰林院編修，乾隆二十六年特恩加中允銜。退居鄉里幾四十年，晚築信天書屋，自號信天翁，以書畫自娛。逾八十尚能揮翰。有《玉笥山房集》。

是《志》稱："西湖名勝甲於東南，而宋元以前未有專志。明嘉靖間提學副使田汝成始創為之，名'遊覽志'。考漢時金牛見湖，瑞應明聖，而湖流蓄洩，實資灌溉田疇，濟民食而通運道，故言兩浙水利者，輒及西湖，豈直為遊覽之地已耶？""會奉敕纂修《通志》，鉛槧之餘，爰取田志重加釐訂，悉準《通志》之例，分門記載，另為一編。凡郡邑志所未備者，俱詳見於此。"

卷一至二《水利》，卷三至四《名勝》，卷五至六《山水》，卷七《隄塘》(附堰閘)，卷八《橋梁》，卷九《園亭》(附書院)，卷一〇至一三《寺觀》，卷一四至一五《祠宇》，卷一六至一八《古跡》，卷一九至二一《名賢》，卷二二至二三《方外》，卷二四《物產》，卷二五至二六《冢墓》(附塔院)，卷二七至二八《碑碣》(附鐘鼎)，卷二九《撰述》，卷三〇《書畫》，卷三一至四二《藝文》，卷四三至四四《詩話》，卷四五至四六《志餘》，卷四七至四八《外紀》。

纂修職名：總裁李衛、程元章；參訂王紘、張若震；提調王鈞等三人；協理秦炌等四人；總修傅王露；分修蘇滋恢、厲鶚、杭世駿、陸秩、沈德潛、吳焯、趙信、吳嗣廣、張雲錦、陳瑮；分校周錚等四人；督刻鄭維翰等二人；校刊吳廓等十九人。

《四庫全書總目》入史部地理類存目，著錄通行本。《總目》曰："初，雍正三年，命浙江總督李衛開浚西湖，越三年而蕆功。時衛方奉詔纂修《通志》，以《西湖志》自田汝成後久未續輯，因以王露總其事，而以舉人厲鶚等十人分任纂修之。悉仿《通志》之例，分門記載，列目二十。徵引極博，而體例頗涉泛濫，其後梁詩正等復訂為《西湖志纂》，實據此本而刪潤之云。"

王露後序曰："爰取田汝成舊志及姚靖增刪續志，重加釐訂，發凡起例，悉就裁於督臣衛。分門二十，為卷四十有八，首紀水利，昭聖政也，若山水、若橋梁、若隄塘堰牐，皆水利所有事者……閱一載，《通志》尚未卒業，而《西湖志》適成，時督臣衛移節畿輔，次年春，復奉命閱視海塘,再至湖上,遂出是編,就正於督臣。元章且屬道臣若震,偕布政使臣紘,共爲參訂,謀付剞劂。鹺商以西湖之利,有關挈運,踴躍捐資,以勸厥役,不踰年而竣事。臣露以忝附鉛槧之末,竊與有榮焉,故略述緣起,敬序成書,以志慶幸云。"

《中國科學院圖書館藏中文古籍善本書目》等著録。《中國古籍善本書目》不收。

0828　清乾隆刻本西湖志纂　　　　　　　　　　　　　　T3040/1632.83

《西湖志纂》十五卷首一卷,清梁詩正等撰。清乾隆二十年(1755)刻二十七年(1762)增修本。闕名朱筆圈點。六册。半頁九行二十一字,四周雙邊,白口,單魚尾。框高 17.2 釐米,寬 11.5 釐米。(沈德潛按語末)題"予告禮部尚書在籍食俸原任禮部右侍郎臣沈德潛、欽賜贊善職銜原任翰林院編修武英殿供奉臣傅王露恭輯;經筵講官太子少師協辦大學士吏部尚書臣梁詩正奉敕合"。前有清高宗御製七絶三首代序;目録;沈德潛按語。

梁詩正,字養仲,號薌林,浙江錢塘(今杭州)人。雍正進士,授編修。乾隆初爲南書房行走,遷户部侍郎。建議八旗應行邊屯。十年擢户部尚書。十三年調兵部尚書。次年爲刑部尚書,翰林院掌院學士,協辦大學士。十五年調吏部尚書。二十三年丁父憂,召署工部尚書,調署兵部尚書。二十五年仍命協辦大學士,兼翰林院掌院學士。二十八年授東閣大學士,尋卒,謚文莊。著有《矢音集》。子同書。

西湖古稱明聖湖,漢時金牛見湖,人言明聖之瑞,因名。又以其在錢塘,故稱錢塘湖。又以其委輸於下湖,故稱上湖。其地負會城之西,故通稱西湖。

是《志》以雍正間傅王露總纂之《西湖志》芟輯而成。《西湖志纂》由沈德潛等同撰。德潛按語曰:"西湖古稱明聖湖,見酈道元《水經注》,而宋元以前未有專志。明嘉靖間,提學副使田汝成始創爲之,名'遊覽志',蓋仿《水經注》之例,因水道所經,依路詮次,分西湖爲五路,曰孤山路,曰南山路,曰北山路,曰吴山路,曰西溪路,各敘勝蹟,以便覽觀。國朝雍正九年,前任浙江總督臣李衛奉敕纂修《浙江通志》,爰及湖志,悉依《通志》體例,分門記載,卷帙稍繁。乾隆辛未(十六年)、丁丑(二十二年)、壬午(二十七年)之春,恭逢皇上三舉省方之典,巡幸至浙,駐蹕西湖。睿藻留題,日華雲爛,符明聖之瑞應,成宇宙之大觀,自宜恭紀志乘,以昭示萬世。爰仿田志之例,重輯舊《志》之文,增入海塘一路,共十五卷,爲'西湖志纂',恭呈御覽。"

卷首名勝圖,卷一御製詩,卷二《西湖水利》,卷三《孤山勝蹟》,卷四至七《南山勝蹟》,卷八至一〇《北山勝蹟》,卷一一《吴山勝蹟》,卷一二《海塘勝蹟》,卷一三《西溪勝蹟》,卷一四至一五《藝文》。每圖配有圖説,依次爲西湖全圖、聖因寺圖、聖因行宫圖、西湖十景圖、行宫八景圖、小有天園圖、留餘山居圖、漪園圖、龍井八詠圖、海塘圖、增修十八景圖。"藝文"所録,文首起唐白居易《錢塘湖石記》,詩詞始於唐張祐五古《早春錢塘湖晚眺》。

《四庫全書總目》入史部地理類山川之屬,著録内府藏本。《總目》曰:"國朝大學士梁詩正、禮部尚書銜沈德潛等同撰。初,雍正中浙江總督李衛修《西湖志》,延原任編修傅王露總其事,而德潛以諸生爲分修,凡成書四十八卷。雖敘次詳明,而徵引浩繁,頗嫌冗蔓。至乾隆十六年,恭逢聖駕南巡,清蹕所臨,湖山生色。德潛因取舊志,復與王露重加纂録,芟繁就簡,别爲十卷。而梁詩正亦奏請重輯西湖志,會德潛書稿先成,繕録進御。蒙皇上優加錫賚,特製詩篇以弁其首,并敕詩正即以德潛此稿合成之。詩正復偕王露參考釐訂爲十二卷,於乾隆十八年十二月奏進。首名勝各圖,次西湖水利,次孤山、南山、北山、吳山、西溪諸勝蹟,而終以藝文。雖門目減於舊志,而大綱已包括無餘。"

扉頁鐫"御覽西湖志纂。乾隆乙亥刊刻進呈。乾隆壬午增輯。賜經堂藏板"。按,"乾隆乙亥"爲二十年,"乾隆壬午"爲二十七年。

《中國科學院圖書館藏中文古籍善本書目》等著録。《中國古籍善本書目》不收。

0829　清康熙刻本二樓小志二樓紀略　　　　T3046/1144

《二樓小志》四卷,清程元愈輯,汪越、沈廷潞補輯。《二樓紀略》四卷,清佟賦偉撰。清康熙佟賦偉刻本。有圖。十二册。半頁九行十九字,四周單邊,白口,單魚尾。框高18.1釐米,寬12.3釐米。題"宛陵後學程元愈偕柳原輯;汪越師退、沈廷潞元珮補輯"。《紀略》題"襄平佟賦偉青士"。前有康熙五十九年(1720)黃叔琪序,康熙五十八年(1719)周崑序,康熙五十九年梅文鼎序;汪越、沈廷潞撰《凡例》十則。《紀略》前有佟賦偉序。後有梅文鼎《書後詩》。

程元愈,字偕柳,安徽宛陵人。廪生,性孝友,爲文本六經。朱彝尊、王士禎亟稱之。又著有《儷體文鈔》、《明詩選輯注》。《(嘉慶)寧國府志》卷二九有傳。

汪越,字師退,安徽宛陵人。康熙八年舉人。又有《讀史記十表》。

沈廷潞,字元佩,安徽宛陵人。負至性,家貧,好讀書。入庠,詩文有名,當事聘爲經師。年八十一卒。《(嘉慶)寧國府志》卷二八有傳。

佟賦偉,字青士,號德覽,又號二樓居士,遼寧襄平人。監生。康熙四十八年任寧國府知府,捐修新稔壩等,溉田十數萬畝。又飭修南邑清弋江長堤,郡中諸名勝無不修舉,於正學書院課多士,資以膳田。《(嘉慶)寧國府志》卷五有傳。

"二樓"者,南北二樓也。是書皆記寧國府南北樓事,《小志》與《紀略》相爲表裏。北樓即謝朓(元暉)視事處,南樓即文昌臺,明嘉靖中知府朱大器所建,設書院其下。是書凡詩文有關南北樓者悉載。北樓卷上爲圖、志傳(官師、古跡)、記、後序、碑文、賦、詩;卷下爲記、序、跋、賦、詩。以時代先後相次。南樓卷上爲志傳(官師、學校、祠祀、古跡、寺觀)、書院始末、詩、記、後序、碑文、賦、詩;卷下爲記、書、序、引跋、後序、賦、詩。附《書院先儒祀期》、《孝子祠祀期》、《書院田畝等項公移》。

文昌臺下之書院,後爲賦偉所修治,集中有《書院始末》,敘述頗詳。賦偉每乘暇游宴其間,因雜録見聞而爲《紀略》,多自述其政績,旁涉他事,不盡有關於二樓,殊爲龐雜。

按,謝朓,字元暉,南齊時陽夏人。少好學,詩文清麗。齊明帝時,以中書郎出爲宣城太守。每視事高齋,吟嘯自若,而郡亦告治。北樓,李白嘗有詩云:"誰念北樓上,臨風懷謝公。"後人亦稱"謝公樓"。唐咸通十一年,刺史獨孤霖改爲疊嶂樓。康熙間,有許廷試者,以北樓久圮,力爲修葺,再改易北樓……書之編,始於程元愈,其殁後,再由汪越、沈廷潞補輯,"勉續是編"。梅文鼎序云:賦偉"屬程君偕柳爲之屬草,汪君師退、沈君元珮繼之書,經三君子之手而後成。其徵事也覈,其擇言也精,志所未及,又以使君所自爲《紀略》補之"。

《四庫全書總目》著録,以《二樓小志》入史部地理類存目,《二樓紀略》入子部雜家類存目。《中國古籍善本書目》著録,中國國家圖書館、故宮博物院圖書館、廣西師範大學圖書館也有入藏。《四庫全書存目叢書》史部第245册收入《小志》,子部第115册收入《紀略》,底本爲中國國家圖書館所藏。

鈐印有"天塵堂"、"清如玉壺"。

0830　清乾隆刻套印本西湖佳景　　　　　　　　　　T3040/1632.3

《西湖佳景》一卷,清題湖上扶搖子輯。清乾隆刻套印本。一册。(序)半頁五行十字,左右雙邊,白口,無魚尾。框高12.8釐米,寬8.8釐米。前有乾隆十五年(1750)自序;目錄;西湖佳景全圖。末有自跋。書名據書口擬。

康熙三十八年,清聖祖南巡,御書西湖十景。乾隆十六年,清高宗省方,駐蹕西湖,御製西湖十景詩。是書依西湖十景名稱、次序,每景一詩一圖。

"十景"爲蘇堤春曉、曲院風荷、柳浪聞鶯、花港觀魚、南屏晚鐘、平湖秋色、兩峰插雲、三潭印月、雷峰夕照、斷橋殘雪。

詩爲集句,畫則仿作。詩畫以畫爲重,畫又着意皴法、設色,所謂"即景擬皴,對山設色"。其色僅施花青、石綠、楮石,又以楮石爲重,因自稱"楮繪"。"畫彙名賢,句綜往喆"而外,詩之書體或集名家之作,或擇古體,與詩畫所追溯之西湖佳景相映成趣。如"柳浪聞鶯"景,採葛道句(百囀已住鶯哺子),集張芝、李白書;"花港觀魚"景,其詩集唐人句,配趙孟頫畫;"兩峰插雲"景,以隸書錄白居易詩題藍田叔畫;"三潭印月"集米元章書,畫則倣范寬之作;"雷峰夕照"集古篆書,倣馬遠畫。

序曰:"宇内不乏佳山水,能走天下如鶩、思天下若渴者,獨杭州西湖……西湖至今日,而佳麗既不可問矣。以淡粧濃秣之西子,竟成蓬首捧心之西子矣。然而,人皆爲西子惜,余獨爲西子幸。幸古人之美蹟猶存,品題尚在,則西子之面目自若也。但有其跡而不知其蹟之所以來,猶不足爲西子寫生。因考之史傳諸集,徵諸學師宿儒,取其蹟之最著、事之最佳者而紀之,如仙翁之藥爐丹井,和靖之子鶴妻梅,白、蘇之文章,岳、于之忠烈,錢鏐之崛起,駱、宋之聯吟,辨才圖澤,濟顛蓮池之道行,小青、蘇小之風流,俱彰彰於人耳目者,亟爲之集焉。今而後,有慕西子湖而不得親覿者,庶幾披圖一覽,即可當卧遊云爾。"

題跋曰:"蘇公、白傅以通靈之筆描寫湖山,可謂詩中有畫,淡妝濃抹,且能工畫家渲染所難工之意,句句是荆關著色山水。何作此圖者率遇笨伯,施之楮繪,已削頰上三毛,疥以梨棗,益覺唐突西子,安得起蕭照、馬遠輩一開生面耶?余畜此志有年矣,廣蒐精訂,得頁若干,畫彙名賢,句綜往喆,即景擬皴,對山設色,苦心剞劂,着意渲染,是工乃蘇、白之工,非僅發蕭、馬之秘,向謂詩中有畫,今則畫中有詩,勿哂東方自贊、會看西子如生可也。"題跋署"湖上扶搖子識",無作年。序署"乾隆十五年歲在庚午孟春中澣書於古杭文昌閣",無署名。是書刊印,當在乾隆十五年或之後數年。

金鑲玉裝。

《四庫全書總目》、《中國古籍善本書目》皆不收。

鈐印有"雅俗共賞"、"緑蔭書屋"。

0831　清乾隆刻本平山堂圖志　　　　　　　　　　T3048/1427.83A

《平山堂圖志》十卷首一卷,清趙之壁撰。清乾隆刻本。四册。有圖。半頁十行二十一字,左右雙邊,白口,單魚尾。框高18.7釐米,寬13.6釐米。題"寧夏趙之壁編纂"。前有乾隆三十年(1765)趙之壁序;《凡例》七則。

趙之壁,寧夏人。乾隆二十七年,以世襲一等子官兩淮都轉鹽運使。工書法,學黃山谷,能擘窠大書。

平山堂,在揚州蜀岡大明寺大雄寶殿西南"仙人舊館"內,宋慶曆八年歐陽修任揚州知府時所築。堂在大明寺之坤隅,登堂遠眺,江南諸山,拱揖檻前,若可攀躋,故名"平山堂"。元代,山堂荒廢,明萬曆間郡守吳秀重修。清康熙元年,變堂爲寺,後又屢有興廢。康熙十二年汪懋麟重建,乾隆元年汪應庚重修,咸豐年間毀於兵火,現存建築爲同治九年方濬頤重建。

書名"圖志",蓋因其圖多也。志以山水爲經,而以平山堂左右祠寺及園亭各勝爲緯。卷一至二《名勝》,卷三《藝文》(賦),卷四至六《藝文》(詩),卷七《藝文》(詩餘),卷八《藝文》(記),卷九《藝文》(記、序、銘),卷一〇《雜識》。首一卷爲《宸翰》。其《藝文》詳於宋元以前,至明代則區別頗慎,本朝名家收其人已往者,寧隘毋煩,較舊志不過十之二三。

趙之壁序云:"因以其暇日,與一二好古之士,流覽山川,網羅載籍,汰舊志之繁冗,變其體裁而益以未備,因平山堂以及蜀岡,因蜀岡以及保障湖,因岡與湖以及諸園亭祠寺。竊仿古人左圖右書之義,勒成一書,曰《平山堂圖志》。"

此本有扉頁,刻"平山堂圖志"。圖甚精細,前冠以"名勝全圖",若連接成卷,當爲極佳之游覽圖,也可窺見昔日勝景。

是書至光緒九年,歐陽修後裔歐陽利見據乾隆原版重印,並跋云:"顧舊志如汪應庚《攬勝志》、程夢星《小志》,第敘藝文,而盛典故事未之及焉,閱者憾之。乾隆乙酉,寧夏趙之壁轉運歷覽山川,博搜書籍,變舊志而損益之,首列宸翰,次繪圖,次名勝,次藝文,次雜識,輯爲十卷,採訪無遺,蔚然大觀。迨自粵匪竄擾,園亭臺榭,異卉奇花,游覽之區,幾爲茂草。事平,雖次第修葺,要未能頓復舊規。歲乙丑,余奉命專閫淮揚,拜前賢,問諸故老,歷歷遺蹟半歸湮沒,檢閱《圖志》,則趙氏原板既燬於火,而其書僅得之世家故紙堆中。竊思聖主之褒崇異數,旌前賢以勵後人也,紀述具存,將考書徵事,無不聞風而興起,又況予固有木本水源之思哉!因就《圖志》重加校訂,付之剞劂,以垂不朽。"光緒重印本扉頁刻"平山堂圖志。光緒九年歲次癸未九月三吾後裔歐陽利見重刊"。按,光緒本並非重刊,乃據乾隆原板重印。兩者扉頁區別,原板"堂"字上半不斷,重印本已斷板。

有關平山堂志者,有汪應庚《攬勝志》,今似不存。又清程夢星撰《平山堂小志》十二卷,清乾隆十六年刻本,寧夏回族自治區圖書館有入藏。中國國家圖書館藏有《平山堂志》八卷首一卷,清盧見曾撰,稿本。《中國古籍善本書目》史部地理類著錄。

《四庫全書總目》、《四庫未收書輯刊》未收。《中國科學院圖書館藏中文古籍善本書目》著錄。《續修四庫全書總目提要(稿本)》著錄,但爲清光緒刻本。

鈐印有"雨山草堂"。

0832　明崇禎刻清雍正增修印本闕里志　　　　T1786/7582.12

《闕里志》二十四卷,明陳鎬撰,孔胤植重輯。明崇禎間刻清雍正增修印本。十册。半頁十行十九字,四周單邊,白口,單魚尾。框高19.7釐米,寬13.7釐米。前有弘治十八年(1505)李東陽序,楊士聰序。末有孔胤植跋。

陳鎬,字宗子。其先會稽人,占籍南京。成化二十三年進士。授禮部主事,歷山東提學副使、湖廣右布政使，進右副都御史，巡撫湖廣。鎬明敏有吏幹。《(康熙)會稽縣志》卷二三有傳。

孔胤植，字懋甲。孔子第六十五代孫，天啓二年五月襲封衍聖公。早年失怙，事母以孝，聞於鄉里。聖門典故有廢墜不修者，悉力請於朝，煥然一新。崇禎元年，加太子太保，又於崇禎三年，加太子太傅。順治四年以疾終，年五十六。

闕里，相傳爲春秋時孔子授徒之所，在洙、泗之間。孔子時無闕里之名，其名始見於《漢書》卷六七梅福傳，至後漢始盛稱孔子故里爲闕里。清閻若璩《四書釋地》、清桂馥《晚學集》皆有考證。

卷一《圖像志》，卷二《禮樂志》，卷三《世家志》，卷四《事蹟志》，卷五《史記世家》，卷六《祀典志》，卷七至八《宗子世紀》，卷九至一○《人物志》，卷一一《林廟志》、《山川志》、《古蹟志》，卷一二《恩典志》，卷一三《弟子志》，卷一四《歷代誥勅》，卷一五《明朝誥勅》，卷一六《御製祭文》，卷一七《御製贊》，卷一八《誄述》（歷代碑記），卷一九《明朝碑記》，卷二○至二一《藝文志》，卷二二《奏疏》，卷二三《表章》，卷二四《墓志》等。

闕里向無志乘，僅有《孔庭纂要》、《祖庭廣記》。弘治十七年，重修闕里孔廟成，李東陽承命致祭。陳鎬爲提學副使，因屬之編次成志。據《闕里文獻考》（清孔繼汾纂輯）卷三一載："明弘治間，學使陳鎬纂述歷代追崇聖賢之典及林廟古蹟，與夫舊事遺文，成《闕里志》十三卷，長沙李東陽爲作凡例。其後孔氏子孫，屢有續輯，皆因是成書而附益之，增至二十四卷，是所謂闕里舊志者也。"

今存明《闕里志》，最早有明陳鎬撰，十三卷，明正德元年刻增修本；次爲明孔弘幹續，十五卷，明嘉靖三十一年孔承業刻本；三爲孔弘幹續，八卷首一卷，明嘉靖四十三年刻隆慶三年增修本；四爲明孔貞叢撰，十二卷，明萬曆三十七年刻本；五即此二十四卷本，由孔胤植於崇禎中重加訂補而成。清康熙間則有宋際、宋慶撰《闕里廣志》二十卷，爲清康熙十三年刻本。

李東陽序云："闕里孔廟成，東陽奉勅代告，周覽返慕，欲爲一書。巡撫都御史徐公源及衍聖公聞韶，力贊其議。比歸，至德州，巡按御史陸君偁、盧君翊及布政使曹君元等，合書以請。適聞提學副使陳君鎬，有事於此，因舉以屬之。取所定凡例，稍加潤飾，且以孔氏實錄、《孔庭纂要》、《素王事記世家》補鈔本致之，以備采擇。陳君乃參閱孔氏所藏《祖庭廣記》，與凡遺碑斷刻，諸書所載，踰年而後成。其法以闕里爲主，附顏、孟諸弟子之名氏、事行而體統尊纂；先聖肖貌及地形廟製而圖像，著述、世家、宗派特爲世表而譜系明，敘禮樂制度之沿革損益而典式具。若詔誥勅祝之頒布，章牘、箋表、文移之出納往復，罔不備載，而闕疑訂舛，芟繁剔僞，惟其所當。凡爲卷十有三，爲目十有四，爲文累若干萬言。"

孔胤植跋云："余因繙闕里舊志，附以新典，補其未備。"

《四庫全書總目》入史部傳記類存目。《中國古籍善本書目》未收此本。臺北"國家圖書館"及美國國會圖書館（兩部）亦有入藏。

0833　明萬曆刻天啓增修印本陋巷志　　　　　　　　　　T1998.1/0860

《陋巷志》八卷，明顏胤祚撰。明萬曆二十九年（1601）刻天啓二年（1622）增修印本。六冊。半頁九行二十字，四周單邊，白口，單魚尾，書口下有刻工及字數。框高 22.6 釐米，寬 14.9 釐米。前有萬曆二十九年于慎行序，萬曆二十九年楊光訓序，萬曆二十九年吳達可序，正德二年（1507）陳鎬序，嘉靖二十九年（1550）史鶚序。末有正德三年李遜學後序。

顏胤祚，字永錫，號新吾。顏回六十五代孫。以兄宗早卒，萬曆十七年代襲翰林院五經博士，主奉祀事。及兄子伯貞長，讓職致仕。事見本書卷三。

顏子陋巷，相傳在曲阜孔廟東北六百步，舊無記載。正德初年，學使陳鎬始爲作志，因採撫草創，尚有闕遺，歷載相沿，莫之損益。萬曆間，侍御楊光訓至魯，展禮廟廷，徵諸文獻。至顏胤祚，更博采舊聞，列爲條目。

卷一《像圖志》，繪顏子各種小像，並聖林圖、廟圖、禮器圖等；卷二《世家志上》，爲先師世家、先師集紀；卷三《世家志下》，爲宗子世表、支子世表、聞達列傳；卷四《恩典志》，爲號諡、祀典、章服、授官、給賜、優復；卷五《藝文志上》，爲歷代誥勅、御製碑文、御製祭文、御製贊、詔旨榜文；卷六《藝文志中》，爲碑記、贊、頌、銘、論、說、祭文；卷七《藝文志下》，爲奏疏；卷八《藝文志附》，爲志銘、墓表。

楊光訓序云："不佞奉命按魯，展謁廟庭，覽陋巷舊志，事辭樸略，體裁未備，私竊少之，謀諸其宗子博士君胤祚。博士曰：固所思也，使君有意纂成，以式靈吾祖，敢奉筆牘以從。乃盡取家乘，大加釐正，彙爲八卷，條貫秩然，文質可諷也。不佞敬受其書，以示充守豫章陳君，使正於宗伯于公，公又即其新草，芟繁補闕，裁成而潤色之。司理長沙周君，重加校而梓焉。"

是本卷三增修至天啓二年六十七代光魯。

刻工有張文炳、焦世德、劉君臣、吳文常、吳文長、紀明倫、徐收、郭士進、孫學詩、胡仁化、胡尚忠、胡逸民、樊好龍、沙、汀、裴等。金鑲玉裝。

《四庫全書總目》入史部傳記類存目。《中國古籍善本書目》著錄明萬曆二十九年刻本，中國國家圖書館、浙江圖書館等十四館亦有入藏（疑間或有增修之本）。臺北"國家圖書館"所藏，也爲天啓間增補本（又一部，爲原藏北平館者）。日本尊經閣文庫、京都大學人文科學研究所有明萬曆刻本。

0834　明萬曆刻清康熙增修印本陋巷志　T1998.1/0860A

《陋巷志》八卷，明顏胤祚撰，呂兆祥重修。明萬曆二十九年(1601)刻清康熙增修印本。四冊。半頁九行二十字，四周單邊，白口，單魚尾，書口下有刻工及字數。框高22釐米，寬14.7釐米。題"海鹽呂兆祥重修；裔孫顏光魯參考；顏紹統訂閱"。前有萬曆二十九年楊居寅序，萬曆二十九年方沆序，萬曆二十九年吳達可序，萬曆二十九年楊光訓序，嘉靖二十九年(1550)史鶚序，正德二年(1507)陳鎬序，萬曆二十九年于慎行序，正德三年李遜學後序。

此本乃據前本增修重印。卷一第一頁爲重刻，故框之高寬不同於前本。卷三已增修至康熙五十五年第七十一代懷禎。

《中國古籍善本書目》著錄，有明萬曆二十九年刻清順治增修本，南京圖書館藏。臺北"國家圖書館"有明萬曆二十九年刻清乾隆間增修本。

0835　明刻清印本三遷志　T1789.3/3649

《三遷志》五卷，明呂元善撰，呂兆祥、呂逢時續。明刻清印本。六冊。半頁十行十九字，左右雙邊，白口，單魚尾。框高19.9釐米，寬14.3釐米。題"同里後學潘榛編次；周希孔參考；曲阜孔胤植、孔弘毅重訂；海鹽呂兆祥、呂逢時重修；裔孫孟弘譽、孟聞玉較閱"。前有賀萬祚序，天啓七年(1627)李日華序、崇禎元年(1628)孔胤植序、崇禎元年吳麟瑞序、崇禎元年虞廷陛序、天啓六年(1626)呂濬序、崇禎元年施鳳來序；又史鶚、黃克纘、胡繼先、潘榛、周希孔、孟承光舊序及跋。

三遷，也作三徙。相傳孟軻幼時，孟母三次遷居，使軻得到較好之學習環境，舊時常用作頌揚母教之詞。元善因史鶚、胡繼先二家舊本，爲之訂補，然未脱稿而卒，其子兆祥、孫逢時乃續成之。是書各卷分上中下，卷一上鄒縣山川圖、孟子故宅圖、孟子廟圖、四基山圖、馬鞍山圖、孟子石像、孟子碑刻像，中祖德、母教、師授，下年表；卷二上佚文，中讚注，下崇習；卷三上爵享、孟父母封祀、弟子、禮儀、恩賚、勑命，中宗系，下名裔；卷四上祠廟，中奏疏，下林墓；卷五上祭謁，中題詠，下古蹟、雜志。

李日華序云："歲丁卯，余以使事淹里中，呂太學聖符介余友姚叔祥手一編示余，則其尊公冠洋先生所著《三遷志》也。《三遷》，仍史君之舊，而書則增益芟滌，煥然與史、胡二志別爲一種不刊之典。余既讀再三，曰裁矣、覈矣，佚聞萃而隱義抉矣；宗本支裔蟬聯昭布矣；發靈之源，得之於嶧阜谿湖，不迷於改邑矣；歷代崇奉典制，晰矣；所漁獵上下數千載，文字之藪廣矣，侈矣；所剪落揭樹，一禀獨照，卓矣、朗矣。稱《三遷》者，實以媲於《闕里》、《陋巷》，而根宗母教矣，義益精矣。"

吳麟瑞序云："吾鄉呂冠洋公，預手先心，擴搜改撰，更易孟志，仍故《三遷》，訂輯垂成，絕筆官下。不數年，而妖蓮禍作，賢胤一門三世伏節，併家志毀焉。乃幸冠洋有子聖符，出父所作，再勤訂閱，至售胈倒橐，鳩工鍥之，使靈源懿脉先後條流，遂復粲然於千載之下。"

是本有扉頁，刊"鹽官呂聖符重修三遷志。孟廟藏板。翻刻千里必究"。

《四庫全書總目》入史部傳記類存目。《中國古籍善本書目》著録明天啓七年刻本，南京圖書館入藏。美國國會圖書館、普林斯頓大學葛思德東方圖書館所藏與此本同，但多順治十一年高旻序。

0836　清乾隆刻本關中勝蹟圖

T3060/6031B

《關中勝蹟圖志》三十卷，清畢沅輯。清乾隆畢氏經訓堂刻本。二十冊。有圖。半頁十行二十一字，四周雙邊，白口，單魚尾。框高20.8釐米，寬13釐米。題"兵部侍郎兼都察院右副都御史陝西巡撫臣畢沅纂"。前有《四庫全書提要》、乾隆四十一年(1776)畢沅奏疏。

畢沅，字纕蘅，一字秋帆，號靈巖山人，江蘇鎮洋人。少孤，資性穎悟，十五能詩，從沈德潛、惠棟游，學業益深。乾隆二十五年中進士，授翰林院編撰，擢左中允，陞翰林院侍讀，充日講官、庶吉士。又充會試同考官，尋轉左庶子、陝西按察司、陝西布政使，授陝西巡撫。後任湖廣總督兼署湖北巡撫。沅好著書，經史小學金石地理之學，無所不通。嘉慶二年卒，年六十八。又有《靈巖山人詩文集》等。《碑傳集》卷七三有傳。

雍州舊壤，班固所稱神皋奧區，周秦漢唐並建都作邑，遺聞舊事見於典籍者至多，可以循覽前編，考求故址，而河山表裏，形勢猶雄，奇蹟靈縱，亦往往而在。是書爲乾隆四十一年畢沅進呈，以郡縣爲經，分志及圖二部，志分各府地理、名山、大川、古跡；圖則篇幅不等，少則一幅，多則十四幅。援據考證，各附本條，具有始末。

畢沅奏云："臣以樗櫟庸材，仰承簡任封圻，計今六稔於茲。其間名山大澤，每因公務，車塵馬蹟大半經行，至於故宮舊苑，廢剎遺墟，憑弔所經，率多湮没。竊思山川勝蹟，顯晦有期，茲值國家治定功成、百廢修明之日,兼以秦中六載以來,雨暘時若,年穀順成,民力寬舒,廢墜堪以具舉。臣不揣固陋,每屆轍蹟經由,於郵亭候館中咨詢抄撮,幸《大清一統志》及《陝西通志》堪以據依,此外如《元和郡縣志》、《太平寰宇記》、《三輔黄圖》、《西京雜記》、宋敏求《長安志》、程大昌《雍録》、何景明《雍大記》諸書,尚存十一,其中或有舛訛疑似,間攄一得之愚,旁加考證,歲月既多,遂成卷帙,薈萃已基於此,曰興脩可待於他時。""是以不揆檮昧,謹將纂成《圖志》三十卷,繕成上下二函,敬上西清,仰塵乙覽。"

此本圖甚精,然審其紙張,當是乾隆後印。又是本佚去同州府圖第十二頁、十四至十六頁、卷二三第十二頁、卷三〇第一、二頁。有扉頁,刻"關中勝蹟圖志三十卷。經訓堂藏板"。

《四庫全書總目》入史部地理類,作三十二卷。《總目》云:"視儒生著述,披尋於斷碑碎碣之間,研索於脱簡殘編之句者,其廣狹固有殊矣。"《中國古籍善本書目》著録,中國國家圖書館、上海圖書館等四館也有入藏。

0837　清康熙刻本東湖弄珠樓志　T3046/1414

《東湖弄珠樓志》六卷附《紅蘭閣詞》三卷,清張雲錦撰。清乾隆鮑詢、王瑛刻本。一册。有圖。半頁十行二十一字,左右雙邊,白口,單魚尾。框高16.1釐米,寬11.5釐米。題"當湖張雲錦龍威撰輯;同里鮑詢咸吉校刊"。前有乾隆三年(1738)嵇曾筠序,乾隆元年(1736)帥念祖序,乾隆三年陸奎勳序;張雲錦撰《凡例》四則。《紅蘭閣詞》題"平湖張雲錦龍威一字鐵珊"。前有乾隆元年杜詔序,厲鶚序;葉之溶跋,陸綸跋。

張雲錦,字龍威,號鐵珊。浙江平湖人。監生。少學於舅氏陸奎勳,浙西稱爲才子,少孤,奉母竭誠盡孝。工詞,與厲鶚、杭世駿相唱和。詔舉博學鴻詞,雲錦應試,名將列榜,制府以詩説中誤犯御諱,遂爾見遺。生於康熙四十三年。曾分纂《浙江通志》、《西湖志》。又有《蘭玉堂集》四十三卷、《佑聖宮志》、《德藏寺志》等。傳見《(光緒)平湖縣志》卷一七《人物列傳三》。

弄珠樓在浙江平湖,平湖故爲當湖鎮,海鹽所治地,明宣德五年始析壤而邑之。弄珠樓舊名戲珠亭,嘉靖二十五年,邑令陳熙昌建。萬曆中,邑侯王羲民、蕭鳴甲相繼鳩工建樓於上,更名"弄珠",以當湖九水匯流,登眺如九龍弄珠於溟渤間也。《(天啓)平湖縣志》云:"高其臺榭,厚其垣牆,居然勝境。東祀文昌,西祀關帝,前後軒置酒讌會,煙濤際天,漁舠滿地,此處興復不淺。"

是書爲雲錦間居著述,使"文人韻士有寄興東湖、登高作賦者,斯志固指南之一助也"。卷一考、圖(附扁對)、記六篇;卷二序二篇、賦四篇、文二篇、傳二篇;卷三詩(唐至國朝)八十八首;卷四詩(方外、名媛)十六首,詞十四首,曲十四首;卷五《瀕湖諸景》七十四首;卷六《當湖百詠》。《紅蘭閣詞》卷一二十三首,卷二二十五首,卷三二十六首。其體裁半仿朱彝尊《南湖煙雨樓志》。卷一有雲錦撰《東湖弄珠樓彙考》,述之極詳。

雲錦詠物詩尤工,且能獨開生面。《當湖百詠》追述析縣初年,遞詳今事,於唱歎之中寓褒貶之義,其以人物、名勝以至古跡、時事、街談巷語,莫不準以詠之,可窺其時人事之興廢,風俗之變遷,也儼然詩中之史也。

陸奎勳序云:"(雲錦)里居多暇,著有《東湖弄珠樓新志》,觀其《凡例》,大略仿竹垞先生《煙雨樓志》。予謂志'弄珠'較難於志'煙雨',一則時有久近之别,一則地有衝僻之分。按煙雨樓創建於吴越王錢元,至今已八百載,廢興迭見,感慨宜多,且地屬通津帆檣之所,湊集四方名流,登臨譏會，莫不斐然有作，從而排纂之猶易。若弄珠則前明嘉靖時築臺，萬曆間改樓，歷年未滿二百，而又僻處海壖孤懸縣境，既無玩月之大府，亦少騎鶴之仙人，寥寥述作，數見不鮮，欲爲之搜羅也良難。龍威殫心經年，編成六卷，自正史訖説部方言，靡不登載。自邑宰紳士，以及寓公、閨秀、方外，汰彼卮言，揭其麗製，雖曰小志，不啻圓嶠方壺，引人入勝，付諸劂氏，當不脛而走重譯矣。"

此本寫刻，又有《東湖弄珠樓圖》，甚精。卷六題"同里王瑛步偉校刊"。

《四庫全書總目》、《續修四庫全書總目提要（稿本）》、《續修四庫全書》未收。《中國古籍善本書目》著録，但未有《紅蘭閣詞》，中國國家圖書館、上海圖書館、南京圖書館也有入藏。

0838　清康熙刻本百城煙水　　　　　　　　　　　　　　T3069/2923

《百城煙水》九卷，清徐崧、張大純撰。清康熙刻本。四册。半頁十行二十字，四周雙邊，黑口，雙魚尾。框高19釐米，寬14.8釐米。題"吴江徐崧、長洲張大純輯"。前有康熙二十九年（1690）尤侗序，康熙二十九年張大純序；張大純撰《凡例》五則；同訂姓氏。

徐崧，吴江人。博雅好古，耽林泉之趣。喜搜覽遺蹟，亦多吟詠，爲人率真任性，不事雕飾，故與世落落寡合。又有《纈林集選》、《詩持》。

張大純，長洲人。

是書録姑蘇一地山水寺觀園亭諸名蹟，並近人名章麗句、同人倡和之什。書名"百城煙水"，乃取《華嚴》經義。張大純序云："是書名'百城'，而止及姑蘇，何也？余曰：佛書不云化城乎，無可以爲有，一亦可以爲百也，且安知有之不藏於無，而百之不歸於一乎？或曰然。則何以稱'煙水'也，又應之曰：詩三百篇，大抵不離山川谿谷、鳥獸草木、風雨霜露以爲端，亦可知比興之各有所自，而感觸之兩不相掩也。"卷一《蘇州府》，卷二《吴縣》，卷三《長洲縣》，卷四《吴江縣》，卷五《常熟縣》，卷六《崑山縣》，卷七《嘉定縣》，卷八《太倉州》，卷九《崇明縣》。

此書先爲崧撰，大純助之，未畢而崧殁，大純重加纂輯而刻之。尤侗序云："松陵徐臞庵先生，今之詩人，時以一瓢兩屐彳亍數百里，每遇名山大川，徘徊眺望，即至一丘一壑，亦必窮搜幽妙，尋章摘句，收拾奚囊中，薈萃成卷，名曰《百城煙水》，蓋取華嚴南詢之意。同郡張子文一，夙抱雅尚，見而悦之，助其捃摭，授剞劂焉。間嘗攜以示余，余曰：先生可謂吳地董狐矣。臞庵意欲自吴而往，遍及江南諸邑，匆匆未就，溘焉霜露，良可悲也。乃其殘行剩墨，强半散遺，張子惜其齎志長往，重加纂輯，補綴完書。"

《凡例》云："是書之刻，始於吴江徐臞庵先生，襆被奚囊，遍訪名勝，每以一手足之力，撣拾爲艱。繼許，余爲同志，相與商搉付梓。今秋，臞庵病亟，别無他語，惟以速成是書爲囑。因更加補輯，聯綴成編，用以慰良友於地下，未敢遽云完善也。"此本有扉頁，刻"百城煙水。吴江徐臞庵、長洲張文一同輯。影翠軒藏版"。

《四庫全書總目》入史部地理類存目。《中國古籍善本書目》著録清康熙二十九年影翠軒刻本，中國國家圖書館、上海圖書館、南京圖書館等十館也有入藏。《四庫全書存目叢書》史部第237册收入，底本爲中國科學院圖書館所藏。又1979年北京古籍出版社有影印本。1986年江蘇古籍出版社又以其印入《江蘇地方文獻叢書》。

鈐印有顧嗣立"秀野草堂顧氏藏書印"、陳鱣"海寧陳氏向山閣圖書"，以及"□露精廬"。

0839　清乾隆刻本江城名蹟記

T3067/7912

《江城名蹟記》二卷，清陳弘緒撰。卷末一卷，清陳新德補。清乾隆二十三年(1758)陳準保刻本。四册。半頁十行二十一字，四周單邊，白口，單魚尾。框高17.6釐米，寬12.1釐米。題"西昌陳弘緒士業著；嫡曾孫國泰獻功校訂"。前有乾隆二十四年(1759)曹秀先序，乾隆二十五年(1760)王宇治序；乾隆二十三年熊爲霖題詞；乾隆二十三年陳新德撰《徵刻遺書引》；同輯後學姓氏。卷末題"嫡孫陳新德繼英補；男國泰獻功、任步雲文士同□"。

陳弘緒，字士業，江西新建人。明末以薦授晉州知州。時劉宇亮以閣臣督師，欲移兵入晉州，弘緒拒不納，坐謫爲湖州府經歷。後令舒城，又起爲安廬護軍。鼎革後，以老迄歸，鍵戶撰述，終於家。弘緒有學而能文，與徐巨源、萬茂先同稱"江右三徵君"，爲時仰重。其讀書處曰見山樓，家藏書八萬卷。著輯諸書甚富，凡十七種二百九十三卷，流傳散失十之六七。

弘緒垂老，居西山之麓，此記或居江城時所撰。是書以江西省會南昌及新建兩地爲主，考其名蹟，以城之內外爲限，凡去城遠者則不及，多詳於樓觀祠宇、梵刹園亭之類。卷上考古一、二，卷下證今一、二。卷末一卷，爲《古今名詩補》。其所謂"古"與"今"，不以時代爲斷，而一以興廢存亡爲斷。其遺蹟泰半歸於灰飛煙滅，而不能遽議修復者，題之曰"考古"；其幸而尚存在與新搆者，題之曰"證今"。蓋事皆弘緒目睹，非徒案籍而登也。是書敘論簡當，彬彬乎有古風，各以名蹟標目，援引遺聞軼事述之於前，以歷代詩文録本條下，並附考證，多所訂正。其"滕王閣"條，達二千八百字，考據精博，點綴風雅，有參考價值。又"紫極宮"條，載有唐女真吳彩鸞書佛本行經，計六十卷，"吾郡知有《唐韻》，而不知有佛本行經，雖博聞強識如伯生，亦未曾及此。"吳彩鸞書《王仁昫刊謬補缺切韻》(旋風裝)，今存北京故宮博物院，爲現存極重要之文物。書中所考多處名蹟，今已不復存在，或賴此可窺一斑。

曹秀先序云："少壯經遊，人代遷謝，逸史之所傳貽，友朋之所訪求，比之樂氏、祝氏諸書，此見一隅。而豫章洪都百雉，睥睨其內其外，古今勝蹟，覽之如昨日事。"《四庫全書總目》云："弘緒文章淹雅，在明末號能復古，故作是書，敘次頗有條理，考證亦多精核，惟喜載雜事，多近小説，且多漫衍旁涉。如'天寧寺'條下，載寺僧淫褻之類，頗乖大雅，亦非地志之體，是則體例未嚴，不免爲白璧之瑕矣。"

弘緒沉酣讀書，援筆千言，所著書數十餘種，皆付剞劂，後因順治五年兵變，書板盡毀，存書年久，不無霉蠧，此《江城名蹟記》也因版患而不能讀。其子新德思欲重刻，後得族弟準保(字輝玉)之助，將是書先刻流傳。據熊爲霖題詞云，《江城名蹟記》"年久毀於兵燹，版糜漫不可讀，而舊帙傳者漸少，君子惜之。今令嗣孫新德，痛手澤之貽，寔惟拱璧，謀所以廣其傳，與同志共勷剞劂，去其亥豕，庶幾徐亭、蘇圃諸妙勝，借靈光絲竹一洗之，或於曉煙霜月之餘，手鑒神摹，亦足廣豫章文獻所留"。

此本有扉頁，刻"江城名蹟記。西昌陳士業先生著。乾隆戊寅年鐫。京山堂藏板"。按，"戊寅"，乾隆爲二十三年。京山堂者，爲弘緒先人"少保清襄公創造"。是書有乾隆二十五年王宇治序，是爲序弘緒《寒夜録》者，當從他處移來。"弘"字避帝諱。

弘緒著作甚鮮著録，此書卷下《證今二》"京山堂"中，載有弘緒所著書，爲《周易備考》四卷、《詩經解義》八卷、《石莊集》六卷、《恒山存稿》二卷、《鴻桷篇》四卷、《敦宿堂留書》六卷、《峿齋詩集》五卷、《山房讀書跋》四卷、《呃聞編》四卷、《寒餘論》六卷、《荷鋤雜志》十一卷、《南昌郡乘》五十五卷、《明文類抄》一百二十卷、《諸經存疑》四十卷、《揪窾冗記》十二卷、《洪乘編遺》十卷、《寒夜錄》等。

《四庫全書總目》史部地理類著錄。《續修四庫全書總目提要(稿本)》著錄。

0840　清康熙刻本滄浪小志　　　　　　　　　　　　　　　T3046/363

《滄浪小志》二卷,清宋犖輯。清康熙刻本。一冊。有圖。半頁十行二十一字,四周雙邊,白口,雙魚尾。框高17.6釐米,寬12.8釐米。題"商邱宋犖牧仲編"。前有康熙三十五年(1696)尤侗序。

宋犖,字牧仲,號漫堂,又號西陂,河南商邱人。康熙間以任子入官,累擢江蘇巡撫。在官持大體,以清節著,官至吏部尚書,加太子少師。淹通典籍,詩與王士禎齊名。有《綿津山人詩集》、《西陂類稿》、《筠廊偶筆》等。

杭州有西湖之美,妙在天趣;蘇州有園林之勝,貴在人工。兩者各有千秋,並美於世。滄浪亭為蘇州最悠久的古典園林,自五代以來即享有盛名。據《長洲縣志》,滄浪亭在三元坊郡學之東南,積水彌數十畝,旁有小山,高下曲折,與水相縈帶。《石林詩話》以為錢氏時廣陵王元璙池館,或云其近戚中吳軍節度使孫承祐所作,既積土為山,因以潴水。宋慶曆間,蘇舜欽流寓蘇州,以四萬錢得之,有感於《楚辭·漁夫》"滄浪之水清兮,可以濯吾纓"句,題名為滄浪亭。歐陽文忠公詩云:"清風明月本無價,可惜只賣四萬錢。""滄浪"之名始著。舜欽死,屢易主,後為章申公家所有,廣其故地,為大閣,又為堂。元代廢為僧居。明嘉靖年間,結草庵僧文瑛復建亭於荒煙殘滅之餘。

宋犖為江蘇巡撫時,得蘇舜欽滄浪亭舊址,其時"野水瀠洄,巨石頹仆,小山蘩翳於荒煙蔓草間,人跡罕至。予於是亟謀修復,構亭於山之巔,得文衡山隸書'滄浪亭'三字,揭諸楣,復舊觀也"。因蒐輯前人傳記詩文,並附以所作記一篇、詩一首,及尤侗、范承勳詩各一首,共為一集。然其所採,多為舜欽而作,與亭無涉。卷上為傳、志、詩、記、序、志銘、祭文;卷下記、詩、賦。

尤侗序云:"大中丞商邱宋公撫吳三載,發政理人,細大畢舉,放衙之後,靜若無事焉,間以暇日樂山水之遊,偶於幕府東偏城南野次,得宋蘇子美滄浪亭故址,一坏僅存,鮮過而問者。公慨然懷古,梳爬而掃刼之,既修祠宇,有堂有室,緣阜築亭,亭下為舫齋,繞以迴廊,峙以高軒,匯以曲池,木石交錯,光景一新。於是搜其傳記,採其詩詞,茸成《滄浪小志》。"

此書有扉頁,刻"滄浪小志"。

清梁章鉅有《滄浪亭志》一卷,蔣瀚澄有《滄浪亭新志》八卷,蔣志所載最為詳細。

《四庫全書總目》入史部地理類存目。《四庫全書存目叢書》第245冊收入,底本為武漢大學圖書館所藏。《北京圖書館古籍善本書目》有《蘇學士文集》十六卷,後附《滄浪小志》二卷,版本作"清康熙三十七年徐惇孝、徐惇復白華書屋刻本",未詳與哈佛此本異同。

鈐印有"孫颺一字歉雲"。

0841　清乾隆刻本桃源洞天志　　　　　　　　　　　　　　T3049/4141.83

《桃源洞天志》不分卷,清釋一休輯。清乾隆十九年(1754)刻補板印本。一冊。有圖。半頁九行二十一字,四周雙邊,白口,單魚尾。框高20釐米,寬13.1釐米。題"蘭巖一休輯"。前有乾隆十九年釋一休序。

釋一休，字蘭巖。

桃源洞，在湖南省桃源縣桃源山，山在沅江之右，山廣袤十餘里，高五六百丈，負土抱石，群峰環拱，氣勢雄秀。洞在山之半，由谷口"桃源佳致"碑迤邐而入，至八卦亭，倚石爲壁，歷代碑碣環焉。洞口石壁峭立，縱橫丈餘，宛然雙扉，終古長閉，橫鐫"秦人古洞"四大字。

是志爲洞略、修建、圖說、繪圖、詩五言古九首、七言古十二首、五言律二十三首、七言律十六首、五言絕十一首、七言絕五十九首、藝文記十篇、序三篇、辯議三篇、說二篇、考一首、賦一首、書一通、途勝一篇、碑刻。凡唐至清代涉及桃源洞詩文者，選擇若干入志，體例欠善。

一休序云："休之宅於洞天旁者數十年矣，愧愚且拙，不足發洞天之秘要。以海内讀靖節《桃花記》者，未嘗不思躬至斯地，及至矣，如搜珍於海，恐未能以一日而悉也。而自靖節後，所爲詩文，千百餘歲，散而不集，久而愈湮，豈不惜哉。故敢彙爲成書，前列繪圖，後載名作，即多所遺漏，而情見於詞者什一千百，或粗得存其概爲。"

此本有扉頁，刻"楚南桃源洞志。洞天蘭巖輯。乾隆甲戌年鐫。花源藏版"。目錄爲抄配。圖不甚精。《自桃源西南行三十里得秦人洞》(五言一章)，爲祁雋藻撰，祁爲嘉慶十九年進士，此詩當爲後人所補。

《續修四庫全書總目提要(稿本)》著錄。《四庫未收書輯刊》、《續修四庫全書》未收。

鈐印有"宜秋館藏書之印"、"積學齋徐乃昌藏書"、"李氏東軒珍藏"。

0842　明崇禎刻本洛陽伽藍記　　　　T3042/4223

《洛陽伽藍記》五卷，北魏楊衒之撰。明崇禎間毛氏汲古閣刻《津逮秘書》本。一册。半頁八行十八字，四周單邊，白口，無魚尾。版心下鐫"綠君亭"。框高20.2釐米，寬13.1釐米。前有自敘。

楊衒之，北平(今河北定州)人。據書中所稱，知嘗爲撫軍府司馬、秘書監、期城郡太守。據《景德傳燈錄》卷三載，衒之爲期城太守時，欣慕佛法，嘗問法於達摩祖師。《廣弘明集》卷六《高識傳》亦記其言行。

洛陽是佛教傳入中國的初始地，北魏建都後，篤崇佛法，一時佛刹鼎盛。永熙之亂，漸至荒廢。東魏孝靜帝武定五年，楊衒之行役洛陽，感念興廢無常，因捃拾舊聞，追敍故蹟，彙輯洛陽城内外四十餘處伽藍掌故，撰成此書。伽藍，梵文 Samghârama 僧伽藍摩之音譯略稱，意爲"衆園"或"僧院"，佛教寺院之通稱。是書以寺院爲綱，分城内、城東、城南、城西、城北五卷。由裏及外，兼記遠近市里、官署、道路、橋梁、時人宅第與名勝，並及爾朱榮變亂之事。採摭繁富，委曲詳盡，敍述宛轉有致，文辭秾麗秀逸，既是一代别史，又是堪與酈道元《水經注》、劉義慶《世說新語》比肩之中古文學要籍。

自敘曰："至武定五年，歲在丁卯，余因行役重覽洛陽。城郭崩毀，宫室傾覆，寺觀灰燼，廟塔丘墟，墻被蒿艾，巷羅荆棘，野獸穴於荒階，山鳥巢於庭樹。游兒牧豎，躑躅於九逵；農夫耕稼，藝黍於雙闕。麥秀之感，非獨殷墟；黍離之悲，信哉周室。京城表裏，凡有一千餘寺，今日寮廓，鐘聲罕聞，恐後世無傳，故撰斯記。然寺數最多，不可遍寫，今之所錄，上大伽藍，其中小者，取其詳世諦事，因而出之。先以城内爲始，次及城外，表列門名，以遠近爲五篇。余才非著述，多有遺漏，後之君子詳其闕焉。"

有扉頁,右鐫"津逮祕書",左上鐫"第十集",左下鐫"洛陽伽藍記,創業起居注,洛陽名園記,老學庵筆記,直靈位業圖,漢雜事祕筆,東京夢華錄,玉堂雜紀,西京雜記,焚椒錄,佛國記,國史補。汲古閣藏"。然此扉頁顯係後訂,毛氏綠君亭刻本《洛陽伽藍記》原爲單刻,彙刻《津逮祕書》時以此書板刷印併入,故《津逮祕書》零種本與"明末綠君亭刻本"實爲同板。僅存一冊,缺卷之五。

綠君亭,明末常熟毛晉刻書堂號,毛氏早年刻書,多題以"綠君亭",中年後專用"汲古閣"之名。清錢泳《履園叢話》對綠君亭、汲古閣之得名敘之甚詳。

是書版本衆多,除單刻外,有數種叢書本行世,如《津逮祕書》本、《漢魏叢書》本、《古今逸史》本、《學津討源》本等,其中以明代如隱堂刻本爲最古最善。其校勘本則推近人周祖謨《洛陽伽藍記校釋》、范祥雍《洛陽伽藍記校注》爲最佳。

《四庫全書總目》收入史部地理類。

0843　清康熙刻本敕建弘慈廣濟寺新志　　　T3042/083

《敕建弘慈廣濟寺新志》三卷,清釋湛祐纂輯,清釋然叢編。清康熙四十三年(1704)廣濟寺刻本。三冊。半頁八行十八字,四周雙邊,下黑口,無魚尾。框高 20.3 釐米,寬 13.5 釐米。題"傳臨濟正宗三十三世沙門湛祐遺藁;監院沙門然叢編輯;白下余賓碩鴻客較訂"。前有廣濟寺全圖,中庭放鶴等圖文八幅;康熙三十九年(1700)余賓碩序,康熙二十三年(1684)湛祐自序;目錄。

釋湛祐,字天孚,三韓金氏子。年十三入廣濟寺落髮,師事恒明美禪師。受具戒後南游江浙,遍參諸方。歸廣濟寺別築一室,韜晦自養。康熙三十三年清聖祖臨幸別室,與師問答。年五十四卒。有偈頌詩若干首,未梓行世。爲臨濟宗三十三世。

廣濟寺在今北京,建於季宋,原名西劉村寺。元末毀於兵燹,明成化二年重建,憲宗賜額"弘慈廣濟"。清順治間,始改爲律院,康熙間又於寺東設戒壇。

王熙《廣濟戒壇記》曰:"城西廣濟寺,京師名刹也,舊址爲西劉村寺。明景泰間,有耕地者得石碑於土中。天順丙戌(二年),山西僧普慧即其地建爲寺,太監廖屏以聞,賜額曰'弘慈廣濟'。此寺之緣起也。初爲緇流習靜之所。晨鐘暮鼓,一瓶一鉢,二三法屬,自相傳授而已。我皇清龍興,恒明大師主寺事,師戒行精嚴,福慧圓足,聞風皈向者不可勝數。始改爲律院,延請玉光老人入主方丈,陞座說戒,條理井然,歲三期,凡十三載,聽受者恒數千人。順治十三年,世祖章皇帝車駕至寺,召見老人,深加歡異。自是王公大人接踵頂禮,寺名益著。"

圖文八幅依次爲:中庭放鶴、經臺夜月、院樹秋蔭、花開方丈、大椿團蓋、別室馴猿、香裊深窗、仙棗垂瓔。末有題識曰:"名刹廣濟居内城之西,地敞而境幽,近市而塵隔,雖非山林,實山林也,歷有高賢舊住,宣揚法教,利益群生。今康熙四十三年六月十一日皇上賜御書匾額,莊嚴色相……雖繪十景於前,而佳趣摹寫不盡,實未足以形容其妙,聊以表其大略云爾。"

卷上御製弘慈廣濟寺碑文、御書匾額供奉大殿、建置、碑銘頌,卷中傳記、序,卷下賦贊跋、尊宿、塔院、下院、題詠。

傳記依次爲:余賓碩撰《喜雲慧大師傳》,釋湛祐撰《恒明美律師傳》,釋湛祐撰《滿月清法師傳》,釋湛祐撰《玉光壽律師傳》,何元英撰《萬中禄律師傳》,釋湛祐撰《德光祥律師傳》,釋湛祐撰《道光會律師傳》,釋湛祐撰《復初仍律師傳》,曹日瑛撰《天孚祐禪師傳》。序有沈荃撰《大悲壇記》，嚴我斯撰《旃檀佛記》，王熙撰《廣濟戒壇記》，周天成撰《金陵印藏序》。

湛祐原序曰：「廣濟志之不作，是我之罪已夫，是我之罪已夫！因與復初師兄商確，兄乃踴躍久之。欣欣乎望其竣，又恐其不即抵於成，酒使我閉關董其事。上方丈，以及兩柱，有瑰意奇行悉志之；朝廷所賜佛像法寶悉志之；戒子中有得法行教者悉志之；自草木禽魚，得日月之氣、含天地之靈者無不載；荒渺無稽之物，雖通都共聞，皆削去，示信也。梓行後，藏板大悲壇中。後世子孫有怠而不修、善而不錄，以殘缺此集者，即以不孝論。我祖行之於前，我輩述之於後，一世以至百世，豈非燈燈相續之義歟？」

余賓碩序曰：「京師弘慈廣濟寺創於宋末，曰西劉村寺。兵燹之後，已廢為荊榛瓦礫之墟。至明憲宗時，潞州僧喜雲慧公因土人掘得石佛，即於其地重建今寺。慧公戒行精嚴，遠近欽仰，故法施雲涌，鬱為寶坊，賜額'弘慈廣濟'，與愍忠並為戒壇。興朝定鼎順天，僧恒明美公暨其門人復初仍公大加修葺，巍然煥然，一切堂殿，樓閣門廡，倉廥庖湢，凡僧居之宜有者悉備，可謂盛矣。於是天孚祐公懼其不久也，作而曰，寺居朝市間，五方雜處，年運而往，或者欺有司而寓其孥，則寺廢矣。家世隆替不可常，萬分一有子孫以貧故規寺之產，侵寺之事，則僧散矣。因刊為志，垂誡後人。公歿，睡林叢公監院事，意猶以為未廣也，乃建戒壇，築大悲壇，作飯僧堂，粥魚齋皷，安隱高閑，可謂盡矣。而其意猶未已也，鎮之以天子之賜額，守之以天子之宸書，凜凜乎其不可犯矣。而其意猶未已也，奮然曰，自我作之，自我述之，慮不足以傳信於後世，於是乎因其法護，翰林供奉曹子恒齋請余更為志之。」

是書避清聖祖諱，清世宗、清高宗諱不避。文中多墨釘，為後印本。

扉頁鐫「敕建弘慈廣濟律院新志。別室天孚和尚輯定。大悲壇藏板」。是「大悲壇」為廣濟寺之大悲壇，湛祐舊序即云「梓行後藏板大悲壇中」，則新舊二志皆本寺所刊。

《中國古籍善本書目》入史部地理類寺觀之屬，著錄中國社會科學院考古研究所、公安部群眾出版社、上海圖書館、華東師範大學圖書館藏本。《四庫全書總目》不收。

0844　清康熙刻本天童寺志　T3042/130.81

《天童寺志》十卷首一卷，清釋德介、聞性道纂。清康熙刻補板印本。四冊。半頁九行二十字，四周雙邊，白口，單魚尾。框高 20.5 釐米，寬 13.6 釐米。前有李煦序，仇兆鰲序；天童山圖；天童寺圖；《凡例》十則。《凡例》後有釋德介《輯志敘繇》。

德介，字竹窗，又字于石，號太白山樵。又有《竹窗稿》四卷、《默齋稿》一卷。

聞性道，字蕊泉。

天童寺在浙江寧波鄞縣之東天童山，又名太白山。晉時，僧義興結茅此山，感太白星，幻為童子，日供薪水，遂以太白名山。唐法濬禪師日虔誦《法華經》，亦感天童進供，故又以天童名。唐至德二年，古天童精舍遷至現址，北宋時改稱景德禪寺。明洪武十二年，太祖冊天下寺名，天童山景德禪寺定名為天童禪寺，稱天下禪宗五大名剎之一，號稱"東南佛國"，此寺在日本及東南亞有相當影響。

天童寺傍山而築，層層遞升，建築宏偉，峰嵐高秀，松檜蔥籠，景色絕俗，最興盛時有僧人數千。首一卷為序、山圖、寺圖、《凡例》。卷一《山川考》，卷二《建置考》，卷三《先覺考》，卷四《盛典考》，卷五《雲蹤考》，卷六《法要考》，卷七《塔像考》，卷八《表貽考》，卷九《轄麗考》（附莊產），卷一〇《附餘考》。其書十卷，蓋取"十無盡藏"之義。

天童寺有志，始於明末崇禎間，爲十卷本，明釋通布撰、明張廷賓輯，明崇禎五年刻本，藏上海圖書館、日本國立國會圖書館。後又有七卷本，爲明楊明撰、明釋無憂輯，清初抄本，然僅存卷一至二，藏上海圖書館。《中國佛寺志叢刊》提要云前者"已佚"，不確。《四庫全書總目》史部地理類存目收有明楊明撰《天童寺集》二卷，或即爲後者。民國間，天童寺方丈凈心和尚有感此康熙志搜採未備，疏漏甚多，遂聘釋蓮萍續纂修之，成《天童寺續志》二卷，於民國九年（1920）刊刻。

李煦序云："前觀舊志中未能包括古今之旨，每以爲嘆。蓋聞弘覺老人曾囑嘯堂和尚重輯之，而嘯公知蕊泉聞子乃淹博會禪之士，命同弟子于石介公董其事，但二公留心已久，未成全書，而補遺正誤，詳略得宜……得見是書，十考山川建置，僧譜法輪，無不備矣。行當刊布四方，供入大藏，以慰衆望。"仇兆鰲序亦云："鑑西蕊泉聞子同竹窗介公，慨前志之未備，殫心蒐輯，積歲累時，遂與主席偉載乘公會萃而增續之，釐爲十卷，次第具舉，有條不紊。"

天童山及寺圖爲董倬繪、楊嘉謨鐵筆。倬爲四明人，工山水、樓閣、人物。嘉謨亦四明月湖人。卷七第二十一至二十四頁書口下有"慈谿縣長溪寺衲易悟重補"。記事至康熙四十四年。

《中國古籍善本書目》不收。《續修四庫全書總目提要（稿本）》、《中國科學院圖書館藏中文古籍善本書目》、《北京師範大學圖書館中文古籍書目》、《中國人民大學圖書館古籍善本書目》、日本《內閣文庫漢籍分類目錄》著錄。《杭州大學圖書館綫裝書總目》著錄"清咸豐元年重刻本"，《日本國立國會圖書館漢籍目錄》著錄"光緒十三年刻本"，未詳何據。此本《中國佛寺志叢刊》第84至86冊收入，其提要作"清釋德介纂輯，聞性泉校定"，誤。

0845　清康熙刻本武林靈隱寺志　　T3042/117.81

《武林靈隱寺志》八卷，清徐增撰。清康熙十一年（1672）靈隱寺刻本。四冊。半頁九行二十字，四周雙邊，下黑口，無魚尾。框高21.1釐米，寬14.5釐米。題"武林西山樵者孫治宇台初輯；吳門而庵居士徐增子能重修；住靈隱第二代戒顯晦山較訂"。前有康熙二年（1663）嚴沆序，康熙二年孫治序，康熙十年（1671）徐增序，康熙十一年戒顯序；目錄；山圖。

徐增，字子能，江蘇常洲人。著有《說唐詩》等。

靈隱寺在今杭州武林山，去城十餘里。靈隱寺開山禪師慧理祖師，傳曰西天竺人，東晉咸和三年游至武林。見靈鷲峰，識其從天竺飛來，以呼出黑、白二猿爲證。建靈鷲、靈隱、靈山、靈峰諸刹，今靈隱獨存。奉爲開山始祖，常晏坐靈鷲後巖，因號"理公巖"，又名"晏寂巖"。今迴龍橋東首瘞塔存焉。

卷一《開山》、《重興》、《山水》，卷二《梵宇》、《古塔》、《古跡》，卷三《住持禪祖》，卷四《法語》，卷五《累朝檀越》、《歷代人物》，卷六《藝文》（碑記、記、序、志、表、書、疏、贊、言、論、銘），卷七《碑文》、《跋》、《啓》、《塔銘》、《塔表》、《行狀》，卷八《詩》、《遺事》、《雜記》，附《山地蕩總目》（舊存、檀施、續置）。

東晉理公建刹以來，靈隱寺歷代永爲禪窟。五燈互照，臨濟子孫居多。東晉至明萬曆，諸宗禪師相繼住持靈隱寺，清順治具德禪師以下三代皆臨濟宗。是《志》"住持禪祖"篇考歷代住持次第，系其行實、法語，以見大概。首有題識云："靈隱自東晉咸和至明萬曆，共一百三十餘代，有爲天子所命者，有爲大臣所請者，五燈互耀，號稱祖窟易庵而後寢以衰矣。大清順治間，具德老人暨晦山和尚父子相繼三十年來,臨濟一燈光明獨盛。"

具德禪師於順治六年住持靈隱寺院,康熙六年遷雙徑,爲重興靈隱禪寺者。傳曰,具德弘禮禪師,臨濟宗,爲臨濟三十二世。紹興張氏子,初爲鍛工,已習道家言,後又讀《首楞嚴》而善之,披剃受具,參三峰漢老人於安穩,徹悟宗旨,服勤十七載,遂承囑付,師出世雲門廣孝、維揚天寧,及佛日、顯寧諸處,俱稱千人善知識。而於靈隱破院久住,法席一新,建置甚盛。復應請住徑山,大弘祖道。後至維揚天寧,甫七日,無疾坐化。以靈隱言,理公爲祖,延壽爲宗,而師以中興兼創置。壽六十八,塔全身於靈隱慧日軒。

戒顯法名晦山,時住持靈隱。其傳云,晦山戒顯禪師,臨濟宗,字願雲,太倉王氏子。弱齡游泮,稱名儒。甲申國難,作詩文告廟,入金陵華山,禮三昧老人,祝髮受具,遍參天童、雪嶠諸大老。復參靈隱具和尚於皋亭,大悟雲門拄杖話,遂嗣法焉。康熙丁未(六年)具老人遷雙徑,命師繼席靈隱。語錄、詩文有若干卷,盛行於世。

戒顯序曰:"方內名山,祖席琳宮,莫不有志。一以顯山川名勝,二以表興創功勳,次則人物雄奇,宮殿瑰麗,敀漁舊聞,搜羅怪異,建置沿革之由,再造中興之績,莫不綺綰繡錯,纖毫備載。顧以天下靈山,區中名勝,獨可以無志乎?又況靈隱以一百餘代禪祖之後,其中或開創,或重興,或建功業幾條,或置殿堂幾帶,功業難泯,莫不表揚,獨先師具德老人,荼瘁二十餘年,舉全座靈山,尺寸而鼎興之,從外至內,殿閣巍峨,堂寮鱗砌,佛像嚴麗,金碧輝煌,隨一殿一堂、一房一舍、一樓一閣,皆一手擎出,脫體斬新,雖曰重興,實同開創,又可以無志乎?有志也。唐宋以來,舊志有無,不可得考,所見者白珩子佩氏之《志》而已。白《志》太略,又用筆近俚,蒐討未備,不成佳書。先師重建靈隱之後,又有志矣。則吾友孫宇台祉翁之筆也。宇台於先師重建功業極力發揮,已十有六七,獨於靈隱名勝開章發刃辯論太多,紆迴曲折,幾成辯駁山水之書,似乖傳信。先師臨上雙徑,手是編親授顯,囑以校讎付刻。戒顯一覽,覺多所未安。適吾吳門故友徐子能氏惠顧冷泉,余乃篤留館之丈室,初屬塗抹拙集,次舉白、孫二《志》力求典寔。子能乃焚膏繼晷,盡力校讎研磨,禿盡管城,坐穿皋比,閱一載而後成。舉白《志》之俚俗者而雅馴之,孫《志》之迂曲者而直捷之,然後開門見山,如飛來、冷泉,舉目洞達。先師重興大業,蓋天蓋地,和盤托出矣。有此書也,不惟先師血汗永耀靈山,并一百餘代禪祖,其崩崖裂石之法語,餐冰嚼雪之高風,及古今鉅公偉人奇文異藻,囊括殆盡。"

戒顯序言刊事,有"爰付剞劂,質之大方"語,序署"大清康熙歲次壬子潤七既望靈隱嗣法繼席門人戒顯百和南撰"。"壬子"爲康熙十一年,則是《志》鐫於是年,爲靈隱寺自刊。

是本孫治序末有大墨釘。《中國科學院圖書館藏中文古籍善本書目》著錄清康熙十一年戒顯刻後印本。《四庫全書總目》、《中國古籍善本書目》皆不收。

鈐印有"湘潭黎氏求補拙齋正藏書籍金石文字之印"、"清俸買來手自較子孫讀之知聖道鬻及借人爲不孝"。

館藏有複本一部(T3042/117.81/C2),佚去山圖,及卷一之《開山》、《重興》。

0846　清乾隆刻道光增補印本敕封天后志　　T3042/174

《敕封天后志》二卷,清林清標輯。清乾隆刻道光增補印本。二冊。半頁八行二十字,四周單邊,白口,單魚尾。框高19.2釐米,寬13釐米。題"裔姪孫清標敬輯"。前有乾隆四十三年(1778)林清標序。有圖。

林清標,無考。

天后者,林默也,又稱湄洲天妃,唐邵州刺史林蘊之七世孫女,福建莆田人,生於宋建隆元年。八歲從塾師訓讀,悉解文義。十歲餘,喜淨几焚香,誦經禮儒,旦暮未嘗少懈。民間傳說,其生而靈異,少而穎慧,長而神化,其神功廣大,尤著於江淮河海之中,上爲國家保衛轉輸,下爲生民拯扶陷溺。又相傳其昇天在海嶼湄洲,自宋迄明,利民神國,歷代褒封致祭不一。至清乾隆間,封號"護國庇民妙靈昭應弘仁普濟福佑群生誠感咸孚天后",尤加顯赫。

天后之書,最早有《天后顯聖録》二卷,清丘人龍輯,爲雍正三年(1725)刻本,日本内閣文庫有藏。但湄洲僧以多所缺略,乃復集見聞,以付剞劂。迨世久年深,板多散失,後有輯時事以增補重刊,亦未嘗廣傳。此志載天后事,卷上前序五篇、賢良港圖、湄洲圖、傳、前代褒封、國朝褒封、前代詔誥祭文、國朝詔誥祭文、册使汪林奏疏、將軍侯施奏疏、册使海徐奏疏、禮部覆奏疏、提督藍奏疏、提督藍謝恩疏、總督姚大闢宮廟禱文、將軍施師泉井記、册使徐請春秋二祭記、册使徐中山記。卷下圖説弁言、神蹟圖説、世系考、賢良港祖祠考、湄洲廟考。志中亦載明永樂七年鄭和往西洋,水途適遇狂風,禱神求庇,遂得全安事。圖説弁言、神蹟圖説爲左文右圖,一事一圖,"第就舊本所載昇天以後事實,非關爲國爲民者不録,有附會其事而非真者不録,有鄉里傳言鑿鑿而無從核實者不録,故所録者少,而不録者多。"

林清標序云:"兹標長兒霈,秉鐸臺之鳳山,克邀神惠,擬將原本重鐫,冀得廣傳,郵書請標宗其事,因細閲從前刻本,次序錯雜,間多有附會事,爰倣古人左圖右書之法,浮者删之,實者録之,編次繪圖,以成一部信書,雖不能博採無遺,而分門别類,頗易披閲,即異日復有可傳續之者,不難爲力焉。""而核實付梓,使人有所考而無疑,且以有明徵而知慎重也。時資同志諸人,共襄厥事,得以成書。"

此本有扉頁,刻"敕封天后志。乾隆戊戌年敬輯"。"戊戌",爲乾隆四十三年。"弘"字缺筆。是志乾隆刻本,傳世不多見。又志末有嘉慶十五年莆田縣知縣張均,因詣天后宮未見志書而焚香許願,印志書百部,寄奉廟中,囑道士分送往來士大夫事。又有嘉慶二十五年,漳州鎮總兵官蘇勒芳阿因"天后聖母神靈默祐"而捐刷志書百部事。末爲"助靖海氛",所記爲道光二十一年之事。

《續修四庫全書》、《續修四庫全書總目提要(稿本)》未收。

0847　清乾隆刻本少林寺志　　T3042/924

《少林寺志》不分卷,清葉封、焦欽寵輯,施奕簪、焦如蘅續輯。清乾隆十三年(1748)刻本。四册。有圖。半頁九行二十二字,左右雙邊,白口,單魚尾。框高 18.7 釐米,寬 13.4 釐米。前有乾隆十三年張學林序,乾隆十三年施奕簪序;乾隆十三年焦如蘅題辭;乾隆十二年(1747)焦如蘅撰《修少林寺志紀事》;纂修姓氏。

少林寺,位於河南省登封縣西北十三公里處中嶽嵩山西麓,素以山嶺環抱,叢林茂密,巒峰秀麗,風景幽美而遐邇聞名,又以佛教禪宗祖庭和少林拳著稱於世,被譽爲天下第一名刹。寺初建於北魏太和二十年,孝文帝元宏下旨爲印度高僧跋陀修建住錫地,因寺廟在嵩山第二峰少室山北之密林中,故名。北魏孝明帝昌三年,另一印度高僧菩提達摩至少林寺,廣招弟子,傳播禪宗教意,後達摩成禪宗初祖,寺也爲禪宗祖庭。

葉封,字井叔。湖北黄陂人。順治十六年進士。康熙八年以延平府推官裁缺,改授爲政。

能識大體,倡復嵩陽書院,課士會文,曾與焦貫亨同纂《嵩山志》行世。陞西城兵馬司指揮。傳見《(康熙)登封縣志》卷六。

焦欽寵,字錫三,號樗林。河南登封縣人。登封縣候選訓導。曾參與纂修《(康熙)登封縣志》。

施奕簪,字珮其。福建晉江人。舉人,雍正十三年任登封縣令。勤於政事,多所修建,輯邑乘,秉公無私,人尤稱之。傳見《(乾隆)登封縣志》卷二一。

焦如蘅,字遠倩,號客巖。河南登封人。

昔少林寺踞嵩山之勝,見於名賢歌詠者甚多,明登封縣令傅元鼎探討故實,作《嵩書》十三篇。康熙間,有焦汝將者,取《嵩書》裁潤之,爲《嵩高志》,少林之勝,附見於篇。

少林有志,此爲首創。是志分序、繪圖、形勝、營建、古跡、祥異、藝林、題詠。其《藝林》又分宸翰七通、藩王文翰二通、碑記二十三篇、僧碑八篇、僧傳十八篇。其《題詠》爲五言古十七首、七言古九首、五言律九十一首、七言律一百五首、五言排律九首、七言排律二首、五言絕句十七首、七言絕句四十五首、六言絕句六首、偈五首、贊三首、頌一首、詞一首、賦一首。

張學林序云:"遠倩之爲此志也,距其先世著書之日七十餘年矣,寺中勝概,往往守土者不加愛惜,而寺僧輩更緣以爲利,其間削者,又不知凡幾。遠倩撫名跡之就蕪,念先澤之猶新,不憚躡險,仄窮幽深,屢更寒暑,於嶄巖斷塹、頹垣蘚壁間,得其片碣隻字,摩挲珍惜,如獲拱璧,而登之竹素。庶幾寺之久而且著者,益有以永其傳於來玆云爾。"

《修少林寺志紀事》云:"前任葉明府井叔,約同先王父樗林,於五十年前搜羅鈔集,俾萬斛珠玉收貯篋笥,遂什襲以貽後人,備采擇以修寺志。奈余小子愧乏寸長,才疏既不足以任纂修,力綿又無能以付剞劂,僅繼前人之志,不憚校繕之勞,祇期別類分門,罔計點金成鐵。兹逢邑侯施老夫子,仰承巡臺張老大人,博古通今,察來彰往,念貞珉之多失,慨珠璣之僅存,輯刊新編,流芳奕禩。則天下第一名刹,可展卷以當臥遊,而案頭一紙煙雲並金石以垂不朽矣。"

纂修姓氏中"原采輯"題"前知登封縣志葉諱封字井叔楚黃人;登封縣候選訓導焦諱欽寵字錫三號樗林"。"續輯"題"知登封縣事施諱奕簪字珮其福建人;登封縣舉人焦如蘅字遠倩號客巖"。此本作乾隆十三年刻之依據,可見焦如蘅題辭:"兹爲繪圖具説,編訂付梓。"圖甚拙,不精,類其時書坊所刻小説。

《續修四庫全書總目提要(稿本)》著録。江蘇廣陵古籍刻印社《中國佛寺志叢刊》第6册收入,然佚去張學林序之第一、二頁。

0848　清初刻本香嚴略紀

T3042/2664

《香嚴略紀》二卷,清釋超古輯。清初刻本。一册。半頁十行二十字,四周雙邊,下黑口,無魚尾。框高21.9釐米,寬14.8釐米。題"天柱學人超古編集"。前有順治十七年(1660)鄭廷才序,釋超古序。

釋超古,號天柱學人。無考。

香嚴爲寺名,位於河南鄧縣西北之白崖山黛子谷中,原爲唐代一行、虎茵二師所創。後一行示寂於長安,肅宗親礼送葬,山中突然飄香,經月餘不止,遂定寺名爲香嚴寺。據《大明一統志》卷三〇,其後,六祖慧能之法嗣南陽慧忠駐錫於此,其時稱香嚴長壽寺。慧忠入寂後,亦葬於寺中。晚唐五代,成爲大禪刹。宋時通稱香嚴寺,至元代,爲曹洞宗道場,高僧輩出,化被遐邇。至正末年，毀於紅巾兵亂，勢遂一蹶不振。現存寺宇爲明代建築物，規模大不如昔，抗戰期間，曾徵爲公用。

是書乃記香嚴寺之始末及興廢，卷上《詔敕》、《碑文》、《住持》，卷下《弘護》、《訪謁》、《留題》。

鄭廷才序云："今縣治東南百餘里，有山曰白崖，中有寺曰香嚴，自唐已來，明師疊出，賜田萬頃，其間環峰聳翠，飛泉流光，洵可脩、可養、可耕、可採，爲古今名勝之地。遞明末闖逆搆亂，僧竄田蕪，殿毀像圮，鳴霜懸石，變作烏棲猿戲之藪；修竹茂林，鞠爲樵薪芻牧之場。至我朝龍飛十有四年，方延宕山和尚主席兹山，開榛結茅，闡揚法印。慨往業之難恢，欣今緣之可萃，間有蜀叟禪師乃於六時晏息之餘，剥苔摩碣，將古今碑記，彙爲略志，俾人每一流覽間，無不如身游當年之勝概。"

卷下《訪謁》之第二頁抄配。碑記記事至雍正十二年、乾隆十一年。

《四庫全書總目》、《續修四庫全書》、《續修四庫全書總目提要（稿本）》、《湖南省古籍善本書目》、《中國科學院藏中文古籍善本書目》、《北京大學圖書館藏古籍善本書目》、《日本内閣文庫漢籍目録》以及多家書目皆未著録。又《中國佛寺志叢刊》、《中國佛寺志叢刊續編》亦未收録。

0849 清康熙刻本東野志　　　　　　　　　　　　T3057/6662

《東野志》二卷，明吕兆祥撰。清康熙刻本。四册。有圖。半頁十行十九字，四周單邊，白口，單魚尾。框高19.5釐米，寬13.7釐米。題"安陽吕化舜纂輯；聖裔孔衍法、衍治增輯；仙源顧龍標校閲；七十一代東野武舊訂；七十三代東野沛然續鐫；七十四代東野枝盛增鐫"。前有崇禎元年（1628）吕化舜序，方應祥序。末有康熙元年（1662）黏本盛跋。

吕兆祥，浙江海鹽人。又撰有《宗聖志》、《陋巷志》等。

《元和姓纂》載，伯禽少子别爲東野氏，則東野氏系出周公。卷一有《姓源》，於東野之姓述之甚詳。

此書編排甚亂。據其目録爲：序文、樂章、遺像、世廩奉祀、行像、贊禮生員、御製像贊、祭田户役、廟宇、兵部勘合、廟圖、禮部儀注、林墓、請正祀典疏、林圖、請録聖裔疏、古蹟、籲恩疏、祀典、禮部議覆疏、封號、請祭祖墓疏、陳設圖、祭文、德業、重修周公廟記、姓源、監修周公廟記、世表、神道碑銘、封爵考、墓志銘、眷問始末、甦楊碑序、御製祭文、謁周公廟詩、御製碑文、御頒墨本、後序。

吕化舜序云："東野一脈，仰承至於七十二傳，可指屈而記、眉列而見，不獨東野自信之爲周公後，即肉譜名流亦莫不謂公之神靈精脈。若自周初依附東野本支，一息而踰年庶三千者，固宜吾宗冠洋藩理，手撰世系，附之聖門，預爲世翰，奉祀張本。而我弟太學聖符以謂不有譜志，誰識源流之必歸東野？於是搜考《史記》周本紀、魯世家，樹爲根幹，爰附世系，明其枝條，足以祀典、封詔、廟宇、祭田、碑碣、詩文，合爲四卷，捐棄精粹，用副参藩未竟之志。"

圖爲《元聖文憲王像並贊》、《元聖文憲王行像並贊》、《元聖文憲王廟圖》、《魯公伯禽望父臺圖》。

《四庫全書總目》入史部傳記類存目，爲四卷本。《中國古籍善本書目（徵求意見稿）》著録四卷本，作"明吕兆祥撰，吕濬、吕逢時輯"，上海圖書館、清華大學圖書館入藏。《四庫全書存目叢書》史部第79册收入，底本爲清華大學圖書館所藏，版本項作"明刻明末清雍正間增修本"。

按,清華本爲二卷本,與哈佛此本同版,惟又有增補。如第一頁第四行多出"七十五代東野興煇參訂"。又世系,清華本增補至第七十六代,哈佛本至七十四代。

0850　清康熙刻本嵩嶽廟史　　　　　　　　　　　　T3042/5200

《嵩嶽廟史》十卷,清景日昣撰。清康熙三十五年(1696)太壹園刻本。四册。有圖。半頁八行二十字,四周雙邊,黑口,單魚尾。框高18.8釐米,寬12.9釐米。題"嵩崖景日昣纂"。前有康熙三十五年張聖誥序,康熙三十五年高一麟序,康熙三十五年郭瑛序,康熙三十五年景日昣自序;纂修姓氏;景日昣撰《例義》十八則。

景日昣,字東陽,一字冬易,號嵩崖,河南登封人。少負奇氣,博學好古,爲藝林所推重。康熙三十年進士。授廣東高要知縣。爲侍御,以憂歸服闋,補原官,多所建白。官至户部侍郎,凡典制多所更定,尋致仕。又著有《説嵩》三十二卷、《嵩陽學凡》六卷、《嵩臺書》四種八卷、《嵩崖尊生書》十五卷等。傳見《(乾隆)登封縣志》卷二二《列士傳》。

嵩山,乃五嶽之中嶽,古稱崇山、外方山、太室、嵩高、黃室等,由太室山及少室山組成。主脈在河南登封縣境西北部,道家稱其爲三十六洞天之第六洞天。今存有關嵩山之志,有《嵩嶽文志》八卷、《嵩書》二十二卷、《嵩山志》二十卷、《説嵩》三十二卷等。然昔人有云:邑以山重,有邑志不可無山志,廟僅山之一隅,神靈所棲,當應有志。

嵩嶽廟舊未有志,有志即以景志始。是志以中嶽廟爲中心,蓋其山之上下,歷代建有衆多道觀。卷一圖繪、御書扁額圖、嵩山形勝總圖、中嶽廟形勝圖、中嶽廟營建圖、廟會圖;卷二《星野》、《州分》、《星分》;卷三《沿革》(神號、廟制);卷四《形勢》(嵩山形勢、嶽廟形勝);卷五《營建》(廟制、附藏器);卷六《祀典》(敕祀、附祭田祭銀);卷七《靈異》(嶽神靈異、嵩山靈異);卷八《嶽生》(人物二十二人);卷九《詩賦》(四言古詩、五言古詩、七言古詩、五言律詩、七言律詩、五言排律、七言排律、五言絶句、七言絶句、賦);卷一〇《藝文》(碑、記、文、序、疏、雜文)。

是書屬稿於康熙三十五年夏五,至秋七月書成付梓。據《例義》:"嶽廟古無志,昣創纂之。山志、邑志紀載缺略,斷碑殘蝕,簡帙佚散。始檢於甲戌,屬稿於丙子。""是編搜羅頗廣,條注簡端,爲卷者十,爲類者三十有二,爲附記者四,使覽者振綱挈領,披卷了然。"

高一麟序云:是書"取天文地志、六經諸子、百家稗官野史等書有關嶽廟者,罔弗采錄靡遺。凡殿宇之位置,作何命名,祭祀之時日,作何取意,創始何代,累修何人,址若干尺,階若干級,門户牆垣若干,闊若干雉,穿碑幾笏,祭器幾事,古柏古井,幾幹幾甃,俱參以河圖中宫、五行王土之數,不爽錙銖。他如封祀醮告、靈異篤生,及瞻禮祝祈,形於詩文者,則照邑志嶽祀卷拓而廣之數倍焉。"

景日昣自序云:"其間興廢升沉之故,規制文物之蹟,哲人騷士生長於斯,歌頌著作於斯,代遠時變,堅石巨刻崩泐毀没,中古以還無傳焉。乃其佚時時散見於載籍,予故綴羅往昔所志列史稗編所稱述,上徵天象,中逮人事,下燭輿圖,編記詳焉。又推周制巡方,就見百年採訪歌謠遺意,搜揚名世之士,摭拾作者之林,冀以發抒山靈,攄吐中藴,而一揆於經,不敢附會其於補職方之遺,備史官之采,登臨憑吊,或有少補云。"

此本有扉頁,刻"嵩嶽廟史。嵩崖景日昣纂。太壹園藏板"。是本圖甚精緻,繪圖者爲周倫。倫,字子常。督梓本書者爲張守星、張旅桂(嶽廟道人)。佚去卷八第五、七頁及卷九第十七、十八頁。

《四庫全書總目》入史部地理類存目。《總目》云:"靈異類中所引《述異記》、《虞初志》諸書,半是寓言。藝文類載《嵩嶽嫁女記》尤爲不經。詩賦、藝文析爲二類。金石之文,如《石闕碑》,別見於營建類中,亦爲錯亂。則亦仍地志之龐雜而已。"《四庫全書存目叢書》第238冊收入,底本爲中央民族大學圖書館所藏。《中國古籍善本書目》著録,上海圖書館、西北民族學院圖書館也有入藏。江蘇古籍出版社《中國道觀志叢刊》第2冊收入,底本爲上海圖書館所藏,然編排混亂,水平低下,佚去景日昣自序一篇,又郭瑛序混入卷五《營建》之末,《例義》及張聖誥序雜入卷七《靈異》之前,而高一麟序則置之卷一〇之前,且又再抄配高序列之目録前。

0851 清乾隆刻本篁墩程朱闕里祠志　　T3043/8422

《篁墩程朱闕里祠志》八卷,清徐光文、程世錫輯。清乾隆三十六年(1771)愛餘書屋刻本。八冊。有圖。半頁九行十九字,左右雙邊,白口,單魚尾。框高18.9釐米,寬13.1釐米。題"吳翼堂先生鑒定;徐光文杏池編輯;程世錫我蕃分纂;方自華實君、程廷淮侣黃同校"。前有乾隆三十六年吳華孫序,徐光文序,乾隆三十四年(1769)徐麒甡序;徐光文撰《凡例》十則。末有程世錫跋,乾隆三十四年徐暉愷跋。

徐光文,字廷溆,安徽歙縣人。乾隆十年進士。散館,授編修,後爲河南學政。官至侍讀。

篁墩,在安徽歙縣之西南隅,去縣治三十里,自黃羅石際旋西北蜿蜒而來,天馬列其前,石壁擁其右,古巖輔其左,大河前繞重山,後鎮其地,故多修篁掩映,因名篁墩。此地爲程、朱二姓祖居故址,合郡號東南鄒魯,而斯地稱程朱闕里,蓋志其尊崇也。明萬曆中,有趙滂輯《程朱闕里志》,大旨謂朱子系出新安,二程祖墓亦在,故合志之。

是志述篁墩程、朱二姓祠所甚詳,祠始建於乾隆二十三年,乾隆三十年落成。卷一《宸翰》;卷二《地理》,分山川、古跡、墟墓、圖考;卷三《祠宇》、《圖考》;卷四《祀典》,分祀位、官祭、祭額、祭期、祭官、祭品、祭儀、祭文、鄉祭、司事、祭期、祭品、祭器、祭儀、祭文、祠規;卷五《祀產》、《稅畝》;卷六《列傳》,爲程克庵、祝和甫等五十二人;卷七《章疏》,爲《捐建呈狀》、《興工公呈》、《歙縣詳文等》十二篇;卷八《藝文》,爲《考新安程朱三夫子源流記》、《新建程朱闕里記》、《新建篁墩程朱闕里祠記》等四十四篇。

《四庫全書總目》於《程朱闕里志》云:"案闕里乃孔子里名,非推尊之號,宋咸淳五年,詔婺源祠所稱文公闕里,已爲失實,今程子亦稱闕里,則尤承訛踵謬,習焉而不察者也。"

徐麒甡序有建祠事之始末,云:"前志作於伯雨趙先生,後志續於古愚吳先生,搜羅薈萃,合成一書,洵有功於名教。顧其時,祠不建於篁墩,而建於十五里外之湖田,名實不符,識者每心非之。而其志所援引,堪爲程朱闕里左證者固多,而累牘連篇,侈陳異人異事者亦不少也。先大夫樸村公,幼即好程朱之學,壯而歸里,過篁墩及紫陽山,輒低徊留之不能去。中年有事於紫陽,欲踵成闕里祠於篁墩,詎紫陽工甫竣而齎志以歿。余小子仰承先緒,勉建賢祠……先大夫畢生之志願亦藉以伸矣。祠成,不可無志,謀之家太史廷溆,亦有同心。爰取前後兩志,采其大要,增其未備,事加於舊而文省於前,名之曰《篁墩程朱闕里祠志》,以稍別乎前名,各爲一書並行於世。"

吳華孫序云:"舊固有《程朱闕里志》一書,爲後人附會,蕪雜不足觀。今徐太史杏池另修《程朱闕里祠志》,凡八卷。""條分縷晰,綱舉目張,成藝苑之大觀,增儒林之盛典,可與《紫陽書院志》同信今而傳後。"

此本有扉頁,刻"篁墩程朱闕里祠志。愛餘書屋刊本"。

《四庫全書總目》、《續修四庫全書總目提要(稿本)》未收。清華大學圖書館有藏。

鈐印有"芸樓"、"黟山李氏藏書"。

0852　清康熙刻本石柱記箋釋　　　　　　　　　　T3070/3232.4

《石柱記箋釋》五卷,清鄭元慶撰。清康熙刻本。二册。清佚名批。半頁十一行二十一字,左右雙邊,白口,單魚尾。框高19釐米,寬13.8釐米。題"芷畦鄭元慶箋釋;荻溪章廷宏審定"。前有蔣國祥序,鄭開極序,康熙四十一年(1702)張希良序,康熙四十年(1701)鄭元慶自序,康熙四十一年鄭元慶再序,朱彝尊序。

鄭元慶,字子餘,一字芷畦,浙江歸安人。少習《易》、《禮》,通史傳,旁及金石文字,覃精著述,期有用於世。毛奇齡、朱彝尊、胡渭並折行輩與之交。全祖望比諸康成之邃密、漁仲之瑰奇。平生慕鄭子真之爲人,自號鄭谷口。康熙中幕游四方,尋以次貢入國子學,復病風而歸,遂不復出,晚更覃窮經義,竟齋志以終。又著有《廿一史約編》、《禮記集説參同》、《湖録》等。《清史稿》卷四八四、《清儒學案小傳》卷四有傳。

《石柱記》,原爲唐顏真卿撰並書,刻石豎於湖州杼山,記載吳興山川、陵墓、古跡、古器頗詳。宋孫莘老知湖州,取而貯於墨妙亭。原石已漫漶。清朱彝尊依鄭元慶搜得之宋本四卷,補德清、武康二縣,合爲五卷。鄭元慶又採掇諸書,一一爲之箋釋。

鄭元慶序云:"頃借書醖舫,得宋槧《石柱記》,載山川陵墓,亡者三之一,其存而不可信者亦三之一。吾湖浙西佳郡何不幸,而使數千百年文獻無徵至於此極邪?竹垞先生惜其殘闕,爲補記二縣,既完且好,余乃一一箋釋,證其所可信,復辨其所不可信,甫脱稿,先生見之賞擊,命鈔副本藏曝書亭。"

朱彝尊序云:"湖州石柱,在宋初字已漫漶,歐陽永叔謂其筆畫奇偉,非顏魯公不能書。於是宋次道集魯公詩文刊於金石者,編成一十五卷,則《石柱記》存焉。孫莘老知湖州,聚境内碑碣,築墨妙亭貯之,凡三十二通,《記》其一也。所記山川、陵墓、廟宅,旁及屏風、竹帳、雉尾扇。顧唐設五縣,而《記》遺其二,或當日有之,次道編集時殘缺未可知爾。吾友鄭子芷畦,既輯府志一百二十卷成,又箋釋《石柱記》四卷,復商之予補遺一卷,考證詳覈,可稱周見洽聞矣。"

《四庫全書總目》入史部地理類,云:"其徵據考証,頗爲贍博,雖於一郡之勝,尚未能包括無餘,而軼典遺詞,其梗概亦已略具,固亦徵文考獻者所不廢矣。"《粤雅堂叢書初編》第九集、《叢書集成初編》皆收有此書。

《中國科學院圖書館藏中文古籍善本書目》、《北京師範大學圖書館中文古籍書目》、《四川大學圖書館古籍善本書目》均作"清康熙四十一年魚計亭刻本",或有所據。

鈐印有"吳興李氏"、"少青"。

0853　清抄本堯陵考　　　　　　　　　　　　　　T3044/7444

《堯陵考》二卷,清李文藻撰,清段松苓續補。清高氏辨蟬居抄本。一册。半頁六行二十字,四周雙邊,黑口,單魚尾。中無界格,書口下刊"辨蟬居高氏寫本"。毛裝。框高19.5釐米,寬14.5釐米。封面署"齊魯先喆遺書。堯陵考。益都段松苓撰。"

李文藻,字素伯,一字芷畹,號南澗,山東益都人。乾隆二十六年進士,天姿俊朗,博覽今古,不爲世俗之學。曾任廣東恩平縣知縣,擢桂林府同知。善詩文,爲錢大昕賞識。好聚書,每入肆,見異書,輒典衣取債致之。所藏數萬卷,皆手自讎校,於金石碑刻搜羅尤富。有《益都金石考》四卷、《南澗文集》三卷、《琉璃廠書肆記》等。藏書及生平可參見今人王獻唐所撰《李南澗之藏書及其他》。李氏藏書今多歸山東省圖書館。

段松苓,字勁伯,一字赤亭,益都人。博涉群書,間爲歌詩,好李義山,於舉業頗不能屈就繩尺,故久困童試。其肆力於古,尤好金石文字,發現有未經著錄之碑刻,必自攜氈墨,拓印而歸。翁方綱督學山東,搜訪石刻,青州一府得之松苓者爲多。畢沅爲山東巡撫,聘其與武億仁、李文藻共撰《山東金石志》,遂遍訪泰、沂諸山,東至臨朐,西達濟寧,成此名篇。嘉慶元年,孫星衍署山東按察使,以孝廉方正舉,松苓力辭不就。有《益都金石記》四卷、《山左吉金志》二卷、《赤亭金石跋》等。

堯陵舊有二說。一山東穀林說,在荷澤縣東北五十里,舊雷澤城西,與濮縣接界;一山西神林說,在臨汾縣東七十里。兩處堯陵至今皆存。山東一處,始建於東漢,清嘉慶年間尚有相當規模,《濮州志》中繪有堯陵古圖,如今在甄城縣南七公里之富春鄉趙千莊村南,存土丘、石碑和數十株松柏而已。山西堯陵、堯廟規模宏大,在臨汾縣城東北約七十里之郭村西隅、澇河北側。這裏是堯都平陽城所在,陵之周圍土崖環抱,陵阜崇隆,澇水經流其南,陵前祠宇恢弘,松柏蒼翠。唐宋元明清歷代不斷重修,祠內建築有山門、牌坊、獻殿、碑亭、廂房等,布局規整。

是書以堯陵在山東濮州而詳加考證,前有圖,卷上爲陵廟,卷下爲歷代建置祭告。引述史書十餘種,如《帝王世紀》、《山東府志》、《明孝宗實錄》等,其間並有文藻按語,如《山東通志》云:"帝堯廟在濮州東南九十里,故成陽城西,即堯陵也,舊有堯母靈臺並中山夫人祠。"文藻按云:"陵在州東南,實六十里,云九十里,誤。"段氏有跋云:"南澗先生主講丹陵,擬作《堯陵》一書而未果,後十餘年,先生卒官粵西,其遺囑猶言之。探其行篋,得一巨冊,黏亂紙數十通,閱之皆堯陵故事。余悲其志,爲之再爲撫拾,附以己見,名之曰《堯陵考》,共二卷。乾隆丙午二月花朝前三日。益都段松苓書。"

文藻胸藏萬卷,湛思著述,寫詩作文,皆出自經歷見聞,有獨到見解。曾參與方志編纂,如《歷城縣志》、《諸城縣志》等,皆爲時人稱道。《(光緒)益都縣圖志》卷二五《藝文志》載其著述二十餘種,然僅《嶺南詩集》四卷、《諸城縣志》十卷有刻本,餘皆未付梓。曾有遺囑一紙,上列未成書數種,如《平臺啜茗錄》等,也有倩人增補者,如此《堯陵考》即是。惟《益都縣圖志》著錄《堯陵考》爲四卷,此段氏續補本爲二卷,不詳何故。又卷三七文藻傳云:"《堯陵考》亦未成之本,同里段松苓爲之編定。"

是書抄寫甚工,未聞有刻本,文藻原稿本及松苓之續補稿本今已不傳,僅有此高氏傳抄本延其一脈。《中國古籍善本書目》叢部地方叢書類著錄有《齊魯遺書》十八種三十六卷,清高氏辨蟬居抄本,山東省博物館藏,然其中無此《堯陵考》一種。文藻乃齊魯名士,哈佛此本蓋爲《齊魯遺書》佚出者。辨蟬居,無考。王獻唐文有言,李氏藏書半歸於濰縣宋書升,後轉歸其婿章丘高淑性家,未詳此辨蟬居高氏是否即章丘高氏。

鈐印有"篤志古學"、"十萬卷書人家"。

0854　清康熙刻本御製避暑山莊詩圖　　T3070/1377

《御製避暑山莊詩圖》二卷,清聖祖玄燁撰輯。清康熙內府刻本。二冊。經摺裝。框高25

釐米,寬29.3釐米。無序跋。

按,此本裝幀似日人所爲,封面題"兩浙勝概圖譜",亦日人所書。蓋日人得之,以爲兩浙園林名勝,故有此題。1955年本館入藏時,遂以"兩浙勝概圖譜"編目,誤也。此本當爲《御製避暑山莊詩》內之圖,但無揆敍等注,乃後人將圖重加裱裝,刪去揆敍等注而成。《御製避暑山莊詩》有圖三十六幅,此僅存三十一幅,佚去五幅。每圖之名皆爲後人手寫,並鈐閑章於右。

上册十五幅。爲梨花伴月、雲山勝地、雲容水態、無暑清涼、長虹飲練、芝逕雲堤、澄波疊翠、水芳巖秀、金蓮映日、遠近泉聲、青楓綠嶼、錘峰落照、甫田叢樾、鶯囀喬木、天宇咸暢。

下册十六幅。爲南山積雪、香遠益清、延薰山館、曲水荷香、濠濮間想、松鶴清越、鏡水雲岑、雙湖夾鏡、萬壑松風、風泉清聽、澄泉遠石、石磯觀魚、北枕雙峰、暖溜暄波、煙波致爽、西嶺晨霞。

此圖譜甚工,山水樹木、樓臺亭閣布局嚴謹,線條流暢,刀法渾厚圓熟,精麗工緻,爲版畫中精品。繪者沈崳,一作沈喻,字玉峰,奉天正黃旗人,官至內閣侍講學士,善畫山水,尤長樓閣。但無鐫刻者名氏。

0855　清康熙刻本吴越游覽圖詠西江游覽圖詠　　T3041/2344

《吴越游覽圖詠》一卷《西江游覽圖詠》一卷,清吴楚奇繪並題。清康熙刻本。二册。無欄綫,半頁七行二十字,四周單邊,白口,無魚尾。框高19.9釐米,寬11.4釐米。題"譙陵吴楚奇南英畫併題原籍休寧"。

吴楚奇,字南英。安徽亳州人。清康熙四十一年兩江省解元。少機敏聰穎,工於詩文,尤擅長書畫。曾廣游江南山水,詩畫名冠江南。著有《鴻皋瑣説》、《汀南吟草》、《西江游覽圖詠》等。

是集爲楚奇摹擬其實地寫生而成。其畫不事渲染,皆爲白描,筆暢而形準,界畫、皴法嫻熟有致,諸多江浙山水名勝,藉此集而存其景致。

首《吴越游覽圖詠》,前有康熙三十年劉坤序,康熙三十年吴楚奇自撰小引及《凡例》六則。圖詠依次爲:燕子磯、京口、金山、銀山、惠山、閶門、虎丘山、觀音山、花山、靈巖山、吴山、雷峰塔、南屏山淨慈寺、上天竺、靈隱寺、飛來峰龍泓洞、湖心亭、孤山、石屋洞、煙霞洞、西湖、禹陵、南鎮。詠在前,圖在後。

《吴越游覽圖詠》作於康熙二十九年。楚奇小引曰:"歲屆庚午山左千乘張夫子方令吴,余蒙亟薦而未售,一時知遇之感,謁自平江,方謂庾信江南欷歔未已,忽幡然悟、躍然喜曰,湖山舊約其在斯乎?於是幽巖異境,獨往獨來,遂買舟東下,直抵西泠。煙雨空山,芒鞋灑水,新晴南浦,蠟屐穿雲,因而渡錢塘,過山陰,探禹穴,平生夢想一旦成真,其樂何似。既又幡然悟、躍然喜曰,與其未見而寄之詩、寄之畫,豈當前而反漠漠乎?且世之游者未必畫,畫者未必游,郎游矣、畫矣。歸坐芸牖,懸空摹擬,得其似,未得其真,奚取焉?緣是松滋好時,不假暫離,每遇奇觀,先擇危巒虛廠,置身其上,凝眸注視,意曠神完,然後即景揮毫,不使遠近參差、高低大小纖微未肖,雖力憊神疲弗顧也。且各紀其概,繫以短句,雖鄙俚淺陋弗辭也。帙成,持示二三同人,已經者如逢其故,未見者恍遇其真,則斯游也,非人生之幸,要亦未可謂之不幸矣。"

《凡例》末則曰:"吾曹詩以寄志,畫以抒懷,不必其工與否也。當登臨憑吊時,或詩成而繼以畫,或畫就而綴以詩,祇可自怡,未堪持贈。坊客見而悦之,強欲付梓,固陋之譏,知所不免。

騷人詞客,必將諒予於諧聲染翰之餘也。"

扉頁鐫"湖山真面。吳越遊覽圖詠。僊源吳南英先生偶筆。書林萃雅堂繡梓"。

次爲《西江游覽圖詠》。前有康熙三十三年吳楚奇自撰小引及《凡例》五則。

圖詠依次爲：采石磯、小孤山、石鐘山、大孤山、落星湖、匡廬、開先寺、青玉峽、香爐峰、歸宗寺、玉簾泉、簡寂觀、萬杉寺、七賢峰、五老峰、三峽橋、玉淵潭、棲賢寺、白鹿洞、左蠡湖、藤王閣。

《西江游覽圖詠》作於康熙三十三年。作者小引曰："逮癸酉(康熙三十二年)春,家式平兄筮仕潯陽。冬十月,石友李子漪庵又之任宜豐,私心竊慶曰,匡廬之行有日矣。次年春,銳意長往……"

《凡例》五則："采石本金陵地,然爲上江門户,且吳越遊覽始燕子磯,西江遊覽始采石磯,從其類也。""摹擬原取肖形,不敢任意增損,前刻已著,兹不贅言。""是遊尚主匡廬,故圖詠強半在匡廬。雖然,石鐘、藤閣今古勝觀,又不得不冠以西江也。""匡廬奇勝無窮,孤懷別有所寄,非尚事嬉遊泉石爲也。其夙稱佳地、未及躬歷者,姑俟他日。""題詠間有長歌,因限於方幅,去繁存簡,殊非本懷。然苟一二有當,亦正無容縟句爲矣。"

扉頁鐫"西江遊覽圖詠。仙源吳南英先生丹筆。書林萃雅堂繡梓"。

《四庫全書總目》、《中國古籍善本書目》皆不收。

0856　清康熙刻本白鹿書院志　T4911/2121

《白鹿書院志》十九卷首一卷,清毛德琦撰,清周兆蘭重修。清康熙五十九年(1720)刻乾隆六十年(1795)、同治十年(1871)補板印本。八册。有圖。半頁九行二十一字,左右雙邊,白口,單魚尾。框高20.1釐米,寬13釐米。題"星子縣知縣毛德琦原訂,署南康府事周兆蘭重修"。前有清康熙五十九年白潢序,石文焯序,康熙五十七年(1718)許兆麟序,蔣曰廣序,龔嶸序,王思訓序,康熙五十七年蔣國祥序,毛德琦自序,乾隆六十年周兆蘭序。

毛德琦,見清乾隆刻本《廬山志》。

白鹿洞書院位於江西廬山五老峰東南,始建於南唐昇元年間,稱"廬山國學",後稱"白鹿國庠"。南宋時,朱熹復建白鹿洞書院,並延陸九淵在此講學,書院大興。書院有志,始於明弘治間魯鐸撰《白鹿洞志》,惜此本久佚。後有明李夢陽撰《白鹿洞書院新志》八卷,存嘉靖刻本,爲現存最早者。明清兩代,白鹿書院志共有近十種之多。

明天啓二年,白鹿洞書院洞主李應昇撰《白鹿書院志》十七卷。清康熙十二年,廖文英重訂此書,成《白鹿書院志》十六卷。康熙間,江西省星子縣知縣毛德琦重訂廖本,編爲十九卷。乾隆六十年,署南康府周兆蘭補板重修,即成是書。卷首一卷爲此前修志諸序,有明弘治七年張元禎序;正德六年李夢陽序;天啓二年陸夢龍序,李應昇序;康熙十二年廖文英序。後爲《凡例》七則。分類凡十,曰形勝,曰興復,曰沿革,曰先獻,曰主洞,曰學規,曰書籍,曰藝文,曰祀典,曰田賦。形勝等七門皆因舊志,興復、主洞、書籍三門,則德琦所增也。

周兆蘭序稱,康熙二十六年知南康府時,皇帝欽命以振興書院爲首務,於是檢閱舊志,發現《白鹿書院志》中殘缺之處計八十有六處,"不及今修輯,恐朽蠹日以滋甚,亟付梓人,殘者補之,闕者修之,工省費約,遂成完璧。志修於康熙五十九年,距今七十餘年,而重修之則一衷輯可百年也。"

有扉頁，刊"白鹿洞志"。書有斷板漫漶，其中近二十頁書口處刊有"同治十年補刊"字樣，的係補修後印之本。

《四庫全書總目》收入史部地理類存目。《中國古籍善本書目》著録清康熙刻本，故宫博物院圖書館、中國人民大學圖書館兩家收藏。查中國國家圖書館、天津圖書館、江西省圖書館亦藏有清康熙刻本。《北京大學圖書館藏古籍善本書目》著録康熙刻乾隆周兆蘭修補本，另尚有清康熙五十七年順德堂刻本。《四庫全書存目叢書》史部第246册收入，底本爲復旦大學圖書館藏清康熙刻雍正道光間遞修本。1995年中華書局出版《白鹿洞書院古志五種》，爲標點排印本，其中第五種即毛德琦撰《白鹿書院志》，底本爲康熙五十九年刻本。

0857　清順治刻本大唐西域記　　T3079/0402

《大唐西域記》十二卷，唐釋玄奘譯，唐釋辯機撰。清順治間嘉興楞嚴寺刻本。一册。半頁十行二十字，四周雙邊，白口，無魚尾。框高23.1釐米，寬15.1釐米。書口上鐫"支那撰述"，中鐫書名及卷次。題"三藏法師玄奘奉詔譯，大總持寺沙門辯機僎"。前有張説敘。

玄奘，俗姓陳，名禕，洛州人。十三歲時出家於洛陽净土寺。武德元年，至成都從道基等受學。後游歷荆州、相州等地，講學問疑。發宏願至印度廣求異本，以爲參驗。貞觀元年，自長安出發，歷盡艱辛，經高昌、焉耆、龜兹、粟特、吐火羅等地，抵達印度、尼泊爾佛教聖地，研習佛法。貞觀十九年，攜佛經及佛像、花果種子等返回大唐。太宗命其主持譯場，譯經論七十五部。《舊唐書》有傳。

辯機，唐僧。年少即以能文著稱，玄奘開譯經道場時，辯機參預其事，爲九名綴文大德之一。貞觀末，以罪被誅。陳垣有《大唐西域記撰人辯機》一文證其生平事蹟。

玄奘口述西域取經旅途見聞，由協助譯經的辯機筆録，在貞觀二十年完成《大唐西域記》一書。是書十二卷，依旅行路線，對沿途所見城邦、國家逐次描述，以"行"、"至"二字區分目睹及耳聞。所謂親踐者一百一十國，傳聞者二十八國，及附帶述及十二國，共一百五十國。進表中言道："所聞所歷一百二十八國，今所記述，有異前聞，皆存實録，非敢雕華，編裁而成，稱爲《大唐西域記》，共十二卷。"書中詳細記述這些國家及地區之都城、疆域、地理、歷史、語言、文化、生活、物産、風俗、宗教，是研究中外文化交流、佛教歷史及交通史、民族史之珍貴資料。注疏本有清丁謙《大唐西域記考證》，另有今人章巽之點校本、向達輯《西域記古本三種》及季羨林等校注本。

《大唐西域記》版本衆多，多彙刻於《大藏經》中傳世，如《趙城藏》、《思溪藏》、《磧砂藏》、明《南藏》、《北藏》本等。是書爲《徑山藏》本，每卷末有"吴郡信官徐譽徵助刻於寒山化城庵"一行。《徑山藏》初刻於明萬曆十七年，由高僧紫柏大師發起，自山西五臺山始刻，後轉至浙江嘉興一帶，並於吴江、金壇、虞山等處隨募施款就地散刻，刻成經板集中送至徑山化城寺，由嘉興楞嚴寺經坊刷印流通，故稱《徑山藏》，又稱《嘉興藏》。此藏至康熙十五年才刻印圓滿，耗時達百餘年，是大乘佛教史上最大的一部經藏。

是書僅存卷一至八，據臺北《"國家圖書館"善本書志初稿》著録，其館藏《徑山藏》本《大唐西域記》卷一二末有施刻識語，云："嘉興府楞嚴寺經坊餘貲刻此《大唐西域記》，共十二卷計字二萬四百八十，該銀十兩二錢四分。丙戌年季春月般若堂識。"知爲順治三年(1646)所刻。卷九至一二原闕，據日本承應二年(1653)中野五郎左衛門刻本補鈔，日本皮紙，書末有"承應二曆癸巳仲春日中野五郎左衛門刊"一行。原書五册,被覆以牛皮封面,改爲洋裝一册。書前扉頁有西文題識,略云:"1889 年 2 月,余居漢城期間,朝鮮總領事托馬斯·沃特斯先生(Thomas Watlers)以是書相贈。卷九至一二補抄自一日本刻本,此日本刻本亦沃特斯先生所有。並以日本刻本校前之中國刻本,紅筆涂乙處即據日本刻本所改。洛克希爾(M. M. Rockhill)。"

卷首有紙鋪木記一方,刻"狀元書紙"。自用紙觀之,似於康熙間刷印。

鈐印有"三山陳氏居敬堂圖書"。

0858　明萬曆刻本東西洋考　　　　　　　　T2432/1398

《東西洋考》十二卷,明張燮撰。明萬曆四十六年(1618)王起宗刻本。六册。半頁九行十八字,四周雙邊,白口,無魚尾,書口下間有刻工。框高 20.5 釐米,寬 14.1 釐米。主修姓氏題"督餉別駕金陵王起宗校梓;署郡司李泰和蕭基訂正;龍邑令君荆溪吴奕參定;前澄令君樵李陶鎔咨訪;澄邑令君臨川傅檝參閲"。纂修姓氏題"海濱逸史龍溪張燮撰次"。前有萬曆四十六年王起宗序;《凡例》八則。

張燮,字紹和。龍溪人。萬曆二十二年舉人。博學多通,性聰敏,結社芝山之麓,與蔣孟育、高克正、林茂桂、王志遠、鄭懷魁、陳翼飛稱七才子。黄道周雅重之,嘗云文章不如張燮,一時遠近鉅公,咸造廬式訪。校書萬石山中,又有《霏雲居集》等。《(光緒)龍溪縣志》卷一六《人物》有傳。

卷一至四《西洋列國考》,卷五《東洋列國考》,卷六《外紀考》,卷七《税餉考》,卷八《舟師考》,卷九《税璫考》,卷一〇至一一《藝文考》,卷一二《逸事考》。書成於萬曆四十五年。西洋考,凡十五國,又附錄者四。東洋考,凡七國,附錄者十二。外紀考,載日本及紅毛番。税餉考,分水陸兩編,並職官、公署。舟師考,分内港水程、二洋針路、祭祀、占驗、水醒水忌、定日惡風、潮汐。税璫考,載神宗時内官高寀,通番蠹國,劫官擾民始末。是書頗爲實用,價值頗高,於古今地名多有考正,所載逸事及海船交易之例,多採自海師賈客之口,爲傳記所未詳。

王起宗序云:"蕭公謂余曰,子其圖之已。稍稍聞前令陶君,嘗禮聘孝廉張紹和,載筆從事,功未及竣。時孝廉方滅景山棲,余强出之,俾竟斯爲。自秋杪至冬終,凡四閲月,考既成,而鋟劂亦隨就。"

是本有扉頁,刊"東西洋考。繪圖校正。本衙藏板。翻刻必究"。刻工有洪興、黄太、李振。《四庫全書總目》入史部地理類。《中國古籍善本書目》著録。上海圖書館、南京圖書館等二十七館,臺北"國家圖書館"(又一部,爲原藏北平館者),及日本内閣文庫、静嘉堂文庫、京都大學人文科學研究所、東京大學東洋文化研究所亦有入藏。

鈐印有"孫印慧翼"、"職方氏印"、"振威將軍"、"孫爾準藏"、"海棠巢珍藏印"、"艷秋閣物"。又有日人印"上野藏書"、"上野藏記"。按,孫爾準,字平叔,號萊甫。江蘇金匱人。嘉慶進士,累官閩浙總督,所至必咨訪疾苦,學問淹貫,尤長於詞,卒謚文靖。

0859　清抄本吾妻鏡補　　　　　　　　　T3324/8201

《吾妻鏡補》二十八卷,清翁廣平撰。清抄本。十二册。半頁九行二十一字,四周雙邊,白口,單魚尾。烏絲欄。題"吳江翁廣平海琛纂"。前有嘉慶十九年(1814)自序;《凡例》二十則。後有蔡壽跋,石韞玉跋。

翁廣平,字海琛,號海村,一號鶯湖漁父,江蘇吳江人。諸生,道光元年舉孝廉方正。博學嗜古,工詩古文詞,爲姚鼐所賞。分隸宗漢碑,山水效董其昌、巨然,俱爲文名所掩。有《聽鶯居文鈔》、《詩鈔》等。《墨林今話》卷一○有傳。

《吾妻鏡》,一名《東鑒》,五十八卷,爲記載日本鐮倉幕府時代史籍,記自日本安德天皇治承四年(1180,南宋孝宗淳熙七年),至龜山院天皇文永三年(1266,南宋度宗咸淳二年)八十七年間政事及帝王世系,刊行於江戶時代的寬永年間(1624—1643)。朱彝尊於康熙三年在杭州高氏稽古堂獲讀此書,視爲海外奇書,爲之作《吾妻鏡跋》,此後《吾妻鏡》在中土漸有傳本,翁廣平所見爲尤侗家抄本。"吾妻"之義,漢族士大夫一直不解,廣平在《與丁小鶴論〈吾妻鏡〉書》中說:(朱彝尊)"不詳命名之意,惟蔡練江《雞窗叢話》有曰:'吾妻,地名;鏡即鑒也。'"並言及尤侗在《明史·外國傳》中有"吾妻,島名也"之説,翁氏亦不甚明白"吾妻"何義。直到光緒十年文廷式請教來華旅行之日本漢學家岡千仞方才明瞭,乃爲專指日本關東地區之地理名詞。

廣平欲訪史家編年之例,爲日本作《通鑑》,以備海東一方掌故,然《吾妻鏡》一書多有訛誤疏漏,遂四方搜集史料,並從赴長崎貿易的中國商人處購得日本國史數十部,間引中國《隋書》、《大清一統志》、《海國聞見錄》等一百五十餘種,補充訂正,新撰世系表十卷,地理、風土、食貨、通商條規、職官、藝文、圖書、國語解、兵事、附庸國志及雜記十八卷,合爲二十八卷,名《吾妻鏡補》。是書撰成於嘉慶十九年,較光緒十三年黃遵憲《日本國志》尚早七十餘年,是鴉片戰爭前中國人全面研究日本之代表性著述。馮佐哲、王曉秋《從〈吾妻鏡補〉談到清代中日貿易》一文(《文史》第十五輯,1982年)可爲參考。

自序云:"於是自王極以前溯至神武,亦係以甲子,又以《日本年代寧要》、《日本小志》與夫歷代國史紀載之書,擇其文之雅馴、事之近理者,摘錄數十百條補其闕漏。諸王之元年、各國某帝某年日世系表,分十卷;其地理、風俗、藝文之類分二十六卷,凡七閱歲,五易稿而成。""余之補也,蓋仿《契丹國志》、《西夏志》之例,而其世系之相承,未嘗有更姓革命之變,是豈契丹諸國所可比乎?又況人文炳蔚、著作斐然,直超高麗、中山而上之,則此邦之文獻洵足備輶軒之采訪也。若其附庸之世系、風俗、山川、疆域,一時未能博采,僅載其略。"

石韞玉跋云:"翁子海琛以《吾妻鏡》一書闕略未備,積一生心力窮蒐博采,撰成《吾妻鏡補》若干卷,凡其國之世代、譜系、山川、都邑、典章、風俗、物產、方言,無不詳且盡。攜以示余,而以序爲請。"《吾妻鏡》"雖有刻本,中國流傳甚少,在博學者未嘗見,翁子乃貫穿其書,舉其要而補其所未備,異哉"!"若翁子家吳江之平望,閭閻囂塵,一關成市,獨翁子生平能閉戶著書,未嘗稅四方之駕,況日本在大海外,雖供職貢,又與通商,而史官不能得其要領,翁子一窮鄉樸學之士,乃能瞭然若羅紋之在其掌,此豈尋常咫聞之流所能及乎?"

《墨林今話》云:"(廣平)嘗纂《日本國志》三十餘卷,一名《吾妻鏡補》,唐陶山方伯爲捐貲付刊,奇作也。"實則此書僅見抄本流傳。《中國古籍善本書目》著錄四種清抄本,一爲三十卷本,藏上海圖書館;其他皆二十八卷本,分藏浙江圖書館、湖北省圖書館、武漢大學圖書館三家。其中武漢大學圖書館著錄爲"清嘉慶十九年清稿本"。此外中國國家圖書館有烏絲欄抄本,2005年全國圖書館文獻複製縮微中心據此本影印出版。北京大學圖書館藏有民國二十八年燕京大學圖書館據美國哈佛大學圖書館藏鈔本傳抄本,上有薛齡題記一則。

史 部

《續修四庫全書總目提要(稿本)》未收。

0860 清光緒抄本四國游紀   TNC2375/7134

《四國游紀》十三卷,清鳳淩撰。清光緒間抄本。十三冊。有圖。半頁九行二十二字,四周雙邊,白口,單魚尾。朱絲欄。框高19.3釐米,寬12.8釐米。各冊書簽皆題爲"四國游紀",書名據此。前有自序。

鳳淩,蒙古正紅旗人。貢生。生平未詳。所著尚有《隨軺紀游續集》《游餘僅志》二種。

光緒十九年,鳳淩以總理海軍事務衙門游歷章京身份,隨同出使英、法、意、比大臣龔照瑗出洋考察。二十年夏,行抵歐陸,乃由法而英,由英而比、而意,先後往游其海口、兵房、礮臺、船澳及一切有關武備之工廠、學堂,逐事考求,詳加譯述,撰成此書。故是書實爲考察法、英、比、意四國要隘形勝、水陸軍情、船礮製造、武備學堂等之纂記報告,除所附《法國海部章程》等係譯述外,餘皆鳳氏親見親聞。始於光緒二十年七月,迄於二十三年十一月。

按,清季派員出洋考察,有關交涉事件暨各國風土人情,由出使大臣隨時咨呈。設海軍游歷一差,凡有關武備之情形,皆由該員隨時登記,依先後往游次第,據實纂記見聞。游記體例可各不相同,然游歷各員應各抒所見,所載皆應得之目驗,與耳食不同,縱未能窺製造之精微,亦期可得武備之大略。

自序云:"海軍派委出洋游歷,迄今祇有六員,前任奉使游歷各員有《小方壺齋》一書,幾足以括洋務之大全。若第於成書中搜羅撩拾,必致標榜雷同,且於所見所聞諸多隔膜,焉能吻合?況游歷之責,要在隨所見聞,切實發揮,至若觀台塢之情形,審軍械之製式,貴能探其要而抉其精,矧各國製造日新月異,變化萬千,匪易剖辨,倘必工於文藻,竊恐辭不達意,反涉鋪張。淩竊於游覽之餘,即所目覩親經,筆之於書,或當時採問,或事後追思,或係臆度,或據傳聞,於游記中自備一格,但期瞭然心目,亦不過蠡測管窺,聊具芻蕘之一得耳!"

《續修四庫全書總目提要(稿本)》著錄光緒二十八年石印本,並云:"全書不分卷,分目二十有四,一都隆海口,二維爾納夫三查爾時炮台,三孛雷司特海口,四扇候浦爾海口,五央烏立區官礮廠,六格林呢址水師學堂,七亞魯魚雷船廠,八阿摹士莊船礮廠,九達木森兄弟製造輪船公司,十格林烏巴特里造機器廠,十一章布郎製造船甲有限公司,十二福爾資鋼鐵廠,十三凱那克造彈有限公司,十四欽司羅登造彈廠,十五俄爾德韶恩特兵房,十六波斯茅胡海口,十七英國民團義兵,十八恩蜚爾官槍廠,十九韓福里迭恩特造船機器廠,二十馬克辛羅登飛機器礮廠,二十一試驗英國防海水底礮船,二十二比國游記,二十三義國游記,二十四法國海部章程。"

是書抄寫甚精,靛藍封面,黃綾書簽及包角,似爲謄正進呈本。書簽上題"卷之×"及細目,釐爲十三卷,內容、次序均與光緒二十八年石印本同。惟石印本魯魚亥豕,訛字連篇,是書頗可校正之。

0861 稿本環游地球軍商行船備要   T4510/1277

《環游地球軍商行船備要》不分卷,清丁岳譯。稿本。十三冊。半頁八行二十字,中無界格。目錄處原題"伯佛行船撮要,內附行船海道、各國旗幟圖",被朱筆圈改爲"環游地球軍商備要”。前有丁岳稟札一摺，後有原書序。

丁岳，生平不詳。據稟札推測，似爲光緒間浙江巡撫廖壽豐幕僚。

光緒二十二年四月，李鴻章出使俄國，至彼得堡參加尼古拉二世加冕典禮，帶回書籍中，有英國水師副將伯佛所撰《行船撮要》。此書出版於1883年，計九篇。第一篇《北美國與西印度考》，第二篇《美州東南海岸考》，第三篇《阿非利加洲西邊海岸與好望角考》，第四篇《印度與阿非利加洲之東岸考》，第五篇《中國、日本與東邊各島考》，第六篇《澳洲及太平洋西南考》，第七篇《太平洋考》，第八篇《各國水師考》附《各國水師兵官提督旗幟錄》，第九篇《雜錄篇》，爲郵政、電報及各國師船表及各國屬地表。伯佛纂輯此書，原意爲初到各口岸者參考，故詳述亞、非、拉、美、澳各洲主要港口所在位置、氣候風向、港口情形、往來輪船、所設英國領事、郵政、電報、火車諸項，乃至輪船到港下椗處、上煤處、尋僱引港船及費用、伙食、汲取淡水、木料、修理、升旗處都一一備載，並紀錄各港流通貨幣、不同幣種兌換、折合比率及通行尺寸度量等，既可爲商船參考，又可備海軍稽察，是記載十九世紀末全球海港、行船的重要資料。

丁岳在杭州得閱此書，廖壽豐命其翻譯，光緒二十三年正月始，越歲而成。稿成後擱置篋笥經年，至清末立憲新政，籌建海軍時，丁岳重行繕錄，上呈籌辦海軍事務大臣貝子載澤等人，即爲是書。

稟札中稱：“岳幼年失學，鮮克樹立，第於英國文字少知，好之學焉。自熹輒常取其國海圖，泊涉及軍艦諸書獵觀而研考之，或亦性之所近而持之有故歟。丙申歲，岳隨宦浙垣，得李文忠專使赴俄攜歸英水師副將伯佛《行船撮要》讀之。是書共九篇，出現在一千八百八十三年，書之綱要、原序具焉。喜其巨細靡遺，洪纖畢載，實爲行海津逮，不啻瞽者之有相也。廖中丞壽豐屬岳譯爲漢文，以餉軍界。丁酉春正月屬稿，越歲譯成，而中丞因病去位，岳藏篋笥十有餘年。方今朝廷銳意圖強，預備立憲，明詔籌備海軍，貝子爺、王爺、大人仰承廟謨，俯維時局，將以建立海軍部，編設艦隊，伸海權，張國威，學士軍人同增希望。如岳愚昧，竊願效流壞之助，以紓獻曝之忱，謹將曩譯《伯佛行船撮要》一書録繕成帙，恭呈鈞鑒。”

後有英人伯佛原序，惜書頁一角鼠嚙缺字。略云：“余不敏，頻年涉歷海洋，兢兢從事，靡不隨時隨事悉心考求，而此外博訪周諮，實承諸君子匡我不逮，故得彙成斯帙，出以示人耳。”大凡船隻，從進港到出港，何道駛入，何道近捷，水程長短，天氣風色，何人引港，何處下椗，船上伙食應用，何處取水上煤，何處船塢可供修理等等，“凡此之類，雖可向英國海軍衙門印成之海圖及《行船撮要》等圖參考詳究，然常年行船者必須平時深思熟慮，於此中得其窽要，而後物來即應，臨時不至張皇所望，駕駛諸人詳細審看，照此施行，裨益殊非淺鮮。況册內並載有領事章程及電線、郵政各件，別類分門，不難按圖而索，有志之士，尤當詳加體誓，豈但增長識見而已哉！”其後開列助其編纂之水師同仁及商船友人名姓。

封面題“環游地球軍商行船備要筆記。共十二册，附表一册”。稟札前題“稿本已呈貝子爺、王爺、大人轉奏聖上批准”，知此本爲丁岳囑人據原譯稿再抄錄副者，書中頗多朱、墨筆及紫色硬筆修改潤色，並以鋼筆書寫英文地名。間或粘貼版心印有“伯佛行船撮要”字樣之零頁，似另有一謄正稿，惟不知尚存天壤否。

是書未聞有刻本，不見著錄，亦不見他館有藏。

每册封面有橢圓英文章“Naval Translating Office, L. K. Ting, Hangchow”，似爲某設於杭州的海軍翻譯館公章。

0862　明萬曆刻本宋宰輔編年錄

T4695.5/2926

《宋宰輔編年錄》二十卷，宋徐自明撰。明萬曆四十六年(1618)呂邦燿刻本。三十六冊。半頁十行二十字，四周單邊，白口，單魚尾，書口下間有刻工及字數。框高19.5釐米，寬13.1釐米。題"宋太常博士徐自明著"。前有萬曆四十六年呂邦燿序，又序，孟習孔序，王惟儉序，朱勤美序，又寶祐五年(1257)陸德興、陳昉、章鑄等舊序。

徐自明，字誠甫，號慥堂。永嘉人。嘗官太常博士，終零陵郡守。

宰輔者，皇帝之輔政大臣，指宰相或三公(太師、太傅、太保)。是編起建隆庚申，止嘉定乙亥，凡二百五十餘年，編年繫日，頗為詳核。凡中書、樞密兩府大臣名氏爵里、封拜罷免，犁然備具，且當時黜陟之由也詳。《四庫全書總目》云："二百五十年間，賢姦進退，畢具是編，於以考國政而備官箴，亦可云諳習典故者矣。"

是書宋寶祐間，自明子居誼宰永福，嘗刻之縣學，後漸亡佚。萬曆間，河南督學副使呂邦燿自焦竑家得一抄本，然有殘缺，後借得周藩家藏殘本補足，而梓以傳。呂邦燿序云："是書也，抄本得之焦太史先生處，中間字句訛缺甚多，仍其舊文，不敢臆改。而孝宗一卷全缺，惜非完本，但作者苦心，不宜泯沒，故付之剞劂氏，而董正之者，駕部損仲王公，周藩伯榮宗正也。""編年錄梓完，已裝成帙矣。適月之六日，伯榮曬書於萬卷堂下，偶檢敝篋，於亂書中得是書焉。因漏逸三卷，故沉埋敝篋，而新刻所逸之十七卷、十八卷則宛然在也。噫，奇矣哉！始也，索之於千里之外，失之於一室之內；今也，得之於一室之內，合之於千里之外。其始也，孰秘之？今也，孰現之耶？"

刻工有彰德府吳欽、楊玉、秦、沈、知、冬、崔、陳、王、佃、春、夏等。

《四庫全書總目》入史部職官類。《中國古籍善本書目》著錄。中國國家圖書館、上海圖書館等七館亦有入藏。按，民國間《敬鄉樓叢書》第二輯收有此書。1967年臺北文海出版社又據以影印，為《宋史資料萃編》之一。

鈐印有"内藤乾藏書"。

0863　明萬曆刻本吏部職掌

T4726/5019

《吏部職掌》不分卷，明李默、黃養蒙等刪定。明萬曆刻清修補印本。十冊。半頁九行二十二字，四周單邊，白口，無魚尾。框高20.5釐米，寬14.2釐米。前有序。

李默，字時言。甌寧人。正德十六年進士。嘉靖間累官翰林學士，為趙文華所構，下獄瘐死。為人博雅有才辨，以氣自豪，不附嚴嵩，然性褊淺，以恩威自歸，士論亦不甚附之。萬曆間追諡文愍。

吏部，東漢始將尚書常侍曹改為吏曹，又改為選部，魏晉以後稱吏部。隋唐列為六部之首，掌管全國官吏之任免、考課、升降、調動等事務，歷代相沿不改。清末并其職掌於內閣。職掌，主管也。是編於明嘉隆以前吏部制度沿革等載之甚詳，萬曆間事列為附考，附之科目後。

序云："部有職掌，大端見於《會典》，而簡弗能詳。李冢宰時言始定《吏部職掌》，梓行已久，而後多變更。張仁和時復同四司諸當事括綜累朝，斟酌近事，重加修明。讀其書，詳者不冗，簡者不遺，精而核，典而確，游夏復起，不能損益一字，此真國朝第一文章，更無可並者也。萬曆以來,享國長久,間有一二因時易制,變窮爲通,較之往册,稍有同異,似不可不載,故舉其見行諸例出於近年者,爲附增考。"

此本有清代補板。"稽勳清吏司"一册配抄本。

《四庫全書總目》入史部職官類存目。《中國古籍善本書目》著錄。上海圖書館、故宫博物院有全帙,寧波天一閣爲殘本。臺北"國家圖書館"有明萬曆二年吏部刻本,不分卷,作明方九功等撰。按,此書又有明嘉靖刻本,十行二十二字,四周雙邊,下黑口,藏中國國家圖書館、北京市文物局;又有明刻本,藏北京大學圖書館。日本尊經閣文庫、東京大學東洋文化研究所亦有此書,作明萬曆版。

0864　明刻本新鍥華夷一統大明官制　　T4686/4632

《新鍥華夷一統大明官制》四卷。明進賢堂詹林所刻本。二册。半頁十六行三十二字,四周單邊,白口,單魚尾。框高20.4釐米,寬12.4釐米。有圖。

是書雖題大明官制,實爲官吏隨時備查之參考用書,舉凡官制源流、在京(在外)衙門官員品級、王府官員(土官)品級、初授雜職散官定式、吏員出身資格、官員俸給祿米、吏員月支俸米、文武官服色、官員考滿給由例、官員考功陞黜事、官吏聞喪丁憂復例、各處官吏丁憂起復程限、新官到任議注、鞭春禮儀、郡縣迎接詔赦開讀禮儀,各王府、武職衙門文武職品第、南北直地運所處漕運閘門名等皆有所載;其卷二爲歷代帝王輿地紀原,分北京、山東、山西、河南、陝西、四川、湖廣七地圖説,載有各地所轄州縣、衙門、人口、米麥棉花、土産、布絲草茶等;卷三爲南京、浙江、江西、福建、廣東、廣西、雲南、貴州八地圖説;卷四爲諸夷制略。

此本有扉頁,刊"諸夷總覽、大明官制。國朝御製源流、文武官員品級、全補府縣土産、增附天下路程、合併四夷風俗。進賢堂詹林所梓"。按,進賢堂爲萬曆間建陽書林。詹林所又刻有《京本校正注釋音文黄帝内經素問》。

《中國古籍善本書目》未著録。

0865　清康熙刻本資治新書　　T4603/4433

《資治新書》二集二十卷,清李漁輯。清康熙刻本。十六册。半頁十行二十字,左右雙邊,白口,無魚尾。框高12.7釐米,寬9釐米。題"湖上笠翁李漁蒐輯。婿沈心友因伯訂"。前有康熙六年(1667)周亮工序。

目録前刻:"是集分類取材,非但不同於坊刻,即較本堂之初集,又加備焉。凡可資於吏治者,纖芥無遺,絲毫不混。識者但觀總目,即知作者苦心。天下古今之書,更有便於此者否?(初集暨坊刻所有者,一篇不載)"卷一至八《文移部》,計錢糧、詞訟、學政、軍政、錢法、漕政、屯政、河工、水利、鹽法、權政、蘆政、驛傳、修造、科場、官常、民事、盜賊、災荒、鬼神、僧道、祥瑞災異;卷九至一四《文告部》,計錢糧、詞訟、盜賊、逃人、刑罰、學政、軍政、漕政、鹽政、税務、驛傳、工役、官常、民事、荒政、風俗;卷一五至二〇《判語部》,計人命、盜情、叛案、姦情、吏議、衙蠹、舞文、誤公、科場、逃人、左道、勢宦、劣矜、豪民、鹽法、學政、税務、勒詐、犯上、婚姻、繼嗣、撫孤、墳墓、田産、租債、争毆小忿。

此書乃輯明清案牘文章彙編而成,可供一般官員治理政事參考。周亮工序云:"笠翁李子袁輯縉紳先生吏牘之篇爲一集,曰《資治新書》,既已懸之國門,爲海內誦習矣。茲復廣爲搜采,嗣成一書……予受而卒讀之,皆一時賢公卿所以裁斷庶事、檢察人情者。當其一行作吏,或分符郡邑,或秉節方州,其間幾務紛投,衆心隱伏,長才遠馭之人,既不難以片楮相昭揭一詞爲折服,而笠翁又取而衡論之,去彼取此,確有折衷,如酌生民之利病而陳之大吏也,如攝兩造於庭而奏當不易也。"

此本有扉頁,刻"新增資治新書二集。李笠翁先生蒐輯。敬業堂藏板"。

《中國古籍善本書目》不收。《續修四庫全書總目提要(稿本)》、《中國科學院圖書館藏中文古籍善本書目》、日本《内閣文庫漢籍分類目録》著録,中科院本作"清康熙芥子園刻巾箱本",内閣本作"清刊(芥子園)"。又法國巴黎漢學研究院圖書館也有入藏。浙江古籍出版社1991年排印《李漁全集》,此書收入第16至17册。

0866　清乾隆刻本詞林典故　　　　T4731.8/1311

《詞林典故》八卷,清張廷玉等奉敕編。清乾隆十三年(1748)武英殿刻本。八册。半頁七行十八字,四周雙邊,白口,單魚尾。框高18.9釐米,寬13釐米。前有乾隆十三年御製序暨賜張廷玉御製詩;奉敕纂修王大臣官員職名二十八人;乾隆十二年(1747)張廷玉等奏《進書表》。

張廷玉,見清乾隆刻本《明史》。

乾隆八年冬,以翰林院歲久傾圮,頒詔修葺。乾隆九年十月,重建翰林院落成,高宗臨幸,與翰林學士飲宴賦詩,遂命掌院學士鄂爾泰、張廷玉等纂輯此書。歷三年全書修成,進呈御覽,交武英殿刊行,並收入《四庫全書》。全書分《臨幸盛典》、《官制》、《職掌》、《恩遇》、《藝文》、《儀式》、《廨署》、《題名》八門。《臨幸盛典》記乾隆九年君臣在翰林院宴飲、唱和盛況,以爲是書緣起,故弁冕於前;《官制》、《職掌》記自西漢至清乾隆各朝翰林文職之流變;《恩遇》記自唐玄宗至清歷代君王對翰林之特殊禮遇,屢加獎諭恩賜,記本朝事尤詳,分優眷、遷擢、侍宴、賚予、詞科、考試、議敘、贈恤八種;《藝文》收録自唐至清御製、應製之作;《儀式》、《廨署》記載自唐至清翰林院建制;《題名》只記自清初至乾隆朝歷年、歷科掌院學士、教習庶吉士、經筵講官、日講起居注官、南書房入直、諸科進士館選等姓名。是書因奉敕編纂,對乾隆帝多感恩奉諛之辭,然全書按類分述翰林院之沿革掌故,並引述自唐至明歷代筆記、雜史等著述,記清前期翰林學士尤詳,故仍可視作考察古代翰林制度之重要參考。

御製序云:"躋玉堂而列芸署者,盡六經之彥也。""惟是國家重館閣之選,極優遇之隆,詎止蜚其英聲,將以華國而已哉!""若夫國家右文重道,將以淑世熙績,繼往聖之絶學,開萬世之太平,胥是賴焉。"

《四庫全書總目》收入史部職官類,並云:"考翰林有志,自唐李肇始。洪遵輯而録之,凡十一家,然皆雜記之類也。其分條列目,彙爲一編者,自程俱《麟臺故事》始,陳騤以下作者相仍,然皆僅記一代之事。朱彝尊作《瀛洲道古録》,又於今制弗詳。故張廷玉等《進書表》稱:'槐廳芸署,不少前聞;劉井柯亭,獨饒故事。但記載非無散見,而薈萃罕有全書。'今仰稟聖裁,始成巨帙。元元本本,上下二千載,始末釐然。稽古崇儒之盛,洵前代之所未有矣。"

嘉慶十年,敕命朱珪等續纂《詞林典故》,記乾隆十三年至嘉慶九年翰林院之事,體例仍其舊,並增聖諭、天章置於全書之首,成《皇朝詞林典故》六十四卷,有嘉慶十年武英殿刻本。

由用紙觀之,是書刷印當晚於乾隆年間,爲後印本。

《增訂四庫簡明目錄標注》、《清代殿版書目》、《清代內府刻書目錄解題》等著錄。

《中國古籍善本書目》著錄，故宮博物院圖書館、遼寧省圖書館、廈門大學圖書館等七家有藏。據查中國國家圖書館、北京大學圖書館、中國人民大學圖書館、上海圖書館、臺北"故宮博物院"等多家圖書館有藏。1989年江蘇廣陵古籍刻印社以此版本爲底本影印。除《四庫全書》本外，近年尚有標點本出版，如傅璇琮、施純德編《翰學三書》；2003年遼寧教育出版社《新世紀萬有文庫》第六輯亦收入。

0867　清乾隆刻本晉政輯要　　　　　　　　　　T4749/8231

《晉政輯要》八卷，清海寧修，鄭源璹纂。清乾隆五十五年(1790)刻本。八冊。半頁八行二十字，四周雙邊，白口，單魚尾。框高16.4釐米，寬10.9釐米。題"總輯：兵部侍郎都察院右副都御史巡撫山西太原等處地方提督軍務兼管鹽政海寧；纂輯：山西等處承宣布政使司布政使鄭源璹"。前有海寧序，乾隆五十四年(1789)鄭源璹序；《凡例》十六則。

海寧，滿洲正黃旗人。乾隆五十三年任山西巡撫。

鄭源璹，號玉礄，河北浭陽人。以貢生授戶部主事，累遷湖南布政使。乾隆四十八年由廣東布政使調任山西布政使。《清史列傳》卷一二六云："仁宗既誅和珅，有言源璹貪黷狀，下巡撫姜晟按治，源璹具服，收發庫項，加扣平餘數逾八萬；署內眷屬幾三百人，自蓄優伶，服官奢侈。上宣示源璹罪狀，因言：諸直省大吏宴會酒食，率以囑首縣，首縣復斂於諸州縣，率皆朘小民之脂膏，供大吏之娛樂，展轉苛派，受害仍在吾民。通諭諸直省，令悛改積習。尋命斬源璹。"

是書名輯要，可見《凡例》第一條，云："紀政之書，不欲簡亦不欲繁，苟詳其所不必詳，則必略其所不可略，繁冗寡當奚取焉。是編薈萃櫜括，不漏不支，故名《輯要》。"卷一額設官員、官缺繁簡、陞調事宜、大計事宜、各官俸銀；卷二文職養廉(附武職養廉)、心紅飯食(附書吏飯食)、額設繁費、試員薪水、微員路費、旗員公幫、公捐各款、刊刻謄黃、刻例公捐、內閣飯食、各部飯食；卷三晉省民數、收成題奏、晉省田地、丁糧分合(附錢糧過割)、起運存留、地丁銀兩、秋成徵糧、額徵糧豆、旗圈地畝、開墾牧廠、晉省物產、各屬土貢、新疆辦綢；卷四土鹽蒙鹽、鹽歸巡撫、河東鹽法、鹽商借帑、勘修鹽池、例更鹽商、城稅歸撫、常平倉穀、社倉穀石、義倉穀石；卷五大朔折色、大朔運脚、耗羨章程、戶部餘平、協餉水脚、藩庫交代、備貯庫項、經徵稅課、臺山經費、行宮座落；卷六恒霍二山、憲書經費、書院經費、書院捐數、文舉中額、文場經費、進士旗匾、舉人花紅、會試盤費、歲進學額、晉省學租、聖賢後裔、聖裔經費、古聖陵廟、喇嘛俸銀、賑恤孤貧、普育二堂、留養貧民、滿營俸餉、綠營兵餉、分季領餉、北鎮本色；卷七平垣兵糧、修製軍裝、閱兵賞犒、朋扣銀兩、營兵恤賞、武職修署、武舉中額、武場經費、火藥鉛彈、晉省硝磺、驛站夫馬、驛站道里、塘馬公捐、舖司工食、晉省民壯、衙役工食、囚犯口糧、解犯盤費；卷八黃河源流、渡夫工食、晉省水利、省城堤堰、晉省邊牆、鼓鑄事宜、辦銅事宜、辦銅幫費、購辦鉛錫、彙造平鐵、晉省城垣、動支經費、修城平色、分段修城(附修城報銷)、城垣彙奏、樂輸議敘。

海寧序云："方伯鄭君，賢而習於政，下車數年，百職具舉。余不佞，幸得共事一方，相與以有成，而又慮前規後隨，無以資考鏡也，爰訂爲《晉政輯要》一書，將付之剞劂，請余弁言簡端。余受其書而讀之，見其凜承謨訓，以及於政府之所頒，內外有司之所敷奏，臚陳件繫，無不有條而有理，歸於制節，謹度而止，神明之長，慈惠之師，果能置之座隅，朝夕而紬繹之，如射者之有志焉。"

史　部

　　鄭源璹序云："晉省近在右輔，處冀州、并州之交，內連秦豫，外界邊陲，士農商賈，繁庶甲天下……而九郡十州之內，井疆制度，復各有攸宜，是必有執簡馭繁之道，曠若發蒙，瞭如指掌，此《輯要》一書所爲作也。是書向弆藩署，僅置副墨，每中丞受□，輒錄送一通，外此流傳者蓋尠。爰謀諸同人，付諸剞劂，俾外郡州縣得各貯一編，日庋案頭，昕夕循覽。"
　　《凡例》云："是書首卷既條分錄目，復於每卷上面加以標題，庶幾一目了然，不煩檢閱。""全省案牘繁多，凡奉旨允行奉部議准者，訂爲成例。茲將歷任撫臣條奏事件，皆抄錄原奏，以憑查核。""各府州縣疆域土田，俱有册籍可查。是編僅紀民數、穀數、本周官歲獻之法，以明政治之設施，固用此爲根柢也。""晉省地界邊陲，兵防最重，所有駐防官兵併標鎮員弁，以及馬匹、兵糧、軍裝、火藥、恤賞、修葺之費，一一臚陳，以昭武備。""是編獲底於乾隆四十九年，成於乾隆五十四年，嗣有損益之宜，俟來者再爲補輯。"
　　此本有扉頁，刻"晉政輯要。浭陽玉磾氏纂輯。乾隆庚戌孟春鎸。本衙藏板"。
　　《中國古籍善本書目》未著錄。山西省圖書館有入藏。

0868　清康熙刻本撫苗錄
T4662.8/6235.2

　　《撫苗錄》不分卷《沿邊營汛路程》一卷《新撫苗寨路程》一卷，清鄂海撰。《紅苗歸化恭紀詩》不分卷，清車鼎晉等撰。清康熙間拳石堂刻本。八冊。半頁十行二十字，左右雙邊，白口，單魚尾。書口下刻"拳石堂"。框高16.5釐米，寬11.3釐米。《撫苗錄》題"總督湖廣等處地方軍務兼理糧餉兵部右侍郎兼都察院右副都御史加九級紀錄十七次臣鄂海"。前有清康熙五十二年(1713)鄂海撰《聖德撫苗碑銘》并序，宋犖序；後有屠沂跋。《紅苗歸化恭紀詩》前有王掞序，編次者翰林院編修車鼎晉等人名氏；後有張大有跋。
　　鄂海，見清康熙刻本《秦蜀兼籌》。
　　是書乃鄂海記其總督湖廣時招撫紅苗之事。康熙中，鄂海親出邊牆，馳入苗地巡閱，並遣員召苗目宣諭德意，於是毛都塘等五十二寨、盤塘等八十三寨先後薙髮投順。康熙帝嘉之，諭旨稱"鎮箪生苗，居深山之中，自古以來，並未向化，鄂海等宣示朝廷德澤，布揚聲威，盡行招撫，殊屬可佳。"於是鄂海裒有關章奏文檄爲一書，以矜政績。
　　宋犖序云："集中恭紀聖諭，煌煌典謨，至奏疏及文書、條約、輿圖、碑記，開卷秩然，既以彰聖天子馭遠化頑之盛治，並俾封疆之臣按圖據册而知苗民歸化之誠，息兵刑而興道德……紅苗就撫以後，恩綸如春，朝野歡悅，史館諸公歌詩以紀盛事，相國太倉公撰文弁端。茲閱《撫苗錄》，喜中外之清寧，承國家之恩慶，八十老臣操筆志美，掛姓名於簡策，抑不朽之榮，未敢以既耄爲辭也。爰爲之序。"
　　屠沂跋曰："兵部侍郎都御史總督湖廣鄂公刻其《撫苗錄》成，屬沂題其後……是書所載本末詳明，後之司是土者，按圖考策，經綸措施之道，如在指掌。"
　　張大有跋曰："文付開雕，韻流樂府，相國太倉公爲之弁其端，甚盛事也。"
　　《四庫全書總目》未收。《續修四庫全書總目提要(稿本)》云："其間唯奏疏文告一部，有以見其始末經畫，不同虛文。如請補修舊有邊牆一事，所以限隔內外，稽察出入，確爲當時扼要之圖，雖屢請屢駁，終不改初計，更見其任事之毅力，與畏葸固位者，迥然有別。至附載贈言、詩序盈帙，多稱頌功德而作，詞旨近諛，雖不無斐然可觀，終嫌寡當，蓋好名之累也。"
　　有扉頁，刻"撫苗錄。拳石堂藏板"。《紅苗歸化恭紀詩》前亦有扉頁，刻"紅苗歸化詩。拳石堂藏板"。"拳石堂",《中國古籍版刻辭典》未收。

《中國古籍善本書目》入史部政書類,北京大學圖書館、中國科學院圖書館、上海圖書館、南京圖書館等七家有藏,此外臺北"中央研究院"史語所傅斯年圖書館亦有收藏。1978年臺北廣文書局《史料七編》以此本影印出版。

0869　清康熙刻修補印本牧愛堂編　　　T4662.8/4844

《牧愛堂編》十二卷,清趙吉士撰。清康熙十二年(1673)刻修補印本。十冊。半頁八行二十字,四周單邊,白口,單魚尾。框高19釐米,寬13.1釐米。題"金沙蔣超虎臣氏、鄒侯成晉徵昭其氏兩先生鑒定;漸干趙吉士恒夫氏著"。前有清康熙八年(1669)龔鼎孳序,康熙十二年李文纘序,趙吉士《藝文自敘》;後有康熙十二年陳文渶跋。

趙吉士,字天羽,一字恒夫,號漸岸。安徽休寧人,寄籍錢塘。順治八年舉浙江鄉貢進士。康熙七年授山西太原府交城知縣,後升爲户部山西主事,補河南司、四川司主事。十四年遷奉直大夫。二十年奉使征揚州關鈔,兼督通州中南倉。入會典館,奉撰《鹽》、《漕》二書。二十五年擢户科給事中。受命勘河,因不稱旨而罷官,僑居宣武門外之寄園。復補國子監學正。生於明天啓五年,康熙四十五年二月卒於北京。著述有《續表忠記》、《林卧遥集》、《寄園寄所寄》、詩文集《萬青閣全集》等,並纂有《徽州府志》、《交城縣志》。《清史稿·循吏傳》有傳。

康熙七年正月,吉士授交城知縣,三月二十八日到任,至康熙十二年十月卸任離交,計五年半。在知縣任内,開渠、植柳、修路、築城、葺署、挖湖、興學、均徭、勸農、修志等,頗有治績,百廢俱舉。交縣居萬山中,巖谷阻邃,地産馬,饒灌木,時禁民間牧馬,民困,往往去爲盜。山民起事,自明亡至康熙十三年,久不能平。吉士以爲"不先撫,無以攜其黨;不終剿,無以絶其根",提出剿撫兼施之策,設計進捕,巨盜先後就擒,平息了山民起義,並因此擢升户部山西清吏司主事。吉士卒,祀交城名宦祠。

李文纘序稱,康熙十二年,吉士母喪,"日強起視事外,一切筆墨都廢,舊所鐫《牧愛堂編》數卷,係始任時業,乃以歲簿牘詳案泊往來贈畣諸文,悉散漫填委不復理。門下諸君子遠來襄事,彙葺成帙……業有成編,曷續廣之以表式將來,俾一片苦心熱血,咸稟爲玉律金科,實我周行以當尸祝,不亦善乎?遂付剞氏。"

是書爲吉士官交城五年所撰。其目一曰《藝文》,分序、記、疏、説、辯、跋、贊、試士策、試士論、文、啓、書十二體;二曰《詳文》,分除害、勸善、興利、革弊、營造、赦宥、丁賦、户婚、命案、盜案、剿撫、題敘十二類;三曰《告諭》,分興除、訓誡、招徠、守禦、撫緝、徵解、田工、水利八類;四曰《參語》,分正名、去蠹、宗祀、婚姻、奸情、人命、鬭毆、田宅、錢債、偷竊十類。計四門四十二子目,每門下皆有自序。區分太煩,略涉瑣碎。《藝文》皆在交縣任上所撰,切於交縣事,未便以常體視之,故未列入别集,而與《詳文》、《告諭》、《參語》並排,以其都爲政所施也。吉士施政最著者,爲交山平寇事,獲盜一百一名,夏騆爲之著《交山平寇本末》三卷,盛張其績,是書"剿撫"一目,最關此事,亦足與夏書互爲參證也。

《四庫全書總目》著録《萬青閣全集》等四種,然未收此《牧愛堂編》。《續修四庫全書總目提要(稿本)》著録,其云:"吉士能爲文章,交通聲氣,縞紵之投,皆一時名士,聲譽藉甚。亦頗能勤政愛民,觀此所記,信非盜竊聲名者所能比並也。"

此本版式不一,曾經後人補修。龔序第一頁、卷二第十二頁、卷五第九十八頁、卷六第二十五頁、卷七第五十八至五十九頁、卷八第七十一頁、卷九第三十七頁、卷一一第三十九頁爲抄配。

《中國古籍善本書目》未收。據查北京大學圖書館、中國社會科學院法學研究所圖書館、日本東京大學東洋文化研究所有藏,美國普林斯頓大學葛思德東方圖書館僅藏此本《藝文》四卷。另《中國科學院圖書館藏中文古籍善本書目》著録清康熙十二年刻補修本。

0870　抄本蘇藩政要　　　　　　　　　　　　　　T4687/4411

《蘇藩政要》四卷。抄本。一册。半頁八行約三十字,無框格。毛裝。封面墨筆書"蘇藩政要。卷壹貳叁肆全集。瑞芝山房藏"。

是書不著撰人,前後無序跋,亦無抄寫年代。所記爲晚清江蘇一省州縣地方辦理事務章程、奏銷、成例、各類款項等等,字蹟不一,似由藩司衙門中文書抄輯,以備政務參考之用。蘇藩者,江蘇省布政使司之謂也。所鈔録事有咸豐四年二月二十八日者,則抄寫時間當晚於此。

書分四卷,前無目録。卷一《總科銷核錢糧節略》、《京口旗營各官支食之例》;卷二《辦造(賦役)全書法則》、《核辦災册法則》、《謝履莊清理司庫附儲積年借款册式畫清法則》,附録《劃正款項稿》、《委署章程條款》、《吏户例要摘抄》;卷三《正項正款》、《正項雜款》、《正項編款》、《耗羨款》、《存公款》、《附儲編款》、《附儲襪款》;卷四《附儲養廉捐款》、《附儲充公閒款》、《附録元和縣支能漕費數目》、《吊查舊卷辦理》。

書中多晚清政治、經濟史料,如記"存公款"一名,"此款從前原係在外充公之閒款,迨年間請出歸公留外,抵支常平公用,故名存公。"如記蘇、松、常、鎮、太五府州所産大毛竹,以運河漕運,運價則二丈十二尺長、圍一尺十二寸的大毛竹每支價銀二錢四分,一丈十二尺長、圍六七寸的中毛竹每支價銀一錢二分等。再如記嘉慶十二年間蘇省禾稻茂盛,然或因白露迷霧頻起,稻節生蟲,以致苗秀而不實,或因秋後逐日雨霑蒸熱,盡成瘻穀,"此等災祲輕重,原以禾苗之枯槁多寡爲斷,如災之輕重難以察實,維存寧濫無遺,勿以苛刻爲事。"淮徐一帶,地處黄淮江澤,諸河不時泛濫,而地方有冒災之弊,等等,爲此特定田之成災不成災,以五分爲斷,成災五分則收成亦止五分,五分以上者爲成災。

據查,現存名爲《蘇藩政要》之抄本,尚有其他九部:

一、臺北"國家圖書館"藏本,臺北《"國家圖書館"善本書志初稿》史部政書類著録有《蘇藩政要》二卷附《款目源流》二卷,四册,抄本,半頁八行,行二十四字;《款目源流》半頁九行,行約三十八字。二書每卷之前各列該卷目録。"《蘇藩政要》二卷,係蘇州、松江一帶財政。《款目源流》記蘇松租税之制,全書分正雜款目、雜辦款目、正項補遺、漕運款目、捐雜款目、款目補遺等六部分。"

二、臺北"中央研究院"史語所傅斯年圖書館藏本,八卷,六册,著録第一册爲《總科節略》一卷,第二册爲《工房節略》一卷,第三册爲《款目源流》三卷。

三、中國國家圖書館藏本,兩部,皆爲二册之抄本,其一著録爲"四卷,清華鵝洲撰,著者據序題,天頭有小字注解,有朱印扣圈"。

四、中國科學院圖書館藏本,兩種,均爲四册,其一著録爲"清華鵝洲輯,清抄本",書前有清道光七年(1827)李模序,題名據目録、版心,卷端無題名;其二爲"蘇藩政要三卷處分集要一卷",抄本。

五、美國國會圖書館藏《蘇藩政要》二卷,記事爲清道光六至七年。

六、上海師範大學圖書館藏《蘇藩政要》不分卷,清華琳撰,清道光間抄本,二册,提要云:"是書爲清道光間江蘇地方政務紀錄,有關農業經濟政策。九行十九字,無格。"

七、中國書店海王邨拍賣公司1999年1月24日上拍《蘇藩政要》等七種,民國抄本,八册,毛邊紙,毛裝。

除以上開列各種,未聞有刊本行世。

0871　明刻本新刊增入諸儒議論杜氏通典詳節　　T4681/4126.1

《新刊增入諸儒議論杜氏通典詳節》四十二卷《圖譜》一卷。明刻本。十六册。半頁十一行二十三字,四周雙邊,黑口,雙魚尾,書口下有刻工。框高23.1釐米,寬15.4釐米。前有李翰序。目録後有新刊增入諸儒議論姓氏;杜氏通典篇第題旨。

《四庫全書總目》云:"所列引用諸儒姓氏,止於吕祖謙、陳傅良、葉適三人,皆注有文集見行字,則南宋人所爲也。於杜氏《通典》八門内,汰其兵制一門,於禮制門内,又删去喪服之制,故六朝諸儒議禮之文,藉《通典》以傳者,多不見録。又其去取多不可解。"

目録後刊"至元丙戌重新繡梓"。

刻工有王銮、李福、張英、張鐸、李進、許厚、張己、郭從禮、張政、張勝、張正、徐旺、金祥、許鳳、王海、王元、張紀、馬璽、張聰、楊忠。其中如王銮、李福、張鐸、李進、張政、張勝、楊忠諸人曾參與刻嘉趣堂本《楚辭集注》,故此本所刻,當在嘉靖間。

此本卷一第二十三頁佚。

《四庫全書總目》入史部政書類存目。《中國古籍善本書目》著録。復旦大學圖書館、廣西民族學院圖書館、北京群衆出版社亦有入藏。北京故宫博物院所藏,佚《圖譜》一卷。

鈐印有"樂亭史氏藏書印"、"秦綸鈞字鵬書號伊山"、"秦觀濤字用于號海槎"。

0872　明嘉靖刻本文獻通考　　T4681/7207

《文獻通考》三百四十八卷,元馬端臨撰。明嘉靖三年(1524)司禮監刻本。一百册。半頁十行二十字,四周雙邊,黑口,雙魚尾。框高25.5釐米,寬16.8釐米。題"鄱陽馬端臨貴與著"。前有嘉靖三年御製序;至治二年(1322)抄白;延祐六年(1319)王壽衍進書表;馬端臨自序。

馬端臨,字貴與。樂平人。咸淳中漕試第一。博極羣書,以蔭補承事郎。元初起爲柯山書院山長,終台州學教授,鄉里遠近師之。

是書凡《田賦考》七卷、《錢幣考》二卷、《户口考》二卷、《職役考》二卷、《征榷考》六卷、《市糴考》二卷、《土貢考》一卷、《國用考》五卷、《選舉考》十二卷、《學校考》七卷、《職官考》二十一卷、《郊社考》二十三卷、《宗廟考》十五卷、《王禮考》二十二卷、《樂考》二十一卷、《兵考》十三卷、《刑考》十二卷、《經籍考》七十六卷、《帝系考》十卷、《封建考》十八卷、《象緯考》十七卷、《物異考》二十卷、《輿地考》九卷、《四裔考》二十五卷。其書以杜佑《通典》爲藍本,田賦等十九門,皆因《通典》而離析之。經籍、帝系、封建、象緯、物異五門,則廣《通典》所未及。

馬端臨自序云:"凡敘事,則本之經史,而參之以歷代會要,以及百家傳記之書,信而有證者從之,乖異傳疑者不錄,所謂文也;凡論事,則先取當時臣僚之奏疏,次及近代諸儒之評論,以至名流之燕談,稗官之紀錄,凡一話一言,可以訂典故之得失、證史傳之是非者,則採而錄之,所謂獻也。其載諸史傳之紀錄而可疑,稽論先儒之論辨而未當者,研精覃思,悠然有得,則竊以己意附其後焉,命其書曰《文獻通考》。"

此書門類既多,卷繁帙重,未免顧此失彼。然其條分縷析,使稽古者可以按類而考,又其所載宋制頗詳,多《宋史》各志所未備,案語亦多能貫穿古今,折衷至當,雖稍遜《通典》之簡嚴,而詳贍實爲過之,非鄭樵《通志》所及也。

是書最早有元泰定元年西湖書院刻本,今所存均爲殘帙。另有元泰定元年西湖書院刻至元五年余謙重修本、元泰定元年西湖書院刻元明初遞修本等。明代又有正德十一年至十四年劉洪慎獨齋刻本,正德十一年至十四年劉洪慎獨齋刻十六年重修本,明嘉靖馮天馭刻本,明嘉靖馮天馭刻萬曆、崇禎遞修本,明末刻本,明末刻梅墅石渠閣印本。

《四庫全書總目》入史部政書類。《中國古籍善本書目》著錄。中國國家圖書館、上海圖書館等四十一館,臺北"國家圖書館"(五部,內一部原藏北平館者),及美國國會圖書館、日本內閣文庫、東京大學東洋文化研究所亦有入藏。

鈐印有"廣運之寶"、"裦章經史之寶"、"心白園藏書印"、"讀書養氣"、"書倉故業"、"承裕堂曹氏珍藏"、"爾休曹氏藏書"、"放眼萬卷書中"、"綠窗人静"。

0873　明嘉靖刻本文獻通考　　T4681/7207B

《文獻通考》三百四十八卷首一卷,元馬端臨撰。明嘉靖馮天馭刻本。八十册。半頁十三行二十四字,左右雙邊,白口,單魚尾,書口下有刻工。框高19.6釐米,寬13.9釐米。題"宋鄱陽馬端臨貴與著;明蘄陽馮天馭應房校刊"。前有至大元年(1308)李謹思序;延祐六年(1319)王壽衍進書表;至治二年(1322)抄白。首一卷爲馬端臨自序。

馮天馭,字應房,號午山。湖北蘄州人。嘉靖十四年進士。天性寬厚,篤於孝友。初授大理寺評事,改御史,兩任京畿學政,重行誼,敦廉讓,崇表貞婦孝子,修諸名人廢祠,所行皆神名教。四遷大理,再爲大中丞,陞吏部侍郎,遷大司寇,致仕歸里。捐資建書院,學者稱"午山先生"。卒年六十有二。《(咸豐)蘄州志》卷一一《儒林》有傳。

是本刻工有吳萬成、易監、劉震、陳漢、陳奎、王楠、陳瑞、王達、王乾、劉木、胡滔、彭資、周能、劉丙、劉霞、劉奇、劉山、劉云、付權、付朝元、張宗、周錫、段秦、劉拱、王兵、胡江、計文卿、彭隆、劉甫、王和、彭積、吳春、黃定、文四、文六、段光、吳鑾、王春、劉順、周相、計文欽、傅天錫、吕奎、黃瓊、黃珀、何恩、范楷、黃光、何鳳、方瑞、張敖、唐瓊、顧俊、高良、袁電、良仁、唐其、顧廷圭、陸敖、劉采、大先、陸孜、楊惠、葉弟、潘其、顧定佩、溫德、何免、陸儒、林山、顧噎、顧昂、桂方、顧壥、余上用、彭柯、劉義、劉鏜、劉七、蔡五等。又寫工有吳應龍、文會、計文卿、周慈、劉時望。

《中國古籍善本書目》著錄。中國國家圖書館、上海圖書館等二十一館,臺北"國家圖書館"(三部),及日本內閣文庫、京都大學人文科學研究所、東京大學東洋文化研究所亦有入藏。

0874　明萬曆刻本文獻通考纂　　T4681/7207.4

《文獻通考纂》二十四卷,元馬端臨撰,明胡震亨輯。明萬曆駱駪曾刻本。十册。半頁十行二十一字,左右雙邊,白口,單魚尾。框高22.9釐米,寬14.2釐米。題"宋鄱陽馬貴與著;明海鹽胡震亨纂;彭宗孟、武康駱駸曾校"。前有駱駸曾序,馬端臨總序節文。

卷一《田賦》,卷二《錢幣》,卷三《户口》,卷四《賦役》,卷五《征榷》,卷六《市糴》,卷七《土貢》,卷八《國用》,卷九《選舉》,卷一〇《學校》,卷一一《職官》,卷一二《郊祀》,卷一三《宗廟》,卷一四《王禮》,卷一五《樂》,卷一六《兵》,卷一七《刑》,卷一八《經籍》,卷一九《帝系》,卷二〇《封建》,卷二一《象緯》,卷二二《物異》,卷二三《輿地》,卷二四《四裔》。

胡震亨,字孝轅,晚自稱遯叟。海鹽人。萬曆舉人。官至兵部員外郎,乞歸。少以經濟自負,藏書萬卷,日夕搜討。是書之輯,乃因震亨病《文獻通考》重複濫漫而重爲之纂輯。

駱駸曾,字象先。武康人。萬曆二十六年進士。官監察御史,巡按應天。駱序云:"余與彭孟公年兄互訂而授梓焉。"

總序後及卷一二末刻"白下吳天祥刻"。此本卷二四末佚。據普林斯頓大學葛思德東方圖書館藏本,卷二四末刻有"雲間陸鐘監梓",書口下刻"金陵下大有刻"。

《四庫全書總目》未收。《中國古籍善本書目》著錄。浙江圖書館、四川省圖書館等八館,及美國普林斯頓大學葛思德東方圖書館、日本東京大學東洋文化研究所亦有入藏。按,是書又有明天啓刻本、明天啓刻崇禎十六年朱彝敘鶴洲草堂重修本。

鈐印有"趙鼎淳印"、"隨齋"、"汝鈺"、"修汝"、"金印教喜"、"趙氏石飄堂"、"石飄趙氏山房之印"、"清玩"、"筆硯精良"。

0875　明萬曆刻本續文獻通考　　　　　　　　　　　T4681/7207.1

《續文獻通考》二百五十四卷,明王圻撰。明萬曆三十一年(1603)曹時聘、許維新等刻本。八十册。半頁十一行二十二字,左右雙邊,白口,單魚尾,書口下有刻工及字數。框高20釐米,寬14.1釐米。題"皇明進士雲間王圻纂輯"。前有萬曆三十一年溫純序,曹時聘序,萬曆三十年(1602)周家棟序,萬曆三十一年許維新序;王圻引;刻《續文獻通考》文移;《凡例》十六則。

王圻,字元翰,號洪洲。上海縣江橋(今屬嘉定)人,居諸翟。嘉靖四十四年進士。初授江西清江縣令,調萬安縣。爲人嚴峻剛直,升任御史後,勇於諫議朝事,爲宦寺等所忌,外任福建僉事。後又爲忌嫉者所譖,降爲邛州判官。兩度任江西進賢縣令,升開州知州,備兵武昌,改官督學,主持山東、福建鄉試,終任陝西布政司參議。致仕歸里後,築室吳淞江畔,辟地藝梅萬株,題額曰梅花源,藏書甚富。又著《三吳水利考》、《雲間海防志》等。與子思義輯《三才圖會》,爲著名類書。

此爲《文獻通考》續編,編成於萬曆十四年,作者兼采《通志》之長,體例上較《文獻通考》多出節義、諡法、六書、道統、氏族等六門。年代與《文獻通考》相銜接,上起南宋寧宗嘉定年間,止於明萬曆初年。記載雖稍嫌雜亂,但收集史料甚多,明代部分尤稱豐富。是書分田賦考、錢幣考、户口考、職役考、征榷考、市糴考、土貢考、國用考、選舉考、學校考、節義考、職官考、郊社考、宗廟考、王禮考、諡法考、樂考、兵考、刑考、經籍考、六書考、帝系考、封建考、道統考、氏族考、象緯考、物異考、輿地考、四裔考、方外考,計三十門。

王圻引云:"余之續《通考》也,蓋有感於宣聖之説禮也。夫宣聖生知,而其説二代之禮,猶以文獻不足爲歉,則文與獻皆歷朝典章所寄,可缺一也與哉?貴與氏之作《通考》,窮蒐典籍,以言乎文則備矣,而上下數千年,忠臣孝子節義之流,及理學名儒,類皆不載,則詳於文,而獻則略。後之説禮者,能無杞宋之悲哉?余既輯遼金元暨國朝典故,以續其後,而又增節義、書院、氏族、六書、謚法、道統、方外諸考,以補其遺,俾往昔賢哲,舉得因事以見姓名,而援古據今之士,不至溟涬無稽,故總名之曰《續文獻通考》,而其詳則備志於凡例云。"

溫純序云:"授諸剞劂者,督撫南畿曹公時聘、按吳直指前何君熊祥、今馬君從聘、趙君之翰、周君家棟;而監督經營,則知郡事許君維新也。"

是本刻工有蘇天、王成、何憲、朱山、周逸、陸本、顧成、孫訥、張華、張湖、盧朝、盧山、顧堯、朱祖、孫文、吳繩、沈孝、曹山、江百、王善、黃汝、陶文、時中、吳雲、沈實、施壽、蕭賢、張祖、顧杰等。

《四庫全書總目》入子部類書類存目。《中國古籍善本書目》著錄。中國國家圖書館、上海圖書館等二十九館,臺北"國家圖書館"(三部,其一原藏北平館者),及美國國會圖書館、日本静嘉堂文庫、內閣文庫、尊經閣文庫、京都大學人文科學研究所、東京大學東洋文化研究所亦有入藏。

鈐印有"陸時化"、"溪山書屋"、"聽松山人"、"潤之所藏"。

0876　明末刻本續文獻通考纂　　　　　　　　T4681/7207.5

《續文獻通考纂》二十二卷,明王圻撰。明末心遠堂刻本。六冊。半頁九行二十二字,四周雙邊,白口,無魚尾,書口下刻"心遠堂"。框高19.5釐米,寬10.8釐米。題"雲間王圻洪洲著;錢塘葉大緯緯如、鹽官吳農祥慶伯、仁和郎星友月、睦陵宋維祺眉祝纂定;後學張于康世長、宋鈫皇序、金之堅子固、吳艾雲孫參校"。前有王圻引。

卷一《田賦考》,卷二《錢幣考》,卷三《户口考》,卷四《職役考》,卷五《征榷考》,卷六《市糴考》,卷七《土貢考》,卷八《國用考》,卷九《選舉考》,卷一○《學校考》,卷一一《職官考》,卷一二《郊社考》,卷一三《宗廟考》,卷一四《王禮考》,卷一五《樂考》,卷一六《兵考》,卷一七《刑考》,卷一八《經籍考》,卷一九《帝系考》,卷二○《封建考》,卷二一《象緯考》,卷二二《輿地考》。

扉頁刊"續文獻通考纂",并鈐有"心遠堂"印。按,心遠堂又刻有《梧岡集》八卷。

《四庫全書總目》及《中國古籍善本書目》皆未著錄。

鈐印有"釋氏"、"清潭"。

0877　明萬曆內府刻本大明會典　　　　　　　　T4686/5062

《大明會典》二百二十八卷,明申時行、趙用賢等纂修。明萬曆十五年(1587)內府刻本。六十四冊。半頁十行二十字,四周雙邊,黑口,雙魚尾。框高24.9釐米,寬16.8釐米。前有弘治十五年(1502)御製序,正德四年(1509)御製序,萬曆十五年御製序;弘治、正德、嘉靖、萬曆勅諭;會典書名;開報文册衙門;弘治間《凡例》二十三則;嘉靖間《續纂凡例》八則;萬曆四年張居正等爲重修會典題本;《重修凡例》十六則;萬曆十五年申時行等進表;重修職名。

是編記載明代官署職掌制度,以吏、禮、兵、工、户、刑六部爲綱,事物名數、儀文等級爲目;凡有籍册可據者,先後具載。初修於弘治十五年,至正德四年,武宗"檢閱前帙,不能無魯魚亥豕之誤,復命內閣重加參校,補正遺闕",並勅司禮監命工刻梓,頒賜群臣,傳行天下。此初修之本爲一百八十卷,今中國國家圖書館、天津圖書館、臺北"國家圖書館"等七館有藏。

嘉靖年間，世宗敕令續修，謂是書"紀載失真，文辭牴牾者比比有之。朕惟此一代通典，百司之所遵行，後世以之爲據，豈宜有此錯誤！彼時纂修者，既失於精詳，總裁者又不能訂正，均難辭責。然亦因舉行稍遲，先朝之事，故老凋喪，案卷磨滅，典籍無考，致有前失，及今修改，猶或可及，不然歲復一歲，愈遠愈忘，終難考訂。且自弘治十五年纂修之後，至今二十有八年，典禮之因革、事例之增損，又復煩多，恐數十年之後，卷册浩穰，條貫繁瑣，失真之弊，又或如前"，令各部、各委屬官，將所載各司事例，再行檢查校勘，如有差錯，皆貼注明白，送史館改正。然世宗命儒臣續修之《會典》，起自弘治十五年，止於嘉靖二十八年，雖經進呈，並未刊布。

萬曆間，神宗以嘉靖續修之本載在秘府，未及頒行，於時已三十八年，且歲歷綿遠，條例益繁，好事者喜紛更，建議者昧體要，甚則弄智舞文，奇請他比，自明習者莫知所從。故又命儒臣重加修輯，芟繁正訛而成此二百二十八卷本。申時行等進表云：《會典》"脫稿於弘治壬戌之冬，嗣後科條未備，迨續編於嘉靖己酉之夏，於時刊布未遑。忽閱三朝，遂更四紀，歲月既久，議論漸以繁多，法令滋章，推行因之牴牾。事或承譌而襲敝，浸失源流，吏多逞智以舞文，未諳體要，自非酌從，違以定國是……聿開館局，申命編摩，立例發凡，意義惟仍乎舊貫；紀年繫事，規條間出於新裁；是非則審訂以折衷，同異則參稽而畫一"。

《四庫全書總目》所收爲一百八十卷本，入史部政書類。《總目》云："於一代典章，最爲賅備，凡史志之所未詳，此皆具有始末，足以備後來之考證。其後嘉靖八年，復命閣臣續修《會典》五十三卷，萬曆四年，又續修《會典》二百二十八卷，今皆未見，其本莫知存佚。"《中國古籍善本書目》著錄此本。中國國家圖書館、上海圖書館等十九館，臺北"國家圖書館"（三部，其一爲原北平館藏者），及日本內閣文庫亦有入藏。按，此申、趙纂修本，又有明萬曆刻本（和此本行款相同），明刻本（十行二十字，四周單邊，白口），明天啓元年張京元等刻本（十一行二十六字，白口，有刻工）。

鈐印有"友竹齋書畫印"、"澹窩主人"、"澂齋珍藏"。

0878　明萬曆刻本新刻皇明經世要略　　　　　　　T4664.7/4823

《新刻皇明經世要略》五卷，明黃仁溥輯。明萬曆三十八年（1610）至四十年刻本。五冊。半頁十行二十二字，四周單邊，白口，單魚尾。框高21.6釐米，寬13.9釐米。題"閩中潭陽後學黃仁溥元叔甫輯著；豫章宗師敬軒鄧以誥汝欽甫證閱；會友禮齋李世美、穆陽李如璋、文巒李日華、學吾黃汝脩、耀吾劉有光、丹臺張汝桂、養冲朱洧、覺予李尚伊、鳳樓黃雲龍、含光張其顯、抱真張其燦、元玉張其藻、獻嘉張其猷、孫廷燦、廷耀、廷焌同校"。末行剷去"書林"題名。前有萬曆四十年（1612）鄧以誥序，萬曆三十八年黃仁溥序；《凡例》四則。

黃仁溥，無考。

是編乃集張位、許國、楊元祥、王守仁、丘濬、楊繼盛、葉向高、周弘祖並黃仁溥等數十人有關九邊、屯政墾田、馬政等文，并以圖繪之。《凡例》有云："輯世略何也，皇帝王伯，代有污隆，吾人一覽玩間，不越數刻，而千古之治亂興亡，瞭然在目，亦一快事也。"

鄧以誥序云："昔在潭庠，時有黃生仁溥者，蓋宋儒勉齋先生之裔，而抱志慷慨者也。每語及時事，輒井井有條，鑿鑿可據，心甚奇之而竟不獲一遇，以竟厥弛，時所限耳。迺茲輯爲《經世要略》一書，今年秋呈藁於予，且丐予言以爲序。予讀之，類皆當今之鉅務，求志之宏摹也。庚戌已付剞劂氏，而今秋始竣事。"

黄仁溥自序云："自髫年遊泮，即得入試於鄉間，檢海防、九邊策讀之，不啻衷懷勃勃，私心自許。若得徼幸一第，又不敢爲潤身肥家計，須爲朝廷了此二事，以舒當寧，南瞻北顧，憂最所願也。用是博稽往籍，及精研國家名臣奏疏，凡有裨於理道者，無弗留神注意，其間已經數十年矣。由是丁酉試歸，類編斯集，藏之篋中，又不啻南北之事已也，凡帝都、漕輓、治河、海運等事，靡不備焉。"

《禁書總目》著録。《清代禁燬書目·補遺一》云："查《經世要略》，係明黄仁溥撰。所記皆邊防事宜，大抵紙上空談，字句亦多違礙，應請銷燬。"又《補遺二》云："明閩中黄仁溥輯。此書彙選明代諸人論考、圖説、策議、傳疏爲一書，内有女直論傳諸篇，語多違礙。"

《中國古籍善本書目》著録。上海圖書館、華東師範大學圖書館，及日本内閣文庫亦有入藏。

0879　明崇禎刻本皇明世法録　T4686/7928

《皇明世法録》九十二卷，明陳仁錫撰。明崇禎刻本。六十四册。半頁十行二十字，四周單邊，白口，無魚尾。框高21.1釐米，寬13.8釐米。題"史臣陳仁錫謹閱"。前有陳仁錫序，李模序。

"世法"者，代代效法也。是書分《維皇建極》（卷一至一六，爲高皇帝、文皇帝寶訓；高皇帝聖製；高皇帝、文皇帝聖武）、《懸象設教》（卷一七至二六，爲敬天、曆法、禮制、樂律、祀典）、《法祖垂憲》（卷二七至三三，爲訓宗、鹽法、屯政、馹政、錢鈔）、《裕國恤民》（卷三四至四一，爲理財、廒庫、黄册賦役田土、農桑、水利）、《制兵敕法》（卷四二至四八，爲大閲、京營、將材、江防、平刑）、《濬河利漕》（卷四九至五五，爲南河、北河、黄河、新河、漕政）、《衝邊嚴備》（卷五六至七四、爲昌薊、遼陽、宣大、山西、陝西）、《沿海置防》（卷七五至七七，爲粵東、閩浙、南直、遼海、倭防）、《獎順伐畔》（卷七八至八三，爲西南夷、套虜琉球、東夷西戎、南蠻北狄、苗寇流寇山寇）、《崇文拔武》（卷八四至九二，爲開國元勳、内閣輔臣、經濟名臣、郡縣名臣、表忠），凡十類。採擇鴻富，足備參考。

陳仁錫自序云："仁錫既心契衍義二書，乃加讎訂而合刻之。猶恨昭代之典故未詳，使人證於古而略於今，覿嘉言善行之無遺，而忽聖祖神宗之猷烈，曉然於累千萬世得失理亂之蹟，而貿貿於三百年來朝廷官府之務，雖云博洽，終慚實踐。是以輒不自揣，略倣二氏之意，考明舊章而推廣之，著爲《皇明世法録》。首輯二祖之謨烈，以爲萬世法，而又明禮樂以和神人，辨曆象以示修省，恤民以固邦本，積儲以裕國用，明罰敕法以厚俗，稽漕河、記防海以通水利，紀元輔、録名臣以彰景範，詰戎兵以嚴武備，考四夷以示懷柔，俱原始要終，或耳目之所親歷，或軺軒之所覩記，稍爲網羅，以補丘氏之未備。"

《應繳違礙書籍各種名目》及《清代禁書知見録》著録。

《中國古籍善本書目》著録。上海圖書館、南京圖書館等二十二館，臺北"國家圖書館"（兩部），及美國國會圖書館、普林斯頓大學葛思德東方圖書館、日本静嘉堂文庫、内閣文庫、京都大學人文科學研究所、東京大學東洋文化研究所亦有入藏。

0880　明崇禎刻本古今治平略　T4681/2924

《古今治平略》三十三卷，明朱健撰。明崇禎十一年（1638）鍾鈜刻本。三十二册。半頁九行二十字,四周單邊,白口,無魚尾。框高20釐米,寬13.2釐米。題"豫章朱健子強父著;弟朱徽子美父訂;武林門人鍾鈜霜鳴父較"。前有崇禎十一年鍾鈜序,崇禎十一年熊人霖序,崇禎十二年(1639)朱徽序,陳子龍序,崇禎十一年朱健自序;《凡例》五則。

朱健,字子強。進賢人。博聞強記,天啓間舉人,授邵武推官,坐冤誣死。

治平,治國平天下也,後指國家太平安定。是書卷一《田賦篇》,卷二《戶役篇》,卷三《國計篇》,卷四《農政篇》,卷五《屯田篇》,卷六《水利篇》,卷七《貯糴篇》,卷八《漕運篇》,卷九《錢幣篇》,卷一〇《鹽課篇》,卷一一至一二《雜征篇》,卷一三《賑恤篇》,卷一四《治河篇》,卷一五《官制篇》,卷一六《銓選篇》,卷一七《考課篇》,卷一八《貢舉篇》,卷一九《薦辟篇》,卷二〇《學較篇》,卷二一《律呂篇》,卷二二《曆法篇》,卷二三《天文篇》,卷二四《地理篇》,卷二五至二七《兵制篇》,卷二八《邊兵篇》,卷二九《邊防篇》,卷三〇至三二《馭夷篇》,卷三三《弭盜篇》。

朱健序云:"予以菲材見棄明世,何敢捫虱談當時事,第以拓落餘暇,肆志鉛槧,手掇筆纍,積有歲年爾。乃依事分纂大略,以諸史志爲宗,而自漢以上史未備者,則冠之以周禮;自漢以下諸史,有彼此不一者,則參之以《通典》、《通志》、《通考》及《考索》諸書。至昭代國史,有不盡詳者,則採之以《典彙》、《通紀》、《史料》、《吾學》、《圖書》、《函史》及奏疏、館課、文集等書,要使觀者一覽無遺,讀者旬月可畢。雖不敢窺作者,庶幾假千里之贏糧歟!乙亥秋,過錢塘,錢子霜鳴,謀授梓,以廣其傳……其曰《古今治平略》可乎?實戲之也,鍾子乃取名其書,是予罪也。"

《禁書總目》、《應繳違礙書籍各種名目》、《清代禁書知見錄》著錄。《清代禁燬書目·補遺一》云:"查《古今治平略》,係明朱健撰。卷三二內語甚狂悖,其餘議論,亦多偏駁,應請銷燬。"

序之第一頁佚。

《中國古籍善本書目》著錄。中國國家圖書館、上海圖書館等十六館,臺北"國家圖書館",及美國國會圖書館、日本內閣文庫、尊經閣文庫、東京大學東洋文化研究所亦有入藏。

0881　清雍正刻本廣治平略

T4681/4909

《廣治平略》四十四卷,清蔡方炳撰。清雍正二年(1724)聚奎堂刻本。二十冊。半頁九行二十五字,無欄線,四周單邊,白口,無魚尾。框高20.4釐米,寬11.7釐米。題"平江蔡方炳九霞纂定"。前有雍正二年自序;《纂例》。

蔡方炳,見清康熙刻本《于清端公政書》。

蔡氏應書坊之請,檢閱明代朱健兄弟所撰《古今治平略》,取而增訂、刪削,逾半載告竣,別爲此書。凡有涉歷代典故,有關經濟諸編,無不窮稽博採,依類纂輯。全書爲目四十四篇,曰垂象,曰治曆,曰地勢,曰輿地,曰帝系,曰聖學,曰君德,曰后儲,曰相業,曰諫納,曰循吏,曰官制,曰銓選,曰考課,曰薦辟,曰國計,曰田賦,曰戶役,曰屯田,曰農政,曰錢幣,曰鹽課,曰征榷,曰漕運,曰貯糴,曰賑恤,曰禮制,曰樂律,曰郊祀,曰貢舉,曰學校,曰兵制,曰任將,曰軍政,曰武備,曰海防,曰刑制,曰赦宥,曰弭盜,曰治河,曰水利,曰經學,曰史學,曰理學。相比朱書,蔡氏自稱纂正定本,即胚胎已脫,重加考訂者,有垂象、地勢、輿地、禮制、樂律、武備、刑制七篇;增編新本,即添入義類,蔚爲大觀者,有帝系、聖學、君德、后儲、相業、諫納、循吏、海防、赦宥、經學、史學、理學十二篇;刪補原本,即爲之汰冗補缺者,有治曆、官制、銓選、考課、薦辟、國計、田賦、戶役、屯田、農政、錢幣、鹽課、征榷、漕運、貯糴、賑恤、郊祀、貢舉、學校、兵制、任將、軍政、弭盜、治河二十四篇。

自序云:"苟能因是編以盡諸史之爲事,即以盡六經之爲道,則古今之民情好惡,亦庶幾乎備;古今之典章制度,亦庶幾乎全矣。"

《續修四庫全書總目提要(稿本)》收入此書,云:"然觀朱健《古今治平略》,無郊祀篇,而此本二十九郊祀篇標曰刪補原本,繹其文,乃與《治平全書》不甚相遠,蓋全書之刻在先,坊賈射利,屬方炳別爲一書,乃就全書加以增省,而諱言之,實則未見朱健原本也。朱書近於策學,已致詆議,一改再改,專備矮屋之用,可謂每況愈下。然方炳能文章,其所增刪,大約取資正續《文獻通考》、《經濟類編》、《經濟實用篇》諸書,務爲實用,略能貫串,實較勝於全書。且間有能正朱書之支蔓者,其史學一篇,論及修史,深知得失利病,非明習史事者不能言,蓋方炳本能著書,而因於貧窮,傭書以活,其遇亦甚可矜。後來坊刻《廣治平略》者,更刪去言學諸篇,於方炳之精神面目芟夷盡矣。"

是書爲清代禁書。《軍機處奏准抽燬書目》稱:此書"大抵抄撮諸書而成,尚無干礙。外省因朱健原本係必應銷燬之書,遂將此本一併送燬,未加區別",因此列入《禁書總目》。

有扉頁,刊"廣治平略。平江蔡九霞纂定。雍正甲辰年鐫。聚奎堂藏板"。卷四四第二十一、二十二頁爲抄配。《中國古籍版刻辭典》著錄"聚奎堂",然爲明代萬曆間方東雲室名,此本"聚奎堂"爲蘇州書坊。

《中國古籍善本書目》未收。日本《內閣文庫漢籍分類目錄》、《京都大學人文科學研究所漢籍分類目錄》著錄。此書另有清康熙三年刊本,中國國家圖書館、臺北"中央研究院"史語所傅斯年圖書館、日本東京大學東洋文化研究所有藏;以及清同治九年漁古山房刻本、光緒十三年大同書局石印本、光緒三十年刻本等。1989年江蘇廣陵古籍刻印社據清刊本影印。《四庫禁燬書叢刊》史部第23至24冊收入,底本爲中國科學院圖書館藏清康熙刻本。

0882　清雍正刻本古今治平彙要　　T4681/4234

《古今治平彙要》十四卷,清楊潮觀撰。清雍正七年(1729)文聚樓刻本。四冊。半頁十行二十字,左右雙邊,黑口,雙魚尾。框高17.7釐米,寬11.5釐米。題"勾吳楊潮觀纂;弟鴻觀較"。前有雍正七年華希閔序;《例言》六則。

楊潮觀,字宏度,號笠湖,江蘇無錫人。乾隆元年舉人。曾入《實錄》館供職,後出任山西、河南、雲南、四川等地縣令,官至四川瀘州知州。品性篤誠,頗有清名。工畫竹,尤擅度曲。在邛州時,得卓文君妝樓舊址,改建爲吟風閣,作雜劇令優伶演之。著《吟風閣雜劇》,凡四卷,每卷八折,每折一事,借古諷今,鄭振鐸稱其爲短劇大家。年八十終。《國朝耆獻類徵初編》有傳。

是書分目四十二,曰聖學、治道、官制、仕路、銓課、吏治、賦役、查盤、丈量、催科、糶貯、漕運、錢幣、財政、鹽政、征榷、道統、學校、風俗、禮典、祭祀、樂律、經術、正史、曆象、兵制、武備、馬政、州域、邊疆、外譯、蠻徼、海衛、江防、驛站、鈔關、弭盜、刑律、欽恤、獄訟、治河、水利、營屯。潮觀復於文中勾勒圈點,以分段落,並便觀覽。《例言》中稱"摭古難調,引今易冗",故所輯"止求文從字順,不爲詰屈聱牙,庶幾綱舉目張,略免糾紛雜亂"。

華序云:"楊子潮觀,英年續學,據所見聞,定爲十四卷四十二門,顏曰《治平彙要》。準今酌古,綱舉目張。學者熟是書,問而辨之,端如貫珠;舉而措之,恢有游刃。以之決科,以之經世,存乎其人。"

是書爲清代禁書,《清代禁燬書目·補遺》收入,言"内多違悖語句"。

《續修四庫全書總目提要(稿本)》著錄,云:"類目多同於朱健《古今治平略》、蔡方炳《廣治平略》,而別自爲書,不相剿襲。今論沿革,多明利害,較朱、蔡之書專供射策決科之用者,爲物不同。官制一門,原原本本,其言曰:'宰相一任,自昔爲難,或失之太重,或失之太輕,或有名而無實,或有實而無名。'數語可謂盡矣。仕路中論元代仕路之岐……是雖爲元言,而意不止於元,殆隱有所指矣。其他皆非深明史事得失者,不足語此。雖所論多及明代而止,惟錢幣頗稱今制,殆在舉今以證古,而非明古以通今也。處忌諱之朝,其言自當有所趨避。"

清華大學圖書館藏本前有扉頁,刊"古今治平彙要。勾吳楊潮觀纂。大清雍正七年新鎸。翻刻必究,文聚樓梓",並鈐"文聚樓藏書",哈佛此本佚去。《中國古籍版刻辭典》未載"文聚樓"。

《中國古籍善本書目》未收。據查中國科學院圖書館、北京大學圖書館、東京大學東洋文化研究所等多家有藏。《四庫禁燬書叢刊》子部第 31 册收入,底本爲清華大學藏本。

0883　清康熙刻本治平略增定全書　　　　　　　　　　T4681/2924B

《治平略增定全書》三十三卷,明朱健、朱徽撰,蔣先庚重訂。清康熙三年(1664)刻本。二十册。半頁九行二十字,無界欄,四周單邊,白口,無魚尾。框高 19.8 釐米,寬 13.4 釐米。書口上刻"治平全書",書名據目錄及卷端。題"豫章朱健子強父、朱徽子美父原著;西陵蔣先庚震青父重訂"。前有清康熙三年蔣先庚序,陳時穀序,祝霆月序。

朱健,見明崇禎刻本《古今治平略》。

蔣先庚,字震青,自署西陵,蓋湖北江夏人。仕履、生平無考。

朱健、朱徽兄弟在吴偉業《復社紀略》中皆有聲名,爲社中眉目。兩人取史志、典彙、奏疏、館課文集中有關治國平天下之策略,雜以議論,同撰《古今治平略》。此書爲《古今治平略》之增訂本,卷次、體例約如朱書之舊。分田賦、户役、國計、農政、屯田、水利、貯糶、漕運、錢幣、鹽課、雜征、賑恤、治河、官制、銓選、考課、貢舉、薦辟、學校、律吕、歷法、天文、地理、都會、兵制、弭盜、禮制、郊祀、名法、海防,爲目三十。出於朱書之外者,爲都會、禮制、郊祀、名法、海防五篇。蔣氏師鄭樵之意,以爲言地理不可不言都邑,而禮制、郊祀爲新朝所重,當時鄭成功父子尚縱橫海外,海防亦爲時之急務,故增此五篇。其減損朱書者,曰邊兵、邊防、馭夷三篇,皆因時移境易、改朝換代,無所用之也。

蔣序云:"夫《治平略》之成,成於己卯年,豫章朱子強先生伯仲之所爲作也,其撫拾精而校閱廣,制義舍此無以就裁。原本行世者日益鮮,余故因《治平略》而思及蘇子瞻、黄山谷事,當日蘇、黄有佳味必以相哺,有奇義必以相告,則知一人讀,不若人人讀之爲快也;一人好,不若人人好之爲更快也。緣是共爲搜輯,可畧者則愈畧之,不可畧者又特補之,慎增定以付梓人,天下後世以是書爲畧可也,爲詳亦可也,其能鑒別於愚衷。"

陳序云:"豫章朱子強、子美兩先生撰《古今治平畧》,始田賦,迄弭盜,共數十萬言,自陶唐以來,其品物之核吕周也……余從髫勺時,服膺祖父庭訓,竊於是書恆得究心寓目焉,第苦不能悉記。當雞鳴風雨時,間與二三同志共讀爲快,因兼取豫章之所遺者曰禮制、曰郊祀、曰名法、曰海防,共商確焉,閲旬日而集成,顔之曰《治平全書》,豈非有生一大快與!"

祝序云:"凡有志治體者,莫不思遠搜遐覽,以承休命,則唯子強先生昆季輯成治書之爲可則矣。但轉世幾三十年,歲久不無殘缺,意欲與蔣子、陳子增輯以正博雅……緣是廣求舊聞,遠綜奧義,增定以付剞劂,庶嗜者備之,偏者全之,勿使遺珠於赤水而已矣。"

《古今治平略》卷三二《馭夷篇》詆及建州女真,其他篇中也多有狂悖偏駁之語,因此乾隆時被列入《禁燬書目》,書板銷毀,後世不准覆刻。清初莊史之獄,株連甚廣,罰戮甚衆,著書、刻書者多小心謹慎,故蔣光庚等人不惜費力重編,更名《治平略增定全書》,以免觸及時忌。

《續修四庫全書總目提要(稿本)》著錄,其云:"然則乾隆焚書以前,詆及夷狄之書,已有禁忌,即取此以爲證可也。"

《中國古籍善本書目》著錄,華東師範大學圖書館及中山大學圖書館有藏,另查《北京師範大學圖書館中文古籍目》著錄,中國國家圖書館、北京大學圖書館亦有收藏。此外,《東京大學東洋文化研究所漢籍分類目錄》著錄兩部,一爲"康熙三年安康張氏重刊本來鹿堂藏板",一爲"刊本,彙草堂藏板",似爲板藏別家所致。

鈐印有"樂亭史氏藏書印"。

0884　清乾隆刻本八旗通志初集

T4718/8008

《八旗通志初集》二百五十卷目錄二卷,清鄂爾泰等奉敕編。清乾隆四年(1739)武英殿刻本。六十冊。半頁十行二十字,四周雙邊,白口,單魚尾,書口上刊"八旗通志",下刊"初集"。框高23釐米,寬16.4釐米。目錄前有乾隆四年御製序;奉敕纂修王大臣官員職名;雍正五年(1727)上諭;《凡例》三十三則。

鄂爾泰,見《欽定軍衛道里表》。

雍正上諭稱:"今各省皆有志書,惟八旗未經紀載","若不未爲之採摭薈萃,何以昭示無窮?朕意欲論述編次彙成《八旗志書》,年來恭修《聖祖仁皇帝實錄》,今已漸次告成,即著諸總裁官領其事,選滿漢翰林分纂,其滿洲漢軍中有通曉漢文而學問優長堪備纂修之任者,無論進士、舉人、貢監生員以至閑散人等俱著該旗都統、副都統保送,但勿徇情濫舉不實,以副朕慎重著述之至意。"

乾隆四年書成,題和親王弘晝監修,大學士鄂爾泰等總裁,纂修、翻譯、漢文謄錄、收掌、監造等共計一百八十一人。是書專記八旗制度與八旗人物,是研究八旗制度建制、經濟、教育、禮儀、職官、人物等最爲完備的政書。凡二百五十卷,分志、表、傳三部分,志有旗分、土田、營建、兵制、職官、學校、典禮、藝文八志;表有封爵世表、世職表、八旗大臣年表、宗人府年表、內閣大臣年表、部院大臣年表、直省大臣年表、選舉表八表;傳有宗室王公、名臣、勳臣、忠烈、循吏、儒林、孝義、列女八傳。記事迄於雍正五年,人物迄於雍正十三年。因有待續修,故名曰初集。乾隆五十一年,乾隆帝見《四庫》館臣進呈《八旗通志》尚闕本朝內容,敕令軍機處及《四庫》館臣重加編輯,嘉慶四年書成,由武英殿刊行,爲《欽定八旗通志》二百二十四卷。

《四庫全書總目》收入史部政書類,其云:"此篇以兵制爲經,而一切法令、典章、職官、人物條分而爲緯,鴻綱細目,體例詳明,案籍披圖,足以見列聖開基,貽謀遠大,又以見生聚教養,日熾日繁,萬萬年磐石之業,卜鞏固於無疆焉。"是書有佚名墨筆錄《四庫總目》一頁,加裝於第一冊前。

《清代殿版書目》、《清代內府刻書目錄解題》、《增訂四庫簡明目錄標注》等著錄。

《中國古籍善本書目》著錄,中國國家圖書館、首都圖書館等十四家圖書館收藏。臺北"故宫博物院"、日本内閣文庫、東洋文庫、美國普林斯頓大學葛思德東方圖書館等亦有收藏。除影印文淵閣《四庫全書》外，1968年臺灣學生書局《中國史學叢書續編》收入此書。1986年東北師範大學出版社出版有李洵等人點校本，八册，並附八旗方位圖，最爲通行。

0885　清康熙刻本大清會典　　　　　　　　　　　　　T4687/1

《大清會典》一百六十二卷，清伊桑阿等奉敕纂修。清康熙二十九年（1690）内府刻本。六十四册。半頁十行二十字，四周雙邊，黑口，雙魚尾。框高24.3釐米，寬16.8釐米。前有清康熙二十九年四月二十六日御製序；纂修官員職名；康熙二十三年五月初四日修會典敕諭内閣。目錄前有《凡例》及開報文册衙門及武職衙門。

伊桑阿，伊爾根覺羅氏，滿洲正黄旗人。順治九年進士，授禮部主事，累擢内閣學士。康熙十四年，遷禮部侍郎，擢工部尚書、户部尚書。時三藩叛亂，吴三桂踞湖南，命其先後赴江南和茶陵督治戰艦。後俄羅斯犯邊，奉命往寧古塔造船。歷兵、禮二部尚書。二十七年，拜文華殿大學士兼吏部尚書。充三朝國史總裁，《平定朔漠方略》總裁。黄河決，奉令勘視河工。因淮揚水災，疏請蠲免次年田賦。入閣十五年，厚重老成。康熙四十二年卒，謚文端。《清史稿》有傳。

《會典》爲記一代典制之書，凡政府組織及各官職掌，無不備載，因官分職，因職分事，因事分類，因類分條，條下分年，明代始有之。有清一代，共有五朝纂修會典，分別纂於康熙二十三年、雍正二年、乾隆十二年、嘉慶六年、光緒十二年，皆名《大清會典》。五朝首尾相連，内容詳實繁複，體例謹嚴，是中國封建時代最完備之行政法典。

五朝所修《大清會典》，體例門類大體相同。此康熙朝所修《會典》，分四十九類中央行政機構：宗人府、内閣、吏部、户部、禮部、兵部、督捕、刑部、工部、盛京四部、理藩院、都察院、通政使司、大理寺、内務府、武備院、上駟院、奉宸院、翰林院、詹事府、左右春坊、司經局、太常寺、順天府、奉天府、光禄寺、太僕寺、鴻臚寺、國子監、六科、中書科、行人司、欽天監、太醫院、上林苑監、五城兵馬指揮司、僧録司、道録司、鑾儀衛、金吾等六衛。

康熙朝修《會典》始於二十三年，二十九年告竣。由吏部尚書伊桑阿及禮部尚書王熙充任總裁，纂修、翻譯、謄録、收掌等七十人。記事起自崇德元年，迄於康熙二十五年。仿《明會典》以官統事、以事隸官之體例，每官下備載其執掌、設置、品級、規章、處理事務之程序方法，此爲典；典後附有與其相關之規則，作爲典之補充，此爲則例。以典爲綱，以則例爲用，典例分編。

御製序云："朕嗣歷服三十年，於兹夙夜競競……時飭群臣勤修職業，每建一事，布一令，務期上弗戾於古，下克誠於民，酌劑討論，其難其慎，然後付所司奉行。""治保邦之道，惟成憲是稽，不綦重歟？用是特命儒臣纂輯會典，綱維條格，甄録無疑，終始本末，犁然共貫……我國家典章弘備，視前代加詳，悉皆本之實心以相推準，而非緣飾虚文，鋪張治具，惟兹良法美意，相與世世恪遵無斁，官治民察，以躋斯世於隆平。"

《續修四庫全書總目提要（稿本）》收入，其云："清代《會典》之修，此爲初次。開國至此，制度典章創新復舊、增改省併，至爲紛繁，有是書後乃可稽考。"

《增訂四庫簡明目錄標注》、《清代殿版書目》、《清代内府刻書目錄解題》等著録。《中國古籍善本書目》著録，中國國家圖書館、中國人民大學圖書館等八家圖書館有藏。此外日本《内閣文庫漢籍分類目錄》、《京都大學人文科學研究所漢籍分類目錄》、《東洋文庫所藏漢籍分類目錄》等亦見著録。1993年臺北文海出版社影印出版。

史　部

鈐印有"錫翠堂",封面鈐"錫翠堂記"藍印。

0886　清雍正刻本大清會典　　　　　　　　　　T4687/2

《大清會典》二百五十卷,清尹泰等奉敕纂修。清雍正十年(1732)内府刻本。一百册。半頁十行二十字,白口,四周雙邊,單魚尾。框高22.8釐米,寬16.7釐米。前有雍正十年十月初七日御製序;《凡例》;纂修職名。目錄前有開報文册文職衙門及武職衙門。

尹泰,章佳氏,滿洲鑲黃旗人。初授翰林院筆帖式,再遷内閣侍讀。康熙三十四年,授國子監祭酒。雍正元年,召授内閣學士。遷工部侍郎,再遷左都御史。二年,充會典總裁。七年,授東閣大學士,兼兵部尚書。十三年,高宗即位,充世宗實錄總裁。乾隆三年致仕,尋卒,諡文恪。《清史稿》有傳。

清代《會典》之修,此爲第二次,續增康熙朝所修《大清會典》,記事起自康熙二十六年,迄於雍正五年。雍正二年始修,十年告竣。題莊親王允祿、果親王允禮監修,由大學士尹泰、張廷玉、蔣廷錫等充任總裁,參與纂修者一百二十二人。

雍正朝《會典》體例仍康熙朝之舊,續補與原文並存。京外衙門略有增删,盛京增户部,爲盛京五部;删康熙三十八年裁撤督捕,而以慶豐司歸内務府。每官凡有清開創以來之因革損益、條例事宜,有可考據者,都詳細注明,如:"舊有漢軍郎中二員,雍正五年裁;漢軍員外郎六員,康熙三十八年裁四員,雍正五年並裁。"一篇中事關於數條者,分晰載入;一事而二、三衙門相關者,酌舉其重者備載一處,其他只書"詳見某衙門"。

御製序云:"康熙二十三年,聖祖仁皇帝敕命閣臣纂修《大清會典》,起於崇德元年,迄於康熙二十五年,大經大猷,咸臚編載。聖祖仁皇帝曆數緜長,又閲三紀,敬勤愈至,法制增修,憲古宜今,至精至備,可謂規型之盡善,儀典之大成,而散在卷牘,未及彙輯以藏全書。朕纘承寶位,體皇考之心以爲心,法皇考之政以爲政,其有因時制宜更加裁定者,無非繼志述事之意,紹聞衣德之思,爰允禮、臣蔣廷錫所請,命閣臣開館纂修,自康熙二十六年至雍正五年所定各部院衙門禮儀條例,悉行檢閲,照衙門分類編輯,凡經九載,篇帙告竣。於是聖祖仁皇帝臨御六十餘年,立綱陳紀之端,命官敷政之要,首末完具。"

《續修四庫全書總目提要(稿本)》著錄,其云:"總之清代官制,至乾隆而始大定,是書固可備政典之參考也。"《增訂四庫簡明目錄標注》、《清代殿版書目》、《清代内府刻書目錄解題》等著錄。《中國古籍善本書目》著錄,中國國家圖書館、清華大學圖書館等九家圖書館有藏。北京大學圖書館、臺北"故宫博物院"亦見收藏。此外日本《内閣文庫漢籍分類目錄》、《京都大學人文科學研究所漢籍分類目錄》、《東洋文庫所藏漢籍分類目錄》等亦著錄。1994年臺北文海出版社影印出版。

鈐印有"王氏藏書"。

0887　清乾隆刻本欽定大清會典大清會典則例　　　T4687/3.1

《欽定大清會典》一百卷《大清會典則例》一百八十卷,清允裪等奉敕撰。清乾隆二十九年(1764)武英殿刻本。一百二十册。半頁十行二十字,四周雙邊,白口,單魚尾。框高22.3釐米,寬16.4釐米。卷端及書口上刻"欽定大清會典"或"欽定大清會典則例"。《大清會典》前有

《凡例》;《會典》館總裁允祹等所上進表;職名;目錄一卷。《大清會典則例》前有乾隆十二年(1747)正月初六日、二月初六日上諭兩道;乾隆十二年正月二十三日來保、乾隆十三年五月二十八日張廷玉奏摺兩道;目錄一卷。

允祹,聖祖第十二子。康熙四十八年封貝子。五十六年,署内務府總管事務。六十一年,授鑲黃旗滿洲都統。世宗即位,進封履郡王。雍正二年,宗人府劾其治事不能敬謹,請奪爵,命在固山貝子上行走。高宗即位,仍封之。乾隆二十八年薨。《清史稿》有傳。

清代《會典》之修,此爲第三次,續增雍正朝所修《大清會典》,記事起自雍正六年,迄於乾隆二十三年。乾隆十二年開館始修,二十九年告竣。題履親王允祹、大學士傅恒、張廷玉等任總裁,參與纂修者二百二十一人。

上諭云:"《大清會典》修於皇祖聖祖仁皇帝康熙二十三年,越我皇考世宗憲皇帝御極之初,即允禮臣之請開館重修,九年告竣,刊梓頒行。閱今又二十年矣,其間因時制宜,屢有損益,向來諸臣每有以重修爲請者,朕以國家定制,豈容數更?踵事增文,自有部册,故未准行。近以几餘,時加披覽,間爲討論,乃晰由來,有不得不重修者。"

康、雍兩朝所修《會典》典例合編,因官分職,因職分事,因事分門,因門分條,典爲綱,例爲目,按年月日編排,圖附於各制之後。乾隆帝以爲前朝所修《會典》,"或襲舊文,或案牘不全,或參稽不審,每有乖疏",又以典乃國家大法,例則隨時增損,而前兩朝典例合編於一書,頗不易識辨,於是將典與例分輯,每《會典》一卷,即附《則例》一卷。所謂例,乃典制之因革,事例之增損,按年排比而成者,與典之爲國家大經大法,官司所守、朝野所遵者不同。此乾隆朝之《大清會典》與康、雍兩朝《會典》之最大不同,《大清會典》與《大清會典則例》(嘉慶增修時更名《會典事例》)各自爲書,乾隆朝首開其端,此後嘉慶、光緒朝所修《會典》,亦因其例。

是書佚去卷前乾隆御製序,且刷印時間較晚。所收止於乾隆二十三年,惟理藩院延至乾隆二十七年,其餘衙門奉特旨增入者,亦不拘年限。官司衙門較前朝少左右春坊、司經局、大科、中書科、行人司、王城兵馬司、僧錄司、道錄司八類,多領侍衛府一類,其他亦有名詞相異之處。《清會典》至此已三經考訂,踵事加詳。

《續修四庫全書總目提要(稿本)》著錄康熙、雍正、嘉慶、光緒四朝所修《會典》,獨缺此乾隆一朝。《增訂四庫簡明目錄標注》、《清代殿版書目》、《清代内府刻書目錄解題》等著錄。《中國古籍善本書目》著錄,清華大學圖書館、故宮博物院圖書館等五家圖書館有藏。北京大學圖書館、臺北"故宫博物院"亦見收藏。此外日本《内閣文庫漢籍分類目錄》、《京都大學人文科學研究所漢籍分類目錄》、《東洋文庫所藏漢籍分類目錄》等亦著錄。

0888　清乾隆刻本增訂則例圖要便覽　　　　T4673/1174

《增訂則例圖要便覽》四十九卷,清王又槐輯。清乾隆五十七年(1792)杭州刻本。八册。半頁十六行二十五字,四周單邊,白口,單魚尾。框高 18.2 釐米,寬 13 釐米。書口魚尾上書吏、户、禮、兵、刑、工六部名,下書具體分類。卷端題"增訂則例圖要","武林王又槐蔭庭增輯;鹽官陳敬修斆堂參校"。前有乾隆五十七年王又槐序,乾隆五十五年(1790)石白琛原敘;《則例圖要便覽凡例》九則,《則例圖要續纂凡例》六則。

王又槐,字蔭庭,浙江錢塘人。習學刑名,游幕各地,歷充江浙等省刑錢幕友,熟讀律例,擅佐東翁辦案,是乾隆時期著名幕友。著作甚多,有《六部例限圖説》、《補注洗冤錄集証》、《辦案要略》、《刑錢必覽》八卷附《錢穀備要》八卷、《增訂刺字會纂》一卷等。

　　清代將各部經辦事例歸納選編成册，由朝廷頒布實施，以補《大清律》、《大清會典》之不備，並作爲具體實施細則，使有關官員辦理事務時有所遵循參照，此即所謂則例。乾隆時爲整飭吏治，加強國家對各級官吏管理，頒行《欽定六部處分則例》，石白琛依照乾隆三十七年所頒《欽定六部處分則例》，依吏、户、禮、兵、刑、工之序，逐條依類纂成圖表，將各條中有關各官加級記録、降革罰俸處分及分别輕重等差者横列，文義多而處分少者將處分雙行列出，並酌改原條例文字較多者，使其不致延至下頁，以便查考，故名《則例圖要便覽》。王又槐以爲石書未盡美備，乃采撫續纂則例，參以本人心得，重新纂輯，冠以"增訂"，以别於舊著也。

　　王又槐所增訂者，補入遺漏之乾隆三十七年後内容；增設"銓選"一門列爲卷首；改兵例内"武職"一門，取其切要者散附於本條之下，更便觀覽；增入户、禮、兵、工中有關辦理章程者，限於尺幅以細字題識於頁眉處；將成案與例不相吻合者及例所未及而理可類推者，綴於本條下，以質高明。吏例分銓選則例、陞選、降罰、舉劾、考績、赴任、離任、歸籍、本章、印信、限期、曠職、事故、營私、書役諸項；户例分倉場、漕運、田宅、户口、鹽政、錢法、關市、災賑、催征、解支、盤查、承追諸項；禮例分科場、學政、儀制、文詞、服飾諸項；兵例分驛遞、馬政、軍政、叛案、海防、邊裔諸項，並附武職；刑例分盜賊、禁獄、提解、審斷、人命、用刑、逃人、褪犯諸項；工例分河工和修造兩項。計四十九項，釐爲四十九卷。

　　石白琛序云："處分則例之設，所以儆官箴而嚴黜陟也。其中指事詳明，引義曲當，《大清律》之所未備，則例著之，蓋與律例相表裏焉。自乾隆七年欽定則例刊本，至四十二年復行纂修頒發，遞年以來，又多所裒益，操觚者必隨時遵例增改，方免舛錯遺漏。《則例圖要》一書，纂自乾隆四十一年，續經增改數次，茲荷杭郡唐太守雅意，因遵近年增改定例重付剞劂，以公查考。"

　　王又槐序云："石君以《處分則例》一書筮仕者尤宜時時玩復，故編爲《圖要》，不數百帙而凡切於外官政治之條靡不該載，其法良善。余浪游南國，遍干諸侯三十餘年，自有石君之書，置行笈未嘗少捨之。老矣杜門戢翼，欲與石君裒集新例及各則例中切要之處增入是書。鹽官陳君卹堂寓吾杭，相隔咫尺，有同志，乃相與商榷而討論之，閱三月而書成。竊雖録置座右爲自便計，坊友見之，力慫付梓，辭之不獲也。"

　　此本有扉頁，刻"增訂則例圖要便覽。乾隆五十七年新鐫。錢江王蔭庭、鹽官陳卹堂重輯。本衙藏板"，並有朱色木記"杭城清河坊巷内蔚文堂書坊發兑"。

　　《續修四庫全書總目提要(稿本)》未收。《中國古籍善本書目》未收。查諸家目録，中國國家圖書館、中國科學院圖書館有藏。

0889　明嘉靖内府刻本大明集禮

T4678/2914

　　《大明集禮》五十三卷，明徐一夔、梁寅等撰。明嘉靖九年(1530)内府刻本。四十册。半頁九行十八字，四周雙邊，白口，單魚尾。框高24.9釐米，寬16.4釐米。前有嘉靖九年御製序。

　　是書《四庫全書總目》敘之甚詳："考《明典彙》，載洪武二年八月，詔儒臣修纂禮書，三年九月書成，名《大明集禮》。其書以吉、凶、軍、賓、嘉、冠服、車輅、儀仗、鹵簿、字學、樂爲綱。所列子目，吉禮十四，曰祀天、曰祀地、曰宗廟、曰社稷、曰朝日、曰夕月、曰先農、曰太歲風雲雷雨師、曰岳鎮海瀆天下山川城隍、曰旗纛、曰馬祖先牧社馬步、曰祭厲、曰祀典神、曰三皇孔子；嘉禮五，曰朝會、曰册封、曰冠禮、曰婚、曰鄉飲酒；賓禮二，曰朝貢、曰遣使；軍禮三，曰親征、曰遣將、曰大射；凶禮二，曰弔賻、曰喪儀；又冠服、車輅、儀仗、鹵簿、字學各一；樂三，曰鍾律、曰雅樂、曰俗樂。《明史·藝文志》及《昭代典則》均作五十卷。考《明典彙》，嘉靖八年，禮部尚書李時請刊《大明集禮》，九年六月梓成。禮部言是書舊無善錄，故多殘闕，臣等以次詮補，因爲傳注，乞令史臣纂入，以成全書云云。則所稱五十卷者，或洪武原本，而今所存五十三卷，乃嘉靖中刻本，取諸臣傳注及所詮補者纂入原書，故多三卷耳。"

御製序云："《大明集禮》一書，我皇祖高皇帝之所製也。所謂吉、凶、軍、賓、嘉五禮也。吉禮者，首之以祀典，以及朝會等類；凶禮也、喪葬之類；軍也，賓也，嘉也，各寓以戎事、朝聘、婚姻等類，莫不詳備，允爲萬世之法程，子孫之所世守而遵行推衍之也。昨歲禮部請刻布中外，俾人有所知見，乃命内閣發秘藏，令其刊布，茲以訖工，遂使廣行宣傳，以彰我皇祖一代之制。"

《四庫全書總目》入史部政書類。《中國古籍善本書目》著錄。中國國家圖書館、上海圖書館等十二館，臺北"國家圖書館"（兩部，其一爲原藏北平館者），及美國國會圖書館、普林斯頓大學葛思德東方圖書館、日本靜嘉堂文庫、內閣文庫、尊經閣文庫亦有入藏。

鈐印有"張"。

0890　明嘉靖内府刻本明倫大典　　T4686/4213

《明倫大典》二十四卷，明楊一清、熊浹等纂修。明嘉靖七年(1528)內府刻本。十二冊。半頁八行十八字，四周雙邊，黑口，雙魚尾。框高24.9釐米，寬15.7釐米。前有嘉靖七年御製序；《凡例》五則；纂修職名；總圖；嘉靖六年敕諭，聖諭六道；嘉靖七年楊一清等進書表。末有楊一清、張璁、桂萼、方獻夫後序。

楊一清，字應寧。安寧人，徙巴陵。成化八年進士。遷山西按察僉事，以副使督學陝西，在陝八年，以其暇究邊事甚悉。與張永謀誅劉瑾。三爲陝西三邊總制，累陞至太子太師，特進左柱國，華蓋殿大學士。後被張璁等所搆，落職，疽發背死，追諡文襄。

熊浹，字悅之。南昌人。正德九年進士。曾爲吏部尚書，復以諫止左道，忤旨削官。隆慶初復職，卒諡恭肅。

是典倣《通鑑》編年，以年繫月，以月繫日，始於正德辛巳三月丙寅，終於嘉靖戊子三月壬申。據御製序，武宗卒後，世宗以祖訓兄終弟及之文，入京嗣皇帝位。當時朝廷大臣懷貪天之功以自居，作不經之言，又掌典邦禮之官"輒據漢宋之事，悖逆天道，欺忤朕在冲年，壞亂綱倫，鼓聚黨類，上泯皇兄十六年之功德，再奪皇考十五歲之嗣人，力主定陶濮王不倫之典"。"朕方冲幼，理學未明於心，大義未聞於性，以被惑姦人，深信愚士，幾乎三綱掃地，五典斁焉。奈天理之不容少欺，人慾之不容漸長，皇天鑒之，神鬼察之，祖宗臨之，萬民憤之。天錫我賢良方正之臣，於以伸義禮、辨是非，佐朕圖斯禮焉，首則今少保禮部尚書兼文淵閣大學士張璁，始倡大義，力議公條……大禮既備，朕心斯慰焉。朕以斯禮關繫帝王爲治建極之要，當有紀述以昭示後人，先已令尚書席書集而成書，但恐事未盡詳，公非未辯，再命内閣大臣費宏等充總裁等官，於嘉靖丁亥春正月開館纂修，而各官又陞遷去任不同，是以三降勅諭，申命大學士楊一清、謝遷、張璁、學士翟鑾爲總裁官，尚書桂萼、方獻夫爲副總裁官，都御史熊浹、詹事霍韜、少詹事黃綰與修撰席春等爲纂修官，仍就書館重加編集，究夫是非，考其邪正，今幸編成，遂定名曰《明倫大典》，以是書專爲明大倫而作也。"

《四庫全書總目》未收。《中國古籍善本書目》著錄。中國國家圖書館、上海圖書館等十館，

史　部

臺北"國家圖書館",及日本内閣文庫、尊經閣文庫、京都大學人文科學研究所亦有入藏。

按,是書又有明嘉靖鎮江府刻本,爲八行十八字白口本。

0891　明萬曆刻本皇明典禮志　　　　　　　　　　　　T4678/0214

《皇明典禮志》二十卷,明郭正域撰。明萬曆四十一年(1613)刻本。四册。半頁十行二十字,左右雙邊,白口,單魚尾。框高 21.1 釐米,寬 14.6 釐米。題"江夏郭正域撰"。前有郭正域序。

郭正域,字美命。江夏人。萬曆十一年進士。授編修,歷禮部侍郎。博通載籍,勇於任事,有經濟大略,人望歸之。卒謚文毅。

是編乃正域官禮部時所撰。卷一爲《登極儀》,卷二《朝儀》,卷三《宴享儀》,卷四《尊號》,卷五至七《册封》,卷八《冠禮》,卷九《婚禮》,卷一○《喪禮》,卷一一《耕耤》,卷一二《親蠶》,卷一三《經筵日講諸儀》,卷一四《出閣讀書諸儀》,卷一五《巡狩》,卷一六《監國》,卷一七《儀仗》,卷一八《冠服》,卷一九《宮室》,卷二○《雜典禮》。敘次明簡,而體例叢脞。《四庫全書總目》於是書之排比頗有微言,謂"朝儀既自爲卷,而外戚朝見,又入雜典禮中。進實錄、進玉牒、受降、獻俘、宣捷,皆國之大事,亦入雜典禮中。至於郊祀宗廟,乃缺而不載,尤不喻其故也。"

郭正域序云:"自是十餘年間,所著禮書,曰國朝禮制、曰稽古定制、曰國朝制作、曰大禮要議、曰皇朝禮志、曰禮儀定式、曰大明禮制、曰洪武禮法、曰禮制集要、曰禮制節文、曰太常集禮、曰禮書,諸所藏秘閣,繪圖議文者,未暇悉數。上之郊廟朝廷,次之侯王郡邑,下之閭巷州黨,洋洋優優,無大無細,隆禮由禮,如正至而傅同慶,則行慶之施也;朝覲而定黜,則明試之規也;祭祀而去俎豆,則順時之意也;訓儲而議再拜,則教胄之規也;永思而隆徽稱,則追王之道也;宮壼而等后妃,則軒轅之儀也;封拜而嚴本支,則主器之辨也;冠婚而逮士民,則周道之隆也;喪服而均斬衰,則孺慕之本也;冠服而省五冕,則易簡之道也;曰嬪而正禮文,則釐降之義也。其間損益百王,超越千古,或以義起,或沿時革。"

是書史料價值頗高,可爲治明史者一助。如嘉靖十二年定,皇子生三月,翰林院擬數字上請簡定以命名。又如天順四年定,郡王每位蓋府屋共四十六間,前門樓三間、中門樓一間、前廳房五間、厢房十、後廳房五、厢房十、厨房三、庫房三、米倉三、馬房三。

《四庫全書總目》入史部政書類存目。《中國古籍善本書目》著録。中國國家圖書館、南京圖書館、浙江圖書館、首都圖書館,及美國國會圖書館、日本内閣文庫、尊經閣文庫亦有入藏。

鈐印有"叔明"、"則古昔齋"、"固始張氏鑑藏金石圖書之印"。

0892　清乾隆刻本皇朝禮器圖式　　　　　　　　　　　T4679/2133

《皇朝禮器圖式》十八卷,清允禄等奉敕撰。清乾隆武英殿刻本。十六册。有圖。半頁十一行二十字,無界欄,四周雙邊,白口,單魚尾。框高 20.4 釐米,寬 15.9 釐米。前有乾隆二十四年(1759)御製《皇朝禮器圖式序》;允禄等所進《上言表》;總裁、謄録、繪圖等纂修職名;乾隆三十一年(1766)七月初五日福隆安等所進《上言表》;總裁、提調、纂修、校繕、收掌、繪圖等校勘職名。其後爲目録六卷。御製序末兩方鈐章皆以朱色套印。

《皇朝禮器圖式》,亦名《欽定皇朝禮器圖式》,乾隆二十四年由總理禮器圖館事務和碩莊親

739

王允禄等人奉敕修撰，参與編纂、繪製者有禮部、兵部、工部三部二十九人。乾隆三十一年，乾隆帝又命廷臣重加校補，勒爲此編，参與校勘者三十九人。清代禮書中，此爲"專書之最著者"，是一部關乎清代典則的十分繁複的圖譜。書凡六類：一曰祭器，二曰儀器，三曰冠服，四曰樂器，五曰鹵簿，六曰武備。每器皆列圖於右，繫説於左，共計一千三百幅圖。詳其廣狹長短圍徑之度，金玉璣貝錦緞之質，刻鏤繪畫組繡之制，以及品數之多寡、章采之等差，無不條分縷析，一一臚載，對瞭解和研究清朝典章制度具有重要意義。

《祭器部》二卷，所祭者有十一壇九廟二殿，即天壇、祈穀壇、地壇、社稷壇、朝日壇、夕月壇、先農壇、先蠶壇、天神壇、地祇壇、太歲壇、太廟、文廟、帝王廟、先醫廟、都城隍廟、内城隍廟、永佑廟、天下第一龍王廟、昭靈沛澤龍王廟、奉先殿、傳心殿。所用祭器分璧、琮、圭、爵、登、簠、簋、籩、豆、筐、俎、尊、瑑、鉶等十四類。

《儀器部》一卷，分天文儀、地理儀、測繪儀、光學儀和時鐘四類，共五十件。

《冠服部》四卷，有男女服之别。男服分皇帝、皇太子、皇子、親王、世子、郡王、貝勒、貝子、固倫額駙、鎮國公、輔國公、和碩額駙、侯爵、伯爵、文一品、武一品、鎮國將軍、郡主額駙、子爵、文二品、武二品、輔國將軍、縣主額駙、男爵、文三品、武三品、奉國將軍、郡君額駙、一等侍衛、文四品、武四品、奉恩將軍、縣君額駙、二等侍衛、文五品、武五品、鄉君額駙、三等侍衛、文六品、武六品、藍翎侍衛、文七品、武七品、文八品、武八品、文九品、武九品、未入流、舉人、貢生、生員、祭祀文舞生、祭祀武舞生、祭祀執事人、樂部樂生、鹵簿輿士、鹵簿護軍、鹵簿校衛、從耕農官，計五十九類人。所用冠服有冬夏朝冠、冬夏朝服、朝帶、朝珠、端罩、袞服、冬夏吉服冠、龍袍、吉服帶、冬夏常服冠、常服褂、常服袍、常服帶、龍褂、補服、蟒袍、冬夏公服冠、雨衣、雨冠等二十四類。女服分皇太后、皇后、皇貴妃、貴妃、妃、嬪、皇太子妃、皇子福晉、親王福晉、世子福晉、郡王福晉、貝勒夫人、貝子夫人、鎮國公夫人、輔國公夫人、固倫公主、和碩公主、郡主、縣主、郡君、縣君、鎮國公女鄉君、輔國公女鄉君、民公夫人、侯夫人、伯夫人、一品命婦、鎮國將軍命婦、子夫人、二品命婦、輔國將軍夫人、男夫人、三品命婦、奉國將軍命婦、四品命婦、奉恩將軍夫人、五品命婦、六品命婦、七品命婦，計三十九類人。所用冠服有冬夏朝冠、金約、耳飾、朝褂、冬夏朝袍、領約、朝珠、冬夏朝裙、吉服冠、龍褂、龍袍、采帨、蟒袍、吉服褂等十七類。

《樂器部》二卷，有鎛鐘、編鐘、特磬、編磬、琴、瑟、排簫、簫、笛、篪、笙、塤、鼓、搏拊、敔、柷、戲竹、方響、雲鑼、管、大鼓、拍板、金、鉦、大銅角、小銅角、蒙古角、龍鼓、杖鼓、畫角、銅點、正鈸、平笛、行鼓、節、幹、戚、羽、籥、筝、琵琶、三弦、二弦、奚琴、口琴、月琴、胡琴、提琴、胡笳、火不思、軋筝、觱篥、鐃、正鈸、小和鈸、金口角、海笛、腰鼓、得勝鼓、錫、星、巴拉滿、蘇爾奈、哈爾扎克、喀爾奈、塞他爾、喇巴卜、達蒲、那噶拉、丐鼓、丐拍、丐哨、丐彈弦子、丐彈胡琴、丐彈雙韻、丐彈琵琶、丐三音鑼、接内塔兜呼、稽灣斜枯、聶兜姜、聶聶兜姜、結莽聶兜布、達布拉、薩朗濟、丹布拉、達拉、公古哩等八十七類。

《鹵簿部》三卷，有輦、輅、輿、車、拂塵、提爐、香盒、盥盆、唾壺、水瓶、馬扎、交椅、儀刀、櫜鞬、豹尾槍、戟、殳、蓋、撒、扇、幢、幡、旌、節、氅、麾、纛、鉞、星、瓜、仗、燈、象、静鞭、仗馬等三十五類。依紋飾區别等級或場合，再細分不同種類，如旗的紋飾就多達八十八種。

《武備部》六卷，有甲胄、行營冠服、櫜鞬、弓、箭、刀、槍、鏃、斧、棒、金、鼓、鹿角、海螫、矛、戟、鐧、椎、滾被、炮、自來火槍、纛、旗、幄、帳房、涼棚等二十六類。類下又分若干種，如炮有二十種，箭有六十七種等。

查諸《清文獻通考》，乾隆十五年上諭，命繪製《禮器圖》，正式設館繪製時間不詳，全部繪畢在乾隆二十四年。允禄在書成後上表中言：“於是發凡體例，若綱在綱，州次部居，如裘挈領。仿古人右史左圖之意，故設色界畫，咸作繪於卷端。合一代朝章法物之詳，而縷析條分，每著說以闡意，金科玉律，總期宜古宜今；赤簡丹書，要在盡倫盡制。有典有則，按籍而毫髮無遺；一器一名，披圖而分刌可計。當此青編之告竣，適逢紫塞之歸誠。”所謂“紫塞之歸誠”，即準噶爾蒙古和南疆大小和卓氏於乾隆二十三年和二十四年臣服清廷，此時清代最高典則《大清會典》重修，與重要禮書《大清通禮》修纂，也幾乎同時完成。禮器圖館成員，爲首者莊親王允禄，精數學，通樂律，康熙朝曾主持編纂《數理精蘊》。下設總裁官五人，分別是户部尚書蔣溥、原吏部尚書汪由敦、兵部侍郎觀保和翰林院編修何國宗，皆學問淵深之朝廷重臣。

《四庫全書總目》入史部政書類，其云：“是編所述，則皆昭代典章，事事得諸目驗。故毫釐畢肖，分刌無偽。聖世鴻規，燦然明備。”並入《摛藻堂四庫全書薈要》。此書另有清乾隆間内府彩繪本，藏故宫博物院圖書館。

此本書品甚好，黄紙本，繪刻印裝俱工。《西諦書跋》言：“印本甚佳，衣冠之花紋、毛片，極爲細密光緻，雖非上乘之版畫，然殊精工可愛。”

《中國古籍善本書目》未收。據查中國國家圖書館、北京大學圖書館、清華大學圖書館、中國科學院圖書館、臺北“故宫博物院”、日本内閣文庫等多家有藏。

0893　清康熙刻本幸魯盛典　　T2789/1184

《幸魯盛典》四十卷，清孔毓圻等撰。清康熙刻本。十二册。半頁十行二十一字，四周雙邊，白口，單魚尾。框高 19.6 釐米，寬 13.4 釐米。卷端無題。前有康熙二十八年(1689)清聖祖玄燁御製序；康熙五十年(1711)孔毓圻《進書表》；纂修職名；孔毓圻撰《凡例》六則。

總裁官孔毓圻，字鍾在，號蘭堂，山東曲阜人，孔子六十七代孫，康熙六年襲封衍圣公。雍正元年卒，謚恭懿。副總裁孔毓埏，翰林院五經博士。纂修官有金居敬等八人。金居敬，字穀似，長洲人，康熙二十四年進士，靈丘令致仕。

康熙二十三年，玄燁東巡途中，有幸魯之行。初，康熙二十三年二月，翰林院編修曹禾、吏科掌印給事中王承祖，各上疏請皇上東巡。玄燁於九月二十四日起駕京師。御製序云：“朕每研搜至道，涵泳六經，覺憲章祖述，刪定贊修之功，日星揭而江河流，私心嚮往，竊有願學之志焉。乃者東巡踰泰岱，涉泗沂，遂過闕里，親行釋奠，得瞻廟貌，仰聖容，以爲德盛功隆。”

是書紀事始康熙二十三年，其編纂體例見於《凡例》，曰是書“節目繁多，年月相間”，因“仿記事本末之體，事爲起訖，各自編年，庶可一覽瞭然。仍以大書爲綱，而章奏檔案細書爲目焉”。全書以“御製詩文爲經”，“獨標卷首”。卷二以下，大體分爲事蹟、藝文兩門。《凡例》又曰，是書惟志幸魯，而事有原始，義有連及，例當備書：“首紀巡幸，次及臨幸廟林典禮，次及加恩聖裔、推恩五氏子孫，次及遣祭元聖、推恩後裔，次及開礦林地、議通璧水，次及賜碑，次及修廟，次及皇子告祭，次及再賜修廟碑文，次及推恩先賢先儒子孫，而終之以纂修事宜。至於臣僚頌言，皆以送到職銜爲序，其地方職官及臣等詩文，附於末卷。”其散見於《祖庭廣記》、《孔門僉載》等書，概採摭附録，以類相從。

卷一爲御製碑文頌贊，起《至聖先師孔子廟碑》，止五律《闕里古檜》。卷二爲東巡奏疏。卷三至一九志幸魯事蹟，起“九月二十四日丁亥聖駕發自京師衍聖公孔毓圻率五經博士孔毓埏等迎駕至齊河”，止“康熙四十一年壬午二月命以先儒邵雍後裔邵文學爲世襲五經博士”。卷二〇載"康熙二十四年乙丑四月衍聖公孔毓圻疏請纂修幸魯盛典并請御製古檜賦勒石檜樹間詔從之"文,述是書纂修事宜。卷二一至四〇爲臣僚、地方官員及孔毓圻等頌言詩文,始"太子太傅保和殿大學士兼禮部尚書王熙《聖駕釋奠闕里兼幸孔林恭紀百韻》",止卷四〇之"歲貢生王時鴻《聖駕臨幸闕里恭紀一律》"。

至二十七年,成書十八卷奏進。毓圻等遵諭續編,修成四十卷。是以此本載康熙四十一年壬午二月詔命等。《四庫全書總目》云,毓圻"二十四年疏請纂修,并舉進士金居敬等八人司其事,得旨俞允。至二十七年,成書十八卷,奏進,蒙指示應改正者二十八條,及臣工詩文尚有應遴選錄入者。諭毓圻等覆加校定,會詔發帑金,重建廟庭,御製奎章,摹鐫樂石,尊崇之典,視昔彌加,毓圻等乃續事編摩,增輯完備。凡修成事蹟二十卷,藝文二十卷,刊刻表進,即此本也"。

扉頁鐫"康熙己巳年梓",刊於二十八年,所刊當爲十八卷本。兹本爲孔毓圻進呈,刻於山東。然各家著錄該書刊刻年份略有異同,作康熙五十年刊本者,有日本《國立國會圖書館漢籍目錄》、《東京大學東洋文化研究所漢籍分類目錄》(作"紅蕚軒藏版")、《京都大學人文科學研究所漢籍分類目錄》、《中國人民大學圖書館古籍善本書目》、《北京師範大學圖書館中文古籍書目》、《清代內府刻書目錄解題》(作"康熙五十年孔毓圻刻進呈本")、臺北《"國立中央圖書館"普通本綫裝書目》,蓋以康熙五十年孔毓圻進書表爲刻書年。著錄爲康熙四十年內府刊本者,有臺北《"國立故宮博物院"普通舊籍目錄》、美國《普林斯頓大學葛思德東方圖書館中文舊籍目錄》,則不知所據。著錄爲康熙二十八年刊本者,有臺北《"國立臺灣大學"普通本綫裝書目》、《湖南省古籍善本書目》、《北京大學圖書館藏古籍善本書目》,殆取扉頁所鐫爲刻年。中國國家圖書館入藏三部,著錄爲清康熙刻本。

扉頁鐫"幸魯盛典。康熙己巳年梓。紅蕚軒藏版"。按,"己巳"爲康熙二十八年。

此書後又有武英殿聚珍版本、福建翻刻武英殿聚珍版本、廣雅書局翻刻武英殿聚珍版本等。臺北"國家圖書館"又藏一種,作"清刊本",或爲翻刻本。

《四庫全書總目》入史部政書類。《中國古籍善本書目》不收。

0894　清康熙刻本萬壽盛典初集　　　　T2782/1173

《萬壽盛典初集》一百二十卷,清王原祁、王奕清等奉敕撰並繪。清康熙五十五年(1716)內府刻本。四十冊。半頁九行十九字,四周雙邊,白口,單魚尾。框高22.9釐米,寬16.1釐米。前有康熙五十六年(1717)馬齊等《進書表》;康熙五十三(1714)年王原祁等奏摺;纂修職名;《凡例》八則;目錄。末有王奕清纂修恭紀;趙之垣校刊恭紀。

王原祁,字茂京,號麓臺,江蘇太倉人,時敏孫。康熙九年進士,觀政吏部二十年,除任縣令,擢給事中,改翰林春坊,充書畫譜館總裁,以户部侍郎致仕。原祁工詩文,精畫法,尤工山水。供奉內廷,奏對染翰御前多年。康熙五十四年卒,年七十。《清碑傳全集》卷二〇有傳。

王奕清,字幼芬,號拙園,江蘇太倉人,時敏孫。康熙三十年進士,官詹事府詹事。善書,工繪事。

《萬壽盛典初集》先有圖後有書。康熙五十二年三月十八日清聖祖玄燁六十壽辰,慶典之後,前兵部侍郎宋駿業奏請繪製萬壽圖,創爲稿本,經王原祁等重加修潤而成。原祁鉤成初本,於五十三年正月進呈,奏稱自古有圖則必有史,圖以象形、史以紀實,因請修紀盛之書,並謂"既繪萬壽長圖,尤願恭紀萬壽盛典",是書題名蓋本於此。五十四年原祁卒,十月,王奕清奉旨接管萬壽書畫局事。五十五年十一月全書告成，於次年正月初一進呈。是書由內直諸臣纂繪輯成，而以原祁所繪萬壽圖長卷名於世，是圖既爲圖繪精品，尤爲雕板刷印本之巨帙，有清一代內府所刊版畫，其規模也以是圖爲其冠。《四庫全書總目》稱："今悉依原本鉤摹，故幅度視他卷稍嬴焉。"

是書體例爲分類編纂，《凡例》曰："是書所紀，悉考各衙門檔案章奏，據實排纂，仿紀事本末體式，各爲起訖，各編年月。"所載凡六門，依次爲宸藻、聖德、典禮、恩賚、慶祝、歌頌，每門設有子目。宸藻又分爲二目：卷一《詔諭》，卷二《御製詩文賦頌》；聖德又分爲四目：卷三《孝廉》，卷四至六《謙德》，卷七《保泰》，卷八《教化》；典禮又分爲六目：卷九至一〇《朝賀》，卷一一至一二《鑾儀》，卷一三至一四《祭告》，卷一五至一七《頒詔》，卷一八至二一《養老》，卷二二《大酺》；恩賚又分爲八目：卷二三《加恩宗室》，卷二四至二五《加恩外藩》，卷二六《加恩臣僚》，卷二七至二八《加恩耆舊》，卷二九至三二《蠲賦》，卷三三至三五《開科》，卷三六至三八《賞兵》，卷三九《恤刑》；慶祝又分爲六目：卷四〇至四二《圖畫》，卷四三至四九《圖記》，卷五〇至五一《名山祝釐》，卷五二至五三《大臣入覲》，卷五四至五九《貢獻》，卷六〇《瑞應》；歌頌備錄內外賀壽辭章：卷六〇至六一《皇子》，卷六二至六七《大臣》，卷六八《南書房諸臣》，卷六九至九六《詞臣》，卷九七至九八《武英殿諸臣》，卷九九《蒙養殿諸臣》，卷一〇〇至一〇二《教習進士館諸臣》，卷一〇三《京職諸臣》，卷一〇四《外任諸臣》，卷一〇五《武職諸臣》，卷一〇六至一〇九《舉貢諸臣》，卷一一〇至一一九《監生諸臣》，卷一二〇《直省耆庶》。其慶祝一門圖畫之目三卷，首一卷文，後二卷圖，圖原爲彩繪，記儀仗、彩樓與臣民迎鑾駕之儀態。

"纂修職名"載監修官王掞；總裁官原任王原祁，王奕清；又校勘、分纂、校錄、收掌、校刊、監造諸臣職名。

《北京圖書館善本書目》、《中國科學院圖書館藏中文古籍善本書目》、《北京大學圖書館藏古籍善本書目》、《中國人民大學圖書館古籍善本書目》、《清代內府刻書目錄解題》、臺北"國家圖書館"善本書志初稿》、臺北"國立故宮博物院"普通本舊籍書目》、美國《普林斯頓大學葛思德東方圖書館中文舊籍目錄》、日本《內閣文庫漢籍分類目錄》等皆有著錄。

《四庫全書總目》入史部政書類。《中國古籍善本書目》不收。

館藏有複本一部(T2782/1132)，四十冊。是本圖二卷爲乾隆五十七年內府刊《八旬萬壽盛典》圖(邊欄原鐫卷數、頁數已經重鐫)，其卷四一有圖凡九十一頁，係《八旬萬壽盛典》卷七七之一至九十一頁；卷四二有圖凡七十頁，係《八旬萬壽盛典》卷七八之五十二至一百二十一頁。

0895　清乾隆刻本南巡盛典　　　　　　　　　　T2828/3142.83

《南巡盛典》一百二十卷，清高晉等奉敕撰。乾隆三十六年(1771)刻本。四十八冊。半頁九行十九字，四周雙邊，白口，單魚尾。框高 21.5 釐米，寬 16 釐米。卷端無題。前有乾隆三十六年清高宗弘曆序(朱印)；乾隆三十一年(1766)高晉《請纂修南巡盛典奏表》，乾隆三十三年(1768)高晉《進書表》，傅恒奏表，熊學鵬《奉諭奏表》，乾隆三十五年(1770)高晉《進書表》；《凡例》八則；目錄；纂輯職名。

高晉，字昭德，姓高佳氏。鑲黃旗滿洲人。監生出身。承祖父斌、父述明之蔭，雍正間初授山東泗水知縣，乾隆朝歷官安徽布政使兼江寧織造、安徽巡撫、江南河道總督、兩江總督、文華殿大學士兼禮部尚書。生於康熙四十六年，卒於乾隆四十四年。卒諡文端。

清高宗弘曆於乾隆十六年至三十年間四巡江南，御製序有"溯乾隆辛未以暨乙酉，蓋四涖焉"之語。四次南巡分別爲乾隆十六年、二十二年、二十七年、三十年。是書纂輯緣起見於御製序，曰："《南巡盛典》之作，非朕志也。兩江總督高晉輯書既成，始以入告。念已成事，不可止。第南巡所經，非獨江南也，若他省踵爲之，不益繁且贅乎，遂下軍機大臣議，則請令浙江、山東、直隸督撫錄其事系南巡者，裒付高晉，都爲一書。斯體備而文省，乃俞之。越歲，而薈纂蕆事。"又曰："序而付之剞劂，則從皇祖序《幸魯盛典》例也。"三十五年高晉《進書表》稱："臣等欽承俞旨，彙集纂修自畿輔而三齊，越江淮而兩浙，恭載四巡大典，用昭萬世宏模，類分一十二門，帙成百二十卷。"

是書體例爲分門編排，計十二門，每門之下各依年月編纂。十二門篇目起訖爲：卷一至四《恩綸》，凡四卷；卷五至三六《天章》，凡三十二卷；卷三七至四二《蠲除》，凡五卷；卷四三至五三《河防》，凡十一卷；卷五四至五九《海塘》，凡六卷；卷六〇至六七《祀典》，凡八卷；卷六八至七五《褒賞》，凡八卷；卷七六至八四《籲俊》，凡九卷；卷八五至八八《閱武》，凡四卷；卷八九至九三《程途》，凡五卷；卷九四至一〇五《名勝》，凡十二卷；卷一〇六至一二〇《奏議》，凡十五卷。每門首紀緣起，末綴按語，字體皆略小，版式同。

《恩綸》爲四次南巡之詔諭，冠十二門之首，起乾隆十四年十月初五，止乾隆三十年閏二月初七日。《天章》裒輯弘曆詩文關於南巡者，止於乾隆三十年，錄所頒弘曆御製詩文之初、二兩集，繼獲軍機處所發"兩屆恭膽善本"而成其"大全"。《四庫全書總目》謂"書成於庚寅之冬，故所載以乙酉爲斷"，按，"乙酉"爲三十年，"庚寅"爲三十五年，以乙酉爲斷，蓋以四巡江南之事止於乙酉。

是本刊於高晉兩江總督任上。所纂輯職名，高晉等三十五人以兩江官員爲主。又校勘、謄錄者若干名，監刻一名。

中國科學院圖書館、湖南圖書館等均有入藏。又見於《清代內府刻書目錄解題》、美國《普林斯頓大學葛思德東方圖書館中文舊籍目錄》、日本《國立國會圖書館漢籍目錄》、《東京大學東洋文化研究所漢籍分類目錄》、《京都大學人文科學研究所漢籍分類目錄》、臺北《"國立臺灣大學"普通本綫裝書目》、《"國立故宮博物院"普通舊籍目錄》、《臺灣省立臺北圖書館普通本綫裝書目》等書目。

一百二十卷本又有內府寫本，藏臺北"故宮博物院"，著錄爲乾隆間內府寫本。《南巡盛典》又有不分卷本、七十卷本、一百卷首一卷本。

不分卷本，一見於《中國古籍善本書目》，稿本，存十册，藏中山大學圖書館；又見於臺北《"國家圖書館"善本書志初稿》，作"清乾隆間著者(清高晉)手稿本，存四卷，四册"。

七十卷本，爲《南巡盛典》初稿，於乾隆三十三年進呈，有內府抄本，藏南京博物院，作"乾隆三十一年內府抄本"。

一百卷本爲別本。有內府抄本一種，故宮博物院圖書館藏，著錄作"《欽定南巡盛典》一百卷首一卷，乾隆五十六年內府抄本"。

0896　清乾隆活字印本八旬萬壽盛典　　　　T2829/8024.1

《八旬萬壽盛典》一百二十卷首一卷，清阿桂、劉鳳誥等纂修。清乾隆五十七年(1718)武英殿活字印本。二十二册。半頁十一行二十五字，四周雙邊，白口，單魚尾。正文框高22.7釐米,寬 16.2 釐米;圖繪框高 26.5 釐米,寬 16.5 釐米。前有乾隆五十七年阿桂等《進書表》;乾隆五十四年(1715)阿桂等奏摺;《凡例》十二則;纂修職名;目錄。

阿桂,見清乾隆刻本《皇清開國方略》。

劉鳳誥,字丞牧,號金門,江西萍鄉人。幼貧。乾隆五十四年進士,殿試一甲第三名,授編修。擢侍讀學士,提督廣西學政,官至吏部右侍郎。以罪戍齊齊哈爾。釋回,給編修。道光元年以病返籍。道光十年病逝於揚州。工古文,擅詞章。著有《存悔齋集》、《杜工部詩話》、《五代史補注》、《存悔齋集》等。

乾隆五十四年正月初八日,大學士阿桂等奏曰,五十五年值清高宗弘曆八旬壽辰,請依康熙五十二年清聖祖允修《萬壽盛典初集》例,編纂《八旬萬壽盛典》,高宗允奏。是編開修於五十五年,其修纂體例循《萬壽盛典初集》舊制,乾隆五十七年告成,是年十月阿桂等《進書表》稱:"謹將纂成《八旬萬壽盛典》裝潢八函計四十冊,隨表恭進以聞。"有圖繪二卷,計二百四十二頁,較之《萬壽盛典初集》,其規模稍次,且繪製簡略,雕鏤草率而相去甚遠。

全書依《萬壽盛典初集》,分門排次爲宸藻、聖德、典禮、恩賚、圖繪、歌頌,六門之外,又增設聖功、盛事二門,凡八門。其宸章、聖德、聖功、盛事諸類所載,爲高宗七旬以後事;典禮、恩賚、圖繪、歌頌各門,皆記五十五年慶典事。卷一至四宸章,錄高宗紀年之作,按年編排;聖德又分八目:卷五至六《敬德》,卷七《孝德》,卷八至九《勤德》,卷一〇《健德》,卷一一至一二《仁德》,卷一三至一四《文德》,卷一五《儉德》,卷一六至一七《謙德》;聖功又分五目:卷一八至一九《安南歸降》,卷二〇《緬甸歸順》,卷二一《廓爾喀降順》,卷二二至二三《附載平定臺灣》,卷二四《附載平定甘肅回》;盛事又分十一目:卷二五至二六《慶得皇元孫》,卷二七至二八《五世同堂》,卷二九《數世同居》,卷三〇至三二《千叟宴》,卷三三至三四《賜科第職銜》,卷三五至三九《壽民壽婦》,卷四〇至四一《避雛》,卷四二《班禪入覲》,卷四三至四四《民數谷數》,卷四五《一產四男三男》,卷四六至四九《收成分數》;典禮又分五目:卷五〇至五二《慶祝》,卷五三《朝會》,卷五四《祭告》,卷五五《鑾禮》,卷五六至六一《樂章》;恩賚又分六目:卷六二至六四《本年恩詔》,卷六五至六九《本年蠲賦》,卷七〇至七一《本年恩科》,卷七二《本年東巡》,卷七三《恩宴》,卷七四至七六《賞賚》;卷七七至七八圖繪,卷七九至八〇附圖說,卷八一至一二〇歌頌。

纂修諸臣職名,總裁爲阿桂以下十三人,又有總纂、提調、纂修、收掌、監造、譯漢、謄錄各若干人。

是本圖繪二卷殘。缺頁有:卷七七之二至六、十、十一、十七、三十九至四十五、五十二、五十三、五十七至五十九、六十六至七十、一百二十一頁。又卷七八之八錯頁(誤置十四頁之後)。

《四庫全書總目》入史部政書類。《中國古籍善本書目》著錄,藏故宮博物院圖書館、南京博物院等四家。又見於《清代內府刻書目錄解題》、臺北"國立故宮博物院"普通本舊籍書目》等。

鈐印有"陽湖陶氏涉園所有書籍之記"。

0897　清嘉慶活字印本西巡盛典　　T2828/4106

《西巡盛典》二十四卷首一卷,清董誥等纂。清嘉慶十七年(1812)武英殿活字印本。二十四冊。半頁八行二十一字,四周雙邊,白口,單魚尾。框高 18.1 釐米,寬 11.8 釐米。前有乾隆三十九年(1774)《御製聚珍版十韻》舊序。

董誥,字蔗林,浙江富陽人。乾隆二十八年進士,授編修,參與《三通》、《皇朝禮器圖式》等纂修,任文穎館總裁。歷官軍機處大臣、户部尚書、刑部尚書,文華殿大學士致仕。卒於嘉慶二十三年,諡文恭。

山西省清涼山地處京畿以西,人主巡幸,因稱"西巡"。清涼山在五臺縣,又稱五臺山,傳爲釋教文殊道場,清世祖福臨以下,玄燁、弘曆、顒琰皆有巡視清涼山之舉,所謂"沐四朝之光被",而以清高宗爲最,在位六十載,凡六巡。

《西巡盛典》記嘉慶十六年清仁宗西巡清涼山之行,"昭茂典之熾隆,備名山之掌故",清聖祖、清高宗歷次西巡事蹟亦有記載。初,清涼山巡典僅入《清涼山志》,嘉慶十六年清仁宗於初蒞五臺之後,特頒諭旨,稱歷次清涼山巡典事蹟尚未陸續全載,十六年巡典"亦宜載諸簡冊,用示來玆,著交文穎館"。文穎館總裁董誥等奉旨修成《清涼山志》,又以其間謁陵、武闈、籲俊諸大典有爲前《清涼山志》所未備者,奏請仿照《南巡盛典》例,纂爲《西巡盛典》一書,即蒙允纂修。

凡八門:卷一至二《宸章》,卷三《恩綸》,卷四《秩祀》,卷五至六《閲武》,卷七至八《籲俊》,卷九至一一《襃賞》,卷一二至一六《程途》,卷一七至二四《歌頌》。卷首爲嘉慶十七年四月董誥、曹振鏞、英和、覺羅桂芳、陳希曾、秀寧等進書表,董誥等六人請撰修西巡盛典奏折,山西巡撫初彭齡等五人請舉西巡盛典奏折,董誥等撰《凡例》七則,目録。《凡例》七則,詳釋門類:宸章一門,載西巡全程之御撰詩文;恩綸一門,録巡視途中頒佈誥命;秩祀一門,記謁陵寢、禮佛像等儀典;閲武一門,志經臨之處閲兵儀式;籲俊一門,記特命召試事;襃賞一門,備載沿途行慶施惠事宜;程途一門,載途中御賜各寺院匾額對聯;歌頌一門,選録臣工倡和辭章及各地士子進獻詩文。

《西巡盛典》成書於嘉慶十七年,首載弘曆《御製聚珍版十韻》舊序,爲武英殿活字印本。據《清代内府刻書目録解題》著録,《御製聚珍版十韻》之後,有嘉慶十七年清仁宗御製序,並鈐"嘉慶御筆之寶"朱文方印。

《中國古籍善本書目》入史部政書類典禮之屬,著録首都圖書館、故宫博物院、湖北省圖書館藏本。另遼寧省圖書館及臺北"國家圖書館"、"國立故宫博物院"等也有收藏。

0898　清康熙刻本國學禮樂録　　　　　　　　T1786.1/4470

《國學禮樂録》二十卷,清李周望、謝履忠輯。清康熙五十八年(1719)國子監刻本。六册。半頁十行二十二字,四周雙邊,白口,單魚尾。框高19.7釐米,寬12.9釐米。題"國子監祭酒蔚州李周望渭湄氏編輯"。前有康熙五十八年李周望序;《凡例》七條。

李周望,字渭湄,直隸蔚州人。康熙三十六年進士,改庶吉士,三十九年授檢討。五十一年,充會試同考官。五十三年,遷國子監司業,提督湖廣學政。五十七年,遷國子監祭酒。五十九年,充江西鄉試正考官,尋擢内閣學士。雍正三年,擢禮部尚書。後丁父憂歸,雍正八年卒於家。《國朝耆獻類徵初編》卷六六有傳。

謝履忠,字卣臣,號昆臯,又號方山,雲南昆明人,康熙四十二年進士,散館授檢討。康熙五十七年,任國子司業。事見《詞林輯略》卷二及本書卷二〇《國子監滿漢祭酒司業題名碑記》。

此書卷一至聖世系圖、御製贊;卷二孔子世家、宗子世表;卷三至九四配、十哲、諸賢、諸儒、啓聖祠賢儒列傳;卷一〇至一二列朝祀典、明祀典、國朝祀典;卷一三至一七禮經、樂經、樂志、樂器及禮樂諸圖;卷一八文廟現行儀注則例;卷一九石鼓文音訓;卷二〇昭代祭酒司業題名碑記。據《凡例》言,其抄撮所據大略爲《禮樂統》、《太學志》、《禮樂志》諸書。

《四庫全書總目》史部政書類存目著録,《四庫全書存目叢書》據清華大學圖書館藏本影印,與館藏此本爲相同版本。但兩本印次不同,稍有差異。如館藏此本目録、卷端所題皆一行"國子監祭酒蔚州李周望渭湄氏編輯",清華藏本則爲"國子監祭酒蔚州李周望渭湄、司業昆明謝履忠方山氏編輯",已經挖改。《凡例》實爲七則,館藏本"凡例"下有小字"六則",清華藏本挖去"六則"二字。又清華藏本有謝履忠序,館藏此本無。

按,《四庫全書總目》著録此書爲清李周望、謝履忠同撰,其所見本當亦題二人名氏。據影印本謝履忠序云:"大司成李南屏先生嘗爲國子司業,又典三楚學政,日以訓士爲孜孜。今之復領成均也,穆然深念曰:時教必有正業,孰有大於禮樂者乎?於是殫心研慮,纂爲《國學禮樂録》一書……余於先生爲後進,鉛槧之間無能爲役,適以戊戌春後先受事,六館規條,詳加釐正,至於剔弊屏浮,除囂振雅,余與先生無私見,持大公,毋激毋隨,共盟此心,同勸厥職。"李周望序亦云:"爰與方山謝公冰兢共矢,月吉弘宣聖訓,督課惟勤,而諸生文風亦日新月盛。雖然,國家儲賢養士,豈徒以文章華國潤色鴻業云爾哉?爰採志統諸書,薙其繁冗,少爲編次,録成一書,以示諸生。"李、謝二人一爲國子祭酒,一爲國子司業,兩人序中唯云共圖國子監事,而未言及共同編書事。今兩印本所題有異,不詳孰是,姑依舊題。

《中國古籍善本書目》著録,清華大學圖書館、復旦大學圖書館、保定市圖書館、遼寧省圖書館、中山大學圖書館五家館藏。《四庫全書存目叢書》史部第271册據清華大學圖書館藏本影印。

鈐印有"小懷鷗舫所藏金石書籍印"、"臣潤庠奉敕審定内府經籍金石書畫"。

0899　清康熙刻本聖門禮樂統　　T1786.1/1320

《聖門禮樂統》二十四卷,清張行言撰。清康熙四十一年(1702)萬松書院刻本。四册。存卷一至八。半頁十行二十二字,四周雙邊,白口,單魚尾。書口下刻"萬松書院藏板"。框高20.5釐米,寬14釐米。題"陽穀劉琰閱正;江浦後學張行言纂輯"。前有鼎鋟《聖門禮樂統》姓氏;康熙四十年(1701)張行言撰《凡例》十三則;《綱領》;《圖考》。

張行言,字躬先,江蘇江浦人。諸生。著有《小學翼朱》。

《四庫全書總目》史部政書類存目著録此書爲二十四卷,《四庫全書存目叢書》影印北京大學圖書館藏清康熙四十一年萬松書院刻本亦二十四卷。其卷一至五《祀典通考》,卷六《孔子世家》、《宗子世表》,卷七《四配列傳》,卷八《十哲列傳》,卷九《東廡先賢列傳》,卷一〇《西廡先賢列傳》,卷一一至一五《先儒列傳》,卷一六《啓聖祠先賢先儒列傳》,卷一七《改祀罷祀諸儒列傳》,卷一八至二三《樂經》、《樂志》、《樂器》、《律吕》等,卷二四《孔林孔廟及四配林廟之圖》。館藏此本與《四庫全書存目叢書》影印本爲相同版本,唯此本目録、正文皆至卷八止。與影印本相較,知此本目録卷八以下全爲賈人割裂。影印本卷前有康熙四十一年劉琰序、康熙四十年甘國墌序、康熙三十六年(1697)史夔序,卷二四末刻一行"康熙四十一年歲次壬午秋八月一日萬松書院敬刊",此本並闕。

據影印本甘國墌序云:"張子躬先有鑑於是,爰遐蒐廣採,彙成一編,題曰聖門禮樂統。緜魯哀以暨昭代,禮典樂章,班班可考,而世家列傳,更備晰源流,學者展卷洞然,匪直免譏於弇陋,先聖先賢儒之法施罔極,允宜崇祀之由,抑亦可以瞭若指掌矣。躬先篤行力學,夙爲浦庠所推重。前著《小學翼朱》爲啓蒙津筏,茲復輯是編,以闡揚聖道之尊與諸賢諸儒之不容泯没,其真不愧聖人之徒也。"又據影印本劉琰序,知此本爲劉琰"分所入俸謀付剞劂,復召僚屬共襄厥成,七閱月而告竣"者。

此本有扉頁,刻"聖門禮樂統。督學部院張大宗師鑑定。太史劉大宗師鑑正。江浦張躬先纂輯。萬松書院藏板",並鈐"憲定頒行"、"十乘樓"印。

《中國古籍善本書目》史部政書類著錄,福建省圖書館藏。另北京大學圖書館、中國國家圖書館、美國普林斯頓大學葛思德東方圖書館亦有收藏。《四庫全書存目叢書》史部第272冊即據北京大學圖書館藏本影印。

0900　清乾隆刻本南工廟祠祀典　　T1780.8/4454

《南工廟祠祀典》三卷,清李奉翰輯。清乾隆四十四年(1779)刻本。三冊。半頁九行二十字,四周雙邊,細黑口,雙魚尾。有圖。框高18.4釐米,寬13.1釐米。前有乾隆四十四年李奉翰序;《凡例》六則。

李奉翰,字芎林,漢軍正藍旗人。乾隆二十三年由監生捐縣丞,分發山東,二十五年補沂水縣丞,歷濰縣知縣、青州知府、直隸永平府知府、江蘇蘇松太道。坐事罷。復入貲還原官,發河南河工效力,授江南河庫道。四十四年,署江南河道總督,後調河東河道總督。嘉慶二年,加太子太保,授兩江總督,兼領南河事。嘉慶四年卒。《清史稿》卷三二五、《國朝耆獻類徵初編》卷一七八有傳。

是書爲李奉翰官江南河道總督時纂輯,大體依《大清會典》所載,並仿直隸刊定《祀典》之例,將沿河各祠廟分爲大祀、中祀、小祀,釐爲三卷。其陳設祭品、行禮儀注各有差別,並附圖定爲成式。卷上包括凡例、上諭、通例、禹王廟、文廟、關帝廟、惠濟祠、斗姥宮、風神廟;卷中包括北極宮、龍王廟、海神廟、江神廟、淮瀆廟、河神廟、火星廟、顯王廟、城隍廟、馬王廟、張將軍廟、康澤侯廟;卷下包括范文正公祠、水府都君祠、晏公祠、二公祠、四公祠、耕耤、祭纛、迎喜。各廟皆考證沿革,記載廟制,並陳設祭品、行禮儀注、祝文,及各廟祭祀陳設圖。

《凡例》云:"南工黃運湖河廟祀水神者不啻千百,是編以河督駐劄清江浦爲準,示所統也。群祀以禹廟爲首,知所本也。其不涉河務者概不闌入。""是編在工言工,固宜專祀有功德於河務者,而耕耤、祭纛、迎喜諸祀,皆有裨於蒼黎,順時氣以宣猷,祀典所由隆也,故均列之。""祭品祭儀載在《大清會典》,自有一定章程,第恐有司未及考核,因陋就簡,無以稱聖朝優崇之盛典。茲編遵照《會典》開載,兼仿直隸刊行《祀典》一書,復加酌核,凡夫器數之文,登降之節,各有準則,俾與於執事者咸克輸敬謹之誠,亦未必非潔蠲之一助云。"

此本有扉頁,刻"廟祠祀典。江南督河使者纂輯。乾隆四十四年冬季鐫"。

《續修四庫全書總目提要(稿本)》著錄。《中國古籍善本書目》不收。《清華大學圖書館藏善本書目》經部禮類、日本《東京大學東洋文化研究所漢籍分類目錄》史部政書類著錄,另北京大學圖書館、吉林大學圖書館等亦有收藏。

0901　明萬曆刻本謚法通考　　T4675/1142

《謚法通考》十八卷,明王圻撰。明萬曆二十四年(1596)刻本。十冊。半頁九行二十字,四周雙邊,白口,單魚尾,書口下有刻工及字數。框高26.5釐米,寬15.8釐米。題"雲間王圻編輯;巴郡趙可懷校正;平湖孫成泰、鄖中朱一龍、龍江王應麟、西陵吳化參閱"。前有萬曆二十四年趙可懷序;《凡例》九則。

王圻,見明萬曆刻本《續文獻通考》。

諡法乃封建時代對已故帝王、貴族、大臣及士大夫等,依其生平事蹟,評定褒貶所給予的稱號。《逸周書·諡法解》云:"諡者,行之蹟也;號者,功之表也","是以大行受大名,細行受細名,行出於己,名生於人。"《白虎通·諡》又云:"諡者何也?諡爲之言引也,引烈行之蹟也。"歷代統治者通過賜死者以褒善貶惡的"諡號",以戒生者從善勿惡,這種制度即爲諡法。

諡法源於周,廢於秦,行於漢,盛於唐宋,嚴於明清,復廢於民國。帝王之諡,由禮官議上;臣下之諡,由朝廷賜予。圻嘗有《續文獻通考》,於禮考之末,增諡法一目,以補馬端臨《文獻通考》之缺,然於明代諡典猶未之及。此書之編,乃據明代實錄及野史所記,上考列朝,下至萬曆,自君后妃主、王公卿相,以逮百官,至於聖賢隱逸,旁及異端宦寺、篡逆之黨,凡有諡者,皆備書以資考證。

卷一諡法總紀、諡法釋義;卷二古帝王諡、周王后諡、周宗室諡、周卿士諡、周同姓列國君臣諡、周異姓列國君臣諡、陳王勝諡;卷三西漢帝后諡、西漢宗室諡、西漢公主諡、西漢諸臣諡、王莽僞諡;卷四東漢帝后諡、東漢宗室諡、東漢公主諡、東漢諸臣諡、蜀漢帝后諡、蜀漢宗室諡、蜀漢諸臣諡、魏帝后諡、魏宗室諡、魏公主諡、魏諸臣諡、吳帝后諡、吳諸臣諡、晉帝后諡、晉宗室諡、晉公主諡;卷五晉諸臣諡、晉異姓王諡、群胡君臣僞諡、劉宋帝后諡、劉宋宗室諡、劉宋公主諡、劉宋諸臣諡、南齊帝后諡、南齊宗室諡、南齊公主諡、南齊諸臣諡;卷六蕭梁帝后諡、蕭梁宗室諡、蕭梁諸臣諡、陳帝后諡、陳宗室諡、陳公主諡、陳諸臣諡、北魏帝后諡、北魏宗室諡;卷七北魏諸臣諡上;卷八北魏諸臣諡下、北齊帝后諡、北齊宗室諡、北齊諸臣諡、後周帝后諡、後周宗室諡、後周諸臣諡、隋帝后諡、隋宗室諡、隋諸臣諡;卷九唐帝后諡、唐宗室諡、唐公主諡、唐諸臣諡、武氏僞諡;卷一〇後梁帝后諡、後梁臣諡、後唐帝后諡、後唐臣諡、後晉帝后諡、後晉臣諡、後漢帝后諡、周帝后諡、周臣諡、五代僭國諡、宋帝后諡、宋宗室諡、宋公主諡;卷一一宋諸臣諡上;卷一二宋諸臣諡下、西夏僞諡、遼帝后諡、遼宗室諡、遼諸臣諡、金帝后諡、金宗室諡、金諸臣諡、劉豫僞諡、元帝后諡、元宗室諡;卷一三元諸臣諡上;卷一四元諸臣諡下;卷一五皇明帝后諡、皇明親王諡、皇明郡王諡;卷一六皇明名臣諡;卷一七先聖先賢先儒諡、隱逸諡、歷代私諡、皇明私諡、歷代婦人諡、皇明婦人諡、異代追諡;卷一八宦者諡、釋家諡、道家諡、夷狄諡。

趙可懷序云:"雲間王元翰氏,輯《諡法通考》,上自君后,臣庶以下及嬪寺外夷若干卷備矣。所謂古今得失之林非耶?元翰於書無所不讀,以臺史歷楚督學使,歸田後,日杜門著述,輯有《續文獻通考》凡若干卷,就其中抽'諡法'一種另梓云。"卷一諡法總紀、諡法釋義,於諡法論述頗詳。

是本刻工有方知雄、章掖、張成宗、唐文、徐宿、郁章、沈里、沈元易、濮文、張宗、尤錫土、王繼成、劉志、唐禮、趙世方、唐文壁、錢英、錢世英、周尚文、顧文耀、顧子美、朱子静、尤汝庚、劉采、朱萬里、尤汝、何一德、徐綸、張在、章穆、張箕、許世魁、張鳳、沈倫、郭雨、章國華。

《四庫全書總目》入史部政書類存目。《中國古籍善本書目》著錄。上海圖書館、廣東中山圖書館等七館,臺北"國家圖書館"(兩部,其一原藏北平館者),及美國國會圖書館、日本內閣文庫、尊經閣文庫亦有入藏。

鈐印有"葉氏德輝鑒藏"、"觀古堂"、"陳杭"、"北平來薰閣陳氏經籍舖"。

0902　明萬曆刻本皇明臣諡彙考

T4675.7/2105

《皇明臣諡彙考》二卷，明鮑應鰲撰。明萬曆刻本。二册。半頁九行二十一字，左右雙邊，白口，單魚尾。框高21.8釐米，寬14.8釐米。題"明奉政大夫禮部祠祭清吏司郎中鮑應鰲彙輯"。前有鮑應鰲自序。末有後序。

鮑應鰲，字山甫，號中素，歙縣人。萬曆二十三年進士，授户部主事，擢兵部武選司，又改教習駙馬。任祠祭司，陞郎中。再任儀制司，凡議諡請郵，守正不相假借。尋告歸，天啓元年陞尚寳卿，又陞太僕。卒於官，賜祭葬，贈太常寺卿。《(乾隆)歙縣志》卷一一有傳。

是編首載通用諡法釋義，分文、武、成、康、獻、懿、元、章、景、宣、明、昭、正、恭、莊、肅、穆、清、定、簡、憲、敏、端、敬、介、裕、通、白、靖、賢、貞、孝、忠、惠、和、安、質、静、烈、禮、威、勇、義、剛、壯、潔、節、襄、愍、良、勤、密、温、榮、順、僖、純、果、修、顯、恪、毅、思、容、懷、隱、悼、戀、願、匡、比、翼、湯、伐、圉、桓、慧、達、信、懿；次爲諡法增補釋義附，爲武、定、烈、勇、隱、悼、願、桓、寧、崇。

所載明代文武諸臣贈諡，與《明史》各傳具相符合。其所列諸諡，如某人諡某字，皆分注當日定諡取義之文於下，使讀者一目了然，較之他家所記，獨有根據。末附《萬曆三十七年禮部會議題准與諡二十九人併三十一年題准楊源内閣具擬各諡候旨》、《萬曆三十八年至四十年禮部題准與諡肆人内閣具擬各諡候旨》、《異流諡》、《前朝臣諡附》、《外國王諡附》並《皇明臣諡考誤》。如考誤，皆據官册，以正野史、文集之誤，其中多有無諡而冒稱諡某者，亦有字相同異、美惡頓殊者，或詭詞假借，或傳寫舛謬，應鰲身爲禮官，故能親檢故籍，一一校正之，其於一代易名之典，也稱精核。

鮑應鰲序云："諡典至重，而議諡有耑職，唐宋以來皆太常博士掌之，國朝則隸禮部，而祠曹爲之。查覈品階，以與大宗伯衡量其予奪焉。國初實浮於名，錫諡者少，合洪、永兩朝凡五十餘年，不過數十人，要皆勳庸之選，而文臣惟王文節、胡文穆、朱忠定三四人，何斤斤也。嘉靖四十五年間，諡至一百八十一人，萬曆紀年已幾與嘉靖等，而所諡則嘉靖三分之一有奇。近尚有議奪、議改者，其在嘉靖之世可知矣。武臣之諡，如黔國、成國，其人纍纍俱叨易名，則幾以世矣。爵有世，諡亦有世乎？勳舊苗裔，非有它材行功能，又非有年勞，亦未可過徼。余以故有所靳不予，蓋至冒忌開怨，觸權力之怒，而終不敢不爲朝廷惜此名也。若夫開平之諡及貤封，□以殊尤偉績，然亦舛不經，而當時禮臣不能裁，有遺議焉。文臣之諡文，其所取義甚廣，非僅僅詞章之謂也，奈何以官私之？然私一文諡而文反輕，公一文諡而文轉重。間者二十九人之諡，余嘗佐少宗伯吴公末議，其中追諡者大半，要之皆當時峻節孤芳、儒宗茂伐，高山可仰者也。而尚有鴻碩遺於所議之外者亦甚夥焉，蓋先時當事者意有所欲格，而以五年一請爲例。《白虎通》曰：諡，法地也，法月也。月已入有餘光，耳目近則考據真，取必於五年之後，非通論也。余與少宗伯吴公繼翁公俱破此例，諸鴻碩名實純粹，當予者輒議予，其遠者則據臺省疏列及同省公揭搜入訪册中，倘品藻其確而甄別予之，則累朝人物幾亦大備。余嘗謂考功程量於當年，事權重而勸懲近，祠祭品評於既往，職司冷而鑒垂永，豈非以諡哉！署中故乏典籍紀載，二百五十年來所諡諸臣，漫無可考，誠爲鉄事。余故稽之國史，證之閣籍，旁及諸書，集爲《臣諡彙考》二卷，存公署中。"

後序云："洪武諸王不避荒厲之屬，獻陵訪落，有司奏賀銀之諡。諭云'與其惡諡，孰若不謐’,惡謐之不行,自賀侍郎始也。楊東里云:‘儒臣之謐,始於胡晃庵。’而丘瓊臺則云‘始於姚道衍’。然文節易名,實肇於洪武戊寅之歲,則文臣之謐自王待制始也。孝者行之首,唐宋以降,君臣同燧,皇朝二百年,與者僅居其一焉,則陳僉督是也。文以經緯爲義,非徒翰墨之工,今詞林據而有之,亦非令甲,考之典制,則魏南齋、周怕如,非經幄之產也;其在近世,則何椒丘、黃定軒,非摛繪之章也。亦有發身詞林而不得文者,以所重則劉求樂,以私諱則陳安簡之屬也。有謐在百年之後者,宋潛溪、劉誠意也;有在數十年之後者,于節庵、岳季方也;有謐及其賑封之臣者,常鄂公也;有倖獲而數罷者,李湯陰也;有褒錫而屢更者,曹萬鍾、王泉坡之屬也;有父子皆謐者,鄒緝熙、儀高密、周松露、王千之、倪靜存、王介庵、白南宮、耿青崖、許靈寶、林泉山、孫一川;有兄弟皆謐者,彭可齋、楊鏡川、費湖東、許函谷也;有謐同於名而不能易者,金忠之爲忠襄、林文俊之爲文修也;有姓謐皆同而不能易者,馬行部、馬西玄之同爲文簡,王威寧、王石岡之同爲襄敏也。茲數者或相沿之舊而習以成章,或法守之移而主者未覺,或寵受之浮而求之不得,或湮滅之後而欲蓋彌彰,故總敘其概,著於篇末,其或未知者有所俟焉。”

此本字體方整,白皮紙,或爲萬曆末年鮑氏告歸歙縣鄉里時所刻。刻工爲黃應魁。黃爲歙縣人。歙縣黃姓刻書之人甚多。

《四庫全書總目》入史部政書類。《中國古籍善本書目》著錄明末刻本,湖北省圖書館也有入藏。《(乾隆)歙縣志》卷一六《書目》著錄。

鈐印有“英學”。

0903 清康熙刻本國朝謐法考　　　　　　　　　　T4675.8/1143

《國朝謐法考》六卷,清王士禎輯。清康熙刻本。一册。半頁十行二十字,左右雙邊,黑口,單魚尾。框高 16.5 釐米,寬 13 釐米。題“濟南王士禎編輯”。前有康熙三十四年(1695)尤侗序,王士禎自序。目錄頁後有“門人宋至山言,男王啓涷、啓汸、啓汧,孫兆鄭、兆鄭、兆郿全較”一行。

王士禎,字子真,一字貽上,號阮亭,別號漁洋山人,山東新城人。順治十五年進士,官至刑部尚書。士禎善文詞,尤工詩,以神韻爲宗,主詩壇數十年,與朱彝尊並稱“朱王”。又有《池北偶談》、《帶經堂集》、《漁洋詩話》等數十種。

有清一朝,以人繫謐者,以此書最早。始於清初,下迄康熙三十四年,凡有賜謐者,皆備書以資考證。所錄有和碩親王十八人、多羅郡王十五人、多羅貝勒十二人、固山貝子十二人、鎮國公十一人、輔國公十六人、鎮國將軍五人、輔國將軍七人、妃三人、公主二人、額駙二人、藩王七人、民公十人、侯伯十四人、大學士二十七人、學士四人、詹事一人、尚書二十七人、侍郎九人、都御史三人、八旗大臣一百零五人、總督十七人、巡撫十七人、殉難監司三人、提督十人、總兵官八人,並附前明崇禎皇帝、大臣二十五人謐及外國之朝鮮國王李淏謐。每人名姓前冠以官銜、爵位,後錄其謐號及賜謐日期。

尤侗序云:“自漢唐以來,謐亦多矣,未有勒成一書者。本朝受命,凡滿漢親王大臣殁而賜謐者得若干人,聞其謐,知其行,大行受大名,小行受小名,行有大小不同而名必稱其實,蓋由予奪高下皆出上裁,非博士、太常之官所得參其議也。今少司徒阮亭王公彙而輯之,題曰《國朝謐法考》,煌煌乎一代之典章,百年之文獻,藏諸金匱石室,以備信史,誠爲不朽盛事矣。”

自序云:“自創業以來,諸王公將相攀鱗附翼而起,家有行狀,國有惇史,而朝廷飾終之典,莫重於謚。顧五十年來,未有成書以備掌故、館閣之秘,世又無從而窺焉。士禎昔備員史局,以爲國之大典不可以無述,私用掌記,勒爲一書。"

此書之後,謚法考類書,尚有石韞玉《謚法錄》、邵晉涵《皇朝大臣謚蹟錄》、潘祖蔭《易名錄》、鮑康《皇朝謚法考》、崇芳《國朝謚法考》、劉長華《歷代名臣謚法彙考》、雷延壽《清謚法考》等,體例不一,彙輯人物起迄亦不同。1996年,上海古籍出版社出版楊震方等編著《歷代人物謚號封爵索引》,可資檢索。

是書寫刻甚精,爲《王漁洋遺書》零種本,"禎"字時避時不避,避則缺末筆,乃挖板以避帝諱,可知此書刷印時代當在雍正朝以後。

《四庫全書總目》入史部政書類附存目錄。《中國古籍善本書目》收錄《王漁洋遺書》三十八種,收藏館衆多,中國國家圖書館、上海圖書館、復旦大學圖書館等多家藏有全帙。《四庫全書存目叢書》史部第271冊收入,底本爲湖北省圖書館藏本。

鈐印有"嫏嬛妙境"、"山壽堂藏書"、"南瑩"、"長箸香薰一床書"、"江上數峰青"。

0904　清康熙刻本順天府霸州賦役冊　　T4582.14/2101

《順天府霸州賦役冊》一卷。清康熙刻本。二冊。半頁十行二十一字,四周雙邊,白口,單魚尾。框高23.6釐米,寬17.3釐米。前有康熙御序。

霸州,位於冀中平原北部,北近北京,東鄰天津,始建於五代後周顯德六年,自古以來即爲兵家必爭之地。清雍正六年,霸州由直隸州降爲散州,民國二年改州爲縣。

清代,賦役爲田租之專稱。《清史稿·食貨志二》云:"世祖入關,首免都城居民被兵者賦役三年。"清初,賦役之法極爲明備,其正賦之額多以明萬曆爲準,天啓、崇禎間加派者,悉行豁免。其法詳《賦役全書》。

此類圖書,所載清初各地賦役極爲詳細,分別羅列地丁原額、荒亡之額、實徵之數以及起運及存留之數,是研究中國財政史最有價值的資料。賦役冊編成,每一州縣發給兩部,一存官署查考,一存學宮之內,以供士民檢閱。各省各縣之賦役,均有不同,大抵所據土地之肥磽、户口之繁密、歷史之原因等,故並無一定之標準。

此霸州冊,較瑣細,其起運開部寺倉口,存留詳列款項細數,繼有開墾地畝、招徠人丁等,均續入冊尾。霸州原額民地爲二千六百九十五頃九十四畝一分九厘八毫,內除明季鹹薄久荒無主之地三十七頃七十五畝二分六厘九毫,實地二千六百五十八頃十八畝九分二厘九毫。每畝徵銀五分二毫五絲五忽,共銀一萬三千三百五十八兩七錢三分二毫七終六忽八微九纖五沙。以順治十八年縣署"各役閏銀項款"爲例,亦可見其詳:六房吏書裁銀陸兩、門子裁銀壹兩、皂隸裁銀捌兩、馬快裁銀肆兩、民壯裁銀貳拾伍兩、燈夫裁銀貳兩、看守禁卒裁銀肆兩、轎傘扇夫裁銀參兩五錢、庫書裁銀五錢、倉書裁銀五錢等。

此類賦役冊傳世極罕。查《北京圖書館古籍善本書目》,有《直隸順天府五州二十一縣賦役冊》三十卷,清康熙刻本。內有"霸州"一卷,當同此本。

0905　清康熙刻本松郡均役成書　　T4582.28/4331

《松郡均役成書》不分卷。清康熙刻乾隆補刻本。十册。半頁九行二十二字,左右雙邊，白口，單魚尾。框高20.9釐米，寬13釐米。前有康熙七年(1668)張安茂序，康熙八年(1669)王廣心序、沈荃序，康熙十年(1671)許纘曾序。《信集》前有康熙十一年(1672)沈荃序。《續輯》前有康熙十六年(1677)周肇序。《信集》前有王日藻序。末有乾隆五十三年(1788)謝庭薰後序。

松江瀕海爲郡，唐置華亭縣，元升爲府，屬嘉興路，至元中乃有松江府之名。此書爲松江士人感戴李復興之政績，除於白龍潭之南建祠院，又將有關定均田均役法之始末材料彙輯而付梓，分《文集》、《行集》、《續輯》、《信集》。

《文集》爲李復興誓神文、均編要略、均編條議、併田册式、板串式、詳免總甲、坊廂里役原詳、均田恤荒良法、書均田恤荒帖後。

《行集》爲均役始末小記、清乘編審科疏、婁縣李侯均役碑文、李侯均役條議、孝廉均役條議、協成均役條議、憲行保甲、憲行保甲條議跋、搭荒呈、婁縣變役詳文、關浮議呈、嚴飭分限示、均田良法呈憲士民條議。

《續輯》爲憲行推收牌、控蠹公呈、五款批申、府牌、縣蠹辯文、府詳蠹弊、懲蠹爰書、蘇松役法序、查議役法憲牌、蘇州條議、公呈坐圖不便、縣詳坐圖不便、府詳坐圖不便、提督咨文、藩司詳坐圖不便、撫院批允下行坐圖。

《信集》爲推廣皇仁呈、墾禁變更詞、均田良法士民府呈、叩謝洪恩呈、二次府示、致慕藩憲縉紳公書、藩憲復松郡諸紳回書、墾禁變更詳文、頒禁變更均役憲示、嚴禁變法憲牌、祭李侯文、又祭李侯文、薦度李侯文、附嘉善倣婁縣均役序、嘉邑新書後語、敬陳均田均役、集議、平心論、詳情入誌公呈、葺祠營墓、闔郡士民清示、昭武將軍給示、請祀名官公呈、看語、旌封告文、清錫祀典公呈、編法循舊、編法勒石、分縣遵舊批詳。

昔松郡地狹而賦重，田稅之徵，視鄰省數十倍，視他郡猶數倍。徭役之繁，亦與相準。向之任里役者，不但鄉農細民，即學校士子以及縉紳後裔，少有薄田，俱勒令承充，靡不賠累。破家逃亡相繼，因而株連勾攝，展轉逮繫，甚有閭井成墟者矣。其不幸而留者，往往死於鞭撲，而豪右巨奸，有所恃以倖免，有所緣以兼并，則又安坐而享大利。縣令無法可施，不能應上催科，席未暖而劾去，接踵疊蹟。李復興履任兩年，目睹民困，惻然動念，乃爲均編之法令。通邑之有田者，無貴賤貧富，各自收併書户於籍，按額而輸賦。遇有徵役，則就田之多寡而各辦所費，輕重惟均，無可假貸。小民困苦立蘇，輸將恐後，而豪右巨奸不得私其利。爲官者，按籍而稽，瞭若指掌，不勞督責之嚴，而徵發可無後時，上裕國計，而下合人情，其法之委曲周詳、盡善無弊者，具載於《均役成書》，可考而知也。然李氏立法之始，民未明其利，或生疑懼，衆胥群吏又爲浮議以撼之。復興卓然不惑，力請而必行。行未期年而民大悦服，頌聲滿野，豪右奸邪之徒罔敢異辭。於是華、上、青三縣，聞風慕悦，爭先倣行，利以益宏。凡士民之瀕死而復蘇，逃亡而還鄉者莫不感恩垂涕，以爲非李不能生我也。

李復興，字瑩斗，山東濱州人。順治三年舉人，四年會試副榜。康熙三年知婁縣，以賦絀劾罷。時郡苦編審，婁爲甚。復興候勘經年，慘動心目，因博詢父老，知昔之編審爲定役，今之編審爲賣役，其惻然思救其弊。踰年，復原官，乃與舉人吳欽章、諸生莊徵麒、縣胥馬天麒等日夜討論，定均田均役法，三閲月蕆事。請於上官罷總甲塘長諸名目，不假追呼，而輸將恐後。知府張羽明推其法於所屬，官民交便。會以河工議奪職，民籲制府乞留不得。康熙八年卒於婁。《(嘉慶)松江府志》卷四三有傳。

謝庭薰後序云："初，松屬困於編審之役，其勢皆若倒懸，婁爲尤甚。濱州李公復興，創行均田均役之法,婁之困頓蘇,郡伯推其法於所屬,松之困盡蘇。都人士食公之賜,没世不忘。康熙甲子,既請公入名宦春秋官祭矣,以庶人不能與祭,別建祠於白龍潭之南,聽小民奔走尸祝,猶以祠中碑記所載尚略,舉均田均役之顛末,集爲成書,昭著令典。顧祠僅三楹,規模未免於隘,書之鐫板,歷年既多,亦復放失而不能盡存,都人士僉懼其無以肅拜瞻而垂久遠也……兹擴祠屋而新之……俾守祠之人奉祀有資,若夫慨均編之板殘,一一點檢,亦但補刻,全還其舊。"

此本闕第一百五十四頁。

《中國古籍善本書目》未著録。《續修四庫全書總目提要(稿本)》著録,作清乾隆五十三年刻本,蓋以謝庭薰後序爲出版年,當誤。又日本《内閣文庫漢籍分類目録》有《松江府賦役全書》,清王弘祚輯,清刻本。

0906　清嘉慶刻本奏准工賑事例　　　T4703/3002.841

《奏准工賑事例》一卷,清户部編。清嘉慶六年(1801)刻本。一册。半頁十行二十一字,四周單邊,白口,單魚尾。框高 19.6 釐米,寬 13.4 釐米。正文條款爲墨色刷印,扉頁及三道奏疏爲朱色刷印。前有嘉慶六年七月初三日、七月初六日、八月初六日户部等部奏請會同妥議工賑捐例章程三道奏摺。

工賑是清代經常施行的一種賑濟方式,逢災年時,由官府主辦農田水利等工程,募力能興作之災民建造,日給錢米。民出力以趨事,因可以賑饑;官出財以興事,因可以賑民,一舉兩得,是相當積極的救災措施。從乾隆年間開始,工賑用款又多採取捐納形式,動員百官、百姓捐報以換取功名,這種捐納成例對研究清代官制頗有價值。

嘉慶六年六月,京城連日大雨,永定河水泛濫,九十多個州縣被淹,朝廷特派京卿四路大臣分道查勘,蠲免直隸數百萬兩糧税,並發帑銀賑貸,截漕糧濟困。經户部查驗,河堤被衝決石堤三百餘丈,土堤一千二百二十餘丈。因工程、賑濟兩項需款浩繁,工部左侍郎那彦寶等人上書,請仿照乾隆十一年、二十六年尹繼善、劉統勳等人江賑、豫工舊例,開永定工賑捐例。朝廷酌議後,以爲永定河工急要辦理,而江賑、豫工捐例頭緒繁多,捐納銀數參差不齊,不如川運例、川楚軍務例易曉,遂諭旨查照川楚舊例成案,使捐款入官階略有變通,將捐項略爲删減,重新擬定爲《工賑捐例章程》,並刊刻頒發,以使軍民周知照行。此次捐納募款後,集災民五萬餘人分駐堵築,并疏浚下游,兩月竣工。遠近災民藉資糊口,以工代賑,誠有實效。

是書由清廷户部編定,首列條款七十四條,後爲工賑事例,分"滿漢在京文職官員"、"滿漢在外文職各官"、"京外各官加捐專條"、"京外改捐外官專條"、"内外武職各官"五項。每項按官職排序,每官下明碼標價,不同身份需捐銀多少便可給予此相應功名,並詳細注明如何輪班,如何銓選等事項。如京官分郎中、員外郎、主事、都察院經歷、大理寺寺丞、京府通判、光禄寺署正、兵馬司指揮及副指揮、中書科中書、太常寺博士、内閣中書、鑾儀衛經歷、通政司經歷及知事、太常寺典簿、國子監博士、監丞、典簿、詹事府主簿、翰林院待詔、部寺司庫、鴻臚寺主簿、七八九品筆帖式、刑部司獄、兵馬司吏目等。如現任貢監生捐銀四千六百二十兩,或現任外府通判捐銀一千兩、候補候選者捐銀一千二百兩,或現任京外知縣捐銀九百兩、候補者捐銀一千零八十兩,或現任通政司經歷捐銀二千一百四十兩、候補者捐銀二千四百六十兩即可升爲京府通判職,要捐爲知府等從四品以上官位,則動輒上萬兩白銀。

有扉頁,刊"奏准工賑事例。户部頒行。翻刻重究"。七月初六日及八月初六日兩道奏摺後硃批"依議所有應議章程著户部會同吏、兵二部妥議具奏,欽此"、"依議。欽此"爲朱筆所寫,由是可知,刊刻年應在此前後。條款前三頁天頭處有墨書內容簡要,以清眉目。

是書殊爲罕傳。《續修四庫全書總目提要(稿本)》未收,《販書偶記》、《中國古籍善本書目》等均不見記載,遍查海內外各大公藏目録亦未見著録。

0907　清乾隆刻本畿輔義倉圖

T8085/0241

《畿輔義倉圖》不分卷,清方觀承撰。清乾隆十八年(1753)刻本。六册。半頁十行二十二字,四周單邊,白口,無魚尾。框高 22.5 釐米,寬 15 釐米。題"太子少保都察院右都御史總督直隸兼理河務臣方觀承"。前有乾隆十八年方觀承《義倉奏議》;《義倉圖凡例》十七則;《義倉規條》。

方觀承,字遐穀,安徽桐城人。雍正十年,平郡王福彭以定邊大將軍征,奏爲記室。師還,授內閣中書。乾隆中,充軍機處章京,遷吏部郎中,歷署山東巡撫、浙江巡撫。十四年,擢直隸總督,兼理河道。二十年,加太子太保,署陝甘總督。二十一年回直隸任。乾隆三十年卒,諡恪敏。《清史稿》卷三二四、《國朝耆獻類徵初編》卷一七五有傳。

方氏於直隸總督任內,遵訓諭廣建義倉,乾隆十八年,以直隸境內義倉圖鏤板刷印。此書共圖一百四十四幅,順天、順德、廣平、大名、永平、宣化、保定、正定、河間、天津諸府並遵化、易州、冀州、趙州、深州、定州諸州。每州縣衛各具一圖。圖中以格表里數,每格五里,格之大小視治之廣狹。圖內除標出本州縣衛所轄義倉外,並將所轄大小村莊及各村莊到倉里數一一標出。每圖並有説明文字,述各州縣衛四至里數、所轄村莊數及所建義倉名目。如大興縣縣屬大小二百二十四村,每二十里內建倉一區,建禮賢村、岳家莊等七倉。宛平縣共二百八十一村,每二十里內建倉一區,建太平莊、龐各莊等九倉。房山縣共二百二十二村,因錯處群山,變通辦理,每四十里內建倉一區,稍遠者附之,建石窩村、周口店等五倉。

方氏《義倉奏議》言其建倉繪圖之旨,云:"及臣蒙恩擢任畿輔,因復申明前令,次第經理,就其幅員之廣狹,度其道里之均齊,於四鄉酌設倉座,自三四區以至十八區,其地必擇煙户稠密、形勢高阜之處,使四面村莊相爲附麗。近在十五里內者三十三縣,在二十里內者七十三州縣,在二十里及二十餘里者三十三州縣衛,在三十里內者三州縣,在四十里內者二縣。期於往返各便,購糶易通。""現據報捐新舊義穀共二十八萬五千三百餘石,而圖與倉先後告成。州縣衛各具一圖,大小村莊並各村到倉里數悉載。統計爲圖一百四十有四,合一百四十四州縣衛,共村莊三萬九千六百八十七,爲倉一千有五。臣詳加訂正,鏤板刷印。一貯布政司庫,一貯本州縣衛。按圖以稽倉,而知各村之孰遠孰近;按倉以稽穀,而知四境之或絀或盈。"

《義倉規條》包括擇地建倉、勸捐分别獎勵、典守擇人、出納積息、收掌盤查晾曬、煮賑、散穀諸條。

《續修四庫全書總目提要(稿本)》著録。《中國古籍善本書目》不收。《中國科學院圖書館藏中文古籍善本書目》史部政書類著録此本,中國國家圖書館、北京大學圖書館等亦有收藏。

0908　清乾隆刻本淮關統志

T4548/2527

《淮關統志》十四卷,清伊齡阿、吳霈纂修。清乾隆四十三年(1778)淮關刻本。六册。有圖。半頁十行二十字,左右雙邊,白口,單魚尾。框高20.7釐米,寬14.2釐米。纂修銜名題"總修欽命奉宸苑卿督理淮宿海等關稅務兼佐領加一級紀錄三十八次伊齡阿"、"纂修太倉州國學生吳霦"。前有乾隆四十三年伊齡阿序;馬麟舊序、喻希學舊序;熊汝達後序、萬表後序、喻沖後序;李爵重修序;杜學大舊志淮關小錄;張甲徵舊刻淮關志略序;杜琳淮關統志自序。末有乾隆四十三年吳霦跋。

伊齡阿,字精一,佟姓,漢軍旗人。官侍郎,後任督理淮宿海等關稅務兼佐領。

吳霦,江蘇太倉州人。國學生。

明馬麟撰有《淮關志》八卷,不敘淮關始末,而泛引歷代徵商典故。此本卷一《圖考》(三關總圖、分圖、公署圖、大樓圖、新建觀音庵圖),卷二《建置》,卷三《川原》(形勝附),卷四《鄉鎮》(閘、壩、橋、梁、津、渡、商稅里程附),卷五《關口》(商稅附),卷六《令甲》,卷七《則例》(淮宿海三關量船各例附),卷八《榷使》(倉廠分司、筆帖式、倉大使巡檢司、稅大使、護庫武弁、三關職役並附),卷九《公署》(委員公寓、巡檢司署、稅大使署、護庫武弁署),卷一〇《經費》(徵解款目附),卷一一《文告》,卷一二《古跡》(寺觀祠墓附),卷一三《人物》(列女附),卷一四《藝文》(上文下詩)。

伊齡阿序云:"舊有關志,歷經數手,非不詳且盡也,但日久漫漶,而其規則之隨時變易者,未盡條備。夫令不出於劃一,則舞弊易生;事不極其詳悉,則規爲不久。爰訪延儒宿,詳考舊典,增益新規,定爲一十四卷。分門別類,首列圖考,如畫沙聚米,一覽而見也。次建置,如梓材堂構,悉數而知也。次川原,相地勢也。次鄉鎮,度涂軌也。次關口,扼要所也。次令甲及則例,典要所存也。歷任榷使次記之,公署又次記之,重其任壯其觀也。再次之以經費,量入爲出也。又次之以文告,俾法制昭晰也。次及古蹟,因勝地也。次及人物者,所謂地靈人傑也。終之以藝文,有典有則,風雅賡續,而榷政大備矣。"

吳霦跋云:"志與史異,必善惡直書,志隱惡而揚善。關志與他志異,他志如一邑有一邑之疆域人文,一郡有一郡之疆域人文,一省有一省之疆域人文。在關無守土之責,凡有土者之所志,均非關志所宜書。然則何志乎爾?曰志其有神於榷政者而已。志其與榷政有神,則圖考、建置、令申、則例、經費、文告等而外,復何志乎?曰因革損益,既一覽而盡得其全。而名勝之沿流,文物之表著,開卷而茫然,未免猶留固陋之憾也,且古蹟、人物、藝文,獨非榷政考鑑之一助歟,奚爲而不志?歲丁酉,榷使簹也大人特開淮關統志局,分委校輯,親總厥成,稽諸舊志以訂其偽,參諸郡志以証其同,慎諸博採以補其缺,爲門十有四,附其類而分爲卷,閱一歲而竣事。霦不敏,與襄斯役,雖悉心參考,罔敢遷就,而才識或限於未周,寧無貽誚,庶幾闕以傳疑,述不妄作,期無乖於志體,亦以存榷志之實云爾。"

此本有圖,甚精。又有扉頁,刻"淮關統志。乾隆戊戌年輯。本關藏板"。"戊戌",爲乾隆四十三年。館藏又有《續纂淮關統志》,清嘉慶刻光緒補刻本。

《續修四庫全書總目提要(稿本)》收入光緒時穆克登布撰十四卷本。《中國古籍善本書目》著錄,中國國家圖書館、湖北省圖書館、華東師範大學圖書館入藏。

0909　清光緒抄本錢穀視成　　T4591/0468

《錢穀視成》二卷,清謝鳴篁撰。清光緒三十三年(1907)諶允修抄本。二册。半頁十行字不等,無框格。前有乾隆五十三年(1788)自序。

謝鳴篁,字筠初,號蒼筤居士,江西南豐人。出身、事蹟無考。另撰有《川船記》一卷。

錢穀、刑名均爲縣政要事,明清各級官吏皆聘有幕席,協助主官辦理公私事務,有錢穀、刑名、書啓、西席等不同分工。據自序,作者常年在吳中一帶爲錢穀幕賓,是書即集其經驗所成。上卷爲律例、款項、征收、解支、奏銷、册式諸項,下卷爲盤查、交代、災賑、詞訟、褾記、隨漕征耗諸項,皆有關地方財政、經濟事務,每事皆按事例,引《吏部處分則例》等,明其緣起,間亦附以考釋。

自序云:"余自壯歲浪游吳中,兩藩之地,游歷過半,藉會計學獲交當世偉人傑士,蓋三十餘年矣。今行將息影湖濱,歌詠太平以終老,兒子宗素年猶未冠,才非問世,力不任農,異日能不復理吾業,其可得乎? 爰就已經之途徑,舉其大且要者,綴什一於千百,用示指歸語云。不習爲吏,視已成事,以其跡可按也,如器焉,方圓已成,斯規矩之可見者也,而慘淡經營,多在未成之前,則又規矩之不可見者也。能與人規矩者,不能使人巧,亦姑就可見者與之,不可見者不能與也。學者能於可見之後,参悟於不可見之前,又能從不可見而求合於可見,庶幾得之。"

卷首原序後有:"光緒三十三年歲次丁未秋八月中浣,寓几頭陀諶允修録於翠微館,此誌。"卷下後有:"光緒丁未年拾月初二日抄竣,時在金陵水佐營寓次。"書中有朱筆圈乙及批注,批注内容多引道光後至光緒年間事例,頁眉處常有"一本云"、"一本",似曾以他本相校,書前並有朱筆書"此本較對以硃圈硃改爲確"一行。

《中國古籍善本書目》著録兩種,一爲清抄本,二卷,湖北省圖書館藏;一爲清李長榮抄本,不分卷,中山大學圖書館藏。《續修四庫全書》史部第834册收入,底本爲湖北省圖書館藏本。

0910　清同治寫本庫儲實存簿

T4582.28/3441

《庫儲實存簿》不分卷。清同治寫本。五册。半頁九至十行,字數不等,中無界格。封面書簽題"庫儲實存簿",書名據此。

此爲清同治六年至十二年江蘇布政司永盈庫存銀之登記帳,起自同治六年三月初八日,止於同治十二年十二月二十三日。每五或十天統計一過,將庫存銀按元寶、小錠、票錢、現錢、洋等分別點數,詳悉記録在案。凡遇數字處皆有朱筆點劃,蓋爲清點核對時所爲。

每册前扉頁處,中間書起始日期,鈐"江蘇布政司永盈庫内使之印"滿蒙漢文關防,右有"欽加同知銜永盈廳孫"一行,其後並用朱筆批一個"行"字。書眉處粘以紅色紙簽,寫明是哪位司庫官員任内所點核,如"司憲丁任内"、"署本司憲應"等。

江蘇夙稱財賦之區,以此簿爲例,同治六年三月初八日,記載"存庫平銀九萬七千二百六十五兩八錢八分九厘,内東庫新傾元寶七萬二千五百兩,小錠二萬二百兩,又尾銀六十五兩八錢八分九厘,原銀元寶四千五百兩;另存部發原封二十兩,現錢五串五百五十文,票銀一千二十四串八百文,洋三千五百六元六角三分二厘,内洋元六角三分二厘合錢一千六百一十八文",至同治十二年十二月二十三日,"存庫平銀二十八萬七千六百兩二錢三分八厘,内新傾元寶二十六萬一千七百兩,小錠四千二百五十四兩七錢三分八厘,原銀元寶二萬一千六百二十五兩五錢,部發原封二十兩,洋二千六百三十一元四角八分一厘,錢二千二百六串文",六年間一個銀庫之儲銀便增加了十九萬兩。

第五册扉頁鈐"江蘇布政司理問印"滿蒙漢文關防,右有"總藩理問廳張"一行,其後並用朱筆批一個"行"字。理問,官名,元代爲中書省之屬官。明清爲布政使司直屬官員之一,掌勘核刑名訴訟，爲从六品文職外官。

0911　清康熙拾伍年分奉旨丈量銷圩魚鱗清册　　T8086/7332

《康熙拾伍年分奉旨丈量銷圩魚鱗清册》不分卷，原件。六册。框高 24.8 釐米，寬 18.2 釐米。

此本爲木刻藍印，墨筆填寫。版心刻"康熙拾伍年分奉旨丈量銷圩魚鱗清册"，鈐有"江南蘇州府長洲縣清田關防"，知此爲康熙十五年(1676)江南蘇州府長洲縣魚鱗清册。

首頁殘，存"康熙十五年月"、"一體照頒條議填明"等語。此類魚鱗清册蓋統一刊印，由各縣分別填寫造册而成。前有"圖形"，云："通面約畫本圖形勢，或山或水或塘，亦須略描，内中細列各圩，確注某字圩。須照圩順排，不許東西錯亂，南北顛倒，致難按查。並填四至交界，釘於册前。"此頁即按要求墨筆繪圖本區形勢、各圩字號，填寫四至。

此件魚鱗册包括西照字圩、環字圩。每圩前有"圩形"，云："内中約畫本圩形勢，細排坵號，狀似魚鱗，填明交界四址，釘入圩總之前。"墨筆詳繪本圩各坵方位布局。每圩下按號排列。西照字圩自一至二百五十九號，環字圩自一至二百四十九號。上填本塊田地名稱、圖形、尺寸、四至，下填本坵圩字號、共積步若干、則田若干、平米若干、今業户何人、佃户何人等等。末數頁爲環字圩第一至三十三號禄糧田。

魚鱗册爲古代土地登記簿册，宋代即有編造，明洪武年間命各州縣分區編造魚鱗册，沿襲至清末。因所繪田畝挨次排列，狀如魚鱗，故名。魚鱗册今存較爲零散，日本《國立國會圖書館漢籍目録》史部政書類著録有《長洲縣魚鱗册康熙十五年丈量》共二册，或與館藏此本同出一源。

0912　清寫本道光崑山縣深字魚鱗册　　T8086/2127

《道光崑山縣深字魚鱗册》不分卷，清寫本。八册。

書衣墨筆題"道光崑山縣深字魚鱗册。世德堂藏"。崑山縣屬江蘇。此本内容爲深一字號至二百二十號，每頁一號，上繪田地形狀，標明尺寸、四至。下記此塊田地積步若干、平田若干及所有人情況。如深字一號田，南止伯瀆河，西止河，東二號，北四號。共積步四百九十九步一尺，平田二畝七厘九毫。以下記此田所有人："二十八年，周綬壽全。三十八年，周綬壽一畝七厘九毫，□金升一畝。四十八年，顧大二(一)畝七厘六毫，華景初五分，惟新五分。六十年，顧大二一畝七厘六毫，奉時恢二分五厘，□起二分五厘，丕全五分。"此蓋反映數十年間同一田畝所屬權變異情況。所記二十八年、三十八年、四十八年、六十年，或爲乾隆時期。第二號以後雖未標明年月，但所記與深字一號相同，爲四個不同年份時期同一地塊的土地所有人，從中可見當時土地易主的情況。

0913　清雍正刻本新修長蘆鹽法志　　T4704.14/2633

《新修長蘆鹽法志》十六卷，清莽鵠立、魯之裕等奉敕纂修。清雍正五年(1727)刻本。八册。有圖。半頁九行二十字，四周單邊，白口，單魚尾。框高 19.8 釐米，寬 13.9 釐米。前有雍正四年(1726)七月十三日御製序;雍正二年十月二十二日莽鵠立《奏請修志摺》;修纂姓氏;《例言》。後有雍正五年五月二十一日莽鵠立跋。

莽鵠立,字樹本,伊爾根覺羅氏,滿洲鑲黄旗人。世宗初爲協辦理藩院侍郎,旋擢御史。精繪事,令恭繪聖祖御容。雍正元年,出巡長蘆鹽政。雍正四年,遷兵部侍郎。五年再任,尋調禮部侍郎。八年三任,後授甘肅巡撫。乾隆元年,署工部尚書,又調正藍旗滿洲都統。尋卒,諡勤敏。《清史稿》有傳。

魯之裕,字亮儕,湖北麻城人。康熙五十九年舉人。雍正五年考取内閣中書,出宰河南,歷知南陽等五縣事。乾隆四年升任直隸清河道,署布政使。爲人表裹洞達,不隨俗俯仰。議論天下事,能援古證今,條理明晰。在任多政績,尤精鹽政、水利。於書無所不窺,博學多才,撰有《式馨堂集》、《經史提綱》、《書法彀》諸書計二百餘卷。《(民國)麻城縣志前編》有傳。

長蘆鹽區環居津、冀兩地渤海灣沿岸,製鹽歷史可上溯三千年前西周時期,所産"長蘆鹽"享譽宇内。明清時代,長蘆曾數次編纂《鹽法志》,嘉靖十一年創修《長蘆鹽志》久佚;萬曆間所修《長蘆鹽法志》,至雍正時已"圖樣模糊,册籍殘缺,實難稽考"。此雍正志書即在《萬曆鹽法志》上重修,故名《新修長蘆鹽法志》。乾隆五十七年長蘆鹽政穆騰額奏請重修,並設局纂輯,然未竣而終。嘉慶十年長蘆鹽運使珠隆阿再修《長蘆鹽法志》二十卷,附編援證十篇。

康熙七年,長蘆巡鹽御史移駐天津,管轄長蘆鹽運司,督催鹽税,稱爲"長蘆鹽政"或"鹽院"。是書爲雍正二年長蘆鹽政莽鵠立請旨遵修,而延聘魯之裕主纂者,凡三年書成,鋟板行世,户部行文兩淮、兩浙各巡鹽御史並兩廣、河東、福建、雲南、四川、貴州、甘肅各管鹽督撫一體遵行。修纂姓氏題莽鵠立監定,長蘆都轉鹽運使段如蕙等督修,魯之裕編纂,其他參訂、校正、分輯、繪圖、校對等十四人。内分詔敕、沿革、疆域、職官、公署、竈籍、商政、法制、禁令、宦蹟、奏疏、古跡、人物、藝文十六卷。每卷前有分目,卷一、卷一一後附前代詔敕及奏疏,合爲附編二卷。有圖二十一幅。

莽鵠立疏稱:"鹽法有志,所以備法制而杜爭訟也,場竈有圖,户口有數,引票有分地,税課有定規,刻之版册,便於率由伏查。康熙十二年聖祖仁皇帝敕下直省,纂修府州縣志,時長蘆、山東鹽法志書竟未重修,仍係前明萬曆年之舊制。其錢糧額引今昔不同,場竈户口興革迥異",因思重纂刊行是書。

《續修四庫全書總目提要(稿本)》收入。《中國古籍善本書目》未收此雍正官刻本,收入另外兩種《長蘆鹽法志》,一爲十八卷首一卷,清徵瑞纂修,清沈延年繪圖,稿本,南開大學圖書館藏;一爲二十卷援證十一卷,清黄掌綸等纂修,清嘉慶抄本,中國國家圖書館藏。查諸各館目録,中國國家圖書館、北京大學圖書館、上海圖書館、中山大學圖書館、日本内閣文庫、東洋文庫等均收藏此雍正刻本。1966年,臺灣學生書局《中國史學叢書》第43册收入,底本爲臺北"國家圖書館"藏雍正本。

0914　明崇禎刻本古今議論參　　　　T4603/4920

《古今議論參》五十五卷,明林德謀輯。明崇禎刻本。二十六册。半頁九行二十字,四周單邊,白口,單魚尾。書眉上間有批。框高19.8釐米,寬13.5釐米。題"古閩董崇相先生諱應舉、曹能始先生諱學佺全評;林德謀采公纂輯;施有翼爾奮訂閱"。前有崇禎七年(1634)董應舉序,崇禎七年曹學佺序,張晉徵序,施有翼序,趙珽序,崇禎七年陳元綸序。

林德謀,字采公。閩人。曾從曹學佺游。

是書乃爲學作策論之書,所選以有關時務文字爲主,且多名人所撰,如漢班固、賈誼、董仲舒、唐牛僧孺、孔穎達、韓愈,宋歐陽修、蘇軾、真德秀,明張居正、方孝孺、王世貞等。

卷一至三《天官》(儀象、災異、曆日),卷四至五《輿地》(形勢、京省邊夷),卷六至八《國本》(王、后、太子),卷九至一八《國勢》(歷代強弱、宗封、兵柄、大臣、外戚、權奸、佞倖、宦官、夷狄、盜賊),卷一九至二五《經籍》(易、書、詩、春秋、禮、樂、子史諸家),卷二六至二七《職官》(内曹、外曹),卷二八至二九《吏部》(選舉、銓課),卷三〇至三五《户部》(户口賦役、農務、國用、市糴、荒政、鹽錢),卷三六至四五《禮部》(郊禘、先代祀典、廟統、追崇、巡狩、封禪、學宫、旌郵、謚法、宗法、喪服),卷四六至五〇《兵部》(兵制、將略、邊防海防、儲餉屯田、舟車器械茶馬貢市),卷五一至五二《刑部》(欽恤、鞫斷),卷五三至五五《工部》(河渠溝洫、河漕海運、宫殿苑囿陵寢服物之屬)。

董應舉序云:"觀其所纂《古今議論參》,頗採少宰《策學》,而本之六經諸史、名賢奏議,旁及近代諸集。凡有係於天官地德、經術事守、國勢強弱、古今異宜者,無不畢載,而類分之爲六曹。蓋歷歲時,忘寒暑,不知其身之爲瘁,時見之背馳,仡仡然私以自實其所學,以待夫有事而已。復得爾奮爲之參附考訂,同社及門助之梓,而此書遂行。"

《禁書總目》、《應繳違礙書籍各種名目》、《清代禁書知見錄》著錄。《清代禁燬書目·補遺一》云:"查《古今議論參》五十五卷,係林德謀輯,乃當時策料之書,摭拾舊文,語皆習見,本無可取,其第四十八卷中悖謬字句甚多,應請銷燬。"

《中國古籍善本書目》未收。據王重民《中國善本書提要》,北京大學圖書館亦有入藏。又日本内閣文庫有三部。

0915　明洪武内府刻本御製大誥　T4884/6243

《御製大誥》一卷《續編》一卷《三編》一卷,明太祖朱元璋撰。明洪武十八年(1385)至十九年(1386)内府刻本。六册。半頁十行二十字,四周雙邊,黑口,雙魚尾。框高29.8釐米,寬17.3釐米。前有洪武十八年御製序,洪武十九年御製續編後序,洪武十九年御製三編序,劉三吾後序。

此爲明太祖洪武十八年至十九年發布刑法條例之彙編,計大誥七十四條、續編八十七條、三編四十三條。頒行大誥第七十四云:"朕出是誥,昭示禍福,一切官民諸色人等,户户有此一本,若犯笞杖徒流罪名,每減一等,無者每加一等,所在臣民,熟觀爲戒。"續誥第八十七云:"朕出斯令,一曰大誥、一曰續編,斯上下之本,臣民之至寶,發布天下,務必户户有之,敢有不敬而不收者,非吾治化之民,遷居化外,永不令歸,的不虛示。"三誥第四十三云:"此誥前後三編,凡朕臣民,務要家藏人誦,以爲鑒戒,倘有不遵,遷於化外,的不虛示。"

據續編後序,知二誥頒布後,各處多有翻刻,然字微畫細,傳刻差訛,文不可讀,故太祖特命中書大書重刻頒行,再令所在有司就將此本易於翻刻,免致傳寫之誤。

明太祖開國之初,爲懲元季貪冒,重繩贓吏,揭諸司犯法者於申明亭以示戒。又命刑部,凡官吏有犯,宥罪復職,書過榜其門,使自省。御製序云:"諸司敢有不務公而務私,在外贓貪,酷虐吾民者,窮其原而搜罪之。斯令一出,世世守行之。"又據記載,明初曾規定此大誥與《皇明祖訓》同在學宮講授,地方由塾師教讀。犯罪人能讀大誥或家誥者,可以罪減一等。

《明太祖實錄》卷一七九云:"癸巳,《御製大誥》三編成,頒示天下。初上以中外臣民染元之俗,往往不安職業,觸麗憲章,欲倣成周大誥之制以訓化之,乃取當世事之善可爲法,惡可爲戒者,著爲條目,大誥天下。久之又慮誥條所載未能盡天下之情,續爲一編,以申其意,使民觀感,知所勸懲。自是民之作非者鮮,從化者多。故又作三編《大誥》,其意切至而辭益加詳焉。每編成,上親序之。"又卷二一四云:"己亥,命賞民間子弟能誦《大誥》者。先是,上令天下府州縣民,每里置塾,塾置師,聚生徒教誦《御製大誥》,欲其自幼知所循守。閱三歲,爲師者率其徒至禮部背誦,視其所誦多寡,次第賞之。"

民間子弟誦《大誥》事,又可見昌彼得撰《御製大誥前續三編》(影印本)敘錄中所引陶宗儀《南村詩集》卷四《給賞詩》云:"講明三誥闡王言,億萬師生沐湛恩。曉起內庭催給賞,謹持寶楮出端門。"謝應芳《龜巢稿》卷一七《賀辛彬甫》詩云:"大誥三編建瓴水,春風兩袖御爐香。賜金堪比燕臺聘,抱玉仍歸卞匱藏。"

按,明唐樞撰《法綴》有述《大誥三編》云:"古謂刑罰世輕世重,其要歸於期無刑以治天下。高皇帝初宰朝野,令律兩發,而踵元末造,民習不良,犯者益肆其奸,於是特典重裁,間以時出,如雷霆震驚,一番旋幹。然神功燄斂,能改即止,凡大小犯悉令減一等科罪,蓋其所輕重世也,而非我之所欲自爲也。"

《四庫全書總目》未收。《中國古籍善本書目》著錄。中國國家圖書館、故宮博物院(有缺)亦有入藏。臺北"國家圖書館"存《大誥》一卷《續編》一卷(原藏北平館者)。

0916　清康熙刻本讀律佩觿　　T4894/1162

《讀律佩觿》八卷附《讀律八法》一卷,清王明德撰。清康熙十五年(1676)王氏冷然閣刻本。十册。半頁九行二十字,四周雙邊,白口,單魚尾。框高19.7釐米,寬13.3釐米。題"奉差督理通惠河道刑部陝西清吏司郎中王明德私輯;次男心湛較字"。前有康熙十五年嚴沆序,康熙十三年(1674)陳丹赤序,詹惟聖序,彭師度序,王豫嘉序,康熙十三年自序,小序;《凡例》七則;參訂姓氏。後有康熙十五年王明德跋。

王明德,字金樵,號亮士,江蘇高郵人。康熙間曾任職刑部陝西司郎中。其父王永吉爲明天啓間進士,官至薊遼總督,入清,歷任大理寺卿、工部侍郎、戶部侍郎。明德於經術經世之學無不博淹,下至九流百家皆有深研。《(嘉慶)高郵州志》有傳。

明德之父任職清初"三法司"之大理寺,故自序言:"先文通公起家縣令,歷任李官,繼領廷尉之職。凡所論斷,一本律例爲重輕,被者皆自訟爲不冤。"據其自述,是書取現行律例分類編輯,各爲箋釋,附以《洗冤錄》、《洗冤錄補》,每門先載《大清律》本注,次《明律》舊注,而以己意辨證之。內容多半來自其任職刑部時研讀法律條文之筆記,"隸職西曹,歷有年所,緬懷遺訓,夙夕不遑,數載勤劬,微通窺度,偶有疑見,反覆推詳,筆而志之,以俟就正。""遇承恩濫授西曹……因不自慚,屬以楮墨,遂於律母、律眼及以、准各類,凡可恃以一視聽便觀覽利民生者,皆撮大要敷而衍之,約得八卷,繕寫成帙,命曰《讀律佩觿》,夫亦曰'小子所佩,聊以備大人君子之解推'云爾。""西曹",爲明清時代刑部泛稱。是書爲清代著名私家注律著作,刊行後即成爲研讀法律士人與官員之重要參考。

"參訂姓氏"爲康熙七年至十一年間明德任官刑部分曹時,與他一同對律書"講讀在公,公爲辯折而討論者"名錄,計三十八人。《讀律八法》列於卷首,綱目包括扼要、提綱、尋源、互參、知別、衡心、集義、無我,乃明德對如何研讀律書而提出的閱讀守則。是書編排體例特殊,不採一般明清法律書籍常見的"名例、吏、户、禮、兵、刑、工"七類編排法,而是打散所有門類律例,揀出律文中關鍵字詞,賦予"律母"(以、准、皆、各、其、及、若、即)、"律眼"(但、同、俱、依、並、從、累減、遞減、從重論、罪同、同罪、聽減、得減)之名,重新對律條進行分類與釋義,輔以四種"符號",對此,《凡例》中有詳細説明,亦反映出撰者對律文進行高度綜括的法學造詣。

書編成於康熙十三年,其後明德奉命督河,成稿幾於散佚。次子心湛通搜而録之,彙集大略,遂爲成帙。明德復加增訂,於康熙十五年刊行。

是書有扉頁二,其一在第一册前,鐫"讀律佩觿。高沙王金樵輯次。燕臺諸先生鑒閲。冷然閣藏板",鈐"本刻紙板,擇盡破損,一篇不遺,閲者鑒之"、"名公巨卿大序煩多,擲賜先後不一,難以即付梨棗,竢續補刊再發"、"翻刻必究"等印記,並鈐"金"、"樵"印。其二鐫"讀律佩觿",旁刊長文識語,因關乎作者刊刻之旨,故全文抄録於此:"蕪説災梨,寔非本志,祇緣大人君子略短録長,謬加評許,遂致人多抄録,稿恒散佚。再成者數,更慮魚魯失真,動關輕重,蓋不得已而爲之,非務名以自炫也。嘗見博雅之士所著古今論説、詞賦詩文,剞劂盈尺,持以贈人,意將就正有道,共參得失,率多卷帙未啓即置高閣,徒供兒童棗餅之資,甚佐婢婦覆瓿之具,其爲梨也,固誠乎其爲災矣。愚深鑒此,與同人約槩不持贈,固避務名之譏,且恐檢送難周,致蹈異同之懼。謹以梓人所輯盡付坊間,即以俗見論,苟爲稍解數文於囊橐,自不容不偷閑寓目於俄頃,人情大抵然也,慎毋目爲鄙菲而哂之。冷然閣主人識。"並鈐"冷然閣"、"樵"二印。"金樵"爲王明德字,"冷然閣"爲其堂號。每卷前尚有另行扉頁,各刊"卷之幾"。

《清史稿·藝文志》入子部法家類。《四庫全書總目》入子部法家類附存目録,並云:"其説好爲駁難,而不免穿鑿。所作《洗冤録補》雜記異聞,旁及鬼神醫藥之事,尤近小説家言。"

《中國古籍善本書目》未收。據查,北京大學圖書館(兩部)、中國國家圖書館(存五卷)、中國人民大學圖書館、中國科學院圖書館、臺北"中央研究院"史語所傅斯年圖書館、日本内閣文庫、日本東京大學法學部圖書室均藏此本。《四庫全書存目叢書》子部第 37 册收入,底本與此版同。此外,2001 年法律出版社出版何勤華等點校本。

鈐"南宫葆真堂陳氏珍藏書畫印"。

0917　清康熙刻本大清律集解附例　　T4885/80

《大清律集解附例》三十卷首一卷附《兵部督捕則例》一卷《大清律新例》一卷《大清律附》一卷,清剛林等奉敕纂。清康熙刻本。十二册。有圖。半頁九行二十字,四周雙邊,間有四周單邊、左右雙邊者,白口,單魚尾。框高 21.6 釐米,寬 13.7 釐米。書口上刊"大清律"。前有順治三年(1646)《御製大清律序》,順治四年(1647)剛林等所上《進書疏》;總目;各卷目録。

剛林,瓜爾佳氏,字公茂,滿洲正黄旗人。授筆帖式,掌翻譯漢文。天聰八年,以漢文應試,中式舉人,命直文館。崇德元年,授國史院大學士。太宗時,剛林屢奉使軍前,宣布威德,咸稱上旨。世祖定鼎,三年、四年,迭主會試。六年,充《太宗實録》總裁。睿親王多爾袞薨,剛林因阿附得罪。參與移永平密謀,又與大學士祁充格擅改《太祖實録》,爲多爾袞削匿罪愆、增載功績,坐斬,籍没。《清史稿》有傳。

清廷入關不久，即着手將明律譯爲滿文，並對《大明律》略加修訂，以爲清代法典。刑部尚書吴達海、大學士范文程、翰林國史院掌院大學士剛林等先後奉敕纂修，順治三年，第一部清律典《大清律集解附例》編成，次年頒行。共三十卷，律法四百五十九條，附例四百三十餘條；計名例律四十八條；吏律三十一條，分職制、公式二門；户律九十五條，分户役、田宅、婚姻、倉庫、課程、錢債、市廛七門；禮律二十六條，分祭祀、儀制二門；兵律七十六條，分宫衛、軍政、關津、廐牧、郵驛五門；刑律一百七十條，分賊盜、人命、鬥毆、罵詈、訴訟、受贓、詐僞、犯奸、雜犯、捕亡、斷獄十一門；工律十三條，分營造、河防二門。其内容基本照抄《大明律》，僅改移兩條，删除"鈔法"等三條，增加"邊遠充軍"和"逃人法"兩條。前爲六贓、納贖、五刑、獄具、服制各圖例及例分八字之義，合爲首一卷。後附順治二年奏定之《真犯死罪決不待時例》和《真犯死罪充軍爲民例》。康熙九年，敕命大學士兼管刑部尚書事對喀納等將《大清律》滿漢文義重新校正，將律文分别纂注，並附以《兵部督捕則例》一卷、康熙三年三月十二日奉旨增入之《大清律新例》計十八條。清代繼承明朝律典"律例合編"的做法，律文後附以條例作爲補充，故名"附例"。

順治御製序云："每遇奏讞輕重出入，頗煩擬議律例未定，有司無所禀承，爰敕法司官廣集廷議，詳譯明律，參以國制，贈損劑量，期於平允。書成奏進，朕再三覆閲，仍命内院諸臣較訂妥確，乃允刊布，名曰《大清律集解附例》。"

剛林奏云："臣等再加審定，斟酌滿漢，務合時宜，逐款繙閲校正……隨付郎中韓養醇、員外郎金燦訂刻，今已告竣。"

是書多頁抄配，有剛林奏第二頁B面、卷一一第六頁B面、卷一二第十七頁B面、第十八頁、《大清律附》第一至三頁、第四十二頁。全書版式不一，似曾經補刊所致。

《四庫全書總目》著録，然所收《大清律例》爲乾隆五年增修之四十七卷本。《續修四庫全書總目提要（稿本）》著録爲"清康熙朝白玉堂刻本"，不知何據。

《中國古籍善本書目》著録有：清順治四年内府刻本，中國國家圖書館、故宫博物院圖書館、吉林大學圖書館三家有藏；清康熙四十五年朱墨套印本，遼寧省圖書館、南京圖書館等四家有藏；清康熙刻本，中國國家圖書館、中國社會科學院歷史研究所等五家圖書館有藏。另查臺北"中央研究院"史語所傅斯年圖書館、日本東洋文庫等亦有收藏。

0918　清康熙刻本大清律集解附例輯注　　T4885/81.31

《大清律集解附例輯注》三十卷首一卷，清沈之奇撰。清康熙五十四年（1715）刻本。十册。有圖。上下欄，半頁上欄十八行十六字，下欄九行十九字，左右雙邊，白口，單魚尾。框高23.2釐米，寬14釐米。書口上刊"大清律輯注"。題"秀水太學生沈之奇輯注"。前有順治三年（1646）御製大清律序；康熙五十四年蔣陳錫叙；順治四年（1647）剛林等《進書疏》，康熙九年（1670）對哈納疏；總目；各卷目録；沈之奇撰《凡例》七則。後有康熙五十四年許大定跋。

沈之奇，字天易，浙江秀水人。生平不詳，從序跋知，沈氏曾爲幕友三十餘年。

有清一代，私家注釋《大清律例》者百餘家，一百三十餘種，其中最著名者當屬沈之奇撰《大清律輯注》、王明德撰《讀律佩觿》及薛允升撰《讀例存疑》。是書積作者游幕三十載之經驗，集諸家之說，參以己見，爲清代律學經典著述之一。全書由其門人李瑚等爲之參訂校正，綱領次序俱與通行本相同，前亦有八字例義、服制、五刑、獄具、六贓、納贖諸圖及制義，彙爲首一卷。書分上下兩欄，上爲輯注，下爲大清律集解附例。爲區別官注與自注，沈氏將自注略低於官注。

總目凡四百五十八條。

《凡例》稱：“奇作客三十餘年，所至院、司、府、州、縣，閱歷讞牘多矣，竊見講解通曉又若是者難也，不揣淺陋，考據思索，謬爲《輯註》。順文解釋於每條之後，而義有未盡者逐節發明，分列上層，閱六、七寒暑甫卒業。”“解律之書，如《管見瑣言》、《折獄指南》、《刑書據會》、《讀法須知》、《辨疑疏義》、《法家裒集》、《律解箋釋》，諸家各有發明，尚未詳盡，且多穿鑿附會。奇採輯諸家者十之五，出於鄙見者半焉，其有諸家謬誤之處爲世所遵信者間爲指出，請正法家。”“翻刻之板甚多，其差誤脱落之處以僞傳僞，不可枚舉。今遵部頒原本較正，然其中亦尚有刊刻之誤，不敢臆爲更改。”

蔣敍云：“嘉禾沈子天易，曩者與余同事於淮徐，究心名法，嗣後屢佐煩劇之幕，而以其燈牕所述《律例注解》一帙郵寄於余。余歎其詮釋詳明，尤嚴於輕重出入之界限，爲能曲體聖人好生之意，蓋繹之不忍釋手云。沈子其出而壽之梓，以公天下，庶使執法之吏有所把握。”

《續修四庫全書總目提要（稿本）》著錄，並云：“沈貫自署浙之秀水，而蔣序則云湘之嘉禾，當名從主人，以自署爲正。”

有扉頁，刊“大清律輯註”。從用紙觀之，此書刷印當略晚於康熙朝，爲後印本。

乾隆十年，杭州人洪弘緒重輯是書，爲《大清律集解附例》三十卷《大清律續纂條例》四卷《大清律例校正條款》一卷，有乾隆間武林刻本，流傳甚廣，《續修四庫全書》史部第863冊收入，底本即爲北京大學圖書館藏乾隆刻本。

《中國古籍善本書目》未收。查諸公藏目錄，僅中國社會科學院法學研究所圖書館、湖南省社會科學院圖書館、日本内閣文庫有藏。2000年中國法律出版社出版點校整理本《大清律輯注》，由懷效鋒、李俊點校。

0919　清雍正刻本大清律集解附例　T4885/82

《大清律集解附例》三十卷首一卷《服制》一卷《律例總類》六卷，清朱軾等奉敕纂。清雍正刻本。十二冊。半頁九行二十字，四周雙邊，白口，單魚尾。框高22釐米，寬15.8釐米。書口上刊“大清律”。前有雍正三年（1725）御製序；雍正元年（1723）朱軾等人《進書疏》；順治三年（1646）御製大清律原序；康熙十八年（1679）上諭；雍正三年諭旨；剛林等《進書疏》；康熙二十八年（1689）圖納等奏疏兩道，張玉書等奏疏；朱軾等所上進表；編纂官銜職表；《凡例》九則；總目；各卷目錄。順治、康熙、雍正御製序及上諭均爲朱色刷印。

朱軾，見清雍正刻本《駁呂留良四書講義》。

清代自順治二年開設律例館，專事律例纂修及稽核。自乾隆元年，刑部奏准三年修例一次；十一年又改爲五年一小修，十年一大修。乾隆七年，併屬刑部，總裁以本部尚書兼任。自順治三年編纂第一部《大清律集解附例》以來，至清末不斷將《大清律例》重編，或補充，或删减，定爲憲典，頒行全國。康熙即位後，刑部奏請重新校正律文，於康熙九年完成。康熙十八年，刑部奉命重新酌定新舊條例，次年編成《刑部現行則例》。康熙二十八年，因律和則例併行矛盾，又交九卿議准，以圖納、張玉書爲總裁，將《刑部現行則例》附入《大清律》内，删去重複條款，並於每條正文後增加總注解釋律文。康熙四十六年，刑部將其奏呈朝廷。由於康熙帝留覽未發，該律修訂始終未克完成。雍正即位後，以大學士朱軾爲總裁，重修律例，雍正三年修成，爲清朝頒行全國的第二部成文法典。共計三十卷，四百三十六條，附例八百二十四條，附圖、服制、比引律條。是書律文部分基本成爲《大清律》之定本,直至清末未作改變,而附例則定期修訂,條數逐年增加。

雍正御製序云:"雍正元年八月,乃命諸臣將律例館舊所纂修未畢者,遴簡西曹,殫心蒐輯,稿本進呈。朕以是書民命攸關,一句一字必親加省覽,每與諸臣辯論商榷,折中幾定,或析異以歸同,或删繁而就約,務期求造律之意,輕重有權;盡斷獄之情,寬嚴得體。三年八月編校告竣,刊布内外,永爲遵守。"

據《凡例》稱,原律四百五十七條,歷代相因,内有事同而罰異,名目款項,古今異意者,删九條,併六條,增二條,移易一條,更名四條,又改律文及小注字句一百三十條,皆因時增損。蓋前此律文仍有襲前代之舊者,至是掃汰浄盡,遂成一朝之法制矣。其律例合爲一編,所載舊例,上注"原例";刑部原刻例,上注"增例";雍正元年後增定之例,上注"欽定例",眉目瞭然。所附《律例總類》,則將全書科罪自笞杖以至凌遲,依次彙集,一一摘出,頗便查閲。

《續修四庫全書總目提要(稿本)》收入,據稱:"高宗重編《大清律例》,間有增改而大體無殊。《四庫總目》只取現行著録,不及此書。然其變遷之跡,得此可以備悉,亦考究清代法制者所必珍視,故特表而彰之焉。"

律例館總裁、户部尚書張玉書奏疏云:"皇上欽定交與刑部刊刻,頒發遵行。"知是書刊刻當刑部所爲。各圖書館著録多作"清雍正三年武英殿刻本",宜有所據,然觀是書"欽定例"有至雍正六年三月者,抑或爲增修之本耶?

《販書偶記》著録雍正三年武英殿刻本。《中國古籍善本書目》著録清雍正刻本,中國國家圖書館藏殘本一部,江西省圖書館藏全帙一部。另查湖南圖書館、北京師範大學圖書館、臺灣大學圖書館、日本京都大學人文科學研究所、内閣文庫等多家有藏。

0920　清刻本大清律例精義　　　　　　　　　　T4885/85

《大清律例精義》三十四卷首一卷。清刻本。十二册。有闕名朱墨批注。三節板,半頁上欄十八行四字,中欄十八行十四字,下欄九行十九字,左右雙邊,白口,單魚尾。框高19.9釐米,寬13釐米。書口上刊"大清律例"。前有順治三年(1646)御製序,雍正三年(1725)御製序,乾隆五年(1740)御製序;總目;各卷目録。三篇御製序均爲朱色刷印。後有包淳《讀律卮言》跋語。

卷首爲諸圖,乃六臟圖、納贖諸例圖、過失殺傷收贖圖、徒限内老疾收贖圖、誣輕爲重收贖圖、五刑獄具圖、喪服圖。律例三十三卷,與通行《大清律集解附例》稍異,與乾隆間《大清律例彙纂》本同。卷一至二,名例律四十六條;卷三至四,吏律二十八條;卷五至一一,户律八十二條;卷一二至一三,禮律二十六條;卷一四至一八,兵律七十一條;卷一九至三一,刑律一百七十條;卷三二至三三,工律十三條。通計四百三十六條。卷三四爲比引律條三十條。下欄爲律例,其中條例遵照乾隆五十四年部頒續纂條例;中欄爲集各家注解,引《大清會典》、《刑部現行則例》、《户部則例》、《史記集解》、顔師古《漢書注》、清康熙間沈之奇《大清律輯注》等書内容;上欄爲批語,不詳所刊爲何人批語。

是書不著撰注者,亦無凡例,包氏跋語中亦無關書之内容、旨意,而是讀乾隆間修《大清律例》觀感及上溯律例源流。中欄輯注所引内容,最晚有嘉慶二十三年者,下欄律例不見道光元年續纂續定内容,是書刊刻時間當在嘉慶至道光間。

書上有闕名朱墨批注圈點。翻閱全書，可知批注者蓋因新例增改，與舊例多所不同，而有重行改編之意。此舉或爲續修彙纂刊行，或僅爲個人案頭常備，然此人必定熟知律法，或爲刑幕，或爲官吏，究竟何人，不得而知。全書通篇累牘以蠅頭小字工筆過錄、批注，精密嚴謹，所引成案豐富翔實，注明時間、當事人、處分結果，頗可爲律例參考備檢。所引材料最晚至清道光二十一年，可知批注時間當在道光後期。批注一依《大清律例》原次，上下疏解，俾便參閱。近年所增新例一體纂入，逐年新例、業已通行而尚未奉部纂入新頒律例者，亦題諸中欄、下欄。有所修改者，或在原書上圈改，或裁剪簽條遮住舊例，再書以新例。例多分門互見，有應參看者，有相似而不同者，均分晰注疏。並將處分成案及近年條議，廣爲搜羅，增補缺漏，稍有疑義者，輒折中參訂，以批注形式書於上欄或頁眉。

此本罕傳，各公藏目錄不見著錄，兼之有闕名批注、續纂，治清代法制史者當予以關注。

0921　清雍正刻本覆甕集　　　　　　　　　　　　　T4662.8/1324

《覆甕集》《錢穀》二卷《刑名》十卷《餘集》一卷，清張我觀撰。清雍正四年（1726）刻本。七册。半頁十行二十四字，左右雙邊，白口，單魚尾。框高19.6釐米，寬14.1釐米。《覆甕集》前有陳之璐序，金祖望序，何大鏞序，雍正三年（1725）張我觀自序。目録頁題"東敬張我觀昭民甫著；古蕙陳之璐、武林金祖望日照參訂；及門沈元鉉聲遠、何大鏞耆湘、屠嘉正時若、張慎言三緘、劉應椿雲表、馮鬩飛子持、陳克鏜鳴聖、陳灼仲暘同校；姪男諄昌言、誼子正、訒緘三、謹惟一、訥敏行、讓謙六編次"。後有張訒跋。《覆甕餘集》前有雍正四年薛一縉序。題"東敬張我觀昭民甫著；薛一縉參訂；受業朱培、姪男諄、訒校輯"。

張我觀，字昭民，號省齋，山西太平人。康熙三十二年進士。謁選，授浙江會稽知縣。會稽水旱頻仍，素稱難治，我觀以德化民，散賑築塘，糧停訟簡，使數萬百姓復安衽席，民咸歌之曰"張公爲政，樂不可支"。在任十年，一切興利除弊，皆卓卓可紀。及歸，百姓攀轅臥轍，如失慈母。《（道光）太平縣志》卷一一《人物》有傳。

"覆甕"，典出《漢書·揚雄傳下》，"劉歆謂雄曰：'空自苦，今學者有禄利，然尚不明《易》，又如《玄》何！吾恐後人用覆醬甕也。'"後以"覆甕"形容無價值之著作。張我觀爲人誠篤，雅不好名，此書之刻，實其子張訒及同人陳之璐等倡謀，及至察覺，顧事已成，不能中止。自序中謙稱"徒災棗梨"，"使其初見之則儼然佳本也，細閱之則索然無味也，可用之以覆甕耳，因名之曰覆甕集。"

是書爲我觀治理會稽時政牘，同人與姪輩將其有裨於國計民生者彙爲一集，校訂成帙。陳之璐序云："因同公之嗣君並門下諸賢，將公平日施行之政校訂成帙，鏤刻垂後，庶異日出身加民有所取法焉。"金祖望、何大鏞諸序亦言及刻書事。内容自康熙五十九年至雍正三年，凡六年，類目周詳，《錢穀》二卷分盤查、御稻、催科、編審、告歉、場務、塘工、閘工、寺工、庶事十項；《刑名》十卷分條告、命案、盜案、户婚、田土、賍私、庶務、稟帖、祭禱、旌奬十項。

《餘集》一卷，爲我觀兼署山陰之文稿。薛一縉序云："今年夏，諸同人與甥輩刻公治會之政牘，告成，余並輯公之署篆諸稿，請付梓以附其後，亦名之曰《覆甕餘集》，俾覽者即其餘而服其才德之絶人，則全集更可見矣。"

有扉頁，鐫"覆甕集。雍正四年夏鐫。東觀張昭民著。本衙藏板"。鈐有"金鑑遺徽"、"凝清堂"兩印。凝清堂者，張我觀在會稽之家塾也。《餘集》前亦有扉頁，鐫"覆甕餘集"。

史　部

《四庫全書總目》未收。《續修四庫全書總目提要(稿本)》入史部政書類,並言:"我觀善政甚多,爲民愛戴,已有《仁聲》一書流布,雖謙抑不遑,而公道自在也。""惟估工定讞,時被駁詰,心縱靡他,究欠精明,實其所短。特大體質實,無虧官守,足爲楷模者也。"

《中國古籍善本書目》史部政書類法令著録,"覆甕集十卷餘集一卷",無"錢穀二卷",清雍正四年刻本,清華大學圖書館有藏;又入子部法家類,"覆甕集刑名十卷餘集一卷",亦無"錢穀二卷",清雍正四年刻本,大連市圖書館有藏。此外中國國家圖書館、北京大學圖書館、中國科學院圖書館、中國科學院法學研究所圖書館等多家收藏。《續修四庫全書》子部法家類第974册收入,底本爲北京大學圖書館藏本。

0922　清康雍間刻本定例成案合鐫　T4885/3253

《定例成案合鐫》三十卷《續增》不分卷,清孫綸輯。清康熙、雍正間吳江樂荆堂刻本。二十册。半頁十一行二十六字,四周單邊,白口。框高 19.4 釐米,寬 12.4 釐米。題"吳江孫綸編輯;孫繪校閲"。前有康熙四十六年(1707)孫綸自序;《凡例》十三則;總目;各卷目録。

孫綸,字理亭,一字丹書。江蘇吳江人。生平不詳。以諸生從事刑幕,輯爲是書。

早在西周時期,訴訟審判中便有"上下比罪"以適用判例。《禮記·王制》云:"疑獄氾與衆共之,心察小大之比以成之。"鄭玄注謂"已引故事曰比"。以後各朝斷獄及處分官員公私罪名,在法無明文規定時,往往比附判例裁判案件。明清兩代注重編例,朝廷還通過六部議定,將大量成案確認爲"定例",由部頒通行,作爲律之補充,合稱"律例"。孫綸認爲六部所頒各例已極詳明,然不多閱成案,未免引斷無據,於是特取錢穀、刑名舊案,與《欽定處分則例》、《六部續增則例》、《刑部現行則例》、《中樞政考》等數例合刻,以資印證。自序云:"爰即余之所反覆而參觀者,悉編次成帙,名曰《定例成案合鐫》。而別疏其凡例於左,一以使夫留心吏治者周觀而熟複之。"

書中所輯六部條例及成案,俱係康熙四十六年春季之前,《續增》所引成案係康熙四十六年至雍正二年間。首爲名例一卷,然後依照正律分門順序,吏部有職制、公式二卷;户部有户役、田宅、婚姻、倉庫、課程、錢債、市廛七卷;禮部有祭祀、儀制二卷;兵部有宮衛、軍政、關津、廐牧、郵驛五卷;刑部有賊盜、人命、鬥毆、罵詈、訴訟、受贓、詐偽、犯奸、雜犯、捕亡、斷獄十一卷。工部有營造、河防二卷。逃人事例另列一門,不編在卷内。定例俱在本條下注明出處,未經頒刻及咨文成案則注以年月,以便查覽。成案以雙行小字編於定例後。

《續修四庫全書總目提要(稿本)》著録,其云:"所録成案,概用雙行,以別於定例。合計所載名例及吏、户、禮、兵、刑、工部各項定例成案,併涉逃人者,幾至三千條,不可謂不繁。然今清初文牘存者已少,關刑名者更鮮問津,是書於清初定例成案,加意蒐録,不厭其詳,真洋洋大觀,於徵考史料、刑典均有裨益也。"

有扉頁,刊"定例成案鐫。原編;續編;新編。後有新例成案,按季續刻,翻刻必究。一集《欽定六部處分則例》;一集《六部續增則例》;一集《刑部現行則例》;一集《中樞政考》;一集《欽定督捕則例》;一集《兵部督捕則例》;一集内部未經頒刻各例;一集内部議覆及知照各省督撫提鎮咨文;一集内部議定成案;一集三法可疑駁比照援引改正諸案。吳江樂荆堂藏板"。《續增》扉頁爲"定例成案合鐫續增"。由扉頁可知,是書實爲坊間延請孫綸、孫繪編輯,陸續增補刊刻而成。吳江樂荆堂,《中國古籍版刻辭典》未收。

《中國古籍善本書目》未收。據查中國國家圖書館、北京大學圖書館、中國科學院圖書館、上海圖書館、中國社會科學院法學研究所圖書館、日本內閣文庫等多家有藏,然各館大多著錄爲康熙刻本或康熙五十二年刻本,實則《續增》內容已延至雍正初年事,因著錄康雍間刻本較爲允當。

0923　清雍正刻本天中足民錄　　　　　　　　　　　　T4389/1356

《天中足民錄》不分卷,清王士俊輯。清雍正刻本。八册。半頁九行二十三字,四周雙邊,白口,單魚尾。書口下刻"××府",如"開封府"、"彰德府"。框高19.9釐米,寬14.5釐米。前有雍正十二年(1734)上諭;王士俊奏謝恩折。末有盧焯跋,張鳴鈞跋,白暎棠跋,張建德跋,孔傳煥跋。

王士俊,字灼三,號犀川,貴州平越人。性敏,未冠即以文名,旋入郡庠。康熙六十年進士,改庶吉士,令繙譯清書。雍正初,以知州發河南,累擢河南巡撫。乾隆間任兵部侍郎、四川巡撫,以越職言事,逮問至京,後釋歸。有《閑家編》。士俊才力雄肆,生平宦轍所至,必以興利敉弊,忠清幹濟,百折不回,卓然一代名臣。《清史列傳》卷一八、《清代貴州名賢像傳》第一集有傳。

天中者,天之中央也。漢王充《論衡‧談天》:"極爲天中,方今天下在天極之南。"昔雍正帝諭旨云:"墾田於百姓最有裨益,凡可耕之處,聽民相度機宜,自墾自報,官不得勒索,吏不得阻撓。墾田多者,督撫大吏及府州縣官准令議敘。"此本乃雍正十一年,士俊兼管河南巡撫在豫墾荒事,其以前後批詞彙輯成帙。計收開封府、河南府、歸德府、彰德府、衛輝府、懷慶府、汝寧府、南陽府、汝州、陳州、許州、禹州、鄭州、陝州、光州十五地。卷前爲《爲細籌足民至計以厚根本事》、《爲詳籌豫省水利以裕民生以足民食事》、《爲開墾已見設施綜核端資觀察特委勘查務奏實效事》、《爲詳籌東省水利以裕民生以足民食事》。

張鳴鈞跋云:"公區畫條教,委曲精詳,俾守令咸知鼓舞奮勉,踴躍奉公,陸續報墾荒蕪沙磧棄地,不下三十餘萬畝。其貧寒無力者,捐給牛種,資其耕作,大要使鰥寡孤獨之民,無不獲其所而後即安。爰彙輯條教批詳一卷,曰《天中足民錄》,一切開墾事宜,守令推廣奉行之善,公援古証今,曲成獎勵之詞,開卷瞭然,如親官禮。"按,士俊在豫三載,墾荒勸捐,頗爲民累。高宗時,户部尚書史貽直劾之。劾疏云,河南地勢平衍,沃野千里,自來無土不耕,其不耕者,大都斥鹵沙磧之區。督臣授意地方官多報開墾,於是各屬畏其權勢,迎合上司,冀得歡心。詎恤日久官民受累,以致報墾者紛紜。其實所報之區,非河灘沙磧之區,即山岡確口之處,甚至墳塋之側,河隈所在,搜剔靡遺。並請敕廉明公正大臣前往清察。疏入,上諭有"王士俊接任河南,不能加意惠養,且擾亂紛更以爲幹濟,借墾地之虛名,而成累民之實害","王士俊著解任,來京候旨。"《清史列傳》卷一八士俊傳内於此事敘之甚詳。

《中國古籍善本書目》、《續修四庫全書總目提要(稿本)》未收。《清華大學圖書館藏善本書目》著錄。

0924　清乾隆刻本駁案成編　　　　　　　　　　　　T4894.5/7352

《駁案成編》不分卷。清乾隆刻本。六册。半頁十行二十四字,四周單邊,白口,單魚尾。

框高22.4釐米,寬14釐米。書口上刊"駁案成編",書名據此。無序跋。

"駁案"一詞,多見於清代司法審判之判例中,專指對冤假錯案的糾正,即駁正、駁改之意。上級衙門懷疑斷獄有誤時,對上報文書提出質疑和不同意見,駁回重審,呈文衙署據此予以答覆。駁案集出版時,儘管辦錯案者可能已被革職或受罰,但皇帝諭旨令刑部官員彙輯錯案冤案刊印,公之於衆,以爲百官辦案引證比附之資,不能不説是一種封建社會的"司法公開"。

是書輯乾隆元年至三十年刑部批駁改正之判例,依年將不同司署駁案彙編成册。所駁正諸案分別來自直隸、奉天、河南、山東、山西、陝西、安徽、江蘇、湖廣、江西、廣東、福建、浙江、貴州、雲南、四川等司。每案逐一記載案情、時間、當事者、審理官吏、斷案過程、原審各司結論及擬定罪罰、刑部按律駁回、發下再議和最終判決等細節。輯者應爲刑部屬吏。

清代駁案集中常爲人引用者,當屬由乾隆元年至四十九年刑部駁案判例彙集而成的《駁案新編》,凡三十二卷,依《大清律例》之名例、吏律、户律、禮律、兵律、刑律、工律順次排序。之後又彙集了乾隆後期及嘉慶年間的判例爲《駁案續編》,凡七卷。光緒年間,《新編》及《續編》合二爲一刊行,名《駁案彙編》。此《駁案成編》成書應早於《駁案新編》諸書,案情記述更爲詳細,體例亦所不同。

是書不避嘉、道諸諱,記事止於乾隆三十年,編刊應在乾隆年間。查《中國法制史參考書目簡介》著録有《駁案成編》一種,"清洪彬輯。八册。清乾隆丁亥年(1887)刻本。集合從乾隆元年至三十年(公元1736—1765)二百八十個案件。"此處公元紀年有誤,"丁亥"爲乾隆三十二年,1767年。由是可知,全帙應爲八册,館藏此本闕乾隆元年至九年内容,佚失最前兩册。

《續修四庫全書總目提要(稿本)》、《販書偶記》諸書均未收録。

《中國古籍善本書目》未收。據查湖北省圖書館、中國社會科學院法學研究所圖書館有藏,著録爲清乾隆三十二年刻本。

0925　清抄本成案備考　　　　　　　　　　　　T4885/5324

《成案備考》十卷。清抄本。五册。半頁九行二十字,四周雙邊,白口,單魚尾。朱絲欄,間或有緑絲欄。書口下鐫"澹香書屋"。無序跋。

所謂"成案",即歷年所辦、可爲今後審案中參照適用之判例。清朝時"成案"有廣狹兩義,狹義專指在律例無專條規定時,比照其他律例條文加減定擬,並經朝廷批准通行全國者;廣義則指以前各司法機構(主要是刑部)所做判例。成案通常記載有具體之時間、地點、當事人名姓、較爲詳細的案情介紹及判處結果等。儘管《大清律例》明令嚴禁以未經通行的成案作爲辦案依據,但爲裁決案情紛雜之疑難案件,各部往往傳知各司抄存備考成案,在正律、正例没有專條可依據時,不妨比附定擬,以作爲施行於本部、可供參考之辦案規則。此外也有卸任官員爲將經驗留傳後人而彙編案例者,如清人沈廷瑛先後在刑部和湖南、福建等地任官三十餘載,卸任後,從自己處理過的案件中選出"情法兩平"、"足爲讞獄之準"的案件三十餘起,編爲《成案備考》,於嘉慶十三年刊刻行世。

是書不知何人所輯,涉及刑部斷獄、官員處分等案例,抄録成案,起自清嘉慶十八年,迄於道光三年。全書無目録,只在版心中書寫案件分類,如"犯罪自首"、"徒流人又犯罪"、"貢舉非其人"、"官員襲蔭"等。同類下抄輯來自不同司署、不同年份之咨文成案,大致以成案時間爲序。咨文成案來自直隸、奉天、山東、山西、江蘇、安徽、江西、湖廣、陝西、浙江、河南、福建、四川、雲南、廣西、廣東、貴州諸司。每條下少則兩三條成案，多則數十條，如"強占良家婦女"條下，有安徽、貴州、福建、廣西數司不同年份的成案二十二條。

書經日人重裝。

《中國古籍善本書目》著録《成案備考》五卷，清抄本，中國科學院圖書館藏，據查該館所藏兩部，記事均至清道光年間，一部版心下鎸"翰寶齋"，一部版心下鎸"萬昌製"，均爲五册。中國社會科學院法學研究所圖書館亦藏有《成案備考》十卷，清抄本，所輯爲道光間成案。北京大學圖書館有清抄本《成案備考》三部，均十卷、十册一函。因未見上述各家所藏抄本，不詳内容幾何。

0926　清光緒寫本直隸省情實人犯招册　T4894.5/449

《直隸省情實人犯招册》。清光緒寫本。二册。半頁八行，字數不一，四周單邊，白口，單魚尾。書口上書"直隸司"，下書刑犯幾名及刑犯姓名。封面簽題"直隸省情實人犯招册"，書名據此。

清代重視死刑判決，自順治十五年起施行秋審制度，即各省先將被判處斬和斬監候的案件經本省督撫、布政使、按察史詳核，分別提出四種處理意見：情實、緩決、可矜、留養，然後匯總於刑部。刑部刊刻招册，分送三法司、九卿、各部、軍機大臣等備覽。每年八月，經中央各部會通復審，斟酌復核，再將招册上呈皇帝裁決恤刑。皇帝於懋勤殿據册内所呈事實，或落筆畫勾，或下旨免勾。勾者執行死刑，可疑未勾者關押，待來年秋審再定。"情實"者，顧名思義，即罪情重大確鑿，無可饒恕，當執行死刑之案，原名"情真"，爲避雍正帝諱而改。確認爲情實者，秋後便被處決。招册是一種刑部公文册，上面記載案情及各省法司督撫勘語，秋審時刑犯仍羈押原地，故以招册作書面審核。

是書由清刑部纂輯，爲光緒二十二年秋審後確認直隸一省所謂"情實"死囚犯之招册，總計三十起，其中斬犯二十二名，絞犯十一名。前有目録四頁，記案犯人名、年歲、籍貫。犯人爲朱西汶、劉禿、張大溁、趙觀、李僧兒、張葆兒、李判五頭、范得澦、王二、郭滿倉、許汰有、張振青、賈灃淶、賈二、趙海茹、王莨、殷起發、陳有潰、王泳海、李小十、韓小水、程青、周尚、李得風、吳滿墩仔、賈以模、張合亭、李狗、高羊、范舜、牛莨椿、劉得本、邱沅。每案先書死囚犯姓名、年歲、籍貫，再詳録其案由、案情、各省藩臬會審勘語、具題、秋審後結論等。所記刑案均發生於清光緒二十年至二十二年間。

每案最末"恩詔奏明不准援免，某某應情實"一行字後，以另紙裁剪貼附，墨筆寫明難以寬免之罪責名稱，此處書眉並粘以黃色簽條。

細審是書發現，此册是以刻本爲底本描潤、增訂而成，目録四頁和每案最後秋審内容是墨筆直接書寫於刻有欄線的空白紙上，其餘諸頁先以白粉遮掉刻本原來的文字，再用墨筆重新書寫，刻本各頁的欄線也經墨筆描過，故全册書寫風貌整齊劃一。

書衣、函套均爲黃色綾面，裝裱鄭重，抄寫精整，似爲刑部呈皇帝御覽前之謄清本。此類材料殊爲罕見，中國國家圖書館藏有清康熙至光緒年間的刻本招册十一部，北京大學圖書館藏有清光緒刻本招册一種，尚不聞有如此抄本存世，既是封建時代判案之史料，又爲清朝秋審制度之實証，可堪寶也。

0927　清乾隆刻本欽定軍衛道里表　　　　　　　　　　T4718/6215

《欽定軍衛道里表》十八卷,清鄂爾泰等奉敕編。清乾隆八年(1743)武英殿刻本。六册。半頁十行,兩截版或三截版,字數不一,四周雙邊,白口,單魚尾。框高21.9釐米,寬16.4釐米。前有乾隆八年六月十五日鄂爾泰等上纂修奏疏。

鄂爾泰,字毅庵,西林覺羅氏,滿洲鑲藍旗人。康熙三十八年舉人,曾官江蘇布政使、廣西巡撫、雲貴總督。雍正十年升保和殿大學士,居内閣首輔。乾隆初任總理事務大臣,兼軍機大臣、領侍衛内大臣、議政大臣、經筵講官,管翰林院掌院事,加銜太傅,國史館、三禮館、玉牒館總裁,賜號襄勤伯。著有《西林遺稿》。雍正《硃批諭旨》中收有《鄂爾泰奏摺》,彙集其在雲貴、廣西總督任上奏疏。乾隆十年卒,謚文端。《清史稿》有傳。

清代刑律沿用明代充軍之刑,軍犯按罪行輕重發配不同遠近衛所服役,凡五等,曰附近,曰邊衛,曰邊遠,曰極邊,曰煙瘴,稱"五軍之刑"。即刑部問擬充軍人犯,開明籍貫送交兵部,照《軍衛道里表》開載衛所,附近充軍者發二千里,邊衛充軍者發二千五百里,邊遠充軍者發三千里,極邊充軍者發四千里,煙瘴充軍者發煙瘴地區亦四千里。乾隆初年以前,沿用明朝《邦政紀略》一書,然朝代更替,行政區劃多有變化,爲便於各省確定充軍之地,兵部奏准命各省督撫將軍,將軍衛道里咨送到部,兵部據此編輯是書,並由武英殿刊發頒布各省,以利執行。乾隆二十七年,因是書多有地名互異、里數不合之處,兵部重新編有《五軍道里表》,乾隆三十二年由武英殿刊行。乾隆四十四年、嘉慶十四年兵部兩次續修再刊行。

是書大體據明《邦政紀略》一書編成,依直隸、江南蘇松、江南安徽、浙江、江西、湖北、湖南、福建、山東、山西、河南、陝西、甘肅、四川、廣東、廣西、雲南、貴州分爲十八卷,每卷下以府爲中心,以橫向表格標出附近、邊衛、邊遠、極邊、煙瘴五種軍衛制度所及地名、里數。

鄂爾泰奏稱:"各督撫先後造册報部,於乾隆八年閏四月初三日咨覆齊全在案,臣等將各省督撫造送新改設府分直隸州軍犯應行編發地方,詳細檢查,内有州縣改設府治併直隸州者,亦有州縣改隸别府者,又有府州縣陸續裁汰者,俱照現在府州縣按册編纂","謹繕漢字軍衛道里表黄册六本恭呈御覽,俟命下之日,一併交與武英殿刊刻,附入《中樞政考》内頒發直省,一體遵行。"

《續修四庫全書總目提要(稿本)》未收。《清代内府刻書目録解題》著録。

《中國古籍善本書目》著録,故宫博物院圖書館及遼寧省圖書館兩家收藏。此外,中國國家圖書館、北京大學圖書館、中國科學院圖書館、中國社會科學院法學研究所圖書館、臺北"故宫博物院"、美國普林斯頓大學葛思德東方圖書館、日本内閣文庫等數家圖書館亦有收藏。

0928　清乾隆寫本萬壽恩科雲南武鄉試題名録　　　　T4668.934/1752

《乾隆壬申萬壽恩科雲南武鄉試題名録》一卷,清乾隆十七年(1752)寫本。一册,計九頁。半頁九行,字數不一,四周雙邊,白口,單魚尾,朱絲欄。框高18.5釐米,寬13.7釐米。書口上書"恩科雲南武鄉試題名録",魚尾下書"乾隆壬申科",首頁卷端題作"乾隆拾柒年壬申萬壽恩科雲南武鄉試"。每頁下方均騎縫鈐"巡撫雲南兼建昌畢節地方贊理軍務兼督川貴兵餉關防"滿漢文大印。

题名录前,首载监临外场官、考试官、同较阅外场官、提调官、监试官、阅卷官、印卷官、受卷官、弥封官、巡绰官、搜检官、供给官、分理供事官、纪箭官、掣籤官、掌号官、监箭官、唱名官等各姓名与官阶,下以小字双行书其籍贯及科甲出身。次录是科各场之内容,第一场试马上箭,第二场试步下箭、开弓、舞刀、掇石,第三场论二道、策一道。论之题目爲《临之以莊则敬》、《义者所以行事立功》,并抄录策之全文。"中式武举肆拾贰名",依中举名次先后,只登姓名及出身,係所在某府州县学武生或提、巡、督标兵丁。

此爲乾隆十七年云南一省所取恩科武乡试题名录原件,抄录极爲工整,字蹟细若髮丝。"武乡试",即武举考试也,专爲选拔武艺人才。武科始于唐朝武则天时代开设之"武举",以后历代续有开设,但不定期,至明代始定武乡试、武会试之制,清代沿袭。按清制,武乡试三年一科,子、午、卯、酉年爲正科,逢庆典爲恩科,与文乡试同。各省武生在本省城乡试,以本省巡抚爲监临主考,场期在文场后。乾隆时定制,外场十月初七日始,考试马步箭并技勇;内场十三日入闱,十五日考试策论。嗣又改爲初五日起连试外内场,十一日出榜。内场论题,向用《武经七书》。康熙帝以其文义駁杂,诏增《论语》、《孟子》,于是改论题二,首题用《论语》、《孟子》,次题用《孙子》、《吴子》、《司马法》三书。武乡试中额,各省不同,如顺天一百零八名,江南六十二名,福建、浙江各五十四名,四川、云南各四十二名,等等,详见《清史稿·选举志》。据是书可知,本场恩科武乡试考试官爲云南巡抚爱必达,取中云南武举人四十二名,第一名爲开化府学武生马国勋。

清代武举考试往往重外场技勇,轻内场文艺,嘉庆年间更是废除策论,内场只要默写《武经七书》中一段百餘字即可,故武举人、武进士往往被视作纠纠武夫,其地位大不如清代前期。加之康熙年间定制,武乡试录取名额只有文乡试一半,编刻武乡试、武会试题名录、同年录遂不被重视,存世刻本及抄本,较之文乡试之乡试录、同年齿录等,数量大爲减少。如是书年代之早,又爲云南官府所编原件者,仅知北京大学图书馆藏有《清康熙二十六年丁卯科云南武乡试题名录》精写本,殊爲少见,弥足珍视。

0929　清乾隆刻本乾隆己酉科各省选拔同年齿录　T4668.9/1789

《乾隆己酉科各省选拔同年齿录》一卷,清乾隆五十四年(1789)京都琉璃厂刻本。四册。半页十二行,字数不计,四周单边,白口,单鱼尾。框高17.2釐米,宽12.8釐米。书口上刻"己酉科各省拔贡齿录",鱼尾下刻省份。每半页记两人,上下栏。前有"各省考取选拔试院　乾隆己酉科",列出各考试官之官衔、名姓、字号、籍贯及进士年科;后"经办己酉选拔各省同年齿录首事",末有"京都琉璃厂东门外桶子衚衕会文斋王庆餘、周一浩承办"一行。封面题签"各省选拔同年齿录乾隆己酉科",每册封面还题有本册所收省份,"第一本元,盛京、直隷、江苏、安徽、江西","第二本亨,浙江、福建、湖北、湖南、河南","第三本利,山东、山西、陕西、甘肃","第四本贞,四川、广东、广西、云南、贵州",共计十九省。

旧时同科考中之人彼此称"同年",将同一年所中举人、进士按年龄大小排列,记录其家世、籍贯等简要情况,编成之科名录称爲《同年录》,因按年齿长幼爲序,故又称爲《齿录》。新科举人通常都编有《乡试同年录》。各省举人齐集京师参加会试,发榜后,中第者称贡士,照例刻印本科《会试录》、《会试同年齿录》,或合本科各省取中者,或分录各省同年者。新贡士应殿试后,中第者成爲进士,官府及书坊随即刻印本科《登科录》。进士经朝考后授职,按授职情况又可编印《同年官職録》。以上都是研究科舉時代人物基本而真實之原始材料。據知，現存清代所刻各類同年齒録在兩百種左右，以往藏家多不大重視這類材料，公私目録也鮮見全面著録，其研究價值尚有待深入發掘。

"拔貢"者，拔取學行兼優者充貢送部之簡稱。國家於科目取士之外，又增此拔貢一途，收未盡人才以備用也。選拔對象，初爲府、州、縣學廩生，康熙十年擴大至各學現考一、二等生員，雍正六年再行放寬至一、二、三等生員均准收考。自雍正五年起，定制每六年選拔一次；乾隆七年起，改六年一舉爲十二年一舉，遂爲永制，故曰逢"酉"選"拔"。同年録之編刻，通常是由本科同年們在中舉後湊貲，推選其中幾位主事編輯，然後送交京都琉璃廠某書坊刊行。以是書爲例，"經辦己酉選拔各省同年齒録首事"所列三十九人，均見於其後的同年齒録中，即他們都是乾隆己酉科拔貢。每一省兩位，直隸舉人最多，經辦人多至四位。同年齒録之體例，一般是大字姓名下，逐一列出字號、行第、籍貫、生辰、三代姓名及簡要仕履、本人家世、兄弟名、妻子姓名、所在居址各項。是書先分省，再按中式先後次序，總計1 400餘人。

有清一朝編刻"拔貢"之同年齒録，據知現存最早者爲中國國家圖書館所藏《雍正十二、十三年寅卯拔貢同年序齒録》，其後即此乾隆五十四年者。此書不多見，經查中國國家圖書館、北京大學圖書館亦藏有此《乾隆己酉科各省選拔同年齒録》。

0930　清刻本太學進士題名碑録　　T4667/6472

《太學進士題名碑録》不分卷，清李周望輯，清德沛再輯。清康熙五十九年(1720)刻雍正十年(1732)續刻乾隆初再續刻本。八册。半頁十行二十二字，左右雙邊，黑口，雙魚尾。書口中刻"題名碑録"及科年。框高20.1釐米，寬14.3釐米。前有雍正十年孫嘉淦《續刻題名碑録序》，康熙五十九年李周望《太學進士題名碑録序》，書名據此。

李周望，字渭湄，直隸蔚州人。康熙三十六年進士，改庶吉士。三十九年授檢討。五十三年二月，遷國子監司業。九月，提督湖廣學政。五十七年，遷國子監祭酒。六十一年，遷户部左侍郎。雍正二年，奉命查兩淮鹽務。雍正八年，卒於家。官祭酒時曾與司業謝履忠合編《國學禮樂録》二十四卷。《國朝耆獻類徵初編》有傳。

明清時代，進士於國子監(太學)大成門外樹碑，題全科進士姓名、籍貫、甲第、名次，稱"進士題名碑"，將其彙集起來刊行，即《進士題名碑録》。最早爲清康熙五十九年國子監祭酒李周望所刻，輯順治丙戌至康熙戊戌二十八科。其書一續於雍正十年，祭酒孫嘉淦爲之序，所録進士題名續至雍正庚戌(八年)科；二續於乾隆十一年，祭酒宗室德沛暨進士錢維城等人所刊，並補舊闕明代諸科及康熙己未(十八年)、乾隆丙辰(元年)博學鴻詞兩科，乃成定本。以後每次新刊進士題名録即補於此乾隆本後，版式字體每有不同而書名體例仍其舊。乾隆以來未經重刊，每刷印全部時，除本科題名係新板外，以前各科率用舊板，以至咸、同時印本前半部多漫漶不清。

是書録清順治丙戌(三年)至乾隆丁巳(二年)各科進士，附明洪武辛亥(四年)至崇禎癸未(十六年)進士題名碑録，依科年、甲第爲序，每科記賜進士及第一甲、二甲、三甲人數、人名及其籍貫。

李周望序云："太學題名碑記，元僅有存者，明代石刻旋闕旋補，本朝自順治丙戌至康熙戊戌，凡二十有八科，惟壬辰、乙未分滿漢二榜，各三鼎甲及二甲、三甲，自後歷科仍合爲一榜，未嘗分也……謹録國朝歷科題名碑姓氏爲初集,俟次第增益,使多士觀感踴躍,咸知我皇教澤深厚,文治郅隆以垂示無窮。而元明舊碑之在辟雍者並附録之,備考鏡焉。"由是可知,本書又名《國朝歷科題名碑録初集》。

孫嘉淦序云:"夫士生聖世,貴能有所樹立,以垂不朽耳,題名一碑將使歷年久遠而視其姓氏,以考其德行、事功、文章之實、賢不賢之蹟,一一可指數焉,是勸懲由此興,法戒於是備也。顧碑石既多,不能家拓而存之,蔚州宗伯李渭湄先輩爲國子祭酒時,爰彙録諸碑而鏤之板,凡若干卷,迄今十有餘年。士風日益遒上,人文日益衆多,於是庚戌諸子謀所以繼李公之志者,而問敘於余。""庚戌",雍正八年也。

《販書偶記》著録,曰:"《國朝歷科題名碑録初集》無卷數,蔚州李周望録,宗室德沛校補。乾隆丙寅刊。起順治丙戌,止乾隆庚子,并明洪武至崇禎各科附。又名《太學進士題名碑録》。是書陸續補刻,有至光緒朝者。"此本無乾隆丙寅刊刻序或牌記,所録進士題名碑止於乾隆二年,當是增補再刻於乾隆十一年前之本。

"玄"、"胤"、"弘"諸字均闕末筆,避清帝諱。

《四庫全書總目》未收。《續修四庫全書總目提要(稿本)》云:"《唐宋登科記》諸書,今多不傳。南方及第者,間有郡邑志可考,而北方多付闕如。公惟明歷科進士題名及是書尚在,一代取材允爲淵藪,固宜登寶藏之笈也。"

《中國古籍善本書目》未收。中國國家圖書館藏有多部,1988年版《北京圖書館古籍珍本叢刊》第116種收入該館藏清雍正刻本《國朝歷科題名碑録初集》。此外,北京大學圖書館、中國科學院圖書館、中國人民大學圖書館、日本内閣文庫等多家有藏。

據此書與國子監進士題名碑拓片及齒録、登科録、方志諸書及校補所編人名索引,先有房兆楹編《增校清朝進士題名碑録附引得》,民國三十年哈佛燕京學社鉛印本,由碑録及引得兩部分組成,碑録記清順治三年至同治十年及光緒朝三十年間各科進士題名,共計清代112科,進士26 747人;引得依中國字庋擷法次序排列進士姓名。後有朱保炯、謝沛霖所編《明清進士題名碑録索引》,上海古籍出版社1980年出版,收録明清兩代進士考試201科,進士51 624人,依四角號碼檢字法排序,可查進士姓名、籍貫、登科年代、甲次、名次等項,極便檢索。

0931　稿本謗書　　　　　　　　　　　　　　T4664.88/8532

《謗書》四卷,清錢祥保撰,清何震彝編。稿本。三冊。半頁十一行二十三字,左右雙邊,白口或下紅口,單魚尾。紅格,書口下間有"憫瓜廬稿本"。框高18.6釐米,寬12.3釐米。題"江陰何震彝穆忞編輯"。卷首有民國七年(1918)陳懋森序,清宣統三年(1911)鄭雅南序,何震彝序,民國元年(1912)李遵義序,民國九年(1920)韓國鈞序。

錢祥保,字瑞生,江蘇泰州人。好讀書,矜意氣,舉人。光緒二十六年後歷宰武安、唐、上蔡等縣,皆有政聲。纂有《續修江都縣志》、《甘泉縣續志》。

何震彝,字鬯威,一字穆忞,江蘇江陰人。光緒三十年進士,官内閣中書,改直隸候補道員。民國後爲教育部僉事,參與修撰《清史稿》。其父爲新疆巡撫何彥昇,敦煌藏經洞經卷運往北京時,震彝與岳父李盛鐸翁婿二人擇精品近千卷私留。工詩文,有《一微塵集》、《八十一寒詞》、《鞮芬室近詩》,編有《謗書》、《咎書》存世。

清季河南吏役之横,甲於他省,尤以南陽、汝南、光州所屬爲甚,擇肥而噬人,民莫能堪,柔懦之官,往往爲所挾持。唐爲劇邑,其俗健訟。光緒三十四年,祥保知唐縣,一以愛民爲主,嚴懲蠹役,革除各班老總名目,責成卯首裁汰捕班及四鄉路捕,並立石懸庭,永垂禁令,民間呼爲"錢青天"。治唐僅一年,百廢俱興,然地方訟師、土豪依倚爲奸者甚爲銜恨,誣祥保貪賄,以陳敏娃案爲言官所劾,致罷去。

祥保因求治而獲謗,友人何震彝頗爲鳴不平,編其知唐縣時所上稟札、詳文及所頒條規告示成一書,名曰"謗書",申清白以遺子孫也。是書皆有關地方政事,除積弊,訂章程,清雜稅,明訴訟,修繕學宮,創辦戒煙公所,條次井然。祥保苦心勞思,不遺餘力,欲使商忭於市,農力於田,士嚮於學,此公牘具在,不待紳民籲請昭雪,而明者亦知其被劾之冤矣。

何序云:"嗚呼,以瑞生之才,雖卑吏不克終其官,可悲也,愈以知牧令之難爲也。敬告世之牧令,當以柔滑圓美不事事爲能,勿蹈瑞生之覆轍也。"

韓序云:"閱其書,求治之書也。求治,惡乎謗,然求治之急,斯速謗之由。錢子瑞生以此自咎,余亦不能不爲錢子咎矣。瑞生與余居同郡,又同官豫中有年,平時聞瑞昇談民治,力以興利除弊爲己任,既而知武安,余因公過其邑,吏與民皆神明,瑞生惴惴焉,惟糾察是懼。尋任唐縣,意其設施一如在武安。""余辭湘任返里,而瑞生與余皆幡然老矣,然瑞生意氣不少衰,每酒酣耳熱,憤憤言疇昔事,鬚髮怒張,賓客滿座,瑞生旁睨若無人,手一書示余,顏曰'謗書'。受而讀之,則皆求治之言,興利除弊之事,奈何以謗名?嗚呼,此瑞生之所以速謗,亦即瑞生之所以爲瑞生歟!"

此書有民國九年排印本,排印本書口下方有"憫瓜盧藏板",遂知是書應爲謄清稿本。有墨筆圈乙痕蹟,改後文字與排印本俱同。據目錄知,是書原闕第四卷,蓋原爲四册稿本。

1976年,臺灣文海出版社《近代中國史料叢刊續編》第三十一輯第307册收入,底本即民國九年排印本。

0932 稿本豫東公牘 T4664.86/1582

《豫東公牘》二卷,清黃贊湯撰。稿本。二册。一册爲版心下鐫"羽儀齋"之紅格箋紙,半頁九行二十五字,四周單邊,白口,單魚尾,框高18.7釐米,寬11.3釐米;一册爲書口上鐫"狀元及第"、中鐫"九行廿五"、下鐫"謙吉齋"之紅格箋紙,半頁九行二十五字,四周雙邊,白口,單魚尾,框高16.8釐米,寬10.3釐米。書根題"豫東公牘",書名據此。

黃贊湯,見清咸豐抄本《捐務題稿》。

是書未題撰者,然其自稱"本部堂","部堂"爲清代尚書、侍郎、總督之別稱,書中內容多言及河南一帶提督軍務及治河之事,其中一封札文末署"東河總督黃",由此確定此公牘當爲咸豐年間東河總督黃贊湯所撰。按,清代設河道總督三名,北河、南河、東河各一人,專司治河,官秩爲正二品。北河由直隸總督兼署,南河由漕運總督兼署,東河爲專任,全名爲"河東河道總督"。咸豐九年三月,署黃贊湯爲東河總督。十月,兼署河南巡撫。同治元年七月,改廣東巡撫。

一册抄輯撰者在東河總督、河南巡撫任上公牘六十二封,兼有檄、札等七件,有關豫東黃、運兩河疏浚、河工搶險、漕運、會剿捻軍、修防禦敵工事、督辦軍庫錢糧等諸多政務。所致者有欽差大臣勝(保)、欽差大臣袁(甲三)、科爾沁親王僧(格林沁)、大學士瑞(麟)、河南巡撫慶(廉)、山東巡撫文(煜)、工部右侍郎國(瑞)、順天府丞欽差督辦河南團練大臣毛(旭熙)、河南按察鄭(如峯)、河南布政使邊(浴禮)、歸德糧臺蒯(士薌)、陳州府劉(北垣)太守、候補道張(朗齋)

觀察、河南布政使賈、欽差防河使聯(惺鶴)、運河道敬(琴舫)、安徽即補道張(家駒)、開歸道王、河北道張、濟寧州牧盧、沈(朗亭)尚書等。只兩封札文后注明時在咸豐十年七月十一日及十月二十九日，餘皆未署時間。

另一冊實爲函稿一卷，共十二頁，抄録信札二十三封，計爲："復湖北嚴中丞樹森"及"又一"、"謝官節相書"、"致湖北嚴中丞樹森"、"謝蘄州崔牧惠蘄艾蘄蛇炭燭書"、"謝九江道廷霞舫大公祖惠頂帽花翎貂袖書"、"致新調南康府高守延綏"、"致前署袁州府楊"、"謝布政司銜甘肅臬臺劉養素廉訪書"、"夏(石珊)同年"、"謝吳城馮子良司馬書"、"致劉殿撰"、"謝大司寇趙蓉舫前輩書"、"謝滇生世伯家宰乃普書"、"賀順天學政汪同年升太僕書"、"賀李蘭蓀祭酒仍在上書房行走書"、"賀少宰張之萬子青仁兄撫豫書"、"賀祁春甫相國午節書"、"賀曾叔純九兄撫浙書"、"賀何地山督學西江書"、"賀華都老爺堯峯侍御會試書"、"覆浙撫曾叔純九兄書"、"覆懷慶府太守胡嘉楷熙伯書"。

同治元年十月，贊湯自汴出發，途經湖北，取道豫章，南下赴廣東就職粵撫。一路舟車勞頓，當地大員多爲接待，故去信以致謝忱。信函多爲駢體，雖詞藻華麗，然無甚實際內容，均爲慶賀、往來致意之作。自稱"塵照"，或爲其字。作者與致函者稱兄道弟，皆爲至交，如湖北巡撫嚴樹森、山東學政劉殿撰(與贊湯爲姻親)、吏部尚書許乃普、大學士張之萬、大學士祁寯藻等，此信函或可補其生平及交游。

此公牘、函稿爲書吏工筆抄録，頁眉上多有朱色木記"排"字，似爲收入別集而選。有硃墨圈改，審其語氣，蓋爲黃氏親筆。

函套上題名"信函原稿(甲、乙)"。

0933　清光緒抄本平遠宮保督蜀批札節略　　T4662.87/1332

《平遠宮保督蜀批札節略》不分卷，清丁寶楨撰。清光緒抄本。一冊。半頁九行二十字，無行格。封面題簽"平遠宮保督蜀批札節略　肆"，"肆"爲墨筆所書，圈以朱筆。所抄卷宗第一冊前有抄次目録兩頁，第二冊前有目録一頁。

丁寶楨，字稚璜，貴州平遠人。咸豐三年進士，選庶吉士。十年，知岳州府。同治二年，擢山東按察使，隨僧格林沁剿捻軍。三年，遷布政使，尋授山東巡撫。此後轉戰剿捻，戰功卓著，清廷數次降敕褒獎，加太子少保。治軍善乘勢，不主劃疆自守，以故諸軍會集，剿滅東西二渠於山東境內。寶楨以誅安德海事尤著人口。同治八年秋，安德海恃慈禧太后寵幸，緣運河南下，一路招搖，在濟南被寶楨以"宦豎私出非制"爲名，就地正法。光緒二年，調任四川總督。十一年，卒於官，贈太子太保，謚文誠。《清史稿》有傳。

光緒二年，寶楨代吳棠署四川總督，至即嚴劾貪墨吏，澄肅官方，建機器局，修都江堤。治蜀凡十年，最爲人稱道者即改革鹽政。鹽業爲四川經濟之重，然積弊重重，寶楨奏請推行官運商銷法，置總局於瀘州，其井竈分置廠局，鹽岸分置岸局，歲增帑金百餘萬，並使貪吏奸商無利可圖。再於川黔邊境設立口岸，使川黔鹽運暢通。寶楨還主持編撰四十卷之《四川鹽法志》，於光緒八年刊行。

此爲寶楨四川總督任上所閱公文之批覆抄件，蓋由門下僚屬所抄，抄寫年代當在清光緒三年至十一年間。據封面題簽，此本爲第四冊。所抄卷宗一冊、二冊的目録前均有"計抄　潼屬總局就竈抽釐卷宗一冊/二冊稟稿詳札案由開立於後"一行，可知本冊爲四川省潼川府鹽釐總局上稟丁寶楨之公文，每件公文後，皆抄録丁氏批語，批語起始處以朱筆圈注於頁眉。

卷宗一册所抄計有：蓬溪縣知縣顧懷壬稟縣鹽厙局奉文抽取竈户鹽厙事；管理潼屬鹽厙局許光曙稟渠縣、廣安、太平各屬商運犍富引鹽仍歸射廠果否於商情民食相一案，又稟蓬溪東西廠鹽斤向係就竈抽厙恐多偷漏請示遵辦札；四川鹽茶道詳綿州南部兩鹽廠厙務亟須認真整飭並請委員前往確查辦理札；許光曙稟東西兩廠鹽勸除行銷外康家渡水路情形案，又稟本局青康梓三關該大使暨委員魏縣丞等認真盤驗鹽厙暢旺稟請獎勵札；四川鹽茶道詳委員沈丞等查辦綿州三台兩廠票厙均以有定規模請委員前往設局舉辦札；四川布政司暨鹽茶道會詳委員前往綿州設局舉辦抽收鹽厙事一件；梓潼縣知縣徐良鏞、委員同知恒琮、通判周鳳藻、新鎮埧縣知縣張憲曾會稟南部鹽厙丞需認真整飭職等前往仿照井鹽章程確切查明妥速籌議並加厙助餉使商販不致受累議抽情情形札；四川鹽茶道詳委辦南部縣鹽厙委員恒令具稟擬辦鹽情，並附光緒八年十一月十五日官運總局札。卷宗二册所抄計有：委員補用知縣德令、補用通判周倅、閬中知縣黄令稟查明境内所開各井竈及出鹽若干勸情形並親歷各井竈傅集商竈人等剴切曉諭辦理就竈抽厙以便商民札；南部縣會同委員等稟開局日期所議薪水及請領關防官秤庫碼告示並行鹽道製造札；南部縣會同委員等會稟抽取鹽厙章程並行茶道蓬州等州縣札；閬中鹽厙局稟現在辦理就竈抽厙井竈等具稟承認繳厙暨議刊厙票核示並行道刊刻給發札；南部縣稟追繳鹽厙銀兩及謝鼎如數繳清札；鹽茶道詳委辦南部縣鹽厙委員恒令等議呈設局抽收章程並請給發關防砝碼官秤等項札。

公文及丁氏批覆中有大量清末經濟史、鹽業史材料，如蓬溪縣東西兩鹽廠各竈出鹽糧、竈總名氏圖，可以計算出當時蓬溪一縣每年出鹽總量達四百五十萬觔，按所抽鹽厙每觔二厘算，抽錢爲九千串；南部縣鹽局紳士、巡役等薪水公費清單，等等。是書可與《四川鹽法志》及光緒十九年輯刻《丁文誠公奏稿》相參看。

0934　清咸豐抄本會銜奏檔

T4664.86/3558

《會銜奏檔》六卷，清玉明、倭仁、景霖等撰。清咸豐抄本。五册。半頁六行二十字，無框格。封面黄綾書簽題"會銜奏檔"，其下小字題卷數及紀年，起於咸豐九年(己未，1859)，止於咸豐十一年(辛酉，1861)。

清制，兩個及兩個以上機構或主事官吏在公牘上共同簽署名銜，謂之"會銜"。是書所抄輯者，皆盛京將軍玉明、兼管奉天府尹倭仁、奉天府尹景霖等多人合署奏摺，故名"會銜奏檔"。

每摺下僅署"奴才某、某跪"，只署其姓，亦無職銜，如"玉、承、倭、景"、"玉、承、倭"、"玉、倭、文"、"玉、倭、麟、景"、"玉、寳、倭、景"、"玉、寳、侍、倭、景"等，以會署"玉、倭、景"爲多。檢其内容，均關乎奉天一帶軍政事務，朝廷諭旨有稱"著該將軍"云云，遂知其爲盛京將軍所奏，他人亦皆咸豐間奉天府軍政要員。

"玉"爲玉明，愛新覺羅氏，字遠齋。清宗室。道光間歷任御前侍衛、内閣學士、正紅旗漢軍副都統、鑾儀使、滿洲繙譯會試副考官、正紅旗護軍統領等職。咸豐三年，署工部右侍郎。七年，署禮部左侍郎。八年六月，命爲盛京將軍。咸豐十年八月，入衛京師，十月回任。同治四年七月，因奉天馬賊猖獗，與奉天府尹同時遭劾罷任，下部嚴議，署恩合繼之。

"倭"爲倭仁，烏齊格里氏，字艮峰。蒙古正紅旗。道光九年進士，二十四年遷大理寺卿。咸豐五年，擢侍講學士。七年十一月，署爲監管奉天府尹。十年八月，署盛京將軍。同治元年，擢工部尚書，以老成端謹、學問優長授文淵閣大學士。十年，晉文華殿大學士。卒諡文端。著有《倭文端公遺書》十三卷行世。《清史稿》有傳。

"景"爲景霖。道光十五年進士。咸豐五年二月，命爲奉天府尹。同治元年十一月，調爲左副都御史。

"承"爲承志。咸豐三年八月，命爲盛京副都統。咸豐九年十一月召回，署寶山繼之。

"寶"爲寶山。咸豐九年十一月，命爲盛京副都統。同治二年四月，降，署成保繼之。

"侍"爲侍順，那木都魯氏。咸豐五年六月，署爲錦州副都統。同治元年四月，寶山暫調山海關副都統，署侍順暫爲盛京副都統。

"麟"爲麟興，咸豐六年十二月，命爲盛京工部侍郎。咸豐十一年正月，擢工部右侍郎。

"文"爲文俊，咸豐七年十一月，命爲盛京禮部侍郎。咸豐九年十月，調刑部右侍郎。

此書原闕第一冊。第二冊書籤題"卷二，續己未年"，所缺當爲卷一，咸豐九年三月以前之奏稿。全部抄件非成於一人，蓋由玉明門下衆書吏所膡抄繕寫，抄寫時間在咸豐十一年後。每冊前有目錄。有：《奏請酌加學額摺內附捐輸清單》、《奏爲商船載有夷人飭屬認真查詢摺》、《特參疎防夥盜迭州緝捕不力旗民地方官摺》、《覆奏夷人出口摺》、《會同考試宗室覺羅學生取中名數摺》、《奏爲得沛甘霖商民呈請演戲摺》、《查辦奉天海口尚無夷船私販豆石摺內附遴派官兵緝捕夾片》、《奏爲京控案件職官狡展解任革職提審摺》、《奏爲旗民人等承種冊餘地歉收被災摺內附西丹過境夾片》、《奏爲限滿犯未全獲並已獲盜首分別勸懲摺》、《採辦應修工程木植摺》、《奏爲縱盜案內司員請飭部催提摺內附地震並無重情夾片》、《裁撤防堵官兵歸伍摺》（第二冊）；《奏爲河口商漁船規並會籌捐輸米石以資兵食摺》、《擬請修築營壘添設礮位摺內附籌辦日壑捐夾片》、《奏爲捐修河工完竣驗收請獎摺》、《覆奏民地歉收照依旗地一律緩徵摺》、《爲稅銀被刦請將旗民地方官摘頂勒限嚴緝摺》、《保護泊岸摺》、《封閉金廠摺》、《仍在田莊台設防摺》、《來春旗民不致拮據摺》、《交辦案件年終未完摺》、《並無尋常演戲摺》、《捐造軍器請獎摺內附捐造鉛子夾片》（第三冊）；《奏爲帶兵護駕起程摺內附田草地徑赴熱河夾片》、《秋季統巡會哨摺》、《洋面肅清撤兵歸伍摺內附覆奏通商條約情形夾片》、《調補城守尉摺》、《保護泊岸摺》、《緝補官兵盤費請由船規項下動撥摺內附木植招商變價夾片》、《會辦團練奏請添造軍器摺》、《並無開採煤窰摺》、《並無尋常演戲摺》、《覆奏農民來春不致拮據摺》、《奏爲防兵無力呈繳馬乾實糧摺》、《奏爲請旨揀補協領員缺摺》、《署萬南道富奉旨准入昭忠祠謝恩摺》、《奏爲訊明圖什業王旗爭襲世爵摺》（第四冊）；《官兵邀免追繳馬乾實糧代奏謝摺》、《奏補協領防守尉缺分摺》、《奏請官員廉俸以鈔票實銀折半放給摺》、《水師營戰船暫緩修補摺》、《密陳牛口通商稅則條約摺》、《宮殿各工情形摺內附應修各工輕重情形清單》、《探聞鄰省盜匪滋事派兵堵緝摺》、《續派官兵應援摺內附籌墊緝捕馬價夾片》、《奏補防守尉缺分摺》、《挐獲搶刦稅銀夥犯監候待質摺》、《派兵截剿朝陽盜匪摺內附蒙古王旗一體協剿夾片》、《襲缺展限摺》、《酌留官兵剿捕朝陽逆匪摺內附遵旨加兵堵截逸匪夾片及審明逆匪正法夾片》（第五冊）；《城守尉三年期滿摺》、《繳銷襲缺敕書摺》、《襲缺展限摺》、《嚴搜餘匪摺內附挐獲夥逆正法夾片》、《追剿賊匪獲勝情形摺內附請發馬價夾片及參員夾片》、《奏請敕催迅速成造水師營戰船摺》、《朝陽餘匪逃散仍飭令嚴緝摺內附奏參圍長疎防夾片》、《搜捕餘匪殆盡勿庸截留黑龍江馬隊摺》、《奏參防禦巡檢分別革職解任摺》、《挐獲匪犯審明正法摺內附獎勵挐獲逆首之旗民地方官夾片》、《安慰聖懷摺》、《金州地震情形摺內附挐獲餘匪正法夾片》、《搜捕餘匪無蹤撤兵歸伍摺內附商賈樂輸助餉夾片及緝捕出力人員可否擇優保奏夾片》、《監收糧石摺》（第六冊）。計六十六摺，其中多有以滿文抄錄者。起自咸豐九年三月初五日，迄於咸豐十一年十月二十九日。每摺皆標明上奏時間、上奏人、事由，並錄硃批與批復時間。

清代入關後，各官署遷往北京，以盛京爲留都，置內大臣統轄東北全境。康熙元年，改稱鎮守遼東等處將軍，四年，改稱鎮守奉天等處將軍。乾隆十二年，定名爲盛京將軍，職掌奉天旗民、地方軍政事務，並兼管奉天府尹。光緒三十三年，裁盛京將軍，改設奉天省，置巡撫。除專設盛京將軍外，奉天還保留戶、禮、兵、刑、工五部，置侍郎以下各官，稱"盛京五部"。光緒末年，廢五部，原管事務歸奉天地方官管理。

咸豐九至十一年，正是大清帝國多事之秋，奏稿對此間史實多有反映。如傳聞英船將攻犯盛京、山海關，玉明等整飭海防，修補水師營戰艦以備；咸豐十年八月，英法聯軍陷大沽口，京師危急，咸豐帝以木蘭秋獮名義退至熱河，自圓明園啓鑾，駐蹕避暑山莊，玉明等人星夜督兵入衛；《北京條約》簽訂後，英國領事與玉明委派之官員面議，簽定牛口通商稅則條約，劃定營口牛莊爲中國北方第一個租界；盛京宮殿維修等。

中國國家圖書館藏有道光二十六年至二十七年盛京將軍弈慶奏摺檔，全國圖書館文獻縮微複製中心2004年影印出版，收入《國家圖書館藏歷史檔案文獻叢刊》。1989至1996年，中華書局出版的《中國近代史資料叢刊續編》之《中日戰爭》，其中有《盛京將軍衙門檔》，爲光緒二十年盛京將軍裕祿奏摺。此外遼寧省檔案館也保存了清代盛京五部、盛京將軍衙門和奉天府的部分檔案。

0935　清同治寫本纂修歸綏志略檔册　　T4664.87/1172

《纂修歸綏志略檔册》，清同治十一年(1872)寫本。一函，計十八件，除《查各廳並無丁糧謹將村數戶口開呈》四頁紙爲毛裝一薄册及零紙一頁外，均爲經摺裝。紙質粗糙焦黃，乃印有"同治　年　月　日　歸綏道國"之公文函紙，每札以墨筆填書年月日，並鈐"總理旗民蒙古事務分巡歸綏兵備道之關防"滿漢文大印及"敏慎"名章。函套原題"西北關係文書"，名不符實，今據內容擬定。

是書爲清同治十一年總理旗民蒙古事務分巡歸綏兵備道道台敏慎爲纂修《歸綏志略》所書詳文及與屬下各廳往來之公文，依時序分述如下：

三月二十三日，上綏遠將軍、歸化都統之詳咨，申明設局修《歸綏志略》事宜，稱欲確查詳記歸綏口北連界地方山川風土，以爲求治之本；"第事屬創始，條目紛繁，非多得博聞廣見細心好問之人，使之搜羅掌故，尋探山川以及潤色詞華，校勘事蹟，各盡所長，未易集訂成帙……惟有督飭在局人員，加意講求，凡官署文移、私家記述暨史鑑存載，耆老傳聞，採訪務盡其詳，編輯必期其備，庶幾綱舉目張，秩然有條，自足信今而傳後，有治書自有治人，得所取裁，不難政理蒸蒸日上。"

三月二十四日，札六廳查本道所有該廳衙署、倉庫、監獄、邊堡、橋梁、營汛、祠祀、陵墓、庵觀、寺院、牌樓、坊表、草廠、教場、驛站、鋪遞、八旗駐防官兵、舊制文職、新制文職、戶口、已裁文職、原設武職、現設武職、田賦、稅課、兵制、卹政、馬政、征討、兵氛、款貢、物產、邊防等係設自何年事；

六月二十六日，送到咨文一份，其中提到"現擬在歸化設局修纂，其所需經費由本道設法籌備"；

六月二十八日，送到托克托廳通判玉麟所上"志略册一本原領志略册二本地圖一紙"公文，並鈐滿漢文關防；

七月十七日，札托克托廳發去志略册一本，内多有遺漏，查明分別添注，限一月内另造册申送；

八月初五日，札歸化、薩拉齊兩廳，將所轄境内各村莊、户口等查明，造册呈送，以備核定；

八月初六日，送到山西布政司監印官候補按察司經歷王鑄鏊公文一件，上鈐"山西等處承宣布政使司之印"滿漢文關防，粘有敏慎批復兩條；

八月十七日，札六廳詳查雍正十二年以後籍隸直隸各官及民間記載各屬紳士服官直省有可考政績，逐細查明，以憑核咨；

九月十三日，送到九月初九日薩拉齊同知文山所上公文一件，並鈐"分駐薩拉齊管理蒙古民事同知關防"滿漢文印；

九月十四日，札候補縣丞洪豐前往豐寧等廳查勘山川形勢並繪具圖説；

十月初二日，札歸化、薩拉齊糧廳將該廳轄境内各村莊等事查明造册稟送；

十月初二日，送到清水河廳通判吉存所上"申覆廳屬飭查創造志書旗界案件應歸何處辦理"公文一件，並鈐"分駐清水河管理蒙古民事通判之關防"滿漢文印；

十月初四日，再札歸化、薩拉齊兩廳，將所轄境内各村莊、户口等查明，造册呈送，以備核定；

十月十五日，送到綏遠城通判覺羅清長所上"經管倉庫各項事宜分晰造册呈送"公文一件，鈐滿漢文關防，粘有敏慎批復一條；

十月十五日，送到文山所上"申送所屬疆域輿圖四至八道驛站村莊田賦户口並外藩蒙古各旗與何廳毗連等事清册"公文一件，鈐滿漢文關防；

十一月十五日，覺羅清長再上清册公文一件，鈐滿漢文關防，粘有敏慎批復一條；

《查各廳並無丁糧謹將村數户口開呈》一册，開列歸化城、綏遠城、薩拉齊、和林格爾、托克托城、清水河六廳村莊、户及男女人口數目。

另有零紙一頁，墨書："歸、薩二廳應添問原管交界何處、命盜案件、例有參處、此界外蒙古各旗何處、應何人開參、均管何旗，一切交界分晰開清。糧廳僅問該廳一切應辦公事，該廳無地方之責，豈有回至村莊？托廳、清廳均應問何處旗界，何爲本界，河西公事如何管辦。再前面交王師爺一切應辦稿件，今已三日矣，何不同辦此稿，請沈師爺同一王爺會同商辦，方不至錯漏。初一日未刻。"審其筆蹟，爲敏慎所書。

按，明隆慶間築歸化城，即今内蒙古呼和浩特市老城；清雍正間築綏遠城，今呼和浩特市新城也。清乾隆四年於此設將軍署，實行蒙漢分治，此後分設歸化、薩拉齊、清水河等六廳，隸屬山西巡撫統轄。此塞外邊城，明代向無專志，只在晉北諸志中偶有述及。清代歸、綏合而修志，似以此同治十一年倡議爲最早，後有光緒刻本《歸綏識略》三十六卷、民國二十三年鉛印本《歸綏縣志》行於世，雖未知此同治《歸綏志略》是否編就，然從是書觀之，尚可略見當年主持修志之情形。

0936　清咸豐抄本湖南布政使司領用清册　　T4894.3/2362

《湖南布政使司領用清册》，清咸豐二年(1852)抄本。七册。半頁七行，字數不一，無框格。毛裝。書名據内容題。

是書未署帳簿名稱，亦不著編者。依領用機構、不同用項爲序，各分"恒大人任內"和"潘大人任內"，再按月日，條列支領人官職、名姓、經費用途、計銀多少、共發庫平銀數目。每一用項最末有統計"恒大人任內以上共發銀"和"潘大人任內以上共發銀"、"通共發銀"總數目。領用時間皆在六月二十日至十一月二十九日間，未署具體年份。

領用機構有撫標左右營、河南省各營、雲南省各營、貴州省各營、福建省各營、陝西省各營、辦理行營糧台、鳳凰縣同知承辦土兵支應、長沙縣知縣承辦湖北省等兵支應、湖北候補知縣承辦河南兵支應、糧庫大使等收買油燭、廣西提督帶來兵、兵丁領賞、兵勇領養傷銀、圍剿髮匪功賞、撫恤並燒埋銀、兵勇棉衣銀兩、兵勇中秋節賞、地方鄉紳募鄉勇、承辦滾地雷大炮子等工料、修補城工、書役打掃、糧道署支領飯食、總局書差、城門各委員差役支領飯食工、本衙長隨、雜用、提標前後左右行營、辰沅道、綏靖鎮、岳州城守及水師二營、永順協、澧州營、九谿營、永定營、永綏協、鎮筸鎮各標營等。領用者上至湖南巡撫張亮基、駐防於辰州的湖南水陸提督鮑起豹、雲貴總督羅饒典、湖北提督向榮、湖南糧庫大使汪鷗等，下至湖南鄉紳俞錫年、左楷及長夫、差役等，官員僅記其姓，下空一格。據以上內容，知是書實爲清末湖南布政使司領用經費清册，蓋爲抄存備照者。

冊中所稱"恒大人"，湖南布政使恒福是也；"潘大人"，恒福之繼任潘鐸是也。恒福，額勒德特氏，蒙古鑲黃旗人。由廕生歷官直隸布政使、湖南布政使、山西布政使、山西巡撫、河南巡撫、直隸總督、欽差大臣。同治元年卒。《清史列傳》有傳。潘鐸，見《漕糧漕運奏稟》、《錢糧奏摺》、《倉米奏稟》等。咸豐元年七月，恒福陞任湖南布政使。二年四月，改授太常寺卿，湖南布政使一職署潘鐸代之。七月，恒福奉內召回京。十二月，潘鐸陞湖南巡撫。此七冊兼記前後任布政使事，其時必在咸豐二年。

按，布政使司，別稱"藩司"，專掌一省財賦及人事，如戶籍、稅役、錢穀、兵馬用度等。布政使，別稱"藩台"、"方伯"，官秩從二品。康熙三年，湖廣分治，分湖廣右布政使駐長沙。雍正元年，改湖廣右布政使司爲湖南布政使司，湖南省遂爲清代獨立行省之一。

領用無論數額大小皆詳記之，大如軍費開支，撫標營屬湖南巡撫直轄之綠營，左、右二營僅七百餘人，記參將、游擊、都司等領用支銀，僅此一項，合計二萬五千零九十二兩五錢三分三厘。再如辦理廣西臬台姚瑩借支銀兩記錄，在潘鐸任內，有"九月二十七日，廣西臬台姚辦理廣西糧台借支庫平銀八萬兩"；"二十八日，借支庫平銀五萬兩"；"十月初九日，借支庫平銀一十萬兩"；"十三日，廣西臬台姚辦理廣西糧台借支庫平銀五萬兩"；"二十日，借支庫平銀一十萬兩"；"二十一日，借支庫平銀五萬兩"等，從九月二十七日至十一月十七日，廣西省布政司共向湖南省借銀八十萬零五千五百六十三兩六錢。小如日常瑣務，如支付長沙九芝堂藥店，"七月初四日，製發省城防堵兵勇人等藿香正氣丸壹萬粒、臥龍丹一千貳百瓶、萬應十寶丹四百瓶，共領價庫平銀玖拾八兩。"如支衙內繕書、茶房、更夫、聽事、號門、打掃夫、把門等共三百一十七錢四十文。

關於省內工程之記載，如"八月十七日，支造城外天心閣北門等建敵台七座，每座需銀四百兩，又建樓一座，每座銀十兩，共領工料市平銀二千八百七十兩，折定庫平銀二千七百七十三兩三錢三分。""十一月二十日，支添修董家灣炮台一座，周圍十丈又添修新開門炮台一座，周圍十二丈，共工料庫平銀九百三十兩。"

有些用項下以小字注明經手情形，如"河南省各營"下有"原係湖北候補縣孫守信等支應，茲奉飭歸併局內支發"；"福建省各營"下有"此係候補通判樊淳樸經手支發"；"各兵勇功賞"下有"此係未委吳坤修專管以前所發之銀"，等等。

恒福在湖南布政使任上，曾因道州、江華等州縣及岳州府城失陷，未能先事豫防，吏部議褫其職，琦善以恒福在營辦理文案甚爲精細，奏明免於處分，允之。是書僅記五個月支領帳目，就厚達七册，恒福辦理之精細確非虛言。此清册涉及政治、經濟、軍事諸多方面，巨細翔實，完整連貫，對清季湖南之歷史研究有一定價值。

0937　清光緒寫本操演陣法閱兵數目文牘　　　T9568/3275

《操演陣法閱兵數目文牘》不分卷。清光緒寫本。八十三件、册，合置一函。

此爲清光緒間陣法圖、咨文、數目册、花名册等軍事文牘、雜件，時間在光緒二年(1876)至十年(1884)間。內容駁雜，裝幀不一，大致按形制分述如下。

二十七册經摺裝小本，磁青紙封面，紅紙題簽。分別爲：驤字馬隊實入操官兵數目摺二册；左、右翼幼丁入操官兵花名摺各一册；右翼幼丁隊預備閱兵操演官兵花名摺；左翼驍騎營馬隊額設官兵數目摺；左右翼前鋒護軍營馬隊、八旗漢軍排槍隊、八旗漢軍礮隊、幼丁隊五隊官兵額設數目單；八旗漢軍礮隊、八旗漢軍排槍隊、八旗漢軍籐牌隊、內火器營馬隊合演陣式官兵數目清單；幼丁步隊、駿字馬隊、驤字馬隊三隊額設官兵數目單；馬步五隊官兵額設數目摺二册；馬步隊預備閱兵看參官兵數目摺；威遠捷勝精銳震五隊入操官兵數目單；威遠捷勝精銳震五隊額設官兵數目單；左右兩翼驍騎營馬步四隊合演九宮陣式圖説；左右兩翼驍騎營馬隊步隊合參陣式圖説；左右兩翼驍騎營馬步四隊合操陣式圖説；左右兩翼前鋒護軍營馬隊、八旗漢軍排槍隊、八旗漢軍礮隊、幼丁隊五隊合演陣式圖説；八漢礮隊、八漢排槍隊、八漢籐牌隊、內火器營四營會槍礮合陣式；幼丁步隊駿字、驤字馬隊合演陣式；幼丁步隊、駿字馬隊、驤字馬隊三隊合演陣説；左右翼驍騎營馬步隊合演九宮陣；八旗漢軍礮隊、八旗漢軍排槍隊、八旗漢軍籐牌隊、內火器營馬隊合演陣式圖説；圓明園抬槍隊、馬隊合演陣式；威遠捷勝精銳震字五隊合演神威陣式；左右兩翼驍騎營馬隊四隊合參陣式圖説；圓明園抬槍步隊、馬隊兩對合演向機陣圖説。此二十七件均有關光緒二年閱兵情況之實錄，詳細記錄了參加閱兵各兵種官兵人數、排演陣式等。

三十一册經摺裝小本，單紙摺成，無封面。分別爲：正黃旗、正紅旗、廂(鑲)紅旗、廂(鑲)藍旗排槍隊合參官兵花名摺各一册；江南省、直隸省、貴州山東兩省、河南陝西兩省、甘肅省、江西省、浙江省、廣東省、廣西、福建、四川山西兩省、安徽省、雲南省、湖北湖南兩省兵數單，共十四册；三月初七日閱兵大臣看操備差侍衛等名單一册；右翼排槍隊；各隊管帶幫操花名册；八旗漢軍排槍隊；八旗漢軍排槍隊官兵數目册；八漢礮隊入操兵等數目摺；殘摺一種，録陳、新兩營官兵數目。以上似仍與閱兵事有關。神機營記事摺五册，其中三册録所抄事之時間，分別是同治十年八月初九日、光緒九年十一月十一日和十二月十一日。

健鋭營馬隊操演變陣圖樣一册，彩繪，經摺裝。前有陣法，後有圖釋。

左翼驍騎營馬隊豫備點驗操馬官兵馬匹毛片口齒花名册、左翼驍騎營馬隊豫備點技藝馬匹毛片口齒弁兵花名册各一册，線裝，亦磁青封面，紅紙題簽。

毛裝大本五册：驤字馬隊官兵頭二等操馬毛片口齒册、驤字馬隊官兵頭二等技藝馬毛片口齒册各一册；進朝陽門輪京家豬數目册；步軍營各官廳地址册；左翼前鋒、護軍營馬隊於九月初五日預備馬上技藝弁兵花名册。

單頁十六張，大都鈐蓋滿漢文關防，所署時間自光緒六年至光緒十年，或是內火器營、驍騎營、神機營等爲演練走隊操演、演放鉛丸、單槍等事之咨文；或是東便門守備李振祜、廣渠門守備吉順等人分別呈報一個月間進出所在城門解交鞘銀、稅銀等記錄；或有關八旗兵丁白事銀兩發放、加放兵米成數等。

函內還雜入日人手繪"威遠捷勝精銳震等五隊合演陣圖"一册，彩色繪本；及日本鉛印本若干頁，以單個紙捻綴聯成册。

0938　清抄本江南機器製造局公牘　　T4664.88/3446

《江南機器製造局公牘》不分卷，江南機器製造局編。清抄本。一册。半頁九行二十五字，四周雙邊，白口，單魚尾。紅格，毛裝。框高17.5釐米，寬9.7釐米。書口下鐫"九華堂"。書名據內容題。

所抄爲清光緒二十四年間江南機器製造局上報之各類詳文、禀札及往來批復。起自三月十八日，迄於十一月初五日。上報給兩江總督兼南洋大臣劉坤一、署直隸總督兼北洋大臣王文韶、江蘇巡撫奎俊、蘇松太道蔡乃煌或蘇松總鎮等人，詳文、禀札中自稱"職局"、"本局"，上報"大帥"或"憲台"、"貴道"，抄錄甚爲工整，似江南機器製造局編輯存檔所成。

江南機器製造局，簡稱江南製造總局，又稱上海製造局，同治四年設立於上海，是晚清洋務運動中成立的軍事生產機構，爲中國近代最重要的軍工廠和最早的新式工廠之一。除軍工製造外，還附設廣方言館、繙譯館及工藝學堂，介紹西方科學，培養語言和科技人才。作爲中國近代大型官辦企業，在軍事工業、造船工業、機器工業，乃至科技、文化、教育史上皆有重要地位。

該局事體重大，公牘內容雜駁，涉及事項繁多。有更新製造新式槍炮；擬定各館章程；送廣方言館英文學生六名赴日本游學及學生履歷、經費撥用；在地亞士、信義兩洋行訂購小口徑毛瑟槍及草訂合同等；關於十響毛瑟兵槍祇能施放九響情形；將製造局畫圖房拓爲工藝學堂；創辦工藝大學堂，議其辦法、經費、學生、課程、教習、學器、書籍、學成等；會同查驗廣藝公司所製洋燭洋皂機器材料製法與西國同美；擴充製造而經費爲難情形；查明製造局現藏馬步槍炮名目、斤重及牌靶尺寸清册，查明所造大小快炮、已成炮位及現存炮料各數目，等等。史料豐富，另抄錄數條，以見一斑：

關於傅蘭雅請假赴美及擬酌薪水一事，禀札略云：製造局繙譯西書洋員傅蘭雅，於同治七年開創時爲前憲曾文正公所延致，品學兼優，歐美中未易多覯。光緒元年便在製造局出力，在局最久，於兵制、公法、電礦、汽化、象數、格致、製造等學，靡不鉤深索隱，闡發詳明。三十年來譯成西書五十七種，海內風行，其已譯未刊者尚多。光緒二十三年，傅氏請假赴美，轉年四月回到中國。正繙譯煉鋼、造無煙栗色藥新法及農務、開礦等有益中國實用之書，恰此時美國舊金山創立大學堂，延其掌教職。製造局念及"中國近來風氣大開，朝廷取士改章，重在學通中外，各士子購閱西書，必爭先而恐後，則局中繙譯西書亦當日出而不窮，值此講求譯務之時，不便更換新手"，並得知因銀價日低、金磅日漲，傅氏僅領薪水三百八十兩，且已六旬開外，從身家計確有不得已之隱衷，傅氏請假期間薪水一介不取，求之中國儒士亦屬難能可貴，故禀請南洋大臣劉坤一爲傅氏酌加薪水以優待慰留。

其中開列光緒二十四年製造老毛瑟槍子每千顆所用材料、價銀清單，需用紫銅二十斤，白鉛九斤，青鉛四十斤，點錫二斤，白藥八錢，黑藥十一磅，開平煤九百四十磅，焦煤二百一十磅，鋼三磅，鐵五斤，皮帶二尺，麻篷布半碼，紫銅絲布半尺，松板一尺半，鐵釘一磅，梓油四斤，豆油四兩，松香水二磅，洋皂一條，總計工料需規銀二十一兩九錢九分九釐，合庫平銀二十兩。湖北省撥銀二萬兩後，派員來滬，領運製造局代其製造的一百萬顆槍彈。

關於採辦銅鉛、招募工匠、鼓鑄新錢事，光緒二十四年二月開爐，至九月底停爐，八個月鑄成新錢十一萬三千六百九十串文。

朝廷因南北洋機器局每年雜支銀八九十萬兩之多，應大加裁減，著北洋大臣王文韶、南洋大臣劉坤一就該局現在情形悉心綜覈，認真裁減，不得仍前濫支濫用。製造局稟復各項用費詳情，並有清冊。

有墨筆圈改，頁眉處黏有校改浮簽。

上海市檔案館藏有大宗《江南機器製造局檔案》，是書或可補其一二。

0939　清抄本伊犁文檔匯鈔　　　　T4716.1/2227

《伊犁文檔匯鈔》不分卷。清抄本。四冊。半頁八行或九行，字數不一，無行格。第一冊封底墨筆書"伊犁低冊"。第一冊題"伊犁各處辦事額設官員應辦事宜暨各營部落官兵家口台卡馬匹牲畜軍器什物糧石銀兩數目冊"。書名據內容擬定。

乾隆二十七年，清廷為加強對新疆地區統治，設"總統伊犁等處將軍"駐防伊犁，府治在伊犁惠遠城內。伊犁將軍負責全疆軍政邊防事務，既是最高軍事長官，又兼管行政，下設都統、參贊、辦事、領隊等各級大臣，統轄全疆和歸附於清廷的哈薩克各部。這種軍政合一的建制對鞏固西北邊防，抵禦沙俄入侵，防止割據分裂，維護國家統一，起到重要而積極的作用。

是書不著撰人，記事起於乾隆二十六年，止於乾隆五十七年十二月底，所抄輯者均為清代乾隆年間伊犁將軍所轄各辦事處、軍營建制、職能、事務、運轉、財政之檔案，並有乾隆三十二年至乾隆三十三年伊犁將軍阿貴具奏事項。各辦事機構依次錄其額設官員、應辦事宜、支俸、工費用銀、錢糧什物等，包括印房摺房、冊房、銅廠、伊犁船運、管理軍台領隊大人辦事檔房、糧餉處、駝馬處、功過處、督催處、營務處、喇嘛處、回子處等項。各軍營依次錄其軍器火炮、銀兩、營役工食、紙幣工費等，以及各營處理偷挖金沙、偷盜馬匹等事辦法。包括：惠遠城軍器庫、惠寧城軍器庫、軍器局、巴彥堡營、察哈爾營、索倫營、洗伯營、厄魯特營、惠遠城滿營。各級官員依次錄其始設時間、駐劄地、職事、所需費用銷算辦法，包括伊犁撫民同知、理事同知、綏定城駐劄、熙春城駐劄、塔爾奇駐劄各營人員。

書中涉及人事、軍事建制、邊疆軍務、將軍大臣侍衛官員以及滿營官兵、喇嘛所需養廉俸餉、工費用銀、各營所有火炮兵器品種數量等，這些具體記錄真實地反映了清政府的邊疆政策和當時的統治狀況。如記惠遠城內軍器庫存貯有大神炮一位、大銅炮一位、威遠炮四位、小銅炮二位、小鐵炮一位、駱駝炮十三位、子母炮十六位、子母炮子八十個、沖天炮筒七個、劈山炮一位、長鳥槍一杆、鑽布喇特鳥槍五杆、戰箭五萬五千零六十枚、生鐵群子二萬六千六百七十五出、火藥六萬四千三百三十二斤二兩五錢七分四釐等，林林總總，極為詳明。

2004年，全國圖書館文獻縮微複製中心影印出版《伊犁文檔匯鈔》（《國家圖書館藏歷史檔案文獻叢刊》之一），國圖所藏為清代乾隆、嘉慶、道光間伊犁將軍府檔案集，體例相近，然所錄各辦事機構不盡相同，乾隆朝事亦不及是書詳備，二書可互為參考。

0940　清道咸抄本黄河營記名外委册

T4726.9/4390

《黄河營記名外委册》。清道、咸間抄本。三册。兩截板,半頁七行,字數不等,四周雙邊,白口,單魚尾。朱絲欄,框高20.5釐米,寬13.1釐米。封面黄簽題"黄河營記名外委册",書名據此。

"外委",清代武官名,初爲額外委派,後成定制,外委千總爲正八品,外委把總爲正九品,額外外委爲從九品。清制,官吏有功績,交吏部或軍機處記名,以備提升,稱"記名"。所謂"記名外委",即清代額外委派的品級較低武職之一種。

是書爲清末吏部官員登記簿,所録皆黄河營中記名外委武官。依所在營、廳、汛排序,依次録其名姓、年歲、籍貫、授給功牌時間四項内容。給牌年份皆在清嘉慶至咸豐年間。有河南豫河營上南河廳屬滎鄭汛、鄭中汛;中河廳屬中牟下汛;下南河廳屬祥符上汛、祥符下汛、陳留汛;蘭儀廳屬蘭陽汛、儀封上汛;儀睢廳屬儀封下汛、睢州上汛、祥河廳屬祥陳上汛;下北廳屬祥陳下汛、蘭陽北汛;曹考廳屬蘭陽下汛、考城汛;山東黄河營曹縣上汛、曹縣中汛、曹縣下汛、曹單汛、單縣汛;睢寧廳屬睢州下汛、寧陵汛;商虞廳屬商邱汛、虞城上汛、虞城下汛;河南懷河營黄沁廳屬唐郭汛、武陟汛、武滎汛、原武汛;上北衛糧廳屬陽武汛、陽封汛、封邱上汛、封邱下汛。包括河南豫河營、懷河營及山東黄河營三座河營,總計三十二汛。

清代黄河防洪因襲明代制度,設河道總督一職,總理河務。雍正二年增設副職,七年增設沿河管河道、管河同知、通判、縣丞、主簿等。另設河營武職,有參將、游擊、守備等職,形成文武兩套編制。文職司錢糧、料物,武職即河營,官兵既參與河防修守,又參與防汛、搶險、扦樁、下埽等工程。河道總督標營凡二十營,每營額設河兵五百人。雍正五年,河南設兩個黄河營,駐扎北岸稱懷河營,駐扎南岸稱豫河營。

此簿所記約一千一百餘人,眉欄處或押蓋"故"、"病"、"補"、"除"、"告"等紅色木記,表明其人已故、生病或係補選等不同情形。其中五十至七十歲者幾近一半,如"楊楷,年七十一歲,鄭州人,嘉慶二十五年十二月給牌",最長者已七十五歲。如此高齡尚在河營記名,簿中雖未提及捐輸,仍頗疑此爲捐納者。按,雍正時將康熙朝開始的文官捐納制度擴至武官,從此開武職捐納例。嘉道戰亂頻仍,捐納踵開。《清史稿·選舉志》記載,同治十二年,閩撫王凱泰言:"軍興以來,保案層迭,開捐以後,花樣紛繁。軍營保案,藉花樣以争先恐後,各項保舉,又襲軍營名目以紛至遝來。名器之濫,至今已極。盈千累百,徒形冗雜。"捐納之冗,此《黄河營記名外委册》可爲佐證。

0941　清咸同抄本運河文職官册

T4726.9/3301

《運河文職官册》。清咸、同間抄本。二册。兩截板,半頁七行,字數不等,四周雙邊,白口,單魚尾。朱絲欄,框高20.3釐米,寬13.2釐米。封面黄簽題"運河文職官册",書名據此。

是書爲清末吏部官員登記簿,所録皆山東運河道轄屬文職官員。每半頁記一人,履歷過長則以雙行小字抄寫,依次録其現任官職、名姓、年歲、籍貫、科名、仕履、諭旨、報捐、在部領照、何日到任等項,其末多以"准署到任"、"咨署今職"、"准署到任寔授"、"題署今職"等爲結語,當爲已派任官員登記簿。凡有改派或改署他人情形則以紅紙浮簽書寫,粘於眉欄處,如壽東主簿江星炳頁,依次粘有"該員因案赴省質訊,十年四月已咨革"、"十一月正月,另委試用主簿張若仲署"、"張若仲因已署年餘,飭令交卸,委次儘主簿劉耀卿署"三簽。

大運河自京師歷直沽、山東,下達揚子江口,又自京口抵杭州,南北近兩千公里。清制,漕運與河道分治,中央設河道總督總管河道與工程,按黃河、淮河、大運河不同河道在直隸、山東、江蘇、河南四省再分設河道,如通永道、運河道、淮徐道、淮揚道等。河道又稱管河道、河務道,協助地方大員和河道總督,專司蓄泄疏濬閘壩事宜。其中運河道,又稱山東運河道,專管運河山東段,《清會典·吏部下》記其職責爲"分守地方運河,管河兼分巡地方",爲清代分守分巡地方的九十二名道員之一。運河道下設同知、通判、屬官丞、主簿等文職官員。

此官册首記運河道道員宗稷,其後有運河同知、泇河同知各一人;下河、上河、臨清、捕河、東平等通判六人;德州、東平州同各一人;武城、汶上、滕縣、嶧縣縣丞四人;夏津、陶館、清平、堂博、聊城、陽穀縣、壽東等主簿十二人;甲馬營巡檢一人;磚板、戴灣、周李、戴廟、梁土、通濟橋、七級、阿城、荊門、安山、靳口、袁口等閘官三十人,計五十八人,皆咸豐至同治元年署任運河道文職官員,有准署新職,亦有多次俸滿連任者。

嘉慶以後,捐例頻開,凡需籌集資金處都可開捐,如賑災、河工、軍需、火器、海防,以至洋藥、茶捐、米捐等,名目繁多,不可勝數。河工經費成爲常開捐輸之一,以此册爲例,運河道五十八名官員,上至道員,下至閘官小吏,無一人不行捐納,並多有"二次捐輸"、"再捐籌餉"者,所記雖僅爲一衙署,亦可見晚清捐納之盛行。

0942　清咸同抄本吏部准署到任官册　　T4726.9/0680

《吏部准署到任官册》。清咸、同間抄本。二册。兩截板,半頁七行,字數不等,四周雙邊,白口,單魚尾。朱絲欄,框高20.4釐米,寬13.1釐米。封面黃簽題"京員、知府、同知、通判、大挑知縣、州同、州判",書名據内容題。

是書爲清末吏部官員登記簿,所録皆已派任官職者。每半頁記一人,履歷過長則以雙行小字抄寫,依次録其現任官職、名姓、年歲、籍貫、科名、仕履、報捐途徑、在部領照、何日到任等項,其末往往以"准署到任"、"到工"、"咨署今職"等爲結語。派往某地當差或改派他處、或改署他人以及賞戴花翎等情形則以紅紙浮簽書寫,粘於眉欄處,如"河北道當差"、"開歸道當差"、"運河道當差"、"該員防河出力,欽差聯奉奏上諭,著賞戴藍翎"等。

所録諸人,滿、漢皆有,出身既有殿試二甲的進士,又有未經科舉的監生,或曾爲從四品的知府,或尚爲未入流之平民。但履歷中都有捐納記録,或在東河捐輸,或捐建河南河朔書院,或捐陝西番務,或捐籌餉,或捐海疆經費,種類繁多,不一而足。有人一捐再捐,功名官階亦連連晉級。嘉慶十一年,規定捐納道、府者,須是曾任知府、同知、直隸州知州以及州縣正官,方可加捐。是書所記捐納時間多在道光後期,咸豐末至同治元年署爲新職。

署任新職有吏部主事等京官,也有府廳一級官員,如河北道、開歸道、兗沂道等道員、上下南河同知、直隸州通判等;還有縣一級官員,如大挑知縣、州同、州判等。所謂"大挑知縣",清乾隆十七年定制,三科以上會試不中的舉人,由吏部據其形貌、應對挑選,須體貌端正,言語簡明,於時事、吏治素有研究,一等以知縣用,即大挑知縣,二等以教職用。每六年舉行一次,名曰大挑,意在使舉人出身的士人有較寬的出路。

現任官職自眉欄處抬高書寫,有些眉欄處還注明捐納適用事例,如"籌餉例試用"、"籌餉例本班儘先補用"、"籌餉候補"、"捐班前先用"、"分缺間用"、"分缺間補用"、"分缺先用"、"試用"、"候補"、"先用"、"先儘"、"次儘"、"保舉即補"、"保舉先儘"、"保舉先儘班前補用"等。並押蓋紅色木記"行"、"故"、"亡"、"補"等字。試舉一例以見其格式："曹縣主簿談榮熙，年三十七歲，順天宛平縣人，祖籍江蘇，由監生在陝甘捐輸番務經費，保奏奉旨著以未入流分發南河，遇缺即補，欽此。因回避胞兄，改指東河候補。道光二十九年九月二十六日到工，三十年咨署棗林閘官，准署寔授。咸豐三年四月奉准部咨，因在南河捐輸局遵籌餉新例，捐升主簿，在任候升短交捐免離任銀兩例，應開缺回籍候選，即於是年四月交卸棗林閘官，因在南河捐輸局如數補交捐免離任銀兩，接奉部覆，補交銀兩逾限，仍令回籍候選，復在南河捐局捐繳工料銀兩，請以主簿指分東河，歸分缺先班先用，並免補額，經戶部議奏，於五年十月十六日，奉旨依議，欽此。赴部驗看領照，於六年十月十八日回工，十年正月內咨署今職，六月二十一日准署到任。"紅簽書"該員委署曹縣巡檢"。

按清制，候選官員將得選缺時，需按吏部規定日期報到，親筆書寫履歷單，呈交吏部專司官員選補升調之文選清吏司，以待銓選。保奏或引見後奉上諭，抄出到部，署理新職。官員到任後需將到任日期奏報吏部在案，故是書乃由文選司登錄造冊。

0943　清咸同抄本文職候補官册

T4726.9/0123

《文職候補官册》。清咸、同間抄本。二册。兩截板，半頁七行，字數不等，四周雙邊，白口，單魚尾。朱絲欄，框高20.3釐米，寬13.2釐米。封面有黃紙書簽，題"文職候補官册"，書名據此。

是書為清末吏部候補官員登記簿，所錄皆捐納買官、候補文職者。一頁或半頁記一人，依次錄其品級、名姓、年歲、籍貫、報捐途徑、在部領照、何日到任等項，如已派往某地或某部當差，則以紅紙浮簽書寫，粘於眉欄處，如"河北道當差"、"開歸道當差"、"運河道當差"等。捐納時間多在道光後期，咸豐至同治初年放出當差。品級多為從九品甚至未入流之小官。

眉欄處注明捐納適用事例，如"籌餉例"、"豫工例"、"捐輸遇缺即補"。或注明加捐"花樣"。嘉、道以後，捐納之途大開，納銀納粟入官之徒，多如恒河沙數，以至補缺緩慢。為加快候補時間，捐納人可在本班上再出資若干，使班次較優，此即所謂"花樣"。晚清花樣競出，品目繁多，是書便有"分缺間用"、"分缺間補用"、"分缺先用"、"試用"、"候補"、"先用"、"先儘"、"次儘"、"保舉即補"、"保舉先儘"等。並押蓋紅色木記，"行"、"故"、"除"、"扣"、"丁"、"補"、"陞"等字，以區分是否已辦理放行、已故去、注銷、吏部扣補在案、丁憂、補額在案、陞轉等情形。試舉一例以見其格式："(補)分缺先用未入流指項閘官魏長振，年五十一歲，順天宛平縣人。由監生遵籌備事例報捐未入流，復遵豫工頭卯事例，加捐分發投效東河，於道光二十一年十二月十九日到工。咸豐二年正月內聞訃丁父憂，回籍守制，服闋四年。七月初九日回工，十年六月內准吏部知照，遵捐銅事宜，請過班以閘官分發留省，分缺先補用，並免補額。"紅簽書"河北道當差"及"該員咨署石佛閘官已飭赴任"。

有清一代，選官任職不外三途：一為滿州八旗及漢軍八旗子弟，一為科舉正途，一為捐納。康熙十三年，因用兵三藩，為補充庫帑，清廷頒布捐納制度，准許文官捐納，之後歷朝皆有，捐納數額愈來愈大，因捐納而得官之人亦越來越多。光緒二十七年清政府下令停開捐例，持續二百餘年的捐納制度方告終止。捐納人通過捐輸，先獲取虛銜，在户部領取執照，在吏部登記造册，然後或歸部候選，或到省補用，待有出缺時再派爲實職。捐納名義上是"搜羅異途人才，補科目所不及"，實則弊多利少。是書爲吏部候補官册原件，此類材料存世無多，頗有裨於清代官制及捐納制度研究。

0944　清咸同抄本標營武職官册　T4726.9/4911

《標營武職官册》，清咸、同間抄本。二册。半頁七行，字數不等，兩截板，四周雙邊，白口，單魚尾。朱絲欄，框高20.5釐米，寬13.1釐米。封面黄籤題"標營武職官册"，書名據此。

"標營"，即河標營，專司運河營防，掌管催調、護送漕船，震懾大運河沿岸碼頭治安。順治初，河道總督楊方興奏請設河標中軍副將署，總理河標營官兵，直隸河道總督，爲司運最高軍職衙門，駐節於山東濟寧州。河標中軍副將爲總河副職，河標兵丁主帥，從二品。河標中軍副將署下轄沿運河各河標營、衛。河標營分中、左、右、城守四營，分駐四十四個汛地，綿延三百六十里長。

是書亦清末吏部官員登記簿，所録皆河標營武官。一册爲已派任武官登記簿，依中營、左營、右營、城守營爲序，依次録其現職、名姓、年歲、籍貫、戰功、履歷、除授年月諸項，末多以"到標"、"回標"、"接劄寔授"、"奉文寔授"等爲結語；一册爲候補武官登記簿，職名前皆有"候補"二字，除名姓、年歲、籍貫、履歷外，兼記捐例、諭旨。兩册均每半頁記一人，遇有行取、提升、轉遷，則以紅紙浮簽粘於眉欄處，丁憂、事故，則揭除之。時皆在清嘉慶至同治元年間。

各營有副將、參將、都司、守備、協備、千總、把總、外委千總、外委把總、頭司把總、二司把總、游擊諸員。河標中軍副將署設於濟寧，當地捐納踴躍，故此册所記多爲山東濟寧人。試舉二例以見其格式：

"中營左哨二司把總時功喬，年二十八歲，山東濟寧州人。右營兵。咸豐五年，因攻剿廬州柘皋賊匪出力，經江南提督和等奏奉上諭，著賞戴藍翎，欽此。七年，經安徽撫院福咨補左營經制外委寔授。十年正月，咨補中營左哨二司把總。十一年三月二十九日接劄寔授。"

"標營候補經制外委趙以成，年五十四歲，山東濟寧州人。中營兵，由右營額外外委歷陞城守營左哨把總寔授。道光二十九年，因四參限滿，贓賊無獲，部議照例以經制外委降補。"

0945　清同治抄本金陵軍需報銷總局清册　T4582/8771

《金陵軍需報銷總局清册》，清同治間抄本。二册。半頁八行二十四字，四周單邊，白口，無魚尾。緑格。框高15.4釐米，寬10.3釐米。第一册書根題"採買馬匹騾駝車輛官弁勇丁鹽糧"，第二册書根題"製造洋礮水師油艙營弁水手薪糧"。書名據内容題。

是書爲金陵軍需報銷總局報銷清册，分別列爲剿捻軍需第一案"第貳册"、"第肆册"、"第拾陸册"和"第拾玖册"。"第貳册"、"第肆册"與"第拾玖册"合鈔爲一册。兩册前各有呈報造册事由，說明報銷内容、照舊案辦理、起迄月日等項。其後逐一開列各項名目及用銀數。每一宗報銷事末均題"同治捌年月日呈"。

第一册首云："金陵軍需報銷總局呈爲造報解馬官兵路費、薪糧、採買馬駝騾車等項錢糧事，竊照同治四年閏五月以後用款，奉直隸總督部堂曾、湖廣總督部堂李於具奏同治叁年柒月起,至肆年伍月底止報銷摺内,均經聲明統歸剿捻軍需案内造報……並五年六月分欽差大臣兩江總督部堂曾奏籌辦防河,所有銘字等軍修築堤閘濠墻需用經費,兹據承辦支應各員將同治肆年閏五月初壹日起,截至五年拾貳月底止,支給銀錢數目,併陸年正月分放給解馬官兵回旗薪糧路費銀兩,開報前來,相應分晰彙造細數,列爲剿捻軍需第一案第拾陸册,呈請付候大部查核題銷。"湘、淮各軍向在江南,專用步隊,後調山東、河南一帶剿捻,平原曠野,馳驟追逐,尤宜騎戰,故曾國藩飭員赴張家口、古北口等處採買戰馬二千匹,加上理藩院解到戰馬五百匹,因東豫兩省地勢平衍,鮮通舟楫,又爲馬、步各營購備車輛。此報銷册統計湘平銀壹拾肆萬捌百叁拾陸兩貳錢,折庫平銀壹拾叁萬伍千玖百貳兩玖錢貳分叁厘捌毫陸絲叁忽。

此"第拾陸册"後附造報徐防官弁兵勇丁糧餉銀兩,爲徐州剿捻防務所用,起同治五年五月初一日,截止於同治六年七月底,統計庫平銀玖萬貳千陸百拾陸兩柒錢貳分五厘陸毫五絲。

第二册首云:"金陵軍需報銷總局呈爲造報製造西洋機器砲火各局用款、京營學習弁兵薪糧銀兩事,竊照蘇省軍需案内洋槍炮隊英法兵官教練、各營中外勇糧及採辦外洋軍火價值、製造西洋砲火各局輪船用項以上肆款,皆與洋人交涉,無例可循……均經聲明,統歸剿捻軍需案内造報……兹據承辦各委員將同治肆年閏五月初壹日起,截至伍年拾貳月底止,製造西洋機器砲火各局採辦應用銅鐵、鉛觔、煤炭等項,中外工匠工食置辦各項料物銀兩及江海關船鈔項下支給京營弁兵薪糧恤賞各款,開報前來,除經循舊專案奏報外,相應分晰造具細數,附列剿捻軍需第壹案第肆册,呈請伏候户部、總理衙門查核備案。"統計請銷庫平銀貳拾貳萬伍千壹拾兩柒錢叁三分玖厘肆毫陸絲伍忽。

"第肆册"後附造報水師油艙銀兩、輪船用款銀兩事。首云:"伏查淮陽撫標、太湖水師各營船隻核定章程,予限一年,按船發給油艙經費,計長龍船每號給銀貳拾肆兩,舢板艍板船每號給銀壹拾肆兩,鎗船每號給銀壹拾貳兩,其外江水師拾營亦一律照給,均由各該營官具領承辦。兹據承辦支應糧員將同治肆年閏五月初壹日起,截至伍年拾貳月底止,支給前項水師各營油艙經費銀兩細數開報前來,相應彙造,列爲剿捻軍需案第拾玖册,呈請伏候大部查核題銷。"統計請銷湘平銀壹萬肆千捌百叁拾貳兩,折庫平銀壹萬肆千叁百壹拾貳兩肆錢伍分柒厘柒毫捌絲貳忽。

後又附造報輪船用款銀兩事,首云:"同治肆年伍月間,遵旨調派淮勇鼎字全軍,並余在榜教練洋槍隊壹營,由滬航海赴津援剿……兹據承辦支應委員將同治肆年閏五月初壹日起,截至伍年拾貳月底止,威林密等各項輪船薪糧、辛工伙食、油漆修理、洋煤等項,並江海關道僱備裝載赴津援剿鼎字全軍火輪、夾板等船價值雜項各款支給銀數,開報前來,除經循舊專案奏銷外,相應分晰,造具細數,附列剿捻軍需第一案第貳册,呈請付候户部、總理衙門查核備案。"統計請銷庫平銀壹拾肆萬壹千伍百貳兩陸錢叁分玖厘玖毫捌絲七忽。

按,咸同年間,曾國藩、李鴻章率湘、淮大軍圍剿太平軍及捻軍,統兵多達十萬,軍費收支超過千萬,朝廷定期督察軍需開支情况,報銷量大事繁,爲此曾國藩設報銷局將營中歷年開支編造成册,分晰條列,呈報户部、總理事務衙門等審批,核准方可報銷。雖然清册上每事末皆稱"請銷銀錢,均係核寔支給,並無浮冒",實則報銷局要在天衣無縫,所奏不爲户部議駁,故工作相當煩難。

從咸豐三年九月自籌糧餉,到同治五年底退出剿捻戰場,除去在籍丁憂一年,曾國藩前後帶兵達十三年之久,共向朝廷奏報軍需案四次,先後設立吳城、安慶、金陵三個報銷局。其中金陵軍需報銷總局設於同治七年十一月,由江寧、江蘇兩布政使主持其事,王延長、石楷等具體辦理,專司造册報銷同治四年閏五月至同治五年底參加剿捻的湘、淮各軍軍費收支,即"剿捻軍需第一案"的報銷。辦理之法,由曾國藩與李鴻章共同商定,並在同治七年十一月初奏報湘軍第五案報銷時聲明:此案造冊報銷,仍沿用以前之法,但只造銀兩數,不造勇丁花名冊。該局所辦軍費報銷總額近一千萬兩,同治九年二月核銷完畢,其報銷年限截止於曾國藩退出剿捻戰場之前。撤銷該報銷局,當在同治九年之後。

是書抄寫甚工,訛字皆粘紙或補紙重書。遇"旨"、"奏"、"題"諸字,則抬高一字,自眉欄處書寫。"第貳冊"等三冊合鈔,此蓋爲金陵軍需報銷總局抄副留存之本。

0946　清光緒寫本江南製造總局賬簿　T4555/3423

《江南製造總局賬簿》不分卷。清光緒寫本。一冊。半頁十三行,字數不等,中無界格。書名據內容自擬。

清同治四年,曾國藩、李鴻章在上海開辦江南機器製造總局,這是清政府洋務派開設的規模最大的近代軍事企業,又稱江南製造總局、江南製造局、上海機器局、上海製造局。此後屢加擴充,清政府指定撥上海海關二成稅收作爲常年經費,雇用洋人技師及中國工匠數千人。同治六年,搬至高昌廟鎮,建有機器廠、洋槍樓、汽爐廠、鑄銅鐵廠、輪船廠等,占地七十餘畝。此後又相繼建成造炮廠、水雷廠、煉鋼廠、火藥廠、鍋爐廠等。該局以生產槍炮子彈爲主,輔以修造船艦,並附設翻譯館、機械學校,培養技術人員,翻譯與軍事、工程有關之書籍。同治七年,徐壽及其子建寅主持建造了中國近代第一艘大型新式兵輪"恬吉號",此後江南製造總局幾乎每年都有一艘新船下水。

是書爲江南製造總局銷算賬簿一冊。按支付去向排序,依次爲支輪船廠之竹匠、箍桶匠、本地小工、江北小工;木工廠工匠、廣瓦匠;支修理廠屋工程之本地瓦匠、漆匠、溝匠;支造礮廠之本地小工、皮帶匠;支汽爐廠工匠;支火藥廠之江北小工;支鑄銅鐵廠之本地小工;支鍋爐廠工匠並幼童。其下逐項開列細目,如用工幾名、工時多少、每工給銀幾文、用工種類、食錢多少等。後有當月購買機器物料項,分別爲支地亞士洋行運到礮架鋼料價腳、支彭脱由外國運到煉鋼爐等料價腳、支柯尼施由外國運到機器等件價費、支瑞生洋行運到機器架腳,亦逐一開列名目及費用,如裝箱費、保險、利息、經手行用、僱傭駁船人力等。所記均爲一月内用度,雖無具體時間,但簿中有"添建煉鋼廠"事項,查江南製造總局煉鋼廠設於光緒十六年,則此賬簿所記必爲是年前後某一月無疑。此外,簿中記載多有關"測海號"建造、維修情形,"測海號"建成於同治八年,亦徐壽父子主持建造,爲江南造船廠建造的第三艘大型兵輪,工料價值總計八萬二千餘兩。

據光緒三十一年編印、總辦魏允恭所撰《江南製造局記》卷四記載,凡江南製造局製造、維修諸項,向來先估工料,稟明立案,一面動工,俟工竣後,核計實用銀兩稟明,於"月報印冊"內逐款開列。凡支薪工糧餉膏火雜用銀兩若干,支購辦物料等項銀若干,製成機器、軍火等項共值銀若干,均按月開具簡明清單呈報,並無分毫遺漏。是書似屬此類賬簿,罕見流傳,記錄詳細,可爲治晚清經濟史及江南製造局史研究參考。

書中多騎縫押鈐"江南製造總局關防"大印。

0947　清抄本康濟改修魚雷練船並添購器具卷宗　T4664.88/0312

《康濟改修魚雷練船並添購器具卷宗》不分卷。清抄本。一冊。半頁八行二十四至二十六字,四周單邊,白口,無魚尾。綠格,框高14.8釐米,寬10.3釐米。前有目錄,書名據目錄頁題。

康濟艦爲晚清北洋水師戰艦之一,清光緒四年一月十二日開工,爲福州船政局製造的第二十二艘艦船,光緒五年七月二十日下水,光緒六年一月九日竣工。造價二十一萬一千兩白銀,由船政學生吳德章等設計監造。長72.37米、寬11.17米,馬力七百五十匹,與"經遠"、"來遠"諸艦同式。此鑑原屬福建水師,同治十年調歸北洋水師。光緒十五年改爲魚雷練船,原有火炮十一門,又增設魚雷發射管一具。甲午海戰中,清廷最大的海軍艦隊北洋水師全軍覆没,威海衛淪陷,所餘艦船悉爲日軍擄去,康濟號亦在其中。光緒二十一年二月十七日,此艦因獲准運送爲國捐軀的丁汝昌、劉步蟾等北洋水師高級將領靈柩而幸得留存,被日軍卸除武器裝備後交還中國。光緒二十二年,清廷重建北洋海軍,該艦更名復濟號。宣統二年退役。

此艦編制一百二十四人,管帶爲游擊銜。管帶薩鎮冰,字鼎銘,蒙古族,福州人。一生經歷前清、民國和解放初期,爲中國近代海軍宿者。畢業於馬尾船政學堂,成績名列第一。光緒二年,與劉步蟾、嚴復等被派往英國格林威治皇家海軍學院學習駕駛。甲午海戰時爲北洋水師游擊,威海保衛戰中,率水兵堅守劉公島炮臺,奮勇抗敵。甲午戰敗後,擔當起重振海軍重任,任廣東水師提督,後偕載洵同往英、美、德、法、日、俄等國考察,回國後出任海軍提督。北洋政府時擔任海軍臨時總司令、海軍總長兼國務總理,后擔任海軍顧問、福建省長。新中國成立後,任全國政協委員。1952年病逝,享年九十四歲。幫帶大副翁祖平,福州船政學堂畢業。教習丕三德,德國人。魚雷教習辛格立,英國人。

是書爲康濟艦改裝爲魚雷練船相關事宜文檔,計有:會禀北洋大臣李鴻章稿四件、批復三件、李鴻章札六件;咨北洋海軍提督丁汝昌稿七件;咨天津海防支應局三件;咨旅順魚雷營稿二件;康濟艦提督薩鎮冰咨一件,致丁汝昌信稿一件,丁汝昌復函一件。共二十八件,時在清光緒十四年五月初十日至十五年十一月初五日間。

光緒十四年五月,康濟艦擬改裝爲魚雷練船,據工程處各員紳核計工料,預算約需銀二萬四千餘兩。其後康濟艦開赴福建造船廠,改換鍋爐、艙面、艙房,添置魚雷銅炮、電光鐙等,並將應添設魚雷及新式電光燈、電氣器具各器具洋文譯爲華文,開列清單,以德國馬克或英國英鎊爲單位著明當時價銀,清單咨送出使英國、德國大臣劉瑞芬、洪鈞從速購回,由天津海防支應局辦理。其中在德國購置魚雷炮、各項魚雷器具等總計一十八萬九千二百零六馬克,裝運成四十五箱,英國格林倭爾紀輪船載運至上海;在英國昔爾白登廠定購發電機、電氣鐙等配件,總計一千六百七十四磅十四先令六本土,僱船運至上海。北洋水師提督丁汝昌撥兵輪再轉運至閩安裝。

是書似爲北洋水師所纂輯,工筆抄錄,書根題"康濟改修魚雷練船卷",扉頁題"禀請康濟改爲魚雷練船應添器具卷",書口下書"王鑑堂抄",蓋爲抄胥名姓。

0948　清光緒抄本天津電報局支款清册　　T4582/3927

《天津電報局支款清册》。清光緒抄本。一册。半頁八行,字數不一,無框格。書名據內容題。

是書爲天津電報總局支款清册,內抄八個分册,依次爲:《中國購辦物料支銷各款清册》,《各局運脚川資支銷各款清册》,《辦理北路安設電綫委員造送工次經費銀錢四柱清册》,《南路設綫委員造送需用各款支銷清册》,《津貼馬乾口糧設造巡房支銷各款清册》,《各局薪水工食支銷各款清册》、《各局房租修造支銷各款清册》、《各局局用支銷各款底册》。每册前題有"謹將某項下支銷各款開具詳細清册恭呈憲核"字樣，當是爲呈送上司而造册。每册依支付各局排序，依次爲天津總局、上海分局、鎮江分局、清江分局、蘇州分局、濟寧分局、臨清分局，一一條列其支款項及銀兩、洋錢數目。每分册後有呈報時間，時在光緒七年十月至光緒八年二月間。

天津電報總局係清末創辦的近代電訊企業，設立於光緒六年十月。當時爲抵制西方列強在中國領土架設電綫的企圖，洋務派提出自行鋪設電綫的設想。光緒五年，李鴻章首先架設了大沽至天津的電報綫。轉年又在天津創辦了電報總局，以盛宣懷爲總辦，並在上海、蘇州、鎮江等地設立分局，同時附設電報學堂。光緒七年五月開始架設津滬綫，十二月竣工。光緒八年四月，天津電報總局改爲官督商辦，轉年開始架設滬粵綫，電報總局亦遷往上海，在各地設分局、子局、子店、報店四級分理機構。以後陸續建成長江陸綫及通往西南、西北、北京、東北的電報幹綫，初步形成了貫通全國的電訊網。光緒三十四年，改爲官辦，隸屬郵傳部，稱電政局，兼辦電話事業。電報總局是洋務派經營的民用企業中較爲成功的一個。

此清册應爲電報總局檔册原件，雖只半年中的部分支款內容，亦有許多可資參考材料，如其中"支付電報局薪水工食各款"，尚可見當時電報局內人員設置，如天津電報總局設有總管文案委員、幫辦文案委員、繙譯兼管料物、總理內帳房、稽核各局報册、帳房司帳、幫辦帳房兼書啓、管雜務委員、兼查電桿委員、管理旬報司事、管理紫竹林棧房司事、管理局內材料司事、書記、幫核報册兼雜務司事、管理接報、修理機器、電報學生、幫棧房司事、北路設綫洋監工、本局洋總管，等等，名目繁多。

每分册首、末頁皆鈐有"天津電報總局關防"印。

0949 新疆省各州縣雨雪陰晴雨雪平均量每月統計表　　T7458/0219

《新疆省各州縣雨雪陰晴雨雪平均量每月統計表》，原件。二十四件。

此爲宣統二年十至十二月間新疆省和闐直隸州、疏勒府、莎車府、英吉沙爾直隸廳及下轄各縣之雨雪陰晴統計表、雨雪平均量統計表。其中包括：和闐直隸州（十月、十一月）、和闐直隸州于闐縣（十月、十一月）、和闐直隸州洛浦縣（十月至十二月）、疏勒府（十月至十二月）、疏勒府伽師縣（十月至十二月）、疏勒府疏附縣（十月至十二月）、莎車府（十月至十二月）、莎車府巴楚州（十月至十二月）、莎車府皮山縣（十月至十二月）、莎車府分防蒲犁廳（十月至十二月）、莎車府葉城縣（十至十二月）、英吉沙爾直隸廳（十至十二月）。

各件皆列表，逐日記雨、雪、陰、晴狀況，雨量數、雪量數，並有"備考"欄，記大風、大霧、地震等災害天氣及其他相關説明。如疏勒府宣統二年十月雨雪陰晴統計表，初一至二十四日爲晴，二十五日至二十八日、三十日爲陰，二十九日爲雪。"備考"有云："查是月二十六日亥刻暴風驟起，走石飛沙，次晨始息。幸雜糧瓜果早經收穫，未被損折。二十九日酉正初刻雨雪，至亥刻止，積地寸餘，差探四鄉一律霑足。"又據同月雨雪平均量數統計表，二十九日雪量數爲十二分。表後署"宣統三年正月日署知府王炳堃"，並鈐"疏勒府印"。英吉沙爾直隸廳宣統二年十月雨雪陰晴統計表，本月初一至二十一日爲晴，二十二日至二十八日爲陰，二十九至三十日爲雪。"備考"云："初五日亥刻地震。"又據同月雨雪平均量數表，二十九日雪三分，三十日雪一分。英吉沙爾直隸廳宣統二年十一月、十二月雨雪陰晴統計表"備考"欄中，亦分別有"十五日亥刻地震"及"初四日亥刻地震，初五日亥刻地震，初六日戌刻地震"之記載。

史　部

諸件多鈐有本州縣官印,如"于闐縣印"、"疏勒府印"、"伽師縣印"、"洛浦縣印"、"和闐直隸州印"、"巴楚州印"、"皮山縣印"、"莎車府分防蒲犁通判之關防"等。

0950　清寫本執照監照憲照護照奏摺及諭札　　T4664.87/3047

《執照監照憲照護照奏摺及諭札》,清道光至光緒間寫本。一函,計十四張。均係清道光至光緒年間(1821—1908)官方所頒文件,內容駁雜,按類分述如下:

戶部執照二件,一爲咸豐六年十月十四日浙江杭州府錢塘縣人章光普,捐銀一百九十五吊爲監生;一爲同日章光普再捐二百二十八吊爲從九品。監照一件,光緒二十九年五月浙江會稽縣人楊佩庭捐銀爲監生。此類証書乃晚清買官賣官之物証,朝廷諱言賣官鬻爵,美其名爲"捐納",使没有進入科舉一途的平民可以通過向朝廷捐資納粟獲得功名,捐納後朝廷開具憑票,亦是授官之証書。戶部填發者稱"戶部執照",國子監填發者稱"監照",均是木版刷印,每張以墨筆逐項填寫捐監人籍貫、年齡、相貌(如"身中面白無鬚")、捐銀數量、戶部捐銅局收訖日期,曾祖、祖父、父親三代名銜,戶部頒發執照日期,文後並用朱筆批一個"行"字。

憲照一件,道光二十四年十二月,由兵部侍郎兼都察院右副御史巡撫浙江等處地方管理糧餉監理全省營務節制水陸各鎮兼管兩浙鹽政梁寶常頒給咨房書吏章焕,因其"承辦稿案,晝夜辛勤,數載以來,不辭勞瘁,洵屬可嘉",故此嘉獎軍功六品頂帶,以示鼓勵,並鈐"浙江巡撫關防"滿漢文印;護照一件,光緒二十六年十二月爲新任巡撫部院余聯沅而開,以便沿途經過驛關津隘驗明放行之用。並鈐"浙江等處奉宣布政使司之印"滿漢文關防。六部藩憲所頒者稱"憲照",身份之説明稱"護照"。

奏摺一件,總理各國事務衙門奏議浙江巡撫馬新貽關於寧波新關添設巡船經費及銷算洋税折耗、每年應需經費銀兩之事。經摺裝,斷爲兩截。

諭札五件,光緒十八年閏六月初四日、十九年十二月十六日、二十七年六月十一日、二十八年十月二十二日、二十九年四月頭品頂戴浙江巡撫部院劉樹堂、余聯沅、誠勛等人之諭示,經摺裝,每張諭札鈐"浙江巡撫關防"滿漢文印,並有監印官張紹嵩、吳繼彪、盛尚頤、蕭攸裕之朱文長印。這些諭札均有關於鹽務文書,稱承辦一切咨移文件及部文轉行,事極紛繁,有不少急須趕緊清理者,以致不敷周轉。指示應"謹慎辦理,務須紙張堅厚,字畫端正,每套備具正副狀各一紙,毋得草率"。飭給幫辦書吏薪飯紙等銀,"批准給幫辦書四名,磨對發書四名,每名日給薪飯銀二錢,油燭紙張銀二錢,以一月爲期。"

衙署往來之文移三件,一是同治四年五月二十三日,戶部呈給浙江巡撫馬新貽關於新關添設巡船經費並銷算事之咨文,經摺裝;二是光緒三十一年七月初八日,浙江農工商礦總局呈報兵部侍郎兼浙江巡撫兩浙鹽政聶緝槼,關於浙江商會董事姚辰元控告浙江關書姚允中昧良心浮冒支銷、不肯分絲毫給亡兄寡婦孤兒,經查明實無此事。經摺裝,鈐"浙省農工商礦總局關防"漢文印,並有監印官萬福康署名;三是咸豐七年九月,爲克復東壩掃平寶堰之出力員弁兵勇申請軍功札文,並鈐"奏留浙省督練兵勇奉旨稽查花翎侍衛胡之行營關防"漢文印。

0951　清原件戶部執照監照翎照　　T4703/3061

《戶部執照監照翎照》,清咸豐至光緒間原件。三十九件。大多爲麻紙,僅一二件爲棉紙。

793

四周邊框以如意蓮花裝飾圖案，以墨筆填充空缺欄目，如人名、籍貫、年齡、出身、體貌特徵、捐銀數量、捐納名目、三代名姓等，批文以朱筆勾辦劃行，上部編號以半字勘合法供校驗，並蓋有衙門官印。

是書爲清廷户部或國子監爲捐納錢財以换取候補小官或監生資格之人所頒發收據、憑證。户部執照二十一件，計爲：同治二年江蘇省鎮江府丹徒縣人姚錕捐銀三十二兩五錢爲監生收執；同治七年二月二十九日姚錕捐銀爲同知銜收執；同日姚錕爲祖父母捐銀爲從四品銜收執；同治八年七月二十一日姚錕爲父母捐米九十六石、票銀四百八十兩爲正四品銜收執；同治十年六月初三日姚錕捐京米一百七十九石一斗、銀八百九十六兩爲知府升銜收執；同治十年七月二十日姚錕爲其庶母戴氏捐米折銀九十六兩爲正五品收執；同治十二年正月初十日姚錕捐京米四十石三斗二升、票銀二百一兩六錢爲其曾祖父母買從四品官收執；光緒二年十二月十八日姚錕捐銀三千零十六兩五錢爲候補道員收執；光緒五年二月二十一日姚錕再捐銀二千三百零二兩爲道員實官收執；光緒四年十月二十日頒發江蘇省鎮江府丹徒縣人姚鑠爲監生收執；光緒五年七月二十日姚鑠再捐棉衣合銀二千九百九十六兩，准予爲户部郎中銜收執；光緒五年二月初五日廣東省廣州府香山縣人梁士傑捐銀四十五兩三錢六分爲監生收執；光緒五年二月初八日江蘇省鎮江府丹徒縣人賀德培捐銀四十五兩肆錢爲監生收執；光緒五年閏三月二十日江蘇震澤人陸同壽捐銀四千零三十二兩爲道員收執；光緒十五年十一月二十八日江蘇長洲人姚昊爲生母顧氏捐銀一百五十兩爲從六品收執；光緒二十三年八月十八日江蘇震澤縣人沈正模捐銀一百零八兩爲監生收執；光緒二十七年七月初九日頒發給江蘇昆山縣人汪銘笏捐銀百兩爲從九品收執；同日汪銘笏捐銀七十二兩九錢准報捐免驗收執；同日汪銘笏捐銀百兩爲監生收執；光緒二十七年八月初一日江蘇震澤縣人陸鼎奎捐花翎銀九百兩收執；同日陸鼎奎再捐銀一千七百二十四兩爲三品升銜收執。其中丹徒人姚錕的九件户部執照，完整記錄了他從同治二年至光緒五年的十六年間捐銀近萬兩，由一介白丁一路升至道台的買官經歷，殊具研究價值。

空白户部執照三份，上鈐"户部山東使司印"滿漢文官印。其中一份署爲"勝字第壹千柒百拾貳號"的户部執照後尚附有完整照根，並有説明，依咸豐三年九月十九日户部議奏，爲籌備軍餉，"將空白職銜封典執照發給山西、陝西、四川、廣東諸省，並將花翎、藍翎執照注明減二成銀數發給各路糧臺，遇有赴營報捐者即行發給，以廣招徠。"可見晚清廣開捐納之途，大肆賣官鬻爵之實。

監照十三件，計爲：咸豐十年浙江省杭州府仁和縣人王祥宸捐納爲監生收執；同治二年二月三十日給姚錕捐納爲監生收執；同治十年二月十七日浙江省杭州府錢塘縣人沈普捐納爲監生收執；光緒四年十月二十日國子監頒發姚鑠納捐爲監生收執；光緒五年二月初五日梁士傑捐爲監生收執；光緒五年二月初八日江蘇省鎮江府丹陽縣人賀德培捐納爲監生收執；光緒十六年十二月初一日江蘇常州府無錫縣人秦世銓捐納爲監生收執；光緒二十三年八月二十一日沈正模捐輸准作監生收執；光緒二十七年七月初二日、初三日沈正模捐納監生後交解國子監飯銀、照費銀收執兩件；咸豐年間空白監照三件，已鈐"國子監印"滿漢文印。

執照一件：光緒十三年四月十四日，總理各國事務衙門因二等幫辦墨賢里襄理洋務始終出力，頒發給三等第一寶星收執，並加鈐"欽命總理各國事務關防"滿漢文印。朱色套印四周雲龍紋，以墨筆填充因由、獎勵、日期等，末注此爲"星字壹百貳拾肆號"。

翎照一件：咸豐七年湖北荆州將軍爲克復省城出力人員請獎賞戴花翎收執，鈐"統領水陸全軍行營關防"大印。

0952　清光緒原件監照　　　　　　　　　　　　　　T4917/6176.7

《監照》，清光緒二十九年原件。一件。棉紙。上刊大字"監照"，四周邊框以如意蓮花裝飾圖案，以墨筆填充空缺欄目，如人名、籍貫、年齡、出身、捐銀數量、捐納名目、三代名姓、日期等。批文以朱筆勾劃"實"、"行"。上部編號以半字勘合法供校驗，並蓋有衙門官印。

光緒年間，山東河患頻仍，朝廷准予廣開捐納之門，以賑災救濟。此照係國子監爲承德人溫其恭捐納錢財以換取監生資格所頒發收據、憑證，品相甚好。

全文如下："國子監爲給發執照事，准户部咨稱山東巡撫周奏，山東河患極重，歷年民不聊生，非别省被偏災可比，擬請將山東五成賑捐收捐貢、監，豫頒空白執照一摺，光緒貳拾捌年玖月拾五日奉硃批著照所請該衙門知道，欽此。欽遵在案。今據溫其恭，係奉天承德縣人，年十六歲，身　面　鬚。於光緒　年　月　日由俊秀在山東捐納十成監生，應交解本監飯銀照費，按每張交飯銀壹兩伍錢，照費銀貳錢，相應給予監照，以杜假冒、頂替等弊。須至照者，曾祖博學，祖永泰，父萬英、生父萬彩。右照給溫其恭收執。光緒二十九年閏五月二十日給。監行第叁次發。"

0953　清乾隆寫本房屋買賣契約　　　　　　　　　　T4891.3/5345

《房屋買賣契約》。清乾隆寫本。五頁。墨書，無行格。書名據内容擬定。

此係清乾隆年間江蘇吴縣地區民間房屋買賣契券，共計五張。分别是乾隆二十七年十二月上下典房契各一份，乾隆三十年十一月、乾隆四十五年七月、乾隆五十八年十一月永遠絶賣房屋基地文契三份。

以乾隆二十七年十二月兩份典房契爲例，上契爲：

"立典房：上契方寔君、憑中史元開、方芝田等將坐落吴縣南利三圖養育巷中朝西門面、出進朝南内屋兩間、天井半個，議典與金處管業，言定五周年爲滿，當得典價銀叁拾陸兩整，内聽（廳）修理銀壹兩，銀色元絲九八，其銀當日一併收足，並無貨債準除，亦無重疊交易。此房的係己產，並無有分人争執，倘有等情，出產人自因理直，與得業者無干。年滿之後，聽憑取贖，如無原價，仍舊管業。恐後無憑，立此合同典房上契存照。

隨契收足元絲九八銀叁拾陸兩整，加内聽修理銀壹兩正，束金貳錢，砝碼陳瑞生，管家貳錢。"下面是立合同典房上契方寔君、中人史元開等十人名姓及花押。

下契爲：

"立典房：下契金岐山、憑中史元開、方芝田等用價元絲銀叁拾陸兩整典得方處坐落吴縣南利三圖養育巷中朝西門面、出進朝南内屋兩間、天井半個，其銀當日一併收足，並無貨債準除。言定五周年爲滿，年滿之後，聽憑取贖，如無原價，仍舊管業。恐後無憑，立此合同典房下契存照。

隨契交足，加束金貳錢，砝碼陳瑞生，管家貳錢。"下面是立合同典房下契金岐山、中人史元開等十人名姓及花押。

兩契前各有布政司朱色木記，並書驗×幾×幾頁幾號，後有半字"合同上下典契各執爲照"

一行,以供勘合,上契爲右半行,下契爲左半行。最末另行書"永遠大吉"四字。

這位方寔君在三年後再次以十七兩紋銀價格,將"祖遺"門面房一間徹底售與貝氏,另一張"永遠割籐杜絶房屋基地文契"記録了此事。

乾隆五十八年十一月"永遠絶賣房屋基地裝摺拔根杜文契"後,還粘接了布政使司衙門頒發的正式契約,爲木版藍印,字蹟已漫漶不清。墨筆填售房人、價銀、房屋幾間、買房人、日期、"撫都院掛布字"編號等,並鈐"江南蘇松常太等處承宣布政使司印"及"吴縣之印"兩方滿漢文關防,粘接處騎縫鈐"吴縣之印"。

這五份民間契約,不僅年代早,而且首尾完整,彌足珍視。

0954 清道光寫本合本議單   T4891.2/3987

《合本議單》。清道光十四年寫本。兩紙。墨書,無行格。

此合同爲道光十四年十一月所立,立約人爲王一亭、夏也鄉兩位,中間人爲朱夢蕉、姚香芸、黄建如、張愛棠四位,約定爲接手他人買賣,共出銀一千五百兩,另立新店"日亨"號,二人合資。一紙爲合同,最前書半字"合同合本議單各執壹紙存照"一行,以供勘合校驗。全文抄録如下:

"立合同合本議單。王一亭、夏也鄉,憑中朱夢蕉、姚香芸等議明,各出本銀,接開袁鼎昌辭歇交出幫辦傾鎔一業。三面議明,兩人共出本紋銀壹千五百兩正,其店立名日亨字號,其銀在店行運生理。立簿稽查,如有盈虧,兩人承認。須得克勤克儉,協力同心,各無異言。立此合同合本議單存照。

一議得各出本紋銀柒百五十兩,照數壹分起息;

一議得關署公中事務,夏也鄉辦理;

一議得店内出入帳目事宜,王一亭辦理;

一議得店中夥友辭聘及一應銀錢往還,公同斟酌辦理。

道光拾四年拾一月　日立合同合本議單　王一亭　夏也鄉

見議　朱夢蕉　姚香芸　黄建如　張愛棠"

每人名後並書花押。幾處"合同"二字均疊寫作一字。

另一紙書"興隆大利"四字。按,契約通常在文末另行書四字吉語,此紙蓋斷爲兩截所致,實爲同一件。

0955 清咸豐寫本分析基塘及田產買賣契約彙編   T4891.2/8314

《分析基塘及田產買賣契約彙編》。清咸豐寫本。一册。墨書,無行格。書名據内容擬定。

自南宋以來,珠江三角洲一帶就開始"塞塹爲塘,疊土成基",塘内養魚,基上種桑、蔗、果樹等,形成當地特有的農業生産方式。此册爲晚清時期有關廣東順德、南海一帶"永生圍"基塘、基地、寮地的分析、買賣契約彙編。咸豐二年十一月,"永生圍"原持股者之一端静堂因欠銀屢催不交,經合族父老公議,將永生圍中端静堂名下的六股分析爲六部分,用"仁"、"義"、"禮"、"智"、"和"、"平"六字編列明白,永遠分割給俊行堂、濟行堂、仲元堂等其他持股者,當衆鬮執掣籤,分析後訂立契約,無得異言。此册爲義字分單、禮字分單兩部分。義字分單爲義字紅白契共十三張,禮字分單爲禮字紅白契共十四張。

每份契約中標明各堂買賣雙方名姓、保人搢紳某某,詳細記錄了基塘或基地、寮地的地理位置與丈量、割稅印契情況、收成獲利如何、雙方議定條款等。末爲立契時間以及布政司頒"鈞"、"矯"、"紡"、"效"、"環"字多少號編號。契約中追溯所買賣的基塘或田產開挖形成歷史,大多上至清乾隆、嘉慶年間,對研究清代廣東地方經濟史有一定史料價値。兩分單後有"義字所有各款到此俱已抄清訖"、"禮字所有各款到此俱已抄清訖"各一行,可知此册實爲契約抄副備存者,抄寫年代應略晚於訂立契約時間。

0956　清光緒寫本致日本開拓判官照會暨名片册　　T4822/9218

《致日本開拓判官照會暨名片册》。清光緒間寫本。一册。經摺裝。書名據内容自擬。

此册分兩部分,前爲清光緒元年五月二十日、二十四日直隸津海關道致日本開拓判官之照會,計八開;後爲光緒間與此日本外交官交往之中國官員、商人的名片、謝啓等,計二十六開。從裝裱風格及内容看,當係日人所爲,甚或是由此日本外交官自輯爲一册。

同治九年,清政府設直隸津海關道一人,專管中外交涉各事件及新鈔兩關稅務,駐於天津。《清朝續文獻通考》並載,凡直隸於中外交涉事件統歸該關道管轄,天津府及附近沿海府縣口岸稅務也由該員辦理。兩份照會,均是時任直隸津海關道的黎兆棠致日本開拓判官西村貞陽,有關日人來津應照同治十年所立《大清國大日本國修好條規》約定,歸中國地方官約束之事。前有墨色刷印大字"照會",首末各押鈐"直隸津海關道關防"滿漢文印,題"欽命按察使銜監督新鈔兩關辦理直隸通商事務兼管海防兵備道加十級二十次黎"。

黎兆棠,字召民,廣東順德人。咸豐三年進士。歷任禮部主事、總理衙門章京、江西糧臺、臺灣道臺、天津海關道臺、直隸按察使、直隸布政使、福建船政大臣、光祿寺卿。於洋務講求有年,頗爲李鴻章器重,認爲他持正而不過激,知難而勇於有爲。在臺灣任上就有膽識兼偉之譽,洞悉洋情,民懷吏畏。照會中,就"中國人在貴國者因未設理事官均由貴國稽查編號取保入館,所至之地皆有限制",針鋒相對地提出,"貴國來津人民自應按照條規歸中國地方官約束",照會開拓判官將現在到津人數分官員、僕從、商民開單存查,以後陸續來津日人也要隨時開報,"倘未經知照不載名册者,設與本地人民有不睦之事,本道不能代爲辦理。"

日本自明治二年(1869)設置開拓使,自明治十三年爲止,專司海外移民開拓之事,管理開拓民團,與當地通商貿易等。開拓使又稱開拓長官,大書記官又稱開拓判官,此照會時之開拓長官爲黑田清隆。

名片中既有北洋大臣李鴻章、兩江總督李興銳、陝甘總督楊昌濬這樣的朝廷重臣,也有晚清第一任駐日使臣何如璋、江南海關道馮焌光、上海租界會審委員陳福勳、通政館副使兼李鴻章幕僚鄭藻如等洋務官員,以及同文館教習朱格仁、上海商人朱其詔等。各名片均以紅紙墨印或墨書名姓,旁邊或有墨筆説明拜謝、送禮等原由,所署時間自光緒元年至光緒五年。

本册既可見晚清外交"行文知照"形制,又可存中日近代交往之細節史實,殊爲稀見也。

0957　清抄本典業須知　　T4564/9189

《典業須知》一卷,清惟善堂編。清抄本。一册。半頁六行二十字,無框格。題"浙江新安惟善堂識"。前有《典業須知錄序》。書名據目錄頁。

是書記述晚清江南典當行之經營規範、行業道德等，既記其商業運作，又可爲初學者提供從業門徑。計有敦品、保名三則、勤務、節用、務實、遠慮四則、虛懷、防惧、鍊技、細心、惜福、扼要、體仁、防弊、擇交、貽福、達觀、知足、諄囑六字、出外謀生當守五戒、典中各缺慎言擇要、典規擇要、典内竹枝詞十四首諸篇。

卷前有序，述輯書事，云："吾家習典業，至予數傳矣。自愧碌碌庸才，虛延歲月。茲承友人邀辦惟善堂事，於身閒靜坐時，追思往昔，寡過未能，欲普前愆，思補乏術。因擬典業蹐踖情由，彙成一册，以勸將來。不敢自以爲是，質諸同人，僉以爲可，並願堂中助資刊印，分送各典，使習業後輩，人人案頭藏置一本，得暇熟玩，或當有觀感興起者，則此册未始無小補云爾。"

新安惟善堂是外出徽商在浙江杭州開辦的善堂會館，清道光間創立，典當業是其經營的主要行當之一，安徽省博物館尚藏有《新安惟善堂徵信錄》等文書。據序言可知，是書作者出身典當業世家，經友人相邀，在杭州主持或襄辦惟善堂事務。是書《諄囑六字篇》之"四曰儉"中提及："金陵爲繁華之地，近日學生習氣，專以好喫好穿爲務，銀錢不知艱難，吃慣用慣，手内無錢，自必向人借貸，屢借無還，甚至借貸無門，則偷竊之事，勢有不能不做。"似對金陵典業中人之不良習氣有感而發，推測作者在襄辦惟善堂之前，或曾從業於金陵典鋪。書中多次提及"我新安一府六邑"、"吾鄉風俗"、"吾鄉俗語"，則書之作者蓋出自徽州，寄籍杭州，於江南一帶從事典當業。

此書曾由哈佛大學楊聯升先生標點整理，於20世紀70年代發表於臺灣《食貨月刊》復刊第一卷第四期上而爲學界所知。2005年，復旦大學王振忠教授又撰寫《清代江南徽州典當商的經營文化——哈佛燕京圖書館所藏典當秘笈四種研究》一文，利用此書及相關文書研究徽州典當業之經營文化與典當業者之社會生活，並對《典業須知》等書所反映的典商心理作初步文化分析。王氏認爲，是書爲有關清代徽州典當業運作記載最系統、内容最豐富的一份商業文獻，其明確標明爲徽商撰著，對研究徽州典當業以及"徽州朝奉"的社會生活，具有重要價值。

書中《貽福》篇提及有名金少堂者，"於咸豐乙卯科舉人"，"乙卯"，爲咸豐五年，可知此書當成於清咸豐後。抄寫粗疏，有朱筆圈乙。

此書似無刊本。

0958　清道光抄本秘書省續編到四庫闕書　　TNC9608/2162.75

《秘書省續編到四庫闕書》四卷，宋秘書省編。清道光間李兆洛青雲齋抄本。二册。清李兆洛、李願題記。半頁九行，字數不一。朱絲欄，書口中以木記戳印"秘書省續編到四庫闕書"，書口下印"青雲齋"。題"紹興□□□□年改定"。

是目成於南宋紹興初年。靖康之後，高宗移蹕臨安，重建秘書省，屢頒闕書目錄，搜訪遺佚，優賞獻書，此目即當時所編訪書目錄。共計三千四百七十二部，釐爲四卷，卷一經、史類，卷二集類，卷三子類，卷四雜類。闕書下以朱色木記戳一"闕"字，共一千九百八十二部。著錄豐富，内容龐雜，是繼《崇文總目》後，宋代秘書省所編又一官修書目。

《玉海》、《直齋書錄解題》皆有著錄。《續修四庫全書總目提要（稿本）》著錄，其云："其書名異同，卷帙多寡，而詳載之，以見古書傳世之存亡，有宋一代，朝野崇文之盛治焉。"

是書爲李兆洛據張蓉鏡家藏影宋抄本傳抄，卷端有李兆洛題識一頁，云："是書常熟張芙川所藏，寄以見示，因録副而歸之。自來藏書家不著録，真僅存之佚秘也。苦詑字夥，又編次分類未能精審，書名間有複出者，無別本是正，不敢改也。道光癸巳六月二十一日裝成，記於生雲垂露之軒。養一翁。""癸巳"，爲道光十三年。

李兆洛，字申耆，晚號養一老人，陽湖人。嘉慶十年進士，官鳳臺知縣。善書法，尤工草書。精考證，擅輿地之學，所繪《歷代輿地沿革圖》及《地理韻編》頗詳覈計。罷官後，主講暨陽書院、江陰書院，成就人才甚衆。爲文主張兼駢、散之長，與桐城派立異，是陽湖派散文代表之一。有《養一齋文集》，輯有《皇朝文典》、《駢體文鈔》等。

書末有兆洛子李願題記，云："是編以癸巳夏日先君子假琴川張氏所藏影宋抄本録副珍護，卷端志言已詳之矣。目録所載，其見於今者十不能一二，即得此亦然，使並此佚之幾何，知作者之宏，古書之備，能勿深憂羊存禮之意歟！戊申春旅寓都門，檢篋所攜得此，更録一通，敬呈春圃老伯大人。慨父執之晨星，廣舊編於宿好，庶幾其心焉喜之也。既成裝，愚姪李願謹記。""戊申"，爲道光二十八年。

清末葉德輝得丁氏遲雲樓所藏影宋抄本，仿錢侗輯釋《崇文總目》之例，校以宋人官私書目，撰爲考證二卷，有光緒二十九年葉氏觀古堂刻本，書前有《刊〈秘書省續到四庫闕書目〉序》，敘書目編成經過甚詳，此本後收入民國八年《觀古堂書目叢刻》。以葉氏此本影印者，有《叢書集成續編》；1987年現代出版社《中國歷代書目叢刊》（許逸民、常振國編）；2006年中華書局《宋元明清書目題跋叢刊》。

《中國古籍善本書目》著録四種清抄本，分別收藏於中國國家圖書館、南京圖書館、鄭州市圖書館及湖南圖書館。南圖本爲道光十三年李兆洛家抄本，上有李兆洛、丁申、丁丙跋；湖南省藏本上有葉德輝批校。

鈐印有"李劼所藏書畫金石"、"李印兆洛"、"壽陽祁氏觀齋所藏"、"觀齋"、"願印"、"慰望"。可知除李氏父子外，是書曾藏於祁寯藻處。寯藻，字叔穎，號淳甫，避同治帝諱改號實甫，晚號觀齋，祁韻士子，山西壽陽人。嘉慶十九年進士，官至軍機大臣、體仁閣大學士，是晚清頗有作爲之賢臣。淹貫經史，工詩詞、訓詁、書法。

0959　清乾隆寫本四庫全書分架圖

T9608/2162.04

《四庫全書分架圖》不分卷，清《四庫全書》館編。清乾隆寫本。四冊。半頁行數、字數不一，四周雙邊，白口，無魚尾。朱絲欄。框高23.5釐米，寬14.5釐米。無序跋。封面有後人墨筆題"四庫書目庋藏表"。

是書爲《四庫全書》實際排架順序及位置圖。抄寫於朱色印製的特殊格紙上，半頁上、中、下三欄，每欄縱向四格，格前印有"第　函"，頁眉上印有"　部第　架第　層"。每半頁可登録十二函書，即書架一層可放置十二函書；每四層爲一架，一架可放置四十八函書。按經、史、子、集四部分類，依次以墨筆填入《四庫全書》中每種書所在書架、層、函數。計經部二十架，九百六十；史部三十三架，一千五百八十四函；子部二十二架，一千五百八十四函；集部二十八架，二千零一十六函。總計一百零三架，六千一百四十四函。

清乾隆四十六年，第一份《欽定四庫全書》抄成，被移往文淵閣儲藏。三萬六千餘册依經、史、子、集四部四十四類，分別列架，然後按函次序擺放。其中經、史書架高七尺四寸、寬四尺、深二尺；子、集書架高十尺八寸。爲使函、架有一明晰方位以便檢尋取閱，《四庫》館臣又編訂了

《四庫全書分架圖》,詳細標明書架外貌及架上陳列書籍名稱。分架圖有直、橫兩式,直爲縱向書寫書名,便於按函次檢到書名;橫爲依架書寫書名。此後每一份《全書》抄成,都應編有相應的分架圖。《文淵閣四庫全書分架圖》爲八冊,直、橫各四冊,而是書只存直式分架圖四冊。

每一類起始處之書眉,有此類部、卷統計數字,如"易類共一百五十九部一千七百四十八卷附錄八部十二卷"、"書類五十五部六百五十卷附錄二部十一卷"、"禮記二十部五百九十五卷附錄二部十七卷",等等。筆蹟與正文同。

經與臺灣商務印書館《景印文淵閣四庫全書》"目錄索引"一冊所附之"文淵閣四庫全書分架圖"相核,是書所用格紙之版式、文字乃至板框缺損處都與文淵閣本完全相同,應是《四庫》館原寫本。竹紙,甚舊。七部《四庫全書》只存其半,此書原裝絹面佚失,又無其他標識,未辨此半部《分架圖》原屬文源、文瀾、文宗、文匯哪一閣所有。惟書中多有污漬,紙亦焦脆,或爲文瀾閣散出者亦未可知矣。

鈐印有"梅華書室"。

0960　清末抄本文津閣並園内各殿宇陳設書籍目錄　　T9608/2162.40

《文津閣並園内各殿宇陳設書籍目錄》不分卷,清世綱、英麟編。清末抄本。二冊。有闕名朱筆校改。半頁十二行,字數不一,無行格。無序跋。

目錄前有世綱、英麟《查明文津閣並園内各殿宇書籍分繕清單》奏摺。世綱、英麟乃熱河行宫正、副總管,光緒二十年,英麟到任伊始,即接諭旨飭令會同世綱將文津閣書籍查明具奏。二人率手下按架逐函,依照目錄核對詳查,計庫存繕本、經史子集刊本、《古今圖書集成》等書共六千八百五函、三千三百三十四部、九萬一千十五卷。又詣避暑山莊園内各殿宇,將陳設書籍逐卷詳加考核,添注卷數、板目、編輯各名款,分類開單,計有四百六十二款,九百十九部,七萬一千七百三十八卷,總計文津閣並各殿書籍共四千二百五十三部,十六萬二千七百五十三卷。有蟲蛀、雨漬之書籍、闕卷闕提要之書亦有統計。

是書即此次點書之清單,每書只注書名、卷數、部數、撰者,不注陳設地點。遇御撰御修之書則抬高三格抄寫。有《文津閣四庫全書》一部,按經史子集四部,雖未寫明類目,但依此爲序,計經部九百六十函,六百九十三部,一萬四百四十八卷;史部一千五百八十四函、五百五十九部、二萬二千二十八卷;子部一千五百八十六函、九百一十四部、一萬七千九百零二卷;集部二千一十六函、一千一百六十部、二萬九千三百三十三卷。《欽定古今圖書集成》一部,一萬卷、五百七十六函。《欽定全唐文》一部,一千四百五十一函。《欽定四庫全書總目》一部,二百卷、二十函;《欽定四庫全書考證》一部,一百卷,十二函。後爲園内各殿宇陳設書籍清單。

按,文津閣於乾隆三十九年秋動工,次年夏建成,是内廷四閣中建成之第一座。位於承德避暑山莊西北隅,千尺雪之北。乾隆帝對在此建閣貯書極爲得意,認爲"山莊居塞外,伊古荒略之地,而今則閭閻日富,禮樂日興,益兹文津之閣,貯以四庫之書,地靈境勝,較之司馬遷所云名山之藏,豈啻霄壤之分也哉"?《文津閣四庫全書》乃抄成之第四部,乾隆帝天暑即駐蹕於此,曾發現其中疏漏錯訛較文淵、文源、文溯三閣本爲多。世綱、英麟奏摺中提到《日講詩經解義》一編有函無書、《朱文公全集》一百卷原闕二十三卷等,可知直至清末,這些訛謬草率之處猶不絶發現也。

《續修四庫全書總目提要(稿本)》收入,其云:"此蓋英麟初到任時會同世綱率領苑丞、苑副檢察書籍所作之報告也。"並說所見有兩個抄本,一北平圖書館所藏,凡二册;一東方圖書館所藏,凡三册。北平圖書館所藏者,上册有"光緒二十年奏進"字樣,下册有"五萬有六十四字"字樣。哈佛所藏者,蓋據此傳抄。

書中避諱至"淳"字,係光緒二十年後所抄。有朱筆校改。

中國國家圖書館藏兩部,一爲民國間抄本,二册;一爲民國間北京琉璃廠清秘閣抄本,三册。

0961　清抄本牧齋書目　　　　　　　　　　　　　　　　　　　　T9628/2140

《牧齋書目》不分卷,清錢謙益撰。清抄本。四册。葉德輝校並題記。半頁九行二十字,無行格。無序跋。

錢謙益,字受之,號牧齋、東澗、蒙叟,江蘇常熟人。明萬曆三十八年進士,官禮部侍郎。入清,授禮部右侍郎、國子監祭酒。交游滿天下,不惜重資搜求古本,中年築拂水山房以貯書,崇禎十七年築絳雲樓,藏書之富,幾埒内府。曹溶《絳雲樓書目題辭》敘其藏書事甚詳。順治七年十月初二日,絳雲樓失火,燼餘贈族孫錢曾。生平著述甚多,有《牧齋初學集》《牧齋有學集》、《列朝詩集小傳》等。

是書爲牧齋藏書目録,收書近三千種,其中宋元本九十種。分七十七類,依次爲:經總、尚書、詩、禮、樂、春秋、孝經、論語、孟子、大學、中庸、小學、爾雅、經解、緯、正史、史編年、雜史、史傳記、故事職官、刑法、譜牒、史學、書目、地志、子總、子儒家、道學、子名家、子法家、子墨家、子雜家、縱横家、子農家、子兵家、子釋家、釋經、子道家、小説家、子雜藝術數、譜録、天文、曆算、地理、星命、卜筮、相法、壬遁、道藏、天主教、雜道書、醫書、神仙家、類書、僞書、漢魏六朝文集、唐人文集(杜李、韓柳)、唐詩、詩總集、宋文集、南宋文集、金文集、元文集、國初文集、文總集、騷賦、金石、論策、奏議、文論、詩話、本朝制書、實録、國紀、傳記、典故書畫、小説。著録頗簡,版本除著出"宋版"、"宋刻"、"元版"、"内府版"、"監本"、"坊刻"、"抄本"等,大部分只著録書名,部分書注有册數。

葉德輝以朱筆通校,書後並有題記,云:"此錢氏《絳雲樓書目》原本也。今《粵雅堂叢書》所刻爲陳景雲批注、曹倦圃序本,書册多少與此本同。惟此分類稍有未當,前後各類卻無重見之書,疑此爲黄蕘翁《士禮居藏書題跋記》中所稱'中多空行,已見他類'之原本。其紙色沈黯,似是國初藏書家物。書中書目類《桓廎齋書目》下注云:'曹先生本廎作瘦';類書類《家刻蒙求》下注云:'曹先生本作《宋板蒙求》';小説類下注云:'曹先生作雜記類',蓋曾以倦圃本校抄者也。書雖不及陳批本之詳,要是原目之舊且其中注明册數、卷數,間亦爲陳本所無,尤足資考證。《傳》曰:'雖有絲麻,無棄菅蒯',讀此目者,宜知此意矣。庚子(光緒二十六年)伏日麗廎記。"此跋不見於《郎園讀書志》。《絳雲樓書目》傳世抄本衆多,葉氏曾爲丁日昌藏本、吴翌鳳抄本撰有三篇書志,並自稱藏有袁芳瑛卧雪廬抄本。《士禮居藏書題跋記》提及《絳雲樓書目》抄本,爲道光癸未年購自坊間,黄丕烈在其空行處隨手補入已見他類而未抄之書,反觀此書,既無空行,亦無蕘圃校勘筆蹟,絶非所謂"《絳雲樓書目》原本"。然分類、所録之書與陳景雲注本多有不同,葉氏言"足資考證"確非誑語。

是書又題"絳雲樓書目",道光三十年南海伍氏刻《粵雅堂叢書》收入陳景雲注《絳雲樓書目》四卷,乃其最早刊本。景雲,字少章,吴縣人。康熙時諸生,從何焯游,博通群籍,深於史學,尤長考訂，有《讀書紀聞》等多種。《絳雲樓書目》以抄本行世，景雲見其闕略，詳注其卷數、撰者生平、版本流傳等。伍崇曜據吳翌鳳抄錄陳注本刊刻，此本爲錢氏書目最通行者。長沙葉德輝再據丁日昌持靜齋所藏抄本抄出多於粵雅堂本的《補遺》一卷，於光緒二十八年刊入《觀古堂書目叢刊》。

《中國古籍善本書目》著錄三十五種抄本，多爲名家或闕名批校本。葉德輝言："絳雲藏書，名重海內，當時好事者人鈔一冊，爲按圖索驥之資，故傳本之多半出名人手校。"

前有扉頁，爲後人墨筆所書，題"牧齋書目"。書中簡體、訛字甚多，蓋出於門僕鈔胥之手。

鈐印有"江都薄氏鑒藏書畫記"、"麗廎藏書"、"德輝"、"奐彬審定"、"子敷過眼"。

0962 清雍正刻本讀書敏求記　　T9578/858

《讀書敏求記》四卷，清錢曾撰。清雍正四年(1726)吳興趙氏松雪齋刻本。四冊。半頁九行二十字，四周單邊，黑口，單魚尾。框高14.9釐米，寬10.6釐米。題"也是翁錢曾遵王"。前有雍正四年趙孟升序，後有曹一士跋。

錢曾，字遵王，號也是翁，江蘇常熟人。錢謙益之族孫。選貢生。少時好學，工詩，取法晚唐，典雅精細，陶冶功深，沈德潛謂其詩"得牧齋一體"。親承牧齋問學，故箋注錢謙益之《初學集》、《有學集》等最能發其根柢，溯其源流。絳雲樓被火後，爐餘珍籍均贈與錢曾。《國朝耆獻類徵初編》有傳。

錢曾以布衣蓄書，家富圖籍，其述古堂抄本楮墨精良，仿毛氏汲古閣抄本亦無多讓。曾爲其藏書先後編撰《也是園藏書目》、《述古堂藏書目》、《述古堂宋元本目錄》、《讀書敏求記》四目，內容豐富，體例完備，堪稱目錄學史名著。

是書爲錢曾爲自己藏書所撰題跋集錄，仿歐陽修《集古錄》之體，手所題識，類而載之。凡分經、史、子、集四目四十四類。經之支有六，曰禮樂、字學、韻書、書、數書、小學；史之支有十，曰時令、器用、食經、種藝、豢養、傳記、譜牒、科第、地理輿圖、別志；子之支有二十，曰雜家、農家、兵家、天文、五行、六壬、奇門、曆法、卜筮、星命、相法、宅經、葬書、醫家、鍼灸、本草方書、傷寒、攝生、藝術、類家；集之支有四，曰詩集、總集、詩文評、詞。共計六百三十四種。著錄各書多係宋元善本及舊鈔本，爲錢氏藏書之精萃。每書之下，略說內容，既敘版本，又兼考訂，並多有書林典故雜綴其中。此書問世，曾有朱彝尊黃金翠裘竊鈔一說，爲藏書史軼聞。然該書分類編排不盡得體，內容也間有疏誤，前人不無微詞。管庭芬、章鈺之《錢遵王讀書敏求記校證》一書，補闕訂訛數千條，四倍於錢氏原書，使人一編在手，諸說俱見，有民國十五年刻本。

趙孟升序云："余惜其尚未克流布通邑大都，爰付開雕氏以傳焉。"曹一士跋亦提到雍正三年冬，趙孟升出《讀書敏求記》見際，其所載胥宋元刻善本，世所罕覯，特刊佈行世。並說趙子爲文敏公後裔，少有才，辭美暢茂，洽播於時流。此雍正四年松雪齋刻本乃《讀書敏求記》之最早刻本，然校對不精，訛誤頗多。後書板轉售別家，所有趙氏刊板標記被剜去重刷，即所謂"雍正六年濮梁延古堂刻本"。此後書板再度轉讓嘉興沈氏，沈氏稍加校改並重印，即"清乾隆十年沈尚傑雙桂草堂刻本"，時隔五十年後，又有沈氏之孫沈炎補刊之"乾隆六十年沈炎耆英堂重修本"。

除趙氏松雪齋刻本系列外，還有道光五年儀征阮福小嫏嬛僊館刻本，較趙本互有出入；道光十五年阮亨刻《補遺》一卷，後被一併收入《文選樓叢書》。道光二十六年番禺潘仕成輯《海山仙館叢書》本，以沈本與阮本互校，多有補益，民國二十五年商務印書館以此爲底本排印，收入《叢書集成初編》，並附刊誤。此外，尚有民國十四年上海掃葉山房本。1990年中華書局《清人書目題跋叢刊》以及《續修四庫全書》、《四庫全書存目叢書》等均收入。

《四庫全書總目》入史部目錄類存目，館臣對其分類編次多有批評，並說"其中解題太略，多論繕寫刊刻之工拙，於考證不甚留意"，"然其述授受之源流，究繕刻之同異，見聞既博，辨別尤精。但以板本而論，亦可謂之賞鑒家矣。"

有扉頁，刊"讀書敏求記。虞山錢遵王先生著。吳興趙氏松雪齋刊"，並鈐"吳興趙氏藏書"印。目錄三頁書口下刊"松雪齋"，目錄及每卷末有"吳興趙孟升用亨校"一行。是書紙墨精良，天頭高廣，從鈐印觀之，似爲趙氏家藏本。

中國國家圖書館藏有《讀書敏求記》殘稿，題《虞山錢遵王述古堂藏書目錄題詞》不分卷，有清人莫友芝跋，丁日昌批注並跋。《中國古籍善本書目》著錄，上海圖書館、重慶市圖書館藏有此雍正四年刻本，且有校識。此外還著錄許多名家或闕名批校本，或於抄本上，或於刻本上，足見歷代藏書家對《讀書敏求記》之重視。

鈐印有"吳興趙榮第印"、"唐學齋"。"唐學齋"爲日本京都大學教授吉川幸次郎藏書室名，20世紀30年代，吉川曾爲京都大學東方研究所從天津陶湘處購進的近三萬冊明清古籍整理編目，編有《東方研究所漢籍目錄及作者書名索引》一書。

0963　清抄本恩福堂書目

T9628/6339

《恩福堂書目》四卷附《拾遺錄》一卷，清英和編。清抄本。一冊。半頁八行，字數不一，四周雙邊，白口，單魚尾。藍絲欄。框高17.3釐米，寬11.2釐米。前有道光十九年（1839）自識一篇。

英和，見清道光刻本《翁氏家事略記》。

是書爲英和家藏書目。書目依經、史、子、集四部爲序，另附《拾遺錄》，收補遺，不分部次。經部收書一百七十二種，史部收書二百十三種，子部收書一百三十種，集部收書三百三十一種，另《拾遺錄》收書三十五種，計八百八十一種。著錄僅書名、卷數、撰者、版本。

自識云："鯫生遭逢盛世，忝列機要，眷荷聖恩。而前者屢作東西南北之人，雖山川兮跋涉，恒每以簿書相隨，而性素嗜書，隨吾之所適，所有祿餘悉以購舊槧，於是累年積月，頗有可觀矣。緣箋此區區，漫分四部，錄成卷帙，非敢以書目名，聊以備查閱耳。"

是書無刊本。據查北京大學圖書館藏有1949年鄭博之抄本，二冊。

0964　清抄本許氏古均閣書目

T9628/4647

《許氏古均閣書目》四卷，清許槤撰。清抄本。四冊。半頁八行，字數不一，四周雙邊，白口，單魚尾。藍絲欄。框高17.3釐米，寬11.2釐米。前有道光十五年（1835）自序。後有道光十三年（1833）應時良跋。

許槤，字叔夏，號珊林、樂恬散人，室名紅竹草堂、古均閣、行吾素齋，浙江海寧人。道光十三年進士。歷官直隸知縣、山東平度知州、江蘇糧儲道等。吏事精敏，善決疑獄，而日不廢學。致力於文字之學，研治《說文解字》頗有創獲。亦熟諳鐘鼎文字，以六書名其家，兼善篆隸書，亦能文。

著有《古均閣文》一卷、《古均閣詩》一卷、《讀説文記》一卷等。喜刻書,刻有《洗冤録詳義》、《六朝文絜》、《刑部比照加減成案》及《續編》等,多手寫上版,雕工、用紙、印製俱精絶一時,其所刻書稱"古均閣本",備受書林推崇。生平事蹟見《海寧州志稿》卷二八,譚獻《許府君家傳》。

是書爲許氏古均閣藏書目録,據許槤自述,爲其手自編録者。依經、史、子、集四部爲序,附録爲叢書類,共著録經部五百三十八種,史部五百六十種,子部五百三十四種,集部六百七十六種,叢部二十五種,計二千三百三十三種。每書録其卷數、撰者及版本,簡明扼要。宋元本二十餘種,明版衆多。

自序云:"僕生愚魯,頑癖性存。攻舉之暇,旁蒐古籍,而喜讀生平未見之書,雖斷簡殘篇,人視之如唾餘者,吾則寶若拱璧。頻年從畿内及白下、金閶、虎林所已,楚楚可觀。置身環閣,猶未敢云埋身書窟也。吾邑收藏之家,首推蔣氏叔姪來青閣與别下齋爲最富,管氏花近樓亦多宋元舊槧,如余之區區,較之於蔣、管二家,誠折揚不奏於黄鐘之側,媒女不登乎西子之堂矣。然半生羅致,慘淡經營,精力則悉薈於是。""往歲暮春,禮闈報罷,抑鬱歸來,額無聊賴,侘傺之餘,恒挑燈於更闌夜静,整頓圖籍,爲消遣計。於是隨手編録,勝分四部,自知婢學夫人,難免見譏於當世也。越數月而編成,即命豚兒靖甫亟爲繕正,擬付剞劂。誰知人事蹉跎,慣作萍蹤之客征驂栗,頻向宦海浮沉,忽忽十載,願猶未果。待俗務稍屏,終當付之梨棗。"

應時良跋云:"時良往訪叔夏,晤譚於古均閣,見其書齋藏書之富,搜羅廣備,精校刊本,美不勝舉。張華之三十乘,猶遜其淵博;林宗之五千軸,難比其恢廓……覩此湘帙紛披,仿佛入山陰道上,不暇應接,而叔夏之苦心則可以知矣。並復出其目以示余,則區分類别,井井有條。"

此目稀傳,未聞有刻本,亦不見他館著録。

0965　稿本怡雲仙館藏書目録

T9628/9128.2

《怡雲仙館藏書目録》,陳善輯。稿本,有硃墨批校。二册。半頁九行二十一字,四周雙邊,白口,單魚尾。緑絲欄,書口下印"怡雲仙館"。框高21.3釐米,寬15.1釐米。題"海寧陳善味三氏輯"。無序跋。

陳善,字味三,浙江海寧人。生平無考。

陳氏有怡雲仙館藏書,藏書目有《怡雲仙館藏書目録》、《怡雲仙館藏書簡明目録》兩種,後者著録九千種左右,足見其典籍宏富。其書目向未刊行,只有多種"怡雲仙館抄本"存世:《北京圖書館普通古籍總目·目録門》著録有《怡雲仙館藏書目録三編》二十七卷,八册;《怡雲仙館藏書簡明目録》十六卷,十册,兩種目録均抄寫在書口有"怡雲仙館"字樣格紙上,並有手補條目。《北京大學圖書館藏古籍善本書目》著録有民國二十四年據北平圖書館傳抄之《怡雲仙館藏書總目》,二册;《怡雲仙館藏書目録三編》,一册;《怡雲仙館藏書簡明目録》十五卷,八册。鄭偉章《文獻家通考》轉引中國國家圖書館《怡雲仙館藏書目録三編》序云:"予性愛藏書。凡此三類儲積一百四十餘種,藏弆不能云富,而無叢書一門,所遺無幾。特將所採書條其目録。"《中國科學院圖書館藏中文古籍善本書目》著録《怡雲仙館藏書目録》十六卷,六册,爲藏書目録之第四編,收書近五千種,八萬餘卷,並有注云:"同治庚午季冬爲斷,辛未以後續得之書另輯。"

據卷端所題,知此二册爲《怡雲仙館藏書目録三編》之"初編書目紀要",殘存卷二至八,爲書目之經部。卷二前佚失,自《易小傳》起(易類),卷三詩類,卷四禮類,卷五春秋類,卷六孝經類、五經總義類,卷七四書類、樂類,卷八小學類。書口中寫部、類及小類名。每種書目大字寫書名、卷數,雙行小字寫版本標注,另行大字寫撰者,小字寫是否"四庫著録"或"四庫存目"。有大量眉批及夾批,爲圈乙增訂之作。藏書多通行本、叢書本,目録中間有對撰者之考證。此書蓋與國圖本同出一源。

鈐印有"子敷過眼"。

0966　清光緒抄本八千卷樓藏書志　　　　　　　　　　　T9566/8294.2

《八千卷樓藏書志》不分卷,清丁丙撰。清光緒抄本。十一册。半頁十五行三十字,四周單邊,白口,單魚尾。緑絲欄,毛裝。框高18.4釐米,寬10.8釐米。前有清光緒二十三年(1897)丁丙序。每册封面書簽題"八千卷樓藏書志",並書某部某類,書名據此。

丁丙,字嘉魚,别字松生,晚號松存。浙江錢塘人。與其兄丁申皆諸生。兄弟二人慕其遠祖宋丁顗曾藏書八千卷,合力蒐書,在其祖父丁國典、父丁英藏書基礎上或購或抄,勤於訪求,搜羅益富。建嘉惠堂,堂之樓上爲八千卷樓,後室爲後八千卷樓,樓西别辟善本書室、小八千卷樓庋藏珍本。三十年聚書二十餘萬卷,其中宋元版書一百餘種,所藏尤以明刊本、稿本、抄校本及日本、朝鮮所刻漢文古籍精且多著稱,被譽爲清末四大藏書樓之一,名播海内。光緒三十四年,丁氏後人將全部藏書售予江南圖書館,現分藏於南京圖書館及臺北"國家圖書館"。

第一册封面墨筆題記云:"八千卷樓藏書志　八千卷樓善本書目十一册,杭州丁松生所藏,有經、史、無子、集,不完之本,辛丑冬月購自三山書賈。""辛丑",應爲光緒二十七年,丁丙序爲光緒二十三年,則此書抄寫年代當在清光緒二十三年至二十七年之間。

八千卷樓藏書目録,有丁丙撰《善本書室藏書志》四十卷,初刊於光緒二十七年,丁氏刊本;丙子立中輯《八千卷樓書目》二十卷,民國十二年丁氏仿宋聚珍版印本。南京圖書館還藏有稿本《善本書室題跋》及丁氏抄本《八千卷樓藏書目》。

是書爲丁氏八千卷樓藏書中珍本部分之解題目録。未分卷,書口中間書某部某類。每類前有目録,題"甲部善本書目"或"乙部善本書目"。各書標記書名、卷數,下以小字記版本、舊藏者,於次行低一格照録原書卷端所題撰者名姓、籍貫等,低二格爲解題,與刊本《善本書室藏書志》格式幾同。一頁書一篇書志,另篇時换頁另起。一篇書志少則數十字,多則近千字,於家藏珍籍詳識由來,辨章得失。正文和丁丙序筆蹟頗不同,以現存丁丙墨蹟與序文比較,實不敢斷定爲丁丙所書。書中避光緒以前清帝諱甚嚴,或缺末筆,或代以他字。由全書精鈔、絶少圈乙觀之,此書或爲據稿本謄録之副本。

丁丙序云:"先世傳遺,幼時誦習,繼緗篋笥,悉化劫灰。同治上元,追隨伯氏,重羅載籍。月聚歲增,歷三十年,積萬餘部。既列簿録,得所檢尋,其中有前代雕印、舊時繕寫、名人校勘、故家藏庋,迥出尋常,尤堪珍秘。因又擇别銓次,略叙源流,心寫心藏,名曰善本。慨念伯氏已歸道山,此目編成,不及目見,而余亦冉冉老矣。昔人云,積書什九,積金什一。今易其説曰,積書什一,積善什九。修甫、道甫諸姪女及傳兒輩,尚其知所積焉。光緒丁酉三月清明丁丙識。"按,《善本書室藏書志》中無此序,丁丙長子立中所撰《先考松生府君年譜》(清光緒二十五年刻本)卷四"光緒二十三年丁酉,六十六歲"條下,"三月,善本書目編成",其下記"府君自跋",附此全篇序文,只有四字不同,"積萬餘部"作"積萬餘卷";"既列簿録"作"既立簿録";"擇别銓次"作

"別擇銓次";"今易其説"作"余易其説"。時任浙江省立圖書館館長之陳訓慈在《丁松年先生與浙江文獻》(《浙江圖書館月刊》一之七、八合刊,即民國二十一年爲紀念丁丙誕辰百年所出之抽印本)中轉録此序,以爲是"善本書目自跋",並稱"見《年譜》光緒二十三年丁酉三月,未見《藏書志》,殆當時寫竣之初稿本用此跋,次年將梓而易之。"陳氏因未見《藏書志》傳本,認爲四十卷的《善本書室藏書志》"或即《善本書目》之長編歟?"這裏提到的"寫竣之初稿本",頗疑即此書,亦即《年譜》中提到的"善本書目"。

《善本書室藏書志》丁丙自跋稱:"余自丁酉秋日養疴之暇始分别部居,謹依四庫次第,每書列其文字異同之大致,名人收藏之源流,日積月累,札記遂多。兒子立中一一手録,裒然成四十卷,名曰《善本書室藏書志》。"丁立中跋稱:"光緒丁酉且月,先君偶示微疾,養静松夢寮。躬自纂輯,命立中繕録排纂。己亥之春,書始脱稿,郵寄鄂中付梓。卷帙既繁,遂綿歲月,辛丑長夏,殺青斯竟。"《八千卷樓書目》光緒二十五年七月孫峻序稱:"乙未春,丈有《善本藏書志》之作,約峻辰集酉散,日撰解題二十部。峻常登樓,擇其尤者六七十種,供三日之編纂。每晨趣正修堂,丈危坐以待。及開卷檢閲,靡不參伍錯綜,博引旁徵。峻述之而丈書之,閲三年畢事。丈欲重加復審而病已甚矣。"由三人序跋可知,光緒二十一年春,丁丙於病中約孫峻一同編定善本書志,每日撰寫二十部左右,三年事畢,由丁立中抄輯成稿。光緒二十五年,丁丙卒。光緒二十七年《善本書室藏書志》雕版印行。此抄本前的丁丙序在光緒二十三年春,只是"擇别銓次,略敘源流",尚未編成"考其事實,臚其得失,載其行款,陳其異同"的藏書志(見《善本書室藏書志》繆荃孫序),則所謂《八千卷樓藏書志》,實則爲《善本書室藏書志》的未定稿。丁立中稱家藏"佳本薈萃,卷逾二萬,先君甄擇棄取極嚴",故刊本和此未定稿間殊多差異。

據封面題記,光緒二十七年時,是書已散佚子、集兩部,僅存經、史十一册。以四十卷之《善本書室藏書志》刊本相核,這十一册相當於前十四卷内容,至史部史評類止。所收書志,刊本計八百三十一篇,此抄本爲八百三十篇,其中刊本有而抄本無者二十篇,刊本無而抄本有者十九篇。抄本多出的十九篇書志爲:《周易》不分卷,明刊本;《鄭氏周易》三卷,精抄本;《尚書彙纂集要》六卷,抄本;《書經地理今釋》一卷,精寫本;《尚書訓詁》一卷,抄本;《詩經集傳拾遺》二卷,精寫本;《春秋繁露求雨止雨直解》一卷,明萬曆刊本;《御注孝經》一卷,日本翻宋天聖明道間刊本;《五經四書大全》一百五十七卷,明官刊頒行本;《五經摘注》五卷,明刊本;《説文疑》十二卷,稿本;《國事》三卷,明刊本;《安禄山事蹟》三卷,舊抄本;《嘉泰會稽志》二十卷《寶慶續志》八卷,明正德重刊本;《遼載前集》二卷,舊抄本;《緬略》一卷,抄本;《棟亭書目》二册,精抄本;《清綺齋藏書目》一卷,精抄本;《蒼玉洞宋人題名》一卷,影抄本。即便二者均載的書志,前後次序也不盡相同,而文字繁簡不同更是比比皆是,大體上刊本對抄本訂補、校正居多。

長澤規矩也與薄井恭一合撰"關於稿本八千卷樓藏書志"一文(原載《書志學》第十七卷第二號,昭和十六年九月,1941)介紹此書。文中稱,是書乃薄井自北京購得,薄井氏曾編撰出版《明清插圖本圖録》。長澤認爲或許這就是孫峻口述、丁丙撰録的藏書志稿本,並説橋川時雄以爲丁丙序即丁丙本人筆蹟。文章結論是,兩者内容雖不同,但互有長短,"不管怎樣,此書都是新發現的佚存書"。

另外,南京圖書館藏有藍格寫本《八千卷樓藏書目》不分卷,清錢塘丁氏抄本一册,亦半頁十五行三十字。無丁氏藏印,版心有"松龕"兩字,定爲丁氏抄本,不知是否以此爲據。兩種抄本看似相近,未審彼此關係若何。

全書有一處朱筆批校,在經部《誠齋先生易傳》上,"明嘉靖刻本"下加注小字"鳴野山房沈氏藏書",此篇最末一句"景武堂徐氏孝重藏書、樂意軒吳氏藏書印諸印"被朱筆勾去,改爲"涵□書屋邢氏圖書、鳴野山房諸印"。但此處刊本文字照舊。

"三山書賈",蓋指南京三山街書坊。胡應麟《少室山房筆叢・甲部・經籍會通(四)》有:"凡金陵書肆,多在三山街及太學前。"三山街爲明清時期南京書林密集之地。

《善本書室藏書志》丁丙跋中有四條善本標準,對後世有一定影響,此抄本《八千卷樓藏書志》反映了《善本書室藏書志》在編纂過程中善本取捨、著録内容的變化,於研究丁氏版本目録學思想及八千卷樓藏書,足資考証。

鈐印有"寂盦"、"子敦過眼"。封面書名下鈐有一枚上"坤"下"艮"卦相印,合爲六十四卦之"謙"卦,指代"謙"字。

0967　稿本長恩閣書目　　　　T9628/7367

《長恩閣書目》四卷,清傅以禮編。稿本。六册。半頁八行,字數不一,四周雙邊,白口,單魚尾。藍絲欄,框高17.3釐米,寬11.2釐米。前有光緒二十年(1894)傅以禮序。

傅以禮,原名以豫,字茂臣,號節子,以號行。順天府大興人,寄籍浙江山陰。舉於鄉,光緒間宦閩中二十餘載,曾刊行《武英殿聚珍版叢書》閩刻本,頗爲精審。博學多識,秭乘逸史,手自校訂,證其異同。輯有《忠烈紀實》、《楚之梼杌》、《莊氏史案本末》等,未刊。著有《殘明大統曆》,編有《長恩閣叢書》十四種十九卷。

傅氏喜蓄書,究心史學,尤留意明末史事,嘗欲編纂《明史》續編而未成,其《華延年室題跋》三卷所記,多此類書。還曾校訂三代遺著,成《保越録》、《北徵録》等四種五卷。與同邑藏書家李慈銘有定交,李慈銘校讀明季諸書,多向他商借。又與丁氏八千卷樓、陸氏皕宋樓、周氏書抄閣相互傳抄,所藏善本書甚富。卒後,藏書分歸中國國家圖書館和浙江圖書館。是書爲其藏書目,較爲簡陋。按經史子集四部爲序,集後附叢書,各於版心中書四部部名。每書著其書名、卷數、撰者,不注版本。經部三百六十七種,史部七百四十四種,子部五百六十五種,集部九百七十四種,叢書三十一種,計兩千六百八十一種。

自序云:"吾家藏書頗富,而余曾一一繙閱之,加以頻年,不才復爲增益之。雖然洋洋瓊函,洸洸秘籍,其中典册已具大經、中經、小經,親其備正史、雜史,示其樞擷,諸子群言之要,懲十人九集之誣。其間九章之術,三氏之書,域外異聞,虞初之志,兵家、法家之別,詞部、曲部之殊,貪而不厭其求。老矣渾忘將死,日日捉蠹其中,終宵藏身乎是,於是隨手摘録,以成是目。庶幾述古之無述,云在之何在,傳是之無傳者,惟賴目之傳矣。"

鈐印有"傅氏鈔本"。按,《趙之謙印譜》(上海書畫出版社1979年版)中有趙之謙爲傅節子治印十七方之多,如"大興傅氏"、"傅以豫茂臣氏之印信"、"節子辛酉以後所得書"、"節子所得金石"、"長恩閣藏書"、"華延年室考藏校訂印"等,未收此印,然風格近同,因疑此目當出自傅家,或係自謄稿本,或係倩人抄寫者。

是書從未刊行,只有抄本行世。中國國家圖書館藏有《長恩閣書目》四卷,抄本,四册,爲鄭振鐸舊藏,見於《西諦書目》。國圖還藏有傅氏長恩閣抄本《長恩閣叢書》、《長恩閣校訂三代遺著》。北京大學圖書館藏有民國二十八年燕京大學圖書館據美國哈佛大學漢和圖書館新購抄本之傳抄本,三册,即據此本傳抄者。

0968　稿本煨芋館藏書目

T9628/9480

《煨芋館藏書目》不分卷。稿本。一册。半頁九行，字數不一，四周雙邊，白口，單魚尾。朱絲欄。框高18.7釐米，寬13.6釐米。書口上印"煨芋館藏書目"，書名據此。無序跋。

是書未署編撰者，不詳何人之藏書目録。首録《欽定古今圖書集成》一萬册，後依裝箱號次排序，每書著録册、函、部數，未裝函者著明夾板數。無分類，亦無版本，除宋版書特别注明外，部分書還注明用紙，如"白紙"、"棉紙"、"宣紙"等。計三十八箱，近千種書，其中有宋版書數部，如《山堂考索》、《資治通鑑》等。

内中有"總理各國衙門洋務事宜"，四十本"。按，同治元年二月在京師設總理各國事務衙門，接管以往禮部和理藩院執掌之對外事務，則是書抄寫必在同治年間以後。

"煨芋"一詞，語出《太平廣記·鄴侯外傳》。唐人李泌自幼好道，頗知音，能辨休咎。天寶初年在衡岳寺讀書時遇僧人懶殘，異其所爲，候中夜，潛往謁之。懶殘命坐，撥火出芋以餤之。謂泌曰："慎勿多言，領取十年宰相。"泌拜而退。後李泌果然匡佐四聖，在德宗朝做十年宰相並成仙而去。"煨芋"喻際遇仙人而得天機之意。查《清人室名别稱字號索引》，别號"煨芋"者，有福山人王善寶，稱煨芋巖居。

鈐印有"江都薄氏鑒藏書畫記"。

0969　清乾隆刻本全燬書目抽燬書目

T9564/3542

《全燬書目》一卷《抽燬書目》一卷。清乾隆刻本。一册。半頁八行，字數不一，四周單邊，白口，單魚尾。框高18.4釐米，寬10.8釐米。無序跋。

清乾隆三十七年，《四庫》館開，向民間徵書同時，高宗特派正總裁英廉主辦查禁違礙書籍之事，即所謂"寓禁於徵"。英廉指定纂修翰林戴衢亨、蔡廷衡、潘廷筠、王春煦、吳裕德、吳省蘭、汪如洋、程昌期、吳舒帷、吳錫麒、孫希旦、陸伯焜、陳萬青等十三人，將各省解送之明代以後諸書，逐一檢閱，詳細磨勘，將内容"悖謬"及有"違礙字句"之書分别簽注，請予"銷燬"或"撤燬"，稱"全燬"、"抽燬"，然後呈由英廉會同總纂官紀昀、陸錫熊等逐加覆核，開具清單，上奏請旨定奪。一經查辦，盡行銷毁，以"杜遏邪言，以正人心而厚風俗"。據海寧陳乃乾《禁書總録》統計，乾隆朝編纂《四庫全書》期間，全毁書目兩千四百五十三種，抽毁書目四百零二種，銷毁書目五十種，銷毁石刻二十四種。

是書蓋據進上審核之稿所刻也，不著編撰姓氏，著録全毁書目七百四十九種，抽毁書目三十九種。全毁書目自《明通紀》始，止於《崇禎紀事》，僅録書名、作者，不書應毁緣故。抽毁書目自《梅村詩文集》始，止於《明分省人物考》，載書名、何人所撰、書中何處有違礙語、"應行抽燬，請毋庸全燬"緣由等。不書卷數，蓋因抽毁之後卷數與原卷數有所不同也。抽毁之書不抄入《四庫全書》，僅置之存目，雖全書不毁，但恐天下有得其原本者，故仍嚴令各省注意抽毁之事。

對書籍之查禁銷毁，與《四庫》開館相始終，大都由軍機處、四庫館分别令各省隨處搜繳，先後近二十年。然完整禁書目録今已不存，光緒初年，歸安姚覲元獲得禁毁書目四種，刻入《咫進齋叢書》。光緒末年，嶺南鄧實據江寧布政使刊本增補姚本所無，刻入《國粹叢書》。民國間有商務印書館《叢書集成初編》本和大東書局排印本等。1957年商務印書館出版姚覲元編《清代禁燬書目(附補遺)》及孫殿起輯《清代禁書知見錄》。

《續修四庫全書總目提要》(稿本)收入,其云:"《張靜生遺集》下注云:'明張纘曾撰,十卷以前乃其祖張選遺文,係嘉靖初人語,無干礙,仍毋庸燬。'又如《鴻寶應本》下注云:'此係舊刻,其新刻之倪文貞集,毋庸銷燬,明倪元璐撰。'此明係在上者審核之語氣,非載於本書者皆應燬也。以前發生重大事故之書,此書中不載,因早已銷燬,《四庫》館中已無其書故也。又如書中載有李清之《諫垣疏草》而無其他著作,蓋他書俱經抽出銷燬,是書偶爾遺漏,至發還底本磨勘時,始被發現也。考《辦理四庫全書檔案》載《乾隆五十七年二月三十日有全燬書籍清單》,與本書所載頗有出入,而《廣東新語》一書,見於檔案,不見本書,僅用硃書附書於後,竊意本書所刻尚未全也。"

《中國古籍善本書目》著録清乾隆四十七年翰林院刻本,中國國家圖書館、北京大學圖書館、上海圖書館等五家圖書館收藏。中國國家圖書館還藏有清刻本一部,姚覲元跋;李文田抄本一部,曾經李文田校。

鈐印有"桓伯斂芸"。

0970　清抄本浙江解進書目　　T9608/2936.1

《浙江解進書目》一卷,清《四庫全書》館編。清抄本。一冊。有譚篤生批校。半頁十二行,字數不一,四周單邊,白口,無魚尾。烏絲欄。框高19.4釐米,寬14.2釐米。無序跋。封面墨筆題"乾隆代呈進書目　傳鈔本一册　光緒乙巳夏王仁俊"。

是書未著撰人,書末有"大清乾隆肆拾貳年捌月"一行,當爲乾隆四十二年《四庫全書》館所編,内容爲浙江省藏書家進呈書目,亦浙江省應行領回發還者。目錄前有浙江巡撫三寶咨文,稱:"爲咨送事,竊照《浙江省解進備採遺書》四千六百種,内熊前院、王護院任内進書一百一十六種,本院任内進書四千四百八十四種,内除熊、王兩任内一百一十六種、本院任内一千八百七十五種,均係可備鈔謄,應存留館閣收貯,毋庸領回不開外,餘所獻者二千六百九種,理合開造書籍名目冊,聽候貴處清檢給發,以便派員領回轉發各處。"内開曝書亭呈書目一十四種、小山堂呈書目六種、鮑士恭呈書目六百二十六種、吳玉墀呈書目三百五種、汪啓淑呈書目五百二十四種、孫仰曾呈書目二百三十一種、汪汝瑮呈書目二百一十九種、范懋柱呈書目六百二十種、鄭大節呈書目八十二種。實總計二千六百二十七種。每家呈進書目只列書名,無卷數、版本等,殊爲簡陋。

乾隆三十七年正月,乾隆帝首次下詔在民間徵書。三十八年三月再次下詔訪書。第一次徵書,浙江所奏僅爲一百一十六部,第二次因乾隆諭旨點名訪求,江南藏書最富之家,如朱氏曝書亭、杭州趙氏小山堂、寧波范氏天一閣、慈溪鄭氏二老閣等不得不紛紛獻書。據乾隆三十八年四月十三日浙江巡撫三寶奏摺稱,這些藏書家均願將原書呈進,毋庸再爲鈔謄,這次徵書浙江一省進書四千四百八十四種,而九名藏書家獻書就達二千二百六十七種,占全省數量一半以上。鮑士恭、范懋柱、汪啓淑與江蘇馬裕四人各進書五百種以上,後得到頒賜《欽定古今圖書集成》一部之獎勵。乾隆帝曾明確表示,《四庫全書》編纂完畢後,私家呈進之書應予發還,故三寶咨文中有"聽候貴處清檢給發,以便派員領回轉發各處"之語,事實上絕大部分未能歸還,進書最多的四家除范氏天一閣外,從此皆不再以藏書著稱。

王仁俊,字捍鄭,號籀鄡,江蘇吳縣人。生於清同治五年,卒於1913年。光緒十八年進士,曾任吏部主事,官至湖北知府。後任存古堂教務長、京師大學堂教授、學部編譯圖書局副局長等職。長於金石文字及史志目錄,著述甚富,有《漢書藝文志考証校補》、《補宋書藝文志》、《遼藝文志補正》、《補西夏藝文志》、《補梁書藝文志》、《説文解字考異纂》、《正學堂集内外編》、《敦煌石室真蹟錄》等,還輯有《玉函山房輯佚書續編三種》等。按王仁俊題識,是書當抄成於清光緒三十一年前。

書中有墨筆批校數處,署"篤生記",如"鮑士恭獻書目"下《兩漢博聞》一書,夾批有"十二卷,明嘉靖戊午元日,黄魯撰,琪園李鐸考藏書籍記陽文方印。篤生記";《友林乙藁》一書眉批有"黄蕘圃刊《士禮居叢書》内顧千里撰《百宋一廛賦》稱此書是南宋刻本無疑",夾批有"宋四明史彌寧撰,共四十四頁,目十二頁,跋一頁,歲乾道之癸巳,得詩一百四十首,每頁八行,行十六字。篤生"。此批校者即京師書友譚篤生,清末琉璃廠正文齋書肆主人,孫殿起《琉璃廠小志》概述海王村人物中有:"至於書肆主人,於目錄之學,尤終身習之者也。光緒初,寶森堂之李雨亭、善成堂之饒某,其後又有李兰甫、譚篤生諸人,言及各朝書版、書式、著者、刻者,歷歷如數家珍,士大夫萬不能及焉。"

《續修四庫全書總目提要(稿本)》收入。《中國歷代書目總錄》"徵存徵闕書目"下著錄有:《浙江解進書目》,臺北"中央研究院"藏北京人文科學研究所舊藏鈔本二册;《乾隆浙江進呈書目》,清乾隆四十二年官編,北平圖書館藏清正文齋鈔本一册;《浙江解進備採書目附進呈人總目》,清乾隆四十二年官編,北平圖書館藏清鈔本一册。《中國古籍善本書目》著錄清三寶輯《浙江進呈書檔册》不分卷,清抄本,中國國家圖書館收藏。

鈐印有"國粹"、"湖南"、"湖南秘笈"、"王仁俊"。知是書曾為日本漢學家内藤湖南收藏。

0971　清乾隆刻本隸釋隸續　　T2096.6/3833D

《隸釋》二十七卷《隸續》二十一卷,宋洪適撰。清乾隆四十二年(1777)至四十三年(1778)汪日秀樓松書屋刻本。十六册。半頁九行二十字,四周單邊,白口,單魚尾。框高20.7釐米,寬15.1釐米。卷端無題。《隸釋》前有宋乾道三年(1167)洪適自序,淳熙三年(1176)洪適自跋;末有乾隆四十二年(1777)汪日秀跋,吾進繕跋。《隸續》前有乾道三年洪邁序,卷二〇末有淳熙七年(1180)洪適自跋;末有乾隆四十三年(1778)汪日秀跋,淳熙六年(1179)喻良能跋。

洪適,字景伯,號盤洲,初名造,字溫伯,一字景溫,江西鄱陽(今江西波陽)人。皓子,與弟遵、邁皆知名於時。紹興十二年,中博學宏詞科,為敕令所删定官,改秘書正字。明年,因皓忤秦檜出為饒州通判,適亦出為台州通判。孝宗隆興二年召為太常少卿兼權直學士院,尋除中書舍人。乾道元年遷翰林學士,累遷尚書右僕射、同中書門下平章事兼樞密使。二年,提舉太平興國宮,尋起知紹興府,未幾再奉祠。淳熙十一年卒,年六十八,諡文惠。《宋史》卷三七三有傳。著有《盤洲文集》等。

《隸釋》、《隸續》為宋人集錄漢魏石刻文字專書。傳世集古錄以此為最早,《四庫全書總目》稱:"自有碑刻以來,推是書為最精博。"

《隸釋》凡二十七卷,卷一至一九《漢魏碑》,卷二〇《水經注碑目》,卷二一至二二《集古錄》,卷二三《集古目錄》,卷二四至二六《金石錄》,卷二七《天下碑錄》。所錄漢隸上起東漢,下迄三國魏。《隸續》凡二十一卷。

隸書行於漢魏之際,宋人已多不能辨。洪適集漢魏碑版及酈道元《水經注》、歐陽修《集古錄》、趙明誠《金石錄》等所録漢隸，辨其字，爲之作釋，成《隸釋》二十七卷。許慎《説文》以小篆爲本字，《隸釋》則爲漢隸之字書。

《四庫全書總目》曰，《隸釋》成書於乾道二年，時適以觀文殿學士知紹興府安撫浙東，明年正月，序而刻之。洪適乾道三年自序曰：“秦燔書廢古訓，而官獄多事，乃令下杜人程邈作小篆。而邈復獻隸書，所以施之徒隸，趨簡易也，亦曰'佐書'。漢魏之際，蔡邕、鍾繇、梁鵠、邯鄲淳俱有書名。後魏酈道元注《水經》，漢碑之竝川者始見其書，蓋數十百餘。陵遷谷變，火燃風剥，至宣、政和間，已亡其什八。本朝歐陽公、趙明誠好藏金石刻，漢隸之著録者，歐陽氏七十五卷，趙氏多歐陽，九十三卷，而闕其中六。自中原厄於兵，南北壤斷，遺刻耗矣。予三十年訪求，尚闕趙《録》四之一，而近歲新出者亦三十餘，趙蓋未見也。既法其字爲之韻，復辨其字爲之釋，使學隸者藉書以讀碑，則歷歷在目，而咀味菁華，亦翰墨之一助。”《隸釋》當於是年刊出，之後十年間，陸續有所新見，而於淳熙三年再印時，“增改千有餘字，除去者數板”，後世所傳，概爲淳熙印本。

《隸續》二十一卷爲《隸釋》續編，所録皆《隸釋》之後新得隸書碑版，依《隸釋》例輯爲一編，於乾道四年至淳熙七年十三年間陸續刊出。乾道四年初刊十卷於越，淳熙四年，范成大增刻四卷於蜀，淳熙六年李彥穎又增刻五卷於越，淳熙七年尤袤又刻二卷於江東倉臺，前後總二十一卷。適淳熙七年跋曰：“《隸釋》有續，前後二十一卷。乾道戊子（四年），始刻十卷於越。淳熙丁酉（四年），姑蘇范至能增刻四卷於蜀。後二年，雪川李秀叔又增五卷於越。明年，錫山尤延之刻二卷於江東倉臺，而彙其板合之越。延之與我同志，故鄭重如此。凡漢隸見於書者，爲碑碣二百五十八，磚文器物款識二十二，魏晉碑十七，款識二。欲合數書爲一，未能也。今老矣，平生之癖將絕筆於斯焉。庚子十一月洪景伯書。”

是爲汪日秀校刊本。其中《隸釋》底本爲明萬曆十六年王雲鷺刻本（即《四庫全書總目》著録本），復以徐氏傳是樓抄本讎勘，而予以鳌定增補。汪氏四十二年跋曰：“余從金閶借得傳是樓鈔本，悉心讎勘，較之明季鏤版大相逕庭……並一一爲之鳌定增補。復以《隸韻》、《字原》、《石墨鐫華》、《金薤琳琅》諸書參考得失，偏旁點畫，尤多所訂正。其無可據依者，悉仍其故，以示傳疑之意。”《隸續》則以朱彝尊藏抄本校以時下刻本，汪氏四十三年刻跋曰：“予得金風亭長鈔本，以校近刻，多所增益。其譌脱處仍不能不相沿襲，未足稱爲完善。然麟麈一毛，虬龍片甲，公於漢字之留遺於後者，猶不勝鄭重而愛惜之，則今日於公之書，其爲可寶貴當何如也。因並以付之梓。”《隸續》一書，《四庫全書總目》著録康熙四十五年曹寅揚州使院刻本，而以元泰定二年寧國路儒學所刊七卷本校勘異同，又考證其卷帙分合頗詳。

是本佚《隸釋》之扉頁、目録。卷一至一二、卷一五、卷一七至二七，各卷卷末均鐫有牌記，曰“樓松書屋汪氏校本”。《隸續》扉頁鐫“隸續”，無目録，卷七之外各卷卷末皆鐫有牌記（牌記同《隸釋》，卷四牌記前有“泰定乙丑寧國路儒學重刊”一行），卷九、卷一〇題名下鐫"闕"字，卷二〇第四頁下、第五頁上空白。

《四庫全書總目》入史部目録類。《中國古籍善本書目》史部金石類總類著録，中國國家圖書館、武漢圖書館等十館入藏；又著録湖南圖書館、浙江省平湖縣圖書館所藏批校題跋本。

鈐印有“沈燕謀以字行”、“南通沈氏藏書”、“息園所藏”。

館藏複本一部，八册，存《隸釋》二十七卷。扉頁鐫“隸釋”，原鈐“樓松書屋汪氏校本”一印。有目録（末有洪適自跋）。卷末有汪日秀跋，佚吾進繕跋。卷一、二、三、六、九、二〇、二一、二三、二五、二七卷末均鐫有牌記“樓松書屋汪氏校本”，卷一九末剜割三行。書品較此本（T2096.6/3833D）爲好。

0972　清乾隆刻本金石圖　　　　　　　　　　　　　　T2083/3624

《金石圖》不分卷，清褚峻摹，清牛運震説。清乾隆刻本。四册。半頁十行二十字，半頁左右雙邊，框高23.3釐米，寬14.4釐米。圖爲拓片，黏於另半頁。首有乾隆六年(1741)何堂序，乾隆八年(1743)牛運震自序，乾隆八年褚峻自序。第三册有乾隆十年(1745)褚峻自序。

褚峻，字千峰，陕西邰陽人。清乾隆間金石名家，著有《金石經眼録》等。

牛運震，字階平，號真穀，山東滋陽人。清雍正十一年進士，授甘肅秦安縣知縣。有惠政。設龍川書院，與諸生講習。兼攝徽縣，又攝兩當，調平番，皆刑清政簡，稱爲良吏。既罷官，留主皋蘭書院。及歸里，閉門治經，年五十三卒。博學涉群籍，猶深於金石考據，著述有《周易解》、《詩志》、《春秋傳》、《論語隨筆》、《孟子論文》、《史記評注》、《讀史糾謬》、《空山堂文集》、《空山堂詩集》、《空山堂易解》等。《清史列傳》、《清儒學案》有傳。

是爲增修本，不分卷，計四册。前二册所録，上自周秦，下迄於漢。後二册起於三國，止於隋唐。三國至隋唐爲增修。其圖皆爲翻刻拓片。

乾隆六年何堂序、乾隆八年牛運震序、乾隆八年褚峻序均未及續刊廣録三國迄隋唐金石事。

何堂序曰：“邰陽褚君千峰交於余者三十年，其人神閑而貌古，治篆隸，善小詩，每與言古今石刻，輒能悉其形模道里。今歲秋末至吴，則出其所爲《金石經眼録》者。余讀焉，其書遠規洪承相《隸》、《續》之圖，圭趺長短廣狹，尺寸備具，古文篆隸鈎别精整。其所收則近循顧寧人先生《金石文字記》例，非親見而手摹者不著，於録詳其所。斷自周秦，以迄季漢，爲其尤易殘滅也，而審定爲重勒者則逸焉。”牛序稱褚峻所摹千餘種，往往軼出於《集古録》、《金石志略》諸書之外，而詳其所未備。褚序謂，其性顓愚，生而好古，常裹糧襆被，蕭然跋涉，周游四海九州，名山大澤，遇周秦漢魏晉唐諸殘碑斷碣，手翻目追，摹搨殆遍。攛掇垂三十年，凡得碑碣千餘種矣。“年五十始遇山左真谷牛子，教余哀其所得，斷周迄漢，繪其碑碣面背，圭趺位置，復摹其波畫形似，並其剥蝕殘缺不全之處，輯諸一册，而名之曰‘金石圖’。”

乾隆十年，褚峻自序稱：“金石文字上自周秦下迄唐宋，前人所輯録者既多，其議論考究，皆甚核且詳已。甲寅歲(雍正十二年)，余摹《金石圖》，真谷牛子考説，付之棗梨，其本已流播人間，然觀者猶歎其資聞見之不廣也。於是又從三國以洎隋唐，擇其碑碣之精且好者，亦繪圭趺、記廣狹，更摘真跡字樣鈎摹於其右。令未見是碑者，因此數字而想見其遺筆、結體之遺意，雖去原碑已遠，而規模斯在。既以廣《金石圖》，而亦博雅好古之士韻目怡懷之一助也。”今兖州市圖書館所藏《金石圖》清稿本，其成稿時間爲乾隆八年。稿本分四册，即是本規模，前二册始自周秦而迄於漢，後二册起於三國而止於隋唐。

《四庫全書總目》入史部目録類存目，著録兵部侍郎紀昀家藏本。《總目》云：“初，峻先刻此書，上卷名《金石經眼録》，尚未載後漢永和二年《燉煌太守裴岑紀功碑》。後與運震重編是圖，運震始以副使郭朝祚所貽摹本補入。然此一碑，其出最晚，又遠在玉門、陽關以外，非所親睹，故字體頗失其真，即字畫亦多舛異……其刊刻亦不及諸圖之工。豈此碑非峻所摹，而運震於續得之時别令拙工補之歟？其下卷則自吴《天發神讖碑》、《魏受禪碑》以下迄於唐《顏真卿家廟碑》，凡六十圖。每碑繪其形制，而具説於其上。其文則但於一碑之中鈎摹數十字或數字，以存其筆法，不似漢以前碑之全載。蓋欲省縮本之工，遂緻變其體例。其字又隨意摘録，詞不相屬，於義殊無所取。且拓本多行於世，亦不藉此數十字以傳，徒涉買菜求益之消。故今仍以《經眼錄》著録,而此刻附存其目焉。"

扉頁鎸"金石圖。郃陽褚峻千峰摹。滋陽牛運震階平説"。

《中國古籍善本書目》不收。

館藏有複本一部,四册。

0973　明初刻本考古圖　　　　　　　　　　　　　　　　T2105.7/6647

《考古圖》十卷,宋吕大臨撰,元羅更翁考訂。明初刻本。十册。半頁八行十七字,四周雙邊,黑口,三魚尾。框高 18.7 釐米,寬 13.3 釐米。題"默齋羅更翁考訂"。前有元祐七年(1092)吕大臨自序,大德三年(1299)陳才序,大德三年陳翼序;《考古圖》所藏姓氏。

吕大臨,字與叔,號芸閣,其先汲郡人,因祖太常博士吕通葬藍田,遂以藍田爲家焉。元祐中,以"不敢掩祖宗之德"而不復應舉,雖借門蔭入爲太學博士,遷秘書省正字,但畢生"修身好學,行如古人",無意仕進擢用。范祖禹以其學行薦可充講官,以備勸學,未及用而卒,年僅四十七歲。史稱其學"通六經,尤深於禮"(《東都事略》卷八九)。"學於程頤,與謝良佐、游酢、楊時在程門,號'四先生'"(《宋史》卷三四〇)。朱熹於程子門人中最取吕大臨,以爲"高於諸公,大段有筋骨",特惜乎其"壽不永"(《朱子語類》卷一〇一"程子門人")。

此書爲我國現存最早的一部銅器圖録專著,著録宫廷及私人所藏古代銅器、玉器二百餘件,均附繪圖;其鐘鼎上之文字,又依據説文、經、史諸書,加以訓釋考證。成書在《宣和博古圖》前,較《博古圖》爲精審。吴其昌《王觀堂先生學述》一文評曰:"蓋吕叔定吉金文字書籍之體例,亦猶太史公定斷代爲史之體例,後世不能外也"(《國學論叢》第三號)。

吕大臨自序云:"予於士大夫之家,所閲多矣。每得傳摹圖寫,寖盈卷軸,尚病窾啓,未能深考。暇日,論次成書,非敢以器爲玩也。觀其器、誦其言,形容髣髴,以追三代之遺風,如見其人矣。以意逆志,或探其制作之原,以補經傳之闕亡,正諸儒之謬誤,天下後世之君子,有意於古者,亦將有考焉。"

陳才序云:"汲郡吕公,彙諸大家所藏尊卣敦盂之屬,繪爲巨編,兵後多磨滅。吾弟翼俌,又廣吕公好古素志,屬羅兄更翁臨本,且更翁刻以傳世,並採諸老辨證附左方,用心良苦。"

陳翼序又云:"偶閲汲郡吕先生舊輯《考古圖》十卷,慨慕古先聖賢制作大意,真若隔世。胸次芥蒂不能廞棄,命友臨本,刊訛刻傳,且採諸君子辯證附其下。"

《四庫全書總目》所收爲十卷本並《續考古圖》五卷《釋文》一卷,入子部譜録類。《中國古籍善本書目》著録。上海圖書館、北京大學圖書館、華東師範大學圖書館,及日本静嘉堂文庫亦有入藏。按,臺北"國家圖書館"作元大德三年茶陵陳翼子刊明代修補本(兩部,其一爲原藏北平館者),今檢《"中央圖書館"金元本圖録》,並核之哈佛藏本,顯爲一板,臺北館之所以誤作元大德本,蓋因沿襲《振綺堂書目》、《藝芸書舍宋元版書目》、《讀有用書齋書目》、《皕宋樓藏書志》、《宋元舊本書經眼録》著録也。

鈐印有"悔堂藏弆"、"蒼茫處"、"草堂"、"赤穗城下南三木氏"。又有"徵明"一印,僞。

0974　明萬曆刻本泊如齋重修宣和博古圖録　　　　　　　　T2105.7/1132

《泊如齋重修宣和博古圖録》三十卷,宋王黼等撰。明萬曆三十一年(1603)吴公弘刻本。

三十册。半頁八行十七字,四周單邊,白口,單魚尾。框高23.9釐米,寬14.9釐米。前有萬曆三十一年洪世俊序。

王黼本名甫,字將明,祥符人。崇寧進士。多智善佞,何執中薦擢校書郎。蔡京復相,黼與有力,除左諫議大夫。宣和初拜特進少宰。京致仕,黼陽順人心,盡反所爲,以博民心。欽宗即位,誅死。

此書成於宣和年間,而謂之重修者,蓋以採取黃長睿《博古圖説》在前也。載宋徽宗時宣和殿所藏之古代銅器,分二十類,八百三十九件(内雜器四十、鏡鑒一百十三)。每類之前附有總説,器物皆摹繪圖形、款識,記錄容積、重量等,並附考證。其所繪形較精,且注有比例,考證也精審,所定器名多沿用至今。

洪世俊序云:"故博古圖篆,斷自宣和,所定爲宗。厥後魯亥失真,紋款失製,俛爲之説,曰趙匡意在似,徐熙意在不似,以似不似,浚於畫者也,而傅會觚稜之譌生矣。余友吴公弘甫,博物洽聞君子也,書連於薆,刻充於棟,覽博古圖説,復命墨卿繪而鐫之。其書法宗王,繪像宗陸,字不淆點,畫不紊絲,飛揚如五逸三花,奇縱如十洲三島,逼真如吴道子之畫虎頭也……是乃公弘脩圖意也。"

此本金鑲玉裝。無萬曆十六年程士莊序。卷一題"東書堂重修宣和博古圖錄",卷一末則題"亦政堂重修宣和博古圖錄"。卷二至三○均爲"泊如齋重修宣和博古圖錄"。

《四庫全書總目》入子部譜錄類。《中國古籍善本書目》著録明萬曆十六年泊如齋刻本。上海圖書館、天津圖書館等七十二館,臺北"國家圖書館"(兩部),及美國普林斯頓大學葛思德東方圖書館、日本内閣文庫、静嘉堂文庫入藏。按,此本較複雜,如以大陸七十二館所藏仔細作一核對,定有不同之板。據王重民《中國善本書提要》,美國國會圖書館有明萬曆刻本兩部,然不同板,於泊如齋本則有提示曰:"泊如齋後有改爲東書堂或亦政堂者,爲天都黄晟所刻。余初疑黄氏購得泊如齋舊板刷印,今日持兩本相校,驗知黄氏亦政堂實是翻刻,非就舊板修改刷印者。"又按,《中國古籍善本書目》又有《寶古堂重修宣和博古圖錄》三十卷,明萬曆三十一年吴萬化刻本,中國國家圖書館、浙江圖書館等六館入藏。臺北"國家圖書館"亦藏有此《寶古堂重修宣和博古圖錄》,與國圖本同。

鈐印有"殿采字廷梁號柳亭"、"吉祥虚白齋"。

0975　明萬曆刻崇禎重修本重修宣和博古圖錄　T2105.7/1132B

《重修宣和博古圖錄》三十卷,宋王黼等撰。明萬曆二十七年(1599)于承祖刻崇禎九年(1636)于道南重修本。存六册。半頁八行十七字,四周單邊,白口,無魚尾。框高20.5釐米,寬13.1釐米。前有嘉靖七年(1528)蔣暘序,陳震陽序,于承祖序;崇禎九年于道南跋。跋後有《校正博古圖姓氏》,題"明廣陵于承祖孟武父、弟于繼祖仲武父、友人樊思孔聖如父、魏文炳仲虎父、許賓觀父父"。"南昌萬師蓄刻"。

于道南跋云:"先君子僻於嗜古,參酌前代宣和諸刻,曾購《博古圖》一書行世","其亦先君子行古之道歟! 蒙難之餘,可慨家無長物,而斯圖手澤猶新,重整莊玩,不禁泫然。"

于承祖自序云:"不佞生也晚,局於見聞,間逢一二真者,敢曰善鑒。乃得昭武黄伯思《博古圖》,復得宣和王楚善本,詳審精密,大徹心膽,復無容喙。但板册廣厚,難於鼓匣,僭摹小簡,擬諸巾箱。"

此書存六册,每册書口均繪有彩圖,極精緻,與館藏《世説新語》書口所繪有異曲同工之妙,審其筆畫,或爲一人所爲。按,此類書口有彩繪者,多爲民國間琉璃廠某書肆雇善繪者爲之,且多售與外國人士,以得高價,故大陸本土則頗爲稀見。本書缺去卷一至四。

《中國古籍善本書目》著録。上海圖書館、首都圖書館等十館,及美國普林斯頓大學葛思德東方圖書館、日本静嘉堂文庫亦有入藏。

鈐印有"書農"。

館藏有複本一部,十六册。有扉頁,刊"博古圖"。卷一闕第一至第八頁。鈐印有"三碧所藏"。

0976　清乾隆刻本亦政堂重修考古圖宣和博古圖録考古玉圖　T2063/1460

《亦政堂重修考古圖》十卷《宣和博古圖録》三十卷《考古玉圖》二卷,清黄晟輯。清乾隆十五年(1750)至十八年(1753)黄晟槐蔭草堂刻本。二十四册。半頁八行十七字,四周單邊,白口,單魚尾。

黄晟,字東曙,一字曉峰(或號曉峰),徽州歙縣潭渡人,寓居揚州。嘗刊《太平廣記》、《三才圖會》、《水經注》、《至聖編年世紀》等。

是本由黄晟彙輯重刊而成,三《圖》各所據以翻刻之本尚不確。

《亦政堂重修考古圖》十卷,宋吕大臨撰,元羅更翁考訂。四册。框高24.2釐米,寬15釐米。前有明萬曆三十一年焦竑序,宋元祐七年吕大臨自序,元大德三年陳才子序,大德三年陳翼子序,清乾隆十八年黄晟《重刊考古圖序》;《考古圖所藏姓氏》。末有萬曆二十九年吴萬化跋。《考古圖所藏姓氏》題"考訂默齋羅更翁"。

吕大臨,字與叔,號芸閣,京兆藍田(陝西藍田縣)人。其先汲郡人,以祖太常博士通葬藍田,遂以藍田爲家。元祐中,藉門蔭入爲太學博士,遷秘書省正字。范祖禹以其學行薦可充講官,以備勸學,未及用而卒,年四十七。以師事程頤,與謝良佐、游酢、楊時同列程門,時稱"四先生"。著述有《易章句》、《大學説》、《中庸説》、《禮記傳》、《論語解》、《孟子講義》、《玉溪先生集》等。《宋史》有傳。

《考古圖》成書於北宋哲宗元祐七年,早於徽宗宣和間所修《博古圖録》,開鐘鼎彝器考古風氣之先。及元大德間,已罕有完本。《四庫全書總目》著録錢曾影宋抄本。

元有大德三年陳翼子刊本,世稱茶陵本,其所臨摹者,已非足本。明泊如齋重修本出茶陵本。《亦政堂重修考古圖》本晚於泊如齋本,亦晚於寶古堂本,有説亦政堂爲得泊如齋或寶古堂板重印者。是本有黄晟重刊序,稱檢家藏古本重付剞劂,僅提及吕氏原刊與元刊茶陵本,而無及明刊泊如齋、寶古堂諸本。序後鐫校刊牌記。

扉頁鐫"考古圖。天都黄曉峰鑒定。乾隆壬申年秋月。亦政堂藏板"。按,"壬申"爲乾隆十七年。黄晟刻序署"乾隆十八年歲次癸酉秋八月天都黄晟曉峰氏校刊於槐蔭草堂",鐫有"重校刊於槐蔭草堂"陽文方印。

館藏有複本一部(T2063/1460/C2)。

《亦政堂重修宣和博古圖録》三十卷,宋王黼等撰。十九册。框高23.8釐米,寬15釐米。前有明嘉靖七年蔣暘序,萬曆三十一年洪世俊序。末有萬曆二十八年吴萬化跋。

王黼,本名甫,字將明,祥符人,崇寧進士。何執中薦擢校書郎。蔡京復相,黼與有力,除左諫議大夫。宣和初拜特進少宰。及京致仕,黼盡反所爲。欽宗即位,誅死。

是書成於北宋宣和年間，載徽宗時宣和殿所藏古代銅器，分作二十類，計八百三十九件（內雜器四十、鏡鑒一百十三）。每類之前有總説，每一器物首載摹繪圖形，次載摹拓銘文及其釋文，再著錄尺寸、容積、重量等，並附有考證。所繪形較精，且注有比例，考證也精審，所定器名多沿用至今。

卷端題名"東書堂重修宣和博古圖錄"，"東書"二字係重刻。又卷九之題名前三字剜去，卷一三、卷二三之題名前二字剜去，其餘二十六卷之題名皆作"亦政堂重修宣和博古圖錄"。每卷之末均鐫"亦政堂重修宣和博古圖錄卷第×"一行。

扉頁鐫"博古圖。天都黃曉峰鑒定。乾隆壬申年秋月。亦政堂藏板"。卷三〇末鐫"乾隆庚午年之秋天都黃晟曉峰氏校勘於槐蔭草堂"長方牌記。按，"庚午"爲乾隆十五年。

《宣和博古圖錄》初刊於宣和間，元明清歷代"重修"諸本，莫非摹刻。此亦政堂本所摹底本未知究竟。經與館藏泊如齋本（卷一配亦政堂本）比勘，知爲異版。兩本版式不二，字形大多如出一版，其不同處似以銘文爲著，如卷二第三頁下周文王鼎銘文之"魯"、"公"、"王"、"尊"諸字，其筆形、筆勢兩本有明顯差異。王重民《中國善本書提要》稱，亦政堂本與泊如齋本異版，爲天都黃晟所刻。見於其《泊如齋重修宣和博古圖錄》條（著錄美國國會圖書館藏本）："按泊如齋後有改爲東書堂或亦政堂者，爲天都黃晟所刻。余初疑黃氏購得泊如齋舊板刷印，今日持兩本相校，驗知黃氏亦政堂實是翻刻，非就舊板修改刷印者。"臺北《"國家圖書館"善本書志初稿》則以爲亦政堂本摹自寶古堂本，録之亦備一説："此書（《亦政堂重修宣和博古圖錄》）蓋明萬曆癸卯寶古堂重修本之覆刊本，版式行款全同且字體近之；然版面、器物、字體皆不及明本之精緻。"

《亦政堂重考古玉圖》二卷，元朱德潤撰。一册。框高24.2釐米，寬15釐米。前有元至正元年自序。卷上末附刻明吳寬題集古玉圖詩。末有明萬曆吳萬化跋。

朱德潤，字澤民，號睢陽散人，睢陽（今河南商丘）人，寓居昆山（今屬江蘇）。歷任國史院編修、鎮東行中書省儒學提舉、江浙行中書省照磨。工書法，擅丹青，有《林下鳴琴圖》等傳世之作。

德潤有集古玉圖序，略述其好古雅興："僕自弱冠遊燕京，諸王公家及秘府所藏，悉得瞻覽，以見古人備物制器之妙，而後世得以仿佛其儀範，豈非文治之大助乎。故因暇日圖其所見，與好事者共之。"

扉頁鐫"古玉圖。天都黃曉峰鑒定。乾隆壬申年秋月。亦政堂藏板"。上、下二卷之首末題名"亦政堂重考古玉圖"。

館藏有複本一部（T2063/1460/C2）。又藏有明泊如齋本、于承祖本，見本《書志》。

全帙入藏《亦政堂重修考古圖》十卷《宣和博古圖錄》三十卷《考古玉圖》二卷者，所知有中國科學院圖書館、中國社會科學院歷史研究所、中國國家博物館、中央民族大學圖書館、上海圖書館、南開大學圖書館、青海省圖書館、浙江圖書館、武漢師範學院圖書館、華南師範學院圖書館等。

0977　清乾隆刻本金薤琳琅　　　　　　　　　　　　　　　　T2003/4222

《金薤琳琅》二十卷《補遺》一卷，明都穆編，清宋振譽補遺。清乾隆四十三年（1778）汪荻洲刻本。六册。半頁九行十八字，白口，四周單邊，單魚尾。框高19.6釐米，寬12.8釐米。題

"太僕少卿吳郡都穆";《補遺》題"杭郡宋振譽"。前有清乾隆四十三年盧文弨序。

都穆,字玄敬,江蘇吳縣人。明弘治十二年進士,授工部主事,官至禮部主客司郎中,加太僕寺少卿。七歲能詩,及長,不習章句,博覽群籍,好學不倦,老而彌篤。又富藏書,每得異本,則向人誇示以爲樂趣。著有《談纂》、《聽雨紀談》、《鐵網珊瑚》、《壬午功臣爵賞錄》、《使西日記》、《南濠居士詩話》等,均收入《四庫全書》流傳於世。《列朝詩集小傳》、《皇明詞林人物考》、《名山藏》等書有傳。

宋振譽,字藥川,別號藥川老人,浙江杭州人。生平未詳,著有《續泉志》八卷。

穆嘗奉使至秦中,搜訪金石遺文,摹拓繕寫,作《金薤琳琅》二十卷。唐韓愈《調張籍》詩有:"平生千萬篇,金薤垂琳琅。"韓醇注云:"金薤,書也。古有薤葉書……言李杜文章,播於金石云爾。"以此爲書名,蓋喻書刻文字之優美。是書爲碑刻考證彙編,仿《隸釋》之例,取刻石文字蒐輯編次,各爲辨證。錄周至唐代刻石六十三件,凡周刻二、秦刻六、漢刻二十三、隋刻五、唐刻二十七。於古碑皆錄原文,其剝落不完者,則取洪適《隸釋》補之。每碑先錄原刻之文,後附考說。宋振譽《補遺》不分卷次,悉依前書體例,錄未載碑刻四件。

盧文弨序云,都氏書"所微不足者,其點畫不能悉依本文,而每易以近體,且間有不審致僞者,故諸家徵引其書而亦不恕其誤。吾鄉汪子荻洲家有此書,惜其致力之勤而以微眚爲累,於是取所藏石刻自獵碣而下,字字比校,一還其本真。亦有洪氏闕而今本有者,吾始亦疑之,復取其揚本參對,果不誣。""夫刻既成,弁數語於首,實爲是書慶所遭云。"

《四庫全書》入史部目錄類,館臣頗病其於原刻碑文之訛誤闕漏,又云:"然所錄碑刻,具載全文,今或不能悉見。《金石文跋尾》謂所載貞元九年《姜嫄公劉廟碑》,今已損失三十餘字,是亦可備參核矣。穆別有《南濠文略》六卷,其後二卷即此書。所載諸碑跋,蓋用《集古錄》跋尾編入本集之例,然穆之文章,在可傳可不傳之間,不若以此本孤行也。"《續修四庫全書總目提要(稿本)》收入《金薤琳琅補遺》,並云:"其病亦與都氏原書相等。都氏原書已收入《四庫》,是編爲補其所遺,姑亦錄而存之,惟讀者宜加以辨析,不可更沿其誤也。"

有扉頁,刻"金薤琳琅"。封面書籤題"敬輿珍藏",並鈐"敬輿"、"飛霞"、"敬輿珍藏"諸印。

《中國古籍善本書目》著錄兩種明刻本,一嘉靖刻本,十行十七字,中國國家圖書館、上海圖書館、北京市文物局三家收藏;一明刻本,十行十七字白口,南開大學、山東省圖書館、南京圖書館、鎮江市圖書館、復旦大學圖書館五家收藏,其中復旦藏本有清張四教錄何焯校。臺北《"國家圖書館"善本書志》著錄明刊本兩種,均爲十行十七字白口,其一上有黃丕烈、席佩蘭手跋;舊抄本兩部,其一上有王芑孫題跋。臺北《"國立故宮博物院"善本舊籍總目》著錄明正德間吳郡都氏原刊本一部,五冊。

《中國古籍善本書目》著錄《金薤琳琅》二十卷《補遺》一卷,清乾隆四十三年汪荻洲刻本,中國國家圖書館藏兩部,其一上有闕名跋並錄清金俊明校,其二上有清常茂徠校、□鑄禹校並跋、馮汝玠跋;山東省博物館藏本,有清吳式芬跋並錄何焯批校;湖北省圖書館藏本,有清許瀚錄何焯跋。此外中國國家圖書館尚有清乾隆六年宋振譽抄本,有宋振譽、吳騫、唐翰題跋,《邵亭知見傳本書目》云:"乾隆六年,宋氏以《碑目》文揚本校此書,汪荻洲又精校之,盧召弓爲序,稱善本。"另查北京大學圖書館、武漢大學圖書館、臺灣大學圖書館等多家藏有此版。清光緒八年,崇川葛氏學古齋刊本《學古齋金石叢書》收入此書。

鈐印有"廿年心血所得"、"南通楊元植藏"、"善根盦印"。此書曾爲南通人楊善根收藏。楊善根,號元植,又號苦覺,精於考據及版本鑒定,20世紀二三十年代在南通開辦漁古書社,經營古舊書及字畫古董，1947年病逝。

0978　明萬曆自刻本石墨鐫華　　　　　　　　　T2096.5/4827

《石墨鐫華》八卷，明趙崡撰。明萬曆四十六年(1618)自刻本。八册。半頁八行十八字，四周單邊，白口，無魚尾。框高 21.4 釐米，寬 13.1 釐米。題"盩厔趙崡子函著"。前有陳組綬序，萬曆四十六年康萬民序，萬曆四十六年趙崡自序。

趙崡，字子函。盩厔人。萬曆十三年舉人。崡家近漢唐故都，多古石刻，性復好事，時挾楮墨訪揭，並乞於朋友之宦游四方者，積三十餘年，所蓄舊碑頗多。

是書題"石墨鐫華"者，蓋取南朝梁劉勰《文心雕龍》卷三《誄碑贊》："石墨鐫華，頹影豈式。"全書八卷，有石無金，每碑目錄之下，仿陳思《寶刻叢編》之例，各注其地，體例頗為詳備，惟所跋詳於筆法而略於考證，所載古碑頗多未備，則因崡本貧士，其力止於如斯。其書著錄計二百五十三種，雖不及宋歐陽修《集古錄》、趙明誠《金石錄》之博，而多兩家所未見，見解亦較兩家為確。末載尋訪古碑之游記與詩，可見其求索之勤。

康萬民序云："如此三十餘年，總所藏二百五十餘種，其間漢唐名書，多歐、趙諸子未見者。裝潢堅確，卷帙絢爛，每一册後必親裁一跋，考據精詳，推勘深至，如老吏斷獄，按之三尺，的然不爽。"

趙崡自序云："既歸為諸生，困於制科文，不暇旁及，然私心竊嚮慕古人，每獲一名碑，必摩弄累日，不忍釋去。余居近周秦漢唐故都，諸名書多在焉，西安頖宮碑林為最，余每至其下，必坐卧觀之，至於忘返。芒蹻所及，片文隻字，必且駐觀，其佳者輒疏記之，以俟好事貴人慫恿摹揭，從乞副本，並請之友人之宦遊四方者，於今三十餘年矣。憶宋歐陽公、趙明誠、洪丞相，明都(玄)敬、楊用修，皆能博收古碑，注釋評證，傳之將來。今洪丞相《隸釋》刻本最少，歐之《集古錄》、趙之《金石錄》、都之《金薤琳瑯》、楊之《金石古文》，則人所共睹記也。考其收錄，僅四百餘，趙至二千，都、楊二公數不及歐。以余三十年所收，雖過都、楊，而視歐才三之一，視趙不能十之一。自宋元以上，往往有二公所不及收者，即諸公書亦自有無互異，豈不以搜訪之難哉？且諸公版本具在，而求其石蹟，亡者已過半矣。余死之日，余所收錄亦與浮烟飄靄俱盡，良足悲也。暇日，命裝池成帙，置一長几，高齋永晝，追尋往哲，或模倣名書，披賞之餘，妄加管見，書於各卷之尾。又恐他日與此卷同為烏有而已，因總錄其語，付諸棗梨。"

此本金鑲玉裝。

《四庫全書總目》入史部目錄類。《中國古籍善本書目》著錄。中國國家圖書館、上海圖書館等四十三館，臺北"國家圖書館"(兩部)亦有入藏。

0979　明嘉靖刻本石鼓文正誤　　　　　　　　　T2098/7233

《石鼓文正誤》四卷，明陶滋撰。明嘉靖間絳陽陶氏自刻本。二册。半頁九行二十字，四周單邊，白口，無魚尾。框高 21.2 釐米，寬 14 釐米。前有正德十三年(1518)陶滋序。末有嘉靖十二年(1533)錢貢後序，正德十五年陶滋後序。

陶滋，字時雨，號汾亭。山西絳州人。正德九年進士。初授行人，諫武宗南巡，廷笞幾死，謫國子監學正。尋遷司正，擢刑部郎中，轉兵部武選。世宗初，復諫大禮，廷笞如前，謫戍榆林。穆宗即位，贈太常寺少卿，載《名臣錄》。《山西正祀考》云：抗奏直言，兩遭謫戍，精忠勁節，星日争光。《(康熙)絳州志》卷二《人物》有傳。

是書卷一《石鼓文》,卷二《正誤》,卷三《石鼓三疑辨》(王厚之),卷四《石鼓歌》(韋應物、韓退之、蘇子瞻)、《石鼓詩》(唐愚士)、《觀石鼓歌》(何景明)。

陶滋序云:"周宣王石鼓文十,其義與車攻吉日之詩相類,而辭亦間有同者。鼓距今垂二千三百餘年,散而復合,晦而復明,意者神物護持,如韓昌黎之所言哉,不然何歷年之遠若是也。宋薛氏尚功、鄭氏樵、施氏宿、王氏厚之,各爲訓釋,不能無議焉者,如以時作時、矢作尖、霾作霧,舛譌甚多,不可殫舉。然諸家皆爲摸本所誤,石鼓蓋未之見也。元潘氏迪,取諸家說,重爲考訂,間亦以坙作即、阪作阦。夫迪親見之,猶混魯魚,矧諸家乎?滋躬詣鼓旁,詳加摩玩,文之漫剥者,猶隱然有跡可辨也,乃筆之以歸,沈潛其義,參考諸說,是者取之,誤者正之,其未詳者,不敢強爲之說。鼓之所自,諸家考辯已明,不復容喙,乃以王氏辯疑及古今歌詠附載於後,以見是鼓也直爲周宣之物,好異者不煩譊譊云。"

陶滋後序云:"滋以正德戊寅歲,作《石鼓文正誤》,甫成編,以諫止南狩,觸罪坐斥橋門。一日,過寮友國博陸君俊卿家,見几上有舊書一册,取而閱之,乃東坡蘇子石鼓文摹本也,刻之者爲維揚歐氏本源,歐得之於甬東楊氏準,不知楊得之何人?滋幸天之未喪此文也,因假歸,參校同異。滋藏舊本四百六十五字,蘇本六百一十一字,九鼓篆籀皆完,惟一鼓僅其半焉。惜薛尚功輩爲音釋時,不獲見此。蓋文完則義足,而字之辨也易;文闕則義晦,而字之辨也難,矧石鼓之文,字畫奇古,句讀聱牙,顧復闕其文乎?然諸家音釋之誤,無足怪者。滋合舊編,重爲刪定,摭諸家之說并引經傳語,可爲證者。"

錢貢後序未言及刻書之事,但云:"汾亭陶子,始以極諫斥冷寮,乃取石鼓文正其誤。既得環(還),又以極諫竄邊伍,間侍恭介公疾,復取正誤本刻之。夫使陶子諫不極,則不斥不竄,不斥不竄,則班秩日隆以重。子其蹇蹇瞿瞿,佐機務不暇,即欲手摩周鼓,正其誤而刻其文,以公後世,其道無由已。於戲!斯固延平之劍、合浦之珠之不能料其故者,貢何敢言?"

此本金鑲玉裝。書中有補刻之頁,如卷四第三頁。封面有原籤,刻"石鼓文正誤。絳陽陶氏家藏",爲陶氏自刻之本。

《四庫全書總目》入經部小學類存目。《中國古籍善本書目》著録明嘉靖十二年錢貢刻本。中國國家圖書館、上海圖書館等八館,臺北"國家圖書館"(作明嘉靖十二年汾亭陶氏刻本)亦有入藏。

鈐印有"黃紹齋家珍藏"、"五福堂收藏明版善本書"。

0980 清康熙刻本石鼓文鈔   T2098/0436

《石鼓文鈔》二卷,清許容摹辨。清康熙二十七年(1688)刻本。二册。半頁六行二十字,四周單邊,白口,單魚尾。框高18.8釐米,寬14釐米。題"如皋許容實夫摹辨;兄嗣隆山濤音校;兄雍均節訂正;男鑌大衡、姪鈴木宣合參"。前有康熙二十七年金德嘉序,康熙二十七年周金然序。末有許容自跋。

許容,字實夫,號默公,又號遇道人,江蘇如皋人。少從邵潛游,深究六書,熟寫小篆,精於篆刻,開清初印壇如皋一派。著有《印略》、《印鑒》、《韞光樓印譜》、《谷園印譜》、《說篆》等。《國朝畫識》等有傳。

許容精於《說文》之學,手摹太學石鼓文,參校諸釋,成《石鼓文鈔》二卷。總十鼓,惟辛鼓無字,所拓九鼓凡三百三十四字,卷上甲鼓、乙鼓、丙鼓、丁鼓、戊鼓,卷下己鼓、庚鼓、壬鼓、癸鼓。所題"摹辨",摹勒、辨析之意。

許容自跋記摹校緣起經過,云:"余於戊辰清和至都門,朱竹垞太史以石鼓搨本見示,特命摹勒。蓋先生著《日下舊聞》一書,欲以此入集,不朽事也。乃刻畫心神,經營手目,越十餘日而告成。因思此鼓與薛尚功《鐘鼎款識》字之訛舛多寡每有不同,□此後歲月更遷,風雨剝蝕,復不如今日,未可定也,故同家兄山濤校讎累月,摹成一册。"按,"戊辰"爲康熙二十七年。朱彝尊,字錫鬯,號竹垞,又號漚舫,晚號小長蘆釣魚師,又號金風亭長,浙江秀水(今嘉興)人。生於明崇禎二年,卒於清康熙四十八年。康熙十八年舉博學鴻詞科,彝尊以一介布衣出仕,任翰林院檢討,《明史》纂修官。二十年授日講起居注官,隨即入值南書房。二十三年因攜學生入内廷錄書遭彈劾謫官,二十九年復職,兩年後致仕歸里。彝尊康熙二十三年謫官後留居京師,二十五年始編纂《日下舊聞》,至二十七年九月是集刊出,三年間四出輯録古碑殘碣。許容於二十七年三四月間適京都寓居,得與彝尊相過從,時《日下舊聞》尚未付梓,因受命摹勒石鼓搨本而有《石鼓文鈔》二卷傳於世。許容曾官福建福州府檢校,受知於龔鼎孳,芝麓贈詩有云"寄語黄山程穆倩,中原旗鼓一相當",蓋許之篆刻與程邃工力悉敵。

《石鼓文鈔》有著録康熙二十七年韞光樓刻本者,韞光樓爲其齋室,許容有《韞光樓印譜》二卷。則《石鼓文鈔》爲自刻或可一説。

《四庫全書總目》、《中國古籍善本書目》皆不收。《中國科學院圖書館藏中文古籍善本書目》等著録。

0981　清雍正刻本觀妙齋藏金石文考略　T2080/4496

《觀妙齋藏金石文考略》十六卷,清李光暎撰。清雍正李氏觀妙齋刻本。六册。半頁九行十八字,四周單邊,白口,單魚尾。框高 16.4 釐米,寬 10.7 釐米。目録題"嘉興李光暎子中纂"。前有雍正七年(1729)金介復序;目録。末有道光十七年(1837)盛炯跋。

李光暎,字子中,號疊庵,嘉興梅里(今王店)人。好藏書,尤喜金石,收藏甚富。

是本所録金類有彝器款識、鐘銘等,石類有石鼓文、摩崖、墓志銘、塔銘、造像記、神道碑、廟碑等,每則末注出處,爲光暎偕其姊丈,以諸家之論考證所藏,並益以己説。金介復序敘之甚詳:"觀妙主人李子子中,一切聲色貨利澹然皆無所欲,獨於書籍及名流筆墨遺跡與夫金石文字,自謂平生之欲存焉。計積累所收碑刻搨本,視曹氏《古林金石表》不減其數,可謂富矣。好手裝潢,時出把玩,乃偕其姊夫王子典在博采諸家之論,録之以互證其然否,間附己説於其後,成書一十六卷,可謂勤矣。"

有盛炯跋,稱光暎觀妙齋金石藏品大都得自倦圃曹氏,"《觀妙齋藏金石文考略》若干卷,嘉興李子中先生手纂。先生好藏古碑刻,大都得自倦圃曹氏者。"按,"倦圃曹氏"即曹溶,嘉興人,藏書有名於時。跋文又稱,其得《觀妙齋藏金石文考略》書板在重印之去年:"……客歲版歸於余。"跋作於道光十七年,則《觀妙齋藏金石文考略》藏板來歸在道光十六年。《增訂四庫簡明目録標注》著録道光丁酉盛氏印本,注曰:"原雍正中刊本,盛氏得其板片,詐爲重刻。"蓋所見本佚去盛炯跋,至有此言。

《四庫全書總目》入史部目録類,題"觀妙齋金石文考略",著録浙江巡撫採進本。《總目》曰:"嘉興之收藏金石者,前有曹溶《古林金石表》,後有朱彝尊《吉金貞石志》。彝尊所藏金石刻又歸於光暎，遂裒輯所得，集諸家之論而爲此書。前有雍正七年金介復序，稱其不減曹氏《古林》之富。然《古林金石表》間有參差牴牾，且無論説，不及此書之有條理。而《吉金貞石志》久無成帙，或疑彝尊當日本未成書，然此書内乃有引《吉金貞石志》一條，則或存其殘稿之什一，未可知也。所采金石之書凡四十種，文集地志説部之書又六十種，可謂勤且博矣。"據此略知，金石碑板之收羅庋藏，二位前藏家皆不可與光暎相媲；金石文字之考證立説，《觀妙齋藏金石文考略》也似居《古林金石表》、《吉金貞石志》之上。

按，光暎觀妙齋刻本，所知有康熙五十九年重刊鄉前賢薑紹書著《無聲詩史》七卷，又《司馬温公稽古録》二十卷，其確切刊年不詳。由此推知，《觀妙齋藏金石文考略》當爲自刊。是本卷末鐫"嘉禾鍾仁山刻"一行，嘉禾即浙江嘉興，爲其鄉里刻工。山東大學圖書館入藏，該館著録其藏本"鈐有'觀妙齋藏板'朱文方形印記"，或可證《觀妙齋藏金石文考略》爲光暎觀妙齋自刊。

扉頁鐫"觀妙齋藏金石文考略。乍川盛氏拜石山房藏板"。

《中國科學院圖書館藏中文古籍善本書目》等著録。《中國古籍善本書目》不收。

鈐印有"譚文駿"、"子孫世昌"、"尚古齋所藏"、"盛氏拜石山房"、"新會譚氏"。

0982　清乾隆刻本粵東金石略　　　　　　　　　　T2148/8202

《粵東金石略》九卷首一卷附二卷，清翁方綱撰。清乾隆三十六年(1771)石洲草堂刻本。二册。半頁爲框，兩框間有書口，頁上右雙邊，頁下左雙邊，半頁十行二十二字，白口，單魚尾。框高19.6釐米，寬13.5釐米。題"日講起居注官翰林院侍讀學士廣東學政臣翁方綱恭録"。前有乾隆三十六年翁方綱自序。

翁方綱，字正三，號覃溪，一號蘇齋，北京大興人。乾隆十七年進士，改翰林院庶吉士，散官授編修。二十四年充江西鄉試副考官，二十七年充湖北鄉試副考官，二十九年督學廣東，四十四年充江南鄉試副考官，四十六年擢國子監司業，尋遷洗馬，四十八年充順天鄉試副考官，四十九年遷詹事府少詹事，五十一年督學江西，五十五年擢内閣學士，五十六年督學山東。嘉慶四年左遷鴻臚寺卿，十二年賜三品銜，十九年賜二品銜。二十三年卒，年八十六。著述有《復初齋詩集》、《復初齋文集》等。

是編著録粵東金石五百六十二種。卷首清聖祖玄燁御書碑二十八條(又有皇太子書碑)；卷一廣州府金石六十七種；卷二廣州南海神廟金石六十七種；卷三廣州清遠禺峽山諸刻三十九種，西樵山二十六種；卷四韶州府金石二十二種；卷五韶州府金石二十六種；卷六韶州碧落洞諸刻二十四種，南山諸刻二十七種，泐溪石室五種；卷七連州金石四十四種；卷八肇慶府七星巖諸刻六十二種，三洲巖諸刻十五種，陽春巖二種；卷九肇慶府金石十種，惠州府十三種，潮州府三十三種，嘉應州二種，高州府三種，廉州府一種，雷州府五種，瓊州府十三種；附二卷九曜石考上下，録九曜石諸刻二十八種。

自序曰："世多稱集古自歐陽子，然碑集之作始於陳鰓、謝莊迭矣。而梁時書目已有廣州敕史碑十二卷，惡得以服嶺以南限哉……方綱八年五周，歷崖捫蘚，剔所得，蓋五百餘種，録爲十二卷。以其有與圖經可互証者，故於受代之頃鋟諸板，而補訂討論以俟異日。"

扉頁鐫"粵東金石略。北平翁覃溪著。石洲草堂梓"。

中國國家圖書館、中國科學院圖書館等收藏。上海圖書館藏有《粵東金石略目》一卷，清陸增祥抄本，增祥有跋。

《四庫全書總目》、《中國古籍善本書目》皆不收。

鈐印有"禹門所有金石之記"、"是書曾藏自強齋"。

0983　清乾隆刻本關中金石記　　T2136/6531

《關中金石記》八卷,清畢沅撰。清乾隆四十六年(1781)自刻本。二冊。半頁十二行二十四字,四周單邊,黑口,雙魚尾。框高19.6釐米,寬14.5釐米。題"鎮洋畢沅撰"。前有乾隆四十七年(1782)盧文弨序,乾隆四十六年錢大昕序;目錄。末有乾隆四十六年錢坫跋,洪亮吉跋,孫星衍跋。

畢沅,字湘蘅,號秋帆,又號弇山,江蘇鎮洋人。乾隆二十二年以舉人爲内閣中書、軍機處行走。二十五年一甲一名進士,授修撰。三十一年授甘肅鞏秦階道,三十五年擢陝西按察使,三十六年升陝西布政使,三十八年授陝西巡撫。四十四年丁母憂去職。四十五年十月諭曰陝西巡撫員缺緊要,畢沅前在西安最久,熟悉該處情形,遂復職。五十年調河南巡撫。五十三年擢湖廣總督。五十九年降補山東巡撫。六十年仍授湖廣總督。嘉慶二年卒於任上。《清史列傳》卷三○有傳。

關中爲三代、秦、漢、隋、唐都會之地,碑碣之富甲於海内,畢沅曾兩度任陝西巡撫,先後修葺西安碑林、嶽祠等,裒集考據歷年由各郡邑所得金石,輯爲《關中金石記》八卷。是編以石刻爲主,總七百九十七,其中石類七百八十一,金類十三,瓦類三。所錄始於秦而止於元。卷一錄秦二、漢十三、魏二、晉一、(後)秦一、北魏四、周三、隋十二,卷二錄唐六十九,卷三錄唐一百三,卷四錄唐一百七、梁二、後唐二、(後)晉二、(後)周一,卷五錄宋一百廿一,卷六錄宋二百,卷七錄金五十五、附劉豫五,卷八錄元一百三。

乾隆間,金石之學漸興,《四庫全書總目》始於目錄類下設金石之目,然所收仍廖落無幾。畢沅所撰《關中金石記》,倡一時風氣。程敦撰《秦漢瓦當文字》稱,鎮洋畢公巡撫陝西,著《關中金石記》,采瓦當文字十餘入記中,其幕府之士有獲瓦當者,後皆攜入都門,一時明公鉅卿皆爭先賭爲快。孫星衍跋云:"今陝西巡撫畢公江左之望蔚矣。"

《關中金石記》所收,有得自關外者,有得自殘垣傾圮者,又有陷於土中洗而出之者,沅於政務之暇,四處訪古所致。是編以考證史傳,精於辨析爲世所重。盧文弨序云:"余生平未嘗至關中,聞有所謂碑林者,未由見也。數十年前,有人從長安來,叩之,則大率在榛莽中雨淋日炙,不加葺治,甚且衆穢所容,幾難廁足,蓋未嘗不慨然興歎也。鎮洋畢公前撫陝之二載,政通人和,爰以暇日訪古,至其地,顧而悚息於是。堂廡之傾圮者,亟令繕完;舊刻之陷於土中者,洗而出之。開成石經多失其故第,復一一加以排比,於外周以闌楯,又爲門以限之,使有司掌其啓閉。廢墜之久,蔚然更新,儒林傳爲盛舉。及公之復涖秦中也,乃并裒各郡邑前後所得金石刻,始於秦,訖於元,著爲《關中金石記》八卷。考正史傳,辨析點畫,以視洪、趙諸人,殆又過之。"錢坫跋亦稱譽畢沅此舉,謂彝鼎之顯由二漢,志碑之著由二魏,皆以金石刻叙考古事古言,用資洽聞。若代易物湮,始存終軼,則往往不可得徵。

扉頁鐫"關中金石記。乾隆辛丑開雕。經訓堂藏板"。目錄末鐫:"計金十三、瓦三、石七百八十一,共七百九十七,以乾隆辛丑歲七月開雕,九月刻竟。沅并識。"

中國人民大學圖書館、中國科學院圖書館等入藏。《四庫全書總目》、《中國古籍善本書目》皆不收。

0984　清乾隆刻本西清古鑑　　　　　　　　　　　　　　T2105.7/1348

《西清古鑑》四十卷《錢錄》十六卷，清梁詩正、蔣溥等撰。清乾隆十六年內府(1751)刻本。四十二冊。半頁十行十八字，四周雙邊，白口，雙魚尾。框高29.3釐米，寬21.5釐米。卷端無題。前有乾隆十四年(1749)清高宗弘曆諭旨；辦理諸臣職名；總目。末有梁詩正、蔣溥、汪由敦等跋。《錢錄》前有總目。

梁詩正，字養仲，號薌林，浙江錢塘(今杭州)人。雍正八年一甲三名進士，授編修，十三年遷侍講學士，尋丁母憂。乾隆元年諭曰，向來翰林丁憂者有在京修書之例，梁詩正來京在南書房行走。三年遷內閣學士。十年擢戶部尚書，十五年調吏部尚書，十七年疏乞終養，二十四年調署兵部尚書，二十八年授東閣大學士，加太子太傅。尋卒，諡文莊。著述有《矢音集》等。《清史列傳》、《清史稿》有傳。

蔣溥，字質甫，號恒軒，江蘇常熟人，廷錫子。雍正七年賜舉人，八年成進士，改庶吉士，直南書房，襲世職。十一年授編修，遷內閣學士。十三年擢戶部尚書，十五年加太子少保。十八年命協辦大學士，兼禮部尚書，掌翰林院事。二十年兼署吏部尚書。二十四年，授東閣大學士，兼領戶部。二十六年卒，贈太子太保，諡文恪。

是編於乾隆十四年冬奉旨纂輯，十六年夏五月告竣，奉旨付梓。所錄皆內府藏品，卷一至七鼎，卷八至一一尊，卷一二罍，卷一三彝，卷一四彝、舟，卷一五至一七卣，卷一八瓶，卷一九至二二壺，卷二三爵、斝、觚，卷二四至二五觚，卷二六觶、角、斗、勺、匜，卷二七至二八敦，卷二九簋、簠、豆、鋪、鏊，卷三〇甗、錠、鐙，卷三一鬲、鍑、盉、冰鑒，卷三二匜、盤、銅，卷三三洗、盂、盆，卷三四量、區、鍾、斗、瓿、缶，卷三五盦、鐎斗、奩、罐、臼，卷三六鐘、鐸、鈴，卷三七錞、戚、鐃、鼓，卷三八刀、劍、弩機、符、鑃、杠頭、儀器飾、仗頭、鏃、鳩車、表座、硯滴、書鎮、糊斗、鑪、匕首，卷三九至四〇鑒。

每器之繪圖載頁之上，所摹銘文、銘文釋文、著錄載頁之下。著錄有器物之高、深、耳高、口徑、腹圍、重、銘文，又有議論、考據。如卷一之首品商祖鼎，有云"銘只一字，曰'祖'。商人尚質，其詞固應爾。按《書》稱用命賞於祖，周禮左祖右社，故許慎《說文》謂：祖，始廟也。鼎為祭器，用於廟中，銘'祖'宜矣。"

附《錢錄》十六卷，撰於乾隆十五年，成書於十六年，錄錢五百六十七枚。卷一伏羲氏帝昊錢至舜當金附異布十種，卷二周景王寶貨至秦半兩，卷三漢高祖半兩至武帝赤仄五銖，卷四王莽大泉至貨泉附錢範，卷五後漢靈帝四出文五銖至蜀李壽漢興錢，卷六宋文帝四銖至後周宣帝永通萬國錢，卷七隋文帝五銖白錢至通行泉寶，卷八唐高祖開元通寶至哀宗天佑通寶附史思明錢二種，卷九後唐明宗天成元寶至劉守光應天元寶，卷一〇宋太祖宋元通寶至欽宗靖康元寶，卷一一南宋高宗建炎通寶至度宗咸淳元寶附錢牌，卷一二遼太祖天贊通寶至金章宗泰和重寶，卷一三元武宗至大通寶至明莊烈帝崇禎通寶，卷一四外域諸品，卷一五撒帳吉語諸品附異錢各種，卷一六厭勝諸品。

奉旨開列辦理西清古鑒諸臣職名有：監理二人(和碩莊親王允祿、和碩果親王弘瞻)，編纂十一人(吏部尚書梁詩正、戶部尚書蔣溥、工部尚書汪由敦等)，摹篆二人(陳孝泳、楊瑞蓮)，繪圖七人(梁觀等，概為畫院供奉)，武英殿繕書四人(勵宗萬等)，校刊六人(國子監祭酒陸宗楷等)，監造五人(四格等)。

《四庫全書總目》子部譜錄類著錄，《總目》稱："蓋著述之中，考證爲難；考證之中，圖譜爲難；圖譜之中，惟鐘鼎款識義通乎六書，制兼乎三禮，尤難之難。"謂是編"其體例雖仿《考古》、《博古》二圖，而摹繪精審，毫釐不失，則非二圖所及。其考證雖兼取歐陽修、董迵、黃伯思、薛尚功諸家之説，而援據經史，正誤析疑，亦非修等所及。"

梁詩正等撰跋云："臣等於乾隆己巳(十四年)冬奉敕纂輯《西清古鑑》，每一卷書成，輒恭呈點定。閲而歲，歲在辛未夏五月，是編告竣，奉旨付剞劂氏。"梁詩正等撰《錢錄》序曰："是書也，始事於乾隆庚午(十五年)之冬月……越辛未(十六年)夏仲始克告竣。爲書十六卷，爲錢五百六十有七枚，輪郭肉好廣狹長短之制，形諸繪畫，並如其真、篆、籀、分、楷、行、草，一肖本文摹之，付之剞劂，用廣流傳。"

《中國古籍善本書目》入史部金石類金類之屬，著録清乾隆十六年武英殿銅版印本，中國國家圖書館、山東省圖書館等二十館收藏。《清代内府刻書目録解題》作"清乾隆二十年武英殿刻本"，謂"清光緒十四年日本邁宋館銅版摹刻《西清古鑑》，雕印精良。光緒十九年購回銅版進呈宫内"。

0985　清嘉慶刻本秦篆殘石題跋劉熊碑殘字附釋文　　T2080/4464

《秦篆殘石題跋》一卷，清蔣因培輯，清嘉慶二十二年(1817)蔣氏刻本。《劉熊碑殘字附釋文》一卷，清葉志詵輯，清嘉慶二十一年(1816)葉氏刻本。二册。《秦篆殘石題跋》，半頁八行二十字，白口，四周雙邊，單魚尾。框高20.7釐米，寬12.8釐米。前有嘉慶二十二年翁方綱序；葉志詵識。是書前爲圖式一頁及雙鈎圖，後爲題跋。《劉熊碑殘字附釋文》，半頁八行十六字，白口，四周單邊，無魚尾。末有嘉慶二十一年翁方綱跋。是書前爲殘碑雙鈎圖，後爲翁方綱所撰釋文三頁。

蔣因培，字伯生，江蘇常熟人，嘉慶間曾爲泰山知縣。曾在縣衙前懸金鉦以待民訴，史稱"古循良風"。好博古鼎彝，購書充棟。

葉志詵，字東卿，又字廷芳，湖北漢陽人。官兵部郎中。於金石之學，剖晰毫芒，所藏彝器甚多，有《平安館藏器目》。

秦篆殘石，即世傳李斯所書泰山刻石，又稱《封泰山碑》。秦始皇二十八年刻，述始皇泰山封禪事。宋拓本一百六十五字，元拓本五十餘字。明嘉靖十二年，北平許某於岱頂榛莽中得此秦篆殘石，尚存二十九字，將其嵌置碧霞元君廟東廡壁上，清乾隆五年毀於祠火。嘉慶二十年，蔣因培訪得殘石兩塊，僅存十字，嵌其於東嶽廟讀碑亭内。道光十二年亭坍，移石至山下岱廟。宣統二年築亭護之，時已僅存九字。殘石今存山東泰安岱廟東廡。此碑上接石鼓遺緒，下開漢篆先河，平穩端嚴，疏密勻停，雍容淵雅，有廟堂之概。宋歐陽修《集古録》、趙明誠《金石録》均有著録。

嘉慶二十二年，蔣因培請葉志詵手摹殘石，並附以阮元、廷鏴、汪汝弼、葉志詵、梁章鉅、翁方綱、孫星衍、陳預、李彦章、宋翔鳳、郭麐、孫原湘十二人所撰跋文，彙刻爲《秦篆殘石題跋》一卷。翁方綱序云："諸君子所爲詩若跋積成帙，蔣君付梓以傳之。而予適爲漢陽葉子東卿重摹劉譜勒諸石，故不辭而樂書其卷後。"葉志詵識云："新得秦篆殘石，存十字，伯生倩予手摹付梓，同觀者善化秦映金、洪洞劉師陸、山陰胡定生、宛平閻佶、諸城劉喜海。"

劉熊碑，即《漢酸棗令劉熊碑》，又名《劉孟陽碑》。劉熊，字孟陽，東漢光武帝玄孫。酈道元

《水經注》云："酸棗城(故城在今河南延津縣北十五里)有縣令劉孟陽碑"，爲此碑最早文獻記載。歐陽修《集古錄》、趙明誠《金石錄》亦有著錄，洪適《隸釋》詳記碑之全文。據洪氏所記，原碑共二十三行，行三十三字。1915年，顧燮光訪得碑陰殘石一塊，存字八行，計六十三字，側有宋人題記。此殘石現存延津縣文化館。此碑爲傳世著名漢碑之一，結字規矩整飭，筆法流美遒逸，布局疏朗清爽。

嘉慶二十一年，翁方綱據江德量所藏雙鉤本《劉熊碑》爲圖，闕者細書，存者大書，所存文字復以汪中藏宋拓殘本及巴雋堂雙鉤本合校，凡二百四十三字，多出洪適釋定者九字。葉志詵爲之刊行，即此《劉熊碑殘字附釋文》一册。翁跋後有"漢陽葉志詵校梓，甘泉汪喜孫以所藏本復校，南海吳榮光、曲阜孔昭虔、長樂梁章鉅、侯官李彥章、獻縣戈寶樹同校於蘇齋"。江德量，字成嘉，一字秋史。乾隆進士，授編修，改御史。精於小學，好藏碑版書畫古泉，撰有《泉志》。

書前有"金印敬淵"、"覃齋"二印，旁有墨筆書"東卿手刻"四字。卷端鈐印有"惕闇"、"東卿秋史同審定印"、"東卿持贈"、"葉氏平安館審定金石文字"、"志詵"、"臣志詵"、"平安館"、"葉式藏書副本"。卷末鈐"翁方綱"印。按，此二册初印完好，既爲葉氏所刻，又爲葉氏舊藏，由藏印觀之，尚能見彼金石同好賞奇析疑之情景，殊可寶也。金敬淵，朝鮮人，撰有《東國名勝記》。

《中國古籍善本書目》未收。據查，中國國家圖書館、北京大學圖書館、中國科學院圖書館等多家有藏。北京大學藏有兩部，其一有葉德輝跋。

0986　清抄本湖北金石詩　　　　　　　　　　　　T2140/6441

《湖北金石詩》一卷，清嚴觀撰。清抄本。一册。半頁十一行二十一字，四周雙邊，白口，單魚尾。藍絲欄，框高19.1釐米，寬12.9釐米。前有嘉慶三年(1798)孫星衍序。

嚴觀，字子進，號述齋，江蘇江寧人。嚴長明之子。太學生，紹其家學，於金石古刻廢寢忘食以求。其家有歸求草堂，堂中藏書二萬卷，金石文字三千卷。歷時三年，尋山訪友，遍拓金陵一府七縣碑刻，自漢迄元，錄其全文，附以考證，著《江寧金石記》八卷，以補志乘之闕。又將取求而未得者編爲《江寧金石待訪目》二卷，以爲附錄。《清史稿》、《清代樸學大師列傳》等有傳。

卷端有嚴觀自記，稱"嘉慶二年季夏，寓武昌，以頻年搜輯湖北金石文字，得七十八種，各系一詩，以識欣賞"，實則是書收入詩七十七首，均係吟詠隋唐以後歷代幸存鐘鼎碑刻之作。金自隋玉泉寺鐵鑊起，至明忠烈公楊漣雙刀止，凡題十三種；石自唐金枝寺碑起，至元勝像寶塔止，凡題六十四種。每種系以五言八韻詩一首，每詩前有小序。湖北一地金鐘鐵鑊、豐碑古碣，多賴以傳。

據孫星衍序稱，畢沅鎮楚時，檄訪各路金石拓本，一以上內廷三通館，一以副本爲之考證，如歐、趙所撰書，任其事者，即嚴觀與馬紹基也。嚴觀以此詩上畢沅，畢沅賞其清雅，屬爲開雕，以備一方文獻。不久，畢沅奄逝，楚中多故，書未刊成。至道光間，是書始爲刊行，有兩種刻本，一爲道光二十五年安慶瀾刻本，一爲道光二十八年靈石楊氏刻《連筠簃叢書》本，爲第十五種。《連筠簃叢書》本詩題下悉注書撰人姓名、立碑年月及所在地址，詩後附馬紹基按語。《續修四庫全書總目提要(稿本)》著錄《連筠簃叢書》本，並云："今考卷中之詩，只七十七章，與嚴自記章數不符，其爲嚴氏原稿之誤？抑爲刻校時，或奪其詩，或誤其數，則無從考索矣。是刻之外，又有道光中安氏刻本，每詩前有小序，而後無馬氏案語，與此不同。兩本孰爲嚴氏原稿，孰爲後人删定，亦無從稽考。"

孫序佚失第一頁,存"著述之事,以漸零落"以下文字。此抄本似據道光二十五年安慶瀾刻本抄成。

最末一頁蓋有紙鋪木記二方,一方爲圓印"河"字,一方爲長方印,上端橫書"福建"二字,下端豎書"集義字號,本廠自造選料加重毛太剔破毛錄,馳名紙貨發行"。全文錄下,或可爲治印刷史者參考。

《中國古籍善本書目》未收。兩種道光刻本並不稀見,《中國叢書綜錄》著錄《連筠簃叢書》,三十家圖書館有藏。此外民國二十五年商務印書館《叢書集成初編》第1529冊收入此書,據《連筠簃叢書》本排印。

鈐印有"德"。

0987　手稿本籀鄦手校石刻正文及金石跋　　TNC2100.7/8824

《籀鄦手校石刻正文甲乙集》不分卷《籀鄦金石跋丙集》一卷,清王仁俊撰。手稿本。四冊。半頁九行,字數不等,四周雙邊,紅口,無魚尾。朱絲欄,毛裝。框高18.5釐米,寬12釐米。部分稿紙書口下印有"籀鄦誃扵鄭纂述類稾"。封面書"籀鄦手校石刻正文甲附金"、"籀鄦手校石刻正文乙"、"籀鄦金石跋丙",書名據此。《手校石刻正文》前有《手校石刻略例》一篇。無序跋。

王仁俊,見清抄本《浙江解進書目》。

《籀鄦手校石刻正文甲乙集》,二冊,計六十篇,多爲唐碑。各石先錄題名,下記其行款、字體、出土地點、時間,再通記其全部文字,附以釋讀,並引史志、文集等論述之。記石刻文字,往往摹其原文,故全書字體各異。《籀鄦金石跋丙集》,二冊,輯王氏自光緒二十一至三十一年所撰金石題跋六十八篇,如《敦考》、《説氎》、《琅琊臺刻石記》、《武梁祠石畫跋尾》、《漢洗跋》等,但亦雜揉《藏石目錄》、奏章、咨文等其他文體。

《略例》七則,甚簡。云:"每題名有原額者,即用額,此翁氏方綱《兩漢金石記》例";"題名處無款者約稱之";"每行首旁注明某行,此亦翁例";"每行用一格之,此魏氏錫曾《績語堂碑錄》例";"識而未確者加方圍,此莫氏友芝《金石筆識》例";"碑文尺寸,以漢慮俿尺爲準,即工部營造尺也,此阮元《積古齋鐘鼎款識》例";"注明紀元某年,幾行幾字,此王昶《金石萃編》例"。

天頭、文末常有王氏批語,並記手校情形。《好大王碑》後有:"裕壽帥贈好大王碑拓本三分,命爲釋文,因與兒子汝彬窮一日夜之力,摩挲辨識,爲錄如左。"《姜遐斷碑》書眉處有:"壬寅三月之望,從匋齋尚書祕藏宋本校錄,書於眉,凡宋本有者∆,尚疑者加、,萃編有者□。"《晉故振威將軍建寧太守爨府君之墓》頁眉處有:"甲辰七夕,時兒子龍天逝,緟逾三七,丙夜滂沱,遂箋斯碑。王仁俊。""壬寅"爲清光緒二十八年,"甲辰"爲光緒三十年,知書稿大致撰作於此時。

書中夾或粘有很多散頁、浮簽,頗爲零亂。散頁或書於"大學堂講義稿"紅格紙,或書於"存古學堂"信箋,或書於不同箋紙之上。書眉處有"謄"、"已抄"、"原低一格者統頂格抄"等標記。有些釋讀只列出地名,後餘空白未寫,整部書稿顯係未竟之作。王氏著作甚豐,輯佚成就斐然,然多未刊行。《販書偶記》著錄王仁俊書數十種,多爲稿本,目前大都藏於中國國家圖書館。是稿未見刊行,亦不見於王氏著述目錄。

鈐印有"仁俊手校"。

0988　民國抄本金石經眼録　　TNC2079/3624.23

《金石經眼録》一卷，清褚峻摹圖，清牛運震補説。民國十三年（1924）蘇廣明抄本。一册。半頁八行二十一字，四周雙邊，白口，單魚尾。朱絲欄。框高19.8釐米，寬12.8釐米。書口上刊"欽定四庫全書"，下刊"癸亥補鈔"。題"郃陽褚峻摹"。前有提要一篇；乾隆元年（1736）自序。

褚峻，字千峰，山西郃陽甘井鄉萬年村人。事蹟不詳。工於鐫字，以販鬻碑刻爲業。擅飛白書，頗得古賢遺法。《皇清書史》卷二四略有記載。

牛運震，字階平，號真谷、空山，人稱空山先生。山東滋陽人。雍正十一年進士。十三年，詔舉博學鴻詞，以逾格報罷。任甘肅秦安知縣，設隴川書院，與諸生講學其中。兼攝徽縣，又攝兩當，後調平番縣，皆刑清政簡。值固原兵變，大掠，運震爲畫策平定。上、官咸異其才，爲忌者所中，免歸，留主皋蘭書院。開敏有斷，居官不延幕友，凡事自理。性好金石，精經術，工文章。著有《空山堂文集》、《詩集》、《周易解》、《春秋傳》等。入《清史稿·循吏傳》，另《清史列傳》、《清儒學案》亦有傳。

是書所録金石四十有七，上自周秦《石鼓》，下迄漢《無名碑陰》，皆褚峻手自摹圖，運震各繫以説，詳其高卑、廣狹及所在之處。其假借通用之字，亦略作訓釋。雖所收頗狹，然所據親見，較向來金石之書或僅見拓本、或僅據傳聞者，特爲精覈。

自序云："余素顓愚，性偏好古"，"故不憚跋涉，常裹糧襆被，周游四海九州，名山大澤，遇窮崖絶壁，荒林敗塚，凡有周秦漢魏六朝隋唐篆隸真草石刻之字書，見於其間者，無不手自摹揭。""余生晚攟，撫垂三十年所得碑碣千餘種矣。其間前諸公所未見與見之今者，輯諸一册，摘録古跡，既詳其所在，復繪其圭跌，且爲臨其字畫形似，併剥蝕殘缺之處，亦爲臨仿，俾人一見瞭然，而且歷歷如覩原碑完缺之形狀，故曰《金石經眼録》。"

《四庫全書總目》入史部目録類，其云："一一手自鉤勒，作爲縮本，鐫於棗板，纖悉逼真。""書成於乾隆元年，峻自爲序。後運震又即峻此書增以巴里坤新出《裴岑紀功碑》，改名《金石圖》。運震未至西域，僅得模糊拓本，所摹頗失其真。又仿岳珂之例，於説後各贅以贊，亦爲蛇足。峻復自益以唐碑，别爲下卷，體例迥然各别，尤病糅雜。今以此本著録，而續刻之本則别存目焉。"此書除《四庫全書》本外，尚有乾隆間刻本。

此本以癸亥補抄文瀾閣《四庫全書》專用紙抄寫，凡圖部分則爲石印，寫印俱精。書簽爲王國維所書，並題記云："甲子山陰堵君申甫並門人林文天入都爲文瀾閣鈔補《四庫全書》，别鈔此本見詒。觀堂記。"堵福詵，字申甫，號屹山，别號冷庵，浙江紹興人。生於1884年，光復會成員，家境富有。曾任浙江兩級師範學堂、上海倉聖大學、浙江大學教職。1918年隨經亨頤訪問日本、朝鮮，考察教育。1924年受浙江省教育廳廳長張宗祥委托，赴北京董理補鈔文瀾閣殘缺《四庫全書》一事。此次補鈔以文津閣本爲準，遇文津閣本不全時則以民間精刻本抄校，1926年告竣時，共補缺書及缺卷二百一十種，四千四百九十卷，耗資一萬六千六百餘元，史稱"癸亥補鈔"，至此，文瀾閣本《四庫全書》經丁氏兄弟、錢恂和張宗祥等人三次補鈔，大體恢復原貌。堵氏1927年至1933年兩任餘姚縣縣長。1953年起受聘爲浙江省文史研究館館員。1961年逝世。著有《補鈔文瀾閣四庫全書闕簡記事》、《社會教育志》、《東南紀勝》、《民國春秋》等。

卷末有"蘇廣明據文津閣本謹鈔"一行。蘇廣明，生平不詳，蓋爲抄胥。

鈐印有"王國維"、"堵福詵印"、"申甫"、"林光漢校"。

0989　清宣統石印本校碑隨筆　　　　　　　　T2100/0246

《校碑隨筆》不分卷,方若撰。清宣統二年(1910)天津中東石印局印本。羅振玉批校。一冊。半頁十行二十字,四周單邊,白口,無魚尾。框高18.5釐米,寬12.5釐米。題"定海方若藥雨甫著"。前有《凡例》八則。

方若,字藥雨,號劬園,浙江定海城關鎮人。曾任知府、永定河委員、北洋大學堂教授、《國聞報》主筆。因抨擊慈禧太后弊政,與康有爲、梁啓超等人同遭通緝,出走日本。平生愛好金石書畫,尤喜收藏古錢,名噪泉壇,晚號古幣富翁。著述有《校碑隨筆》、《設畫録》、《訪印隨筆》、《墓志類聚》、《印萃》、《陶文》、《續古玉匯考》、《藥雨叢刻》等。

《校碑隨筆》所校碑碣起周秦、迄五代,專以考察名碑字蹟損泐,以鑒定石刻拓本時代。《校碑隨筆》出,碑板之學考據風氣愈盛。

羅振玉,原名寶鈺,字式如,又字叔言、叔藴(亦作叔醖、叔韞),號雪堂,別號仇亭老人、東海愚民、永豐鄉人、貞松老人、刖存、守殘老人等,浙江上虞人,遷居淮安。生於清同治五年,卒於1940年。年十五中秀才,鄉試不舉。光緒二十二年後陸續創辦農學社、《農學報》、東文學社、《教育雜志》,任上海南洋公學虹口分校校長,創辦江蘇師範學堂。光緒三十二年任學部二等咨議官,宣統元年補參事官,兼任京師大學堂農科監督。倡導清内閣大庫檔案、安陽甲骨、鐘鼎文、漢簡、敦煌遺書等文獻與考古之學,重要著述有《殷墟書契》、《三代吉金文存》等。

封面有羅振玉墨筆題識三則。之一:"此書多就予及王孝禹、劉繼有之説入録,然寫定時未經予審定,訛誤不少,暇當一一是正之。刖存記。"之二:"此編中方某時代缺,某某以下或先或後,未可盡憑,此但得概略耳。刖存又記。"之三:"舊拓時代不能復定,必比校數本,兼據藏印、題跋始可下斷語。"

羅振玉批校包括訂正、批注、過録跋文等形式,皆墨筆。注如"石鼓文"條曰:"此本在寶侍郎處,藥雨聞予説,彼實未見也。"校如"石鼓文"之"第十鼓泐甚,行數字數不可計,在直隸大興國學"句作:"在京師國子監。"訂正"沈朝墓志銘"末"予友羅叔韞云志已碎"句批:"予實(無)此説,方君誤記也。"

扉頁鐫"校碑隨筆"。卷末有"天津中東石印局石印"。

鈐印有"羅振玉印"、"西鶴"、"滕虎私印"、"乾坤一腐傳"、"字曰錦浦"、"十洲散人"、"墨眇亭"、"人間"。

0990　稿本道家金石略目　　　　　　　　T9568/7941

《道家金石略目》,陳垣撰。稿本。一冊。半頁十行二十五字,四周單邊,白口,單魚尾。紅格,書口下印"勵耘書屋"。框高20.9釐米,寬14.8釐米。題"道家金石略稿本目録"。

陳垣,號援庵,廣東新會人。當代著名歷史學家、教育家。1929年任輔仁大學校長。曾任京師圖書館館長、中央研究院第一届院士,1952年任北京師範大學校長兼中國科學院歷史研究所第二所所長,中國科學院哲學社會科學部委員。在元史、歷史文獻學、宗教史等領域皆有精深研究。主要著述有《元西域人華化考》、《校勘學釋例》、《史諱舉例》、《南宋初河北新道教考》、《明季滇黔佛教考》、《清初僧諍記》、《中國佛教史籍概論》及《通鑑胡注表微》等,另有《陳垣學術論文集》行世。

《道家金石略》爲援庵先生目錄學代表作,是一部大型道教碑刻資料專題目錄。1923至1924年間,時任北京大學研究所國學門導師的陳垣,爲研究道教史,利用北京大學圖書館所藏繆荃孫藝風堂拓片等材料,並廣採《道藏》中題記及各家金石志、文集,編成此《道家金石略》,其中包括自漢迄明有關道教的金石碑版一千餘通,約八十餘萬字,此書也成爲他四十年代發表的名著《南宋初河北新道教考》主要資料來源。援庵先生率先把佛、道碑版語錄囊括於史料範疇,既體現了他擴張史料的見識和努力,也爲目錄學研究豐富了體制和內容。但因校讎不易,此書久未刊行。1988年,陳垣之孫陳智超、曾慶瑛夫婦以數年之功,據稿本校補增訂,增至一千五百篇,一百餘萬字,由文物出版社出版。

是書爲《道家金石略》目錄部分之手稿,共二十四頁。按朝代先後排序,只書碑文名稱,書口中間書寫朝代,起自漢魏,止於元代。計有"漢魏六朝一"二十五種,"漢魏六朝二"二十三種,"唐一"二十三種,"唐二"二十五種,"唐三"二十四種,"唐四"三十種,"唐五"十八種,"唐六"十六種,"宋一"三十六種,"宋二"三十五種,"宋三"三十八種,"宋四"三十六種,"宋五"三十三種,"金一"三十六種,"金二"四十種,"元一"二十八種,"元二"十六種,"元三"十七種,"元四"二十三種,"元五"二十四種,"元六"二十四種,"元七"二十八種,"元八"十七種,"元九"十八種,"元十"二十五種,"元十一"十六種,"元十二"十六種,"元十三"三十種,"元十四"三十種,"元十五"十七種,"元十六"二十二種,"元十七"二十二種。總八百十一種。

據陳智超推斷,編此書時,陳垣採取嚴可均編《全上古三代秦漢三國晉南北朝文》的辦法,先編出篇目及出處,然後再請人按目求文,抄出內容。陳智超於《道家金石略》前言中稱,三十四冊稿本"用統一的'勵耘書屋'的稿紙按統一的規格用毛筆抄寫,每頁五百字",此外還有陳垣手定《道家金石略目》第一次和第二次寫本各一冊,"第二次寫本刪去了第一次寫本中一些非道教碑文的篇目,剔除了一些重複的篇目,在次序上也作了一些調整。《道家金石略》正文中,除參考三冊外,其餘三十一冊基本上是按這個目錄的第二次寫本編排的,只有金元部分有較大變動。在目錄上金元是分開的,在稿本中卻混合在一起。"經與陳智超先生惠寄第二次寫本前兩頁核對,兼之是書無一字圈乙,可知爲"《道家金石略目》第二次寫本"之謄清本。

封面粘有日本文求堂售書價簽一條,書"道家金石略稿本　一本　金壹仟元"。此書於1954年8月3日入藏哈佛。

0991　清乾隆刻本古玉圖譜　　T2101/0143

《古玉圖譜》一百卷,題宋龍大淵等撰。清乾隆四十四年(1779)江春刻本。十六冊。半頁八行十七字,四周單邊,白口,單魚尾。框高23.1釐米,寬14.7釐米。總目題"銀青光祿大夫翰林院學士承旨檢校禮部尚書開府儀同三司上柱國永興郡開國公食邑七百户實封三百户提舉嵩山崇福宮使賜紫金魚袋臣龍大淵等奉敕編纂"(卷端題"文林郎翰林院待詔兼畫學博士賜金帶臣劉松年奉敕寫圖")。前有宋淳熙三年(1176)龍大淵等原序,乾隆四十四年江春序;總目錄。

龍大淵,宋孝宗時,爲宜州觀察史,兼皇城司。帝與觴詠唱酬,群臣有言其害政者,皆得罪去。後出爲浙東總管。

乾隆三十八年朝廷徵天下書,江春購得一《古玉圖譜》抄本,加以繕校後呈之《四庫》館。四十四年,江春取回原本,復按呈本校而刊之。江春序曰:"《古玉圖譜》一百卷,宋孝宗朝敕臣龍大淵等編纂進呈者也。《宋史・藝文志》及諸家著錄皆失載其名。我朝乾隆三十八年閏三月奉旨採訪遺書,始購得此圖譜鈔本,即恭加繕校,上之《四庫全書》館。今年復取原本讀之,見其考據詳明,繪畫工妙,蓋與宣和博古圖相表裏……春不揣固陋,謹按呈本校其脫譌而付之梓,俾海內博雅之士得先睹焉。特是此書既呈御覽,復經館閣諸臣是正編纂,較之舊日鈔本更加考核精嚴,搜羅全備,將見欽定成書,群得恭瞻內府雕本。"

龍大淵等原序云:"皇帝陛下躬勞聖駕,駐蹕珝廷,按臨之下,盡錄歷代寶玉奇器,猶爲未備,遂敕有司懸金擇訪,共得七百餘種,恭進德壽宮,以爲太上聖帝陛下燕几清玩。因敕臣大淵等次第編纂,會集丹青,圖其形類,寫其巨細,詳述而備譜之。"

是編題名"宋淳熙敕編古玉圖譜",編纂於孝宗淳熙三年,所錄有元圭、玉鎮圭、玉信圭、玉節、玉璽、玉佩、玉圭硯、玉筆管、玉筆床、玉書鎮、玉書尺、玉裁刀、玉如意、玉麈柄、玉鼎、玉壺、玉瓶、玉爵、玉觚、玉尊、玉卮、玉杯、玉觥、玉魚洗、玉鐘、玉笛、玉鼓、玉拍板、玉琴、玉憑几、玉屏風、玉棚燈、玉鳥籠、玉佛像、玉薰籠、玉斛、玉盆等,皆內府藏品。

每器有正、反面繪圖,銘文及釋文,著錄包括玉器之長、寬、厚,玉色、玉質,所刻圖形、銘文書體及字數,製作時代鑒定等。卷七第一圖三代周玉青圭,考証曰周室重器,此爲孟春之月祀先農耕帝籍所秉青圭,因援《三禮圖彙》語"孟春元日,祈穀於上帝,再擇元辰,祀先農於東郊。秉青圭,乘鸞輅,載青旂,并載耒耜"云云。

《四庫全書總目》入子部譜錄類存目,著錄內府藏本。《總目》云:"舊本題宋龍大淵等奉敕撰,《宋史・藝文志》不載,他家著錄者皆未之及。尤袤《遂初堂書目》有'譜錄'一門,自《博古》、《考古圖》外,尚有李伯時《古器圖》、晏氏《辨古圖》、《八寶記》、《玉璽譜》諸目,亦無是書之名。朱澤民《古玉圖》作於元時,亦不言曾見是書。莫審其所自來。今即其前列修書諸臣職銜,以史傳考證,舛互之處,不可枚舉。"凡舉《古玉圖譜》纂修職名之可疑者十二處,末稱:"此必後人假托宋時官本,又僞造銜名以證之,而不加考據,妄爲捃摭,遂致舛錯乖互,不能自掩其跡,其亦不善作僞者矣。"

扉頁鎸"古玉圖譜。乾隆己亥年鎸。康山草堂藏板",("乾隆己亥年鎸"下)又鎸"近藏吳陵王寶庸小崖家"朱文長方印。按,"己亥"爲乾隆四十四年。

卷末有"文林郎翰林院修僎兼攝太常禮儀院使賜緋魚袋臣錢萬選奉敕書字"一行,又篆文"宋淳熙三年三月臣龍大淵等奉敕編纂古玉圖譜共一百冊"二行。

《中國科學院圖書館藏中文古籍善本書目》等著錄。北京大學圖書館藏有清抄本。《中國古籍善本書目》不收。

鈐印有"藤氏炳卿"。

0992　清乾隆刻本秦漢瓦圖記　　　　T2097.7/2941(1-2)

《秦漢瓦圖記》四卷補遺一卷,清朱楓撰。清乾隆刻本(與《古金待問錄》合刻)。四冊。半頁八行十六字,左右雙邊,白口,無魚尾。框高 17 釐米,寬 13.1 釐米。前有乾隆二十四年(1759)朱楓自序;自題詩;目錄。末有乾隆三十二年(1767)自跋。

朱楓,字近漪,號排山老人,浙江人。其乾隆三十二年自跋稱七十有三,當生於康熙三十四年。著有《印徵》、《古金待問録》、《排山小集》等。

是編載秦漢瓦當圖記三十種,皆得之關中甘泉宮、阿房宮、未央宮等秦漢故宮遺址。每瓦先爲圖、後爲記,記所得地、瓦當文,並作考據。

程敦《秦漢瓦當文字》(乾隆五十二年刊行)序稱,瓦當文字之有專書始於朱楓《秦漢瓦圖記》:"乾隆初,浙人朱楓以其子宦關中,獲瓦當三十,異文者多至十六七,因作《秦漢瓦圖記》。瓦當文字之有專書始此。"

朱楓自序記訪瓦緣起稱:"余少時嘗讀王阮亭《甘泉宮長生瓦歌》,及林吉人所爲《瓦圖記》,不禁神往,千里爲遥,往來於懷而已。"則是編之前,已有林氏《瓦圖記》。自序又述關中訪瓦考古事:"辛未(乾隆十六年)大兒家濂任醴泉,余亦繼至。暇甚無事,訪所謂甘泉宮者,在今淳化山中,去醴百里而近。求之數年,忽得一枚,不勝狂喜,《圖記》所云'不易得者',今竟得之矣。晨夕摩娑,幽興轉劇,思有以益之。適濂兒移咸寧,未幾,丁内艱,留滯未歸。所居地與秦之阿房、漢之未央諸宮不三四十里。於是遍訪故宮遺址,日與田夫牧豎問途探徑,畚土壤,誅草茅,披砂礫,間有所得,珍之逾於珪璋琬琰,或數月無獲,亦訪求勿倦。二三友朋以余好之篤,凡有舊藏,揭以見遺,積之數年,所得甚夥。乃擇其尤者,得十五種;又文同而書法小異者,亦十五種,各爲圖記之,以公同好。"

是書與朱楓另一古錢幣圖譜《古金待問録》合刊,版式、字體同。《古金待問録》序署書於乾隆三十二年汴州之潭上草堂,是編朱楓自跋亦謂時游河南洛陽,書或刊於洛陽。二書先後於乾隆三十二年、三十四年成書。是編乾隆三十二年定稿,跋云:"余遊洛陽,遇董君筠皋……其秦漢古瓦揭本亦藏數種,皆與《圖記》同,而長樂未央爲溝間簷際之瓦,形制稍異,其藏不一,乃以其一見遺,遂附於補遺之末云。"《古金待問録》序題於乾隆三十四年,二書之刊行,當在乾隆三十四年至乾隆四十六年畢沅《關中金石記》一書刊行間。

是編瓦當圖皆以古磚摹刻刷印,近似拓本。朱楓有詩詠之,詩題《秦漢瓦圖梨棗傳刻失真高君雲閒昆季以古磚鐵筆摸之絶如拓本喜賦一首》。

《中國科學院圖書館藏中文古籍善本書目》等著録。《四庫全書總目》、《中國古籍善本書目》皆不收。

0993 清乾隆刻本秦漢瓦當文字　　　　　T2090/2104

《秦漢瓦當文字》二卷續一卷,清程敦編。清乾隆五十二年(1787)橫渠書院刻五十九年(1794)續刻本。三册。半頁十一行二十五字,四周單邊,黑口,無魚尾。框高21.6釐米,寬16.6釐米。題"程敦著録"。前有乾隆五十二年程敦自序;附致孫星衍(淵如)函、鄭(耘門)致敦函各一通。續卷前又乾隆五十九年程敦自序。

程敦,安徽歙縣人。

"瓦當"者,筒瓦之頭,宋李好文《長安圖志》謂之"瓦頭"。瓦當多製有紋飾與文字,以供裝飾之用。是書曰,謂之"瓦當"者,以瓦文中有"蘭池宮當"、"泊八風壽存當"等,爲秦漢時本名。今有河南洛陽、山東臨淄、河北易縣等東周城址出土瓦當,皆爲半圓形。是編之圓瓦當,爲秦漢以後款式。

卷上凡瓦六十六,卷下凡瓦四十八,續卷凡瓦二十五。其體首列摹拓瓦文,次爲著録,有瓦文釋文、瓦當產地、瓦當朝代、瓦文考據、瓦文書法品評等。前二卷拓片有真有仿,仿本則注明爲仿本。是編以著錄考據瓦文爲旨，其詳者如"長生無極瓦"篇，謂首三瓦相同，而"長"作"常"、"極"作"橄"者則不多見，"長"、"常"古通借字，"極"字《唐韻》已力切，故"極"字可從"敬"得聲，此許叔重之所未錄者，蓋東漢人未見之字也。

是編撰於橫渠書院。書院在陝西臨潼，所收皆得之陝西古城，皆宮闕所施，此是編之珍貴處。又編者不僅取其文字不同者，文同而字異者也在選取之列，有一字之變多至數十者，觀者得以覘一代風尚，此又是編之珍貴處。

乾隆初，浙人朱楓以其子宦關中，獲瓦當三十，異文者多至十六七，因作《秦漢瓦圖記》。此後，畢沅爲陝西巡撫，著《關中金石記》，其中有瓦當文字十餘種。朱楓《秦漢瓦當圖記》、畢沅《關中金石記》、程敦《秦漢瓦當文字》之外，秦漢瓦當著述尚有羅振玉《秦漢瓦當文字》，秦漢瓦當見於著錄者有《金石萃編》、《寰宇訪碑錄》等。

是編爲作者於乾隆五十年、五十一年間客居西安時，所集友人趙魏愛、錢坫、俞肇修、申兆定四人所藏瓦當及其仿製品之拓片，敦以諸君聚之不易，若無所記載，久恐散亡，遂取其文字之不同，文同而字異者，都爲一卷。其題作"秦漢瓦當文字一卷"，次卷則題作"秦漢瓦當文字"之"下"，蓋陸續編成。以其扉頁所鐫，知前二卷刊於乾隆五十二年。其續卷爲續刊，刊於乾隆五十九年，前有序云："著錄成於乾隆丁未（五十二年），維時得瓦爲至多，但其中往往有仿本未獲原文者。自敦稽留於此，又逾七年，每加搜錄，漸次更換，始無一瓦仿，所至所得之地，可以考證。瓦文有初不知而後知之者，亦於説中著明年月而改正之。外此更得異文之瓦二十有餘，爰爲續目於左不重加編錄者，以後此能續若干，尚在不定之數也。甲寅八月望後一日程敦又識。"按，"甲寅"爲乾隆五十九年。

扉頁鐫"秦漢瓦當文字一卷。乾隆丁未三月刊於橫渠書院"，下鐫"涇川問字老人真賞印"。

《中國古籍善本書目》史部金石類著錄，中國國家圖書館、四川省圖書館等十九館入藏。又見於《北京圖書館古籍善本書目》、《中國科學院圖書館藏中文古籍善本書目》、《北京大學圖書館藏古籍善本書目》、《中國人民大學圖書館古籍善本書目》、臺北"國家圖書館"善本書志初稿》等書目。

0994　清刻本古金待問錄　　　　　　　　　　T2090.7/2941(3-4)

《古金待問錄》五卷補遺一卷，清朱楓撰。清乾隆自刻本（與《秦漢瓦圖記》合刻）。二冊。半頁八行十六字，左右雙邊，白口，無魚尾。框高17.5釐米，寬13.1釐米。題"朱楓近漪輯"。前有乾隆三十四年（1769）朱楓自序；目錄。

朱楓，見清乾隆刻本《秦漢瓦圖記》。

古金，即古錢幣。是編每品首列摹繪古錢幣之面文及幕文，次爲著錄，有幣之長、肩廣、足間等尺寸（量至分），幣重幾銖，面文作何、幕文作何，其價值如何，如有重貨輕貨之別，又記諸藏家著錄，又考據包括鑄幣時代之鑒定等。

各卷品目依次爲：卷一太昊幣六品、葛天氏幣一品、神農幣三品、黃帝貨四品；卷二少昊金一品、當金貨一品、五二金三品、高陽金十三品；卷三三代以上幣五十五品；卷四古刀二十五品、即墨貨一品、太公刀一品；卷五古金待問錄餘；補遺三代以上幣二品。古金待問錄餘一卷，記古錢幣考據心得（是本卷五古金待問錄餘在序之前）。所錄上古金幣有太昊幣、葛天氏幣、神農幣、黃帝貨、少昊金、高陽氏金等。

作者稱：“上古金幣至難得。羅氏作《路史》，古帝世代每徵信於貨幣，其目擊者及記載中所有，可以指而名之者，不過三十餘品耳。余今所得，幾於數倍……古金幣汰其複者，尚有百許字，其爲諸書纂集之字與此同者，不過十餘字而已。古金之輯，以此卷中‘陽’字，凡十六見，皆極奇古，無弗佳者，諸書援引與之同者絕少，《摭古遺文》有一二字而已。或謂卷中金幣雖百餘種，字則無幾，此語誠然，但方之《集古》諸書則不足，較之一鐘一鼎則有餘，況三代以上之字，又爲《集古》諸書所未有耶。”

是編與朱楓另一瓦當圖譜《秦漢瓦圖記》合刊，同版式、字體。是編序署乾隆己丑（三十四年）春日書於汴州之潭上草堂，《秦漢瓦圖記》末有乾隆三十二年自跋，謂時游河南洛陽，二書當刊於洛陽。朱楓平生篤好古錢幣，嘗於杭州遇封氏，封氏貿易往來於山西江浙間，楓以古幣示之，囑其覓之三代古都，每隔數年，封氏攜數枚古幣至。後朱楓隨其子先後遷居山西、河南近二十年。乾隆三十二年楓又遇封氏，封氏以歷年所蒐古錢幣五六十枚相贈，合其舊藏，數已過百，遂各爲圖記，公諸同好。自序曰：“余既喜遇故人，復喜所得之夥，不能自已於懷。余少壯時食力田間，未暇泛覽群書，暮年逐子往來，乏友朋商訂，凡茲古幣多未能知，乃以蕪陋故漫無記載，不幾虛封叟貽贈意乎？爰各爲圖記之，題曰‘古金待問’，蓋庶幾就正於博雅君子云。”

《中國科學院圖書館藏中文古籍善本書目》等著錄。《四庫全書總目》、《中國古籍善本書目》皆不收。

鈐印有“張調之印”、“高苑張書船家藏圖書”。

0995　稿本千泉尺室錢譜　　T2107/2273

《千泉尺室錢譜》不分卷。稿本。四冊。框高20.7釐米，寬12.8釐米。封面書簽題“千泉尺室錢譜”，書名據此。無序跋。

是書未著撰人，蓋彙拓私家所藏古泉之作。所收爲周至明末各代錢幣，每頁中間拓印錢圖，上正下反，旁爲釋文，錄錢文並徵引諸書記載，間有考證。自周“寶貨錢”始，至清吳三桂錢止，共二百餘種。依時代著錄，計周七種、秦六種、西漢五種、新莽十二種、蜀漢二種、東吳二種、宋五種、後魏二種、陳一種、後周一種、唐四種、黃巢大齊錢一種、後唐一種、後晉一種、前蜀一種、後蜀一種、南唐一種、南漢二種、後周四種、楚馬殷錢四種、閩王延羲延政鑄錢二種、北宋四十六種、南宋三十八種、金九種、西夏十種；遼十一種、元二十五種、元末韓林兒錢一種、陳友諒錢四種、明二十三種、晚明隆武錢一種、永曆錢五種、張獻忠大西國錢一種、清平西王吳三桂錢五種。漢至六朝五銖十六種，未易區別爲某代錢，故統拓一處。有些品種錢文，拓印不唯一張，最多至八張。所收古泉，大都品相完好。

此藏家號稱“千泉尺室”，其中多不恒見之品，每以朱筆圈記，批注以示珍視，如秦朝“倒書半兩錢”；三國蜀漢“昭烈帝直百五銖，《三國志》劉備拔成都，軍用不足，鑄直百錢”；陳宣帝“太貨六銖，十文後又當一人，皆不便。當時謠云‘義腰哭，天子薨’六字，類人之義腰也”；前蜀王建“通正元寶，此錢最少”；唐懿宗“咸玄通寶，此錢最少見”；後周“周元大錢，最少見”；元代“成宗錢，小品最少”；北宋徽州“重和通寶，僅一年，故此錢甚少”；金宣宗錢“貞祐通寶，此錢甚少，諸錢譜未載”、“承安寶貨，此錢絕少見”，等等。

釋文避諱至“淳”字，則是書當成於同治朝以後。

0996　清抄本古錢譜　　　　　　　　　　　T2169.97/4800

《古錢譜》一卷。清抄本。二册。無行格。無序跋。前有後裝之目錄六頁，題爲"古錢譜目錄全一百零三頁"，書名據此。

是書不著撰人，亦未詳所抄底本爲何。所收有：夏幣九品、商幣十四品、周幣四品、秦幣九品、列國幣及刀布七十品、兩漢晉唐新莽武后三國南北朝五代及前漢幣十六品、新莽刀布錢二十八品、東漢錢十六品、三國蜀錢二品、吕錢二品、晉錢二品、宋錢二品、梁錢五品、隋錢一品、北魏錢五品、北齊錢一品、北周錢九品、石趙錢一品、成李壽錢一品、涼張軌錢一品、劉迦論錢一品、林士洪錢一品、唐錢十一品、史思明錢三品、朱梁錢一品、後唐錢一品、石晉錢三品、助國錢一品、後漢錢一品、後周錢八品、楊吳錢一品、南唐錢八品、前蜀錢六品、孟蜀錢一品、南漢錢一品、閩錢二品、燕錢一品、宋錢五十九品、南宋錢二十五品、遼錢十品、金錢十七品、夏錢七品、僞齊錢一品、元錢十四品、韓林兒錢一品、張士誠錢一品、陳友諒錢一品、明錢四十一品、三藩錢十品、李自成錢二品、張獻忠錢三品、孫可望錢四品、耿精忠錢二品、吳三桂錢五品、吳世璠錢二品、外夷錢二十五品、異製錢二十五品、通花錢四品、撒帳錢三品、兹錄錢二品，自夏至清初，古泉計五百一十三品。

卷端題"錢式圖"。每錢摹繪圖形，旁有釋文。先錄錢文，並加解釋，所徵引諸書除正史《食貨志》外，尚有宋鄭樵《通志》、羅泌《路史》、洪適《隸釋》、王黼《宣和博古圖》、明王圻《稗史匯編》、《續通典》、清楊陸榮《三藩紀事本末》、梁詩正《西清古鑒》、吳文炳《泉幣圖説》、徐葆光《中山傳信錄》、《茶巖逸考》等。

書中所收"通花錢"、"撒帳錢"、"馬錢"均爲古代厭勝錢，又稱花錢，非正式流通貨幣，而是民間鑄造用於饋贈、玩賞、配飾、卜卦、避邪等，種類繁多，形制各異。是書收有十字錢、獅幣、合鏡錢、藕心錢、辰字支錢等，均非常見之品。

避至"寧"字，不避"淳"諱，則是書當抄成於清道、咸以後。有兩處日人眉批。

鈐印有"澆墨"。

0997　明萬曆刻朱印本集古印譜　　　　　　T6413/1192

《集古印譜》六卷，明王常編。明萬曆三年(1575)顧氏芸閣刻朱印本。六册。半頁八行，四周單邊，綫紅口，無魚尾，書口下刻"顧氏芸閣"。框高20.6釐米，寬13.5釐米。題"太原王常延年編；武陵顧從德汝脩校"。前有萬曆三年顧從德序，王沂序，俞希魯序，唐愚士楊氏《集古印譜》序，至正二十五年(1365)揭汯《吳氏印譜》序，隆慶五年(1571)黃姬水序，隆慶六年(1572)沈明臣《顧氏集古印譜》序；闕名撰楊氏印譜贊，並周伯温題辭；《凡例》十六則。

王常，明代有二，一字蘭軒，江西人，避居上海五十年，工詩，善書，尤善鑄鼎。一字幼安，太原人。此本編者當爲後者。

是編收羅古印，摹刻成譜，卷一爲秦漢小璽等(君印、王印、公印、侯印等)，卷二至六爲私印，以四聲爲次。皆朱摹其文，詳載釋文形制於下。

上海顧氏稱世家，三世皆以博雅傳，蓄古人名蹟，故商周彝鼎及法書名畫、金石印章之類極富。其刻是譜，乃因金石版鏤，皆摹拓重翻，未免失真，唯以印章用墨、用硃、用善楮，印刻而譜之,庶後之人尚得親見古人,神蹟所寄,心畫所傳。"

顧從德序云:"余既集古印若干枚,用硃用墨印越楮上,作譜者凡二十冊矣,間爲好事者相購去,然董董無以廣同好,而且也借諸收藏好事鑒賞家者爲之耳,恐散而弗克常儲爲一家物,或久益漫滅,并失所在也,後之人抑又何以能盡睹今茲之全也?用是乃起而衷諸前人所譜,如趙子昂氏、王順伯、楊宗道、吴孟思者,盡付梓人,庶永不至磨滅……譜刻成,友人王伯穀氏復嘉其名曰《印藪》,而未遑更焉。"

《四庫全書總目》有《印藪》六卷,入子部藝術類存目。《中國古籍善本書目》著録。中國國家圖書館、上海圖書館等三十館亦有入藏。臺北"國家圖書館"有此書四部,題明顧明德編,作明萬曆三年武陵顧氏芸閣刊朱印本。日本内閣文庫、静嘉堂文庫亦藏。唯不知上述各本與此同板否。

鈐印有"叔言"、"姚氏耐園秘笈之印"。封面上寫有"龍山鎦氏玻均戹珍藏本"。

館藏有複本一部,六冊。鈐印有"巍"。

0998　明萬曆刻朱印本集古印譜　　T6413/1192.C3

《集古印譜》六卷,明王常編。明萬曆刻朱印本。八冊。半頁八行,四周單邊,綫紅口,無魚尾,書口下刻"顧氏芸閣"。框高21釐米,寬13.5釐米。題"太原王常延年編;武陵顧從德汝脩校"。前有萬曆三年(1575)顧從德序、王沂序、俞希魯序、唐愚士《楊氏集古印譜》序,至正二十五年(1365)揭汯《吴氏印譜》序,隆慶五年(1571)黃姬水序,隆慶六年沈明臣《顧氏集古印譜》序;闕名撰楊氏印譜贊,並周伯溫題辭;《凡例》十六則。

此本存卷一至四。和前本不同板,卷一第一頁右上角邊框斷約1.4釐米,右下角邊框亦斷裂不連。

鈐印有"長宜子孫"、"高侍御六世孫"、"小城山館"。

館藏有複本一部,八冊。鈐印有"卓堂珍藏"、"奎章館"。此本亦存卷一至四。

0999　明項夢原刻鈐印本古今印則　　T6416/2133

《古今印則》四卷,明程遠輯。明項夢原刻鈐印本。二冊。四周單邊,白口,單魚尾。框高20.2釐米,寬12.6釐米。題"梁谿程遠彥明摹選;檇李項夢原希憲校正"。前有屠隆序、張納陛序;《凡例》五則。

程遠,字彥明。無錫人。善刻印。宗文彭、何震,曾摹刻大量秦、漢印和明代印作。

是譜分玉印、官印、名印三種,每種若干方,每方下有釋文。據《凡例》云:"雲間顧氏《印藪》、《印統》,務在博收,其中既雜凡庸,復多重叠,殊混雅觀。今録其可法可傳並《印藪》、《印統》未收者,次序成帙,餘則十删其四五。""近代名家,余搜閱頗多,一切杜撰詭異、篆體錯雜咸盡汰之,至若文壽承刀法之秀逸,何長卿篆法之奇正,可稱不愧於古人者。此録博搜精擇,隨得隨入,故無倫次。"

屠隆序云:"余觀其《印則》,汰去俗體,止存雅製,頡頏古法,千載猶新。及閱其所自,爲道麗精華,韻與法兼勝,乃信其深於此道。壽承、長卿鼎立爲三,咄咄彥明,只此一紈千秋矣。"

張納陛序云:"吾友程彥明氏,悟運斤之妙,得不傳之秘,與予有獨知之契,而又病今刻之倣《藪》,不知其原,蓋傷之。謁其友人項君希憲、晦夫玄度昆季輩,盡發所藏漢印,精擇而謹摹之,併集近代諸名家於後,刻名曰《印則》,其文則減於《藪》,其法則備。集百世之神以爲變,留不磨之理以爲工,不得不約,不得不刻,彦明之用心良苦矣。項君昆季,世稱博古,而希憲一見賞心,付之剞劂,以爲後學津梁。"

此本間刻"項氏宛委堂秘藏"。卷二末刊"鄖山蘇宣嘯民甫、廣陵梁裹千秋甫、檇李項德弘玄度甫、錫山俞宣儒幼昌甫同校删於宛委堂"。卷三末刊"雲間岳生徐嶷、梁谿太清秦埈同選校"。卷四末刊"廣陵友弟梁裹千秋甫同校選於宛委堂;同邑友弟俞宣儒幼昌甫同校選並書"。

刻工有何文焕、何之瀚。

《四庫全書總目》未收。《中國古籍善本書目》著録爲十一卷並《印旨》一卷,中國國家圖書館、上海圖書館等五館有全帙。哈佛本或爲殘本歟?按,日本《蓬左文庫漢籍目録》也有此書,但未著録卷數,作"明刻本,四册"。

鈐印有"閒頭陀"、"有竹人家"。

1000　明萬曆刻鈐印本秦漢印範　　T6416/3614

《秦漢印範》六卷,明潘雲杰、陸鑨輯。明萬曆三十三年(1605)至三十五年(1607)刻鈐印本。二册。四周單邊,白口,單魚尾。框高 20.5 釐米,寬 13.6 釐米。題"雲間潘雲杰源常甫編輯;甬東楊當時漢卿甫摹篆"。前有王穉登序。

潘雲杰,字源常。原籍滎陽,世寓武陵。

潘氏好古,家藏古玉、銅印千餘鈕,其未備者,則購以青田石,請蘇爾宣等摹勒爲補,又選其精者二千六百餘枚輯成此譜。

此爲殘本,存卷一、卷四至五。卷一末刊"乙巳春始,至丁未秋竣,華亭姚叔儀全模鑴"。卷四題"雲間陸鑨元美甫編輯;鄖郡蘇爾宣朗公甫摹鑴"。

《四庫全書總目》未收。《中國古籍善本書目》著録。上海圖書館、遼寧省圖書館等四館,臺北"國家圖書館"(原藏北平館者)亦有入藏。

1001　明崇禎刻鈐印本石鼓齋印鼎　　T6416/8949

《石鼓齋印鼎》九卷,明余藻輯。明崇禎元年(1628)刻鈐印本。八册。框高 20.3 釐米,寬 13 釐米。題"古蒲余藻采之編;同邑吳彬文中較;晉安商梅孟和訂"。前有朱繼祚序,崇禎元年余藻自序;《凡例》八則;石鼓齋搜集篆文及諸家印譜目録;釋注書目;較閱姓氏;參訂姓氏等。

余藻,字采芝。福建莆陽人。工篆刻。事見《廣印人傳》。石鼓齋乃余藻世祖余鳳之舊墅,藻髫時與弟光同讀書其中,是書以此爲名。

卷一秦漢小璽,爲王印、君印、公印、侯印、將軍印、將印、督印、軍印、尉印、司馬印、軍曲印、大夫印、太守印、史印、令印、丞印、長印、府印、事印、相印、宰印、佐印、士印、使者印、蠻夷王君侯長印附;卷二周、秦漢私印;卷三晉、五代、唐、後五代私印;卷四宋元私印;卷五國朝私印,自洪武起至嘉隆止;卷六國朝私印,爲家世印章;卷七至八國朝私印,爲堂齋館閣清鑒圖書;卷九引首圖書。

據《凡例》云:"近代名公私印暨齋頭清鑒圖書,半係何雪漁先生手剞,臨其真蹟;半係自篆,亦做八代遺文,因大小不便分卷,故錯落其間。""秦漢名公私印累累,不及盡刻,惟選其文之最佳者編冠於前,以爲篆法之祖。""唐宋元名公私印,前此未有譜者,以篆法稍靡故,然其間亦有逼真秦漢者,似不可概置也。今搜海內名公所藏書畫中印章,集附其間,以補前人之未備。"

余藻於萬曆四十四年,裹糧蹤游豫章、鄂諸之雄,登岣嶁,摩挲禹碑科斗之文,又抵東牟,攀泰山絶頂,訪秦篆,徘徊碑下。其序云:"由是心目轉曠,意趣較酣,幾經臨怪石峭壁,殘碣斷文,往輒書帶以歸。及所過諸友人家藏書畫中印章,遠自商周秦漢晉,之唐、之宋、之明興,隨所搜獲,隨手臨摹。亦復周覽古近諸名家,若王順伯之印譜、趙文敏之印史,逮嘉隆來之黎秘書、文博士、程光禄、何主臣輩,彬彬各擅真,後有作者不可及矣。不揣搜閱再三,兼以經年搜訪,與斯手勒名公都人士私印,合而編之,彙成一帙,編爲九卷……編成,因丐並言於太史朱先生。先生喜予窮精斯道,當令碎璧完輝,謂是集即以稱《石鼓齋印鼎》可矣。"

朱繼祚序云:"吾鄉余采之,博洽士也,其先世唐較書公、宋金紫公及我朝,代有聞人,其收藏鑒賞,當稱富有。迺憫大雅之不作,懼贗鼎之惑人,覃精十年,集成《印鼎》若干卷。從秦漢之重複者删之,唐宋之失紀者補之,且注釋精詳,六書遍考,其仍繫之石鼓齋者,則以石鼓尚在人間,不以魑魅相詑耳。書法則祖述文博士,刀法則私淑何山人,兹集行當今,琬琰天球,或能增焕,殘半斷壁,可比完輝。"

是本有扉頁,刊"莆陽余采之石鼓齋印鼎"。扉頁後鈐一玉夔,刊"古玉夔爲識"。

《四庫全書總目》未收。《中國古籍善本書目》著録。中國國家圖書館、西泠印社、陝西漢中師範學院亦有入藏。

鈐印有"侯官劉筠川藏書印"、"文安余氏家藏"、"門對凌霄第一峰"、"林紹庭藝文金石記"、"玄賞"、"侯官劉永松印"、"海濱健男子"、"龍山十一子之章"。

1002　明崇禎刻鈐印本翰苑印林　　　　　　　　　　T6410/2360

《翰苑印林》四卷,明吴日章輯。明崇禎七年(1634)刻鈐印本。四册。框高20.3釐米,寬13.7釐米。題"浙江吴日章伯闇編次"。前有崇禎七年吴明郊序,吴名世序,崇禎七年吴聞禮序。

吴日章,字伯闇,號載叔,浙江漸江人。《印人傳》、《續印人傳》、《再續印人傳》皆不載其人。翰苑者,文苑也,文翰薈萃之處。唐王勃《上武侍極啟》云:"攀翰苑而思齊,儳文風而立志"。日章少年時,才負不羈,風流佻達,精篆刻。此譜集其所刻,可窺其刀法秀雅,妙境叠見,有何震、文彭之神韻。吴明郊序云:"家弟伯闇逸韻仙仙,淹通秀雅,既善揮毫,點綴煙雲,而生態飛動。其嗜古彌切,深得篆書三昧。僑居秦淮渡口,日與四方騷人韻士接席披襟,無不以圖章相爲考正,得者什襲以藏,咸謂丞相中郎之後身、壽承雪漁之再世,蔑以過也。於是遊道日廣,剞劂日精,而聚集日以益夥,歲久積而成帙,題曰《印林》,璀燦陸離,快心駭目,匪雕蟲之小技,欣古道之猶存,播諸翰苑,當令紙重洛陽,而珍傳鄴架矣。"

吴名世序又云:"予弟伯闇,敏慧絶人,工詞賦,旁及雜技,涉目皆若宿構,見者讓美。偶哀《印林》,取文、何之業而光大之,是善用石以見書法者。雖然不殺青而垂石無窮,當其操刀,意不在刀,善而藏之,此技之進乎?道者也,近古云乎哉?"

刻工爲黄吉甫。

《四庫全書總目》未收。《中國古籍善本書目》著録二卷本,藏杭州西泠印社,似爲不全之本。

1003　清嘉慶刻本選集漢印分韻續集漢印分韻　　T6410/4304

《選集漢印分韻》二卷,清袁日省輯,清謝雲生臨摹。《續集漢印分韻》二卷,清謝景卿輯並臨摹。清嘉慶二年(1797)至八年(1803)漱藝堂刻本。八册。半頁六行,四周雙邊,白口,無魚尾。高22.4釐米,寬11.9釐米。題"袁日省予三甫原本;南海謝雲生摹録"。《續集》題"南海謝景卿芸隱纂摹"。前有嘉慶二年謝景卿自序。《續集》有嘉慶八年謝景卿自序。

謝雲生、謝景卿,廣東南海人。履歷不詳。

是編以漢印分韻排列,分上平聲、下平聲、上聲、去聲、入聲。諸家所集漢代古銅印譜之外,集字之書當推此本。

謝景卿自序云:"宋宣和始作印譜,元明諸名家搜羅益富,而案其所譜,皆官私印序列,未及逐字類聚排纂成書。間摹形似,或不悉依原印大小長短,俾披卷瞭然,得備參稽也。予直數十年來隨見即爲鈔撮,然寡見尠聞,因循未就。會安邑宋君芷山丙辰游粤,相與論列印篆,出所攜袁予三先生《選集漢印分韻》手稿,歎未曾有,而原本編韻尚多訛舛,官私印參錯互署,暇日悉爲釐訂,并命大兒雲生摹録成秩,以供玩索。香山劉子南隅一見心賞,力任剞劂,而是書之役以竣。夫繆篆出直漢人,固與碑文款識並垂不朽,而是書分字隸韻,點畫形模,悉仍繆篆本來面目,因沂溯源,觀其會通,不特爲鐫摹家所取資,亦以補南閣校書者之缺也。其餘字有未收,因就所見續增推廣,則俟諸博雅君子。"

《續集》自序云:"嘉慶二年春,刻《漢印分韻》既竣,竊疑漢篆不止於此,殆前人僅就耳目所及,或選擇過嚴。因檢笥中舊藏,並借諸家漢印譜計不下百卷,悉心采録,凡點畫與前稍異及前韻未收者,復得五千字,視前集已溢千餘。其中一字而多至數十,愈見古人變化無方,靈府獨闢,不拘拘《説文》矩矱也。間有同好録示與雜出它書者,未見原印,概不讕入。至若字形剥蝕,離奇難辨,篆法雖精,亦從割愛,不敢逕臆見以貽誤後人。惟是搜羅未富,聞見有限,續貂之誚,知不免耳。"

此本字體鉤勒甚精,習治印者必備之書也。目録後刻"六書齋康二酉刊"。謝景卿自序後鈐有"謝印景卿"、"芸隱"。有扉頁,刻"選集漢印分韻。嘉慶二年三月。漱藝堂開雕"。"續集漢印分韻。嘉慶八年季春。漱藝堂藏板"。1927年,有諸城孟昭鴻者,以謝本之後百餘年間,漢印之後出者日益增多,所集印字不無遺珠之憾,於是廣爲搜輯,凡袁、謝二氏未見及未收者一依其例,手自鉤摹,所得又復七千餘字,編爲三集。1979年,上海書店出版社有一至三集之重印本,後附索引,頗實用。

《中國古籍善本書目》著録,中國國家圖書館也有入藏。中國人民大學圖書館存《選集漢印分韻》二卷。

鈐印有"竹亭心賞"、"平盒"、"畏微"。

館藏有複本一部,四册,爲後印本,謝景卿序後無印。又有《續集》四册,亦後印本。均存普通書庫。

1004　清嘉慶刻鈐印本銅鼓書堂藏印　　T6410/4131

《銅鼓書堂藏印》不分卷,清查禮輯。清嘉慶四年(1799)查氏銅鼓書堂刻鈐印本。四册。半頁三行,四周單邊,白口,無魚尾。書口下刻"銅鼓書堂珍玩"。高20.4釐米,寬12.9釐米。

題"宛平查禮儉堂鑒定"。前有嘉慶四年翁方綱序,王文治序;《凡例》十則。

查禮,字恂叔,一字魯存,又字儉堂,號鐵橋,京師宛平人。監生。曾爲户部陝西司主事,改廣西守慶遠、平樂二郡,以廉幹稱,擢守太平,以振興文教爲先務。在郡八年,邊人愛戴。後補爲四川寧遠府知府,特授川北道,調松茂道,授四川按察使,轉四川布政使。興利除弊,事無巨細,必詳審而後行。陞湖南巡撫。乾隆四十七年卒,年六十八。

是編分官印、私印兩類,遴選精嚴,計官印二百五十一方,私印七百五十一方。

《續修四庫全書總目提要(稿本)》云:"蓋譜中諸印,乃禮所手輯,而拓成於其子之手者。傳世凡有二本,一初稿,僅一册,前署'宛平查禮恂叔輯藏;男淳編次'。二即此本,分四册,前不署藏人名。"又云四册者有"官印百五十餘方,私印三百三十餘方",知《提要》撰者所見當爲另一部"四册"本。日人太田孝太郎編《古銅印譜舉隅》卷四於此書云:"查禮藏印,官印二百二十二,私印五百九十五。"其所見又爲一部。

此本鈐印,無論官、私,均爲最多者,所鈐時間也晚於上述之本。羅福頤《印譜考》卷二所載是書,僅有翁序,未列印數,或同《續修提要》之"四册"本。

王文治序云:"是譜之印,爲宛平查儉堂中丞所藏。中丞於政事文學之餘,兼愛收藏秦漢銅印,至六百有奇。嗣君篆仙觀察妙承家學,既以經術飾吏治,以經術之餘爲文章矣,而印章之好,亦復成癖,游宦三十餘年,又獲三百有奇,統計之,蓋千印矣。官務殷繁,未及編輯。嘉慶丁巳春,息肩於吾潤,乃將中丞公《銅鼓堂遺稿》校刊,得三十二卷,繼復輯是譜成,名曰《銅鼓堂藏印》,承先志也。其間時代之先後,官爵之崇卑,字數之多寡,次序釐然,贗者絀之,訛者正之,簡而能精,約而能辨,詳見《凡例》。""篆仙觀察"者,爲查禮子淳之字,淳也精篆刻。

《凡例》云:"官印,如侯、將軍、將督以下及蠻夷等印,悉照顧氏《印藪》先後次之。""私印,前明各譜,俱依韻爲次第。今則先姓名,次姓名印,次姓名之印,次姓名私印,次雙姓印,次印信,次五字六字印,各自爲類。"

《中國古籍善本書目》著録,中國國家圖書館、遼寧省圖書館、四川省圖書館、清華大學圖書館也有入藏,然未詳與此本同否。

1005 清光緒鈐印本師讓盦漢銅印存

T6413/1212

《師讓盦漢銅印存》不分卷,清丁丙藏並輯。清光緒二十七年(1901)鈐印本。四册。高17.4釐米,寬11釐米。書口邊印有"漢銅印存",前有光緒二十七年王同序。

丁丙,見清光緒抄本《八千卷樓藏書志》。

師讓盦,丁丙養痾之静室也。此本緑框,每頁鈐一印,計官印四十七方、私印一百七十三方。按,此書又有一種鈐印本,六册,爲官印四十八方、私印一百五十七方、元雜印八方,亦每頁一印。丁氏藏官私印,大半與《當歸草堂漢銅印存》及《劍室銅印譜》同。

王同序云:"同與丁君松生交久,自避難歸,至今餘三十年,見君網羅文獻之餘,旁及武林四家手刻石印,重鄉先生手澤也。間及漢以下銅印,積日既久,儲藏頗富。因君料量善舉,卒卒鮮暇晷,未敢請觀也。戊戌之秋,君已積勞病矣。一日,同候訊病,君延至臥榻,見几列古銅印數百方,虎首龜紐,丹緑斑駁,君手自拓其文。語同曰:宋元以前,無以刻印名家者,士大夫視爲小道,藝匠所爲,雖官印頒自朝廷,但昭信而已,文字美惡不與焉。印譜最古者,有宋《宣和印史》,然僞書不足徵信。惟晁克一《集古印格》一卷,見於《郡齋讀書志》者,此爲集古印文之濫觴。以後趙孟頫《印史》、楊遵《集古印譜》、徐良《古今印史》、顧從德《印藪》多成書矣。然有傳有不傳,其傳者又轉輾摹刻,並面目而失之。乾隆間汪氏啓淑有《訒庵集古印存》三十二卷、《漢銅印存》四卷,收藏宏富,至今爲藝林寶重。余所有僅汪氏百之一二,較飛鴻堂所儲,直太倉一粟、滄海一勺耳。回憶同治甲子之後,杭城初復,瓦礫遍地,蓬蒿没人,欲訪昔日藏古印家,如汪劍秋、王安伯、朱芑孫諸家,率皆遭亂,儲藏散失。平日得一舊印,寶玩撫摩,或密室傳觀,互相矜賞;或秘篋儲襲,吝不示人。庚辛兩劫,厄於兵火,焚蕩盡矣。每過遺墟,徒憑弔荒煙蔓草之餘,徘徊而不忍遽歸。自乙丑至今,世宙承平,縉紳以考古爲事,冷攤僻肆,間有售者,然皆幸逃於劫火之餘,或掘河淘井,不期而得之,持示於人,以索重值。余亦不能割愛,往往取其精者以歸,今所得者,大半汪氏及劍秋、安伯、芑孫之舊藏也。因病得閒,謝絶人事,且憚於用心,不與文字之役,故藉此祛病魔耳。同笑答曰:君誠不爲無益之事哉!拓舊印以遣閒,似鄰於光陰虛擲矣。然官印有各史百官志未載之職,可以補史闕,觀其文字,或近古篆,或近八分,足以見由籀變小篆、由小篆變隸之源流,可以神益小學。至譜中前人私印,若王匡、任賀、李褒,懿行風節,昭著史册,對之令人動景仰之私,亦後學私淑之一助也。君頷而不言。己亥四月,君歸道山,哲嗣和甫孝廉哀集手拓,裝訂成帙以見示,憶病榻相對之語,宛如昨日,流覽一過,爲之涕下。"

此本有扉頁,題"師讓盦漢銅印存。印傭王壽祺署"。

《中國古籍善本書目》著録,浙江圖書館也有入藏。《印譜知見傳本書目》著録有光緒二十七年鈐印二册本、鈐印一册本、鈐印四册本。

1006 清鈐印本吉金齋古銅印譜

T6413/2261

《吉金齋古銅印譜》六卷,清何昆玉藏並輯。清鈐印本。六册。題"吳縣吳大澂鑒定"。高13釐米,寬8.7釐米。書口邊有"吉金齋古銅印譜"。無序跋。

何昆玉,字伯瑜,廣東高要人。精岐黄篆刻,宗浙派,尤喜撫拓彝器,與吳中李錦鴻並稱。客濰縣陳介祺家,賞奇析疑,見聞日廣,鑒別尤精。《廣印人傳》卷六有傳。

卷一三代古官鈐、周秦朱白文九十八方;卷二秦漢魏晉官印、秦漢魏晉私印九十二方;卷三秦漢六朝官印、秦漢六朝私印一百方;卷四秦漢六朝姓名印、秦漢六朝姓名之印九十二方;卷五秦漢六朝子母印、秦漢六朝吉語印九十六方;卷六漢魏六朝兩面印、漢魏六朝六面印、六朝子母臘封印一百一十方又六面印四方。共五百九十二方。

是集每頁兩印。又卷六有六面印四頁,每頁六印。譜中之印,多潘氏看篆樓中物。

按《古銅印譜舉隅》卷五,有《吉金齋古銅印譜》六卷續一卷,同治八年鈐印本。所收爲一千二百六十六方,《續集》官印三十八方、私印一百八十四方。均每頁四印,有序二、目一,共七册,爲日本太田孝太郎藏,與哈佛此本不同。《古銅印譜舉隅》收有何昆玉序,述及何氏得印緣由,兹録之:"番禺潘毅堂舍人官京師時,廣搜古銅印,得一千三百餘事,拓爲《看篆樓印譜》,與程荔江印譜中相同者十之七八。荔江積蓄十餘年,所得三千有奇,擇其善者一千二百,舍人蓋盡得之矣。舍人殁後,其姪季彤觀察得之,更其名曰《聽颿樓古銅印彙》。壬戌之冬,予亦得古銅印二百餘事,拓爲譜以公同好。其時觀察已殁,古銅印爲人竊去,入質庫中,潘氏訟之於官,懸賞三百金,遍訪弗獲。乙丑秋,張夢樓得之,欲售於予。予不敢遽受,以告潘氏。潘氏願息訟,予乃以重價得之。欲拓爲譜,匆匆五年矣,竟無暇日。今將游三江上燕臺,遂分類拓之,釐爲六卷,置之行匣,分遺友人。夫秦漢及今幾二千年,法物尚存宇宙而不朽,豈非吉金也哉,更名曰《吉金齋古銅印譜》。"

《印譜知見傳本書目》著録三種,一爲《吉金齋古銅印譜》六卷續一卷,高要何昆玉集印,嘉慶鈐印八册本;又同治鈐印十二册本。二爲二卷本,不著集印人名氏,鈐印二册本。三爲不分卷本,吴大澂藏印,鈐印十册本。另《印譜考》卷二也有著録,一爲六卷本,二爲六卷又續譜一卷本,三爲不分卷本(十二册,一頁一印,無目録、無序、無續譜。編者云,此部殆最後出者)。

1007　清光緒刻鈐印本續齊魯古印攈　　T6413/0269

《續齊魯古印攈》十六卷,清郭裕之輯。清光緒十八年(1892)刻鈐印本。十六册。高17.2 釐米,寬9.8釐米。書口邊刻"續齊魯古印攈"。前有光緒十七年(1891)宋書升序。

郭裕之,號申堂,山東濰縣人。履歷不詳。

是書每頁一印,乃續高慶齡輯《齊魯古印攈》之作,蓋因輯印之舉,雖未嘗限於方域,然所獲者,據史、漢考之,往往出於齊魯也。

宋書升序云:"同里郭申堂淵丈,耆學耽古,喜聚書,以餘力爲金石學,三代秦漢鉨印,蒐存者數笥矣。今年夏,方輯《續齊魯古印攈》,一日過其齋,出古大鉨示余曰:此吾作印譜之緣起也。吾舅氏高南鄭先生,以金石名家,嘗輯《齊魯古印攈》,書甫成,而先生遽謝世,嗣君翰生爲增補以傳。吾向從舅氏稍稍聞緒論,丁亥秋,獲此鉨,摩挲愛賞,與翰生詑爲海内瑰寶,由是古興益深,收籠日富。今欲編次,附先生之書後,公諸同好,即以此弁簡端。惟是篆文奇詭,索解爲難,子曷以暇日,彊識之以爲快。余退考其文,因臆釋之。""越日,録此以復申堂,申堂曰:子所釋,有深契吾心者。今譜既成,曷書諸册,以志作譜之緣起乎? 復質翰生。翰生曰:古文既失傳,後人釋者,皆虚憚景射,是非莫由據定,故滋訟紛。如今録是釋,以質當世通人,証其是非,未始非學問之意也。"

此本有扉頁,刻"續齊魯古印攈。申堂輯。仲銘署"、"光緒壬辰濰縣郭氏定本"。

《中國古籍善本書目》著録,四川省圖書館、北京市文物局、西泠印社也有入藏。

館藏有複本一部,十六册。

1008　清鈐印本潊園秦漢印譜　　T6413/3653

《潊園秦漢印譜》不分卷。清鈐印本。四册。高13釐米,寬9釐米。書口邊印有"潊園秦漢印譜",書口下刻"元和楊氏藏"。無序跋。

是集每頁一印,共三百七十三方,中多潘熙年藏印。

書中有"潊園印譜四本,壬辰四月望日得。拙翁記"。"壬辰",爲1952年。

《印譜知見傳本書目》等均未著録。

1009　清乾隆刻本史通訓故補　　T2460/7282.48

《史通訓故補》二十卷,清黄叔琳撰。清乾隆十二年(1747)黄氏養素堂刻本。四册。半頁九行十九字,左右雙邊,白口,單魚尾。框高 15.5 釐米,寬 10.7 釐米。天頭鎸評語。題"北平黃叔琳崑圃補注;海虞顧鎮備九參訂;吴門張鳳孫少儀同訂"。前有乾隆十二年自序,唐景龍四年(710)劉知幾《史通》舊序、王惟儉《史通訓故》舊序;《例言》六則;《唐書·劉子玄傳》;目錄。

黃叔琳,幼名偉元,字崑圃,又字宏獻,號金墩,晚號守魁。順天大興縣宛平鎮(今北京大興縣黃村)人。生於康熙十一年,幼即通四書五經,從學饒仲如,研窮性理之奥,又從吴述庵,究經世學。康熙三十年一甲三名進士,授編修,累遷侍講,遷鴻臚寺少卿,五遷刑部侍郎。雍正元年調吏部,旋授浙江巡撫,擢浙江總督。雍正三年奉旨赴海塘效力。乾隆元年授山東按察使,次年遷布政使,尋擢山東總督。乾隆二十一年卒。著有《文心雕龍輯注》等。

叔琳稱,《史通》一書,瑣詞僻事,非注不顯,而注家以王惟儉《史通訓故》本爲善。林居多暇,自爲删繁補遺,重梓行世。是書沿王惟儉《史通訓故》體,於原注略有删節而補其不備。其所增補注文,概標以"補"字,以别於原注。篇目仍《史通》。卷一《六家》,卷二《二體》、《載言》、《本紀》、《世家》、《列傳》,卷三《表歷》、《書志》,卷四《論贊》、《序例》、《題目》、《斷限》、《編次》、《稱謂》,卷五《採撰》、《載文》、《因習上》、《因習下》,卷六《演員》、《浮詞》、《敘事》,卷七《品藻》、《直書》、《曲筆》、《鑒識》、《探賾》,卷八《模擬》、《書事》、《人物》,卷九《覈才》、《序傳》、《煩省》,卷一〇《雜述》、《辨職》、《自敘》、《體統》(缺)、《紕謬》(缺)、《弛張》(缺),卷一一《史官建置》,卷一二《古今正史》,卷一三《擬古》、《惑經》,卷一四《申左》,卷一五《黜煩》,卷一六《雜說上》,卷一七《雜說中》,卷一八《雜說下》,卷一九《五行志錯誤》、《五行志雜駁》,卷二〇《暗惑》、《忤時》。

此書編例見於例言:"《史通》向有陸儼山校本,爲學者所宗。江右郭延年更以别本讎對,多所竄易。河南王損仲獨得宋時舊本,比之他刻爲長,而魯魚亥豕尚有沿誤……今並檢閱諸家所定,一一更正,其有字句各殊、義可兩用者,棄短録長,頗費裁擇,而於所改之下,本字本句,仍爲存注,不敢漏略。至若舊簡脱誤,文義難曉,悉經鉤别,以俟來者審焉。"

《四庫全書總目》入史部史評類存目,著録編修勵守謙家藏本。《總目》云:"是書補王維儉注所未及,與浦起龍《史通通釋》同時而成,而此本之出略前,故起龍亦間撫用。所稱北平本者,即此書也。浦本注釋較精核,而失之於好改原文,又評注夾雜,儼如坊刻古文之例,是其所短。此本注釋不及起龍,而不甚改竄,猶屬謹嚴,其圈點批語不出時文之式,則與起龍略同。惟起龍於知幾原書多所回護,即疑古惑經之類亦不以爲非,此書頗有糾正,差爲勝之耳。"

扉頁鎸"北平黃叔琳崑圃手編。史通訓故補。乾隆丁卯年鎸。養素堂藏板"。原鈐"養素堂"朱文方印。按,"丁卯"爲乾隆十二年,養素堂爲叔琳齋名,其藏書編有《養素堂藏書目録》。各卷卷末鎸有"孫端綬佩章、景緯揆基校"。

首都圖書館、廣西省桂林市圖書館等十三館收藏。《中國古籍善本書目》史部史評類著録,皆名人批校題跋本,凡五種,其中有浦起龍批校本,藏南京圖書館。

鈐印有"綜□始齋"、"曾植之印"、"春明故書承平舊物"、"安邑楊氏晉平珍藏"、"采三秀齋"、"沈曾植"諸印,知是本曾藏沈曾植。按,"曾植之印"(白文方印)不見於時人鄭偉章著《文獻家通考》"沈曾植"條。

1010　清乾隆刻本史通通釋　　　　　　　　　T2460/7282J

《史通通釋》二十卷附録一卷,清浦起龍撰。清乾隆十七年(1752)浦氏求放心齋刻本。十册。半頁九行二十二字,左右雙邊,白口,無魚尾。框高 18.9 釐米,寬 12.7 釐米。題"南杼秋浦起龍二田釋;長洲方懋福駿公,同里蔡焯敦復、蔡龍孫初篁參釋"。前有乾隆十七年自序;別本史通序;唐景龍四年劉知幾《史通》舊序;《史通》目錄;蔡焯撰《史通通釋舉例》附編次總目;浦起龍撰《史通通釋舉要》。

浦起龍,字二田,號孩禪,自署東山外史,晚號三山傖父,無錫縣上福鄉(今厚橋鄉)前澗村人。康熙三十七年中秀才,此後屢試不中,在鄉坐館為生。雍正七年中舉,次年舉進士,授揚州府學教授。雍正十二年赴昆明,任五華書院山長。乾隆四年出任蘇州府學教授,主紫陽書院,王昶、錢大昕、王鳴盛皆受業其門下。乾隆二十七年卒,年八十三。撰有《讀杜心解》、《古文眉詮》等。

是書為唐劉知幾《史通》注本,刊行稍後於黃叔琳《史通訓故補》。其篇目仍《史通》,卷一至一○為内篇,凡三十六篇;卷一一至二○為外篇,凡十三篇。卷一《六家》,卷二《二體》、《載言》、《本紀》、《世家》、《列傳》,卷三《表歷》、《書志》,卷四《論贊》、《序例》、《題目》、《斷限》、《編次》、《稱謂》,卷五《採撰》、《載文》、《因習》、《邑里》,卷六《演員》、《浮詞》、《敘事》,卷七《品藻》、《直書》、《曲筆》、《鑒識》、《探賾》,卷八《模擬》、《書事》、《人物》,卷九《覈才》、《序傳》、《煩省》,卷一○《雜述》、《辨職》、《自敘》、《體統》(亡)、《紕謬》(亡)、《弛張》(亡),卷一一《史官建置》,卷一二《古今正史》,卷一三《疑古》,卷一四《惑經》、《申左》,卷一五《點煩》,卷一六《雜說上》,卷一七《雜說中》,卷一八《雜說下》,卷一九《五行志錯誤》、《五行志雜駁》,卷二○《暗惑》、《忤時》。附錄:新唐書劉知幾本傳,浦起龍書本傳後。

《四庫全書總目》入史部史評類,著錄江蘇巡撫採進本。《總目》云:"《史通》注本,舊有郭延年、王維儉二家,近時又有黃叔琳注,補郭、王之所闕,遞相增損,互有短長。起龍是注,又在黃注稍後,故亦采用黃注數條。然頗糾彈其疏舛……至於句解章評,參差連寫,如坊刻古文之式,於注書體例更乖。使其一評一注,釐為二書,則庶乎離之雙美矣。"

此書始撰於乾隆十年,完稿於乾隆十二年,乾隆十三年開雕,迄乾隆十七年竣刻,其間曾得乾隆十二年新鐫黃叔琳《史通訓故補》而有所補正。以數易其稿,改版再三,作者以為不辱"史通通釋"其名。

扉頁鐫"史通通釋。梁溪浦氏求放心齋定本"。是本為自刻。

中國國家圖書館、上海圖書館等二十一館入藏。《中國古籍善本書目》史部史評類著錄,皆名家批校題跋本,凡八種。

鈐印有"櫻山文庫"、"水流雲在園"。

館藏有複本一部(T2460/7282J/C2)。

1011　明崇禎刻本讀史管見　　　　　　　　　　　　T2514/4238

《讀史管見》三十卷目錄二卷,宋胡寅撰。明崇禎八年(1635)張溥刻本。十一冊。半頁九行二十字,左右雙邊,白口,單魚尾,書眉上刻評注。框高 18.8 釐米,寬 13 釐米。題"宋建安胡寅著;明太倉張溥閱"。前有崇禎八年張溥序,嘉定十一年(1218)胡大壯舊序,寶祐二年(1254)劉震孫舊序。

胡寅,字明仲,號致堂。崇安人。宣和進士。靖康初召為校書郎。楊時為祭酒,寅從之學,遷司門員外郎。官至禮部侍郎後以徽猷閣直學士致仕。秦檜惡之,坐譏訕朝政,安置新州。檜死復官,卒謚文忠。事蹟具《宋史》本傳。

是編乃胡寅謫居之時,讀司馬光《資治通鑑》而作。胡大壯舊序云書成於紹興乙亥。

張溥序云:"舊刻《管見》二版,皆滅没譌落,予間較定,復爲分著年月,標括論旨,編次一目,通見長短……世有患《通鑑》、《綱目》煩重難舉者,此三十卷足以應之矣。然以《管見》之能辯能斷,即深於二書者,尤不可不讀也。"

《四庫全書總目》入史部史評類存目。《中國古籍善本書目》著録。上海圖書館、天一閣、新疆大學圖書館、臺北"國家圖書館",及美國普林斯頓大學葛思德東方圖書館、日本内閣文庫、静嘉堂文庫亦有入藏。按,此本另有張溥後人重印本。胡氏此書最早題《致堂讀史管見》,今存有宋嘉定十一年衡陽郡齋刻本、宋寶祐二年刻元明遞修本、元刻本。明代所刻除此本外,又有正德七年劉弘毅慎獨齋刻本,題《宋儒致堂胡先生讀史管見》。

鈐印有"佐伯文庫"。

1012　清康熙刻本讀史管見　　　　T2514/4238B

《讀史管見》三十卷目録二卷,宋胡寅撰。清康熙五十三年(1714)刻本。十六册。半頁九行二十字,左右雙邊,白口,單魚尾。框高19釐米,寬13.6釐米。天頭鐫注文。題"宋建安胡寅著;明太倉張溥閱"。前有宋嘉定十一年(1218)胡大壯舊序,寶祐二年(1254)劉震孫舊序;目録。

胡寅,見明崇禎八年張溥刻本《讀史管見》。

卷一周紀(威烈王、安王、烈王、顯王、慎靚王、赧王),秦紀(昭襄王、孝文王、莊襄王、始皇帝、二世),漢紀(高祖、孝惠帝、高后、孝文帝);卷二孝景帝、孝武帝、孝昭帝、孝宣帝、孝元帝;卷三孝成帝、孝哀帝、孝平帝、世祖光武;卷四孝明帝、孝章帝、孝和帝、孝殤帝、孝安帝、孝順帝、沖帝、質帝、桓帝;卷五靈帝、獻帝,魏紀(文帝);卷六明帝、邵陵厲公、高貴鄉公、元帝,晉紀(武帝);卷七武帝、惠帝、懷帝、愍帝、元帝、明帝;卷八成帝、康帝、穆帝、哀帝、海西公、簡文帝、武帝;卷九武帝、安帝;卷一〇恭帝,宋紀(高祖、營陽王、文帝);卷一一孝武帝、廢帝、明帝、蒼梧王、順帝,齊紀(高帝、武帝、鬱林王、高宗明帝);卷一二東昏侯、和帝,梁紀(武帝);卷一三武帝;卷一四太宗簡文、元帝、敬帝,陳紀(高祖、世祖文帝、臨海王、高宗宣帝);卷一五高宗宣帝、長城公,隋紀(高祖);卷一六煬帝、恭帝,唐紀(高祖);卷一七高祖、太宗;卷一八太宗、高宗、則天皇后;卷一九則天皇后、中宗、睿宗;卷二〇玄宗;卷二一玄宗、肅宗、代宗;卷二二代宗、德宗;卷二三德宗;卷二四順宗、憲宗;卷二五穆宗、敬宗、文宗、武宗;卷二六宣宗、懿宗、僖宗;卷二七昭宗、昭宣帝,後梁紀(太祖);卷二八後唐紀(莊宗、明宗、閔帝、潞王);卷二九後晉紀(高祖、齊王),後漢紀(高祖、隱帝);卷三〇後周紀(太祖、世宗)。

劉震孫序云:"昔文定公奉詔作《春秋傳》,天下傳之,以爲百世不刊之書。自三家分晉而後,迄於五季,則未有論述。致堂《管見》,蓋以繼文定之遺志。其於君臣之義、夷夏之分、君子小人之别、天理人欲之辨,辭嚴義密,莫不以經爲斷。學者必通二書而讀之,然後知其後先述作,粹然成一家言。"

《四庫全書總目》入史部史評類存目,著録内府藏本。《總目》云:"胡安國之傳《春秋》,於筆削大旨雖有發明,而亦頗傷於深刻。是以《欽定春秋傳説匯纂》於其已甚之詞,多加駁正,以持褒貶之平。寅作是書,因其父説,彌用嚴苛,大抵其論人也,人人責以孔、顔、思、孟;其論事也,事事繩以虞、夏、商、周。名爲存天理、遏人欲、崇王道、賤霸功,而不近人情,不揆事勢,卒至於窒礙而難行。王應麟《通鑑答問》謂'但就一事詆斥,不究其事之始終',誠篤論也。又多假借論端,自申己説,凡所論是非,往往枝蔓於本事之外。"

扉頁鐫"宋胡致堂先生著讀史管見。康熙五十三年鐫。古拜居藏板"。卷一等十三卷卷末鐫"清河後人張聞升重校"一行,卷二等五卷卷末鐫"清河後人張紹祖重校"一行,卷四等五卷卷末鐫"清河後人張日瑞重校"一行,卷六等七卷卷末鐫"清河後人張玉瑞重校"一行。

《中國古籍善本書目》史部史評類著録,作"明崇禎八年張溥刻本清張紹祖等重修本",北京大學圖書館、湖北省圖書館等十館入藏。

1013　清康熙刻本史學提要箋釋　　　　　　　　　T2516/4828.4

《史學提要箋釋》五卷,宋黄繼善撰,清楊錫祐箋釋。清康熙五十五年(1716)刻本。六册。二節欄,無欄綫,半頁八行二十四字,左右雙邊,白口,單魚尾,上欄鐫音注。框高20.1釐米,寬14.6釐米。題"旴江黄繼善成性甫譔;武林楊錫祐天常甫釋"。前有傅澤淵序,康熙五十五年楊朝麟序,康熙五十四年(1715)楊中訥序,帥我序,楊錫祐自序;《凡例》十二則;目録。

黄繼善,字成性,江西人。宋遺民。

楊錫祐,浙江杭州人。

初,宋人黄繼善著《史學提要》一書,止於宋。寧都魏冰叔爲其作注,序而傳之。其書遍貫諸史,括以四言韻語,篇帙僅三卷而止,所謂"千古治亂興亡、聖犯(凡)忠佞之跡,備載寸幅中,如數螺紋於掌上,歷歷可觀",又以便於記誦,且辭語雅馴,學人許之爲蒙書之上乘。然而,終因事繁語簡,讀者不能卒解其意,而失之於約。及清初,魏序傳而魏注已不見原本,康熙間楊錫祐起而爲之箋釋參考,歷時十年,成《史學提要箋釋》五卷,鋟諸板而廣其傳。時人謂其考覈愈詳,發《總目》所未發而言所難言。

是書所收,始上古而迄於兩宋。五卷篇目爲:卷一上古、三皇、五帝、夏、商、周、列國,卷二西楚、西漢、新莽、東漢、三國、兩晉,卷三晉朝上六國、南北朝、隋,卷四唐、五代、十國,卷五北宋附夏遼金、南宋附夏金。其體例,黄氏《提要》之四言韻語作大字書,楊氏《箋釋》一概小字。例如"上古"之首句"天地未分,惟一氣爾;一氣混沌,形如雞子",句下小字雙行書釋文:"'一氣',謂太極;'混沌',物不開通貌。東漢太史令張衡《渾天儀説》曰:'地居天中,天包地外,猶卵之裹黄。'"

箋注所用《史學提要》底本,楊錫祐於《凡例》有所交代:"今坊刻類多訛謬,余得善本,與魏凝叔先生所謂譌闕者迥不相同,加以校訂,始成全璧。"又,時人涂允恒曾補《史學提要》,續撰《史學提要》,而箋注本不用:"元明兩朝,新城涂允恒已爲續注,且今明史未頒,褒貶莫定,非草野所敢妄述,故是書以宋終焉。"

傅序、帥序皆言及刊事。傅序有"楊子有功於是書爲尤鉅矣。梓成,問序於余,爰書簡端,以勵後學"語。帥序稱《史學提要》一書,"武林楊天常先生爲之箋釋,鋟板以廣其傳。"然上述二序均不署年月。

《中國古籍善本書目》史部史評類著録黄繼善《史學提要》抄本兩種,一爲中國國家圖書館藏明抄三卷本,一爲南京圖書館藏清眠雲精舍抄一卷本(有丁丙題識),不收此楊氏箋注本。《四庫全書總目》未收。

1014　明弘治刻本唐宋名賢歷代確論　　T2514/0327

　　《唐宋名賢歷代確論》一百卷。明弘治十七年(1504)錢孟濬刻本。三十二册。半頁十一行二十字，左右雙邊，白口，單魚尾。框高22.1釐米，寬14.7釐米。前有弘治十七年吴寬序。末有楊廷和後序。

　　是書不著撰人，起自三皇，終於五代，按代分系，各標列主名。其總論一代者，則稱通論以別之。所採諸家論著，皆至北宋而止。書中"㒺宏"作"㒺洪"，尚避宋宣祖廟諱，則作者當在理宗之前。

　　楊廷和後序云："是編其爲卷百，上下所載毋慮數千百年，其論説多至數千萬言，持論者亦且數十百家，不知集者爲誰，其用心勞矣。錫山錢孟濬氏得之，以爲其姓名既已無聞，又并其書不傳，不可也，乃取而刻之……學者得而讀之，猶醫家之有《本草》，凡草木金石之性，寒温補瀉之宜，開卷可悉，因病而用之，毋迷其方，顧存乎其人耳。不然則諸賢何爲是喋喋者哉？而孟濬之用心亦徒勞矣。"

　　吴寬序云："錫山錢孟濬，出江南大族，好爲義舉，以此編不能家有，因刻以傳世。"

　　目錄頁刊"錫山錢孟濬刊行"。

　　此本函套内有"大正三年三月六日千秋觀"一行，當經日人收藏。大正三年爲1914年。

　　《四庫全書總目》入史部史評類。《中國古籍善本書目》著錄。中國國家圖書館、南京圖書館等五館，臺北"國家圖書館"，及美國國會圖書館、日本静嘉堂文庫、尊經閣文庫亦有入藏。

　　鈐印有"小汀文庫"、"渡邊千秋藏書"、"渡邊千秋清觀"。

1015　明末刻本留餘堂史取　　T2514/4805

　　《留餘堂史取》十二卷，明賀詳撰。明末刻本。十二册。半頁九行二十字，四周單邊，白口，單魚尾。框高20.3釐米，寬13.7釐米。題"龍城賀詳纂著；男久邵述；後學金彩參"。前有朱徽序，錢肅樂序，諸葛羲序，張毓睿序。序後有賀久邵跋；金彩紀言。

　　賀詳，字長白。長沙人。

　　是編分六類，爲《世詮》、《世評》、《經世》、《性行》、《成務》、《雜記》。六類之中，又分子目四十有八。其體例則説部類也。

　　錢肅樂序云："先生又少有書癖，就家之善本，手自删削，爲編若干卷。上及聖王碩輔、仁人孝子之所爲；下及經濟奇略、兵農利弊、性學術數之藝；至乃評隲論駁，毀必令獨服，譽必令公喜，爲前史諸家百千餘年未能肆指者，附於竊取之義，而命其編曰《史取》。"

　　《四庫全書總目》入史部史評類存目。《中國古籍善本書目》著錄。上海圖書館、北京大學圖書館等七館，臺北"國家圖書館"(原藏北平館者)，及日本内閣文庫亦有入藏。

　　缺名藍筆圈點，甚舊。

1016　明萬曆刻本鐫重訂補注歷朝捷録史鑑提衡　　T2516/3801.4

　　《鐫重訂補注歷朝捷録史鑑提衡》四卷首一卷《靖難紀略》一卷，明顧充撰，李廷機重訂。明萬曆建邑書林熊沖宇刻本。一册。半頁七行十七字，行右有小字旁注，四周單邊，白口，單魚尾,眉端刻注、評。框高 17.7 釐米,寬 12.4 釐米。題"古虞迴瀾顧充輯著;晉江九我李廷機重訂;杭州紹韋上官光編閱;建邑書林熊沖宇繡梓"。前有俞寅序,顧充自序;《凡例》十則。

顧充,字回瀾。上虞人。隆慶舉人。官至南京工部都水司郎中。

是編論歷代史事,始於周威烈王,止於宋末。書中多刻旁注,又有音釋、引證,皆有利初學,蓋此書之作爲習舉業者設也。

俞寅序云:"顧君,古虞之博雅士也,省院蜚聲,經術玄詣爲文學模楷也久。兹錄尤觀深於史,擬議謹嚴,宗例考亭朱夫子,言近指遠,誠爲捷徑……托始東周,延迄南宋,而胡元弗齒焉。一朝一論,悉尚體要,彙採群籍,組織成章,其用心良勤,而載筆惟精矣。"

此書佚卷三至四並《靖難記略》。顧氏《歷朝捷錄》傳世有二卷、四卷、八卷、十卷之本,然多爲坊賈改頭換面,又以諸名家如湯賓尹、顧憲成、陳繼儒等人音釋、批點爲號召,今可得見明代刻印者,即達三十餘種,名目繁多,頗爲混雜。

《四庫全書總目》未收。《中國古籍善本書目》著錄。清華大學圖書館、山東師範大學圖書館有全帙,安徽省博物館有殘本。

鈐印有"半邨藏書"。

1017　明崇禎刻本新鐫歷朝捷錄增定全編大成　　　　　T2516/3801.7

《新鐫歷朝捷錄增定全編大成》四卷,明顧充撰,鍾惺增定。明崇禎吳門王公元刻本。十二冊。半頁八行十八字,四周單邊,白口,無魚尾,眉端刻批。框高 18.8 釐米,寬 11.8 釐米。題"楚伯敬鍾惺編著;雲間眉公陳繼儒彙參"。前有鍾惺序。

鍾惺序云:"迴瀾顧君,蚤聰穎絶倫,博極群書,尤邃史學。慨然嘆史帙浩繁,觀者莫知端倪,乃作《歷朝捷錄》,撮其大指,融以己見,斷義成篇,彙可二卷。而自周迄宋,數千載世代之興亡、君臣之媺惡、政事之臧否、風俗之興衰,較若指掌,約而不削,該而不迂,直可凌跨以前諸史。"

扉頁刊"顧迴瀾先生歷朝捷錄大成。捷錄一書,創自迴瀾先生,一時膾炙人口,但流傳既久,字板磨滅,而翻刻諸編,尤屬臆行刪訂,於先生字句章法,不啻千里。兹搜原本,鳩工精刊,前自盤古,後逮明朝,彙爲一集,誠史家之腋白,後學之指南也,與時刻迥别,識者辨諸。吳門王公元梓"。又鈐有"蘭齋"印。

《四庫全書總目》未收。《中國古籍善本書目》著錄,有錢達卿、王公元刻本,不知和此同板否。天津圖書館亦有入藏。

1018　明崇禎刻本歷朝捷錄元朝捷錄皇明捷錄　　　　　T2516/3801.8

《歷朝捷錄》四卷,明顧充撰;《元朝捷錄》一卷,明張四知撰;《皇明捷錄》二卷,明李良翰、鍾惺撰。明崇禎刻本。二冊。半頁十行二十三字,四周單邊,白口,無魚尾,眉端刻評注。框高 20.9 釐米,寬 11.6 釐米。題"古虞迴瀾顧充編著;莆田賡之余颺訂閱"。前有崇禎十二年(1639)余颺序。

是編總爲七卷,乃在顧充四卷本之基礎上,加入元、明兩代。始周威烈王,至明熹宗(天啓)止。

余颺序云:"余嘗聞之賈人矣,大其囊橐中所有,廣搜五市大都寶貨而羅置之。有智賈者出,舍庸取奇,棄瑕揀瑜,所求者既博,而所獲者更精,若乃學士家之於斯編也,其智豈與賈人別哉?分門立彙,珍璞盈胸,天下盡智賈者。故夫友人之有是請也,併請余核典綜故,較正魚魯,余遂爲之。"

扉頁刊"歷朝捷録。余賡之先生訂定。皇明拾伍朝附紀。人瑞堂藏板"。

《四庫全書總目》未收。《中國古籍善本書目》著録明崇禎十二年刻本,或與此同板,大連市圖書館藏。

1019　清康熙刻本歷朝捷録全文　　　　　T2516/3801.72

《歷朝捷録全文》十二卷首一卷末一卷,明顧充撰,明周昌年等補,清徐士俊箋釋,清汪淇直解。清康熙刻本。二册。雙節欄,無欄綫,半頁八行十七字(上欄半頁十六行十三字),左右雙邊,白口,無魚尾。框高20.3釐米(下欄12.9釐米,上欄7.4釐米),寬10.9釐米。題"古虞顧充迴瀾編著;西湖徐士俊野君箋釋;同學陸進蓋思、王晫丹麓參訂",上欄爲《歷朝捷録直解》,題"錢塘汪淇憺漪父參定"。首一卷題"南楚周昌年景鶴編著;西湖徐士俊野君箋釋;同學周綽清林、查望于周參訂"。前有鍾惺舊序,清康熙二年(1663)徐士俊序;康熙三年(1664)汪淇撰《凡例》四則。

顧充,見明萬曆書林熊沖宇刻本《鐫重訂補注歷朝捷録史鑑提衡》。

是書爲清康熙初《歷朝捷録》彙編本,徐士俊爲作箋釋,汪淇爲撰直解。顧充《歷朝捷録》原本始自東周,止於兩宋,此本增入後人補輯,上自三皇五帝,下訖於明。汪淇云:"迴瀾先生原本始自東周,深合紫陽《綱目》之意。後人每苦前後未備,爲之增入盤古三代以及明朝,然非簡略不詳,抑亦裁制鮮當。余同野君徐子,彙集諸本,再四訂正,以成全璧。"

此編爲二節欄。下欄全載本文,徐士俊作箋釋;上欄專列汪淇直解。

卷首三皇五帝總論、夏朝總論、商朝總論、西周總論、東周總論、三皇五帝三代總論,卷一周秦總論,卷二西漢總論,卷三東漢總論,卷四晉朝總論,卷五劉宋總論、蕭齊總論、蕭梁總論、陳陳總論、楊隋總論、宋齊梁陳隋總論,卷六唐朝總論上,卷七唐朝總論下,卷八後梁總論、後唐總論、後晉總論、後漢總論、後周總論、梁唐晉漢周總論,卷九宋朝總論上,卷一〇宋朝總論下,卷一一元朝總論上下,卷一二明朝總論,卷末通鑑總論。

徐士俊序曰:"方今功令初更,人思揣摹古學,家誦户習,自當以此爲端。"汪淇則謂:"《歷朝捷録》,所以便蒙求也。"將其列作蒙書一類。

乾隆間,《歷朝捷録》因録入違礙書目被列爲禁毁書,見於姚觀元編《清代禁燬書目》,又見於孫殿起輯《清代禁書知見録》,著録《歷朝捷録》諸本,其中《歷朝捷録大成》四卷,爲屠隆補、鍾惺續、陳繼儒訂本,條下云:"書中陳繼儒評注内語多狂悖,應請抽燬。"

《中國人民大學圖書館古籍善本書目》等著録。《四庫全書總目》《中國古籍善本書目》皆未收。

鈐印有"佐野氏珍藏"、"能門安田元藏圖書記"、"香島書庫之記"。

1020　明萬曆刻本讀史漫録　　　　　T2514/1492

《讀史漫録》十四卷,明于慎行撰。明萬曆四十二年(1614)于緯刻本。十二册。半頁九行十八字,四周單邊,白口,單魚尾。框高19.3釐米,寬13.9釐米。題"明東阿穀山于慎行著;門人福唐郭應寵編次;男于緯校梓"。前有葉向高序,萬曆四十二年謝肇淛序,萬曆四十二年黃體仁序。

于慎行,字可遠,更字無垢。東阿人。隆慶二年進士。萬曆初歷修撰,充日講官,累遷禮部尚書。慎行明習典制,諸大禮多所裁定,累疏請早建東宮,帝怒,遂乞休。家居十餘年,廷推閣臣,詔加太子少保,兼東閣大學士,入參職務,以疾歸,卒諡文定。事蹟具《明史》本傳。

是編自宓羲始,至遼金元止,評論歷代史事,所論無甚乖舛,亦無所闡發。

據目錄後郭應寵萬曆四十一年跋云:"是編業已梓於閩建書林,而未經讎校,頗不概於余心。茲公子中翰君圖,並筆塵錄諸家,以傳同好,陳若左右之廣,合如圭璧之章矣……徧搜師遺稿,復得讀史五十通,亟補入,以爲完書。"

《四庫全書總目》入史部史評類存目。《中國古籍善本書目》著録。中國國家圖書館、上海圖書館等二十二館,及日本內閣文庫亦有入藏。按,慎行此書萬曆間計有四刻,除此本外,又有萬曆三十七年郭應寵刻本、萬曆李時馥刻本、萬曆刻本。四刻之中,以此刻傳世最多。

1021　明萬曆刻本千百年眼

T9153/1393

《千百年眼》十二卷,明張燧撰,明萬曆刻本。四冊。半頁八行十九字,四周單邊,白口,單魚尾。框高21.2釐米,寬13.2釐米。題"瀟湘張燧和仲纂;檇李范明泰長康閱";"瀟湘張燧和仲纂;宛陵唐一澄君湜閱";"瀟湘張燧和仲纂;長洲陳元素古白閱"等。前有萬曆四十二年(1614)鄒元標序,萬曆四十二年張燧自序。

張燧,字和仲。瀟湘人。萬曆舉人。《湘潭縣志·張嘉言傳》云:"嘉言次子燧,字和仲,兄弟皆生富貴,好治生產業,而燧獨務友朋,耽書史,不爲苟同,肆業國子監。還構香海居,周匝清流古木,中系以舟,命僕載紙筆自隨,有省輒識之,雖藩溷不釋。所著有《易筏》及《未見編》、《千百年眼》,均刊行,而《千百年眼》盛傳於時。王夫之謂當時詞人恃此爲稗販之具。其後阮元亦稱其書,湘中顧無傳之者。崇禎末,以疾卒於家。"

是書卷一二十八則,卷二四十則,卷三四十五則,卷四四十六則,卷五四十三則,卷六五十六則,卷七四十七則,卷八三十七則,卷九四十六則,卷一〇四十二則,卷一一三十四則,卷一二四十八則,共五百餘條。所述上自先秦典籍,下迄諸史百家,力破俗儒拘儒剿襲古人牙慧之陳言,乃別開生面之史論隨筆。

鄒元標序云:"夫目之所貴者清虛靈爽,睛雖貴也,着雲則翳。古有天眼、道眼、慧眼、法眼,超於形體外,不以一切言語文字求。和仲乃窮無窮,極無極,有不以歷數盡者,超天地而獨存,撥雲翳而長清,功誠偉歟!和仲幼好奇,讀書里閈,錚錚有聲,吾知其固未可量也。"

張燧自序云:"余才不逮人,獨於文字之好,似有宿緣。括帖之暇,得屬意經史百家,旁及二氏,與夫稗官小說、家乘野語,不揣荒陋,謬以是見提衡其間;瞥見可喜可悅可驚可怪之語,俗儒所不敢道與文人之所不能道,目注神傾,輒手錄之,積久成帙,命曰《千百年眼》。"

《清代禁書總目》、《清代禁書知見錄》著録。此本有闕名硃筆圈點。

《中國古籍善本書目》著録是書,然有兩種明萬曆刻本,行款均同此本,前種中國國家圖書館、湖北省圖書館等四館入藏,後者上海圖書館、南京圖書館等六館入藏,此本不知同何館所藏。臺北"國家圖書館"有明萬曆四十二年瀟湘張氏稽古閣刻本。日本內閣文庫、尊經閣文庫亦有入藏。

1022　清乾隆刻本古今治統　T2516/2947

《古今治統》二十卷,明徐奮鵬撰。清乾隆十二年(1747)槐柳齋刻本。八冊。半頁十行二十字,四周單邊,白口,單魚尾。框高 21 釐米,寬 12.6 釐米。二節欄,上欄鐫評注。題"臨川筆峒山徐奮鵬自溟父著;男春茂春盛姪春溶手受;高安陳肇元編次;曾孫待行待徵訂字"。前有清雍正元年(1723)朱軾序,明天啓三年(1623)湯顯祖序,崇禎十一年(1638)自序;目録;徐奮鵬撰《凡例》五則;崇禎十一年徐奮鵬撰《論史》。末有乾隆十二年陳肇元跋。

徐奮鵬,字自溟,號筆峒山人,江西臨川人。家貧力學,篤志清修,早歲以工帖括聲噪庠序間。爲諸生,科場屢挫,遂絶意功名,隱居筆峒山讀書,教授山中。精理學,著述有《古今道脈》、《歷史一覽》、《千古尚論》等。

自序開宗明義:"天下之治本於道,天下之道本於心。"是編篇中之事多斷之以道,而不徒襲前史之見,其議論評品或正先人之訛,或補先人之缺,主以孔子《春秋》之義,而於《通鑑綱目》或準之、或遷之,務求合乎人心之安。是書撰於崇禎間,殆晚明理學之心學一宗。

此編遠溯混沌開天,下及元末順帝。卷一三皇五帝,卷二夏商,卷三周,卷四東周,卷五秦,卷六至七西漢,卷八東漢,卷九漢昭烈、後主、曹魏、孫吳,卷一〇東西晉,卷一一宋齊梁,卷一二陳隋,卷一三至一五唐,卷一六朱梁、後唐、後晉、後漢、後周,卷一七至一九宋,卷二〇元。諸篇間有分論,有五帝合論、三代合論、秦合論、東西晉合論、五朝合論、唐合論、五季合論、宋合論等,末有論史一篇,蓋通代總論。《凡例》五則依次述正統、變統、閏統、散統、易統,謂不詳於變統、閏統、散統、易統,則正統之説不明。

陳肇元跋云,是書原分前後二編,康熙己亥(五十八年)間從奮鵬曾孫待徵處得前編,蠹殆半,而後編亡矣。去前刻廿餘年許,訪得徐氏族間有手抄舊本,肇元購得之,而公諸海内。

扉頁鐫"古今治統。徐筆峒先生著。槐柳齋梓行"。

《中國古籍善本書目》著録清雍正元年槐柳齋刻本。《四庫全書總目》不收。

1023　明刻本宋史筆斷　T2665.4/1100

《宋史筆斷》十二卷,題正誼齋編集。明刻本。六冊。半頁十行十九字,四周雙邊,黑口,雙魚尾。框高 21.4 釐米,寬 14.6 釐米。題"正誼齋編集"。無序跋。

是書所論始於宋太祖建隆元年,至衛王溺海之事,論皆近迂闊。

此爲《四庫全書》館發還之本,鈐有"翰林院印",封面有"乾隆三十八年七月兩淮鹽政李質穎送到宋史筆斷壹部計書陸本"木記。查《四庫採進書目》,當年所進此書計四部,分別爲鮑士恭、勵守謙、李質穎送呈並浙江採進一部,《四庫》本採用者爲鮑士恭藏本。

《四庫全書總目》入史部史評類存目。《中國古籍善本書目》著録。中國國家圖書館、上海圖書館,及美國國會圖書館亦有入藏。

1024　明萬曆刻本鄧太史評選三國策　T2560.7/7232

《鄧太史評選三國策》十二卷,明劉宣化撰。明萬曆二十二年(1594)金陵唐龍泉刻本。七册。半頁十行二十二字,四周單邊,白口,單魚尾,書眉上刻評。框高 22.6 釐米,寬 14.2 釐米。題"汝郡方叔劉宣化述;金陵龍泉唐廷仁校"。前有萬曆二十二年鄧以讚序,張應雷序,徐鳴奇序,萬曆二十二年吳橡並劉宣化自序;《凡例》十則。

劉宣化,無考。鄧太史者,即鄧以讚,字汝德,號定宇。江西新建人。隆慶五年進士,授編修,官至吏部右侍郎。出仕前,從王畿游,傳王守仁良知之學,躬行實踐,以清介爲世所重。謚文潔。所著集有《定宇語錄》、《鄧定宇集》。

是書爲仿《戰國策》之作。先魏,次吳,次蜀,悉依《三國志》之舊,且魏詳而吳、蜀略。卷一至六爲魏,卷七至九爲吳,卷一〇至一二爲蜀。

自序云:"逮至三國鼎分,群雄角立,英君黠主,談客謀臣,雲集一時,風馳千里。余從呫嗶之暇,遠覽興喪之繇,締觀正史,間及旁書。起漢建安,終晉太康,凡若干年,總成一書,爲部四,爲卷十二,凡三百六十章,約十萬餘言。"

扉頁刊"鄧太史評選三國策。萬曆甲午仲夏金陵唐龍泉氏校梓",並有鈐印"養谷堂藏"。

此本佚卷一二。闕名朱筆圈點。

《四庫全書總目》未收。《中國古籍善本書目》著錄。安徽省圖書館、湖南圖書館、蘇州市圖書館亦有入藏,作"明萬曆刻本",疑三館所藏皆缺扉頁。

1025　明萬曆刻本顧氏詩史　　T2514/3810

《顧氏詩史》十五卷,明顧正誼撰。明萬曆二十八年(1600)顧正誼刻本。十册。半頁九行十八字,四周單邊,白口,單魚尾,間有刻工。框高 23 釐米,寬 14.1 釐米。題"華亭顧正誼仲方甫著"。前有馮時可序,萬曆二十八年王穉登序,萬曆二十八年顧正誼序;《凡例》十則;引證群書目錄。

顧正誼,字仲方,號亭林。松江人。仕爲中書舍人。爲人高曠,喜賓客,畫宗黃公望,家多名人真蹟。與宋旭、孫克宏友善,窮探旨趣,遂成名家。《(光緒)華亭縣志》卷一五有傳,附顧正心傳後。

唐杜甫詩多有敷陳時事如史者,故時人稱爲詩史。是編仿之,所詠必奇節偉行之士,而間有功罪相半者,自三皇五帝始,至元代倪瓚止,計三百九十人。

顧正誼序云:"不佞少鮮師承,長無專業,劍首一映,無當蠅鳴。第生平喁喁好古,每遇古人奇節偉行,鴻辭麗藻,則心竊饗往之,思有所稱揚,以志吾高山之慕,讀史有得,輒形賦咏。而會遊仕京師,繪事碌碌無間晷,向所呷吾成帙者,業已敝尋棄之。已而杜門養痾,營苍喪以老,唯日縱浪於煙霞水石之偶。檢故篋,得舊所爲咏史若干章,復與友人論次,翻閱二十一史,以增飾其略,於是代各有序,人各有顛末,詩各注本史而又旁及群書,得之讚頌者十之七,出之諷刺者十之三。而吾宣尼至聖與鄒魯名賢,暨濂洛關閩諸大儒復佚而不載,則繪天地者難爲工矣。帙成,而客請版之,以與咏物詩並行於世……遂亟付之梓人。"

按,錢希言《戲瑕》曾云是書非正誼所作,謂:"昔嘗於太原齋頭,見雲間刻《顧氏詩史》,閱之乃中翰正誼名也,余與王先生相顧驚嘆。王先生曰,此豈虎頭公所能辦哉?後余過雲間,乃知華亭有詞人唐汝詢仲言者,目雙瞽,著成是書,顧氏以三十金詭得之。嗟乎!唐生之文誠賤,何至此甚也。千古不白之冤,俟異世子雲者起,故當有定論耳。"據此,則是書爲唐汝詢作,正誼乃買其稿而刻之。汝詢,字仲言。華亭人,汝諤弟。生五歲而瞽,未瞽即能識字,及聱，但默坐聽諸兄占畢而默識之，積久遂淹貫，尤工於詩，又著有《唐詩解》，錢謙益稱其時有新義。

扉頁刻"詩史。華亭顧氏。永春堂記"。刻工有朱有成、紹祖、元、施、朱等。

《四庫全書總目》入史部史評類存目。《中國古籍善本書目》著錄。中國國家圖書館、上海圖書館、浙江圖書館、北京師範大學圖書館、臺北"國家圖書館"，及日本內閣文庫亦有入藏。

1026　明萬曆刻本古今人物論　T2514/8278

《古今人物論》三十六卷，明鄭賢輯。明萬曆余彰德刻本。二十四冊。半頁十行二十四字，四周單邊，白口，單魚尾，框高 22.7 釐米，寬 14.4 釐米。題"莆中鄭賢輯；潭陽余彰德梓"。前有陳經邦序，萬曆三十三年(1605)宋萬葉序，萬曆三十六年方萬策序，萬曆三十六年鄭賢自序。

鄭賢，字元直。莆田人。官震澤教諭。

是書成於萬曆戊申，掇諸史論贊及唐宋以來各家文集論古人之文，裒爲一編。所採元前人之說一百二十七家，明人之說二百四十七家。

鄭賢自序云："余讀書即喜讀史，於所紀人物，淑慝是非，輒謬有評隲，以自附一家之誼，間以質之二三儕偶，其持議有與余合者，有不合者。余不敢自信，遍索群書質之，則又無不與余合也。余始信人生意識大抵略同……於是次第采輯，自三皇暨胡元，釐爲三十餘卷，大都以諸史評贊爲宗，論者則次於其後，其體略倣《通鑑》，先各代之君，而諸臣，各以時綴之，褒貶相駮，情勢相揣，各呈□見，毋問異同衆白，彙而裒成千金，□而口箝吁論定矣。至於一代文章，其氣力風格，遞斥遞變，一披卷瞭然在目，則是編或亦論世者所借爲羔雉也。"

余彰德有萃慶堂，爲建陽名書肆，刻書甚多。

《四庫全書總目》入史部史評類存目，作三十四卷。《明史藝文志補編》作三十卷。《中國古籍善本書目》著錄。中國國家圖書館、南京圖書館等十五館、臺北"國家圖書館"，及日本內閣文庫、靜嘉堂文庫、尊經閣文庫亦有入藏。

鈐印有"長白敷槎氏堇齋昌齡圖書印"、"寶沙堂陳氏藏本"。

館藏有複本一部，十四冊，缺卷一至二。

1027　明末刻本史拾　T2516/2314

《史拾》不分卷，明吳宏基撰。明末刻本。二十冊。半頁八行二十字，左右雙邊，白口，無魚尾，書眉上刻評。框高 18.4 釐米，寬 11.9 釐米。題"明陳子龍臥子鑒；仁和吳弘基栢持箋；門人鍾禾士宏先校"。序佚。

吳宏基，字栢持，仁和人。

是編凡《載補》（八書、十一列傳）、《遺聞》（拾遺記、竹書、高士傳、孔林卮述）、《廣覽》（穆天子傳、群輔錄、雞肋、刑書釋名、占候抄、金壺字考、字書誤讀）、《衆斷》（呂氏月令、尚書禹貢、希通錄、叢文）四種，爲弘基取各書加以圈點，並略附箋注評語於篇後。

此本佚前序。據《四庫全書總目》云："又有郎璧金序，稱其旅攜稗收，凡天經地志昆蜽草卉之事，彙纂成書，綴之簡齋。"又略有缺頁，爲《歷書》第五、六頁，《天官書》第一、二頁，《封禪書》第一頁，《平準書》第十九頁，《拾遺記》第二十六頁，《群輔錄》第二十三頁，並佚《衆斷‧古扔》。

《四庫全書總目》僅收《載補》，不及其他，入史部史評類存目。《中國古籍善本書目》著錄。西北大學圖書館及日本內閣文庫亦有入藏。臺北"國家圖書館"存《載補》十九卷《彙斷》五卷。

鈐印有"侯官劉筠川藏書印"。

1028　清康熙刻本看鑑偶評　　　　　　　　　　　T2512/4122

《看鑑偶評》五卷，清尤侗撰。清康熙刻本。二册。半頁十行二十一字，四周單邊，白口，單魚尾。框高17.4釐米，寬13.1釐米。題"長洲尤侗纂"。前有康熙二十九年(1690)自序。

尤侗，字展成，別字悔庵，號艮齋，晚又號西堂老人，江蘇長洲人。明諸生。少強聞博記，才名籍甚。順治五年以貢生謁選直隸永平府推官，吏治精敏，以坐撻旗丁鐫級歸。後舉博學鴻詞，授翰林院檢討，與修《明史》，撰志傳多至三百篇。居三年，告歸。著有《西堂雜俎》、《艮齋記》、《西堂全集》、《鶴棲堂稿》。事蹟載《鶴徵後錄》。

自序曰："史家編年之體，莫詳於涑水《通鑑》，莫嚴於紫陽《綱目》，二書相爲表裏，雖有參差，不可偏廢。至金履祥增爲《前編》，斷自唐虞，而南軒復溯伏羲以下，多荒誕之辭。其宋、元《續編綱目》，則明憲宗命史臣商輅等所修，《通鑑》則以薛應旂所著爲備要，其筆削亦少殺矣。《通鑑》論斷群推致唐胡氏，而持議過刻，未折其衷。《綱目》則有尹起莘《發明》、劉友益《書法》、汪克寬《考異》、王幼學《集覽》、徐昭文考謬、陳濟《正誤》、馮智舒《質實》。餘子紛紛，自鄶無譏。而《續編》之張時泰《廣義》、周禮《發明》尤其腐爛不足道者也。今世所行者，皆陳明卿批本，觀其起例分注、圈點塗抹，多所不解。予少而涉獵，未能卒業，垂老多暇，消夏及之，間有一得，輒標題簡端，以示兒輩，彙而錄之，爲'看鑑偶評'若干卷。"

《續修四庫全書總目提要(稿本)》謂此書傳世頗稀，評曰："論史之弊，一忌空疏，一忌豀刻，不博之載籍，動輒以高論繩人，鮮有當於事理者。"然又稱其"皆能曲盡隱微，片言居要，較短量長，終覺瑜多於瑕，而筆致清拔，亦足發人意趣"。

《四庫全書總目》、《中國古籍善本書目》皆不收。中國科學院圖書館等收藏。

1029　清康熙刻本讀書論世　　　　　　　　　　　T2514/2358

《讀書論世》十六卷，清吳肅公撰。清康熙詒清堂刻本。八册。半頁九行二十字，左右雙邊，白口，單魚尾。框高19釐米，寬13.1釐米。書口下鐫"詒清堂藏版"。題"宣城吳肅公晴巖著；天都張潮山來參"。前有康熙三十七年(1698)張潮序，吳肅公自序；目錄。

吳肅公，字雨若，號晴巖，又號逸鴻、街南，安徽宣城人。明諸生。入清，絕意功名，鬻字行醫兼授徒自給。師事沈壽民(字眉生，號姑山)。晚年喘咳足痿而著述不止。卒於康熙三十八年，年七十四。著述有《街南文集》、《明誠錄》、《正王或問》、《大學述》、《五行問》、《易問》、《葬惑論》、《皇明通識》等。事蹟具自撰《街南遺老吳晴巖暨配麻氏合葬墓誌銘》。《清詩紀事初編》有傳。

"讀書"，即讀史。是書爲肅公讀史劄記，肅公稱："予惟道之散殊未嘗不著於史，讀之而有概於中，時劄記而棫之，而尤致嚴於政事之得失、人物之臧否、學術之離合……後有得是編者，可藉爲史學之津筏，資廣識力，不無助云。"

卷一唐虞三代,卷二春秋,卷三戰國、秦、西漢,卷四東漢,卷五三國,卷六晉,卷七南朝,卷八北朝,卷九隋,卷一〇五代、南唐,卷一一宋,卷一二金、元,卷一三明上,卷一四明中,卷一五明下,卷一六哀語。

蕭公自序力辯以史爲陋之失,序云:"余弱冠棄舉子業,竊有志古學,乃取左氏《春秋》、馬班二史及涑水氏《通鑑》,以次讀之,已復遍涉於後漢、三國、六朝、南北、五代,以迄宋元,時時妄有論列,用以馳騁於筆墨之間,作爲文章自娛而已,不盡允當也。中年以後,頗好經術,研求於理學心性之旨。而里中諸老生相襲以文章史籍等之玩物,咸痛斷之,而予弗謂是也。以謂經者史之衡,史者經之權也,譬之醫,經者脈理精微之妙,史則其証治方藥之明驗也。專經而廢史,猶持衡而臆度百物之輕重也;專理而廢事,猶高談天元四氣八正之說,莫尋夫湯劑補瀉之宜也。求其治療,不亦難乎?"

是書乾隆間列爲全毀書。《清代禁燬書目》之全毀書目、姚覲元編《清代禁燬書目·補遺》、孫殿起輯《清代禁書知見錄》均有著録。

扉頁鎸"讀書論世。宣城吳街南先生著。揚州詒清堂藏版"。

《中國古籍善本書目》入史部史評類,中國國家圖書館、南京圖書館等六館藏本。

1030　清順治刻本青萊續史　T2514/2961

《青萊續史》十八卷,清朱里撰。清順治十二年(1655)魯人龍刻本。二十册。清闕名批點。半頁九行二十字,四周單邊,白口,無魚尾。框高20.1釐米,寬13.7釐米。題"朱里"。前有順治十三年(1656)陳應泰序,慕天顏序,李鴻霖序,順治十四年(1657)張星瑞序;魯人龍撰《續史梓言》;朱里撰《續史節略》;順治十二年(1655)朱里撰《續史紀意》;《續史紀年》;目次。

朱里,別號青萊,原姓李,名長發,順治十二年更今姓名,古吳錢塘(今浙江杭州)人。生於明萬曆三十六年,明諸生。甲申變後,絕志仕途,潛心著述。撰有《四書獨參》、《易經疑難解》、《菜根堂存藝》、《青萊詩潭》、《春秋紀事録》、《西湖散人奏議》、《平章花案》、《□窗碎語》等,皆未刊行。

此編仿司馬遷《史記》列傳體,出入二十一史及諸家《鑑》本,起自司馬遷(西漢武帝太初元年),終於文天祥(南宋帝昺之祥興二年)。傳一千三百八十三年間三百九十七人,連附共一千五百九十九人,而人各具作論斷。《續史紀意》述此書編例,謂此書"爲傳不分品類,以所紀雖人,所論實在累朝國事也;紀人不及君,不及奸回不道,以論臣、論人之賢者,則君與人之奸回不道者畢著也;編中紀人,取事不遺微賤,間有品節未完,其言足録,亦必存之,是欲廣人聽聞也;古來所稱爲賢人君子衆矣,書中所紀,未盡完備,以其人之表見,或無關於政治風教,即美勿傳也"。

《青萊續史》始撰於順治六年,書成於順治十一年,凡六年。及書成,雙目盲。

各卷篇目並所録人數:卷一《西漢》,計傳二十三人,連附共八十人;卷二《東漢》,計傳五十八人,連附共二百十五人;卷三《後漢》,計傳十八人,連附共三十八人;卷四《西晉》,計傳十三人,連附共五十七人;卷五《東晉》,計傳十八人,連附共八十三人;卷六《南北朝宋》,計傳十四人,連附共三十五人;卷七《南北朝齊》,計傳四人,連附共十七人;卷八《南北朝梁》,計傳十一人,連附共四十六人;卷九《南北朝陳》,計傳五人,連附共十七人;卷一〇《隋》,計傳六人,連附共十六人;卷一一《唐》,計傳七十八人,連附共二百八十人;卷一二《後梁》,計傳五人,連附共十六人;卷一三《後唐》,計傳六人,連附共二十五人;卷一四《後晉》,計傳一人,連附共十二人;卷一五《後漢》,計傳一人,連附共四人;卷一六《後周》,計傳二人,連附共十四人;卷一七《北宋》,計傳七十人,連附共二百五十七人;卷一八《南宋》,計傳六十四人,連附共三百七十七人。

朱里《續史節略》、魯人龍《續史梓言》皆記是書刊事。《青萊續史》始鋟板於順治十二年,爲魯人龍所刊。《續史節略》云:"朱里向因先大人繼于李,名李長發,今改于刻書乙未(十二年)之夏月。"《續史梓言》略云,甲午(順治十一年)冬,余自燕都歸,知書已成。至於乙未秋,始得觀其大全,先生因而命余重加校讎焉。先生之《續史》不傳,是余責也,因亟鬻東皋之田,先資刻費。今刻成,試學古人跨驢攜酒,與先生坐臥於六橋三竺之間,展卷朗讀。

扉頁鐫"續史論斷。朱青萊先生著。起自司馬遷西漢武帝太初元年,終於文天祥南宋帝昺之祥興二年,計一十八卷,内共一千五百九十九人,人各具爲論斷"。原鈐"讀書坊圖章"。

《中國古籍善本書目》入史部史評類,中國科學院圖書館、南京圖書館收藏。《四庫全書總目》不收。

鈐印有"海豐吳重熹印"。

1031　清乾隆刻本四史勦説　　T2514/5014

《四史勦説》十六卷,清史珥撰。清乾隆二十九年(1764)清風堂刻本。八册。半頁十行二十二字,左右雙邊,白口,單魚尾。框高 19.8 釐米,寬 13.3 釐米。題"鄱陽史珥著"。前有乾隆二十五年(1760)錢維城序;目録;史珥撰《四史勦説述臆》。末有乾隆二十九年高墉跋。

史珥,字匯東,江西鄱陽人。乾隆二十五年解職南歸。錢維城序曰:"吾觀史子之爲人,言吶吶如不出諸口,於世格格多不相入,或者通其説而未究其用乎。"

此書爲作者讀史劄記。"四史"者,即《史記》、《漢書》、《後漢書》、《三國志》,蓋史珥以爲,史有二十二,而根源具在前四史。"勦説"者,史珥稱,此編藉舊説以發明餘緒,"鄙意所有,安必爲古人所無",此"勦説"所由名也。

卷一至四《史記勦説》,卷五至八《漢書勦説》,卷九至一二《後漢書勦説》,卷一三至一六《三國志勦説》。

錢維城序曰:"史子匯東邃於史,於《史記》、兩《漢》、《三國》尤深,每有心得,則筆之,凡十六卷,曰'四史勦説'以示余。余反復讀之,析疑似、辨異同,考究得失,皆確乎有所見,足以發前人所未發。"又謂:"四史者,諸史之源也。史子非博通乎諸史,無以説四史,則此非直四史之言,二十三史之言也。以二十三史之言説四史,而乃以成四史之言,乃以成史子一家之言,而可以告天下後世之讀四史與諸史者。"

史珥於《史記》一書,得之家傳,幼即由其父授讀《史記》,隨授隨講,而所授本爲其曾祖父、祖父評定本。乾隆二十五年,史珥解職南歸,時是書已完稿,越四年,於乾隆二十九年始付諸梓。

扉頁鐫"錢家軒、金檜門、張樊川三先生鑒定。四史勦説。清風堂藏板"。

《中國古籍善本書目》史部史評類著録,中國人民大學圖書館、上海圖書館等五館收藏。《四庫全書總目》不收。

鈐印有"臥山"、"淮□杜氏藏書"。

1032　清乾隆刻本廿二史紀事提要　　　　　T2516/2324

《廿二史紀事提要》八卷,清吳綏撰。清乾隆十一年(1746)吳培源刻本。六册。闕名題識。半頁十行二十四字,四周單邊,白口,單魚尾。框高 19.6 釐米,寬 13.3 釐米。題"無錫吳綏韓章纂;孫培源蒙泉校刊;孫婿陸錦澹庵、曾孫承烈兼山同訂"。前有乾隆十一年王步青序,乾隆十一年汪思迴序;吳培源撰《凡例》五則;歷代國號圖;目録。有闕名朱筆句讀。

吳綏,字韓章,江蘇無錫人。

是編原名"通鑑摘錦",其編例於每段事實中摘取數字,標題於首,便人誦習憶全文。吳綏孫培源以其體例爲編年體,全文以歷代帝王事實按序編紀,縱無奇足録,也必存其名號,以昭序次,因易名爲"廿二史紀事提要"。

卷一《循蜚紀》、《因提紀》、《禪通紀》、《疏仡紀》、《三皇紀》、《五帝紀》、《三王紀》、《秦紀》,卷二《漢紀》、《(東)漢紀》、《後漢紀》,卷三《兩晉紀》、《東晉紀》、《南北朝紀》、《隋紀》,卷四《唐紀》,卷五《後梁紀》、《後唐紀》、《後晉紀》、《後漢紀》、《後周紀》、《宋紀》,卷六《(南)宋紀》、《元紀》,卷七《明紀》,卷八《明紀》。

王步青序曰:"錫山吳韓章先生爲國初名宿,著述甚富。今《總目》一書,《通鑑》中擇其事之有關治亂興亡以及民彝物則、人品心術之大者,以數字爲標題,而隱括其本事,以爲之注。其卷帙既不多,而歷代兵刑禮樂、制度文章,亦於是而略備,誠史學之津梁,而《通鑑綱目》之羽翼也。"

《四庫全書總目》入史部別史類存目,著録江西巡撫採進本。《總目》云:"是書成於順治中。於諸史中擇其大事爲綱,而隱括原文以爲之目。起自太古,迄於明末,故以《廿二史》爲名。然實取之坊刻《綱鑑》,非采諸全史也。"

扉頁鐫"廿二史紀事提要"。

末有 1944 年闕名朱筆題識"昭和甲申十一月五於東都本鄉街琳琅閣"一行。

《中國古籍善本書目》未收。《北京師範大學圖書館中文古籍書目》等著録。《普林斯頓大學葛思德東方圖書館中文舊籍目録》著録"清康熙間無錫吳培源刊乾隆十一年嘉慶元年(1796)遞修補本"。

鈐印有"日下部氏藏書"、"新野氏曝書記"、"子孫永寶"。

館藏複本一部(T2516/2324C2),十二册,尾殘(佚卷八之第四十頁)。

1033　清乾隆木活字印本讀史四集　　　　　T2460/4222

《讀史四集》四卷,明楊以任輯。清乾隆四十二年(1777)木活字印本。有清寶奉家題識。八册。半頁九行二十字,四周雙邊,白口,單魚尾。框高 19.5 釐米,寬 13.7 釐米。天頭鐫評語。四集卷端皆題"瑞金楊以任惟節父輯;毘陵薛寀諧孟、金沙龔銘潋洲、古吳龔舜紹玄升較定"。無總題名,不分卷,正文依次爲《讀史集快》、《讀史集恨》、《讀史集膽》、《讀史集識》四集。扉頁、薛寀《讀史集膽題詞》皆稱"讀史四集",因據此擬爲總題名。前有薛寀序,明崇禎九年(1636)龔一柱序;參定姓氏;目録;明崇禎七年(1634)薛寀撰《讀史集快題詞》、《讀史集恨題詞》、《讀史集膽題詞》、《讀史集識題詞》。

楊以任,字維節,號澹餘,江西瑞金人。生於明萬曆二十八年,卒於崇禎七年。萬曆四十六年舉人。爲人忠孝慷慨。曾與邑人朱敬之等結赤水社。崇禎元年下第歸,巡撫魏公照乘留之讀書南昌西山,是時朝廷數有邊警,徵天下巡撫兵入援,以任上書魏公促其行,魏公納之。四年中進士,授應天教授,金陵士爭趨之。七年升南京國子監博士,卒於官,年三十五,門人邵之禎等進祠於南京名宦。著述有《京學志》、《名臣言行錄》、《非非室初刻》、《非非室二刻》等。與陳際泰、羅萬藻、章世純、艾南英並稱"江西五大家"。《(光緒)瑞金縣志》卷七《人物志·鄉賢》有傳。

以任以擅治舉業稱於時,可知其性情、史識。龔一柱序曰:"楊氏維節先生忱耽典籍,四壁圖書,時有賞心不勝擊節、讚美偶爾怫意,幾爲痛哭流涕,以及能肩能仔之人,足智足某之士,又不翅口爲扢揚,而神爲景慕,此'快'、'恨'、'膽'、'識'之名所由,鍾於情而發於性也。人第知其制義之妙足堪不朽,而要得力先生兹,故把筆如神助耳。"

四集集下有篇。視其篇目,或可知何以稱之爲"快"、"恨"、"膽"、"識"。若《讀史集快》首二篇之篇目爲"魯仲連不帝秦"、"張良從上入關",《讀史集恨》首二篇之篇目爲"屈平作離騷詞"、"荊軻刺秦王",《讀史集膽》首二篇之篇目爲"李牧雁門出破匈奴"、"張良報仇",《讀史集識》首二篇之篇目爲"智果識瑶"、"尹鐸保障晉陽"。天頭有作者批語,"魯仲連不帝秦"篇批曰:"衰周之事,只有令人嘆息而已,得仲連先生數語而快。"篇之末亦時有評語,低一字識之,題"楊惟節曰"、"薛諧孟曰",其未署某曰者,殆惟節所作。各集自成目錄,輯爲《讀史集快目錄》、《讀史集恨目錄》、《讀史集膽目錄》、《讀史集識目錄》,予以連載,而不散諸於各集。

參定姓氏載姓名、字號、籍里,起曹學佺,迄傅宗說,總二十九人。

《讀史四集》爲以任身後所遺。初爲雕版,刊於崇禎七年以任卒後。薛寀《讀史集膽題詞》云:"吾友維節,癯骨見衣表,議論明決,其《讀史四集》已擬梓而未有序,蓋疾革不能序也。痛定四月,予乃承其遺響,爲先題《集膽》。"撰寫題詞謀於薛寀,而刊事成於龔瀔濱。薛寀序曰:"吾友維節亡時,予嘗語穆如曰,凡吾輩但宜訂正其書,求其生時之知己方書田先生輩序之。兹龔瀔濱來請,乃傴然爲序……瀔濱乃精鐫以行,而同年友薛寀爲之序。"知龔瀔濱爲刊行者,然扉頁末"世錦堂龔"後四字殘損,不能辨認瀔濱大名爲何,當與金沙龔銘(即卷端所題"金沙龔銘瀔洲")爲昆仲。

首有扉頁,鐫"讀史四集。江西楊惟節先生選評。乾隆四十二年新□。楊氏維節先生博學宏才也,惜不假之年,而凡所著述,悉皆遺落是集也。其枕中秘也,年家薛氏諧孟先生得之,極爲珍重,然恐没其攻苦,爰爲參評,亟付繡梓,公諸海内,曰快、曰恨、曰膽、曰識,□□本也,識者不當以恒史讀之。世錦堂龔□□□□"。原鈐"玄我發兑"朱文方印。四集皆自有扉頁,依次鐫"江西楊維節先生選評,讀史集快、讀史集恨、讀史集膽、讀史集識"。

竇奉家墨筆題識云:"咸豐歲乙卯(五年)出守遵義,祁十二季聞以《讀史四集》送行。到黔後披閲數過,嘆爲善本。時江介侯權遵義令,愛不釋手,爲鈔副本,因嘆全史卷帙繁富,得此取攜甚便,而又分爲四種,千古得失,洞若觀火。維節先生之嘉惠後學良非淺鮮,而季聞授贈之雅又可忘乎哉。同治四年十二月既望沁水竇奉家千山甫識。"竇奉家,山西沁水人,道光二十四年進士。

是本寧夏回族自治區圖書館、中國科學院新疆分院圖書館等也有入藏。《中國古籍善本書目》未收此本,但著録"明崇禎書坊蔡益所刻本",題《讀史集》四卷,半頁八行十八字,白口,四周單邊,單魚尾,有眉批,北京師範大學圖書館、上海圖書館等七館庋藏。也見於臺北《"國家圖書館"善本書志初稿》,明崇禎丁丑(十年)古吳龔舜紹等刊本。

鈐印有"沁水竇九"、"竇奉家印"、"臣奉家印"(二枚)、"奉家私印"、"冷香室"、"奉家千山"、

"奉家書印"、"千山"、"西清侍直"、"千山寶九"。

1034　清康熙刻本詩史　　　　　　　　　　　　　　　　T2516/4431

《詩史》六十卷,清李宣撰。清康熙二十三年(1684)刻本。十六册。半頁九行二十三字,左右雙邊,白口,單魚尾。框高 20.5 釐米,寬 13.6 釐米。題"禹航李宣東皋父著"。前有康熙二十二年(1683)孫應龍序,康熙二十三年自序;目録。末有康熙二十一年(1682)蔡啓僔序。

李宣,字東皋,浙江杭州人。

"詩史",即以詩詠史。作者入清後頻逢家難,絶意仕進,閉户不涉世事。既而遍游江淮河汴,齊魯燕趙、楚魏陳鄭、宋衛中山故地。詠歌往蹟,與古人爲友,名其堂曰"尚友"。其潛心著史,目涉手披,綜所見所聞,撰成《詩史》一書。自序云,史書語多參差,句殊散錯,展閲曾熟,掩卷易忘。爰是按律審音,旋用敷文約義,使語皆諧聲而便諷,綴韻而成謡。仿三百篇遺意,不廢里巷歌謳。又謂杜甫嘗援據時事寄懷感慨,古今目爲"詩史",是書撰述爲追蹤前英之舉。

卷一至五五俱依世次編排,卷五六皆泛詠,無世次可依,卷五七至六〇附作者詩集。

蔡啓僔序稱:"先生起家名進士,製錦花封,一種蕭疏沖遠之致,不屑爲五斗折腰。""少陵昔稱'詩史',今東鼎先生亦稱'詩史'。少陵詩而史者,東鼎史而詩者也。"

自序有"彙成全書,剞劂就正"語。

《四庫全書總目》、《中國古籍善本書目》皆不收。東北師範大學圖書館、中山大學圖書館、南京圖書館、日本静嘉堂文庫等均有收藏。

1035　清康熙刻本詩史　　　　　　　　　　　　　　　　T2516/4213

《詩史》十二卷,清葛震撰。清康熙四十二年(1703)鍾國璽刻本。四册。半頁九行二十四字,四周單邊,白口,單魚尾。框高 21.6 釐米,寬 14.2 釐米。題"頓丘葛震星巖甫著;男用霖澤商編次"。前有康熙二十七年(1688)陳廷敬序,康熙四十二年張希良序,張鴻烈序;鍾國璽撰《刊詩史志》;目録;《歷代帝王統系紀年》。闕名朱筆句讀。

葛震,字星巖,祖籍遼西丹陽句容人,寓於滇。

是書始於三皇五帝,訖於明季。作者自稱作"四字詩史",即以四言韻語概括全史。卷一《三皇紀》、《五帝紀》、《夏紀》、《商紀》、《周紀》,卷二《秦紀》、《漢紀》,卷三《東漢紀》、《後漢紀》、附《魏紀》、附《吴紀》,卷四《晉紀》,卷五《宋紀》、《齊紀》、《梁紀》、《陳紀》,卷六《北魏紀》、《西魏紀》、《東魏紀》、《北齊紀》、《北周紀》、《隋紀》,卷七《唐紀》,卷八《後梁紀》、《後唐紀》、《後晉紀》、《後漢紀》、《後周紀》,卷九《宋紀》,卷一〇《南宋紀》,卷一一《遼紀》、《金紀》、《元紀》,卷一二《明紀》。

書成於康熙二十七年,四言韻語撰就之後,震又偕其子用霖"博採群書,詳加注釋",因貧未能文注並鐫。

《四庫全書總目》入史部史評類存目,著録浙江鮑士恭家藏本。《總目》云:"是書於歷代帝王各以四言韻語括其始末。起自盤古,終於有明。據康熙癸未鍾國璽序,其書尚有全注,此特先刊其正文。然讀史之學,在於周知興廢始末,此書如爲童穉設,則事無注釋,斷乎不解爲何語,誦之何益!如曰成人讀之,可不須注。世烏有已成人尚誦此種書者乎?所謂進退無據也。"

鍾國璽刻序記刊事始末甚詳。序稱其與葛君同奉監刻御書有年，而聲氣相投。《詩史》書成，國璽勸震付梓，震曰："吾所以不揣鄙陋而成此書，實欲公諸後學，了吾一生讀書事也。今吾之俸僅贍數口，安有餘資付之剞劂。"言畢不勝快悒。國璽不禁爲之動容，而許其日後約同志者共圖刊事，以成就作者公諸後學之志。數月之後，震故世。及康熙四十二年國璽捐薪付梓《詩史》，已是十五年後之事。張鴻烈序亦稱："先生下世已久，而其友篤齋鍾子不負口托，梓而傳之。"因篇什繁多，資金有限，僅刊出正文。國璽序云，與其因循故智，務期文注並鎸，或致泯没於無聞，不若勉捐薪俸，首先刊出正文，而冀後來者文注並鎸，以成全書。

《中國古籍善本書目》不收。

1036　清康熙刻本史緯　　　　　　　　　　　　　　T2516/7928

《史緯》三百三十卷首一卷，清陳允錫撰。清康熙三十三年(1694)刻雍正四年(1726)增刻印本。一百六十册。半頁十行二十一字，四周單邊，白口，單魚尾，無欄，行間小字鎸夾注、句讀、評點。框高19.2釐米，寬13.1釐米。天頭鎸評注。題"漢龍門司馬遷僎著；清晉江陳允錫删修"。前有雍正四年萬策序，康熙三十五年(1696)許讚曾序，康熙三十年(1691)高士奇序，康熙三十年嚴允肇序；蔡元成跋；康熙三十三年自序；總目；目錄。

陳允錫，字子帥，號簞齋，福建晉江人。明崇禎十二年生。清順治十二年，定遠大將軍濟度奉命入閩遴選人才，允錫試列一等，授德化縣教諭。尋改任陝西扶風縣丞。丁母憂期滿，補山東掖縣縣丞，兼權領膠州事。調江西進賢縣縣丞，兼代理安仁、萬年二縣事。升江西布政使司都事，掌管吉州、贛州、臨州、建州同知、通判事。遷浙江平湖知縣。以疾歸鄉里，康熙六十一年卒。著述有《十三經解》、《諸子鈔》、《古今文選》、《古今詩删》、《簞齋集》等。

自序以"經者，經也；史者，緯也"起句，復以"合二十一史爲一書，合二十一史之例爲一義，總求成其緯之之事，以合乎天下之大經而已"作結，書名"史緯"，蓋本於此。

全書三百三十卷，一萬二千餘篇，始於漢，訖於元，有首一卷，上溯自三皇，編爲史記補。有總目，計十九種，所列卷次爲：卷一至一二《史記》，卷一三至三六《漢書》，卷三七至五六《後漢書》，卷五七至七二《三國志》，卷七三至九九《晉書》，卷一〇〇至一一一《宋書》，卷一一二至一一七《南齊書》，卷一一八至一二三《梁書》，卷一二四至一二七《陳書》，卷一二八至一四五《魏書》，卷一四六至一五一《北齊書》，卷一五二至一五七《周書》，卷一五八至一六九《隋書》，卷一七〇至二〇五《唐書》，卷二〇六至二一七《五代史》，卷二一八至二八九《宋史》，卷二九〇至二九五《遼史》，卷二九六至三一一《金史》，卷三一二至三三〇《元史》。

書始纂於康熙八年，成書於二十三年，歷時十有六年。越七年，三十年始授梓於當湖，刻事未竣，允錫以疾歸。其子善時爲申江令，爲重校續刻，於三十三年告成。康熙六十年，刑部尚書勵廷儀初爲閣學，以書籍上獻，有旨並進本朝人所著書，《史緯》以故進呈御覽，繼而入藏内府。乾隆間《四庫全書總目》所録，即此内府藏本。

《四庫全書總目》入史部史鈔類存目，著録内府藏本。《總目》云："是書蓋仿吕祖謙《十七史詳節》之意，然祖謙但撷取菁華，以便省覽，允錫則多所改竄於其間。""卷帙浩繁，用力可謂勤至。然其中繁簡失度，分合無義者，亦尚不少。蓋網羅百代，其事本難，梁武帝作《通史》六百卷，劉知幾深以爲譏。司馬光《進通鑑表》，亦稱其中牴牾，不能自保。允錫此書，積畢生之力爲之，而卒之不協於體要，固其所矣。"

蔡元成跋、允錫自序皆言及刊事。蔡元成，允錫內姪孫，其跋稱，《史緯》"授梓於辛未年(康熙三十年)，未竣，續刻於甲戌(康熙三十三年)"。又謂甲子(康熙二十三年)書成之後，"又經十一年而刻成"。自序云："歲在辛未，於當湖授梓。未及告成，而予以疾歸。茲長男善令申江，重校續刻……"

扉頁鐫"二十一史緯。晉江陳薑齋刪修。湖海樓藏板"。卷三百三十末鐫"姪萬言孫觀、男善孫敬、男補袞孫愛、婿黃驥駿公仝錄；孫國器大文、孫士芝靈根、孫亮寅功、孫貽穀在公、孫士衡玉衡全校字"。

《中國古籍善本書目》未收。《北京師範大學圖書館中文古籍書目》、《普林斯頓大學葛思德東方圖書館中文舊籍目錄》等著錄。

1037　清乾隆刻本讀史偶吟　　T2514/1916

《讀史偶吟》二卷，清孫玉甲撰，清吳如玷注。清乾隆五年(1740)刻本。二冊。闕名朱墨筆句讀。半頁十行十九字，左右雙邊，白口，單魚尾。框高18.2釐米，寬13釐米。題"江都孫玉甲殿雲纂；受業吳如玷蔭穀注；及門吳文浩蔚洲、婿王士佳品之、男師奭宋良全校"。前有胡期恒序，乾隆三年(1738)鄭燮序，乾隆二年(1737)陳俟序，乾隆四年(1739)吳如玷序，乾隆元年(1736)自序；《凡例》七則；目錄。

孫玉甲，字殿雲，號雪窗，江蘇高郵人。以舉業任知縣，與鄭燮、陳俟友。

是書上、下二卷，擇帝王以其朝代之先後序次，每一帝王賦七律一首詠之，褒貶抑揚皆在其中。作者稱，帝王事蹟不敢自謂得其要領，然一朝得失，務使閱者舉目了然。又稱，褒貶抑揚俱奉朱子《通鑑綱目》為準，宋以後亦採先儒成論，未嘗稍參己見。其詠漢高帝曰："尺土無階掃暴秦，沛公天授豈因人。楚歌四面英雄困，漢法三章宙宇新。枕股分羹虧聖德，藏弓烹狗泣勳臣。踞床謾罵誰能耐，莫怪商山夏綺嗔。"上卷自漢至隋，凡五十六首；下卷自唐至明，凡七十三首，計一百二十九首。

鄭燮序曰："詠史詩一曰隻眼，一曰平情，其實平情之至，隻眼即在其中。"又曰："孫君殿雲與余為同門友，余試嘗後之。其才淵淵汩汩、坦坦鱗鱗。詠史一編，尤該括融鍊，平允稱情，雖使少陵引繩、朱子捧墨，莫能易其尺度。平情、隻眼，蓋兩得之矣。"

扉頁鐫"讀史偶吟。江都孫殿雲纂歙西吳蔭穀注。乾隆庚申春鐫。世濟堂藏板"。原鈐"賞心非徒設"白文長方印。按，"庚申"為乾隆五年。

《四庫全書總目》、《中國古籍善本書目》皆不收。《增訂四庫簡明目錄標注》集部雜詠著錄"乾隆庚申(五年)春世濟堂精刊"。《續修四庫全書總目提要(稿本)》收入集部總集類。

鈐印有"千古一筆"、"賞心"、"靜觀"、"舊燕堂"、"亂世守此書後來其寶諸橋庵王謝家印"。